최종본

테마로 보는 韓國史

李東春 編著

지필미디어

편저자 略歷

1940년 咸鏡南道 元山에서 태어나 서울 大學校 法科大學을 졸업하고 崇實大學校 勞使關係大學院에서 석사학위 취득 및 하와이大 전략경영 단기과정 이수를 하였다.

육군 副官學校 교수부, 포스코 인재개발원 교수, WSA / IRCO (국제鐵鋼협회/人力分科委)위원, 誠信女子大學校 겸임 교수로 있었으며, 韓進그룹 平海광업개발 사장, 포스코 人材開發院長 · 상임감사 · 부사장을 역임하였다.

著書로 「Better Management를 위하여」(1981), 「意識의 지체(遲滯)를 넘어서」(1998), 「나라는 자신이 해친 뒤에 남이 해친다.」(2003)가 있으며 「도쿠가와 바쿠후(德川幕府)체제에 관한 小考」(1982). 「勞動의 人間化에 관한 연구」(1993), 「鐵鋼業의 勞使안정발전모델」(1994) 등 논문이 있다.

테마로 보는 韓國史

발 행 일	1쇄 2013년 12월 31일
	2쇄 2014년 3월 1일
저 자	李東春
발 행 인	고현희
발 행 처	(주)지필미디어
주 소	서울시 서대문구 미근동 72-3호 미근빌딩 101호
전 화	(02) 362-4504
팩 스	(02) 393-4509
이 메 일	book@jiphil.co.kr
홈 페 이 지	www.jiphil.co.kr
등 록 번 호	제 312-1997-000043 호 (1997년 07월 16일)
I S B N	978-89-97394-65-4(02900)
가 격	35,000원

서언(序言) : 韓國의 얼-그 역사속으로

'우리가 태어나기 전에 일어났던 일들을 알지 못하면 영원히 어린아이로 머물러 있을 것'이라고 말한 철학자가 있습니다만 역사 속에 뛰어 들어가서 역사가의 머리속에 오 가는 사색(思索)의 음(音)을 잡아 내야 하는 뜻은 다양한 경험이 집적(集積)된 역사지식이야 말로 짧은 생애(生涯)·좁은 生活의 개인을 성숙하게 하는 인생의 교사이고 교훈적 지침을 주는 교육력(教育力)이기 때문일 것입니다. 역사를 관상(觀想)하는데서 더 나아가 생활의 일부로 생각하여 역사와 더불어 사는 곳에 역사의식의 제고가 가능하며 역사의식을 높이는 좋은 방법중의 하나는 "역사서 읽기"라고 합니다.

첸다신(錢大昕, 1728-1804)은 '二十二史考異' 서(序)에서 「역사서 읽기의 어려움은 오래 된 일이다. '자치통감'이 이룩되자 왕텅즈(王勝之)만이 한 차례 읽었고 타인은 열 장을 다 읽지 못한 채 기지개 켜며 하품을 하고 졸음이 왔다. 대개 역사서는 그 조리가 관통하여 명료하게 하려면 참으로 쉬운 일이 아니며 의혹을 떨어 버리고, 그 흠을 지적하여, 잃어버린 것을 줍고 과오를 바로 잡으니, 이는 실로 앞 사람을 배척하기 위해서가 아니고 후학을 계발하는 수단이다.」라고 하였고

丹齋 신채호(申采浩, 1880-1936)는 '歷史와 愛國心의 관계'에서 「자신의 나라를 사랑하려거든 歷史를 읽을 것이며, 다른 사람들에게 나라를 사랑하게 하려거든 歷史를 읽게 할 것이다.」라고 하였습니다.

'동국통감(東國通鑑)을 읽는 사람이 어디 있겠나' 朝鮮朝 때 을사사화(乙巳士禍)의 주모자 이기(李芑, 1476-1552)가 많은 사류(士類)를 살해하고 간흉(奸凶)으로 지목 받으면서도 현실적 권세영화로 自滿하고 있는 것을 보다 못한 친지가 '후세 역사가들의 필주(筆誅)가 두렵지 않느냐'고 했을 때, 그는 서슴없이 그와 같이 말했다고 합니다.

세상의 옳은 일이라 하여 반드시 옳은 결과를 낳게 되는 것이 아님을 뼈 저리게 느낀 김육(金堉, 1580-1658)은 '역사를 읽은 소감'이라는 시를 지어 이렇게 한탄했다고 합니다.

「옛 역사 읽기가 나는 싫어 / 알고 나면 매 번 눈물 지네 / 어진 이 반드시 화(禍)를 입고 / 간신들 도리어 출세하네 / 지난 일 이 처럼 슬프거늘 / 하물며 오늘날에 있어서랴」

또한, 순암(順菴) 안정복(安鼎福, 1712-1791)의 지적대로 우리에게는 內亂·外寇·民亂의 역사로 自卑하는 버릇의 만연(漫然), 왜독(倭毒)·중독(中毒)의 상처 입은 역사서술을 간과(看過)하거나 史實 이상으로 국수(國粹)를 내 세우는 성향, 세포적 시각으로 눈 앞의 갈등(葛藤)이나 알력(軋轢)에 마음과 시간을 너무 많이 빼 앗기고 있는 타성 등 유폐(流弊)가 잠재하고 있습니다.

그러나 韓國史를 通觀함에 있어서는 강역(疆域)을 다투던 상쟁기(相爭期), 名利를 다투던 小華期, 自强을 다투던 開化期를 거쳐 統一을 다투는 전환기(轉換期)까지 이천여년동안 소장성쇠(消長盛衰)가 있었으되 우리 강토와 문화를 지켜온 배경에는 선현(先賢)들로부터의 본받을 기상(氣像)과 경계(警戒)할 자취가 있는 것입니다.

키플링(Joseph Rudyard Kipling, 1865-1936)은 '모든 나라의 國民은 종국엔 그들의 過去의 그림자를 닮아간다.'고 하였습니다. 서구의 역사가 절대왕정·근대 부르즈아(bourgeois)·

대중사회의 과정을 밟아온 데 비하여 우리는 근대사회에 대한 역사적 경험이 일천(日淺)한 가운데 산업화에 의한 대중사회로 바로 진입함으로써 현재로서는 전근대 · 근대 · 현대의식이 혼재되어있는 3중 구조의 사회이며 또한 역사를 보는 여러 문화적 입장이 공존하고 있기도 합니다.

「모로 보니 재인 듯, 옆에서 보니 봉인 듯　(橫看成嶺側成峰)
곳곳마다 보는 산 서로서로 다르구나.　(處處看山各不同)
여산의 참얼굴 알아볼 수 없기는　(不識廬山眞面目)
다만 내 몸이 이 산 속에 있음이네.　(只緣身在此山中)」

쑤쓰(蘇軾, 호 東坡, 1036-1101)가 여산(廬山)을 두고 읊었듯이 史實의 윤리적 판단에서 공리적 효용(事功)과 내면적 도덕성(義理), 결과의 成敗와 동기의 是非 중 어느 것을 重視하느냐에 立場차이가 있을 수 있습니다.

「눈 내린 들판을 걸어갈 때　(踏雪野中去)
발걸음을 어지러이 말 것은　(不須胡亂行)
오늘 내가 걸어간 발자국이　(今日我行跡)
뒷 사람의 이정표가 될 것이기에　(遂作後人程)」

文章이 전아간고(典雅簡古)하여 後學들이 다투어 암송(暗誦)하였다던 임연(臨淵) 이양연(李亮淵, 1771-1853)의 詩句와 역사상 偉人을 평가하는 '삼불후설〔三不朽說, 인격 · 덕행을 첫째로(太上立德), 事功을 둘째로(其次立功), 학문 · 저술을 셋째로(其次立言) 보는 것〕' 에서 보듯이 편저자는 지행병진(知行竝進) · 통견대원(洞見大原)으로 각고(刻苦)의 성취를 後代를 위하여 남겨 두고 간 선각(先覺)들과 목탁(木鐸)들의 궤적(軌跡)에서 역사의 교훈을 얻고자 하였습니다.

「테마로 보는 韓國史」는 年前 初刊本 '나라는 자신이 해친 뒤에 남이 해친다' 의 改題 · 增補版으로 다른 史書에 비하여 몇 가지 特性이 있습니다.

첫째 편(編)하되 작(作)하지 아니한 점입니다. 청이(程頤, 1033-1107)가 '책은 읽기보다는 그 要約을 아는 것이 필요하다' 고 하였듯이 광범한 史實 · 다양한 史觀 · 세밀한 敍述로 우리 역사서들이 통독(通讀)하거나 널리 읽히기에는 시간에 쫓긴다는 점을 참작하여 사료문헌과 先學들의 정곡(正鵠)을 축약(縮約)하였습니다. '누군가 어떤 구절을 가져 다 썼다면 그 구절은 그 책 전부보다 더 중요하다는 것이 증명될 것이다' 라는 라즈니쉬(Rajneesh Chandra Mohan Jain, 1931-1990)의 말도 있습니다만, 존명(尊名)과 출전(出典)을 밝히되 부분적 인용 · 첨삭(添削)을 한 것은 편저상 부득이 하였습니다.

둘째 통사(通史)적 時代區分法을 따르지 않고 테마별로 史實의 체계화(體系化)를 시도(試圖)한 점입니다. '歷史는 정치사 중심이어야 한다' 는 보쉬에(Jacques Bénigne Bossuet, 1627-1704)보다는 '六經皆史也' (詩經 · 書經 · 禮記 · 樂經 · 易經 · 春秋가 모두 역사)라 갈파한 장쉐청(章學誠, 1738-1801)에 부응하여 사상 · 문화 · 사회 · 붕당 · 정치 등 테마별로 서술의 구성과 배치를 하였습니다.

셋째 史實의 폭과 깊이에 있어 當代 보다 累代에, 성취보다 과정에, 後代人의 필(筆)보다

當時人의 간(簡)에 價値의 무게를 더 하였으며 野史를 곁들여 보족(補足)적 흥미를 가미(加味)하였습니다. 史家 네빈스(Allan Nevins, 1890-1971)는 역사책을 읽는 수 많은 이유 가운데 '긴장해소(緊張解消)나 즐거움을 얻기 위하여'가 크다고 하였으며 블로크(Marc Bloch, 1886-1944)도 역사의 효용중 첫 번째로 오락적 가치를 지적하고, 역사에는 "독특한 심미적 즐거움이 있다"고 하였습니다.

넷째 中國·日本·蘇聯 등 인방(隣邦)의 略史를 곁 들여 우리 歷史 認識의 폭을 다소나마 넓히도록 하였습니다. 세계사의 교훈은 무엇보다도 '힘의 균형에 의하지 않은 평화가 없고 自制에 의하지 않은 정의가 없다'는 것을 말하고 있는 것을 이해할 필요가 있습니다.

아무쪼록 '아는 사람이 좋아 하는 사람만 못하고 좋아 하는 사람은 즐거워 하는 사람만 못하다(知之者 不如好之者 好之者 不如樂之者)'는 콩즈(孔子, BC 551-BC 479)의 말처럼 이로써 독자들이 우리역사 속으로 즐겁게 접근할 수 있다면, 그리고 독자 나름의 한국사상(韓國史像)을 定立하는 불씨가 된다면 편저의 메시지(Message)는 충분히 전달되는 셈이 될 것입니다.

끝으로 우리 역사에 대한 半世紀의 박채(博採)와 30年 열정(熱情)의 決算인 이 편저가 나오기까지에는 여러분들의 도움이 있었습니다. 草稿를 정리하여 준 李相媛·李蕙守 양, 편집·디자인을 맡아 준 宋鳳仙 씨, 中國語와 日語 校閱을 각각 하여 준 포스코 梁鎬永氏와 丁熙淑·朴俊玟氏, 助言을 주신 한림대 李坰丘 교수, 후원을 아끼지 않으신 宋東春·安德柱·趙銀九·趙太權·咸鍾聲·黃義彬 諸氏께 謝意를 표합니다.

2013. 12

坡州 寓居에서, 溫竹 李東春

차 례

서언(序言) 韓國의 얼 - 그 역사 속으로 ······ 3

1부 한국사(韓國史)를 어떻게 볼 것인가

우리에게 역사의식(歷史意識)은 있는가 ······ 15
■ 한국사의 시대구분 ······ 16
■ 한국사학(韓國史學)의 전개 ······ 19
■ 한국사연구 백년 ······ 27
■ 한국의 역사사상 개설(槪說) ······ 35

2부 2천년의 회고와 새 천년의 과제 - 한국사 통관(通觀)

문화우월(優越) · 정치수졸(守拙) ······ 47
■ 한국인의 기원(起源) ······ 49
■ 사안(史眼)으로 본 한국 ······ 54
- 우리역사의 특성
- 한국이 살아남을 수 있었던 연유(緣由)
■ 변경의식(邊境意識)에서 통관적(通觀的) 지성(知性)으로 ······ 59
- 의식(意識)의 지체(遲滯) - 한국적 유폐(流弊)
- 변경문화의식의 갈등
- 한국 지성의 官人性과 抵抗性
- 열린 민족주의와 성숙(成熟)한 민주사회

3부 이해(利害)에서 낫는가 시비(是非)에서 낫는가
– 주체성 천착(穿鑿)의 사상사

민족적 일체화(一體化)의 전개 – 한국사상 서설(序說) …… 87
■ 개국신화(開國神話)와 풍류도(風流道) …… 90
■ 숭불(崇佛) · 억불(抑佛) · 유신(維新)의 한국 불교 …… 99
- 고구려 · 백제 · 신라의 불교전개
- 고려 불교의 경향
- 조선시대 불교의 전개
- 한국불교의 特色
■ 강상(綱常) · 치양지(致良知) · 경세(經世)의 한국 유교(理學 · 心學 · 實學) …… 118
- 한국유학의 본질
- 쟁점으로 본 한국성리학의 심층(深層)
- 韓末前後의 유학사상
- 韓國實學의 歷史的 立場
- 한국유학사상의 회고
■ 그리스도의 속량(贖良)을 따라 – 한국 기독교 …… 155
- 천주교의 전래(傳來)와 교난(敎難)
- 한국기독교 수용 1세기 그 탐구와 쟁점
■ 애니미즘과 샤아머니즘 – 한국의 土俗 · 신흥(新興) 종교 …… 171

4부 적요(寂寥)에 바탕한 질박(質樸)의 파조(破調)
– 탁물우의(托物寓意) · 법고창신(法古創新)의 문화사

한국미(韓國美)의 특징(特徵) …… 181
■ 고조선(古朝鮮)의 철기(鐵器)문화 …… 183
■ 석조(石造) · 풍류(風流) · 불교(佛敎)의 삼국문화 …… 184
■ 유(儒) · 불(佛) · 도(道)와 도참(圖讖)의 다원성(多元性) – 고려 귀족문화 …… 190
■ 주변성(周邊性)과 자주성 – 조선조 사림문화 …… 195
■ 통시적(通時的) 한국문학 약사(略史) …… 218

5부 신분의 벽(壁) · 수취(收取)의 문란(紊亂)을 넘어
– 의식지체(意識遲滯)의 사회사

身分에서 契約으로 ········ 239
■ 가무(歌舞)를 좋아하는 군자국(君子國) – 삼한(三韓)의 사회상(社會相) ········ 241
■ 신분(身分)세습의 지배구조 – 삼국시대 ········ 244
- 귀족(貴族)과 하호(下戶)의 대립 : 고구려 사회
- 부여씨(扶餘氏)와 8성(姓)의 지배 : 백제 사회
- 엄격한 골품제(骨品制) · 신라 사회
■ 문벌귀족의 폐쇄성(廢鎖性) – 고려 사회 ········ 252
■ 收取의 經濟 · 身分의 혼효(混淆) – 조선 사회 ········ 263
- 유교(儒敎)정치기구와 관료체계
- 수취제(收取制) 경제구조
- 신분제(身分制) 사회구조

6부 본 받을 기상(氣像) · 경계할 자취 – 지배세력 변천사(變遷史)

■ 족장(族長) 중심의 부족연맹국(部族聯盟國) ········ 299
- 고조선(古朝鮮, BC 2333)
- 위만조선(衛滿朝鮮)(BC 194-BC 108) · 한(漢)의 4군현(郡縣)
- 부여(扶餘) · 옥저(沃沮) · 동예(東濊)
- 삼한(馬韓 · 辰韓 · 弁韓)의 제(諸) 소국 · 가야연맹(加耶聯盟, 42-562)
■ 입술이 다치면 이가 시리다(脣亡齒寒) – 삼국의 정립(鼎立) · 상쟁(相爭) ········ 308
- 견고(堅固) · 강용(剛勇)의 고구려(高句麗, BC 37-668)
- 지리(地利)를 소홀히 한 백제(百濟, BC 18 – 660)
- 숭불(崇佛) 지나쳐 누런 계림(鷄林)으로 – 신라(新羅, BC 57 – 935)
■ 고구려 정신의 계승 – 발해(渤海, 699-926) ········ 343
■ 틈을 탄 고슴도치의 털 – 백제 · 고구려의 부흥(復興) ········ 347
- 궁예(弓裔)의 後高句麗(901-918)
- 견훤(甄萱)의 後百濟(892-936)

■ 벌열태성(閥閱太盛) · 문무평형(文武平衡)의 고려(918-1392) 351
- 후삼국(後三國) 통일과 새 귀족정치 지향(指向)
- 거란(契丹) · 여진(女眞)과의 전쟁
- 貴族社會의 동요와 분열
- 몽골과의 30년 전쟁(1231-1259)
- 공민왕(恭愍王)의 개혁
■ 중문경무(重文輕武) · 승평태구(昇平太久)의 조선(1392-1910) 378
- 조선왕조의 개창(開創)
- 문치주의(文治主義)
- 사대교린(事大交隣)
- 日本과의 7년 전쟁(1592-1598) : 壬辰倭亂 · 丁酉再亂
- 대(對) 후금(後金 · 淸) 항전(抗戰) : 병자국치(丙子國恥)
- 붕당정치(朋黨政治)의 과(過) · 경세제용(經世濟用)의 공(功)

7부 간신(奸臣)이 기를 펴고 양신(良臣)은 명분(名分)을 좇고

— 의리쌍행(義利雙行) · 왕패병용(王覇竝用)의 붕당사(朋黨史)

붕당정치란 무엇인가 443
■ 파쟁의 양상(樣相) – 사화(士禍) · 예송(禮訟) · 환국(換局) 444
- 훈구(勳舊) · 사림(士林)간의 쟁투(爭鬪) - 네차례 사화
- 3백년 당쟁의 원류(源流) - 분열하는 사림
- 服制시비 - 禮訟
- 사문(斯文) · 충역(忠逆) 是非 - 환국(換局)
- 쌍거호대(雙擧互對) - 탕평책(蕩平策)
■ 당쟁(黨爭)이 심해 진 이유 470
■ 붕당정치의 공과(功過) 473

8부 근대화(近代化)에의 도전(挑戰) · 민족운동(民族運動)의 생성(生成) – 근대사

■ 자수자강(自修自强)을 따라 – 문호개방(門戶開放)과 체제개혁(體制改革) 482
- 민중봉기(民衆蜂起)와 개항(開港)
- 개화(開化)와 척사(斥邪)의 대립
- 손상(損傷)된 국가존엄 : 을미지변(乙未之變) · 아관파천(俄館播遷)
- 개화자강(開化自强)의 마지막 역량 : 독립협회(獨立協會) · 만민공동회(萬民共同會)
- 정체(停滯)된 社會 - 100年전 韓國

■ 나라는 자신이 해친 뒤 남이 해친다 – 국치민욕(國恥民辱)의 일제강점(日帝强占) 521
- 을사늑약(乙巳勒約) - 경술국치(庚戌國恥)
- 무단(武斷) · 회유(懷柔) · 말살(抹殺)의 식민통치(植民統治)
- 일제의 만행(蠻行) · 수탈(收奪) · 징용(徵用)

■ 자주구국(救國)을 표방(標榜)하여 – 주권회복(主權恢復)을 위한 민족적 항쟁(抗爭)(1910–1945) 541
- 규탄상소(糾彈上疏) · 자결순국(自決殉國) · 의병(義兵)항쟁
- 3 · 1 운동 · 임시정부(臨時政府)(1919 – 1945)
- 美洲 · 滿洲 · 露領의 독립운동
- 초기 한인 사회주의운동
- 신간회(新幹會)와 6 · 10만세 · 광주학생운동
- 애국계몽운동(愛國啓蒙運動)

9부 자유민주의 신장(伸張) · 사회경제의 변혁(變革) – 현대사

■ 소용돌이 정치 · 연고(緣故)사회 – 대한민국(大韓民國)의 성립과 시련(試鍊)(1948–) 579
- 광복(光復)과 분단(分斷)
- 史上 최초의 자유민주국(自由民主國) 건국
- 左翼政權의 태동(胎動)
- 자유세계와 공산주의의 격돌 : 6 · 25 동란(動亂, 한국전쟁 1950. 6-1953. 7)
- 민주와 독재의 갈등

■ 천민자본주의(賤民資本主義)를 넘어 – 한국경제의 근대화 과정(過程) 624

발문(跋文)　가 없는 蔭德(惠我無疆) · 드리울 감계(以垂鑑戒) ········ 639

축약(縮約) ········ 643

부록　역사를 어떻게 보아야 하나

■ 歷史란 무엇인가 / 카아(E.H.Carr) · 盧明植 ········ 659
■ 왜 역사를 연구하는가 / 토인비(A.J.Toynbee) ········ 666
■ 역사를 어떻게 보아야 하나 / 金成植 ········ 668
■ 역사에서 교훈을 얻을 수 있는가 / 車河淳 ········ 671
■ 역사의 종말인가 문명의 충돌인가 / 咸在鳳 ········ 674

부표　한국 · 중국 · 일본 년대 비교표
역대 왕실 세계표(歷代 王室 世系表)

참고문헌

찾아보기

주(註)
- 인명에는 원칙적으로 생몰(生歿)年代를 명시하고 왕명에는 在位年代를 병기함.
- 책(册)명에는 가능한 한 저술 또는 편찬(간행) 年代를 표시함.
- 고유명사의 외래어표기는 원음주의를 따름.
- 한글표기와 외래어표기는 정부고시 한글맞춤법과 외래어표기법을 따름.
- 도판은 테마별 표제의 내용을 상징적으로 나타내는 것을 선정함.
- 뜻을 보다 명확히 하고 이해를 보다 빠르게 하도록 테마별로 개요와 사론(史論)을 부기(附記)함.

1부

한국사(韓國史)를 어떻게 볼 것인가

우리에게 역사의식(歷史意識)은 있는가 / 金成植

■한국사의 시대구분

■한국사학(韓國史學)의 전개 / 李基白 外

■한국사연구 백년 / 千寬宇

■한국의 역사사상 개설(槪說) / 黃元九

조선이 섬으로 그려져 있다./폴란드 빌헬름 블로 제작,1617년

조선왕국 불어판 지도 / 레기스 제작, 1718년

대동여지도 / 金正浩 제작, 1861년

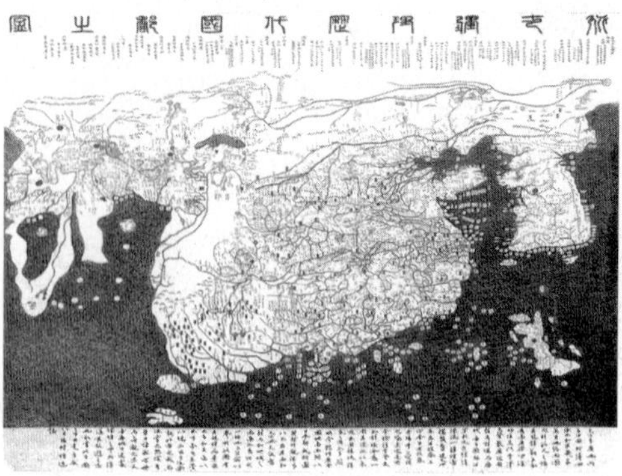

混一疆理歷代國都之圖/ 김사형 · 이무 · 이회 등 作 (일본 소재 1402년)

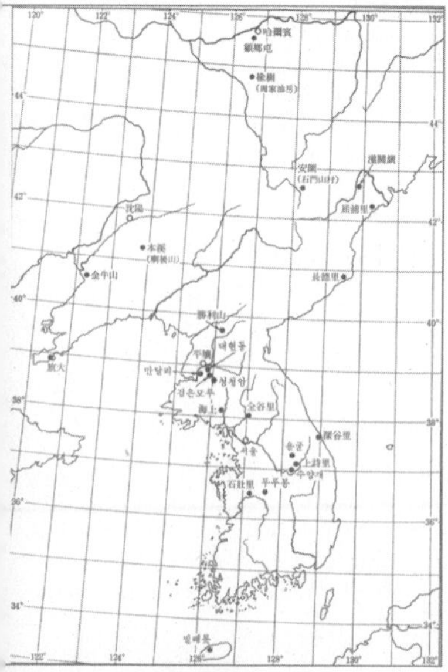

舊石器時代 重要 遺蹟 分布圖

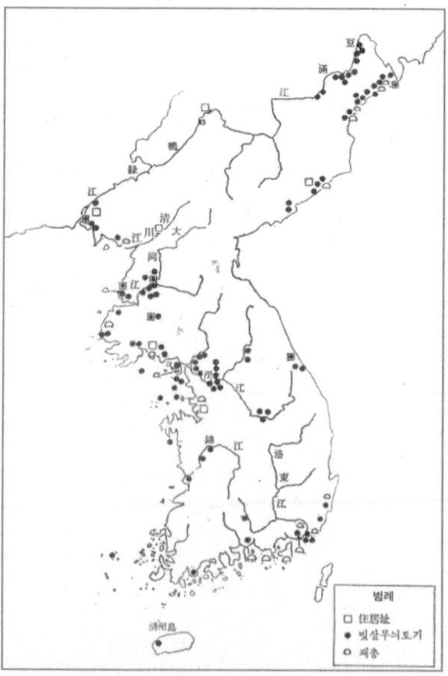

新石器시대 유물 · 유적 분포도

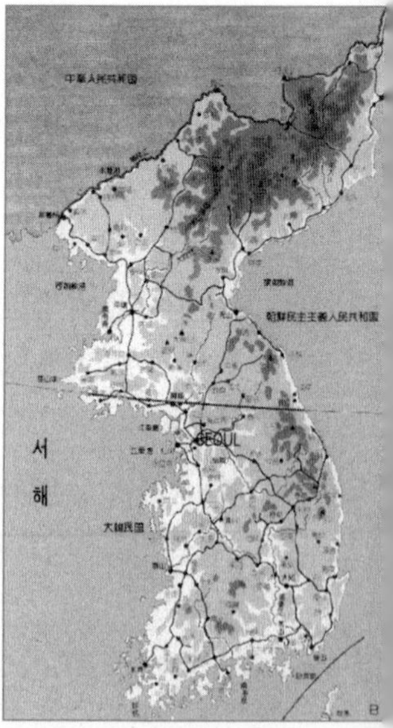

6 · 25전쟁 발발 당시의 한반도

우리에게 역사의식(歷史意識)은 있는가

「오늘의 한국인에게는 歷史는 있어도 歷史意識은 없는 것 같다. 역사가도 정치인이나 일반 국민도 역사의식을 갖지 못하고 있다는 증거는 그들 모두가 당장의 현실 그 자체에만 관심이 있고 역사적 현실에 대해서는 관심이 없다는 데 있다. 현실에 관심이 없는 사람은 자신에게는 물론 남에게 역사의식을 깨우쳐 줄 수 없다. 그들은 역사적 현실을 바로 알 수도, 이해할 수도 없기 때문이다.

우리 文化의 맥락(脈絡)을 이어 온 그릇이 漢字문화이고 우리 문화와 전통을 담아 온 그릇은 漢文이었다. 일제시대에는 國漢文 혼용으로 명맥(命脈)을 이어왔는데 광복이후 한글로 專用되었기 때문에 광복世代는 전통문화에 어둡게 되었다. 따라서 문화적 혼란 · 세대간 의식의 단절(斷絕)이 뒤 따랐고 문화적 단절현상은 역사의식까지 단절시키고 말았다.

과거 권력사회에 사는 사람들의 의식구조속에는 국가에 대한 무관심주의가 많이 나타나고 있다. 사회연대 책임의식을 동반하는 橫的인 관계가 박약(薄弱)하였기 때문이다. 우리의 의식구조속에는 온고이지신(溫故而知新)이란 말은 있어도 예 것을 무조건 버리고 새 것을 취하는 성향이 많다. 과거를 모르고 현재를 알 수 없고 현재를 모르고 미래만 좇는다는 것은 역사의식의 중단이요 새 것만 찾는 민족은 많은 역사적 유물을 파손하게 되고 전통문화를 잃게 된다.

儒學은 王道를 실천하려는 정치이론이요, 사회질서 유지를 위한 윤리 · 도덕으로 조선조 5백년의 모든 제도를 세우고 실천하는 데 공헌했지만 역사의식 배양(培養)에는 많은 결함이 있었다.

우리 의식의 深部에 자리잡고 있는 숭배주의가 근본적으로 우리의 역사의식을 마비시키고 있다. 그것은 우리 민족이 자기 샤머니즘을 벗어나지 못하고 있다는 증거다. 그리하여 우리는 부지불식간에 우리의 역사를 우상화(偶像化)하게 되었다. 역사의 졸작(拙作)은 도외시하고 걸작(傑作)을 우상화하면 그것은 역사의식이 없는 소행이다. 역사에는 걸작보다 졸작이 더 큰 意義를 지닐 때가 많다.

역사의식은 과거와 현재와 미래와 더불어 산다는 의식이다. 과거는 현재에 너그럽고 현재는 과거를 소중히 여기고 둘이 더불어 미래를 전망하는 의식이다. 역사의식은 생활태도의 如何에 따라 있을 수도 있고 없을 수도 있는데 국민 모두가 나라 살림에 자발적으로 참여할 수 있을 때 역사의식이 배양된다. 자기 문화를 성찰(省察)하고 비판(批判)을 加하여 역사의 잘못된 점을 시정하고 바른 역사를 창조하도록 해야 된다. 역사서를 많이 읽는 국민일수록 역사의식이 높고 높은 교양을 얻게 되는 것이다. 자기도 남도 역사적 존재라는 것을 自省하고 서로의 역사를 아끼고 존중하면 전통있는 문화민족이 될 것이다.」

〈金成植(1908~1986)/ 慶熙大교수 · 西洋史〉

한국사의 시대구분

크로체(Benedetto Croce, 1866-1952)는 역사를 연대로 나타내는 것에 관해 말하였다. 「(연대란) 시계 바늘이 시간을 가리키는 숫자에 닿자 곧 종이 울리기 시작하는 것과 마찬가지로 연대 숫자가 사건을 만들어낸다고 착한 시민으로 하여금 생각하게 하는 것이다. 476년이란 해에 고대사의 무대에 막이 내리고 그 후 곧 막이 올라 중세사의 무대가 시작된다고 생각하게 하는 것은 위험하다.」〈History, Its Theory and Practice, 1920〉
그러나 '同時多發的' 인 수 많은 개별적 史實들을 '체계적으로' 이해하기 위하여는 一般化되어야 하는데 베러크러프(Geoffrey Barraclough, 1908-1984)의 표현대로 '마음 속에 정해 놓은 범주' (mental category)라 할 수 있는 순서 매김과 정리가 그 방법 중 중요한 것이다. 역사를 시대로 나누는 것은 결국 집단 혹은 '群(aggregates)' 으로 구분하고 어떤 동일범주로 일반화하려는 시도이다.

地球의 역사는 原生代 · 古生代(Paleozoic Era) · 中生代(Mesozoic Era)를 거쳐 新生代(Cenozoic Era)로 이어져 내려왔다. 古生代는 캄브리아紀(Cambrian period) · 오르도비스紀(Ordovician period) · 실루리아紀(Silurian period) · 데본紀(Devon period) · 석탄기(石炭紀) · 페름紀(Permian period)의 6기로, 중생대는 트라이아스紀(Triassic period) · 쥐라紀(Jurassic period) · 백악기(白堊紀) 등으로 나눈다.
신생대는 3紀와 4紀로 나누어지며, 3기는 효신세(曉新世) · 시신세(始新世) · 점신세(漸新世) · 中新世 · 선신세(鮮新世)의 5期로, 4기는 홍적세〔洪積世, 플라이스토세(Pleistocene epoch)〕와 충적세〔沖積世, 홀로세(Holocene epoch)〕로 구분되고 있다. 인류가 발생하기는 신생대의 3기 말인 것으로 생각되고 있지만, 사람이 연장(道具)을 만들어 사용하게 된 것(Homo habilis)은 약 250만년 전부터 시작되는 홍적세부터이다. 돌을 깨뜨려서 만든 뗀석기(打製石器)를 썼기 때문에, 간석기(磨製石器)를 만들어 쓰던 新石器時代와 구분하여 舊石器時代라 부르고 있다. 그러므로 인류의 역사는 고고학상으로는 구석기시대부터 시작되는 셈이다.
톰젠(Christian Jurgensen Thomsen, 1788-1865)은 1836년 '선사시대는 석기, 청동기, 철기의 세 단계로 발전하여 왔다 (3 時期法, Dreiperiodensystem)' 고 하였고 존 러복(John Lubbock, 1834-1913)은 1865년 '석기시대' 에서 석기시대를 구석기 · 신석기로 나누었다. 先史시대가 현대적 의미로 쓰인것은 1851년 윌슨(D.Wilson)의 'The Archaeology and prehistoric Annals of Scotland' 에서 비롯되었다.

우리나라는 캄브리아기부터 오르도비스기 중엽에 걸쳐 퇴적한 조선계(朝鮮系)가 평남 · 황해 · 강원지방에 두껍게 발달되어 있고, 석탄기 중엽부터 트리아스紀에 걸쳐 퇴적한 평안계(平安系)가 조선계 상위에 평행부정합 또는 약한 경사부정합으로 놓여 있다.
한반도의 구석기문화는 약 70만년전 시작되었는데 북한의 검은 모루 · 만달리 동굴, 남한의 제주도 빌레 못 · 점말의 동굴과 두만강, 대동강, 한강, 한탄강, 임진강, 금강, 섬진강, 보성강 유역 등 40여곳에서 유적이 확인되었다.
한국의 신석기시대는 대체로 원시민무늬토기(原始無文土器)와 덧무늬토기(隆起文土器)를 사용하던 전기, 빗살무늬토기(櫛文土器)를 주로 사용하던 중기(B.C. 4000년 경), 중국 칠무늬토기(彩文土器)의 영향을 받은 후기(B.C. 2000년 경)의 세 시기로 나누인다.

신석기 말 중국 랴오닝(遼寧), 러시아 아무르(Amur) 강과 연해주 지역에서 들어 온 덧띠 새김무늬 토기 문화가 빗살무늬 토기 문화와 약 5백년간 공존하다가(BC 2000년경에서 BC 1500년경) 한반도 청동기 시대가 본격화되었다.

韓國史의 時代구분은 몇 개의 유형으로 대별되는데 古代 · 中世 · 近代로 구분하는 三分法(trilogy ; tripartite division) 이 한국 역사학계에 가장 보편적인 것이 되어 있다.

韓國史에서 가장 일찍 時代를 區分하여 歷史를 理解하였다고 하면 三國史記(1145)와 三國遺事(1281)에서 취한 時代區分法이지만 近代史學史의 처지에서 본다면 日帝의 韓半島 강점때 부터이다. 하야시 다이스케(林泰輔, 1854-1922)의 '朝鮮通史(1912)' 에 보이는 漢四郡 이전은 太古 · 三國時代에서 新羅統一까지는 上古 · 高麗時代는 中古 · 朝鮮時代는 今代라는 구분, 최남선(崔南善, 호 육당(六堂), 1890-1957)의 '朝鮮歷史(1931)' 에 보이는 上古(高麗以前) · 中古(高麗) · 近世(朝鮮) · 最近世(高宗以後)라는 구분, 황의돈(黃義敦, 1887-1964)의 '新編朝鮮歷史(1923)' 및 '中等朝鮮歷史(1926)' 와 장도빈(張道斌, 호 汕耘, 1888-1963)의 '朝鮮歷史要領(1923)' · '朝鮮歷史大全' 에 보이는 상고(단군~列國) · 중고(삼국~남북조) · 근고(고려) · 근세(조선) · 최근세(대원군 집권 이후)라는 구분, 이병도(李丙燾, 1896-1989)의 '朝鮮史大觀(1948)' 에 보이는 上代(고조선~신라말기) · 中世(高麗) · 近世(朝鮮) · 最近世(日帝時代)라는 구분, 진단학회(震檀學會)가 1959년부터 집대성한 '韓國史' 에서 古代 · 中世 · 近世 · 최근세(大院君 집정 이후)로 나눈 것은 모두 시간의 원근(遠近)에 의한 것이다.

김철준(金哲埈, 1923-1989)의 '국사개론(國史槪論)' 은 원시사회 · 부족연맹(고조선~삼한) · 고대사회(삼국~통일신라) · 봉건국가(고려 및 조선) · 근대국가(갑오개혁 이후)로, 이홍직(李弘稙, 1909-1970) · 조좌호(曺佐鎬, 1917-1991) · 신석호(申奭鎬, 1904-1981) 및 한우근(韓㳓劤, 1915-1999)의 '國史新講(1958)' 과 김용덕(金龍德, 1922-1991)의 ' 국사개설(國史槪說 1958)' 은 부족국가(고조선~삼한) · 고대국가(삼국) · 통일신라 · 고려 · 조선 · 列强 침략(개항 이후 한말) · 민족의 수난과 광복(일제강점기)으로, 한우근의 '한국通史(1970)' 는 원시사회 · 부족사회 · 부족연맹사회(고조선~삼한) · 고대(삼국) · 고대통일(통일신라 · 발해) · 중세(고려) · 근세(조선) · 근대(대원군 집정~갑오개혁) · 현대(독립협회와 대한제국 이후)로, 변태섭(邊太燮, 1925-2009)의 '한국사통론(1986)' 은 원시사회 · 고대(고조선~신라말기) · 중세(고려) · 근세(조선) · 근대(대원군 집정~일제강점) · 현대(1945 이후)로 각각 나누었는데 모두 사회발전과 왕조를 혼합하여 시대를 구분한 것이다.

1980년대 民衆史學을 표방, 삼분법적 파악을 전면에 내 세운 한국민중사연구회의 '한국민중사' 2책(1986)은 社會構成體論에 입각하여 원시 · 고대(원시~삼국), 중세 I 기(삼국통일 이후~고려) · 중세 II 기(조선) · 근대 I 기(개항-일제강점) · 근대 II 기(일제강점) · 현대(광복 이후)로, 한국역사연구회의 '한국역사' (1992)는 원시 · 고대(고조선~삼국) · 중세(통일신라~19세기 후반) · 근대(개항 이후~일제강점기) · 현대(광복 이후)로 각기 구분하고 특히 중세 봉건사회를 성립기 · 발전기 · 재편기 · 해체기 등 네 단계로 구분하면서, 이를 각각 남북국(통일신라) · 고려 · 조선 초중기 · 18-19세기에 대응시키고 있다.

이와는 별도로 서구식의 3시대구분법을 적용하면서 內容面에서 西歐의 歷史가 지니는 역사적 의미와 해석을 도입한 견해가 있다.

白南雲(1894–1979), 李淸源(?–?), 全錫淡(1919–), 李北滿, 朴克采(1905–?) 등 社會經濟史學者들의 社會發展段階說에 의한 시대구분은 唯物史觀이 갖고 있는 공식임에도 보는 각도에 따라 시대적 성격이 판이하게 구분되었다. 李淸源은 '朝鮮歷史讀本(1937)' 에서 원시사회(고조선 · 삼한) · 노예사회(삼국 · 고려) · 봉건사회(조선) · 자본주의의 침입(개항 후 한말까지) · 移植 자본주의 과정(일제강점기)으로 구분하였고 全錫淡은 원시사회와 봉건사회(삼국~조선)로 대별하고 고조선으로부터 삼국까지를 고대 아시아적 봉건국가 · 통일신라를 관료적 집권봉건제 성립기 · 고려를 그 발전기 · 조선을 그 완성 및 몰락과정으로 파악하였다. 안확(安廓, 1886–1946)의 '朝鮮文明史(1923)' 는 上古의 小分立, 中古(三國 · 南北朝)의 大分立 · 近古(高麗)의 귀족 · 近世(朝鮮)의 군주독재라는 독자적 시대구분을 시도하기에 이르렀다.

韓國史에 內在하는 歷史의 특성이나 支配者의 權力 구조 등에 초점을 맞추고, 민족의 성장과정을 기준으로 한 孫晋泰(1900–?)〔씨족 공동사회(선사시대) · 부족국가(고조선~삼한) · 귀족국가(삼국~조선)의 3단계 시대구분〕와 李仁榮(1911–?)〔민족 태동기(원시 씨족사회~삼국) · 성장기(통일신라~조선 世宗) · 침체기(世宗~갑오경장) · 각성기(갑오경장~일제강점기) 구분〕의 관점, 支配勢力의 변화(원시공동체 · 豪族 · 門閥貴族 · 武人 · 新興士大夫 · 兩班 · 士林)에 주목하여 部族聯盟 · 古代國家 · 古代統一國家 · 高麗 · 朝鮮 · 近代 · 現代로 내용을 더 細分하는 李基白(1924–2004)의 관점 등은 타성적인 시대구분의 틀에서 과감히 탈피, 새로운 구분을 시도한 것이다.

학계의 일각에서는 삼국시대 전반기까지는 自然神과 始祖神 신앙시대(상고) · 삼국 후반기부터 고려까지는 佛敎시대(古代 중기~中世) · 조선은 性理學시대(近世) · 19세기 초 이후를 多國敎시대(최근세)로 구분하는 사회사상사적 관점(許興植, 1943–)이 있다.

시대구분론은 1967년 12월과 1968년 3월 韓國經濟史學會 주최 '한국사의 時代區分 問題' 를 논제로 한 심포지엄으로 본 궤도에 오르게 되었다. 金哲埈은 나말여초(羅末麗初)에 대하여 친족집단의 규모 축소 · 예민적(隷民的) 성격에서 농노적(農奴的) 성격으로의 농민변질 등 사회관계의 전환과정과 궤를 같이 하여 骨品制와는 본질적으로 다른 유교정치이념이 표방되고 불교사상이 '中世的' 知性으로서 성격적인 변동을 겪는 등 사회변혁이 있었던 것으로 간주하여, 이를 고대로부터 중세사회로의 전환기로 파악했고 강진철(姜晋哲, ?–1991)은 고려 前期 이후 武臣집권기까지는 고대사회에, 그 이후 고려 말기까지는 고대에서 중세로 넘어가는 과도기에 해당하며 조선시대부터가 중세적 봉건사회라는 持論을 구체화했다.

천관우(千寬宇, 1925–1991)는 實學으로 대표되는 정신 · 文化史上 근대적 요소, 大同法의 파급효과에서 보는 경제사상, 노비해방의 방향으로 확정되어 간 사회사상 등의 근대적 요소가 성장해 간 17세기 초 혹은 18세기 후반으로부터 '엄격한 의미' 에서 근대의 기점으로 볼 수 있는 1945년 혹은 3 · 1운동까지를 中世 · 近代 사이의 과도기로 제안했다.

한국사학(韓國史學)의 전개

「우리의 史學史는 항성(恒性)을 추구하는 史學과 변성(變性)을 지향하는 史學이 갈등하고 조화하는 가운데서 전개되어 왔다. 근대이전에는 儒敎史學이 대체로 變性을 추구하고, 仙家들의 역사가 恒性을 지향하였다. 儒家들은 中國文化를 받아들여 우리문화를 세계수준에 맞추려고 하였으나 民族信仰에 바탕을 둔 仙家들의 역사인식은 신화적인 차원을 넘어서지 못하였다.

한민족이 선진문화대열에서 뒤 떨어지지 않으면서 생존을 지속할 수 있었던 것은 儒敎와 民族信仰이 제각기 恒性과 變性의 기능을 탄력성있게 수행할 수 있었던 데 있었다.

韓末-日帝時代에 한국사연구가 일본인과 한국인에 의해 대립되었는데 植民主義史學과 민족주의사학의 대립이 그것이다.

일본인은 '고지키(古事記)'와 '니혼쇼키(日本書紀)' 편찬 때부터 한국사를 왜곡하기 시작, 메이지 이신(明治維新) 이후 征韓論이 일어나고 한국이 강점되면서 한국사 개조에 정력을 쏟았다. 申采浩로 대표되는 民族史家들은 儒敎의 事大史學과 일본의 植民史學에 의하여 왜곡된 上古史와 민족신앙에 대한 연구에 주력하여 한국의 上古文化가 동아시아문화의 원류임을 밝혀 내고자 하였다.

民族史學은 한말에는 英雄主義的 自主自强論을 전개하였으나 1920년대에는 민중을 민족의 구심체로서 인식하였고, 1930-1940년대에는 新民族主義史觀이 제창되었는데 左右의 사상적 갈등을 지양하고자 하는 先覺的 知識人의 고민을 반영하는 것이기도 하였다.

1930-1950년대의 한국사연구는 實證史學에 의하여 주도되었는데 植民史學과의 정면대결보다는 경쟁을, 예리한 역사의식보다는 정밀한 史實考證에 치중하는 아카데미史學이 지배하였다. 일제의 탄압, 광복과 남북분단, 6·25전란과 같은 민족적 시련이 民族主義史學을 위축시키는 결과를 가져와 近代史學史의 하나의 전환점을 이룬 것은 4·19였다. 主體史觀-發展史觀이라는 말이 유행어가 되고, 植民史學이 비판대 위에 올라섰으며, 民族史學이 재평가되었다.

1960년대 史學에서 가장 활기를 띤 분야는 考古學과 古代史, 朝鮮後期 사회경제사 분야에서였다. 舊石器文化와 靑銅器文化의 발굴, 확인은 古代史연구를 촉진시키는 기폭제가 되었고 조선후기 實學과 자본주의 맹아의 검출문제가 관심의 초점이 되었다.

1970년대의 思想史연구 붐과 個性찾기 열풍은 일부에서 비정상적인 복고풍(復古風)과 국수적(國粹的) 경향을 낳기도 하였다. 국가의 지속적 성장과 사회적 균형, 그리고 통일기반 구축이 향후 기본과제라고 할 때, 이에 대응하는 歷史學의 방향은 1950년대의 匠人的 學風과 1960년대의 近代主義學風, 그리고 1970년대의 復古主義학풍을 뛰어 넘어 이 세 학풍이 새로운 차원에서 지양(止揚) 統一되는 것이어야 하지 않을까.」 〈韓永愚(1938-), 서울大 人文大學 助敎授〉

『神異史觀

우리가 아는 최초의 역사책은 고구려 國初에 저술되었다는 '留記' 100권인데 嬰陽王 11년(600) 李文眞에 의하여 '新集' 5권으로 改修되었다. 백제에서는 근초고왕(在位 346-375) 때 高興이 '書記'를 지었고, 신라에서는 진흥왕 6년(545) 거칠부(居柒夫)에게 명하여 널리 文士를 모아서 '國史'를 지었고 성덕왕(在位 702-737)때 金大問(?-?) 이 '계림잡전(鷄林雜傳)' · '화랑세기(花郎世記)' · '高僧傳' 등을 저술하였다. 이는 통일신라의 전제정치에 대한 비판으로 생각되는데, 金長淸(金庾信의 玄孫, ?~?)의 '金庾信行錄'이나 연회(緣會, ?~?)의 '낭지전(朗智傳)' 등 승전(僧傳)들도 같은 맥락의 것이었다.

이 같은 전통은 고려 초기까지 전해져 '舊三國史' 같은 것이 그 예이나 전하지 않으며, 李奎報〔호 백운거사(白雲居士), 1168-1241〕의 '東國李相國集'(1241)권 3 고율시 '東明王篇'에 고구려 건국에 관한 신화 · 전설이 자세히 서술되어 있다. 또 문종(在位 1046-1083) 때 박인량〔(朴寅亮, ?-1096)이 지은 '수이전(殊異傳)'과 저자미상의 '가락국기(駕洛國記)', 의종(在位 1146-1170) 때 김관의(金寬毅, ?-?)가 지은 '편년통록(編年通錄)' 등이 역시 같은 전통을 이은 것이다.

李奎報는 '東明王篇' 序에서 '구삼국사'의 동명왕本紀에 적힌 神異한 사적들을, 「세 차례 거듭 탐독(耽讀) · 미독(味讀)하며 차차로 그 근원을 찾아가니, 이는 환(幻)이 아니요 聖이며, 귀(鬼)가 아니요 神이었다」고 하였고 一然(1206-1289)은 '三國遺事' 紀異(神異를 기록한다는 뜻)편의 序에서 중국 帝王들의 신이한 사실을 예로 든 뒤에, 「三國의 시조가 모두 神異한 데서 나왔다는 것이 무엇이 괴이하다 하겠는가.」하였다.

유교적(儒敎的) 도덕사관(道德史觀)

居柒夫는 '국사란 君臣의 선악(善惡)을 기록하여 포폄(褒貶)을 萬代에 보이는 것이기 때문에 역사서를 편찬해야 한다'고 하였다. 가장 오래된 유교적 도덕사관에 입각한 史論을 편 김부식〔金富軾, 호 뇌천(雷川), 1075-1151〕은 '삼국사기를 올리는 글'에서 仁宗(在位 1122-1146)의 말을 빌리어 적고 있다.

「이런 까닭에 임금의 善 · 惡, 신하의 忠 · 邪, 나라의 安 · 危, 人民의 治 · 亂에 관한 것을 다 드러내어 써 후세에 권계(勸戒)를 드리울 수 없으니, 三長(才 · 學 · 識)의 才를 얻어 권위있는 역사를 완성하여 이를 萬世에 끼치어 해와 별과 같이 환하게 하고 싶다.」

'帝王韻紀'에서도 「善한 일은 법이 되겠고, 惡한 일은 경계가 될 것」이라고 하여 같은 뜻을 나타내고 있기는 하나, 관찬(官撰)史書들이 그러한 취지로 일관되고 있다. 조선 초기 편찬된 '高麗國史' · '東國史略' · '高麗史' · '동국통감(東國通鑑)' 등 대표적인 史書들이 모두 같은 도덕사관에 입각한 것이다.

유교의 도덕적 흥망사관은 이익(李瀷, 1681-1763)이 馬韓을 古朝鮮의 뒤를 이은 正統의 국가로 생각한 데('三韓正統論')에서도 알 수가 있지만, 특히 안정복(安鼎福)이 「역사가의 大法은 統系를 밝히고 찬역(簒逆)을 엄히 하며, 是非를 바로 잡고 忠節을 드날리고 제도와 문물을 자세히 하는 것이다.('東史綱目' 序)」라고 한 데에 잘 나타나 있다. 안정복의 도덕적인 입장에서의 한국사 체계화 작업은 위만조선(衛滿朝鮮)은 물론 신라가 망하기 이전의 고려까지도 이를 참국(僭國)이라 하여 그 정통성을 부정하기에 이르렀다. ('東史綱目' 凡例 統系)

實學派의 史觀

조선시대 후기 개인적인 역사서술이 두드러지게 나타났는데 유교적인 도덕사관에 입각한 것들도 있지만, 새로운 경향을 나타내 보이는 것들도 있었다.

첫째 尙古的인 입장에서 현실적인 개혁론을 주장하는 경향이다.

류형원(柳馨遠, 1622-1673)은 광범한 개혁안을 제시한 '반계수록(磻溪隨錄, 1670)' 에서 그러한 방법을 쓰고 있다. 이러한 관점은 한백겸(韓百謙, 호 구암(久菴), 1552-1615)의 '기전고(箕田攷)' 에도 나타나지만, 李重煥(호 淸潭, 靑華山人, 1690-?)의 四民總論에서도 士 · 農 · 工 · 商의 구별이 없는 舜의 시대를 그리워하고 洪良浩(1724-1802)의 '해동명장전(海東名將傳)' 序(1794 ?)에서도 文과 武가 아울러 존중되던 옛 날을 그리워하고 있다.

둘째 역사적 사실의 발전 진보에 대한 인식이 나타나고 있는 점이다.

「역사란 성패(成敗)가 이미 결정된 후에 쓰여지기 때문에, 그 성패에 따라 아름답게 꾸미기도 하고 나쁘게 깎아 내리기도 하여 당연한 것처럼 만든다. 또한 善한 쪽에 대하여는 그 잘못을 많이 숨기고, 惡한 쪽으로부터는 그 좋은 부분을 반드시 없애버린다. 따라서 어리석음과 슬기로움에 대한 판별이나 善惡에 따르는 응보(應報)가 징험할 수 있는 것처럼 보이기도 한다. 천 년이 지난 뒤에 어떻게 참으로 옳고 그름을 알 수 있겠는가.」

〈李瀷 / '역사를 읽고 성패를 헤아린다'〉

李瀷은 역사적인 성공과 실패를 도덕적 선악에 의하여 판단할 것이 아니라 '처한 바의 형세' 에 의하여 이해해야 할 것이라고 주장하고 있다. 그가 붕당(朋黨)을 논하면서, 利害를 강조한 것도 그러한 입장을 말하여 준다. 정약용(丁若鏞, 1762-1836)은 적극적으로 역사의 進步에 대한 신념을 나타내고 있으나 그의 진보관은 도덕과는 관계가 없는 기예(技藝)에 관한 것이었다.

셋째 國土에 대한 깊은 관심을 가졌다.

이러한 관심의 구체적 표현은 역사지리에 대한 연구였다. '三國史記' 이래 地理志가 있어 왔고, '동국여지승람(東國輿地勝覽)' 등의 지리서도 편찬되었으나, 개인의 연구가 단행본으로 저술되기는 한백겸(韓百謙)의 '東國地理志' (1614-1615)가 처음이다. 그 뒤 신경준〔申景濬, 호 여암(旅庵), 1712-1781〕의 '강계고(疆界考, 1756)', 丁若鏞의 '강역고(疆

域考, 1811)', 한진서(韓鎭書, 1777-?)의 '해동역사지리고(海東繹史地理考)' 등이 저술되었고, 특이한 인문지리서인 李重煥의 '擇里志'(1714)와 민족적인 자기인식의 극적인 표현으로 나타난 류득공(柳得恭, 1748-1807)의 '발해고(渤海考)'(1784)가 있다.

넷째 중국 중심의 세계관을 탈피했다는 데에 있다.

朴齊家(1750-1805)의 '北學議(1778)'의 1절인 '尊周論'이나, 박지원(朴趾源, 1737-1805)의 '北學議' 序가 대표적인 예인데, 중국 중심의 세계관을 과감하게 깨뜨리는 생각을 한 학자들이 洪大容(1731-1783)과 丁若鏞이다.

다섯째 고증(考證)에 대한 열성이다.

안정복(安鼎福)의 '동사강목(東史綱目)'(1778)이 정확한 고증으로 높이 평가받고 있으며, 신경준의 '疆界考'나 丁若鏞의 '疆域考'도, '東史綱目'과 함께 실학파의 3大史書라고 평가되고 있는 燃黎室 이긍익(李肯翊, 1736-1806)의 '연려실기술(燃藜室記述)'(1797) · 玉蕤堂 한치윤(韓致奫, 1765-1814)의 '해동역사(海東繹史)'도 또한 그러하였다. 이러한 경향은 뒤에 五洲 李圭景(1788-?)의 '오주연문장전산고(五洲衍文長箋散稿)'로 나타나는데, 金正喜〔호 완당(阮堂) · 추사(秋史), 1786-1856〕의 진흥왕순수비(眞興王巡狩碑)에 대한 연구인 '금석과안록(金石過眼錄)' 같은 저술도 나타났다.

19세기 中間身分層의 史論

19세기 중간신분층의 신분 상승을 요구하는 주장을 담은 역사서가 여럿 나타났다. 李重煥의 '택리지(擇里志)' 四民總論에는 士 · 農 · 工 · 商의 구별에 대한 비판이 포함되어 있고 洪良浩〔초명 양한(良漢)〕가 '海東名將傳'에서 文臣만이 아니라 무장(武將)에 대한 관심을 높이도록 강조한 것도 그 한 예이다. 이진흥(李震興)의 '연조귀감(掾曹龜鑑)'(1777, 중간 1848)은 향리의 역사서인데 서필〔徐弼, 901-965, 徐熙의 父〕과 최충(崔沖, 984-1068)을 포함한 이 전기도 향리와 양반의 구분이 역사적 근거가 없음을 나타내기 위한 것이다.

이민행(李敏行)은 그 序에서,

「뛰어나고 특이한 능력을 지닌 선비라도, 측미(側微)한 집안에서 태어나면 길이 막혀 벼슬할 수가 없다. 주현(州縣)에서 벼슬살이하던 사람은, 연자방앗간에서 맷 돌을 돌리는 눈 가려진 당나귀처럼, 이서(吏胥)의 길을 벗어날 수가 없다.」라고 하였다.

한편 서얼에 대한 역사서로는 沈宜淳의 '규사원편(葵史原編)'과 이에 근거하여 달서정사(達西精舍)의 대구儒生들이 편찬한 '葵史(1858)'가 있다. 서얼도 적자와 함께 관리에 등용하라는 것인데, 19세기에 일어난 이같은 경향〔특히 '호산외기(壺山外記)' · '이향견문록(里鄉見聞錄)'의 경향〕이 이어져서 張志淵(字 舜韶, 號 韋庵, 1864-1921)은 '일사유사(逸士遺事)(1912)' 序에서 다음과 같이 말하고 있다.

「신분적으로 中人 · 庶人 · 常民 · 천민(賤民)을 구별하여 청환(淸宦)에 오르지 못하게 하고, 지역적으로 西北兩道를 구분하여 앞 길을 막았다. 원기(寃氣)가 和氣를 범하고 중한(衆恨)이 하늘에 사무쳤다. 이와같이 하기를 4백여 년에 이르러 나라가 망하고 말았다.」

開化期의 進步史觀과 계몽적 愛國史觀

開化期에 안으로는 새로운 사회적인 변화와 밖으로는 밀려 오는 서양 문화의 영향을 받으면서 역사를 보는 관점에도 큰 변화가 있었다.

그 첫째가 역사를 進步하는 것으로 보는 관점이다.

유길준〔兪吉濬, 호 구당(矩堂), 1856-1914〕의 '서유견문(西遊見聞, 1895)'에는 '開化의 等級'이란 1편이 있어서, 未開化 · 半開化 · 開化의 3단계로 인류의 생활이 발전하는 것을 말하고 있다. 그 보다 앞서 집필한 '世界大勢論' 중의 개화수이(開化殊異)란 대목에서는 야만 · 未開 · 半開 · 文明의 4단계로 발전한다고 말 하고 3단계인 半開에 아시아 동부를 포함시키고 있는데, 한국을 이 半開의 단계에 속해 있는 것으로 이해한 것 같다. 신채호(申采浩)는 '進化와 退化'라는 글에서 국가의 발전을 추장시대, 귀족시대, 전제시대, 헌법시대로 진보한다고 보았다.

다음으로 계몽적인 애국사학이다.

'李忠武公實記(1908)' · '乙支文德傳(1908)' · '강감찬전(姜邯贊傳)' · '동국거걸최도통전(東國巨傑崔都統傳)' · '천개소문전(泉蓋蘇文傳)' 등과 '伊太利建國三傑傳〔량치차오(梁啓超) 作〕' · 애국부인전(1907) · '彼得大帝' · '比斯麥傳' 등 외국 영웅들의 전기도 많이 저술되었고 '美國獨立史' · '意太利獨立史' · '瑞士建國誌〔빌헬름 텔(Wilhelm Tell)의 改作, 1907〕' · '波蘭末年戰史' · '越南亡國史' · '比律賓戰史(1907)' 등이 출판되었다.

셋째로 우리 고전의 발굴 · 간행에 대한 관심이 컸다.

이러한 관심은 조선光文會의 활동에 잘 나타나 있는데, 광문회를 조직 · 운영하는데 주도적 역할을 한 崔南善의 이 운동을 전개하게 된 동기를 말 하는 글이 있다.

민족주의史觀

민족주의사학은 일제강점기에 더욱 성장하였는데 정신사관에 기초를 두고 있었다. 박은식〔朴殷植, 호 백암(白巖), 1857-1925〕은 神(精神)인 역사가 形인 나라의 근본이라고 말하였다.

「옛 사람이 나라는 멸할 수 있으나 역사는 멸할 수 없다고 하였다. 나라는 形 [형체(形體)]이고 歷史는 神 [정신(精神)]이다. 지금 한국의 形은 허물어졌으나 神만이 獨存할 수는 없는 것인가. 神이 존속하여 멸하지 않으면 形은 부활 할 때가 있을 것이다. 이것이 痛史를 저술하는 까닭이다.」 〈'한국통사(韓國痛史, 1915)' 緖論〉

그는 또, 「대개 國敎 · 國學 · 國語 · 國文 · 國史는 혼(魂)에 속하는 것이요, 전곡(錢穀) · 군대(軍隊) · 성지(城池) · 함선(艦船) · 기기(器機)는 백(魄)에 속하는 것이다. 그런데 魂의 됨됨은 魄에 따라서 죽고 사는 것이 아니다. 國敎 · 國史가 망하지 않으면 그 나라는 망하지 않는다.」('韓國痛史' 緖論) 라고도 하였다. 이 神이나 魂이 살아 있으면 외형적인 形이나 魄에 해당하는 국가나 국력은 다시 성장 · 발전할 수 있다는 것이었다.

박은식의 神(신) · 魂(혼)을 정인보〔鄭寅普, 호 위당(爲堂) · 담원(薝園), 1893-1950 拉北〕는 '얼'로 표현하였다. 역사의 척주(脊柱)를 이루는 것이 '얼'이라고 생각하였기 때문에, 이 '얼'이 죽으면 민족도 역사도 죽는 것이라고 생각하였다.

「역사는 백변(百變) · 천환(千幻)한다. 그러나 그 수혈(髓血)을 순마(循摩)하여 보면 곧 人心의 완연 굴절(屈折)함이다. 인심 또한 진위(眞僞) · 허실(虛實) · 사성(詐誠) · 사정(邪正)의 체대(遞代)함이 교산(巧算)으로써 헤일 수 없는 것이다. 그러나 그 척주(脊柱)는 이른바 '얼'이니, 이 '얼'이 있는지라 變해도 또 환(幻)해도 운리(雲裏)의 용신(龍身)과 같이 역구일관(歷久一貫)의 大線을 심색(尋索)할 수 있는 것이다.」〈'五千年間 朝鮮의 얼' 序〉

신채호(申采浩)는 추상적인 神이나 魂 혹은 '얼' 대신에 보다 구체적인 고유한 사상체계를 중요시하여 한국의 고유한 낭가사상(郎家思想)의 성하고 약함이 곧 민족사의 흥망을 좌우한다고 믿었다.

'조선역사상 一千年來 第一大事件'이란 논문에서 그는 역사를 정의하여, '인류사회의 '아(我)와 비아(非我)'의 투쟁이 시간부터 발전하며 공간부터 확대하는 心的 활동의 상태의 기록.'('조선사' 總論) 이라고 하였다. 신채호는 我와 非我를 설명하면서 무산계급과 지주 · 자본가의 대립을 말하고 있다.

崔南善의 '조선정신'은 위의 양자와는 또 다른 성질의 것으로 역사가로서 '조선정신'을 탐구한다고 말하고 있다.

호암(湖岩) 文一平(1888-1939)의 '朝鮮心'은 그것이 한국민족에게 고유한 것이라는 점, 구체적인 사상이기보다도 추상적인 정신으로서 한국문화를 형성하는 근원이었다고 생각한 점 등 '조선정신'과 비슷한 점이 있다.

신천옹(信天翁) 함석헌(咸錫憲)(1901-1989)의 '聖書的 입장에서 본 조선역사'는 神의 의사에 의하여 좌우된 한국사를 말하는 것이 아니라, 한국민족이 독립된 의지로 움직여 온 역사에 나타난 神의 뜻을 말하는 것이었다.

사회경제사적 관심과 유물사관(唯物史觀)

사회사에 대한 관심은 兩班 중심의 역사관에 대한 비판에서부터 비롯하였다. 張志淵은 逸士遺事에서 신분으로는 양반과 중서상천(中庶常賤)이 차별되고, 지방으로는 南道와 西北兩道가 차별되는 상황을 비판하였다. '史上의 奇人'이라는 제목으로 韓國史上 반역아(叛逆兒)들의 전기를 엮은 文一平도 잊을 수가 없다.

경제사 면에서는 이훈구(李勳求)(1896-1961)의 조선농업론과 배성용(裵成龍)을 들 수 있다. 경제뿐 아니라, 사회·문화 전반에 걸친 내용을 가진 것으로 이여성(李如星, 1901-?)·김세용(金世鎔) 공편의 '數字조선연구' 5권이 있다. 이들의 공통된 특징은 일원론적인 역사법칙에 의하여 한국사의 발전을 이해하려고 한 것이다.

東岩 白南雲(1897-1979)이 신라통일 혹은 고려 건국을 전후하여 노예사회와 봉건사회로 구분한데 대하여 이청원(李淸源)은 조선 건국을 전후하여 양 시대를 구분하는데 차이가 있을 뿐이다. 나아가서 그는 半봉건적 '조선학'이나 '5천년간의 얼'을 비판하였다.

> 「삼국시대의 노예제사회, 신라통일기 이래의 동양적 봉건사회, 이식(移植)자본주의사회는 오늘에 이르기까지의 조선역사의 기록적 총 발전 단계를 나타내는 보편사적인 특징이며, 그것들은 제 각기 특유의 법칙을 갖고 있다.」〈白南雲/ '朝鮮經濟史方法論(1933)'〉

민족주의사관에 대해 가장 신랄한 비판을 가한 金台俊(1905-1949)은 관념적인 영웅사관을 꼬집고 實證史學에 대하여도 이를 비판하고, 유물사관에 입각한 역사인식을 강조하였다. ('史學硏究의 回顧·展望·批判')白南雲 이래로 한국사 연구에서의 실천적 의의를 강조한 것이 광복 후 全錫淡의 '朝鮮史敎程(1947)'이었다.

實證史學

어떤 선입견이 없이 각자의 전공분야에서 한국사를 체계적으로 이해해 보려는 학자들이 나타났다. 그 대표적인 것이 1943년 조직된 진단학회(震檀學會)를 중심으로 한 학자들인데, 尙玄 李能和(1869-1943)와 안확(安廓)이 주목된다. 이능화는 '朝鮮佛敎通史'(1916) 등 방대한 편찬물을 남기었고 안확은 민족·미술·학예·문학·정치·경제·외교·陸海軍史를 내용으로 하는 조선문명사의 학문적인 체계화를 위하여 노력하였다.

최남선은 한국의 원시문화를 이해하는 데 文化圈의 이론을 적용, 단군신화에 대한 연구에 초점을 둔 불함문화권(不咸文化圈)에 대한 주장을 폈는데 '兒時朝鮮'에서 진화론에 입각하여 인류의 기원으로부터 서술함으로써, 웰즈(Herbert George Wells, 1866-1946)의 '세계사(The Outline of History)'에서 영향을 받고 있음을 나타내고 있기도 하다.

진단학회에 관계한 이병도(李丙燾, 호 斗溪), 이상백〔李相佰, 호 상백(想白), 1904-1966〕·손진태(孫晋泰, 호 남창(南滄))·김상기〔金庠基, 호 동빈(東濱), 1901-1977〕·송석하〔宋錫夏, 호 석남(石南), 1904-1948〕·고유섭〔高裕燮, 호 우현(又玄), 1905-1944〕 등 실증사학자는 전공하는 분야와 시대를 갖고 있다는 것이 하나의 특징이다.

이병도는 고대역사지리와 사상사를, 이상백은 조선건국사와 사회제도사를, 손진태는 원시적 신앙과 민속을, 김상기는 고려를 중심으로 한 대외관계사와 반란사를, 송석하는 民俗을, 고유섭은 미술사를 각기 전공하였다.

新民族主義史觀

민족주의사관·유물사관 및 실증사학 등 세 역사학 조류의 형성은 현대 한국사학의 기초를 닦아 주었다.

文一平은 '朝鮮心'에 토대를 둔 '조선사상'을 한국사를 인식하는 기초로 삼고 실증사학의 방법을 받아들여 '對美關係50年史' 등의 저술을 남기기도 하였다.

孫晋泰는 민족이 지니는 사회적인 측면을 중요시하는 점에서 민족주의사학과는 달랐기 때문에 자기의 사관을 新民族主義史觀이라고 불렀다.

요컨대 이제 민족적인 입장에서 실증을 통하여 얻어진 정치·경제·사회·문화의 여러 사실을 독자적으로 체계화하려는 노력이 나타난 것이다. 그리고 이것은 역사학의 전통을 비판적으로 계승·발전시킨 결과였다. 현대의 한국사학은 이 기반을 도약대로 삼고 더욱 성장·발전해 나가야 할 것이다.』

〈李基白〉

한국사연구 백년

『舊史學과 新史學

조선후기실학이 꽃핀 18 · 9세기 영(英) · 정(正) · 순조(純祖)시대는 역사학에서도 황금기(黃金期)였다. 안정복의 '동사강목', 이긍익의 '연려실기술', 한치윤의 '해동역사', 정약용의 '강역고' 같은 것이 이때에 나왔다. 그 뒤에도 실록(實錄), 보감(寶鑑)의 편찬이나 대전(大典), 문헌비고(文獻備考) 등 '정서(政書)'의 증보(增補)와 같은 사업, 또 그것을 위한 정부의 기록보존 사업은 계속되었고 민간에서도 전기(傳記) · 금석(金石) · 지지(地誌) · 민속(民俗) 등 여러 업적이 이어져 왔다.

서양 근대문물과의 접촉이 잦아지고, 특히 1890년대의 갑오경장(甲午更張) 전후 개화(開化)의 물결이 밀려닥치면서, 구학문(舊學問), 신학문(新學問)이라고도 불린 신 · 구학 내지 신 · 구사상의 갈등이 있었다. 다만 역사학은 구학문과 신학문이 그처럼 대척적(對蹠的)인 것은 아니었다. 량치차오〔梁啓超, 字 줘루(卓如), 號 런궁(任公), 1873-1929〕가 「태서(泰西)에서 통행하는 제학 가운데 중국에 고유했던 것은 사학(史學)뿐……」('飮氷室文集' - '中國之舊史學')이라고 한 것도 그것을 말하는 것이다.

> 중국사학은 근원이 멀고 갈래가 길어서 역사서적은 저술연대가 오래 되어 숲과 같지만 사용된 글자의 뜻과 어법은 後來와는 다름이 많고 전장(典章)과 옛 사실도 뒷 사람이 밝히기 어려웠다.
>
> 청조(淸朝) 고증학(考證學)은 서양식의 실증에 손색이 없는 과학적인 방법을 썼다.
>
> 明末 후잉린(胡應麟, 1551-1602)은 위서(僞書) 변별의 경험을 총결하고 체계화하여 '사부정와(四部正訛)'를 지었는데, 중국의 첫번째 오류 변별 학문의 전문 저술이었다. 첸다신〔錢大昕, 字 샤오정(曉徵) · 신메이(辛楣), 호 주팅(竹汀)〕의 '이십이사고이(二十二史考異)' 百권, 왕밍성(王鳴盛, 字 鳳喈, 號 禮堂, 1722-1797)의 '십칠사상각(十七史商榷)' 百권, 짜오이(趙瀷, 字 雲崧, 1727-1814)의 '이십이사차기(二十二史箚記)' 36권은 치앤룽(乾隆) · 지아칭(嘉慶) 시대(1735-1820) 사학 고증의 3부 명저이다.
>
> 이익의 '성호사설(星湖僿說, 1723?)'은 청조 고증학 초기의 대표적 저작의 하나인 구옌우〔顧炎武, 字 닝런(寧人), 號 팅린(亭林), 1613-1682〕의 '일지록(日知錄, 32권 998條)'과 같은 분석방법과 서술체계를 취하면서 한국사의 많은 문제에 접근하고 있다.

역사과학으로서의 한국사학을 정립하기 위한 시도는 지지부진이었다. 한국인에 의한 최초의 통사(通史)이었다고 할 김택영〔金澤榮, 호 창강(滄江) · 소호당주인(韶濩堂主人), 1850-1927〕의 '역사집략(歷史輯略)'(1905)은 구사체(舊史體)를 따른 것이었다. 신사체(新史體)를 따른 최초의 통사인 白堂 현채(玄采, 1856-1925)의 '동국사략(東國史略)'(1906, 學部 교재)은 하야시 다이스케(林泰輔)의 '조선통사(朝鮮通史)'(日文)를 역편(譯編)한 것이었고, 그 원저는 섭렵한 자료부터가 소략한 것에 불과하였지만('朝鮮通史' 권말 朝鮮史籍考) 당시로서는 이 정도의 신사체 통사도 나오지 못하고 있었다.

> 「광무(光武) · 융희(隆熙)의 제(際) (1897-1910)에는 일대의 추향(趨向)이 정치적 국사(國事)에 있으므로 학술 방면에는 볼 것이 없고, 주시경(周時經, 호 한힌샘, 1876-1914)의 조선어학(朝鮮語學)에와, 장지연(張志淵) · 신채호(申采浩)의 사학(史學)에와, 적이 공정(功程)을 나타낼 뿐이며, 뒤에 조선광문회(朝鮮光文會, 1910)가 일어남에 미쳐 국고(國故)의 학이 활기를 띠게 되었다.」〈崔南善 / '朝鮮歷史'〉

장지연은 서민 중심의 전기집인 '일사유사(逸士遺事)'와 우리 유학사를 처음으로 체계화한 '조선유교연원(朝鮮儒敎淵源)'(1916)을 내놓아 새 안목을 보였다. 역사학에서는 정약용의 '疆域考'를 증보(增補)하고(1903) 교재용인 '동국역사'를 편찬하는(1906) 정도이었다. 신채호의 '독사신론(讀史新論)'(1908)은 후일의 '상고사' 체계가 여기에 배태(胚胎)되어 있고, '정신의 역사'와 '민족주의'가 여기서 강조되고 있다.

1910년대에 역사학에 큰 업적을 남긴 박은식은 합병 전 장지연과 함께 쌍벽을 이루던 논객(論客)이었으나 서간도(西間島)로 망명한 뒤로 '동명성왕실기(東明聖王實記)', '발해태조건국지(渤海太祖建國誌)', '명림답부전(明臨答夫傳)', '개소문전(蓋蘇文傳)', '대동고대사론(大東古代史論)' 등을 저술,(대부분은 不傳) 역사가로서의 면목을 드러내기 시작하였다. 그뒤 上海로 옮겨 왕조말을 서술한 '한국통사(韓國痛史, 1915)'(漢文)는 3 · 1운동을 내용으로 하여 간행된 '한국독립운동지혈사(韓國獨立運動之血史)'(漢文, 1920)와 더불어 민족주의사학이 본격적으로 정립되기 시작한 한 이정표로 평가되고 있다.

'한국혼(韓國魂)'으로 집약되는 박은식의 정신사관, 특히 민족정신사관은 뒤에 신채호의 '아(我)와 비아(非我)', 최남선의 '조선정신', 문일평의 '조선심', 정인보의 '얼' 등으로 맥락이 이어진다. 또 이능화(李能和)의 '조선불교통사(朝鮮佛敎通史)', 권상로(權相老, 1879-1965)의 '조선불교약사(朝鮮佛敎略史)'(1917)가 나와 불교사의 체계화가 시도되기 시작하였다.

일본은 1890년 수년 전부터 대학에 사학과(史學科)를 두고 독일 랑케(Leopold von Ranke, 1795-1886) 사학을 도입하는 등 근대적인 학풍으로의 발 돋움을 시작하였으며 일청전쟁(日清戰爭)과 일로전쟁(日露戰爭) 전후, 서양사학의 방법을 익힌 연구자들이 동양사학을 성립시키고, 이 동양사의 입장에서 조선사를 보는 경향이 나타나기 시작하였다. 만선역사지리조사실(滿鮮歷史地理調查室)이 설치되어(1908), 시라토리 구라키치(白鳥庫吉, 1865-1942) · 쓰다 소키치(津田左右吉, 1873-1961) · 이케우치 히로시(池內宏, 1878-1952) 등이 참여 한 뒤로 한국사 연구는 도쿄의 시라토리와 교토의 나이토 고난(內藤湖南, 1866-1934)의 학통을 이은 동양사학 연구자들에 의하여 주도되었다.
'일선동조론(日鮮同祖論)', '만선사(滿鮮史)' 와 함께 후쿠다 도쿠조(福田德三, 1874-1930) · 시카타 히로시(四方博, 1900-1973) 流의 정체론(停滯論)이 일본 패전까지 줄곧 맥락을 이어 일본의 침략정책을 합리화 한 결과가 된 것이었다.
총독부는 일로전쟁 이전부터 건축사학의 세키노 다다시(關野貞, 1867-1935), 고고인류학의 도리이 류조(鳥居龍藏, 1870-1953) 등으로 하여금 현지조사를 실시하게 하고 박물관(1916)과 중추원 조선고적조사위원회를 설치 하였다.

당시 청(清)에서는, 한국사에 관하여 구옌우(顧炎武) · 주이준(朱彝尊, 1629-1709) 등이 주목되는 정도이었으며 ('海東繹史', '紀年兒覽序', '五洲衍文長箋散藁'), 청말(清末) 금석학(金石學)에 려우 시 하이(劉喜海), 지리고증(地理考證)에 양소우징(楊守敬, 1839-1915) 등이 손 꼽힐 정도였다.

서양인이 남긴 한국사 관계 저술로는
달레(Claude Charles Dallet, 1829-1878)의 '한국교회사' (佛文, 1874), 꾸랑(Maurice Courant, 1865~1935)의 '한국서지(韓國書誌)' (佛文, 1894-1901), 제로 재무부(帝露 財務部)의 '한국지(韓國誌)' (露文, 역사 · 풍속 · 제도 등 포함, 1900), 그리피스(William Elliot Griffis, 1843-1928)의 '은둔국(隱遁國) 조선(Corea, the Hermit Kingdom)' 과 로스(John Ross, 1842-1915)의 '조선어론(朝鮮語論)' (둘다 英文) 등 합병 전만 해도 20-30종에 달하며, 그중 헐버트(Homer Bezaleel Hulbert, 1863-1949)의 '한국사' (英文, 1905)와 게일(James Scarth Gale, 1863-1937)의 '한인사(韓人史)' (英文, 1927), 이옥(李玉)의 '한국사' (Histoire de la Corée 佛文, 1969), 헨손(W.Henthorn)의 '한국사' (英文,1971) 등은 몇 안되는 서양문(西洋文) 통사(通史)의 하나가 된다. 그 뒤 에카르트(Andre Eckardt, 1884-1971)의 '조선미술사' (獨文, 1939)나 그라즈단제프(Andrew Jonah Grajdanzev, 1899-1975)의 '근대한국' (英文, 1944) 등 주목되는 저술도 나왔지만 한국사 연구의 주류는 아니었다.

3·1 운동 후의 韓國史學

1920년대의 특징을 이루는 것은, 한국사의 주체성을 부인·말살하려는 日人 연구자들에 적극 맞서는 민족주의 사학이 크게 부풀어 오른 점이다. 황의돈(黃義敦)의 '신편조선역사(新編朝鮮歷史)', 권덕규(權悳奎, 1890-1950)의 '조선유기(朝鮮留記)'(1929) 등은 만선사관을 뒤집어 한민족 중심의 만주사를 곁들인 것이었다.

최남선은 '단군론(檀君論)', '아시조선(兒時朝鮮)'(1926)에 이어 '불함문화론(不咸文化論)'(日文 1928)을 발표하여 일본인의 일선동조론을 뒤집고, 한민족이 동양 최고의 문화 창조자요 일본은 그 아류(亞流)라는 주장을 아시아적 규모로 논하였다.

베이징에 있던 신채호의 '조선사연구초(朝鮮史硏究草)'(1925)와 '조선사(朝鮮(上古)史)'(1928년 旅順獄 투옥 전에 집필, 1931년 발표)가 국내 신문에 연재된 것도 이 시기로서, 이 상고사 체계는 정인보의 '오천년간 조선의 얼'(신문연재, 1935-, 뒤의 조선사연구), 안재홍(安在鴻, 1891-1965)의 '조선상고사감(朝鮮上古史鑑)'(1947-1948) 등으로 이어졌다.

신채호 사학은, 조선上古史 총론에 보이듯이 이미 역사과학의 방법을 의식하고 있었다. 최초의 정치제도사를 포함한 안확(安廓)의 '조선문명사'와 같은 것은 그 일례이며, 후일 실증사학의 중심적 위치를 차지하는 이병도의 논문들도 이 무렵부터 학술 전문지에 발표되기 시작하였다(1926-). 서양사학의 방법을 원용한 용재(庸齋) 백낙준(白樂濬, 1895-1985)의 '한국신교사(韓國新敎史)'(英文, 1927)는 개척적인 업적이다.

또 하나 주목되는 것은 이능화(李能和)의 사상사 정리이다. 불교사의 대저를 낸 그는, '조선기독교급외교사(朝鮮基督敎及外交史)'(英文, 1926)와 '조선도교사(朝鮮道敎史)', '조선무속고(朝鮮巫俗考)'(둘 다 漢文)를 지었고, '조선여속고(朝鮮女俗考)'(漢文, 1927), '해어화사(解語花史)'(漢文, 1927) 등 풍속사(風俗史)를 중심으로 한 사회사적인 접근을 시도하였다. 오세창〔吳世昌, 호 위창(葦滄), 1864-1953〕이 전통적인 서화예술을 정리하여 '근역서화징(槿域書畫徵)'(漢文, 1928)을 낸 것도 이 무렵이다.

일본인의 한국사학은 1920년대에 조직적으로 진행되었다. 총독부 중추원의 '조선반도사(朝鮮半島史)' 편찬사업은 조선사편찬위원회로 개편되어(1922), 이나바 이와키치(稻葉岩吉, 1876-1940)의 주재하에 추진되었으며 총독부의 관방조사과(官房調査課)(1922-)에서도 다방면의 조사를 계속하였고 조선사학회의 '조선사강좌 일반사·분류사·특수강의'(日文, 1923-4, 일반사는 뒤에 '朝鮮史大系'로 改題)는 한국사의 종합적 서술이었다. 김해패총(金海貝塚)·평양고분(平壤古墳)·지안고분(輯安古墳)·경주고분(慶州古墳) 등 고적조사(古蹟調査)보고서와 '조선고적도보(朝鮮古蹟圖譜, 1915-1935)'를 내 놓았고, 1926년 이마니시 류(今西龍, 1875-1931) 등이 한국사의 영역을 넓혀갔다.

국내 역사학도 1920년대의 기초 위에 분야별로 전문화되어 1930년대에 전서(專書)로 나온 것만으로도, 고권삼(高權三, 1900-?)의 '조선정치사'(日文, 1930), 이선근(李瑄根, 하성(霞城), 1905-1983)의 '조선최근세사'(1931), 문일평의 '대미관계(對美關係) 50년사'(1939), 류자후(柳子厚, 1896-?)의 '조선화폐고(朝鮮貨幣考)'(1940), 김태준(金台俊, 1905~1950)의 '조선소설사'(1939), 김윤경(金允經, 호 한결, 1894-1969)의 '조선문자급어학사(朝鮮文字及語學史)'(1938), 김재철(金在喆)의 '조선연극사'(1939), 정노식(鄭魯湜, ?-1965)의 '조선창극사(朝鮮唱劇史)'(1940), 윤을수(尹乙洙, 1909-1971)의 '한국의 유교'(佛文, 1939) 등이 나오게 되었다. 최남선의 '조선역사'(1931)가 국문으로 된 통사(通史)로서는 거의 유일의 것이었고, 그 밖에 조광사(朝光社)의 '조선명인전(朝鮮名人傳'(1939)을 손 꼽을 정도였다.

그러나 한국사학의 몇 가지 주목할 만한 현상이 이 시기에 일어나고 있다.

첫째는 조선후기 실학을 중심으로 근대지향적 성격과 민족의 주체성에 입각하여 유학사상을 재구성하려 한 일련의 시도가 정인보·안재홍(安在鴻)·최익한(崔益翰, 1897-?)등에 의하여 추진되었으며(鄭寅普의 관계 논술은 광복후(1955) 간행된 '담원국학산고(薝園國學散藁)', '薝園文錄'에 수록), '여유당전서(與猶堂全書)'(丁若鏞 저), '담헌서(湛軒書)'(洪大容 저), '여암전서(旅庵全書)'(申景濬 저) 등 실학파 제유(諸儒)의 저술이 계속 발간된 것도 이러한 학풍과 보조를 같이 한 것이었다. 또 정인보의 상고사 연구('오천년간 조선의 얼')나, 국사의 대중화에 주력하면서 독특한 사론(史論)을 다수 발표한 문일평의 업적(뒤의 '湖岩全集', 1939) 등도 이 시기의 민족주의 사학의 중요한 성과였다.

둘째는 유물사관(唯物史觀)에 입각한 계급주의사학의 대두로서, 백남운의 '조선사회경제사'(古代)(日文, 1933)와 '조선봉건사회경제사' 상(上)(고려)(日文, 1936), 이청원의 '조선사회사독본'(日文, 1936, 뒤에 '조선역사독본'으로 增補)등이 대표적인 것이었다.

셋째는 진단학회와 그 회보 '진단학보(震檀學報)'(1934-1939)의 활동인바, 재한(在韓) 일본인 연구자들의 청구학회와 그 회보 '청구학총(靑丘學叢)'(1930-1939)에 대결하는 한국인 연구자들의 집결체이었다.

미·일 개전(1941) 이후 최호진(崔虎鎭, 1914- 2010)의 '근대조선경제사'(1942), 홍이섭(洪以燮, 1914-1974)의 '조선과학사'(1944) 등 신진들의 일본문 발표가 허용되었을 뿐이었고, 최남선의 '고사통'〔故事通, (1943), 조선역사에 문화사 관계를 增補〕이 나옴에 그쳤다.

광복 이후의 韓國史學

광복을 맞으면서 한국사학을 담당한 것은 진단학회였다. 먼저, 국사를 되 찾은 각급 교육을 위하여 급속히 교원을 양성하고 응급의 교재로 '국사교본' (1945)을 편찬하였으며, 이병도의 '조선사대관(朝鮮史大觀)' 〔1948, 뒤에 '한국사대관(韓國史大觀, 1964)' 으로 增補〕은 광복후의 한국사 체계를 대표하는 것이다. 또 좌 · 우익의 정치적 대립과 때를 같이하여, 역사학에서도 계급주의 사학이 주로 사회경제사의 분야에서 활발한 움직임을 보이면서, 1948년의 정부수립 무렵까지 민족주의사학과의 대립을 나타낸 것도 이 시기의 특징의 하나였다.

광복 이후의 한국사학은 내용에 있어서 광복이전의 한국사에 가해졌던 왜곡을 비판하는 일과, 한국사가 본래 지니고 있던 예지(叡智)와 힘의 재발견으로 정상한 한국사의 체계를 재수립하는 일이 될 것이었다.

조선후기 특히 실학, 자생(自生)한 자본주의적 요소, 신분제의 변동 등에 대한 연구는 광복후 크게 진전된 분야의 하나다. 그것은 주로 한국사에 있어서의 근대의 기점(起點)과 근대사의 자주적 성격을 구명하는 데에 역점을 둔 작업들이었다. 또 이 시기의 유학사 · 동학사 · 천주교사 · 서민예술사 등에서도 큰 진전이 있었다.

사회경제사학의 개별연구는 광복후 30년 동안 비상한 진전을 보였다. 또 이 시기의 정치제도사 · 불교사상사 · 불교미술사 등도 크게 진전된 부분이며, 백제사 · 발해사에 대한 관심이 고조되고 있는 것도 주목할 현상이다. 상고사(上古史)는 특히 광복 이후에 급격한 발달을 보인 고고학에서 획기적인 변화를 일으켰다.

6 · 25동란이 일어난 뒤 피난 수도 부산에서 역사학회와 그 회지 '역사학보' (1952-)가 출현하였다. 그 동안 학술원(1954-)의 역사학 분과 역대 회원이었던 李丙燾 · 金庠基 · 申奭鎬 · 조의설(趙義卨, 1906-1978)(서양사학) · 김재원〔金載元, 호 여당(藜堂)1909-1990〕(고고학) · 이홍직(李弘稙) · 류홍열(柳洪烈, 1911-1995) · 홍이섭(洪以燮, 1914~1974)과 전후출신인 고병익(高柄翊, 1924-2004) · 한우근(韓沽劤) 등 중진 연구자들의 영향 아래 연구자 수는 비약적으로 증가하였다.

일본인 연구자들은, 나라(奈良) 天理大學이 지원하는 조선학회〔광복전의 在韓 日人 연구자들을 중심으로 1950년에 발족. 대표자는 다카하시 도루(高橋亨, 1878-1967) · 후나다 교지(船田亨二, 1898-1970)〕와 도쿄의 조선사연구회〔전후 출신 연구자들을 중심으로 1959년 발족. 대표자는 '조선사' (1951)의 저자 하타다 다카시(旗田巍, 1908-1994)〕의 두 학회를 선두로 한국학계에 못지않은 활동을 하고 있다.

또 광복 이후로 '조선왕조실록(朝鮮王朝實錄)' 영인(影印)(1955-1958)을 비롯하여 희귀자료와 신 자료의 중간(重刊) · 영인등이 성행하여, 연구자에게 큰 편의를 주고 있는 것도 빠뜨릴 수 없는 일이다.』

〈千寬宇 / '韓國史의 再發見'〉

광복후 통사적(通史的) 총관(總觀)을 한 역저(力著)로
玄相允의 '朝鮮儒學史'(1949), 조윤제(趙潤濟, 1904-1976)의 '한국시가사강'(韓國詩歌史綱, 1954), 김두헌(金斗憲, 1903-1981)의 '조선가족제도연구'(1949), 이인영(李仁榮)의 '조선의 대외관계사'(한국·만주관계사의 연구, 1954), 高柄翊의 '東亞交涉史의 硏究'(1970), 金斗鍾(1896-1988)의 '한국의학사(韓國醫學史, 1966)'·'韓國古印刷技術史'(1974), 金元龍(1922-1993)의 '韓國美術史'(1968), 全相運(1928-)의 '韓國科學技術史'(1966), 金哲埈의 '韓國古代國家發達史'(1964)·'韓國古代社會硏究'(1975), 金貞培(1940-)의 '韓國民族文化의 起源'(1973), 李基白의 '新羅政治社會史 硏究'(1974), 丘秉朔(1926-)의 '韓國古代 奴婢制度'(1974), 邊太燮의 '高麗政治制度史 硏究'(1971), 劉元東(1924-)의 '韓國商業工業史'(1965), 金三守의 '韓國社會經濟史'(1965), 千寬宇의 '韓國土地制度史'(1965)·'韓國實學思想史'(1970), 姜晋哲의 '韓國土地經濟史'(1965), 金容燮(1931-)의 '조선후기농업사연구'(1970), 韓沽劤의 '韓國開港期의 商業硏究'(1971), 趙璣濬(1917-2001)의 '韓國資本主義 成立史論'(1973), 姜萬吉의 '朝鮮後期 商業資本의 發達'(1973), 朴九秉(1932-)의 '韓國漁業史'(1975) 등이 있다.

'震檀學會編 '韓國史', 李基白의 '韓國史新論'(1967, 개정 1976), 韓沽劤의 '韓國通史'(1970), 千寬宇의 '韓國史의 再發見'(1975), 邊太燮의 '韓國史通論'(1986), 韓永愚의 '다시 찾는 우리 역사'(1997), 국사편찬위원회의 '신편 한국사' 전 52권(1993-2002), 한국정신문화연구원의 '민족문화대백과사전' 전 27권(1980-1991)은 주체적 한국사 像 구축의 토대를 이루고 한길사의 '한국사' 전 27권(1994)과 1980년대 민주화운동세력의 역사인식을 집약한 '解放前後史의 인식' 전 6권(1979-1989)은 진보사학적 연구경향의 산물이다. 일본 도야마(富山)국립대 후지모토 유키오(藤本幸夫, 1941-)는 5만여 종에 이르는 일본으로 유출된 한국 고서목록을 經(경전)·史(역사)·子(철학서적)·集(개인문집)의 4種으로 정리, '일본 현존 조선본 연구'를 펴냈다.

대원군 때부터 1910년까지를 分期하여 개설한 李光麟(1924-2006)의 '韓國史講座' V. '韓國開化史硏究'(1969), 3·1운동까지 분기한 白鍾基의 '韓國近代史硏究'(1981), 實學·開化·東學農民·義兵史를 주제별로 분석한 姜在彦의 '韓國近代史硏究'(1982) 등은 通史的 이해를 위한 近代史 저술의 빈터를 메웠다.
高大 民硏의 '韓國現代文化史大系', 國史編纂委의 '韓國現代史', 1979년 해체된 독립운동사 편찬위원회의 '독립운동사' 전 10권은 史論이 혼란하고 구성이 산만하다.
윤병석(尹炳奭, 1930-)의 '韓國史와 歷史意識', 姜萬吉(1933-)의 '韓國民族運動史論', 송건호(宋建鎬, 1927-)의 '韓國現代史論', 이현희(李炫熙, 1937-2010)의 '韓國近代史의 探索', 신용하(愼鏞廈, 1937-)의 '韓國近代史와 社會變動', 박성수(朴成壽, 1931-)의 '獨立運動史硏究'·'韓國近代史의 再認識', 李用熙(1917-1997) 外 '韓國의 民族主義'(1975), 李庭植(1931-)의 '韓國民族主義의 政治學', 崔昌圭(1937-)의 '韓國政治思想史'(1972), 姜在彦의 '근대한국사상연구' 등은 모두 민족주의 또는 독립운동사의 시각에서, 또 내용에서는 현재적 관심이 강하게 비춰져 있는 史論書들이다.

編論集으로 주목을 끄는 것은 '變革時代의 韓國史' (東平社), '韓國近代民族運動史' (돌베개), '日帝下의 民族運動' (풀빛), '3 · 1運動50周年紀念論集' (1969, 東亞日報), '韓國現代史의 再照明' (돌베개), '19世紀 韓國傳統社會의 변모(變貌)와 民衆意識' (高大民研), '韓國民族主義論' Ⅰ · Ⅱ (創作과 批評社), '해방전후사의 인식' 을 비판한 '해방 전후사의 재인식 Ⅰ · Ⅱ' (2006, 책세상)등이다.

北韓의 歷史學

「북한의 역사학은 월북한 남한 출신 마르크스주의 역사학자들에 의해서 주도되었는데, 국학 연구 기관으로서 1947년 조선 력사 편찬 위원회를 설치했다가 확대 · 개편하여 1952년 과학원을 설치하고 그 안에 력사연구소, 경제법학연구소, 철학연구소, 고고학 · 민속학연구소, 문학연구소, 고전연구실 등을 부설하고 '조선력사연구론문집' (1947) · '력사제문제' (1948, 7) · '력사과학' (격월간 계간) · '문화유산' · '고고민속' · '조선고고연구' 등의 학술지를 간행하였다.

북한의 역사학이 궤도에 오르기 시작한 것은 1960년대부터이며, '조선통사' 上(1956 · 1962 · 1977 · 1987)과 '조선문화사' 上(1963) 등이 출간되어, '조선문학통사' (1959) · '조선철학사' 上(1961)의 출간과 아울러 1단계의 통사적 정리가 마무리되었다.

그리고 김석형(金錫亨, 1915-1996)의 '조선봉건시대 농민의 계급구성' (1957)과 '초기 조일관계연구' (1966), 박시형(朴時亨, 1910-2001)의 '조선토지제도사' 上, 中(1960, 1961), 리지린(李址麟)의 '고조선연구' (1963), 림건상(林建相)의 '조선의 부곡제(部曲制)에 관한 연구' (1963), 허종호의 '조선봉건말기의 소작제 연구' (1965) 등 실증적 연구가 있었다.

1970년대에 들어가면서 주체사상에 입각한 33권의 '조선전사' 를 완간하고(1983) '조선철학사' 와 '조선문학사' 등을 개정하였으며, 10권의 '위대한 주체사상총서' (1985)를 간행하여 주체 사상의 사상 · 이론 · 방법을 심화시켰다.」 〈韓永愚 / 우리역사와의 대화〉

한국의 역사사상 개설(槪說)

『조선 후기의 실학파들은 현실적인 경세치용(經世致用)에 몰두했다. 경학(經學)을 중심으로 하되 경학이 시사하는 그 세계를 위하여 많은 개혁론(改革論)을 주장했는데 합리적 · 실증적인 배경이 필수로 되었다.

실학파 중에서도 이익을 중심으로 한 근기학파(近畿學派)는 독자적인 안목에서 역사를 체계 있게 재편성하고자 했다. 여기에서 치사(治史)와 찬사(纂史)의 사관(史觀)이 나왔고 이에 의거하여 한국사의 새 모습을 찾고자 했다. 중국의 경우는 사찬(私撰)의 사서(史書)가 먼저 나왔고, 그 틀에 의하여 관찬(官撰)의 사서가 나왔지만, 한국에서는 관찬사서 후에 사찬사서가 이루어졌다. 또 중국에서는 사학(史學)이 관찬사서의 편찬을 계기로 독립할 수 있었으나, 한국에서는 사찬사서의 찬술(纂述)의 시기에 와서 독립할 수 있었다.

實學派의 역사의식

조선 후기의 실학파 학자들은 역사의식이 뚜렷했다. 이익은 역사를 비판과 고증적인 입장에서 다루어야 한다고 보았다. 이와 같은 역사관은 류형원에서도 일맥 통하는 것이었고, 정약용의 현실 비판과 주례적(周禮的) 인식에서도 그 일단을 찾아볼 수 있다. 이익의 사관(史觀)은 안정복 · 이긍익 · 한치윤에 의해서 계승되었다.

> 종래의 학문관(學問觀)은 문(文) · 사(史) · 철(哲)을 겸행한 것이었다. 예(禮)에서 시문(詩文)으로, 사학(史學)으로 그 지식의 특출함을 드러내었다. 이때에 오면 사학은 려우 즈지(劉知幾, 字 子玄, 661-721)가 말한 재(才) · 학(學) · 식(識)등 삼장(三長)을 겸비한 사람만이 다루는 분야는 아니었다. '육경개사야〔六經皆史也, 6경(詩經 · 書經 · 禮記 · 樂經 · 易經 · 春秋)이 모두 역사〕' 라고 갈파한 장쉐청(章學誠, 字 實齋) 같이 경학을 바탕으로 역사의식이 전진되어 자국(自國)의 역사를 재편성해 본 것이다.
>
> 「'易' 은 天地 · 陰陽 · 四時 · 五行을 나타낸 것이므로 '變' 에, '禮' 는 人倫을 기록한 것이므로 '行' 에, '書' 는 先王의 '事' 를 기록한 것이므로 '政' 에, '詩' 는 山川 · 계곡(溪谷) · 금수(禽獸) · 초목(艸木) · 빈무(牝牡) · 자웅(雌雄)을 기록한 것이므로 '風' 에, '樂' 은 生을 樂한 것이므로 '和' 에, '春秋' 는 是非를 辨한 것이므로 '治人' 에 각각 長하다.」
>
> 〈司馬遷 / '史記' 〉
>
> 「하늘을 말한 것은 '易' 처럼, 일을 말한 것은 '書' 처럼, 德을 말한 것은 '禮' 처럼, 뜻을 말한 것은 '詩' 처럼, 禮를 말한 것은 '春秋' 처럼 각각 잘 말한 것이 없다.」 〈楊子法言〉
>
> 章學誠은 六經皆史로 史學의 지위를 제고하고 史學이 경세의 수단임을 제창하고 고거(考據)의 성행에 비판적 태도를 취하였으며 역사서적을 찬술(撰述)과 기주(記注) 두 부류로 구분하여 새 역사서 체례를 제시하였다.

唐代 러우즈지(劉知幾)의 '史通(內篇 10권 36편, 外篇 10권 13편)', 정챠오(鄭樵, 字 漁仲, 1103-1162)의 '통지(通志)' '총서(總序)' 및 20략, 淸代 장쉐청(章學誠)의 '文史通義(1832)'는 中國 전근대 史學史에서 극히 중요한 몇 부의 史學이론 저작이 되었다.

성호는 사실을 왜곡시키고 시비(是非)를 전도시킨 역사서술에 대하여 비판하였다.

「상시(常時) 역사를 읽을 때 언제나 의문나는 것은 善한 것은 지나치게 선하고 惡한 것은 지나치게 악하다는 것이다. 사람들은 평지상(平地上)에서 간과하여 '선한 사람은 진실로 의당히 저래야 하지만 악한 사람은 어떻게 이 정도로 악할까' 한다. 우리나라 사서(史書)는 문장을 읽을 수가 없는데다가 중국사를 근거로 참착하여 혼란시켰기 때문에 더욱 읽을 수가 없다.」

안정복은 '東史綱目' 序에서 밝히고 있다.

「'삼국사기'는 소략(疎略)하고 사실과 어긋나며 '고려사'는 번잡하면서도 요점(要點)이 적고 徐居正(1420-1488)·최부(崔溥, 1454-1504)의 '동국통감'은 의례(義例)가 어그러진 것이 많고 유계(兪棨, 1607-1664)의 '여사제강(麗史提綱)'(1667)과 임상덕(林象德, 1683-1719)의 '동사회강(東史會綱)'(1711)은 필법(筆法)이 혹 괴상한 것이 있다. 초절(抄節)한 것으로는 권근(權近, 1352-1409)의 '동국사략(東國史略)'과 오운(吳澐, 1540-1617)의 '동사찬요(東史纂要)'(1601-1614) 등이 있어 빛나고 성(盛)하다. 더구나 잘못으로 인하여 잘못을 답습하고 비뚤어 진 것을 가지고 비뚤어 지게 전한 것에 이르러서는 이들 여러 역사가 비슷하다.」

'동사강목'은 영조 32년(1756) 착수하여 동 35년 일단 초료(草了)하였다. 그러나 유일(遺逸: 모든 試擧에는 不應)로 참봉에서 감찰을 역임하기 위한 시간적 제약도 있었겠지만, 정조 즉위년 목천현감(木川縣監)으로 부임, 다시 구고(舊稿)에 퇴고(推敲)하고 서문을 붙여서 완성하였다.
본편(本篇) 17권, 부편(附篇) 4편목〔고이(考異)·괴설변(怪說辨)·잡설(雜說)·地理考〕을 합해 20권으로 되어 있는데 권수(卷首)에는 '동국역대전수지도(東國歷代傳授地圖)'·'동국총도(東國總圖)'·관직연혁도(官職沿革圖)를 전재(前載)하고 있다. 찬술에서는 동국 서적 40종, 중국 서적 18종을 채거(採據)했는가 하면, 동국측의 사론(史論) 25가(家), 중국측의 사론 6가의 설을 참고 했다.
이들의 사론은 범례 74조에 집약, 정통(正統)·기년(紀年)·명호(名號)·즉위(卽位)·개원(改元)·존립(尊立)·붕장(崩葬)·찬시(簒弑)·폐사유수(廢徙幽囚)·제사·행행(行幸)·은택(恩澤)·조회(朝會)·봉배(封拜)·정벌(征伐)·폐출(廢黜)·인사(人事)·재상(災祥)·채서(採書)·사론(史論)에 관한 서술의 기준이 되었다.

이긍익은 '연려실기술' 의 의례서(義例序)에서 찬술의 내력 및 찬술의 기준과 서술 태도를 밝히고 의례에서 야사를 평하고 있다.

「'대동야승(大東野乘)' 은 산만하고 통일성이 없고 중복이 많으며, '조야첨재(朝野僉載)' 같이 편년체로 된 것은 사료(史料)의 수집이 미흡하여 상세한 곳은 너무 상세하고 허술한 곳은 너무 편략(篇略)하여 균형을 잃었고, '청야만집(靑野謾輯)' 은 사실(史實)을 상세하게 기술하기보다 논의만 많이 인용하여 말초적인 것만 드러 내고 그 근본되는 것을 잃은 것이 많다.」

'연려실기술' 은 이와는 대조적으로 편술의 통일성과 균형잡힌 기술, 사건의 본질적인 면을 밝히는데 노력하였다.

통일성이란 공정한 사안(史眼)으로 사실(史實)의 맥락인과(脈絡因果)를 밝혔다는 것이고, 균형 있는 기술이란 사료(史料)의 박채〔博採, 인용한 조선시대의 야사(野史) · 수필 · 일기 · 문집류는 4백여 종에 이른다.〕와 명석한 통찰에서 결과된 번편득의(繁篇得宜)한 서술을 말하는 것이고, 사실의 경위를 적는데 말초를 버리고 본질적인 것에 치중하였다.
'연려실기술' 에서는, 이긍익의 의견은 조금도 찾아볼 수 없는 것이 특징이다. 시세(時勢)에 낙오되고 반대파에 몰렸던 불우한 찬자(纂者)가 이만큼 공정할 수 있을까 의심될 만큼 불편부당(不偏不黨)한 필치로 이룩된 조선조의 최양서(最良書)이다.
이긍익〔자 장경(長卿)〕은 조부 이진검(李眞儉, 1671-1727)과 부친 이광사(李匡師, 1705-1777)가 역모(逆謀)로 유배지에서 기세(棄世)하여 빈곤과 고생 속에서 일생을 지내야 했다. '연려실기술' 은 59권(원집 33권, 별집 19권과 속집 7권)의 방대한 기사본말체(紀事本末體)의 조선시대의 사승(史乘)이다. '연려실' 이란 한 대(漢代)의 려우샹(劉向, BC 77-BC 6)이 옛 글을 교정할 때 태일선인(太一仙人)이 청려장(靑藜杖)에 불을 붙여서 비춰 주었다는 고사에서 유래한다.
'연려실기술' 의 원집(原集) 33권 중에는 태조조로부터 현종조에 이르는 280년간의 사실이 왕조별 · 사건별로 수록되고 각 조의 말미에는 당시의 상신(相臣) · 문형(文衡) · 명신(名臣)의 전기(傳記)가 부기되어있다. 별집(문화편) 중에는 조선시대의 관직 · 전례(典禮) · 문예 · 천문 · 지리 · 변위(邊圍)와 역대 고전이 연혁으로 다루어져 있고, 속집(정치편) 7권 중에는 숙종 47년 동안의 일 들이 원집의 형식으로 되어 있다.

한치윤이 새 사서를 집필하게 된 것은, 선행하던 여러 사서가 무징왜곡(無徵歪曲)된 채로 서술되고 있어 사서의 대의(大義)인 객관성을 잃고 있는데서 착안된 것이다. 이런 태도와 방법을 냉재(冷齋) 류득공(柳得恭)은 '해동역사(海東繹史)' 서(序)에서 전해 주고 있다.

'종래 몇 종의 동사(東史:국사)가 혹은 황탄(荒誕)하고 혹은 약소(略疎)하여 학자가 불신하고 또는 미상하던 곳이 많더니 한치윤이 5, 6년을 들여서 서술 퇴고하였다.' 이밖에 '옥유당 한공행장' 에서는 '우리나라 역사의 무징(無徵)을 부끄럽게 여겨 경전(經傳)으로부터

총패(叢稗)에 이르는 540여 종의 인용 서목을 가지고 이 책을 편찬했다.' 라고 하였다.
한치윤은 자가 대연(大淵), 본이 청주(淸州), 호가 옥유당이다. 50년 간의 생애를 진사(進士)에 만족하였을 뿐, 폐거(廢擧)하고 평생을 학문에만 전념했다. 족형(族兄) 한치응(韓致應, 1760-1824)에 수행하여 옌징(燕京)에 사행(使行)함으로써 청(淸)의 문물을 직시하여 학문의 진폭을 넓히고, 한국사의 새로운 편찬을 시작했다.
'해동역사' 는 원편 70권과 그의 종자(從子) 한진서(韓鎭書)가 순조 12년(1813) 보성(補成)한 속편〔地理考〕15권을 도합한 85권이다. 체는 기전체(紀傳體)로 淸의 史家 마샤오(馬驌, 1621-1673)의 '역사(繹史)' 에 방(倣)한 것임은 물론이다.

史論의 기초

조선시대의 사학(史學)은 전통적인 사학의 범주를 벗어 나지 못했다. 역사를 통사로 보느냐, 단대사(斷代史)로 보느냐 하는 시간적인 인식에서도 그러했지만 기전체(紀傳體) · 편년체(編年體) · 기사본말체(紀事本末體)등 3체에 대한 입장도 그러했다. 그러나 조선 후기 실학파에서의 사학은 춘추(春秋) 강목(綱目)의 현실적인 인식에서도 촉진되었다. 춘추강목적인 사관은 명분과 역사의 체계화〔正統〕를 수반했다.

명분론은 고려 · 조선의 역성혁명(易姓革命)후의 고려사 · 실록의 편찬에서 시작되었고, 정통론은 '동국통감(東國通鑑)' 에서 시도되어서 동사강목과 해동역사에서 작용하고 있다. 이익과 안정복의 정통론은 그 본질이 전통적인 명분적 사관을 벗어 나지 못했다고 하지만, 이를 과감하게 탈피한 사람도 없지 않다. 곧 정약용은 '여유당전서(與猶堂全書)' 1집 12권 탁발위론(拓跋魏論)과 동호론(東胡論)에서, "정통은 강역(疆域)의 이동(異同)에서 오는 것이 아니라 그 문화와 그 민족의 활동 여하에 따라서 될 수도 있다"고 보았다.

史體의 선택

'수서(隋書, 636)', 경적지(經籍志)에 의하면 역사서를 정사(正史) · 고사(古史) · 잡사(雜史)와 이밖의 13류(類)로 보았고, 당대(唐代)의 사관(史官) 려우즈지(劉知幾)는 '사통(史通)' 에서 사체(史體)를 6가 2체(六家二體)로 분류했다. 6가란 상서가(尙書家 : 記言家) · 춘추가(春秋家 : 記事家) · 좌전가(左傳家 : 編年傳家) · 국어가(國語家 : 國別家) · 사기가(史記家 : 通古紀家) · 한서가(漢書家 : 斷代紀傳家)의 여섯을 말하고, 2체란 편년(編年)과 기전(紀傳)을 말한다. 수서에서의 正史는 기전체이고 古史란 편년체의 역사서술이었다.
劉知幾는 또한 기전과 편년의 두 체로 서술된 사서를 '정사' 로 총칭하고, 정사 이외의 편기(偏記), 소록(小錄), 일사(逸事), 쇄언(鎖言), 군서(郡書), 가사(家史), 별전(別傳), 잡기(雜記), 지리서(地理書), 도읍부(都邑簿)를 '잡술(雜述)' 로 통칭하였다.
송대(宋代)부터 기사본말체(紀事本末體)라고 하는, 시말을 사건별로 기술하는 서술방식이 나와 사체(史體)로서 기전체 · 편년체와 기사본말체의 3체(三體)가 있게 되었다.

淸代 지윈〔紀昀, 字 샤오란(曉嵐),號 스윈(石雲), 1724-1805〕에 의해 편찬된 '四庫全書總目'(1773)은 고금의 사서를 정사(正史), 편년(偏年), 기사본말(紀事本末), 별사(別史), 잡사(雜史), 조령주의(詔令奏議), 전기(傳記), 사초(史鈔), 재기(載記), 시령(時令), 지리(地理), 직관(職官), 정서(政書), 목록(目錄), 사평(史評)의 15류로 구분하였다.

우리나라에 오래된 것으로는 기전체의 '삼국사기'와 '고려사'가 있고, 야사(野史)로 일종의 기사본말체이기도 한 '삼국유사'와 편년체의 '고려사절요(高麗史節要, 1452)'가 있다.

한편 조선시대에는 이들 3체 외에도 야사류의 여러 사승(史乘)이 있었다. 대표적인 것으로는 '소대수언(昭代粹言)'·'대동패림(大東稗林)'(稗林이라고도함)·'광사(廣史)'·'휘총(彙叢)'·'동야수언(東野粹言)'·'아주잡록(鵝洲雜錄)'·'대동야승(大東野乘)'·'설해(說海)'·'총사(叢史)'·'동사초(東史抄)' 등이 있고, 이들 10종에 수록된 것만도 293종에 이르고 있다. 이들의 엄청난 야사류가 실학파의 저사(著史)에 적지 않게 공헌하였다.

안정복이 편년 강목체를 취한 의도는 역사의 독자적 계통을 세움과 동시에, 종래의 결함된 한국사의 체계를 극복하고 춘추적인 대법(大法)을 드러내서 소시권징(昭示勸懲)하고자 했기 때문이다. '연려실기술'에 앞서 편찬된 '조야첨재(朝野僉載)'·'청야만집(靑野謾輯)'과 '조야집요(朝野輯要)'·'약파만록(藥坡漫錄, 1833)' 등이 편년체에 왕왕 기사본말체를 따르고 있었을 뿐 순수한 기사본말체로 엮은 것은 없었다.

治史의 논리

한국의 역사를 제대로 인식하기 시작한 것은, 삼국 신라시대에 오경(五經)이 전래되고 쓰마치엔(司馬遷, 字 子長 ; BC 145?~BC 86?)의 '사기'와 '한서'·'후한서' 등의 사서(史書)가 전래된 후이었다. 司馬遷은 '史記'를 저술하는 목적을 하늘과 사람의 관계를 추구하고 고금의 변화를 통관함으로써 일가의 이야기를 이루고자 한 데 두었다.

「周 文王(?-?)은 유리(羑里)에 억류되어 '주역(周易)'을, 孔子는 진(陳)·채(蔡)의 액난(厄難)을 만나고 나서 '춘추(春秋)'를, 취위엔(屈原, 이름 平, BC 343?-BC 277?)은 초(楚)(?-BC 223)에서 강남으로 쫓겨나서도 '이소(離騷)'를, 줘 쳐우 밍(左丘明, ?-?)은 눈이 먼 다음에도 '국어(國語)'를, 순 삔(孫臏, ?-?)은 다리를 잘리고도 '손자병법(孫子兵法)'을, 뤼뿌웨이(呂不韋, ? - BC 235)는 촉(蜀)으로 귀양가고도 '여씨춘추〔呂氏春秋, : 여람(呂覽)이라고도 한다〕'를, 한훼이쯔(韓非子, 韓非 BC 280? - BC 233)는 진(秦, ?-BC 207)에 억류당함으로써 '세난(說難)'·'고분〔孤憤, 孤獨과 憤慨〕'을 각각 지었다. 아울러 시 3백 편은 대개 성현들이 분노를 참고 만들어 낸 작품이다. 요컨대 사람들은 모두 막히고 차단되어 자신의 길을 가지 못할 때 과거지사를 논하고 미래를 생각하는 것이다.」

〈쓰마치엔 / '史記, 太史公自序'〉

孔子는 직분(職分)을 바로잡는 '정명(正名)' 과 선악(善惡)을 판별하는 '포폄(褒貶)' 에 의해 역사를 기록했는데 '후세에 이 孔丘를 알아 줄 사람은 '춘추' 로써 판단하여 그럴 것이며 이 孔丘를 벌 할 사람도 '춘추' 로써 그럴 것이다(知我者惟春秋 罪我者惟春秋)' 하였다.

'春秋' 에 대하여 孟子(BC 372?-BC 289?)는 「그 事蹟은 齊(?-BC 379)의 桓公(?-BC 643, 在位 BC 685-BC 643)과 晉(?-BC 376)의 文公의 일을 땄고 그 文章은 魯(?-BC 249)의 역사 기록에 의거하였으나 그 大義(그 史實이 지니는 歷史的 意味)는 孔子 자신이 파악한 思想이다.」라고 하고 뚱쭝수(董仲舒, BC 176?-BC 104?)는 「글은 數萬言을 이루고 뜻(孔子가 史實에 부여한 의미)은 수천 가지에 다다르니, 모든 사물이 움직이는 도리가 모두 '春秋' 에 귀납(歸納) · 연역(演繹)되고 있음을 본다.」라고 하였다. 려우신(劉歆, ?-23)이 '國語' 가운데에서 魯의 惠公 · 隱公年間~哀公 · 悼公年間까지의 一部分을 抽出해서 편년체로 고치고 그것을 '春秋' 의 年限과 서로 나란히 되도록 편집하여 '春秋左氏傳' 이라 하였다. 후대 사람들이 주석을 달은 '좌씨전(左氏傳)', '공양전(公羊傳)', '곡량전(穀梁傳)' 을 '춘추삼전(春秋三傳)' 이라 한다.

「공양전은 미래를 예언함에, 곡량전은 經文의 意義를 純正히 말함에, 좌씨전은 是非를 論함에 각각 뛰어났다.」 〈쩡쉬엔(鄭玄, 127-200)〉

쓰마치엔은 궁형의 치욕을 분기(憤氣)로써 누르고 10년동안 요순시대부터 한 무제까지 2천년의 역사를 기록하니 이것이 한문문화권 문학의 남상(濫觴)이며 역사기록의 전범(典範)으로 꼽히는 '史記' (12本紀 · 10表 · 8書 · 30世家 · 70列傳으로 모두 130권이다.)다. 史記의 最終年限에 관하여도 여러 異說이 있다. '史記' 의 원명은 '태사공서(太史公書)' 로 반 구(班固, 字 孟堅, 32-92)의 '한서(漢書)', 천 서우(陳壽, 233-297)의 '삼국지(三國志)', 판 예(范曄, 字 蔚宗, 398-445)의 '후한서(後漢書)' 와 함께 四史로 불린다.

쓰마치엔 스스로도 '사기' 편찬의 목적을 '하늘과 인간의 관계를 탐구하고 옛날과 지금의 변화를 살펴서 일가를 이루는 것(究天人之際, 通古今之變, 成一家之言)' 이라고 하였다. '史記' 에 대하여 려우샹(劉向), 양슝(揚雄, BC 53-18), 반구(班固) 등은 "불허(不虛)의 미(美) · 불은(不隱)의 선(善)이기에 실록이라 한다."고 칭송하였으며 루신〔(魯迅, 본명 조우수런(周樹人), 1881-1936〕은 "史家의 절창(絕唱)이며 韻이 없는 이소(離騷)이다."라고 평하였다. '사기' 에 주석과 평론을 단 책들은 한우충동〔汗牛充棟(수레에 실으면 소가 땀을 흘리고, 쌓으면 들보까지 찰 정도로 책이 매우 많음)〕이라 할 만큼 많다.

司馬遷이 중국역사상 최고의 선비인 것은 영웅을 성공과 실패로 논하지 않았기 때문이다. 司馬遷과 班固의 우열에 관하여는 일치된 견해가 없어, 혹은 班을 높이고 司馬를 억누르며 혹은 司馬를 높이고 班을 억누른다.

양슝(揚雄)은 「하늘에 대하여는 주역보다, 일에 대하여는 서경보다, 몸에 대하여는 예기보다, 뜻에 대하여는 시경보다 더 잘 설명하는 책이 없다. 이치에 대하여는 춘추가 가장 잘 설명하고 있다」하였다. 〈양자법언(楊子法言)〉

그 후 이 역사의식은 고려 때 '삼국사기'와 '삼국유사'로 응결되고 조선시대에 진전되어 '고려사'·'고려사절요'로 되기도 하고 '동국통감'으로도 나타났다. 이 때의 역사는 삼국유사를 제외하고는 관찬서(官撰書)이었다. 관찬 사서는 그 특색이 당시의 왕조의 입장에서 그 성격이 달라진다는 것이나 사찬의 사승(史乘)에서는 찬자의 입장에 의하여 사관과 방법이 독자성을 갖게 마련이었다.

류형원의 '반계수록' 중 조선의 사회제도 개혁론 주장의 배경에는 중국과 한국의 사실(史實) 파악이 앞 섰다. 이익도 경세치용적(經世致用的) 배경에는 역사적 인식과 고찰이 작용하고 있어 '성호사설(星湖僿說)' 경사문(經史門)에서 그 생각을 쉽사리 얻어 볼 수 있다. 류형원은 '동사강목조례여지지(東史綱目條例輿地志)'·'역사동국가고(歷史東國可攷)'·'지리군서(地理群書)' 등을 저술한 바 있지만, 전하지 않아서 알 길이 없고, 이익의 경우는 '성호선생문집'과 '성호사설'에서 단편적으로 기술되어 있을 뿐 전저(專著)가 없다.

찬사(纂史)의 태도

「무릇 사서를 편찬하는 방법에는 당시인들의 간(簡, 기록물)에 의거하여 기재하는 것과 후대인의 필(筆,기록)에서 취사선택하여 기재하는 것의 두 가지가 있다. 전자의 경우에는 실록(實錄)을 박문(博聞)해야 하고 후자의 경우에는 심오한 인식능력과 광범한 지식을 갖추어야 하는데, 양자는 서로 의존하고 보충하는 관계에 있다.」 〈劉知幾 / '史通'〉

劉知幾는 유가의 '六經'을 비판하고 孔子같은 성인도 그들의 지혜를 이용하여 타인을 우롱하고, 애증에 따라 자기 마음대로 史實을 평가하였음을 지적하였다. 후세의 유학자들은 「劉知幾는 堯·禹를 가벼이 다루고 차오차오(曹操, 155-220)와 차오삐(曹丕)(187-226)는 용서하였으며 '춘추'를 의심하고 '급총(汲冢)'을 믿었으며 자신 이전에는 현철(賢哲)이 없는 듯이 생각하였다」고 비난하였다.
실증적 방법은 17·18세기의 청학(淸學)의 연구 방법이기도 했고, 같은 무렵의 일본 도쿠가와 이에야쓰(德川家康, 1542-1616) 시대의 학문적 연구 방향이기도 했다.

'동사강목'은 정통의 계열을 한국의 역사에 설정한 후 사실은 강목체(綱目體)에 의하여 정리한다는 생각이었다.

논찬(論贊)속에서 고구려의 대(對) 수(隋)·당(唐)전쟁과 고려의 대 거란·몽골 항쟁(抗爭)에서 을지문덕(乙支文德, ?~?)·강감찬(姜邯贊, 948-1031)·서희(徐熙, 942-998) 등 역전 인물(力戰人物)의 애국적 충절을 강조했고, 신라통일 후의 문치(文治)로 인한 무약(武弱)을 한탄했는가 하면 고구려 고국원왕 때의 진대법(賑貸法)을 비판(賑은 좋았으나 貸는 국가의 백성 착취로 단정)하고, 고려 광종 때의 노비안검법(奴婢按檢法)의 부당성을 지적 하였다.

'연려실기술' 의 의례(義例) 7조 속에는 술이부작(述而不作)의 정신이 농후(濃厚)하다. 이긍익은 종래의 허구와 오류, 그리고 아전인수(我田引水)격이던 역사 인식을 지양, 광정(匡正)하여 참 다운 역사적 현실을 포착하고자 한 것이다.

'동서로 분당된 후로부터 서로의 문적에서 헐 뜯고 칭찬함이 서로 달랐고 기재자도 한쪽에 치우침이 많았다.' 고 했다. 따라서 이긍익 자신은 '나는 사실에 의거하여 수록하기만 할 뿐 그 옳고 그름은 후세 사람들의 판단에 미룬다.' 라고 했다.

이긍익은 별호(別號) · 자(字) · 시(諡)의 사용을 피하고 그 본명을 직서하였다. '야사라 할지라도 한 벌의 문자로 이룬 것인 만큼 일정한 범례가 있어야 한다' 는 생각이었다. 이건창(李建昌, 호 영재(寧齋), 1852-1898)이 '당의통략(黨議通略)' 을 찬술하여 비교적 공정하다는 평가를 받는 것도 연려실기술 속에서 보인 실증적 · 객관적인 사관의 일맥을 전승한 결과이었다.

'해동역사' 에는 찬사(纂史)의 기준을 명시한 의례가 없다.

즉 한치윤의 사관을 직접 얻어 볼 수 없고 그 서문도 친구인 류득공이 대서(代書)했으며 문적(文籍)도 별로 없다. 조선사편수회 편 '조선사 고본(稿本)' (通卷 2,613, 5編 811冊)에 그 행장(行狀)이 채록되어 그 생애와 내력을 알 수 있을 뿐이다. 불우했지만 가장(家藏)한 수천 종의 중동기서(中東奇書)로 '해동역사' 를 찬술했다. '해동역사' 가 '동사강목' · '연려실기술' 에 비하여 결점을 많이 내포하고 있으면서도 높이 평가받는 이유는 비판적인 정신과 객관성 때문이다.

지(志)에 해당하는 성력(星曆) · 예(禮) · 악(樂) · 병(兵) · 형(刑) · 식화(食貨) · 물산(物産) · 풍속(風俗) · 궁실(宮室) · 관씨(官氏) · 석(釋) · 교빙(交聘) · 예문(藝文) · 숙신(肅愼) · 비어지(備禦志)와, 열전(列傳)에 해당하는 '인물고' , 그리고 속편의 '지리고' 가 세가에 비하여 우월하다. '해동역사' 에서는 미비된 점이 많아 '인물고 3' 에서 임진(壬辰) 전의 인물 중 이황(李滉, 1501-1570)이 누락되어 있다.

結

'동사강목' 이 춘추적 · 강목적인 사관에 의해서 한국사의 계통을 분명히 했는가 하면, '연려실기술' 은 문헌적 · 실증적인 사안(史眼)으로 조선시대의 정치 · 문화를 정리해 주었고, '해동역사' 는 귀납적 · 객관적인 입장에서 한국사의 진폭을 넓혀 주었다.

'동사강목' 이 인용 서적의 제약과 왕실 중심을 고수하여 근대적인 서술에 부족함이 있고, '연려실기술' 이 인용 서목의 부정(不精)과 자료 인용의 용잡(冗雜)으로 야사적인 것이 농후했는가 하면, '해동역사' 는 왜곡된 외국측 자료의 비판 없는 참용(參用)에서 오는 무의식적인 오류를 내포하고 있다.

그러나 이들 3사는 종래의 한국사의 무징(無徵)과 오류(誤謬)를 광정(匡正)하여 보다 실증적인 사실의 구명을 이루어 주었는가 하면, 한국사를 체계화 · 계통화시켜서 역사의 상한을 연장시키고 역사의 폭을 왕실 중심에서 문화 전반에까지 확장시켜 주었다.」

〈黃元九(1929-), 연세대 교수〉

白頭山 天池

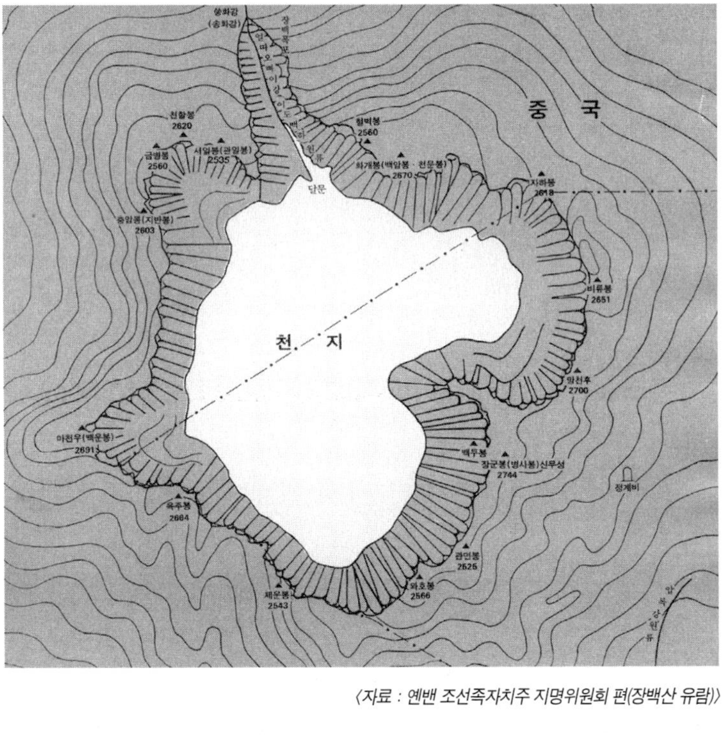

〈자료 : 옌밴 조선족자치주 지명위원회 편(장백산 유람)〉

2부

2 천년의 회고와 새 천년의 과제

- 한국사 통관(通觀)

문화우월(優越) · 정치수졸(守拙) / 文一平

■한국인의 기원(起源) / 崔承熙

■사안(史眼)으로 본 한국 / 李成茂 外

• 우리역사의 특성

• 한국이 살아남을 수 있었던 연유(緣由)

■변경의식(邊境意識)에서 통관적(通觀的) 지성(知性)으로 / 李用熙 外

• 의식(意識)의 지체(遲滯) – 한국적 유폐(流弊)

• 변경문화의식의 갈등

• 한국 지성의 官人性과 抵抗性

• 知性의 갈등을 초극(超克)하여

• 열린 민족주의와 성숙(成熟)한 민주사회

광개토대왕비 발견 당시 모습 1880년(고종 17년)

女眞정벌의 윤관(尹瓘) 동상

訓民사상의 세종(世宗)

死六臣의 위패를 묻은 노은단(魯恩壇)

六鎭 개척의 김종서(金宗瑞)

至治主義의 정암(靜庵) 조광조

軍神 이순신(李舜臣)

壬亂때 전원 순국한 七百義塚(충남 금산, 사적 105호)

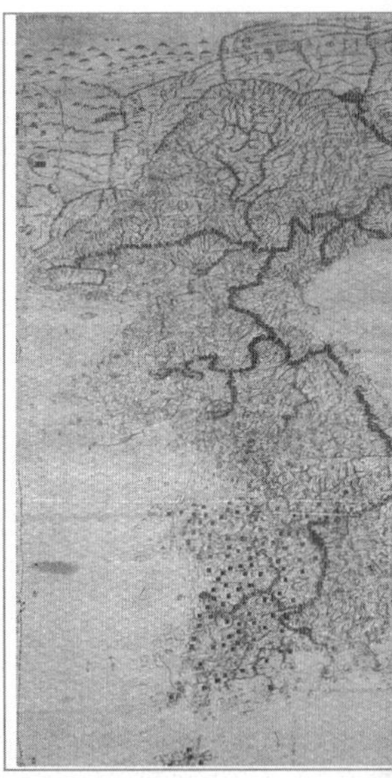

동국대전도(東國大全圖)

문화우월(優越) · 정치수졸(守拙)

「朝鮮文化는 그 연원(淵源)이 三國以前에 發生하여 三國時代에 相當한 발달(發達)을 보게되었거니와 句麗는 그 國土가 만주(滿洲)를 포괄(包括)한 關係上 滿洲文化의 淵源을, 百濟는 그 國交가 日本에 밀이(密邇)하였던 關係上 日本文化의 淵源을, 新羅는 半島最初의 統一國家로서 朝鮮文化의 淵源을 각각 지었다.

朝鮮은 오랜 내력(來歷)을 가지니만치 변천(變遷)도 많았으나 變遷이 많은 푼수로는 變化가 적었으니 歷代에 몇번이나 革命이 일어나 金氏가 王氏로, 王氏가 李氏로, 王統의 경질(更迭)이 있었을지라도 政治는 의연(依然)히 專制統治를 지속(持續)하여 왔다.

風風雨雨 數千年동안 소장성쇠(消長盛衰)가 없는 것이 아니로되 그래도 일관(一貫)한 疆土와 文化를 가지고 온 것은 지나(支那) 以外에 朝鮮이 있을 뿐이니 그 신축자재(伸縮自在)한 民族的 탄력(彈力)과 영롱불괴(玲瓏不壞)하는 民族的 性能이야 말로 경탄(驚歎)할 수 밖에 없다. 그러나 句麗를 除外하고서는 대웅도(大雄圖)를 볼 수 없고 新羅의 唐兵구축(驅逐)과 高麗의 女眞 정벌(征伐)이 자랑거리가 되었을 뿐이다. 형승(形勝)한 半島는 古今 패자(覇者)의 必爭的 地點이 되어있어 契丹 · 蒙古의 連年입구(入寇), 壬辰 · 丙子의 二大난리(亂離) 등 해륙(海陸)으로부터의 외구(外寇)로 말미암아 그 방어(防禦)에 피폐(疲弊)하여져 民族的 精力을 비축(備蓄)할 겨를이 적었다.

朝鮮에는 王統의 경질(更迭)이 있었지만 계급(階級)의 交代는 없었으므로 國力의 피폐(疲弊)와 社會의 정체(停滯)를 막을 수 없었다. 文化를 떠나 政治로만 볼때 朝鮮史는 타기(惰氣)의 연속이다.

부질없이 自己네끼리 사쟁(私爭)만 되풀이하면서 조그마한 半島의 울 안에 갇히어 압록〔鴨綠, 물빛이 오리머리같이 푸르다(水色如鴨頭)하여 명명(命名)〕 以外에 一步라도 넘겨 드듸지 못하였으니 東方大陸 漢土 주위(周圍)에 있는 민방(民邦)치고 한 두번씩 中原을 뒤 흔들지 않은 이가 없었지만 朝鮮人만은 千餘年을 두고 漢土의 일변진(一邊塵)을 건드리지 못하였다. 三國중 가장 큰 句麗의 全的 統一이 미끄러지고 가장 작은 新羅의 半壁統一이 이루게 되매 朝鮮은 大同江 以南의 장대국(掌大國)으로 쪼그라 들고 말았다. 高麗는 大同江 以北의 句麗 구강(舊疆)을 얼마큼 회복(恢復)하였으며 압록(鴨綠) · 두만(豆滿)의 兩江을 우리 품 안에 넣었지만 朝鮮이 半島에 국한(局限)됨을 免하지 못한 것은 마찬가지다.

歷史의 動向으로 볼때 新羅統一 以後는 國土的 發展이 大體로 北進에 있었다면 統一 以前은 句麗가 패자(覇者)가 되어 그 活動이 主로 南進에 있었다. 鴨綠江가에 있던 政治中心이 大同江가에로 옮겨 오게 되고 大同江가에서 다시 漢江가에 南平壤을 둔 것은 南進의 절정(絕頂)이오, 洛東江가에 있던 政治中心이 漢江가에로 옮아 오게 된 것은 北進의 명증(明證)이다. 그러나 南進은 隋 · 唐제국으로 하여, 北進은 만몽(滿蒙) 强族때문에 움츠러졌다. 前者의 실패(失敗)는 大同江以南의 小朝鮮이, 後者의 失敗는 鴨綠江 以南의 小朝鮮이 되고 말았다.

朝鮮史는 一面으로 보면 거의 내분(內紛)의 연속(連續)이다. 60年 新羅王位의 쟁(爭)과 1百年 高麗武臣의 난(亂)과 3百年 朝鮮 붕당(朋黨)의 화(禍)와 같은 大小 파란(波瀾)은 直接間接으로 3王朝의 붕괴(崩壞)를 촉진(促進)한 것이다.

昇平의 世에 있어 외경(外競)이 내분(內紛)으로 전변(轉變)하게 된 共通的 理由를 發見하려니와 同心協力하던 新羅의 진골(眞骨)이 王位를 다투게 됨에 미처서는 해이(解弛)하지 않을수 없었고 文武竝行하여 國家를 지지(支持)하던 高麗의 양반이 一朝 알력(軋轢)이 생김에 이르러서는 경복(傾覆)하지 않을 수 없었고 근엄상려(謹嚴相勵)하여 國史에 진취(盡瘁)하던 朝鮮의 士大夫가 東西黨爭이 생긴 뒤로는 그 네의 心目中에 黨爭以外에는 國家도 社會도 없었으니 또한 쇠퇴(衰頹)하지 않을 수 없었다. 이들의 내분(內紛)에 對하여 꾸랑(Maurice Courant)의 말을 빌린다면 오랫동안 半島의 한 우리 속에 갇히게 되어 창조적재능(創造的才能)도, 고상(高尙)한 思想도, 不和 내분(內紛)의 효모(酵母)로 변성(變性)됨에 基因한 것이다.

新羅는 隋 · 唐, 고려는 宋 · 元, 朝鮮은 明 · 淸의 영향(影響)을 받아 新羅는 유불(儒佛)이 병행(竝行)하고 高麗는 불성유쇠(佛盛儒衰)하고 朝鮮은 유성불쇠(儒盛佛衰)하는 差가 없는 것이 아니로되 大體로 新羅의 文明이 高麗를 지내어 朝鮮의 찬란(燦爛)한 文明을 이루웠다.

예술(藝術)에 있어 그 신기(神技)가 新羅에 미치지 못하고 佛敎에 있어 그 위적(偉績)이 高麗에 미치지 못하나 利用厚生의 견실(堅實)한 文明에 이르러서는 朝鮮의 독보(獨步)로서 羅麗의 추수(追隨)를 許하지 않는다. 朝鮮文明의 상징(象徵)인 訓民正音은 世界文字위에 뛰어나는 實用的 利器인 點에서 新羅藝術의 걸작(傑作)인 石窟庵이나 高麗佛敎의 결정(結晶)인 장경판(藏經版)에 比할 바 이랴. 世宗께서 創造하신 文化는 朝鮮我에 눈 뜬 第一步이니만치 그것이 곧 朝鮮思想의 淵源을 지었다. 思想界의 偉大한 영향(影響)을 미친 이로 世宗(1397-1450) 以前에는 원효(元曉, 617-686)가 있었고 世宗 以後에는 퇴계(退溪)가 있었을 뿐인데 元曉는 佛의 聖이오 退溪는 儒의 賢이다.

朝鮮人의 特殊性을 表示하는 그 言語를 비롯하여 朝鮮人의 過去相을 영사(映寫)하는 그 歷史이며 朝鮮人의 實生活을 朝鮮말로 써 낸 朝鮮文學 같은 것이 朝鮮學을 構成하는 中心骨子가 되어야 하겠다.

조선말은 아득한 옛 날에 발생하였겠으나 조선글의 발명을 기다려 완성의 역〔域〕에 이르렀으며 조선사는 수천년 동안 진보하여 온 것이나 가장 이채(異彩)를 빛 낸 것은 조선글 창정(創定) 등 자아에 눈 뜨는 그 시기가 될 것이며, 조선 문학은 이두(吏讀)로 가요를 적기 시작하던 고대에 남상(濫觴)하였으나 형식이나 내용으로 진정한 조선문학이 됨에는 조선글로 적히게 된 이후의 일이다. 조선학은 조선글의 발명과 그 발달에 의하여 비로소 그 존재의 가치를 증정(增正)하게 된 것은 사실(史實)이 증명하는 바이다.」

〈文一平 / 朝鮮日報 1933.4〉

한국인의 기원(起源)

한국인의 종족 · 原住地 · 이동경로(移動經路)

『이병도는 '한국사' 고대편에서 한국인의 근간은 우랄 · 알타이(Ural · Altai)語의 一族인 예맥(濊貊)이라 하였다. 예맥은 고대 중국인의 음역(音譯)으로 古代音 Khouei – mai로 추측하고 있으나 일본에서는 古來로 '貊'字와 '貊'의 강대한 高麗(高句麗)를 'コマ'라 훈독(訓讀)함을 방증(傍證)으로 하고, 'コマ'라는 것은 濊貊族 자신의 칭호(稱號)가 개마 혹은 고마였던 때문이라 하였다. 고마, 개마의 語義는 貊(곰과 같은 동물) 혹은 웅(熊) 즉 곰이라 해석하고, 貊, 熊을 숭배하던 토템(Totem) 사상에서 나온 것이라 보았다 (熊'토템'制는 동북 아시아諸 민족사회에서 널리 행하여졌다.) 그는 예맥족을 滿 · 蒙계통 · 土耳其계통 즉 우랄 · 알타이 語계통족과 한 가지 오랜 기원을 가진 혈족적으로 비교적 가까운 一族이라고 하였다.

손진태는 '한국민족사개론'에서 한국을 퉁구스(Tungus) 종족에 속한다고 하였다. 퉁구스族의 先祖族은 동이(東夷)라고 총칭(總稱)되었던 종족으로 上古에 揚子江 이북의 중국 동부지역과 만주 · 시베리아 남부 및 한국 內地에 퍼져 살던 一大종족이었으며, 漢族 · 터키족 · 몽골족과 함께 아시아의 4大 종족중의 하나였다고 한다. 東夷族은 漢族과의 오랜 투쟁이 계속되다가 진(秦) · 한(漢) 영역내의 그들은 인종적 문화적으로 漢族의 그것에 흡수되었지만, 만주지방에 살던 그들은 高句麗 · 발해(渤海) 등을 건설하였고, 大金帝國은 중국의 北半을, 大淸帝國은 전 중국을 지배하기에 이르렀다는 것이다. 그러나 淸朝의 붕괴와 함께 그 종족도 대부분 한민족에 흡수된 결과 고대 東夷系종족으로 뚜렷하게 유존(遺存)한 것은 삼천만의 한국인과 수십만의 퉁구스 민족이 있을 뿐이라고 하였다.

김정학(金廷鶴, 1911-?)은 '한국민족형성사大系 Ⅰ, 민족 · 국가사'(1964)에서 한국민족을 알타이(Altai)족의 일족이라고 하였다. 인근 민족 · 언어 등 연구로 한국민족의 종족적 위치를 찾으려고 하였으며 한국민족의 체질적 특징을 두개골(頭蓋骨)과 신장에서 관찰하였다.

김재원(金載元)은 '한국사' 고대편, 史前時代를 서술하는 가운데서, 그리고 김원룡(金元龍, 1922-1993)은 '한국문화사대계 Ⅰ, 민족 · 국가사' 소수(所收) '한국문화의 고고학적 연구'에서 선사시대에 우리 반도에 어로(漁撈)를 생활 수단으로 삼고 즐문토기(櫛文土器)를 사용하던 즐문토기인과 농경(農耕)을 생활수단으로 후육무문토기(厚肉無文土器)를 사용하던 무문토기인이 살고 있었음을 밝히고, 그러나 어느 쪽이 먼저 들어 왔는지는 고고학상으로 논단(論斷)할 근거를 잡지 못하고 있다고 하였다. 즐문토기는 시베리아 · 러시아 · 핀란드 · 스위든 · 노르웨이의 북부에 걸쳐 분포되어 있고, 무문토기는 그 종족을 만주에서 찾을 수 있으며, 그 외의 고고학적 유물의 성격과 분포가 중국본토 쪽보다도 북방적인 요소가 있는 것으로 보아 한국의 선사시대의 종족과 문화는 북방적인 것으로 보았다.

김원룡은 櫛文토기인이 無文토기인보다 반도에 먼저 들어온 것으로 보고 있다. 즉 華北 지방에서 농경문화의 영향을 받은 無文토기인은 즐문토기시대 말기 한국에 들어와 내륙 지방으로 퍼져갔지만 점차로 先住民인 즐문토기인들을 구축(驅逐) 또는 흡수하여 자취를 감추게 되었다는 것이다.

나세진(羅世振, 1908-1984)은 '한국문화사대계 Ⅰ, 민족 · 국가사' 所收 '한국민족의 체질인류학적 연구' 에서 신체 각부위를 인근(隣近)민족의 그것과 비교하고 한국인의 체질 인류학적인 특징을 索出하고 있으나 어느 계통의 종족인가는 결론짓지 못하고 있다.

李丙燾는 그 原住地는 명확히 알 수 없으나 예맥족의 반도진출의 경로는 대륙북방에서 발해만(渤海灣)을 끼고 반도의 서해안지대로, 遼河상류지방에서 松花江 · 압록강유역에 진출하여 거기서 척량산맥(脊梁山脈)을 넘어 반도 동해안으로, 山東반도에서 바다를 건너 서해안지대로 들어오는 세 코스였다고 한다. 그리고 이들 예맥족이 우리 반도에 들어온 것은 대개 신석기시대의 初中期부터였다고 하였다.

孫晋泰는 우리의 先祖族은 서방으로부터 중국북방을 통하여 동방 아시아로 이주한 것으로 그 一枝는 황해에 面한 중국 동북지방으로 남하하였고, 다른 一枝는 더 東進하여 만주에 이르렀고, 그 일부는 다시 만주에서 南進하여 반도의 南端에까지 도달한 것이라 하였고, 東來(반도입주)시기는 대체로 5천년 내지 7 · 8천년 전부터였을 것이라 보고 있다.

金廷鶴은 알타이族의 발상지에 관하여는 알타이 산맥 또는 그 곳에서 멀지 않은 곳이었던 것으로 보고 原住地로부터 西쪽으로는 中央 아시아를 지나 유럽의 東쪽에까지 이르고, 北쪽으로는 시베리아의 레나(Lena) 江까지 다달았고, 그 東쪽으로 이동한 一派가 만주를 거쳐 한반도에 이른 것이라고 보고 있다.

한국인은 단일민족인가

李丙燾는 우리 민족도 온전한 단일인종으로 형성된 것은 아니고 漢族 · 蒙古族 · 滿洲族 · 倭人 기타의 요소가 포함되어 있으나 혼잡(混雜)한 복합체는 아니어서 그 주된 기본적인 요소는 언제든지 우세하고 뚜렷하여 다른 요소를 융합하여 왔다고 보았다.

孫晋泰는 BC 3세기 末경부터 漢族이 고조선의 지역인 平安 · 황해도 등지에 많이 이주하였고, 고려시대에는 거란 · 요(遼) · 元등 蒙古민족이, 조선초기에는 많은 女眞族이 東北지방에 귀화하였고 호남지방에는 바다를 건너 온 남방민족도 약간 귀화한 것으로 보아 原始 퉁구스族(혹은 古代 東夷族)을 근간(根幹)으로 漢族 · 蒙古族 · 中世女眞族 및 약간의 남방민족과 그 외 극소수의 白人種의 혼혈(混血)로써 성립되었다고 하겠으나 그 비율은 퉁구스적 체질이 절대적으로 우세할 뿐 아니라 귀화한 민족을 흡수하여 同化하였기 때문에 통속(通俗)적으로 한국인을 단일민족이라 하여도 무방하다는 것이다.

金廷鶴은 한국민족은 古 아시아族(滿洲族 · 韓國族등 알타이族이 이동하여 오기 전 북방 아시아에 있던 原住종족)과 南方민족의 요소와 漢민족 · 일본민족 등 약간의 혼혈이 있는 것으로 보나 알타이族이 그 수에 있어서나 정치적, 문화적으로도 우세하였기 때문에 한국민족이 거의 완전히 알타이族인 듯 한 인상을 준다고 하였다.

羅世振은 3분의 2 純種과 3분의 1의 異種이 [무작위선택(無作爲選擇)] 잡혼(雜婚)을 거듭하면, 7代후 (약 2백년후) 純種 · 異種의 각 순수형은 볼 수 없고 모두 잡종(雜種)이 된다는 아몬(Otto Ammon, 1842-1916)의 說을 들고, 한국민족이 많은 인류학적 특징을 뚜렷하게 보유하고 고립(孤立) 멘델(Gregor Johann Mendel, 1822-1884) 집단적 인류권을 구성하고 있는 것은 기적이라고 하였다. 그가 한국인의 신체 각 부위를 인근민족과 비교하여 색출한 한국인의 체질인류학(Physical anthropology)적 특징은 다음과 같다. 「한국인은 세계인류 신장분포에서 中等大身長중 큰 편에 속하며 목이 비교적 가늘고 긴 편이며, 배측심층근군(背側深層筋群)의 발달이 탁월(卓越)하여 자세가 바르고 고르며, 하지(下肢)가 길어 身體各部의 比率상 배분(配分)이 구미인(歐美人)에 비준(比準)하여 균형잡힌 체격을 가지고 있다. 한국인의 머리는 短頭이며 세계에서 장경(長徑)이 짧은 특이(特異)한 단두(短頭)中心을 이루고 또한 高頭의 중심을 이루고 있음도 특징이다. 얼굴은 蒙古人종족의 특징인 광안(廣顔)이나 넓고 큰 것보다 장안(長顔)인 것이 특징이라 하겠다. 두개강용적(頭蓋腔容積)도 큰 편이고 뇌중(腦重)도 무거운 편이다.」

한국인의 인종적 문제에 관하여 설을 달리하여 이병도는 우랄 · 알타이語 계통의 1族으로 예맥족, 손진태는 퉁구스族, 김정학은 알타이族의 1族이라고 하고 있다. 그런데 '우랄 · 알타이' 語 계통의 族과 한가지 오랜 기원을 가진 일족 이라고 보는 이병도의 說과 土耳其族 · 몽골족 · 퉁구스族 등 알타이族과 竝立하는 하나의 알타이族이라고 보는 김정학의 說은 매우 가까운 것으로 생각된다. 고고학자들은 확단(確斷)하고 있지 않으나, 고고학적 유물의 계통으로 보아 우리 민족이 북방계통의 민족이라고 보고 있다.

우리 先祖族이 어느 곳에서 어떤 경로를 통하여 언제쯤 반도에 들어오게 되었는가 하는 문제도 說이 다르지만, 중국북방을 통하여 東進하여 만주지방에 이르고 다시 南下하여 半島에 들어왔다고 하는 대강(大綱)은 거의 같은 것으로 생각된다. 우리 조상이 반도에 들어 온 시기에 대하여는 모두 신석기시대로 잡고 있으나, 신석기시대의 시작을 어느 때로 잡느냐에 따라 그 年代도 오르내리게 되는데 대개 5천년 전후로 잡고 있다.

한국인이 단일민족인가 하는 문제는 견해가 거의 같은 것으로 보인다. 즉 온전한 엄격한 의미의 단일혈족은 아니라 할지라도 통속적으로 단일민족이라 하여도 무방한 것으로 보고 있다. 체질인류학상 한국인이 뚜렷한 많은 특징을 가지고 있다는 사실은 한국인의 순수성 또는 단일민족적인 성향을 설명하는 것이라고도 볼 수 있겠다.』

〈崔承熙(1937-) / 서울大 文理大 東亞文化研究所 研究員〉

「한국인 집단은 몽골 및 동남북 시베리아인 집단에서 높은 빈도로 나타나는 유전자형을 비롯하여 동남아시아와 중국 남북부에서 흔히 볼 수 있는 유전자형이 복합적으로 나타나는 이중적인 집단 형태를 보였다.」

〈김욱 · 김종열 / '미토콘드리아 DNA 변이와 한국인집단의 기원에 관한 연구', 2005〉

외국학자들의 한국민족의 기원에 대한 학설도 분분(紛紛)하다.

헐버트〔H.B Hulbert, 한국이름 흘법(訖法) · 할보(轄甫)〕는 한민족을 북쪽의 예맥과 남쪽의 韓種으로 나누어, 남쪽 三韓민족의 기원을 南方민족으로 보았다. 그는 또 三韓의 지명을 비교, 그 언어가 드라비다語(Dravidian)라는 견해도 밝혔다. 나커듸씨(那珂通世)도 헐버트와 같이 북쪽에는 맥의 제종이 있고 樂浪 이남에는 韓種이 있다고 주장했다. 이마니시 류(今西龍)는 한민족을 예맥과 韓族으로 나누어 보고있으나 헐버트처럼 韓族을 南方기원으로 보지는 않고 예맥을 퉁구스족으로 간주하고 있다. 시라토리 구라키치(白鳥庫吉)는 예맥족이 퉁구스족을 골자로 하고 몽골족이 혼혈된 잡종(雜種)이라는 설을 내 놓았다. 린훼이씨앙(林惠祥) 등 중국학자들은 중국민족의 일지파나 漢族化한 準漢族으로 몰아 붙였다. 중국의 링춘셩(凌純聲)과 소련의 쉬로코고로프(M. Shirokogoroff, 1889-1939)는 예와 맥이 韓민족의 직계선조이고 예와 맥을 古아시아族(Paleo-Asiatic)이라고 보았다. 또 레빈 (M.G. Levin)은 韓민족을 北몽골족에 연결시키고 있다.

• *중국문명의 기원*

中國文明의 기원에 관하여는, 설화적인 始原說과 고고 · 인류학적인 입장이 있다. 설화적인 始原說인 三皇五帝전설은, 수인씨(燧人氏, 燧人 대신 女媧나 祝融을 포함시키기도 한다.) · 복희씨(伏羲氏) · 신농씨(神農氏)〔이상 三皇〕, 황띠(黃帝) · 쩐쉬(顓頊) · 띠쿠(帝嚳) · 요(堯) · 순(舜)〔이상 五帝〕등 8인의 聖王들이, 초인간적인 지혜와 능력을 가지고 문화와 기술을 창조하여 인간으로 하여금 문명생활을 영위하도록 교화개발시켰다는 것으로 '五經'(詩 · 書 · 易 · 禮 · 春秋)과 '史記'에서 수정 · 체계화되어서 儒敎主義에서의 정통적인 古代史觀으로 굳어지고, 이상적인 復古觀으로 理念化되기도 했다.

샤오용(邵雍, 1011-1077)은 道 · 德 · 義 · 利의 개념을 적용, 중국역사를 三皇 · 五帝 · 三王 · 五覇로 나누고 三皇을 봄, 五帝를 여름, 三王은 가을, 오패는 겨울에 비유하였다.

맹자는 "무력으로 인(仁)을 가장하는 자가 바로 패(覇)"라 하고, "제환공 등 다섯 패자는 三王의 죄인"이라고 하여 패자에 대한 혹독한 비판을 가했다.

고고 · 인류학적인 입장에서는 中國에서의 最古인류가, 75-60만년 전에 해당하는 '藍田公主嶺猿人'이라는 것이 최근의 발견〔샨시(陝西)省 란티옌(藍田)縣〕조사에서 입증되어 北京原人說이 증명된지 불과 한 세기 남짓 밖에 안 되는 1963-4년 수정되기에 이르렀다.

中國 역사상 처음으로 나타나는 전설적인 王朝인 夏(약 BC 1994-BC 1523)는 그 존재를 立證할만한 것이 나타나지 않고 있다. 夏를 代置한 殷(약 BC 1523-BC 1028)은 青銅器와 文字를 사용하는 文化段階에 있던 나라였다. 殷代의 문명은 周(약 BC 1027-BC 256)

에 의해서 멸망되기까지 약 5백년동안 29내지 30王이 이어 왔다. 1899년 甲骨문자가 발견되고 출토지인 은허(殷墟)가 확인 조사되면서 BC 1300년경인 19대 盤庚王때 천도하여 周에 망할때까지의 後期殷 王朝가, 역사적인 입장에서의 중국문명의 기원이 된다.
삼대는 하(夏) · 은(殷) · 주(周)의 세 왕조이나, 일반적으로 그 이전의 요(堯)(호 陶唐, BC 2333-BC 2234) · 순(舜)(호 有虞, BC 2233-BC 2184) · 우(禹, BC 2183-?)까지 포함해 '당우삼대(唐虞三代)' 로 쓴다.

'하늘이 제비에게 분부하시어 내려가 상의 선조 설을 낳게 하사 망망하게 넓은 은 땅에 살게 했네' (天命玄鳥 降而生商 宅殷土茫茫) 〈'시경', 현조(玄鳥)〉

殷末 西周 초기 고죽국(孤竹國) 부족장의 두 아들 보이(伯夷) · 슈찌(叔齊)는 周 武王이 殷을 멸(滅)하자 무도한 백성이 될 수 없다며 서우양산(首陽山)에 들어가 고사리를 뜯어 먹으며 숨어 살다 죽어 후세에 고고한 선비 · 정의로운 성인으로 추앙된 故事를 남겼다.

첸무(錢穆, 1895-1990)는 「춘추전국 시대 제하(諸夏)와 '이적(夷狄)' 의 구분은 혈통에 의한 것이 아니라 생활방식의 차이와 평화연맹에 의한 것이었다」고 하였다. 연대별로 한족과 변방민족의 공존 관계를 보면 상고~선진 시기에는 동이(東夷) · 남만(南蠻) · 서융(西戎) · 북적(北狄)이, 진한~남북조 시기에는 슝누(匈奴) · 센삐(鮮卑) · 듸(氐) · 챵(羌)이, 隋唐~元 시기에는 거란(契丹) · 여진(女眞) · 몽골(蒙古)이, 淸 이후에는 만주(滿洲) · 챵(羌) · 장(藏) · 훼뿌(回部) · 먀오(苗)가 중원에 유입되어 융화되었다.

- *구조인류학 분화*

이븐 할둔(Abd al-Rahman, Ibn Khaldûn, 1332-1406)은 '歷史序說' 로 통칭되는 '무캇디마' (Muqaddimah, 1375-1378)에서 '인간사회를 유목민과 도시거주민으로 나누고 거칠은 자연환경에서 강한 단결력을 가진 유목민이 사회생활로 나약(懦弱)해진 도시에 침입, 정복왕조를 세우고 이 정복왕조자들이 도시생활로 문명화되면 다시 새로운 유목민에 의하여 교체된다.' 는 '아사비아(asabiyah, 집단연대의식)' 에 근거한 사회형성과 변화의 법칙을 고찰하였는데 역사의 전개와 사회적 변화를 가져오는 무수한 연결고리를 파악한 그의 역사철학은 3백여년뒤 비코(Giovanni Battista Vico, 1668-1744)가 태어날때까지 어느 곳, 어느 나라에서도 필적(匹敵)할 사람이 없었다.
끌로드 레비스트로스(Claude Lévi-Strauss, 1908-2009)는 소쉬르(Ferdinand de Saussure, 1857-1913), 로만 야콥슨(Roman Jacobson, 1896-1982)등 구조주의 언어학자들의 영향을 받아 문화나 문명은 열등과 우등, 현대와 야만이라는 가치가 개입된 기준에 의해 나뉘는 것이 아니라 높음과 낮음, 안과 밖, 사람과 동물, 삶과 죽음, 남과 여 같은 '이항(二項) 대립' 으로 이뤄져 있다는 구조주의인류학을 개척했는데 정신분석의 자크 라캉(Jacques Marie-Emile Lacan, 1901-1981), 철학의 미쉘 푸코(Michel Foucault, 1926-1984), 마르크스주의의 루이 알뛰세(Louis Althusser, 1918-1990), 기호학의 롤랑 바르트(Roland Gerard Barthes, 1915-1980)등 유파로 다양하게 분화했다.

사안(史眼)으로 본 한국

우리 역사의 특성

우리 역사의 대개(大概)는 외연적(外延的)으로는 지리(地利)와 웅장(雄長)을 따라 영토 확장을 추구했던 三國相爭期, 단일민족시대 개막 후 親中國化의 길을 걸어 빈국약병(貧國弱兵)과 승평(承平)을 누렸던 중앙집권적 文治期, 開港 후 獨立抗爭 · 自修自强을 지향했던 近代的 開化期, 光復 후 自由民主伸張 · 産業化성취와 社會主義的 共産혁명을 各其 進行한 冷戰的 分立期로 통관(通觀的) 고찰을 할 수 있다.

『첫째 중앙집권적 성향으로 한국인의 정치지향성 · 권력지향성을 조장했다.

삼국시대까지만 해도 분권적인 지방세력들이 산재해 있었고 고려시대까지도 지방토착세력이 강하게 남아 있었다. 그러나 통일신라 이후, 특히 고려왕조 이후 중앙집권적인 통치체제에 전력을 기울여 조선시대에 중앙집권체제가 확립되었다. 중앙집권체제의 강화는 권력의 집중을 초래하여 겸관제(兼官制)가 유행하고 옥상옥(屋上屋)의 특수권력기관이 창설되었으며 당쟁과 세도정치를 낳았고, 기호 · 영남 · 호남의 지역구분을 격화시켜 갔다. 왕건(王建, 877-943)의 십훈요(十訓要)로 호남세력이, 이징옥(李澄玉, ?-1453) · 이시애(李施愛, ?-1467)의 난으로 북계(北系)지방이 소외되어 정치세력의 판도는 기호세력이 주도하고 영남세력이 대항하는 이중구조를 이루었다. 그러나 일제(日帝)의 토지조사사업으로 토지 없이 권력을 추구하던 기호세력이 몰락하고 광복 후에는 영 · 호남의 대결로 압축되었다. 한국은 이민족의 정복왕조가 선 적이 없으므로 왕권보다는 귀족(양반 문벌)들의 기득권이 지속적으로 보장된 셈이었다. 중국에서는 환관(宦官)세력이 강하고 대간(臺諫)세력이 약했는데 한국은 정반대였던 것과, 중국에 없는 노비세전법(奴婢世傳法)이나 서얼금고법(庶孼禁錮法)이 있었던 것도 그 때문이었다. 조선시대에는 왕의 전제(專制)나 관료 독재의 출현을 막기 위해 언관(言官) · 사관(史官) · 상소제도(上疏制度) 등을 강화했다.

둘째 농본주의와 이재(理財)의 경시(輕視)로 소비보다는 절검(節儉)이 미덕으로, 재부(財富)보다는 名分과 心性을 더 중요시했다.

전근대사회에 있어서는 농업이 본업(本業)이고 상공업은 말업(末業)으로 생각했다. 조선왕조의 3대 정책 중 첫째가 농본주의였던 것도 그 때문이었다. 수공업 기술이 노비들에게 맡겨져 있었고 기술이 좋으면 많은 착취를 당했기 때문에 기술을 후손에게 전해주려하지 않았다. 조선후기 농업기술과 상품화폐경제가 발달되어 상공업이 일어나기는 했으나 근대적 산업자본을 축적하는 데 까지는 이르지 못했다. 상공인의 신분은 천시되었고 상공업은 농업에 예속되어 있었다.

셋째 문화적으로 앞선 중국에 대하여는 사대(事大)를 하고 기타의 국가들과는 교린(交隣)을 하였다.

한국인들은 생존을 위해 사대정책을 수립하고 외교로서 국가의 안전을 도모하려 애썼다. 그리하여 국방군을 기르지 않고 정권안보를 위한 왕실숙위군(王室宿衛軍)을 중심으로 한 군사편제를 가지고 있었다. 金澤榮은 「조선은 일마다 중국을 배웠으나 일마다 반드시 중국보다 심하다. 견문이 협소하고 비루(鄙陋)한 병 또한 논할 만한 것이라 할 수 있다.」하였다.

넷째 앞선 사상을 받아 들이는 데 인색하지 않았고 인간을 중시(重視)했는데 유교 · 불교 · 도교 · 천주교 · 개신교가 들어올 때에 모두 그러했다.

동양의 종교사상은 대립보다는 조화를 중시했기 때문에 여러 종교나 사상이 공존할 수 있었다. 불교는 국가의 흥융(興隆)과 제왕의 명운을 빌고 사회 각 계층의 구원을 약속하는 이념이 되었고, 유학은 국가의 통치와 경영의 수단을 제공하는 도구가 되었다. 두 사상체계의 이러한 기능은 통일신라와 고려시대까지 조화를 유지하면서 지속되었다. 고려말 신흥사대부 계층의 불교 비판론과 유교정치론은 새 시대를 여는 이념이 되었고 이후 5백여 년 조선왕조 통치의 기초가 되었다. 그러나 유일신을 신봉(信奉)하는 이질적인 천주교가 들어 왔을 때는 상당한 희생도 따랐다. 성리학이 이기심성론(理氣心性論)을 중심으로 발달한 것이나, 동학의 교리가 인내천(人乃天)으로 대표되었던 것도 그 때문이었다.

다섯째 전통문화와 외래문화의 조화이다.

19세기 이후 서양 제국주의 열강이 동아시아를 치게 되자 한 · 중 · 일 3국에서는 전통문화와 일대 충돌을 일으키게 되고 많은 대응 논리가 대두되었지만, 현실적인 대안은 동도서기론(東道西器論)이었다. 이는 중국의 중체서용론(中體西用論 : 中學爲體, 西學爲用)이나 일본의 화혼양재론(和魂洋才論)과 같은 기조에 있었던 점진적 개혁이념이었다. 일제에 의한 국권상실과 민족적 수난은 전통문화를 부정하고 비하(卑下)하는 의식을 조장하고, 서구문화에 대한 숭배를 불러 일으켰다. 조선시대의 국가 경영 원리는 재상 중심의 권력체계, 과거에 의한 인재 등용, 병농(兵農)일치의 군사제도, 대명률(大明律)에 의한 형정(刑政), 사농공상의 직업 분화와 사대부의 지배, 농업생산력 증대와 토지 균분(均分), 조세의 공정 등으로 유교적 도덕과 법치의 원리 위에서 통치질서와 민생안정을 꾀하는 것이었다.』

〈李成茂, (1937-)〉

• *한국이 살아남을 수 있었던 연유(緣由)*

『우리 민족은 고대로부터 북중국 · 만주 · 한반도 일대에 세력을 떨쳐 강성했다. 그러나 철기시대에 접어들면서부터 우리를 비롯한 기마민족(騎馬民族)의 유목문화(遊牧文化)는 중국의 농경문화(農耕文化)에 뒤지기 시작했다. 고구려 · 백제가 중국세력에 의해 멸망되었던 것도 그 때문이었다. 삼국통일의 주인공은 신라가 아니라 唐이었다는 냉정한 현실인식을 하지 않으면 역사적 오류(誤謬)에 빠질 위험이 있다.

한국은 국토의 3분의 2는 산으로 되어 있고 그 산 마저 장년기의 화강암으로 되어 있어 농토가 적고 척박(瘠薄)하기 만 하다. 돌 산이기 때문에 나무도 잘 자라지 않으며 강우량은 일년 통산으로는 모자라지 않으나 계절풍 지역이기 때문에 7 · 8월에 집중적으로 쏟아진다. 이 때문에 한해(旱害)와 수해(水害)가 거듭되면서 만성적인 흉년을 당해 왔다.

고려와 조선, 일제 강점기와 대한민국이라는 천년의 의미는 단일민족시대의 개막, 중국화의 길, 그리고 유교와 불교의 세례이다.

그 중에서도 '중국화의 길'이 가장 큰 문화적 양태의 변화로 삼국시대 이래로 많은 지식인(불교 승려, 유학자)들이 중국의 문물을 받아들여 고려왕조는 혈통에 바탕을 둔 고대적인 골품체제를 청산하고 능력에 바탕을 둔 과거제를 실시해 문반(文班) 우위의 관료체제를 수립하게 되었다.

외래문화를 받아들여 이를 소화시키는 데는 많은 시간이 걸렸다. 과거제는 10세기 말 처음 실시되어 15세기에 정착되었고, 朱子學은 12세기에 수용되어 16세기 퇴계(退溪) · 율곡(栗谷) 때 우리 것으로 정착되었다. 한국은 중국문화의 보편성에 바짝 접근해 가면서 독자적인 문화권(文化圈)을 키워 왔고 이를 일본에 전수했다. 그리하여 중국 · 한국 · 일본은 동아시아의 3대 문화권을 형성하고 있었다. 한국은 중국을 제외하고는 제일 가는 나라라는 문화자존의식(文化自尊意識)이 있었는데, 소중화(小中華)의식이 그것이다.

唐이 중화주의를 표방하면서 주변국들을 통괄하기 위하여 국가간의 지배관계〔책봉(冊封)과 조공(朝貢)을 주고받는 종주국(宗主國)과 번속국(藩屬國)의 관계〕를 추구해 간 것도 중국중심 세계관〔차동궤(車同軌) 서동문(書同文), 즉 수레의 바퀴를 같게 하고 문자는 한문을 쓰는 것〕의 확산을 의미한다. 한국은 한족(漢族)의 宋 · 明에게는 친화(親和)의 뜻을 보이고 심복(心腹)하면서도, 거란족의 요(遼), 몽골족의 元, 여진족의 金, 清과 왜족(倭族)인 일본에 대하여는 우월감을 가지고 이들을 비하(卑下)했다.

책봉은 漢이 36郡외에 남쪽 월(粵)의 땅을 얻어 南越王을 封한 것이 효시(嚆矢)로 특히 외정외교(外征外交)를 많이 한 漢 · 唐 · 明 · 清에서 두드러졌다.

변방(邊方) 민족들은 무력은 일시 강할 수는 있으나 문화가 뒤 떨어지기 때문에 정복왕조를 세운 다음에도 그 세력을 끝까지 유지하지 못하고 문화적으로 중국에 동화되었다.

그러나 19세기 이후 서세동점(西勢東漸)의 물결이 쳐 오면서부터 중화〔中華, '중국(中國)'과 '화하(華夏)'의 합성어〕중심 세계관은 무너지기 시작했다. 중화는 '지리적 중심부'라는 의미와 '민족 정체성'과 '문화적 우월성'이라는 요소가 함께 녹아 있는 단어이다. 천주교와 과학문명을 앞세운 이질적인 서양문화가 흘러들어 오자 동양 3국 중 가장 후진 지역인 일본이 먼저 이를 수용해 한국과 중국을 공략했다.

한국의 전통문화는 일제 식민정책과 광복 이후 서구문화 지상주의로 인해 제대로 계승(繼承)되지 못했다. 한국 · 일본 · 타이완 · 싱가포르 등 후발자본주의 국가들이 경이적(驚異的)인 경제발전을 하고 있는 것은 성실성 · 교육열 · 근면성 · 가족주의 · 중앙집권화 · 상하관계 등 유교의 요소들 영향이다. 조선말기 지나치게 독선적 교조화하여 사회통합에 실패하게 되었으나 유교의 원리적인 측면은 과도한 산업화에 따른 물질주의의 폐해를, 불교 · 도교도 기독교나 회교의 호전성을 중화시키는 데 도움을 줄 것이다.
동아시아 국제 정세에서 중국화 · 유교화처럼 세계화 · 정보화 시대에 서구화 · 기독교화도 생존을 위한 어쩔 수 없는 선택이다. 세계화 · 정보화를 서구화로만 일관하는 데도 문제가 있다. 먼저 한자문화권이 단결하여 아시아적 가치를 가지고 일본과의 악 감정이나 북한과의 냉전의식보다는 전향적(前向的)으로 협력관계를 유지해야 한다.』

〈李成茂〉

혜성 출현 · 지진(地震) · 한재(旱災) 등 천변지이(天變地異)는 3국시대(BC57-935)에는 대략 1천개가 三國史記에, 고려시대(918-1392)에는 4천3백5십5개가 高麗史에, 朝鮮朝(1392-1850)에는 2만5천6백7십개의 재이(災異)가 實錄에 각각 기록되어 있다.

고려시대 천변지이

기간	건수
902~950	8
951~1000	10
1001~1050	272
1051~1100	299
1101~1150	1,004
1151~1200	622
1201~1250	298
1251~1300	518
1301~1350	336
1351~1392	988

조선시대 천변지이

기간	건수
1392~1450	2,117
1451~1500	1,420
1501~1550	6,109
1551~1600	4,785
1601~1650	3,300
1651~1700	3,563
1701~1750	2,716
1751~1800	936
1801~1850	724

〈이태진/ '한국사상사방법론' (1997, 소화), '고려-조선 중기 천재지변과 天觀의 변화' 〉

• *지배세력의 역할(役割)*

「집권자는 지배세력의 대표자에 지나지 않았다. 고려시대 무인정권을 수립한 주동자들이 무신(武臣)계층의, 조선을 세운 이성계(李成桂, 1335-1408, 在位 1392-1398)가 사대부의, 조광조(趙光祖, 1482-1519)가 사림파의 기수(騎手)였던 것이 그 예가 되겠다.
그러나 때로 집권자들 중에는 역사의 대세를 거스르고 권좌에 올라앉아 있는 경우도 있었다. 폭군들은 그 뒷 받침이 없이는 자신이 존립할 수 없는 사회세력을 무시하고 권력을 남용한 자들로 궁예(弓裔, ?-918)나 연산군(燕山君, 1476-1506)의 경우와 같이 비참한 것이었다. 또한 조선후기의 벌열정치(閥閱政治) · 세도정치의 실권자들은 지배세력의 사회적 기반이 확대되어 가는 대세를 거역(拒逆)하고, 정치적 특권을 배타적으로 향유하였다.
왕조의 국가적 권위와 양반층이 팽팽한 긴장을 유지하면서 상보적(相補的) 관계에 있던 조선전기에는 많은 발전이 있었지만, 양반층의 사적 지배력이 국가 권위를 압도(壓倒)하게 되면서 조선왕조는 침체(沈滯)에 빠지게 되었다.
한국사의 오랜 기간 동안 민중은 사회의 대다수를 차지하는 기층세력이면서도 주인의 구실을 못하였고, 때때로 불만의 표시를 할 수 있을 뿐이었다. 지배기구의 테두리 밖으로 유망(流亡)하거나 반란을 일으켜 역사의 전환을 가져오는 계기를 마련하곤 하였다.
민중이 지배세력으로 등장하게 된 것은 19세기 말엽부터였다. 동학운동은 집강소(執綱所)를 통한 민중의 정치참여로까지 성장하였고 독립협회의 운동은 도시의 지식층과 상공업자의 정치참여를 주장하는 민족국가 건설운동이었으며 3 · 1運動은 동학과 독립협회의 합작운동이었다. 이리하여 임시정부가 민주주의의 원칙 아래 구성되는 계기(契機)가 마련되고 일제(日帝)의 식민통치에 항거하는 민족운동의 주동세력이 되었으며, 광복과 더불어 민중의 직접적인 정치참여가 가능하게 되었다. 이 대세는 1960년 4月革命과 1970년대 · 1980년대의 민주화 투쟁과정을 통해 자유와 평등에 입각한 사회정의가 보장되는 선진 민주국가의 건설로 이어질 것이 기대되고 있다.
지배세력이 누구이든 그들이 한국사의 큰 흐름을 전진시키는 구실을 하였는가 후퇴시키는 구실을 하였는가에 따라서 그들의 역사적 위치가 평가되어야 할 것이다.」 〈李基白〉

변경의식(邊境意識)에서 통관적(通觀的) 지성(知性)으로

의식(意識)의 지체(遲滯) - 한국적 유폐(流弊)

정착적인 농경 생활, 반상(班常)의 계급적 인간 관계에 근거한 外面的 論理가 强要되는 儒敎思想, 노력보다는 행운을 바라는 呪術的인 祈福信仰, 습윤(濕潤)에서 오는 수용적이고 복종적인 태도와 건조(乾燥)에서 오는 전투적이고 대항적인 이중성이 우리의식 구조의 특수성이라고 볼 수 있다.

〈간신(奸臣)이 기를 펴고 열사는 名分을 좇아 죽다 - 중문경무(重文輕武)〉

콩쯔(孔子)는 "文治에 종사하는 사람이 있으면, 武藝로 방비하는 사람도 있어야 한다"고 하였고 순쯔(孫子)는 '전쟁은 국가의 대사이고, 생사의 터전이며, 존망의 길이니 자세히 살피지 않을 수 없다(兵者, 國之大事 死生之地 存亡之道 不可不察也)' 고 하였다.

安鼎福은 "고구려의 對 隋唐전쟁과 고려의 對 契丹 · 蒙古항쟁에서 力戰人物의 공적을 찬양하여 외침에 대한 애국충절을 강조했고, 신라 통일 후의 文治로 인한 武弱을 한탄했다. 이계(耳谿) 洪良浩는 名賢 위주의 역사 서술에 대한 반성의 결과로 '海東名將傳'(1816 간행)을 지어 무장(武將)들의 역할을 중요시했다.

「천하에는 큰 일이 두 가지가 있으니, 文과 武가 바로 그것이다. '春秋傳' 에 "文은 백성들을 잘 의지하게 만들고, 武는 적을 잘 위압케 한다"고 하였고, '周易' 의 繫에서 "黃帝 · 堯 · 舜 임금은 옷을 입기만 해도 天下가 다스려졌다" 하였고, 또 이어 "활(弧)과 화살(矢)의 날카로움은 천하를 위압한다"고 하였는데, 이 두가지 일(文 · 武)은 함께 병행되어야지 어느 한쪽에만 기울어지거나 없어져서는 안되는 것이다.

우리나라는 전쟁으로써 나라를 세우고, 죽이고 치는 것으로써 長技를 삼았으므로, 적군의 군건함을 쳐 부수고, 기묘한 전술로써 잘 막아내는 사람이 대를 이어 나오는 일이 적지 않았다. 신라의 角干 金庾信(595-673)이나 고구려의 乙支文德은 큰 국난을 감당하여 그 공로가 삼한을 덮었다.

고려 5백년 동안 契丹 · 蒙古 · 紅巾賊 등의 무리들이 침략해 성을 파괴하고 고을을 무찔러 백성들을 죽이고 짓 밟아서 거의 편안할 날이 없었다. 그러나 이럴 때는 그 어려운 고비를 막아 낼 만한 뛰어난 장수들이 나와서 이들을 대적하였다. 太師 姜邯贊이나 上洛公 金方慶(1212-1300)과 같은 장수는 그 중에서도 두드러진 사람으로서, 병력은 적었으나 조금도 굴하지 않았고 우리 강토의 한 치의 땅도 빼앗기지 않았다.

本朝(朝鮮)에 이르러서 강토는 옛 날과 같고, 백성의 수는 더 줄지 않았으나, 兵力과 전공(戰功)에 있어서는 前朝에 미치지 못하였다. 한번 壬辰의 亂을 만나자 8道가 곧 무너졌으니, 明의 구원을 얻지 못하였더라면 나라를 지탱하지 못하였을 것이다. 丙子의 亂에 적병들이 온 고을을 빈 것처럼 휩쓸고, 우리들은 허덕이다가 몇 십일이 안 되어 무릎을 꿇고 말았다. 그 이유는 文治에만 힘쓰고 武力에는 힘을 기울이지 않아 나라의 힘이 쇠퇴하고 나약(懦弱)해져서 그 힘을 떨치지 못한 까닭이다. 또 전란을 겪다가도 평정만 되면 아무런 일도 없었던 듯이 편안한 마음으로 지내니 어찌 슬프고 원통한 일이 아니겠는가.

我朝의 충무공 李舜臣(1545-1598), 원수 權慄(1537-1599), 홍의장군 郭再祐(1552-1617)와 같은 몇 분 어른의 뛰어난 재주와 풍성한 공로는 신라 · 고려 때의 장수들에 손색이 없으니 나라에 인물이 없다고는 말하지 못할 것이다. 특히 군량의 비축이나 병사들의 훈련의 바탕이 없다가, 전란을 당하면 그때서야 그들에게 중책을 맡겨 성공을 거두었을 따름이다. 이는 천리의 밖에서 적이 쳐들어 오지 못하도록 꺾어 버리거나 나라의 힘을 굳세게 만들어 먼 곳의 사람들까지를 위압하는 것과는 다른 것이다. 本朝에 들어와서 큰 인물들이 많이 배출되었으니, 道學 · 文章 · 節義에 있어서 그러했다. 다만 나라를 지키는 방패가 될 將帥의 재목에 있어서는 오히려 삼국시대를 따르지 못하니, 혹은 山川의 生化가 옛 날만 같지 못하고, 하늘이 인물을 양성함에 있어서 이(文)에는 후하고 저(武)에는 인색하지 않았는지,

생각하면 다행히 서쪽과 남쪽의 나라와 친선을 도모한 까닭으로 요란(搖亂)하지 않고서 수백 년 동안이나 태평세월을 즐기게 되었는데, 祖宗이 덕을 쌓아 온 덕택으로 국가의 큰 복이라고 할 것이다.」

〈洪良浩 / '海東名將傳' 序, 正祖18년(1794) 〉

〈高官이 국가 존망을 생각지 않으니 초야(草野)에 있는 자는 죽어 마땅하다〉

「우리나라는 옛 부터 그 성세(盛勢)를 면면히 이어왔다. 삼국시대에는 武力을 숭상하여 강토가 날로 팽창하였고 위유양이(衛劉楊李)의 침공과 거란 · 몽골의 소요와 홍건적 · 흑치적의 외환을 겪었으나 신무영걸(神武英傑)의 임금으로 고구려의 大武(在位 18-44) · 廣開(在位 391-413)와 백제의 동성(東城, 在位 479-501) · 위덕(威德, 在位 554-598)과 신라의 太宗(在位 654-661) · 文武(在位 661-681)와 발해의 大氏, 고려의 王氏 등이 代를 이어 굴기(崛起)하여 국외에 위엄을 떨친 것이다. 충용(忠勇)과 지모(智謀)의 장수로서는 신라의 김유신(金庾信) · 장보고(張保皐, 785-846)와 고구려의 을지문덕(乙支文德) · 양만춘(楊萬春)과 고려의 강감찬(姜邯贊) · 김방경(金方慶) 등이 배출(輩出)되어 나라의 간성(干城)이 되었고 천하가 두려워 하며 강국이라 일컬었다.

조선조 태조가 나라를 평정한 이래로 웅재대략(雄才大略)으로 태종 · 세종이 났고 장상(將相)의 보필(輔弼)을 받아 내치와 방어가 한 때 성극(盛極)하였으나 승평(昇平)이 오래 계속되자 문무의 관료가 붕당을 지어 암투하며 국방을 돌보지 않았다.

임진년 일본이 침입하자 창황(愴惶)하여 조신(朝臣)들이 망연자실하였는데 다행히 이순신(李舜臣), 권율(權慄), 곽재우(郭再祐), 조헌(趙憲, 1544-1592), 김천일(金千鎰, 1537-1593) 등 제공(諸公)이 나라를 구하여 위태로움을 면하고 겨우 편안하게 되었다. 난리가 끝나자 다시금 위미부진(萎靡不振)하여 문구에 구애(拘碍)되고 어의(語義)에 이끌리는 한 푼어치 가치도 없는 고담(高談)이 마침내 丙子의 화(禍)를 또 다시 불러 일으켰다.

文을 높이고 武를 가볍게 보는 습성은 족히 나라를 위태롭게 한 것이니 유폐(流弊)가 극도에 달하여 武風이 적을 길러줌으로써 自重을 삼게되어 明이 망함과 같이 되는 것이다.

김경손(金慶孫, ?-1251), 한희유(韓希愈, ?-1306), 김득배(金得培, 1312-1363), 이방실(李芳實, ?-1362), 정세운(鄭世雲, ?-1362), 안우경(安遇慶, ?-1372) 같은 명장들은 난리가 평정되고 논공행상(論功行賞)을 함에 혹은 귀양살이를 가고 혹은 서민으로 몰락하고 혹은 죽기까지 하였다. 동정(東征)하여 섬 속의 괴수(魁首)를 무찌른 정지(鄭地, 1347-1391) 원수는 옥에 갇히었고 明을 막아내고 왜놈들을 쳐 부순 최영(崔瑩, 1316-1388) 도통은 목을 잘리었다. 익호(翼虎) 장군 김덕령(金德齡, 1567-1596)은 필경은 철퇴와 칼날 아래 죽었고 바다에서 첩보를 올린 정문부(鄭文孚, 1565-1624)는 文字獄으로 목을 매었으며 장수가 된 지 10년에 도망병 하나를 목 베인 죄로 벼슬을 빼앗기게 된 정언신(鄭彦信, 1527-1591)의 불평의 부르짖음은 오늘에도 탄식 소리로 들려 오리라.

곽망우(郭忘憂)는 起兵할 때 '높은 지위에 있는 자들이 국가의 존망을 생각지 않으니 초야에 있는 자는 죽어 마땅하다' 라고 외쳤다. 행주에서 대첩을 거둔 都元帥(權慄)는 陣중에서 파직 당하였고 홍의장군(郭再祐)은 끝내 귀향살이로 늙게 하였으며 나라의 위급함을 건지고 明의 亡國을 구하여 천하평정의 뜻을 품은 임경업(林慶業, 1594-1646)은 간신 김자점(金自點, ?-1651)의 손에 죽었고 남이(南怡, 1441-1468) 장군은 한 수의 시로써 살신(殺身)의 화(禍)를 사게되었다.

간신이 기(氣)를 펴고 열사는 명분을 좇아 죽으니 元氣가 쇠잔함이 그와 같은 내력(來歷)이 있었던 것이다.」 〈신규식(申圭植, 호 예관(睨觀), 1880-1922) / '韓國魂(1914)'〉

〈불은 나무에서 생기나 나무를 이긴다-비기지욕(肥己之慾)의 편당(偏黨)〉

「옛날에는 사대부가 따로 없고 모두 民이었다. 士로서 어질고 덕(德)이 있으면 임금이 벼슬을 주었고, 벼슬을 못한 자는 농(農) · 공(工) · 상(商)이 되었다.

순(舜)임금은 리산(歷山)에서 밭 갈고, 허빈(河濱)에서 실 그릇을 구웠으며, 레이저(雷澤)에서 고기잡이를 하였다. 그러나 예도(禮度)가 점점 번잡해져 명호(名號)가 달라지고, '시경(詩經)' 과 '서경(書經)' 을 외웠고 인의(仁義)와 예악(禮樂)을 행하였다.

이런 까닭으로 농 · 공 · 상은 천한 신분이 되었고, 사대부라는 명호는 더욱 높아졌다.

사대부가 된 자는 혹 유담(遊談)하여 권세를 절충(折衷)하고, 혹은 고답적(高踏的)인 기개로 만승(萬乘 : 천자)의 존귀함에 바로 대항하기도 하였으며, 혹은 농경 · 목축 · 채포(菜圃) · 도공(陶工)과 숯 장수 · 약 장수 등의 무리에 섞여도 통하지 않는데가 없다.

사대부가 사는 곳은 인심이 고약하지 않은 곳이 없다. 당파를 만들어 죄 없는 자를 거둬들이고, 권세를 부려 영세민을 침노(侵擄)하기도 한다. 자신의 행실을 단속하지 못하면서 남이 자기를 논의함을 미워하고, 한 지방의 패권(覇權)잡기를 좋아한다.

사대부로서 현명함과 어리석음, 높음과 낮음이 자기 패, 같은 색목(色目)에게만 통할 뿐이고, 다른 색목에게는 통하지 않는다. 사문(斯文)의 옳고 그름과 나라의 충신과 역적에 대한 논란도 지나간 자취로 돌려 버린다.

의관(衣冠)을 갖춘 자가 모인 자리에는 당(堂)에 웃음소리만 가득 들릴 뿐이고, 정사(政事)하는 것을 보면 자신의 이익만 도모하여, 나랏일을 걱정하는 사람은 적다.

재상은 중용(中庸)을 지킴으로써 어질다 하고, 三司는 말을 아니하는 것으로써 고상하다 하며, 外官은 청렴하고 검소한 것을 미련한 짓이라 하여, 종말(終末)에는 어떻게 할 수 없는 지경(地境)에 이르렀다.…

어질지 못한 자가 제 때를 만나면, 형법을 빙자(憑藉)하여 사사로운 원수를 갚기도 하여 사화(士禍)가 여러 번 일어났다. 명망이 없으면 버림을 당하고, 명망이 있으면 꺼림을 받으며, 꺼리면 죽인 다음에 그만두니, 참으로 벼슬하기 어려운 나라이다.

한 번 어울림과 배반함, 떨어짐과 합침이라는 지목(指目)을 받게 되면, 문득 한계가 생겨 사람을 우리에 가두어 산도 하수(河水)도 아닌 것이 쇠와 돌보다 더 굳고, 방향도 없는 것이 정해진 위치만은 확실하다. 옛말에 "불이 나무에서 생겼으나, 불이 일어나면 반드시 나무를 이긴다." 하였다.」 〈李重煥 / '擇里志' 〉

「人才를 얻기 어려움은 오래 되었다. 한 나라의 정영(精英)을 모두 발탁하고 생령(生靈)을 모두 培養해도 일어나지 못할까 두려워 할 것이어든 하물며 열에 여덟 · 아홉을 폐하랴. 小民을 버리고, 中人을 버리고, 西北을 버리고, 海西 · 松京 · 沁都를 버리고, 關東 · 湖南의 반절을 버리고 서얼(庶孼)을 버리고 北人 · 南人은 버리지 않을 것인데도 오히려 버리는가」 〈丁茶山 / '與猶堂全書' , 通塞議〉

「당쟁과 학연이 긴밀한 관계를 맺는 것은 사림정치 이후의 일이다.

조선 전기 이색(李穡, 1328-1396)-권근(權近)-변계량(卞季良, 1369-1430)-노수신(盧守愼, 1515-1590)으로 이어지는 기호계의 관학파(官學派=詞章派)와 이색-길재(吉再, 1353-1419)-김숙자(金叔滋, 1389-1456)-김종직(金宗直, 1431-1492)-김굉필(金宏弼, 1454-1504)-조광조로 이어지는 영남계의 사학파(私學派=經學派)의 구분이 있었다. 이는 16세기 이후 사림정치가 되면서 부터 기호계의 화담(花潭) 서경덕(徐敬德, 1489-1546) 계열, 율곡(栗谷) 이이(李珥, 1536-1584) 계열, 우계(牛溪) 성혼(成渾, 1535-1598) 계열과 영남계의 퇴계(退溪) 이황 계열, 남명(南冥) 조식(曺植, 1501-1572) 계열로 나누어졌다.

화담학통은 분파 되었지만 율곡학통은 서인 중 노론계열, 우계학통은 서인 중 소론계열, 퇴계학통은 동인 중 남인계열, 남명학통은 동인중 북인계열의 근간을 이루었다. 스승의 학설이나 정치적 입장을 묵수(墨守)하여 의복이나 의식(儀式)을 달리 했으며 혼인도 같이 하지 않았다.

조선시대에는 문과에는 합격해야 정치에 참여할 수 있었고 도덕적 수양이 되어 있어야 남을 다스릴 수 있다는 유교적 명분을 지키려 애 썼다. 조선시대에는 당쟁을 하더라도 의리와 명분을 내세웠지만 지금은 이해관계에 따라 이합집산한다.

고려는 신라의 영남세력을 받아 들였으나 호남세력은 소외시켰다. 이때부터 정권은 천여년 동안 기호세력의 차지가 되었고 영남세력은 야당으로 참여하는 형국이 되었다.

고려의 집권층은 전공을 세운 공신계열, 왕건을 지지한 중부지방의 호족세력, 귀부(歸附)한 신라 귀족(진골 · 6두품)세력으로 구성되었다. 이 중 최치원(崔致遠, 857-951) · 최승로(崔承老, 927-989) · 김부식 등 영남세력은 중국문화를 받아 들여 지식인으로서 큰 역할을 했다. 조선조 남인계(경상좌도)의 류성룡은 임진왜란의 책임을 지고, 영남 북인계(경상우도)의 정인홍은 서인계의 인조반정으로 각각 물러났다.
인조반정 이후 영남세력이 쫓겨나고 다시 기호계의 서인이 한말까지 정권을 차지했다. 현종대의 예송(禮訟)으로 서인과 남인의 치열한 정쟁이 벌어졌고 숙종대의 잦은 정권교체(換局)는 기호남인의 몰락을 초래하였다.
20세기에 조선왕조가 국권을 잃어 버리자 집권세력인 기호세력이 추락(墜落)하고 소외지역이었던 서북지방 사람들이 기독교를 받아 들여 근대화에 앞장 섰다. 선거제도가 도입되자 인구집중 지역인 영 · 호남이 각광(脚光)을 받게 되었다. 기호계인 이승만(李承晩, 1875-1965)은 영남세력과 일제 관리 출신들을 기반으로 정권을 유지했다. 영남계 재벌이 많이 나오고 일제 잔재를 청산할 수 없었던 것도 이 때문이다. 호남계의 한민당은 소외되었다. 5 · 16이후 경상도 군인들에 의한 군부 정권의 장기화, 지역차별적 산업발전의 불균형으로 파행적(跛行的)인 지역감정을 낳게 되었다.」 〈李成茂〉

〈기강이 해이(解弛)해지면 국운도 쇠미해진다-地勢와 人心〉

「우리나라 지세는 산이 많고 평야가 적어 백성은 유순하고 공손하나 기개(氣槪)가 옹졸(壅拙)하다. 천리가 되는 긴 강과 백리가 되는 넓은 평야가 없어 위대한 인물이 나오지 않는다. 지형(地形)이 노인형(老人形)이고 또 서쪽을 향하여 절하는 모습이어서 사대사상이 형성된다. 고려 때는 서리(胥吏) 출신이 경상(卿相)이 된 자가 많았고 쌍기(雙冀, ?-?)가 과거 제도를 만들어 선비를 뽑게 되자 외방 (外方, 지방) 사람도 차츰 높은 벼슬을 하게 되었다. 그러나 서북에는 무신(武臣)이 많고 동남에는 문사(文士)가 많았다.」

〈'택리지(擇里志)', 팔도총론(八道總論)〉

「단군 · 기자의 시대는 도읍을 서쪽에 정하였으므로, 동남쪽은 교화가 미치지 않은 지역이었으나, 호강(虎康)이 바다를 건너 마한(馬韓)에 들어온 후에는 정통(正統)이 남방에 있게 되었다. 그런 다음 신라가 통합하여 이 고장이 첫째 가는 낙토(樂土)가 되었다.
관서(關西)는 우리 나라 인민이 시작된 곳이나, 성조(聖朝)에서 은완(殷頑)과 같이 여겨 물리쳐 버렸으므로 인재가 끊였고, 관동(關東)과 관북(關北)지방은 문명이 진흥하지 못하였으며, 양남(兩南)도 또한 거칠어서 기술은 훌륭하나 유교 문화는 전혀 없다. 경기 지방은 오직 한 종내기,벼슬하는 가족을 부러워 하였는데, 이들은 그 사이에 끼어서 몸을 빠져나오지 못한다.」 〈이익(李瀷) / '퇴로판(退老版) 성호 선생 문집', 권 49 팔역지 서(序)〉

이중환은 「8도 중에 평안도는 인심이 순후하기가 첫째이고(醇厚勇悍), 다음은 경상도로 풍속이 진실하다(風俗質實). 함경도는 지역이 오랑캐 땅과 잇닿았으므로 백성의 성질이 굳세고 사나우며(民皆頸悍), 황해도는 산수가 험한 까닭에 백성이 사납고 모질다(民多獰暴). 강원도는 산골 백성이어서 많이 어리석고(峽氓多蠢), 전라도는 간사함을 숭상하여 나쁜 데 쉽게 움직인다(專尙狡險). 경기도는 도성 밖 들판 고을 백성들의 재물이 보잘것 없고(民物凋弊), 충청도는 세도와 재리만 좇는데(專致勢利), 이것이 8도의 인심의 대략(大略)이다. 그러나 이것은 서민을 논한 것이고 사대부의 풍속은 그렇지 않다.」고 하였다.
한편 민중 사이에 구전(口傳)되어 온 四字成語(사자성어)에 각 지역 사람들의 성향을 비유해 함경도인을 이전투우(泥田鬪牛), 평안도인을 맹호출림(猛虎出林), 황해도인을 석전경우(石田耕牛), 경기도인을 경중미인(鏡中美人), 강원도인을 암하노불(岩下老佛), 경상도인을 운천고학(雲天高鶴), 전라도인을 풍전세류(風前細柳), 충청도인을 청풍명월(淸風明月)이라고 했다.

日帝 강점은 民族指導者들로 하여금 自我에 대한 자각(自覺)과 외국인들로 하여금 비판을 갖게 하였다.

신규식(申圭植)은 「우리나라가 망한 근본 원인은 하늘이 준 착한 마음을 송두리째 잊었기 때문이다. 이 겨레의 폐단은 잊어 버리기를 잘하는〔선망(善忘)〕것으로, 상진천량(喪盡天良)의 증세를 치료하여 사심을 희생하고 인심을 단결하여 자력갱생해야 한다.」하였다.

안국선(安國善, 1854-1928)은 1907년 「사회와 인민의 병이 오늘에 이르러 함께 깊었으니, 의뢰심(依賴心)과 경감심(驚戡心 : 겁내는 마음)과 거오심(倨傲心 : 오만한 마음)과 나태심(懶怠心)과 기광심(欺狂心 : 속이는 마음)과 시기심(猜忌心)과 음욕과 난속(亂俗)을 일체 뽑아버리고 정도(正道)와 덕의(德義)를 양성치 아니하면 독립심, 근면심(勤勉心), 합중심(合衆心 : 단결심)이 일어날 수 없다.」하였다.

夜雷 이돈화(李敦化, 1884-?)는 '支那人은 直心, 日本人은 忠心, 朝鮮人은 善心' 이라는 동양인 심리를 평한 글 귀절을 인용, 「근대 吾 朝鮮人은 도식무위(徒食無爲) · 퇴계자약(退界自弱) · 천치적(天痴的)' 無能 · 無主義 · 無主張을 가리켜 善이라 하였다. 조선조 말 文弱의 敎化가 善을 악해(惡解)하여 이에 至極함에 급급하고 善을 너무도 소극적으로 해석하며 비열적으로 해석한 점이 많이 있다.」라고 하였다(1920년 開闢 5호 卷頭 論說).

기당(幾堂) 玄相允(1892-?)은 '거듭 나자' 에서 조선인의 병적성질(病的性質)로 「남을 시기(猜忌)하여 원망(怨望)하고 간사(奸邪)하여 아첨(阿諂)하고 나타(懶惰)하고 弱하며 비루(鄙陋)하고 천(賤)하며 속(俗)하고 거짓되며 남을 의뢰(依賴)하며 내 것을 지키지 못하고 나아가 분투(奮鬪)치 못하며 물러와 團合치 못하고 사소(些少)한 利害의 앞에 막중(莫重)한 의리(義理)를 팔며 안으로 良心의 가책(苛責)에는 복종(服從)의 美德을 모르나, 밖으로 권세(權勢)와 위엄(威嚴)앞에는 머리 숙이고 무릎 꿇으며 허리 굽히는〔두복슬복궁복(頭伏膝伏躬伏)〕 추태(醜態)를 감작(甘作)하며 속에는 억센 强力이 없으되 겉에는 작은 꾀, 작은 지혜(知慧), 작은 名利가 있는 것과 같다.」 〈1922년 '開闢', 19號〉하였다.

民世 安在鴻은 우리 民族性의 병폐(病弊)로 無氣力, 不寬容, 너무 觀念的인 點, 지속성(持續性)의 不足, 非組織的인 點을 들었다.

春園 李光洙(1892-1950)는 「朝鮮民族의 쇠퇴(衰頹)의 根本原因을 道德的 부패(腐敗)에서 찾을 줄 모르고 知識의 결핍(缺乏)만에서 찾으려 한 것은 큰 불총명(不聰明) 불자각(不自覺)외다.」(開闢 23號 p31 4~5行)라고 하여 民族改造(民族性改造라는 뜻)는 道德的 改造, 精神的 改造가 가장 근본적인 課業이 되어야 된다고 하였다.

이사벨라 비숍(Isabella Lucy Bird Bishop, 1831-1904)은 '한국과 그 이웃나라들' 에서 「상류층은 부조리에 마비된 채 무위도식한다. 출세 길이 막힌 중간층이 에너지를 발산할 전문직업은 존재하지 않는다. 하위계층은 굶어 죽지 않을 만큼만 일한다.」고 하였다.

웬스카이(袁世凱, 1859-1916)는 「조선사람은 恩을 입히면 기어오르고, 위세(威勢)에 겁을 먹고도 복종치 않는다」하였다.

아이바 기요시(相場 清, 1886-1970)는 「조선의 사대사상은 긴 것에는 말리고, 강한 자에게는 굴하나, 상대의 틈이 보이면 이를 이용하고자 한다.」하였다.
미시나 아키히데(三品彰英, 1902-1971)는 '조선사개설(朝鮮史概說)' (1940)에서 「한국은 중국 · 만몽(滿蒙) · 일본 등 주변 강대국의 영향하에 놓여, 당벌성(黨閥性) · 의뢰성(依賴性) · 뇌동성(雷同性) · 모방성(模倣性) 등 민족성이 조성되었다」고 하였다.

겐테(Sigfried Genthe, 1870-1904)는 '겐테의 여행(Genthes Reisen, 1905)' 에서 「한국인들의 본성은 타협적이며 선하고 친절하며 배우기를 좋아하는 부지런한 민족으로 재치있는 지도자들만 있다면 빠른 시일내에 현대문명국 수준에 오를 희망이 있다」하였다.

헐버트(Homer Bezaleel Hulbert, 조선육영공원(朝鮮育英公院) 교사)는 '사민필지(士民必知, 1889)' 에서 세계 각국을 소개하고 'The Passing of Korea(韓國의 終末)' 에서 「한국인은 숫적으로는 중국인들에 압도당하고 재주면에서는 日本人에 뒤진다. 이들은 좋은 상인도 아니요, 잘 싸우는 무사도 아니다. 기질면에서는 앵글로 색슨과 두 나라 사람보다는 많이 닮았고 더불어 살기에는 가장 유쾌한 사람들이다.」라고 하였다.

맥켄지(Frederic Arthur McKenzie, 1869-1931)는 「망국의 유민으로 살기보다 자유민으로 죽는 게 낫다고 외치는 의병들 및 인간의 존엄성과 민주주의를 토론했던 독립협회의 젊은이들은 서구인과 동등하게 인류의 가치와 진보에 대해 스스로 사고하고 행동할 줄 아는 주체적 존재였다. 일본인은 한국인의 성격이 예상하지 못한 정도로 끈질기다는 사실에 충격을 받았다. 피압박 민족(한국)보다 더 열등한 민족(일본)이 4천년 역사를 가진 민족을 잠시 지배할 수는 있으나 동화시키는 것은 절대 불가능하다. 일본은 자신의 능력을 과대평가하는 반면 한국인은 과소평가한다.」고 하였다.

윌리엄 샌즈(William Franklin Sands, 1874-?)는 「조선인보다 더 다스리기 쉬운 백성은 없다. 이들은 절망적으로 학대받지 않는 한 늘 평화롭다. 일관되고 정직한 통치만 이루어졌다면 조선 사람들은 훌륭한 민족으로 육성되었을 것이다」라고 하였다.

변경문화의식의 갈등

文化國과 해바라기 현상

「한일관계를 다섯시기로 나눈다.

1기는 上古로부터 9세기말까지로 한일관계의 대량 기록이라고 할 수 있는 일본의 역사, 곧 '六國史'의 끝 책이 '三代實錄'이며 또 '三代實錄'의 終章이 仁和年間으로 끝 맺기 때문이다. 이때쯤 되면 唐, 신라, 발해가 모두 종말기에 들어서고 일본도 헤이안(平安, 794-1192, 교토 천도 이후 가마쿠라(鎌倉) 바쿠후(1185-1333) 개설까지의 기간) 후기로 옮겨가서 한일관계도 한 시기를 획(劃)하게 된다. '三國史記'로 보아도 9세기말 景文·憲康王代에 일본 國使기록이 보이고 그 후는 없다.

2기는 10세기부터 여말(麗末)까지로 고려 국첩(國牒)이 일본에 왔다는 것이 '니혼기랴쿠(日本紀略)'에 기재되어 있고 고려·몽골의 연합군이 일본을 엄습한 후로는 국교가 단절되었다가 麗末 새로 외교교통을 노력할 즈음에 고려가 망하고 '고려사'의 일본에 대한 관심이 왜구에 쏠리던 시대이다.

3기는 조선왕조시대로 말기는 일본의 메이지(明治)年間(1867-1912)에 해당하고 종전과는 아주 다른 관계에 들어가던 때이다.

4기는 왜정(倭政)시대라는 식민지시대이다.

5기는 광복후 오늘에 이르는 동안인데 이 시기의 특징의 하나는 韓土의 분단이며 일본의 피점령(被占領)과 경제적 부흥이다.

1·2·3기에 있어서는 관심도는 일본측이 높았는데 4·5기에 오면 관심도는 한국측이 높아진다. 1·2·3기에서는 韓土측이 선진문화로, 4·5기에 오면 일본측이 선진문명으로 공인된다. 1·2·3기에 일본은 韓土의 문화를 흡수하면서도 그것을 중국문화의 조박(糟粕)이라고 경시(輕視)했다. 4·5기에 한국은 일본의 선진문명을 배우고 모방하면서도 그것을 구미문명의 糟粕이라고 하여 경시한다.

1·2·3기에 한국의 대일(對日) 심상은 문화적 멸시와 군사적 굴욕감간에 자기분열적인 구조를 지니고 불안정한 심상을 형성한다. 일본의 대한(對韓) 심상은 문화적 열등감과 군사적 우위감이 뒤 섞여서 자기분열적으로 작용한다. 이 까닭에 양측이 모두 불안정한 심상(心像)을 갖게 되고 열등의식이 부자연한 自尊自大로 나타난다.

4·5기 한국의 對日심상은 구수감(仇讐感)에서 오는 저항으로서의 전통적 멸시감과 일본 선진문화관이 분열적으로 작용하고, 일본의 對韓심상은, 4기에 신국사관적 우위·무력지배의 우위감이 공존하고, 5기에는 과거에 비해 심상설정이 약화된다.

3기의 후기를 분기점으로 심상의 중심요인이었던 문화관이 역전한다. 3기까지의 선진문화가 별안간 후진이 되고, 어제까지의 후진이 돌연 선진의 이미지를 가져온다. 이것은 3기까지 한일 양국이 속해 있던 政教문화라고 할 수 있는 중국 중심의 사대질서가 붕괴된 데에 기인한다. 3기까지 한일간 문화·문장·예의·문물에 관한 논쟁이 중국의 政教문화를 전제하고 있었다.

중국문화권의 입장에서는 사대질서에 들어오지 않고 神國이니 天皇이니 하는 것이 비문화적이요, 이적(夷狄)의 특색이었다. 슝누(匈奴)의 가한칭호(可汗稱呼)나 그 슝누적인 관직명이 한외북적(塞外北狄)의 증거로 여겨지듯이 일본의 독자성, 정치이념의 일본색이 만이(蠻夷)라는 말을 듣게 되는 소이(所以)다. 조선의 사신이 일본에 가서 나족(裸足)의 사대부를 보고 야만시하였다. 한국은 열심히 중국문물을 배워서 小華로 자처하였지만, 日人으로부터 중국의 속령이니 중화의 糟粕이니 하는 핀잔을 받았다.

4 · 5기 심상형성의 문화적인 요인은 서양문명의식으로 변하여 일본이 소화(小華)고 한국은 야만이 된다. 3기까지 일본이 문화적 열등의식에서 심상형성에도 영향을 입듯이 4기 후로는 한국이 문화적 열등의식에 잡혀 버리고 만다.

요컨대 각 시기의 심상형성은 그 당시 소속해 있던 문화권의 성격을 반영하고 있었다. 일본은 무력의 우위를 공인시키려 하였으나, 정교적인 문화관에 의하면 명분없는 무력은 야만적인 것, 곧 경멸의 대상이었던 고로 壬亂 후에도, 또 일제 강점 후에도 그 우위가 납득되지 않았다.

모든 문화권에는 중심과 주변이 있다. 중심은 문화가치의 전파가 시작되는 곳이며 또 문화가치의 기준을 제공하는 곳이다. 중국에서 오등복(五等服)이라고 하여 후(侯) · 전(甸) · 수(綏) · 요(要) · 황(荒)을 구별하여 중심과 주변을 나누었는데 '尙書' 의 '禹貢' 편에 나오고 '周禮' 에도 보이지만, 춘추시대 이후는 문화권의 사상으로 정립되었던 것 같다. 이러한 중심과 주변사상은 고대 그리스에도, 근대유럽에도 나온다.

또 문화권에는 '해바라기 현상' 이 꼭 따라 다닌다. 한국은 對日심상에 있어서 일본을 절역(絕域)이라고 보았으며 3기까지는 큰 관심을 표하지 않았다. 구 한말 전통적인 天下圖에 붙어 있는 일본지도를 보면 조선왕조 초 '海東諸國記' [1471년(성종 2) 신숙주(申叔舟, 1417-1475)가 편찬한 일본에 관한 저서로 '일본국기(日本國紀) · 유구국기(琉球國紀) · 조빙응접기(朝聘應接紀)' 등을 기록했다.]의 부도(附圖)만큼도 못하니 놀랄 일이고, 또 그 당시 중국의 강역도(疆域圖)가 정교(精巧)하였던 것을 생각하면 또 한번 놀라게 된다.

요컨대 해바라기현상으로 주 관심이 문화의 중심, 곧 중국을 향하고 있었다. 小華라는 의미는 중심에 문화적으로 가까운 지역이라는 의미이며, 絕域이란 문화적으로 문화권의 경계지역에 있다는 의미이다.

그러므로 1 · 2 · 3기의 한일심상의 특징은 누가 더 중심에 가까운 인접(隣接)문화냐 하는 주변문화의 경쟁이었고, 해바라기현상으로 서로 중국을 향하면서 그 인접을 무시하는 데에서 일어나는 갈등이었다. 요컨대 주변문화의식의 갈등에서 빚어지는 심상형이었다. 다음 4 · 5기에 오면 이번에는 한국이 절역이 되고 일본이 소화가 된다. 그러면서 해바라기현상으로 서로 무시하지만, 한국은 현실적인 편의로 가까운 문화의 본(本)을 취하면서도 심상의 형성에서는 해바라기현상을 고수(固守)하여 '小華' 를 경시(輕視)한다.

주변문화의식과 탈권(脫圈)

한일 피아(彼我)의 심상형성을 따져보면 그것은 동서문화권내의 주변문화의식의 투영(投影)이라는 형태로 바꾸어 볼 수 있다. 주변문화의식의 갈등이라고 하는 것은 그 의식간의 교신이 충분하기 어려운 문화가치의 공통성의 결여(缺如), 혹은 토착적 독자성의 과다(過多)로 인한 문화적인 유대감이 상실되는 것으로 이해될 수 있다. 3기까지의 對韓 심상의 특징은 일본의 신국사관이라고 보았다. 그 까닭에 일본이 스스로를 天朝·中國·神國이라고 기록하고 인국(隣國)은 번국(蕃國)이요, 교빙(交聘)은 조공(朝貢)이라고 '코지키(古書記)'·'니혼쇼키(日本書紀)'의 '神代' 편에 적고, 天皇의 世系가 정리되어 서술되었다. 그러면서 일방 중국문화권의 문화를 열심히 韓土로부터 도입하고 중국에서 직수입하였다.

말하자면 주변문화의 특징을 갖추면서 다른 문화가치에 입각한 다른 문화권의 중심적인 양 역사를 꾸몄다. 이 점이 한국의 對日심상이 미개로 보았던 것인데, 토착적인 요소가 전래적인 문화, 곧 문화권공유의 문화보다 우위에 있다는 것은 그 주변문화가 絕域에 처하여 언제 권외(圈外)로 탈락할지 모른다는 것을 의미할 것이다.

일본은 중국문화권에서 제일 먼저 빠져나간 나라며, 후쿠자와 유키치(福澤諭吉, 1835-1901)의 말 대로 용감하게 '탈아(脫亞)' 한 나라였다. 절역에 존재하던 주변문화로서의 일본이라는 특징이 '脫亞' 를 가장 쉽게 하게 한 중요한 요인이 아닌가. 일본은 에도(江戸)바쿠후시대(1603-1867)까지만 하더라도, 황국사관적인 전통사상에 젖어서 토착적인 독자성을 너무나 많이 가지고 있었다. 바로 이 점이 문화권의 절역적 성격이고, 또 이 까닭에 금단(禁斷)은 있었지만, 양학(洋學)·난학(蘭學)이 다른 지역보다 먼저 발달하고, 새로 서양문명이 들어오자 주저(躊躇)하지 않고 '脫亞' 를 감행하였다. 바로 한일간의 주변문화의식의 갈등을 빚어낸 그 원인이 '脫亞' 의 정신사적인 태세를 쉽게 한 것으로 믿어진다. 그런데 4기부터는 일본은 '절역' 이 아니다. 오히려 일본이 '小華' 고 韓土가 절역이 되고 말았다. 그것도 대한민국은 자유주의문화권의 절역, 이북은 공산주의문화권의 절역이다. 물론 '脫圈' 에는 여러 다른 요인-사회경제적 또는 정치적 요인이 작용할 것이다. 그러나 대일관계의 정신사를 변경문화의식의 갈등으로 해석하고 또 양국의 心像史가 가지고 있는 '변경' 의 위치를 생각할 때 '絕域地位' 가 계속하는 한은 항상 脫圈의 위험이 있는 것이며, 한번 '脫圈' 이 이루어지는 경우 일본 혹은 중국본토의 정치·문화적 위치가 일변(一變)할 것이다. 일변하는 것은 日·中만이 아니고 우리 민족 자체일지도 모른다.」

〈李用熙〔호 동주(東洲)〕, 前 서울大 社會大 敎授, 國際政治學〉

한국 지성의 官人性과 抵抗性

한국사를 읽으면서 느끼게 되는 기본적 의문은, '왜 大文化가 되지 못하고 주변 문화권으로 떨어졌는가', '지식인들은 왜 견제역할을 외면하고 친 체제적인 움직임만을 보였는가', '문화 충돌때마다 왜 외국 문화수용을 우선하고, 자체 모순에 눈을 감았는가' 라는 것이다.

〈기능적 知性의 寄生-고려시대까지의 지성〉

「한국 사회의 이념 지향적 성향은 신라末期 골품제가 위태로워지면서, 혈통적으로는 지배 계급에 속하지 못한, 토지도 지위도 없는 기능인 집단인 6두품들이 하나의 뚜렷한 세력을 형성하면서 부터 이룩된다. 개인의 능력에 의해 등용되고 쓰여지는 사회의 발견은 호국 종교로서의 불교가 개인의 참선(參禪)과 수도를 위주로 하는 禪宗으로 바뀐 것과 밀접한 연관을 갖는다. 不平等을 선험적인 진리로 받아들이던 사회에, 그런 것의 모순(矛盾)을 이해한 집단이 나타난 것이다. 崔致遠으로 대표되는 신라 육두품의 유교적 이념에의 지향은 자기 집단의 상승이 확정된 후에는 호족 세력의 유지라는 면모로 바뀐다. 변태섭(邊太燮)에 의하면 '무신란 후에는 미문(微門) · 천계(賤系)의 무인으로 宰相의 요직에 올라 정권을 오로지 한 예가 많았으며, 또한 노비천인(奴婢賤人)으로서 고관에 오른 예가 많았으니 이것은 고려 사회의 변질을 표시하는 것이 될 것' 이라는 것이다.

실력과 능력 위주의 지식인 집단을 통해 한국 사회는 기능적 · 관료적 지식인을 양산(量産)하였는데 최초의 대표적인 예가 李奎報이다. 한국 사회는 친체제적(親體制的)인 지식인이 가장 정당한 의미에서의 지식인이며, 그 지식인은 기능적이지 않으면 안된다는 두 명제를 유교적 이념이라는 이름 밑에 고정시킨 이규보의 두 명제는 '굴원불의사론(屈原不宜死論)' 과 '反柳子厚 守道論' 에 명백하게 나타나 있다.

지식인들의 포오즈와 제스츄어가 당대의 기능적 지식인을 사로잡은 것은 '여울고기' 이며, 그는 그것을 잡기 위해 온 몸의 털이 다 젖을 때까지 기다린다. [시성(詩聖) 두푸(杜甫, 712-770)처럼 이규보 역시 늦게까지 벼슬을 하지 못했다] 지식인들은 정권과 결탁, 민중을 우롱(愚弄)하거나, 해외에 피하거나, 이규보 · 최자(崔滋, 1188-1260)처럼 아부(阿附)함으로써 사회의 구조적 모순을 해결할 실마리마저 놓쳐 버렸다.

차주환(車柱環, 1920-2008)은 교주(校註)를 본 '시화(詩話)와 만록(漫錄)' 의 解題에서 중세 지성들의 관심사를 응구첩대[應口輒對, 물음에 따라 거침없이 대답함]하고 장편거제(長篇巨製)를 단숨에 지어내는 것, 단명한 幼年詩人 · 중국의 사절과 창화(唱和)하는 것 등으로 나눈다. 혈연 관계로 뭉쳐 있는 신라 사회가 불교라는 보편적 이념을 빌려 사회적 불평등을 합리화한 후 崔承老의 '시무 28조' 로 표상될 수 있는 귀족 · 왕의 공동 지배 체제를 굳힌다. 그것은 고려 초기 光宗의 유교적 개혁의 실패 위에 세워 진 것이었으므로 권력의 비대화(肥大化)는 생겨나지 않는다.

그러나 무인정권의 수립 이후, 강력한 권력을 유지할만 한 이념을 제공해 준 것이 신흥 사대부 계층이다. 그 계층은 권력에 기생(寄生)하여 권력의 존재 이유를 보편적 이념과 결부시켜 합당화시키며, 자신을 기능적 지식인에 한정시킴으로써 민중에 대하여는 지배자의 위치에 선다. 그 계층은 권력에 대하여는 무비판적 친체제적이며 외세에 대하여는 그것이 자신의 위치를 인정하는 한 우호적이다. 나는 그 이유가 한국 지성이 그가 속한 사회의 제반 모순을 극복할 수 있는 정신적 힘을 외래의 보편적 이념에서 너무 쉽게 찾아버린 것이라고 생각한다.」

〈김현(金炫, 1942-1990), 文學評論家〉

〈유교적 知性의 현실인식 - 近世朝鮮의 지성〉

「南人으로부터 배출된 유수(有數)한 학자들이 실학에 결정적인 공헌을 할 수 있었던 것은 우연한 결과가 아니다. 관료지식인의 失權的 소외 현상은 外來 천주교 사상에 대한 동조(同調) · 신봉(信奉)과 실학의 전통을 계승 발전시키는 지적 탐구의 노력으로 쏠렸던 것이다. 南人 지식인들과 천주교와의 관계는 권철신(權哲身, 1736-1801) · 이가환(李家煥, 1742-1801) · 정약전(丁若銓, 1758-1816) · 이벽(李檗, 1754-1786) 등이 자주 교리토론(敎理討論)을 벌였다는 일화(逸話)가 말해 주듯 知的인 접근이었으며, 또 天主의 개념을 上帝와 견주어서 해석하는 등 기존 유교체계를 통한 것이었다.

工曹判書 李家煥은 충주牧使로 좌천되자 천주교 탄압에 앞장을 서서 다른 守令들보다 더 가혹하게 죄인을 다룸으로써 권력의 場으로부터의 추방을 모면하려고 했다. 이것은 지식인의 전향(轉向, 권력에 의해 강제되었기 때문에 일어난 사상의 변화) 또는 좌절(挫折)이 흔히 빚는 반동적행태(反動的行態)로서, 日帝 식민치하에서 현대에 이르기까지 되풀이 되는 악순환이기도 하다.

성리학의 편중은 修身과 治人의 겸전(兼全)을 이상으로 삼았던 유학의 전통을 퇴화시켰을 뿐만 아니라 修身의 내용에 있어서도 과거제도의 타락과 폐단에 따라 상투적인 사문습득(詞文習得)으로 형해화(形骸化)했다. 실학자들의 經世論은 올바른 지식이라면, 보다 나은 사회를 지향하는 실천적 의의를 지녀야 한다는 개혁의 염원이 그 밑 바닥에 깔려 있다. 茶山이 '牧民心書' 에서 「君子의 學은 修身이 그 半이요, 나머지는 牧民이다. 이 冊은 본래 德을 쌓기 위한 것이지 꼭 牧民하기 위해서만 이겠는가. 그것을 일러 心書라 한 것은 牧民할 마음만이 있지 몸소 실행할 수가 없기 때문인 것이다.」라고 했을 때 牧民 · 治人 · 經世에 대한 그의 염원을 실현할 기회를 잃은 체념과 안타까움을 실감할 수가 있다. 후기실학의 사상은 정치권력에 의해 계속 억압되고 또 사회적인 권위를 인정받지 못하는 가운데서도 광맥처럼 이어 져, 자아 의식과 민족 의식의 성장으로 발전되어 왔다.」

〈徐基源,(1930-2005), 作家,〉

〈주체와 진보의 갈등 - 開化期의 지성〉

「개화기 근대적 지향이라는 방향과 주체민족의 當爲性이 일본으로 말미암아 그 변수(變數)로 인한 逆方向에 서게 함으로써 자기해체의 국면에 직면케 됐으며 지식층은 우회(迂廻)와 기복(起伏)은 있었을 망정 反體制指向性으로 응고될 수밖에 없었다. 연암(燕巖)을 포함한 실학파의 사상이 '조선후기에 일어난 개신유학(改新儒學)' 〔천관우(千寬宇) / '한국실학사상사'〕이라 한다면, 이 사상의 한계는 金玉均(古筠, 1851-1894)에서 살펴질 가능성을 현저케 할 것이다. '그것은 당시 봉건적 사회질서나 사상에 대한 일대 도전이며, 동시에 변동해가는 사회, 경제의 방향을 모르는 새 대변한 것' (李用熙, op.cit)이다.
근대지향형과는 달리, 民族自主만을 공통인수로 하면서 개화기를 온 몸으로 버틴 지식인의 一群은 위정척사론과 그에 이어지는 志士型 지식인들이다. 주자학적 지식인의 사상적 모습을 선명하게 드러낸 것은 강화조약(1876) 체결 때 목숨을 걸고 상소한 崔益鉉(1833-1906)에서 드러난다. 당대의 유림층(儒林層)은 창조적 지식인의 核을 지니지 못하고 지적 분배 내지는 적용이라는 외원(外圓)에 머물렀던 것인데, 일단 자기 계층의 자체보호에 의해 中心圓으로 기능(機能)하는 비판적 행위의 단계를 거쳐 의병이라는 절대의 행동으로 나아갔다. 이 절대의 행위는 동학운동의 이념, 기타 민족적 행복 일체를 포용할 수 있는 사상으로 미래에 시숙(時熟)(sich zeitigen)케 한 것으로 파악된다.
20세기 벽두 독립의 상실이 지식인에게 던진 충격은 獨立自强의 방향으로 첨예화 되어 치열한 교육열, 언론운동, 學會활동으로 나타났다.
초기 계몽운동은 지식인을 두 계층으로 갈라 놓게 한 것 같다. 그 하나는 교육을 통한 계몽운동이고, 다른 하나는 언론을 통해 日帝에 대항하는 志士型지식인의 등장이다.
후자의 대표적인 예로 장지연(張志淵), 양기탁(梁起鐸, 1871-1938), 신채호(申采浩) 등을 들 수 있다. '사학과 저널리즘이 밀접한 상호관계를 지닐 수 있었던 것은 전통사회의 이념이었던 유학과 근대사회의 새로운 문화 현상인 저널리즘이 사학을 매개로 서로 접근하기 쉬웠다는 데에도 일인(一因)을 찾을 수 있다' (千寬宇 / '언론인으로서의 단재'). 지사형 지식인의 기능은 義兵운동의 뿌리와 이어져 망명과 함께 민족 주체성의 핵심을 이루게 되며, 순수창조적 지식인의 전형은 六堂의 시대적 한계를 돌아 보게 하는 점을 내포하면서 그 나름의 문화작용에 뛰어 든 李光洙이다.
과학과 역사의 접점(接點)이 '한쪽에서는 과학으로 접근하지만 다른 한쪽으로는 문학으로 접근' 한다는 휴즈〔H.Stuart Hughes(1916-1999) / '의식과 사회(Consciousness and Society, 1958)'〕의 말대로 사상사란 지성의 역사(Intellectual history)일 수밖에 없다고 할 때 이 관계는 더욱 확실해 질 것이다. 사상 혹은 지성이 적극적인 행동의 지침으로 기능 轉化되기 위하여는 그 사상 내지 知性이 연속성을 획득하여 현장성(現場性)으로 작용해 올 경우일 것이라는 말이 타당성이 있는 것이라면, 한국 근대의식사 분야에서는 겨우 사학과 문학쪽에서 다소 그것이 세워져 있다.」

〈金允植(1936-), 文學評論家〉

〈침략과 저항의 양식 - 日帝强占期의 지성〉

「日帝강점시대는 한국의 知性史에 있어서 가장 큰 수난과 시련의 역사였다. 고려시대의 元의 지배나 조선조시대의 明 · 淸의 간섭은 어디까지나 외교적 의미, 혹은 국제관계의 의미를 띠고 있었던 것이지 韓民族의 열등성을, 피지배적(被支配的) 속성(屬性)을 의미하는 것은 아니라는 것이 최근의 역사학계의 일련의 태도이다.

朴殷植은 일제 침략의 부당성을 역사학으로 증명하고자 하였다. '조선혁명선언' 에서 나타나고 있는 "고유적 조선의, 자유적 민중의, 민중적 경제의, 민중적 사회의, 민중적 문화의 조선을 건설하기 위하여 異族통치의, 약탈제도의, 사회적 불평균의, 노예적 문화사상의 현상을 타파함이니라"는 申采浩 사상속에는 국수주의적 요소가 허다한 것은 사실이지만 그는 최초로 서구식 근대사학의 방법론을 도입하여 한국사의 연구방법론을 제시하고 한국역사를 새로이 체계화하려 했다. 이 두 지식인이 유교적 전통 속에서 나온 지식인이라고 한다면 李光洙는 신식교육을 바탕으로 나온 지식이었다. 이광수는 '민족개조론' 에서 3 · 1운동을 가리켜 "무지몽매한 야만민족이 자각없이 옮겨가는 요괴(妖怪)와 같은 변화로 민족성의 개조가 우리가 살아 남을 유일한 길이다"라고 역설하였다. 「 민족개조론' ('개벽(開闢)', 1922년 5월호)이란 제호(題號)가 풍기는 바 日帝下의 우리 민족에게 희망을 주는 것 같으면서도, 실상 내용은 민족에 대한 배반을 도덕적으로 위장(僞裝)한 글〉」이라는 송욱(宋稶, 1925-1980)의 비판처럼, 그것은 '조선의 역사는 사회가치보다도 문화가치로 승한 기록이니, 문화의 창조력에 있어서 조선인은 드물게 보는 천재민족이라 할 수 있다' 는 崔南善의 주장이 내포하고 있는 것 처럼 정치적 패배를 문화적 우수성으로 보상하려는 패배적 민족주의(李基白 '민족과 역사')에 지나지 않는다.

儒學者 출신의 지식인들이 변절을 하지 않은 대신에 그 나름으로 한계를 지니고 있었다는 사실과 신식교육 출신의 지식인들이 변절을 하거나 전통적인 것에 대한 탐구가 없었다는 사실은 식민지시대 지식인의 괴롭고 모순된 전통을 형성했다. 1920년대의 작가 · 시인들 가운데 작품으로써 지적 정신사의 긍정적 측면으로 받아 들여지는 염상섭(廉想涉, 1897-1963) · 이상화(李相和, 1901-1943) · 한용운(韓龍雲, 俗名 裕天, 1879-1944)은 뒤에 이육사(李陸史, 1904-1944) · 윤동주(尹東柱, 1917-1945)로 이어진다.

1930년대부터 8 · 15 光復 사이에 한국의 지식인 사회에는 큰 수난의 시대가 찾아온다. 일제의 침략전쟁의 확대가 이 땅에 보다 큰 탄압으로 나타나고, 이 땅의 지식인들의 변절이라는 비극을 낳고, 그럼에도 변절하지 않고 '문화' 를 빼앗기지 않으려는 지식인들의 몸부림을 보게 된다. 鄭寅普는 1930년대 역사학에서 丁茶山과 申采浩로 이어지는 민족사학을 계승하면서 식민지시대에 있어서 민족생존의 문제를 민족정신에서 찾고 있었다. 文一平은 역사 속에서 사회를 발견하고 사상 · 문화 · 예술 · 풍속속에서 민족정신을 찾으려 했으며 그런 역사를 대중에게 인식시키려 했다. 安在鴻은 申采浩 · 鄭寅普로 이어온 민족사학과 사회경제사학 성과를 받아 들임으로써 민족주의 역사관을 확대시켰다.

주시경(周時經)의 조선어 문법체계와 한국어교육 정신은 (中略) 1920년대에 조선어학회가 계승–전개하여 식민지하의 민족주의(Colonial Nationalism)의 정신적 중추를 이루었으며, 崔鉉培(1894–1970)의 '民族更生의 道'로 표현되는 한글 학자들의 정신은 곧 언어를 통한 민족의식의 전개이었다.

식민지 시대가 낳은 비극적 지식인들은 친일행위에 가담한 문인들이다. '親日文學論'에 의하면 최재서(崔載瑞, 1908–1964) · 유진오(俞鎭午, 1906–1987) · 이효석(李孝石, 1907–1942) · 김팔봉(金八峰, 1903–1985) · 백철(白鐵 1908–1985) · 박영희(朴英熙, 松隱, 1901–?) 등 대표적 문학 지식인들이 침략정책에 이용되고 또, 親日은 한결같이 日帝에 끌려서 이루어졌다. 민족의 정열을 저항의 방향으로 쏟음으로 인하여 학문의 다른 방향에의 발전을 저해했음은 일본이 우리에게 저지른 죄악이다. 일제강점기의 전통의 극복은 광복 후 한국 지식인들이 부딪친 새로운 문제가 아닐 수 없다.」

〈金治洙(1940–), 文學評論家〉

〈혼란속의 새로운 모색 - 光復後의 지성〉

「6 · 25 직전 오종식(吳宗植, 1906–1976)은 '엄밀히 말해 사상적 기조의 확실성이 의심스럽다'는 전제에도 불구하고 '광복후의 사상동향'('신사조(新思潮)' 1950년 5월호)을 공산주의 · 민주주의 · 민족주의 등 세 갈래로 나누고 있다.

8 · 15 직후의 이데올로기적 대립이 오늘의 체제적 대결로 경직 · 악화되었을 망정, 당시의 사상적 혼란과 無志向性은 여전히 최대의 과제로 남아 있는데 閔丙台(1913–1977)는 주체적으로 극복되기를 희망한 독립 · 민족주의 · 민주주의 · 전쟁(공산주의와의 이데올로기戰)이 '주어진' 것이라는 데 그 원인을 찾고, 김붕구(金鵬九, 1922–1990)는 '가장 원초적인 광복'이어서 '사회질서의 核으로서의 통치권력과 온갖 정신적 권위의 붕괴 상태', 그리하여 「'열린 민족' 안에서 무수히 보다 낮은 '닫힌 사회'를 만들었고, 저마다 그것을 찾아 들어 分立」하는 데에서 접근하고 있다.

右派의 입장에서 민족주의를 제창하고 이념화할 수 있는 계열은 구미파(歐美派)와 上海의 임정요원(臨政要員) 및 국내에 잔존한 독립운동가들이었다.

김구〔金九, 본명 昌洙, 호 백범(白凡), 1876–1949)〕의 소원이 이상에서 현실로 부합되기에는 너무나 간격이 컸던 것 같은데 그의 사상은 좌 · 우 합작에 가담했고 정부수립에 불참했던 安在鴻의 '신민족주의'에 계승된다.

좌익(左翼), 특히 마르크시즘(Marxism)의 한국적 패배는 민족주의의 좌절보다 더욱 당연하게 보인다. 1920년대 전후 시베리아와 일본을 통해 들어오기 시작한 마르크시즘은 한민족 전체가 피착취식민계급(被搾取植民階級)이었다는 정황 속에서 좌절감에 사로 잡혔던 亡國지식인들에게 매력을 발휘할 수 있었다.

그리하여 '카프(KAPF, 조선프롤레타리아 예술가동맹, Korea Artista Proleta Federatio의 약칭)'를 결성하고(1925. 8) 계급 문학을 주창하는 한편, 민족주의자와 제휴한 新幹會 등을 통해 이데올로기를 전파했으며, 광복 이튿날 여운형을 중심으로 건국준비회가 조직되고, 20일 후 '조선 인민 공화국'을 선언할 수 있었던 것도 일제 암흑기에도 명맥을 유지할 수 있었던 그 힘에 의해서 였다. 이들은 문화계에서도 林和(1908-1953) · 金南天(1911-1953?) · 이태준(李泰俊)(1904-1956?)을 중심으로 한 '조선프롤레타리아 예술가 동맹'과 합류한 '조선문학가동맹'으로 세력을 모으며, '新天地'〔후에 전향(轉向)〕'文學', '민성(民聲)' 또는 '서울신문', '現代日報' 등의 편집진으로 앉아 우익의 조선문필가협회, 조선청년문학가협회를 공격했다.

左 · 右翼의 대결은 1945年 12월 모스크바 三相會議에서 제안된 5개년 신탁통치안에 대해 우익과 함께 反託의 태도를 취해오던 좌익이 1946년 3월 친탁(親託)으로 돌변하면서 최고조로 격화된다. 상당수의 左傾지식인은 공산주의 또는 마르크시즘에 대한 동조적(同調的) 입장을 취하거나, 그것을 가장 진보적이며 보편적인 이념으로 착각하고 있었다. 전자의 경우, 레이몽 아롱(Raymond Aron, 1905-1983)의 '지식인의 아편'과 같은 요소가, 좌절과 피곤 속에 헤매던 지식인들에게 강렬하게 어필, 동조되었다.

당시의 한국에는 착취할 자본가 계급도, 해방해야 할 노동자 계급도 형성되어 있지 않았고 있다면 착취한 것은 일본제국주의였으며 해방된 것은 민족전체였다.

신일철(申一澈, 1931-2006)이 '신간회의 파탄(破綻)'에서 분석한 것처럼 한국 마르크시스트의 병폐(病弊)는 한국의 현실을 대상으로 그것을 이론화하고, 그 이론을 비판적으로 검토하는 과학적 태도 이전의 '맹신(盲信)적 원용(援用)'에 머문 것이다.

민족주의는 퇴화하고 공산주의는 종식(終熄)되는 가운데 서서히, 한국의 지식층에서는 민주주의에 대한 논의가 활발해지기 시작하였다.

미군정을 거쳐 정부 수립에 이르기까지 친일파가 현실적인 힘을 갖는 반면 민족운동가가 도태(淘汰)되었고 정당 조직이 이념에 기초한 것이 아니라 이해관계에 따라 이합집산(離合集散)했다.

광복 후와 건국 초기 마르크시즘의 패배와 자유민주주의의 실패는 전자가 이데올로기의 과잉(過剩)으로 현실을 무시하고 후자가 현실에 함몰(陷沒)됨으로써 창조적 이념을 제시하지 못했다는 공통의 모순을 지니고 있는 한 당연하게 보인다.

1950년대 대표적 사조인 실존주의가 한국의 현실과 개인의 心底에 接木하는데 실패함으로써 이어령(李御寧)(1934-) · 이철범(李哲範, 1930-2008)의 에피그람(epigram), 손창섭(孫昌涉)(1922-2010) · 장용학(張龍鶴)(1921-1999) · 김성한(金聲翰)(1919-2010)의 '실존적 분위기'만으로 그치고 아카데미에서 학문으로만 다루어졌던 것이 知的 한계였다.

한국의 기독교는 한말(韓末) '開化의 教師'로 들어와 일제침략의 제어 구실을 했다는 점에서, 그리하여 식민지 시대에 반체제적 저항세력으로서 민족주의와 결합할 수 있었다는 점에서 특이한 양상을 갖는다.

황성모(黃性模, 1926-1992)가 비판한 것처럼 '그럼에도 한국사회의 현실적 사회 제 관계의 표현이라 할 정당의 분석에서 기독교가 크게 표면화하는 일이 없었고', '반공운동을 뒷 받침해 주는 세계관 · 역사관 · 인간관을 종합한 기독교적 정치 이념이 형태화 · 객관화되지 못하는 철학의 빈곤' 에서 한국 기독교의 한계가 지적될 수 있다. 즉 對 아시아의 '네비우스 종교정책' 의 혹심한 세례를 입어 전통적으로 反지성적 태도를 견지해 왔다는 점과 新生 정부의 지배층 종교가 됨으로써 권력과 밀착, 민주주의의 체제내적 부패요소로 타락했다는 점이 그것이다.

반지성적 · 보수적 盲信에 의존했던 전자는 1950년대의 피폐에 어울려 나운몽(羅雲夢, 1914-2009) · 박태선(朴泰善)(1917-1990) · 문선명(文鮮明)(1920-2012)의 신흥종교로 낙하하여 지성의 권내에서 떨어져 나갔으며, 후자는 집권층의 장식화 도구로 사용됨으로써, 현실적인 반지성 세력으로 강화되었다.

1950년대 두 주요한 기독교 지도자를 만나는데 기독교의 보수성에 대항하는 김재준(金在俊)(1910-1987)과 그것의 형식주의에 공격을 가하는 함석헌(咸錫憲,)이다.

광복 후 밀려 들어온 美國勢, 그리고 전란시부터 도미유학생(渡美留學生)들에 의해 수입된 실용주의는 광복 후 채택된 듀이(John Dewey 1859-1952)의 철학에 입각한 '새교육운동' 으로 구체화 된 실용주의 그 자체와, 그것을 배경으로 하고 있는 행태주의적 방법론 또는 지적 기능주의의 두 갈래로 볼 수 있다.

실용주의 교육이 '한국적 풍토에 뿌리를 내리지 못하고 용두사미(龍頭蛇尾)격으로 흐지부지하게 된' 책임은 실용주의를 준비 없이 이식(移植)하려 한 한국교육계의 오류(誤謬)에 있었다. 또 하나의 실용주의 모습은「우리 행정이 '철학적 동시대' 를 찾지 못하고 '자연적 동시대' 의 현물로 그냥 수용한 오류(誤謬)」를 범한 것이었다.」〔한영환(韓瑛煥, 1937-) / '한국사회과학의 허망한 노력' ('청맥(靑脈)' 1996년 8월호)〕

에드워드 실스(Edward Shils, 1910-1995)는 후진국의 지성인에게서 격렬한 정치화(intense politization), 사회주의, 대중성(populism), 반대주의(oppositionalism), 非公民性(incivility)의 특성이 나타나고 있음을 지적하고 있는데 한국의 경우도 예외는 아니었다.

광복 직후 격렬한 정치화 과정에서 보인 권력의 이데올로기는 '반공' 과 '항일' 이란 부정적 테마로 고식화(固息化)했으며 한국 전쟁 후 외래 문화의 범람(氾濫) 속에 지적 사조로 정당하게 수용, 우리 문화의 개별성과 보편성을 창조하는데 커다란 시행착오로 전락하고 말았다. 광복 이후 한국지성사는 중요한 체질개선을 얻는다. 그것은 곧 정치 · 사회적 지도자와 아카데미즘의 지성이 분화되고 있으며, 후자에 의해 지성의 定向이 잡혀가고 있다는 점이다. 지성이 권력으로부터 분화될 때 권력에 대한 비판적 태도가 가능하며 기독교에서 그 예를 보듯이 지성의 저항을 얻게 된다. 한국현대사의 지성은 아마 여기에서부터 출발할 것이다.」

〈金炳翼(1938-), 文學評論家〉

※ 知性의 갈등을 초극(超克)하여

정도전은 「나라가 안밖으로 위기에 몰려 있을 때 선비라고 일컫는 자들은 은거하면서 고개를 내밀었다 움츠렸다 하며 그저 관망만 한다. 자기 몸 하나 보전할 생각만 하고 제 능력을 발휘하지도, 도리의 경중을 따지지도 못한다. 부끄러움 없이 말을 꾸미고 조그만 재주를 부리며 요행(僥倖)을 따르기에 분주하다.」라고 하였다.

신흠(申欽, 1566-1628)은 "마땅히 말해야 할 때 침묵하는 것도, 의당 침묵해야 할 자리에서 말하는 것도 잘못이다. 반드시 말해야 할 때 말하고, 침묵해야 할 때 침묵해야만 군자이다(當語而嘿者非也 當嘿而語者非也 必也當語而語 當嘿而嘿 其惟君子乎)"하였다.

김매순(金邁淳, 1776-1840)은 "물었는데 대답을 다하지 않는 것을 함구(噤), 묻지 않았는데도 내 말을 다 해주는 것은 수다(嘳)라 한다. 함구하면 세상과 끊어지고, 말이 많으면 자신을 잃는다(問而不盡吾辭 其名曰噤 不問而惟吾辭之盡 其名曰嘳 噤則絕物, 嘳則失己)."

고병익(高柄翊)은 선비를 「학식이 있고 행동과 예절이 바르며 의리와 원칙을 지키고 관직과 재부를 탐하지 않는 고결한 인품의 사람」이라고 했다.

중국 역대 지식인들은 孟子의 '영달하면 나아가 천하를 구하고, 궁하면 홀로 수양한다(達則兼濟天下 窮則獨善其身)'는 말을 나름의 방식대로 해석하고 자신의 원칙대로 처세했다. 孟子는 「가장 넓은 집(仁)에서 살며 가장 바른 자리(禮)에 서며, 가장 큰 길(義)을 걸어가되 뜻을 얻으면 함께 걷고, 뜻을 얻지 못하면 홀로 그 길을 걸어서, 부귀도 그를 어지럽히지 못하고 빈천(貧賤)도 그 뜻을 옮기지 못하고 위무(威武)도 그를 굽히지 못하나니 이를 대장부(大丈夫)라 한다.」(居天下之廣居 立天下之正位 行天下之大道 得志與民由之, 不得志獨行其道 富貴不能淫 貧賤不能移 威武不能屈 此之謂大丈夫)라고 그 가치를 높여 놓았기 때문에 유가(儒家)의 선비들은 불우한 속에서 은거구지(隱居求志)하는 것을 전형적인 선비로 알고 자긍(自矜)하여 왔다.

루찌엔똥(陸鍵東 1960-)이 '백년에 한번 날까 말까 한 세기난우(世紀難遇)의 기재'라고 評한 천인커(陳寅恪, 1890-1969)는 변환시대 지식인 행태에 대하여 「사대부 계급 중 어진 자(賢者)와 서투른 자(拙者)들은 늘 고통을 느끼다가 결국 나중에는 소멸돼 버리는 반면 어리석은 자(不肖子)와 약삭빠른 자(巧者)들은 대부분 향락과 부귀영화를 누리며, 신분상승으로 명예를 떨치기도 한다.」고 하였다.

우리나라의 인텔리겐차(Intelligentsia)는 고려후기부터 정치체제에 親體制냐 反體制냐, 개화기에 척양(斥洋)·수구(守舊)냐 개화(開化)·경장(更張)이냐, 1905년부터 日帝의 강점 앞에 위미(萎靡)·동조(同調)냐 육력(戮力)·저항(抵抗)이냐, 8·15 광복부터 6·25동란 사이에 좌익이냐 우익이냐 또는 자유민주주의냐, 사회주의·공산주의냐, 近代化 추진의 우선순위에서 民主化냐 産業化냐 하는 선택을 두고 갈등적 상황을 경험해 왔다. 앞으로는 전압(電壓)이 다른 서구문화를 변압(變壓)수용시키는 역할을 하는 變壓器的 인텔리겐차와 체제순응적인 지식인(conformist), 체제를 옹호하는 '官人的 지식인'(mandarin적 지식인)의 한계를 초극하여 保守·進步의 균형적 사회변혁을 주도(主導)하는 '통관적 지식인'으로서의 역할이 기대된다.'

열린 민족주의와 성숙(成熟)한 민주사회

'멘터 철학자 시리즈(the Mentor Philosophers Series)'는 중세를 '신앙의 시대', 르네상스를 '모험의 시대', 17세기를 '이성의 시대', 18세기를 '계몽의 시대', 19세기를 '이데올로기의 시대', 20세기를 '분석의 시대'라고 하였다.

영국 史家 구치(George Peabody Gooch, 1873-1968)는 19세기史의 중추적 역할을 '민족주의(Nationalism)'라고 하였다. 민족주의란 민족단위의 '우리 意識(We-Feeling)'을 진작시켜 대중적 활력을 동원하려는 行動原理로 대외적으로는 集團我를 관철하며, 대내적으로는 민족적 同質性 정립으로 통합을 달성하려는 것이다. 서구민족주의가 본격 전개된 것은 프랑스대혁명이 기점으로 시민의 민주적 권리를 옹호하는 근대적 국민국가의 형성을 과제로 삼았는데 主體勢力은 '제3 階級'이라고 일컫는 신흥 中產層과 自由農民, 知識人들이었다. 자유주의와 결부되어 발흥한 민족주의는 革命的 民族主義(프랑스) · 觀念的 民族主義(獨逸) · 契約的 民族主義(英國) · 中南美主義(Pan Americanism) · 汎아프리카主義(Pan-Africanism) · 아랍民族主義 등으로 전개 확산되었다.

카아(Edward Hallett Carr 1892-1982)는 'Nationalism and After'에서

近世이후의 '내셔널리즘'의 발전과정을 문예부흥(文藝復興)이후 프랑스 革命에서 나폴레온(Napoléon Bonaparte, 1769-1821) 戰爭을 거쳐 비엔나 會議로 끝나는 시기, 프랑스 혁명의 所產을 계승하면서 1차대전을 거쳐 베르사이유 講和會議로 끝나는 시기, 1870년이후 시작되는 國家의 근대적 통일의 所產을 이어 받아 1차대전에서 2차대전의 발발에 이르러 절정(絕頂)에 달하는 시기 등 3期로 나누었다.

민족주의는 나라마다 과제의식과 주체세력이 한결같지 않아 보편타당한 이론구성이 불가능하지만 앞으로의 민족주의는 南의 資源民族主義와 北의 大國主義 다같이 相互依存(Mutual Interdependence)과 互惠平等의 관계로 발전적 승화가 되어야 한다.

「맥크몽 볼(William Macmahon Ball, 1901-1986)이 동양민족주의의 '3重의 革命(Three-fold Revolution)'적 특성을 비교적 잘 포착했다.

제1은 식민주의와 제국주의에 대항(對抗)하는 민족주의(완전한 민족독립의 요구). 제2는 민중들의 빈곤으로부터의 해방과 사회경제적 평등을 요구하는 민족주의(富의 巨大한 不平等에 對하여 고양(高揚)된 원한(怨恨)), 제3은 동양의 운명은 동양인에 의하여 결정되어야 하며, 동양 제민족은 서양의 제 목적에 대한 수단이 아니고 그들 자신의 목적이 되어야 한다는 민족주의(西洋에 對한 人種的 反抗)이다.

民族主義는 外國人의 政治的 統治와 經濟的 착취(搾取)에 對한 反抗이어서 西洋人 뿐만 아니라 東洋의 外國人 즉 韓國과 中國은 日本人, 버마는 印度人, 東南아시아는 中國人의 화교(華僑)에 對한 反抗의 形態를 取하고 있다. 이와 같이 政治的 예속(隷屬)과 植民地經濟에서 이탈(離脫)하여 自主的으로 政治的 自由와 經濟的 民族主義를 해결하려는 民族運動은 社會革命의 性格을 갖고 있다.

동양사회에서는 자본주의는 물론 시민계급도 자주적으로 형성 · 발전되지 못하였기 때

문에 그들은 외국세력이나 국가권력과 결탁(結託)하고 기생(寄生)하면서 발전하였다. 정치적으로 성숙한 계급층이 없기 때문에 민족주의의 담당층과 추진층은 시대의 과제와 민족의 미래를 자각한 불편부당한 지식인층이 될 수 밖에 없다. 동양사회에서는 '위로부터의 혁명(Revolution von oben)' 도, '밑으로부터의 혁명(Revolution von untien)' 도 기대할 수 없으며 자기민족의 과제를 투철하게 인식하고 민중의 토대위에 선 지식인층이 추진력이 되는 '옆으로부터의 혁명(Revolution von seiten)' 뿐이라고 하였다.」

〈 崔文煥(1916-1975) / '民族主義의 展開過程(1958)' 〉

• ***韓國民族主義의 전개***

「한국에서 근대적 국민국가 형성을 지향한 최초의 운동은 1896년에서 1898년에 걸쳐 개화자강(開化自强)의 주권국가관과 민권자수(民權自修)의 국민주권론을 제창한 독립협회 운동이다. 1907년 新民會운동에 이르면, 이념 · 조직면에서 근대국민국가형에 바싹 다가선다. 근대적 국민국가 내지 근대민족이 실제로 형성되었다고 볼 수 있는 3、1운동 후 日帝의 회유책인 '문화정치' 와 사회주의 사상의 유입으로 한국 민족주의는 분열되었다.
유럽의 대포와 군함 그리고 근대상품에 압도된 개화기의 지도층은 유럽 산업자본주의의 형상을 본 뜨고자 하여 외형의 부국강병론과 내면의 전통적 가치관이 하나의 구조로 개념화 됨에 '동도서기〔東道西器, '周易' "繫"의 '形而上者 謂之道 形而下者 謂之器' 에서 인용됨〕' 사상으로 나타나게 되었다. 유교적 '도' 는 민족전체를 통합시키는 '도' 는 될 수 없었다. 그래서 양반만이 아니라 일반 민중들도 다 같이 결집(結集)시킬 구심점으로서 '국혼(國魂)' 개념이 대두하기 시작했다. 국내의 지주세력은 토지조사사업을 통해 근대적 지주로 등장하여 한편으로는 식민지 통치세력과 경제적 이해를 같이 하고 다른 한편으로는 국혼의식을 갖고 타협적인 독립운동을 전개하면서 식민체제내에서의 '지주 상인형' 경제 건설을 민족이라는 이름으로 추진했다. 이것이 일제하의 민족 자본인 셈인데 이러한 세력이 光復 후의 '민족진영' 을 이끌었다.
한국민족주의의 특징은, 반제의식(反帝意識)은 강하나 반봉건의식은 약하다는 데 있다. 주로 피와 언어 또는 얼(魂)을 중심으로 같은 역사, 같은 전통을 전개、축적해 온 단일민족이었다는 전통적 민족개념이 민족 내부의 여러 계층이나 세력을 결합하여 통일 전선을 형성시키는 역할을 해 왔다. 3、1운동은 그 전형적인 사례(史例)의 하나이다. 그러나 향외적(向外的) 대동단결이 대내의 사회경제적 모순을 은폐(隱蔽)하거나 동결시키는 작용을 하면 적전분열(敵前分裂)을 일으키기 쉽다. 역사적 경험으로 보나, 산업사회화되고 있는 현 단계의 상황으로 보나, 서구세계의 동향으로 보나, 저항적이고 공동체적인 전통적 민족개념을 사회경제적 측면에서 재조정하고 재구성해야 할 필요를 절감하게 한다. 이는 민족을 구성하는 각 구성요소가 경제적 소유와 활동에 균등하게 시민적 참여를 하는 것을 의미한다. 그러나 민족의 시민화를 지향하는 참여경제체제 수립은 민족사회 그 자체의 민주화 없이는 기대할 수 없다.」

〈車基壁(1924-) / 成均館大 교수、政治學〉

民族神話論과 固有文化論, 피와 言語의 순수성에 대한 崇尙, 국수(國粹)와 배외(排外), 歷史의 詩化와 祖上崇拜 등의 경향들은, 우리의 民族主義 전통들이다.

漢四郡에 대한 배척, 三別抄의 항몽(抗蒙), 왜(倭)와 청(淸)에 대한 적개심 등 민족주의 정신의 발현이 없지 않았으나 전체로 보아 사대교린의 국제질서하에 유교적 성현의 이상을 추구하는 전통속에 근세를 살아왔다. 서구문명의 세계화과정에 강제로 편입되는 현대사의 전개는 새로운 민족주의의 발전을 가져왔고, 일제의 강점과 문화말살정책을 겪고 광복 후 민족분단의 비극을 살아온 우리의 민족의식은 그 응집성과 배타성이 강할 수 밖에 없다.

왜란(倭亂)과 호란(胡亂)을 겪고 난 17세기 이후 18세기 전반에 걸쳐 지배층사회는 당쟁의 와중(渦中)에서 헤어날 줄 몰랐고, 지도이론으로서의 朱子學은 관념의 세계를 치닫고 있었다. 18세기 후반기 실학자들의 성장, 신분사회 붕괴에 따른 의식수준의 향상, 서구 근대문명에 대한 접촉은 집권층에게 큰 위협이 되는 것이었다. 안동金氏 세도정치는 실학자들을 숙청하고 천주교 탄압을 하였고 사회 경제적 조건이 향상되고 자각도가 높아 진 민중세계는 三政문란의 절정에서 전국적인 민란으로 확산되었다.

初期의 한국 民族主義는, 異質적인 西洋文明과 열강세력(列强勢力)에 대한 抵抗에서 출발하여 韓半島 情勢에 영향을 주는 露, 淸과 日本에 대한 抵抗으로 전화(轉化)되어 갔다.

개항 이후 한일 합병까지의 중심 사상은 開化自强, 척사위정(斥邪衛正), 東學의 셋이고 개항 후의 역사적 과제는 근대화와 주권독립이었다.

개화운동은 외세침략에 대한 저항에는 취약성(脆弱性)이 있었지만 근대화 문제에 있어서는 나름대로의 역할을 다했다. 위정척사론은 폐쇄적인 정권이 되게 하였고 의병항쟁은 사상적 제약성으로 독립전쟁으로 승화(昇華)되지 못하였다.

3 · 1운동과 임시정부운동, 武裝독립운동은 抵抗民族主義의 主流를 이루었다. 3 · 1운동을 계기로 '우리' 意識의 완성, 近代志向과 民族保全의 융합(融合) 위에서 民主主義가 表出되고 임시 정부가 성립되었으나 광복 후 새 국가를 수립하기 위한 과도정부의 역할을 맡지 못하였다.

20세기 전반기 우리 역사는 광복을 지상과제로 하여 전개되었고, 지도이념은 저항적이고 배타적인 민족주의였다. 민족주의적 條件이 왜곡(歪曲)되는 경향(傾向)이 있었음에도 오늘에 이르기까지 사회의 여러 분야에서의 불평등을 해소하고 자유민주사회를 정착시킨 것은 역사적 성취다.

20세기 후반기 이후 다른 역사관과 체제를 가진 민족 내부의 두 국가적 실체를 평화적인 방법으로 재결합시켜야 할 과제를 안고 있다. 통일 한국을 성취하려면 남과 북 모두 相

容性을 助長하고 相衝性을 解消하는 方向에서 민족주의의 기반을 확충(擴充)해야 하며 민족구성원 전체의 유대의식(紐帶意識)과 그 이익을 추구하는 지혜와 용기가 필요하다. 民族意識은 北韓에서도 소위 '主體'를 강조하고 있으나 民族의 일체감은 民族구성원의 自由와 權利의 신장(伸張), 社會的 권익(權益)과 복지(福祉)의 확충(擴充)을 통해서 이룩될 수 있다는 견지에서 政治的 社會的 제 조건의 近代化가 民族主義의 진정한 기반인 것이다.

우리의 民族主義가 결합할 이데올로기와 우리의 歷史學이 받아 들일 民族主義도 自由民主主義 이념이외의 것이 될 수 없다. 舊韓末 · 日帝 强占 · 분단의 세대에 이어 지속적인 世代革命(Generational Revolution)과 변혁(變革)으로 恐怖 아닌 自由, 궁핍(窮乏) 아닌 번영(繁榮), 不正아닌 正義, 고립(孤立) 아닌 유대(紐帶) 등 南이 北에 비하여 體制上 力量上 압도적인 優位를 명증(明證)하게 될 때 大韓民國이 현대 한국사의 正統이라는 당위(當爲)를 구현(具現) 할 수 있을 것이다.

「두 개의 한국은 동아시아세계에서 중국과 다른 정치적 · 문화적 독립성을 성공적으로 유지한 몇 안 되는 나라들 가운데 포함된다. BC 2,000년 북부 중국 대륙으로부터 만주와 한반도로 이주해 온 한 예맥 민족은 7세기 이래 대신라, 고려, 조선 왕조로 이어 오는 동안 불교와 유교 그리고 동아시아 세계질서에 기초한 하나의 문명을 키우면서 평화와 번영을 누렸다.」 〈'그린우드 한국사(The Greenwood Histories of the Modern Nations, 'The History of Korea')2005년 1월〉

「이 나라는 불과 50년 전, 국제 분쟁 성격도 갖고 있는 피 비린내 나는 내전을 겪었다. 당시에는 아무도 한국인들이 국가를 재건하여 빈곤에서 벗어나고 산업화국가의 선두그룹에 합류하여 진정한 민주주의를 정착시키고 그들의 문화적 정체성을 되 살려서 오늘의 시대와 무리없이 조화를 이룰 것이라고 내다 보지 못했다.」

〈기 소르망(Guy Sorman, 1944 -)〉

〈평화의 시대는 오는가〉

「20세기의 가장 엄청난 역사적 사건은 러시아혁명의 성공과 소련의 붕괴였다. 러시아혁명이 성공하자 유물사관적 입장에 있지 않은 역사가들도 20세기가 세계사에서 자본주의 시대와 사회주의 시대가 교체하는 시발점이 되리라 전망하는 경우가 많았다. 그럼에도 그 세기가 다 가기 전에 사회주의 종주국 소련이 해체되고 말았으니 '세기의 이변' 이 아닐 수 없다. 20세기는 또 인류역사가 두 번에 걸친 제국주의 세계대전을 겪은 세기이기도 했다. 제국주의 열강의 식민지가 20세기 후반기에 와서 일단 소멸된 것도 '세기적 변화' 라 할 수 있다. 우리 민족의 20세기는 불행한 세기로 전반기는 일본의 식민지로 된 시기였고, 그 후반기는 남북으로 분단되어 서로 싸우거나 대립한 시기였다.

동양 3국 중 일본은 메이지이신(明治維新)을 통해 중세 幕府체제를 입헌군주제로 전환하고 중국은 늦게나마 신해혁명(辛亥革命)을 통해 淸을 무너뜨리고 각각 근대 국민국가를 수립했으나 한반도 지역은 근대 국민국가를 수립하지 못한 채 일본의 식민지로 전락하였다. 중세 성리학체제가 너무 강인(强靭)하고 오래 남아있어 근대로 가는 발목을 잡았고, 한반도가 처한 지정학적 위치가 중국이나 일본보다 외부 세계와 접하기에 불리했다. 중세 성리학체제란 정치적으로 전제군주제, 경제적으로 지주 · 호전제, 사회적으로 반상(班常)의 신분제, 사상적으로 성리학 유일체제를 유지하는 것이었다. 그 체제가 강인하게 남아 있는 한 국민주권주의도, 자본주의 경제체제도, 근대적 사상체제도 성립되기 어려웠다. 일본은 강점지배하면서 한반도 주민의 문화적 우월감을 잠 재우기 위해 민족적 · 문화적 자존심을 철저히 훼손(毁損)시키는 한편, 여러 가혹한 통치방법을 썼다.

한반도 주민들은 문화적으로 상당한 수준에 있었으면서도 근대사회 길목인 20세기 전반기에 그 역사운영권을 박탈당했다. 이 질곡(桎梏)을 어떻게 벗어날 것인가 하는 것이 20세기 전반기 최대의 역사적 과제였다.

韓민족은 식민지배의 질곡에서 벗어나면서 남북으로 분단되었다. 분단의 원인에는 외세의 작용도, 민족 내부의 문제도 있었다. 광복 후 북쪽은 사회주의 체제로, 남쪽은 자본주의 체제로 이념투쟁에 몰두, 분단 고착화의 길을 걸으면서 계속 대립과 경쟁 상태에 있다. 민족 분단은 6 · 25전쟁을 가져 와, 3년간의 격전을 겪고 휴전으로 끝났다.

특히 1990년대 이후 세계적으로 국가사회주의 체제가 대부분 무너짐으로써 냉전체제가 해소(解消)되었으나 한반도는 지구상의 유일한 냉전지대로 남아 있다. 1980년대 국가와 정부를 구분, 국가는 당장 혹은 단계적으로 하나가 되고 정부와 체제는 상당한 기간 둘인 채로 둔다는 방법이 고안됨으로써 타협통일론 · 협상통일론이 자리잡기 시작했으며, 그 구체적인 과정은 21세기에 본격적으로 전개될 것이다.

20세기를 넘기는 과정에 세계사는 두 가지 면에서 큰 변화를 일으키고 있다.

그 하나는 자본주의가 위기로 치닫고 있는 사실이다. 20세기에 자본주의를 구제한 것은 사회복지와 고용 부문에서 크게 양보한 '케인스주의' 였다. 그러나 자본주의에 대한 도전세력이었던 '국가사회주의가' 거의 다 무너짐으로써 '건방져 진' 자본주의는 이제 사회복지와 고용 문제에서 크게 후퇴하거나 폐기(廢棄)하다시피 한 '신자유주의'로 나아가고 있다.
또 하나의 큰 변화는 계속 높아지기만 하던 국민국가의 벽이 점차 낮아지고 그 권위가 약화되기 시작했다는 사실이다. 21세기에도 국민국가끼리의 대립과 경쟁이 계속 심해지면 동아시아는 아마도 중국과, 미국을 배경으로 한 일본의 대립이 심화되어 한반도의 남부 및 일본을 포함한 하나의 세력권과 그 북부 및 중국을 포함한 하나의 세력권으로 양분되는 대립 상쟁을 계속함으로써 이 지역 전체의 평화를 해칠 가능성도 커질 것이다.」

〈姜萬吉, 高麗大 명예교수〉

냉전(冷戰, the Cold War)시대는 미국과 소련을 수장으로 하는 양 진영이 중심으로 무한경쟁을 하며 서로를 절멸시킬 수 있는 능력을 보유하고 대치했던 시기다. "冷戰"이란 용어는 버나드 바루크(Bernard Mannes Baruch, 1870-1965)가 1947년 처음 사용하고 월터 리프먼(Walter Lippmann, 1889-1974)에 의해 일반화되었다. 냉전은 고착(1947-1948) · 절정(1948-1953) · 완화(1953-1962)의 시기를 거쳐 미소 양대블럭의 국제질서가 다극화되어 2차대전 전승국의 '대독일화해조약'(1990)과 유엔안전보장협력회의 34국의 파리헌장서명으로 대결과 분열의 시대는 종말을 고했다.

• *신자유주의의 업적*

新自由主義(Neo-Liberalism)는 국가권력의 시장개입을 비판하고 시장과 인간의 자유로운 활동을 중시하는 이론으로 19세기의 자유주의와 구별하여 신자유주의라 부른다.
신자유주의는 노동의 재생산 등 자본의 축적을 통한 富 創出 대신 민영화 · 금융화 · 위기관리 조작 · 재정 재분배 등 탈취에 의한 축적(accumulation by dispossession)으로 부(富)를 균등하게 배분함으로써 상위계급의 권력을 회복하거나 새롭게 형성하는 결과를 낳고 있다.
신자유주의화는 지리적으로 불균등하게 전개되고 국가별로 다양한 방식으로 이루어지고 있다. '사회주의는 죽었지만 리바이어던(Leviathan · 국가를 의미)은 죽지 않았다'는 제임스 뷰캐넌(James McGill Buchanan, 1919-)의 말처럼 "신자유주의 혁명이 과장돼서는 안 되며, 국가의 후퇴는 말로 만 그친 경우가 많다"는 평가도 있다.
경제적 활력이 가득한 시대에는 애덤 스미스(Adam Smith, 1723-1790)가, 불황이 엄습한 시대에는 마르크스(Karl Heinrich Marx, 1818-1883)와 케인스(John Maynard Keynes, 1883-1946)가 중심을 이루었는데 밀턴 프리드먼(Milton Friedman, 1912-2006)은 '시장경제학자들이 방심하는 순간 자연적 자유(Natural Liberty)와 보편적 풍요(豊饒)는 다시 수세에 몰릴 것이다.' 고 말했다.
신자유주의가 미국 주도 경제의 패권(霸權)을 정당화하는 이론이라는 주장도 있으나 개인의 자유가 경제의 기반이 돼야 한다는 인식을 확산시켜 정부의 개입을 최소화 한 것은 역사적 업적이다.

로버트 헤일브로너(Robert Heilbroner, 1919-2005)는 '시장이 재화를 불공정 · 무책임하게 분배하더라도 계획경제의 대기행렬보다는 낫다. 상업주의문화가 천박해도 국가도덕주의 보다는 매력적이다. 기업에 의한 문명화가 믿을 수 없어도 사회주의에 의한 문명화 보다는 믿을만 하다' 라고 하였다.

아나톨 칼레츠키(Anatole Kaletsky, 1952-)는 자본주의 발전과정을 소프트웨어 버전(version)처럼 진화 단계에 따라 숫자를 붙여 자유방임의 고전자본주의(1.0), 1930년대 정부의 역할을 강조한 수정자본주의(2.0), 1970년대 말 시장의 자율을 강조했던 신자유주의(3.0), 시장의 자율적 기능을 강조하되 시장 참여자의 사회적 책임을 요구하고 '다 같이 행복한 성장' 을 목표로 하는 '따뜻한 자본주의' (4.0) 등 네 단계로 나누고 자본주의 4.0을 신자유주의를 대체할 새로운 경제 패러다임으로 제시하였다.

3부

이해(利害)에서 낫는가 시비(是非)에서 낫는가

-주체성 천착(穿鑿)의 思想史

민족적 일체화(一體化)의 전개 – 한국사상 서설(序說) / 申一澈

■개국신화(開國神話)와 풍류도(風流道) / 韓永愚 外

- 檀君神話를 어떻게 볼 것인가
- 단군의 역사적 위상
- 僧 · 花郞의 혼일(混一)- 風流道

■숭불(崇佛) · 억불(抑佛) · 유신(維新)의 한국 불교 / 李箕永

- 고구려 · 백제 · 신라의 불교전개
- 고려 불교의 경향
- 조선시대 불교의 전개
- 한국불교의 特色

■강상(綱常) · 치양지(致良知) · 경세(經世)의 한국 유교(理學 · 心學 · 實學) / 柳承國 外

- 한국유학의 본질
- 쟁점으로 본 한국성리학의 심층(深層)
- 韓末前後의 유학사상
- 韓國實學의 歷史的 立場
- 한국유학사상의 회고

■그리스도의 속량(贖良)을 따라 – 한국 기독교 / 柳東植 外

- 천주교의 전래(傳來)와 교난(敎難)
- 한국기독교 수용 1세기 그 탐구와 쟁점

■애니미즘과 샤아머니즘 – 한국의 토속 · 신흥(新興)종교 / 李康五

佛의 聖 원효

普照國師 지눌(知訥)

팔도십육종도총섭 휴정 (서산대사)

조선 불교維新者 한용운(韓龍雲

신라 애장왕 3년(802) 창건된 법보사찰(法寶寺刹) 해인사(海印寺)

16국사(國師)를 배출한 승보(僧寶)사찰 송광사(松廣寺)

최초의 주자학자 안향(安珦)

儒의 賢 퇴계(退溪) 이황

時務經世의 達人 율곡(栗谷) 이이

經學과 經世學의 일체 茶山 정

퇴계 學德을 추모한 도산서원 (경상북도 안동군 도산면 토계리 소재)

Myeong Dong Cathedral, right after its consecration(May 1898)

민족적 일체화(一體化)의 전개 - 한국사상 서설(序說)

• *精神史的 시원(始源)*

「토인비(Arnold Joseph Toynbee, 1889–1975)의 용어를 빌린다면 한국 문명은 중국 문명의 '주변문명(周邊文明)'으로 출발했다. 토인비는 1972년 새로이 펴낸 역사의 연구 축약본에서는 한국문명을 세계 28개 문명의 한 독립된 단위로 설정했다. '사대(事大)'란 중화적(中華的)인 '예(禮)'의 문화 질서에 그 일원(一員)으로 내속(內屬)하는 것으로 왕조사적(王朝史的)으로는 '사대주의'의 흠(欠)이 있을지라도 우리 민족사로는 자율적 신장(伸張)의 전개이었다.

水雲 최제우(崔濟愚, 1824–1864)의 동학경전(東學經典)에도 그 글 귀 문장은 유교 · 불교 · 도교의 것이요, 주술적 민간 신앙이 곁 들인 혼거성(混居性)을 부인할 수 없다. 그와 같은 사고의 주체적 과제가 '보국 안민(輔國安民)' '광제 창생(廣濟蒼生)'이었기 때문에 우리의 민족 사상으로 승화된다. 유교나 성리학도 새 왕조의 건국과 통일 국가의 합리적 이데올로기로 채용된 점에서 '조선조의 사상'으로 변용(變容)된 것이다.

민족사상은 밖으로부터의 외세 침투에 대한 저항적 '민족주의'로, 안으로는 민족적 일체감의 전개 과정, 즉 '내 나라 의식'의 보편화로 나타난다.

> 같은 언어와 같은 문화를 가진 동일 민족으로서의 공속감(共屬感)과 문화적 공동성은 통일신라 이후 고려조를 거치는 동안에 굳어져 일연(一然)의 '삼국유사'에서 한반도의 3국이 단군이란 단일 건국신(建國神)의 관념에 의해 정신사적으로 일원화 되었다. 최남선(崔南善)은 1925년 한민족(韓民族)의 연원(淵源)에 그 보편자(普遍者)로서 천(天)='ᄃᆞᆯ', 신(神)='ᄇᆞᆰ'을 설정하고 단군과 부루(夫婁)와 그를 교(敎)로 하는 '풍류〔風流(ᄇᆞᆰ)〕도(道)라는 고어학적(古語學的) 가정(假定) 아래 '불함 문화권(不咸文化圈)'을 설정하기에 이르렀다.

• *자주성의 명백(命脈)*

'한국 사상'의 민족적 · 자주적 명맥을 계열화하려고 할 때 신라시대에는 불교의 주체적 수용에서 원효(元曉)와 의천(義天, 1055–1101)을 대표로, 호국불교 사상의 업적으로 '고려팔만대장경(高麗八萬大藏經)'을 들 수 있다. 고려시대의 사상으로는 유불(儒佛)이외에도 풍수지리설〔風水地理說, 풍수도참설(風水圖讖說)〕이 힘을 떨쳐 왕건(王建)의 '십훈요(十訓要)'에도, 묘청(妙淸, ?–1135)의 서경천도설(西京遷都說)에도, 조선 왕조의 한양천도에도, '정감록(鄭鑑錄)'과 이중환의 '택리지'에 이르기까지 끈덕진 줄기를 이룬다. 정감록류의 참설은 反왕조적인 민중사상(民衆思想)이요, 혁명 대망(待望)의 민간신앙이라고 할 수 있다.

민족사상으로서 가장 중요한 전기(轉機)는 세종의 한글 창제와 '훈민사상(訓民思想)'이다.

• *성리학의 이해*

조선 왕조의 양반 사회는 '능문 능리(能文能吏)'의 사대부 지배였고 그들의 독서인적 교양은 신유학(新儒學)–성리학(性理學)이었다. 宋代의 주자학은 이기설(理氣說)의 형이상학(形而上學)을 기본으로 이(理)가 기(氣)를 주재하는 상하 주종적(上下主從的) 계위적(階位的) 질서를 정당화 하였다. 주자학은 13세기 고려 말 안향(安珦, 1243-1306) · 백이정(白頤程) 등에 의해 수입되고, 이제현(李齊賢, 1287-1367) · 이색(李穡) · 정몽주(鄭夢周, 圃隱 1337-1392), 정도전(鄭道傳, 三峰 1337-1398)에 의해 전개되었다. 권근(權近, 陽村)의 '입학도설(入學圖說)'에 이르러 성리학이 도설(圖說)로 체계화 토착화하고, 이(理)의 근원은 이즉사단(理卽四端)이며 기(氣)의 근원은 심즉칠정(心卽七情)이라는 인심도심론(人心道心論)의 전개에 까지 성숙되어 '조선조 전기 성리학'이 성립되었다. 유기론(唯氣論)은 서경덕(徐敬德)에서 기대승(奇大升, 1527-1572)을 거쳐 이이(李珥)에 이르는 명맥을 이어 가 15~16세기 반주자학적(反朱子學的)이며 주기론적(主氣論的) 조류가 형성되었다.

> 조선성리학 발전은 3기로 나눌 수 있다. 즉 고려에서 계승되어 선조 때 이황(李滉)과 이이(李珥)에 이르는 '조선성리학의 성립기', 효종 때 송시열(宋時烈, 1607-1689)의 존주대의명분론(尊周大義名分論)으로 절정에 이른 교조화기(敎條化期), 영정시대 실학파가 유학(儒學)을 경세적(經世的) 파악이라는 시무책적(時務策的)방향에서 혁신한 새 학풍의 형성기이다.
> 퇴계의 실천적 성리학은 저우마오수〔周茂叔, 둔이(敦頤), 렌시(濂溪), 1017-1073〕의 '태극도설(太極圖說)'에서 연유한 '천명도설(天命圖說)'의 형이상학위에 서 있다. 퇴계에서 존성(存性) · 독행(篤行)의 심오한 인격주의적(人格主義的) 수양론(修養論)을 보는 반면 율곡에서는 점진경장론(漸進更張論)등 '治國平天下'의 경세학적 시무론을 인정하게 된다. 전자가 선비(士)의 순수한 실천윤리에 귀착한다면 후자는 관인[官人, 大夫]의 경세적 교양으로 현실화된다.

중화적(中華的) 단일 중심적인 '천원지방(天圓地方)'설에 천원지원설(天圓地圓說)로 맞서 문화의 다원성을 전제하는 다중심적(多中心的) 세계관이 형성되기 시작한 것은 이익(李瀷)에서 보는 계서적(階序的) 동아시아 질서에서의 단일(單一) 권위의 붕괴와 안정복(安鼎福)에서 보이기 시작한 '동국(東國)' 또는 '동사(東史)'라는 근대적 역사 의식의 자각을 일깨워 한족(韓族) 위주의 '본국사(本國史)'의 상(像)을 마련한다.

• *開化와 自强*

아편전쟁 등 서구 열강의 동점(東漸)에 직면하여 '순망치한(脣亡齒寒)'의 중국과의 사대적 연대에서 오는 위기 의식이 1860년의 '동학(東學)' 창도, 1866년의 병인양요와 '척화(斥和)', 1876년의 강화도조약이란 현실 앞에 반서구(反西歐)적 저항 의식으로 전개되었다.

'동학'은 그 발상부터가 서학(西學) - 천주교에 대한 토착적 · 민간 신앙적 차원에서의 반발에서 유래했고, 서학에 대한 반정립(反定立)을 본질로 하는 동학의 '보국(輔國)'의식에서 '사직(社稷)' 대신 근대적 '내 나라' 의식이 고개를 들게 되었다. 강화도조약을 계기로 유생(儒生)들에 의한 '위정척사론'과 서구수용(西歐受容)을 내 세우는 양무파(洋務派)적인 개항파의 개화 사상으로 갈라 졌으나 공통점은 주체적 근대 의식에 눈 뜬 점이다. 척사책(斥邪策)에서 반침략적(反侵略的) 自主가 강조되었다면 개화책(開化策)에서는 서구 수용에 의한 '자수(自修)''자강(自强)'을 강조한 셈이다.

1900년대 청말(淸末) 변법자강파(變法自强派)의 영향하에 형성된 장지연 · 박은식 · 신채호 등의 '자강' 사상은, 스펜서(Herbert Spencer, 1820-1903) 류의 사회진화론적 논리를 통해 국제 관계를 '약육강식(弱肉强食)'의 천연론(天演論, 진화론(進化論))적 현실로 이해하고 '물경〔物競, 생존경쟁〕'과 '천택〔天擇, 자연도태〕'의 公則이 지배하는 세계에서는 무릇 '자강'해야 한다는 주권론적 국가관을 체득하고, 애국심과 국사를 강조하면서 '주체 있는 서구 사상의 수용'을 시도했다.

• *주체적 自我비판*

1920년대 한국 민족주의는 항일 저항의 내셔널리즘으로서 그 자유주의적 전개는 한계에 부닥치고, 점차 사상적 혼란이 가중되어 1930년대에는 신간회해소론(新幹會解消論)에서 노정(露呈)된 바와 같이 '민족이냐 계급이냐'의 두 줄기로 갈라 서게 되었다. 3 · 1 운동에서 표현된 독립국으로서의 '민족국가'의 상(像)과 '조선인의 自主民'이란 '민족 생존'의 내셔널리즘은 하나로 통합된 한국 민족 사상의 근대적 표현이다. 그 후 한국 사상은 일제의 한민족 일본화 정책〔'일시동인(一視同仁)' 등의 허구(虛構)〕, 사회주의 · 사회과학적 좌익 사상의 유입, 일본 파시즘의 강화 등 현실 속에서 자유주의적인 계몽적 민족 교화(敎化)주의, 민족 자본의 육성을 통해 실력 양성에 주력하는 '물산(物産)장려운동', 일제(日帝)와 동족 자본가(同族資本家)를 공동의 적으로 설정한 좌익사상, 타협을 통해 아일란드나 인도와 같은 자치권 획득으로 나가려는 친일화(親日化) 노선 등이 엇 갈렸다. 외래 사조를 민족 사상의 바탕 위에 소화할 만한 자주적 · 능동적 사상 풍토가 다져 지지 못한 탓으로 사회주의든 자유주의든 극단적 대립으로 다극화(多極化)되고 주체적 통합에 이르지 못했다.

단재는 '낭객(浪客)의 新年漫筆'에서 한국 사상의 주체성에 대한 기준을 제시하고 있다.

「구시(舊時)의 도덕이나 금일(今日)의 주의란 것이 그 표준이 어디서 낫느냐 이해(利害)에서 낫느냐 시비(是非)에서 낫느냐 …… 우리 조선 사람도 매양 이해(利害) 이전에서 진리를 찾으려 하므로 석가[釋迦 Śākyamuni BC 563?-BC 483? 석가모니(牟尼) · 석존(釋尊) · 부처님]가 들어 오면 조선의 석가가 되지 않고 석가의 조선이 되며, 콩쯔(孔子)가 들어오면 조선의 孔子가 되지 않고 孔子의 조선이 되며, 무슨 주의가 들어와도 조선의 주의가 되지 않고 주의의 조선이 되려 한다. 그리하여 도덕과 주의를 위하는 조선은 있고, 조선을 위하는 도덕과 주의는 없다.」

한민족 고유의 사상만 찾으려는 것은 사상적 쇼오비니즘의 자폐증(自閉症) 병폐다. 주체성이란 다른 문화나 사상과 '만남(encounter)'에 있어서 그것들을 수용 · 소화하는 자기 결정 능력을 지칭한다. 외래 문화나 사상을 수입하는 단계에서는 서구(西歐) 수용의 경우에서처럼 두 이질적인 문화 속에 동시에 살아야 하므로 그 어느 것에도 자기 동일화에 실패하는 '주변성(周邊性)' 현상을 노정한다. 이것이 다름 아닌 '주체성의 위기(Identity crisis)'이다.

한국사상이란 한국인으로서 소속감의 자기 확인이며, 민족적 자부심과 양심의 거점(據點)이 되는 한민족(韓民族)의 미래상이기도 하다. 그러므로 한국적 현실에 대한 부단한 자기 비판이 곧 한국 사상이라 할 수 있다.」

〈申一澈, 高麗大, 西洋哲學〉

개국신화(開國神話)와 풍류도(風流道)

우리나라 고대인의 신앙은 단군(檀君)과 그 부조(父祖) 환웅(桓雄)과 환인(桓因)에서 보는 것처럼 애니미즘(Animism) · 샤아머니즘(Shamanism)적인 것이었다.

「시조(始祖) 檀君은 神道로써 敎를 베풀고, 祭天으로써 보본(報本)하였으니, 부여 · 고구려 · 백제 · 고려가 대대로 그 교를 준수하였다. 箕子(BC 1122-BC 1083) 때에 檀君廟를 세우고 받들었으며, 三國시대에 와서 불교가 흥기해도 환인제석(桓因帝釋)을 높여 화엄경 중에 게재하여 국내 사찰들이 모두 환인제석을 받들었으니 帝釋이란 곧 인도어로 上帝를 칭하는 것이다. 고려 때에 묘향산에 3백 6십여 개의 암자를 지었으니 단군 시조가 정치하던 3백 6십여 事를 상징한 것이며, 승려인 一然이 '三國遺事'를 撰하매 심신의 理化한 사적을 논했고, 이익(李瀷)이 말하되 우리 나라의 종교는 단군에서 나왔다고 했고, 정약용(丁若鏞)이 삼신을 말하되 인민의 시조라 하였으니, 이것은 모두 신교의 源流를 고증함에 족하다. 제천 보본함으로써 배천교(拜天敎)라고도 하며 대종교(大倧敎)라고도 하니 倧이란 것은 상고시대에 神人을 칭하는 말이다.」

〈朴殷植/ '韓國痛史' 3편 60장 '檀君之神敎'〉

檀君神話를 어떻게 볼 것인가

「위서(魏書)에 2천년 전, 단군왕검(壇君王儉)이 있어, 아사달(阿斯達)에 도읍하고 나라를 열어 조선이라고 부르니 요(堯)임금과 같은 때이다. 또 古記에 옛날 하늘의 환인(桓因)〔帝釋〕의 서자(庶子) 환웅(桓雄)이 천하에 뜻을 두고 人世를 탐내므로, 아비가 아들의 뜻을 알아 채고 삼위태백(三危太伯)을 굽어 보니 가히 홍익인간(弘益人間)할 만하여 천부인(天符印) 셋을 주어 내려 가 다스리게 하였다. 환웅이 3천을 거느리고 태백산(太伯山)의 신단수(神壇樹)밑에 내려와 신시(神市)로 삼았다. 이 분을 환웅천왕(桓雄天王)이라고 하는데, 풍백(風伯) · 우사(雨師) · 운사(雲師)를 데리고 와서 곡(穀) · 명(命) · 병(病) · 형(刑) · 선악(善惡) 등 무릇 인간 3백60여 가지 일을 주관하게 하였다. 이때 한 곰과 한 범이 같은 굴에 살면서, 신웅(神雄)에게 '사람이 되게 하여지이다' 하고 빌었으므로 신웅이 신령한 쑥(艾) 한 묶음과 마늘(蒜) 스무 개를 주며 '너희들이 이것을 먹고, 백 일 동안 햇빛을 보지 않으면 사람이 되리라' 고 하였다. 다 이것을 먹었으나, 곰은 21일을 잘 금기(禁忌)하여 여자가 되었고 범은 금기하지 못하여 사람이 될 수 없었다. 웅녀가 늘 단수(壇樹) 밑에 가서 '잉태하여지이다' 주원(呪願)하더니 환웅이 가화(假化)하여 혼인하매 아들을 낳고 이름을 단군왕검이라 하였다. 요(堯) 즉위 50년 경인(庚寅) 평양성에 도읍하고 국호(國號)를 조선(朝鮮)이라 불렀다. 도읍을 백악산의 아사달〔궁홀산(弓忽山) 금미달(今彌達)〕로 옮겨 1,500년 동안 나라를 다스렸다. 周 虎王(武王) 즉위년 기자(箕子)를 조선에 봉하자, 단군은 장당경(藏唐京)으로 옮아 갔다가 돌아와 아사달에 숨어서 산신(山神)이 되었는데 1,908세였다.」

〈'삼국유사', 기이(紀異) 1 고조선(古朝鮮)(王儉朝鮮)〉

단군기원(檀君紀元)은 단군이 다스린 기간(1,048년), 기자가 나라를 세우기까지의 기간(164년), 周 虎王때(BC 1122)를 감안하면 BC 2333이 타당하다. 제왕운기(帝王韻紀)에서 단군이 나라를 다스리기 1028년이라 한것은 1048년의 잘못으로 보인다.

「단군신화는 고대 韓民族의 敬天思想과 함께 古今에 걸쳐 한국의 精神史的 근간(根幹)으로 확립되고 있다.

'삼국유사' 에서 보이는 환웅(桓雄)과 웅녀(熊女)와의 혼인으로 단군이 탄생한다는 이야기는 '帝王韻記' 에서는 단수(壇樹)가 나타남으로써 다른 면을 보여 주고 있다.

안정복은 '동사강목' 에서 제석환인(帝釋桓因)이라는 불가(佛家)의 성격에서 단군이 탄생한 것에 이의(異議)를 제기하면서 허구의 망설(妄說)이라고 극론하였다.

崔南善은 '不咸문화론' 에서 볽 思想(太陽)을 중심으로 중앙 아시아에서 동북아시아에 이르는 공통적인 문화를 논하면서 단국신화를 천(天)과 무(巫)를 뜻하는 의미로 해석하였다.

申采浩나 鄭寅普의 논문에서 단군 관계의 글이 전무하다는 것도 역사의 인식에서 오는 한계점을 갖고 있었기 때문이다.

고고학적 입장에서 고찰한 김재원(金載元)의 '단군신화의 新研究' 는 산둥성(山東省) 자상현(嘉祥縣)의 무씨사당석실(武氏祠堂石室)의 화상석(畵像石)에 새겨 진 그림과 단군신화가 일치된다고 보고 사상적 배경을 논하였다.

「단군신화도 그 근간은 도교(道敎)의 신선사상(神仙思想)이지만, 그 외에 은(殷)대 혹은 주(周)초의 청동기에 나타나는 밤 혹은 어둠에서 광명과 생명이 솟아 나온다는 중국 고유의 창세사상(創世思想)이 혼입(混入)되어 있고, 그 외에 북방계(北方系) 샤먼교(敎)의 영향이 있는 것을 알 수 있다.」

김정학은 인류학적 관점에서 곰 토템을 가졌던 한 부족의 시조전설이 몽골 침입같은 국난 뒤에 민족적 신화로 승화되어 나타났다고 보았고 단군신화가 채록된 사료(史料)들 사이의 상이점에 대하여도 설명하였다.

「遺事와 같이 웅녀의 몸에서 단군을 낳았다는 설화가 본원적인 형태일 것이며, 운기(韻記)의 것은 이러한 수조탄생(獸祖誕生)을 꺼려서 웅(雄)이 손녀로 하여금 人身이 되게 하여 단군을 낳았다고 수식(修飾)한 것일 게 틀림없다. '세종실록(世宗實錄) 地理志' 와 권람(權擥, 1416-1465)의 '응제시주(應製詩註)' 도 조선조 초엽 거의 동시에 찬술(撰述)된 것인데, 후자는 古記를 인용하여 遺事와 같은 웅녀설(熊女說)을 취하였음에 대하여 전자는 韻記와 같은 손녀설(孫女說)을 채택하였다. 정작 '應製詩註' 에는 昔神人降檀木下 國人立以爲王 國號檀君이라 하여 전래의 괴이한 탄생설을 덮어 버렸다. '東國通鑑(1484)' 은 권람과 같은 설을 취하였으며 이후의 학설이 되었다.」

소련의 고고학자 오끌라드니꼬프(Okladnikov, 1908-1981)는 '신석기시대 시베리아에는 이미 곰 숭배사상이 존재했다' 라는 견해를 밝힌 바 있다.

김정학(金廷鶴)의 논고(論考)에서 곰 토템이 강조된 이래 단군신화가 곰 토템으로만 고찰된 듯 이해하는 경우도 있다.

천관우는 환웅족(桓雄族)의 史實과 연결시켜 농경단계에 들어온 무문토기단계의 역사로 본다는 가설(假說)을 제기하였다.

李基白(호 餘石)은 고대 샤머니즘의 토대 위에 선 제정일치(祭政一致) 시대의 산물로서 고조선 시대의 역사를 반영하는 것으로 해석하였다. 그는 고조선이 衛滿에게 망하고, 衛滿朝鮮이 또 漢에게 망하여 단군신화는 漢民族의 세력을 배경으로 한 箕子傳說과 뒤 섞이게 되었고 高句麗가 서울을 고조선의 도읍이었던 평양으로 옮김으로 하여 단군신화와 朱蒙傳說 사이에 어떤 교섭이 생기게 된 것이 아닌가 한다.

그 외에 이병윤(李丙允)의 정신분석학적 입장, 그리고 황패강(黃浿江, 1929-2009) · 임동권(任東權, 1926-2012) · 김태곤(金泰坤, 1937-1996)의 천신하강(天神下降)을 중시한 천신숭배사상(天神崇拜思想)이 신화의 중심이라는 견해도 나온 바 있다.」

〈金貞培 / 高麗大 敎授 · 考古學〉

申采浩는 '朝鮮上古史' 에서 檀君은 '솟대(蘇塗)' 의 임금이라고 하였다. 金載元의 단군 說話의 原形이 中國에서 傳入하여 왔다는 試論은 金廷鶴도 논한 바와 같이 中國(漢民族)과 韓國 兩民族의 '토템' 의 우연한 일치이다. 李丙燾가 檀君社會는 阿斯達社會라고 함이 可하다고 提論하고 鄭寅普는 '朝鮮史硏究(上)' 에서 '阿斯達' 을 '長白山' 으로 보았다.
金台俊은 「씨족부락의 토템적 존재였던 웅호설화(熊虎說話)가 東扶餘 또는 古朝鮮의 성립과 함께 건국신화로 발전한 것으로 고구려 · 고려 兩朝를 지나는 동안 단군신화와 주몽전설이 포합(抱合)되어 '규원사화(揆園史話, 1675)', '청학집(靑鶴集)', 신라승 無函의 작이라고 전하는 '海東古記', 1914년 김헌(金獻, 金敎獻, 1868-1923)의 '신단실기(神壇實記)', '단조사고(檀祖事攷)', '단전(檀典)', '檀典要義', '檀經', '삼일신고(三一神誥)' 같은 견강부회(牽强附會)의 설이 날조(捏造)되었다」고 하였다. 李承休의 '帝王韻記(1287)' 라든지 '世宗實錄 地理志' 에 소재된 '檀君古記' 에는 '三國遺事' 의 神壇樹의 壇字와 桓熊天王의 桓字와 壇君의 壇字를 모두 檀으로 書하여 後來書에도 의례히 檀樹 · 檀君으로 쓰게 되었다.

단군(檀君)의 역사적 위상

「단군은 처음부터 민족시조로 존재했던 것은 아니었다. 고구려 · 백제 · 신라는 각각 자신의 시조신을 가지고 있었는데 단군을 시조신으로 숭배한 나라는 고구려뿐인 것 같다. '구당서(舊唐書)', '후한서(後漢書)', '북사(北史)', '양서(梁書)' 등에 의하면, 고구려는 10

월의 동맹제천(東盟祭天)에서 별〔靈星神〕, 태양〔日神〕, 가한(可汗), 수신, 하백녀(河伯女), 주몽(朱蒙), 기자(箕子) 등을 제사했다고 하는데, 이 가운데서 단군에 해당하는 것이 가한(可汗)이 아닌가 추측된다. '삼국사기(三國史記)' 고구려본기(高句麗本紀) 동천왕(東川王) 21년 기사에도 "평양은 본시 선인왕검(仙人王儉)이 살던 곳이다"라고 쓰여 있는데, 선인왕검은 단군을 가리킨다고 보이므로 고구려가 단군을 알고 있었음을 확인할 수 있다.

단군신앙이 확실하게 나타나는 것은 고려시대 이후부터이다.
고려는 처음에 고구려의 계승국가임을 자처했던 만큼 고구려가 숭앙하던 단군을 주목하고, 고려 초에 쓴 '구삼국사(舊三國史)' 속에 '단군본기'를 넣었다. 묘청이 서경천도(西京遷都)를 주장하면서 건설을 요청한 八聖堂 가운데 보이는 '호국백두악태백선인(護國白頭岳太白仙人)'과 '구려평양선인(駒麗平壤仙人)'은 환웅과 단군을 가리키는 것이 아닌가 추측된다. 단군의 위상이 한 단계 높아진 것은 고려 말 몽골 간섭시기였다. 일연은 '삼국유사'에서 승려 사이에 전승된 단군신화를, 이승휴(李承休, 1224-1300)는 '제왕운기(帝王韻紀)'에서 유가(儒家) 사이에 전승된 단군신화를 정리하였다.

조선왕조가 건국되면서 단군은 새롭게 해석되었다.
단군이 요(堯)임금과 비슷한 시기에 평양에 도읍을 두고 조선을 건국했다는 것을 사실(史實)로 받아들여, 모든 역사 서술에서 단군조선을 최초의 국가로 싣고는 있으나 단군의 수명이라는 것은 믿지 않고 그 숫자는 단군조선 전체의 역년(歷年)으로 보아야 한다고 해석했다. 그 밖에 곰이 여자로 변했다든가 환인이나 환웅에 관한 이야기는 모두 삭제하였다. 조선 전기의 단군이 국조로서의 위상을 인정받고, 민간 풍습으로 내려 오던 삼성(三聖)신앙이 공인받는 변화가 있었다면, 조선 후기의 단군은 민족시조로서의 위상을 찾아가는 시기였다.

조선 후기 학자들의 단군 연구 개요는 다음과 같다.
◦ 단군의 혈통이 어떻게 이어졌느냐의 문제이다. 부여 · 고구려 · 비류 · 옥저 · 동예 등 북방국가만을 단군족으로 간주하고 한강 이남의 한족(韓族)은 단군족과 다른 족으로 보았다. 17세기 초 허목(許穆, 1595-1682)과 18세기의 이종휘(李種徽, 1731-1797)가 단군족의 위상을 강조하여 뒷날 대종교(大倧敎) 성립에 큰 영향을 주었다.
◦ 단군의 업적으로서 백성들에게 편발(編髮)과 개수(盖首)를 가르쳐주고, 음식 · 의복 · 거처와 남녀 · 군신(君臣)의 제도를 세웠으며, 아들 부루(夫婁)를 보내 하(夏)의 우(禹)임금을 만나게 했다는 등 우리 문명이 단군 때부터 시작되었다는 인식이 보편화되었다.
◦ 단군이 세운 나라 이름은 '조선'이라고 보는 것이 일반적이었지만, 이익(李瀷)은 나라 이름이 '단(檀)'이라고 새롭게 해석하였으며, 홍경모(洪敬謨:1774-1851)도 이에 동의하였다. 따라서 '단군(檀君)'은 '단국(檀國)의 임금〔君〕'이라는 일반명사이지 고유명사일 수 없다는 해석을 내렸다. 19세기 이후에도 고증적 역사학이 발달하면서 단군에 관한 사적을 점차 부정하는 방향으로 나아 갔다.

◦ 조선의 중심지는 평양이라고 보는 것이 통설이었으나 일부 학자들은 遼東 혹은 遼西 지방에 비정하기도 하여 결론을 내리지 못하였다.

◦ 단군의 무덤에 대하여는 '신증동국여지승람(新增東國輿地勝覽, 1530) 강동현조(江東縣條)' 에 두 개의 큰 무덤을 소개하면서, 그 가운데 하나가 '언전단군묘(諺傳檀君墓)' 로서 그 둘레가 410자라고 하였다.

삼한을 높이는 역사의식은 개화기에도 그대로 이어져 1897년 '대한제국(大韓帝國)' 으로 국호가 바뀌는 변동이 일어났다. 임시 정부로 출발한 대한민국도 '대한(大韓)' 이라는 칭호를 계승한 것이다. 1905년 을사조약 이후로 민족주의운동이 일어나고 단군에 대한 관심이 다시 고조되었다.

1909년 중광(重光)된 단군교(檀君教; 뒤의 大倧教)는 그 교리체계 속에 단군상(檀君像)을 극대화시켜 중화족(中華族)을 제외한 몽골 · 여진 · 거란 등 동북아 모든 민족을 단군족(배달족)으로 간주하고, 이를 하나의 문화권으로 묶어서 민족사로 재구성하였다. 일본의 天皇주의에 맞 대응한 단군주의는 1910년대의 항일운동에 큰 영향을 주었고, 만주에서의 독립운동과 식민사업의 정신적 지주가 되었다.

북한이 단군릉 복원을 계기로 자주 인용하고 있는 '규원사화(揆園史話)', 大野勃이 편찬한 '단기고사(檀奇古史, 단군 · 기자조선연대기, 719)' 등 대종교 계통의 역사책에는 단군의 世系歷年 2096년(BC 2333-BC 238) 47대의 왕 이름과 그 들의 업적이 상세히 기록되어 있다. 단기고사는 발해본, 황조복(皇祚福)의 한문본, 정해백(鄭海珀)의 국한문본(1959)이 있으나 발해본과 한문본은 전하지 않는다.

개국시조로서의 단군은 고고학과 역사학에서 다룰 문제이고 후세 사람들이 인식한 단군은 국민 모두가 관심을 두어야 할 사상사의 문제이다. 개국시조로서의 단군은 역사학의 영원한 숙제이다. 단군의 실체가 중요한 것이 아니라 우리 조상들이 오래도록 단군을 존숭하고, 건국이념으로 홍익인간과 재세이화(在世理化)를 믿고 살아왔다는 것이 중요하다.

몽골 간섭시기 · 일제시기 등 민족이 와해(瓦解)될 위기의 시기 이외의 시기에는 단군을 과학적으로 바라 보고자 하는 시각이 우세했고 단군을 시조로 하는 단일민족의식이 강조되지 않았다. 민족통일과 민족화해를 추구하는 오늘의 위치에서 평양의 숭령전(崇靈殿), 구월산(九月山)의 삼성사(三聖祠), 강화도의 마니산(摩尼山) 참성단(塹城壇)과 삼랑성(三郎城) 등 단군에 관련된 역사적 유적과 풍습을 원형대로 보존하고 단군의 건국이념을 통일지향의 가치관으로 접맥(接脈)시켜 이데올로기의 갈등을 대승적으로 조정하는 노력도 필요하다. 우리의 마음속에 단군의 마음을 심는 것이 중요한 일이다.」

〈한영우(韓永愚) / 서울大 교수, 통일광복학술회의 발표문, 1995. 10. 2〉

僧·花郎의 혼일(混一) - 風流道

風流道는 花郎制의 民俗的 民族信仰인 동시에 후에 外來思想이 가미(加味)되어 세련된 護國民間信仰이다. 風流는 祭天大會 때의 가무(歌舞)로 즐기는 民俗에서 연유한 제천의식(祭天儀式)의 發展形態로 風流道는 新羅 國家이데올로기 形成과 靑年의 戰士的 교양(敎養)을 위한 主體思想으로서 儒佛仙 3敎를 受容한 傳來의 庶民信仰이다. 따라서 風流道의 기저(基底)에는 祭天, 山神숭배등 自然神敎의 애니미즘이 있고 귀신숭배(鬼神崇拜)의 巫俗(샤아머니즘)이 있다.

〈源花·花郎·國仙〉

『風流道란 말이 明言된 것은 '三國史記', 新羅本紀이다.

「우리나라(新羅)에 심오한 思想이 있으니 이를 風流라고 한다. 이 道가 설치된 근원(根源)은 '仙史' 에 씌여져 있다. 실로 三敎를 包含한 것으로 이를 가지고 모든 사람을 敎化한다. 卽 가정에서는 孝道하고 國家에는 충성(忠誠)을 다해야 한다는 것이 루스커우(魯司寇 : 孔子)의 가르침이요, 無爲自然에 처해야 함과 묵언실천(默言實踐)에 대한 가르침이 저우즈스(周柱史 : 老子)의 宗旨이며, 惡을 行치 말고 善을 行하라는 것이 주 간 타이즈(竺乾太子 : 釋迦)의 가르침이다.」 〈崔致遠 / '난랑비(鸞郎碑) 序'〉

'三國史記' 眞興大王本紀의 이 귀절은 花郎에 대한 기록으로 金大問의 '花郎世紀'와 아울러 崔致遠의 引用文을 통해 花郎들의 思想이 風流道임을 시사하고 있다.

花郎制의 창설연대는 眞興王 37년(576 ?) 봄이라고 전해지나 남자로 대치시켜 源花制를 花郎制로 개혁한 것이 이 年代일 것이다.

'花郎世紀' 는 1995년 162쪽 분량의 필사본〔朴昌和(?-1965) 필사〕이 공개되었는데 진위(眞僞)논쟁이 있다.

「37년 봄 源花를 받들었다. 처음 사람됨을 알 도리가 없음을 걱정하고 같은 또래 무리들이 놀게 함으로써 그 行動을 본 연후에 채용코자 美人들을 고르니 南毛요, 俊貞(?-576)이었다. 3백여명을 모았는데 서로 질투하여 俊貞이 南毛를 제 집으로 끌고 가서 술을 강권하여 취하게 하고 강물에 던져 죽였다. 俊貞은 복주(伏誅)하고 사람들은 화목치 못하게 되어 파산했다. 그 뒤 다시 잘 생긴 남자를 택하여 몸 치장을 시켜 花郎이라 하고 받드니 무리들이 구름처럼 모여들어 혹은 道義를 연마하고 또는 노래와 춤으로 즐기고 山水에 노닐었다. 이것을 통해 사람됨의 곧고 굽음을 알아 내고 그 착한 자를 골라서 朝廷에 천거하였으므로 金大問의 '花郎世紀' 에는 현좌충신(賢佐 忠臣)도 이에 의해 천거(薦擧)하고 양장용졸(良將 勇卒)도 이로 인해 생겼다고 했다.」〈'三國史記', 新羅本紀 第四〉

「귀인들의 자제들 가운데서 아름다운 자를 뽑아 분을 바르고 곱게 꾸며서 화랑이라 했는데 국인들이 모두 이를 높이 받들어 섬겼다.」 〈꾸민(顧愔) / '신라국기(新羅國記)'〉

김부식이 '新羅國記' 의 저자(著者)라고 한 링후청(令狐澄)은 '大中遺事' 에서 신라국기를 인용하였을 뿐이다.

'三國遺事' 에는 이에 대한 여러 별칭(別稱)이 나온다. 그것은 國仙, 花主이다. '三國史記' 에 '花郎은 國仙의 始' 라고 했고 '三國遺事' 에도 '처음 설원랑(薛原郎)을 奉하고 이 花郎을 國仙으로 만든 것이 國仙의 시초다' ('三國遺事 未尸郎')라고 했다. 花郎은 女子中心制인 源花의 후신이며 이 後者인 花郎이 國仙의 시초이다. 王이 神仙을 숭상했다는 것과 國仙과의 사이에는 반드시 연관이 있을 것이므로 源花-花郎-國仙의 발전과정에서 완성된 후대의 通稱이 '國仙' 이라고 보고싶다. 梁柱東(1903-1977)은 「花郎의 원칭(原稱)은 '花' 뿐이요 花娘 · 花郎은 花徒(別稱 風流徒, 風月徒의 뜻인 '花내' ('徒訓내')를 男女別로 記字한 것」이라고 '古歌研究' 에서 풀이하고 花郎은 신라의 花郎制가 쇠퇴한 후에는 男巫라는 뜻의 화래 · 화랑이로 와전(訛轉)되었다고 본다.

그러면 國仙과 崔致遠의 소찬문(所撰文)에 나오는 仙史와 眞興王이 숭상했다는 神仙 등의 仙이란 무엇인가

丹齋의 說에 의하면 國仙이란 나라의 선비를 뜻한다고 본다.

崔南善은 우리나라에 고유한 神道가 있다는 不咸文化論에 기초하여 '부루' 의 道가 있었고 이를 숭상하는 '부루' 敎團이 있었는데 「檀君에서 나온 朝鮮古代의 神道는 新羅 이후 花郎國仙의 國家活動으로서 꽃이 핀 뒤에 朝鮮朝 民俗巫習에 잔존해 있다」고 했다.

梁柱東은 '古歌研究' 에서 「麗代의 花郎道, 이른바 '風月道' 도 其實 本原적으로 진역고교(震域古敎)의 근본적 思想인 볼道이니 풍월은 일종의 借字다.」(볼道說), 「國仙은 「볼순」, 仙은 高句麗 「조의선인(皂衣仙人)의 仙과 共히 義字 아닌 男(슷나히)의 原訓순의 音借字이다」라고 풀이 했다.

이케우치 히로시(池內宏)는 '新羅의 花郎에 관해서' (東洋學報 24卷1號 1936)에서 『花郎團은 국가를 위하여는 身命을 가벼이 여기고 희생 정신을 함양하는 수양단(修養團)이었고 有事時에는 전사단(戰士團)으로 활동하였다』고 보았다.

미시나 아키히데(三品彰英)는 '新羅花郎의 원류(源流)와 그 發展' (史學雜誌 45/11)에서 花郎團이 眞興王 37년 이전부터 있었고 南毛, 俊貞은 源花의 최후로 보고 있다.

孫晋泰는 花郎制를 신라의 少年軍團이라고 규정했고 玄相允은 '朝鮮思想史' 에서 「花郎이라 國仙이라 하는 것은 일종의 모형(模型)이오 사범(師範)이다. 多數한 郎徒들로 하여금 花郎을 사범(師範)으로 하여 그를 수행하는 동안 아름답고 善良하고 完美한 人格을 양성」하려는 것이라고 보았다.

요컨대 風流道 花郎制의 由來가 그 이전부터 그런 것이 있었으나 朝廷에 花主를 둔 眞興王 37년 制度가 정돈되었다고 보는 것이 옳다. 왜냐하면 同王23년 이미 花郎

사다함(斯多含)이 무리를 이끌고 대가야(大伽耶) 정벌(征伐)에 종군한 記事가 있기 때문이다(李丙燾 / '韓國史' · 古代篇 參照).

럿트 神父의 '花郎(The Flower Boys of Silla)' 이란 力作論文은 이제까지의 花郎研究를 集成한 총제적(總體的) 分析이다.(Transactions of the Korean Branch of the Royal Asiatic Society, volume 38)
이선근의 花郎道에 대한 총제적 연구는 단재 民族史學의 입장을 계승하여 우리 민족 고유의 신앙을 花郎道-東學道-天道敎-3 · 1精神의 역사적 전개과정에서 고찰한 바와 같이 大韓民國의 建國理念의 연원을 花郎道에서 구한 것이 특색이다.

〈風流道의 由來〉

國仙은 花郎들을 부르는 후기의 普通名詞로서 仙敎의 영향하에 花郎은 '나라의 神仙이다' 라는 식으로 해석함이 어떨까.

神仙이란 것은 中國 傳來의 '仙' 敎가 庶民 속에 전파되어 무속(巫俗)과 결합된 형태로 민간신앙화된 것을 지칭하지 않나 한다. 新羅社會의 上流層에는 儒敎 · 佛敎가 수입되었으나 庶民層에는 '巫俗=仙' 이 혼입(混入)된 民間信仰이 자리잡고 있었을 것이요, 儒佛을 받아 들인 上流層도 이전부터 전래된 巫俗國仙의 民間信仰을 완전히 탈피하지는 못했을 것이다.
風流道가 '현묘(玄妙)한 道' 로 보이나 '기실은 3敎가 그 안에 다 뭉쳐 생긴 것' 이라는 뜻이니 風流道란 傳來의 巫俗信仰을 기간(基幹)으로 外來종교를 섭취한 統一新羅時代의 '高級化된 民間信仰' 이 아닌가 한다. '三國遺事' 에 '나라를 흥하게 하려면 風月道를 다시 일으켜야 된다(王又欲興邦國)' 라고 했다. 흥국(興國)을 위한 이데올로기로 風月道의 설교(設敎)가 필요했던 것이니 外來思想을 수입하면서도 무속(巫俗), 선교(仙敎) 등 民間信仰을 主色으로 한 土着信仰의 세련화가 風流道〔팔관회(八關會) · 부군신도(府君神道) 내지 국선도(國仙道)〕로 호칭된 것으로 여겨진다.

三韓時代 이래로 祭天思想, 山神숭배, 鬼神思想(巫俗) 등이 존재했는데 이러한 宗敎적 要因들은 國家形成과 王權確立을 위해 중요한 역할을 하였고 古代의 통치자들은 天祭官과 男巫的인 요소를 겸(兼)하고 있었다. 부여(扶餘)의 영고(迎鼓, 맞이 굿), 예(濊)의 무천(舞天), 高句麗의 동맹(東盟, 새뭉) 등이 모두 儒佛 이전의 原始적 民間信仰으로서 新羅의 한 가위 행사 등 祭天大會의 변형(變形)을 보게 된다.

'魏志' 東夷傳에 보이는 '立大木 以縣鈴鼓 事鬼神' 도 巫俗적인 民俗信仰의 일종이며 이를 蘇塗(솟대)라고 한다. 三國志의 '三韓에서는 항상 5월에 귀신에 제사하고 노래와 춤으로 술마시며 밤낮 쉬지 않는다' 는 귀절이나 晋書의 '노래와 춤으로 귀신앞에 제사한다' 는 三韓의 귀신(鬼神)風俗에 대한 記述이나 花郎의 수양방법에 '가무(歌舞)로써 서로 즐기고 山川에 노닐고' 하는 것도 이러한 古俗의 재현(再現)이 아닌가 한다. 그리고 仙史니 신지(神誌)니 하는 原始民俗信仰을 기록한 史書에 전해오는 것을 新羅時代에 '風流道' 라는 형태로 정리한 것이 아닌가 한다. 조지훈(趙芝薰, 1920-1968)은 '韓國文化史 序說' 에서 『화랑도는 檀君神話 이래 고유 종교를 이루어 온 國仙의 형식으로서 僧과 花郎의 혼일(混一)을 이루었으니 月明師가 '臣僧但屬國仙 只解鄕歌 不閑聲梵' 이라 한 것이 증좌(證左)이다』라고 주장했고 또한 元曉가 승속일여(僧俗一如)의 行化佛教의 실천자가 된 것도 사정은 마찬가지라고 본다.

儒佛仙 3教는 混入의 경지와 民俗信仰과 타협한 기도(祈禱)불교의 수준을 넘지 못했다. 佛教輸入의 동기(動機)는 支配層의 護國的 關心에서 받아 들여졌고 구복(求福)의 現實主義的 信仰이었다. 新羅 佛教는 인생의 고뇌에 대한 깊은 宗教적 反省이라기보다 샤마니즘적 民俗信仰의 代用品으로 여긴 데 지나지 않는 祈求信仰이었다. 따라서 당시 佛教는 現實的 關心과 支配層의 國家 이데올로기의 차원에서 수입된 것이므로 圓光(542-640)이 世俗五戒에 '事君以忠' 을 먼저 내 세운 사정도 짐작할 수 있다.

圓光이 청도(淸道) 가실사(嘉悉寺)에 있을 때 귀산(貴山)과 추항(箒項)에게 '세속오계(世俗五戒)' 를 지어 주었는데 이것이 화랑도(花郎道)의 중심이 되었다.
'世俗五戒' (事君以忠, 事親以孝, 交友以信, 臨戰無退, 殺生有擇) 중 3조목 '忠', '孝', '信' 이 儒教에서 온 것이요, 佛教적 계율은 '殺生有擇' 뿐이며 그것도 불교의 禁殺生〔아힘사(Ahimsa)〕과는 거리가 있는 現實的 戰士的 모랄인 것이 특색이다. 三國統一과 護國의 측면에서 보면 儒佛仙 三教合一이라기 보다는 제천가무(祭天歌舞)의 神仙風과 儒教가 新羅的 교양의 중핵(中核)을 이루었던 것을 알 수 있다.』

〈申一澈〉

숭불(崇佛) · 억불(抑佛) · 유신(維新)의 한국 불교

삼국시대에 왕권이 신장되면서부터 샤아먼은 신사(神事)만을 맡아 보게 되고 진(秦)으로부터 불교가 전래되어 왕과 귀족들의 귀의를 받아 그 세력이 커 갔다. 고구려는 북부 중국의 것을, 백제는 남조계(南朝系)의 것을 받아 들였다. 고구려보다 약 50년 후 신라에 불교가 들어왔는데, 조신(朝臣)들의 반대로 홍통(弘通)의 기회를 가지지 못했으나 이차돈(異次頓, 503-527)의 순교를 계기로 불교 왕국을 형성하기에 이르렀다. 삼국 각지에는 가람당탑(伽藍堂塔)이 많이 서고, 불교 신앙을 바탕으로 하는 건축 · 회화 · 조각 · 음악 등 예술문화가 발전하였다. 불교는 권선징악, 자비행(慈悲行)의 실천, 인욕정신(忍辱精神)의 배양, 희생적 생활태도의 권장 등 민중의 생활관에도 적지 않은 영향을 주었다. 고구려 말엽 唐으로부터 도교(道敎)를 들여 오고 불교를 경시하게 되어 고승들은 대부분 백제나 신라를 거쳐 일본으로 건너가 불교 전파에 힘을 기울였다.

고려에 들어와 불교가 국가의 비호 밑에 호국불교(護國佛敎)로서 그 세력을 떨치게 되자 왕자로서 출가하는 자와 속화 타락하는 승려들이 적지 않게 생겼다. 또 교종(敎宗)과 선종(禪宗)은 서로 헐고 뜯고 하는 갈등을 빚어냈다. 고려 중엽 이후 범용(凡庸)한 군주들은 정사(政事)를 그르치고, 왕실과 민간에 불사(佛事)가 많아져 국고와 민재의 손실이 적지 않았다.

조선조는 世祖 · 光海君 · 正祖 때와 같이 일시적인 불교 명멸시대(明滅時代)가 있었지만 대체로 폐불기석(廢佛棄釋)의 불교 탄압으로 일관하였다. 유교에서 탈화(脫化)되었다고 볼 수 있는 음양설과 참위풍수서(讖緯風水書)가 유행되어 자주 자립의 정신을 감퇴시키는 결과가 되었다. 병자수호조약(丙子修好條約)에 따른 일본 불교의 포교로 근 2세기 동안의 승려의 입성(入城) 금지가 해금(解禁)되고 승려들에게 대처(帶妻) · 육식(肉食)이 보급되었다.

최남선(崔南善)은 불교의 전래가 한국인에게 끼친 영향에 대해 「조선인의 본질은 원래 천담(淺淡) 낙천주의려니, 불교를 얻은 뒤에 정심(精深)투철한 사구(思究)방법을 알아서, 마음과 눈이 차차 형이상(形而上)적인 방면으로 열리고, 옳은 의미에 있는 사상 생활을 가지게 되었다.('朝鮮常識問答', 1946.)」고 하였다.

• *佛敎의 계통(系統)*

브라만 교(婆羅門敎)의 중심 경전인 '리그 베다' 찬가(BC 2000년경)에는 많은 자연신들이 등장하는데, 유파니샤드(Upanisad, BC 8세기~BC 3세기)에 등장하는 석가모니의 불교에는 본래 이런 신들이 없었다. 불교의 제석천(帝釋天)신앙의 중심인 석가제환인타라(釋迦帝桓因陀羅)는 인도 베다(Veda)시대의 천둥번개신인 인드라(Indra)를 이은 것이다.

석가모니〔고타마 싯다르타(Gautama Siddhartha)〕는 四諦(苦諦 · 集諦 · 滅諦 · 道諦)說을 핵심으로 하는 불교의 가장 기본적인 교의(敎義)를 구성했는데 佛陀와 그 제자들의 言行을 집성한 '아함경〔阿含經, 아함(阿含)' 은 아가마 ágama(범어, 팔리어)의 음역(音譯)으로 전승(傳承)의 뜻〕은 소승불교의 성전으로 전래되었다. 석가모니〔釋迦牟尼 : '샤카족의 聖子' 라는 뜻〕가 인도(印度) 구시나갈라성(拘尸那竭羅城) 밖 발제하(跋提河) 사라수(沙羅樹 ; Sala)의 수풀 속에서 입적(入寂)할 때, 그 주위 사라수 하나의 뿌리에서 두 개의 줄기가 나와서 한 쌍을 이루었다고 한다.

불교는 시대적으로 原始佛教, 部派佛教, 大乘佛教, 密教로 분류하고 지리적으로 南方佛教(暹羅, 錫崙, 緬甸, 安南地方)와 北方佛教(西藏, 몽골, 중국, 만주, 한국, 일본)로 나눈다. 教理的으로는 小乘佛教(Hanayana)는 佛陀의 教訓的 言句와 계율(戒律) 등의 支末的 形式을 엄수하는 正統派를 가리키고 大乘佛教(Mahayana)는 佛陀의 정신적 사상에 입각하여 혁신적으로 설명하는 개혁파를 가리킨다. 그러나 모두 석가(釋迦)의 영각(靈覺)에 근거하여 있기 때문에 一脈의 계통은 면면(綿綿)하게 전해 와 동일한 색채가 존재한 것이다.

• *中國佛教의 宗派*

大乘佛教思想 가운데 天台와 화엄(華嚴)은 二大 주초(柱礎)가 되어 있다. 天台는 實相論의 극치이고, 화엄(華嚴)은 연기론(緣起論)의 대표이지만, 華嚴은 실상론과 연기론을 종합하여 法界緣起論을 세워 중국의 불교는 그 절정에 도달하였다. 불교가 중국에 들어와서는 지혜의 면이 치중되어 三論·天台·法相·華嚴 등의 종파가 생겨나고 唐때 禪宗이 독립하여 일어나게 되었다.
천태종의 五時(華嚴時·阿含時·方等時·般若時·法華涅槃時), 팔교(頓教, 漸教, 秘密教, 不定教, 藏教, 通教, 別教, 圓教)나 화엄종의 三時(日出, 日昇, 日沒), 五教(小乘教, 始教, 終教, 頓教, 圓教)라는 판석(判釋)의 창시자는 천태종의 쯔이(智顗, 538-598)와 화엄종의 파장(法藏, 643-712)이다. 또한 그들은 천태·화엄 양종 사상의 완성자이기도 하다.

天台哲學은 中國 天台智者(智顗)가 실상묘법연화경(實相妙法蓮華經) 연구로 天台의 實相哲學을 세워 놓은 것이다. 티엔타이(天台)는 中國山名인데 浙江省 台州府 天台縣에 있다. 天台의 宗旨를 天台宗, 學問을 天台學이라고 부른다. 天台는 삼제원융설(三諦圓融說)로써 宇宙의 實相을 論明하고, 一念三千說로써 미오불(迷悟不) 二善惡 一如의 이사무애(理事無碍)를 밝히고, 一心三觀·삼혹돈단설(三惑頓斷說)로써 열반(涅槃)의 묘리(妙理)를 究明하고, 色心實相說로써 天台哲學 원리를 천명(闡明)하였다.

華嚴哲學은 大方廣佛華嚴經에 基本하여 이루어진 學說인데, 釋迦世尊一代의 교설(教說)을 五教로 나누고 華嚴經을 원교(圓教)라고 하여 가장 수승(殊勝)한 經으로 指目하고 四法界와 十玄門과 六相圓融의 教義로써 宗旨를 삼아 宗을 세웠다. 그래서 법계연기(法界緣起) 사사무애(事事無碍)의 宇宙論을 전개하여 一成一切成, 一證一切證의 哲理를 論明한 것이다. 연혁(沿革)을 보면 印度에서는 유식사상(唯識思想)의 대가 바수반두〔波須般頭(Vasubandhu), 天親, 世親 320-400〕가 十地論을 作成하고 華嚴經의 일부를 부연(敷衍)하여 華嚴宗旨를 천양(闡揚)하였다. 中國에서는 東晋(317-419) 安帝時代에 쨔오쎈(覺賢) 三藏(359-429)이 六十華嚴을 역출(譯出)한 후 隋의 末頃 뚜쑨(杜順, 557-640)을 비롯하여 一宗의 강기(綱紀)를 세우고 그 후 즈앤(智儼, 602-668)을 거쳐 쎈써우(賢首, 643-712)에 이르러 大成하고 칭량청꽌(淸凉澄觀, 738-839)과 꿰횡중미(圭峰宗密)(780-841)에 이르러 선양(宣揚)되었다.

天台는 법화경(法華經) · 열반경(涅槃經)을 積極的 敎義라고 稱하였는데 般若經에 의하여 消極的敎義인 三論宗 · 禪宗으로 더불어 표리(表裡)의 관계를 가지고 있다. 三論宗〔쿠마라지바(鳩摩羅什, Kumārajiva, 344-413)가 나가르주나(Nāgārjuna, 龍樹, 150-250)의 '중론(中論)' · '십이문론(十二門論, Dvādaśamukhaśastra)', 아리야 데바(Ārya Deva, 阿爾耶提婆, 170?-270?)의 '백론(百論, Śatasāstra)' 등 3논서를 한역(漢譯)한데서 비롯되었다.〕은 法華와 般若宗과는 계통을 달리 한 적극적 敎義가 있으니 다음 4種의 계통으로 나눈다.

- 華嚴經 · 世親菩薩의 十地論 – 華嚴宗 · 地論宗
- 無著(Asañga, 310-390)의 攝大乘論 · 世親의 攝大乘釋論 – 攝論宗
- 解深密經 · 世親의 唯識論 – 唯識宗
- 大日經 · 金剛頂經- 密敎

중국 선불교(禪佛敎)는 초조(初祖) 다모(達磨, Bodhi-dharma, ?-528?), 2祖 후이커(慧可, 487-593), 3祖 성찬(僧璨, ?-606), 4祖 다오신(道信, 580-651), 5祖 홍런(弘忍, 594-674)을 거쳐 6祖 후이넝(慧能, 638-713)에 이르러 만개(滿開)한다.

「깨달음은 본래 나무가 없고(菩提本無樹) / 거울 또한 틀이 아니라네(明鏡亦非臺) / 본래 텅 비어 아무것도 없는데(本來無一物) / 어느 곳에 티끌이 있겠는가(何處惹塵埃)」〈慧能〉

조계종(曹溪宗)이란 종명은 6祖 慧能이 돈오(頓悟)를 설파했던 南華禪寺가 자리한 조계산에서 유래하였다. 慧能은 보리다모(菩提達磨)를 계승하는 6祖임을 자처했고 '금강반야경'을 존중, 그 고향 차오시〔曹溪 : 광뚱(廣東)省 취지양(曲江)縣〕의 바오린스(寶林寺)를 중심으로 활동하였으며, 30년 연상인 션시오(神秀, 605-706)의 북종선(北宗禪)에 대하여 남종선(南宗禪)의 우위를 확보한 사람이다. 그의 문하 칭웬싱스(青原行思, ?-741) · 난위에화이랑(南嶽懷讓, 677-744) · 허저선후이(荷澤神會, 668-760) · 용쟈쉬앤지아오(永嘉玄覺, 665-713) · 난양훼이중(南陽慧忠, ?-775) · 파하이(法海, ?-?) 등이 대표였는데, 특히 南嶽과 青原 두 계통이 선종의 주류를 이루어, 이로부터 선종의 五家가 파생되었다. 南嶽懷讓의 제자 마주다오이(馬祖道一, 709-788)는 九山 선문 개산조(開山祖)들의 스승이다. 馬祖의 제자에 바이장화이하이(百丈懷海, 720-814)가 있었으며, 그 밑에 파(派)가 분출되었는데, 린지 이쉬앤(臨濟義玄, ?-886)의 임제종(臨濟宗)과 양산 훼이지(仰山慧寂, 814-890)의 규앙종(潙仰宗)이다. 青原系에서는 스토우시첸(石頭希遷, 700-790)~야오샨웨이옌(藥山惟儼, 751-834)을 거쳐 똥샨량지아(洞山良价, 807-869)~차오샨번지(曹山本寂, 840-901)의 조동종(曹洞宗)이 생겼고, 같은 青原 문하인 티엔황따오우(天皇道悟, 748-807)의 4세손 윈먼원옌(雲門文偃, ?-949)은 운문종(雲門宗)을, 그 방계 파옌원이(法眼文益, 885-958)는 법안종(法眼宗)을 일으켰다.

五派中 曹洞 · 臨濟 · 潙仰은 唐末에, 雲門 · 法眼은 五代에 일어났는데, 禪宗五派의 풍격(風格)이 서로 다른 禪學을 형성하게 되었으니 臨濟는 특이하게 날카롭고, 曹洞은 온건면밀하고, 潙仰은 성질과 작용이 잘 융합되고, 雲門은 간결 명확하고, 法眼은 중용독실(中庸篤實)하다.

고구려 · 백제 · 신라의 불교전개

『고구려나 백제의 불교는 반야공사상을 중시하는 삼론종(三論宗)에 머물러 있었던 감이 있고, 백제에서는 율(律)을 존중하였지만 소승적(小乘的) 견지에 머문 느낌이다.
신라에서는 자장에 의해 화엄적인 사고방식이 도입되었고, 그 보다 앞서 원광이래로 유식(唯識)〔오직(唯) 의식(識) 내부의 대상을 인식할 뿐〕의 도리와 보살계(菩薩戒)의 사상도 소개되어, 7세기 말 불교 이해는 선진 중국의 그것을 능가할 정도이었다.
'한 사람의 개인도 소외시킴이 없고, 하나의 물건도 허비함이 없도록 하는 가운데 하나의 전체가 이루어지고' (總卽別 · 別卽總 · 總中別 · 別中總), '그 개별적인 것들은 각각 그 특유한 재능을 충분히 발휘함으로써 전체의 동질성을 이룩할 수 있으며' (同卽異 · 異卽同 · 同中異 · 異中同), 또 '하나의 전체가 완전히 성취되어지기 위하여는 그 전체를 이루는 개별적인 것들이 자기 주장을 절제하고 억제하여야 한다' 는 (成卽壞 · 壞卽成 · 成中壞 · 壞中成) 통일의 근본원리가 화엄에 의해 추출되고 원효에 의해서 강조되었다.

372년(小獸林王 2년) 전진왕(前秦王) 후우지엔(符堅 338-385, 재위 357-385)이 순 다오(順道)를 시켜 불상(佛像)과 불경을 고구려에 전하고 374년 진승(秦僧) 아다오(阿道, ?-?)가 고구려에 왔는데, 그 이듬해 초문사(肖門寺)와 이불란사(伊弗蘭寺) 등 두 절을 세우고 그 두 스님으로 각각 그 절에 있게 하였다. 이것이 한반도에 불사(佛寺)가 세워 진 최초의 예이다.

391년 광개토왕은 즉위하자 곧 교(敎)를 내리고 불교를 숭상하여 복(福)을 구하라고 명하고 다음해 평양에 9개의 사찰을 짓게 하였다. 395년 진승(晋僧) 탄스(曇始, ?-?)가 遼東의 교화를 위해 고구려에 경률(經律) 수십 부를 가지고 왔으므로 양(梁)의 고승전(高僧傳)은 이 해를 고구려에서의 개법(開法)의 시초라고 하였다. 5세기 기록으로는 498년(文咨王 7년) 가을 금강사(金剛寺)가 생겼다는 것과, 도림(道琳)이 망명(亡命)을 가장하고 백제에 들어가 백제왕의 신임을 받고 첩자(諜者) 노릇을 했다는 것 두 가지 밖에는 없다.

혜량(惠亮)은 551년 신라로 망명, 최초의 국통(國統)이 되고 신라 불교의 밑거름 역할을 했다. 의연(義淵)은 576년(平原王 18년) 전제(前齊)로 가서 '보살지지경(菩薩地持經)', '대지도론(大智度論)', '십지경론(十地經論)', '금강반야론(金剛般若論)' 등 대승불교(大乘佛敎)에 관한 자세한 것을 배워 가지고 돌아왔다.

혜변(惠便, 584년, 이하 渡日 또는 활동년대) · 혜자(惠慈, ?-622)(595년) · 승융(僧隆, 602년) · 담징(曇徵, 579-631)(610년) · 혜관(惠灌, 625년) · 도등(道登, 627년) · 도현(道顯, 668년) 등의 도일(渡日)은 고구려에서 6세기 중엽부터 불교를 경시 · 배척하는 기운이 있었음을 입증한다. 중국 대륙에서의 도교숭상(道敎崇尙), 불교경시 풍조에 대한 모방의 경향이 표면화된 것은 624년(榮留王 7년) 연개소문이 도교의 수입을 주장, 당제(唐帝)에게 도사(道士)를 요청한 데서 비롯한다. 唐의 고종(629-683, 在位 649-683)이 수다(叔達, ?-?) 등 8명의 도사를 보내고, 라오쯔(老子, 성은 李, 이름 耳, 字 伯陽, BC 579?-BC 499?)

의 '도덕경(道德經)'을 하사(下賜)해 온 것은 643년이다. 그러나 고구려에서는 도사가 오기 이전에 오두미도(五斗米道)〔장링(張陵)에 의해 쓰촨(四川)에서 창시된 민간신앙으로 황건적(黃巾賊) 장줴(張角 ?-184)의 태평도(太平道)와 함께 도교(道敎)의 원류(源流)이다. 入敎者는 쌀 다섯 말을 지참해 미적(米賊)이라 불리었다.〕를 신봉하고 있었는데 보덕화상(普德和尙)은 이를 멸망의 징조로 간(諫)하였으나 듣지 않자, 완산주(完山州) 고대산(孤大山 : 전주 高達山)으로 떠났다.

「道라는 것은 있는듯 없는듯 황홀난측하다(道之爲物 惟恍惟惚). 보아도 보이지 않고 들어도 들리지 않고 만져도 만져지지 않는다(視之不見 聽之不聞 捕之不得). 善중의 善은 물과 같아 萬物을 利롭게 하면서도 功을 다투지 않고 여러사람이 싫어하는 곳에 있다(上善若水 水善利萬物而不爭 處衆人之所惡). 聖人의 정치는 마음을 비워 그뜻(욕심)을 약하게 하고 그 뼈(氣節)를 강하게하며 항상 백성을 無知(간특한 지혜가 없도록) 無慾(재물 · 지위 · 명예를 탐함이 없도록)하게 하는것이다(聖人之治 虛其心 實其腹 弱其志 强其骨 常使民無知無欲)」 〈老子 / '道德經'〉

원래 유사한 迷信집단은 전국시대부터 方術士에 의하여 三仙山의 전설이 꾸며지면서 쪼우이엔(鄒衍, BC 305?-BC 240)의 陰陽五行說과 결합하고 神仙家의 이론이 생기면서 秦 · 漢代를 걸쳐 성행하고 수 많은 神仙書가 속출하였다.

漢 武帝(BC 159-BC 87)때 西域 개발로 中西文化의 교류가 촉진되었는데 三玄學〔周易, 老子, 莊子(莊周, BC 369-BC 286)〕에 젖어 있던 중국인에게 佛敎는 인과업보(因果業報)에 의한 속죄구복(贖罪求福)의 관념을 소개하며 미신적 의술(醫術)과 부록(符籙), 제사(祭祀), 주술(呪術)을 배합하여 서민에게 침투했다.

장링〔張陵, 장다오링(張道陵) ?-156〕은 자칭 老子로부터 비전(秘傳)받았다고 미신적 부수(符水)와 주술기도(呪術祈禱)를 중시하며 治病에 면죄(免罪)를 가능케 한다는 天師라 하여 '天師道'란 이름이 붙게 되었다. 이들은 모두가 老子 중의 因果論, 攝生論, 長生不死 등에 의탁하면서 음양, 참위(讖緯), 점복(占卜), 부록(符籙)사상 등을 잡합(雜合)하고 있다. 특히 무지한 농민의식에 영합하여 왕권, 귀족과 地主 및 부호(富豪)를 타파하고자 하였다. 회재불우(懷才不遇) 왕충(王充, 27-97?)은 당시 유행하던 천인상관설(天人相關說) · 참위설(讖緯說)을 부정하고 25년에 걸쳐 논형(論衡, 30권 85편, 90)을 저술, 우연론과 운명론을 찬미하였다.

백제에 불법(佛法)이 시작된 것은 384년(枕流王 1년) 호승(胡僧) 모뤄난퉈(摩羅難陁)가 동진(東晋)으로부터 와 백제 궁실에서 예경(禮敬)을 받은 이후의 일이다. 그는 도술(道術)에 능한 사람으로 한산(漢山)에 절을 세우고 10명의 승려를 가르쳤다.

26대 성왕(在位 523-553) 때인 526년 겸익(謙益)이 인도에서 배달다(倍達多)를 동반하고 돌아와 율(律)을 번역하였는데, 고승 28명이 참여했다. 성왕은 일본의 세이호 우키씨(西部姬氏)에게 달솔(達率) 사치계(斯致契) 등을 파견, 금동석가상(金銅釋迦像) 일구와 미륵석불

(彌勒石佛) 및 번개(幡蓋) · 경론 몇 권을 보내어 불교를 알게 되는 최초의 계기를 마련하였다.

법왕은 599년 영을 내려 살생을 금하고, 어렵(漁獵)의 도구까지도 불 태우게 하고 왕흥사(王興寺)를 짓기 시작하여 장기간(35년)에 걸쳐 백성들을 괴롭혔다. 이 절은 그 아들 무왕 35년에야 완성되었고, 의자왕이 즐겨 유행(遊行)한 곳이다.

또한 백제 고승들이 일본에 건너가 불교 전파에 큰 공헌을 하였으니 일본 성실종의 개조 도장(道藏)을 위시하여 도림(道琳) · 혜미(惠彌) · 도흔(道欣) · 담혜(曇慧) · 도령(道寧) · 상휘(常輝) · 의각(義覺) · 방제(放濟) · 다상(多常) 등이 그들이다.

신라에도 외국 포교승(布敎僧)의 발길은 미쳐 일선군(一善郡) 모례(毛禮)의 집에 와 있었다는 모 후 즈(墨胡子)가 그 예이다. 신라에서 불교가 중핵(中核)을 이루기 시작한 것은 528년(법흥왕 15년)부터이다.

천경림(天鏡林)에 최초의 정사를 지은 법흥왕은 왕위를 종제(從弟, 진흥왕)에게 물려주고 승려가 되었다. 대왕흥륜사(大王興輪寺)가 완공되면서 승니(僧尼)가 배출되기 시작하였고, 549년과 565년 중국에 건너갔던 각덕(覺德)과 명관(明觀)이 돌아 왔다. 진흥왕은 황룡사(皇龍寺 567)를 비롯한 기원(祇園) · 실제(實際)의 두 절을 세우고(576), 그도 중이 되었다.

법흥왕은 이차돈〔異次頓, 본명 박염촉(朴厭髑)〕이 군신(群臣)의 반대에도 불구하고, 불법 신봉의 공인 · 권장을 주장하다가 순교한 후 그 이적(異蹟)에 놀란 신하들의 회개(悔改)가 있고 나서야 불교를 널리 펴게 하였다. “불법에 신(神)이 있다면 내가 죽은 뒤 이적이 있으리라.”던 이차돈의 목을 베자 잘려 나간 목에서 흰 젖이 한 길이나 솟았으며 우물이 모두 말라 물고기와 자라가 뛰쳐 나왔고, 나무들이 말라 원숭이들이 떼 지어가며 울어댔다. 헌덕왕 10년(818) 세운 異次頓의 순교비에는 ‘國豊民安 可通三韓’ 이라고 씌어 있었다.

진지왕 초년(576) 중국에 갔던 안함〔安含, 안홍(安弘), 578-640〕이 ‘능가경’ 과 ‘승만경’ 등 신라 불교의 소의경전(所依經典)을 가지고 돌아 왔다. 이 무렵 유학승(留學僧)들의 왕래가 잦아져 620년 비마라파라마르타(毗摩羅眞諦 : Vimalaparamartha) · 농가타(農伽陀 : Nongata) · 불타승가(佛陀僧伽:Buddhasangha)등의 호승(胡僧)과 한승(漢僧)이 신라에 왔고 630년대에 명랑(明朗) · 자장(慈藏, 610?-654?) 등이 돌아오고, 아리야발마(阿離耶跋摩 : Arya-varman, 僧鎧의 인도명) · 혜업(惠業) · 현태(玄泰) · 구본(求本) · 현각(玄恪) · 혜륜(惠輪) · 현유(玄遊)등이 唐을 거쳐 인도에까지 들어갔다.
지명(智明)은 18년동안 진(陳, 557-589)에 머물러 있던 고승으로서 그 계행(戒行)이 바르고 사분율(四分律)에 밝아 귀국 후 출가자(出家者)들의 귀감이 되었다.
원광(圓光)은 4세 풍월주 이화랑(二花郎)과 숙명공주(叔明公主)의 소생이다. 속성(俗性)이 박씨(朴氏)로서 ‘성실론(成實論)’ · ’ 반야경(般若經)’ · ’ 열반경(涅槃經)’ · ‘섭대승론(攝大乘論)’ 등에 밝았으며, 「진한(신라)과 마한(백제)에 불법을 널리 펴고 해마다 두 차례 강론하여 후학을 양성했으며, 보시받은 재물은 모두 절 짓는 데 쓰게 하니 남은 것은 가사(袈裟)와 바리때뿐이었다.」 〈원안(圓安)〉

원효(元曉) · 자장(慈藏, 풍월주 金茂林의 아들, 590-658) · 의상(義湘, 625-702)은 거의 동시대의 사람이다. 자장은 636년 입당(入唐), 淸凉山에서 문수보살(文殊菩薩)의 수기(授記)를 받은 바 있고, 화엄(華嚴)을 배우고 643년 귀국, 신라 불교의 제도적 발전과 그 사상적 폭을 넓혔다. 황룡사에는 장육(丈六)의 불상을 안치하고 자장의 청(請)에 의하여 일본 · 唐 · 오월(吳越) · 응유(鷹遊) · 말갈(靺鞨) · 거란(契丹) · 여적(女狄) · 예맥(濊貊)등 구적(九賊)의 침범을 막기 위한 9층탑이 세워졌다.

선덕 · 진덕 두 여왕 대에는 '승만경', '유마경(維摩經, 維摩詰 所說經)' 등 재가(在家)의 중요성이 강조되는 경전이 중시되었고, 불국사의 전신인 법류사(法流寺), 호국 계단(戒壇)의 본거인 통도사(通度寺)등 많은 사찰이 세워졌다.

신라의 불교는 삼국통일의 정신적 원동력이 되었고, 그 후 약 백년동안 경흥(憬興) · 승전(勝詮) · 범수(梵修) · 대현(大賢) · 신림(神琳) · 표훈(表訓) · 진표(眞表)등 고승에 의해 그 전통이 계승되었다.

그밖에 도증(道證) · 지통(智通, 655-?) · 명랑(明朗) · 도의(道義) · 신행(信行, 704-779) · 체징(體澄, 804-880) · 지증(智證) · 혜소(慧昭, 774-850) · 현욱(玄昱) · 개청(開淸, 854-930) · 낭공(朗空, 832-916) · 범일(梵日) · 무염(無染) · 원랑(圓郎) · 진경(眞鏡, 854-923) 등은 모두 일본에까지 알려졌다.

법상종의 開山祖師 쉬앤짱(玄奘) 三藏〔경(經) · 율(律) · 논(論)의 삼장(三藏)에 뛰어난 중이라 하여 삼장법사라는 이름을 얻었다.〕 문하의 일재(逸材) 츠언(慈恩, 632-682)의 '성유식논술기(成唯識論述記)' 와 法相宗 원측(圓測, 613-696)의 '成唯識論疏' 는 唯識學界의 쌍벽이다. 慈恩은 훼짜오(慧沼, 650-714), 씨저우(智周, 668-723)에게 전하여 中國 法相宗의 정통을 이루었고 圓測은 道證에 전승하고 大賢에게 전하였다. 大賢의 '범망경고적기(梵網經古迹記)' 는 일본 平安시대의 唯識學者 센쥬(善珠, 724-797)의 '梵網經略疏' 작성에 큰 영향을 주었다. 圓測은 慈恩 계통으로부터 이단취급을 받아 '宋 高僧傳' 에는 파문자(破門者)로서 그 출신지도 알 수 없다고 하였다.

혜초(慧超, 704?-787?)가 723년 인도 불적(佛蹟)을 순례하고 727년 唐으로 돌아 와 남긴 '왕오천축국전(往五天竺國傳, 오천축국 여행 기록 227행 5,893자)' 은 1908년 프랑스의 동양학자 뽈 뻴리오(Paul Pelliot, 1878-1945)에 의해 甘肅省의 뒨황(敦煌)에서 발견되었는데 쉬앤짱(玄奘, 602-664)의 '大唐西域記' (646), 마르코폴로(Marco Polo, 1254-1324)의 '東方見聞錄(1298-1299)', 이븐 밧투타(Ibn Battutah, 1304-1377)의 여행기 '리흘라(Rihlah, 1355-1356)' 와 함께 세계 4대 여행기로 꼽힌다.

선(禪, 梵語 禪那의 略稱)은 반야공사상에 뿌리박고 논리와 정서를 배격하는 실천도로서, 스스로 불교이기를 거부하고 조도(祖道)를 표방함으로써 중국적인 새 종파로서 출현한 것이다. 선문구산(禪門九山)의 개산 이래 우리나라 불교는 선종에 기울어 진 불교가 되었다.

新羅의 九山門

九 山	開祖	中心道場
迦智山(長興)	道義(783~821)	寶林寺
實相山(南原)	洪陟(? ~ ?)	實相寺
桐裡山(谷城)	惠哲(785~861)	泰安寺
闍崛山(江陵)	梵日(810~889)	崛山寺
鳳林山(昌原)	玄昱(787~868)	鳳林寺
獅子山(寧越)	道允(798~868)	興寧寺
曦陽山(聞慶)	道憲(824~882)	鳳巖寺
聖住山(保寧)	無染(800~888)	聖住寺
須彌山(海州)	利嚴(866~932)	廣照寺

선종(禪宗)이 중국에서 출현하는데 있어서는 원효의 영향이 없지 않았다. 그가 유일한 평론자가 된 '금강삼매경론(金剛三昧經論)' 의 이입사행설(二入四行說)은 중미(宗密)를 거쳐 생사가 곧 열반(涅槃)이요, 일념(一念)이 곧 무량겁(無量劫)이라는 '화엄경' 의 시공관(時空觀)에 곁 들여 일초직입(一超直入)하여 문자와 사변의 매개없이 본각(本覺)세계를 실현하려는 자력수행(自力修行)의 길이 되어 선종을 형성하기에 이르렀다.」

〈李箕永(1922-1996)〉

• *원효(元曉)의 불기(佛羈)*

「성사(聖師) 원효는 속성(俗姓)이 설씨(薛氏)로서 "누가 자루없는 도끼를 빌려 주려나 내가 하늘 떠 받칠 기둥을 박으리(誰許沒柯斧 我斫支天柱)"라고 거리에서 노래 불렀는데 태종(무열왕)이 "이 스님은 귀부인을 얻어 훌륭한 아들을 낳고자 하는구나. 나라에 큰 賢人이 있으면 그 보다 더 좋을 수 있으랴" 하였다. 그때 요석궁(瑤石宮)에 홀로 된 공주가 있었는데, 왕이 원효를 찾아 요석궁으로 불러 들이게 하였다. 문천교(蚊川橋)에서 궁리(宮吏)를 만나자 원효는 일부러 물 속에 빠져 옷을 적셨다. 궁리가 인도하여 옷을 갈아 입히고 말리게 하였으므로 그 곳에서 유숙하였는데, 공주가 임신, 설총(薛聰)을 낳았다. 설총을 낳은 이후부터는 속복(俗服)으로 바꾸어 입고 스스로 소성거사(小姓居士)라고 불렀다. 수 많은 부락을 돌아다니면서 노래하고 춤을 추며 화영(化詠)하고 돌아왔다. 스스로를 원효(새벽이라는 뜻으로 일컫는 말)라고 부른 것은 불일(佛日)을 처음으로 빛 냈다는 뜻이다. 입적(入寂)하자 설총이 유해를 부수어서 진용(眞容)을 빚어 분황사에 안치하고 경모하였는데, 설총이 예(禮)를 올리니 소상(塑像)이 갑자기 돌아 보아 지금까지도 돌아본 채 있다.」

〈'三國遺事'〉

설총은 신라10현(賢) 중 1人으로 擬人文學 최초의 '花王戒' 를 짓고 1022년 고려 현종 때 홍유후(弘儒侯)를 추증(追贈)받았으며 아들 중업(仲業)은 일본에 사신으로 왕래하였다.

「元曉(523-592)는 유(儒) · 불(佛) · 도(道) 세교의 전적(典籍)을 섭렵하여 그 핵심을 파악하고 있던 사람으로서 99부 2백여 권의 저술이 있다. 그는 교판가(教判家)들의 종파주의적 입장을 지양하고, 화쟁(和諍)의 입장에 섰다. 화엄의 철학에 입각하여 모든 것을 회통

(會通)하는 一心의 정화(淨化)에 최고의 가치를 부여하면서, 중생의 제도(濟度)에 중점을 둔 실천불교인 여래장 불교(如來藏佛教)를 고취해 갔다. 화엄과 여래장사상은 모두 다 일승(一乘)이라고 평가되는데 화엄을 일승만교(一乘滿教), 여래장 계통의 교훈을 일승분교(一乘分教), 사제 · 연기의 교훈을 도그머적으로 신봉하는 이승범부(二乘凡夫)의 교(教)를 삼승별교(三乘別教), 반야와 유식을 같은 카테고리에 넣어 삼승통교(三乘通教)로 보았다〔사교판론(四教判論)〕. 쉬앤짱(玄奘, 본명 陳褘)의 법상종(法相宗)이나 지창(吉藏, 549-623)의 삼론종(三論宗)의 편파성 지나친 사변성(思辨性)을 비판한 태도라고 볼 수 있다. 원효의 이 견해 앞에 중국의 대사 상가 파장(法藏) · 리통쉬앤(李通玄, 635-730) · 휘위앤(慧苑, 673?-743?) · 중미(宗密) 등이 모두 승복하였다. 원효의 사상을 가장 잘 정리한 '대승기신론소(大乘起信論疏)' 는 그의 윤리관과 선관(禪觀)을 낳는 기초가 되었다. 그의 윤리관은 소승부파(小乘部派) 불교(Hinayana)의 계율관에 얽 매이지 않고 '금강삼매경론(金剛三昧經論)' 은 육바라밀행(六波羅密行) 중 선수(禪修)의 이론적 성찰에 없어서는 안 될 지침이 되었다.」〈李箕永〉

원효의 화엄학은 신쇼(審祥, ?-742)를 통해 일본에도 전해져 묘에(明惠, 1173-1232)의 '화엄연기(華嚴緣起)' 6권은 현재 일본의 국보이다.

元曉의 '大乘起信論疏' 는 쎈써우(賢首)의 '기신논의기(起信論義記)', 휘위앤(慧遠, 523-592)의 '대승의장(大乘義章)' 과 함께 三大疏를 이루었다.

프랑스 불교학자 뽈 드미에빌(Paul Demiéville)이 "대승불교 철학의 가장 명쾌한 개론서"라고 평한 아슈바고오샤(Aśvaghosa, 馬鳴, 80?-150?)의 '대승기신론' 은 그 유례를 찾을 수 없을 만큼 간결하고 총괄적인 독특한 논소(論疏)에 속하는 문헌으로 注釋文獻만도 삼백여 種이 넘는다.

• ***義湘의 華嚴一乘法界圖***

「의상(義湘)은 약관(弱冠)에 唐에서 교종(教宗)이 세 갈래로 나누어져 성하다는 소식을 듣고 원효와 함께 서유(西遊)의 길에 올랐다가 폭우를 만나 뜻을 이루지 못했다. 총장(總章) 2년 상선을 타고 덩저우(登州) 해안에 도착 그 후 곧 시안(長安) 終南山 즈앤싼창(智儼三藏) 밑에서 '화엄경' 을 캉창(康藏) 국사(國師)와 같이 공부 하였다. 그 지은 글들은 '결집록(結集錄)' 에 실린 '도신장(道身章)', '추혈문답(錐穴問答)', '수장의 소(疏)' 와 같은 것이다. 모두 화엄경 속의 법성(法性)의 바다를 천명한 것이며, 비로자나불(毘盧遮那佛)의 무변(無邊)한 계경(契經)의 뜻을 밝힌 것이다.」 〈짠닝(贊寧, 919-1002) / '宋 고승전(高僧傳, 988)' 〉

문무왕 16년 의상은 태백산으로 들어가 왕의 분부를 받들어 부석사(浮石寺)를 지어, 대승(大乘)의 법을 널리 폈다. 즈앤(智儼)의 문인(門人)으로 중국 화엄종(華嚴宗) 3祖 賢首法藏은 '화엄경 탐현기(華嚴經探玄記)' 를 지어 의상에게 보내고 그 수정(修正)을 부탁하는 편지를 보냈다. 의상은 그의 짤막한 '화엄일승법계도(華嚴一乘法界圖)' 하나 때문에 불교사상사에 빛나는 존재가 되었다. '화엄(華嚴)' 60권, 아니 80권의 사상을 모두 이 작은 도인(圖印) 안에 담아 버리고, 제자들이 4권의 장편 주소(註疏)를 낼 정도로 화엄사상을 결정시켰다. 義湘이 관음보살을 친견한 낙산사는 세계 8대 觀音聖地의 한군데로 꼽힌다.

불교사상의 흐름

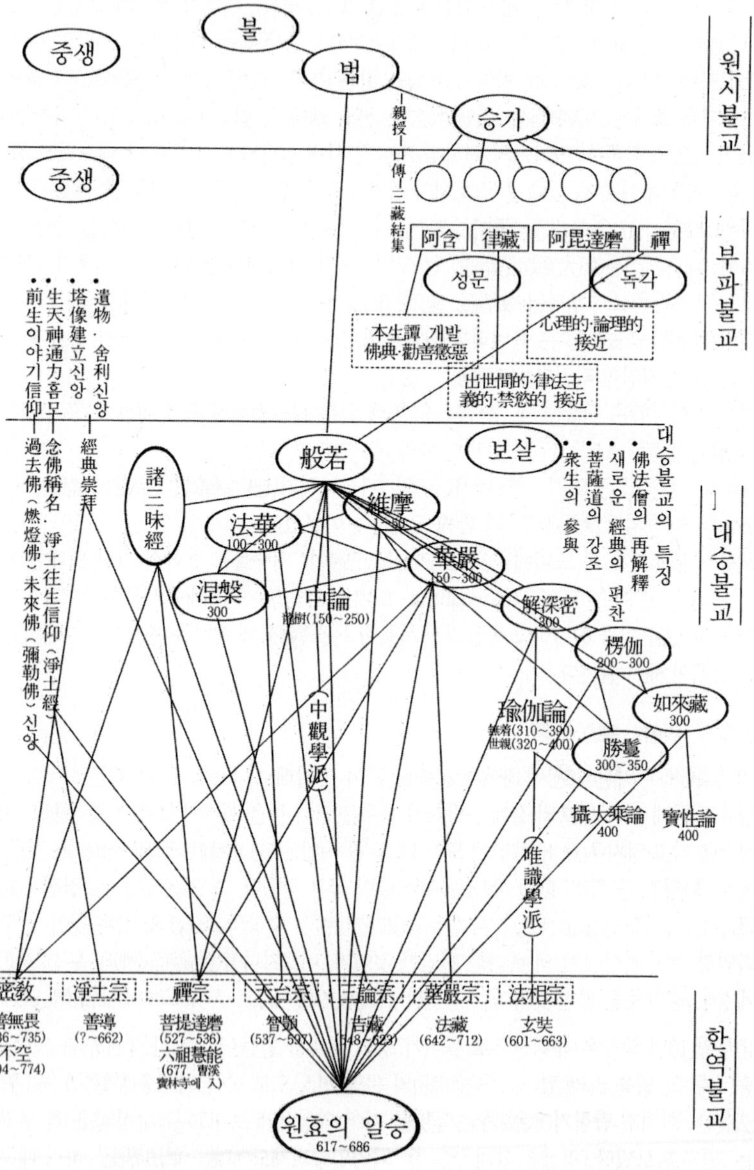

〈자료 : 李箕永 / '불교개론 강의'〉

고려 불교의 경향

조계종과 천태종의 성립으로 고려 불교계는 5敎〔열반종 · 南山宗 · 화엄종 · 법상종(法相宗) · 법성종〕 양종〔兩宗, 조계종과 천태종〕으로 새로이 편성되었는데 제관(諦觀, ?-970)은 吳越왕 치앤홍즈(錢弘澁)의 간청에 따라 光宗(925-975, 재위 949-975)의 명을 받고 중국의 천태종(天台宗)을 다시 일으켰고 의통(義通)은 중국 天台宗의 16祖가 되었다.

諦觀의 '천태사교의(天台四教儀)'는 천태학의 골자를 정리한 것으로 아시아에서 80회 이상 간행된 대저(大著)였다. '천태사교의'의 사상은 四敎〔불타가 근기에 따라 설법한 네 가지 교리 내용으로, 장교(藏教) · 통교(通教) · 별교(別教) · 원교(圓教)가 그것이다.〕 삼관〔三觀, 용수가 마음이란 곧 공(空) · 가(假) · 중(中)이라고 나누어 설명한 것〕하는 교관겸수사상에 근거하게 되었다.

자관(慈觀)은 '四教儀' 중간(重刊) 서문에서, 「이것이야말로 태가(台家)의 여의주(如意珠)요, 신학(新學)의 중보(重寶)이다」하였고 원여(圓如)는 '공권 서(空拳 序)'에서 「천태사교의는 교문의 요도(要道)이다. 모니(牟尼)의 법온(法蘊)을 함납(含納)하고 일가의 교부를 해섭(該攝)하니 종(宗)의 강요(綱要) 여기에 다한 것이다. 이것 이야말로 입도(入道)의 지침이요, 교해(教海)의 보벌이다」하였다.

• *韓國禪의 혁신-知訥*

고려 후기 普照國師 지눌(知訥, 牧牛子, 1158-1210)의 출현 이전까지만 하드라도 고려 불교는 선교병립(禪敎並立)의 상태에 있었다. 대각국사(大覺國師) 의천〔義天, 이름 후(煦), 1055-1101〕은 지관(止觀)〔觀法坐禪, 잡념을 멎게 하고 바른 지혜로서 대상을 보는 것〕을 중시하는 천태종(天台宗)을 중흥시키고, 호국기원(護國祈願)의 목적과 교학(教學) 진흥의 뜻을 겸하여 '대장경(大藏經)'의 수집 간행에 진력한 공이 컸지만, 선 · 교 양종(禪教兩宗)의 원융적(圓融的) 회통(會通)에까지는 이르지 못한 아쉬움을 남겼다. 지눌의 위대성은 바로 그것을 실현시켰다는 점에 있는데 그의 '진심직설(眞心直說)' 등의 저서는 그러한 체증(體證)의 결론을 담은 것으로 고려 불교의 일대 수확이며, 원효 불교의 르네상스이다.

지눌의 제자 진각국사(眞覺國師) 혜심(慧諶, 1178-1234)은 '선문염송집(禪門拈頌集)' 30권, '선문강요(禪門綱要)' 1권 등을 내어 조계산(曹溪山) 2세 수선사주(修禪寺主)다운 면목은 보였으나, 소극적 · 은둔적(隱遁的) · 기복적(祈福的) 자세에 머물러 사회와 유리되었고, 간화선(看話禪)이란 테두리 안에서 벗어나지 못함으로써 지눌의 독창성을 후퇴시킨 느낌이다. 그 뒤에도 4세 진명(眞明) 혼원(混元, 1191-1271), 자진 원오(慈眞 圓悟) 천영(天英, 1215-1286), 6세 원감(圓鑑) 충지(冲止, 1226-1292) 등 국사(國師)가 배출, 16세를 이어나가 보조의 조계선(曹溪禪)은 그 법맥이 끊이지를 아니했다.

당시 불교계는 의식(儀式)의 극대화로 말미암은 재정의 궁핍 · 승려의 타락 등이 표면화되고 특히 교종(教宗)과 선종(禪宗)의 대립은 극심한 것이었다. 禪宗은 理論中心의 教宗과 달리 不立文字(문자교육배격) · 見性悟道(人性이 곧 佛性임을 깨달음)를 표방하면서 개인의 실존과 자각을 강조하여 소외되고 배움이 부족한 호족이나 서민층에서 큰 호응을 얻었다. 선종(禪宗)에 일대 혁신을 가져다 준 民僧 지눌(知訥)은 불교계가 불자의 본분을 지키지 못하여 다투는 것을 개탄하고 통렬히 비난하였다.

「혹은 禪을 존숭하여 教를 배척하고 혹은 教를 숭상하여 禪을 비방한다. 禪은 불심이며 教는 불어(佛語)라. 教는 선망(禪網)이 되고 禪은 교망(教網)이 됨을 알지 못하여 禪教 양가가 길이 원수의 견해를 짓고, 법의(法義) 이학(二學)이 도리어 모순의 종이 되어서 무쟁문(無諍門)에 들지 못하고 일실(一實)의 도를 밟지 못한다. 승려들의 자취를 관찰한 즉 불법을 빙자하여 이양(利養)에 급급(急急)하고 의식만 허비한다.」

그는 돈오점수(頓悟漸修)와 정혜쌍수(定慧雙修)를 주장, 선(禪)으로써 체(體)를 삼고 교(教)로써 용(用)을 삼아 禪 · 教의 합일을 추구하였다.

頓悟는 인간의 마음이 곧 부처님의 마음임을 깨닫는 것이지만, 그 뒤에도 이 깨달음을 꾸준히 실천하는 것이 漸修였다. 「얼음이 물인 줄 알지만(頓悟) 얼음이 녹아 물이 되기 위하여는 빛을 받아야(漸修) 된다」고 한 돈오점수의 방법은 定慧雙修로서 坐禪을 제일로 하나 念佛이나 看經도 중요시하였다. 선승(禪僧)들이 불립문자(不立文字)를 미끼로 참선(參禪)에만 골몰하고 교리(教理)에는 외면하여 오던 편파적인 자세를 극력 지양시키되 '성적등지문(惺寂等持門):行', '원돈신해문(圓頓信解門):信', '간화경절문(看話徑截門):證'의 세 방법으로, 실천하는 선정(禪定)과 학문하는 지혜를 함께 닦도록 가르쳤다. 아울러 그가 권했던 것은 특히 '금강경(金剛經)', '육조단경(六祖壇經)', '화엄론(華嚴論)', '대혜어록(大慧語錄)'의 터득이었다. 희종(熙宗, 在位 1204-1211)은 신종(神宗, 在位 1197-1204)의 뒤를 이어 즉위하자 體澄이 창건한 송광산(松廣山) 길상사(吉祥寺)를 조계산(曹溪山) 수선사(修禪寺)로 그 이름을 고치고(1197) 친필의 액(額)을 내렸으니 승보사찰(僧寶寺刹) 송광사(松廣寺)가 그것이다.

• *민족적 自我 각성(覺醒) - 釋一然*

一然이 출생하던 희종 2년(1206)은 의종 24년(1170)이래 26년간 무신들 간의 정쟁(政爭)도 가고, 최씨(崔氏) 4대의 무신정치가 10년째 되던 때로 당시 불교계의 움직임이 무신정권에 대한 하나의 큰 위협이 되고 있었다.

일연 국존〔이름 견명(見明), 자(字) 회연(晦然), 후에 일연으로 고침, 호 무극(無極) · 목암(睦庵), 시호 보각(普覺), 탑호 정조(靜照)〕의 속성(俗姓)은 김(金)씨로서, 경주(慶州) 장산군(章山郡 : 慶山) 사람이었다. 아버지는 언필(彦弼), 어머니는 이(李)씨인데, 꿈에 해(日)가 집에 들어와 그의 배를 쪼인 지 3야(夜)에 태기가 있어 그를 낳았다. 어려서부터 준수(俊秀)하여 코가 크고 입이 네모졌다. 9세에 해양(海陽 : 南海) 무량사(無量寺)에 가서 공부하다가 14세에 陳田寺 대웅장로(大雄長老)에게 나아가 중이 되었으며, 22세에 선과(禪科)에 등제(登第)하여 포산(包山 : 玄風)에 있다가, 南海 정림사(定林社)로 옮겼다. 32세에 삼중대사(三重大師)의 승계(僧階)를 받고 51세에 선사(禪師), 54세에 대선사(大禪師)가 되었다. 元宗(1219-1274, 在位 1259-1274)이 松都로 불러 올렸으나 4년만에 다시 시골로 내려가 설법하는 한편, 인흥사(仁興寺)와 불일사(佛日寺)를 중창(重創)하였다. 충렬왕(忠烈王) 9년(1283), 국존(國尊)으로 책봉(冊封)된 후 79세때 조정에서는 의흥(義興 : 軍威郡) 인각사(麟角寺)를 중수하고 토전(土田)을 하사하여 상주(常住)하게 하였다. 충렬왕(忠烈王) 15년 승려들과 담소(談笑)하다가 입적(入寂)하니 출가한 지〔법랍(法臘)〕 71년이었다.

일연에게는 '삼국유사' 외에 '제승법수(諸乘法數)' 7권, '대장수지록(大藏須知錄)' 3권, '조동 5위(曹洞五位)' 2권, '선문염송사원(禪門拈頌事苑)' 3백권등이 있다.

고려 불교의 사상적 내지 학문적 전개에 고답적 산간불교적인 성격과 기복신앙 성격의 두 흐름을 잡을 수 있는데 하나는 諦觀→義天→知訥→普愚로 내려가는 줄기요, 다른 하나는 道詵→妙淸(?-1135)으로 내려가는 줄기다.

불교신앙은 이차돈의 순교 이래, 조선 태종(在位 1400-1418)이 배불정책(排佛政策)을 단행하기까지 근 9백년 동안 유지되어 왔다. 타락 일로를 걷던 고려 불교에 새 바람을 넣어 준 것은 범승(梵僧) 지공(指空, 1289?-1363)이었고, 태고(太古) 보우(普愚, 1301-1382) · 나옹(懶翁) 혜근(慧勤, 1320-1376)등 명승이 나타났다.』

〈李箕永〉

공민왕 때 왕사(王師) 나옹(懶翁)은 "청산은 나를 보고 말 없이 살라 하고 / 창공은 나를 보고 티 없이 살라 하네 / 사랑도 벗어 놓고 미움도 벗어 놓고 / 물같이 바람같이 살다 가라 하네"라는 시를 남겼다.

일본에서는 소토슈(曹洞宗)의 도겐(道元, 1200-1253), 린자이슈(臨濟宗)의 에이사이(榮西, 1141-1215), 조도신슈(淨土眞宗)의 신란(親鸞, 1173-1262) 등 각 종파의 종조(宗祖)들이 나왔다.

고려 말엽 일기 시작한 유학자들의 배불운동은 왕조가 바뀌자 구체화되고, 배불숭유정책(排佛崇儒政策)이 실시되었다.

사찰의 제한과 종파의 축소(11宗을 曹溪·天台·華嚴·慈恩·中神·摠南·始興宗 등 7宗으로)로 시작한(1407) 太宗의 척불(斥佛)에 이어 세종은 七宗을 禪教兩宗으로 폐합하고 각각 18개 사찰만 공인하였다(1424). 宣祖 초기까지는 네 계통의 教派(禪宗派, 密教派, 淨土派, 華嚴·法華등 看經派)가 파포(派布) 되어 서로 自派의 우위를 주장하고 他派를 폄시(貶視) 상쟁(相爭)하였는데 그 중에도 教와 禪 사이의 반목이 심하였다.

「世宗때 得通 기화〔己和, 涵虛堂, 1376-1433〕는 '파사현정론(破邪顯正論)' 에서 불교와 유교의 근본교리가 일치함을 밝혔으나(護佛論), 세조 대(貞熹王后 尹氏, 1418-1483)의 불교 비호시책 이후 15세기 말부터 16세기 전반에 걸쳐 불교는 암흑시대를 맞았다. 성종은 성내의 사찰을 철폐하였고, 연산군은 조모〔祖母, 仁粹大妃 昭惠王后 韓氏, 1437-1504〕의 생존시에는 수륙회(水陸會)의 설치, 불경의 인행(印行) 등 불사를 도모했으나, 그 몰후(歿後) 원각사를 기방(妓房)으로 만드는 등 광포(狂暴)한 훼불(毁佛)을 단행하였다. 중종대에 승과(僧科)는 폐지되고 동불상(銅佛像)은 군기로 변조되는 등 불교는 암담한 시련을 겪었으나 그나마 불교가 그 명맥을 유지하는 계기를 마련한 것은 명종대의 섭정 문정왕후(文定王后) 尹氏〔尹之任(1475-1534)의 딸, 1501-1565〕에 의해서 이다. 1546년 왕후는 섭정이 되자 설악산(雪嶽山) 백담사(百潭寺)의 승 보우〔普雨, 나암(懶庵), 허응당(虛應堂), 1515-1565〕를 중용(重用), 봉은사(奉恩寺)를 선종(禪宗), 봉선사(奉先寺)를 교종(教宗)의 수사찰(首寺刹)로 삼고 보우와 수진(守眞)을 각각 양사의 주지로 삼아, 선교양과(禪教兩科)를 부활시켜(1550) 불교 재건의 기틀을 마련하였다.」 〈李箕永〉

선·교 양종의 법제(法制)가 부활되자 유림(儒林)들로 부터 반대하는 상계소장(上啓疏狀)이 화살처럼 날아들어 명종 6년 6월, 보우(普雨)가 판선종사도대선사(判禪宗師都大禪師)가 되기까지 약 반년 동안 398통에 달하였다.

「보우 등은 높은 품계의 관원으로 자처하면서 머리에는 옥관자요 허리에는 붉은 띠를 두르고 인도하는 자들은 쌍 나발을 불어 길을 열면서 앞뒤로 옹위하여 길을 메웠다. 여러 산중의 중들이 우러러 보며 달려나가 맞이하고 보내기를 승황(僧王)처럼 대했다.」

〈'명종실록'〉

문정왕후는 양주군(楊州郡) 천보산(天寶山) 회암사(檜巖寺) 중수〔명종 20년(1565)〕를 즈음하여 벌어진 齋(법회)의 이틀 후, 왕세자 순회(順懷, 1551-1563)의 죽음을 슬퍼한 나머지 세상을 떠났는데 그의 죽음은 禪教兩宗의 폐지(1565)를 가져오고 보우를 사면초가(四面楚歌)의 고도(孤島)에 내동댕이쳤다. 보우는 인제군(麟蹄郡) 한계산(寒溪山) 속에 숨었다가 서울로 압송(押送)되었고 다시 제주도로 귀양을 갔는데 제주목사(濟州牧使) 변협(邊協, 1528-1590)은 주먹이 센 사람들을 모아 쳐 죽이게 했다. "유학과 불교는 본디 두 영역이 하니요, 얼음이 원래 물이고 물이 원래 얼음인 것과 같네"(儒佛一致論)라던 보우(普雨)는 임종 때 시 한 구절을 남겼다.
'꼭두각시 왔다가 꼭두각시 가네 / 오십여 년의 별 미치광이 짓으로 / 온갖 영욕(榮辱) 다 겪다가 / 꼭두각시 탈을 벗고 이제는 쉬자.'

• *道僧 · 義僧 · 師僧 - 휴정(休靜)*

서산대사(西山大師) 청허(淸虛) 휴정(休靜, 1520-1604)은 태고(太古) 보우(普愚)~환암(幻菴) 혼수(混修, 1320-1392)~귀곡(龜谷) 각운(覺雲, ?-?)~벽계(碧溪) 정심(正心)~벽송(碧松) 지엄(智嚴, 1464-1534)~부용(芙蓉) 영관(靈觀, 1485-1572)으로 상전(相傳)하는 법계(法系)를 가진다.

西山은 묘향산의 별칭이다. 자(字)는 현응(玄應), 법명(法名)은 휴정(休靜), 호(號)는 청허(淸虛)였다. 사원을 훼철(毁撤)하고 승려를 박해하여 불교 전체의 운명이 주판지세(走坂之勢)에 놓였었고, 관서 하향(遐鄕)의 미약한 선비의 집에 태어나서 10세에 조실부모한 궁로고아(窮露孤兒)였으니, '상숙부서'에서 불우(不遇)한 환경을 자탄하였다.
「혹 강 마을에서 밥을 빌 적이면 서릿 바람이 뼈를 깍고 혹 석굴 속에 도사리고 앉을 적이면 원숭이와 학으로써 이웃을 삼을 뿐이요……남으로 가고 북으로 가며 눈을 들어 보나 어버이가 없고, 동에서나 서에서나 막대로 벗을 삼았으며 해어 진 짧은 베잠 방이로 겨우 무릎을 가리고 솔 꽃과 미역줄기로 목숨을 이어 왔다.」

휴정은 '선교석(禪教釋)' · ' 선가귀감(禪家龜鑑)' (1564) 등의 선서(禪書)와 시문집(詩文集) '청허당집(淸虛堂集)' 8권이 있는데 불교통일운동의 요체(要諦)를 삼은 '선가귀감' 의 첫 머리에서 불교의 대의를 말했다.

「바다같이 넓고 아득한 대장경(大藏經)을 헤쳐 나갈 후배들의 수고를 덜어 줄까 하여 가장 요긴하고 간절한 것 수백 마디를 추려 써놓고 보니 참으로 글은 간단하나 뜻은 두루 갖추어졌다고 할 만하다…」

정조는 휴정의 화상당명에, 「처음엔 제방(諸方)을 편참(編參)하여 인천안목(人天眼目)이 되고, 중간엔 국난을 홍제하여 근왕원훈(勤王元勳)이 되고 나중엔 수연현신(隨緣現身)하여 상승교주(上乘教主)가 되었다.」하며 도승, 의승, 사승의 3대 특장을 적평하였다.

송운(松雲) 유정(惟政, 1544-1610) · 편양(鞭羊) 언기(彦機, 1581-1644) · 소요(逍遙) 태능(太能, 1562-1649)은 휴정의 정신을 계승하여 저마다 제자들을 키워, 이후 조선 불교의 명맥을 잇는 고승들이 배출되었다. 풍담(楓潭) 의심(義諶, 1592-1665)은 교학 중흥의 조

(祖)로서 화엄에 밝았으며, 묵암(默庵) 최눌(崔訥, 1717-1790)은 고금의 전적 · 서서 · 백가의 언설에 박통(博通)하고 삼장(三藏, 經 · 律 · 論 등 불교성전, Tipitaka)에 통달, 선 · 교 양문에서 전인미답(前人未踏)의 일가견을 가졌고, 연담(蓮潭) 유일(有一, 1720-1799)은 '기신론', '능엄경', '원각경' 등에 밝은 선 · 교 겸비(禪教兼備)의 고승이었으며 백파(白坡) 긍선(亘璇, 1767-1852)은 화엄사상과 禪을 겸수하는 가풍을 계승, 선문중흥(禪門中興)의 종주(宗主)가 되었다.

백파의 '선문수경(禪門手鏡)'의 선론(禪論)을 반박하기 위하여 초의(草衣, 1786-1866)가 사변만어(四辨漫語)를 지었고 우담(優曇) 홍기(洪基, 1822-1881)가 '선문증정록(禪門證正錄)'을 지었는데 설두(雪竇) 유형(有炯, 1824-1889)이 '해정록〔楷正錄, 선원소류(禪源溯流)〕'을 지어 사변만어, 선문증정록의 선론을 반박하였다. 초의(草衣)는 禪을 조사선 · 여래선 · 격외선(格外禪) · 의리선 등 사변(四辨)으로 변별하는 선론을 폈는데 후학에 범해(梵海) 각안(覺岸: 1820-1896)과 백취운(白翠雲, 1912-?)이 있다.

• *朝鮮佛教維新論 - 韓龍雲*

19세기 말, 20세기 초 민족적 주체성을 망실한 움직임이 불교계에도 나타났다.

친일파 승려 이회광(李晦光, 1862-1932)은 1910년 8월 원종(圓宗, 1908-1912)의 대종정(大宗正) 자격으로 10월 일본 曹洞宗과 연합맹약(聯合盟約)을 체결하고 돌아왔다. 7개 조항의 이 조약은 일제(日帝)의 조선 강점 지배를 종교의 분야에까지 확대한 것이었다.

경허(鏡虛, 惺牛, 俗名 宋東旭, 1849-1912)가 주도한 정혜결사(定慧結社)와 같이 일본 불교의 유입으로 인한 전통 불교 변질을 막기 위한 움직임도 일어났다. 한국 선불교의 중흥조 경허(鏡虛)에 대해 '선(善)은 부처, 악은 호랑이보다 더했다'〔만공(滿空)〕고 했고 한국 승가(僧伽)의 계율 의식이 느슨해진 데는 그의 영향이 크다.

만해는 박한영(朴漢永, 映湖 · 石顚 · 鼎鎬, 1870-1948) · 진진응(陳震應) · 김종래(金鍾來) · 장금봉(張錦峰) 등과 송광사(松廣寺) · 범어사(梵魚寺) 등지에서 승려궐기대회를 열어 한일불교동맹(韓日佛教同盟)을 분쇄하는 동시에, 조선임제종(朝鮮臨濟宗) 종무원(宗務院)을 설치하여 그 관장(管長)에 취임하였다.

만해(萬海)가 보기에 조선불교는 권력 · 금력에 굴복하여 종교적 자주성을 잃어버렸으며, '사찰의 불교', '승려의 불교'로 되어 폐쇄와 고립을 자초하였다. 따라서 그는 한편으로 교리의 민중화, 경전의 민중화, 제도의 민중화, 재산의 민중화를 내 세우며, 다른 한편 '산간(山間)에서 가두(街頭)로', '승려로서 대중에'가 현금 조선불교의 슬로우건이 되어야 하리라고 주장하였다. 그는「사회와 절연하고 산간에 파묻히게 되면 소견소문(所見所聞)이 수류개화(水流開花)나 조제운공(鳥啼雲空)에만 그친다〔무진보적(無進步的)〕.

산간에 은둔하는 것은 도피적인 방편이다〔무모험적(無冒險的)〕. 사원 위치는 염세에 적합하고 구세에 부적당하므로 시정해야 한다〔무구세적(無救世的)〕. 다른 종교의 침투가 불교의 세력을 해한다면 단연코 경쟁적인 태도를 취해야 할 것이다〔무경쟁적(無競爭的)〕.」라고 불교의 폐단을 지적했다.

만해는 '朝鮮佛教維新論'(1913)에서 현실에 대해 방관만을 일삼는 승려들을 량치차오(梁啓超)의 관점('방관자를 꾸짖는 글')에 따라 「자기가 방관자임을 알지 못하는 무식자(渾沌派), 알면서도 이해관계에 따라서만 행동하는 이기주의자(爲我派), 늘 걱정하고 한숨을 짓되 아무런 대책을 마련하지 못하는 자(嗚呼派), 스스로는 아무 일도 하지 않으면서 남을 비방하고 헐뜯는 자(笑罵派), 자기는 힘이 없다고 하면서 남이 일해 줄 것만 기대하는 자(暴棄派), 때를 기다린다고 하면서 아무것도 하지 않는 · 방관하면서도 방관자로 여기지 않는 기회주의자(待時派)」의 6종류로 분류하고, 규탄하였다.

만해는 맹세코 수 없이 많은 모든 중생을 구제한다(衆生無邊誓願度), 맹세코 수 없이 많은 모든 번뇌를 끊는다(煩惱無盡誓願斷), 맹세코 끝 없이 많은 불법을 배운다(法門無量誓願學), 맹세코 무상의 불도에 다다른다(佛道無上誓願成) 등 사홍서원(四弘誓願)의 계명(戒銘) 가운데서 그 첫째 서원을 신조로 삼았다.

「유신자(維新者)는 무엇이냐 파괴의 아들이다. 파괴자는 무엇이냐 유신(維新)의 어머니다. 천하에 어머니 없는 아들이 없고……파괴 없는 유신도 없다.……」'朝鮮佛教維新論(1910)' 한용운이 불교계에 던진 이 한 마디는 폭탄적인 선언이었다.

1920년대 민족의식이 심화되고 노동 · 농민운동이 고조됨에, 불교계에서도 젊은 층을 중심으로 불교유신회(佛教維新會, 1922) · 불교청년회(佛教青年會, 1927 부흥) · 불교청년총동맹(佛教青年總同盟, 1931 개칭), 만당(卍黨,1931)등이 결성되어, 민족불교 · 대중불교 · 청년불교로서의 새 길을 모색하였다.

한일 불교문화교류협의회 미야바야시 쇼겐(宮林昭彦, 淨土宗 大本山法主)은 2009년 '인류화합공생기원비(人類和合共生祈願碑)' 제막식에서 "오랜 세월간(歲月間) 불행(不幸)한 일이 여러 번 있었고 특히 근세에 일본이 한국민에게 다대한 고통(苦痛)을 끼친 역사적인 사실(事實)에 대하여 반성(反省)과 참회(懺悔)의 염(念)을 깊이 하고 있다"고 밝혔다.

2012년 9월 전북 군산시 동국사〔東國寺, 1909년 일본 소토슈(曹洞宗)에서 세웠다〕에 아오모리(青森) 운쇼지(雲祥寺) 주지 이치노헤 쇼고(一戸彰晃)와 성불사 주지 종걸(宗杰)의 주선으로 참사문(懺謝文) 비(碑)가 세워졌다.

「…특히 한반도에서 일본은 명성 황후 시해라는 폭거를 범했으며 한국을 강점함으로써 국가와 민족을 말살해버렸다. 우리 종문(宗門)은 그 첨병이 되어 한민족의 일본 동화를 획책하고 황민화(皇民化) 정책을 추진하는 담당자가 되었다. 우리들은 맹세한다. 두 번 다시 같은 잘못을 저지르지 않겠다고 그리고 과거 일본의 억압 때문에 고통을 받은 사람들에게 진심으로 사죄하는 바이다….」

한국 佛敎의 諸 宗派

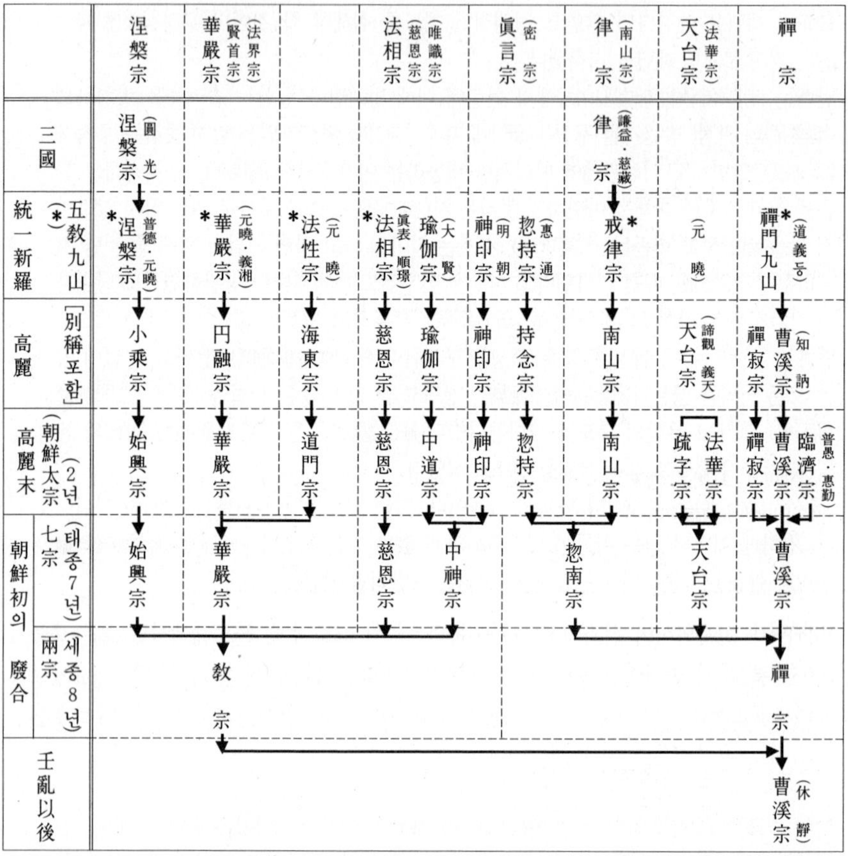

〈자료 : 조선불교通史〉

(註 1) 위의 諸宗派 이외에 具舍宗 · 成實宗 · 三論宗 · 攝論宗 · 地論宗 · 淨土宗이 행해진 痕迹이 있으나 宗派로 성립되지는 않은 듯하다.

(註 2) 현재는 曹溪宗 이외에 圓佛敎, 그리고 群小宗派로 法華宗 · 眞覺宗 · 華嚴宗 · 天台宗 · 彌勒宗 · 佛入宗 · 眞言宗 · 天華佛敎 · 一乘宗 · 元曉宗 · 淨土宗 · 龍華宗 등과 日本系의 日蓮宗(創價學會 포함)이 등록되어 있다.

※ 韓國佛教의 特色

「한국불교는 중요한 점이 세가지 있으니 印度佛教와 같아서 人格的이고 中國佛教와 유사(類似)하여 教義中心的이며 대단히 실제적이다. 한국에서는 석가세존(釋迦世尊)을 歷史的 肉身佛로서 믿고 그의 人格感化를 사모(思慕)하기에는 너무도 시간적 공간적으로 떨어져 있다. 그러므로 新羅佛教의 宗派를 보면 화엄종(華嚴宗)과 같은 비로자나불(毘盧遮那佛) 중심의 宗旨도, 정토종(淨土宗)과 같은 아미타여래(阿彌陀如來) 중심의 宗旨도, 약사여래(藥師如來) 중심의 宗旨도, 미륵불(彌勒佛) 中心의 宗旨도, 禪宗과 같은 釋迦如來 중심의 宗旨도 있으나, 인도의 小乘佛教에서와 같이 肉身 釋迦의 인격을 중심으로 하는 宗旨는 없었다. 그런데 인도불교와 반대로 各 宗派에 그 開宗祖의 인격에 대하여 사모숭배(思慕崇拜)하는 신앙은 더 비할 데가 없다. 신라의 元曉 · 義湘 · 慈藏 · 禪宗 九山開祖, 고려의 大覺 · 普照 · 懶翁 · 太古, 조선의 無學 · 淸虛 등이 그들로 元曉의 통속교화(通俗教化), 보조(普照)의 수심결(修心訣) · 진심직설(眞心直說)의 禪學, 西山 · 사명(泗溟)의 구국제민(救國濟民)의 업적 같은 것은 모두 실제적 불교의 歷然한 證左이다.」

〈徐京保(1914-1996) / '佛教哲學概論'〉

한국 불교는 教勢를 國運의 융체(隆替)와 같이 보았을 때 수용기(受容期), 흥성기(興盛期), 남용기(濫用期), 은둔기(隱遁期)의 과정을 밟았다.

「고구려에서 불교가 널리 그 사명을 다하지 못한 까닭은 고구려 지배층의 종교적 무관심과 전제주의적 무단정책(武斷政策), 중국에서의 불교 자체의 타락적 경향에 있다.

신라에서 수 많은 주석서들이 나왔고, 불국사 · 석굴암 등 불교문화가 창조되었으나 혜공왕대(在位 765-780)이래로 귀족지배층간의 알력이 심해지고, 지방 호족의 발호가 격화된것은 불교계의 타락에도 그 원인이 있었다. 선종 九山은 宗名을 새로 조계종이라 하고 그 진흥을 꾀하게 되었는데 모두 당(唐)의 남종선(南宗禪)의 직수입(直輸入)에 불과하며, 그들은 조도(祖道)의 법맥(法脈)을 존중하는 소승적 권속관념(眷屬觀念)을 우리나라 불교에 도입하는 좋지 않은 역할도 하였다.

고려 불교의 조류는 많은 타락상을 보였으나 문화적으로는 지대한 공을 남겨 세계에서 가장 선진적인 인쇄술을 낳게 한 '대장경'이 간행되고, 선도(禪道)와 의례의 두 정신이 생활에 밀착하여 고려청자의 미가 창조되었다.

조선의 억불양유(抑佛揚儒)의 분위기는 불교를 음지에서 시들게 하여 미신과 소극적 염세주의와 승려의 비굴감 등 부수적 현상이 나타났음에도 불교는 조선시대의 가난하고 불우한 민중들을 위하여는 거의 유일한 종교적 위안과 용기를 주는 원천이 되었고, 3 · 1 독립운동을 전개함에 萬海 한용운(韓龍雲)이 출현하여 한국 불교의 생명이 용출(湧出)된 계기를 마련하였다.」

〈李箕永〉

불교신자는 2005년 현재 전 인구의 22.8%인 10,726천명이다.

강상(綱常) · 치양지(致良知) · 경세(經世)의 한국 유교(理學 · 心學 · 實學)

「삼국시대 이래 근세에 이르기까지 우리나라 학술의 主流는 유학이라고 할 수 있다. 고려시대까지 불교와 유학은 修身의 근본과 理國의 바탕이라는 특성으로 兩立할 수 있었고, 또 상호 영향을 주고 받았다.

삼국시대에 각기 전공하는 바 古典의 분야에 따라 五經博士라는 것이 있었거니와, 신라 통일기에 설총은 이두를 정리하고 중국의 經書를 우리 국어로 풀어 읽는 방법을 발견하였다. 그리하여 유학을 깊이 연구한 최충(崔沖), 김부식 등이 나타났는데 유학이 성리학으로서 철학적 성격을 띠게 된 것은 고려 말엽 안향(安珦)에 의하여 전래된 宋學, 특히 주자학의 영향이다. 주자학은 麗末鮮初 李穡 · 鄭夢周 · 權近 · 吉再 등에 의하여 이 땅에 뿌리를 박았고, 조선조의 정치와 문화를 지배하게 되었다. 徐敬德의 氣不滅論, 李滉의 四端七情論, 李珥의 理通氣局說 등에 이르러 유학의 정수(精髓)와 온오(蘊奧)를 다함과 동시에 전인미답(前人未踏)의 새 경지를 개척함으로써 개화(開花)한 한국의 유학은 강항(姜沆, 1567-1618)을 통하여 일본의 학계에 깊은 영향을 미쳤다. 그 이후의 유학은 붕당과 관련되어 영남학파와 기호학파로 갈라졌고, 후자는 다시 洛論이니 湖論이니 하여 派를 달리했다. 예론(禮論)을 둘러싼 송시열, 윤휴(1617-1680) 등의 파쟁은 학구열을 침체시켰다. 그러나 설총으로부터 成三問(1417-1456) · 崔世珍(1473?-1542) · 신경준(申景濬) · 류희(柳僖, 1773-1837) 등에 이르는 단속적(斷續的)적인 흐름 속에서도 母國語에 대한 열렬한 사랑과 학구적 자각을 찾을 수 있다. 또한 경주의 첨성대나 석굴암, 직조(織造), 요업(窯業), 주조(鑄造) 및 의약(醫藥) 등에 관한 지식과 솜씨는 일본 스이코(推古) 내지 나라(奈良)시대 문화의 원류(源流)가 되기도 하였다. 고려시대에 과거제도가 생겨 인재를 뽑고, 國子監에서는 인문과학 뿐만 아니라 무학재(武學齋)를 두어 무술(武術)을 연구 연마케 하였으며 말엽 元을 통하여 천문학같은 과학 기술이 전래되고 인쇄술이 발전하여 13세기 전반 세계 최초의 금속활자가 등장, 조선조 초기 동활자(銅活字) 제작의 선구가 되었다.

조선조 중엽 壬辰 · 丙子의 두 외구(外寇)를 겪는 동안에 民生은 극도로 피폐하여 明末淸初의 새 문물에 자극을 받은 학자들은 민생에 적극적인 관심을 보이기 시작하여 柳馨遠 · 李瀷에 이르러 실학이라는 學風으로 성장하였다. 이어 洪大容 · 朴趾源 · 安鼎福 · 朴齊家 등이 배출되었으며, 丁若鏞은 이를 집대성하는 데 까지 이르렀다. 주자학의 공리공론을 물리치고 '實事求是'〔出典은 '漢書' 河間獻王傳의 '修學好古, 實事求是'〕의 모토 아래 실증적인 학문을 탐구하여 정치학 · 경제학 · 사학 · 지리학 · 국어학 · 천문학 · 의학 등 분야에서 훌륭한 연구 업적이 잇달아 나와, 학술계에 주체적 자각이 뚜렷해졌다. 19세기 중엽 최한기(崔漢綺)가 근대 과학의 기조인 실증적 경험주의를 제창하고 甲午更張을 전후하여 서구의 새 문명이 쏟아져 들어오자 한국의 학문은 미증유(未曾有)의 일대 전환을 겪지 않으면 안되었다. 日帝의 불행한 조건 아래 자기 자신에 대한 자각과 학문에의 정열이 周時經 · 李允宰(1888-1943) · 申采浩 · 李能和 등의 국어학 · 국사학 등 國學으로 結晶되었다.」

〈朴鍾鴻(1903-1976) / '한국유학사를 찾아서'〉

• *中國 儒學의 二大사조(思潮)*

중국의 사상은 춘추시대로부터 전국시대로 접어들자, 가유(假儒)들이 불어나고 묵가는 三分되고, 도가도 많은 종욕(縱慾)主義로 混入되었으며 새로이 흥기한 상양(商鞅, BC 390?-BC 338) 등의 法家, 순삔(孫臏)과 우치(吳起, ?-BC 381) 등의 兵家, 쑤친(蘇秦, ?-BC 284)과 짱이(張儀, ?-BC 310) 등의 종횡가(縱橫家) 및 청담(淸談)을 즐기는 수많은 稷下先生들이 가세, 다채다양하게 전개되었다.

「孔子 이후에는 쩡즈(曾子, BC 506-BC 436?)와 즈쓰(子思, BC 483?-BC 402?)가 쇠미했던 도의 전통을 계승했고, 孟子에 이르러 겨우 밝아졌다. 孟子 이후에는 周子 · 程子 · 張子가 끊어졌던 도의 전통을 계승했고, 朱熹(1130-1200)에 이르러 처음으로 밝아졌다.」 〈미엔짜이(勉齋) 황깐(黃幹, 1152-1221) / '朱子行狀', 도통〉

한대(漢代)로부터 위(魏) · 진(晋) · 남북조(南北朝)시대를 거쳐 수(隋) · 당(唐)시대에 이르기까지 약 천년간(BC 206-907)은 중국 중세기로서 그 이전 춘추 · 전국시대나 그 이후 송(宋) · 명(明)시대와 같이 창의적 사상체계를 볼 수는 없다. 한 무제(BC 156-BC 87, 재위 BC 141-BC 87) 때 뚱쭝수(董仲舒)의 헌책(獻策)["유술(儒術)만을 존중하고(獨尊儒術) 제자백가를 출척(黜陟)"]에 따라 유교는 관학적(官學的) 지위를 가져, 국교(國敎)로서의 기반을 확립한 이래 약 2천 년간 중국 내지 동양의 정신사를 지배하여 왔다. 전한 · 후한을 통하여 漢代 4백 년간은 경학(經學)시대로 마룽(馬融, 79-166) · 쩡쉬엔(鄭玄) 등에 의한 경서연구가 성행하였다. 漢代 이전 춘추 · 전국시대의 유학은 인륜도덕으로서 그 면모를 드러 냈었고[수사학(洙泗學)], 漢代 이후 唐代의 유학은 문학적[훈고학(訓詁學)], 宋代 유학은 철학적[성리학(性理學)], 청조(淸朝)의 유학은 실학적 측면(사회경제적 측면)[고증학(考證學)]으로 각각 발전하여 왔다.

당대(唐代) 리아오(李翺, 772-841)가 '복성서(復性書)'를 저술하여 '성(誠)'을 도(道), 성(性)과 연결시켜 이해하였던 사실은 성리학적 사유의 맹아(萌芽)를 보여 주는 것이다.

宋代理學에는 염(濂), 낙(洛), 관(關), 민(閩) 등 4派가 있는데, 洛學과 閩學은 洛陽의 二程 형제와 閩中의 朱熹를 가리키고, 濂學과 關學은 濂溪의 周敦頤와 關中의 張載를 가리킨다.

조선조 유학은 염락(濂洛)의 연원에서 도통의 실마리를 잇고 있다. 저우둔이(周敦頤, 濂溪)에서 시작되는 宋學은 '道統의 傳'을 내 세워 孔孟의 根本精神을 파악하고 유학의 약점이었던 理論性의 박약을 補完하여 宇宙와 人間을 관통하는 形而上學을 수립함으로써 유학의 一大革新을 가져왔는데 장자이[張載, 字 헝취(橫渠), 1020-1077] · 청하오[程顥, 號 밍다오(明道), 1032-1085] · 청이[程頤, 號 이촨(伊川), 1033-1107)] 등에 의하여 계승 발전되는 동안에 主氣派와 主理派로 나뉘게 되었다. 그 뒤 청이(程頤)에게서 朱熹(朱子)가 나와, 二程의 의리역학(義理易學)과 샤오용[邵雍, 號 康節]의 상수학(象數學)을 종합, 객관유심론(客觀唯心論)이라는 朱子學의 체계를 완성하고, 청하오(程顥)에게서는 루샹산[陸象山, 쥬위안(九淵), 1139-1192]과 그 제자 왕양밍[王陽明, 名 서우런(守仁), 1472-1528]이 나와, 朱子學에 대한 비판자(批判者)로서 主觀唯心論이라는 陽明學의 체계를 갖춤으로써, 中國 近世哲學의 二大思潮를 형성하게 되었다.

조선조 유학사상은 실질(實質)과 권도(權道)를 중시하고 경세제민(經世濟民)을 위한 經世的 유학의 趙光祖 · 李珥 · 趙憲 등으로, 名分과 상경(常經)을 중시하고 內修的 유학을 편 徐敬德 · 李滉 등으로, 先秦心學을 회복하려는 心法的 유학을 이룩한 李彦迪 · 李珥 · 권시(權諰) · 許穆 등으로, 禮學的 儒學의 鄭逑 · 金長生 등으로, 性理論과 名分論에 몰두한 朱子學的 유학의 柳成龍 · 宋時烈 · 李恒老 등으로, 經世致用 · 實事求是 · 利用厚生을 주장한 실학적 유학의 李瀷 · 朴趾源 · 朴齊家 · 金正喜 · 丁若鏞 등으로, 陸象山과 王陽明의 心學을 위주로 하는 陽明學的 유학의 鄭齊斗 · 朴殷植 · 鄭寅普 등으로 각각 분류하여 볼 수 있다.

〈성리학의 受容과 儒學史的 변천〉

『유학은 그 근본사상에 있어서 천 · 지 · 인을 3재라 하여 중요시하지만, 중용사상(中庸思想)으로 天道가 人道에 내재하며, 인간은 물질의 주인으로 물질이 인간에게 지배되는 가치체계를 가진 것이다.

孔子는 '仁' 과 '人' 자를 통용하였으니, 예를 들면 '논어' 에 「孔子曰, 殷有三仁焉」이라 하여 三仁은 은의 웨이즈(微子, 본명 啓) · 찌즈(箕子) · 비깐(比干), 셋을 지칭한 것이다. 설문(說文)에 의하면 '夷' 는 '東方之人也' 라 하였고 갑골학자 둥줘핀(董作賓, 1895-1963)은 갑골에 나오는 人方은 곧 이방(夷方)이라고 하였다. 주시〔朱熹, 字 위안후이(元晦) 號 후이안(晦庵)〕는 천도의 높음을 인심에 심화시켜 '거경(居敬)', 사물의 합리적 영역을 구하는 것을 '궁리(窮理)' 라고 하여, 객관적 진리의 실재성을 동시에 겸수(兼修)하는 거경 · 궁리의 성리학적 인간상으로 유교를 심화시켰다. 즉, 주자의 학설은 '무극이태극(無極而太極)' 에서 시작하여 '居敬窮理' 의 학설을 끌어낸 것이다.
朱子의 '사서집주(四書集註)' 는 중국사상의 聖經이, 窮理學說은 宋明理學의 영혼이, 빼루퉁(白鹿洞)서원의 교조(教條)는 그 후 7백년래의 교육사조의 기원이 각각 되었다.

한국 유학은 세 번의 변천을 겪으면서 발전하였다.

삼국시대는 漢代의 경학사상(五經)이 국가의 통치이념으로 되었고 고려 충렬왕 이후 조선조 전반까지는 宋代 성리학의 영향을 받아 이론적으로 발전한 철학적 유학사상이었으며 숙종 · 영조 · 정조 이래로는 清代 실사구시(實事求是)의 실학사상이 대두하여 개항 이후 개화사상과 연계되어 근대 사상의 하나의 맥락(脈絡)을 이루었다.

충렬왕 16년 안향(安珦)이 앤징(燕京)에 이르러 주시(朱熹)의 저술을 베껴 갖고 돌아온 것이 朱子書 전래의 처음이다. 안향으로부터 김구용(金九容, 1338-1384) · 李崇仁(陶隱, 1349-1392) · 정몽주 · 정도전까지를 수입 여명기(13세기말부터 14세기 말)로서 1기, 정몽주로부터 조정암의 도학(道學) 성립의 시기(15세기 말)까지는 2기라고 볼 수 있다.

「곳곳마다 향과 등 밝혀 부처에게 빌고(香燈處處皆祈佛)
집집마다 악기 소리로 귀신에게 굿하네(簫鼓家家亦賽神)
두어 칸 남은 孔子 사당에는(惟有數間夫子廟)
가을 잡초만 뜰에 가득 인기척조차 없네(滿庭秋草寂無人)」

당시 세태를 개탄한 안향은 주 즈(朱子)를 흠모하여 호(號)를 朱晦庵의 회(晦)字를 따서 회헌(晦軒)이라 하였다. 그가 오륜(五倫)의 도리를 밝히고 불교를 배척한 점을 극구 찬양한 구절이 국학제생(國學諸生)들에게 주는 유문(諭文) 속에 밝혀 있다. 백헌(白軒) 이경석(李景奭, 1595-1671)은 '안유(安裕, 안향의 아명)는 거경(居敬)을 통해 길이 성리학을 떨치게 한 공(振千古之頹風)이 있다' 고 했으며 이황은 '안향은 그 功이 학교에 있어 길이 유종(儒宗)이 되었다' 고 기렸다. 여말 불교의 교리와 교단을 배격하는 벽이단론(闢異端論)의 성리학자도 있었고, 교단과 승려의 타락은 배척하나 불교의 교리는 긍정적으로 보려는 성리학자도 있었는데 정도전은 전자(前者), 이색은 후자의 대표이다.

여말(麗末) 정치적 혼란, 사회적 기강의 문란, 국민경제의 피폐 등으로 고려사회는 더 이상 유지가 불가능하다고 생각했던 신세력과 고려 왕조를 중흥하여 그 전통을 계승하려는 두 파로 갈리게 되었다. 신세력은 周 무왕이 殷 주왕을 정벌한 것과 같이, 여말의 혁명을 천명(天命)으로 보려는 견해에 대하여, 의리를 중심한 보수파는 신하로서 대군(代君)하는 것은 강상(綱常)을 어기는 패역(悖逆)이라 하여 불의(不義)로 규정하였다. 신세력의 유학자는 정도전이 대표요, 의리학파의 대표는 정몽주였다.

성리학 학맥의 정통은 조선조 건국에 참여한 정도전 · 권근(權近) · 변계량(卞季良) 등으로 연계(連繫)하지 않고 건국에 참여하지 않은 정몽주 · 야은(冶隱) 길재(吉再) · 江湖 김숙자(金叔滋) · 점필재(佔畢齋) 김종직〔金宗直, 김숙자(金叔滋)의 아들〕 · 한훤당(寒暄堂) 김굉필(金宏弼) · 일두(一蠹) 정여창(鄭汝昌, 1450-1504) · 정암(靜庵) 조광조(趙光祖)로 이어진다.

「포은(圃隱)은 '대학' 의 강령을 제시함과 '중용' 의 극치를 만남에서 도를 밝히고(明道) 도를 전하는(傳道) 뜻을, '논어(論語)' 와 '맹자' 의 정밀하고 은미한 이치에서는 마음을 간직하고 성품을 함양하는 요령과 체험하고 확충하는 방법을 얻었다. '주역' 에서는 선천(先天)과 후천(後天)이 서로 본체와 작용이 됨을, '서경' 에서는 정밀하고 한결같이 하여 중용의 도리를 붙잡는 것이 옛 성왕으로부터 전수된 심법(心法)임을, '시경(詩經)' 은 사람의 도리와 사물의 법칙에 대한 교훈에 근본하는 것이고, '춘추(春秋)' 는 도의(道義)와 공리(功利)의 분수를 변별하는 것임을 알았다.」

〈정도전 / '三峯集', 卷3, '圃隱峯使藁' 序〉

「권근은 평상시에 아무리 다급할 때일지라도 말을 빨리 하거나(疾言) 당황하는 빛이 없었고, 배척을 당하고 폐출(廢黜)되어 사생(死生)이 목전(目前)에 있었을 때에도 태연하게 처신하고, 상심하지 아니 하였다.」 〈'太宗實錄' 1輯 474面, 太宗 卷 17〉

「권근은 길재의 시(詩) 서문(序文)에서 "고려 5백 년에 교화를 배양하여 선비의 기풍을 격려한 효과가 선생의 한몸에서 수확되었고, 조선 억만년에 강상(綱常)을 부식(扶植)하여 신하된 절개를 밝히는 근본이 선생의 한 몸에서 터를 닦았으니, 명교(名教)에 유공(有功)함이 이보다 클 수 없다" 하였다.」 〈'世宗實錄' 2輯 311面, 世宗 卷 3〉

「계량이 문형(文衡)을 20년 동안이나 맡아 대국을 섬기고 전조(前朝)의 시험 不正 습관을 다 고쳤으나 文을 맡은 대신으로서 살기를 탐(貪)하고 죽음을 두려워하며, 귀신을 섬기고 부처를 받들며, 하늘에 절하는 일까지 하여 식자들이 조롱(嘲弄)하였다.」

〈'世宗實錄' 3輯 233面, 世宗 卷 48〉

「우리나라에는 理學의 전통이 없었는데 鄭夢周가 그 단서(端緖)를 열어 놓았으나 내면의 법도가 정밀하지 못하였고 金宏弼은 그 단서에 접속은 하였으나 크게 갖추지를 못하였다. 趙光祖가 인도하자 학자들이 달려들듯이 화합하여 추대하고 존중하였다. 오늘날 性理學이 있게 된 것은 光祖의 힘이다.」 〈栗谷 / '석담일기(石潭日記)'〉

고려말 조선조 초 유학자들은 성리학을 이학(理學)이라 불렀는데, 이(理)는 의리의 이(理)로써 의(義)를 강조한 말이다. 의리를 높이고 권세를 천히 보며, 도심을 높이고 인욕을 누르는 강상(綱常)을 세우려는 정암의 도학정신을 계승하여 이룬 성리학의 이론체계는 퇴계와 율곡에 이르러 그 절정에 다다른다.』

〈道原 柳承國, 1923-2011〉

조선의 16세기는 관념론적 主理說에 대한 實在論的 主氣說의 논쟁으로 일관되어 호남에서는 김인후(金麟厚, 호 河西, 湛齋 1510-1560)와 이항(李恒, 一齋 1499-1576)이, 영남에서는 李滉과 曺植이 각각 학파를 형성하게 되었고, 畿湖에서는 徐敬德이 개성에서, 李珥는 서울에서 각각 主氣說의 조류를 일으켰다. 이리하여 李滉과 金麟厚는 徐敬德, 曺植, 李恒에 반대하는 공통한 입장을 취했다.

金沙溪의 어록(語錄)에서 「河西는 經學에 정밀하게 통투(通透)하고, 大義의 절조(節操)가 뛰어나 훌륭하다.」하였고, 牛山語錄에 「河西는 맑은 물위의 부용(芙蓉)이요, 광풍제월(光風霽月)과 같으니 出處의 정대함을 견줄 사람은 없다.」하였다.

申象村의 文集에서 「乙巳名賢을 논함에 河西로서 첫째로 칭송하지 않음이 없는 것은 기미(幾微)를 급격한 흐름속에서 살펴 보고 날이 마치기를 기다리지 않고(不俟終日) 즉시 은둔(隱遁)하여 의리를 완전히 하였기 때문이다. 학문과 문장도 뛰어났고 필묵(筆墨)의 여기(餘技)도 앤쩐칭(顔眞卿 709-785)이나 릐우꿍촨(柳公權, 778-865)이 남긴 體法을 얻었으니 타고난 資質이 훌륭함을 보겠다.」고 하였다.

「河西는 가례(家禮)에 유념하되 상례(喪禮)와 제례(祭禮)를 더욱 삼갔으며, 수작(酬酢)할 때는 자기 의사를 표준으로 삼지 않았으나 한번 스스로 정립(定立)한 것은 매우 확고하여 뽑아낼 수 없었고 탁월(卓越)하여 따를 수가 없었다.」

〈明宗實錄 20輯 541面, 明宗 卷 26〉

徐敬德은 6년간의 연구 결과 독자적, 主氣論的(唯物論的) 철학체계를 세웠는데 花潭철학의 독특한 위치는 태허즉기(太虛卽氣)를 先天과 결부하고 氣의 발동에 있어서 理를 氣의 운동에 내재시켜 朱子와 정면으로 대립한 점에 있다. 花潭은 또 老莊과 佛家로부터 깊은 영향을 받고 있으나 태허(太虛)를 太一의 氣라고 보는 점에서 道家의 허무사상이나 佛家의 적멸(寂滅) 사상을 거부한다.

花潭은 中宗 14년(1519) 賢良科가 설치된 때 추천을 받았으나 받지 않았다. 43세 때 진사시험에 합격했으나 두 번 다시 나가지 않았고 56세 때 厚陵參奉에 임명되었으나 병을 핑계삼아 부임하지 않았다. 개성의 花潭 언덕 위에 서재를 짓고 학문연구와 제자 양성으로 일생을 보냈는데 後學에 李球(?-1570) · 李之菡(1517-1578) · 鄭介淸(1529-1590)이 있다. 이관명(李觀命, 1661-1733)은 '이지함의 뜻은 화담의 조예고명(造詣高明)과 남명의 입지뇌확(立志牢確)과 가히 백중(伯仲)이라 할 만하다' 라고 하였다.

花潭은 '원리기(原理氣)' · '이기설(理氣說)' · '태허설(太虛說)' · '귀동사생론(鬼動死生論)' 등의 네 편에서 氣的 一元論과 물질불변론(物質不變論)을 서술하였고, '성음해(聲音解)' · '황극경세수해(皇極經世數解)' · '괘도해(卦圖解)' · '괘성해(卦聲解)' 등 네편은 복희(伏羲)의 '易' 과 샤오용(邵雍)의 '황극경세서(皇極經世書)' 를 연술(演述)한 것이다.

「말ᄒᆞ기 됴타ᄒᆞ고 남의 말을 마롤것시 / 남의 말 ᄂᆡᄒᆞ면 남도 ᄂᆡ말 ᄒᆞᄂᆞᆫ것시 / 말노써 말이 만흐니 말마롤가 ᄒᆞ노라」한 徐敬德의 "金相國이 선사한 부채"라는 시는 이렇다.

「묻노니 부채를 휘두르면 바람이 생기나니 바람은 어디로부터 생기는가. 바람이 쉴 때를 당해서는 太虛가 고요하고 맑아서 아지랑이나 티끌의 일어남을 보지 못한다. 그러나 부채를 휘두르매 바람이 문득 고동(鼓動)하나니 바람이란 것은 氣이다. 氣가 천지간에 가득 차 있어 물이 계곡에 가득 찬 것과 같아서 빈 틈이 없음과 같다. 老子의 "虛하여도 屈하지 아니하고 움직이면 더욱 나온다"고 한 것이 이것이다. 겨우 저 부채를 휘둘러 움직여서 알력(軋轢)되면 氣가 문득 울렁거리고 솟아서 바람이 된다.」

退溪는 「花潭의 의론을 보건대, 氣를 논함에 정도무여(精到無餘)의 경지에 이르렀으나, 理에 대하여는 투철하지 못하니, 氣를 주장함이 지나쳤던 것이며, 또는 氣를 理로 그릇 알았던 까닭이다. 그러나, 이전 이러한 경지에 이른 이가 없고, 理 · 氣에 대한 발명은 비로소 이 사람이 있을 뿐이다. 다만 言語의 사이에 自負함이 태과(太過)하였으니, 그의 所得이 깊지 못하지나 않은 것일까 두려워 한다.」 하였다.

'泰山이 놉다ᄒᆞ되 하늘 아릐 뫼히로다 / 오르고 ᄯᅩ 오르면 못 오르리 업건마는 / 사ᄅᆞᆷ이 졔 아니 오르고 뫼를 놉다 ᄒᆞ더라'

봉래(蓬萊) 양사언(楊士彦, 1517-1584)은 退溪의 만시(輓詩)에서 花潭과 退溪를 횡취(橫渠)와 주시(朱熹)에 비하였으니, 이것이 定評일 것이다.

정암은 도학자로서 현실을 개혁하기 위해 조정에서 원리원칙의 근본주의를 관철하려다가 정치적 모략에 의하여 좌절(挫折)되었다. 퇴계는 정쟁의 와중(渦中)으로부터 후퇴하여 스스로 퇴도(退陶)라 하고 평생의 온축(蘊蓄)한 학문을 글로써 올려, 임금의 마음을 바로잡게 하는 것으로써 만민에게 복택을 입히고자 하였다. 율곡은 '진유(眞儒)라 함은 세상에 나아간 즉 도를 행하며, 들어와서는 가르침을 만세(萬世)에 드리운다' 고 하였다. 그러므로 율곡의 성리학설은 理와 氣의 묘합처(妙合處)가 가장 어렵고 정암의 철학은 天心의 영묘(靈妙)함을 잃지 않기가 어렵고, 서화담의 철학은 태허(太虛)의 氣가 알기 어렵고, 퇴계의 철학은 天理가 알기 어려운 것이라 하였다. 그러나 율곡철학에 있어 '理와 氣가 묘융(妙融)한' 것은 알아보기가 어렵고 또한 알았다 하더라도 남에게 설명하기가 어렵다고 하였다.

退溪 · 南冥 · 栗谷의 학풍이 지닌 특징을 보면 퇴계는 수양론적 구현의 심화에, 율곡은 사회제도적 실현의 경세론에, 남명은 '마음' 을 다스리는 수양론적 구현에 집중되고 있다.

〈성리학의 한국적 變容〉

성리학은 그 발흥시기와 대표적인 학자 및 그 경향에 따라 명칭이 다양하다. 宋學 · 程朱學 · 性理學 · 理學 · 新儒學이 한 계통의 영향으로 간주되고, 明學 · 陸王學 · 道學이 한 계통의 경향으로 간주 분별된다. 性理學이라는 용어는 '性命 · 義理之學' 의 준말이다. 성리학은 마음을 보존하고 心性의 수양을 철저히 하면서(存心養性), 理(또는 性)를 깊이 연구하여(窮理) 그 理의 의미를 실현하려는 유학중의 하나이다.

『정도전의 벽불론(闢佛論)은 불교사상 자체의 폐해〔멸륜(滅倫) · 해국성(害國性)〕를 들어 이론적인 차원에서 배척하는 적극적인 태도를 보였는데 불씨잡변(佛氏雜辨', '佛氏輪廻之辨' · '佛氏因果之辨' · '佛氏心性之辨' · '儒釋同異之辨' 등 15篇으로 돼 있다.), '心氣理篇', '心問天答' 등이 그러한 저술이다. 성리학은 이러한 과정에서 양반 사대부 중심의 새 체제를 위한 '통치이념으로서의 官學' 의 위치를 차지하게 되었다. (兩班의 통치이념화)

15세기의 성리학은 곧 사림정신으로 구현된다. 사림정신은 死六臣 · 生六臣이 드높였던 節義정신에 접목된 것이지만, 金宗直에서 보듯이 吉再가 보존한 高麗風 節義를 토양으로 하여 자라난 것으로 이들이 체질화한 성리학은 大義로 표현되는 정치규범이고, 실천궁행(實踐躬行) · 살신성인(殺身成仁)을 서슴지 않는 道統的 규범이다. 조광조가 훈구파 전횡(專橫)에 대하여 목숨을 걸고 행한 항거(抗拒)야말로 正 · 邪가 분명한 성리학적 道統에서 일탈(逸脫)하지 않으려는 의지의 표출이었다. 성리학의 道學化와 그 도학정신에 의한 至治的 民本 · 爲民정치의 지향이 이 시기의 성리학이 담당하는 역할이었다. (도덕성의 형성)

앞서 花潭의 理氣說이나 晦齋의 철학이 있었지만 質量 및 역사적 의미에 있어서 退溪 · 栗谷의 四七論에 비교되지 않는다. 退溪의 四七論은 心性說의 한정된 부분에서나마 중국 성리학 수준을 능가하는 士林派의 철학이라는 점에 뜻이 있다. 추만(秋巒) 鄭之雲(1509-1561)의 天命圖에서 발단이 된 이 四七論辯은 '本具된 본성'(仁 · 義 · 禮 · 智)의 자발성으로 인간은 자율적으로 '오륜'을 실천케 되고, 정치윤리와 같은 사회생활을 영위할 수 있음을 역설한 것이다. (心性說 위주의 탐구)

麗末鮮初부터 권장된 '가례(家禮)'의 보급과 아울러 '삼강행실도(三綱行實圖)', '국조오례의(國朝五禮儀, 1474)' 등이 간행되어, 禮의식은 고취되고 광역화되었다. 權近의 '예기천견록(禮記淺見錄)'으로부터 한강(寒岡) 정구(鄭逑, 1543-1620)의 '五先生禮說分類'에서는 家禮를 제외한 채 종류별로 정리된 禮를 열거하고 사계(沙溪) 金長生〔1548-1631, 김계휘(金繼輝, 1526-1582)의 아들〕의 '가례집람(家禮輯覽, 1599)' · '의례문해(疑禮問解, 1646)'는 집안 사소한 일까지의 禮를 상술하고 있다. 禮는 '天理의 節文이며 人事의 의칙(儀則)'이라든지 '義의 實'이라고 하면서도, '儀禮'나 '儀禮圖'에 입각하여 正統의 성질을 중요시하는 사실이 바로 그것이다. 당쟁의 뒷 받침을 예학이 하고, 그 禮學의 뒷받침을 성리학이 하는 것임을 고려한다면, 당쟁은 성리학의 명분론적 사고가 정치 현실에 투영(投影)된 합리주의 · 형식주의적 생활양상이었다. 〔禮學的 변용(變容)과 구현(具現)〕

「법으로 규제하면 피동적인 국민이 되고, 예(禮)를 가르치면 스스로 알아서 행동하는 상식적인 국민이 된다.」 〈沙溪〉

「장생은 화기(和氣)가 애애(靄靄)하였으나, 시비(是非)를 논하고 선악(善惡)을 분변(分辨)할 때는 엄정한 말과 낯빛으로 굽히거나 흔들림이 없었다.」
〈仁祖實錄 34輯 440面, 仁祖 卷 25〉

「沙溪가 '愚伏(鄭經世, 1563-1633)은 스스로 질박(質朴)하고 정직한 사람이며 禮學에 있어서 깊고 넓음이 퇴도(退陶)를 초월했으니 세상에서 더불어 학문을 논의할 만한 사람이란 이 한 사람 뿐이다.' 하였다.」 〈'宋同春集'의 行狀〉

「張旅軒 顯光(1554-1637)의 학문의 연원(淵源)은 退溪의 흐름이요, 寒岡(鄭逑)과는 도가 맞고 뜻이 상합(相合)하였다. 우주의 기수와 경위(經緯)의 이치를 밝혀 저서로 말을 세워 세상에 보여주니 저우렌시(周濂溪)의 흉금(胸襟)이며 황미엔짜이(黃勉齋, 黃幹)의 心地라, 나라의 풍속을 돈후(敦厚)하고 질박(質朴)하게 하며 士林을 흥동(興動)하여 일으켜 주었도다.」 〈正廟의 祭文〉

「나아가 도를 행할 만하면 나아가고, 물러나 숨을 만하면 숨었으며 田野에 묻혀 自得自足하였는데 그 도는 하늘이 덮고 땅이 싣고 있는 所以며 만물이 다 함께 육성되는 所以이다. 堯舜이 이를 얻어 임금이 된 것이며 이인(伊尹)과 보유에(傅說, ?-?)가 이를 얻어 신하가 된 것이며 孔子가 이를 얻어 時中한 것이며 보이(伯夷)가 이를 얻어 빼어난 것이며 리유샤후이(柳下惠)가 이를 얻어 빼어난 것이다. 이것은 성인과 현인이 살아서는 한 세대의 창생(蒼生)들의 소망을 짊어지고, 죽어서는 百世의 스승이 되어 영세토록 없어지지 않는 所以이다.」

〈許眉叟의 祭文〉

「당요(唐堯) · 우순(虞舜) · 하우(夏禹) · 상탕(商湯) · 주문(周文)은 先聖, 성지청자(聖之淸者 : 맑은 사람) 보이(伯夷) · 성지임자(聖之任者 : 맡길수 있는 사람) 이인(伊尹) · 성지화자(聖之和者 : 조화를 이룬 사람) 리유샤 후이(柳下惠) · 성지시자(聖之時者 : 때에 맞춰 행하는 사람) 孔子는 後聖인데 전에 나온 성인과 뒤에 나온 성인은 그 법도가 하나이다.」

〈'孟子', 離婁章句〉

「마음은 理에 젖어 밝은 달을 가을물에 담은 것 같고 德은 용모에 나타나 집안은 화기찬 봄바람으로 가득하며 태산이 솟은 것 같아 그 높이를 알지 못하겠고 바다에 임하는 것 같아 그 깊이를 측량할 수 없으며 장경(莊敬)으로 몸을 행동하고 진퇴를 의리대로 하며 저우롄시(周濂溪) 같이 사락(洒落)하고 샤오캉지에(邵康節) 같이 안빈낙도(安貧樂道)하는 도다.」

〈金敬窩 烋(1597-1638)의 화상찬(畫像贊)〉

「역학도설(易學圖說)(旅軒所著의 易書)의 묘리는 복희(伏羲)의 뜻이요, 밝은 해석은 孔孟의 마음이라. 濂洛(宋學)의 원류(源流, 根本)는 東海에 통하였고 암랑(巖廊)은 지척이라 상림(商霖)을 부담하였도다.」

〈許觀雪 厚(1588-1661)의 만사(輓詞)〉

四端七情論辯이 退溪 · 栗谷이래 백여년을 끌어 18세기 성리학계는 또 하나의 문제를 둘러싸고 격론을 벌이게 되는데 '人物性 同異論'이 그것이다.
이것은 淸風의 黃江(충북 제천 寒水)에 살던 수암(遂庵) 권상하(權尙夏, 1641-1721)의 문인(江門八學士)사이에서 발단되었다. 특히 외암(巍巖) 이간(李柬, 1677-1727)과 남당(南塘) 한원진(韓元震, 1682-1751) 사이에서 전개된 논변은 人性과 物性이 湖西人들은 다르다는 주장에 동조하고, 洛下人들은 같다는 주장에 동조하여, 대립함에 '湖洛論爭'으로 불린다. 李柬은 本性(本然之性)은 五常(仁義禮智信)으로 얘기되지만 우주의 근원인 太極으로 말미암아 생겨난 이상, 人性과 物性은 같다고 하고 韓元震은 仁義禮智와 같은 性은 다 氣質로 해서 있게 된 것, 즉 理가 氣가운데 있게 된 뒤의 이름임을 전제로 인간에게만 있을 뿐 금수에게는 없다고 한다. (人性 · 物性의 同異論)

12세기 경 루샹산(陸象山) · 왕양밍(王陽明)의 心學도 전해졌지만, 程朱系 성리학만이 深化되어 16세기말 退 · 栗이후 본격적인 편향을 보이던 主理 · 主氣說의 두 경향은 심지어 唯理 唯氣의 理氣說을 낳게 된다.

우주의 모든 현상을 '理一分殊' 또는 '氣一分殊'로 설명하는 한주(寒洲) 이진상(李震相, 1811-1878)의 '심즉리설(心卽理說)', 華西 이항로(李恒老, 1792-1868)의 '本心卽理說', 노사(蘆沙) 기정진(奇正鎭, 1798-1876)의 '理尊無對說' 등을, 녹문(鹿門) 임성주(任聖周, 1711-1788)의 理氣說, 간재(艮齋) 전우(田愚, 1841-1922)의 '心本性說'·'性尊心卑說'·'性師心弟說'과 연재(淵齋) 송병선(宋秉璿, 1836-1905) 등이 비판함으로써 전국적 논쟁을 일으켰다. (理氣論의 硬化)

이상 한국성리학의 흐름의 특징은 程朱系 성리학의 풍토가 지배적이고 陸王系의 心學은 15세기말 유입초부터 退溪 등 程朱系統의 학자들로부터 이단시되어 심한 배척을 받았다는 것이다. 程朱學과 陸王學과의 차이는 전자가 主知主義의 경향이, 후자는 主情主義의 경향이 강한 것이다. '四端七情論辯'이라든지 '人物性同異論' 같은 것은 한국성리학의 학파 형성을 본 논변(論辯)이거니와, 한 문제를 놓고 학계에서 1백년 2백년 학설을 겨누던 것이었다. 18~19세기에 主理 主氣的 편향(偏向)이 극심하여져 唯理唯氣論的 一元論의 전향을 보인 것도 이 두 문제에 대한 끊임없는 천착(穿鑿) 때문이었다. 이 두 논변이야 말로 한국성리학이 지닌 主知主義의 특징을 입증하는 실례라 할 수 있다.

理一元論的 사고가 正統으로서 성리학계의 주류를 형성함으로써 학계는 기성질서에의 맹종 맹신을 일삼았고, 인습에 젖은 정체적(停滯的) 사고방식에 흘렀으나 살신성인(殺身成仁) 또는 멸사봉공(滅私奉公)의 희생정신을 발휘하는 장점을 지닌다. 李恒老, 김평묵(金平默, 1819-1891)과 그 門人들이 척사위정(斥邪衛正)을 부르짖으며 창의호국(倡義護國)운동을 일으킨 것이 증례(證例)이다.

四七論辯의 중심문제가 本性의 발현에 관한 것이고, 人物性同異論 역시 본성을 중요시하는 것이라면, 이는 곧 인간성 존중의 사고와 통하는 人尊정신의 발로이다. 朱子주의 또는 명분론적 禮思想에 깊이 빠져들면서도 人尊정신을 잃지 않았음은 그만큼 유학의 본질적인 중심사상을 잃지 않은 채 유학의 고급화 세련화를 다져왔음을 입증하는 것이다.』

〈윤사순(尹絲淳, 1936-)〉

玄相允은 한국유학의 철학적 문제의식이 발휘한 업적을 四七論을 중심으로 한 이기설, 人物性同異論을 중심으로 한 性說, 心是氣·心卽理 또는 明德說·未發說을 중심으로 한 心性情의 설 등 셋으로 지적하였다. 그것은 16세기 후반 퇴계·고봉 또는 율곡·우계 사이에서 전개된 四端七情 논쟁과, 18세기 초반 南塘과 巍巖을 중심으로 논란한 인물성동이논쟁 혹은 湖洛논쟁과, 19세기 말엽 華西문하나 蘆沙·寒洲·艮齋 등에서 일어난 心主氣主理논쟁 등 한국 성리학상의 대표적 쟁점들을 말하는 것이다.

『'孟子' 공손추상(公孫丑上)편과 '예기(禮記)' 예운(禮運)편에 나오는 四端七情(四七)을 퇴계는 理氣互發說에 따라 혼륜(渾淪)과 분개(分開)의 양면으로 제시함으로써 그 특성을 명확히 밝혔다. 고봉의 渾淪說과 퇴계의 分開說이 극명하게 대조되고 理氣 · 性情 · 四七의 구조가 정밀 분석됨으로써 심성론의 인식 수준을 심화시켜 조선 성리학의 독자적 세계를 열어 주었다. 뒤이어 成渾(자 浩原, 호 默庵 · 牛溪)과 栗谷 사이에 四七論이 재연되면서, 理氣互發의 이원론적 경향을 지닌 퇴계학맥과 氣發一途說의 일원론적 경향을 지닌 율곡학맥이 양극적으로 발전하게 되고 양자를 절충 · 종합 · 지양하여 새 이론을 제기하는 심성론이 다양하게 전개되었다.

〈退溪의 心合理氣說〉

성리학에서 理와 氣의 문제는 유가철학의 세계관과 인간관을 보다 통일적이고 체계적으로 이해하고자 한 철학적 시도이었다. 세계의 유형적 존재는 모두가 陰陽 · 五行이란 氣의 요소로써 구성되고, 무형의 원리 또는 보편을 內在하는 것으로 본다. 인간에 있어서도 血氣之心이나 知覺之心은 氣, 仁義之心은 理라고 하여 마음을 人心과 道心으로 구분하고 人性은 氣質之性으로 氣, 本性은 本然之性으로 理라고 규정한다. 理와 氣는 서로 두 원칙, 즉 理와 氣는 "갈라서 서로 나눌 수 없는(不相離)" 관계에 있고, "뒤 섞어 서로 혼동할 수 없는(不相雜)" 관계를 맺고 있다. 따라서 성리학에서는 理없는 氣나 氣없는 理만을 생각할 수 없으며, 理氣사이에 先後가 있을 수 없다. 그러나 朱子도 사물의 세계에서는 理氣가 無先後하다고 하면서도, 우주의 근원에 관한 사고에 있어서는 理先氣後를 주장한다. 퇴계는 心을 '理와 氣의 결합'(合理氣)이요 '性 · 情을 통섭하는 것'(統性情)이라고 정의한다. '고요하여 모든 이치가 갖추어져 있는 것'을 性, '활동하여 만사에 대응하는 것'을 情이라 하여, 性 · 情의 양상을 마음의 動 · 靜으로 제시하고 있다.

「퇴계(退溪)는 자술(自述)하기를 "'성리대전〔性理大全, 후광(胡廣, 1370-1418) 등 42명이 성리학을 집대성한 책〕'을 읽어보니 마음이 기쁘고 눈이 열리는 듯하였다. 오래 두고 읽으니 뜻이 차츰 알려져 입문(入門)을 얻은 것 같아 비로소 성리학(性理學)의 체단(體段=體系構成)이 특이한 줄을 알게 되었다."하였다.」

〈간재(艮齋) 이덕홍(李德弘, 1541-1596) / '언행록(言行錄)'〉

퇴계는 1553년 鄭之雲의 '天命圖說'을 수정, 天命新圖를 만들면서 '사단은 理에서 발하고, 칠정은 氣에서 발한다'(四端 發於理, 七情 發於氣)를 고쳐서 사단은 理의 발이고 칠정은 氣의 발이다.(四端理之發 七情氣之發)라고 하였다. 1558년 奇大升(字 明彦, 號 高峯)의 異議를 받고 퇴계는 '四端의 발동은 순수한 理이므로 善하지 않음이 없고, 七情의 발동은

氣를 겸하므로 善도 있고 惡도 있다'(四端之發純理, 故無不善, 七情之發兼氣, 故有善有惡)고 수정하여, 고봉에게 편지를 보내면서 '四七논쟁'의 발단이 되었다. 이 논쟁은 서신을 통한 논변으로 7년 동안 이어갔는데 퇴계가 圖說을 수정한 때로부터는 전후 14년 간을 두고 전개된 것이다. 기대승에 의해 제기된 異論의 취지는 퇴계의 수정문이 理와 氣를 너무 二元論的으로 분리시켜 놓았다는 것이다.

子思는 「喜·怒·哀·樂이 아직 발하지 않은 것을 中이라 하고(喜怒哀樂之未發 謂之中), 발하여 절도에 맞는 것을 和라고 한다(發而皆中節 謂之和)」고 하였고 孟子는 「측은한 마음은 仁의 단서(惻隱之心 仁之端), 부끄러워하고 미워하는 마음은 義의 단서(羞惡之心 義之端), 사양하는 마음은 禮의 단서(辭讓之心 禮之端), 시비하는 마음은 智의 단서이다.(是非之心 智之端)」하였는데 子思의 말은 전체를 이른 것이요, 孟子의 논지는 가려서 뽑아낸 것이다.

四端이란 '孟子'의 公孫丑 편에서 언급되고 있는 仁義禮智의 단서인 측은(惻隱)·수오(羞惡)·사양(辭讓)·시비(是非)의 넷을 뜻하며, 七情이란 '禮記' 禮運편에 나오는 희노애구애오욕(喜怒哀懼愛惡欲)의 일곱을 가리킨다. 기대승이 제기한 문제는 四端도 七情 외에 따로 있는 것이라 할 수 없고, 氣를 떠난 理가 따로 없을 진대 서로를 양립시켜 理發 氣發이라 함은 잘못이 아니겠느냐, 요컨대 理氣는 떨어질 수 없는 하나이고, 四端은 七情 가운데 포함시켜 생각해야 되지 않겠느냐는 것이다. 四端과 七情은 다같이 하나의 情이라는 점은 수긍할 수 있겠지만 性에도 純善無惡한 '本然之性'과 善惡未定의 '氣質之性'이 구별되어 있듯이 情도 理에 관계하는 것과 氣에 관계하는 각기의 좇아온 바〔所從來, 四端은 理를 좇아 오고 七情은 氣를 좇아 온다〕는 구분하여 마땅하다고 한다.

논변이 거듭됨에 퇴계는 '사단은 이가 발하여 기가 이에 따르는 것'(四端 理發而氣隨之)이고 '칠정은 기가 발하여 이가 이것을 타는 것'(七情 氣發而理乘之)이라고 수정하였다. 理發과 氣發이 不相離의 관계에서나마 '互發'하는 것이라 강조함에서 퇴계의 理氣四七論을 '理氣互發論'으로 특징짓게 된다. 기대승도 四端七情에 관한 '後說' 일편과 '總論' 일편을 각각 지어서 자신의 기존입장을 수정하여 四七을 理와 氣로 分屬시키는 퇴계의 견해에 대해 수용을 밝혔으며, 퇴계도 고봉의 수정태도를 환영하여 四七論辯이 종결되었다.

退溪는 「明彦의 기특한 재주와 웅혼(雄渾)한 변론은 그에 견줄 만한 사람을 얻기 어려우나 要約하는 세밀한 境地에 있어서는 착실한 공부로 힘을 얻지 못했다.」하였다.

「기대승은 뜻이 높고 일에 과감하였으며 선악(善惡)의 호오(好惡)를 분명히 하였고 널리 배우되 옛 것을 좋아했다. 그러나 너무 강직하고 과대하여 말을 쉽게 해서 기로(耆老)들을 악평하여 구신(舊臣)과 대신들에게 큰 미움을 사서 기개를 펴지도 못하였다.」

〈'宣祖實錄' 21輯 250面, 宣祖 卷 6〉

「대승은 이황을 스승으로 학문을 강론(講論)함에 있어 서로 뜻이 맞았는데(論學相奬), 이황 또한 대승을 제자(弟子)로 대하지 않았다. 그들은 출처어묵(出處語默)을 서로 규계(規戒)하며 닦았다.」
〈'宣祖修正實錄' 25輯 432面〉

「大升은 넓게 보고 강하게 기억하였으며 기품이 호걸스러워 담론함에 좌중을 능히 복종하게 하였다. 등과(登科) 후 청렴한 이름이 났으므로 영수(領袖)를 삼았고 大升도 또한 한 시대를 經綸하는 것으로 自任하였으나 그 학문이 변론공박하여 과장(誇張)할 따름이고 실천 궁행(躬行)하는 공부는 없었으며 또 남이 순종하는 것만을 기뻐하였으므로 아첨하는 자들이 많이 추종하였으며 그 持論 또한 있는 그대로를 따르는 것을 힘쓰고 개정하는 의논을 기뻐하지 않았다. 少時에 曺植이 '이 사람이 뜻을 얻어 세상에 나아가면 일을 그르칠 것이라.' 고 하였고 大升도 또한 植은 儒者가 아니라고 하여 서로 용납하지 않았다.」
〈栗谷 / '石潭日記' 〉

〈退溪學의 選別的 反定立…栗谷學〉

理와 氣의 일원적 통일성을 주장한 理氣一元論의 대표적 인물로 明 라친신(羅欽順, 整庵, 1465-1547)을 들 수 있다.

'천도책' 에 의하면 모든 자연 현상은 그 일어남에 氣아닌 것이 없고, 그 일어나는 까닭은 理아닌 것이 없다. 여기서 율곡은 氣만이 동정(動靜)이 있다고 본다. 또한 어느 무엇이 氣로 하여금 動靜이 있게 끔 하는가에 율곡은 단지 '자연히 그렇다' 고 말한다. 이는 후일 '기틀이 저절로 그러하다' (機自爾)라는 의미와 통하는 것이고, '나누어져 있음은 다르나 그 이치인 즉 하나다' 라는 발언은 후일 '理通氣局〔이(理)는 보편적, 기(氣)는 국한적(局限的)〕' 의 이론으로 전개되었다. 율곡의 理氣心性에 관한 후일의 학설은 퇴계의 *互發論*의 고려없이 그의 독자적 이론으로 생각할 수 없다.

율곡의 理氣論은 37세 때(宣祖 5년, 1572) 牛溪와의 논쟁에서 서술되고 있는데 발단은 퇴계의 理氣*互發說*에 대한 찬반양론에서 비롯한다. 퇴계의 四七論에 대하여 회의적이었던 성혼은 朱子의 '中庸序' 를 음미한 후 퇴계의 *互發論*이 틀림이 없겠다고 여기고, 율곡에게 편지로 질의한데서 시작된 논쟁은 6년 간 전개되었는데, 율곡은 理와 氣를 二物二體처럼 판이하게 二元論的으로 규정하려는 듯한 朱子와 퇴계에 반대하는 입장을 취하여〔'기발이승일도설' (氣發理乘一途說)〕 理와 氣가 '하나이면서 둘이요, 둘이면서 하나인 것(一而二, 二而一)' 을 강조한다.

율곡에 의하면 理와 氣의 관계는 원칙을 만족시키는 한 '理는 氣의 主宰가 되는 것이고, 氣는 理가 타는(乘) 것이다.' 양자는 理가 아니면 氣는 뿌리 삼을 받침이 없고, 氣가 아니면 理는 의존할 곳이 없는 상호관계의 것으로 설명한다. 그는 理는 하나 뿐으로 無形, 無爲, 無差別한 것인데 대하여 氣는 有形, 有爲, 참치부제(參差不齊)한 차별로 분별한다.

'發하는 것은 氣이고, 발하는 까닭은 理이니, 氣가 아니면 발할 수 없고, 理가 아니면 또한 발하게 되지 못한다.' 理는 본래 편정(偏正), 통색(通塞), 청탁(淸濁), 수박(粹駁)의 다름이 없는 것이지만 氣는 오르고 내리며(昇降) 날고 날려(飛揚) 조금도 止息하지 않아 분잡(紛雜)하게 서로 얽히고 설켜 천차만별하니 이에 만물을 생함에 정하고 편하며 통하고 색하며 청하고 탁하며 수하고 박잡(駁雜)하다.

율곡은 성혼에게 '이기영(理氣詠)' 이라는 五言對句의 詩 한 수를 보여 주고 있다. '水逐方圓器, 空隨小大甁' (물은 그릇모양에 따라 모나고 둥글어지고, 空은 병 크기에 따라 커지고 작아진다). 이는 그릇이 움직이면 물 역시 움직이고 물 스스로가 움직이는 법이 없듯이 理는 氣의 개별적 현상에 따라 그에 內在함을 비유(比喩)한 것이다.

퇴계의 주장에 대하여 율곡은 理發而氣隨之는 반대하고 氣發而理乘之만이 가능하다고 주장한다. 그의 견해는 理가 발하는 四端이란 七情외에 따로 있는 것이 아니고 理가 발한 七情 중에서 특히 善한 일면만을 택해서 발한 것이라고 분석하고 있다. 후일 퇴계학은 영남학파나 主理派로 표방되고 율곡학은 기호학파나 主氣派로 기치를 올려 양자관계가 빙탄상극(氷炭相剋)인양 대치(對峙)하는 것으로 몰고 간 경향이다. 退·栗 양론은 모순 대립의 학설로 이해될 것이기 보다는, 퇴계학의 정립(定立)과 그의 심화의 한 전개로서 율곡학의 대두(擡頭)와 정립으로 보아야 할 줄 안다.』

〈이남영(李楠永, 1938-) / 서울대 교수, 東洋哲學〉

「성혼〔成渾, 청송(聽松) 성수침(成守琛, 1493-1564)의 아들〕은 은사(隱士)라는 명성이 있었으나 만년(晩年)에는 공명(功名)에 빠졌다. 기축년의 변고에는 이발(李潑, 1372-1426)·이길(李洁, 1547-1589)·백유양(白惟讓, 1530-1589)의 옥사(獄事)와 최영경(崔永慶)의 죽음을 구해 주지 않았다. 사람들이 모두 미워하였는데, 간사한 정철(鄭澈)과 나쁜 일을 함께 하였기 때문이었다.」 〈'宣祖實錄' 23輯 446面, 宣祖 卷 101〉

李珥는 「成渾은 淳朴하고 두터워 어진 일을 할 수 있고 악한 일을 할 수 없는 사람이며 학문에 힘쓴다고 하면 옳지만 학문이 이루어지고 德性이 섰다고는 할 수 없다.」하였다.

「牛溪가 임진의 변란에 있어서 끝내 나가지 않은 것은 스스로 결정한 것이 있어서이니 양꾸이산(楊龜山, 楊時, 1053-1135), 인허찡(尹和靖, 尹焞, 1071-1142), 후원찡(胡文定, 胡安國, 1074-1138) 등 三賢들이 이미 이러한 경우에 이뤄놓은 법이 있어 상고하여 알 수 있으며 왕쭈(王蠋, ?-BC 284)의 만리의 강길은 선생이 스스로 이끌어 비유한 것이 또한 매우 분명하다.」하였다. 〈魯西 尹宣擧 / '잡저(雜著)'〉

• 退溪의 저술과 학문의 경지

퇴계는 '문집' 49권, 별집(別集) 1권, 외집(外集) 1권, 속집(續集) 8권 등 저술을 남겼는데 철학적 성격의 저술은 '천명도설(天命圖說)' 및 동 후서(後敍, 1553), 사단칠정논변 서한(四端七情論辯 書翰), '전습록논변(傳習錄論辯)', '벽이단제논변(闢異端諸論辯:心無體用辯 · 白沙詩教疑등)', '사서삼경석의(四書三經釋義)', '계몽전의(啓蒙傳疑, 1557)' 등이고 인격과 학문태도와 방법을 아는데 긴요한 논저는 '자성록(自省錄, 1558)', '朱子書節要(1561)' 및 동서 서문, '심경석의(心經釋疑)', '고경중마방(古鏡重磨方, 1607)', '송계원명이학통록(宋季元明理學通錄)', '연평 문답후발〔延平(1093-1163) 問答後跋〕' 등이다.

'성학십도'〔聖學十圖, 進聖學十圖箚并圖, 유현(儒賢)들의 聖學에 대한 도설(圖說)을 모아 해설을 가한 책, 1568〕의 전 5도(太極 · 西銘 · 小學 · 大學 · 白鹿洞規)는 진리의 대두뇌치이며, 백세 도술의 연원으로 천도를 나타내 밝힌 것이며, 인륜과 덕업을 밝히는데 있다고 하였다. 후 5도〔心統性情 · 仁說 · 心學 · 경재잠(敬齋箴) · 숙흥야매잠(夙興夜寐箴)〕는 인간 심성에 근원함을 밝혔으니, 日用을 힘쓰고 경외심(敬畏心)을 높이는데 있다고 하였다.

退溪는 東方에서 능히 孔 · 孟의 心學과 箕子의 주수(疇數)를 아는 이로 고려의 우탁(禹倬) · 鄭夢周와 조선의 金安國(1478-1543) · 鄭汝昌 · 趙光祖 · 尹祥(1373-1455) · 李彦迪(晦齋, 1491-1553) · 徐敬德 등을 녹시(錄示)하고 言行錄에서 「우리 東方의 성리학은 鄭夢周로 시조를 삼으며 金寒暄, 趙靜庵으로 으뜸으로 삼는다. 그러나 세 先生은 저술이 많지 않기 때문에 그 학문의 깊고 얕은 것을 상고(詳考)할 수가 없다. 근래에 晦齋集을 보니 최근에 제일 가는 學者이다.」라고 하였다.

'靜菴行狀' 에서는 극도로 그의 천자(天資)의 높은 곳을 말했으나, 그의 學力 방면에서는 비교적 약했으며 '晦齋行狀' 에서는 극도로 그의 學力의 깊은 곳을 말했으니, 天資 방면에 있어서는 비교적 가볍게 설명했다.

「晦齋는 몸과 마음의 안이며 바깥이며 겉과 속이 탁 터져 결백하여 광휘(光輝)가 나고 행동거지와 말하고 침묵하는 것을 시의(時議)에 맞게 하여 도리가 아니면 행하지 않았다.」

〈柳西崖 成龍이 館學에 보낸 답서〉

「한스럽게 여기는 것은 李滉의 깊은 학문과 奇大升의 넓은 문견(聞見)으로 어찌하여 '家狀' 과 '定難記' 에만 의거하여 논의하고 찬집해서 彦迪의 일시동안 주선한 힘에 대하여 후세 사람들이 의심두는 것을 면할 수 없어. 영원히 斯文의 한이 되게 한 것입니다.」

〈李白沙 恒福의 啓文〉

星湖는 「옛 적에 도덕을 몸에 품고서도 때를 만나지 못한 孔 · 孟 · 程 · 朱는 모두 천하가 무도하다 하여 버리지 않고 세상을 걱정하고 백성을 구제하는 일에 힘썼다. 퇴계의 글은 도의의 본원에 관해서만 전공하고 정사에 대해서는 언급하지 않았으나 세상을 다스리는 말만이야 선명하게 해서 보답하지 않을 수가 있겠는가.」 하였다.

퇴계가 理 우위설의 윤리적 가치관으로 성리학을 정립하게 된 동기는, 정쟁과 사화의 참혹한 경지를 체험하고, 천리와 인욕이 뒤 섞이고, 정의와 권세를 분간할 수 없게 된 사회 기풍을 바로 잡기 위해서 였다. 외직을 희망하여 단양군수와 풍기군수를 지낸 뒤 52세 때 成均館 大司成, 56세 때 弘文館 副提學과 中樞府 僉知事, 68세때 양관대제학(兩館大提學)에 이르렀다.

「이황은 타고 난 바탕이 수미(粹美)하고 재주와 식견이 영오(穎悟)하였다. 어려서 아버지를 여의고 자력으로 학문을 하였는데, 문장(文章)이 일찍 성취되었고, 약관에 국상(國庠)에 들어갔다. 당시는 기묘 사화를 겪은 후라서 사습(士習)이 부박(浮薄)하였다. 빈약(貧約)을 편안히 여기고 담박(淡泊)을 좋아했으며 이끗이나 형세, 분분한 영화 따위는 뜬 구름보듯 하였다. 진퇴(進退) · 사수(辭受) 문제에 있어서는 털 끝만큼도 잘못이 없었다.」

〈宣祖修正實錄 25輯 426面, 宣祖 卷 4〉

「나면서부터 치(癡)였고 커서는 다병(多病)하였다. 학문은 구할수록 오히려 멀고 벼슬은 사양할수록 도리어 얽혀 왔다. 출세에는 서툴렀고 퇴장(退藏)할 뜻을 굳혔다. 속깊이 국은(國恩)에 부끄러워 했고 성인 말씀이 두려워 초복(初服)으로 돌아가 한가히 즐겨 뭇 비방(誹謗)을 벗어났다」 〈이정형(李廷馨, 1549-1607)/ '東閣雜記', 退溪 묘명(墓銘)〉

학자들은 「이황(李滉)은 자품이 초매(超邁)하고 충양(充養)이 연굉(淵宏)하며……조도(造道)의 근원을 성학십도(聖學十圖, 1568)와 무진6조소(戊辰六條疏)로 천명한다(太學誌, 文廟從祀上疏條).」고 하였다.

퇴계의 철학사상의 근본이 무엇이며, 어떻게 그것을 알 수 있으며(認識理論), 어떻게 체득할 수 있는가(修養).

퇴계가 박학(博學) · 심문(審問) · 신사(愼思) · 명변(明辨) · 독행(篤行)의 과정을 거쳐 도달한 학문의 경지에 대하여 우성전은 퇴계 학문의 외표(外表)를, 정유일은 퇴계 학문의 골자(骨子)를, 김부륜은 퇴계 학문의 방법에 대한 요령을 각각 말했다.

「선생의 학문은 朱子로써 宗을 삼고 공리(功利)에 빼앗기지 않으며, 이단(異端)에 유혹(誘惑)되지 않으며, 박(博)하되 잡(雜)하지 않으며, 약(約)하되 누(陋)하지 않다. 학(學)을 논(論)함에는 성현(聖賢)에 근거하고 자득(自得)한 실(實)로써 침착하며 사람을 가르침에는 이륜(彝倫)을 主로 하되 이치를 먼저 밝히게 한다.」

〈秋淵, 우성전(禹性傳, 1542-1593)〉

「선생의 학문은 敬과 義가 같이 지탱하고(敬義夾持), 知와 行이 함께 나아가며(知行竝進), 밖과 안이 한결같이 같고(表裏如一), 본(本)과 말(末)을 함께 말하며(本末竝擧), 대원(大原)을 뚫어보고(洞見大原), 大本을 심어 세운다(植立大本). 그 이른(到) 경지를 논한다면 우리 동방에는 그 한 분 뿐이다.」 〈文峯 정유일(鄭惟一, 1533-1576)〉

「선생은 "학문하는 사람으로서 훼예(毁譽)와 영욕(榮辱)을 두려워 한다면 자기를 확립할 수 없고 또 안으로 공부한 것도 없이 별안간 남 다른 것을 내 세우면 사람들의 괴이히 여기는 바 되어 자기를 보전할 수 없다." 하였다.」 〈雪月堂 김부륜(金富倫, 1531-1598)〉

「흉회(胷懷)는 통철(洞澈)하여 가을달 얼음병같고 기상(氣像)은 온수(溫粹)하여 정금미옥(精金美玉)같고 장중(莊重)함은 산악(山嶽)과 같고 정심함은 연천(淵泉)과 같고 단정하고 자상(仔詳)하고 한가로이 편안하고 두터웁고 순진하며 안과 밖이 한결같고 물(物)과 아(我)가 간격(間隔) 없다. 바라보면 엄연(儼然)하여 존경스러운 모범을 보여주고 가까이 가면 따스하여 사랑스런 용덕(容德)이 있어 완부광자(頑夫 狂子)라도 선생의 문(門)을 바라보면 교기(驕氣)가 저절로 사라진다.」 〈학봉(鶴峯) 김성일(金誠一, 1538-1593) / 실기(實記)〉

「도의(道義) 존경하기를 신명(神明)과 같이 하고 믿기를 시귀(蓍龜)와 같이 하고 쓰기(用)를 숙속(菽粟)과 같이 하고 입기(服)를 구갈(裘葛)과 같이한다…… 그 학문의 정대(正大)함과 의리(義理)의 정심(精深)함과 공부(功夫)의 지도(至到)함과 조수(操守)의 견확(堅確)함과 잠심발분(潛心發憤)하여 도(道)를 체득(體得)하고 덕(德)을 성취한 점에 있어서 우리 동방(東方)에 오직 그 한 분뿐이다.」 〈月川 조목(趙穆)〉

李澤堂(1584-1647)은 「栗谷이 "退溪는 모방한 기미(機微)가 많았고 또 말이 구애(拘礙)되고 지나치게 근신하였다."고 말 하였는데 이는 栗谷의 본의는 아니다.」 하였다.
량치차오(梁啓超)는 孔丘(孔子)를 孔夫子라 하듯 퇴계를 李夫子라 높였다.

栗谷은 退溪遺事를 찬술(撰述)하면서 道學者로서 徐花潭과 趙靜庵과 李退溪를 들고 退溪는 靜庵 이후에 一世의 儒宗이라하고 '재조기국(才調器局)은 退溪가 靜庵을 따르지 못하고 심구의리(深究義理)가 정미(精微)한 것은 靜庵이 退溪를 따를 수 없다' 고 했다.

'천명도설(天命圖說)', '자성록(自省錄)', '朱子書節要' 등이 도쿠가와(德川) 시절의 일본에 번역 출판되었다. 야마자키 안사이(山崎闇齋, 1618-1682), 구마모토(熊本)의 오쓰카 다이야(大塚退野, 1677-1750) 등은 퇴계학을 강론했는데, 야마자키 안사이 학파에서 사토 나오카타(佐藤 直方, 1650-1719), 이나바 우사이(稻葉迂齋,1684-1760), 이나바 모쿠사이(稻葉默齋, 1732-1799), 스구리 교쿠스이(村士玉水, 1729-1776) 등 퇴계 尊崇者가, 오쓰카 타이야 학파에서 야부 고잔(藪孤山 1735-1802), 구스모토 세키스이(楠本碩水, 1832-1916) 등 文人이 각각 배출되었으며 幕末 요코이 쇼난(橫井小楠, 1809~1869), 모토다 나가사네(元田永孚, 1818~1891)등 준걸(俊傑)이 났다.

• ***栗谷의 저술과 時務論***

선조2년 34세 때, 湖堂(讀書堂)에서 사가독서〔賜暇讀書(홍문관 學士에게 여가를 주어 독서하게 하는 것)〕하고 있을 때 제진(製進)한 '동호문답(東湖問答, 1569)' · '만언봉사(萬言封事)' · '성학집요(聖學輯要, 1575)', 士風을 진작시키기 위해서의 命撰인 '학교모범(學校模範)' 과 '人心道心圖說', 또 兵曹判書로서 啓進한 '時務六條' 와 같은 것은 다 君學과 교육과 時務에 관한 저술이었다. 그 외 '사서언해(四書諺解)' · '소학집주(小學集註, 1579)', '격몽요결(擊蒙要訣, 1577)' 과 기타의 시문잡저(詩文雜著)가 있다. '율곡전서(栗谷全書)' 는 문집

(文集)과 전집(全集) 두 종류가 있었는데 이재(李縡, 1680-1746)가 율곡의 5대손 이진오(李鎭五)와 원집(原集)에 속외 · 별집을 합편하여 44권 38책으로 편성, 1749년(영조 25) '全書' 라고 이름하였다.

율곡은 역사의 단계를 창업(革命), 수성(守成, 보수적 유지), 경장(更張, 革新 또는 維新)의 셋으로 대별하고 그 자신의 시대를 경장의 시대로 파악하였다.
「人君의 才智가 特出하여 호걸(豪傑)을 부리거나 賢者에게 委任해서 다스리면 治하고 人君이 자기의 총명(聰明)을 믿고 臣下를 不信하거나 奸人을 편신(偏信)하여 耳目을 가리우면 亂하는 것인데 治하는 方法에는 王道政治 · 覇道政治의 둘이 있고 亂하는 경우에는 폭군(暴君) · 혼군(昏君) · 용군(庸君)의 셋이 있다.」 〈'東湖問答'〉

택당(澤堂) 이식(李植)이 「율곡은 자품(資稟)과 학식이 조정암, 이퇴계에 떨어지지 않을 뿐 아니라 경세제민의 재략을 겸한 분」이라고 하였고, 홍이상(洪履祥, 1549-1615)의 만시(挽詩)에 「사문(斯文)의 종장(宗長)이요, 나라에는 시귀(蓍龜, 국사를 미리 잘 안다는 뜻)로다.」 하였다.

金昌協(農巖, 1651-1708)은 靜庵과 栗谷을 비교하여 「靜庵은 간중온율(簡重溫栗)하고 栗谷은 청통여락(淸通灑落)하며 靜庵은 정금미옥(精金美玉)과 같고 栗谷은 광풍제월(光風霽月)과 같았다. 정암은 精白 · 專一한 정신이 조히 남을 감동시킬 수 있었고 栗谷은 공성(公誠) · 탄탕(坦蕩)한 心事가 조히 남을 열복(悅服)시킬 수 있었다. 栗谷은 정암의 수속검제(收束檢制)함을 따르지 못하고 정암은 율곡의 전척개활(展拓開豁) 함을 따르지 못한다.」고 하였다. 朴世采는 「性理學에 침잠(沈潛)한 것은 退溪였고 經世濟用의 학을 담당한 것은 栗谷이었다」라고 했다. 〈肅宗實錄 補闕正誤〉

「그(율곡)가 "성인이 다시 살아나신다 해도 나의 말을 바꾸지 않으리니, 변론을 잘하는 천만 명의 입으로도 나의 견해를 돌려놓을 수 없을 것이다" 하면서 자신을 과대평가하는 기상이 있었으니 후생들이 전현을 비방하고 이기기만을 추구하는 폐단을 열어 놓았다.」
〈이현일(李玄逸, 1627-1704) / '갈암집(葛菴集)' 18권(율곡이씨논사단칠정서변)〉

「이이(李珥)는 폐정(弊政)을 고치고 생민(生民)을 구제(救濟)하고 무비(武備)를 닦는 것으로 급무(急務)를 삼아 시종일관(始終一貫) 한 뜻으로 논계(論啓)하였는데, 小人이나 속류(俗流)의 배척을 당했어도 조금도 거들떠 보지 않았다. 인물을 논평할 때에는 학문과 名節(人格)로써 표준을 삼기 때문에 위선(僞善) · 부화자(附和者)들은 후에 흔히 그와 등지곤 하였다. 이로써 유속(流俗)의 평은 그를 소활(疎闊)하다고 하였다. 경중(京中)에 집이 없었으며 집안에는 남은 곡식이 없었다. 친우(親友)들이 수의(襚衣)와 부의(賻儀)를 거두어 염(殮)하여 장례(葬禮)를 치룬 뒤 조그마한 집을 사서 가족에게 주었다. 졸(卒)한 뒤에 편당(偏黨)이 크게 기세를 부려 한쪽을 제거시키고는 조정(朝廷)을 바로잡았다고들 하였다. 그 내부에서 다시 알력(軋轢)이 생겨 사분오열(四分五裂)이 되어 나라의 무궁(無窮)한 화근(禍根)이 되었다.」 〈'宣祖修正實錄' 25輯 536面, 宣祖 卷 18〉

• 南冥의 神明舍圖

남명은 31세 때 '성리대전'을 읽다가 쉬헝(許衡, 魯齋, 1209~1281)의 "이인(伊尹)의 뜻을 뜻으로 삼고 안자(顔子)의 배움을 배우며, 벼슬에 나아가면 경륜을 펼치고 물러나면 지조를 지킴이 있으니, 대장부는 이와 같아야 한다. 나가서 행함이 없고 들어와서 지킴이 없으면, 뜻하고 배우는 바는 무엇에 쓸 것인가" [性理大全, 권 50, '力行 · 論出處']에 깨달음을 얻었다.

南冥은 성명(性命)을 닦은 후의 실행(實行)을 주창하고, 경의(敬義)를 신조로 반궁체험(反躬體驗)과 지경실행(持敬實行)을 학문의 목표로 삼았는 데 后山 허유(許愈, 1833-1904)는「선생의 心學이 신명사도(神明舍圖)에서 모두 발휘되었다.」고 하였다.

남명은 '학기유편(學記類編)'의 성도(誠圖)에서 "明과 誠이 아울러 나아가는 것은 聖人의 일"(明誠并進 聖人事), 敬과 義를 모두 수립하는 것은 學者의 일(敬義偕立 學者事)"이라 하고 '무진봉사(戊辰封事)'에서 경세론이 明善(窮理) · 誠身(修身)의 수양론에 근거하여 실현될 수 있음을 역설하였다. 경도(敬圖)에서 '성'은 '경'의 본체요, '경'은 '성'을 실천하는 과정이요 방법으로서 체용(體用)구조로 이해되고 있다.

'신명사도'는 후학들에게 영향을 미쳐 덕계(德溪) 오건(吳健, 1521-1574)은 덕계집을, 동강(東岡) 김우옹(金宇顒, 1540-1603)은 '天君傳'(1566)을, 두곡(杜谷) 고응척(高應陟, 1531-1605)은 신감집(神鑑集)을(?), 용와(慵窩) 이홍우(李弘禹, ?-1778)는 '神明舍天君記'를, 后山 許愈(1833-1904)는 '神明舍圖銘或問'을, 복암(復菴) 조원순(曺垣淳, 1850-1903)은 '神明舍圖銘解'를 각각 지었다.

「조식은 도량이 청고(淸高)하고 두 눈에서는 빛(炯耀)이 나 세속 사람이 아님을 알 수 있었다. 언론(言論)은 재기(才氣)가 번뜩여 뇌풍(雷風)이 일어나듯 하여 다른 사람으로 하여금 이욕(利慾)의 마음이 사라지도록 하였다.」 〈宣祖實錄 21輯 239面, 宣祖 卷 6〉

〈退 · 栗 以後 학파의 다양〉

『韓末 道學에서 기호학파계열의 종장(宗匠)으로 화서(華西) 이항로(李恒老), 노사(蘆沙) 기정진(奇正鎭), 간재(艮齋) 전우(田愚), 연재(淵齋) 송병선(宋秉璿), 의당(毅堂) 朴世和(1834-1910) 등을, 영남학파계열의 종장으로 西山 김흥락(金興洛), 정재(定齋) 류치명(柳致明, 1777-1861), 한주(寒洲) 이진상(李震相), 사미헌(四未軒) 장복추(張福樞), 성재(性齋) 허부(許傳, 1797-1886) 등을 들 수 있다.

이들 종장은 성리설과 의리론 등 도학의 영역에 독특한 입장과 체계적 이론을 제시하고 門下를 통해 계승발전시키고 있어 새 학파의 창립적 성격을 지닌다.

華西학파 - 重菴 金平默 · 省齋 柳重敎(1831-1893) · 勉菴 崔益鉉 · 毅菴 柳麟錫(1841-1915) · 錦溪 李根元 · 槐園 李埈(1812-1853) · 黃溪 李璞 · 雲菴 朴文一(1822-1894) · 遜志 洪在龜 · 龍溪 柳基一과 省齋 문인으로 蓮谷 盧正燮

(1849-1902)·恒窩 柳重岳·習齋 李直愼, 勉菴 문인으로 顧堂 尹兢周(1853-1912), 毅菴 문인으로 恒齋 李正奎(1864-1945), 錦溪 문인으로 果菴 申益均·剛窩 宋殷憲 등이 있다.

蘆沙학파 - 月皐 趙性家(1824-1904)·石田 李最善·大谷 金錫龜·莘湖 金錄休·東塢 曺毅坤·老柏軒 鄭載圭(1843-1911)·松沙 奇宇萬(1846-1916)·日新齋 鄭義林·後石 吳駿善·弘窩 高光善·月坡 鄭時林과 老柏軒 문인으로 松山 權載奎·立巖 南廷瑀·素窩 南廷燮·栗溪 鄭琦, 松沙 문인으로 道峰 孔學源·正齋 梁會甲, 栗溪 문인으로 曉堂 金文鈺 등이 있다.

艮齋학파 - 炳菴 金駿榮·石農 吳震泳·欽齋 崔秉心·說齋 蘇學奎·後滄 金澤述·顧齋 李炳殷·悳泉 成璣運·蒼樹 鄭衡圭(1880-1957)·裕齋 宋基冕·念齋 金嶜·陽齋 權純命(1891-1974)·玄谷 柳永善(1893-1961)과 石農 문인으로 月軒 李普林 등이 있다.

淵齋학파 - 淵齋의 아우로 함께 守宗齋 宋達洙(?-1858)의 문인인 心石齋 宋秉珣(1839-1912)과 淵齋·心石齋 문하에 晦峰 安圭容·琢窩 鄭璣淵·厚山 李道復·遂吾齋 金在洪·兢齋 李柄運·擇窩 禹夏轍·滄庵 趙鍾悳(1858-1927)·秋帆 朴致海 등이 있다.

毅堂학파 - 晦堂 尹膺善(1854-1924)·直堂 申鉉國(1869-1949)·陽菴 柳芝赫과 晦堂 문하에 明窩 鄭糾海·思菴 安在極 등이 있다. 그밖에 艮齋와 함께 鼓山 任憲晦(1811-1876)의 문인으로 肅齋 趙秉悳(1800-1870)·陽園 申箕善(1851-?)·臨齋 徐贊奎(1825-1905)가, 鳳棲 柳莘煥(1801-1859)의 문하에 絅堂 徐應淳(1824-1880)·雲養 金允植(1835-1922)·霞山 南廷哲(1840-1916)이, 草廬 李惟泰(1607-1684)의 후손으로 鼓山 淵源에 醒菴 李喆榮 등이 있다.

定齋학파 - 西山 金興洛(1827-1899)·拓庵 金道和(1825-1912)·西坡 柳必永(1841-1924) 등이 있고 西山 문하에 莊菴 金時洛·省齋 權相翊(1863-1935)·貞山 金東鎭·秀山 金秉宗(1871-1931) 등이, 拓菴 문하에 東山 柳寅植(1865-1928)과 省齋 문하에 春樊 權命燮 등이 있다.

寒洲학파 - 俛宇 郭鍾錫(1846-1919)·韓溪 李承熙(?-1916)·后山 許愈·膠宇 尹胄夏·晦堂 張錫英(1851-1929)·弘窩 李斗勳·勿川 金鎭祜·紫東 李正模 등이 있고 면우 문하에 晦峰 河謙鎭(1870-1946)·省窩 李寅梓·眞菴 李炳憲(1870-1940)·郎山 李存㦤·希堂 金銖·憤菴 安壎·重齋 金榥(1896-1978)·澹軒 河禹善(1894-1975) 등이, 晦峰 문인에 槿坡 安鍾禧 등이 있다.

四未軒학파-農山 張升澤·恭山 宋浚弼(1869-1943) 등이 있다.

性齋학파-舫山 許薰 등이 있다.

그밖에 영남계열에 四未軒과 寒洲의 양쪽 문하에 종유(從遊)하였던 晩求 李種杞와 四未軒·西山·晩求의 문하에 종유하였던 深齋 曺兢燮(1873-1933)이 있고 深齋 문하에 中山 朴章鉉 등이 있다.』

〈琴章泰(1944-), 成均館大 교수, 儒學〉

『한말을 전후한 유학사상의 큰 줄기는 크게 세 가지로 朱子學의 재연과 衛正斥邪論, 實學的 유학사상, 개화기의 陽明學的 儒學이다. 위정척사론은 이 민족의 자주성을 고취한 사상이라는 설과 주자학에 충실하고 春秋大義에 합당하다는 이론이 있다.

〈주자학파와 衛正斥邪論〉

• 이항로(李恒老)의 二元的 主理論

朱子학자들이 정통 朱子學을 보위하고 그 이외의 학설은 사설(邪說)로 배척되어야 마땅하다는 위정척사론은 李恒老를 필두로 奇正鎭 · 崔益鉉 · 柳麟錫 · 金平默 · 柳重敎로 이어진다. 그는 이존기비(理尊氣卑)의 형이상학적 사고의 틀에서 우주는 물론, 인간을 해석하였고, 이주기종(理主氣從)의 논리를 설정하고 理와 氣、道와 器、天理와 人欲、上과 下、自我와 他我、治와 亂、中華와 이적(夷狄)이라는 2분법적 사고에 따라 모든 상호관계를 2원적 主理論으로 엄격하게 구별하였다. 이와 같은 이론은 尊華攘夷〔정통을 바로잡고 이단(異端)을 때려 부숴야 한다〕에도 적용되었고 尊明排清으로 나타나기도 하였다. 존화양이(尊華攘夷)의 사고는 大中華와 小中華(조선)라는 사대주의를 합리화하고 '華夏之主' '東藩之臣' 이라는 '君臣之義' 를 공고히 하는 이론적 근거가 되었다. 그는 존체통(尊體統) · 개언로(開言路) · 선무비(繕武備) · 용덕인(用德人)의 대응책을 제시하여 국가의 단결을 강조하였다.

• 奇正鎭의 對西洋觀

서양과의 交易금지론 · 洋物금단론 · 內修外攘論으로 전개된 기정진의 사상은 道와 器, 東과 西, 人과 금수(禽獸), 本과 末, 理와 氣를 엄격하게 구분하는 二分法的 사고와 이주기복(理主氣僕)이라는 唯理一元論에 뿌리박고 있다. 公田制의 실시, 軍布의 정비, 서원 유생의 각성(覺醒), 사치 풍조의 배격, 과거제도의 개혁 등을 주장하였다.

• 金平默의 斥洋論과 崔益鉉의 斥倭論

金平默의 '반경식사(反經息邪)' 論은 '서양 오랑캐에게 칠극삼서(七克三誓)의 敎가 있는데 서양의 종교와 利器는 이 反經息邪라는 명분에 의하여 배척되어야 하며, 그것은 天理를 도적질하여 인륜을 끊고 生民을 魚肉하는 것이므로 방어되어야 한다는 어양론(禦洋論)으로 전개되었다. 최익현의 以小事大의 尊中華 사상은 한층 고조되고 洋倭 배척론은 한층 강화되었다.

〈儒敎求新으로서의 陽明學〉

朱子學은 元代와 明初의 官學化를 거쳐 永樂帝(在位 1402-1424)의 정난(靖難)과정과 '性理大典', '朱子大典' 의 편찬 및 이와 평행된 思想統制에서 고정화되었다. 정치권력과 일체가 된 사상적 고정화란 허구화(虛構化)된 궁리(窮理)이고 自然心을 봉쇄한 天理의 강조였고 그 모순을 벗어나려는 것이 理氣의 合一, 존양(存養)의 강조, 天地의 체인(體認)이라는 心學化 방향이며 이런 전화(轉化)는 우위삐(吳與弼, 1391-1469)에서 一轉하고, 천쎤짱(陳獻章, 1428-1500)에서 明代心學으로 개단(開端)하여 왕양밍(王陽明)에서 완결되었다. 장지연은 양명학이 일어나게 된 학문적 분위기에 대해 말하였다.

「중종연간에 明 왕양밍(王陽明)이 루샹산(陸象山) · 천바이사(陳白沙, 名 獻章)의 영향을 받아 새 학설을 창도하였는데, 송학(宋學)이 폐가 공론(空論)의 흐름에 있었으므로 陽明의 양지론(良知論)과 '지행합일설' 은 환영을 받게 되었다. 양명학의 진수를 논한 쳰쒸산(錢緖山 이름 德洪, 1496-1574)의 4구결(四句訣)이 있는데, 무선무악시심지체(無善無惡是心之體), 유선유악시의지동(有善有惡是意之動), 지선지악시양지(知善知惡是良知), 위선거악시격물(爲善去惡是格物)〔마음의 본체는 본래 선과 악이 없는 것이지만, 선과 악이 나타나는 것은 뜻(意)의 작용 때문이다. 이미 나타난 선과 악을 구별하여 아는 것이 양지(良知)이며 선을 행하고 악을 버려 마음의 본체로 돌아가는 것이 격물(格物, 사물의 이치를 깨달아 마음을 바로잡음)이다.〕이 그것이다.」 〈'조선유교연원(朝鮮儒敎淵源)'〉

'大學' 의 八條目에는 格物 · 致知하는 자연의 論理, 誠意 · 正心 · 修身하는 인간의 論理, 齊家 · 治國 · 平天下하는 사회의 論理가 체화(體化)되어 있다.

양명학은 朱子學 신봉자들에 의하여 근 4백여 년간 이단(異端)의 학문으로 배척되어 특히 李滉, 宋時烈 이후 발 붙일 곳이 없었고 갖가지 학화(學禍)를 입기까지 하였다.

이황은 「朱子와 陸象山의 다른 점은 전자가 유(儒)라면 후자는 선(禪)이고 전자가 정(正)이라면 후자는 사(邪)이며, 전자가 공평한 데 후자는 사사롭고 어지럽다(私狠)」 하였다.

양명학은 이요(李瑤, 1537-?) · 남언경(南彦經, ?-?) · 최명길(崔鳴吉, 1586-1647) · 장유(張維, 1587-1638) 등에 의하여 그 명백을 이어 와 18세기 초 정제두(鄭齊斗, 1649-1736)에 이르러 학문적인 체계로 이해되기 시작하였다.

「양명학은 수입되는 초두(初頭)부터 철퇴(鐵槌)를 맞아 배척을 받게 된 까닭으로 학자간에 숭봉(崇奉)하는 자가 적어 문호를 수립한 학자는 지천 최명길, 계곡 장유, 하곡 정제두 등에 불과한데 대표라 할 만한 이는 정제두 한 사람뿐이다.」〈현상윤 / '조선유학사'〉
정제두는 양명학에 입각하여 학문하는 근본 까닭과 근본 태도를 밝히고 학계의 허(虛) · 가(假)의 폐를 말하되 이러한 풍조는 朱子를 저버리는 것이라고 하였다. 특히 그의 무선(無善)에 대한 해의(解義)는 王陽明의 학설을 발전시킨 것이었다. 士林에서 존중하고 흠양하였으나 평생 강설(講說)을 일 삼지 않았고 논저(論著)를 즐겨하지 않았다.

王陽明의 문인 쉬아이(徐愛, 1487-1517)의 '양명전습록(陽明傳習錄)' 에 대한 비판으로부터 시작된 양명학의 배척을 장유(張維)는 '계곡만필(谿谷漫筆, 저술 1635, 간행 1643)' 에서 말하였다.

「중국은 학술의 갈래가 많아 정학(正學)도, 선학(禪學)도, 단학(丹學)도, 程朱를 배우는 자도, 陸氏를 배우는 자도 있어 학문의 길이 하나이지 아니한데, 인재나 지취(志趣)가 자못 녹녹(碌碌)하지 아니하여 때때로 뜻 있는 선비가 있어 실심(實心)으로 향학하는 고로 각기 자기의 학문을 연구함으로서 각각 실득(實得)함이 있다. 우리나라는 사상이 편협(偏狹)하고 구속(拘束)이 심한 까닭으로 지기(志氣)라고는 도무지 없다. 편편한 적지(赤地) 위에 무슨 오곡(五穀)이 무르익을 수 있겠는가.」

양명학사(陽明學史)의 뼈대는 '양명학에 호의를 가진 이들이 주자학의 대안으로 선택했으나, 내 놓고 전개할 수가 없기에 외주내양(外朱內陽)했다' 는 것이다.

朱子學 신봉자들의 배타적 학문 태도로 정제두 이후 근 1백여 년 동안 암장(暗葬)되었던 양명학은 朴殷植에 의하여 다시 빛을 보게 되었다.

박은식은 朱子學으로부터 야기된 협잡(挾雜), 고루(固陋), 욕속(欲速), 원대함이 없음, 분발의 기대가 없음, 견인성이 없는 폐습을 비판하고 儒敎求新의 필요성을 역설하였다. 특히 그의 내면적인 요구는 士氣를 진작시키고 민생을 구하고 구습(舊習)을 개혁하여 국권을 회복하자는 애국계몽운동에 있었다.

정인보는 유학의 부흥이 양명학의 구현에 있음을 깊이 인식하고 조선의 역사가 실로 허(虛)와 가(假)의 발자취라고 통탄(痛歎)하면서 朱子學者의 악습을 비판하고 陽明學演論(1933)을 쓰게 된 동기를 말하였다.

「첫째, 근세조선의 역사를 보면 당쟁(黨爭) · 살육(殺戮) · 세도로 점철(點綴)되었고 지는 패(牌)는 죽여 없애고 죽이고 나면 세력이 한편에 모이는 참극(慘劇)의 역사였다. 수 백년 간 학문으로는 程朱를 신봉하였으되, 그 폐단(弊端)은 두 가지로 하나는 그 학설을 받아 自家便宜를 도모하려는 사영파(私營派)요 다른 하나는 그 학설을 배워 中華 적전(嫡傳)을 이 땅에 드리우자는 존화파(尊華派)이다. 평생 心性을 강론하되 實心에는 얻어 볼 생각이 적었고 일세를 휘동(揮動)하게 도의를 표방하되 자신밖에 보이는 것이 없었다. 實心 實行은 학문 영역 이외에 구차(苟且)스럽게 간간 잔존(殘存)하였을 뿐이요, 온 세상에 가득찬 것은 가행(假行)이요 허학(虛學)뿐이다.
둘째, 합한다 단결한다 하더라마는 파쟁(派爭)은 더 격화(激化)되는 것 같더라, 새남터 당고개의 사람 죽이던 곳에 회수(劊手)가 없어진 지는 오래지만 심봉의인(心鋒意刃)으로 서로 겨누는 것은 전 보다 몇 층 더 심한 것 같더라."」

정인보의 주장은 朱子學의 폐단(弊端)으로부터 탈피하여 양명학의 本旨인 致良知의 내성주의(內省主義), 知行合一의 실천주의(實踐主義), 格物致知의 유심주의(唯心主義)를 따라 자신을 속이지 않고 타고난 良知를 발휘하며 知行一致와 實心 實用을 추구하여 독립자존의 기량(技倆)을 길러 주자는 호소라 할 것이다.』

〈金吉煥(1942-) / 충남대 교수,동양철학〉

韓國實學의 歷史的 立場

〈실학은 왜 일어나게 되었는가〉

17세기 조선 후기는 임진왜란의 후유증(後遺症) 극복과 새 질서의 정착(定着)을 추구하고 있었다. 도학파와 실학파는 각각의 입장을 심화시켜 18세기 후반부터는 대립된 양상(樣相)을 보이게 되었다. 초기의 실학파들은 율곡의 時務論 내지 更張論의 주장이 반계(磻溪) 류형원(柳馨遠)이나 星湖 이익(李瀷)에 계승되고 重峯 조헌(趙憲)의 학풍이 북학파의 楚亭 박제가에 의해 존중되었듯이 16세기 말엽 도학파 일부에서 제기한 문제를 계승 심화시킨 측면도 있다.

이우성(李佑成, 1925-)은 「성리학이 관념화(觀念化), 형식화 되어 현실에 대처할 능력이 없게 되자 관념으로부터 현실로, 내면세계로부터 외부세계로 눈을 돌리면서 자기극복을 통하여 발전적으로 전개된 것이 곧 후기의 실학이다.」 하였다.

千寬宇는 실학발생의 요소로서 주자학에 대한 유학의 內在的 비판, 임진왜란 이후 위기를 타개하려는 사회정책、농업정책의 출현, 燕京을 통한 서구문화의 유입(流入), 중국문화의 유입 등 네 가지를 들고 있다.

금장태(琴章泰)는 「조선 후기 실학(實學)은 이수광(李睟光) 과 류형원(柳馨遠)에서 발단(發端)하여 박세당(朴世堂)과 윤휴(尹鑴)에 와서 朱子의 경학(經學)에 대한 비판적 인식까지 이르렀다. 18세기에는 이익(李瀷), 홍대용(洪大容)이 서양과학지식에 기반하여 새 세계관을 모색하는 단계에 도달하게 되고 19세기 정약용(丁若鏞)과 최한기(崔漢綺)에 이르면, 도학 이념의 철학체계를 대치하는 실학적 사유체계의 독자적 세계를 확립하는 데까지 나아가게 된다.」 하였다.

지봉(芝峰) 이수광(李睟光, 1563-1628)은 만언봉사〔萬言封事, 중흥장소(中興章疏), 조진무실차자(條陳懋實箚子)라고도 한다〕를 올려 근학(勤學), 正心, 敬天, 휼민(恤民), 납간쟁(納諫諍), 진기강(振紀綱), 任大臣, 양현재(養賢才), 소붕당(消朋黨), 식융비(飭戎備), 후풍속(厚風俗), 명법제(明法制) 등 '12조의 實' 을 강조하였다.

「수광은 외모가 옷을 감당하지 못할 듯이 약했으며 과묵(寡默)하였다. 몸 가짐은 단정 엄숙하였으며 단아한 성품에 물러가기를 즐겨하여(恬退) 제수(除授)하는 명이 내릴 때마다 사양하였다.」 〈'仁祖實錄' 34輯 312面〉

「그는 한평생 향기를 내지 않고 촛불도 켜지 않았으며 연회(宴會)를 베푼 적도 없었다. 성악(聲樂)을 듣지 않았고 의복도 항시 베옷만 입었다. 한 벌의 갓옷을 15년 동안 입었다.」 〈'연려실기술'〉

이수광은 "이록(利祿)을 구하여 누리려는 것은 곧 학자가 아니요 이해문제를 비교하려는 마음을 꾀하는 것은 곧 유자(儒者)가 아니다. 좋고 나쁜 것은 일시에 현혹(眩惑)될 수 있으나 옳고 그른 것은 만세에 공평한 것이다. 군자가 미워하는 것은 소인배의 公이며 소인배가 꺼려하는 것은 군자의 私로서 公은 능히 私를 이기지 못하는 까닭에 소인배는 현실로 보면 항상 이기게 되고 군자는 항상 패배한다." 고도 하였다.

일송(一松) 심희수(沈喜壽, 1548-1622)도, "청절(淸節)을 보전하여 궁액에 이름을 알리지 아니한 자는 이수광이 있을 뿐이며, 발은 귀세(貴勢)의 문을 밟지 아니하였고, 몸은 편당(偏黨)의 목(目)에 들지 아니하였다."고 하였다.

「在位者는 科目(科擧)으로 官途에 나아가 世俗을 따르는 것이 便하다는 것을 알 뿐이요, 草野의 士는 自修에 뜻이 있다 하더라도 經世의 用, 시조(施措)의 方에는 致意하지 않는 수도 있으니, 이리하여 이 세상에는 可治의 日이 없고 生民의 화(禍)는 끝 가는 데가 없게 되었다.」 〈柳馨遠 / '磻溪隨錄', 書隨錄後〉

「독서의 士는 모두 文에 依하고 說을 송(誦)할 뿐, 眞功이 저기(著己)하여 이것이 事業으로 發하게 될 것을 생각하지 않으니, 그런 까닭에 六經과 時務는 二物로 갈라지고 …… 科學(科擧의 學)이라는 것은, 四方의 탐진(貪進)의 徒를 합취(合聚)하여 一條 요행(僥倖)의 길을 特開하고 이 길을 뚫고 들어가도록 하고 있으니, 이미 實用과는 남북으로 갈라지고 있으며, 六經의 文은 단지 부문화조(浮文華藻)의 用을 助成하고 있을 뿐이다.」

〈李瀷 / '星湖僿說', 六經時務〉

담헌(湛軒)은 華夷一體論, 신분타파론, 主氣的 경향의 입장에서 '朱子學派의 末學은 陽明學만 같지 못하다' 라고 朱子註의 미흡(未洽)함을 비판하고 학문의 태도에서만 아니라 학문의 내용에서도 실(實)을 찾았다. 「正學을 일으킨다 하나 실은 자랑하려는 마음(矜心)에서, 사설(邪說)을 배척한다 하나 실은 이기려는 마음(勝心)에서, 救世를 하겠다는 그 仁이 실은 권력을 유지하려는 마음(權心)에서, 保身을 하겠다는 그 哲이 실은 이익을 얻으려는 마음(利心)에서 각각 나왔으니, 이 四心이 서로 어울려, 眞과 意는 날로 없어지고 천하는 도도(滔滔)히 虛로 달음질치고 있다.」 〈洪大容 / '毉山問答〉

「대저 著書의 法이란, 경적(經籍)을 宗으로 삼고 經世澤民의 學을 다음으로 하되, 關防·器用의 制와 같은 것으로써 外侮를 막는 데 필요한 것도 적지 않다. 쇄세영성(瑣細零星)의 說과 같은 것은 일시의 담소(談笑)에 쓰일 뿐이며, 진부불신(陳腐不新)의 談과 지리무용(支離無用)의 論은 지묵(紙墨)을 도비(徒費)할 뿐이니, 진과가소(珍果佳蔬)를 수식(手植)하여 生前의 生理를 博하게 하는 것만도 같지 못한 것이다.」

〈丁若鏞 / 全書, 示二子書誡〉

청대의 고증학자들은 송대의 이학(理學)을 지나치게 관념적이고 형이상학적이라 하여 이를 배격하고 경세치용에의 길을 텄다. 동시에 서구적 자연과학도 접근하여 새로운 실학사조의 길 잡이가 되어 주었다.

淸初 앤위앤[顔元, 習齋, 1635-1704]과 그의 제자 리공(李塨, 恕谷, 1659-1733)의 사상이 조선 후기 실학파 제유(諸儒)가 목표로 했던 바를 이론상으로 극한화(極限化)한 감이 있어 우리 실학사상의 고찰에 큰 시사(示唆)를 준다.

「…이로부터 의연(毅然)히 周孔의 道를 明行함을 자신의 임무로 삼고, 宋明 제유(諸儒)의 습습(習襲)을 진탈(盡脫)하여 全體大用의 學에 종사하게 되었으니 2千年 학술 氣運의 一大關이 아니겠는가. 千餘年來에 천하를 거느려 고지(故紙) 속에 묻히게 하고 身心 · 氣力을 모진(耗盡)시켜 弱人과 病人과 無用人을 만든 것은 모두 晦庵이 한 일이다. 堯舜 때의 學은 단지 六府、三事이니 그 이외에 다른 學이 있다면 이단(異端)이요, 周 · 孔 때의 學은 단지 三物이니 그 이외에 다른 學이 있다면 外道이다. 堯舜의 正德 · 利用 · 厚生을 三事라 하지만, 이것을 '事'에서 보지 않으면 德이 아니오 用이 아니오 生이 아니다.
주공 딴(周公 旦, ?-BC 1094)의 六德 · 六行 · 六藝를 三物이라 하지만, 이것을 '物'에 징(徵)하지 않으면 德이 아니오 行이 아니오 예(藝)가 아니다. 天이 나를 버리지 않는다면, '간황(墾荒) · 均田 · 興水利'의 7字로 천하를 富하게 하고, '人皆兵 · 官皆將'의 6字로 천하를 强하게 하고, '擧人才 · 正大經 · 興禮樂'의 9字로 천하를 安하게 할 것이다.」
〈'顔李叢書'〉

〈改新儒學의 流系〉

실학의 전개과정을 이해함에 있어
16세기 중엽-17세기 중엽(宣祖-仁祖)을 실학의 준비기 · 17세기 중엽-18세기 중엽(孝宗-英祖)을 맹아기(萌芽期) · 18세기 중엽-19세기 중엽(英祖-憲宗)을 전성기로 보는 견해(千寬宇),
17세기 중엽까지를 봉건적 이데올로기로서의 실학 · 17세기 중엽-18세기 중엽을 封建性이 해체되는 과도기의 실학 · 18세기 후반-19세기 중엽을 新興시민층을 대변하는 실학 · 19세기 중반기를 改新思想으로 넘어가는 전환기의 실학으로 파악하는 견해(趙璣濬),
星湖에서 시작되는 經世致用학파를 1기(18세기전반) · 연암(燕巖)을 중심으로 하는 利用厚生학파를 2기(18세기후반) · 완당(阮堂)으로 대표되는 고증학적인 實事求是학파를 3기(19세기전반)로 보는 견해(李佑成),
修己治人을 주로 學的 태도의 면에서 반성하는 초기실학론 · 초기유학(洙泗學)에로의 復古를 염두에 두면서 學的 대상과 방법을 모색하는 고전적 實事求是學 · 초기유학을 극복하려는 經世學的 단계 · 유교적 전통에서 유리되는 致用論의 단계 · 근대서양의 진출에 대응하는 新實事求是論의 단계 등 다섯 단계로 파악하는 견해(全海宗, 1919-)가 있다.

千寬宇는 반계(磻溪)에 의해 실학이 '學으로서의 존재'가 되고, 星湖 李瀷 一門에 의하여 '學派로서의 존재'로서 확인되었으며, 燕巖 朴趾源 · 湛軒 洪大容 · 茶山 丁若鏞 등에 의해 '시대사조의 지배적 경향으로서의 존재'가 되었다고 했다.

위당(爲堂) 정인보(鄭寅普)가 '담원국학산고' 에서 「조선근고 학술사를 종계(綜系)하여 보면 반계(磻溪)가 1조요, 성호가 2조요, 다산이 3조인데……」라고 한 글은 반계-성호-다산을 묶어서 조선근고 학술사의 주축(主軸)으로 삼은 것이다.

「근세 조선학의 유계(流系)에 3파가 있으니, 성호를 도사(道師)로 하고 농포자(農圃子)의 전서(傳緖)까지 아우른 일계(一系), 이소재 이명(李疏齋 頤命), 김서포 만중〔金西浦 萬重, 김익겸(金益兼, 1614-1636)의 아들〕으로부터 유연(流衍)된 일계(洪大容도 이 系에 속함), 하곡(霞谷)의 학을 승수(承受)한 一系가 있다.」고 하였지만 여기서 성호 이익、농포자 정상기(鄭尙驥)계통, 이이명、김만중、홍대용 계통, 谿谷 · 遲川 · 霞谷 계통의 셋으로 분류한 것은 실학이 남인(南人) 노론(老論) 소론(少論) 등 각 당파에서 연구되었다는 것을 말 하고자 함일 것이다.

성호는 '국초이래 시무(時務)를 아는 사람은 이율곡, 류반계 두 분이다.' 고 하였고, 담헌도 「우리나라 사람의 저서 가운데서는 율곡의 '성학집요' 와 반계의 '수록' 이 경세 유용지학(經世有用之學)이다.」라 하였다.
이익의 학문 범위는 정약용이 밝힌 것처럼 「李彦廸과 퇴계의 학풍을 사숙(私淑)하면서, 心性之學을 經으로 하고 經濟之業을 위(緯)로 한다」
성호학파는 크게 두 영역으로 갈라져 한쪽은 尹東奎(1695-1773) · 신후담(愼後聃, 1702-1761) · 安鼎福 등 노장층이, 다른 한쪽은 權哲身 · 李家煥 · 李承薰 등 청년층이 각각 중심이 되었다. 18세기 후반 홍대용 · 박지원 · 박제가 등의 북학파는 老論 계통으로서 畿湖南人 계통인 성호학파와는 다른 학풍을 보여주고 있었다.

반계、성호학파가 조선조후기 실학의 1기를 형성한 것은 경세치용(세상을 다스리고 실용을 이루는)의 학을 개창(開創)한 데 있음이요, '북학의' 란 孟子에게 천량(陳良)이 '북학어중국(北學於中國)' 이라 한 데에서 얻어진 말로서 남만인(南蠻人)의 북학문화란 의미를 갖는데 중국의 정치제도〔예악문물(禮樂文物) 또는 전장제도(典章制度)〕를 배운다는 뜻이다.

연암과 초정으로 대표하는 이용후생파들은 경세치용파의 뒤를 이어 조선조 후기 실학 2기의 사명을 담당하여 반계의 '균전론(均田論)', 성호의 '한전론(限田論)', 다산의 '여전론(閭田論)' 등 토지개혁을 통한 농정의 쇄신을 꾀했다. 그들 전정(田政)의 요체는 경자유전(耕者有田)의 원칙에 의거하여 농민들을 호족침탈(豪族侵奪)로부터 보호하자는 것이었다.

앤징(燕京)을 거쳐 들어온 천주교리는 주로 식자들 일부와 불우한 민중의 벗으로 받아들여졌고, 유학의 경전은 청조 고증학의 영향 하에 원시유교로서의 복귀가 시도되었던 것이니, 조선조후기 실학자들에 의한 경전연구가 시도된 계기는 이 때문이다.

백호(白湖) 윤휴의 경전주해는 전반적 연구가 아직 세상의 빛을 보지 못한 오늘에 있어서 그의 사상적 본질이 곧 실학적 경학의 본원(本源)이 될 수 있을 것인가는 속단(速斷)할 수 없다. 西溪 朴世堂(1629-1703)의 '사변록(思辨錄)'은 개신경학의 문호를 열었다.

실학사상의 근원이 개신유학에 있고, 개신유학의 본질은 개신경학에서 찾아야 한다면 서계-다산의 경학은 실학사상의 철학적 기반이 아닐 수 없다.

茶山은 宋·明과 漢·唐을 가리운 佛·老의 검은 구름을 뚫고 이천년 이래 처음으로 수사(洙泗)(孔子學)의 태양을 마주 바라보게 되고, 朱子學的 세계에서 孔子學的 세계로의 전환을 이룩했다. 수사학도 훈고(訓詁)、술수(術數)、사장(詞章)、성리(性理)、과거(科擧)등 오학(五學)이라는 정글(다산은 '오학의 부장'이라고 하였다.) 속에 묻혔던 것이니, 개신유학의 수사학적 본질을 다산은 수기치인(修己治人)의 원리에서 찾고자 했다. 수기군자는 곧 현자치인(賢者治人)의 반면(半面)이요, 현자치인은 수기군자(修己君子)의 업(業)일 따름이니 목자는 수기치인의 종합체일 수 밖에 없다. 그러나 우주론(음양설)、인생론(성명론)、윤리설(오륜설)을 통하여 얻어진 그들의 철학적 입장은 정주학의 세계에서는 멀리 떠나 있다. 모름지기 경세학과 경학은 실학사상의 음양의 양면이 되어 하나의 실학으로서의 합일상(合一像)이 형성될 것이라는 주장은 하나의 색 다른 문제의 제기로 간주해도 좋다.』

〈李乙浩(1910-1998)·金泳鎬(1940-)〉

〈저술로 본 실학〉

실학의 대종(大宗) '반계수록'·'성호사설'·'경세유표' 등은 경세학의 계보(系譜)에 속해 있다. 이익의 '성호사설(星湖僿說)', 홍만종(洪萬宗, 1643-1725)의 '순오지(旬五志, 十五志, 1678)', 이의봉(李義鳳, 호 㦤隱, 1733-1801)의 '고금석림(古今釋林, 1789)', 류희(柳僖)의 '물명고(物名攷, 物名類考)' 등은 이수광의 '지봉유설'(20권, 1614)에서 영향 받은 것이라 추측된다.

류형원은 7세에 '상서(尙書)'〔서경(書經)〕를 읽다가 '우공(禹貢)'과 '기주(冀州)' 두 자만 보면 너울너울 춤을 추었다. 장성하자 통유(通儒)가 될 것을 다짐, 진사가 되었으나 더 이상 진출하지 않고 부안군 우반에 가 살면서 스스로 '반계은자(磻溪隱者)'라고 불렀다. 숙종 4년(1678) 그의 벗 배상유(裵尙瑜, 1610-1686)가 '반계수록' 중의 7개조를 들어 그 실시를 논한 일이 있었으나 채택되지 못하였고, 영조 17년(1741) 승지 양득중(梁得中, 1665-1742)에 의하여 진정(進呈)되어, 영조 45년 유신(儒臣) 홍계희(洪啓禧, 1703-1771)에 명하여 간행하게 하였으니 류형원이 사거한지 거의 1세기 뒤의 일이었다. '반계수록'

은 총 26권 13책 및 보유(補遺)로 되어 있다. 그 편제(編制)는 전(田)、교선(敎選)、임관(任官)、직관(職官)、녹(祿)、병제(兵制)의 6부문과 미완성인 보유 '군현제(郡縣制)'의 1편으로 구성되었는데, 田制의 정비 위에 국민의 부담과 국가의 재정을 논하고 그 기초 위에 국방과 학제를 바로세울 것을 역설하였다.

이익(李瀷)의 주저로는 '사설'〔僿說, '자질구레한 이야기'를 모은 문집〕과 '곽우록(藿憂錄, 1740)'이 있는데, '사설(30권)'은 왕치(王圻, 1530-1613)의 '삼재도회(三才圖會, 1607)'를 참고하여 天地、萬物、人事、經史、詩文의 5개 부문으로 나눈 백과사전적 저술이다.

성호는 생산노동을 저해하는 요소로서 노비、과거、문벌、기교(技巧)、중(僧尼)、유타(遊惰) 등 여섯 가지 좀〔육두(六蠹)〕을 들고 농산물의 증산 내지는 모든 생산의 장려를 위해 생중(生衆), 식과(食寡), 위질(爲疾), 용서(用徐) 등 네 방도를 역설하였다.

정약용은 막연한 격군지심(格君之心)만으로는 천하를 바로 잡을 수 없음을 깨닫고 1표 2서〔'경세유표(1817)', '목민심서(1818)'·'흠흠신서(欽欽新書, 1819)'〕를 저술하였다.

'경세유표'는 애초에 방례초본(邦禮艸本)이라 하였는데, 방례란 주공제례(周公制禮)의 뜻을 이어 받아 국가제도를 개혁정비하자는 의도가 담긴 저서이다. 1표 2서 외에 다산의 경학은 중용자잠(中庸自箴)、대학공의(大學公議)、논어고금주(論語古今注)、맹자요의(孟子要義) 등 四書에 대한 경의(經義)의 천영을 위시 하여 주역、서경、시경、춘추、예기、악경 등 6경에 있다. '六經四書以之修己, 一表二書以之治國平天下……'」라 했듯이 다산에게 이르러 경학과 경세학이 혼연일체(渾然一體)를 이루고 있음을 엿 볼 수 있다. 그 서문 '經世遺表引'에서 사회실태를 '털끝하나 병 들지 않은 것이 없다.(蓋一毛一髮無非病耳)' 하고, 궁극의 지표를 부국강병에 두고 중앙 행정기구의 개편, 행정감독의 강화, 국가재정의 정비, 산업기술 정책으로 '北學之法'(北學論, 淸에 가서 배워오자는 것) 등을 제시하였다. 곡(穀)의 협잡(挾雜)을 '心書'에서는 八亂, 독립된 '환향의(還餉議)'에서는 七條로 분석하고, 다시 守令의 협잡 6종과 이서(吏胥)의 협잡 12종으로 세분 논증하였다. 다산은 그 회갑년에 쓴 '자찬묘지명(自撰墓誌銘)' 가운데 「귀양살이 18년 동안 경전에 마음을 오로지 하여 詩·書·禮·樂·易·春秋와 四書에 대한 학설(學說)이 2백30卷인데, 그 정연(精研)·묘오(妙悟)야말로 옛 성인의 본뜻을 충분히 지녔으며, 시문은 70卷인데, 朝列에 있을 때의 작품이 많았으며, 典章·牧民·按獄·武備·疆域·醫藥·文字學 등에 대한 잡저(雜著)가 2백권이나 되었으나, 모두 聖經에 근거하여 시의(時宜)에 알맞게 꾸몄으니 혹시나 취할 이가 있을 것이다.」라고 '목민심서'(48卷)에 관해 자평했다.

「율기(律己)、봉공(奉公)、애민(愛民)을 세 기둥으로 삼고, 이(吏)、호(戶)、예(禮)、병(兵)、형(刑)、공(工)을 6전(典)으로 만들어 진황(振荒)을 한 단원으로, 하나의 조목마다 6조(條)를 포함했다. 고금의 사례와 이론을 찾아 간위(奸僞)를 밝혀 목민관으로 하여금 단 한 사람의 백성에게라도 혜택을 줄 수 있으면 하는 것이 나의 마음씀이다.」

다산은 '성기호론(性嗜好論)' 에서 「性이란 기호인데 형구(形軀)의 기호(육체적 감각적 기호)가 있고 영지(靈知)의 기호(초감각적인 樂善而恥汚하는 것)가 있어 전자를 따르면 欲을 따르는 것이고 후자를 따르면 性을 따르는 것으로 人心은 작게 되고자 하는 데 비해 道心은 크게 되고자 하는 경향이 있다.」하고 '탕론(湯論)' 에서 군주의 세습제도를 부인하고, 선출된 군주라도 잘못이 있다면 개선할 수 있다고 하였으며 '四民平等論' 에서 士農工商의 신분질서를 비판하였다.

북학사상의 특징은 반계ㆍ성호의 중농(重農)과는 대조적인 중상(重商)에 있다. 류수원〔柳壽垣, 호 농암(聾菴), 1694-1755〕의 '우서(迂書)' 에는 문답의 형식으로 정치 · 경제 · 사회 · 문화 전반에 대한 개혁안이 체계적으로 제시되어 있다.

연암(燕巖)은 '열하일기(熱河日記, 26권 12책, 1780)' 에서 족형(族兄) 금성위(錦城尉) 박명원(朴明源, 1725-1790)이 燕京에 사신으로 갈 때 수행하여 청조 문물을 관찰하고 생활과 과학기술은 물론 그들과의 문학ㆍ역사ㆍ음악ㆍ종교ㆍ과학 등 광범위한 토론을 실었는데, 그 외에도 '과농소초(課農小抄, 1799)' · '한민명전의(限民名田議)' 등의 저술이 있다.

조선과 明 사이에는 정기적인 사절이 년 평균 3회 파견되었고 조선과 淸 사이에도 인조 15년(1637)부터 고종 31년(1894)까지 258년간 494회, 연평균 2회의 사절이 파견되었다〈청선고(淸選考)〉. 사행의 규모는 작게는 260명, 많게는 400명이 넘기도 했다. '연행록전집' 과 '연행록속집' 에 근 6백종의 연행록이 수집되었다.

북학을 지향하는 태도는 '18세기 3대 연행록' 이라 불리는 김창업(金昌業, 호 老稼齋, 1658-1721)의 '노가재연행록(老稼齋燕行錄, 1712)', 홍대용의 '담헌연기(湛軒燕記)', 박지원의 '열하일기(熱河日記)' 에 잘 드러나 있다.

연암은 「글자는 군사이고, 글의 뜻은 장수이다. 제목은 적국이고, 고사(故事)는 싸움터의 보루이다. 글자를 묶어 구절을, 구절을 모아 문장을 만드는 것은 대오(隊伍)를 이루어 진을 치는 것과 같다. 운(韻)과 문채(文彩)는 징과 북을 울리고 깃발을 날리는 것과 같다」고 하였다.

초정 朴齊家는 신분 · 문벌제도를 타파하는 것 뿐 아니라 절검(節儉) 사상도 배격되어야 한다고 하였다. 즉 「재물은 샘(井)과 같은 것이다. 퍼내면 차(滿)고 버려 두면 말라 버린다.', '쓸 줄 모르면 생산할 줄도 모르고 생산할 줄 모르면 날로 궁해진다.」〈市井〉고 하였다.

박제가는 '북학의' 서론 서두에서 「고운(孤雲)은 唐 진사가 되어 돌아와서 혁신책을 써보려고 하였으나 뜻대로 되지 않아 가야산으로 숨어 버렸고, 그 후 중봉(重峯)은 正使로 燕京에 다녀와서 동환봉사(東還封事)로 개혁을 주장하였다. 천 여년 동안에 중국과 같이 되어 보려는 의욕을 가졌던 이는 이 두 사람뿐이다.」라고 하였는데 '北學議' 외에도 '정유고략(貞蕤藁略)' · '시집' · '각문집(閣文集)' 등이 있다.

경학적 저술로서 박세당(朴世堂)의 '사변록(思辨錄, 一名 '通說')' 에 주의를 기울이기 시작한 것은 최근의 일로〔李丙燾、尹絲淳의 논문이 있다〕 현상윤의 '조선유학사' 에도 박세당에 관하여 4행의 단문이 실려 있을 따름이다. 西溪의 철학적 입장과 방법론은 '대학' 의 三綱領(明明德 · 親民 · 止於至善)의 해석에서 더욱 잘 드러난다.

경학은 程朱의 세계에서 탈출하여 惠岡 최한기(崔漢綺)와 같은 특이한 실학자를 배출하였다. 천여 권으로 헤아리는 '명남루총서(明南樓叢書)' 등의 방대한 업적의 저변구조를 형성한 그의 실학사상은 유기론(唯氣論)에 근거하고 있는데 '星氣運化(1867)' 는 허셸(Friedrich Wilhelm Herschel, 1738-1822)의 '담천(談天)' 을 번안한 것이고 '기측체의(氣測體義, 1836)' 는 '신기통(神氣通)' 과 '추측록(推測錄)' 을 합쳐서 명명한 것이다.

「바늘이나 송곳을 보고 찔릴까 봐 두려워하는 것은, 그전에 스스로 찔리어 보았거나, 다른 사람이 찔리어 아파하는 것을 보고 들어서 찔리면 아프다는 것을 알기 때문이요 바늘이나 송곳 뿐만 아니라 가시 같은 것도 피하려 한다. 경험에 앞서서 경험에 의거하지 않는 어떤 선천적인 知가 본래 부터 따로 있어서 두려워하는 것은 아니다.」
崔漢綺는 '神氣通' 3권 중 1권에서 총론적인 체통을 논하고, 2권에서 目通 · 耳通 · 鼻通 · 口通을, 3권에서 生通 · 手通 · 足通 · 觸通, 더 나아가 서로 증험(證驗)하는 것으로서의 周通등을 다각도로 분석 서술하고 있다.

열암(冽巖) 박종홍(朴鍾鴻)은 혜강의 인식방법에 대한 서술에서 '심체(心體)의 순담(純澹)' 을 로크(John Locke, 1632-1704)의 '백지' (白紙 : tabula rasa)에 견주고, '니착(泥着)의 제거' 를 베이컨(Francis Bacon, 1561-1626)의 '우상' (偶像 : Idola)과 일치하는 것으로 지적하였으며, '거화취실' (去華就實)의 무실(務實)사상은 오캄(William of Ockham, 1285-1349)의 '유명론' (唯名論)이나 베이컨의 '시장(市場)의 우상' 에 해당하는 것으로 보고 여러 감각들을 주통(周通)하게 하고 기억하는 방법을 제시한 것은 흄(David Hume, 1711-1776)의 '관념연합에 관한 이론' 과 일맥상통하는 것이라 하였다.

〈'박종홍전집(5)' / '崔漢綺의 科學的인 哲學思想' , 민음사, 1998, 315쪽〉

최근의 연구에서는 혜강의 '신기' 개념이 마테오 리치(Matteo Ricci, 1552-1610)의 '천주실의' (天主實義, 1603)나 삼비아소(Sambiaso, 畢方濟, 1582-1649)의 '영언려작' (靈言蠡勺, 1624)의 영향을 받은 점이 지적되고 있으며, '신기' 의 기능을 사유 · 의지 · 욕망으로 제시하고 있는 점이 그 사례로 지목되고 있다.

〈권오영 / '최한기의 삶과 학문편력' , 철학과 현실사, 2000, 82쪽〉

이만부(李萬敷, 호 息山, 1664-1732)는 '지서(志書)' 열다섯 권을 지었는데 남인 실학자로서 당파와 학통을 초월해 실천실학을 일으키는 데 지대한 공헌을 했다.

청담(淸潭) 이중환(李重煥)은 '택리지(擇里志)' 를 통해 사대부 계급에 대한 비판, 사민평등사상의 전개, 재부산출(財賦産出)、물화유통(物貨流通)에 의한 국리민복을 역설하였다.

'동국여지승람(東國輿地勝覽)'을 감수한 신경준(申景濬)의 저술로 '의표도(儀表圖)'·'부앙도(頫仰圖)'·'강계지(疆界志)'·'산수경(山水經)'·'도로고(道路考, 1770)'·'수차도설(水車圖說)'·'일본증운(日本證韻)'·'언서음해(諺書音解)'·'오성운해(五聲韻解)' 등이 있어 천문지리·성률(聲律)등에 조예(造詣)를 짐작하게 한다.

안정복(安鼎福)은 '동사강목(東史綱目)'·'사감(史鑑)'·'열조통기(列朝通紀)'·'임관정요(臨官政要)' 등의 저술이 있고 옥유당 한치윤(韓致奫)은 '해동역사'가 있다.

홍대용(洪大容)의 저술에는 '담헌서(湛軒書, 15책)' 등 수권이 있는데, '주해수용(籌解需用)'은 수학·측량술·지문·역학과 음률에 관한 것이요, '임하경륜(林下經綸)'은 치국안민의 요도(要道)와 편군·축성의 의견을 말하였고, '담헌연기(湛軒燕記, 1766)'는 중국기행으로서 문물·풍속·산업을 소개하였으며 '의산문답(醫山問答)'은 가상인물 虛子와 實翁이 遼寧省 北鎭市의 의무려산(醫巫閭山, '세상에서 상처받은 영혼을 크게 치료하는 산')에서 주고받은 이야기를 엮은 것이다.

존재(存齋) 위백규(魏伯珪, 1727-1798)의 '정현신보(政弦新譜)'는 팔도의 산천、토지와 정폐(政弊), 민속과 원근(遠近)、험이(險夷)를 자세히 기록한 것으로 정통한 실학을 짐작하게 하는 저술이다.

취석당(醉石堂) 우하영(禹夏永, 1741-1812)의 '천일록(千一錄)'을 조선조후기 실학의 한 업적으로 소개하였는데 (李佑成, 실학연구입문) 그는 경험적 사실의 관찰과 분석, 그리고 자연현상의 이치를 통하여 현실의 제 문제를 해결하려 하였다.

동무(東武) 이제마(李濟馬, 1838-1900)의 '동의수세보원(東醫壽世保元)' 권 1 성명(性命)、사단(四端)、확충(擴充)、장부(臟腑)의 四論은 음양 양기의 유기론적 철학에 근거하고 철학、윤리、심성(心性)、장부(臟腑) 등의 종합적 인간학으로서 주목을 끄는 저술이다.

〈실학사상의 계승〉

영정조시대의 신학풍—실학의 사조—을 자아각성(역사적 위치와 사명인식)이니 자기혁신(현실 부조리의 해부 비판)이니 하기도 하고, 구 체제 또는 폐습에 대한 비판정신을 가리키기도 한다. 전통유학은 전근대적 유물로서 번문욕례(繁文縟禮), 가부장적(家父長的) 종속윤리, 형이상학적 이기(理氣)철학등 한결같이 현실개혁의 저해요인으로 간주되었다.

박규수(朴珪壽, 환재(瓛齋) 初名 珪鶴, 朴趾源의 손자, 1807-1877)는 別使로 燕京에 다녀와서 서양의 과학적 사상이 富國安民에 필수적이라고 강조하게 되었고 양반계층의 허구를 비판, 四民平等을 주장하고 천조(天朝) 모형(模型)의 華夷的 세계관으로부터 탈피하여 개방외교를 주장하였다.

金玉均은 空言을 배척하고 개화上疏에서 양반관리의 수탈을 통박, 人民平等을 주장하고 유길준은 '西遊見聞'에서 공리공담(空理空談)의 학문적 폐습을 탈피, 실용적인 학문을 익히고 개방해야한다고 역설하였다. 송재(松齋) 서재필(徐載弼, 1866-1951)은 기송사장(記誦詞章)의 학문에 빠진 주자학자, 儒生들의 허황(虛荒)한 학문 태도를 비판하였는데 실용적인 人民教育說은 人權論, 教育論, 法治論으로 나타나 대중적 차원의 개화운동으로 심화되었고 도산(島山) 안창호(安昌浩, 1878-1938)의 무실역행(務實力行)은 민족의 활로를 개척하는 지도이념이었다.

「아조(我朝)에 이르러 태조가 나라를 열고 세종이 그 토대를 지켜 경제육전(經濟六典)을 채용하였다. 그 뒤 기묘제현(己卯諸賢)이 다소 일을 해 보려고 하였으나 무고(誣告)에 부딪쳐 피투성이가 되니 이로부터 士林이 낭패(狼狽)하여 감히 국사(國事)를 말하는 이가 없어졌다.」〈율곡 / '만언봉사(萬言封事)'〉라고 하였거니와, 국가의 현실과 장래를 근심하여 큰 포부를 보여 준 이들은 태조 때의 조준 · 정도전, 세종 때의 양성지 · 정인지 · 서거정, 중종 때의 조광조 등 기묘제현이 있고 나서는 율곡 · 조헌 · 류성룡 등이 계기(繼起)한 것이다.

• *중국과 일본의 실학*

한국은 경세치용(經世致用)으로 정치경제 개혁에, 중국 실학은 실체달용(實體達用)으로 철학과 사상에, 일본의 실학은 과학기술 등 잡학에 각각 중점을 뒀다.

중국 실학의 역사는 세 시기로 나뉜다.

첫째 북송시대 유교사상 [朱子의 이학(理學 · 성리학), 루쥬위안(陸九淵)의 심학(心學 · 양명학)] 에 유물론적 세계관을 가미한 장헝취 [張橫渠, 이름 載] 의 사상.

둘째 明 · 淸대 성리학의 공리공론을 비판하며 진실성을 강조한 리즈 [李贄, 號 쥐우(卓吾), 1527-1602], 학문은 실익을 증진하는 것이어야 한다는 황쭝시 [黃宗羲, 字 타이충(太沖), 號 난레이(南雷), 1610-1695], '貴創' · '博證' · '致用'의 사상으로 실증연구의 중요성을 강조한 구옌우(顧炎武)의 고증학.

셋째 淸 후기 천주교를 통해 서양학문을 연구한 서학이다. 18세기에서 19세기 전반까지가 고증학의 전성시대로서, 주류는 浙西學派였는데 훈고(訓詁)의 가법(家法)을 중시한 오파(吳派)와 경전의 고증, 특히 문자음운학(소학)에 뛰어났던 완파(皖派)로 나뉘었다. 별파로는 黃宗羲로 부터 章學誠에 이르는 浙東學派가 있었는데 후에 장빙린(章炳麟, 1868-1936) · 왕궈웨이(王國維, 號 觀堂, 1877-1927) 등이 나타났다.

일본의 실학은 17세기 실증성을 강조한 오규 소라이 [荻生徂徠, 본명 모노노베 나베마쓰(物部雙松, 1666-1728] 와 이토 진사이(伊藤仁齋, 1627-1705)의 고학(古學), 네덜란드를 통해 서양 과학 · 의학 · 기술을 연구한 난학(蘭學), 이후 영미를 통하여 서구사상을 들여온 서학(西學)을 통칭하는 개념이다.

韓國 儒學의 系譜

〈자료 : 張志淵/ '朝鮮儒敎淵源', 李丙燾/ '韓國儒學史 草稿', 玄相允/ '朝鮮儒學史'〉

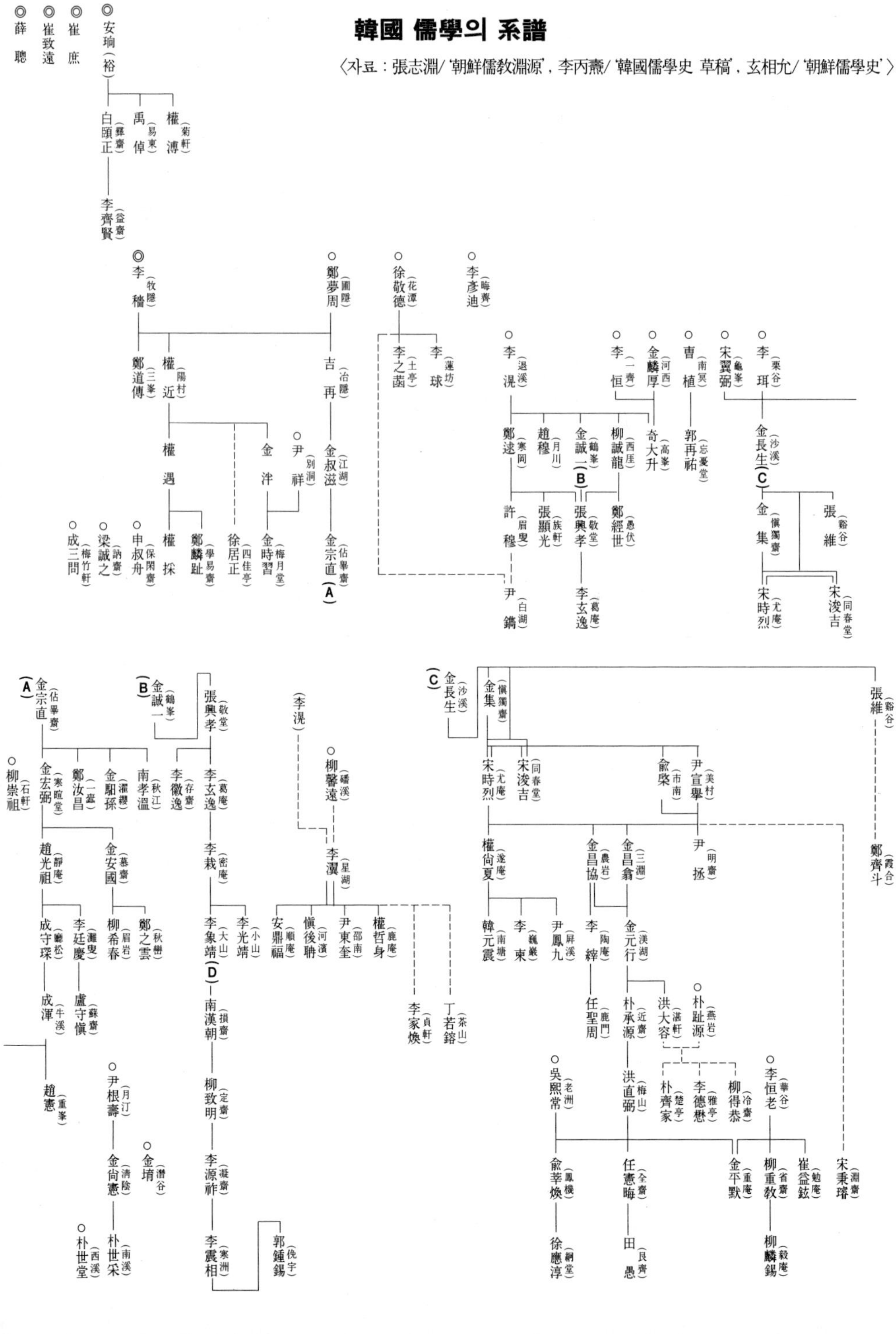

畿湖系列 道學派의 系譜

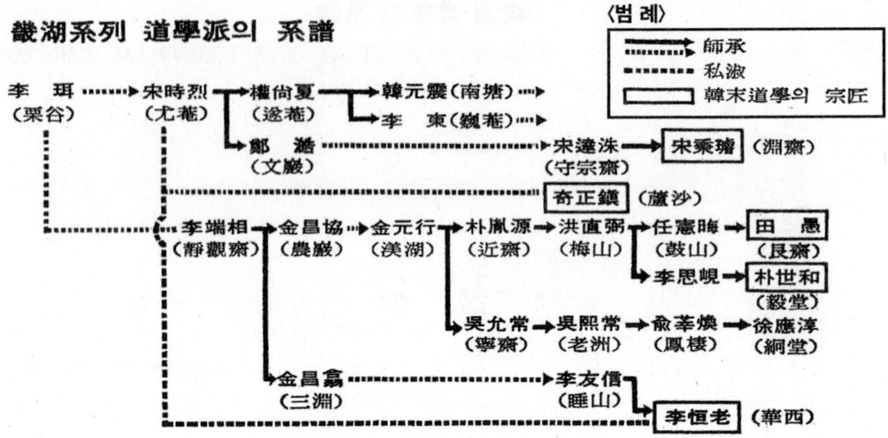

嶺南系列 道學派의 系譜

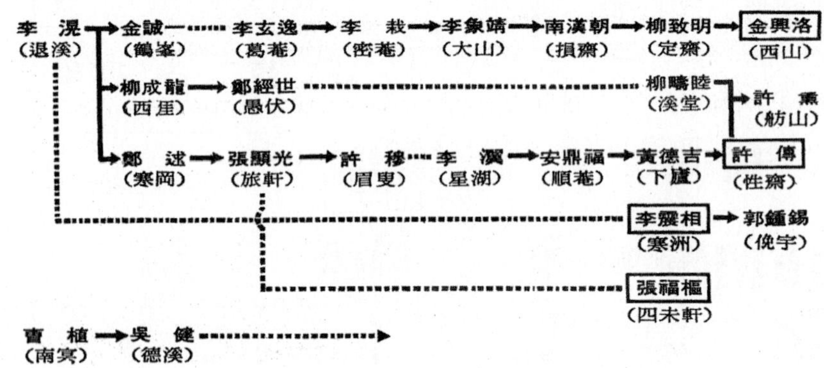

〈자료 : 琴章泰 / 成大교수 · 儒學〉

※ 한국유학 사상의 회고

宋을 중화로 보고 金을 이적(夷狄)으로 간주하는 존화양이(尊華攘夷)의 명분론이 조선조에 계승되어 17세기 중반 夷狄인 청(淸)에 의해 中華인 명(明)이 망하자 '숭명배청'(崇明排淸)의 사상이 유학계를 풍미(風靡)했다.

三國 · 고려시대의 유학은 불교 道家사상 등과 혼용하면서도 유학의 근본정신을 잘 살려 나간 전통이 있었다. 조선시대에도 뜻 있는 유학자는 다른 종교와 사상에 대하여 배척하지 아니하고 불교 · 도가사상을 연구하고 內修의 방법으로 수용한 예가 많이 있었다. 한국성리학은 도덕적 규범주의의 심화, 정통-이단 관념이 낳은 교조주의, 가족공동체주의적인 禮문화, 화이적(華夷的) 세계인식이 하나의 구조를 이루어 역사의 방향을 고정화시켜갔다.

도교와 불교에 대한 이단 논박, 16세기 중반 양명학(陽明學) 비판을 거쳐, 17세기에서 18세기에 걸쳐 실학사상이 등장, 서양의 과학기술과 천주교 전래와 더불어 사상적 다변화가 이루어졌다. 한말을 전후하여 주자학적인 정통성 아래 편견(偏見)과 배척(排斥) 등으로 얽힌 폐쇄적 사고가 사회와 국가를 弱體로 만들고 외세에 당당하게 대응하지 못했던 문제로 제기된다. 천주교와의 통섭(通涉)을 통해 중화주의적 의리론 극복, 신분적 차별의 해소(解消) 추구, 민생(民生) 향상을 도모하려던 실학자들의 시도와 '순수천명'(順受天命) · '수신행도'(修身行道)라는 유교의 종교성을 계발할 수 있는 기회를 얻었던 사실도 되새기게 된다.

위암(韋庵) 장지연(張志淵)은 유학의 성(盛)을 긍정하되, 국세의 쇠인(衰因)은 진유(眞儒)를 쓰지 않고 비진유(非眞儒) · 가유(假儒) · 소유(小儒)가 행세한 때문이었고, 이들의 붕당 폐단 때문이었다고 하여 유교를 죄책(罪責)하는 것에 반대하였다.

현상윤은 한국유학이 끼친 공으로 군자학의 면려(勉勵), 인륜도덕의 숭상, 청렴절의의 존중을 들었으며, 죄로서 모화사상(慕華思想), 당쟁, 가족주의의 폐해(弊害), 계급사상, 文弱, 산업능력의 저하, 尙名主義, 복고사상을 들었다.

한국의 유학은 배타적인 구습을 탈피하여 수시변통(隨時變通)하는 역(易)철학, 성(誠)과 경(敬)의 철학, 서(恕)와 효(孝) 사상, 예교(禮敎)와 和同의 전통을 계승한다면 安民 · 富國의 미래가치 실현에 지속가능한 긍정적 역할을 할 수 있을 것이다.

中國哲學系統表

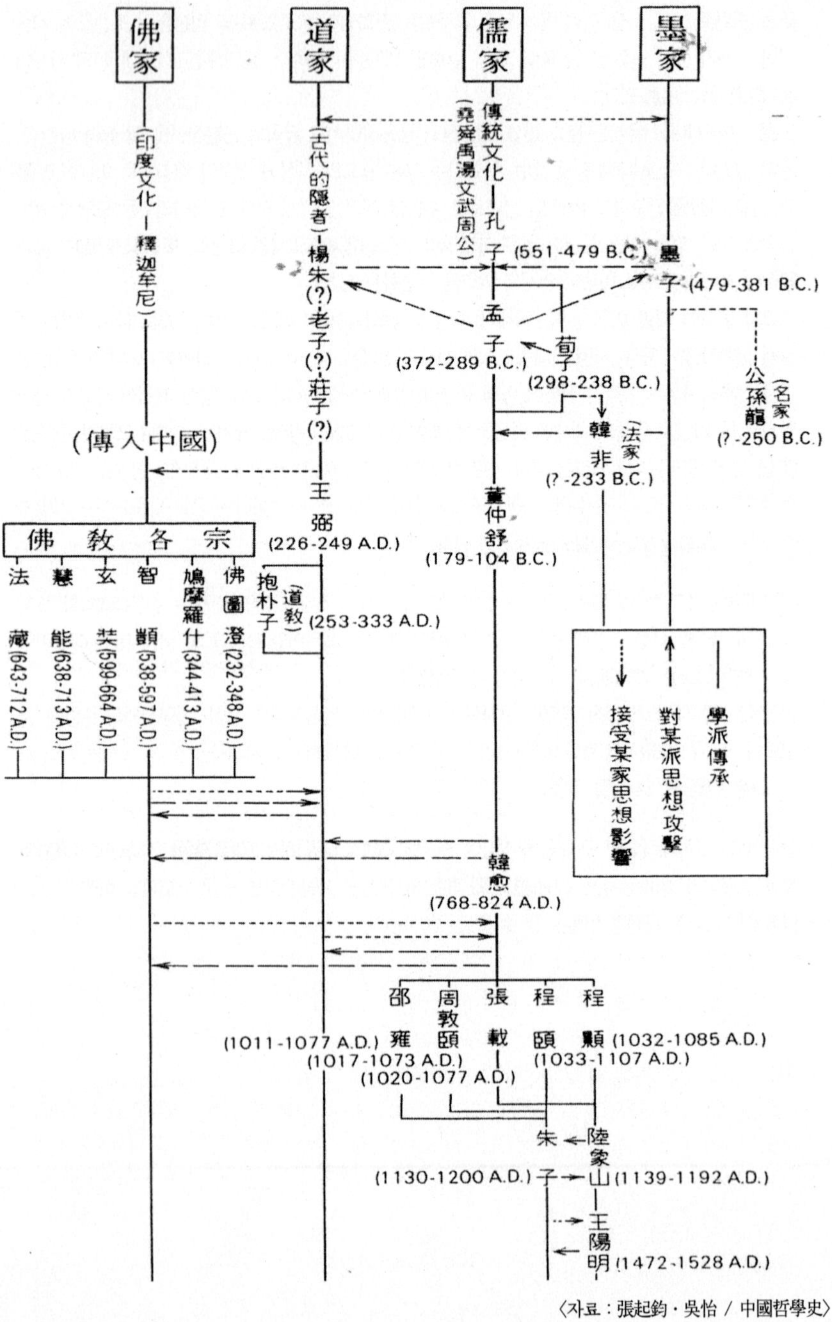

〈자료 : 張起鈞 · 吳怡 / 中國哲學史〉

그리스도의 속량(贖良)을 따라 - 한국 기독교

「기독교는 토인비의 말을 빌면 세계 4대 고등종교의 하나이다. 고등종교의 가장 두드러진 특성의 하나는 그 고등종교를 낳은 특정한 문화의 틀에 갇혀 있지 않고 그 틀을 넘어선 초문화적(超文化的) 성질을 가지고 있는 점이다. 유교가 중국문화에, 불교가 인도문화에, 기독교가 시리아 문명에 뿌리박고 있으면서도 문화적 특수성을 넘어선 보편성을 지니고 있었기 때문에 각각 동아시아와 그리스 · 로마의 이질적인 문화 속에 들어갈 수 있었던 것이다.

알프레드 베버(Alfred Weber, 1868-1958)는 한 문화에는 사회과정, 문명과정, 문화운동의 세 영역이 있다고 한다. 사회과정은 정치 · 경제처럼 실천성 · 현실성이 강하며 현실에서 가장 부자유한 영역이고 문명과정은 현실에서 가장 자유로운 과학과 기술의 영역이고 문화운동은 '현실에서의 자유'라는 측면에서 사회과정과 문명과정의 중간적인 위치로, 표현하고 있는 것은 불변의 인간성이라는 보편성이다. 알프레드 베버에 의한 기독교의 초문화적 보편성은 문명과정(자연의 법칙)의 보편성이 아니라 문화운동(인간정신)의 보편성이라는 것을 알 수 있다.

토인비는 한 문명의 표층(表層)을 싸고 있는 것이 경제적 정치적 요소이고 중심에 자리잡고 있는 것이 종교적 요소라고 한다. 그러므로 토착문화가 외래문화의 충격을 받으면 맹렬히 저항한다. 韓末 척사(斥邪)운동과 천주교박해로 대표되는 배외(排外)운동은 바로 그러한 싸움이다. 토인비는 오늘날 비서구문명들은 모두 서구문명의 충격을 받고 약 3백년전에, 늦은 것도 약 백년전에 서구문명에 同化되고 말았거나 조만간 동화될 것으로 보고 있다.

서양 중세의 봉건제도와 귀족문화에 유기적으로 일체화되어 있었던 가톨릭교(Catholicism)나 근세 서양의 자본주의와 시민문화의 종교적 표현으로서의 프로테스탄티즘(Protestantism)이 아닌 기독교의 본질을 우리의 토착적 내지 토속적(土俗的) 용어와 심볼로 표현하는 일이야 말로 한국 신학계가 짊어 진 최대의 임무다. 칼뱅(Jean Calvin 1509-1564)의 신학은 16세기 서구의, 니버(Reinhold Niebuhr 1892-1971)의 신학은 20세기 미국의 역사적 현실과의 대결의 산물이다. 오늘의 한국 신학의 임무는 3중적이다. 서구 신학에 통달해야 하고, 한국의 현실에 대한 역사의식과 사회의식을 연마해야 하고, 대중적인 우리 신학을 창조적으로 수립해야 한다. 한 종교가 창조적 에너지를 발휘하는 데는 신학의 창조성과 함께 최소한 두 가지가 병행되어야 하는데 하나는 민중성이고 또 하나는 정신성이다.

한국의 기독교는 다행히 민중의 종교가 되는 데 성공하였다. 유교적 가치관과 그 가치체계 위에 수립된 전통사회가 지배층의 무력화(無力化)와 함께 민중의 눈 앞에서 무너져 갈 때 그리고 일제하 신음하던 민중에게 그 정신적 진공을 채워줄 수 있었던 것이 기독교였다.

정치적 이유에서 황제상을 숭배하게 하는 것을 모겐소(Hans Joachim Morgenthau, 1904-1980)는 정치적 종교라고 부르고 있다. 일제의 天皇숭배는 초기 한국 기독교의 정신성을 연단(鍊鍛)해 주었다. 한국 기독교는 광복 후에도 정치적 종교의 시련에서 해방된 것 같지 않다. 이 싸움에서 연단되고 있는 한국 기독교가 그 민중성을 상실하지 않고 창조적인 신학을 수립할 수 있다면 한국 역사에 창조적 에너지를 발휘할 것이다.」

〈盧明植(1923-2012) / '한국역사에 있어서의 기독교', 西洋史〉

「기독교는 BC 14세기경 팔레스티나(Palestina, 가나안(Canaan))지역(BC 1020 사울(Saul, 재위 BC 1025-BC 1010)이 창건한 이스라엘(Israel) 왕국이 BC 932년 솔로몬(Solomon, 在位 BC 971-BC 932) 死後 남북으로 분열, BC 722 북이스라엘 · BC 586 유태(Judah)왕국 멸망이후 1948년 이래 이스라엘과 아랍(Arab)지구로 갈라짐)에서 유태인(猶太人)에 의해 탄생되어 시리아 · 이짚트 · 소아시아 등지로 퍼져나갔고 그후 그리스와 이탈리아 까지 영향을 미쳤다.

기독교 복음서의 기록에 따르면 예수 그리스도(Jesus Christ, BC 6-30)는 천국의 복음을 전하고 인간에게 회개(悔改)할 것을 권했으며 악행을 멈추라고 전했다.

전통적인 유태교가 율법(律法)을 중시(重視)했다면 기독교는 예수구원의 은혜를 강조하고 있다.

기독교의 탄생은 유태교와 밀접하게 관련되어 있지만 유태교는 예수를 하느님의 아들로 인정하지 않았고 기독교는 유태교인들의 모세(Moses)율법을 폐기, '하느님을 사랑하고 이웃을 사랑하라'는 계명(誡命)으로 대체해 오랜시간 적대관계에 놓여 있었다.

기독교는 예수그리스도로 부터 로마제국 콘스탄티누스 大帝(Flavius Valerius Constantinus, 274?-337, 在位 324-337)시대 까지의 초기 4세기에 걸친 토착 · 성장 과정(313년 밀라노칙령(Edict of Milan)으로 합법화, 325년 니케아(Nicáea) 公議會를 거쳐 380년 국교화)을 거쳐 그후 천년 동안 정치를 이끌고 사회를 통제하는 역할을 했다.

16세기 전반 그리스도교와 교회제도의 변혁운동의 결과 가톨릭 통일이 붕괴되고 프로테스탄트 제파의 성립을 보게 되었다. 독일에서는 로마 교회의 부패, 특히 면죄부(免罪符)에 대한 1517년 루터(Martin Luther, 1483-1546)의 95개조의 의견서가 1530년 아우그스부르크의 종교화약으로 승인되고(Augsburg Conféssion) 스위스에서는 1523년 츠빙글리(Ulrich Zwingli, 1484-1531)가 로마 교회로부터 분리하는 데 성공하고 1536년 이후 프랑스의 칼뱅(Jean Calvin)의 예정설(豫定說)이 세속의 권력을 부정, 영국의 퓨리턴(Puritan, 청교도)을 전형으로 스코트랜드의 장로교(Presbyterian), 네덜란드의 고이센(Geusen), 프랑스의 위그노(Huguenot)를 파생(派生)시켰다.

영국에서는 튜더 왕조(Tudors, 1485-1603)의 헨리 8세(Henry Ⅷ, 1491-1547, 재위 1509-1547)가 앤 볼레인(Anne Boleyn)과의 연애를 계기로 왕비 캐더린(Catherine of Aragon)과의 이혼을 인가하지 않는 교황과 대립, 1534년 국왕 지상법(至上法)에 의해 로마 교회(Roman Catholic Church)로부터 독립하여 영국 국교회(聖公會, Anglican Communion)를 창립하고 수장(首長)이 되었는데 신학적으로는 가톨릭과 프로테스탄트의 가교적(架橋的)인 입장에 있다.

성경은 유태교, 천주교, 개신교, 동방정교회 등의 경전으로 구약(舊約, 46권)은 모세 5經(The Tórah, 창세기 · 출애굽기 · 레위기(Leviticus) · 민수기 · 신명기) · 역사서 · 시서와 지혜서 · 예언서 등 유태교의 경서이고 신약(新約, 27권)은 4복음서 · 사도행전 · 바울로(Paulus) 편지 · 히브리서 · 가톨릭 서간 · 요한 묵시록(默示錄) 등 예수와 그 사도의 언행 · 행적을 기록한 것이다.

383년 로마 교황 다마수스(St. Damasus Ⅰ, 재위 366-384)의 명으로 성 히에로니무스(Eusebius Hieronymus, 349?-419)가 구약과 신약을 라틴어로 옮긴 불가타(Vulgate, 공동번역이란 뜻의 Editro Vulgata에서 유래)성서가 트리엔트(Trient) 공의회(1545-1563)에서 공인(1546)되어 가톨릭 교회의 표준 성서가 되었다. 성경에서 말하고자 한 것은 '믿음으로 구원받는다'는 신앙으로 구원의 대상 · 방법 · 귀속(歸屬) 등 세 단계로 나누어 이야기하고 있는데 전세계 특히 서양에 지대한 영향을 미쳤고, 그 영향력은 깊고도 오래도록 지속되어 오늘날까지 사회 생활의 다방변에 스며들어있다.」

〈허원중(何運忠) / '思想地圖'〉

천주교의 전래(傳來)와 교난(敎難)

『임란 때 일본으로 납치된 조선 사람들이 天主學에 入敎하였다. 그 중의 한 신자가 1605년 漢文 '公敎要理書'를 가지고 돌아와서 敎理를 가르치려 하였다 하니 천주교의 서적이 이 무렵 조선에 들어왔음이 짐작된다. 小西行長의 幕下에는 서양선교사가 따랐다 하며, 해남 大興寺 소장 西山大師의 유물들 중에는 파리로 彩色한 十字架가 전하고 있다.

가톨릭의 일본전래는 1549년 8월 스페인 선교사 하비에르(Francisco Xavier, 1506-1552)에 의하여 가고시마(鹿兒島)와 히라도(平戶)에서 시작되었다. 京都에 성당과 신학교(南蠻寺)를 세우고 1580년경 3백명의 성직자와 15만여명의 신자, 1605년경에는 75만명의 신자를 갖게 되었다. 그러나 도요토미 히데요시의 사제추방령(1587), 도쿠가와 이에야스의 금교령(1612-1614)이 내려지고, 이후 금교령 철폐 때(1873)까지 약 3백년의 박해시대를 거치면서 성인 42위, 복자 393위(조선인 출신 9위)를 내었다.

1592년 임진왜란때 고니시 유키나가(小西行長, 세례명 아우구스티노, 1555?-1600)는 서너 살쯤 된 한 고아를 부인 유스티나에게 기르게 하였다. 오타 쥬리아(大田 Julia, 1591?-1628?)의 양부 가문이 몰락한 뒤로 그의 미모(美貌)와 총기(聰氣)가 도쿠가와 이에야스의 눈에 띄어 측실로 간택되었으나 쥬리아는 부귀영화를 내치고 하느님을 따를 것을 고백하였다. 1611년 천주교 박해가 시작, 쥬리아는 1612년 4월 오시마(大島)로 유배후 니지마(新島)를 거쳐 고즈시마(神津島, 東京 남쪽 1백 74km)로 옮겨져 삶을 마쳤다. 1637년 규슈의 '시마바라(島原)의 난'을 계기로 幕府의 그리스도교 탄압은 더욱 심해졌다. 1970년 5월 일본 각지에서 온 3백60명이 1차 '쥬리아祭'를 거행하였고 1972년 10월 고즈시마 주민 29명이 쥬리아의 묘토 일부를 切頭山 순교성지에 안장(安葬)하였다.

天主學의 전래는 明末 淸初 중국으로 왕래한 사절들에 의하여 특히 판토하(Didace de Pantoja, 龐迪我, 1571-1618)의 七克〔일곱 가지의 승리(Les 7 Victoires)〕 등 신간된 서적들이 傳해졌을 것이 틀림없다. 천주학이 許筠、柳夢寅、이수광 등에 의하여 소개되는 동시에 마테오 리치〔Matteo Ricci, 리마더우(利瑪竇)〕의 '天主實義'와 '敎友論'에 관하여 비판을 加할 정도로 관심을 가졌었다.

安鼎福은 '天學問答'(1785)에서 1610년 北京에 갔던 허균이 '揭十二章'(천주교 기도문인 十二端)을 가져왔다고 기록, 우리나라 최초의 천주교 신앙을 가졌다는 사실을 증언하였다. 鄭斗源(1581-?)이 진위사(陳慰使)로 北京에 갔을 때 Johannes Rodrigues(陸若漢)를 만나 과학적인 利器들과 그들의 漢文 저서들을 얻어 가지고 仁祖 7년(1631년) 7월 돌아와 李瀷도 에마누엘 디아즈(Emanuelo Diaz 陸瑪諾, 1559-1659)의 '天問略', '職方外紀' 등을 얻어 보았다. '職方外紀'(5卷, 1623)는 伊人 宣敎師 艾儒略(Giulio Aleni, 1582-1649) 증역(增譯), 양팅윈(楊廷筠, 1557-1627) 휘기(彙記)로 된 세계인문지리에 관한 저서이다. 선양(瀋陽)에 가 있던 소현세자가 1644년 10월 환국(還國)함에 미쳐 선교사 아담 샬(Johannes Adam Schall von Bell 湯若望, 1591-1666)로부터 여러 선물을 받았다.

그레고리오 16세(在位 1831-1846)에 의하여 1831년 9월 설정된 조선 대목구(朝鮮代牧區)의 초대 교구장 브뤼기에르(Bruguiére, 1792-1835) 주교는 임지로 향하다 중국 내 시완쯔(西彎子)에서 선종하였는데 2006년 1월 마찌아쯔 따창팡춘(馬架子 大丈房村)에서 묘비가 발견되었다.
로마 교황청이 파리외방전교회(La Société des Missions-Étrengéres de Paris)에 선교를 위임한 이래 1911년 서울교구와 대구교구 분할, 원산(1920), 평양(1927), 광주(1937), 청주(1939) 교구 신설이 이루어지고 1909년 독일 베네딕트회(Benedictine Order), 1922년 미국 메리놀외방전교회(Maryknoll Missioners), 1933년 아일랜드 골롬바노 외방전교회(Columban Fathers, 2013년까지 266명)가 각각 선교에 임하였다.

李承薰(蔓川, 1756-1801)이 北京에서 영세(領洗)를 받고 천주학에 入敎한 것은 1784년 2월로, 뒤미처 많은 천주학 관계서적을 求하여 가지고 귀국하였다. 그러나 1세기도 더 이전에 '천학초함(天學初函)' 〔1628 리치차오(李之藻, 1564-1631) 편집〕 수종과 '성년광익(聖年廣益)' 〔마이야(De Mailla, 1669-1748) 著〕 등 천주학의 저서들은 거의 다 조선에 들어와 연구가 성행하고 있었다.

正祖는 유학을 권장(勸奬)하면 西學의 만연은 저절로 막아질 것이라 생각하였고, 신진기예(新進氣銳)의 少壯학자들을 아끼고 두둔하여 西敎信徒라는 의심을 받는 者들이라도 가혹한 태도로 臨하려 하지 않았다. 특히 楊平 一鄕은 가장 성행하여 이를 배우지 않는 사람이 없었고 이에 종사하지 않는 마을이 없어 양평군수가 인책(引責) 自退하기까지 하였다.

1801년 辛酉迫害가 있고 난 뒤 北京 主敎에게 박해의 전말을 알리고 신앙의 자유를 획득할 수 있는 방안 등을 제시한 밀서(黃嗣永帛書)를 지닌 밀사가 체포됨으로써 황사영(黃嗣永, 1775-1801) 등 관련된 자 모두가 처형되었다.

황사영백서(黃嗣永帛書) 原本은 그후 뮈텔〔Gustave Charles Marie Mütel, 한국명 민덕효(閔德孝), 1854-1933〕의 손을 거쳐 로마 교황청에 보관되어 있다. 43년간 한국 천주교회에 바친 뮈텔(Mütel) 대주교의 업적은 한국인 사제 양성, 복음화, 한국 순교자 현양이다.

丁若鍾(1760-1801)은 西學의 敎理를 탐구 소화한 후 국문으로 '主敎要旨' 상하2권을 저술하여 대중을 가르치기에 전력을 다하였다. 그는 마테오 리치의 '교우론(敎友論)', 루이지 빌리오(1601-1682)의 '주교요지(主敎要旨)', 페르디난트 페르비스트(Ferdinand Verbiest, 1623-1688)의 '교요서론(敎要序論)' 등을 초집하여 門을 나누고 類를 구별하여 '聖敎全書' 라는 이름으로 남기려고 하였으나 기초(起草) 未半에 難을 當하여 이루지 못하였다.

정약종의 순교 후 그의 아들 丁夏祥(1795-1839)이 지은 '상재상서(上宰相書)' 속에 천주교의 진수(眞髓)가 명 문장으로 기술되어 있는데 서양사상의 소화 섭취가 어떤 방향으로 主力하게 되었는가를 보여 주는 중요한 문헌이다.

「世間의 모든 사물은 質·貌·作·爲의 네 가지 이외의 것이 아니다. 質이라는 것은 재료요, 모(貌)라는 것은 형상이요, 作이라는 것은 工匠이요, 爲라는 것은 需用이다. 가까이는 몸으로부터 멀리는 사물에 이르기까지 그렇지 않은 것이라곤 없다 그러니 저 큰 천지에 어찌 만든 者가 없겠는가. 이처럼 만물(萬物)로써 主宰가 있음을 알 수 있다.

白晝가 어두워지며 우뢰와 번개가 으르렁대고 번쩍이면 무서워 놀래고 여항(閭巷)의 愚夫 愚婦도 창황군급(蒼黃窘急)한 일을 당하거나 비통원한(悲痛寃恨)의 때를 만나면 天主를 부르고 이를 告하나니, 이는 바로 良知를 가지고 天主 있음을 아는 것이다.

중국의 經史만 하더라도 '易經' 에는 '上帝에 제사한다' (以享上帝)라 하였고, '詩經' 에는 '上帝을 섬긴다' (昭事上帝)고 하였으며 '書經' 에는 '上帝에 제사한다' (禋于上帝)라 하였고, 孔子는 '하늘에 죄를 얻으면 빌 곳이 없다' 고 하였다. 이른바 敬天、畏天、順天、奉天의 說이 있어 諸子百家의 글 속에 뒤 섞여 나오니 西國의 經史가 들어오지 않은 때에도 이러한 사상이 있었음을 알 수 있다.

이상 萬物、良知、聖經의 三證으로써 主宰가 있음을 분명히 알 것이니 천주가 천지만물을 만들어 장차 그 福을 通하고 그 德을 밝히려 함을 알 것이다.

선(先)대의 유교학자들도 혼은 세 가지가 있으되 "삼혼 [생혼(生魂) : 식물의 혼, 각혼(覺魂) : 동물의 혼, 영혼(靈魂) : 사람의 혼] 이 여러 번 흩어진다" 또는 "혼(魂)은 올라가고 백(魄)은 내려간다"는 등의 말을 하였으니 영혼이 죽지 않는다는 것은 명백한 사실이다.』

〈朴鍾鴻 / 前 서울大 敎授, 哲學〉

〈敎理一般 비판〉

서학과 천주교를 배격하는 비판론은 숙종朝 이간(李柬)의 '천지변후설(天地辨後說)', 영조朝 하빈(河濱) 신후담(愼後聃)의 '서학변(西學辨)' 에서 볼수 있으며, 정조 초 安鼎福에 의한 儒家의 서학배격(西學排擊) · 척사위정(斥邪衛正)의 논리는 '순암집(順庵集)' 에 실린 '천학고(天學考)' 와 '천학문답(天學問答)' 에 의하여 추찰(推察)할 수 있다.

신후담(愼後聃)은 「천주학의 신앙은 福을 求하고 禍를 두려워하는 것인 만큼 그 學이 모두 利心에서 생겨난 것이요 동양 성현의 대월(對越)의 誠과 같이 論할 수 없는 것이다. 그리고 하늘로 부터 강생(降生)하였다고 하는 데 "어찌하여 天下萬國에 윤회(輪廻) 降生하지 않고 유독 如德亞(유다)에만 降生한 것인가" 또 "어찌하여 소중한 영혼만 昇天하지 않고 肉身과 같이 올라간 것인가"」라고 비판하였다.

안정복은 '天學考' 에서 서학의 중국傳來와 조선에의 유입을 밝히고, '天學問答' 에서 서학이 우수함을 인정하면서도 朱子學的 正統에서 부인하려고 애 썼다. 종교로서의 서학에 대하여서도 현세적인 儒家의 무신론적 입장에 서서 來世爲主 · 禁慾主義 · 天堂論 · 기적론(奇蹟論) · 天主 구속론(救贖論) · 영혼불멸설 등을 논박하였고, 儒家를 聖學 · 正學으로 내 세우고 朱子學 이외의 비정통적인 諸學인 佛 · 老 · 양(楊) · 묵(墨)家 사상 · 양명학과 西學을 이단(異端) 사설(邪說)로 단정하였다. '天學問答' 에서 볼수 있는 풍부한 식견을 배경으로 한 斥邪論은 이후 모든 유가의 서학 배격론의 지표가 되었다.

1785년 장령(掌令) 류하원(柳河源, 1747-?), 1788년 正言 이경명(李景溟)의 상소와 홍낙안(洪樂安, 1752-?)의 춘당대대책(春塘臺對策)이나, 1791년 10월과 11월 大司諫 신기(申耆), 持平 한영규(韓永逵), 掌令 한흥유(韓興裕), 大司諫 권이강(權以綱), 館學儒生 송도정(宋道鼎)의 상소의 논설은 모두 안정복의 斥邪論의 아류(亞流)에 지나지 않는다.

감리교 목사 최병헌(崔炳憲, 1858-1927)은 '만종일만(萬宗一巒)' 에서 마지막 7章 기독교道理의 요소라는 題下에 「천주교는 卽 西羅馬敎 加特力이라 中華에 至하야 天神 天子의 名號를 피(避)하야 천주교라 稱하였으니……其本原인즉 唯一無二하신 眞神을 숭배하며 獨生聖子 예수를 신앙하더니 그 후에 교규(敎規)를 누변(屢變) 하였더라」고 하여 8조항에 걸쳐 천주교를 비판하고 있다.

〈피 묻은 十字架 - 한국천주교 교난(敎難)의 배경〉

• 사회적 배경

천주교 박해와 관계있는 斥邪 상소문이나, 대간대책문(臺諫對策文) 또는 척사윤음(斥邪綸音)(1839)을 통람하면, 천주교도를 無父無君之徒, 금수지도(禽獸之徒), 멸륜난상지도(蔑倫亂常之徒)라 하였으며, 천주교를 허장화복(虛張禍福) 공갈우맹지황탄지설(恐喝愚氓之荒誕之說)이니 상패이륜지설(傷敗彝倫之說)로 규정하고 있다. 박해자들은 전통적 예속(禮俗)인 배공제조(拜孔祭祖)를 거부하고 훼사폐사(毁祠廢祀)하기에 이른 교도들의 신앙생활에 자극되었고, 평등과 사랑의 그리스도 가르침이 계급차대(階級差待) · 서얼차대(庶孼差待) · 문벌중시(門閥重視)에 입각한 가족제도의 파탄을 초래하는 것이라 판단하였으며, 천주교에 있어서의 성직자의 독신제 또는 童貞女의 존재를 그릇 해석하였다.

「남녀의 情欲은 하늘(天)이요, 分別의 윤기(倫紀)는 聖人의 敎이다. 하늘이 聖人보다 높으니, 聖人을 어길지언정 하늘이 부여한 본성을 어길 수 없다.」

635년 唐 태종(在位 626-649) 정관(貞觀) 9년 시리아 출신 수도자 알로펜 등 21명의 선교사 일행이 수도 長安에 도착해 선교를 시작, 왕조의 보호를 받으며 2백여 년간 번창했던 景敎〔네스토리우스(Nestorius, 381-451)파 그리스도교〕는 唐 말기인 武宗(在位 840-846) 때 박해를 받고 쇠퇴하기 시작했다. 그후 프란치스코회 선교사들이 北京에 교회를 세웠으나 元이 멸망하면서 선교활동도 중단되고 1601년 마태오 리치 신부가 北京에 도착하면서 본격적인 선교가 시작됐다. 제사도 효도와 존경의 표현이라고 해석해 받아 들인 마테오 리치의 보유론적(補儒論的) 적응주의 선교 방식은 1630년대 이후 중국 선교에 가세한 도미니코회와 작은 형제회의 반발을 불러 1715년 교황 클레멘트(Clement) 11세(在位 1700-1721)가 '엑스 일라 디에' (Ex illa die)를 통하여 제사 불허 금령을 내리고, 1742년 교황 베네딕토(Benedicto) 14세(在位 1740-1758)의 엑스쿠오(Exquo)에 의하여 금령이 재차 반포되었다.

정조 15년(1791) 진산(珍山 : 충남 금산)에서 윤지충(尹持忠, 1759-1791)이 이종사촌 권상연(權尙然, 1751-1791)과 함께 모상(母喪)에 폐제분주(廢祭焚主, 제사를 폐지하고 신주(神主)를 불사름)로 사형을 당하였다 [신해교난(辛亥敎難), 진산사건(珍山事件)]. 신해박해(辛亥迫害)가 제사문제에서 비롯됐듯이 제사 금지령은 유교 문화권 선교에 큰 장애물이 됐다. 1939년 12월 8일 교황청은 敎示〔중국 의식(儀式)에 관한 훈령〕로서 배공제조(拜孔祭祖)는 시대의 변천과 민간의 풍속정신이 바뀌어진 현 세대에 와서는 한갓 조상에게 효성(孝誠)을 표시하는데 불과한 민간의식에 지나지 않으며, 구령상(救靈上) 도움이 되는 것은 아니나 이를 허용하였다.

중국에서의 전례(典禮) 문제의 결말은 캉시(康熙) 末에서 융정챈룽조(雍正乾隆朝, 1722-1796)에 걸친 천주교 박해의 진원(震源)이 되고 우리나라 박해의 주된 원인도 되었다.

• *정치적 배경*

累代 백여 년에 걸쳐 한국천주교회를 엄습(掩襲)한 박해는 종교적 사건의 연계(連繫)라기 보다 정쟁이 빚어낸 화란(禍亂)이었다.

1801년의 辛酉迫害는 수렴청정으로 정권을 습단(襲斷)하게 된 정순왕후(貞純王后) 金大妃(1745-1805)가 벽파(僻派)의 충동을 받아 南人 시파(時派)와 老論時派에 대한 정치적 보복을 꾀한 학살이었고 1839년(憲宗 5년)의 己亥迫害는 순조 말년 경 안동 金氏와 풍양(豊壤) 趙氏의 세도쟁탈 가운데 발발된 敎難이었으며, 高宗代의 丙寅迫害(1866)는 이이제이(以夷制夷)의 꿈을 그리며 천주교 접근책을 취함으로써 儒林들로부터 서교통모자(西敎通謀者)로 논단된 흥선대원군의 정치적 타산이 가져온 참변이었다.

西學은 한국천주교회 창설의 주도인물인 광암(曠菴) 이벽(李檗) · 금대(錦帶) 李家煥 · 손암(巽菴) 丁若銓(1758-1816) · 丁若鍾 · 丁若鏞 · 李承薰 · 녹암(鹿菴) 權哲身 · 權日身(1751-1792) · 황사영(黃嗣永)등과 후에 斥邪派로 돌은 洪樂安(羲運) · 成永愚 · 李基慶(1756-1819) · 姜浚欽(1768-?) · 安鼎福 등 南人系 학자들의 독점물처럼 세간에 훤전(喧傳) 되었다. 南人系의 時派 蔡濟恭의 노력과 온유한 정조의 성품으로 정조代에는 乙巳秋曹사건 · 丁未伴會사건 · 珍山사건등의 탄압이 있기는 하였으나 대규모의 박해는 없었으며 1795년 중국인 신부 저우웬무(周文謨, Jacques Tsiou, 1752-1801)가 입국하여 교세가 확장되고 있었다. 1799년 금압(禁壓) 정책을 늦추어 오던 채제공(蔡濟恭, 1720-1799)이 사망하고, 1800년 정조마저 승하하여 11세의 幼主 순조(1790-1834)가 즉위하고, 貞純王后 金大妃가 수렴청정을 하게 됨으로써 한국천주교회에 큰 철퇴(鐵槌)가 내려지게 되었다.

「채제공은 온 조정에서 입 다물고 신음하면서도 말 못하는 것을 깊이 알고, 이를 간쟁(諫爭)했으며, 수많은 무리들이 시끄럽게 참소하는 속에서도 명절(名節)을 순정하게 지킬 수 있었다.」 〈정범조(丁範祖, 1723-1801) / '神道碑銘'〉

서학을 빌미로 남인 숙청을 한 신유박해(辛酉迫害)는 전국으로 교우촌을 형성하고 산간오지에 복음을 전하는 등 교회 성장의 밑거름이 되었다.

천주교가 처음 도입되었을 때 「조선 교도들은 교리를 가르치면 알려 하지 않고 그저 성모경이나 십계(十戒)만을 되풀이 외우는 것으로 입신하여 부나비처럼 순교(殉敎)에 임했다」고 선교사가 써 남겼다.
최초의 교회 여성회장 강완숙(姜完淑, 1760-1801)은 체포령이 내려진 周文謨 신부를 6년간 자기 집에 보좌했는데 여섯 번 주리를 틀었으나 음색이나 기색 한 번 흐트리지 않았다.

己亥迫害는 2백명 내외의 순교자를 경향(특히 호남)에서 내었으며, 교도색출에 五家作統法을 여행(勵行)하였다.

모방(Pierre Philibert Maubant , 1803-1839), 샤스탕(Jacques Honoré Chastan, 1803-1839), 앙베르(Laurent Marie Joseph Imbert, 1796-1839) 등 3位의 파리 외방전교회〔巴里外邦傳敎會 1653년 창설〕소속 신부를 비롯, 丁夏祥、劉進吉(1791-1839)、金濟俊(1786-1839) 등이 순교하였다.

기해박해때 金孝任(콜롬바, 1813-1839) · 金孝珠(아네스, 1815-1839) 자매는 물리적 · 주술(呪術)적 고문에도 효험이 없자 발가 벗겨 알몸으로 사나이들이 갇힌 옥방에 들여 놓았는데 '주님은 성총(聖寵)으로 이 자매의 알몸을 가려 일당 십의 힘을 베풀어 주셨다' 고 순교사는 적었다.

1984년 5월 6일 한국을 방문한 교황 요한 바오로 2세(Johannes Paulus Ⅱ, 1920-2005, 在位 1978-2005)에 의해 순교복자 103位〔1925년 교황 비오 11세(在位 1922-1939)에 의해 기해 · 병오박해 순교자 79位, 1968년 바오로 6세(在位 1963-1978)에 의해 병인박해 순교자 24位 시복(諡福)〕가 성인 반열(班列)에 오르게 되었다.

1846년(헌종12) 한국 최초의 신부 김대건(金大建, 초명 再福, 1821-1846)과 최양업(崔良業, 1821-1861)이 마카오 신학교를 졸업하고 귀국하여 김신부는 순교하고〔병오박해(丙午迫害, 1846)〕 최신부는 전교하는 등 선교활동은 계속되었다.

한국교회는 순교자 성 김대건 신부를 '피의 증거자' 로, 쉼 없이 전교활동을 편 최양업 신부를 '땀의 증거자' 로 기리고 있다. 천주교에 대한 금압(禁壓)이 심하지 않았던 철종 때 메스트르(Mgr. Maistre, 1808-1857), 장수(Mgr. Jansou, 1826-1854), 베르뇌(Siméon François Berneux, 1814-1866) 등 신부가 입국했는데 페레올(Ferréol, 1808-1853) 사교와 장수 신부는 병사하였다.

丙寅박해는 1866년(고종 3년)부터 시작되어 1873년 대원군 실각 때까지 계속되었다.

남종삼(南鍾三, 1817-1866), 홍봉주(洪鳳周)와 프랑스인 다블뤼(Marie Nicolas Antoine Daveluy, 1818-1866), 위앵(Martin Luc Huin, 1836-1866), 오메뜨르(Pierre Aumaître, 1837-1866), 브르트니에르(Simeon Marie Antoine Just Ranfer de Bretenières, 1838-1866), 볼리외(Bernard Louis Beaulieu, 1840-1866), 도리(Pierre Henri Dorie, 1839-1866), 푸루티에(Jean Antoine Pourthié, 1830-1866), 프티니콜라(Michael Alexandre Petitnicolas, 1828-1866)신부 등 8천여명이 순교하였다.

1882년 朝美 수호조약을 계기로 척화비를 없애고 천주교 활동의 자유를 얻게 되었다.
조선 대목구 7대 교구장 블랑(J. Blanc, 1844-1890) 주교의 요청에 의해 1888년 7월 프랑스 샬뜨르(Chartre) 성바오로 수녀회 자카리에(Zacharie, 1843-1889) · 에스델(Estelle) 수녀와 중국인 수련수녀 2명〔비르지니(Virginie) · 프란치스카(Francisca)〕이 조선 복음화의 열망을 안고 인천 제물포항에 첫 발을 내 딛어 한일합병 때까지 1명의 주교〔노기남(盧基南), 1905-1984〕, 46명의 외국인 신부, 15명의 한국인 신부, 59명의 수녀, 7만3천5백17명의 신도, 69개의 성당을 가지게 되었다. 1893년 中林洞 약현성당(藥峴聖堂)이, 광무(光武)2년(1898) 5월 29일 明禮坊 鐘峴大聖堂(명동대성당)이 낙성되었다.

1962년 3월 3개 관구 11개 교구로 구성된 한국교회의 교계제도가 설정되고 1969년 3월 김수환(金壽煥, 1922-2009)이 한국교회 최초의 추기경에 임명됐다. 천주교도의 수는 1850년 만천명이던 것이 1865년 2만 3천명, 1931년 116,694명, 1945년 183,600명, 1974년 1,012,200명, 2000년 4,071,560명, 2010년 5,205,589명으로 증가하였다.
교황청 '교회통계연감(Statistical Yearbook of the Church 2010)'에 의하면 2010년 12월 31일 현재 전 세계 가톨릭 신자 수는 11억 9567만1천명이다.

개신교는 일제에 대한 적개심을 가지고 3 · 1운동, 해외 독립운동 등에 주체적인 역할을 했으나 천주교는 신사참배에 협조하는 등 민족의 고난에 동참하지 않는 愚를 범하였다.
정의구현전국司祭團의 개혁요구가 있은 후 2000년 12월 한국 천주교 주교단은 「열강의 침략과 일제 식민통치로 민족이 고통을 당하던 시기에 교회는 안녕을 보장받고자 정교분리를 이유로 독립운동에 앞장서는 신자를 이해하지 못하고, 때로는 제재(制裁)하기도 했음을 안타깝게 여긴다.」('쇄신과 화해' 제2항)고 반성 하였다.

※순교의 역사에서 증거의 역사로

권위주의에 대한 저항, 사회적 약자 옹호, 타인 존중으로 사람다움(civility)의 의미를 고양한 金壽煥추기경은 1984년 "천주교 전래 200주년을 계기로 '순교의 역사'를 마감하고 '증거의 역사'를 살아가야 할 것이다."라고 강론하였는데 한국 천주교회가 나아가야 할 길은 민족의 요구를 경청(傾聽)하고, 기득권을 포기(抛棄)하며, 복음으로 돌아가는 그리스도인의 삶을 실천하는 것이다.
17세기 교리가 처음 소개된 이후 4백년이, 1784년 신앙활동이 일어난 이후 2백년이 각각 경과되었음에도 순교의 역사를 가진 한국 천주교가 한국문화에 뿌리를 내리지 못하고 산업화의 정신적인 기반을 이루지 못한 것은 토착문화를 외면하고 서구 우월주의 사관을 극복하지 못한 결과라는 견해가 있다.

〈改新敎의 傳來와 社會參與〉

「1885년 이후 기독교가 한국에 들어 올 당시 外國宣敎部는 宣敎地 분할(Comity Arrangements)을 조정하여 함경도는 캐나다, 평안도와 경상북도는 미국北長老敎, 중부지역은 監理敎〔웨슬리(John Wesley, 1703-1791)가 창시〕, 충청 · 전라도는 미국 南장로敎, 경상남도는 호주 선교회가 각각 맡아 선교하기로 합의를 보았다. 선교정책의 결과로 현실도피적인 믿어서 천당간다는 미신적 福音主義 신앙만 한국에서 판쳤다.」

〈서광선(徐洸善, 1931-), 이화여대 교수〉

지방색 · 선교지역분할 · 미신에 가까운 福音主義 · 일제의 탄압이 복합 작용하여 광복 후 분열을 가져 온 사실을 뼈 아프게 자각해 온 金在俊은 조선신학교를 설립하고 한국장로교는 한국인에 의해 主導되어야 한다는 '民權宗敎' 의 입장을 뚜렷이 하였다. 이에 분노한 외국 선교사와 밀착된 保守派로부터의 對立 분쟁이 고조되어 1953년 大邱총회에서 保守세력은 金在俊을 이단(異端)으로 단정, 장로교에서 추방하여 金목사는 '한국기독교장로회' 를 설립하였는데 약칭 '基長' (서울 · 전라도 · 함경도출신이 중심)이다.

그후 세계교회협의회(WCC, World Council of Churches)가입에 따른 에큐메니컬운동(Ecumenical Movement, 어원은 '인간이 사는 온누리' 라는 뜻의 '오이크메네' 에서 유래)의 시비로 1959년 大田총회에서 WCC가입을 찬성하는 '통합' 측과 반대하는 '합동' 으로 갈라졌다. '합동' 은 또 온건파와 극보수(高麗派)로 대립을 보이고 '통합' 안에는 새문안교회〔姜信明,(1909-1985)〕 연동교회〔蓮洞敎會, 金炯台, (1929-)〕같이 진보적 경향과 영락교회〔韓景職, (추양(秋陽) 1902-2000)〕처럼 보수경향을 보이는 두 흐름이 있다.

1965년 조직된 한국예수교협의회(KCCC)의 8개敎團(예수교대한성결교회 · 예수교대한감리회 · 대한예수교장로회 · 대한예수교성경장로회 · 대한기독교침례회 · 대한기독교하나님의교회 · 대한기독교회 · 한국성서선교회)과 유사종교로 지목받는 순복음敎會 · 統一敎會 · 東方교회 · 朴장로敎등은 모두 보수세력이다. 한국기독교교회협의회〔KNCC(Korea National Council of Churches)〕는 WCC의 범세계 기독교의 에큐메니칼운동〔완전한 福音(whole gospel)을 교회전체에 의해서(by the whole church), 세계전체에(to the whole world) 전파하자〕과 평화운동의 요청에 따라 6 · 25동란 이후 구성된 기독교단체인데 6개敎團〔한국기독교장로회(기장) · 대한예수교장로회(예장) · 기독교대한감리회 · 救世軍大韓本營, · 大韓聖公會 · 기독교대한복음교회〕은 진보로 부각되었다.

서울 '사랑의 교회' 옥한흠(玉漢欽, 1938-2010)은 '교회갱신을 위한 목회자협의회' (1996)와 '한국기독교목회자협의회' (1998)를 이끌면서 개신교계의 연합과 갱신 운동에 앞장섰는데 2005년 한국기독선교 120주년 기념 CBS 여론조사에서 '한국 교회를 대표하는 지도자' 1위에 올랐다.

한국기독교의 保守性과 분열성(分裂性)은 광복후 李承晩 박사와 밀착하여 政敎分離의 원칙을 포기하는 상황까지 빚었다. 이와 같은 과거에 대한 반성이 大河의 社會參與로 나타났다고 보는 견해가 많고 안병무(安炳茂, 1922-1996), 김관석(金觀錫, 1922-2002), 이해영(李海榮) 등 大河의 앙가지망(engagement, 社會參興)을 갖고 오는데에는 진보를 견지해 온 基長의 노력이 크다.

가톨릭의 정하권(鄭夏權, 1927-) 신부는 政敎分離에 대하여 정치를 구체화(제도화)한 政權과 종교를 구체화한 敎會는 분리되어야 한다는 비교적 뚜렷한 선을 제시하였다. 이러한 사실은 요한 23세가 소집한 2차 바티칸公議會(The Second Vatican Council, 1962-1965)에서 채택된 '거룩한 전례에 관한 헌장' (전례헌장 Sacrosanctum Concilium), '교회에 관한 교의 헌장' (교회헌장 Lumen Gentium), '하느님의 계시에 관한 교의 헌장' (계시헌장 Dei Verbum), '현대 세계의 교회에 관한 사목 헌장' (사목헌장 Gaudium et Spes) 등 4개 헌장 중 '現代世界의 司牧憲章' 76항 '政治共同體와 敎會' 에 의하여 뒷받침 돼 있다.

「… 교회는 언제 어디서나 참된 자유를 가지고 신앙을 선포하고 사회에 관한 자기교리를 가르치며 … 인간의 기본권과 영혼들의 구원이 요구할 경우에는 정치질서에 관한 일에 대하여도 윤리적인 판단을 내리는 것은 당연한 일이다.」

본회퍼(Dietrich Bonhoeffer, 1906-1945)의 所信처럼 "미쳐날뛰는 車"를 정지시켜 운전사를 끌어낸다는 것은 폭력(暴力)을 인정한 "세속화"의 사회참여론이다.

咸世雄(1942-) 신부는 「바티칸에서는 사회참여의 원칙을 십여년 전에 발표했으나 우리 主敎團은 이 원칙을 한국의 구체적인 상황에 運用을 하지 않았다. 그때 그때 最善의 것만, 아주 불가피한 것만 金壽煥 추기경 개인의 자격으로 밝혀 왔지만 主敎會議를 거친 콘센서스를 主敎團의 이름으로 밝힌 것이 거의 없다.」 하였다.

한마디로 新舊敎 가릴 것 없이 敎會는 기독교가 傳來된 이래 오늘에 이르는 암흑기를 헤쳐 自意識의 시대로 이월(移越)하는 과도기의 진통을 겪고 있는 중이다.

교황청 신앙교리성은 2007년 성탄을 앞두고 발표한 "복음화의 몇 가지 측면에 관한 교리 공지"에서 「다른 그리스도인들이 살고 있는 나라에서 가톨릭 복음화가 이루어질 때, 가톨릭 신자들은 '그 나라의 전통과 영적 자산을 진심으로 존중하며 성실한 협력 정신으로' 자신의 사명을 수행하도록 주의해야 한다」고 하였다.

기독교는 로마帝國건설에 전위(前衛)가 된 이래 근대에 선진자본주의 海外植民地개척에 피식민국 민중의 비평 내지 저항 의식을 弱化시키는데 共犯이 되어왔다는 비판이 있다.

〈한국 기독교 사상은 존재하는가〉

『기독교의 福音이란 인간을 구원하는 진리를 말한다. 그런데 성서적 인간관에 의하면 사람은 靈과 肉을 지닌 全人이라고 이해한다. 따라서 한국에서의 기독교 운동 역시 이러한 全人구원을 위하여 영적(靈的) 인간해방을 위한 교회운동, 질병으로부터의 인간해방을 위한 의료 사업, 無知로부터의 인간해방과 바람직한 인격형성을 위한 교육사업 등 3대 사업으로 전개되었다. 한국기독교 사상의 전개는 초기 선교사들이 전해 준 기독교 이념의 보수적 토착화, 기독교의 진리를 받아 들인 한국 지도층인사들에 의한 사회ㆍ정치적 복음운동, 한국의 전통적인 종교문화와의 관련 속에 기독교를 전개하려는 세 유형으로 나누어 볼 수 있다.

• *구령(救靈) 운동을 중심한 保守主義*

미국 장로교 外地 선교회 총무는 한국의 초기 선교사들을 논평하였다.

「처음 25년 간의 전형적인 선교사는 퓨리턴(Puritan, 淸敎徒)형이었다. 이들은 안식일을 뉴잉글랜드 조상들이 한 세기 전에 행하던 것과 같이 지켰다. 신학이나 성경을 비판할 때 강력하게 보수주의적이었으며, 그리스도의 재림(再臨)에 관한 前 千年의 견해를 없어서는 안될 진리라고 주장했다. 高等비판주의와 자유주의의 신학은 위험한 이단(異端)으로 생각했다.」

초대 선교사들의 청교도적인 율법주의와 보수주의적 정통주의신학을 발전시킴으로써 한국의 보수주의신학의 전통을 수립한 이는 박형용(朴亨龍 1897-1978)이었다.

그가 발간한 '기독교근대신학難題選評(1935)' 은 '전태만상의 異思想이 바야흐로 正統신앙의 존속을 위협하려는 때에 非正統的 神學諸說을 考査하여 비평을 가하기로 목적한' 저술이었고 리츨(Albrecht Ritschl, 1822-1889), 바르트(Karl Barth, 1886-1968) 등의 사상과 사회복음이나 高等批判學을 비판함으로써 정통주의적 보수신학 사상을 체계화한 책인데 그 중심을 이루고 있는 것은 성서의 축자영감설(逐字靈感說)이다. '성경을 무오(無誤)한 하나님의 말씀으로 믿고 성경으로 더불어 도립(倒立)을 함께 하였다.' 고 하였다.

요컨대 성서무오설(聖書無誤說)과 영감설(靈感說)을 기초로 한 보수주의 교회의 사상적 특성은 反에큐메니컬 운동적이요, 사회문제에 대하여는 무관심을 표명하며, 他 宗敎에 대하여는 배타적이며 정복적인 태도를 취하는데 있다. 이것은 한국 기독교의 보수주의 사상의 공통적인 것으로 되어 있다.

• *사회 · 역사 참여문제를 중심한 進步主義*

인간해방으로서의 복음 곧 기독교의 진리는 비인간화하는 사회 · 정치적 세력으로부터의 해방을 또한 촉구한다. 亡國的 상황에 직면하였던 우리나라에서의 구원의 복음이 뜻하는 역사적 의미는 대내적 사회개혁과 대외적 자주독립의 쟁취 외엔 없었다.

기독교가 전해온 지 10여 년이 지났을 때엔 이미 상당수의 지배층의 인사들이 기독교의 복음을 믿고 받아 들였다. 선교사들의 '교회의 비정치화정책' 결의(1901)와는 달리 이들은 協成會와 독립협회, YMCA 등을 통해 사회적 구원운동을 전개해 갔다. 서재필(徐載弼) · 윤치호(尹致昊, 1865-1945) · 李商在(1850-1927) · 남궁억(南宮檍, 1863-1939) 등이 그 중심 인물이었다. 그 후 3 · 1운동을 정점으로 항일독립운동의 전개는 한국교회의 한 기본자세가 되었고 1945년 광복과 독립으로 한국 기독교의 쟁점의 하나는 없어지게 되었다.

1960년대 이후의 한국교회는 정의와 인권문제에 깊이 관여하게 됨으로서 한국 기독교의 한 토착화의 유형과 사상적 전통이 형성되었다. 이러한 한국 기독교의 진보주의 사상의 신학적 초석을 놓은 金在俊은 역사참여의 문제에 대하여 말했다.

「기독교에는 본래 이원적인 요소가 있다. 하나님과 사람, 來世와 現世, 律法과 은총(恩寵), 하나님의 것과 가이사의 것 등이 그것이다. 크리스천은 이 두 極 사이에서 긴장된 생활을 해야 한다. 그런데 한국에 소개된 기독교는 주로 正統主義신학을 가진 他界的이며 반문화적인 것이었다. 그러므로 역사에서의 유리(遊離)와 도피를 초래했으며 이런 것을 기독교의 神聖이라고 오인(誤認)해 왔다. ……
우리는 한국역사 안에 그리스도의 속량(贖良) 역사를 조성하며 한국역사를 그리스도의 天國역사로 변질시키는 임무를 하나님께로부터 받은 것이다. …… 우리는 이 주어진 한국의 정치、경제、교육、문화의 각 부문에 그리스도의 정신이 그 造形이념이 되며 魂이 되게 하는 데 책임적으로 진력(盡力)해야 한다.」

1930년대로부터 시작된 진보주의적 기독교 사상이 본격적으로 전개된 것은 1970년대에 와서였다. 1970년대의 '유신체제 밑에 급속도의 경제성장과 사회변동, 그리고 이에 따르는 온갖 부조리 현상' 속에서 형성되고 전개된 한국적 기독교 사상이 곧 민중신앙이었다. 민중신학 형성에 관심을 가지고 관여한 신학자들로는 金正俊(1914-1981) · 安炳茂 · 徐南同(1918-1984) · 金容福(1938-)등을 들 수 있다.

徐南同은 민중신학의 祖型이 될 典據 셋을 제시한다. 성서적 전거로는 출애굽의 사건과 예수의 십자가 사건을 든다. 둘 다 민중의 해방과 구원의 사건이었기 때문이다. 교회사적 전거로는 '聖靈의 제 3時代' 論을 든다. '성령' 은 사람 안에 임재하시는 하나님의 현상이며, 지금은 성령의 시대로 민중은 깨어나서 하나님이 함께 하시는 자신의 힘을 깨닫고 스스로 해방과 인간화를 성취해야 한다. 민중운동사적 전거(典據)로서는 동학혁명과 3.1운동을 든다. 결론적으로 그는 이렇게 말한다.

「한국의 민중신학의 과제는 기독교의 민중전통과 한국의 민중전통이 한국교회의 하나님의 선교 활동에서 합류(合流)되고 있는 것을 증언하는 것이다. 현재 눈 앞에 전개되는 사실과 사건을 '하나님의 역사개입', '성령의 역사', '출애굽의 사건'으로 알고 거기에 동참하고 그것을 신학적으로 해명하는 길이다.」

• *他宗教와의 대화를 중심한 자유주의*

기독교의 한국 토착화 과정에서 在來종교들과 대화적 관계가 학문적으로 논의되기는 초기 1910년대와 1960년대 이후의 일이었다. 在來종교와 기독교와의 만남의 문제를 처음으로 다룬 이는 1902년 貞洞敎會의 첫 담임목사 崔炳憲으로 '성산유람기'(1907)와 '종교변증론(宗敎辨證論)'(1916-1920)이 대표작이다.

그는 正統신학에서처럼 타종교에 대해 배타적이며 독선적 자세를 취하지 아니하고 복음신앙의 입장에서 타종교와의 창조적 접근을 시도하고 있었다.

이러한 종교신학의 문제가 다시 적극적으로 논의된 것은 1960년대 이후의 일이다. 종교인구의 급증, 특히 불교가 급성장하고 1970년대에 일어난 문화적 주체성에 대한 요청이 전통종교문화에 관심을 불러 일으켰다. 기독교가 동양종교의 큰 유산과 에너지를 흡수하여 인류 구원에 공헌하자는 것이다. 이런 요인들이 자극이 되어 他宗敎와의 만남의 문제가 신학자들 사이에서 논의되었다. 유교와의 만남을 다룬 윤성범(尹聖範, 1916-1980), 불교와의 만남을 다룬 변선환(邊鮮煥, 1927-1995), 무교(巫敎)와의 만남을 추구하는 필자 등이 그 대표적인 사람들이다.

尹聖範의 '한국적 신학 - 성(誠)의 해석학'(1972)은 동양사상에 의거하여 기독교 신학 전체를 해명한 것으로는 처음 일이다. 尹聖範은 誠의 구체적인 내용을 栗谷의 사상과 忠武公의 생활에서 찾는다. 誠은 곧 成肉身의 '로고스(logos)'에 해당한다는 것이다. 그러므로 그가 의도하는 한국적 신학이란 '계시(啓示)라는 낯설은 개념 대신에 誠이라는 친근한 개념을 대치하여 신학적 제 문제를 해석해 나가려는 것이다.' 따라서 尹교수가 말하는 한국적 신학이란 서구신학을 번역한다는 뜻을 내포하고 있다.
오늘날의 기독교와 타종교와의 관계는 '종래의 改宗이 아니라 대화'여야 한다는 것이 邊鮮煥의 대 전제이다. 일찍이 세계선교협의회(IMC)는 예루살렘회의(1928)와 마드라스회의(1938)에서 타종교와의 관계문제를 진지(眞摯)하게 제기했었다.
그러나 비린겐(Willingen, 1952)에서 '하나님의 선교'(Missio Dei)가 주창되면서부터 사회참여와 인간화 문제가 현대교회의 선교적 과제로 전면에 부각(浮刻)됨으로써 타종교와의 관계 문제는 흐려지게 되었다. 세계교회협의회(WCC)는 정치문제에 대하여는 급진적이었으나 종교문제에 대하여는 보수적인 입장만을 고수(固守)해 왔다. 근자에 와서는 보수적이었던 가톨릭 측이 더 개방적이며 급진적인 자세를 취하기 시작했다.

'교회 밖에는 구원이 없다'고 한 기독교 신앙의 배타적 절대성의 주장은 서구제국주의를 배경으로 한 종교적 제국주의의 소산이다. 그리스도의 복음과 종교로서의 기독교와는 구별되어야 하며(崔炳憲, K.Barth) 복음은 또 다시 비종교적으로 해석되지 않으면 아니 된다(D.Bonhoeffer)는 맥락(脈絡)에서 邊鮮煥은 주장한다.

「비종교적으로 해석된 기독교는 사랑이며, 그리스도는 사랑에 차고 넘쳐서 한 자기희생이다. 그러므로 하나님과 그리스도를 만나는 필수불가결(必須不可缺)의 장소는 교회가 아니라 他者를 위한 행위 곧 사랑에서이다. '크리스천이 된다는 것은 他者를 위한 존재였던 예수의 존재에의 참여에서 이루어지는 새로운 삶' 이라고 한 본회퍼의 말은 옳았다. "불교의 관점에서 본다면 예수 그리스도는 하나의 위대한 보살(菩薩, 菩提薩埵, Boddhisattva)일는지도 모른다"(H. Waldenfels)고 한 데에는 충분한 이유가 있다」

요컨대 이타적인 보살도(菩薩道)에서도 그리스도와 하나님을 만날 수 있다는 것이다. 그것은 복음의 본질을 이타적(利他的) 사랑에서 볼 수 있기 때문이다.

그러므로 구원의 의미가 복음에 참여하는 것이요, 하나님과의 만남이라고 한다면 교회 밖에도 구원이 있을 수 있다는 것이며, 여기에 기독교와 불교와의 만남의 길이 있다.

• *기독교의 진리와 한국교회의 전통은 하나다*

한국 기독교는 한국의 역사와 문화적 토양 속에 토착화되어 온 것이며 한국적인 전통과 한국 기독교의 사상을 형성해 왔다. 세 유형의 (사상적) 전통은 각기 하나의 기독교 진리의 일부를 나타내고 있는 것이요, 이 세 개가 통합하여 하나의 한국 기독교 사상을 구성하고 있다. 따라서 이 셋은 서로 배타적인 입장에 서 있는 것이 아니라 상호보완적인 위치에 서 있는 것이다. 여기 한국 기독교 사상의 양상(樣相)과 특징이 있다.』

〈素琴 柳東植(1922-), 延世大 교수, 神學〉

「현대 다원주의(Pluralism) 기독교 신학에서는 예수는 기독교인들에게 하나님을 만나는 결정적 통로이며 다른 종교와 다른 문화권 사람들도 예수를 통해 하나님을 만날 수 있지만 결코 예수가 하나님을 알고 그에게 나아갈 수 있는 유일한 통로는 아니라고 본다.
하나님은 다른 종교와 문화를 통해서도 자신을 알렸으며 하나님께 나아가는 길을 열어 놓았다. 이는 하느님의 특수계시(啓示)에 선행하는 보편계시(Universal Revelation)에 대한 믿음이며 기독교 전통에서 줄곧 존재해 왔지만 현대 개신교 신학의 주류에서는 밀렸다. 특히 한국 기독교계 일반을 지배하고 있는 문자주의적 성서이해와 예수의 대속(代贖)을 복음의 핵심으로 삼는 복음주의 진영에서는 보편계시가 거의 무시되고 있다.
한국의 주류 개신교 신학과 신앙은 아무리 경건(敬虔)하고 도덕적인 사람이라도 예수를 통해 죄의 사(謝)함을 받지 않는 한 구원이 없다고 믿는다. 여기에는 인간의 이성이나 도덕적 노력, 심오(深奧)한 종교적 경험이나 통찰도 아무 소용 없고 다른 종교의 성인이나 성자들도 구원의 반열(班列)에서 제외된다. 이것이 한국 복음주의적 기독교의 배타적 편협성과 공격적 선교의 배후에 있는 신학이다.
한국 기독교는 물론이고 그리스도교 일반이 지닌 배타성 문제는, 기독교인들이 다른 종교에도 하나님의 계시가 있고 하나님께로 나아가는 구원의 진리가 있음을 인정하지 않는 한 결코 해결될 수 없다. 기독교 신학은 이 사실을 직시(直視)하고 그리스도교의 역사적 유한성을 솔직히 인정하면서 다른 종교에 대해 겸손(謙遜)하고 개방적인 자세를 가져야 한다. 이것이 현대 기독교의 지적, 도덕적, 신학적 의무이다.」

〈길희성(吉熙星, 1943-), 서강대 명예교수〉

애니미즘과 샤아머니즘 - 한국의 土俗·신흥(新興) 종교

「한국의 종교현상은 크게 기성종교, 신흥종교, 민간신앙의 셋으로 나누어 볼 수 있다.

기성종교란 종교적 진리가 역사 속에서 충분히 입증(立證)된 종교를 뜻한다. 따라서 기성종교는 보편성을 띠게 마련이므로 '세계종교'라고도 한다. 예컨대, 불교나 기독교가 그 전형적인 것이다. 이에 비해 유태교나 인도교는 한 민족의 범위를 벗어나지 못하는 민족종교이다.
기성종교가 지닌 형식상의 특징으로는 종교를 창시한 교조(教祖)가 있고, 그와 그의 교훈을 신봉하는 신도들의 조직체인 교단이 있고 그들의 신앙내용을 체계화한 교리와 경전이 있으며, 신앙행위로서의 제례의식과 그 의식을 주관하는 사제(司祭)가 있다. 내용적인 특징으로는 개인이나 집단 또는 인류역사가 지향하고 전진할 초월적인 이상이 주어져 있다는 것과, 사회적 윤리의 근거를 제시하고 있다는 점 등을 지적할 수 있다.
기성종교로는 기독교(가톨릭과 개신교), 불교, 유교가 있는데 모두 중국이나 서구를 통해 들어온 외래종교들이다.

신흥종교란 기성종교와 대치(對峙)되는 개념이다. 기성종교가 그 종교적 진리를 역사 속에서 입증한 것인데 비해, 신흥종교는 그 종교적 진리성이 시험되고 있는 종교이다. 더구나 외형상 기성종교와 꼭 같은 구성을 가지고 있다는 데에 그 대치성이 있다. 교조가 있고, 교단조직과 교리가 있으며, 제례의식과 사제가 있다. 그러나 그 종교적 진리는 보편성을 띨 만큼 입증되지 못했다. 그러므로 그 전파범위가 극히 제한되어 있고, 때로는 한 지방을 넘지 못한다는 점에서 민족종교와도 다르다.
신흥종교가 세계종교로 발전하지 못할 경우에는 일정한 기간동안 존속한 후에는 사라지고 만다. 신라의 풍류도와 고려의 팔성신앙 같은 것이 그러한 예이다.

신흥종교들은 그 성격으로 보아 크게 세 종류로 나누어진다.

첫째 기성종교에 대한 불만이나 기성종교 안에 있으면서 특수한 신앙경험을 가졌던 사람이 교조로 등장한 새 종파들이다.
40여 개 기독교 계열의 신흥종교들 중에는 외국에서 형성된 것들도 있다.
여호와의 증인〔Jehovah's Witnesses, 1872년 럿셀(Charles Russell, 1852-1916)이 설립한 국제성서연구자협회가 그 기원인데 1931년 루더폴드(Joseph Rutherfold, 1869-1941)가 교칭을 썼다〕이나 1830년 조셉 스미스(Joseph Smith, 1805-1844)에 의해 결성되고 브리검 영(Brigham Young 1801-1877)에 의해 확장된 몰몬교〔Mormonism, 말일성도(末日聖徒) 예수그리스도 교회(Church of Jesus Christ of Latterday Saints) 의 속칭〕등이 그것이다.
그러나 대체로는 6·25동란 이후에 한국의 교조들이 창안해 낸 종단들이다. 통일교(Unification Church, 세계기독교통일神靈協會의 약칭)는 1954년 교주 문선명(文鮮明)에 의해 창립되었으며, 전도관은 1955년 박태선(朴泰善) 장로가 창설한 것으로 교주 자신들이 구세주로서의 사명의식을 가지고 있다는 것, 한국을 중심으로 세계를 구원한다는 생각, 신비로운 종교성과 지상복락과를 결부시키고 있다는 점등 공통점이 있다. 불교계는 신흥종교의 수도 가장 많아 50~60여개를 헤아릴 수가 있다. 대표적인 것으로는 1919년 교조 소태산(少太山) 박중빈(朴重彬, 1891-1943)에 의해 시작된 원불교(圓佛教)를 들수 있다. 원불교의 한 특색은 불상 대신, 범신불 일원상(一圓相)(○)을 신앙대상으로 하고 물질과 정신을 아울러 개발하려는 생활불교라는데 있다.

둘째, 전통적인 토속신앙을 기초로 유(儒)·불(佛)·선(仙) 3교를 융합하여 창안한 신흥종교들이 있다. 대표적인 것으로는 동학계통의 것과 증산교(甑山教)계통의 것과 단군교(檀君教)계통의 것을 들 수 있다. 모두 조선시대말 불안한 사회를 배경으로 형성된 것들이며, 日帝下에 많은 분파를 형성한 것 들이다. 현재 뚜렷한 종단을 이루고 있는 것으로는 천도교(天道教)나 대종교(大倧教)가 있으나, 군소 집단으로는 백여 개를 넘는 종단들이 있다. 대종교의 3대 경전은 '천부경(天符經)', '삼일신고(三一神誥)', '참전계경(參佺戒經)' 이다.

셋째, 외국에서 형성된 신흥종교가 우리나라에 흘러 들어온 종단들이 있다.
미국 기독교 계통의 것과 일본 불교계통의 니치렌(日蓮, 1222-1282) 정종(正宗)〔소카갓카이(創價學會) 1952, 원래 소학교원 마키구치쓰네사부로(牧口常三郎, 1871-1944)와 도다조세이(戶田城聖, 1900-1958)가 1930년 조직한 소카교이쿠갓카이(創價教育學會)였다.〕과 신도계통의 천리교(天理教)〔교조(教祖) 나카야마 미키(中山美伎:1798-1887)〕등이 그 현저한 것들이다. 그리고 중국에서 들어 온 일관도(一貫道) 등이 있다.

사상으로 짚어 본 新興宗教 계보 - 계룡산(鷄龍山)을 중심한 教派

〈教理로 따져서도 12개 系統〉

『현재 한국에는 3백여 신흥종교의 교파가 난립되어 있다. 이들 교파를 그 教團의 성립된 본원과 교리상 東學系 · 南學系 · 증산(甑山)教系 · 각세도(覺世道)系 · 봉남(奉南)教系 · 檀君教系 · 佛教系 · 基督教系 · 무속(巫俗)系 · 계통불명(系統不明) · 外來系 등 12계통으로 나누어 보았다.

한국에 신흥종교가 일어나기 시작한 것은 1860년 '동학'이 창립됨으로써 비롯되었다. 그 뒤를 이어 日帝시대에 발생된 신흥 종교의 교단만도 백여 개에 이르고 여기에 더 많은 교단이 추가 발생되어 1970년경 3백여의 교단이 되었다.

'동학' 에 이어 발생한 '甑山教', '覺世教', '奉南教' 등은 그 교단이 확대됨에 따라 여러 교파가 파생되고 이를 계승하는 교파가 나누어짐에 따라 몇 개의 教系가 분류되었다. 즉 동학은 20여 개의 支派 또는 傍系의 교단이 형성됨에 따라 '東學系', '南學' 은 10여개의 支派教團이 형성되어 南學系라는 교계가 각각 분류되고, 甑山教는 50여개의 지파로, 覺世道는 10여개 지파로 각각 나뉘어 각자의 교계를 형성하게 되었다.

신흥종교를 계통 분류함에 있어서 水雲系 · 一夫系 · 甑山系 · 신계계(晨鷄系) · 奉南系 등 創教者의 칭호를 따라서 나누는 예가 허다한 것은 하나의 東學圈 신흥종교 안에 있어서의 교단 창립자에 의한 교파분립을 가름하는 뜻이 들어 있는 것으로 생각된다. 이 東學圈 教團의 발생과 더불어 '檀君教系' 와 유교계, 불교계, 기독교계, 무속숭신계 및 系統不明 교단 등이 성립되는 한편 외래교단이 유입되었다.

〈11개 系統에 34개 教團이 집거(集據)〉

1973년 한국신흥종교의 계통별 교단 수를 보면 東學系 17, 檀君系 27, 甑山系 59, 一夫系(南學) 16, 覺世道系 10, 奉南系 16, 佛教系 49, 基督教系 40, 巫俗系 27, 聯合系 5, 系統不明 24, 一貫道系 5, 外來系 16으로 분립되어 있었다.

광복 전 신흥종교의 분포가 가장 많았던 곳은 충남의 계룡산과 전북의 毋岳山 지대였다. 이 두 지역에 신흥종교가 집거하게 된 이유는 이 두 지역이 신흥종교의 교리의 내용이 되는 풍수설과 정감록(鄭鑑錄) 비결과 직결되는 관련성이 있기 때문이다.

정감록은 '감결(鑑訣)' 을 비롯하여 동국역대본궁음양결(東國歷代本宮陰陽訣), 역대왕도본궁수(歷代王都本宮數) 등을 묶어서 동국의 비기집성(秘記集成)을 말하기도 하고 '감결' 하나만을 이르기도 하는데 이심(李沁)과 정감(鄭鑑)의 대화를 통하여 풍수 지리설〔산형(山形) 지세(地勢)를 보아 개인이나 왕조의 길흉(吉凶) 성쇠(盛衰)를 점(占)치는 사상]에 의해 이씨의 멸망과 정씨 대두를 역성(易姓) 혁명 사상에 의해 예언한 것을 기록한 것이다. 정감록의 대표적 표현법인 목자(木子)는 이(李), 주초(走肖)는 조(趙), 전읍(奠邑)은 정(鄭)의 파자이다.

비기는 신라 말 도선(道詵 827-898)에서 비롯하여 고려 말 무학(無學), 조선조 박지화(朴枝華 1513-1592) · 이지함(李之菡, 호 土亭) · 남사고(南師古, 호 격암(格菴), 1509-1571) 등으로 이어졌다.

계룡산은 비결상(秘訣上) 李氏王都를 계승하는 鄭氏王都가 도읍할 곳이며, 계룡산을 父性으로 본다면, 毋岳山을 母性으로 보는 陰陽風水의 관계가 있기 때문이다. 그러나 毋岳山에 분포된 교단은 대개가 증산교(甑山教) 계통이고 계룡산에 포교된 교단은 13개 신흥종교의 계통 가운데에 覺世道系를 제외한 12개교가 모두 포교되어 있다.

계룡산 新都內에는 東學系로 天道教(前 上帝教)와 그 지파인 上帝教別派와 동학大宗院 · 水雲教別派(前 大同教, 現 東學親睦會) · 道學教 지부가, 단군教系로 鷄龍天眞殿의 大倧教支部 · 作山檀君殿의 단군영모계 · 南仙檀君殿 · 三一철학연구회 등 단군신앙단체가, 甑山教系로 彌勒甑山教와 一心教(更正儒道)의 3개 교파가, 一夫系(南學系)로 詠歌舞蹈教(中央大宗教) 正經學會가, 奉南系〔김봉남(金奉南, 1898-1950)이 1937년 창교〕로 天地大安教가, 불교계로 圓佛教支部 · 龍華同乘會 · 대한불교法華宗이, 기독교계로 세계一家公會 · 새일修道院 · 여호와새일교단 · 봉어명당이, 一貫道系로 神靈道德會가, 계통불명에 正道教의 2개 교파와 七誠天道가, 巫俗系로 關聖教와 無量天道 · 七星教 · 三神堂 · 山神道가, 聯合系로 통일祭壇 · 세계종교연합회가 있다. 이를 종합하면 11개 계통에 34개 교단이 집거하고 있는 것이다.

東學系 : 순조 24년 경주유생 최제우에 의하여 동학이라는 이름으로 創道되었다. 유교의 윤리도덕과 불교의 明心見生, 도교의 연신수기(鍊身守氣)를 실천하는 三教合一의 교리체계를 세우고 보국안민(輔國安民), 포덕천하(布德天下), 광제창생(廣濟蒼生), 후천개벽(後天開闢)의 4대 강령을 道行 목표로 하는 종교를 세운 것이다. 동학은 뒤에 天道教, 侍天教(李容九가 1906년 창교), 上帝教〔김연국(金演局) 일파〕 등 正統派와 青林教, 東學教, 人天教, 白白教〔차병간(車秉幹)이 1923년 창교〕 등 방계교파가 생겼으며 천도교 등 정통파는 또 그 자체내의 분파를 일으켜 한때 30여 파의 교단을 형성했다.

南學系 : 동학이 선포된 다음해 1861년 충남 논산군 楊村面에서 李雲圭(호, 蓮潭, 1814-1889)에 의하여 創道되었다. 南學은 西學 · 東學 · 北學에 대응하는 명칭으로 동학과 같이 당시를 先天運에서 後天運으로 교역하는 시기로 보고 이 운도변이(運道變易)의 이론을 개진하되 周易을 선천시대의 易學이라 보고 후천시대의 易學이라는 正易의 이론을

제시하였다. 東學과 마찬가지로 儒 · 佛 · 仙 三教合一의 교리를 주장하고 동학의 三七字 주문(呪文)에 가름하는 五音으로 된 주문을 외게 함으로써 오장(五臟)의 五氣가 바르게 되어 질병이 낫고 영육(靈肉)이 수련되어 神靈과 道에 통하는 신비현상이 있게 됨을 교시하였다. 이 교리를 받은 제자 金恒(호 一夫, 1826-1898)과 金致寅(호, 光華)에 의하여 教團이 확장되었다. 金恒은 유교적인 방향에서 正易의 運度를 밝히면서 無極大道를 세웠고 金致寅은 불교적인 방향에서 五方佛教를 세웠다. 이 두 사람에 의하여 세워 진 교단은 또한 수개의 교파를 낳아 한때는 10여 개의 교파를 낳게 되었다. 동학 농민운동이 일어났을 때에 金致寅系의 南學도 8명의 순교자까지 내었다. 이 교파 가운데에는 동학과 甑山教와 합류되는 단체를 이루기도 하였다.

甑山教系 : 1901년 전주 毋岳山에서 姜一淳(호, 甑山, 1871-1909)이 세운 교단이다. 교주 자신이 九天上帝의 몸으로 말세에 직면한 창생을 구제하고 後天의 조화선경(造化仙境)으로서의 天上天國을 세우는 '天地公事' 를 위해 지상에 내려 왔다고 했다.

覺世道系 : 1915년 황해도 출신 이선평(李仙枰, 1882-1956)이 오랫동안 수도 끝에 각세진경(覺世眞經) 16자의 주문과 覺世진리를 표명한 天書 覺世訓詞 그리고 覺世道라는 道名까지 天命의 계시로 받았다고 주장하면서 교단을 만들었다. 覺世진리란 儒, 佛, 仙의 3교와 기독교의 진리를 합일한 大道진리를 의미한다. 처음 교단의 본부를 서울에 두고 동서남북의 四觀을 설정, 各觀을 주재하는 道主 4명을 두기로 하였으나 뒤에 四觀의 도주들이 각자의 교단을 형성하게 되었으며, 또 지파의 분립까지 있게 되어 한때는 10여 파의 분교파가 발생되기도 하였다.

단군교계 : 1890년경 평남 孟山 김렴백(金濂白)이 神教라는 교단을 열었던 것이 최초이다. 그 뒤 1904년 태백산에서 白峯, 白佺등이 단군교라는 교명으로 정식 종교단체를 조직 포명한 바 있었으며, 이들의 교지를 받은 나철(羅喆, 호 弘巖, 나인영(羅寅永), 1863-1916)과 정훈모(鄭薰謨) 등에 의해 서울에서 교리적 체계를 세워 단군교단을 새롭게 조직하였는데 전래의 단군神教를 중흥한 것이라 한다. 이 단군교의 교리적 기본사상은 민족주의적 신앙을 토대로 한 桓因 · 桓雄 · 桓儉(檀君)의 三神一體觀을 중심사상으로 하고 여기에 儒 · 佛 · 仙 3 教의 사상을 합일하였다.

佛教系 : 동학이 발생할 무렵 서울 三角山 감로암(甘露庵)에서 일어난 '묘련사(妙蓮社)' 가 최초의 신흥불교로 발생된 듯하다. 그 뒤 여러 개의 신흥불교단이 발생하게 되었는데 正統불교系統에서 새로운 불교종단으로 이루어 진 것, 정통불교계통이 아닌 타종교계통에서 불교의 명의와 성격을 가지고 이루어 진 것, 독자적으로 새로운 종교이념을 내 세워 불교의 명의와 성격을 도용하는 것 등을 들 수 있다. 대부분 미륵불(彌勒佛)의 출세, 생활불교의 지향, 在來宗團의 재생 등이 그들 교단의 성립의 원인 또한 동기로 보여진다. 그러나 正統 불교계통에서 발생한 것보다 다른 계통에서 발생한 교단이 더 많다.

基督敎系 : 1917년 正道敎가 최초의 신흥 기독교로서 발생된 듯 하다. 그 후 복음교회 조선기독교회등 3개 교단이 일제때 발생되었다. 광복과 함께 신흥 기독교계의 급격한 증가 현상을 볼 수 있다. 신흥 기독교계의 공통적인 교리적 특색을 보면, 말세의 절박(切迫), 말세시한에 따른 구세주의 강림과 그 구세주는 교단을 창교한 현재의 敎主라는 것, 選民思想, 聖書 해석에 있어서 교주자신의 구세주로서의 출세와 선민사상을 뒷 받침하는 데 중점을 둔다는 것, 때로는 외부에는 기독교리를 표방하면서 교단 내부에서는 자가의 또 다른 교리를 가지고 있는 점(二重敎理), 기행이적(奇行異蹟)이나 신비체험을 중심으로 하는 신행활동을 중시하는 점, 현실에 입각한 地上天國건설 등이다.』

〈李康五(1920-1997) / 全北大교수, 宗敎哲學〉

民間信仰

민간신앙은 조직적인 종교집단을 형성하고 있지 않은 신앙현상이다. 민간신앙은 기성종교나 신흥종교와는 달리 교조도 없고 교리도 없는 일종의 자연종교이다.

민간신앙에는 제사의식(祭祀儀式)을 가진 것과 그렇지 않은 것의 두 종류가 있다. 전자의 전형적인 것이 무속신앙 곧 굿이나 산신제(山神祭)와 같은 것이요, 후자의 전형적인 것은 점복(占卜) · 예언이나 풍수(風水) · 참위(讖緯)와 같은 것이다.

정체 불명의 기서(奇書)에 가탁한 말세 예언의 민간 신앙을 가리키는 것으로 정감록(鄭鑑錄)이 있는데 진참(秦讖)과 같은 계통의 왕조 국도(王朝國都)에 관한 국가적 예언인 점에서 '토정비결' 같은 개인의 행년(行年) 중심의 추수(推數)와 그 규모나 성격을 달리한다.

그리고 민간신앙은 대체로 세시풍속(歲時風俗)과 관련된 민속인 경우가 많다. 결국 민속화된 신앙현상이라 하겠다.

「조선 민족은 처음 열릴 때부터 신시(神市)를 가졌고 그것으로 종지(敎門)를 삼았다. 天王인 환웅과 단군왕검을 하늘에서 내린 신(神), 또는 신격(神格)의 인간이라고도 하였다. 옛날에는 무당(巫堂)이 하늘에 제사 드리고 神을 섬겼기 때문에 사람들에 의해 존경되었다. 신라에서는 무(巫)로써 왕자의 칭호를 삼았고〔次次雄 또는 자충(慈充)이라 하였다. 신라 말로는 巫다〕 고구려에도 사무(師巫)라는 칭호가 있었다. 이와 같은 것은 마한(馬韓)의 天君, 예(濊)의 무천(舞天), 가락(駕洛)의 계락(禊洛), 백제의 솟대(蘇塗), 부여의 영고(迎鼓), 고구려의 동맹(東盟) 등에 이르기 까지 모두 단군 신교(神敎)의 유풍(遺風)이고 거기서 끼쳐 진 풍속 아닌 것이 없다. 고려는 가뭄을 당하면 무당을 모아 비를 빌고 또는 장을 옮기기도 하였다.

후세에 유교、불교、도교가 잇달아 수입되어 유교는 길흉을 가리는 예(禮)가 있고, 불교는 분향(焚香)하여 도를 닦는 법이 있고, 도교는 초제(醮祭)의 의식이 있다. 외래 종교는 우리 고유의 풍속에 뒤 섞이게 되자 세간에서 존중 받는 바 되어 제 각기 경쟁이나 하듯 교세를 늘려갔다. 이런 일들 때문에 고유의 풍속은 사회의 배척(排斥)을 받아 외래종교만 못한 자리로 전락하고 말았다.

무당은 고대에 신교(神敎)를 주제(主祭)하던 사람이다. 그들은 춤으로써 神을 내리게 하고 노래로써 神을 모셨고, 사람들을 위해 기도하여 재난을 물리 치고 福을 재촉하였다. 그러므로 노래와 춤은 곧 무속의 기원이라고 한다. '오주연문장전산고(五洲衍文長箋散稿)' 에 의하면 그 무렵 방방곡곡 여자 무당과 남자 박수(博數)가 요란하게 북을 치고 넋두리를 외고 춤 추면서 잡귀를 쫓고 神의 내림을 받았던 것을 알수 있다. 고려 말 무당에게 영을 내려 말(馬)을 軍用에 충당케 하였고, 조선조 말 무당으로써 兵을 삼았다. 충익위무병(忠翊衛巫兵), 난후포수(欄後砲手), 무부군뢰(巫夫軍牢) 등이 그에 속한다.

지방 무풍(巫風)은 개성(開城)과 西北 일대가 성하였다. 개성 사람들은 巫를 仙官이라 하였는데, 고려 의종(毅宗) 때 兩京(개성과 평양) 양반의 재산이 유족한 자들을 뽑아 선가(仙家)라고 명칭하여 대대로 팔관회(八關會)의 제사를 맡아 보게 하였다. 北道에서는 巫를 사(師)라고 일컫는데, 대개 그 지방이 만주에 가까워 그 풍속에서 영향을 받은 듯 하다. 만주에서는 살만(薩滿:Shalman)을 사무(師巫)라 일컫는데 이는 고구려의 유속(遺俗)이다. 우리나라 안에 신사(神祠)가 있는 곳에는 무당과 박수가 모여 푸닥거리(神祀)를 행하였다.」

〈李能和 / '朝鮮巫俗考'〉

4부

적요(寂寥)에 바탕한 질박(質樸)의 파조(破調)

-탁물우의(托物寓意) · 법고창신(法古創新)의 문화사

한국미(韓國美)의 특징(特徵) / 권영필 외

■고조선(古朝鮮)의 철기(鐵器)문화

■석조(石造) · 풍류(風流) · 불교(佛敎)의 삼국문화

■유(儒) · 불(佛) · 도(道)와 도참(圖讖)의 다원성(多元性) – 고려 귀족문화

■주변성(周邊性)과 자주성 – 조선조 사림문화

■통시적(通時的) 한국문학 약사(略史)

종묘(宗廟)의 정전(正殿)(1394-1395)

경복궁(景福宮) 근정전(勤政殿) 1394년 창건(국보 223호)

개항 무렵의 광화문 육조(六曹)거리

19세기말 무렵의 종로

숭례문(崇禮門) 전경 1880년

남한산성(南韓山城) (사적 57호)

선암사(仙巖寺) 승선교(昇仙橋)1707년 (보물 400호)

1900년 파리국제박람회
화보(12월 16일자 르 프
게재)

한국미(韓國美)의 특징(特徵)

「'한국미의 특징에 관한 두 줄기는 안드레 에카르트(Andre Eckardt)와 고유섭(高裕燮)에서 단초를 열고, 전자는 혜곡(兮谷) 최순우(崔淳雨, 1916-1984)등을 통해서, 후자는 三佛 김원룡(金元龍)등에 의해 현대에까지 이어지고 있는 형국이다.

에카르트는 최초의 한국미술 통사(通史)인 '조선미술사'(Geschichte der koreanischenkunst, 1929)에서 건축에서 조각과 불탑, 고구려 회화, 신라 · 고려 · 조선의 도자기 · 수공예품에까지 총망라하여 단순성을 기본적인 특징으로 '과감한 추진력, 고전적인 선의 움직임, 단순하고 겸허한 형식언어, 정숙과 절도'등을 한국미술의 특질로 제시하였으며 고유섭은 '한국미술에는 '적요(寂寥)와 명랑이라는 두 모순된 성격이 성립되어… 질박(質樸) · 둔후(鈍厚) · 순진(純眞)이 형태의 파조(破調)를 통하여 "어른 같은 아해"의 성격을 나타내고 있다.' 하였다.

시대별 왕조별 미술 특징에 관하여 고구려의 웅혼 · 장대, 백제의 명랑 · 화려, 신라의 숭고 · 전아, 고려의 아담 · 우미, 조선의 청렴 · 소박과 '구수하고, 시원스럽고, 어리석고, 아담하다'고 미학의 핵심을 요약한 근원(近園) 김용준(金瑢俊, 1904-1967)과 先史시대의 강직(强直)의 추상화(抽象化), 삼국시대의 한국적 자연주의 전개, 고구려의 움직이는 線의 美, 백제의 우아(優雅)한 인간미, 신라의 위엄(威嚴)과 고졸(古拙)한 우울(憂鬱), 통일신라의 세련(洗練)과 조화의 美, 고려의 無作爲의 창의, 조선의 철저한 平凡의 세계'라고 한 김원룡(金元龍)의 견해가 있으며, 고대로부터 현대에 가까워 질수록 회화보다는 조각이, 조각보다는 건축이, 건축보다는 공예 작품이 한층 성숙된 한국미의 전통을 보여 주었다는 최순우의 소박미론이 있다. 세키노 타다시(關野貞)는 '조선미술사'(1932)에서 發生의 上代(낙랑, 고구려, 백제, 가야, 고신라), 極盛의 통일신라, 餘盛의 고려, 衰退의 조선으로 미술전개시기를 구분하였다.

'朝鮮の 膳(1929) · 朝鮮陶磁名考(1931)'를 펴낸 아사카와 다쿠미(淺川巧, 1891-1931)로부터 감화를 받아 한국미에 경도(傾倒)됐던 야나기 무네요시(柳宗悅, 1889-1961)의 생각은 '비애의 미'와 '민예미'의 두 관점에서 전개되었다. 비애의 미론을 둘러싸고 박종홍, 고유섭, 나혜석(羅蕙錫, 1896-1949), 허영숙, 남궁벽(南宮璧, 호 草夢, 1895-1922), 염상섭(廉想涉), 민태원(閔泰瑗, 號 牛步, 1894-1935)에서부터 1970 · 80년대의 한국 모더니즘이라 불리는 백색 모노크로미즘(Monochromism), 민중 미술인들에 이르기까지 적지 않은 시비가 벌어진 것 과는 달리 민예론의 영향은 소박미론의 최순우, '무기교(無技巧)의 기교' · '무계획의 계획' 등으로 말하는 고유섭 · 최순우 · 초우(蕉雨) 황수영(黃壽永, 1918-2011) · 수묵(樹默) 진홍섭(秦弘燮, 1918-2010) 등 1세대 미술사학자들, '자연주의'를 내 세우는 김원룡, '원융과 조화'를 말하는 강우방(姜友邦, 1941-) 등에 까지 짙게 드리워져 있다.

1914년 오코우치 마사토시(大河內正敏, 1878-1952) · 오쿠다 세이이치(奧田誠一)가 '사이코카이(彩壺會)'를 설립, 감상도자(鑑賞陶磁)라는 새 장르를 내세우고 야나기 무네요시 民藝論의 비판입장에 섰다.

범이(凡以) 윤희순(尹喜淳, 1906-1947)의 '조선미술의 당면과제 비평'은 1920~1930년대 김복진(金復鎭, 1901-1940) 중심의 프로미술사상, 김용준 중심의 심미주의(審美主義) 미술사상과 더불어 3대 민족미술 구상을 이루었으며 이경(怡耕) 조요한(趙要翰, 1926-2002)은 서구의 후마니타스(humanitas) 정신(인문주의)을 바탕으로, 음악 · 무용 · 시가 · 조원 등 다방면에 걸쳐 한국미 연구영역을 넓히고, 불교 · 유교 · 도교 · 무속 등 다양한 사상적 종교적 이념과의 연관 속에서 한국미를 논하였다.

〈권영필 외 / '12인의 미학자를 통해본 한국미론 百년'〉

앙드레 말로(André-Georges Malraux, 1901-1976)의 세계미술사 '침묵의 소리(Les Voix de Silence, 1951)'는 4세기 인도의 간다라 불상, 5~6세기 북위(北魏)의 불상, 7세기 고구려 승려 담징(曇徵)의 호오류지(法隆寺) 금당벽화(金堂壁畵) 관음보살상, 13세기 중세 유럽의 성모 마리아상의 테마가 인류문화의 공통된 신앙의 상징(象徵)이라고 보았다.

유네스코 세계문화유산은 1972년 유네스코〔UNESCO(국제연합교육과학문화기구), United Nations Educational, Scientific and Cultural Organization〕총회에서 채택된, '세계문화유산 및 자연유산의 보호에 관한 협약'에 의거 인류가 걸어온 과거의 유산을 지키고 위험에 처한 자연 생태계를 보존하고자 심의를 거쳐 선정한 인류의 보물로 세계유산, 인류무형문화유산, 세계기록유산으로 나뉜다. 2010년 8월 기준 151개국이 보유하고 있는 세계유산은 총 911점(문화유산 704점, 자연유산 180점, 복합유산 27점)에 이른다.

유네스코(UNESCO)는 1995년 해인사 장경판전 · 종묘 · 불국사 석굴암, 1997년 창덕궁 · 수원 화성, 2000년 고인돌유적(고창 · 화순 · 강화) · 경주 역사유적지구, 2007년 제주 화산섬과 용암동굴, 2009년 조선왕릉, 2010년 한국의 역사마을 하회와 양동 등 10건과 2004년 고구려 고분군 · 2013년 개성 역사유적지구 등 2건을 각각 남한과 북한의 세계유산으로, 1997년 훈민정음〔해례본(解例本)〕 · 조선왕조실록(국보 151호), 2001년 승정원일기 · 직지심체요절(直指心體要節), 2007년 조선왕조의궤(儀軌) · 고려 대장경판(팔만대장경), 2009년 동의보감(東醫寶鑑), 2011년 日省錄 · 5.18광주민주화운동 기록물, 2013년 '난중일기' · 새마을운동기록물 등 11건을 세계기록유산(Memory of the World)으로, 2001년 종묘제례 및 종묘제례악, 2003년 판소리, 2005년 강릉단오제 · 2009년 강강술래 · 남사당놀이, 영산재 · 제주칠머리당영등굿 · 처용무 · 2010년 가곡, 대목장 · 매사냥 · 2011년 줄타기, 태껸 · 한산모시짜기, 2012년 아리랑, 2013년 김장문화 등 16건을 인류무형문화유산으로 각각 등재하였다.

국립문화재연구소가 창립 40주년을 기념해 선정한 대표적인 문화재 발굴 10건은 공주 무령왕릉(1971), 경주 천마총(天馬塚, 1973), 황남대총(皇南大塚1973-1975), 안압지(雁鴨池, 1974-1975), 황룡사(皇龍寺)터(1976-1983), 신라왕경(1987-현재), 서울 풍납토성(風納土城, 1997-현재), 함안 성산산성(목간 발굴 · 1991-현재), 나주 복암리 3호분(1996-1998) 등이다.

1987년까지 보존 · 소재가 확인된 북한 문화재는 국보급이 大同門 등 50점, 보물급이 平壤鐘등 53점, 史蹟이 平壤城 등 73점이고 일본내 주요 한국문화재는 250개 기관 및 개인 소장 6만 1409점이다.

고조선(古朝鮮)의 철기(鐵器)문화

고조선의 문화는 금속문화를 배경으로 하여 이루어졌다. 특히 철제 농기구의 발달은 농업생산량을 증가시켜 청동기 시대보다 윤택한 생활을 하게 되었던 것이며 가옥은 움집이 많았으나 난방을 위한 온돌 장치가 나타나기 시작하였다.

고조선사회의 제도나 사회상(社會相)을 알려주는 자료는 매우 적은데 '한서(漢書)' 지리지(地理志)에 당시의 사회상을 엿볼 수 있는 짤막한 기록이 있다.

철기문화의 한반도 보급은 당시 중국대륙과 만주의 정세변화와 깊은 관계가 있다.

> BC 4~3세기경 중국대륙에 있어서의 북방 슝누(匈奴)족과 한(漢)족의 투쟁은 많은 유이민을 중국으로부터 만주와 한반도로 이동시키는 결과를 초래하였다. 이들에 의하여 한반도에는 계통을 달리하는 두 금속문화가 전래되었으니 하나는 중국계통의 철기문화이고 다른 하나는 스키타이 (Scythai, BC. 6~3세기경 흑해 연안에서 활약하던 유목민족으로 동서문화 교류에 큰 공헌을 함) 계통의 청동기 문화이다. 이 두 계통의 문화는 만주지방에서 혼합되어 고구려가 흥기한 압록강 중류를 거쳐 청천강, 대동강 유역으로 번져 들어왔다. 그것은 遼東반도로부터 우리 나라 서북면에 걸쳐 발견되는 명도전〔明刀錢 : 전국시대 연(燕)에서 사용되던 동폐(銅幣)로서 표면에 명자(明字)를 새겨넣은 것〕으로 알 수 있다. 이때 전래된 금속제 도구들은 주로 무기, 마구(馬具), 농기구 등이었다.

이 시대의 지배계급들은 청동제의 단검(短劍), 창과 철제의 도끼 등을 가지고 등에는 철촉이 달린 활과 살을 메고 들판을 누볐다. 또 이러한 무기와 함께 발견된 농기구 중에는 낫, 가래, 보습, 반월형철칼(半月形鐵刀) 등도 있었다. 이렇게 전래한 금속문화는 중국이나 스키타이 계통의 영향을 많이 받았지만 세형동검(細形銅劍)이나 다뉴세문경 같이 특색있는 형태로 발전시킨 것도 있다. 당시 8조의 금법(禁法 : 犯禁八條라고도 한다)이 있었는데 전해 오는 것은

· 사람을 죽인 자는 즉시 죽인다
· 남을 상하게 하면 이를 곡물로써 배상한다
· 남의 물건을 훔친 자는 소유주에게 들어가 노비(奴婢)가 되어야 하지만 자속(自贖, 배상)하려는 자는 인당 50만전을 내야한다.

는 세 조목 뿐이다. 그 중 절도죄에 대하여는 훔친 자가 배상한다 하여도 이를 부끄러이 여겨 결혼상대가 없었다. 또 부인들이 매우 정숙했다는 기록도 보이는데 이는 가부장적 가족제도하에서의 부인의 간음(姦淫)을 금하는 법이 있었음을 추측케 한다.

석조(石造) · 풍류(風流) · 불교(佛敎)의 삼국문화

「우리나라의 고대문화는 그 성분이 매우 복잡하며, 또 그 만큼 외래 요소가 많이 섞여 있는 것을 알 수 있다. 문화에 외래 요소가 많다는 것은 외계(外界)와 활발히 접촉하고 항상 생동하고 있었음을 말해주는 것이다. 삼국 중에서도 중국과 더 많은 접촉을 가졌던 고구려나 백제의 문화가 신라에 비해 더 세련, 발달되고 있는 것은 바로 이러한 까닭인 것이다.」 〈金元龍 / '韓國考古學槪論'〉

한문(漢文)이 우리 역사에 사용된 시기는 대체로 위만조선시대 전후로 여겨지나 널리 사용되기는 삼국시대부터였다. 문자의 사용은 삼국으로 하여금 국사를 편찬케 했으며 삼국의 불교수용은 왕실을 통하여 이루어졌음이 공통적인 특징인데 왕실의 불교장려는 호국 불교의 성격을 띠게 하였다.

한국에서는 良質의 석재가 많이 생산된 까닭으로 석탑(石塔) · 석불(石佛) · 석비(石碑) 등 石造文化가 발달하였다.

한국의 도작(稻作) 농경 및 청동기 문화는 일본에 전해져 야요이(彌生) 문화(야요이 토기 · 농경 · 금속 문화)를 형성하는 기층을 이루었다.

고구려의 藝術

고구려의 예술은 강건한 기질 위에 중국문화와 불교문화의 영향으로 이룩되었다. 국문학 사상 現存 最古가요인 가락구간영신군가(駕洛九干迎神君歌) 및 황조가(黃鳥歌)는 고구려 유리명왕 때인 1세기에 나왔다.

소수림왕 2년 태학(太學)을 설립하여 중앙 귀족의 자제를 교육하였고, 지방 각지에 경당이 세워져서 미혼의 자제들에게 글을 가르치고 궁술(弓術)을 익히게 하였다. 지식인들 사이에는 사서(史書)(史記 · 漢書등)와 유교(儒敎)의 경전(五經등)이 읽혀지고 있었고, 옥편(玉篇)같은 사전(辭典)과 문선(文選)같은 문학서도 보급되고 있었다.

고구려의 예술은 古墳文化로 대표된다. 고구려의 미술과 공예는 옛 서울 퉁커우(通溝)와 평양 부근에 남아 있는 고분(50余基)을 통하여 알아볼 수 밖에 없다.

고구려 고분에는 석총(石塚)과 토총(土塚)의 두 종류가 있다 석총은 돌을 피라미드식으로 쌓아올린 것인데 고구려의 독특한 형식으로서 그 대표적인 것이 퉁커우 태왕능(太王陵)과 장군총(將軍塚)이다. 그러나 석총에는 벽화가 없다. 토총은 석실 위에 봉토(封土)를 덮은 것으로 대표적인 것은 평양 근처의 쌍영총(雙楹塚)이다. 쌍영총은 전실과 후실 사이의 통로에 좌우로 팔각기둥이 있어 얻어 진 이름이다.

고분의 벽화는 또한 그들의 풍속, 신앙, 사상, 복식등에 대한 지식을 말해주고 있다. 벽화중 에서도 우현리(遇賢里) 대묘(大墓)의 靑龍 · 白虎 · 朱雀 · 玄武 사신도(四神圖)는 고구려인의 기상을 잘 나타낸 걸작이다. 이외에 사신총(四神塚), 무용총(舞踊塚), 수렵총(狩獵塚)등도 벽화의 제재(題材)에 의하여 이름 지어 진 것들이다.

불교의 영향으로 불상이나 탑파(塔婆)가 많이 제작되었을 것이나 현존하는 것은 1963년 의령군 대의면 하촌리에서 발견된 연가칠년명금동여래입상(延嘉七年銘金銅如來立像, 국보 119호)과 황해도 谷川에서 발견된 유명금동삼존불(有銘金銅三尊佛)및 평양 元五里 出土의 土佛 등 몇 개뿐이다. 이를 보면 고구려의 불상이 북위(北魏) · 北齊 · 北周를 비롯한 중국 南北朝시대 北朝불상의 모방형식임을 알 수 있다.

고구려인의 음악과 시가(詩歌)는 자세히 알 수 없는데 양원왕 8년(552년) 왕산악(王山岳)이 진(晋)의 칠현금(七絃琴)을 개량하여 현학금(玄鶴琴)을 만들고 百여곡을 지었다 하나 전하지 않는다.

백제의 藝術

백제가 도읍을 부여로 옮긴 후 바다를 통하여 중국문화를 도입함으로써 문화의 발전과 국력의 배양에 힘을 기울이게 되었다. 고구려와의 교섭은 백제의 미술이 후대에 북방 요소를 간직하게 했으며, 중국 남조(南朝)와의 빈번한 왕래는 그들의 영향을 많이 받게 하였다.

백제의 교육기관은 알려진 것이 없으나 오경박사의 제도가 있었고 일본에 한문과 유학을 전해준 것으로 보아 백제의 유학과 한문학이 상당한 수준에 있었음을 짐작하게 한다. 또 '양서(梁書)' 제이전(諸夷傳)에 백제인은 書, 史를 좋아하고 글도 지을 줄 알며 혼례와 상례(喪禮)가 유교식이었다는 기록이 있는 것으로 보아 한학과 유학이 보급된 듯하다.

'주서(周書)' 백제전(百濟傳)에 승려, 절, 탑이 매우 많다는 기록이 있는데 국내의 미술, 건축은 물론 그 기술이 외국에까지 알려진 것을 의미한다.

> 그러나 현존하는 것은 없고 부여의 정림사지(定林寺址) 5층탑 및 익산의 미륵사지탑(彌勒寺址塔)과 왕궁평탑(王宮坪塔) 등 석탑 몇 기(基)가 있을 뿐이다. 미륵사지탑은 목조탑(木造塔) 축조의 형식을 보존한 거대한 탑이며, 정림사지 5층탑은 미륵사탑에서 비롯한 백제 석탑의 형식을 정비, 완성한 것으로 한국 석탑의 始原的 양식을 보여주는 희귀(稀貴)한 표본이다. 백제인의 탑 축조 기술은 상당하였던 것으로 경주의 황룡사 9층탑도 백제인 아비지(阿非知)에 의한 것이었다.
>
> 「무왕이 부인과 더불어 사자사에 가려고 용화산 밑 큰 못가에 다다르니 미륵삼존이 못 가운데서 나타 났다. "이곳에 큰 절을 세우십시오" 선화공주의 소원에 무왕이 그것을 허락하자 지명법사는 신통력으로 하룻 밤 동안에 산을 헐고 못을 메워 평지를 만들고 미륵삼존상, 회전(回殿)과 탑과 낭무(廊廡)를 각각 세 곳에 세우고 '미륵사' 라고 했다.」 〈삼국유사〉
>
> 그러나 2009년 1월 미륵사지석탑 해체 · 보수과정에서 「우리 백제 왕후께서는 좌평(佐平) 사택적덕(沙宅積德)의 따님으로… 정재(淨財)를 희사(喜捨)해 가람(伽藍)을 세우시고, 기해년(639) 정월 29일에 사리(舍利)를 받들어 맞이했다」는 기록이 있는 금제사리봉안기가 발견되었다.

불상으로는 서산의 마애(磨崖)三尊石佛(국보 84호)과 공주 출토의 金銅보살(菩薩)立像이 있다. 공주 宋山里의 武寧王陵과 같은 전축분(塼築墳)과 부여 陵山里 古墳의 4神圖는 백제미술의 면모를 나타내고 있다.

화가로는 일본에 건너간 백가(白加)와 威德王의 아들 아좌태자(阿佐太子)가 그렸다는 日 쇼토쿠태자[聖德太子, 우마야도(廏戶) 皇子 또는 우에쓰미야노 우마야도노 토요토미미노미코토(上宮之廏戶豊聡耳命), 574-622]상이 전해 오고 있다.

신라의 藝術

신라인들은 한자에 독특한 표기법을 사용하였다. 한자의 음(音)을 빌어서 우리말을 기록하는 방법[이두(吏讀)]이 널리 보급되었다. 신라의 유학과 한문학의 발달은 진흥왕의 순수비나 화랑도의 유교적 도덕에서 엿 볼 수 있다.

> 경북 永川에서 발견된 馬形 및 虎形 동제대구(銅製帶鉤)는 우리나라 최초의 조각적 작품이다. 4세기에 일어난 조각은 흙으로 빚은 동물토우(動物土偶)로 6세기 신라土偶의 대표는 금영총(金鈴塚)에서 발견된 기마인형(騎馬人形) 2개다.

신라의 문화는 불교 일색이다. 진흥왕대에 건축한 흥륜사(興輪寺), 황룡사(皇龍寺), 실제사(實際寺)등과 진평왕 때의 삼랑사(三郎寺), 선덕왕 때의 분황사(芬皇寺)등의 대찰(大刹)은 다 없어지고 탑의 일부만이 전하고 있다.

> 634년 창건된 분황사의 사지(寺址)에는 당간지주(幢竿支柱)와 모전탑(模塼塔)의 아래 3층이 남아 있는데 하층 사면에 인왕상(仁王像)이 조각되어 있고, 네 귀퉁이에 있는 석사자상(石獅子像) 조각은 일품(逸品)이다.
> 선덕여왕대에 건립된 첨성대는 동양 최고(最古)의 천문대로서 곡선미를 지니고 있다.
> 또 황룡사의 9층탑은 목탑이었는데 고려 고종 때 몽골군의 침입으로 소실 되었다.
> 佛像의 조각(彫刻)에 있어서는 비로자나불(毘盧遮那佛)의 조상 및 부도(浮屠)와 탑비(塔碑)가 유행하였다.

음악은 우륵(于勒) 이후에도 가야금의 대가가 많이 배출되었다. 현금(玄琴, 거문고)의 대가 옥보고(玉寶高) 이후 거문고 계통에는 속명득(續命得)·귀금선생(貴金先生) 등이 그 이름을 높였고, 가야금 계통에는 법지(法知)·계고(階古)·만덕(萬德)등이 나온 후 대악(大樂)으로 성행하였다.

회화에는 솔거(率居)의 황룡사(皇龍寺) 벽화와 단곡사(斷谷寺) 유마상(維摩像)등이 있었다 하고 선덕왕 때 승려 양지(良志)가 불상, 와전(瓦塼)등의 작품을 많이 만들었다고 하나 전하는 것은 없다.

불상 조각은 고구려, 백제, 중국 등의 영향을 받았으며 금동미륵보살반가상(金銅彌勒菩薩半跏像)은 백제의 반가상과 쌍벽을 이루는 걸작이다.

분묘는 고구려, 백제의 것과는 다른 수혈식적석총(竪穴式積石塚, 돌무지덧널무덤)이었기 때문에 부장품이 현재까지 남아 있다. 부장품 중에는 금관을 비롯하여 금으로 만든 신발(金履), 허리띠(金帶), 귀걸이, 가락지(金指環)등과 옥(玉)으로 만든 장식품들이 있다.

통일신라 시대에 두 중요한 미술분야를 들 수 있는데, 石造조각과 石塔건축이다. 이 시대 미술의 대표인 석굴암과 불국사는 景德王 10년(751) 재상(宰相) 김대성(金大城, 700-774)의 발원(發願)으로 착공하여 혜공왕 12년(776)완공하였다.

> 석굴암은 네모진 전실(前室)과 둥근 후실(後室)로 되어 있다. 후실의 중앙에 앉아 있는 석가상을 비롯하여 전실, 후실, 연도(羨道)의 각 벽에 조각되어 있는 11면 관음보살, 10 나한(羅漢) 금강역사(金剛力士), 仁王, 四天王 등은 신라 불상조각의 극치다.
> 불국사의 목조건물은 불타 없고 현재는 석조 건물만 남아 있다. 정문인 자하문(紫霞門)으로 올라가는 백운교(白雲橋)와 청운교(靑雲橋), 대웅전 앞 석가탑(釋迦如來常住說法塔)과 다보탑(多寶如來常住證明塔)등은 불교 사상의 종합적 예술의 표현이다.
> 동은(東隱)의 '불국사고금창기(佛國寺古今創記, 佛國寺古今歷代記, 1740)' 에 석가탑에 서린 아사달(阿斯達)과 아사녀(阿斯女)의 애달픈 사연이 실려있다.

1966년 10월 석가탑 2층탑신에서 발견된 '무구정광대다라니경(無垢淨光大陀羅尼經)' (751)은 세계에서 가장 오래된 木板印刷物로 日本의 '햐쿠만토다라니(百萬塔陀羅尼 770)', 唐의 '금강반야바라밀경(金剛般若波羅密經,868)' 보다 앞서는 것이다.

> 국보 126호 무구정광대다라니경은 740년 창건된 불국사 다보탑에 봉안됐다가 1038년 보수 이후 석가탑으로 옮겨졌다.

범종(梵鐘)으로 가장 오랜 것은 오대산 상원사(上院寺) 종(725)으로 신라종의 전형(典型)이다. 성덕대왕 신종〔聖德大王神鐘, 봉덕사종(奉德寺鐘)(속칭 에밀레종) 771, 국보 29호〕은 높이 3.78미터, 구경(口徑) 2.27미터 되는 큰 종인데 그 조각이 아름답다. 이 외에도 석등(石燈), 석부도(石浮屠), 당간지주(幢竿支柱), 기와(瓦當), 벽돌(塼)등 예술품들이 많다.

서도(書道)는 몇몇 사원에 남아 있는 비문(碑文)에서 그 모습을 볼 수 있으며, 서예가로 김생(金生, 金玖, 711-791)이 있었다.

中代 신문왕 2년(682) 국학(國學)이 설립되었고, 후에 唐에서 가져 온 孔門 十哲(閔子騫, 仲弓, 子貢, 子路, 子張, 子游, 子夏, 伯牛, 宰我, 冉求) · 72제자의 화상(畵像)을 안치하였다. 국학의 생도 중에서 뽑힌 이들을 문적출신(文籍出身)이라 불렀는데 강수(强首, ?-692), 설총(薛聰), 金大問, 최치원〔崔致遠, 자 고운(孤雲) · 해운(海雲) · 해부(海夫), 호 유선(儒仙), 시호(諡號) 문창후(文昌侯)〕같은 학자가 나타났다.

「隋 · 唐이래 간책(簡冊)이 있다 하나 극히 적은 것으로서 신라에 이르러 최치원의 문체가 고루 갖추어 져 문학의 조종(祖宗)이 되었다.」 〈홍만종(洪萬宗) / '소화시평(小華詩評)'〉

휘호농필(揮毫弄筆)의 崔致遠은 智證大師 비명(碑銘)에서 「孔子는 인(仁)에 의(依)하고 덕(德)에 거(據)하였으니 다만 불(佛)의 능인(能人)의 용(用)을 얻었을 뿐이요, 老子는 그 백(白)을 알면서 흑(黑)을 강히 지키니 또한 불의 적묵(寂默)의 체(體)를 얻었다. 二聖의 견해는 하나의 체(體)와 하나의 용(用)을 각각 얻었을 뿐이니 불성(佛聖)과 더불어 경쟁하기 어렵다」고 하여 孔子를 '불성' 다음으로 떨어 뜨려 놓았다.

김서포(金西浦)는 '신라가 성함에 설홍유(薛弘儒)가 석문(釋門)의 나후(羅睺)로서 문풍이 들렸고, 최문창(崔文昌)은 장실(丈室)의 유마(維摩)로서 중화에서 크게 울렸고, 포은(圃隱) · 목은(牧隱) 제씨가 공맹(孔孟)으로 반정(反正)케 하였다.' 라고 하여 문창후를 불교문인으로 취급하였다. '계원필경집(桂苑筆耕集)' (886), '해운집', '고운선생문집', '경학대장' (고운 작이 아니란 설도 있음)만이 현전하는데 '계원필경집' 은 「해득하지 못하는 곳이 많으며, 문장이 궤기(詭奇) 난삽(難澁)하여 능히 천하를 움직이지 못한다」라고 서거정(徐居正)이 평하였지만 현전 동방 문집 중 개산비조(開山鼻祖)요 동방 예원의 본시(本始)라 할 수 있다.

三國文化의 東流

일본이 우리 문화의 영향을 받기 시작한 것은 선사시대 부터로, 근래 일본학계의 논쟁의 대상이 된 에가미 나미오(江上波夫, 1906-)의 기마민족설(騎馬民族說, 일본 고대국가의 성립은 한반도에서 들어온 기마민족에 의해 성립되었다는 설, 1948)도 근거가 있는 것이다.

인류 進化 연구분야의 권위자 제레드 다이아몬드(Jared Mason Diamond, 1937-)는 체질인류학 · 고고학 · 고고언어학적 연구성과를 종합분석한 실증적 연구결과 "일본인은 4세기경 벼 농사 기술을 갖고 한반도에서 건너간 韓人들의 후예(後裔)"라고 하였다.

〈'일본인의 뿌리(Japanes Roots)', Discover 1998.6〉

삼국 중에서도 백제가 일본문화에 준 영향은 절대적이었다. 근초고왕 때 아직기(阿直岐)가 일본 태자에게 한자를 가르쳤고, 박사 王仁이 '논어' 와 '천자문' 을 전하고 일본의 왕자와 신하들에게 경사(經史)를 가르쳤다.

백제에서는 여러 차례 직공(織工), 재봉녀(裁縫女), 야공(冶工), 도공(陶工), 화원(畵員)등 기술자를 일본에 파견하였는데, 물적 증거로는 나라〔奈良〕현 덴리(天理)시 이소노카미(石上) 神宮에 '故爲倭王旨造傳示後世' 라는 금상감명문(金象嵌銘文)이 들어 있는 길이 74.9cm의 칠지도(七支刀)〔毗有王(在位 427-455)과 세자(후일 蓋鹵王, 在位 455-476)가 日 오진(應神)왕에게 429년 보냈다.〕가 남아 있다. 무령왕때 오경박사(五經博士) 단양이(段楊爾)를 보내고(513) 3년 후 고안무(高安茂)와 교대하였다. 문화의 전달 중에 가장 두드러진 것은 聖王 30년 (552) 노리사치계(怒唎斯致契)를 보내 불교를 전한 것이다.

'日本書紀' 에 「오진(應神)天皇 15년 阿直岐가, 다음 해 王仁이 각각 도래하여 太子 우지노와키라쓰코(菟道稚郎子)의 스승이 되었다.… 王仁은 후미노 오비토(書首) 들의 시조이다.」라고 하였다. 그의 무덤은 日本 오사카(大阪)府 하리카타(枚方)에 있다.
이후 불상, 불경 뿐만 아니라 유교의 경전과 기술자를 파견하였으며 위덕왕도 불교와 사원 건축에 이바지하였다. 무왕 때〔스이코(推古)天皇 10년〕 백제 승려 관륵(觀勒)이 曆·天文地理, ·둔갑방술(遁甲方術)의 책을 전하였는데 뒤에 僧正에 올라 일본 불교의 기둥이 되었다. 일본에 전파된 이래 불교는 정신적 지주가 되었고 많은 불교 문화재를 남겼다. 일본의 아스까(飛鳥)문화는 백제문화의 이식(移植)이라고 까지 말하고 있다.

595년 일본에 귀화한 쇼토쿠태자(聖德太子)의 스승 혜자(惠慈. ?-622), 일본에 먹과 벼루를 전하면서 나라(奈良) 호류지(法隆寺, 607)의 금당벽화를 그린 담징(曇徵, 579-631), 일본 三論宗의 시조가 된 혜관(惠灌)등 고구려 승려를 통한 문화의 전달도 있었다.

신라의 조선술(造船術), 제방술(堤防術)의 전파 또한 일본문화에 기여한 바 크다.
우리나라에는 소루(疎漏)한 記錄이 '日本書紀' 에 豊富했다는 것은 百濟·加耶 記錄의 대부분이 日本으로 流出된 것을 의미한다.

8세기 前期 日本의 奈良時代에 편찬된 官撰史書 '코지키(古事記)' 와 '니혼쇼키(日本書紀)' 에는 '百濟紀' · '百濟本紀' · '百濟新撰' 이 인용되고 있으나, 이들은 모두 위서(僞書)이다.
'古事記' 3卷은 천지개벽에서 부터 7세기초〔33代 推古天皇(554-628), 재위 593-628〕까지, '日本書紀' 30卷은 천지개벽에서부터 7세기말〔44代 지토(持統)天皇, 645-702, 재위 690-697〕까지를 각각 기록한 것으로 전자는 오노야스마로(太安萬侶, ?-723)에 의해 712년에, 후자는 도네리(舍人) 親王(?-735) 등에 의해 720년에 漢文體로 각각 편찬되었다. 그러나 인쇄된 것은 다 같이 17세기 중엽으로 '日本書紀' 의 경우 그 寫本이 20餘種이나 있다 하고, 무슨 뜻인지 알 수 없거나 해석이 구구한 대목이 '古事記' 의 경우 그 '神代篇' 에만도 5백여군데나 있다.

유(儒)·불(佛)·도(道)와 도참(圖讖)의 다원성(多元性) - 고려 귀족문화

문화면에서 고려는 儒·佛·道 三敎 및 陰陽五行과 圖讖 또는 샤아머니즘의 다원적 문화였다. 그것이 발생기(太祖-靖宗)와 성장기(文宗-睿宗)에는 잘 화합되었지만 쇠퇴기(仁宗-元宗)와 멸망기(忠烈王-恭讓王)에는 圖讖說과 샤아머니즘에 미혹(迷惑)되어 문화적 균형이 깨어지고 사회적 지도 이념을 잃어버려 고려사회는 무너질 위기에 이르게 되었다. 이 때를 당하여 宋代의 新儒學을 수입하여 국운을 만회하려는 정몽주 일파와 같은 유학자들이 있었다.

史書·詩文

태조부터 목종에 이르는 '七代實錄(1034편찬)' 이 황주량(黃周亮, 983-1046) 등에 의하여 편찬되었으나 전하지 않고, 최고(最古)의 사서(史書)로 전하는 것이 司馬遷의 '사기(史記)' 를 본 받아 김부식(金富軾)이 편찬한 '삼국사기(三國史記)' 이다. 그 후 충렬왕 때 승 일연(一然)이 '삼국유사(三國遺事)' 를, 박인량(朴寅亮)·원부(元傅, 1220-1287)가 '古今錄' 을, 공민왕 때 익재(益齋) 李齊賢이 '史略'·'세대편년(世代編年)' 을 각각 편찬하였다. 이외에 승 각훈〔覺訓, 일명 각월(覺月)〕의 '해동고승전(海東高僧傳)(1215)', 정가신(鄭可臣, ?-1298)의 '천추금경록(千秋金鏡錄)', 이승휴(李承休, 1224-1300)의 '제왕운기(帝王韻紀)', 민지(閔漬, 1248-1326)의 '본조편년강목(本朝編年綱目)' 등이 있었다고 하나 전하는 것은 '제왕운기' 와 '해동고승전' 의 일부 뿐이다.

'삼국사기' 는 본기 28권(고구려 10, 백제 6, 신라 및 통일신라 12권), 지(志) 9권, 표(表) 3권, 열전 10권으로 되어 있다. 5년간의 작업 끝에 완성하여 인종 승하 2개월 전인 1145년 12월 왕에게 올렸다. 인종의 명에 따라 김부식의 주도하에 최산보(崔山甫), 이온문(李溫文), 허홍재(許洪材), 서안정(徐安貞), 박동계(朴東桂), 이황중(李黃中), 최우보(崔祐甫), 김영온(金永溫)등 8인의 참고(參考)와 김충효(金忠孝), 정습명(鄭襲明, ?-1151) 등 2인의 관구(管句)를 포함하여 총 11인의 편사관에 의하여 편찬되었다.

신라에서는 17대 奈勿王, 백제에서는 12대 近肖古王, 고구려에서는 6대 太祖王代 이전은 紀年이나, 記事에 대하여 믿기 어려운 부분으로 생각하여 왔다.

김부식의 史觀에 대한 비판은 선초(鮮初) 권근(權近)과 윤회(尹淮, 1380-1436) 등이 新羅본위·新羅중심의 編纂物로 '方言俚語' 가 많은 '不經의 책' 으로 혹평한 이래 안정복(安鼎福), 정약용(丁若鏞) 등으로 확대되었는데 六堂 崔南善은 評하였다.

「체례(體例)가 정제(整齊)하고 문사(文辭)가 화미(華美)하지만 실은 지나사상(支那思想)과 漢文的 氣習으로서 國故의 원형을 외뉴(歪杻)하고 개환(改換)한 결과이다. 儒敎的으로 보아 괴란(怪亂)한 것은 말살하기를 꺼리지 않았고 漢學上으로 비야(鄙野)한 것은 변개(變改)하기를 서슴지 않고 字句의 便을 위해선 신축과 산칠(刪漆)을 예사로 하였다.」

신채호는 「김부식이 유교적 사대주의의 입장에서 편찬하고, 그 밖의 사기들은 궁중에 비장(秘藏)하였다가 없어진 때문에 '삼국사기' 가 유일한 古史로 되었다.」고 하였다.

'삼국유사' 는 총 5권 2책으로 왕력〔王曆, 3국과 가락(駕洛)의 王代 및 연표〕, 기이〔紀異, 고조선 이하 여러 나라의 開國과 帝王에 관한 奇異〕, 흥법〔興法, 3국에 각각 불교가 전해진 사실〕, 탑상〔塔像, 불상(佛像)과 불탑(佛塔)에 얽힌 갖가지 설화〕, 의해〔義解, 저명한 학승(學僧)과 율사(律師)들의 행적(行蹟)〕, 신주〔神呪, 밀교승(密敎僧)이 보여준 신통(神通)과 주술(呪術)〕, 감통〔感通, 욱면비(郁面婢) · 광덕(廣德)등의 영험(靈驗)과 감응(感應)〕, 피은〔避隱, 일사(逸士) · 일승(逸僧)들의 일화〕, 효선〔孝善, 효행담(孝行談)과 그 밖의 미담(美談)〕 등 9편목으로 구성되어 있다. 興法과 義解는 가장 잘 다듬어진 篇章들이며 興法以下 孝善까지의 下半部는 三國의 불교사로 보아서 좋을 만 하다. 一然은 三國의 高僧傳이외에 고조선을 편차(編次)하고 가락국기(駕洛國記)를 전재(轉載)하고 14首의 향가(鄕歌)를 본문 중에 수록점철(收錄點綴)해 놓고 있다.

'삼국유사' 는 불교의 원류(源流)를 전하기 위하여 지었기 때문에 더러 연대는 상고할 수 있으나 이단(異端)의 허탄(虛誕)한 설은 '동국통감' 을 찬할 때와 여지승람(輿地勝覽)의 지명에 이것을 많이 따랐다. '삼국유사' 에는 귀천 · 빈부 · 승속의 인간은 물론, 천지 산천의 자연이나 용호(龍虎) · 신귀(神鬼) · 조수(鳥獸) · 초목의 미물에 이르기까지, 모두가 선량한 이웃으로서 불국토 질서의 실현에 참여하는 존재로 파악되어 있고 민족사의 한 체계를 시도한 자주성과 그 문화의 우위성을 강조하는 관념이 전편을 지배하고 있다.

일연이 세상을 뜬 이후 제자 무극에 의하여 1310년 처음 목판본으로 간행되었다. 가장 오래된 고판본(古板本)은 중종(中宗) 7년(1512) 경주진병마절제사(慶州鎭兵馬節制使) 이계복(李繼福)이 발문(跋文)을 붙이어 중간(重刊)한 정덕본(正德本)이다. 〔1921년과 1932년 각각 일본 교토 대학(京都大學)과 고전 간행회(古典刊行會)에서 이 정덕본(正德本)을 영인〕 1928년과 1943년 각각 조선사학회와 최남선에 의해 활자본이 나오고 1956년과 1967년 각각 이병도(李丙燾)와 이재호(李載浩, 1920-)의 역주 활자본도 나오게 되었다.

이규보(李奎報)는 류이칭(劉義慶, 403-444)의 '세설신어(世說新語)' 같은 唐 · 宋의 詩文과 古典에 경도되어 모방하는 것을 비판하였다.

李奎報는 벼슬을 위해 文章을 이용했다. 그는 최충헌(崔忠獻)의 독천(獨擅)과 세요(世搖)를 피해 음주와 작시로 일세를 자오(自傲)한 강좌칠현〔江左七賢 : 오세재(吳世才) · 임춘(林椿) · 조통(趙通) · 황보항(皇甫抗) · 함순(咸淳) · 이담지(李湛之) · 이인노(李仁老, 眉叟, 1152-1220)〕의 청담적(淸談的) 사상에는 공명 · 동락하면서도 염세 도피주의에는 찬성하지 않았다. 강좌칠현은 진(晉) 때의 주린치시앤〔竹林七賢, 조위왕조(曹魏王朝, 222-265)에서 서진왕조(西晉王朝, 265-316)에 걸쳐 도가적 삶의 풍류를 추구했던 일곱 선비, 샨타오(山濤, 205-283) · 왕룽(王戎, 234-305) · 리우징(劉伶) · 위엔지(阮籍, 210-263) · 위엔시엔(阮咸) · 지캉(嵇康, 224-263) · 허시우(向秀, 227-272?)〕에 비하여 일컬어 진 명칭으로 우리 나라 청담풍(淸談風)은 이로부터 비롯한다.

竹林七賢과 曹操 · 曹丕 · 曹植 등 三曹중심으로 모인 建安七子의 인격적 문학적 특성을 일컬어 '위진풍도(魏晉風度)' 라 하였다.

「거미의 본성은 탐욕에 차고, 매미의 성질은 맑다. 거미는 배불리 먹으려는 욕심이 차 있고, 매미는 이슬을 마셔 배를 채우는 창자에 무엇을 꾀하랴. 탐오(貪汚)로써 청심(淸心)을 해치려는 것은 나에겐 참을 수 없는 것이다. 매미 너만은 본시 물건에 관심이 없고 다투지도 않는데 어찌 이런 그물에 걸렸느냐. 너의 얽혀진 줄을 풀고 일러 두노니 교목(喬木)을 찾아 아름다운 그늘을 가려 맑고 그윽하게 좋이 지내라. 너의 꾀로서 네 거취(去就)를 삼가라.」 〈'동국이상국집(東國李相國集)' 第一卷 방선부(放蟬賦)〉

'東國李相國集' 은 이규보의 시문을 모은 총 53권〔전집(前集) 41권, 후집 12권〕의 유저로 이 중 詩가 28권, 文이 25권이다. 본집의 간각(刊刻)은 高宗 24년(1241) 착수하여 완성은 아들 함(涵)이 편간하였는데 초간본에 틀리고 빠진 것이 많아 사후 10년 만인 1251년 고종의 칙명으로 하동군감(河東郡監) 손자 익배(益培, ?-1292)의 교감(校勘)으로 재간되었다.

이제현(李齊賢)은 충렬에서 공민왕대에 걸쳐 이재(彝齋) 백이정(白頤正 ?-?)에게 배우고 권보(權溥, 1262-1346)에게 학문을 익혀 이곡(李穀, 1298-1351) · 이색 부자를 길러낸 대 학자로 간신들이 高麗를 蒙古의 한 省으로 할 것을 請했을때 '國其國 人其人' 이라 주장, 붓으로 국가를 지켰다.

류성룡(柳成龍, 1542-1607)은 「고려 5백년 동안 처음부터 끝까지 불후(不朽)의 덕(德) · 공(功) · 언(言) 셋을 겸비하고 시종(始終)이 일치하며 높이 솟아 나와서 아무도 그 사실을 부인할 수 없을 만한 사람으로는 이제현이 있을 뿐이다.」 하였다.
이덕무(李德懋, 호 雅亭 · 炯庵, 1741-1793)는 '청비록(淸脾錄)' 에서 「중국 땅을 두루 돌아다닌 사람 가운데는 이제현만큼 다닌 사람이 없다.… 그의 시는 동방 2천년래의 명문으로 화려 · 아담한 정취가 있어 촌스럽고 침체된 습기(習氣)를 완전히 벗어났다.」 하였다.
「이제현은 "옛 법(舊法)을 힘써 지키고, 경장(更張)을 좋아하지 않았다."」

〈이색 / 이제현 묘지명〉

목은(牧隱) 이색 문학의 진수는 '정관음(貞觀吟)' 과 '부벽루(浮碧樓)' 에 있다.
부(賦)는 이색때에 전성하였는바 '정관음' 은 唐 태종이 안시성(安西省)에서 고구려군의 화살을 맞아 눈을 잃었다는 내용으로 대표작 관어대소부(觀魚臺小賦)는 쑤스(蘇軾)의 적벽부(赤壁賦)와 비슷하다는 평을 받고 있으며, 사[辭:산중(山中) · 민지(閔志) · 자송(自訟) · 동방(東方) · 유수사(流水辭)]에 있어서도 일가견을 이루었다.
「색은 변론하고 분석하며 절충하는 데 저물도록 게을리 하지 않아 기억하고 외우기만 하는 습관과 공리(功利)의 학설이 점점 없어지고, 성리(性理)의 학문이 다시 일어났다. 오랫동안 임금의 은총(恩寵)과 좋은 자리에 있었어도 기뻐하지 않았고, 두 번 변란(變亂)과 불행을 만났으되 슬퍼하지도 않았다.」 〈'太祖實錄' 1輯 91面〉

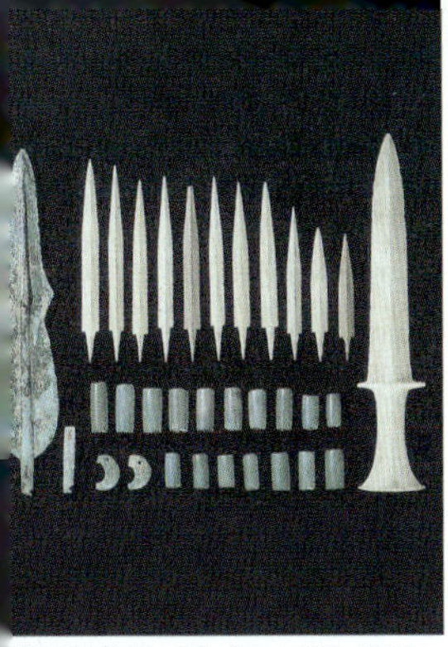

청동기 유물(동검 · 동착 · 석촉 · 곱은옥 · 대롱옥 · 석검 등)

무용총 벽화(舞踊塚 壁畫) 무용도(舞踊圖)

무용총 벽화(舞踊塚 壁畫) 수렵도(狩獵圖)

백제금동대향로(百濟金銅大香爐)
(국보287호)

경주 황남대총(皇南大塚) 금관(金冠)
(5세기, 국보191호)

반가사유상(半跏思惟像 백제)
(국보83호)

반가사유상(半跏思惟像 신라)
(국보78호)

석굴암 본존여래좌상(本尊如來坐像)

다보여래상주증명탑(多寶如來常住證明塔)
(국보20호)

청자투각칠보향로(靑瓷透刻七寶香爐)(국보95호)

청자상감운학문매병(靑磁象嵌雲鶴紋梅甁)(국보68호)

백자상감연당초문대접(白磁象嵌蓮唐草紋)(국보175)

백자달항아리(국보262호)

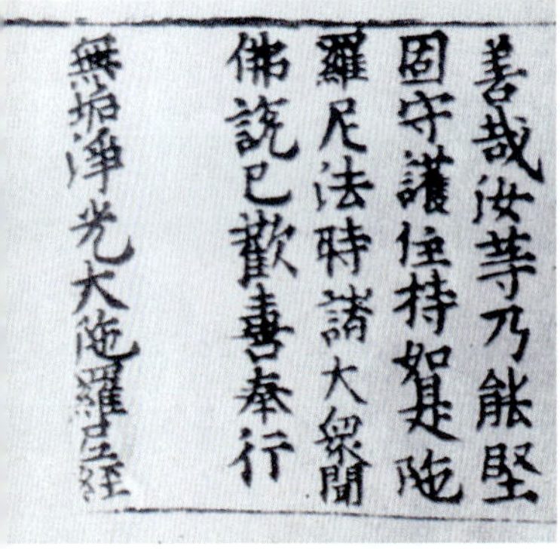

善哉汝等乃能堅
固守護住持如是陁
羅尼法時諸大衆聞
佛說已歡喜奉行
無垢淨光大陀羅尼經

무구정광대다라니경(無垢淨光大陀羅尼經)

해인사(海印寺) 대장경판(大藏經板)(국보32호)

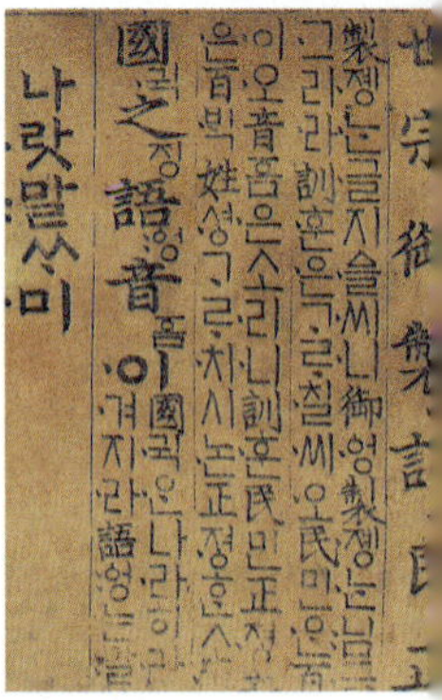

훈민정음(訓民正音) 언해본(諺解本)

'몽유도원도(夢遊桃源圖)', 안견(安堅) 作 1447년

수월관음도(水月觀音圖) 고려 12세기

'금강전도(金剛全圖)', 정선(鄭敾) 作 1734년(국보217호)

'해질녁' 김관호(金觀鎬) 作 1916년

미술 - 工藝 · 建築 · 彫刻 · 繪畵 · 書道

고려의 미술은 宋 · 元의 영향을 많이 받았다. 국가의 불교옹호 · 육성은 불교재단을 이룩하여 이들의 주도로 불교미술을 낳았다. 고려의 미술은 공예부문(특히 청자)에서 그 특기를 자랑할 수 있고 건축 · 조각에서는 신라의 전통이나 기술을 찾아보기 힘들다.

도화원(圖畵院)을 두어 화원(畵員)을 양성하고 宋畵를 배워 오기도 하였는데 이녕(李寧), 이전(李佺), 박자운(朴子雲), 공민왕(1330-1374), 이광필(李光弼), 혜허 등이 유명하다. 벽화는 고분벽화와 사찰 벽화로 나뉘는데, 고분벽화로는 1971년 발견된 거창군 둔마리 고분의 것이, 사찰 벽화로는 부석사 조사당(祖師堂)의 천왕상 · 수덕사 벽화의 수화도(水花圖) 등 그 수효가 적으며, 독립된 지본(紙本) · 견본(絹本) 작품에 이르러서는 공민왕作이라고 전해지는 천산대렵도(天山大獵圖) 몇 장, 일본에 도쿄 센소지(淺草寺) 소장 '수월관음도' 〔水月觀音圖, 혜허(慧虛)작〕 등 佛畵 · 山水畵가 2, 3폭 있을 뿐이다. 고려 후기에는 묵죽(墨竹)이 유행, 이규보 · 이제현등이 시화 일치론(詩畵一致論)을 주장하였다.

도자기는 7세기 무렵부터 연유계시유도기(鉛釉系施釉陶器), 회유계경질시유도기(灰釉系硬質施釉陶器)의 전통이 있었다. 10세기는 청자와 백자가 탄생되는 시기, 12세기 전기는 순청자시대, 후기는 청자상감(象嵌)시대에 들어간다.

기형(器形) · 채색(彩色) · 문양(文樣) 등에 있어서 독특한 발전을 한 청자는 철분이 1~2% 들어 있는 유약(釉藥)을 바르고 구운 것인데, 유약과 태토(胎土) 속의 철분이 구울 때 1산화철(酸化鐵)로 변하여 청자색이 된다. 청자의 특징은 그 빛 깔의 아름다움과 형태 및 문양(文樣)에 있다. 빛 깔도 비색(翡色, 비취색)의 것이 특히 아름다웠고, 병(瓶) · 잔(盞) · 주전자 · 연적(硯滴) · 필통 · 향로 · 화병 등을 원앙새 · 앵무새 · 토끼 · 원숭이 · 거북 등의 동물 모양을 본 떠 만들어서 음각(陰刻)과 양각(陽刻)이 쓰여지고 있다. 宋代 太平老人은 '수중금(袖中錦)' 에서 천하 제일의 색으로 '고려비색(高麗秘色, 翡色)' 을 꼽았다.
12세기 중엽부터는 상감법〔태토(胎土 · 바탕흙)에 무늬를 새기고 그 안에 흰색이나 붉은색 등 다른 색깔의 흙을 매워 넣는 형식의 장식 기법〕이 쓰여지는데, 상감문양으로는 운학(雲鶴) · 포류 수금(蒲柳水禽) · 보상(寶相) · 당초(唐草) · 국화 · 인물 등이 사용되었다.
12세기 후반부터 곡선이 단조로워 지고 기벽(器壁)이 투박해지면서 퇴보하게 된 고려청자는 순청자(純青磁) · 청자상감(青磁象嵌) · 회청자(繪青磁) · 퇴화문청자(堆花文青磁) · 진사청자(辰砂青磁) · 화금청자(畵金青磁) · 철채청자(鐵彩青磁)등으로 분류된다.
고려 도자기는 전기(고려초-1122), 중기(1123-1230), 후기(1231-고려말)로 시대구분된다.

건축은 전기의 것은 간결하고 정리된 효과를 나타내고 있으며, 후기의 것은 화려한 장식성을 강조하는 특색을 지니고 있다. 목조건물로는 영주 부석사(浮石寺)의 무량수전(無量壽殿, 676)이 제일 오래된 것이다. 이외에도 수덕사(修德寺)의 대웅전, 심원사(心源寺)의 보광전(普光殿), 성불사(成佛寺)의 응진전(應眞殿)등이 있다.

석탑으로는 예천 개심사지(開心寺址) 오층석탑, 월정사(月精寺) 팔각구층탑 등이 있는데 몽골의 영향을 받은 경천사지(敬天寺址) 십층석탑 같은 것도 있다.

불상 조각은 신라의 전통을 이어 월정사 · 강릉 신복사지(神福寺址) 석조보살(石造菩薩)이 있으나 은진미륵(恩津彌勒) · 대조사(大鳥寺) 석조미륵은 조각 기술면에서의 후퇴이다. 조각의 독특한 것으로 안동 하회동(河回洞)에 전래하는 11개의 오리나무제 가면(假面)이 있다.

假面은 최치원의 '향악잡영(鄕樂雜詠)' 의 5기〔五伎, 김환(金丸) · 월전(月顚) · 대면(大面) · 속독(束毒) · 산예(狻猊)〕가 최초로, 제례(祭禮)에서 출발하여 공예품으로서의 가치를 지니게 되었는데 예능가면으로는 산대(山臺) · 서선(西鮮 : 탈춤) · 5광대(五廣大) · 서낭제(城隍祭)가면극(假面劇)으로 4대별한다.

범종(梵鐘)으로는 신라시대의 양식을 계승한 천흥사범종(天興寺梵鐘 ; 덕수궁 소장), 수원의 용주사범종(龍珠寺梵鐘), 탑산사범종(塔山寺梵鐘 ; 해남 대흥사 소장), 연복사범종(演福寺梵鐘) · 조계사범종(曹溪寺梵鐘)등이 있고 일본 등지에도 20여 개의 고려범종이 있다.

서도(書道)는 무신 집권기까지 왕시즈(王羲之, 307-365)體와 어우양쉰(歐陽詢, 557-641)체(體)가, 충선왕 때부터 자오멍후우(趙孟頫, 1254-1322)체인 송설체(松雪體)가 행해졌다.

이규보는 서품을 신품(神品) · 묘품(妙品) · 절품(絕品)으로 나누어, 김생(金生) · 탄연(坦然, 1070-1159) · 최우(崔瑀, ?-1249) · 류신(柳伸, ?-1104)을 신품사현(神品四賢)이라 칭하였다. 이 밖에도 김거웅(金巨雄) · 이암(李嵓, 1297-1364) · 류공권(柳公權, 1132-1196) · 한수(韓脩, 1333-1384) 등이 뛰어난 서가로 알려졌으나 필적은 전하는 것이 없다.

거란의 침입을 막기 위하여 조판(雕板)한 대장경〔顯宗 2년(1011)-宣宗 4년(1087)의 초조(初雕)대장경, 宣宗 8년-肅宗 4년(1099)의 속장경〕이나, 몽골의 침입을 막기 위하여 만든 대장경〔高宗 23년(1236)-高宗 38년의 8만대장경(1541종 6,844권 81,350매)〕도 모두 고려의 목판인쇄술을 말해 주는 것이다. 김정희(金正喜)는 고려대장경을 '사람의 글씨가 아니라 선인의 글씨' 라 하였다. 활판인쇄는 11세기 북송(北宋) 삐셩(畢昇, ?-?)이 처음 만들었다고 하나 토활자(土活字)여서 실용성이 없었다. 금속활자로는 고종 21년(1234) 최윤의(崔允儀, 1102-1162) 등 17명이 편찬한 '고금상정예(古今詳定禮)' 를 인쇄했다는 기록이 있다.

경한〔景閑, 1299-1375, 호 백운(白雲)〕이 1372년 지은 '백운화상초록 불조직지심체요절〔白雲和尙抄錄 佛祖直指心體要節(1377년 청주 흥덕사 初刊本)〕' 은 재불 서지학자 박병선(朴炳善, 1928-2011)이 1967년 프랑스 국립도서관에서 발견했는데 구텐베르크(Johannes Gensfleisch Gutenberg, 1398 ?-1468)의 '36행 성서' 와 '42행 성서' (1454)보다 70여년 앞선 것으로 금속활자의 사용으로는 세계 최초이다.

成宗(在位 981-997) 때 개경에 비서성(秘書省), 서경에 수서원(修書院)을 두어(990) 서적을 수집 · 간행하고 사고(史庫)를 두었는데, 내사고(內史庫)는 개성 수창궁(壽昌宮) 안에, 외사고(外史庫)는 충주(忠州) 개천사(開天寺)에 두어 실록(實錄)과 국가의 중요 文書, 전적(典籍) 등을 영구보존 하였다.

주변성(周邊性)과 자주성 - 조선조 사림문화

고려 후기 수용된 주자학은 조선의 정치이념으로 정착하면서 사장(詞章)이 다시 중시되었다.
조선 초기의 문화로서 특기할 사실은 한글의 창제이다. 또한 史書, 地理書, 農書, 兵書, 醫書, 禮書 등 여러 저술과 발명이 나타났다.
조선시대 미술활동은 회화에만 국한되는 것 같다. 경복궁과 같은 壯大한 건축을 남겼지만, 건축구조 및 기술에 대한 계통적인 연구나 개량은 거의 볼 수 없다. 임진란을 경계로 전기는 직업 화가에 의한 북종화(北宗畵)기, 후기는 비직업 화가의 참여에 따르는 남종화(南宗畵) · 문인화(文人畵)의 출현과 제재(題材)에 있어서의 한국화의 시기라고 할 수 있다.
17세기말에서 18세기말까지의 약 1세기는 東國眞景 · 眞景詩 · 東國眞體로 대표되는 國粹主義 경향의 眞景文化가 창출되었다.
후기의 영조 · 정조 시대(1724-1800)는 안으로는 自我에 대한 반성과 비판의 조류에서, 밖으로는 절정기에 오른 淸朝문화의 영향에서 정채(精彩)한 文運이 울연(鬱然)히 일어난 시기이다.
세속에 '글은 연암(燕巖)에 이르러 망했고, 시는 자하(紫霞)에 이르러 망했으며, 글씨는 추사(秋史)에 이르러 망했다.' 고 三家의 예술이 극치에 달했음을 의미한 말이 있다.

法典의 편찬(編纂) 반포(頒布)

태조는 즉위 초 '의장(儀章)과 법제는 고려의 것을 따르되 법률을 정하여 율문(律文)에 따라 처리함으로써 고려의 폐단을 밟지 않을 것' 을 천명했다. 1394년 정도전에 의해 '조선경국전(朝鮮經國典)' 이 편찬되고 태조 6년 검상조례사(檢詳條例司)에 명하여 새 법전을 편찬 · 반포하니 이것이 '경제육전(經濟六典)' 이다.

'조선경국전' 은 임금의 할 일로서 正寶位 · 國號 · 定國本 · 世系 · 敎書로 나누고 신하의 할 일로서 治 · 賦 · 禮 · 政 · 憲 · 工典의 六典으로 구분하였다.
태종(1367-1422)은 '경제육전' 을 수정 · 증보하여 원육전(元六典)과 속육전(續六典)을 만들게 하였다. 세종 때에는 '원육전' · '속육전' 이 다시 수정되고, 육전등록(六典謄錄)이 편찬되어, 법전 편찬의 기술적인 진보를 보게 되었다. '경제육전(經濟六典, 1397 공포)' 은 '경국대전(經國大典)' 의 전신(前身)으로 '조준육전(趙浚六典)' · '하윤육전(河崙六典)' · '이직육전(李稷六典)' · '황희육전(黃喜六典)' 등은 편찬 책임자, '원육전(元六典)' · '속육전(續六典)' · 등록(謄錄)은 편찬 연대, 이두원육전(吏讀元六典) · 상정원육전(詳定元六典)은 법전에 이두가 혼용(混用)되었느냐에 따라 각각 구분한 것이다.

방촌(厖村) 황희(黃喜, 1363-1452)는 태종 17년(1417) '노비대한법(奴婢大限法)' 을, 世宗 13년(1430) 허조(許稠, 1369-1439)와 더불어 '오례의(五禮儀)' 를 지었다.

'노비대한법' 은 고려대부터 공천[(公賤;공노비(公奴婢)]과 사천[私賤;사노비(私奴婢)]으로 구분되어 있던 것을 없애고 모두 공노비로 하는 것을 골자로 한 법이다. '오례의' 란 조선시대 길(吉) · 가(嘉) · 빈(賓) · 군(軍) · 흉례(凶禮) 등 5례(禮)의 의식에 관한 규정으로 우리나라 예서의 효시(嚆矢)가 되며, 영조 20년 이종성(李宗城, 1692-1759)등에 명하여 이를 보충해 국조오례의(國朝五禮儀)를 편찬하였다. '속대전(續大典)' 에 맞서는 것으로 서례(序禮) 1권, 의주(儀註) 5권, 고이(考異) 1권으로 되어 있다.

1438년(세종 20년) 황희의 주장으로 행실, 절의(節義), 입지(立志), 명망, 재예(才藝) 등이 특이한 사람을 각 도 관찰사로 하여금 조사, 인재를 가려내려는 행도천법(行道薦法)을 시행하였다.

「황희는 관후(寬厚) 침중(沈重)하여 재상(宰相)의 식견(識見)과 도량이 있었으며, 풍후(豊厚)한 자질(資質)이 크고 총명(聰明)이 뛰어났다. 검소(儉素)하고, 기쁨과 노여움을 안색(顔色)에 나타내지 않으며, 정대(正大)하여 대체(大體)를 보존하기에 힘쓰고 번거롭게 변경(變更)하는 것을 좋아하지 아니하였다. 늙었는데도 기력(氣力)이 강건(剛健)하여 홍안백발(紅顔白髮)을 바라다 보면 신선(神仙)과 같았으므로, 세상에서 문노공(文潞公, 文彦博, 1006-1097)에 비하였다. 그러나, 성품이 지나치게 관대(寬大)하여 제가(齊家)에 단점(短點)이 있었고, 정권(政權)을 오래 잡아 청렴(淸廉)하지 못하다〔보궤(簠簋)〕는 비난이 있었다.」 〈'文宗實錄' 6輯 462面, 文宗 卷 12〉

통일 법전의 시대적 요청 속에 기왕의 원전 · 속전 · 등록 · 교령을 종합하여 편찬한 경국대전(經國大典 6권 3책, 1470)은 大典祥定所를 설치, 최항(崔恒, 1409-1474) · 한계희(韓繼禧, 1423-1482) · 노사신(盧思愼, 1427-1498) 등으로 하여금 편찬케 한 것으로 (1460-1466) 辛卯大典(1471), 甲午大典(1474), 乙巳大典(1485)의 改修과정을 거쳤다.

「왕이 누조(累朝)의 입법 과조(科條)의 번다함을 상확손익(商確損益)하여 '경국대전' 으로 정하였다.」 〈'세조왕릉지석문(世祖王陵誌石文)' 〉

'경국대전' 은 이성계의 무진년을 기점으로 성종 15년까지 약 百년간 왕명(王命)의 교지(敎旨) · 조례(條例)중 영세 준수(永世遵守)할 것을 모아 엮은 흠정(欽定)의 법전인데 이(吏) · 호(戶) · 예(禮) · 병(兵) · 형(刑) · 공(工)의 六典으로 구성되어 있다. 세조(世祖)의 어명(御命)으로 약 30년이 걸려 성종 16년(1485) 완성을 본조종지법(祖宗之法)인데 변경을 불허한 만세불역(萬世不易) 불마(不磨)의 대전(大典)이다.

「세조(1417-1468)는 "내게 제일의 신하 셋이 있는데, 한계희(韓繼禧)는 미묘(微妙)함이, 노사신(盧思愼)은 활달(豁達)함이, 강희맹(姜希孟, 1424-1483)은 강명(剛明)함이 각각 제일이다"라고 품제(品題)하였다. 사신(史臣)이 논평하기를, "강희맹(姜希孟)은 평생 임금의 뜻에 영합하여 은총을 희구(希求)하였다"고 하였다.」 〈'成宗實錄' 10輯 434面〉

「문장(文章)으로는 대우(對偶)에 능하여 표문(表文)과 전문(箋文)은 모두 최항의 손에서 나왔다. 중국 조정(朝廷)에서까지도 정절(精切)하다고 평하였다. 최항은 딸이 많았는데, 사위를 선택함에 부자만 취택하고 人品은 논(論)하지 않았으므로 대다수가 어리석은 자들이었다.」 〈成宗實錄 9輯 106面, 成宗 卷 41〉

한글의 창제(創製)

한글이 창제(1443)되기 이전에는 한자의 음만을 사용한 이두(吏讀)로 한문의 해독과 의사 표시의 편의를 도모했다.

설총(薛聰)은 향가 표기법인 향찰(鄕札, 吏讀)을 집대성하였는데 '우리말(方言)로 華夷의 方俗과 物名을 이해하고 六經과 문학을 훈해(訓解)하였으니 우리나라(海東)의 明經을 業으로 하는 이가 傳受하여 끊이지 않았다.' 〈삼국유사〉

세종은 정음청(正音廳)을 설치, 연구성과를 토대로 세종 25년 8월 한글을 창제하였다.

「성삼문 등에게 명하여 遼東에 귀양와 있던 明 한림학사(翰林學士) 황진(黃瓚)을 찾아 음운(音韻)에 관해 질문하게 하였는데, 遼東에 왕복하기를 열 여섯 번이나 하였다.」

〈'慵齋叢話', '東閣雜記'〉

「이 달에 上이 언문(諺文) 28字를 친제(親製)하셨다. 그 글자는 고전(古篆)을 모방하였고, 初 · 中 · 終으로 나누었으며, 이들을 합한 연후에야 글자를 이룬다. 漢文 및 우리나라 말을 다 적을 수 있으니 글자는 간요(簡要)하지만 전환이 무궁하다. 이름을 訓民正音이라 한다.」 〈'世宗實錄'〉

훈민정음 집필자는 집현전 대제학 정인지(鄭麟趾, 1396-1478), 응교 최항, 부교리 박팽년(朴彭年, 1417-1456), 신숙주(申叔舟), 수찬 성삼문, 부수찬 이개(李塏, 1417-1456), 이선로(李善老, ?-1453), 돈녕부 주부 강희안(姜希顔, 1417-1464) 등 8명이었다.

세종은 훈민정음 창제를 반대하던 부제학 최만리(崔萬理, ?-1445), 직제학(直提學) 신석조(辛碩祖, 1407-1459), 직전(直殿) 김문(金汶, ?-1448), 응교(應敎) 정창손(鄭昌孫, 1402-1478), 부교리(副校理) 하위지(河緯地, 1417-1456), 부수찬(副修撰) 송처검(宋處儉), 저작랑(著作郎) 조근(趙瑾, 1417-1475) 등을 의금부(義禁府)에 가두었다가, 이튿 날 풀어 주었다. 세종은 운회(韻會)와 삼강행실(三綱行實)을 국문으로 번역하게 하고, 사적(事迹)을 상고해 용비시(龍飛詩 · '용비어천가'(龍飛御天歌 10권 5책))를 첨입(添入)하게 한 뒤 반포하였는데 (세종 28년, 1446) 훈민정음 서문에서 한글 창제의 취지를 밝히고 있다.

「나랏말ᄊᆞ미 듀ᇰ귁에 달아 문ᄍᆞᆼ와로 서르 ᄉᆞᄆᆞᆺ디 아니ᄒᆞᆯᄊᆡ
이런 젼ᄎᆞ로 어린 ᄇᆡᆨ셩이 니르고져 호ᇙ배이셔도
ᄆᆞᄎᆞᆷ내 제 ᄠᅳ들 시러펴디 몯 호ᇙ노미 하니라
내 이ᄅᆞᆯ 윙ᄒᆞ야 어엿비 너겨 새로 스믈 여듧ᄍᆞᆼᄅᆞᆯ ᄆᆡᆼᄀᆞ노니
사ᄅᆞᆷ마다 ᄒᆡᅇᅧ 수ᄫᅵ니겨 날로 ᄡᅮ메 뼌한킈 ᄒᆞ고져 호ᇙ ᄯᆞᄅᆞ미니라」
(國之語音 異乎中國 與文字不相流通 故愚民 有所欲言 而終不得伸其情者
多矣 予 爲此憫然 新制二十八字 欲使人人易習 便於日用耳)

훈민정음의 제자 원리는 '해례제자해(解例制字解)' 에 〈正音 二十八字 各象其形而製之〉 라고 간단 명료하게 요약되어 있다.

초성자(初聲字)들을 보면, 기본자(基本字)들은 그것이 나타내는 소리를 내는 발음 기관의 모양을 본 떠서 만들어졌다. 'ㄱ'은 혀 뿌리가 목구멍을 막는 모양, 'ㄴ'은 혀가 웃 입천정(口蓋)에 가 붙은 모양, 'ㅁ'은 입 모양, 'ㅅ'은 이(齒) 모양, 'ㅇ'은 목구멍 모양을 본 뜬 것이다. 나머지 문자들은 이 기본자에 가획(加劃)을 하거나, 약간의 이체(異體)를 형성함으로써 이루어졌다. 가획은 그 소리가 강한 정도를 따라서 이루어졌다.
중성자(中聲字)에 있어서는 'ㆍ, ㅡ, ㅣ' 3자를 기본으로 삼았다. 천(天)·지(地)·인(人) 삼재(三才)를 본뜬 것으로 역시 상형(象形)이긴 하지만 초성자의 경우와는 달라진 것이다.
종성자(終聲字)는 따로 만들지 않고 초성자를 그대로 쓰게 하였다.
초종성(初終聲)이 여덟 글자니 'ㄱㄴㄷㄹㅁㅂㅅㆁ'이고, 초성(初聲)이 아홉 글자니 'ㅈㅊㅋㅌㅍㅎㆆㅿㅇ'이며〔닿소리(子音) 17자〕, 중성(中聲)이 열 한 글자니 'ㅏㅑㅓㅕㅗㅛㅜㅠㅡㅣㆍ'이다.〔홀소리(母音) 11자〕 말소리나 문자로써 적을 수 없던 것이 모두 통하여 막힘이 없었고 五音으로 구별하여 아(牙)·설(舌)·순(脣)·치(齒)·후음(喉音)으로 하였다. 순음(脣音)에는 가볍고 무거운 것의 다름이 있고, 설음(舌音)에는 정(正)과 반(反)의 구별이 있으며, 글자 중에서도 전청(全淸)·차청(次淸)·전탁(全濁)·차탁(次濁)·불청불탁(不淸不濁) 등의 차이가 있어 알지 못하는 이가 없었다.

한글이 창제된 이후 세종은 '동국정운(東國正韻)'(1447), '석보상절(釋譜詳節)'(1447) 등을 한글로 번역 간행하였다. 세종 26년 2월 운서(韻書)의 기준이던 '홍무정운(洪武正韻)'(1375)을 집현전 교리 최항(崔恒), 부교리 박팽년(朴彭年), 부수찬 신숙주(申叔舟), 이개(李塏) 등으로 하여금 훈민정음으로 번역해 내게 하고〔홍무정운역훈(洪武正韻譯訓)〕 왕세자가 수양대군, 안평대군(1418-1453)과 함께 직접 감장(監掌)하였다.

「史臣이 논평하기를, 신숙주는 고매(高邁)·관후(寬厚)·활달(豁達)하였다. 경사(經史)에 두루 미치고 의논(議論)에 대체(大體)를 지녀서 까다롭거나 자질구레하지 아니하였으며, 대의(大義)를 결단함에 있어 막힘이 없어서 조야(朝野)가 의지하고 중히 여겼다. 문장(文章)을 만드는 것은 가슴 속에서 우러 나왔고, 각삭(刻削)을 일 삼지 않았다. 임금으로 즉위함에 미쳐서는 보양(輔養)하고 찬도(贊導)하는 공이 많았다. 그러나 세조를 섬김에는 승순(承順)만을 힘썼고, 예종조(睿宗朝)에는 형정(刑政)이 公正함을 잃었는데 광구(匡救)한 바가 없었으니, 그의 단점이다. 은권(恩眷)이 바야흐로 성하였으나 자신이 유설(縲絏)의 욕(辱)을 만났다.」 〈'成宗實錄' 9輯 235面, 成宗 卷 56〉
성현(成俔, 1439-1504)은 '慵齋叢話'(1500)에서 「우리나라와 여러 나라의 소리를 표기하지 못하던 것이 죄다 통하게 되었다.」라고 하고, 李睟光은 '芝峰類說'에서 「언문이 나와서 모든 나라 소리가 통하지 않음이 없게 되었다.」하였고, 李瀷, 申景濬, 洪良性, 鄭東愈(1744-1808), 李圭景 등이 찬사를 올렸는데 대동소이하다. 柳僖는 '諺文誌(1824)'에서 「한자는 六義로써 만들어 져서 그 꼴이 산란(散亂)하여 한 예로써 萬狀을 추리할 수 없는데, 언문은 初·中·終 3聲이 정연히 나열되어서 매우 조맥(條脈)이 있으며, 한자는 옛 사람의 해성(諧聲) 이외에 편방(偏旁)을 더 함이 많아지고, 뒤의 사객(詞客)들이 임의 변독(任意變讀)한 따위가 있어서 송변(訟辨)을 일으키는데 언문은 한글자의 꼴이나 소리를 바꿀 수 없게 되어 있다.」고 하였다.

「성현(成俔)은 허심 탄회하여 수식(修飾)하지 않으며, 생업을 일 삼지 않고 오직 서적을 가지고 놀았다. 문장이 건실 익숙(健熟)하여 오랫동안 문형(文衡)을 맡았는데, 음률(音律)에 정통하여 장악원 제조(掌樂院提調)를 겸임하였고 '허백당집(虛白堂集)' 등의 저서가 있다. 다만 관리의 재간(才幹)이 없고 사정에 소활(疏闊)하여 어디서나 큰 공적이 없었다.」 〈'燕山君日記' 13輯 590面, 燕山君 卷 52〉

訓民正音에는 訓民正音 註解本〔世宗 어제(御製) 訓民正音 題目이 붙어있는 喜方寺木板本과 世宗 御製를 떼어버린 박승빈(朴勝彬, 1880-1943) 本〕과 訓民正音 解例本〔간송(澗松) 전형필(全鎣弼, 1906-1962) 所藏의 古本〕의 2種이 있는데 訓民正音의 本文을 漢字를 빌어서 解釋한 것과, 訓民正音을 가지고 解釋한 點에서 差異가 있다. 初版本은 으례 창작(刱作)의 原理를 解釋하는 데 重點을 둔 것으로 漢文을 가지고 解例를 상가(詳加)한 것이고 註解本은 다른 모든 고언해본(古諺解本)과 같이 訓民正音 本文을 諺解한 것이다.

훈민정음 해례본이 나온 후 자모의 이름, 배열순서, 자모의 수 등에 변동을 보인 최초의 문헌인 '훈몽자회(訓蒙字會)'와 '유합(類合)', '석봉천자문(石峯千字文)'은 왜란전 어린 아이들에게 한자를 가르치기 위해 엮은 책이다.

최세진(崔世珍)이 지은 '훈몽자회'(1527)는 한자 3,360자를 4자 유취(類聚)로 33항목으로 갈라 한글로 음과 뜻을 달아 놓은 3권의 책이고 漢字 中國音의 古今正俗音을 한글로 기록한 '사성통해(四聲通解)'(1517)는 中國語音史 연구에 귀중한 자료가 되고 있다. 文臣으로 이문(吏文)과 한음(漢音)을 깨달아 아는 자가 최세진 한 사람뿐으로 임금께 아뢰는 문서와 중국과 응답하는 외교문을 담당하였다. 미암(眉巖) 류희춘(柳希春, 1513-1577)이 지은 '신증유합(新增類合)'(1576)은 2천 5백의 어휘와 한자 3천에 음과 훈을 담고 있다.

「류희춘은 박람강기(博覽强記)하여 경서와 사서를 잘 외었으나 경세제민(經世濟民)할 재주와 곧은 말을 하는 절조(節操)는 부족하여 매양 경연에서 문담(文談)뿐이었고, 시폐(時弊)는 한마디도 언급하지 못하니 식자들이 부족하다 생각했다.」〈'석담일기(石潭日記)'〉

한글창제의 주된 동기가 피지배층 교화(敎化)에 있었던 만큼 양반 등 식자층의 문자는 여전히 한자였고, 한글은 주로 궁중의 비빈(妃嬪)이나 양반집의 부녀자들에 의해 사용되어 오다가 1894년(고종 31) 칙령으로 공식문자로 선포, 온 국민에게 보급되었다.

다이아몬드(Jared Mason Diamond)는 '총, 균, 쇠(Guns, Germs and Steel)' 한국어판 서문에서 한글이 "언어학자들로부터 세계에서 가장 뛰어나게 고안된 문자 체계라는 칭송을 받고 있다"고 썼으며 노마 히데키(野間秀樹)는 '한글의 탄생-문자라는 기적'(2010)을 펴냈다.

영국 루트리지(Routledge)출판사는 2011년 7월 '언어와 언어학의 50대 주요 사상가(Fifty Key Thinkers on Language and Linguistics)'로 世宗을 목록에 올렸다.

史書·地理書 등 서적의 편찬

세종 2년 集賢殿을 신설하고, 사가독서(賜暇讀書)의 제도를 마련하여 집현전 학사들이 학문에 전념할 수 있게 하였다.

세종에서 성종에 이르는 사이에 서적의 편찬이 활발하였다. 태종 13년 '태조실록' 을 편찬한 이래 역대 왕의 실록(조선왕조실록)이 편찬되었다. 문종 때 '고려사절요(高麗史節要)(1452)', 성종 때 '삼국사절요' (三國史節要, 1476?) · '동국통감' (東國通鑑, 1484, 56권 28책)이 편찬되었다. 세조 때 신숙주 등에 의하여 이루어진 '국조보감(國朝寶鑑)' 은 실록에서 역대 제왕의 가언(嘉言) · 선정(善政)으로 후대에 모범이 될 만한 것을 추려 모은 것이다. 세종 18년 윤회〔尹淮(1380-1436), 윤소종(尹紹宗, 1345-1393)의 아들〕 · 권제〔權踶(1387~1445), 권근(權近)의 아들〕 등의 '歷代世年歌', 선조 39년(1606) 오운(吳澐)의 '동사찬요(東史纂要)', 인조 24년(1646년) 조정(趙挺, 1551-?)의 '동사보유(東史補遺)' 가 간행되었다.

조선시대에는 왕의 言行을 두 사관이 입시(入侍), 기록(左史는 동작, 右史는 언어 담당)했다. 실록 편찬 자료는 시정기(時政記), 史草 사관의 가장사초(家藏史草), 각사등록(各司謄錄), 조보(朝報), 소(疏), 초(草) 및 개인의 일기나 문집 등이었다.
방(房)의 초초(初草), 도청(都廳)의 중초(中草) · 총재관(摠裁官)과 도청 당상의 정초(正草) 과정을 거쳐 완성된 실록은 인쇄하여 사고에 봉안하고 시정기와 사초, 그리고 실록의 초초-중초-정초는 모두 세초(洗草, 물에 씻어내기)되었다.
실록에 대한 포쇄(曝曬, 젖거나 축축한 것을 바람에 쐬고 볕에 말림) 등 엄격한 관리 실태를 포쇄관(曝曬官) 신정하(申靖夏, 1680-1715)는 1709년(숙종 35) '태백기유(太白紀遊)' 와 '포사(曝史)' 로 남겼다.

「정인지(鄭麟趾)는 호걸(豪傑) · 영매(英邁) · 활달(豁達)하고, 학문(學問)이 해박(該博)하여 통하지 아니한 바가 없었다. 文章은 호한(浩汗) 발월(發越)하여 조탁(雕琢)함을 일삼지 아니하였고 오래도록 문병(文柄)을 장악하여 고문대책(高文大冊) 등이 많이 나왔다. 사신(史臣)이 논평하기를 "정인지는 검소하여 생활도 매우 박하게 하였다. 그러나 재산 늘리기를 좋아하여 여러 만석(萬石)이 되었다. 전원(田園)을 널리 차지했으며, 이웃에 사는 사람의 것까지 많이 점유하였으며, 아들 승조는 아비의 그늘을 바탕으로 宰相에 이르고 재물을 늘임도 아비보다 더 하였다" 하였다.」 〈'成宗實錄' 9輯 668面, 成宗 卷 98〉

「권제는 총명하고 학문이 넓었으며, 말을 잘하고 시사(時事)를 말하기를 좋아 하였다. 그러나, 기첩(妓妾)에 혹하여 처자(妻子)를 매우 박하게 하여 가도(家道)가 바르지 못하였다. 그의 딸은 첩과 더불어 거스림이 있어, 제가 발로 차서 죽었다.」

〈'世宗實錄' 4輯 617面, 世宗 卷 108〉

• *高麗史*

'고려사'는 사대부 계층의 고려왕조사관을 제시한 것으로 '고려사절요(35권)'와 쌍벽을 이룬다.

文宗 元年(1451) 8월 간행된 '고려사'는 '世家' 46卷, '志' 39卷, '年表' 2卷, '列傳' 50卷, '목록' 2卷 등 總 139卷의 기전체로서 가장 풍부한 내용을 갖는다. 고려전기 '편년통재(編年通載)'와 예종조 홍관(洪灌, ?-1126)의 '續編年通載', 毅宗朝 김관의(金寬毅)의 '편년통록(編年通錄)'과 '王代宗曆' 등을 참고하여 '천추금경록(千秋金鏡錄)'·'編年綱目' 등이 나온 뒤 이를 증수(增修), 李齊賢의 '史略'이나 李仁復(1308-1374)의 '金鏡錄'이 나왔으며 이것을 臺本으로 1396년 정도전의 '高麗國史'가 편찬되었다.

「고려사의 공민왕 이하는 정도전이 들은 바를 가지고 쓰고 깎고 했기 때문에 史臣의 본초(本草)와 같지 않은 곳이 심히 많다. 어떻게 이를 후세에 전하여 믿게 하겠는가. (차라리) 없는 것만 같지 못하다.」〈世宗實錄 2, 世宗卽位年 12월 庚子〉하여 그 뒤의 '高麗史'의 改修는 이 정도전의 것을 다시 臺本으로 여기에 '高麗實錄'과 각종 官撰문서와 문집류·碑文자료를 모으고 五代史 이후의 宋·遼·金·元史등 중국史書를 참조하여 金宗瑞(1390-1453)·정인지 등 31명의 '고려사(1451)'가 완성되었다.

「'사기'를 보건대 천자의 국사를 '본기', 제후의 국사를 '세가'라 하였다. '고려사'를 편찬하는 데는 각 왕대의 기년을 '세가'라고 하여 대의명분을 밝혔다. 무릇 종(宗)이니 폐하(陛下)니 태후(太后)니 태자(太子)니 절일(節日)이니 제(制)니 조(詔)니 하는 것들은 참란된 호칭이기는 하나, 당시 부르던 그대로 써서 그 사실을 보존한다.」〈'고려사', 범례〉

• *朝鮮王朝實錄*

태조, 정종, 태종의 三代實錄은 각 2부씩 등사하여 서울의 春秋館, 충주史庫에 간직한 후 世宗 27년 전주와 성주에 史庫를 건축하고 각각 1부씩 분장(分藏)하였으며 '世宗實錄' 이후 실록을 편찬할 때마다 春秋館, 충주, 전주, 성주의 4史庫에 보관하였다. 선조 25년 임진왜란때 兵火에 없어지고 全州史庫의 실록만 남게 되었는데 선비 安義, 손홍록(孫弘祿)이 특별히 보호하였기 때문이다.

선조 36년 7월부터 39년 3월까지 '태조실록'부터 '명종실록'까지 804卷을 다시 출판, 최종 校正本과 전주史庫 原本을 합하여 5부의 실록이 성립되었다. 광해군 9년(1617) '선조실록'을 편찬 출판, 春秋館·봉화 太白山·영변 妙香山·강화 摩尼山·평창 五臺山 다섯 史庫에 1부씩 봉안(奉安)하였다. 그런데 '春秋館실록'은 이괄(李适)의 亂때 없어지고 '妙香山實錄'은 인조 11년 後金(淸)과의 관계가 악화되어 감으로 무주군 赤裳山으로 이전하고 '摩尼山實錄'은 병자호란 때 없어진 책도 있고 책장이 떨어져 나간 것도 많았다. 仁祖 이후의 실록은 4部를 인쇄하여 鼎足山(숙종 이전에는 摩尼山), 太白山, 赤裳山, 五臺山 史庫에 각각 1부씩 보관하였는데 1910년 日帝가 '鼎足山實錄' (原 '全州實錄')과 '太白山實錄'은 규장각 도서와 함께 조선총독부로 이관하여 宗親府건물에 보관하고

1913년 데라우치 마사타케(寺內正毅, 1852-1919)가 東京제국대학으로 옮겨간 五臺山本은 1923년 관동대진재(關東大震災) 때 거의 다 타버리고 남은 74책 중 27책이 1932년 경성 제대로 이관되고 증종실록 29책, 성종실록 7책 등 47책은 2006년 6월 반환되었다. 昌德宮 장서각(藏書閣)에 있던 赤裳山本은 광복 다음해 도난으로 여러권 없어졌을 뿐만 아니라 1·4 후퇴 때 소개하였는데 부산화재때 없어진 듯하다. 그러므로 남아있는 실록 원본은 서울대학교 중앙도서관에 보관되어 있는 鼎足山本과 太白山本 뿐이다.
선조때 부터 붕당정치에 따른 정파간의 시각차이로 선조·현종·숙종·경종 실록과 아울러 네차례 수정본 실록이 편찬되었다.
국사편찬위원회에서 1955-1958년 간에 888冊의 실록을 48冊(국배판 양장본)으로 影印하여 배부하고, 總索引 一冊을 편찬 출판하였다.

조선왕조실록 卷數, 冊數 및 편찬연대 (1413-1865)

實　錄	在位年數	卷數	冊數	編纂年代
太祖實錄	7	15	3	太 宗 13年
定宗實錄	2	6	1	世 宗 8年
太宗實錄	18	36	16	世 宗 13年
世宗實錄	33	163	67	端 宗 2年
文宗實錄	2	12	6	世 祖 1年
魯山君日記(端宗實錄)	3	14	6	睿 宗 1年
世祖實錄	14	49	18	成 宗 2年
睿宗實錄	1	8	3	成 宗 3年
成宗實錄	25	297	47	燕山君 5年
燕山君日記	12	63	17	中 宗 4年
中宗實錄	39	105	53	明 宗 5年
仁宗實錄	1	2	2	明 宗 5年
明宗實錄	22	34	21	宣 祖 4年
宣祖實錄	41	221	116	光海君 8年
宣祖修正實錄	41	42	8	孝 宗 8年
光海君日記(中草本)	15	187	64	仁 祖 11年
光海君日記(正草本)	15	187	40	仁 祖 11年
仁祖實錄	27	50	50	孝 宗 4年
孝宗實錄	11	21	22	顯 宗 2年
顯宗實錄	16	22	23	肅 宗 3年
顯宗改修實錄	16	28	29	肅 宗 9年
肅宗實錄	47	65	73	英 祖 8年
景宗實錄	4	15	7	英 祖 8年
景宗修正實錄	4	5	3	正 祖 5年
英祖實錄	52	127	83	正 祖 5年
正祖實錄	24	54	56	純 祖 5年
純祖實錄	34	34	36	憲 宗 4年
憲宗實錄	15	16	9	哲 宗 2年
哲宗實錄	14	15	9	高 宗 2年

태조로부터 철종에 이르기까지 25代 4백72년간(1392-1863)의 史實을 편년체로 기록한 '조선왕조실록(朝鮮王朝實錄' 1893권 888책), 1760년(영조 36)부터 1910년(순종 4)까지 역대 임금의 言行을 기록한 '일성록(日省錄' 2,329册), 1623년(인조 1)부터 1894년(고종 31)까지의 사건을 기록한 '승정원일기(承政院日記' 3,047책, 1910년까지 承宣院 · 宮內府 日記등을 포함하면 3,245책), 1617년부터 1892년까지 비변사의 일기체 기록을 모아서 만든 '비변사등록(備邊司謄錄' 2백 73책)을 조선 4대 관찬사서(官撰史書)로 꼽는다.

집현전 부교리 이계전(李季甸, 이색의 손자, 1404-1459)과 김문(金汶, ?-1448)에게 명하여 '資治通鑑綱目'〔朱熹가 '자치통감(資治通鑑)'으로 강목(綱目)을 만든 책(59권)으로 '通鑑綱目', '강목(綱目)'이라고도 한다.〕을 참고하여 '강목통감훈의'(綱目通鑑訓義, 1434)를 찬집하게 했다.

'자치통감'(資治通鑑, 通鑑이라고도 한다. 1084)은 北宋 쓰마꾸앙〔司馬光(1019-1086), 자 군실(君實), 호 우부(迂夫) · 우수(迂叟), 시호 문정(文正)〕이 301종의 자료를 토대로 1065년 부터 19년간에 걸쳐 편찬한 편년체(編年體)의 역사책이다. 周 威烈王이 진(晉) 三卿(韓 · 魏 · 趙氏)을 제후(諸侯)로 인정한 BC 403년부터 5代 후주(後周) 世宗 때인 959년까지 1362년간의 역사를 1년씩 묶어 편찬한 것으로 16기(紀) 294권으로 되어 있다. 帝王정치의 감계(鑑戒)를 위한 通史로 王朝흥망의 要因과 君臣의 대의명분을 역사의 흐름 속에서 밝히었다.

1402년 만들어진 혼일강리역대국도지도(混一疆理歷代國都之圖)는 明 리쩌민(李澤民)이 그린 성교광피도(聲教廣被圖)와 칭친(淸濬)의 혼일강리도(混一疆理圖)를 合成한 이회(李薈, ?~?)의 지도에 權近이 조선도와 일본도를 보충한 최초의 동아시아 전도이다. 조선지도로 李薈의 '八道地圖', 鄭陟(1390-1475) · 梁誠之의 '東國地圖(1463)', 신증동국여지승람의 八道總圖가 있었다.

보진재(葆眞齋) 노사신(盧思愼), 강희맹(姜希孟), 눌재(訥齋) 양성지(梁誠之, 1415-1482) 등으로 하여금 인문지리의 연구 필요에 의하여 만들게 한 것이 팔도(八道) 지지서(地誌書)인 '동국여지승람'〔東國輿地勝覽, 1481년 50권 완성, 1486년 55권으로 증산(增刪), 1531년 이행(李荇, 1478-1534)이 증보하여 신증(新增) 두 자를 붙였다.〕이다.

'신증동국여지승람'에 따라 김대문(金大門) · 최치원(崔致遠) · 이존오(李存吾, 1341-1371)는 경주인, 길재(吉再)는 선산인, 문익점(文益漸, 1329-1398)은 단성(丹城)인, 노사신(盧思愼)은 교하(交河)인, 강감찬(姜邯贊)은 금천(衿川, 시흥군)인, 정몽주(鄭夢周)는 영일(迎日)인, 김유신(金庾信)은 김해(金海)인, 윤관(尹瓘, ?-1111)은 파주(坡州)인, 을파소(乙巴素, ?-203)는 의주인, 황희(黃喜)는 장수(長水)인, 남은(南誾, 1354-1398)은 의령(宜寧)인, 우탁(禹倬, 1263-1342)은 단양(丹陽)인, 서거정(徐居正)은 대구인, 신숙주(申叔舟)는 고령인임을 알 수 있다.

한백겸(韓百謙)은 '東國地理志' 에서 단군여요병립(檀君與堯竝立)을 주장하였고 정인지(鄭麟趾), 노숙동(盧叔仝, 1403-1463) 등에 의해 역대 귀감이 될 사적을 엮은 '치평요람(治平要覽)' (150권 150책, 세종27년)이, 설순〔偰循(?-1435), 귀화 위그르(Uighur)人〕 등에 의해 三綱에 모범이 될 행실을 그림과 글로 설명한 '삼강행실도(三綱行實圖)' (1431)가 각각 편찬되었다.

「중국에서 우리나라에 이르기까지 고금의 서적에 기록되어 있는 것으로 참고하지 않은 것이 없으며, 효자 · 충신 · 열녀로 특출한 자 110명씩을 뽑아 그림을 앞에 놓고 행적을 뒤에 적되 찬시를 1수씩 붙였다. 〈권채(權採, 1399-1438) / '삼강행실도' 서문〉
'삼강행실도' 는 목판본으로 한문본은 성종 12년(1481)경 언해와 성종 21년 선정본〔기존에 산정본, 재편본 등으로 불리고 실록의 기록에도 줄여서 정한다는 산정(刪定)을 쓰고 있으나 실제로 산정하지 않았으므로 산정본으로 일컫기 어렵다.〕 간행으로 수보(修補)되었다. 16세기 '속삼강행실도' (1514), 17세기 '동국신속삼강행실도' (1617)가 이어져 책의 구성과 그림의 형식에도 많은 변화를 가져왔다. '삼강행실도' 에 앞서 이재(彝齋) 짜오멍지앤(趙孟堅, 1199-1264?)의 '조자고이십사효서화합벽(趙子固二十四孝書畫合壁)' 과 권보(權溥)가 편찬한 '孝行錄' (1346)이 있다.

세종때 박연〈朴堧, 1378-1458〉이 '조제아악보(朝祭雅樂譜)' 를 만들고 악률(樂律) 연구로 궁정음악(宮廷音樂)의 기초를 확립하였다.

악률의 연구는 성현(成俔) 등으로 하여금 악서(樂書)를 편찬하게 하여 성종 24년(1493) 아악(雅樂) · 당악(唐樂) · 향악(鄕樂)의 3부로 나누어 율조(律調) · 악현(樂懸, 陳設) · 무도(舞蹈) · 악기(樂器) · 의물(儀物)에 이르기까지 도설(圖說)한 '악학궤범(樂學軌範)(9권 3책)' 이 간행되었는데 여러 번 복각(複刻)되었다.
「삼한(三韓)이 각기 음악을 가졌으나, 악기가 고르지 못하여 八音을 이루지 못하였고, 그 음악은 우리말의 가사(歌詞)를 가진 속악(俗樂)에 섞이었는데, 그 누가 이것을 정리할 수 있었을 손가. 고려 중엽 宋 徽宗(在位 1100-1125)이 태상악기(太常樂器, 大晟樂)를 보내왔고, 조선 태종 때에 明이 궁중 악기를 보내 와서 경(磬) · 관(管) · 생(笙) · 간(竿) · 금(琴) · 슬(瑟)이 다 갖추어졌다.」 〈'악학궤범'〉

박준(朴浚, 1559-1625)이 '악장가사(樂章歌詞, 國朝詞章이라고도 한다.)' 를 짓고(?) 양덕수(梁德壽, ?-?)는 '양금신보(梁琴新譜, 1610)' 를 엮었다. 병자호란 후의 악원(樂院) 사정은 '악장등록(樂掌謄錄)', '악원고사(樂院故事)' 등에 전한다.

의학도 발달하여
세종 15년(1433) 유효통(俞孝通), 노중례(盧重禮, ?-1452), 박윤덕(朴允德)이 '향약집성방(鄕藥集成方)' 85권을 편찬하였고 전의감(典醫監) 의관(醫官) 전순의(全循義, ?-?)는 山家要錄 · '식료찬요(食療纂要)' 를 짓고 中國漢醫書들을 분류정리(分類整理)하여 世宗 27년 '의방유취(醫方類聚)' 365卷을 완성하였다. 최치운(崔致雲, 1390-1440)은 元 왕위

(王輿, 1261-1346)의 무원록(無冤錄, 1308)을 신주(新註)한 '新註無冤錄(1440)'을 펴냈다. 김육(金堉, 호 潛谷)은 '구황촬요(救荒撮要, 1554)'와 '벽온방(辟瘟方)'을 합하여 '구황벽온방(救荒辟瘟方)'으로 간행하고 신속(申洬, 호 二知堂, 1600-1661)등은 구황촬요의 속편으로 구황보유방(救荒補遺方, 1660)을 펴냈다. 김유(金綏, 1481-1552)는 '수운잡방(需雲雜方, 1540?)'을, 허균은 '도문대작(屠門大嚼, 1611)'을, 이문건〔李文楗, 묵재(默齋), 1494-1567〕은 '양아록(養兒錄)'을, 太醫 양예수(楊禮壽, 號 退思翁, ?-1597)가 朴世擧(?-?) 등과 '의림촬요(醫林撮要)'를, 허임(許任, ?-?)은 침구술을 집대성, '침구경험방(鍼灸經驗方, 1644)'을 각각 지었다. 太醫 허준〔許浚, 호 구암(龜巖), 1539-1615〕이 '醫方集略'(1531), 리스쩐(李時珍, 1518-1593)의 '本草綱目(1596 刊)' 등 5백여 권의 의학 책을 14년 연구 끝에 광해군 2년(1610) 완성, '동의보감(東醫寶鑑)'이라 이름하고 1613년 간행하였다.

'동의보감'은 내경(內景)·외형(外形)·잡병(雜病)·탕액(湯液)·침구(鍼灸)의 다섯 강목(綱目)으로 나누어 병론(病論)과 치방(治方)들을 기입하였는데 총 25권 25책이다.
중국 한의학은 後漢시대 장중징(張仲景, 본명 張機, 150-219)의 음양사상에 바탕한 傷寒醫學과 宋元明시대 오행사상에 바탕한 後世醫學의 2대조류로 동의보감은 四象醫學사상에 기틀을 둔 醫書이다. 허준은 동북아시아의 의학권을 똥유엔(東垣) 리가오(李杲, 1180-1251)의 북의(北醫), 딴시(丹溪) 주쩐헝(朱震亨, 1281-1358)의 남의(南醫), 자신의 동의(東醫)로 구분했다. 안경창(安景昌)의 '벽온신방(辟瘟新方, 1653)', 박진희(朴震禧)의 '두창경험방(痘瘡經驗方)', 이번(李蕃, 1641-1708)의 '용산요두편(龍山療痘篇, 1672)', 유이태(劉爾泰)의 '마진편(痲疹篇, 1706)', 김좌명(金佐明, 1616-1671)의 '보영요법(保嬰要法)', 조정준(趙廷俊)의 '급유방(及幼方, 1749)', 신만(申曼)의 '주촌신방(舟村新方, 1687)', 주명신(周命新)의 '의문보감(醫門寶鑑, 1724)', 강명길(康命吉, 1737-1801)의 '제중신편(濟衆新編, 1799)' 등 동의보감 축약본 의서들의 등장으로 대중화 되어갔다.

정초(鄭招, ?-1434)의 '농사직설(農事直說)'(1429)은 농업의 기술적인 체계를 세운 것으로 姜希孟의 '금양잡록(衿陽雜錄, 1492 刊)'과 합본하여 보급되었다. 그 뒤 강희맹(姜希孟)의 '사시찬요(四時纂要)', 양성지(梁誠之)등의 '잠서(蠶書)', 서강(徐岡, ?-1461)등의 '잠서기해(蠶書記解)'가 편찬되었다.

역법(曆法)은 농사와 천문에 관계가 깊은 것으로 우리 역법에 元·明의 역서와 회회력(回回曆)을 참조하여 정흠지(鄭欽之, 1378-1439)·정초(鄭招)·정인지·李純之(?-1465) 등의 '七政算 內·外篇(1444)'이 편찬되었다. 세종 24년 만든 측우기는 서양 보다 2백년 앞섰고 앙부일구(仰釜日晷, 仰釜日影, 1434)를 비롯한 5종의 해시계, 천문관측기인 대·소간의(大·小簡儀), 천구의(天球儀)인 혼천의(渾天儀, 국보 230호), 물시계인 자격루(自擊漏, 국보 229호)가 발명되었는데 이천(李蕆, 1376-1451)과 동래 관노(官奴) 장영실(蔣英實, ?-?)의 공이 컸다. 고구려 시대에 석각 천문도가 제작됐으나 전쟁 중 소실됐고 대신 탁본(拓本)이 있어 1395년 류방택(柳方澤, 1320-1402) · 권중화(權仲和, 1322-1408) 등 11명의 천문학자들이 천상열차분야지도(天象列次分野之圖 · 국보 228호)를 제작했는데 중국 순우천문도(淳祐天文圖) 다음으로 오래된 석각천문도(石刻天文圖)이다. 세조 때 토지의 고저 · 원근을 측량하는 규형(窺衡)과 印地儀를 제작하여 양전에 이용하였다.

하경복(河敬復, 1377-1438)이 형조판서 정흠지(鄭欽之), 예문관 대제학 정초(鄭招), 병조 우참판 황보인(皇甫仁) 등의 협조로 '계축진설(癸丑陣說)' 을 지었는데 세종이 내린 제문이다.

「어려서부터 손오(孫吳)의 병법을 배워 그 재간이 웨이칭(衛青 ?-BC106), 훠취뼁(霍去病, BC 140-BC 117)을 능가하였다. 남쪽 땅을 진압하게 하였더니 왜구(倭寇)가 지식(止息)되고 경내가 편해져서 백성들이 안심하고 먹고 살게 되었다.」

제주삼읍추쇄경차관(濟州三邑推刷敬差官) 최부(崔溥)는 1488년 윤 정월 中國에 표류, 수차 제작법을 배워와 水車를 만들고 '표해록(漂海錄', 1488)을 찬술하였는데 기요타 기미키네(淸田君錦, 1721-1785)의 日譯本 '唐土行程記' (1795년 '通俗표해록' 으로 改題)가 있다.

「최부는 공렴(公廉) 정직하고 경서와 역사에 능통하여 문사(文詞)가 풍부하였고, 간관(諫官)이 되어서는 아는 일을 말하지 아니함이 없어 회피하는 바가 없었다.」

〈'燕山君日記' 13輯 669面, 燕山君 卷 56〉

文宗때 '동국병감(東國兵鑑)' 과 '진법(陣法)' 〔1451, 兵將圖說로 개칭 복간(1742)〕, 世祖때 '병장설(兵將說, 일명 兵鏡, 1461)' , 선조 때 이일(李鎰, 1538-1601)의 '제승방략(制勝方略)(1588)' 등 兵書가 편찬되었다.

주자(鑄字)에 관심을 기울여 태종은 계미자(癸未字, 1403)를, 세종 때 정교한 갑인자(甲寅字, 1434)를 만들어 서적을 인쇄하였다.

광해군때 무오자(戊午字)를, 현종때 김좌명(金佐明, 1616-1671)이 무신자(戊申字)를, 1679년 김석주(金錫胄, 1634-1684)가 한구자(韓構字)를 각각 만들어 사용하였다.
책판에 대한 기록은 어숙권(魚叔權, ?~?)이 편찬한 '고사촬요(攷事撮要, 1554)' 중 '팔도정도(八道程度)' 의 '책판(冊板)' 항목이 효시로 영조 7년(1771) 서명응이 개정 증보하여 '고사신서(攷事新書)' 를 출간하기까지 12차례 속찬(續撰)과 개수(改修)를 거듭하였다.

성종(1457-1494)은 학문을 좋아하여 경(經) · 사(史) · 백가(百家) · 성력(星曆) · 종률(鐘律) 등 통달하지 아니한 것이 없고 사어(射御) · 서화(書畵) 또한 묘한 지경에 이르렀다.

성종은 1475년 성균관에 존경각(尊經閣)을 지어 경전을 소장하게 했으며, 양현고(養賢庫)에 관심을 가져 학문 연구를 후원하고, 1484년과 1489년 성균관과 향교에 학전(學田)과 서적을 나누어 주어 관학을 진흥했다. 또한 홍문관(弘文館)을 확충하고 용산 두모포(豆毛浦)에 독서당을 설치하여 젊은 관료들로 하여금 독서 저술에 전념하게 하였다.

• *名文의 集大成 - 仁叟 · 東文選*

세종의 溫陽郡(온수현) 행행시 신인손(辛引孫, 1384-1445), 하연(河演, 1376-1453) 등 명경거유(名卿巨儒)들이 지은 시권의 서문을 정효강(鄭孝康, ?-1454)의 청(請)으로 25세 청년학사 박팽년(자 仁叟, 호 醉琴軒)이 명문장으로 엮어 냈다.

「현인(賢人) 군자(君子)가 재주와 도(道)를 품었다면 누구인들 왕정(王廷)에서 드날려 해와 달의 빛(임금의 덕)에 가까이 하고 싶지 않겠는가. 孟子는 제(齊)(BC 386-BC 221) 宣王을 雪宮에서 뵙고 놀면서 쉬라는 말로 대답하였으나 빈 말로 실리어 끝내 길에서 늙었고, 양웅(揚雄, 자 子雲)은 漢 成帝(재위 BC 33-BC 7)를 甘泉宮에서 시종하며 감천부(甘泉賦)를 지음에 문장이 빛나고 신령스러웠으나 지위는 창을 잡는 것에 지나지 않았으니 그 임금과 신하가 서로 만나기 어려움이 이와 같을 뿐이다.」

〈'병조판서 정연(鄭淵, 1389-1444)을 보내는 시' 의 머리글(送鄭判書詩序)〉

2세기말 고구려의 故國川王때 乙巴素는 밭갈이 하다가 추천을 받아 國相이 되었는데 '때를 만나지 못하면 숨어 살고 때를 만나면 벼슬하는 것은 선비의 떳떳한 일이다.' 하였다.

세종24년 안평대군(安平大君) 이용(李瑢, 1418-1453)에게 비해당이라는 당호(堂號)를 내려주었는데 박팽년은「군자는 위에 마룻대가 있고 아래에 서까래가 있는 제도(집의 형태)를 기다리지 않는다. 그래서 거실에 살면서 스스로 경계하고 반성하였으니 주회암(朱晦庵, 朱子)의 경재(敬齋)나 쩐시산(眞西山, 1178-1235, 眞德秀)의 사성재(思誠齋)가 이것이다.」라는 '비해당기' (匪懈堂記)를 짓고 '죽암기' (竹菴記), '화헌기' (和軒記), '임향헌기' (林香軒記), '몽유도원도기' (夢遊桃源圖記) 등 기문(記文)을 떨쳤다.

「세종이 집현전을 설치하고 글 잘하고 공부 잘하는 선비들을 이끌어 들이니 박인수(朴仁叟 ; 박팽년의 字). 성근보(成謹甫; 성삼문의 字), 류태초(柳太初; 류성원의 字), 이백고(李伯高; 이개의 字), 하중장(河仲章; 하위지의 字)이 이름을 떨치었다. 근보는 글이 난만(爛漫)하고 호방종일(豪放縱逸)하였으나 시에서 부족하였고, 중장은 대책(對策)과 소장(疏章)에서 뛰어났으나 시를 알지 못했으며, 태초는 천재를 타고 났지만 본 것이 넓지 않았고, 백고는 맑은 재주가 아름답게 피어나고 시도 또한 빼어 났었다. 동료들은 모두 박인수를 추천하여 집대성(集大成)으로 삼고, 그 경술(經術)과 문장(文章)과 필법(筆法)이 좋다고 하였다. 그러나 모두 죽임을 당하여 그 저술한 바가 세상에 드러나지 못하였다.」

〈성현(成俔) / '용재총화(慵齋叢話)' 〉

漢文學의 集大成적 고전인 '東文選' 은 '문선〔文選, 양(梁) 武帝의 장자 쌰오퉁(蕭統, 501-531)이 엮은 시문집〕' 의 체제를 따라 辭 · 賦 · 詩 등 48종의 '文體' 로 나눈 것으로 세 차례에 걸쳐서 撰集된 것이다. 正篇 東文選(1478)은 성종때 四佳亭 徐居正 등에 의하여, 續篇 東文選(1518)은 중종때 이요정(二樂亭) 신용개(申用漑, 1463-1519) 등에 의하여, 新撰 東文選(1713)은 숙종때 玉吾齋 송상기(宋相琦, 1657-1723)등에 의하여 각각 편찬된 것이다. 목록 3권, 정편(正篇) 130권, 속편(續篇) 21권으로 정편에 신라의 김인문(金仁問, 629-694), 설총, 최치원 등을 비롯, 고려를 거쳐 당대까지 약 5백명 작가들의 작품 4,302편이 수록되어 있다.

'동문선' 에 들어있는 서거정의 부(賦)는 오원자부(烏圓子賦)와 편복부 두 편인데 쥐의 생태를 빌어 남을 모함할 계교(計巧)만 꾸미고 있는 조정의 소인배(小人輩)들을 풍자(諷刺)한 것으로 그의 문재(文才)가 비상하다는 것을 알 수 있다.

「쥐는 동물 가운데서 가장 천하다. 털은 짧아 쓸모가 없고, 고기는 더러워 제상(祭床)에 올리지 못한다. 뾰족한 수염, 사나운 눈… 흙구덩이, 똥속에 사는 쥐, 담장을 도는 그 간사함, 사직단에 의탁해 사는 그 간교함이여… 네 배는 차기 쉬운데 계학(溪壑)의 탐욕을 가졌고, 네 주둥이는 길지 않는데도 창보다 날카롭다. 곁눈질을 잘하고 낮엔 숨고 밤에 나와 내 상자를 뚫고 내 독과 동이를 휘젔는다. 어찌 내 옷이 안전하며 내 양식이 지탱될 수 있겠는가…」

「권근(權近)의 외손 서거정은 풍수(風水)와 성명(星命)의 학설에도 통하였으며, 석씨(釋氏)의 글을 좋아하지 아니하였다. 文章을 함에 古人의 과구(科臼)에 빠지지 아니하고 一家를 이루어서, '사가집(四佳集)' 30권이 세상에 전한다.」

〈'成宗實錄' 11輯 424面, 成宗 卷 1〉

野史

野史는 唐의 劉知幾의 '史通' 중 雜述에 해당하는 것으로 1909년 조선古書刊行會에서 간행한 13冊의 '大東野乘' 보다 앞서 연려실기술 별집 卷14의 野史類중에 '大東野乘' 이 있으나 編者는 기록돼 있지 않다.

'大東野乘' 중에 있는 57종의 내용으로는 짤막한 쇄언과 쇄사를 기록한 것이 가장 많아 성현(成俔)의 '용재총화(慵齋叢話)', 徐居正의 '필원잡기(筆苑雜記, 1486)', 조신(曺伸)의 '소문쇄록(謏聞瑣錄)', 어숙권(魚叔權)의 '패관잡기(稗官雜記)', 李陸(1438-1498)의 '청파극담(靑坡劇談)', 허봉(許篈, 1551-1588)의 '海東野言', 金安老(1481-1537)의 '용천담적기(龍泉談寂記)', 沈守慶(1516-1599)의 '유한잡록(遺閑雜錄)' 과 '청천한록(聽天閑錄)', 신흠(申欽)의 '상촌잡록(象村雜錄)', 윤기헌(尹耆獻)의 '장빈호찬(長貧胡撰)', 朴東亮(1569-1635)의 '기재잡기(寄齋雜記)' · '기재사초(寄齋史草)', 이정형(李廷馨)의 '동각잡기(東閣雜記)', 정홍명(鄭弘溟, 1592-1650)의 '기옹만필(畸翁漫筆)', 柳成龍의 '운암잡록(雲巖雜錄)', 달촌(達村) 윤국형(尹國馨, 1543-1611)의 '문소만록(聞韶漫錄)' 과 '甲辰漫錄', 이기(李墍, 1522-1600)의 '송와잡설(松窩雜說)', 권응인(權應仁, 1521-?)의 '송계만록(松溪漫錄)', 윤근수(尹根壽, 1537-1616)의 '월정만필(月汀漫筆)', 尹斗壽(1533-1601)의 '오음잡설(梧陰雜說)', 李濟臣(1536-1584)의 '청강쇄어(淸江瑣語)', 竹泉 이덕형(李德泂, 1566-1645)의 '죽창한화(竹窓閑話)', 荷潭 김시양(金時讓, 1581-1643)의 '자해필담(紫海筆談)' 과 '하담파적록(荷潭破寂錄)', '부계기문(涪溪記聞)' 등 개인의 逸事가 적혀있다.

또 역사적인 사건을 다룬 것으로는 기묘사화를 기록한 김육(金堉)의 기묘록〔己卯錄, 기묘제현전(己卯諸賢傳, 1639) · 김정국(金正國, 1485-1541)의 기묘당적(己卯黨籍) · 안방준(安邦俊, 號 牛山 · 隱峰, 1573-1654)의 기묘유적(己卯遺蹟) · 안로(安璐, ?-?)의 '己卯錄補遺' · 저자 未詳의 '己卯錄續集' 및 別集등이, 을사사화를 기록한 李中悅(1518-1547)의 '乙巳傳聞錄' 이, '己丑獄事' 를 다룬 이수경(李壽慶, 호 晩醒, 李德泂의 손자, 1627-1680)의 '己丑錄' · '己丑續錄', 禹性傳의 '癸甲日錄', '癸未記事' 등이 있다. 임진왜란을 적은 趙慶男(1570-1641)의 '난중잡록(亂中雜錄)' 과 신경(申炅, 1613-1653)의 '재조번방지(再造藩邦誌)', 광해군때의 당쟁 기록으로 '光海朝日記' 가 있다. '계해정사록(癸亥靖社錄)' 은 西人이 광해군을 내 쫓은 記事로서 실록의 草本같이 생각된다.

박동양(朴東亮)의 '기재사초(寄齋史草)' 는 '선조실록' 의 史草로서 正史 그대로이다.

안방준(安邦俊)의 '혼정편록(混定編錄)' 과 '묵재일기(默齋日記)' 는 붕당의 분열과 그들의 행한 일을 일정하게 썼다 하여 良書로 되어 있다.

심광세(沈光世 1577~1624)의 '해동악부(海東樂府, 1617)', 차천로(車天輅, 1556-1615)의 '오산설림초고(五山說林草藁)' 등은 비교적 분량이 적은 책이다.

권문해(權文海, 호 초간(草磵, 1534-1591)는 우리 나라 고래의 서적을 널리 참고하여 '대동운부군옥(大東韻府群玉, 1589)' (20권, 20책)을, 김장생(金長生)은 경서변의(經書辨疑, 1618)를 저술하였다.

書藝詩畵

고려 말 이래 유행한 송설체(松雪體)의 대가로는 세종의 셋째 아들 안평대군(安平大君, 梅竹軒)이, 왕시즈(王羲之)의 필법으로는 김구(金絿,, 1488-1534)와 한호〔韓濩(石峯), 1543-1605〕가 유명하였는데, 한호는 해서(楷書)로, 봉래(蓬萊) 양사언(楊士彦)은 초서(草書)로 이름을 남겼다. 이들 4명을 조선 전기의 4대가로 일컫는다.

師任堂 申氏(進士 申命和의 둘째 딸, 1504-1551)는 「書詩에 정묘(精妙)하지 않음이 없었고, 天資가 온아(溫雅)하며 지조(志操)가 정결(貞潔)하며, 행실이 법도 있으며, 일 처리에 안상(安詳)하고, 말이 적으며, 행실을 삼가고, 겸손할 줄 알았다.」 〈선비(先妣) 행장〉

夫公 李元秀(1501-1561)는 몹시 호방(豪放)하여 살림을 돌보지 않아 가난하였으나, 申氏는 治産에 法度있게 하여 앙사(仰事) · 부육(俯育)이 모든 節次에 구김 없이 하였다.

書藝家로서 行書에 金生, 고전(古篆)에 미수(眉叟), 고예(古隷)에 완당(阮堂)을 든다.

허목은 '自銘' 에 「叟의 眉長이 과면(過眠)하므로 自號를 미수(眉叟)라 하였고, 손 바닥에 '文' 字의 무늬가 있으므로 '文父' 라는 字를 지었노라.」 하였다. 또 전서체(篆書體)를 잘 썼는데, 당대 동방에서 제일이라 하였다. 또 예학에 정통하여 관혼상제의 예, 조빙(朝聘)의 예, 수유정벌(狩猶征伐)과 학교양로(學校養老)의 예, 왕조례(王朝禮), 사대부의 예에 이르기까지 고금의 예론을 집성 하였는데〔동사(東事, 1667)〕 퇴조하여 연천에 은거할 때

'은거당(恩居堂)' 이라는 편액(扁額)을 내렸다. 왕시즈(王羲之)의 필법을 전범(典範)으로 한 玉洞 이서(李溆, 1662-1723)의 동국진체(東國眞體)는 恭齋 윤두서(尹斗緖, 1668-1715), 白下 윤순(尹淳, 1680-1741), 圓嶠 이광사(李匡師, 1705-1777) 등 시서화(詩書畵) 三絕에 전수되었다. 특히 白下는 金生 이래 역대 명필과 唐 · 宋 · 元 · 明 諸家의 서체를 저작(咀嚼) 소화하여 王羲之體로 절충 흡수함으로써 「점화(點畫)는 神氣와 골육(骨肉)이 구족(俱足)하고 체구(締構)는 법상(法象)과 의태(意態)가 함비(咸備)하니 신묘한 깨달음이 모두어 일가를 이루었다.」 〈洪良浩 / '耳谿集' 卷16 '題尹白下淳書軸'〉

금석학(金石學)의 대가 김정희(金正喜, 秋史)는 독특한 필법과 서체를 이루어 추사체(秋史體)라는 이름을 남겼다.

秋史는 金石과 書史에 통하지 않은 것이 없었다. 초(草) · 해(楷) · 전(篆) · 예(隸)에 모두 진경(眞境)을 터득해서, 당세에 꼽히는 홍장(鴻匠)이었다.
「문체의 종류가 열 세 가지인데 글을 완성하기 위하여는 여덟 조건이 필요하다. 정신, 이치, 기백, 맛은 글의 내용을 이루고 격조, 음률, 소리, 빛은 글의 형식을 이루고 있다.」
〈김정희 / '완당집(阮堂集)'〉

눌인(訥人) 조광진(曹匡振 1772-1840), 이재(彝齋) 권돈인(權敦仁, 1783-1859), 黃山 김유근(金逌根, 1785-1840), 又峰 조희룡(趙熙龍, 1797-1859), 우선(藕船) 이상적(李尙迪, 1804-1865), 난석(蘭石) 방희용(方羲鏞, 1805-?), 소치(小癡) 허유(許維, 許鍊, 1809-1892), 고람(古藍) 전기(田琦, 1825-1854), 위당(威堂) 신헌(申櫶, 1810-1888), 이하응(李昰應, 1820-1898), 조면호(趙冕鎬)도 秋史書派로 이름을 남긴 이들이다.

시인은 國初 東峯 金時習〔호 매월당(梅月堂), 법호 설잠(雪岑)〕, 四佳亭 徐居正, 점필재(佔畢齋) 金宗直, 용재(容齋) 이행(李荇), 읍취헌(挹翠軒) 박은(朴誾, 1479-1504), 퇴계(退溪) 이황(李滉) 등을 거쳐 임진왜란을 전후하여 杜谷 고응척(高應陟), 五峯 이호민(李好閔, 1553-1634), 五山 차천로(車天輅), 고죽(孤竹) 최경창(崔慶昌, 1539-1583) · 옥봉(玉峯) 백광훈(白光勳, 1537-1582) · 손곡(蓀谷) 이달(李達, 1539-1612), 동악(東岳) 이안눌(李安訥, 1571-1637), 석주(石洲) 권필(權韠, 1569-1612), 동명(東溟) 정두경(鄭斗卿, 1597-1673), 교산(蛟山) 許筠(1569-1618), 난설헌(蘭雪軒) 허초희(許楚姬, 1563-1589), 이옥봉(李玉峰, ?-?)등이 배출되었다.

「우리 나라 시인으로는 최치원과 이규보가 대가로 알려졌으나, 최치원은 운율(韻律)에 줄기차고 참신한 맛이 적으며 이규보는 시어를 만드는데 재주 부리기를 좋아하고 운치가 끝내 얕아서, 모두 좁은 테두리를 벗어나지 못하였다. 박은(朴誾)과 노수신(盧守愼)을 조선의 리바이(李白, 字 太白, 號 靑蓮, 701-762), 두프(杜甫, 字 子美, 少陵野老)라고 한다. 권필(權韠)은 격조가 높고 상쾌한 맛은 박은만 못하고 굳센 것은 노수신보다 떨어지는데 낭만적이고 간결한 맛으로는 초기의 선배들에 견줄 때 손색(遜色)이 없다.」〈담헌서〉

「은(誾)은 홍문관(弘文館)에 뽑혀 들어가 경연(經筵)을 모심에, 치란(治亂)과 득실(得失)을 진술하되 매우 적절하여 경계되는 바가 많았다. 文章에 있어서는 타고난 것이 매우 높고 생각이 샘 솟듯 하여 한 때의 글 잘하는 선비가 다 스스로 미치지 못한다고 여겼다.」

〈'燕山君日記' 13輯 638面, 燕山君 卷 54〉

「권필(權韠)은 기개가 커 얽매이는 성품이 아니었으며(倜儻) 언론이 명쾌했고 특히 시에 능했는데 격률(格律)이 청려(淸麗)하고 어휘 구사가 정묘하여 시가(詩家)의 상승(上乘)을 논할 때에는 그를 첫째로 거론한다.」 〈'仁祖實錄' 33輯 523面〉

李滉의 '陶山十二曲(전 6곡은 '言志', 후 6곡은 '言學', 1565)'은 천석고황(泉石膏肓)의 강호은거(江湖隱居)와 학문수양을 통한 性情의 순정(醇正)을 읊은 12수의 연시조(聯時調)로 후세 사림파 시가의 중심적 지표가 되었다.

英祖 이후 詩風이 변모하여 기괴(奇怪)·참신(斬新)한 시풍이 풍미했다.

惠寰 李用休(1708-1782), 錦帶 李家煥 부자와 이덕무(李德懋, 호 炯庵, 靑莊館), 류득공(柳得恭, 호 泠齋, 惠風), 朴齊家, 薑山 李書九(1754-1825) 등이 나왔고 뒤를 이은 자하(紫霞) 신위(申緯, 1769-1847)는 독특한 자기 세계를 이루었는데 추금(秋琴) 강위(姜瑋, 1820-1884), 영재(寧齋) 李建昌, 매천(梅泉) 黃玹, 창강(滄江) 金澤榮 등의 시풍을 열어 주었다. 신위(申緯)는 시·서·화의 三絕로 王室의 주련(柱聯)·편액(扁額)·병서(屛書)·水墨山水·묵죽(墨竹)에 능했으며 걸작 詩評으로 '東人論詩絕句 35首'가 있다.
강위(姜瑋)는 김택영(金澤榮)·황현(黃玹)과 함께 한말(韓末)의 3대 시인으로 불렸다.
「宋의 시는 쑤둥풔(蘇東坡)가 제일이요, 우리나라의 시는 신자하가 제일이다. 이제현의 시는 공묘(工妙)와 청준(淸俊)으로 만상이 갖추어 진 3천년래의 일대 대가이니 정종(正宗)으로서의 웅장(雄長)이고, 자하의 시는 신오(神悟)와 호방함으로 만상이 갖추어진 5백년래의 제일 대가이니 변조(變調)로서의 웅장이다.」〈창강(滄江) / '소호당집(韶濩堂集)'〉

정약용 일파의 시학(詩學)은 채제공(蔡濟恭)이 정약용에게 말한 바와같다.

「우리의 시맥(詩脈)은 호주(湖洲) 채유후(蔡裕後, 1599-1660)와 동주(東洲) 이민구(李敏求, 1589-1670) 이후로 송곡(松谷) 이서우(李瑞雨, 1633-?)가 그 종지(宗旨)를 얻었는데, 이서우의 시는 정치(精緻)하기는 하나 깊은 운치(韻致)가 없고, 연초재(燕超齋) 오상렴(吳尙濂)은 이서우 문하의 얜즈(顔子)였고, 희암(希菴) 채팽윤(蔡彭胤, 1669-1731)은 쩡즈(曾子, BC 505-BC 438)였으며, 약산(藥山) 오광운(吳光運, 1689-1745)과 국포(菊圃) 강박(姜樸, 1690-1742)이 그 전통을 받았는데, 나와 같은 이는 간옹(艮翁) 이헌경(李獻慶, 1719-1791)과 해좌(海左) 정범조(丁範祖)에 미치지 못하고 또한 이유수(李儒修)·홍시제(洪時濟, 1758-?)·이석하(李錫夏)·이치훈(李致薰)·이주석(李周奭)·한치응(韓致應)·류원명(柳遠鳴)·심규로(沈奎魯, 1761-?)·윤지눌(尹持訥)·신성모(申星模)·한백원(韓百源)·이중연(李重延, 1711-1794)·정약전(丁若銓)·채홍원(蔡弘遠, 1762-?) 등으로 죽란시사(竹蘭詩社)를 맺었다니 그대의 시재(詩才)는 풍류 속에 더욱 빛날걸세.」

김병연〔金炳淵, 김립(金笠, 金莎笠) '김삿갓', 子 性深, 號 蘭皐, 1807-1863〕은 노진의 과시(科詩) 詩題 '탄김익순죄통우천 논정가산충절사(嘆金益淳罪通于天 論鄭嘉山忠節死)'의 김익순〔金益淳, '홍경래의 난' 당시 선천 부사로서 난도(亂徒)에게 무릎을 꿇었고 가산군수 정시(鄭蓍, 1768-1811)는 비명에 죽었다.〕이 조부임을 알고는 방랑으로 세상의 풍파를 겪고 익살과 해학(諧謔)으로 노래하였다.

조선 회화사는 1550년 중종 연간까지를 초기, 1700년 숙종 연간까지를 중기, 그 이후를 후기로 구분하는데 초기에는 北宋代 소상팔경도(瀟湘八景圖) 풍의 산수화, 중기에는 절파(浙派)화풍의 산수인물도가 부상한다. 장도화(掌圖畵)를 직능으로 한 도화원(圖畵院)이 圖畵署로 개칭되고(1471), 조선후기 畵員, 畵學生徒가 증원되어 한국적 화풍형성에 중심적 역할을 했다.

회화는 전기북종(北宗) 및 남종원체화(南宗院體畵)를 범본(範本)으로 한 중국화 모방이 뚜렷하며 문인화(文人畵)라 불리는 수묵화(水墨畵)가 유행하였다. 사대부계층은 숭유중도(崇儒重道)적인 시각에서 회화등 미술활동 전반을 말기(末技) · 소기(小技)로 천시했다.

南 · 北宗畵의 구분은 '華亭三友' 인 동치창(董基昌, 호 思翁, 1555-1636), 모스룽(莫是龍, 호 後朋, ?-1587), 천찌루(陳繼儒, 호 眉公, 1558-1639) 등에 의하여 확립되었다.
양반 화가로 강희안〔姜希顔, 인재(仁齋)〕, '몽유도원도(夢遊桃源圖, 1893년 이전 일본으로 반출, 덴리(天理)대가 소장)' 같은 걸작을 남긴 안견(安堅, 玄洞子 1418-?)이 있으나 최경〔崔涇, 근재(謹齋) 1418-?〕 · 이상좌(李上佐, 學圃, ?-?)는 모두 중인 출신의 화원이었다.
16세기에는 김시(金禔, 養松堂 1524-1593) · 이정근(李正根, 心水, 1531-?) 이흥효(李興孝, 이상좌의 아들, 1537-1593), 이정〔李楨, 호 설악(雪嶽), 李上佐의 손자, 1578-1607)〕, 이징(李澄, 1581-1645) 등과 문인화가로 이암(李巖, 1499-1566) · 이정〔李霆, 탄은(灘隱) 1541-1622〕 · 황집중〔黃執中, 영곡(影谷) 1533-?〕 · 어몽룡〔魚夢龍, 호 설곡(雪谷), 1564-1617〕 등이 있다. 李霆의 묵죽(墨竹) · 黃執中의 묵포도(墨葡萄) · 魚夢龍의 묵매(墨梅)를 當代三絕이라 하였다.
17세기말에서 18세기 말까지는 조선조 회화의 황금기로 정선(鄭敾, 謙齋 1676-1759)의 '仁王霽色圖(1751)' · '金剛全圖(1734)' 등 산수화와 조영석〔趙榮祏, 관아재(觀我齋) 1686-1761〕 · 윤두서(尹斗緖, 1668-1715)의 풍속화 등 東國眞景, 사천(槎川) 이병연(李秉淵, 1671-1751)의 眞景詩, 尹淳 · 李匡師 · 松下 曺允亨(1725-1799)의 東國眞體가 출현하였다. 화원으로 여속(女俗)과 춘의(春意)가 담긴 풍속화의 신윤복〔申潤福, 申韓枰(1726-?)의 아들, 혜원(蕙園) 1758-?〕, 최북〔崔北, 호생관(毫生館) · 성재(星齋) · 기암(箕庵, 1712-1786?)〕, 사인삼경도(士人三景圖)를 그린 강희언〔姜熙彦, 담졸(澹拙), 1710-?〕, 叢石亭圖 등 山水畵와 서민의 애환을 그린 김홍도〔金弘道, 단원(檀園) 1745-1806?〕, 이인문〔李寅文, 고송유수관도인(古松流水館道人) 1745-1821〕 · 류덕장〔柳德章, 수운(岫雲), 1675-1756〕 · 심사정〔沈師正, 현재(玄齋) 1707-1769〕 · 강세황〔姜世晃, 표암(豹庵) 1712-1791〕, 김득신〔金得臣, 긍재(兢齋) 1754-1822〕 등이 활약하였는데 겸재는 현재 ·

긍재와 더불어 3재라 불린다.

19세기에는 문인화가로 권돈인(權敦仁, 1783-1859) · 김정희(金正喜) · 남계우(南啓宇, 1811-1888) · 전기(田琦) · 민영익〔閔泳翊, 閔台鎬의 子, 운미(芸楣), 1860-1914〕 등이 출현하였다. 신운(神韻)이 생동하는 걸작을 남긴 고아 출신의 장승업(張承業, 吾園 1843-1897)은 안견, 김홍도와 더불어 조선조의 3대 화가로 꼽힌다.

중국의 니엔화(年畵), 일본의 우키요에(浮世繪)와 오츠에(大津繪), 베트남의 테트(Tet)화 등 '풍속' 이란 주제는 17~19세기 동아시아 회화계의 추세였다.

남종화의 한국적 수용과 확산에 기여한 허련(許鍊)의 화업은 米山 허형(許瀅, 1862-1938), 의재(毅齋) 허백련(許百鍊, 1891-1977), 남농(南農) 허건(許楗, 1907-1987), 林人 허림(許林, 1917-1942), 임전(林田) 허문(許文, 1941-) 등 허씨 일문으로 이어졌다.

심전(心田) 안중식(安中植, 1861-1919)과 소림(小琳) 조석진(趙錫晋, 1853-1920)의 문하로 첫 번째 서양화가인 춘곡(春谷) 고희동(高羲東, 1886-1965)은 서화협회와 조선미술가협회(1945년 결성, 1950년 대한미술협회로 개칭)를 이끌었다.

조선 미술의 또 한면은 자기(磁器)다. 고려청자가 퇴화한 이후 회색 태토(胎土)에 백토로 분장(粉粧)하고, 회청색의 유약을 입혀 구워 낸 '분청사기(粉靑沙器)' 가 등장하였다.

분청사기 문양은 상감(象嵌), 인화(印花), 조화(彫花 : 線花), 박지(剝地), 철회(鐵繪), 귀얄, 분장(粉粧 : 덤벙)의 7가지 기법으로 나뉜다. 임진왜란으로 분청사기의 제작이 중단되어 그 이후에는 백자만 만들어졌다.

조선의 백자(白磁)는 순백(純白) · 유백(乳白) · 회백(灰白) 등 약간씩 다른 백색을 지녀 조선시대 공예를 대표하는 것으로 후기에는 청화백자(靑華白磁)가 보급 · 발달하였다. 청화백자는 푸른색 안료만을 써서 산수 · 조화(鳥花) · 초목등을 그려 넣고 구운 것으로 술병 · 꽃병 · 연적 · 필통등 각종 형태의 백자가 나와 널리 사용하였다.

조선 백자는 사옹원(司饔院, 1467)과 광주(廣州) 지방에서 제작된 관요 백자(官窯白磁)의 전통을 중심으로 전기(1392-1649) · 중기(1650-1751) · 후기(1752-1884)로 구분 · 연구되고 있다.

목공예 또한 발달하여 장롱(欌籠) · 궤(櫃) · 문갑(文匣) · 책상(冊床) · 소반(小盤) 등이 정교하게 만들어 졌고 죽제품(竹製品) · 나전칠기(螺鈿漆器) 등도 훌륭한 것이 많다.

유한준(兪漢雋, 1732-1811)은 '석농화원(石農畵苑, 1795)' 발문에서 '알면 참으로 사랑하게 되고, 사랑하면 참되게 보게 되고, 볼 줄 알게 되면 모으게 되니 그것은 한갓 모으는 게 아니다(知則爲眞愛 愛則爲眞看 看則蓄之而非徒蓄也).' 라고 書畵를 대하는 眼目을 네 층으로 나누었다.

실학의 성숙

17세기 사서들은 이학자(理學者)들의 강목체(綱目體) 사서와 도가들의 설화적(說話的) 사서의 두 경향으로 나누어 볼 수 있다.

> 전자는 朱子의 강목체 사학을 모방하여 존화양이(尊華攘夷)의 의식 고양과 관련된 것으로 유계(俞棨)의 여사제강(麗史提綱), 홍여하(洪汝河, 1620-1674)의 '휘찬여사(彙纂麗史)' (1639?) · '동국통감제강(東國通鑑提綱)' (1672), 임상덕(林象德)의 '동사회강(東史會綱)' 등이 대표적 사서이고 숙종대 淸平山人 이명(李茗)의 '진역유기(震域遺紀)' 에서 보고 썼다는 북애 노인(北崖子)의 '규원사화(揆園史話, 일명 檀君實史)', 선조-인조대 조여적(趙汝籍)의 청학집(靑鶴集)은 후자의 대표이다.
> 영조때 '상훈(常訓, 영조 21)', '자성편(自省編, 영조 22)', '심감(心鑑, 영조 24)', '政訓(영조 25)', '大訓(영조 31)', '훈서(訓書, 영조 32)', '경세문답(經世問答, 영조 38)', '군감(君鑑, 영조 39)', '경세편(警世編, 영조 40)', '조훈(祖訓)', '표의록(表義錄)', '백행록(百行錄, 영조 41)', '소학지남(小學指南, 영조 42)' 등 어제서(御製書)들을 편찬하였다.

정조 즉위년 창덕궁 북원(北苑)에 규장각을 지어, 서명응(徐命膺, 호 보만재(保晩齋), 1716-1787)을 규장각 제학으로 임명하고, 두 개의 書庫(西庫, 閱古觀)를 설치, 역대 국왕의 시문, 친필(親筆)의 서화(書畵) · 고명(顧命) · 유교(遺敎) · 선보(璿譜; 王世譜) · 보감(寶鑑) 등을 보관하였다. 1782년(정조 6) 2월, 강화도 행궁 자리에 외규장각을 건설하고 강화부와 창덕궁 봉모당 소장 왕실 관련 물품과 규장각 소장 어람용 의궤를 옮겼다.

> 정조는 방대한 홍재전서(弘齋全書, 百冊, 1799편찬 1814간행)를 남길 만큼 好學崇文의 군주로서, 주요 官署의 諸般 사례를 등재편록(謄載編錄)하여 후일 고거(考據)의 자료로, 혹은 사찬(私撰)으로 혹은 王旨에 따라 정조 3년의 '南漢志', 正祖 5년의 '春官志' · '秋官志', 正祖 8년의 '奎章閣志' · '弘文館志', 정조 9년의 '太學志' · '兵學通', 정조 12년(1788)의 '탁지지(度支志)' · '동문휘고(同文彙考)' 등 官署志가 간행되었다.
> 정조는 「눈 오는 밤이면 초 한 자루 살 돈도 없어 달빛에 비추고 언 붓을 입김으로 녹이며 공부하는 한사(寒士)와 궁유(窮儒)를 생각하고는 독서하다가 밤중에 신기(神氣)가 흐트러지고 졸음이 오는데 닭 우는 소리에 청명(淸明)함이 되살아나 本心을 되찾았다」

숙종 때 김지남(金指南, 1654-?)의 '통문관지(通文館志)' 가, 영조 때 '속대전(續大典)' (6권, 1744) · '동국문헌비고(東國文獻備考)' · 元 왕위(王輿)의 무원록(無寃錄)을 譯可한 '증수무원록(增修無寃錄)' (1748) 등이, 정조 때 봉조하(奉朝賀) 김치인(金致仁, 호 古亭, 1716-1790) 등의 '대전통편(大典通編)(1785)' · 서호수〔徐浩修, 서명응(徐命膺)의 아들, 1736-1799〕의 '해동농서(海東農書)' · '전운옥편(全韻玉篇)' · '증수무원록언해(1792)' 등이, 순조 때 서영보(徐榮輔, 호 竹石, 1759-1816) · 심상규(沈象奎, 호 斗室, 1766-1838)의 '만기

요람(萬機要覽)' (1808)과 성주덕(成周悳, 1759-?)의 '서운관지(書雲觀志)' (1818) 등이, 고종 때 조두순(趙斗淳, 1796-1870) 등의 '대전회통(大典會通)' (1865)이 각각 편찬되었다.

'동국문헌비고' 〔東國文獻備考, 增補文獻備考라고도 한다〕 16考는 上古때부터 대한제국(大韓帝國) 말기까지의 문물제도(文物制度)를 영조대에서 순종대까지 140년에 걸쳐 분류 정리한 우리나라 最大의 制度文物史(252권 50책)이다. 英祖 46년(1770) 英祖의 命撰으로 申景濬 등에 의하여 經國濟民의 實用을 위한 것(允爲經濟之實用)으로 '文獻備考 13考' 〔象緯 · 輿地 · 禮 · 樂 · 兵 · 刑 · 田賦 · 財用 · 戶口 · 市糴 · 選擧 · 學校 · 職官, 후에 帝系 · 交聘 · 藝文이 보편되었다.〕를 편찬한 후 , 正祖 14년(1790) 묵헌(默軒) 李萬運(1736~?) 등에 의하여, 純祖 31년(1831) 李儒準(李萬運의 아들) 등에 의하여, 융희(隆熙) 2년(1908) 南廷哲(1840-1916) 등 33인에 의하여 세 차례 보편(補編) 간행하였다.

淸에서는 乾隆 12년 이래로 '文獻通考' 〔淸 마뚜안린(馬端臨, 1254?-1323) 찬〕, 乾隆 32년 이래로 '通典' 〔唐 뚜이우(杜佑 735-812) 찬〕, '通志' 〔宋 정챠오(鄭樵) 찬〕 등 삼통(三通)編纂이, 프랑스에서는 啓蒙思想의 集大成者〔앙시클로페디(Encyclopédie, 1751-1780)〕 디드로(Denis Diderot, 1713-1784) · 달랑베르(Jean le Rand d'Alembert, 1717-1783) 共同으로 "學問 · 藝術 · 工藝의 合理的 辭典"(百科全書) 발간이 각각 진행되었다.

지도로는 이국화(李國華) · 류우창(柳遇昌)의 회입곤여만국전도(繪入坤輿萬國全圖, 1708), '여지도서(輿地圖書, 1757-1765)', 농포자(農圃子) 정상기(鄭尙驥, 1678-1752)의 '東國地圖', 古山子 김정호(金正浩, ?-1864)의 '靑邱圖(1834)' · '大東地志(1864)' · '大東輿地圖' (1861) 등과 류금(柳琴, 1741-1788)의 아스트롤라베(astrolabiume, 휴대용 천문기구)가 있었다.

'擇里志' 는 八域志 · 八道秘密地 · 東國八道可居地 · 동국총화록(東國總貨錄) · 東國山水錄 · 진유승람(震維勝覽) · 형가요람(形家要覽) 등으로 불리우는데, 19세기말 중국에서 '朝鮮地理小志', 日本에서 '朝鮮八域誌' 의 이름으로 간행되었다.

'택리지' 는 현대 지리학의 始祖 칼 릿타(Karl Ritter, 1779-1859)나 알렉산더 훔볼트(Alexander von Humboldt, 1769-1859)등의 저술보다도 백 여년 앞 선 것으로 전반의 八道總論과 후반의 복거총론(卜居總論)의 2篇으로 나누어진다.

「김정호의 '대동지지(大東地志)' 는 수학적이요, 이중환의 택리지는 철학적이며, 대동지지는 정지(靜止)요 구분(區分)이며, 이중환의 그것은 활현(活現)이요 융관(融貫)이다. 참으로 택리지는 명저(名著)이다.」〈爲堂 정인보(鄭寅普) / '조선고서해제(朝鮮古書解題)'〉

'산경표(山經表)' (동국문헌비고 중 신경준이 집필한 여지고의 '산천' 을 보고 편찬한 것)에 우리 국토의 근간으로 대간(大幹), 정맥(正脈)을 표시하고 아래에 산(山) · 봉(峰) · 영(嶺) · 치(峙) 등의 위치와 분기(分岐) 관계를 기록하고 있는데 1대간(白頭大幹), 1정간(長白正幹), 13正脈(淸北, 淸南, 海西, 臨津北禮成南, 漢北, 漢南, 錦北, 漢南錦北, 錦南, 錦南湖南 · 湖南, 洛南, 洛東)으로 체계화 하였다.

국어학에 신경준(申景濬)의 '훈민정음운해(訓民正音韻解)' (1750), 류희(柳僖)의 '언문지(諺文志)' (1824), 농학에 서유구(徐有榘, 徐浩修의 아들, 1764-1845)의 '임원십륙지(林園十六志, 54책 113권)', 동물학에 정약전(丁若銓)의 '자산어보(玆山魚譜)' (1814), 김려(金鑢, 1766-1821)의 '우해이어보(牛海異魚譜, 1801)', 數學에 우주의 本體로서의 數哲學 理論을 내 세운 최석정(崔錫鼎, 호 明谷, 1646-1715)의 '구수략(九數略, 1700)', 의학에 정약용(丁若鏞)의 '마과회통(麻科會通, 1798)', 황도연(黃道淵, 1807-1884)의 '의종손익(醫宗損益, 1868)' · '의방활투(醫方活套, 1869)', 황필수〔黃泌秀, 黃道淵의 아들〕의 방약합편(方藥合編, 1884), 이제마(李濟馬)의 '동의수세보원(東醫壽世保元)' (1894, 완간 1901)이 있다.

李濟馬는 주역(周易)의 태극설(太極說)인 태양(太陽) · 소양(少陽) · 태음(太陰) · 소음(少陰)의 사상(四象)을 인체에 적용, 기질과 성격에 따라 인간을 넷으로 나누어 의방(醫方)과 치방(治方)을 제시한 사상의학(四象醫學)을 창안(創案)하였다.
四象의학(사상체질론)에서는 인체의 내장(內臟, 5장 · 5부) 중 장계〔폐(肺), 비(脾), 간(肝), 신(腎)〕의 강약관계만 논하였는데 권도원(權度沅)이 부계(대장 · 담 · 위 · 방광)의 강약관계까지 연구하여 八象의학 (팔상체질론)을 1965년 발표하였다.
명의(名醫)로는 종기치료에 太醫 白光炫(?-1697), 천연두치료에 숙종朝 류상(柳瑺, ?-?), 영조朝 이헌길(李獻吉, ?-?), 고약제조에 정조朝 피재길(皮載吉)이 있었다.

농업에 대한 관심 중대로 신속(申洬)은 조선후기 농서의 효시인 '農家集成' (農事直說 · 衿陽雜錄 · 四時纂要抄 · 救荒撮要를 集成, 1655초간, 1656, 1686 重刊)을, 朴世堂은 '색경(穡經)' (1676)을, 홍만선(洪萬選, 1643-1715)은 섭생 · 구급 치료법 등에 관한 '山林經濟' (1715?)를, 우정규(禹禎圭, 1728-?)는 '경제야언(經濟野言, 1788)' 을 각각 지었다. 강필리(姜必履, 1713-?)의 '甘藷譜(1766)', 金長淳(?-?)의 '감저신보(甘藷新譜, 1813)', 풍석(楓石) 서유구(徐有榘)의 '종저보(種藷譜, 1834)' 등 고구마 재배법에 대한 저서도 나왔다.

1653년(효종 4) 김상범(金尙範)이 시헌력(時憲曆)을, 김석문(金錫文, 1658-1735)이 '역학도해(易學圖解)' 를 짓고 역산서(曆算書)를 정리한 남병길(南秉吉, 1820-1869)의 시헌기요(時憲紀要)가 간행〔1860(철종 11)〕되었다.

영조때 도암(陶庵) 이재(李縡)가 冠 · 昏(婚) · 喪 · 祭 등 '사례편람(四禮便覽)' 을 편저(編著) 하고 이병모(李秉模, 1742-1806)등이 '삼강행실도(三綱行實圖)' 와 조신(曺伸)의 '이륜행실도(二倫行實圖)' (1518) 두 책을 합하여 '五倫行實圖' 를 撰했다(1797).

정조 14년 백동수(白東脩, 1743-1816) · 이덕무 · 박제가 등이 만든 '무예도보통지(武藝圖譜通志)' 의 어제서문(御製序文)은 다음과 같다.

「우리나라에서는 원시 궁(弓)과 시(矢)의 技 뿐이었는데 선묘(宣廟)께서 왜구를 물리치신 다음 浙江兵法의 권위자 치지광(戚繼光, 1527-1587)이 쓴 '기효신서(紀效新書, 1584)를 얻게 되자 훈련도감의 郎官 한교〔韓嶠, 호 동담(東潭), 1556-1627〕로 하여금 東來將士

(明에서 나왔던 장병들)에게 곤봉(棍棒)등 6技를 배우게 하시고 도보(圖譜, 武藝諸譜)를 만들게 하셨다. 이리하여 孝廟를 거쳐 先朝(영조)25년 죽장창(竹長槍)등 12技를 늘려서 18技를 만들게 되었다(武藝新譜). 내가 이제 기예(騎藝)등 6技를 다시 추가하여 24技를 만들게 하고 '武藝圖譜通志' 라고 일컫게 하였다.」

「우리 나라는 예부터 전해오는 것이 궁시한 기예만 있고 칼과 창은 그 기계(器械)만 있을 뿐 익혀 쓰는 방법은 없다. 말 위에서 창을 쓰는 것은 무과 시험장에서는 쓰이지만 그 방도를 상세히 갖추지 못해 칼과 창이 버려진 무기가 된 지 오래되었다. 그러므로 왜군과 대진할 때 왜군이 죽기를 각오하고 갑자기 돌진하면 우리 군사는 창을 잡고 칼을 차고 있더라도 칼은 칼집에서 뽑을 겨를이 없고 창은 겨루어보지도 못하고 속수무책인 채로 적의 칼날에 꺾여버리니, 이는 모두 칼과 창을 익히는 방법이 전해지지 않았기 때문이다.」 〈'武藝圖譜通志' 卷首, 技藝質疑〉

정조 14년 전후 만들어진 '황극편(皇極編)' 과 李建昌의 '당의통략(黨議通略)' 은 조선朝 3백年間의 당파의 성쇠부침(盛衰浮沈)과 爭論의 요계(要契)를 서술한 것이다. 선교사 장 테렝즈(Jean Terrenz, 鄧玉函, 1576-1630)의 '기기도설(奇器圖說, 1627)' 을 기본으로 거중기(擧重機)를 고안해 공사가 끝난 뒤 '화성성역의궤(華城城役儀軌, 1796)' 를 편찬하였다.

儀軌는 儀式과 軌範을 뜻하는 말로 都監에서 왕실의식의 구체적 과정을 기록과 함께 그림으로 담아 놓은 책으로 어람용(御覽用)과 분상용(分上用)이 있는데 1600년 의인왕후(懿仁王后)의 '빈전혼전도감의궤(殯殿魂殿都監儀軌)' 와 '山陵도감의궤' 가 최초이고 반차도(班次圖)를 담은 '가례도감의궤(嘉禮都監儀軌)' 는 그 전형(典型)이다. 선조때부터 345년간 편찬된 의궤는 705종으로 68종은 분실, 637종이 잔존하고 있는데 규장각에 553여종 2700여책이, 장서각에 293종 500여 책이, 일본 궁내청에 81종 167권, 병인양요때 약탈된 외규장각 소장 189종 340여책 중 '풍정도감의궤(豊呈都監儀軌, 1630년)' 등 297책이 프랑스에 각각 보관되어 있었는데 2011년 프랑스 보관분은 영구임대 형식으로, 일본 보관분은 한일도서협정에 따라 각각 반환되었다.

순조때 도애(陶厓) 홍석모(洪錫謨, 1781-1850)는 八道歲時風俗이 담긴 '동국세시기(東國歲時記)(1849)' 를, 박주종(朴周鍾, 1813-1887)은 전통문화를 14편의 유형으로 정리한 '유감통국동지(類鑑東國通志, 1868)' 와 '향약집설(鄕約集說, 1850)' 을, 조재삼(趙在三)은 백과사전적 類書인 송남잡지(松南雜識, 7권 14책)를 편찬했다.

安宗洙(1859-1896)는 '농정신편(農政新編)' (1885)을, 정병하(鄭秉夏, ?-1896)는 '농정촬요(農政撮要)' (1886)를 지어 서양의 근대농법을 소개하였다.

통시적(通時的) 한국문학 약사(略史)

「國文學이란 韓國 사람의 生活을 歷史上의 各己時代에 그 時代的 特殊性에 상응(相應)하는 表現方法인 正音 · 借字 · 漢文을 통하여 形象的으로 創造한 文學」〈정병욱(鄭炳昱, 1922–1982)〉으로 삼국이전에 古歌謠, 삼국시대에 鄕歌文學, 고려시대에 高麗歌謠 · 說話文學, 조선시대에 樂章 · 時調 · 歌辭 · 古小說 등, 개화기에 開化歌 · 開化歌謠 · 唱歌 · 新小說 등, 근대문학에서는 新體詩 · 近代小說 · 自由詩 등으로 면면히 이어져 왔는데 시가 문학(詩歌文學 : 詩歌 · 鄕歌 · 景幾體歌 · 俗歌 · 樂章 · 時調 · 歌辭 · 雜歌), 산문문학(散文文學 : 小說 · 批評 · 隨筆), 구비문학(口碑文學 : 說話 · 民謠 · 판소리 · 탈놀음 · 巫歌), 한문문학(漢文文學 : 漢文學 · 傳文學 · 野談)의 네 장르로 나눌 수 있다.

국문학의 특질로서 조연현(趙演鉉, 1920–1981)은 '은근과 끈기', 구자균(具滋均, 1912–1964)은 '양반형의 문학과 평민형의 문학 · 끈기 · 풍류적인 멋', 조지훈(趙芝薰)은 '멋', 김동욱(金東旭, 1922–)은 '가냘픈 멋 · 은근한 멋', 장덕순(張德順, 1921–1996)은 '敗北主義의 유토피아症', 정병욱은 '人間爲主의 文學 · 否定의 美學 · 好爺형의 인간상', 구본혁(具本爀, 1925–)은 '觀照의 美學 · 變形의 美學 · 消極的 人間像 · 修飾의 多樣' 등을 각각 들고 있다.

「우리나라 문장은 최치원이 근원을 열고 이규보가 고이 다듬어서 윤을 내고 이제현이 절도에 맞도록 잘 고르고 이색이 集大成시켜 후세에 길이 떨치게 하였다.」 〈洪汝河 / '彙纂麗史'〉

「我朝에 들어와 문풍(文風)이 치성(熾盛)하여 변계량(卞季良) · 이승소(李承召, 1422–1484) · 강희맹(姜希孟) · 김수온(金守溫, 1410–1481) · 서거정(徐居正) · 김종직(金宗直) · 성현(成俔) · 김일손(金馹孫, 1464–1498) · 노수신(盧守愼) 같은 무리가 적지 않게 있다.」 〈光海君日記 32輯 85面〉

「조선 고문의 중흥은 崔岦(1539–1612)에서 시작하여 尹根壽 · 李恒福(1556–1618) · 申欽 · 張維 · 金尙憲(1570–1652) · 李植 등을 거쳐 金昌協에 이른다.」 〈이의현(李宜顯, 陶谷, 1669–1745)〉

「우리 나라 문학 전통은 유구하고 고상하다. 9세기 혜성처럼 나타나서 우리 문학의 고상한 전통을 개척한 최치원을 비롯하여, 12~13세기의 李仁老 · 이규보 · 최자(崔滋) · 이제현 · 이곡과 15~16세기의 서거정 · 김시습 · 성현 · 정철(鄭澈, 1536–1593) · 임제(林悌, 1549–1587), · 어숙권, 17~19세기의 허균(許筠) · 윤선도(尹善道, 1587–1671) · 박인로(朴仁老, 1561–1642) · 김만중(金萬重, 1637–1692) · 김창협(金昌協), 실학파의 이익 · 홍대용 · 홍양호 · 박지원 · 정약용과 조수삼(趙秀三, 1762–1849) · 김려(金鑢, 호 藫庭) · 홍석주 · 김정희 · 이상적 등은 모두 독창적인 자기 세계를 개척한 고전 작가들이다. 이들의 작품의 매력은 고상한 사상성과 함께 '탁물우의(托物寓意)' 의 수법에 기초하고 있는 예술성을 떠나서 생각할 수 없다. '탁물우의' 란 사물을 빌려서 사상내용을 형상을 통하여 표현하는 수법인데 서사적인 것과 서정적인 것의 통일 · 함축성 · 회화성 · 음악성을 생명으로 하고 있는 예술적 수법이다. 이규보의 '시월의 번개(十月電)' · '밥알꽃(詠稌飯花)', 정철의 '관동별곡' · '사미인곡' · '속미인곡', 박지원의 '농가(田家)' · '총석정해돋이(叢石亭觀日出)', 정약용의 '범사냥(獵虎行)' · '솔 뽑는 중(僧拔松行)' · '솔피와 고래(海狼行)' · '오징어와 해오라비(烏鰂魚行)' 등 시가작품들은 탁물우의의 예술적 수법을 변천된 시대생활과 사상감정에 적합하게 발전시키고 있다.」

〈신구현(申龜鉉, 1912–), 김일성 종합대학 언어문학연구부 교수〉

集團的 성격 - 上古文學

이 시기의 시가 활동은 집단 무용에 수반하는 집단 가요(舞謠)로 고문헌에 한문으로 번역된 작품을 통하여 그 모습을 찾아 볼 수 있는 길이 있다. '삼국유사'의 가락국기(駕洛國記) 건국 신화 속에 끼여든 귀지가(龜旨歌 또는 '迎神君歌'라고도 함), '삼국사기'의 고구려 본기 유리왕 3년조에 전하는 '황조가(黃鳥歌)', '海東繹史'의 악가(樂歌) 악무조(樂舞條)에 실린 '공무도하가〔公無渡河歌, 공후인(箜篌引)〕 등 3편의 노래가 그것이다.

大陸문화의 영향 - 三國문학

고구려는 민족이동 초기 한반도를 개척하여 들어왔던 씩씩한 기상(氣像)을 물려 받았기 때문에 동명왕의 건국 신화, 온달설화, 미천왕 설화, 호동왕자, 유리태자 등을 소재로 웅혼(雄渾)하고도 용감한 서사문학을 창조했다.

백제 또한 서정문학의 바탕을 길러 내어 유전하는 작품은 많지 못하나 그 질적인 수준은 신라의 향가문학에 떨어지지 않는다. 그 중 '정읍사(井邑詞)'는 고려를 거쳐 조선조까지 애창되었다. 그 밖에 가사(歌詞)의 내용은 전하지 않으나 선운산(禪雲山), 무등산(無等山), 방등산(方等山), 지리산(智異山) 등 곡(曲)이 설화와 함께 '삼국사기' 악지(樂志)에 남아 있는 것으로 미루어 서정문학이 얼마만큼 융성했는가를 짐작하게 한다.

국문학사상 높이 평가되고 있는 향가('우리고유의 노래'라는 뜻)는 주로 신라중기 이후 고려초기 사이에 이두식 문자로 표기된 시가인 장르이다. 작가는 화랑과 승려가 중심이 되어 있고 내용은 불교적인 것이 많다. 향가는 '삼국유사'에 14수, '균여전(均如傳)'에 11수 [보현십종원왕가(普賢十種願往歌 ; 普賢十願歌)], 합하여 25수가 전할 뿐이다.

> 신라가요〔(俗稱 鄕歌), 原名 '시ᄂᆡ 놀애' - 사뇌가(詞腦歌)〕로는 백제 武王이 지은 '서동요(薯童謠)', 僧 良志가 지은 '풍요(風謠)', 廣德이 지은 '원왕생가(願往生歌)', 견우노옹(牽牛老翁)이 지은 '헌화가(獻花歌)', 처용랑(處容郞)이 지은 '처용가(處容歌)'가 있으며 득오〔得烏, 得谷, 級干〕는 화랑 竹旨의 도(徒)로 그를 추모하여 '모죽지랑가慕竹旨郞歌'를, 월명사(月明師)는 '도솔가(兜率歌)'와 '祭亡妹歌'를, 충담사(忠談師)는 '찬기파랑가(讚耆婆郞歌)'와 '안민가(安民歌)'를, 융천사(融天師)는 '혜성가(彗星歌)'를, 신충(信忠)은 '원가〔怨歌, 栢樹歌〕'를, 희명(希明)은 '도천수관음가〔禱千手觀音歌, 禱千手大悲歌〕'를, 영재(永才)는 '우적가(遇賊歌)'를 각각 지었다. 신라의 시가 문학이 불교문학의 정점을 이루는데 못지 않게 서사문학도 불사(佛寺)의 연기 설화(緣起說話)로 장식되고 있다.

> 헌강왕(憲康王, 在位 875-886)이 개운포(울산)에 나가 놀다가 돌아오는 길에 길을 잃어 日官의 말 대로 절을 세우라고 했더니 구름이 걷히고 안개가 흩어 졌다. 이 때문에 '구름이 걷힌 개어귀'라는 뜻의 개운포(開雲浦)가 되었다. 동해용이 기뻐하여 아들 일곱을 데리고 왕의 수레 앞에 나타나 노래하며 춤 추었다. 그의 아들 하나가 임금을 따라 서라벌

로 들어 처용이라 하였다. 왕이 그를 미인에게 장가보내고 급찬 벼슬까지 내렸는데 역신(疫神)이 사람으로 둔갑(遁甲)하여 눈 독을 들인 처용의 아내를 데리고 잤다. 처용이 외출했다가 들어 와서 아내가 다른 사내와 함께 뒹구는 꼴을 보고 부른 노래가 '처용가'이다.

別曲· 敍事詩 - 고려문학

고려시대의 시가는 그 내용이 퇴영적 · 향락적인 것으로 집중되었다. 그러나 척신(戚臣)의 전횡(專橫)도, 무신(武臣)의 횡포(橫暴)도, 몽골군의 만행도 그 고비를 넘어 사회가 평온해 지자 고려 말 등장한 주자학의 신봉자들은 또 다른 시형(詩形)을 모색하기에 이르렀다.

고려초기 이후 도이장가[悼二將歌, 예종 作]같이 향가를 약간 개변(改變)하는 정도로는 만족할 수 없어 새 시대의 새 시형(詩形)으로 등장한 것이 별곡[別曲 (고려 가요)]이었다. 별곡은 팔관회(八關會) · 연등회(燃燈會) 등 축제 무대적인 성격에 알맞는 첩련형(疊聯型)을 요구하게 되는 데서 굳어진 형식이다. 즉 같은 처용가(處容歌)라도 단련형(單聯型)인 신라시대 '처용가'가 고려시대 첩련형으로 발전한 것인데 별곡은 고려 중기부터 보이는 시가형(詩歌形)으로 장가(長歌) · 고려가요 · 여요(麗謠)등의 이름으로 불려 왔다.

악학궤범(樂學軌範), 악장가사(樂章歌詞), 시용향악보(時用鄕樂譜) 등에 정서(鄭敍, ?-?)의 '정과정곡(鄭瓜亭曲)', 제유(諸儒)의 '한림별곡(翰林別曲, 1214-1259)', 안축(安軸, 1287-1348)의 '관동별곡(關東別曲, 1330)' · '죽계별곡(竹溪別曲, 1330-1348)', 작자 미상의 '가시리(歸乎曲)' · '동동(動動)' · '만전춘(滿殿春)' · '사모곡(思母曲)' · '쌍화점(雙花店)' · '서경별곡(西京別曲)' · '이상곡(履霜曲)' · '정석가(鄭石歌)' · '청산별곡(靑山別曲)' 등 30편의 별곡이 실려 있다. 雙花店은 각도에 파견된 행신(倖臣)들에 의하여 채집 · 편사 · 편곡된 노래로 민요적 해학성(諧謔性)과 궁중악적 외설성(猥褻性)의 양면을 지니고 있다.

고려전기 문학의 대표적인 것은 설화문학(說話文學)[신화(神話), 전설, 시화(詩話)등을 소재로 한 문학작품]이다.

박인량(朴寅亮)의 '수이전(殊異傳)', 이인로(李仁老)의 '파한집(破閑集)' (詩話의 효시), 이규보(李奎報)의 '백운소설(白雲小說)' · '국선생전(麴先生傳)', 최자(崔滋)의 '보한집(補閑集)', 이제현(李齊賢)의 '낙옹비설(櫟翁稗說)' (1342), 林椿의 '국순전(麴醇傳)', 이곡(李穀)의 '竹夫人傳' 등은 사물을 의인화(擬人化)한 설화문학의 대표이며, 장편의 서사시로 李奎報의 '동명왕편'이 있다.

李仁老는 「모든 사물 가운데 귀천(貴賤)과 빈부(貧富)를 기준으로 높고 낮음을 정하지 않는 것은 문장뿐이다. 가난한 선비라도 무지개같이 아름다운 빛을 후세에 드리울 수 있으며 부귀하고 세력있는 자라도 모멸(侮蔑)당할 수 있다.」 하였고, 「옛 사람 시문의 뜻을 그대로 따서 자기 말로 삼는 것을 '환골(換骨)'이라 하고, 옛 사람 시문의 뜻을 본 뜨고 분칠해서 자기 것으로 삼은 것을 '탈태(脫胎)'라고 하였다. … 이것은 결국 남의 것을 교묘하게 표절(剽竊)한 데 지나지 않는다.」 하였다.

민족서사시로서의 공동의 기반이 분열된 후, 고려의 문학은 지배층의 문학인 경기체가〔景幾體歌, 노래의 끝에 "景幾何如" 혹은 "景 긔 엇더ᄒᆞ니잇고"라는 후렴(後斂)을 붙이는 歌體〕와 민중의 문학인 장가(古俗歌)의 두 갈래 방향으로 나누어졌다.

한림별곡(翰林別曲)은 경기체가의 시초로 그 후 관동별곡, 어부가(漁父歌) 등이 나타났는데 한림별곡에 「유원순(俞元淳, 升旦, 1168-1232)의 문장, 李仁老의 시(詩), 李公老(?-1224)의 4 · 6변려문(騈麗文), 이규보 · 진화(陳澕, ?-?)의 쌍운주필(雙韻走筆), 유충기(劉沖祺)의 대책(對策), 민광균(閔光鈞)의 경의(經義), 김양경(金良鏡, 金仁鏡, ?-1235)의 시부(詩賦)」라는 구절이 있다.

詩歌 - 조선조前期 文學

근원설화(根源說話) 중에서 그 發生 說話에 관하여는 '松南雜識', '二官雜志'에 傳하는 李時發(1569-1626)의 實話, 열녀(烈女)說話로는 '智異山女 · 都彌妻'의 說話가 '高麗史' 및 '輿地勝覽'애 傳하고, 암행어사(暗行御使)에 관하여는 '계서잡록(溪西雜錄)'에 전하는 노진(盧稹, 호 玉溪, 1518-1578)의 逸話, '동야휘집(東野彙輯)'에 전하는 朴文秀(호 耆隱, 1691-1756)의 野話, 김우항(金宇杭, 호 甲峰, 1649-1723)의 說話, 成以性(1595-1664)의 說話 등이 알려져 왔다. 신원(伸寃)說話로는 南原지방의 民俗說話, 박색터說話, 아랑(阿娘)說話, 향랑(香娘)說話, 沈守慶說話, 등이, 염정(艶情)說話로는 成世昌(1481-1548)의 逸話(東野彙輯), 조위(曹偉, 1454-1503)와 홍섬(洪暹, 1504-1585)의 逸話등이 '春香傳'과 비슷한 패턴을 이루어 實在한 人物의 逸話로 전해오고 있다.

한국문학의 시대구분을 크게 고려조 이전과 조선조 후기로 나누는 것은 훈민정음 제정이라는 획기적인 사실을 중요시하기 때문이다. 용비어천가(龍飛御天歌), 월인천강지곡(月印千江之曲, 달이 일천강에 비친다.) 두 노래가 제작됨으로써(세종 29년) 전대에 없었던 시가 형태를 창조해 내었으니, 곧 악장(樂章)이라는 시형이다. 이 악장과 별곡체는 유가(儒家)들의 손에 의하여 예원(藝苑)을 휩쓰는 듯하였으나 얼마 가지 않아서 소멸하였다.

조선조 초기 시가문학의 대표적인 형태로 등장한 것이 시조(時調, '時節歌調'에서 온 명칭)와 가사였다. 악장과 별곡체가 향유(享有) 기반이 협애(狹隘)한데 비하여, 시조와 가사는 훨씬 광범하였다.

'송도가(頌禱歌)'를 집성한 용비어천가 첫 머리는 조선왕조의 음덕(蔭德)을 찬양하고 있다.
「불휘 기픈 남ᄀᆞᆫ ᄇᆞᄅᆞ매 아니뮐ᄊᆡ 곶됴코 여름 ᄒᆞᄂᆞ니 ᄉᆡ미 기픈 므른 ᄀᆞᄆᆞ래 아니 그출ᄊᆡ 내히 이러 ᄇᆞᄅᆞ래 가ᄂᆞ니」
시조부문의 대표적인 작가로는 古佛 맹사성(孟思誠, 1360-1438), 농암(聾巖) 이현보(李賢輔, 1467-1555), 이이(李珥), 이황(李滉)의 선을 이루고 있다.
「孟思誠은 어질고 부드러워서 조정의 큰 일이나 거관처사(居官處事)에 과감하게 결단하는 데 단점이 있었다.」 〈'世宗實錄' 4輯 166面, 世宗 卷 83〉

「만년의 지조(志操)가 완전하였던 사람으로 이현보를 으뜸으로 쳤다.」

〈'明宗實錄' 20輯 285面, 明宗 卷 18〉

훈민정음의 창제로 시조와 가사가 시가 문학의 정점을 이룬 한편 가사문학은 한문문학에 점거 당한 느낌이다. 한문학에서 '사(辭)'는 文形의 일종이니 古詩가 변하여 '소(騷)'가 되고 '騷'가 변하여 '辭'가 되었다. 그래서 '辭文學'은 詩와 騷와의 사이에 위치한 것이다. '추풍사(秋風辭)'·'어부사'(漁父辭)·'귀거래사(歸去來辭)' 같은 작품이 그것이다.
長型詩의 특징을 지닌 歌詞의 발생 연대에 관하여 조선조초 정극인(丁克仁, 不憂軒, 1401-1481)의 '상춘곡(賞春曲)'에서 시작하였다는 설과 고려말 나옹화상(懶翁和尙)의 '서왕가(西往歌)'에서 비롯한다는 설(李秉岐) 등 兩說이 있다.

'동국악보(東國樂譜)'에서는 '관동별곡'을 악보의 절조(絕調)라고 하였고, 이수광(李晬光)은 '지봉유설(芝峰類說)'에서 「우리 동방의 노래로는 '퇴계가(退溪歌)', '남명가(南冥歌)', 송판추순(宋判樞純, 1493-1583)의 '면앙정가(俛仰亭歌)', 기봉(岐峰) 백평사광홍(白評事光弘, 1522-1556)의 '관서별곡(關西別曲, 1556)', 정송강철(鄭松江澈)의 '관동별곡(關東別曲, 1580)'·'사미인곡(思美人曲)'·'속미인곡(續美人曲)'·'장진주사(將進酒辭)'가 세상에 성행하고 있으나, …근세에 있어서는 송공(宋公)과 정공(鄭公)의 지은 바가 가장 훌륭하다.」라고 하였다. 그 밖에 蘆溪 朴仁老의 '太平詞'·'선상탄(船上歎, 1605)'·'사제곡(莎堤曲, 1611)'·'누항사(陋巷詞, 1611)'·'獨樂堂'·'영남가(嶺南歌, 1635)'·'蘆溪歌(1636)' 등 가사 7편, 조홍시가(早紅柿歌) 등 시조 68수가 있다.

「이 몸 삼기실 제　　님을 조차 삼기시니
혼싱 緣分이며　　하놀 모롤 일이런가」　　〈思美人曲, 1588〉

「'관동별곡'·'전후 사미인곡'은 조선의 '이소(離騷)'인데 악인배(樂人輩)들이 입으로 전하거나 도서로 전할 뿐이다. 칠언시(七言詩)로 '관동별곡'을 번역하였는데 그 아름다움을 다 나타내지는 못하였다. 이 세 '별곡'에는 천부의 자연이 그대로 실려 있고 이속(夷俗)의 비리(鄙俚)함이 없으니, 자고로 이 땅의 참 된 문장은 이 세 편 뿐이다. 나아가 論한다면 '後美人'이 더욱 높으니 '前美人'에는 文字語를 갖추어 그 화채(華彩)를 꾸며낸 까닭이다.」　〈김만중(金萬重) / '서포만필(西浦漫筆)'〉
「史臣은 논한다. 정철은 성품이 편협하고 말이 망령되고 행동이 경망하고 농담과 해학을 좋아했기 때문에 원망을 자초(自招)하였다.」　〈'宣祖實錄' 22輯 193面, 宣祖 卷 46〉

한글의 창제와 함께 그 서사적 표현능력이 확대되면서 國文小說이 생겨나게 되었다.

세조 5년(1459) 석가一代記 '석보상절'과 석가송가(頌歌) '月印千江之曲'을 합본 간행한 '월인석보(月印釋譜)'(1459)는 五音으로 서술된 산문학(散文學)의 효시(嚆矢)이다. 東峰 김시습(金時習)의 '금오신화(金鰲新話)', 서거정(徐居正)의 '동인시화(東人詩話)', '패관잡기(稗官雜記)', '용재총화(慵齋叢話)' 등은 이 시기 산문 문학의 백미(白眉)들이다. 그밖에 申光漢(1484-1555)의 '기재기이(企齋記異, 1553)', 김우옹(金宇顒)의 '天君傳', 임제(林悌)의 '수성지(愁城誌)'와 '원생몽유록(元生夢遊錄)', 沈義(1475-?)의 '대관재몽유록(大觀齋夢遊錄)', 채수(蔡壽, 1449-1515)의 '설공찬전(薛公瓚傳)' 등이 있다.

중종대 松都에는 화담(花潭), 黃眞伊(본명 眞, 일명 眞娘, 妓名 明月, ?-1530), 박연폭포(朴淵瀑布)등 三絕이 있다고 眞伊가 자칭(自稱)하였다.

「黃進士의 아름다운 애인 18세의 진현금(陳玄琴)이 병부교(兵部橋) 밑에서 빨래를 하고 있었다. 훤칠한 미소년 하나가 지나가다 현금을 발견하고 정 다운 눈길을 보냈다. 현금을 설레이게 해 놓고 사라진 그는 빨래 터의 아낙네들이 다 흩어진 해 거름에 다시 나타나 물을 청했다. 현금이 떠 바친 물을 반쯤 마시다 웃으면서 바가지를 돌려 주고는 "당신도 마셔보오" 하였다. 현금은 그것이 술임에 놀랐다. 이것이 합환주(合歡酒)가 되어 인연을 맺고 진이를 낳았다. 〔또는 천가(賤家) 盲女의 딸이라고도 한다.〕 진이는 송도의 명창(名娼)이었다.」 〈이덕형(李德泂) / '송도기이(松都記異, 1631)'〉

眞伊는 「지족노선사(知足老禪師)가 30년 동안 면벽(面壁)했지만 내게 짓 밟힌 바 되었다. 화담 선생만은 종시 어지럽지 않았으니 참으로 성인(聖人)이다.」하였다. 사내는 혁대(革帶)를 띠고 계집은 사대(絲帶)를 띤다 하여 花潭을 모시고 동침(同寢)하되 마치 마등(摩登)의 음녀(淫女)가 아난(阿難, 阿難陀, Ananda)을 유혹하듯 한 지 여러날 밤을 거듭하였으나, 花潭은 굽히지 않았다. 명창 李士宗과 살다가 6년이 지나자 약속대로 헤어졌다.

許筠이 '시한청일(詩翰淸逸)'이라고 평한 탁월한 詩才로 '해동가요'와 '청구영언'에

「冬至ㅅ 기나긴 밤을 한 허리를 둘헤내여 / 春風 니블아러 셔리셔리 너헛다가 / 어룬님 오신날 밤이여드란 구뷔구뷔 펴리라」〔暘谷 소세양(蘇世讓, 1486-1562)과 30日을 同宿하고, 써 주었다는 詩〕 등 주옥같은 시편들이 전해지고 있다.

백호(白湖) 임제(林悌)는 평안도사(平安都事)가 되어 송도를 지날 때 황진이의 무덤을 찾아 이렇게 읊어 朝評을 입었다.

「靑草 욱어진 곳에 자는다 누엇는다 / 홍안(紅顔)을 어듸 두고 白骨만 뭇쳐는다 / 잔(盞) 줍고 勸ㅎ리 업스니 그를 슬허 ㅎ노라」

'於于野譚', '五山說林', 安鼎福의 '복부(覆瓿)', 金澤榮의 '開城雜事傳'에 眞伊에 대한 기록이 있으나, 황당무게(荒唐無稽)한 말이 많다. 滄江도 '黃眞伊傳'에서 '세상에 전해 오는 眞伊의 他事는 모두 탄망(誕妄)하므로 이에 수록(收錄)하지 않는다.' 하였다.

「겨울철에 부채를 선사하는 이 마음을 / 너는 아직 어려 그 뜻을 모르려니 / 그리워 깊은 밤, 가슴에 불 일거든 / 오뉴월 같은 더운 불길, 이 부채로 식히려마. / (莫怪隆冬贈扇枝 爾今年少豈能知 相思半夜胸生火 獨勝炎蒸六月時)」

임제가 일지매에게 선사한 부챗글로 전하는 이 시는 '조선해어화사(朝鮮解語花史)'에 가장 아름다운 사랑의 시로 기술되고 있다.

조선조 후기에는 시조가 서민들의 손으로 넘어가서 사설시조(辭說時調)라는 이름으로 장형화(長型化)하고, '판소리' 의 사설이 창작되고, 또 독자를 대중들과 여류층에 갖고 있던 고대 소설이 발달하고 문단의 일각을 허난설헌(許蘭雪軒, 字 景樊) 등 여성들이 차지하기에 이르렀다. 조선 근세문학에서 송강(松江)은 가사문학의 대가, 고산(孤山)은 단가인 시조문학의 대가로서 쌍벽을 이룬다.

윤선도는 단형(短型) 시조인 평시조(平時調)를 최후로 장식한 사람으로 고산가사에 산중 '신곡(山中新曲)' 20수, '산중속신곡(山中續新曲)' 2수, '초연곡(初筵曲)' 2수, '파연곡(罷宴曲)' 2수, '어부사시사(漁父四時詞)' 40수, '몽천요(夢天謠)' 3수, '견회요(遣懷謠, 1616)' 5수, '우후요(雨後謠)' 1수 도합 75수가 수록되어 있는데 '오우가(五友歌)' 에서 조어(造語)능력도 보였다.

'내버디 몃치나ᄒᆞ니 수석(水石)과 송죽(松竹)이라 / 동산(東山)에 ᄃᆞᆯ오르니 긔더욱 반갑고야 / 두어라 이다ᄉᆺ밧긔 또더ᄒᆞ야 무엇ᄒᆞ리'

김천택(金天澤, 호 南坡)의 '청구영언(靑丘永言, 1728)', 김수장〔金壽長, 號 노가재(老歌齋), 1690-?〕의 '해동가요(海東歌謠, 1763)', 송계연월옹(松桂烟月翁)의 '고금가곡(古今歌曲, 1764)', 안민영(安玟英, 1816-1885) · 박효관(朴孝寬, 1800-1881?)의 '가곡원류(歌曲源流, 1876)' 등은 지난날의 문학을 반성하고 새로운 시대 감각 위에서 나온 산물이다.

유배(流配) 가사로는 金宗直의 문인 梅溪 曺偉가 순천 배소에서 지은 것으로 유배가사의 효시가 되는 '만분가(萬憤歌)', 송주석(宋疇錫, 1650-1692)이 그의 조부 송시열이 덕원(德源)으로 유배갔을 때에 따라갔다 와서 지은 '북관곡(北關曲, 1675)', 안조원(安肇源, ?-?)이 남해의 절도(絕島)에 귀양가서 지은것으로 알려진 '만언사(萬言詞)', 경흥부사 재직시 북관 지역의 실상을 직접 접하고 쓴 홍양호의 '북새기략(北塞記略)' · '북새잡요(北塞雜謠)' · '삭방풍요(朔方風謠)' · '삭방풍토기(朔方風土記)', 철종(哲宗)때 김진형(金鎭衡, 1801-1865)이 명천(明川)으로 귀양가서 지은 '북천가(北遷歌, 1854)' 등이 있다.

기행 가사(紀行歌辭)로는 영조 때 김인겸(金仁謙, 1707-1772)이 통신사의 서장관(書狀官)으로 일본에 갔다 와서 지은 '일동장유가(日東壯遊歌, 1764)' 와 고종때 홍순학(洪淳學, 1842-1892)이 지은 베이징(北京)기행 가사인 '병자연행가(丙子燕行歌, 일명 北轅錄, 1866)' 가 대표적이다.

內房歌辭로는 許楚姬의 '규원가(閨怨歌)' (一名 '怨婦歌'), 貞(靜)一堂 姜氏(1772-1832)의 '봉선화가(鳳仙花歌)', 작자 · 연대 미상의 '계녀가(誡女歌)', '과부가(寡婦歌)' 가 있다.

'난설헌집' (1608)은 난설헌 死後, 明사신 주즈판(朱之蕃, ?-?)과 량요우니엔(梁有年)이 그 유고를 허균에게서 얻어 보고 퍽 탄상(歎賞)하여 본국으로 가지고 돌아가 발간하고 1711년 일본에서도 분다이야 지로(文台屋次郎)에 의해 난설헌의 시집이 간행되었다.

「안개로 하늘이 갇혀 학도 돌아오지 않고(烟鎖瑤空鶴未歸)
계수나무 꽃그늘엔 사립문도 잠겨 있네(桂花陰裏閉珠扉)
시냇가엔 온종일 신령스런 비가 내리고(溪頭盡日神靈雨)
땅엔 가득 향기로 구름 젖어 날지 않다(滿地香雲濕不飛)」

「곱고 맑고 굳센 글이어서 사걸(四傑)의 작품과도 같고 '유선사(遊仙詞)' 같은 것은 잘 다스린 차림을 거울에 비춰 보는 듯하다.」 상촌(象村) 신흠(申欽)이 '청창연어(晴窓軟語)' 속에서 난설헌의 작품을 평한 말이다.

「난설헌 허씨는 김성립(金誠立, 1562-1592)의 처인데 요절(夭折)하였고, 시집(詩集 '난설헌집')은 세상에 알려지고 있으나 평생의 금슬(琴瑟)은 고르지 않았다….」

〈이수광 / '지봉유설'〉

허균(許筠, 호 蛟山 · 鶴山 · 惺所)의 '홍길동전'(1610)과 권필(權韠)의 '周生傳' · '위경천전(韋敬天傳)'에서 틀이 잡힌 고대 소설은 숙종때 김만중(金萬重)의 '구운몽(九雲夢)'(1689) · '사씨남정기(謝氏南征記)'와 조성기(趙聖期, 1638-1689)의 '창선감의록(彰善感義錄)'을 거쳐 英正時代에 전성기에 들어서고 '홍길동전' · '춘향전' · '심청전' · '장화홍련전' · '흥부전' 등은 서민속에 깊이 뿌리박았다.

「김만중은 글 솜씨가 경발(警拔)하고 시(詩)는 더욱 고아(古雅)하여 근세(近世)의 조속(粗俗)한 어구를 쓰지 않았다.」 〈'肅宗實錄' 39輯 265面, 肅宗 卷 24〉

수필(隨筆)이란 南宋 홍마이(洪邁, 호 容齋, 1123-1202)의 '容齋隨筆'(74卷 5集)에서 쓰기 시작하여 윤흔(尹昕, 1564-1638)의 '陶齋隨筆(溪陰漫筆)'(1638 이전), 이민구(李敏求, 1589-1670)의 '讀史隨筆'(1652), 조성건(趙性乾)의 '閑居隨筆'(1688), 朴趾源의 '熱河日記' 중 '馹迅隨筆'(1780), 安鼎福의 '橡軒隨筆'(1781), 정종유(鄭宗愈)의 '賢谷隨筆'(1808 이전), 조운사(趙雲師)의 '夢庵隨筆'(1814) 등으로 쓰였는데 그 명칭은 漫筆 · 暇筆 · 小錄 · 雜錄 · 野錄 · 秘錄 · 叢錄 · 漫錄 · 日記 · 漫記 · 雜記 · 筆記 · 野記 · 夜話 · 叢話 · 餘話 · 時話 · 紀聞 · 見聞 · 筆談 · 餘談 · 奇談 · 偶談 · 類說 · 贅言 · 雜言 · 記略 · 笑叢 · 漫抄 등 다 열거할 수 없을 정도다. '에세이'라는 말을 처음 쓴 사람은 '수상록(隨想錄, Les Essais, 1580)'을 쓴 몽떼뉴(Michel Eyquem de Montaigne 1533-1592)이다.

수필문학으로 류몽인(柳夢寅, 1559-1623)의 '어우야담(於于野譚, 1621)', 고발문학의 대표작인 박두세(朴斗世, 1650-1733)의 '요로원야화기(要路院夜話記, 1678)', 경의왕후(敬懿王后) 혜경궁(惠慶宮) 홍씨(洪氏, 1735-1815)의 '한중록(閑中錄)'(1795-1805) · '계축일기(癸丑日記, 西宮錄)' · '인현왕후전(仁顯王后傳)'이 있다.

4편으로 되어 있는 '閑中錄'의 명칭에 대하여는 제설(諸說)이 분분하다. 이병기(李秉岐, 1891-1968)가 '한중록(恨中錄)'이라고 붙인 이래 방종현(方鍾鉉, 1905-1952)의 소장본 '한듕만록(閑中漫錄)'의 존재로 혼선을 가져왔다. 부분 번역인 '읍혈록(泣血錄)'이란 이본(異本)은 정조 승하 직후 친정 동생이 처형당함에 몸부림치며 쓴 글이다.

18세기 이후 여류문인들의 저술로 호연재 김씨(浩然齋, 金氏1681-1722)의 '자경편(自警編)', 윤지당 임씨〔允摯堂 任氏, 노은(老隱) 임적(任適, 1685-1728)의 딸, 1721-1793〕의 '윤지당유고', 의유당 남씨(意幽堂 南氏, 1727-1823)의 '의유당일기', 사주당 이씨(師朱堂 李氏, 1739-1821)의 '태교신기(胎教新記)', 영수합 서씨(令壽閤 徐氏, 1753-1823)의 '영수합고(令壽閤稿)', 빙허각 이씨(憑虛閣 李氏, 1759-1824)의 '규합총서(閨閤叢書)', 삼의당 김씨(三宜堂 金氏, 1769-1823)의 '삼의당고', 정일당 강씨〔靜一堂 姜氏, 강재수(姜在洙)의 딸〕의 '정일당유고', 금원(錦園, 1804~?)의 '호동서락기(湖東西洛記)'가 있다.

「윤지당(允摯堂) 임씨(任氏)는 사색은 정밀하고 존심(存心)은 철저하며 지혜는 밝고 행실은 수양되어 표리가 한결같아 오래 덕을 쌓은 큰 선비와 같았다.」

〈신광우(申光祐) / '윤지당유고(允摯堂遺稿)' 발문〉

조선후기에서 하나 더 특기할 것은 '판소리' 문학의 형성이다. 판소리는 광대가 고수(鼓手)의 북 장단에 맞춰 말과 노래로 이야기를 연창하는 구비서사문학(口碑敍事文學)이다.

판소리계 소설은 구비전승(口碑傳承)의 현장성, 공연예술(公演藝術)의 흥행성, 적층(積層)文學의 多層的 복합성 등의 특징을 지니고 있다. 숙종조 무렵부터 근원설화를 창화(唱化)하면서 주로 전라·충청 일대의 광대(廣大) 및 일부 호사가들에 의해 창작되었는데 우조(羽調)를 숭상하는 東便制의 송흥록(宋興祿, 1801-1863), 界面調를 세우는 西便制의 박유전(朴裕全, 1835-1906), 中高制의 염계달(廉季達, 1835-1906)·모흥갑(牟興甲, 1822-1890)·권삼득(權三得, 1771-1841)·고수관(高壽寬, ?-?)·신만엽(申萬葉, ?-?)·김제철(金濟哲, ?-?) 등 8명창이 나서 판소리의 전성시대를 이루었다. 판소리의 정통적 계승자로 임방울(林芳蔚, 1904-1961)을 든다.

계면(界面)에 대하여 이익(李瀷)은 '듣는 자의 흘린 눈물이 얼굴에 금을 긋기 때문에 붙여진 이름이다' 하였다.

원래 12개의 판소리가 口傳하였으나 桐里 신재효(申在孝 1812-1884)가 춘향가(春香歌)·심청가(沈淸歌)·수궁가(水宮歌)·흥보가(興甫歌)·적벽가(赤壁歌)·변강쇠타령의 6마당으로 정리 개작하였다.

「사람에게는 삼강오륜이라는 당행(當行)의 길이 있으니, 춘향의 貞烈, 심청의 至孝, 흥부의 友愛, 별주부(鼈主溥)의 忠誠은 다 이것을 상징하여 사람으로 하여금 관감흥기(觀感興起)하여 그 길을 밟게 함에 남음이 있는 것이다. 그러나 가석(可惜)하게도 이 창극이 위로 향하여 敎化의 一助가 되지 못하고, 불행히 아래로 흘러 일종의 완희물(玩戲物)이 되고 말았다.」 〈정노식(鄭魯湜) / '조선창극사(朝鮮唱劇史, 1940)', 林圭(1867-1948)의 序文〉

• *漢文文學*

漢文學은 중국에 손색이 없을 만한 수준으로 발전하였으니 신라의 崔致遠, 고려의 金富軾, 李奎報, 李齊賢, 李穡 등을 위시하여 조선에 융성(隆盛)을 기하였고 그 중에서도 목능성세(穆陵盛世)에 석학명장(碩學名匠)이 배출되어 일일이 헤아릴 수 없다.

통일신라 초기 문장으로 强首 · 薛聰 · 帝文 · 守眞 · 良圖(?-670) · 風訓 · 骨番 · 金后稷 등이 있었으나 제문 이하는 사적이 빠져 전(傳)을 이루지 못하였다. 그 이후 遣唐遊學生의 근체시문학이 형성, 김운경(金雲卿) · 金可紀(?-859) · 崔利貞 · 金淑貞 · 朴季業 · 金允夫 · 金立之 · 朴亮之 · 김이오(金夷吾) · 김문울(金文蔚) · 李同 · 崔致遠 · 최광유(崔匡裕) · 崔承祐 · 朴仁範 · 최언위(崔彦撝, 868-944) · 崔光胤 · 김악(金渥, ?-?) 등이 있다.

고려조의 한문학은 전기의 귀족문학 · 중기의 무신집권기 문학 · 후기의 신흥사대부 문학 등 세 시기로 나누어진다. 대표적인 문인으로 고려 초기 朴寅亮 · 金富軾 · 鄭知常(?-1135) 등과 불교문인으로 義天을, 고려중기 竹高七賢 · 李仁老 · 李奎報 등을, 고려 후기 李崇仁 · 李齊賢 · 李穀 · 李穡 · 鄭夢周 등을 각각 들 수 있다.
한편 불교문학에 있어서도 普覺國師 一然, 圓鑑國師 冲止 · 白雲禪師 景閑, 太古國師 普愚, 懶翁王師 慧勤 등의 禪詩人을 배출했다.

조선조의 한문학은 壬丙兩亂을 분수령으로 전기 한문학은 鄭道傳 · 權近 · 徐居正 · 成俔 · 申叔舟 등의 官僚的 文學(官人文學), 李彦迪 · 李滉 · 李珥 등의 處士的 文學(士林派文學), 金時習 · 林悌 · 어무적(魚無迹) · 鄭希良(1469-?) 등의 方外人文學으로 구분된다.
목능성세(穆陵盛世, 穆陵은 宣祖의 陵號)에는 관각삼걸〔館閣三傑, 정사룡(鄭士龍, 1491-1570) · 노수신(盧守愼) · 황정욱(黃廷彧, 1532-1607)〕과 三唐詩人〔최경창(崔慶昌) · 백광훈(白光勳) · 이달(李達)〕과 月象谿澤으로 일컫는 '漢文四大家'〔이정구(李廷龜, 1564-1635) · 申欽 · 張維 · 李植〕 등 유수한 문인이 다수 배출되었다. 18세기 丁若鏞과 朴趾源 등의 實學派文學과 홍세태(洪世泰, 1653-1725) · 정래교(鄭來僑, 1681-1757) · 이언진(李彦瑱, 1740-1766) · 임광택(林光澤) · 홍신유(洪愼猷) · 趙秀三 · 조희룡(趙熙龍) 등의 여항문학(閭巷文學)이 나타났다.
장르에도 변화가 일어나 이옥(李鈺, 1760-1815)의 이언(俚諺), 강이천(姜彝天, ?-1801)의 '한양사(漢陽詞)' 등 역사와 풍속을 다룬 악부체시(樂府體詩)도 상당수 창작되었다.
한문단편은 18세기에 집중적으로 채록되기 시작하여 19세기에 '청구야담(靑丘野談)', '동야휘집(東野彙輯, 1809)', '계서야담(溪西野談)'으로 집대성되었다.
평생 사적을 후세에 전하는 것을 목적으로 史家에 의하여 기록된 傳을, 서사증(徐師曾)의 문체명변(文體明辨)은 史傳(正 · 變), 家傳, 托傳, 假傳으로, 설봉창(薛鳳昌)의 '文體編'은 史傳, 家傳, 小傳, 別傳, 外傳으로 각각 분류하였다.
假傳은 고려 仁宗代(1170년경) 林椿의 '국순전(麴醇傳)', '공방전(孔方傳)'을 효시로 이규보의 '국선생전(麴先生傳)' · '청강사자현부전(淸江使者玄夫傳)', 이곡(李穀)의 '竹夫人傳', 이첨(李詹, 1345-1405)의 '저생전(楮生傳)', '석식영암(釋息影庵, 1340년경)'의

'정시자전(丁侍者傳)', 李允甫(?-?)의 '무장공자전(無腸公子傳)', 석 혜심(釋 慧諶)의 '죽존자전(竹尊子傳)' · '빙도자전(氷道子傳)' 등이 족출(簇出)하였다.

조선조 전기의 傳文學으로 괄목할 것은 '고려사'의 別傳인데 개인문집에 소재한 인물들의 傳으로는 成俔의 '김취영전(金就盈傳)', 남효온(南孝溫, 1454-1492)의 '허후전(許詡傳)' · '六臣傳', 남곤(南袞, 1471-1527)의 '柳子光傳', 정황(丁熿, 호 遊軒, 1512-1560)의 '정절도전(鄭節度傳)', 강희맹(姜希孟)의 '홍절부전(洪節婦傳)' 등과 1822년(순조 22) 금릉(金綾) 남공철(南公轍, 1760-1840)의 '고려명신전(高麗名臣傳, 12권 6책)'이 있다.

가전(假傳)도 그 문학적 전통이 계승되어 대(竹)를 의인화한 정수강(丁壽崗, 1454-1527)의 '포절군전(抱節君傳)', 男根을 의인화한 '주장군전(朱將軍傳)', 술을 의인화한 최연(崔演, 1503-1549)의 '국수재전(麴秀才傳)' 등이 나타났다.

기록자가 보았거나 들었던 이야기를 정리한 야담집의 편찬자로는 '해외문견록(海外聞見錄)'의 송정규(宋廷奎, 호 迂叟, 1656-?) '학산한언(鶴山閑言)'의 신돈복(辛敦複, ?-?), '삽교만록(霅橋漫錄, 1770-1793)'의 안석경(安錫儆 1718-1774), '계서야담(溪西野談)'의 이희준(李羲準, 1775-1842), '청구야담(靑丘野談)'의 김경진(金敬鎭 1815-1873), '동야휘집(東野彙輯)'의 이원명(李源命 1807-1887) · '차산필담(此山筆談)'의 배전(裵婰, 1843-1899) 등이 있다.

斥和家의 후예와 朱子主義 실현이라는 인식을 공유하였던 김수항(金壽恒, 1629-1689)의 아들 六昌〔昌集(1648-1722), 昌協, 창흡(昌翕, 1653-1722), 昌業, 창즙(昌緝, 1662-1713), 昌立(1666-1683)〕은 북학발흥 · 중인문화흥기라는 새 흐름을 배태하고 있었다.

「김창협은 염락관민(濂洛關閩)의 학(學)에 미쳐서 침함(浸涵)하고 연이(演迤)하여 침식(寢食)을 잊기까지 하니, 견해(見解)가 정확(精確)하고 工夫가 독실(篤實)하여 변통성이 없는 선비에 비길 수 없었다. 그의 자품(資稟)의 순수함과 문장(文章)의 높음과 학술(學術)의 심오함을 논(論)하면, 모두가 남보다 뛰어났으니, 진실로 세상에 드문 홍유(鴻儒)가 될 만하다.」 〈'肅宗實錄' 40輯 294面, 肅宗 卷 46〉

「연신(筵臣)의 말에, '김창흡(金昌翕, 호 三淵)의 높은 풍도(風度)와 준절(峻節)은 나약(懦弱)한 사람에게 뜻을 확립시키고, 재리(財利)를 탐내는 자의 마음을 청렴하게 할 수 있다'고 한 말이 있었다.」 〈'景宗修正實錄' 41輯 362面〉

「최입(崔岦)의 문장은 날카로운 의지(刻意)와 담박한 의사(湛思)로 그 격조가 자못 뛰어나, 의사가 지나치게 깊은 것이라면 감추고 말이 지나치게 기이한 것이라면 난삽(難澁)하게 하여 드디어 一家의 체도(體度)를 이루었다.」 〈'光海君日記' 卷 55〉

「요즘 문장의 폐단은 모두 明의 여러 대가(擬古문파)에게서 생겼다. 이를 배우는 자들이 근본은 망각한 채 그 말단을 베끼기만 했다. 그림자와 메아리만 좇고 정수(精髓)는 얻지 못하여 천편일률(千篇一律)이니, 그런 글은 보고 싶지 않다.」 〈'계곡만필(谿谷漫筆)'〉

장유는 경직화한 학계 풍토와 형식화한 문학 풍조에 반발했다. 문장과 학문에서 清 캉유웨이(康有爲) · 정샤우쉬(鄭孝胥, 1859-1938)와 어깨를 겨누었던 창강(滄江) 金澤榮은 麗韓 9大家를 선정하면서 말하였다.

「우리나라의 문장은 삼국 · 고려시대에는 6朝의 문장을 배웠으므로 변려체(騈儷體 · 騈儷文 · 四六騈體)에 능하였고 김부식(金富軾)이 特히 걸출하였는데 삼국사기는 풍성하고 후하고 질박하고 옛스러워서 넉넉히 西漢의 기풍이 있었다. 그 末年에 이제현(李齊賢)이 한위(韓愈, 768-824), 어우양시우(歐陽脩, 호 취옹(醉翁), 1007-1072)의 古文을 창도(唱導)하여 특히 記事文에 능하여 두 번이나 국사를 편수하였으니 고려사는 모두가 익재(益齋)의 쓴 것이었다. 이색(李穡)이 益齋의 門下生으로서 程朱의 학문을 창도하였으나 그 문장에 주소어록(注疏語錄)의 기운이 많이 섞였었다.

그로부터 2백여년 동안 權近, 金宗直, 崔岦, 申欽, 李廷龜 등이 모두 목은(牧隱)에게서 病을 얻었으니 金昌協의 말한 바 우리 東邦의 문장이 얕고 조촐하여서 간절(懇切)하고 깊지 못하고 상(常) 되고 속(俗) 되어서 아담하고 곱지 못하고 헛되고 약하여서 간결하고 정돈되지 못하였다 함은 즉 이것을 가리킴이다. 張維, 李植 두분이 예전의 누(陋)한 것을 한번 씻었으나 누한 것이 다 없어지지 못하였다… 金昌協에 이르러서는 다 버렸다. 그러나 또 좀 약한데 병들었고 朴燕巖은 農巖의 깨끗한 것을 받아 성하고 크고 웅혼(雄渾)한 것으로 변하였다. 그 뒤 연천(淵泉) 홍석주(洪奭周, 1774-1842) 이하로는 갈수록 더욱 더 맑으나 元氣는 역시 좀 박(薄)하여졌다. 江漢 황경원(黃景源, 1709-1787)은 記事하는 데에 꽤 능하지만 다른 문체에는 모두 짧고 東溪 조귀명(趙龜命, 1693-1737), 항해(沆瀣) 홍길주(洪吉周, 1786-1841)는 누(陋)한 데에서 뛰어 나오기는 하였지만 굽은 것을 바로 잡는데 지나쳐서 너무 곧으므로 경(輕)하고 박(薄)한 데에 병 들었다.」 〈'麗韓九家文鈔'〉

9大家의 문장에 대하여 중국 근대의 古文家 옌푸(嚴復, 1854-1921)는 '귀국의 문장이 매우 기이한 기운이 있어서 때로는 왕왕 우리나라 사람의 위에 나아갑니다…' 고 하였고 메이보이앤(梅伯言, 名 曾亮, 1786-1856)은 金臺山의 문장을 보고 '중국 백년에 이런 문장이 없었다.' 고 하였다.

포저(浦渚) 조익(趙翼, 1579-1655)은 '개혹천어(開惑淺語)' 에서 「문사(文辭)는 충효의 法度가 있어 이치가 명백한 것을 法으로 한 것이라야 한다. 兩漢 以來로 문장의 경지가 높은 것은 모두 한위(韓愈, 호 昌黎), 류쭝위안(柳宗元, 자 子厚, 773-819), 어우양시우(歐陽脩), 쑤스(蘇軾)를 일컬으나 韓 · 歐의 문장은 經傳에서 나와 가장 순정(醇正)하니 문장으로 道가 있는 것이라, 문학을 하려면 이를 본 받아야 할 것이다.」 하였다.

澤堂은 '학시준적(學詩準的)' 에서 「書에 이르기를 '詩는 뜻을 말하고 歌는 깊게 달한 것' 이라 하고 記에는 '온태돈후(溫泰敦厚)를 詩의 敎' 라 하였으니 이는 周詩 3백편의 취지이다. 韓子는 詩는 정이파(正而葩)라 하여 朱子가 취하였으니 이는 詩의 체격(體格)이요, 이와 반대로 뜻은 파벽(頗僻)하여 유탕(流蕩)하고 詞는 조탁(粗濁)하여 험괴(險怪)하며 모두 詩의 外道이다.」 하였으며 또 '作文模範'에서「詩·書의 正文과 孟子의 正文과 論語·中庸·大學을 傳註까지 열독(熱讀)하여 일생을 익힐 것이요, 쉰쯔(荀子, BC 313?-BC 238?)와 양쯔(楊子)에서 漢文이 나왔으니 數十편을 초독(抄讀)할 것이며 역계해(易繫解)와 春秋三傳 中 左傳(春秋 左氏傳, 左氏春秋)과 禮記等 書는 여력이 있으면 익히 볼 것이요, 韓文은 文의 宗이라 먼저 읽어야 할 것이며 마우루먼(茅鹿門, 茅坤, 1515-1601)의 抄한바 8大家〔唐의 韓愈 柳宗元, 宋의 어우양시우(歐陽脩)·왕안스(王安石, 1021-1086)·쩡궁(曾鞏, 1019-1083)·쑤쉰(蘇洵, 1009-1066)·쑤스(蘇軾)·쑤처(蘇轍, 1039-1112)의 文이 가장 中正하다고 하겠으나 柳文도 좋고 大蘇文은 가끔 순정(醇正)하지 못한 곳이 있다. 柳以下 6家의 文은 절묘(絕妙)한 것으로 이들은 古文의 正脈이라 韓子의 仁義의 言이다.」한 것으로도 짐작할 수 있듯이 문학의 표준이 확립되어 내용이 있고 사상을 가진 새 文學이 형성되었다.

北宋의 命運을 쥐락펴락하는 영향력을 지녔던 왕안스(王安石)의 문장을 두고 어우양시우(歐陽脩)는 '지나치게 논리적이고 주지적이라 서정성은 많이 부족하다' 고 하였다.
「王安石가 귀하게 되기 전, 이름을 경사에 떨쳤다. 성품이 걸치레나 기름진 것을 좋아하지 않아, 생활은 매우 검소하였고, 옷이 더러워도 빨지 않고, 얼굴에 때가 있어도 씻지 않았지만, 그를 현자라 일컬었다.」 〈'宋史', 王安石傳〉

'서유기(西遊記)', 루어관쭝〔羅貫中, 名 本, 왕따오쿤(汪道昆), 1330?-1400?〕의 '三國志通俗演義(1321-1323?)', 스나이안〔施耐庵, 名 子安, 1296-1370?〕의 '수호전(水滸傳)', 란링샤오샤오성(蘭陵笑笑生)의 '금병매(金瓶梅)'를 中國 4大奇書라 한다.

• *위항문학(委巷文學)*

위항〔委는 曲, 巷은 里中道이다. 閭巷과 같은 뜻으로 꼬불꼬불한 거리(골목), 인구조밀의 피지배층 거주지를 말한다.〕문학은 선조 때부터 싹트기 시작한 중인(中人)·서얼(庶孼)·서리(胥吏) 출신의 하급관리와 평민들에 의하여 이루어 진 문학으로 여항문학(閭巷文學)·중인문학(中人文學)·서리문학(胥吏文學)이라고도 한다.

위항문학(委巷文學)은 16세기 처음으로 나타났다.
김종직(金宗直)의 제자로서 김굉필(金宏弼)·남효온(南孝溫)과 교유하던 홍유손(洪裕孫, 1431-1529), 서경덕(徐敬德)에게 배우고 성혼(成渾)과 교유 하였으며 壬亂을 당하여 못에 투신한 박지화(朴枝華, 號 守庵, 1513-1592), 判書 심열(沈悅, 1569-1646)의 家奴로 이지함에게 배우고 지리산 紅雲洞에 숨어서 山梨를 먹고 살았다는 서기(徐起, 號 孤靑樵老, 1523-1591), 李珥의 친구로서 金長生과 더불어 기호학파(畿湖學派) 성립에 기여한 송익필(宋翼弼, 호 龜峰, 1534-1599), 정남수(鄭柟壽)·남응침(南應琛)·金孝一·崔大立·정예남(鄭禮男, 1517-1612) 등과 함께 1668년 최초의 委巷詩集 '육가잡영(六家雜詠)'을 펴낸 崔奇男(1586-?), 옥천군수 이봉(李逢)의 서녀로 태어나 조원(趙瑗, 1544-1595)의 소실로 '옥봉집(玉峰集)'을 펴낸 이옥봉(李玉峰) 등이 16세기의 위항시인들이다.

'강은 갈매기 꿈을 품어 넓고 하늘은 기러기 슬픔에 들어와 멀다(江涵鷗夢闊 天入雁愁長)' 이옥봉의 詩 한 구절을 두고 시 비평가들은 '천고의 절창' 이라 평하고 신흠(申欽)은 '고금의 누구도 이에 비견될 시구를 지은 적이 없다' 고 하였다.

17세기에서 18세기 전반기에 위항문학은 崔奇男의 제자들 중심으로 전개되었다.
哭子女 · 哭兩弟와 같이 슬픈 시를 많이 짓고 '해동유주(海東遺珠, 1712)' 를 편찬한 홍세태(洪世泰, 호 창랑(滄浪) · 柳下)는 趙秀三이 '東里先生傳' 을 지어 기린 정희교(鄭希僑), 최명길(崔鳴吉)을 따라 호란(胡亂)에 참전한 석희박(石希璞, ?-?), 胡地에 잡혀가 종살이하다 돌아온 유찬홍(庾纘洪, 1628-1697) 등과 더불어 洛社詩社를 결성하였다. 홍세태에게 시를 배우고 '青丘永言序' · 비파연주가 金聖基(1649-1724)傳을 지은 정래교(鄭來僑), 다섯 번 중국에 다녀왔고 '소대풍요(昭代風謠, 1737)' 를 편찬한 高時彦(1671-1734), 온 나라를 편력하면서 '심주록(沁州錄) ' 10수 · '관서수창록(關西酬唱錄)' 42수를 지은 황택후(黃宅厚, 1687-1737), 朴趾源의 소설 '우상전(虞裳傳, 1767)' 의 주인공으로 장편 연작시 '호동거실(衚衕居室)' 을 지은 이언진(李彦瑱, 호 滄起)등이 그들이다.

18세기 후반기는 위항문학 전성시대였다.
333명 시인의 작품을 정리, '풍요속선(風謠續選, 1797)' 을 편찬한 천수경(千壽慶, 호 羲軒, ?-1818)과 장혼(張混, 1759-1828), '천하의 명사가 천하의 명산에서 죽는 것이 괜찮다' 하고 금강산의 九龍淵에 투신한 崔北, '떨어지는 해에 남은 힘이 없으니 뜬 구름이 스스로 얼굴을 바꾼다' 는 싯귀로 유명한 이단전(李亶佃, 1755-1790), '학포헌집(學圃軒集)' 의 저자로서 1813년 종저방(種藷方)을 건의한 徐慶昌(?-?), 그림과 글씨와 시에 두루 능하였던 林得明(1767-?), 땔 나무를 팔아 생활하였으나 申宅權이 李達 이후의 최고 시인으로 평가한 정봉(鄭鳳, ?-?), 악부(樂府)와 科詩에 있어서 入神의 묘경(妙境)에 이르러 '관산융마(關山戎馬)' · '관서악부(關西樂府)' 를 지은 石北 申光洙(1712-1775), 여춘영(呂春永, 1734-1812)이 만시(輓詩) 12수로 기린 정초부(鄭樵夫, 1714-1789), '영남악부(嶺南樂府)' · '洛下集' · '인수만필(因樹漫筆)' 을 지은 洛下生 이학규(李學逵, 1770-1835), 여섯 번 중국에 다녀왔고 '추재기이(秋齋紀異)' · '외이죽지사(外夷竹枝詞)' 등의 장편 시를 지은 趙秀三, 일본의 名家詩集에 작품이 수록된 車佐一(1753-1809), 금강록(金剛錄) 30수로 유명한 서경시인 朴允默(1771-1849) 등이 18세기 후반기의 시인들이다.

19세기의 위항문학은 필운동 七松亭에 모였던 지석관(池錫觀) · 박기연(朴基淵) · 유원주(劉元柱) 등과 직하사(稷下社)를 결성한 유재건(劉在建 1793-1880), 李慶民(1814-1883), 최경흠(崔景欽), 조희룡(趙熙龍) 등을 통하여 전개되었다. '풍요삼선(1857)' 을 편찬한 유재건과 최경흠, 趙斗淳의 '정수동전(鄭壽銅傳)' 으로 널리 알려진 정지윤(鄭芝潤, 호 夏園,1808-1858), 12차례 淸에 가서 道光帝(1782-1850, 在位 1821-1850)에게 높은 평가를 받은 이상적(李尙迪), 선학(禪學)에 깊어 추담선자(秋潭禪子)라 자칭한 현주(玄鑄, 1809-1860), '地球典要' · '神氣通' · '心器圖說' · '公車文' 을 지은 최한기(崔漢綺), 서

경시에 공을 들인 장지완(張之琬, 1806-1858)등이 19세기의 위항시인이다.

趙熙龍의 '호산외기(壺山外記, 壺山外史)' (1책:1844), 李慶民의 '희조일사(熙朝軼事)' (1책:1866), 유재건의 '이향견문록(里鄉見聞錄)' (10권 3책:1862) 등에는 위항시인들의 약전(略傳)이 수록되어 있다.

조선시대의 한문학과 국문학은 각각 산문과 운문 쪽에서 발달하여 상호보완적 관계로 공존하였다.

한국의 近代文學

갑오경장에서 1920년대까지는 한국에 있어서 새 문학이 배태(胚胎)되었던 시기로 일제 강점기의 1기, 광복이후의 2기로 구분한다.

조선사회의 붕괴와 서구 질서의 수용이라는 개화기의 상황을 배경으로 형성된 '신소설' 은 그 형식에 있어서 근대소설의 선구적인 구실을 했으며. 主題에서 큰 변화를 가져온 개화기 가사는 이후 '開化歌(詩)' · '唱歌' · '新體詩' · '近代詩' 로 이어졌다. 開化歌辭(개화기 시가)는 1894년부터 10여년간 一世를 휩쓴 유행가로 작품사상은 개화기의 사조와 독립신문의 논조(論調)로 대변된다.

「신문학의 한 장르로서 즉흥적 · 풍류적 정서를 노래하던 시조나 가사를 반대하고, '時代의 前進曲' 으로서, 서양음악과 일본의 창가를 모방한 '唱歌' 가 창작되어 불리어지는 가운데, 최남선에 의하여 새로운 무정형으로 자유시가 試作되었다.」

〈김기동 / '국문학개론' p. 167〉

崔南善이 발표한 '京釜鐵道歌(1908)' 가 최초의 창가로 '世界一週歌(1914)', '朝鮮遊覽歌(1928)', 島山의 '去國歌', '平壤 牡丹峯歌', 梨花 · 培材 · 中央 · 普成專門 등 校歌와 學校唱歌 등이 불리웠다.

「간다 간다 나는 간다 너를 두고 나는 간다 / 나의 몸은 부평(浮萍)같이 어느 곳에 가 있던지 너를 생각할 터이니 / 너도 나를 생각하라 나의 사랑 한반도야」 〈'去國歌'〉

1913년 流行小歌集 발간으로 창가는 유행소가 · 유행잡가 · 통속잡가로 불리었는데 1920~30년대에 창가는 퇴폐사조의 풍미로 애상적인 경향으로 나아가는 대중가요의 형태와 민족적인 비애를 노래하는 상징적인 가곡의 두 유형으로 발전하여 갔다.

윤심덕(尹心悳, 1897-1926)이 부른 '사(死)의 찬미(1926)', 창작가요의 최초 곡인 김서정(金曙汀, 1898-1936)작곡 · 李貞淑 노래의 낙화유수(落花流水, 1927), 王平 작사 · 전수린(全壽麟, 1907-1984)작곡(1928)의 '荒城의 적(跡)' 〔이애리수(李愛利秀, 1910-2009)

노래) 등은 전자에 속하며, 金石松 시 · 安基永 곡의 '그리운 江南', 金亨俊 작사 · 洪蘭坡(1898-1941) 작곡의 '봉선화(鳳仙花, 1920)' 등은 후자에 속하는 창가들이다.

「황성 옛터에 밤이 되니 月色만 고요해　　폐허의 서른 회포를 말하여 주노라
　아하 가엾다 이 내몸이 그 무엇을 찾으러　　덧없는 밤의 거리를 헤매여 있나니.」
〈'荒城의 跡'〉

최남선(崔南善)은 잡지 '소년'(1908-1911)에 '해에게서 소년에게'를 발표하여 신시(新詩)의 효시(嚆矢)를 이루고, 이광수(李光洙)는 '무정(無情)(1918)' 등 새소설을 많이 써서 신문학의 탄생을 보게 하였다.

「낡은 문학의 대표격이 舊小說 즉 古代小說이라면, 새로운 문학의 상징으로 등장한 것이 新小說이다. (중략) 다른 나라 문학사에서는 찾아볼 수 없는 신소설이라는 특수한 명칭이 한국문학사에만 쓰여 졌고, 우리 문학사에 있어서 소설의 한 양식을 대표하는 史的인 術語로 정착되는 단계에까지 이르렀다.」
〈전광용(全光鏞, 1919-1988) / '한국소설발달사'〉

신소설의 선구자 菊初 이인직(李人稙, 1862-1916)은 '혈(血)의 루(淚)(1906)' · '치악산(雉岳山, 1908)' · '귀(鬼)의 성(聲)(1906)' 등을, 이해조(李海朝, 호 열재(悅齋), 1869-1927)는 '자유종(自由鐘)'(1910)을, 최찬식(崔瓚植, 호 해동초인(海東樵人), 1881-1951)은 '추월색(秋月色)'을, 安國善은 '금수회의록(禽獸會議錄, 1908)'을 각각 썼다.

전광용(全光鏞)은 한국 신 문학사에 있어서 이인직의 문학적 공헌을 말하였다.
「국초(菊初)는 소설을 음담패설(淫談悖說)의 낡은 관념에서 구출하였으며, 양반 아류에서 소설을 천시(賤視)하여 작자를 좋이 밝히지 않던 것을 뚜렷하게 작자를 내 세워 소설가의 예술적인 명예를 회복하게 하였고, 독자의 수준을 부녀자에게서 신 시대의 개화를 받은 새 지식층으로 이끌어 올려놓았다.」

「조선의 新文學이 근대적인 모든 思潮를 단기간에 받아들였기 때문에 선후가 전도(顚倒)된 것과 혼류(混流)된 形相을 띠게 됐는데, 특히 소장파가 新興한 초기 근대적인 사조가 혼류된 경향을 볼 수 있다.」　〈백철(白鐵) / '신문학사조사(1968)' p. 99〉

1920년대 文學同人誌의 창간으로 同人誌文壇이 대두, 세 조류(潮流)가 형성되었다.

1919년 2월 琴童 김동인(金東仁, 1900-1951), 전영택(田榮澤, 雅號 늘봄, 1894-1968), 주요한(朱耀翰, 호 송아(頌兒), 1900-1979)등이 중심이 되어 '창조(創造)'가 창간(1919)되면서 신 문예운동이 본격화되어 자연주의 문학을 지향하였다.
1920년 변영로(卞榮魯, 호 수주(樹州), 1897-1961), 김억〔金億, 1893-? 호 안서(岸曙)〕,

염상섭〔廉想涉, 雅號 횡보(橫步)〕, 오상순〔吳相淳, 아호 공초(空超), 1894-1963〕등이 '폐허(廢墟)' 를 창간하였는데, 데카당스(decadence) 냄새를 풍겼다.
1922년 발간된 '백조(白潮)' 를 중심으로 낭만주의(浪漫主義) 문학이 대두하였는데 '백조' 의 동인은 현진건〔玄鎭健, 호 빙허(憑虛), 1900-1941〕, 박종화〔朴鍾和, 호 월탄(月灘), 1901-1981〕, 나빈〔羅彬, 본명 慶孫, 아호 도향(稻香), 1902-1927〕, 이상화〔李相和, 아호 尙火〕, 홍사용〔洪思容, 호 노작(露雀), 1900-1947〕등이었다. 이들은 자연주의 문학과 짝을 이루어 미지의 세계, 죽음에 대한 동경과 향수를 노래하였다.

3 · 1운동 이후의 낭만주의 및 리얼리즘과 함께 1920년대의 문학을 지배했던 두 조류는 민족주의 문학과 프롤레타리아문학이다.

'개벽(開闢)' 〔편집인 이돈화(李敦化)〕과 '조선문단' 〔편집 겸 발행인 방인근(方仁根. 1898-1975)〕은, 1920년대 중반 이후의 한국문단을 양분했던 잡지다. 프로문학계에서는 계급제일주의를, 민족주의 문학에서는 민족제일주의를, 반 프로문학계에서는 형식제일주의를 각각 주장하고 있었으나 일제의 탄압과 심각한 자기모순으로 1930년대에 문학 창조의 중심권에서 밀려나게 되었다. 카프가 문단의 주도권을 잡고 있던 1920년대 말기 그들의 횡포(橫暴)에 반발하는 또 하나의 세력이 대두했는데 김진섭(金晋燮, 1903-?), 이하윤(異河潤. 1906-1974), 정인섭(鄭寅燮, 1905-1983), 이헌구(李軒求, 1905-1983), 함대훈(咸大勳, 1906-1949) 등 해외 문학파이다.

한국 현대문학사에서 모더니즘 운동은 1935년 무렵에 시작되었다.

1930년대 초부터 1940년대의 초까지 김영랑(金永郎, 본명 允植, 1903-1950), 정지용(鄭芝溶, 1903-1950), 龍兒 박용철(朴龍喆, 1904-1938), 신석정(辛夕汀, 본명 錫正, 1907-1974) 등이 순수시 전문지 '시문학(詩文學)' 을 토대로 활동하였다.
작품의 예술적 완성만을 목표로 삼는 점에서 공통점이 있었던 서어클이 九人會였다. 이종명(李鍾鳴, ?-?) · 김유영(金幽影, 1908-1940) · 이효석(李孝石, 可山) · 이무영(李無影, 본명 龍九, 1908-1960) · 류치진(柳致眞, 東郎, 1905-1974) · 조용만(趙容萬, 1909-1995) · 이태준(李泰俊) · 정지용(鄭芝溶) · 김기림(金起林, 1908-?)이 창립회원이었는데 후에 이종명 · 김유영 · 이효석 대신 박태원(朴泰遠, 仇甫, 1909-1986) · 이상(李箱, 1910-1937) · 박팔양(朴八陽, 호 麗水, 1905-?)이, 류치진 · 조용만 대신 김유정(金裕貞, 1908-1937) · 김환태(金煥泰, 1909-1944)가 각각 참여하였다.
순수 문학의 전문지 '시인부락(詩人部落)' 은 1936년 11월 발간되었는데 서정주(徐廷柱, 未堂, 1913-2000), 함형수(咸亨洙, 1916-1946), 김동리(金東里, 1913-1995), 오장환(吳章煥, 1918-1951), 김달진(金達鎭, 1907-1989), 여상현(呂尙玄, 1914-?)등이 동인이었다.

광복이 되고 민족문학이라는 타이틀이 세 가지로 나타났다.

한설야(韓雪野, 1900-1976) · 김광균(金光均, 1914-1993) · 김기림(金起林) · 노천명(盧天命, 1912-1957) · 임화(林和) · 오장환(吳章煥) · 이용악(李庸岳, 1914-1971) 등의 '朝鮮文學家同盟(1946. 2)' 쪽에서는 민족주의 문학이라는 것을 들고 나오면서 '民衆의 대다수 노동자, 농민 그런 것이 민족주의다' 라고 하였고 김광섭(金珖燮, 이산(怡山), 1905-1977) · 김억(金億) · 모윤숙(毛允淑, 1909-1990) · 박종화(朴鍾和) · 박남수(朴南秀, 1918-1994) · 박목월(朴木月, 본명 泳鍾, 1917-1978) · 박두진(朴斗鎭, 1916-1998) · 서정주(徐廷柱) · 신석정(辛夕汀) · 양주동(梁柱東) · 류치환(柳致環, 1908-1967) · 조지훈(趙芝薰) 등의 全朝鮮文筆家協會(1946.3)쪽에서는 '3 · 1운동정신으로 되어 있는 계층초월의 民族主義的인 文學論' 이었으며(박종화 중심의 '民族文學의 原理') 金東里는 '민족 단위의 문학은 가장 한국적일 때 가장 세계적이다' 라는 순수문학론(純粹文學論)을 가지고 나왔다.

김광섭을 중심으로 한 해외문학파가 산파역을 한 '전조선문필가협회' 는 한국문단의 정통성을 놓고 후일 이헌구 · 김동리 · 조연현(趙演鉉)이 주도한 '한국문학가협회' (1949.12)와 김광섭이 이끄는 '한국자유문학가협회' (1955)로 분열되었다.

무애(无涯) 양주동(梁柱東)은 신라 향가(鄕歌) 등 '조선고가연구' (朝鮮古歌硏究 · 일명 '사뇌가 전주' 1942)와 '여요전주' (麗謠箋注, 1946)를 남겼다.

金東仁은 최초의 여류문인 김명순(金明淳, 호 彈實 · 望洋草, 1896-1951)을 '기분이라는 것을 파악할 줄 아는 유일한 인물' 로 평가했다. 이미륵[李彌勒 1899-1950, 본명 이의경(李儀景)]의 '압록강은 흐른다' (1946)는 전후 독일문단에서 베스트 셀러가 되었다.

조선조 후기에서 1960년대까지를 조감한 김윤식(金允植) · 김현(金炫) 공저 '한국문학사' 는 한국 문화가 중국 문화권의 주변인가 중간인가 하는 논란, 문화 수용에서의 엘리트와 민중간의 편차 등 역사의 동인에 대한 자의식을 문학작품의 형식을 통해 확인하였다.

임화는 한국 문학사를 비교문학적으로 다루고, 채만식(蔡萬植, 1902-1950) · 박태원(朴泰遠) · 김유정(金裕貞) 등은 현실과의 투쟁을 작품화했으며 김남천(金南天, 본명 孝植)은 페이소스(pathos), 시니시즘(cynicism)을 통해 작품을 완성했다.

광복 이후는 만주의 대 서사시를 쓴 안수길(安壽吉, 1911-1977), 낭만주의적 현실 인식의 황순원(黃順元, 1915-2000), 과장적 자기 고백의 손창섭(孫昌燮), 뿌리 뽑힌 인간을 탐구한 소외 문학의 최인훈(崔仁勳, 1936-) , 시조를 현대시의 한 장르로 자리잡게 한 이병기(李秉岐), 시에 회화성을 도입한 김광균(金光均), 무의미의 미학을 추구한 김춘수(金春洙, 1922-2004), 소시민적 항의의 김수영(金洙暎, 1921-1968) · 신동엽(申東曄, 1930-1969), 소멸의 시학을 추구한 고은(高銀, 1933-), 청록집(靑鹿集 1946)으로 대표되는 조지훈(趙芝薰, 본명 東卓) · 박두진 · 박목월 등이 주목된다.

※ *한국의 문화적 전통의 再定立*

「급속한 근대화를 경험하는 사회에서의 문화변동은 첫째 전통사회의 문화가 適合性의 위기에 당면하여 급속하게 해체되는 과정에서 시작하여, 둘째 해체되어 버린 전통문화로 인하여 생겨나는 문화적 공백을 메우기 위하여 외래문화가 도입되고 모방되는 문화의 借用期를 거쳐, 셋째 문화의 세대간 계층간 갈등과 혼란이 심화되고 가치관의 혼란과 왜곡 · 이중구조 등을 드러내는 아노미(anomie)性을 지닌 과도적인 混合文化가 일시적인 적응기제(適應機制)로서 나타나게 된다.

과도적기 混合文化는 새로운 적합성의 위기, 정체의 위기, 통합의 위기등을 일시에 당면하게 되고 세가지 위기를 효과적으로 극복하는 과정에서 문화적 전통은 자연스럽게 확립되고 외래문화의 토착화, 韓國化가 창조되어 간다.

문화변동의 과정에 비추어 오늘날 한국문화가 당면한 문제는 適合性과 정체와 통합성을 어떻게 동시에 충족시키는 문화를 창조하느냐 하는 문제로 압축된다. 문화창조의 과업은 단순한 문화적 復古主義로서도, 문화적 劃一主義로서도, 문화의 무제한한 開放主義에 의해서도 이루어질 수 없다. 가장 중요한 일은 우리가 한국의 문화적 전통, 즉 살아있는 문화의 유산을 더 잘 이해하도록 연구해 내는 일과, 한국사회가 경험하고 있는 사회변동의 성격을 학문적으로 규명하는 일이다.

그와 같은 이해와 연구에 바탕을 둔 과학적 조명 위에서 한국문화의 適合性의 문제, 正體의 문제, 統合의 문제를 해결할 기준이 마련될 것이며, 그러한 기준에 따라 한국문화가 당면하고 있는 세가지의 위기를 극복해 나감으로써 연속되는 한국문화의 전통은 확립되어질 수 있을 것이다.」

〈林熺燮(1937–), 高麗大 文科大 敎授, 社會學〉

5부

신분의 벽(壁) · 수취(收取)의 문란(紊亂)을 넘어
- 의식지체(意識遲滯)의 사회사

身分에서 契約으로
■가무(歌舞)를 좋아하는 군자국(君子國) – 산한(三韓)의 사회상(社會相)
■신분(身分)세습의 지배구조 – 삼국시대
• 귀족(貴族)과 하호(下戶)의 대립 : 고구려 사회
• 부여씨(扶餘氏)와 8성(姓)의 지배 : 백제 사회
• 엄격한 골품제(骨品制) · 신라 사회
■문벌귀족의 폐쇄성(廢鎖性) – 고려사회
■收取의 經濟 · 身分의 혼효(混淆) – 조선사회
• 유교(儒敎)정치기구와 관료체계
• 수취제(收取制) 경제구조
• 신분제(身分制) 사회구조

태형(笞刑)을 가하는 포졸들 / 르 몽드 일뤼스트레 1894년

'회혼례도(回婚禮圖)' / 작가미상

서당(書堂)

절구질을 하는 아낙네들

풍속화 중 말을 타고 가는 여인

단오놀이/신윤복(申潤福) 作

송하기승도(松下棋僧圖) / 金得臣 作

단원풍속도첩(檀園風俗圖帖)중 씨름/김홍도(金弘道) 作

風俗書帖중 夜行/申潤福 作

기산풍속도첩 중 '베 짜는 장면'

身分에서 契約으로

국가권력이 발생한 뒤부터 신분은 법과 관습에 의하여 제도화되었으며 사회계층의 높낮이를 일정하게 유지시킴으로써 사회의 안정에 기여하였다.

專制支配機構는 과거(科擧)등으로 사회적 實力者를 흡수하여 지배기구의 일익(一翼)을 담당하게 하고 '주례(周禮)' 천관대재(天官大宰)의 팔병〔八柄, 작(爵) · 녹(祿) · 여(予) · 치(置) · 생(生) · 탈(奪) · 폐(廢) · 주(誅) 등 8가지의 권병(權柄)〕과 같은 방식으로 통제 함으로써 시민층의 성장을 불가능하게 했으며 경제적 압박(壓迫)으로 인한 治者層과의 유리(遊離)는 민간신앙으로의 도피(逃避)나 대 규모 농민반란으로 나타났다.

선비라는 말은 '용비어천가(龍飛御天歌)' 에 처음 나타나는데 조선초기까지는 '儒' 를 '선비 유' 〔儒, 도덕을 지키고 학문에 힘쓰는 사람(守道攻學曰儒)〕라고 하고 '훈몽자회' 에서는 '士' 를 '됴사' 〔朝士, 학문을 해 지위에 오른 사람(學以居位曰士)〕라고 하여 이희승의 '국어대사전' 에 '학식이 있되 벼슬하지 않은 사람' 이라고 풀이하게 되었다. 선비가 추구해야 할 가치는 '주역' 의 '경이직내〔敬以直內, 안으로 경(敬)을 통해 마음을 수양하고〕, 의이방외〔義以方外, 밖으로 의로운 행위를 펼쳐야 한다〕' 로 집약된다. '선비가 어떤 정신적 기풍을 갖느냐에 따라 사회에 미치는 영향이 다르게 나타난다.

「東漢의 선비는 節義를 숭상하여 世道를 부지(扶持)하였고, 宋의 선비는 도덕을 숭상하여 人心을 맑게 하였으나, 西漢末의 선비는 아첨을 숭상하여 천하를 망쳤고, 晋宋사이의 선비는 청허(淸虛)를 숭상하여 천하를 어지럽혔고, 唐의 선비는 文詞를 숭상하여 천하를 은폐시켰다.」(退溪集 권 41)

'설문해자(說文解字, 121)' 에 '姓人之所生也' 라 했듯이 姓은 출생의 계통을 표시하는 것으로 고려초 왕건에 의하여 전국 군현별로 토성이 분정되면서 성씨 체계가 확립되었다. 이를 계기로 성씨가 귀족 · 관료에서 점차 양민층으로 확대되고 신분해방과 천민층의 양민화에 따라 성씨를 취득한 계층이 후대에 늘어갔다. 조선 후기 사회변동으로 신분질서의 해이에 따른 위조족보가 대량 나오게 되고 그 결과 무명성씨나 신흥세력들은 대성명문에 투탁(投託)함으로써 기존의 대성들은 기하급수적으로 증가하게 되고, 희성(稀姓) · 벽관(僻貫)이나 현조(顯祖)를 확보하지 못한 무명의 성씨들은 감소하였다. 이러한 추세로 한말(韓末)을 거치면서 모든 한국인은 성과 본관을 가지게 되었고, 모든 성씨가 양반성씨로 되어갔다.

한 씨족(동족)의 世系를 기록한 족보는 동성불혼(同姓不婚)과 계급내혼제(階級內婚制) 강화, 소목질서(昭穆秩序) 및 존비구별(尊卑區別)의 명확화, 적서(嫡庶)의 구분, 친소(親疏)의 구분, 당파별(黨派別) 명확화 등 필요에 따라 간행이 촉진되었다.

신라의 朴堤上, 조선조의 死六臣, 四大士禍때의 士林派, 壬辰倭亂때의 七百義士, 丙子胡亂때의 三學士, 洋擾로부터 日帝侵略에 이르는 시기의 사신취의파(捨身就義派) 등 難局때마다 창의(唱義) · 순의(殉義)하는 선비의 실천은 우리역사의 고전적 節義의 귀감이다.

노예에 대한 억압과 강제, 착취와 혹사는 노예들의 심한 저항을 불러 일으키게 되었는데 BC 7세기 말과 BC 5세기 중반 2회에 걸친 그리스 노예반란, BC 5세기말 아티카(Attica) 지방에서의 2만여명의 공업노예 도망, BC 136~BC 132년과 BC 104~BC 101년의 2차에 걸친 시칠리아(Sicilia) 노예 대반란, BC 73~BC 71년 스파르타쿠스(Spartacus) 지도하의 검노(劍奴) 大叛亂이 그 대표적인 것들이었다.

역사상 주요 農民反亂으로 이탈리아의 돌치노 반란(1303~1307), 프랑스 자크리(La Jacquerie) 반란(1358), 영국 워트 타일러(Wat Tyler) 반란(1381), 체코 후스(Huss)敎徒 반란(1419~1436), 뮌처(Thomas Müntzer, 1490?-1525)가 주도한 독일 大 農民戰爭(1525), 러시아 볼로뜨니꼬프(Ivan I Bolotnikov)의 반란(1606~1607), 우크라이나 농민전쟁(1648~1654), 뿌가쵸프(Emilian Pugachov)의 반란(1773~1775), 17~18세기 인도 시크(Sikh)교도의 운동, 중국의 농민전쟁〔진말 천성(陳勝) · 우광(吳廣)의 난(BC 209- BC 208), 서한말(西漢末) 루린(綠林) · 츠메이(赤眉)의 난(17-27), 동한말(東漢末) 황진(黃巾)의 난(184-205), 동진(東晋) 쑨언(孫恩) · 루쉰(盧循), 북위(北魏) 포리우(破六) · 한보링(韓拔陵), 수말(隋末) 농민대봉기(農民大蜂起), 당말(唐末) 황차오(黃巢)의 봉기(875-884) 등〕 · 太平天國의 농민운동(1851~1864)이 있다.

프랑스 혁명 초기인 1789년 2월 '사람과 시민의 권리선언'은 "사람은 태어나면서부터 자유이고 권리에 있어서 평등하다"로 시작, 침범할 수 없는 자연권(自然權)으로서 자유 · 소유 · 안전 · 압정(壓政)에 대한 저항과 국민주권, 일반의사의 표현으로서의 법의 지배, 법 앞의 평등, 사상 언론의 자유, 세금의 승인, 소유권의 불가침 등을 규정하였다. UN총회는 1948년 12월 10일 世界人權宣言을 채택하였다.

다아윈(Charles Robert Darwin, 1809-1882)은 생물학사상 가장 중요한 古典인 '자연도태(自然淘汰)에 따른 種의 기원(起源)〔The Origin of Species by Means of Natural Selection, 1859〕'에서 생존경쟁으로 주어진 환경에 가장 잘 적응할 수 있는 변이(變異)가 결정되며 가장 적합한 종이 더 많은 후손을 남기게 되어 결국 종의 변화가 일어난다는 進化를 믿었다. 사회과학자들은 다윈의 이론을 사회계층을 설명하는데 이용했는데 다윈은 자신의 이론이 인간행동양식과 사회구성에 도입되는 것을 원치 않았다.

'신분에서 계약으로'라고 인류사회의 진화과정을 표현한 메인(Sir Henry James Sumner Maine, 1822-1888)은 「발전적인 사회의 움직임은… 가족 구성원들간의 의존성이 점차로 와해(瓦解)되고 개개인의 존재가 증대되는 현상으로 설명될 수 있다.」고 하였다.

다니엘 벨(Daniel Bell, 1919-2011)은 후기산업 · 정보산업 · 탈공업 사회의 도래로 자기 규율 · 절제된 욕구 충족 · 검약(儉約) 중점의 사회구조와 문화가 각기 균열(龜裂)해 나가는 경향이 있다고 하였다.

호르크하이머(Max Horkheimer, 1895-1973)/아도르노(Theodor Wiesengrund Adorno, 1903-1969)는 「경제 생산력이 증대하여 정의롭지 못한 상태에서 정밀한 정보와 세련된 오락이 범람(氾濫)함으로써 인간은 똑똑해지면서도 무력하고 동시에 어리석게 된다.」라고 했다.

가무(歌舞)를 좋아하는 군자국(君子國) - 삼한(三韓)의 사회상(社會相)

2천 5백년 전 노(魯) 창핑샹(昌平鄕) 취이(陬邑 : 취푸(曲阜))에서 태어난 콩쯔(孔子)는 바다 건너 동부(東部)를 '군자국'이라고 하였고 려우방 (劉邦, BC 247?-BC 195, 在位 BC 202-BC 195)의 손자 淮南王 려우앤(劉安, BC 179-BC 122)의 '회남자(淮南子, 一名 淮南鴻烈,, 外篇 33권, 內篇 21권) 지형훈(墬形訓)에도 '동방에 군자국이 있다'고 하였는데 이 동방의 군자국에 대하여 중국인들은 인방(仁方), 인방(仁邦), 의국(義國), 인의지향(仁義之鄕), 예의지국(禮儀之國) 등의 칭호를 사용했다.

중국 상고대의 지리서 '산해경(山海經)'(漢書에는 13篇, 現存本은 18篇) 대황동경조(大荒東經條)에 「바다 건너 동쪽에 군자국이 있으니, 그 사람들은 의관을 하고 칼을 찼으며, 짐승을 잡아먹는다. 두 큰 호랑이를 곁에 두고 부리며, 양보하기를 좋아하고 다투지를 않는다.(君子國在其北衣冠帶劍食獸使二大虎在其傍其人好讓不爭)」하였다.

「'山海經'은 위(禹)와 버이(伯益)가 만들었고 周秦시대에 기술하였다. 그 학문은 漢에서 행하여졌고 晋에서 밝혀졌으며 그것을 아는 者는 魏 리다오위앤(酈道元 472?-527)이었다.」

〈비위앤(畢沅, 1730-1797) / '新校正 山海經'〉

한서(漢書)지리지(地理誌)에 고조선 시대의 인정 풍속을 기록하였는데, 「사람들이 서로 도적하는 일이 없어 문호(門戶)를 닫지 않고 지내며, 혼인함에 있어 매매하는 버릇이 없으며, 부인들은 정신(貞信)하여 음란하지 않으며, 예의가 바르고 음식에 있어서 범절이 있었는데, 중국의 상인들이 들어간 뒤에 그를 본떠서 그 풍속이 악화되었다」고 하였다.

「東方民族을 夷族이라고 부르거니와, 夷라고 함은 뿌리를 뜻한다. 仁을 높이고 生成을 즐겨 펼친다. 이는 萬物이 땅에 뿌리박고 솟아 오르는 것과 같아 그들은 天性的으로 柔順하며 동방은 군자가 죽지 않는 나라이다.(東方有君子不死之國)」 〈'後漢書' 東夷列傳〉

東夷에는 9種이 있어 '九夷'라고 하였는데 '後漢書, 東夷傳'에는 畎 · 於 · 方 · 白 · 風 · 黃 · 赤 · 玄 · 陽夷로, '論語正義'에는 玄菟 · 樂浪 · 高麗 · 滿飾 · 鳧臾 · 東屠 · 素家 · 倭人 · 天鄙로, '海東安弘記'에는 日本 · 中華 · 吳越 · 托羅 · 鷹遊 · 靺鞨 · 丹國 · 女狄 · 穢貊으로 각각 열거(列擧)되었다.

「부여 사람들은 장대하고 씩씩하며 용맹스럽고 근실하고 두터우며 노략질을 하지 않는다. 사람들이 모일 때는 몸을 깨끗이 하고 경의를 표하면서 서로 절하고 윗 자리를 양보한다. 형벌이 엄하여 사형을 당한 자의 가족들은 모두 노비로 삼고 도적질한 자는 열두 배를 배상하게 한다.
남녀간 음란한 일을 하면 모두 죽이고 특히 질투하는 계집을 미워하여 죽은 자라도 다시 그 시체를 산 위에 갖다 버린다. 형이 죽으면 형수를 아내로 맞이한다. 장사지낼 때 곽은 있어도 관은 없고 순장하기도 한다.

읍루 사람들의 모습은 부여인과 비슷하나 언어는 다르다. 날씨가 너무 추워서 항상 굴속에서 지내는데 더 깊은 굴속에서 사는 것을 귀하게 여긴다. 겨울에는 돼지 기름을 몸에 발라 바람과 추위를 막고 여름에는 발가 벗고 간단한 베로 앞 뒤를 가릴 뿐이다.
종족은 적으나 대부분 용맹하고 산세가 험한데서 살며 한 번 쏘면 사람의 눈을 뚫을 정도로 활을 잘 쏜다.

동옥저 사람들의 성품은 곧고 용맹하고 씩씩하며 걸핏하면 창을 들고 싸우기를 잘 한다. 북옥저는 치구르라고도 하는데 바다 한 가운데 남자는 없고 여자만 있는 여국이 있다고 한다. 전하기를 그 나라에는 신정이라는 우물이 있어서 그 우물을 훔쳐 볼 때마다 아이를 낳는다고 했다.

예 사람들은 언어와 풍습은 고구려와 비슷하고 성품은 어리석고 욕심이 적다. 산천을 중히 여기고 같은 성씨끼리는 혼인하지 않는다. 삼베를 삼을 줄 알고 누에를 쳐서 면포를 만들 줄도 안다. 날씨와 별 자리를 알아 그 해가 풍년인지 흉년인지 예측할 수 있다.

진한에서는 나라를 방, 활을 호, 도적을 구라 하고 잔에 술을 부어 돌리는 행주를 행상이라고 하며 서로를 도라고 불렀다. 예, 왜, 마한과 무역을 하며 물건을 사고 파는데는 철로서 화폐를 삼는다.」 〈'후한서' 85권, 동이열전〉

옥저의 특산물(삼베) · 魚 · 鹽, 해산물 등과 아름다운 여자를 고구려에 바쳤다.
옥저의 혼인법은 특이하여 부모는 며느리로 삼기 위하여 10세 가량의 여자를 데려다 길러서 성장하면 며느리로 삼았으나, 성인이 되면 본가로 돌려 보냈다. 남자가 그의 부인을 다시 데려 오려면 처가에 돈을 치러야 했다. 이와 같은 유풍은 '민며느리(豫婦)制' 로 전승되었다.
사람이 죽으면 가매장을 했다가 그 뼈만 남기를 기다려서 뼈를 大木槨에 안치하는 특이한 葬法이 행해졌다.
언어, 음식, 거처, 의복은 고구려와 비슷하였다.

동예의 법속으로는 살인자는 사형에 처한다는 원시 형법이 쓰여졌으며, 族外婚이 행하여진 것같다. 특산물로는 班魚皮(海豹皮) · 文豹 · 檀弓 · 果下馬 등이 산출되었다.

2-3세기에 이르기까지 삼한 사회에서는 제정(祭政)은 일찍 부터 분리된 것으로 보인다. 세력의 대소에 따라 신지(臣智) · 험측(險側) · 살해(殺奚) · 읍차(邑借)등으로 불리는 족장(族長)들이 있었는데, 서로 제어할 수가 없었다. 족장 외에 "천군(天君)"이라는 제사장이 따로 있었으며, 각기 부족 사회에는 솟대(蘇塗)라고 일컬어 지는 특별 구역(別邑)이 있었다. 여기에는 큰 나무를 세우고 神樂器의 구실을 하는 방울과 북을 달아서 강신(降神)에 대한 안내 또는 신역(神域)의 표지로 삼았다.

축성(築城)과 같은 토목 공사에는 勇健者들이 징발되었고 삼한 전역에 벼농사(稻作)가 행해 졌으며 견직물이 생산되었고 치수(治水)나 관개용 제지(堤池)의 축조가 발달되었다.

남부지역에서는 초옥토실(草屋土室:움집)에서 온 가족이 함께 살았는데 움집의 주거 양식은 통나무를 쌓아 올려 지은 귀틀집으로 발전되었다. 지배계급이 비단옷에 가죽신(革履)을 신고, 구슬(瓔珠)로 의복을 장식하며, 목걸이와 귀고리를 착용한 반면, 하호는 베옷에 짚신(草履)을 신고 상투를 틀었으며 문신의 풍습도 있었다.

'삼국사기' 에 기록된 대양국(大良國)의 유적으로 비정되는 합천군(陜川郡) 성산리(城山里) 고분군에서는 토광(土壙)과 목곽(木槨)을 겸용한 토광목곽묘가 가장 많고, 수혈식(竪穴式) 석곽묘(石槨墓, 돌 덧널무덤)와 옹관묘(甕棺墓)도 나타 났는데 금동제(金銅製) 투구와 철제(鐵製) 갑옷 등이 발굴되어, 4세기 중반경 철기 문화가 보급되었음을 말하여 주고 있다. 독노국(瀆盧國)의 유적으로 비정되는 동래(東萊) 노포동(老圃洞) 고분의 양식은 목곽묘(木槨墓 나무 덧널 무덤)로서, 금은제(金銀製) 유물은 출토되지 않고 곡옥(曲玉) · 수정(水晶) · 절자옥(切子玉)돌 등 옥제품이 발견되어 이 지역의 문화가 더 뒤져 있었던 것으로 보인다.

장사(葬事)에는 우마(牛馬)를 희생(犧牲)으로 부장(副葬)하였다.

삼한은 농업 사회였던 만큼, 5월의 파종과 10월의 수확이 끝날 무렵에는 제사하는 행사가 있었다. 이 부족적인 행사때에 음주와 가무로 밤을 지 새웠던 풍속은 부여나 고구려에서도 다름이 없었으며, 5월 단오와 "수리떡", 10월 상달의 "고사떡"이 이때 부터 내려오는 유습(遺習)임을 말하여 준다.

신분(身分)세습의 지배구조 - 삼국시대

기초적인 혈족집단의 규모나 범위에 대하여는 사회인류학에서 말하는 리니지(Lineage)개념(공통된 조상으로부터 출생한 사람들의 집단 또는 그 계보과정) 이 있다.

삼국시대에는 엄격한 신분제도가 유지되어 귀족 · 평민 · 천민의 신분적 차이가 구별되고 사회신분은 혈통에 의하여 세습되는 것이 원칙이었다. 귀족 신분은 평민 · 천민을 지배하는 사회계급, 평민 · 노예 신분은 귀족의 지배를 받는 사회계급이었다.

최고의 귀족은 왕과 그 혈족인 왕족들이었다. 족장(族長)이 각처(各處)에 할거(割據)하여 지배력을 행사하고 있었는데, 고대국가가 형성되는 과정에서 그 독립성을 상실하고 귀족화의 길을 밟게 되었다. 평민은 농경(農耕)에 종사하는 자유민이었으나 귀족들의 수탈로 언제 노예로 전락할지 알 수 없는 환경에 놓여 있었다. 천민에는 정복노예(征服奴隷) · 범죄노예(犯罪奴隷) · 약탈노예(掠奪奴隷) · 부채노예(負債奴隷) 등이 있었다. 삼국사기 열전(列傳) 인물 50명 중 평민은 孝行과 정절(貞節)로 立傳된 상덕(向德), 물계자(勿稽子), 효녀 지은(孝女 知恩), 설씨녀(薛氏女), 도미(都彌) 등 5명으로 지배층의 존립 기반으로 밖에는 인식되지 않고 있다.

7세기 말엽 출현한 통일국가가 정비된 통치체제를 누리다 사회의 갈등을 유발하게 되었다. 귀족과 토호를 윗 계층으로 하고, 평민과 노비를 아랫 계층으로 경색되어가자, 피지배계층은 세습으로 굳어 진 경제적 불균형과 사회적 불평등을 시정 하려는 의지가 꿈틀거리기 시작하였다.

고구려의 14관등(官等), 백제의 16관등, 신라의 17관등은 3국이 신분체제의 독자성을 지녔음을 알려준다. 고구려는 兄이나 사자(使者)의 명칭이, 백제는 좌평(佐平)이나 제솔(諸率) · 제덕(諸德)이, 신라는 골품제(骨品制)에 의한 골(骨) · 두품(頭品)이 모두 상이(相異)한 양상을 보이고 있다.

또 하나 삼국의 공통점은 정치가 합의에 의해 이루어졌다는 것이다. 백제에서 재상(宰相)의 임명은 투표에 의하여, 고구려에서 수상격인 대대로(大對盧)의 임명이 귀족의 천거와 선출에 의하여, 신라의 경우는 화백(和白) 회의에 의하여 이루어졌다.

貴族과 下戶의 대립 - 고구려사회

「고구려의 대가는 농사를 짓지 않고 놀고 먹는 자가 만여 명이나 되었고 하호들은 쌀과 양식과 생선과 소금을 멀리서 져다가 제공하였다. 백성들은 노래와 춤을 좋아하여 밤에도 남녀가 무리로 모여 노래하고 논다. 사람들은 깨끗한 것을 좋아하고 음식을 저장할 줄 알며 술을 잘 담근다. 꿇어 절 할 때 다리 하나를 길게 뻗는 것이 부여와 다르다. 그곳에는 감옥이 없다. 죄 지은 사람이 있으면 제가들이 모여서 의논하고 죽이고 그 처자는 몰수하여 노비로 삼는다.」 〈'三國志' 권 30, '魏書' 오환선비동이전 30〉

「모반한 자는 무리가 횃불을 들고 서로 죄인을 지진 후 참수하고 또 성을 지키다가 적에게 항복한 자나 전쟁에 지고 도망한 자와 살인하거나 겁탈한 자는 모두 목을 벤다. 물건을 도적질한 자는 훔친 물건의 12배를 물리고 소와 말을 죽인 자는 노비가 된다.」

〈'舊唐書' 권 199, 東夷列傳 149上〉

「고구려의 국토는 약 2천 리나 되었고 그 가운데 요산이 있고 요수가 그 산으로부터 흘러 나온다. 도읍은 환도 아래에 있고 큰 산이 많고 깊은 계곡이 있으나 넓은 들판과 못이 없어 백성들은 산골짜기를 의지해서 골짜기 물을 마시며 산다. 그들은 모임이 있을 때 금은으로 장식한 비단옷을 입고 대가와 주부는 머리에 책과 비슷하나 뒤가 없는 관을 쓰며, 소가는 고깔과 비슷한 형태의 절풍을 쓴다. 형이 죽으면 아우가 형수를 부인으로 맞이한다. 기르는 말은 모두 작아서 산을 오를 때 편리하다.」 〈'梁書' 권 54, 列傳 48〉

「벼슬하는 사람은 새의 깃털 두 개를 모자에 꽂아서 신분을 표시한다. 부녀들은 치마와 속옷을 입고 옷자락과 소매에는 모두 선을 둘렀다. 세금은 빈부를 헤아려서 차등을 두고 비단과 베와 찧지 않은 곡식으로 징수한다. 논밭의 토질은 척박하고 거처는 간단하고 검소하다. 인품은 거짓과 위선이 많고 언사는 속되고 비루하고 친소를 가리지 않으며 개울에서 목욕하고 같은 방에서 잠을 잔다. 혼인할 때 재물이나 폐백을 주고 받지 않는다.」

〈'周書' 권 81, 列傳 41〉

「그들은 잘 꾸짖는 성격이다. 부인은 방탕하고 도망가서 떠도는 여자도 많다. 상(喪)은 3개월로 한다. 장례의 시작과 끝은 울고 매장할 때는 북을 치고 춤을 추며 풍악을 울리면서 장송한다. 매장이 끝나면 죽은 자가 생전에 사용했던 의복, 노리개, 수레와 말 등을 무덤 옆에 놓아 둔다. 장례식에 모였던 사람들이 다투어 그것을 가져간다. 신을 존경하고 제사 지내기를 좋아한다.」 〈'隋書' 권 81, 列傳東夷 46〉

고구려는 삼국 가운데 가장 먼저 관등조직을 성립시켰다.

고구려의 관등 조직은 '위지' 이후 '周書' 의 13관등, '隋書' 의 12관등, '唐書' 의 12관등, '翰苑' 의 14관등으로 정비되어 갔는데, 대대로(大對盧) · 태대형(太大兄) · 울절(鬱折) · 태대사자(太大使者) · 조의두대형(皂衣頭大兄) · 대사자(大使者) · 대형(大兄) · 발위사자(拔位使者) · 상위사자(上位使者) · 소형(小兄) · 제형(諸兄) · 과절(過節) · 부절(不節) · 선인(先人) 등으로 '兄' 과 '使者' 를 중심으로 관등이 분화되어 있는 것이 특징이다.
그 중 '형' 은 대소 족장을 흡수 개편한 것으로, '사자' 는 일반구성원으로 부터 발탁(拔擢)한 것으로 생각된다.

중앙조직으로 막리지(莫離支) · 대막리지(大莫離支) · 중리소형(中裏小兄) · 중리대형(中裏大兄)이 있으며 좌보(左輔) · 우보(右輔)는 지방조직을 관리하고, 조정을 책임지는 재상 직책으로 新大王 때 두 輔를 합하여 국상(國相), 28대 보장왕때 막리지(莫離支)로 불렀다.

나부〔관나(貫那) · 조나(藻那) · 환나(桓那) · 주나(朱那) · 연나(掾那)〕에는 부장인 패자(沛者) 이하 대주부, 주부(主簿), 우태(優台), 조의(皂衣) 등의 작위가 있었다. 나부 체계는 9대 고국천왕에 의해 동 · 서 · 남 · 북부로 변경되어 중앙 조직에 흡수 되었다. 이 때부터 작호도 변경되어 태대형 · 대형 · 소형 · 대대로 · 대로 등으로 불렸다. 나부에는 고추가(古鄒加)를 위시한 종실 작위가 있지만 그 작호는 전해 지지 않았다. 고구려에 의해

정복된 국가의 왕들은 왕 · 후 등으로 불리다가 각 나부에 편입되어 패자 · 대주부 등의 작위를 받았다.

지방행정구역은 수도와 지방을 각기 동 · 서 · 남 · 북 · 내(內)의 5부로 나누었다.

군사조직은 왕을 최고사령관으로 하는 전국적 조직이었고, 지방장관인 욕살(褥薩) 휘하에 행정조직 단위(城)로 군대가 주둔하고 있었다.

토지제도도 왕권의 확립과 체제의 정비에 따라 모든 토지는 왕의 것이라는 왕토사상(王土思想) 아래서 토지 분배가 행해졌다. 전공이 있는 자에게는 토지와 함께 노예(정복노예)가 주어 졌고, 사전(賜田)을 토대로 귀족들의 대토지 사유(私有) 현상이 확대되었다.

사원(寺院)도 왕실 · 귀족과 더불어 거대한 토지 소유자 중의 하나였다. 농민들은 소 규모의 토지를 경작하였고 품팔이(雇傭) 농민으로 전락 하기도 했다.

평양성 이외에 國內城(퉁거우)과 漢城(재령)에 別都를 두어 3京을 삼았는데, 왕족인 고씨와 을(乙) · 예(禮) · 송(松) · 우(于) · 주(周) · 연(淵) · 명림(明臨) · 을지(乙支) 등 5부 출신의 귀족들이 지배계층으로서 사회적 생산을 담당한 하호(下戶)와 대립하였다.

扶餘氏와 8姓의 지배 - 백제사회

「백제 사람은 키가 크고 의복은 청결하다. 그 나라는 왜에 가깝다. 문신(文身)을 한 사람도 상당수 있다. 언어와 의복은 고구려와 거의 같지만 걸을 때 두 팔을 벌리지 않는 것과 절할 때 다리를 뻗지 않는 점이 다르다. 모자를 '관' 이라고 하고 저고리를 '복삼' 이라고 하며 바지를 '혼' 이라 한다. 백제의 말 중에는 중국말도 섞여 있고 진(秦)과 한(韓)의 유풍도 있다.」 〈'梁書' 권 54, 列傳 48〉

「형벌은 모반하거나 전쟁에서 퇴각한 자와 살인한 자를 참수한다. 도적질한 자는 유배하고 그 장물의 2배를 징수한다. 부인으로서 간통죄를 범하면 남편 집의 계집종으로 삼는다. 혼인의 예는 대개 중국의 풍습과 같다. 부모나 남편이 죽으면 3년 동안 상복을 입는다.」 〈'周書' 권 49, 列傳 41〉

「부녀자들은 화장을 하지 않는다. 시집가지 않은 여자는 머리를 땋아 뒤로 내려뜨리고, 시집간 여자는 뒤로 두 가닥을 땋아 머리 위에 똬리를 틀어 올린다.」 〈'北史' 列傳 82〉

백제에는 왕족 부여씨(扶餘氏)와 함께 지배층을 이루고 있던 8성(姓)이 있었다. '大姓八族' 은 사(沙) · 연(燕) · 협(劦) · 해(解) · 진(眞) · 국(國) · 목(木) · 백(苩)씨로써 고위 관직을 차지한 귀족들이었다.

백제의 관등은 16등급이 있었는데 좌평(佐平) · 달솔(達率) · 은솔(恩率) · 덕솔(德率) · 한솔(扞率) · 내솔(奈率) · 장덕(將德) · 시덕(施德) · 고덕(固德) · 계덕(季德) · 대덕(對德) ·

문독(文督) · 무독(武督) · 좌군(佐軍) · 진무(振武) · 극우(剋虞) 등으로 좌평부터 내솔까지는 자주 옷(紫衣)을, 장덕부터 대덕까지는 붉은 옷(緋衣)을, 문독부터 극우까지는 푸른 옷(靑衣)을 착용하게 하였다.

백제는 삼국 가운데 가장 먼저 정비된 정치조직을 갖추어 고이왕 27년(260) 6佐平 · 16官品의 제도가, 후기에는 6좌평 22관부가 있었다.

내신좌평(內臣佐平 : 首相) – 선납(宣納)
내두좌평(內頭佐平 : 財務) – 고장(庫藏)
내법좌평(內法佐平 : 儀式) – 의례(儀禮)
위사좌평(衛士佐平 : 親衛) – 숙위병(宿衛兵)
조정좌평(朝廷佐平 : 法務) – 형옥(刑獄)
병관좌평(兵官佐平 : 國防) – 외병마(外兵馬)

22부는 내관(內官)에 전내부(前內部) 등 12부가, 외관(外官)에 사군부(司軍部) 등 10부가 있었다. 행정조직은 서울을 5부(部), 지방을 5방(方)으로 나누는 5부 5방제도가 성립되어 方城에는 달솔 方領이 다스렸고 방 아래에는 郡을 두어 덕솔 3인이 다스렸다.

귀족들은 식읍(食邑)이나 사전(賜田)을 받아 호화 생활을 하였고, 백성들은 조(租, 토지에 부과) · 용(庸, 특산물 조달) · 조(調, 노동력 제공) 수취의 대상으로서 고구려의 평민과 비슷한 생활을 하였다.

한성시대에 북방 유이민 계통인 진씨와 해씨가 왕비족이 되어 부여씨와 함께 중심세력을 이루다가 남천한 뒤 토착세력인 나머지 성씨들이 왕족과 연합하여 귀족정치를 하였다.

엄격한 골품제(骨品制) - 신라사회

사로국은 급량〔及梁, 이씨(李氏)〕, 사량〔沙梁, 정씨(鄭氏)〕, 본피〔本彼, 최씨(崔氏)〕, 모량〔牟梁, 손씨(孫氏)〕, 한지〔漢祇, 배씨(裵氏)〕, 습비〔習比, 설씨(薛氏)〕 등 6개 氏族의 후예들로 구성되어 사로국 최초의 지배자로 추대된 것이 赫居世였다.

「토지는 비옥하여 오곡을 심기에 적합하다. 뽕나무와 삼을 많이 심어서 비단과 삼베를 짠다. 그들은 모자를 '유자례', 저고리는 '위해', 바지는 '가반', 신은 '세'라 한다. 문자가 없고 나무에 새겨 신표로 삼았다. 의사소통은 백제의 통역이 있어야 했다.」

〈'梁書' 권 54, 列傳 48〉

「풍속, 형법과 정치, 의복은 대개 고구려나 백제와 같다. 매 달 초하루에는 서로 하례하고 왕은 연회를 베풀어 모든 관원의 노고를 치하한다. 그 날에는 일신과 월신에게 제사를 지낸다. 사람이 죽으면 염습하여 관에 넣어 장사지내고 봉분을 만든다. 왕과 부모 처자의 상에는 1년간 복을 입는다.」 〈'北史 列傳' 82〉

「흰 옷을 좋아한다. 부인은 머리를 땋아서 머리 위로 감아 올리고 여러 비단과 구슬을 섞어서 장식하였다. 혼인 잔치에는 술과 음식을 준비하며 빈부에 따라 잘 차리고 못 차리는 차이가 있다. 논이 매우 비옥하여 논 농사와 밭 농사를 겸할 수 있다.」

〈'隋書' 권 81, 列傳東夷 46〉

「식기로는 버드나무로 만든 잔을 사용한다. 구리나 질그릇도 있다. 정월 초하룻날은 서로 축하하고 일월신에게 절한다. 남자는 '갈'이라는 바지를 입고 여자는 '유'라고 하는 긴 속옷을 입는다. 서로 만나면 꿇어 앉아 손을 땅에 짚고 공손히 절한다. 분을 바르거나 눈썹을 그리지 않고 머리를 틀어 올려 구슬과 비단으로 장식한다. 남자는 머리를 깎고 검은 건을 쓴다. 가축 중에 양은 없고 나귀와 노새와 말은 많다. 말은 크기는 하지만 잘 달리지 못한다. 장인국 사람들은 키가 3길이나 되고 톱니치아와 갈퀴손톱에다 검은 털이 온 몸을 덮고 있다. 불로 익혀 먹지 않고 새나 짐승을 날로 먹으며 혹은 사람을 잡아 먹기도 한다.」

〈'新唐書' 권 220, 東夷列傳 145〉

「신라에 간 이라크인이나 다른 나라 사람은 공기가 맑고 물이 좋고 토지가 비옥하며 자원이 풍부하고 보석도 일품이기 때문에 극히 소수를 제외하고는 그 곳을 떠나지 않았다.」

〈알 마스우디(al-Masûdî 896-957) / '황금초원과 보석광(947)'〉

「아내를 얻을 때에 같은 성을 얻지 않는 것은 인륜의 분별을 두터이 하기 때문이다. 같은 성끼리 혼인하는 데 그치지 않고 형제의 자식이나 고모 · 이모 · 사촌 자매까지 아내로 맞았으니, 중국의 예속(禮俗)으로 따진다면 큰 잘못이다. 슝누(凶奴)가 그 어머니와 상관하고 자식과 상관함은 이보다 더 심한 것이다.」

〈'삼국사기', 신라본기 내물이사금(奈勿尼師今) 즉위조〉

'삼국사기'에 「신라에서는 왕을 일컬어 거서간(居西干)이라고 하는데 진한(辰韓)의 말로 왕을 뜻하며 귀한 사람을 일컫는 말이라고 한다. 혹은 차차웅이라 하기도 하고 자충(慈充)이라 하기도 한다'라고 하였다.

김대문(金大問)은 「차차웅은 방언(方言)이며 무당을 말하는데, 무당으로써 귀신을 섬기고 제사를 숭상하였기 때문에 외경(畏敬)하여 존장인 자를 자충이라고 부르게 된 것이다.」라고 하였다. 혹은 이사금(尼師今)이라고도 하니 잇금(齒理)을 말하는 것이다.

'임금'이란 말은 유리왕과 탈해왕이 치아 크기를 비교한 '잇금'에서 나왔다. 혹은 마립간〔麻立干:립(立)은 수(袖)로도 되어 있음〕이라 하기도 하는데, 김대문은 「마립이란 방언으로서 궐(橛)을 말하는데, 궐표(橛標)를 자리에 준하여 두어서 왕궐(王橛)이 주(主)가 되고 신궐(臣橛)은 아래에 나열되어 있어서 이를 이름 한 것이다.」라고 하였다.

이병도(李丙燾)는 마립은 마리(頭) · 마루(宗 · 棟 · 廳) 등과 같은 어원(語源)으로 극소(極所) · 정상(頂上)을 뜻하는 말로서 상감마루하(上監瑪樓下) · 상감말루하(上監抹樓下) · 영감마님 등의 말은 모두 마립간에서 유래되었다고 하였다.

사론(史論)에 「신라에는 거서간 · 차차웅이라고 칭한 임금이 하나, 이사금이라고 칭한 임금이 열여섯, 마립간이 라고 칭한 임금이 넷이다.」라고 하였다.

신라의 관등은 골품제도(骨品制度)라는 엄격한 신분체제 위에 17등급으로 분화 · 발전되었다.

골품제도란 골품(신분)에 따라 혼인 · 출세 · 일반사회 생활에 여러 가지 제약이 가해지는 신분제도를 말한다. 신라의 골품제도는 성골과 진골 2개의 '骨' 과 6두품에서 1두품에 이르는 6개의 '頭品' 이 합하여 모두 8개의 등급으로 나누어 졌다. 성골과 진골의 구분은 모계(母系)에 의한 것으로 생각된다. 갈문왕은 고구려의 고추가와 비슷한 존재로서 왕의 부(父) · 왕제(弟) · 왕비의 부(父) 등에게 붙이는 존칭이었다.

골품제도는 사생활에도 적용 되어 가옥의 크기 · 거기(車騎) · 기용(器用)등도 제한을 받았다. 골품에 따른 관등의 제한을 중위제(重位制)로써 보완하였는데 후기에 올수록 3두품 이하가 소멸되고 진골 · 6두품 · 5두품 · 4두품만이 남는 붕괴과정을 밟았다.

태종무열왕 이전의 왕위는 성골이, 이후는 진골이 왕위를 세습하게 되었다. 이것은 어머니와 비(妃)가 모두 박씨(朴氏)여야 한다는(聖骨) 사회적인 제약을 벗어난 것을 의미하며 왕권이 강화되었음을 뜻한다. 관료층을 형성하기 위하여 신문왕 7년 세조(歲租:연봉)를 주고 녹읍(祿邑)을 폐지하였다. 법흥왕대부터 율령을 제정했지만 문무왕이 유조(遺詔)에서 '율령 격식에서 불편한 것이 있으면 개정하라' 고 한 것은 관제의 정비를 의미하는 것이었다. 진덕왕 5년 설치된 집사부(執事部)가 행정관서의 중심이 되고, 귀족의 대표인 상대등보다 집사부의 장인 중시(中侍)가 더 중요한 위치를 차지하게 되었다.

통일기 중요 관부(官府) – 집사부(執事部) : 국가기밀사무(國家機密事務)
병부(兵部) : 군사업무(軍事業務)
조부(調府) : 조세(租稅) · 공부(貢賦)
창부(倉部) : 창름(倉廩)
예부(禮部) : 의례(儀禮) · 교육(敎育)
사정부(司正府) : 관리(官吏)의 감찰(監察)
예작부(例作府) : 영선(營繕)
영객부(領客府) : 외교(外交)
위화부(位和府) : 관리(官吏)의 인사(人事)
이방부(理方府) : 형사(刑事)
사록관(司祿館) : 녹봉(祿俸)

지방행정 조직의 기본은 주(州) · 군(郡) · 현(縣)이었다. 지증왕 6년(505년) 실시된 군현(郡縣)제도는 통일후 영토가 확대됨에 따라 神文王 5년(685) 9주와 5경(京)으로 정비되었다.

9주는 신라와 가야의 옛 땅에 사벌주(沙伐州, 尙州) · 삽량주(歃良州, 良州), · 청주(菁州, 康州), 백제의 옛 땅에 웅천주(熊川州, 熊州) · 완산주(完山州, 全州) · 무진주(武珍州, 武州), 고구려의 옛 땅에 한산주(漢山州, 漢州), 수약주(首若州, 朔州), 하서주(河西州, 溟州) 등 삼국의 옛 땅에 각기 세 개씩 설치하였다. 5소경(小京)은 수도의 편재성(偏在性)을 보충하기 위하여 마련된 중원경(中原京:忠州)·북원경(北原京:原州)·금관경(金官京:金海)·서원경(西原京:淸州)·남원경(南原京:南原)으로 중앙의 귀족과 정복 지역의 유력자들을 이주시켜 지방 문화의 중심이 되었다.

그 후 경덕왕 때에 중앙의 관부와 지방 군현의 명칭을 중국식으로 개칭하면서 신문왕 2년(682) 설립된 국학(國學)도 태학감(太學監)으로 개칭되었다. 태학감에는 박사와 조교를 두어 3과(科)로 나누어 가르쳤다. '논어(論語)', '효경(孝經)'이 공통의 필수과목이고, 예기(禮記), 주역(周易), 좌전(左傳)), 모시(毛詩), 상서(尙書), 문선(文選)이 선택과목이었다. 태학에 입학할 수 있는 자는 대사(大舍) 이하 벼슬이 없는 귀족들로 15세에서 30세까지이며 수업연한은 9년이었다. 元聖王 4년(788) 인재 등용의 기준인 독서삼품과(讀書三品科)를 두어 '春秋左傳'이나 '禮記'나 '문선'을 읽고 그 뜻을 통하며 '論語'·'孝經'도 이해하는 자는 상품(上品)으로, '곡례(曲禮)'·'論語'·'孝經'을 읽은 자는 중품(中品)으로, '曲禮'와 '孝經'만 읽은 자는 하품(下品)으로 하고, 5경(經)·3사(史)와 제자백가서(諸子百家書)까지 다 통하는 사람은 特品으로 하여 특별히 채용하였다.

주의 장관은 통일전에는 군주, 통일후에는 총관(摠管:都督)이라 하였는데 소경의 장관은 사대등(仕大等), 군에는 태수(太守), 현에는 영(令)이었고, 현 아래 자치적 단위의 촌(村), 천민집단(賤民集團)의 특수 주거지인 향(鄕), 부곡(部曲)이 있었다.

군사제도는 통일전 수도 부근의 대당(大幢)을 비롯하여, 주(州)에 설치된 6정(停)이 있었는데 통일후 9서당(誓幢)과 10정(停)으로 정비되었다. 9서당은 신라인·고구려인·백제인 등과 말갈인까지 포함하는 중앙의 직속부대로 생각되며 이들은 옷깃 색깔(衿色)로 부대를 구별하였다. 10정은 지방에 배치된 중요한 부대로서 국방상의 요지인 한산주에는 2개정, 나머지 8개주에는 각 1개정씩 배치되었다.

군사적 기능을 가지고 있었던 청년단체로 화랑도가 있었다.

「명주(溟州)에 비석을 세우고, 이로부터 사람으로 하여금 악을 고쳐 선한 사람이 되게 하니, 위에서 공경하고 아래서 순종하여 오상〔五常=인의예지신(仁義禮智信)〕, 육예〔六藝=예악사어서수(禮樂射御書數)〕와 삼사[三師=태사(太師)·태부(太傅)·태보(太保)], 육정[六正=성신(聖臣)·양신(良臣)·충신(忠臣)·지신(智臣)·정신(貞臣)·직신(直臣)]이 당대(當代)에 널리 실행되다.」 〈'삼국유사'〉

여성은 연령에 의하여, 丁(丁女)·助子(助女子)·追子(追女子)·小子(小女子)·除公(除母)·老公(老母)의 6등급으로 나뉘어 있었다.

562년 (진흥왕 23) 이사부(異斯夫)가 가야국(伽倻國)을 정벌할 때 15세로 귀당비장(貴幢裨將)을 맡아 종군, 5천명으로 그들을 멸망시킨 사다함(斯多含)은 진골(眞骨)출신(내물왕의 7대손)의 화랑으로 그를 따르는 낭도의 수는 1천 명이나 되었다.

'화랑세기'에는 540년(진흥왕 1년)부터 681년(신문왕 1년)까지 1세 위화랑(魏花郎)부터 32세 신공(信功)에 이르는 풍월주(風月主, 화랑도의 우두머리) 32명의 전기와 가계, 화랑의 조직과 파벌 등이 실려 있는데 등장 인물은 남자 238명, 여자 180명이다. 2세 풍월주 미진부(未珍夫)의 딸 미실(美室)에 대해 「용모가 절묘하고 풍만함은 옥진(玉珍)을, 명랑함은 벽화(碧花)를, 아름다움은 오도(吾道)를 각각 닮아서 백화의 영검으로 뭉쳤고, 세 가지 아름다움의 정기를 모았다. 사다함이 17세로 자살한 뒤 미실이 천주사(天柱寺)에 가서 명복을 빌었는데 꿈에 사다함이 나타나 "너와 부부 되기를 원했으나 이루지 못했으니 너의 배를 빌려 다시 태어나리라"」〈화랑세기〉했다. 미실이 金世宗(6세 풍월주)과의 사이에서 11세 풍월주 하종을 낳은 후, 색공(色供)을 통해 진흥왕과 동륜태자(銅輪太子), 금륜태자〔金輪太子, 뒷날 진지왕(眞智王)〕, 동륜태자의 아들인 진평왕 등 세 임금과 한 태자를 색정의 포로로 만들었으며, 사다함 · 세종 · 설화랑(薛花郎 · 薛原郎, 549-606) · 미생랑(美生郎) 등 네 풍월주도 그렇게 하였다.

王京인 金城(慶州)에는 178,936戶 · 1,360坊 · 55里 · 35金入宅 · 4節遊宅 등이 있었다. 城中에는 하나의 초가집도 없이 지붕과 담이 연하였으며, 노래 소리가 길에 가득하여 밤낮을 그치지 않았다〔만파식적(萬波息跡)〕.

羅末 진성여왕 때부터 신라사회는 그 기반에서부터 동요되기 시작하였다. 제일 아래 기층(基層)에서는 族的 공동체가 해체 당하여 농민 노예들이, '초적(草賊)' 또는 '군도(群盜)'로 되면서 도당(徒黨) 조직을 확대시킴에 따라 양길(梁吉) · 기훤(箕萱)과 같은 커다란 세력을 형성하였고, 지방의 호족들은 협력과 연맹을 통하여 성장하면서 조정에 반기를 들게 되었으며 대외무역이나 노예 매매를 하던 해안지대의 해상세력들도 할거(割據)하고 있었다.

신라의 骨品과 官等 · 官職(통일기 포함)

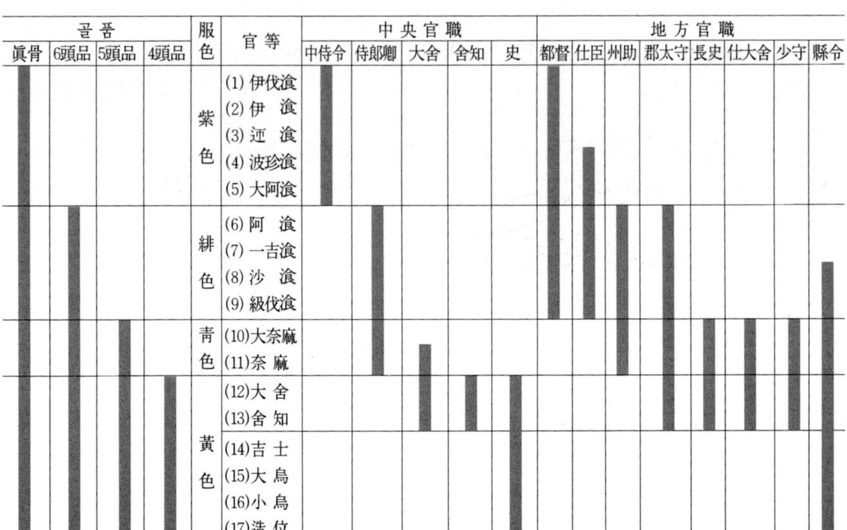

문벌귀족의 폐쇄성(廢鎖性) - 고려사회

宋 英宗(在位 1063-1067)은 고려 문종에게 보낸 국서 속에서 고려는 '古稱君子之國'으로 '의관(衣冠)을 하고 띠를 두른 신사(紳士)가 사는 예의의 나라'라고 지칭하였다.

고려는 무신정권의 성립을 경계로 전기와 후기로 나누는데 전기는 전시과체제(田柴科體制)의 사회이며, 후기는 농장제의 사회다.

고려사회는 북방 거란(契丹)의 침입과 이에 대한 항쟁, 귀족세력과 기층사회(基層社會)와의 괴리성(乖離性) 증대와 귀족세력간 파벌성(派閥性)이 조장되는 사회갈등, 전통문화의 주류와 유교정치 이데올로기와의 충돌을 경험하였다.

백년에 걸친 원(元)의 압제는 단군을 시조로 하는 하나의 민족이라는 역사의식을 낳게 하였다.

궁예 때의 골품제의 폐기, 光宗의 敎禪合作의 사상체계 수립과 非族閥的인 관리 등용기준 설정(958년부터 1894년까지 후주(後周)의 귀화인 쌍기(雙冀)의 건의로 과거제도(科擧制度)를 실시) 등의 단계를 거치고 난 뒤 成宗朝에 최승로 등 儒者들과 타협을 보면서 고려의 中世지성이 성립하였다.

고려시대의 지식인들에게서는 교양을 팔아 권문(權門)에 부용(附庸)하는 지식인, 특권적 지식의 기능성만을 믿는 소외된 지식인, 자조로 일생을 망치는 지식인들만을 만나게 된다.

이제현(李齊賢)은 고양이와 개와 닭을 몽골지배하의 고려관리들에 비겼다.

「건드리면 할퀴는 고양이가 눈 독을 들이고 있다가 먹을 것을 찾아 배 불리 먹으면 쥐 잡을 생각은 아니하고 낮 잠만 자는 습성에 비긴 것이 그 하나요, 주인에게 꼬리를 휘두르며 핥고 아첨(阿諂)하기를 잘 하다가 자기들끼리 으르렁거리고 싸우든가 희롱(戱弄)하는 바람에 울을 무너뜨리는 개에 비긴 것이 그 둘째요, 울어 때를 알리는 고마움이 있으나 툭하면 싸우다 알을 남에게 빼앗기고 인분(人糞)을 득의양양(得意揚揚)하게 쪼아 먹으며 살이 찐 뒤에는 사람에게 잡혀 먹히는 닭에 비긴 것이 그 셋이다.」 〈'삼축잠(三畜箴)'〉

문벌귀족의 폐쇄성과 권력 집중은 의종 24년 무신란으로 문신정권을 타도하고 문반 귀족제를 해체하게 하였다. 신진 사대부가 등장하기 시작한 것은 무신들에 의해 고려 귀족정치가 붕괴되고 나서 부터이다.

사회적 신분질서의 변동은 고려 후기 일부 천예(賤隸)들의 현저한 신분적 상승과 사회적 대두·진출로 신분제도의 붕괴를 초래하였다.

「민간 마을에 경관(經館)과 서사(書社)가 두셋씩 늘어서 있다. 결혼하지 않은 자들이 무리지어 살면서 스승에게 경서를 배우고, 장성하여서는 벗을 택해 각각 절간에서 강습하고, 아래로는 군졸과 어린아이들까지도 향선생(鄕先生)에게 글을 배운다.
음식을 먹을 때는 그릇을 사용하고, 문자는 해서(楷書)와 예서(隷書)에 맞춰 쓰고, 서로 주고 받을 때 절하고 무릎을 꿇으니 공경하고 삼가는 데 숭상할 만 한 것이 있다.
그러나 궁벽한 곳이 있어 풍속이 뒤섞여 오랑캐 풍속을 끝내 다 고치지 못했다.
관혼상제는 예(禮)를 따르는 것이 적고, 남자들의 두건(巾)은 唐의 제도를 어느 정도 본받고 있으나, 부인들이 땋은 머리를 아래로 내려뜨리는 것에는 변발의 흔적이 남아 있다.
욕심이 많고 뇌물이 성행하며, 은혜를 베푸는 일이 적고 여색을 좋아하여 분별없이 사랑하고 재물을 중히 여기며, 혼인에도 경솔히 합치고 쉽게 헤어진다.
귀인이나 선비 집안에서는 혼인할 때 예물을 쓰나, 백성들은 술이나 쌀을 주고 받을 뿐이다. 또 부유한 집안에서는 아내를 서너 명 맞이 하지만 조금만 맞지 않아도 이혼한다.
아들을 낳으면 다른 방에 거처하고, 병을 앓을 때는 약을 들이지 않으며, 죽어 염할 때 관에 넣지 않는다.
제사 지내기를 좋아하고 부처를 좋아하며, 살생을 경계하며, 종묘의 제사에도 중을 참여시켜 범패〔梵唄 : 석가여래의 공덕을 찬미하는 노래〕를 부르게 한다. 성격이 본디 인자하여, 죽을 죄라도 거의 용서하여 산골이나 섬으로 유배하고, 세월의 다소와 죄의 경중을 헤아려 사면하여 준다.…
땅이 동해에 접해 있는데도 선박 건조 기술이 그다지 정교하지 않아 중간에 돛대 하나를 세워 놓았을 뿐, 위에는 다락방도 없으며 노와 키만 있을 따름이다.… 가장 자리에 두른 선과 옷깃을 쓰지 않고, 왕부터 서민에 이르기까지 남녀 할 것 없이 다 모시옷을 입는다.
여름에는 날마다 두 번씩 목욕을 하는데 시냇가에서 남녀 구별 없이 물 굽이 따라 벌거벗는데, 이런 일을 괴상하게 여기지 않는다.…
강한 오랑캐(遼)에게 핍박을 받자 겉으로만 복종하고 마음은 우리 조정에 두어 해바라기 같이 기울고 개미 같이 사모하는 정은 끝내 가슴속에서 떠나지 않았다.」

〈쉬징(徐兢, 1091-1153) / '宣和奉使 高麗圖經(1124)'〉

「숙종(肅宗) 9년(1104) 주현(州縣)에 명하여 주식점(酒食店)을 열고 백성에게 교역(交易)을 허락하여 화폐〔996년 건원중보(乾元重寶, 철전(鐵錢), 1097년(숙종2) 해동통보(海東通寶) 동전(銅錢)〕를 쓰는 일의 편리함을 알게 했다. 그러나 前朝처럼 여전히 화폐를 사용하지 않아서 행려(行旅)는 등에 양식을 지고서 원관(院館)에 유숙(留宿)했으니, 중이 흔히 원주(院主)가 되어서 길 손을 접대하였다.」 〈'고려사(高麗史)'〉

그 이후 동국통보(東國通寶), 동국중보(東國重寶), 삼한통보(三韓通寶), 삼한중보(三韓重寶), 해동중보(海東重寶) 등이 주조, 유통되고, 1101년 은병(銀甁)이 주조, 유통된 이후 소은병(小銀甁), 쇄은(碎銀) 등 칭량은화(稱量銀貨)가 통용되었다.

田柴科制와 농장(農莊)의 형성

신라의 골품제 사회를 극복하고 그 위에 성립한 전시과 제도는 공직에 복무하는 자에게 직위에 따라 일정량의 田土와 시지(柴地)를 차등있게 나누어 준 제도였다. 그 대상은 관료 · 군인 · 서리 · 향리 · 한인(閑人) · 승려 등이었고 왕실에는 내장전(內莊田), 관아에는 공해전(公廨田), 사원에는 사원전(寺院田)이 주어졌다. 토지는 소유관계에 따라 公田과 私田으로 구분하였다. 전시과 체제는 12세기 초엽에 이르러 동요하기 시작하였다.

전시과의 토지를 지급받은 관료는 '조(租)' 만 수취하였는데 죽으면 국가에 반납하였다. 5품관 이상이 별도로 받는 공음전(功蔭田)은 세습과 매매가 허용되는 영업전(永業田)으로 전호(佃戶 : 소작인)에 의하여 경작 되었고 토지의 수급자가 조를 직접 거둬 들였는데 후기 농장으로 발전하였다. 향리에게는 외역전(外役田), 군인〔府兵制로 16세 이상이면 군역(軍役)에 충당되었다.〕에게는 군인전이 주어졌는데 그 직책과 함께 세습 되었다. 이 외에 하급관리의 자제에게 주는 한인전(閑人田), 자손이 없는 하급관리나 전쟁미망인에게 주는 구분전(口分田)도 있었다. 왕실의 소유지는 장(莊) · 처(處)라고도 하였는데, 조세를 거두어 호화 생활을 할 수 있었고 사원(寺院)은 왕실 · 귀족의 기진(寄進)에 의하여 광대한 토지를 소유, 농민을 지배하였다. 백정(白丁)들은 조상 대대로 물려 받은 소규모의 토지〔민전(民田)〕를 경작하며 살았다.

귀족들의 식리(殖利) 기관인 長生庫 외에 장학을 위한 학보(學寶), 빈민 구제를 위한 제위보(濟危寶), 승려들의 장학을 위한 광학보(廣學寶), 부모의 기재(忌齋) 경비를 위한 기일보(忌日寶), 팔관회의 경비 충당을 위한 팔관보(八關寶) 등 公私의 보(寶)가 행해졌다. 대 토지 겸병(兼併)의 풍조가 일어나 관료의 토지나 군인전 · 민전이 권력자의 수중에 들어가고 무신집권 이후 권문세족들의 토지점탈(土地占奪)로 농장이 출현, 전국에 확대되었다. 지주들은 개경에 거주하면서 농장에는 장주(莊主) 혹은 장두(莊頭)를 두어 경영하였다. 농장에 종사하는 노비와 전호(佃戶)의 비중은 전호가 많은 편이었고, 조(租)의 수취 비율은 수확의 절반 내지는 그 이상이었다. 농장은 공전(公田)을 침식하였고, 농장주들의 탈세와 전호의 피역(避役)은 국가 경제에 큰 타격을 주었다.
이에 권문세족이 겸병한 농장을 혁파하여 토지제도의 정비를 모색하게 되었는데 충렬왕 14년(1288)의 '田民辨正都監', 21년 홍자번(洪子藩, 1237-1306)이 건의한 '便民 18事', 忠肅王 5년(1318) '찰리변위도감(拶理辨違都監, 察理辨違都監)', 공민왕 때 신돈(辛旽, ?-1371)의 '전민변정도감' 등이 그것이다.
千寬宇는 '韓國土地制度史 (下)'(『韓國文化史大系 Ⅱ』 所收 1965년)에서 「農莊은 그 性格이 唐 · 宋의 장원(莊園)과 共通되는 바가 많으나, 日本의 莊園과 같은 不輸租의 特權은 公認되지 않은 것이었으며, 歐洲 中世의 莊園과 같이 독립된 統治單位로서 領主에 의하여 領有되는 것이 아니라, 大 土地所有者에 불과한 것이었다.」라고 하였다.

中國式 관제(官制) · 군제(軍制)와 변개(變改)

왕건 집권기의 고려 관제는 태봉의 관제를 축으로 신라의 관제를 병용하고 지방 호족들의 자치권을 인정하여 스스로 치안을 담당하게 하는 과도기적 형태였다.

태봉의 관제는 최고 관부로서 광평성(廣評省)을 두고 그 밑에 광치나(匡治奈, 고려때의 시중), 서사(徐事), 외서(外書)의 벼슬을 두었으며, 병부(兵部), 대룡부(大龍部), 수춘부(壽春部), 봉빈부(奉賓部), 의형대(義刑臺), 납화사(納貨寺), 조위부(調位府), 내봉성(內奉省), 금서성(禁書省), 원봉성(元鳳省), 비룡성(飛龍省), 물장성(物藏省), 남상단(南廂壇), 수단(水壇) 등 7부 5성 2단을 설치하여 국사를 분담하게 했다. 그 밖에 삼림 · 기물 등을 관리하는 부서를 두었으며, 군제는 장군 · 정기대감 · 성주장군 · 대아찬장군 · 파진찬장군 · 백선장군 등의 고위 관직 중심으로 짜여 있었다.

고려 관제에서 중요한 것은 3성(省)과 6부(部)였다. 3성은 중서성(中書省) · 문하성(門下省) · 상서성(尙書省)으로 중서성과 문하성은 중서 문하성이라고 합칭되기도 하고 재부(宰府)라고도 하여 서정과 간쟁(諫諍)을 맡아 보았다.

상서성은 이(吏), 호(戶), 예(禮), 병(兵), 형(刑), 공(工)의 6부를 통하여 실무를 집행하였는데 성종 때인 982년 중국식 관제를 본 떠 설치한 6관(선관, 민관, 병부, 의형대, 예관, 공관)을 995년 상서6부로 개칭한 것이다.

3성과 함께 중요한 기관은 중추원(中樞院)이었다. 이는 추부(樞府)라고도 하며 왕명의 출납, 궁중의 숙위, 군기(軍機)를 맡아 보던 기관이었다. 宰府와 樞府는 兩府라고도 합칭되었으며, 대신이 중대사를 논의하던 합좌기관(合坐機關)을 도병마사(都兵馬使, 都堂)라고 하였다. 관리를 규찰하는 어사대(御史臺), 왕권의 전제적 행사에 억제를 가하던 간관(諫官), 전곡(錢穀)의 출납과 회계를 맡던 三司 등도 중요한 기관이었다.

지방조직은 983년(성종 2) 12목(牧), 995년 10도(道) · 3경(三京) · 5도호부(五都護府), · 8목(八牧) · 양계(兩界)가 마련되고, 1018년(현종 9) 전국을 도와 양계로 나누어 그 밑에 4도호(都護) · 8목을 위시하여 56 知州郡事 · 28 鎭將 · 20 縣令의 외곽조직으로 개편되었다.

道는 고구려의 部, 백제의 方, 신라의 州에 뿌리가 닿아 있다. 10도(道)는 관내, 중원, 하남, 강남, 영남, 산남, 영동, 해양, 삭방, 패서도 등으로 도제의 시초이다. 3京은 開京(개경) · 西京(평양) · 東京(경주)을 칭하였으나, 뒤에는 東京 대신에 南京(서울)이 들어갔다. 5道制(서해도, 교주도, 양광도, 경상도, 전라도)가 정착된 시기는 예종 · 인종 이후의 일이다. 양계는 북방 국경지대의 동계(東界)와 서계(西界)를 말한다. 지방관은 중앙에서 파견되었고, 지방의 행정 실무는 호장(戶長) 이하의 향리가 담당하였는데 민중 지배에 대한 영향을 억제하기 위하여 이들의 자제를 서울로 불러 숙위(宿衛)케 하는 기인제(其人制)를 설치하였다.

음력 6월 권무정(權務政), 12월 대정(大政)이라 하여 관리의 출척 이동을 정기적으로 하였는데, 都目政事〔출척 이동에 관한 사령을 도목, 재직기간과 근태(勤怠) · 공과(功過) · 재부(才否) 등을 기록한 전형 자료를 정안(政案)이라 하였다.〕는 중서성(中書省)이 출척을 심사하고 문하성(門下省)에서 제칙(制勅)을 받들어 시행하였다.

군사조직의 중앙군은 2군(軍) · 6위(衛)로 편성되었는데, 좌우위(左右衛) · 신호위(神虎衛) · 흥위위(興威衛) · 금오위(金吾衛) · 천우위(千牛衛) · 감문위(監門衛)등 여섯 부대와 약간 늦게 형성된 응양군(鷹揚軍)과 용호군(龍虎軍)의 두 부대(近仗이라고도 함)를 말한다. 지방에는 광군(光軍)이 조직되어, 후에는 주현군(州縣軍)으로 개편되었는데 농민은 주현군에 포함되어 있었다.

2군과 6위는 모두 천명 단위로 된 영(領)으로 구성되어 영의 지휘자를 장군이라 하였고, 합좌기관으로 장군방(將軍房)을 갖고 있었다. 이 장군방 위에는 2군 · 6위의 정 · 부지휘관인 상장군과 대장군으로 구성된 중방(重房)이라는 합좌기관이 있었지만 도당(都堂)과는 비교가 안 되었다. 주현군에는 보승(保勝)과 정용(精勇)이라는 전투성격을 지닌 것과 품군(品軍)이라는 노동성격을 지닌 것이 있었다. 도(道)에 주현군이, 계(界)에는 진(鎭)마다 초군(抄軍) · 좌군(左軍) · 우군(右軍)을 중심으로 한 정규군이 주둔하였다.

고려는 그 관제를 중국식으로 사용해 왔으나 몽골의 간섭을 받으면서 부터 변개(變改)되었는데 元의 왕실과 고려의 왕실이 통혼하면서 부터 제후국(諸侯國)에 해당하는 명칭으로 바꾸도록 요구한 데서 비롯되었다.

원래 왕에 대하여는 폐하(陛下)라 부르고 왕은 짐(朕), 왕의 원자(元子)는 태자(太子)라 하였는데 이를 전하(殿下) · 고(孤) · 세자(世子)로 개칭하게 하였다. 선지(宣旨:왕의 명령)를 왕지(王旨)로, 사(赦)를 유(宥)로, 주(奏)를 정(呈)으로 고치고, 묘호(廟號)도 漢 · 唐 制度를 따른 조(祖)나 종(宗)을 쓰지 못하고 충렬왕 이후 모두 왕이라 하게 되었다.
왕과 태자 생일의 절일(節日)에 쓰이는 명호(名號)도 개칭하였고, 복식과 의장도 원제(元制)에 많이 따랐다. 관직명을 바꾸고 재상의 수를 줄여 중서문하성과 상서성을 합하여 첨의부(僉議府)로, 문하시중(門下侍中, 首相)을 첨의중찬(僉議中贊)으로, 중추원은 밀직사(密直司)로, 도병마사를 도평의사사(都評議使司)로, 이부(吏部)와 예부를 합하여 전리사(典理司)로, 병부를 군부사(軍簿司) · 호부를 판도사(版圖司) · 형부를 전법사(典法司)로, 각 부의 상서를 판서(判書)로, 시랑을 총랑(摠郎)으로, 어사대(御史臺)를 감찰사(監察司)로, 한림원(翰林院)을 한림서(翰林署)로, 국자감을 국학(國學)으로 바꾸는 등 관제 전반에 걸친 변개(變改)가 진행되었다. 2군 6위(二軍 六衛)를 순군만호부(巡軍萬戶府)로, 상장군 · 대장군 · 총관을 총관(摠管) · 만호(萬戶) · 천호(千戶)로 각각 고치고 순마소(巡馬所, 야간에 시가순찰하는 기마군) 등이 새로 설치되었다. 지방장관을 절도사(節度

使) · 안무사(按撫使) · 안찰사(按察使) · 도부서(都部署) 등으로 부르다가 1276년(충렬왕 2) 안렴사(按廉使)로 고쳤다. 문반은 350직에 521인, 무관직으로 315직 1,757인이 각각 충원되었다.

고려의 관제 및 행정 체제

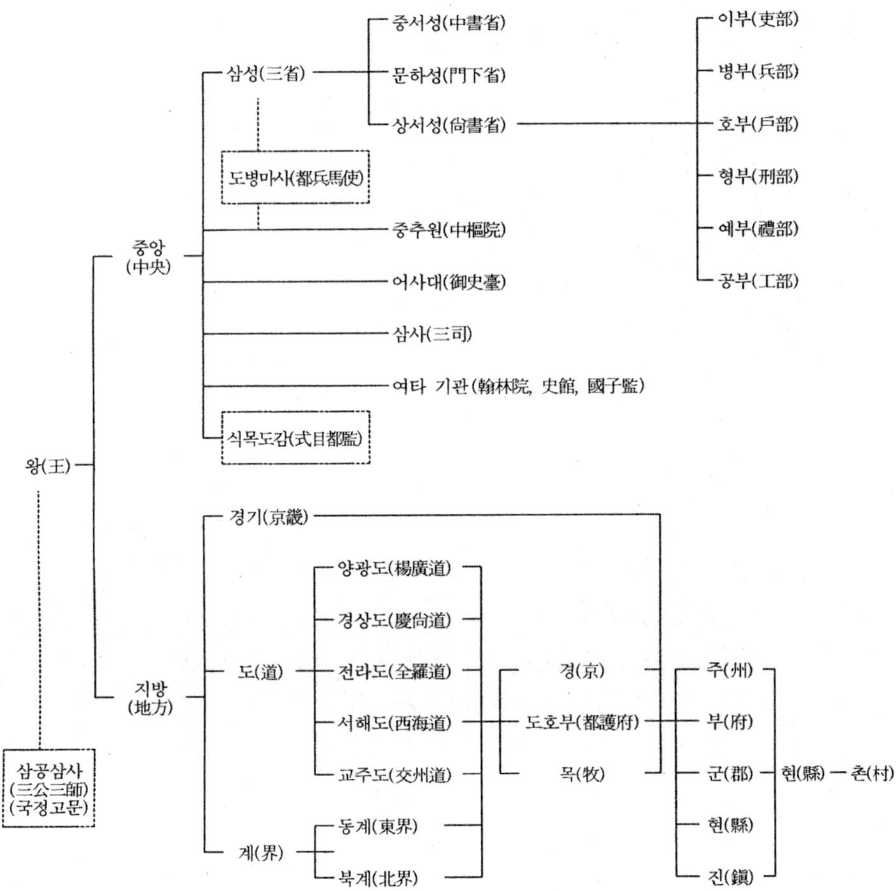

유학(儒學)과 사학(私學)의 발달

태조 13년(930) 서경에 학교를 세우고 박사를 두어 교수하게 했으며, 학원(學院)을 설립하여 학생을 가르쳤다. 성종 11년(992) 개경에 국자감(國子監)이 창설되어 학사(學舍)를 짓고 전장(田庄)을 주어 학비에 충당하게 하였으며 공자의 사당인 문묘(文廟)를 갖추었다. 국자감은 충렬왕 때 成均監으로 개칭되었고(1298), 충선왕 때 성균관(成均館)으로(1308), 공민왕 때 다시 국자감으로 되는 등(1356) 변동이 많았다.

국자학 · 태학 · 사문학의 정원은 각 3백명이었고, 과목은 역(易), 시(詩), 서(書), 예(禮), 춘추(春秋), 논어(論語), 효경(孝經) 등 경학(經學)을 주로 하고, 시무책(時務策)도 배웠다. 국자학에는 문무관 3품 이상의 자제가, 태학에는 5품관 이상의 자제가, 사문학에는 7품관 이상의 자제가 입학하였다. 율학 · 서학 · 산학의 기술교육학교에는 8품 이하의 자제와 평민이 입학하였다. 국자학 · 태학 · 사문학의 학부에는 국자사업(國子司業) · 국자박사(國子博士) · 국자조교(國子助教) · 태학박사(太學博士) · 태학조교(太學助教) · 사문박사(四門博士) · 사문조교(四門助教) 등을 두었다.
지방교육기관으로는 경학박사(經學博士) · 의학박사 등을 파견하였는데, 인종 때 경사(京師) 6학〔국자학(國子學) · 태학(太學) · 사문학(四門學) · 율학(律學) · 서학(書學) · 산학(算學)〕이 정비되면서 지방에도 향학(鄕學)을 세워 지방 자제를 교육하였다.

고려는 수신(修身)의 도(道)로서 불교를, 치국(治國)의 도로서 유교를 숭상하였기 때문에 유교와 불교에 겸통(兼通)하는 지식인들이 많았다. 성종(成宗) 때 최승로(崔承老)와 같은 대유학자를 등용함으로써 귀족들의 문벌 존중 풍조의 영향을 받아 사학(私學)이 발달하게 되었다. 사학의 시초는 문종(文宗, 1019-1083) 때 최충(崔沖, 字 浩然)이 정년퇴직한 후 9 齋學堂을 세워 가르친 데서 비롯되었다.

최충은 학급을 樂聖 · 大中 · 誠明 · 敬業 · 造道 · 率性 · 進德 · 太和 · 待聘 등 9재(九齋)와 논어, 맹자, 중용, 대학, 시경, 서경, 역경, 예기, 춘추 등 9개의 전문강좌로 나누어 가르쳤기 때문에 9재학당이라는 이름을 얻었고 최공도(崔公徒), 후에는 문헌공도(文憲公徒)라 하였다. 개경에는 최충의 도 외에 11개의 사숙(私塾)이 유명하였으니, 시중(侍中) 정배걸(鄭倍傑)의 홍문공도(弘文公徒: 또는 熊川徒), 참정(參政) 노단(盧旦, ?-1091)의 광헌공도(匡憲公徒), 제주(祭酒) 김상빈(金尙賓)의 남산도(南山徒), 복야(僕射) 김무체(金無滯)의 서원도(西園徒), 시랑(侍郎) 은정(殷鼎)의 문충공도(文忠公徒), 평장(平章) 김의진(金義珍, ?-1070) 또는 郎中 朴明保의 양신공도(良愼公徒), 평장 황영(黃瑩)의 정경공도(貞敬公徒), 류감(柳監)의 충평공도(忠平公徒), 시중(侍中) 문정(文正, ?-1093)의 정헌공도(貞憲公徒), 서석(徐碩)의 서시랑도(徐侍郎徒), 설립자 미상의 귀산도(龜山徒)가 그것이다.
여기에 문헌공도(文憲公徒)를 합하여 12徒라고 칭하고 최충은 해동공자 칭송을 받았다.
최충은 정사(政事)에 염직(廉直)하고 교육에 법도를 갖추어 인격도야에 힘썼는데 '선비가 세력으로써 진출하면 아름다운 끝을 맺기 어렵고 문행〔文行 : 문행충신(文行忠信), 孔

子가 사람을 교육하는 데 근본으로 삼은 네 가지 덕(德), 곧 문학(文學) · 덕행(德行) · 충성(忠誠) · 신실(信實)] 으로써 현달(顯達)하면 뒤가 좋은 법이다.' 라고 하였다.

사학의 창설자는 대부분이 고관 출신이고 지공거(知貢擧:과거의 시험관)를 역임한 사람들이었는데, 귀족의 자제들은 관학인 국자감보다 사학(12徒)에 가는 것을 더 선호하였다. 사학의 융성은 관학의 부진(不振)을 초래하여, 예종은 9齋를 모방하여 여택재〔麗擇齋(周易)〕 · 대빙재〔待聘齋(尙書)〕 · 경덕재〔經德齋(毛詩)〕 · 구인재〔求仁齋(周禮)〕 · 복응재〔服膺齋(戴禮)〕 · 양정재〔養正齋(春秋)〕 · 강예재〔講藝齋(兵學)〕의 7齋를 설정하고(1109년) 양현고(養賢庫)라는 장학재단을 설립하였으며, 관학을 정비하였다.

화기(火器)제조와 목면(木棉)재배

화약이 발명된 것은 10세기 말엽 중국에서였다. 宋 · 金 · 元 대에 화전(火箭) · 화구(火毬) 등이 발명되었으며, 元의 서양 진출로 아라비아 및 유럽에 전파되었다. 화기(火器)의 출현은 동 · 서양이 모두 14세기 초엽부터로 궁시(弓矢)나 창검(槍劍)을 능가하였다.

최무선(崔茂宣, 1325-1395)은 元의 염초공(焰硝工) 리위앤(李元)에게서 화약 제조법을 배워 화통도감(火㷁都監)의 제조관(提調官)이 되어 화약과 대장군(大將軍) · 이장군(二將軍) · 삼장군(三將軍) · 원화(元花) · 석포(石砲) · 화포(火砲) · 화전(火箭) · 화통 등 20종의 화기를 제조하였다. 최해산(崔海山, 1380-1443)은 아버지 최무선이 지은 화약수련법(火藥修練法), 화포법(火砲法)을 통해 그 비법(秘法)을 전수받아 화약과 화기의 발전에 공헌하였다.

화약 · 화기의 제조와 더불어 또 하나의 기술의 발달은 목면(木棉)의 재배이다. 목화가 재배되기 이전의 옷감으로는 삼베(麻布)가 주 였다. 삼베는 평민들이, 모시(苧布) · 명주(明紬)등은 귀족들이 사용하였다. 목면은 공민왕 12년(1363) 문익점(文益漸, 호 三憂堂)이 元에서 가져온 데서 비롯되었다.

'고려사' 문익점전에는 '간의대부 문익점이 사신으로 元에 가 머무르고 있다가 덕흥군(德興君)이 패하자 돌아오는 길에 목면종(木綿種)을 얻어 왔다.' 고 하였고 또 '태조실록'에는 '계품사(計稟使) 이공수(李公遂, 1308-1336)의 서장관(書狀官)이 되어 元에 갔다 돌아오는 길에 목면수(木綿樹)씨 10개 가량을 따서 짐 속에 넣어 가지고 왔다' 라고 하였다. 그는 목화씨를 장인 정천익(鄭天益)에게 가꾸게 하였는데, 재배 방법을 몰라 거의 다 말라 버리고 한 그루만 남아 세 해 만에 크게 불었다. 아들 文球 가 제사법(製絲法)을, 손자 文瑛이 면포(綿布) 짜는 법을 고안해 무명옷이 크게 퍼지게 되었고 씨아(取子車)와 더불어 방추차(紡錘車)는 農家月令歌에서 '물네', 月餘農家에서 '문레' 라고 전하고 있다.

曺植은 '백성에게 옷을 입힌것이 농사를 시작한 옛 중국의 호우지(后稷)와 같다' 라고 '木棉花記' 에서 문익점의 공을 찬양했다. 경남 산청군 단성면 사월리 始培地에 삼우당선생면화시배사적비(三憂堂先生棉花始培事蹟碑, 사적 108호)가 있다.

육두품 · 호족(豪族) · 신진사대부의 대두(擡頭)

사회계급은 지배계급인 귀족관료와 피지배계급인 양민 · 노비 등으로 나뉘어 귀족들은 엄격한 신분질서와 군현제의 지배조직을 통하여 민중들에 대한 수탈을 하였다.

육두품은 고위관직에는 오를 수 없었으므로 관직의 승진보다 학문에의 정진(精進)에 더 노력 하였다. 도당(渡唐) 유학생과 유학승(僧)도 대부분 육두품 계통이었다.

元 遼陽路 盖州判官 최해(崔瀣, 1287-1340)에 의하면 唐 빈공과(賓貢科)에 합격한 신라인은 820년부터 906년까지는 김가기(金可紀) · 박인범(朴仁範) · 최승우(崔承祐) · 최치원(崔致遠) 등 58명, 907년부터 5代末까지는 32명(발해인 10여명 포함)에 달했다. 나말(羅末) 3최(崔)라 일컫는 최치원의 시무십조(時務十條)의 건의나, 최언위(崔彦撝, 868-944)가 고려의 신하가 되고 최승우(崔承祐)가 후백제의 벼슬을 한 것도 육두품 계층의 신라왕실에 대한 반항을 대변한다.

호족은 지방에서 대를 이어가며 지배권을 행사해 온 토착세력과 중앙귀족으로 있다가 몰락하여 지방으로 내려 간 부류로 나눌 수 있다. 그들은 성(城)을 쌓고 그 지역을 다스렸기 때문에 성주라고 부르며 사병의 지휘자였기 때문에 장군이라고도 칭하였다. 고려초부터 성종 조까지 문 · 무 양반은 개국공신 · 호족 · 신라 6두품 계열로 구성되어 있었으나, 개국공신들이 광종의 개혁 과정에서 제거되면서 호족과 6두품 계열이 양반의 주류를 이루었다. 그들은 과거나 음서[蔭敍 : 5품 이상의 자제(子弟)들을 과거에 의하지 않고 특별히 관리로 서용(敍用)하던 문음(門蔭)과, 특별한 공훈이 있는 관리의 자손에게 관직을 주는 공음(功蔭)을 말함] 등을 통해 관직에 진출하면서 양반가문을 형성하였으며, 왕실 및 양반 상호간의 폐쇄적인 혼인을 통해 문벌귀족으로 성장하였다.

음서출신자들은 한품제(限品制 : 일정한 품계 이상의 관직에 오른지 못하게 함)의 제약은 받지 않았으나 한직제(限職制 : 일정한 관직에 취임하지 못하게 함)를 적용받았다.
과거에는 문관 채용시험인 제술업(製述業)과 명경업(明經業), 기술관을 채용하기 위한 잡업(雜業)이 있었다. 제술업은 주로 시(詩) · 부(賦) · 송(頌) · 책(策) 등 문예(文藝)로, 명경업은 주로 유교의 경전으로 각각 시험하였는데 제술업의 합격자가 명경업의 그것보다 훨씬 많았다. 잡업은 명법업(明法業) · 명산업(明算業) · 의업(醫業) · 지리업(地理業) 등 기술학으로 시험하는 것인데. 제술업이나 명경업보다 격이 떨어지는 것이었다. 응시 자격은 천민 · 노예 · 승려의 자식 등을 제외하고는 귀족과 양인(良人, 농민)은 누구나 응시할 수 있었다. 이 외에 승려에게 법계(法階)를 주기 위한 승과(僧科)가 교종선(教宗選)과 선종선(禪宗選)으로 나누어 시행되었고 무관을 등용하기 위한 시험은 공양왕 때에 시작되었다.

제술과 시험은 광종 9년(958)부터 공양왕 4년(1392)까지 435년 동안 250회 치러졌으며, 총 6,330명의 급제자를 배출하였다.

「고려 말년 과거가 공정하지 못하고, 과거에 뽑힌 사람을 분홍방(粉紅榜 : 분홍저고리를 입고 입에서는 젖내가 나는 관료)이라 지목하고 분격하여 침욕(侵辱)하기 시작했다.」

〈이이 / '석담일기(石潭日記)'〉

양민은 직역(職役)이 없어 국가로부터 토지를 지급 받을 수 없는 계급으로 자기 소유의 민전을 경작하거나 공전 · 사전을 경작하여 조(租)를 바치고 나머지로 생활하는 소작인이 대 부분이었다. 이들이 조세 이외에 부담한 공부〔貢賦, 포(布)나 지방 특산물을 바치는 것〕와 역역〔力役, 축성 · 수리시설 · 도로 등 공사 노동력의 제공〕은 조세보다 훨씬 무거웠다.

천민(賤民)은 양민과 노예의 중간적 존재로 광범히 존재한 향(鄕) · 소(所) · 부곡(部曲) · 역(驛) · 관(館) · 진(津) 등에 거주하는 사람들이었다. 향과 부곡은 주로 농업에 종사하는 농민 집단이었고, 소는 대체로 수공업에 종사하는 사람들이었다. 역참에 종사하는 역민(驛民), 나루(津)에서 일하는 진척(津尺) 등도 천민이었다. 이외에 화척(禾尺:楊水尺) · 재인(才人) 등은 천민이면서 노예와 같은 대우를 받던 자들이었다.

노비(奴婢)는 양민 밑의 계급으로서 매매의 대상이 되는 존재였다. 노비제는 '일천즉천(一賤則賤, 부모 한쪽이 노비면 자식도 노비가 됨)' 이었다. 노비제도의 역사는 매우 길어 고조선의 8조 금법에 '남의 물건을 훔친 자는 노비로 삼는다' 는 조항이 있고 20년경 중국인 1천5백명이 벌목하러 왔다가 잡혀서 노비가 되었다는 기록도 있다. 노비는 국가기관의 소유인 공노비와 귀족들의 소유인 사노비가 있었는데 고려 후기에는 외지 주인의 토지를 경작하던 외거노비(外居奴婢)가 많이 생겼다.

「신라 말엽부터 중국과 통하여 비로소 성씨를 정하게 되었다. 그러나 벼슬한 사족(士族)만이 대략 성이 있었고, 일반 서민은 성이 없었다. 고려가 삼한을 통일하자 중국의 씨족을 본 떠 팔로(八路)에 성을 내려 주어〔사성(賜姓)〕 모두 성을 가지게 되었다. 그러나 성을 내려 받기 전에도 겨레 갈래가 각각 달라, 같은 본관 만을 가려 같은 성씨라 하였다. 본관〔(本貫) 개인의 시조가 난 곳 또는 성(姓)의 출자지(出自地), 관적(貫籍) · 본적(本籍) · 성관(姓貫) · 본(本) · 관향(貫鄕)이라고도 한다〕이 다른 고을이면, 성이 같더라도 친족이라 하지 않고, 혼인하는 것도 금하지 않았다.

신라의 박씨 · 김씨와 가락국 김씨는 왕자(王者)의 후손으로 두 성씨는 첫째가는 씨족이다. 또 중국 사람으로 우리나라에 자손을 남긴 자도 많다. 기자와 위만을 따라 온 자도 있으며, 고려의 왕비와 공주를 따라온 자〔장순용(張舜龍, 본명 三哥, 1255-1298), 연수창(延壽菖), 인후(印侯, 본명 Hulatai, 1250-1311), 변안열(邊安烈, ?-1390)〕도 있다. 중국에서 들어 와 높은 벼슬을 한 씨족인 온양(溫陽)의 맹씨(孟氏), 연안(延安)의 인씨(印氏), 여주(驪州)의 이씨, 남양(南陽)의 홍씨(洪氏), 원주(原州)의 원씨(元氏), 해주(海州)의 오씨(吳氏), 의령(宜寧)의 남씨(南氏), 거창(居昌)의 신씨(愼氏), 창원(昌原)의 황씨(黃氏)를 제외한 나머지는 모두 고려에서 준 성씨이다.」

〈李重煥 / '擇理志'〉

「태조가 나라를 세운 뒤 木州 사람이 여러 번 배반한 것을 미워하여 그 고을 사람들에게 모두 짐승 이름으로 성을 내렸다. 뒤에 우(牛)는 于로, 상(象)은 尙으로, 돈(豚)은 頓으로, 장(場)은 張으로 고쳤다.」 〈'신증동국여지승람' 권 16, 충청도 목천현 성씨 조〉

충선왕 즉위년의 下敎에 왕실과 혼인할 수 있는 '宰相之宗'이 열거되어 있는데, 이자연(李子淵, ?-1086) · 이자겸 등으로 대표되는 慶源 李氏, 仁州 李氏,, 김부식 형제로 대표되는 慶州 金氏, 彦陽 金氏, 定安 任氏, 최충으로 대표되는 海州 崔氏, 윤관으로 대표되는 坡平 尹氏, 平山 朴氏, 김은부(金殷傅, ?-1017)로 대표되는 安山 金氏, 鐵原 崔氏 등 15개 가문이 포함되어 있다. 안산김씨(安山金氏)는 외척으로서 현종대부터 문종대까지 4대 50여년간 영화를 누렸고 경원(慶源, 혹은 仁州) 이씨(李氏)는 외척으로서 문종 때부터 인종 때까지 7대 80여년간 정권을 농단(壟斷) 하였다.

진양 강씨(晋陽 姜氏), 영양 남씨(英陽 南氏), 광주 노씨(光州 盧氏), 달성 하씨(達城 夏氏), 아산 호씨(牙山 胡氏), 양주 낭씨(楊州 浪氏) 등도 대표적인 중국계 귀화인의 성이다. 가장 오래된 귀화 성씨 가운데 하나인 청주 한씨 시조 한란(韓蘭)은 후삼국 통일에 큰 공헌을 한 인물이다. 의령 옥씨 시조 옥진서(玉眞瑞)는 고구려에, 순장군(珣將軍)은 백제에, 남양 홍씨 시조 홍천하 · 평해 구씨 시조 丘大林 · 온양 방씨 시조 방지 · 영양 김씨의 시조 김충 · 남씨 시조 남민(南敏) · 수원 백씨의 시조 백우경(白宇經) · 제갈씨 시조 20대 손 제갈공순(諸葛公巡)은 신라에 각각 귀화한 唐人들이다.
고려 초 발해 유민은 총 35회에 걸친 집단 망명으로, 평균 1회 망명한 수가 839명에 이르렀으며 태조 때 9천 5백명, 문종 때 680명과 포로 1,469명 등 대 규모로 귀화한 이들은 여진족이다.
970년 귀화한 채인범(蔡仁範), 979년 귀화한 조지란(趙之蘭, 배천 조씨 시조), 1045년 사망한 유지성(劉志誠), 12세기 중엽 망명해 온 신수(愼脩, ?-1101, 거창 신씨 시조), 국주(鞠周, 담양 국씨 시조), 곽경(郭鏡, 玄風 곽씨 시조), 하흠(夏欽, 달성 하씨 시조)은 대표적인 宋의 귀화인들이다.

고려시대의 청백리는 '良吏라 호칭 하였다. 「吏에 나타난 이 몇 사람들은 혹은 청신(淸愼)으로써 자기를 규율(規律)하고 혹은 인후(仁厚)로써 백성을 위무(慰撫)하여 모두 유애(遺愛)함이 있었으니 가히 옛날의 良吏에 부끄럽지 않다고 할 수 있으므로 良吏傳을 만든다.」〈'高麗史' (列傳, 第34卷), 良吏傳序〉하여 양리로 유석(庾碩, ?-1250), 왕해(王諧, ?-1246), 김지석(金之錫), 최석(崔碩), 정운경(鄭云敬, 1305-1366)등 5명을 지칭하였다.

새로 대두한 능문 능리(能文能吏)의 학자적 관료를 사대부(士大夫)라고 이른다. 이들은 최씨 집권하에서 등장, 무신정권이 무너진 후인 14세기 후반 큰 정치적 세력을 형성하여 보수적인 권문세족과 진보적인 신흥사대부 사이에 대립이 나타 나게 되었다.

收取의 經濟 · 身分의 혼효(混淆) - 조선사회

왕을 지칭할 때 쓰는 묘호(廟號)는 '조선왕조실록, 황조실(皇朝室)의 책호문'에 따르면 創業之主를 조(祖)로 하고, 守成之君을 종(宗)으로 하였다. 관제도 문무 양반으로 나뉘었는데, 고려시대보다 훨씬 관료적이었다. 문반(文班, 東班)이 무반(武班, 西班)보다 큰 비중을 차지하고 있던 것도 같았다.

조선시대 사적(私的) 토지지배는 왕실귀족 및 관료중심의 관료적 지주형과 토호향리(土豪鄕吏)농민중심의 농촌적 지주형(地主型)으로 지방의 부농은 자가경영의 한계를 초과하는 농토를 가지고 매입 · 개간 · 겸병 등의 방법으로 그들의 소유지를 넓혀 갔다.

"京邑은 四方의 根本이고, 地方의 州縣은 부역과 세금을 내서 王室을 호위(護衛)하는 번병(藩屏)이다." 〈鄭道傳 / '朝鮮經國典'〉라고 했듯이 國防도 王室보위(保衛)에 중점이 있었다.

조선초기는 지배층으로서의 양반사회가 안정된 시기였다. 양반들은 지방에 대한 차별이나 서얼금고법(庶孼禁錮法)등으로 그 수를 제한하고 같은 신분계급끼리 통혼(通婚)하여 친족을 형성하고, 권력공동체를 형성했다.

양반 중심의 사회는 17세기 후반부터 붕당 간의 갈등, 사회 · 경제적인 변화로 동요되기 시작하였으며, 노비신분층의 범주적 해체와 양반의 수적 증가로 양반층 내부의 신분 혼효와 권위 실추를 가져와 종국에는 신분질서의 해체를 초래하였다.

지배자들의 편의에 길들여진 민중은, 정당한 저항보다 맹목적 추종이 이익이라고 생각하여 노예는 우마(牛馬) 이상으로 부려 진 연후에야 상전에게 반항하였고, 상민은 봉의(蜂蟻) 이상으로 착취 당한 연후에야 양반에게 반항하였다. 이들은 내부의 갈등과 항거를 거듭하다가도 외부의 충격, 곧 이민족이나 타 국가의 내침이 있을 때에는, 민족적 · 국가적 항쟁의 주류를 이루었는데 18세기 그 자각의 정도가 지배계층의 가중되는 압제에 비례하여 더욱 높아지기 시작했다.

여기에 두 계통으로 자각의 현상이 일어났으니 하나는 지식층 엘리트를 중심으로 한 현실개혁운동, 농업기술의 개혁, 상공업의 장려, 제도의 개선 등이고 또 하나는 농민을 주축으로 한 민중세력이 떼로 몰려가 관권에 항의하고, 잔반(殘班)을 지도자로 조직적 항거를 벌인 것이다. 홍경래의 난 등 민란과 1894년 동학농민운동은 모두 토지제도의 개혁과 신분제도의 타파에 그 초점이 맞추어졌는데 1894년 갑오개혁은 반상(班常)의 계급타파, 문벌을 초월한 인재등용, 인신매매의 금지, 천민대우의 폐지, 고문(拷問) · 연좌제(連坐制)의 폐지, 조혼금지, 과부의 재혼, 양자제도의 개정, 의복제도의 간소화 등 인간평등을 추구한 근대의식의 표현이었다.

유교(儒教)정치기구와 관료체계

〈中央정부와 地方官制〉

중앙정부의 주요 기구로 의정부(議政府) · 6조(六曹) · 승정원(承政院) 등과 홍문관(弘文館) · 사헌부(司憲府) · 사간원(司諫院)등 3사(司)가 있었다.

태종은 도평의사사를 의정부(議政府)로 개편하고(1400년 4월), 의정부의 권한(議政府署事制)을 축소하여 六曹直啓制(육조에서 의정부를 통하지 않고 왕에게 直啓하여 결재받음)를 시행하였다(1414). 六曹直啓制는 세종 18년(1436) 의정부서사제(議政府署事制)로 되었다가 세조 때 복구되었다.

의정부는 백관의 통솔과 서정을 총괄하던 최고의 행정관청으로 영의정〔영상(領相), 상상(上相), 수규(首揆)로 별칭〕· 좌의정 · 우의정으로 구성된 합좌기관인데 도당(都堂), 묘당(廟堂), 정부(政府) 또는 황각(黃閣)이라고도 했다.

육조(별칭 육부 또는 육관)는 정무를 나누어 맡아보던 이, 호, 예, 병, 형, 공조에 대한 총칭으로 각 조마다 정2품의 판서(判書) 1인, 종2품의 참판(參判) 1인, 정3품의 참의(參議) 1인, 정5품의 정랑(正郎) 2인-4인, 정6품의 좌랑(佐郎) 2인-4인 등으로 구성되어 있었다.

승정원은 왕명의 출납을 맡은 비서기관의 별칭으로 정원(政院), 후원(喉院), 은대(銀臺), 대언사(代言司) 등으로 불리웠는데 1405년 승추부가 병조에 흡수되면서 독립된 기구가 되었다. 승정원에는 동벽(도승지, 좌승지, 우승지)과 서벽(좌부승지, 우부승지, 동부승지) 각 1인씩 6인의 승지(承旨)가 정3품의 당상관(堂上官)으로, 정7품의 주서(注書) 2인과 서리 28인이 있었다.

홍문관은 왕의 고문기관, 사헌부는 백관의 규찰과 풍속의 교정을 담당하는 감찰기관, 사간원은 왕에 대한 간쟁(諫諍)을 임무로 하는 기관으로 3司의 관직을 청요직(淸要職)이라 하였다. 사법기관으로 왕에 직속된 의금부(義禁府)가 있었는데 모두 경직(京職)이었다.

관직에는 녹관(祿官 실직이 있는 정직(正職)의 品官), 실직(實職)에 있으면서도 녹봉을 주지 않는 무록관(無祿官), 품계(品階)만 있는 산관(散官), 직함은 있으나 직사(職事)가 없는 영직(影職), 체아직(遞兒職)으로 1년 중 몇 달 실직(實職)을 맡아 보는 동안만 녹봉을 받는 잡직(雜職) 등이 있었다. 정직은 경비 절약과 권력 집중을 위해 겸관제도를 실시했으며, 또 경직(중앙직)과 외직(지방직)의 구분이 있었다. '경국대전' 에 의하면 관직수는 5605과(窠)이다. 양반의 정직(正職)은 2400과〔문반 1579과(경관 541과, 외관 1038과), 무반 821과(경관 319과, 외관 502과)〕로 경관 860과 중에서 겸관이 132과이다.

관료는 낮이 긴 봄과 여름에는 묘시(卯時 : 오전 5-7시)에 출근, 유시(酉時 : 오후 5-7시)에 퇴근하고 낮이 짧은 가을과 겨울에는 2시간 늦게 진시(辰時)에 출근, 2시간 빨리 신시(申時)에 퇴근했다.

매년 6월과 12월 이조와 병조에서 관리의 공로와 과실을 선(善) · 최(最) · 악(惡) · 전(殿)의 4등급으로 평하여 다섯 번의 도목정(都目政, 都目政事 · 都目 · 都政이라고도 함)에서 세 번 上을 받으면 승진되었다(五考三上).

지방통치기구는 1413년 태종때 전국을 8도〔경기 · 충청 · 황해 · 경상 · 전라 · 평안 · 강원 · 영안(永安:함길)〕로 나누고, 그 밑에 부(府) · 목(牧) · 군(郡) · 현(縣)을 두어 지방관을 파견 하였다.

태종 13년 완산을 전주, 계림을 경주, 서북면을 평안도, 동북면을 永吉道. 군현의 州를 山 · 川으로 개명하고 각 도의 單府官을 도호부, 監務를 현감으로 고쳐 1유도부(留都府) · 6府 · 5대도호부(大都護府) · 20목(牧) · 74都護府 · 154현으로 지방 관제를 정비하고 태종 17년 도순문사(都巡問使)를 도관찰출척사(都觀察黜陟使)로, 도안무사(都安撫使)를 병마도절제사(兵馬都節制使)로 개칭하였다.

1466년 관제를 고쳐 五司를 五위(衛)로 개편하고, 영의정부사(領議政府事)는 영의정(領議政), 사간대부(司諫大夫)는 대사간(大司諫), 도관찰출척사(都觀察黜陟使)는 관찰사(觀察使), 오위진무소(五衛鎭撫所)는 오위도총관(五衛都摠官), 병마도절제사(兵馬都節制使)는 병마절도사(兵馬節度使)로 각각 개칭하였다.

韓末 한성부와 13도 체제는 1949년 1특별시 9도로, 1995년 1특별시 · 5광역시 · 9도로 바뀌었고 2006년 제주특별자치도가 생겨 1특별시 · 6광역시 · 8도 · 230 시군구(75시 · 86군 · 69자치구) · 1특별자치도(1광역도, 2행정시) 체제가 됐다.

지방관으로는 도에 관찰사(觀察使, 감사), 그 밑으로는 부윤(府尹) · 목사(牧使) · 군수(郡守) · 현령(縣令)을 두어 다스렸다. 지방관의 임기는 관찰사 360일, 수령 1,800일로 제한하여 지방에 세력 부식을 방지하였다. 지방관의 임무('守令 7事')는 태종 6년(1406) 기록에 따르면 존심인서(存心仁恕), 행기렴근(行己廉謹), 봉행조령(奉行條令), 권과농상(勸課農桑), 수명학교(修明學校), 부역균평(賦役均平), 결송명윤(決訟明允) 등이었다.

〈'경국대전' 吏典 考課條〉

향청(鄕廳)은 고려말의 유향소(留鄕所)와 같은 성질의 것으로 임무는 수령의 보좌, 풍속의 교정, 향리의 규찰 등이었는데, 지방 양반의 집합소로서 지방행정에 큰 영향을 미쳤다. 지방행정은 주로 향리들이 담당하였고, 그 직역(職役)은 세습되었다.

형벌을 쓸 때 삼복법(三覆法) 제도가 있었다.
형벌의 종류에는 태(笞) · 장(杖) · 도(徒) · 유(流) · 사(死) 등 오형(五刑) 외에도 육시(戮屍), 차열(車裂), 효수(梟首), 사약(賜藥)이 있었다. 유형과 같은 형벌로서 전가사변(全家徙邊) · 부처(付處) · 중도부처(中途付處) · 안치(安置)가, 사형에는 참형(斬刑) · 교형(絞刑) · 능지처사(凌遲處死)가, 안치에는 절도안치(絕島安置) · 위리(圍籬) 또는 가극안치(加棘安置) · 본향안치(本鄕安置)가 있었다.

• *內外 命婦의 칭호*

품계를 받은 궁중의 여성들을 가리켜 내명부(內命婦), 봉작(封爵)을 받은 궁중 밖의 여성들을 통칭하여 외명부(外命婦)라고 하였다.

내명부는 빈으로부터 장의(掌醫)까지로, 왕가의 후궁 및 여관(女官)이요, 외명부는 公主로부터 孺人까지 곧 벼슬한 이의 처로, 지아비의 직위에 따라 봉고(封誥)된 이들이다. '대전회통(大典會通)' 에 의하면 궁녀란 '궁중여관(宮中女官)' 의 별칭으로 상궁(尙宮) 이하의 궁인직을 의미한다.

'경국대전(經國大典)' 에 그 소임에 따라 품계가 나뉘어 있다. 정 1품 빈(嬪) · 종 1품 귀인(貴人) · 정 2품 소의(昭儀) · 종 2품 숙의(淑儀) · 정 3품 소용(昭容) · 종 3품 숙용(淑容) · 정 4품 소원(昭媛) · 종 4품 숙원(淑媛)까지는 후궁이고, 궁녀는 업무에 따라 그 품계가 정 5품에서 종 9품까지 10등급으로 나뉘어 있었다.

왕을 낳은 일곱 후궁을 모신 칠궁(七宮, 사적 149호)은 청와대 경내에 위치해 있는데 추존왕(追尊王) 진종(眞宗)의 생모 정빈(靖嬪) 이씨〔李氏, 연우궁(延祐宮)〕, 영조 생모 숙빈(淑嬪) 최씨〔崔氏, 육상궁(毓祥宮, 1670-1718)〕, 경종(景宗)의 생모 희빈(禧嬪) 장씨〔張氏, 1659-1701, 대빈궁(大嬪宮)〕, 추존왕 원종의 생모 인빈(仁嬪) 김씨〔金氏, 1555-1613, 저경궁(儲慶宮)〕, 사도세자의 생모 영빈(暎嬪) 이씨〔李氏, ?-1746, 선희궁(宣禧宮)〕, 순조의 생모 수빈(綏嬪) 박씨〔朴氏, 1770-1822, 경우궁(景祐宮)〕, 영친왕의 생모 순헌귀비(純獻貴妃) 엄씨〔嚴氏, 1854-1911, 덕안궁(德安宮)〕가 위패(位牌)의 주인들이다.

〈私兵혁파 · 軍事조직 개편〉

태조는 개국 초 여말 설치된 삼군총제부(三軍摠制府)를 의흥삼군부(義興三軍府)로 개편하고 의흥친군좌위와 의흥친군우위로 나누어, 고려의 중앙군 조직인 8위(衛)와 함께 10위의 중앙군 조직을 갖추었다. 1394년(태조 3) 10위를 10司로 개편, 4개의 사를 중군(中軍)으로 하여 궁궐을 호위하는 시위사(侍衛司)로 삼고, 6개의 사를 좌 · 우군(左 · 右軍)으로 하여 한양을 지키는 순위사(巡衛司)로 두는 한 차례의 변화를 겪었다. 그후 방원은 정종 2년 사병(私兵)을 혁파하여 이를 삼군부에 소속시켰으며, 세조는 1465년 삼군부를 오위도총부(五衛都摠府)로 개편하였다.

5위란 중 · 좌 · 우 · 전 · 후의 다섯 위로 의흥위(義興衛) · 용양위(龍驤衛) · 호분위(虎賁衛) · 충좌위(忠佐衛) · 충무위(忠武衛)를 이른다. 위(衛) 밑에 부(部) · 통(統) · 여(旅) · 대(隊) · 오(伍)로 되어 있었으며, 갑사〔甲士 : 시취(試取)에 의한 직업군인〕와 정병(正兵)으로 구성되어 있었고, 이들에게는 2인의 봉족(奉足)이 달려 있었다. 지방의 각 도에 병마절도사(兵馬節度使, 兵使)와 수군절도사(水軍節度使, 水使)를 두어 각각 육군과 해군을 통할하게 하고 그 밑에 첨절제사(僉節制使), 우후(虞候), 만호(萬戶), 절제도위(節制都尉)

등의 職位가 있었다. 지방의 각 진(鎭)에 속해 있던 군인은 진수군(鎭守軍)이라 하여 전투부대와 노동부대로 구성되어 있었고, 수영에는 선군(船軍)이 있었다.

오위조직은 15세기 후반부터 붕괴되기 시작했다. 중종 조에 설치된 비변사(備邊司)가 議政府의 기능까지 흡수하여 문무 합의 기구가 성립되고 포로 군역을 대신하게 하는 수포대역제(收布代役制) 성행으로 무력화된 5위가 5군영(軍營)으로 개편된 것은 17세기 후반이었다. 신설된 훈련도감(訓練都監)에서는 포수(砲手, 銃兵) · 사수(射手, 弓兵) · 살수(殺手, 槍劍兵)의 삼수병(三手兵)을 훈련하였으며 숙종대까지 총융청(摠戎廳) · 수어청(守禦廳) · 금위영(禁衛營) · 어영청(御營廳) 등이 설치되어 5군영(軍營)이 확립되었다.

양란(兩亂)후 신분제의 붕괴, 부역제의 해이, 수취제의 변동은 번상병제의 지속을 불가능하게 하였고 모병제가 중심을 이루었다. 양반은 군역이 면제되고 양민도 각종 방법으로 피역(避役)하는 자가 늘어, 농민이 나머지를 채워야 하는 등 농민의 부담이 가중되었다.

조선은 3년마다 한 번씩 조사된 호적을 근거로 군적(軍籍)을 작성하였는데 군적에 오른 숫자는 1477년(성종 8) 정군 13만 4,973명, 보인 33만 2,745명, 1523년(중종 18) 정군 18만 6,691명, 잡군 12만 5074명이었다.

〈과거제(科擧制)와 교육기관(敎育機關)〉

과거제도는 고려시대 보다 조선에서 그 중요성이 한결 더 하였다. 그것은 과거를 통하지 않고는 거의 관리로 진출할 수 없었기 때문이다. 응시자격은 문과가 양반 자제에 국한된 데 비해 무과는 향리나 양인도 응시할 수 있었다. 과거의 시험관인 좌주(座主=恩門)와 그 시험에 합격한 문생(門生)은 학벌과 붕당을 이루는 근거가 되어 조선이 건국되자 좌주문생제(座主門生制)는 혁파되었다.

과거('分科試取' 한다는 뜻)는 문과 · 무과 · 잡과의 세 부문이 있었다. 문과는 생진과(生進科, 小科)와 대과(大科)로 나누어 시취(試取) 하였다. 생진과는 사서(四書) · 오경(五經)으로 시험하는 생원과와 시(詩) · 부(賦) · 책(策) 등으로 시험하는 진사과가 있어서, 합격자를 생원과 진사라 불렀다. 소과시는 초시 · 복시의 두 단계를 거치고 대과시는 생원 · 진사 및 성균관의 유생들이 응시하였는데 초시(初試) · 복시(覆試) · 전시(殿試)의 3단계를 거쳐 등급을 결정하였다. 무과는 궁술(弓術) · 기창(騎槍) 등의 무예와 경서(經書) · 병서(兵書) 등으로 시험하였는데 초시 · 복시 · 전시의 3단계를 거쳤다. 잡과는 역과(譯科) · 의과(醫科) · 음양과(陰陽科) · 율과(律科)의 4과가 있었는데 초시 · 복시의 2단계가 있었다. 외국어 전문 교육기관으로 사역원(司譯院), 학습 교재로 중국어에 관한 '몽어 노걸대(蒙語老乞大, 1741)'와 '박통사언해(朴通事諺解, 1677)' · 일본어에 관한 '첩해신어(捷解新語)'가 있었다.

과거시험의 시기는 자-오-묘-유(子午卯酉)년을 지정, 3년주기 정기시험인 식년시(式年試)가 원칙이나, 1401년 태종 때 증광시(增廣試:큰 경사가 있을 때), 1429년 세종 때 알성문과〔謁聖文科, 왕이 성균관에 가서 시험〕, 1457년 세조 때 별시(別試) 등이 있었다.
과거의 부정(不正)은 상피(相避)·역서(易書)·배송(背誦) 등 방지책에도 불구하고, 관료세력이 안정된 중기 이후부터 일어나 문과 급제자의 명단인 '국조방목(國朝榜目)'에서는 여러 곳에서 합격자의 삭과(削科)를 볼 수 있고, 전파방〔全罷榜, 합격자의 전원을 취소〕도 있었다. 삭과가 시작된 것은 선조 29년(1596)이지만 전파방은 현종 9년(1668)에 찾아볼 수 있고 광해군 때에는 28회의 문과중 9회나 부정이 있었다. 기묘과옥(己卯科獄, 1699)', 임진과옥(壬辰科獄, 1712) 등 科擧試驗 不正에는 수종(隨從), 조정(早呈), 협서(挾書), 차술(借述), 혁제(赫蹄) 등 유형이 있었다.
삼의정(三議政 : 영의정·좌의정·우의정)의 89.2%가 과거 급제자이고, 이 중 96.8%가 문과 급제자, 문과 급제자는 약 4할이 소과 급제자이다. 어려운 소과를 거치는 경우 서울의 양반 자제들보다 지방의 양반 유생들의 합격률이 높고, 음덕과 학당(學堂) 출신이 엘리뜨가 되기 쉬웠다.
조선왕조를 통틀어 문과 급제자(14,615명)의 56.5%는 한양 출신이고〈金泳謨(1938-)〉, 35.7%(5,221명)는 낮은 신분 출신이었다.(韓永愚) 고종·순종 대에는 문과출신의 당상관 이상 중 72.4%가 한양 출신이고 충청(7.5%), 경기(5.9%), 영남(3.7%), 호남(1.8%)의 차례였다. 또한 전주 李氏 5.9%, 안동 權氏 2.5%, 파평 尹氏 2.3%, 남양 洪氏 2.2%, 안동 金氏 2.1%등 5派系가 급제자의 15%를 차지하고 있다. 잡과 합격자는 역과 2,976명, 의과 1,548명, 음양과 865명, 율과 733명 총 6,122명이었다.(算學 1,627명 별도)

교육기관으로는 서울에 성균관〔成均館, 태학(太學)·반궁(泮宮)·현관(賢關)·근궁(芹宮)으로도 불리웠다〕과 동·서·남·중의 4학(四部學堂, 四學)이, 지방의 읍에는 향교가, 민간 교육기관으로는 서원과 서당이 있었다.

사화로 산림(山林)에 은거한 사림의 성리학 강구(講究), 선현(先賢)에의 사숙(私淑), 정사(精舍)·서당(書堂)등 사학(私學)을 통한 자제교화(子弟敎化), 송대(宋代) 서원의 교육적 기능에 대한 인식 및 향교(鄕校)등 관학(官學)의 쇠퇴에 대한 반성이 결부되어 서원이 성립되었다. 양반 자제들은 7, 8세가 되면 사부학당과 향교에 수학하여 생진과에 급제한 후 성균관에 진학하였고, 문과에 응시하여 관리로 진출하였다.

4천여 곳에 이르렀다는 중국 서원 중에서 빠루뚱(白鹿洞), 쑹양(嵩陽), 잉티엔푸(應天府), 유에루(岳麓) 서원은 '천하 4대 서원' 으로 꼽힌다.
서원의 시초는 중종 38년(1543) 풍기군수 주세붕(周世鵬, 1495-1554)이 朱子의 白鹿洞學規를 본 받아 順興에 세운 백운동서원(白雲洞書院)이다. 그는 여기에 안향(安珦)을 봉사하고 유생들에게 독서와 강학의 편의를 주었다. 강학은 일과 중에 숙야잠(夙夜箴), 경재잠(敬齋箴), 사물잠(四勿箴), 서명(西銘) 등 잠언(箴言)을 외우는 방식으로 이루어졌다.

1550년 이황이 풍기군수로 부임하여 노비 · 전결과 함께 왕의 친필로 액(額)을 하사받음으로써 소수서원(紹修書院) 〔紹修는 "이미 무너진 교학을 다시 닦게 함"(기폐지학 소이수지 : 旣廢之學 紹而修之)이란 뜻이다〕이라 개칭, 사액서원(賜額書院)의 시초가 되었다. 그 후 서원은 1574년(선조7) 설립된 禮安(安東) 도산서원(陶山書院)등 17세기 초엽에는 百을 넘게 되었는데 숙종 초 남인과 서인의 당쟁을 정점으로 서인의 분열, 노론의 전제(專制)로 인한 양반의 세력 불균형은 지방 양반들의 서원 남설(濫設)의 경향을 더욱 자극하였다.

「세붕은 이행(李荇)의 행장(行狀)을 지으면서 충성은 려우샹(劉向)에 비(比)하고 지조는 쿵숭(孔融, 152-208)에 비하고 용맹은 주거량(諸葛亮)에 비하기까지 했으므로 식견있는 사람들이 비루(鄙陋)하게 여겼었다.」 〈'明宗實錄' 20輯 213面, 明宗 卷 17〉

농장을 기초로 세워진 서원은 사림의 집합소였고, 당쟁이 심해진 후로는 학문의 도장으로서 보다도 붕당의 근거지로 화하여 자파(自派)를 양성하는 소굴(巢窟)로 변하고 사액서원에는 토지와 노비를 주는 것이 관례로 되어 그 경제적 기반이 튼튼해져서, 고려시대의 사원과 같이 국가 재정을 좀 먹는 조선 후기 사회의 암적 존재가 되었다.

향약(鄉約)은 맹사성(孟思誠)이 정리하였는데 여씨향약〔呂氏鄕約, 宋代 뤼다팡(呂大防, 藍田)의 鄕里自治訓으로 後에 朱子가 增損함〕에 근거한 것으로 그 근본 정신은 덕업상권(德業相勸, 덕업을 서로 권한다) · 과실상규(過失相規, 과실을 서로 규제한다) · 예속상교(禮俗相交, 예속을 서로 교환한다) · 환난상휼(患難相恤, 환난을 서로 돕는다)의 네 가지였다. 이것은 중종때에 조광조가 처음 실시하였으나(1517) 그의 실각으로 성공하지 못하고 그후 전국적으로 보급되었는데 유림이 지도하였다. 향약의 간부인 약정(約正)에는 지방의 유생이 임명되어 농민에 대한 지배력을 행사하였다.

조선후기 書院 · 祠宇의 건립

年代 \ 도별	慶尙	全羅	忠清	京畿	黃海	江原	平安	咸鏡	計
光海君	15	9	6	2	1	2	1	2	38
仁 祖	20	13	6	4	1	5	4	2	55
孝 宗	12	8	3	5	3	4	1	1	37
顯 宗	23	12	11	7	2	4	5	8	72
肅 宗	127	67	53	24	15	11	23	7	327
景 宗	7	5	5		1	5	4	2	29
英 祖	51	26	17	8	16	12	18	11	159
正 祖	2	2		3					7
計	257	142	101	53	39	43	56	33	724

〈자료 : 鄭萬祚 / 17~18世紀의 書院 · 祠宇에 대한 試論, 韓國史論 2, 서울대, 1975.〉

수취제(收取制) 경제구조

〈田·稅制의 개편〉

조선조 토지제도의 근간은 과전법(科田法)으로 여말 전시과(田柴科)제도를 개혁한 것이다. 과전은 경기도 내에 국한된 데다가 몇 차례 배출된 공신전(功臣田)과 별사전(別賜田)은 토지의 부족을 심화시켜 세조 11년(1465) 과전법을 폐지하고 현임 관리에게만 토지를 지급하는 직전법(職田法)을 실시하였다. 과전과 공신전 이외의 토지로는 군전(軍田)·내수사전(內需司田)·늠전(廩田)·학전(學田)·사원전(寺院田)·둔전(屯田) 등이 있었다.

> 군전은 지방의 한량(閑良)에게 주는 것이었고, 내수사전은 궁성(宮城) 소속의 토지였으며, 늠전은 지방 관아에게 지급되는 공전(公田)이었다. 학전은 성균관·사학·향교 등 소속의 토지였으며, 둔전은 지방에서 군자(軍資)에 충당키 위하여 설정된 토지였다.

수조율(收租率)이 공전·사전 모두 일할이었으므로 '병작반수(並作半收)'의 경영 형태는 더욱 진전되고 빈농(貧農)과 유랑민은 양반과 부농의 토지를 소작하는 전호(佃戶)가 될 것을 불가피하게 요청하였다.

태조 때 서민 각 戶에 대하여 요역(徭役)을 면제해 주는 대신 布를 징수하였는데, 충청·황해·경상·전라·강원도 등의 민호(民戶)에 부과하였다. 大戶는 2필, 중호는 1필, 소호는 반 필씩을 징수하였으나 태종 때 폐지하였다.

임진왜란으로 전지(田地)는 황폐되고 나라의 재정은 곤란하여져 군자(軍資)나 녹봉(祿俸)이 부족하게 되었다. 궁방(宮房), 관아(官衙), 영문(營門)에서는 다투어 어장(漁場), 염분(鹽分), 전지(田地)를 떼어 받아 궁둔전(宮屯田), 관둔전(官屯田)이 늘어 갔다.

대 토지 점유의 추세는 면세지(免稅地)를 늘이는 결과가 되어 세입(稅入)은 점점 더 줄어 갔다. 왜란 전 170만결(結)이던 토지면적이 54만결로 줄어드는 등 재정의 곤란을 당하게 되자 광해군 즉위년(1608) 공납제(貢納制)가 폐지되고 이원익(李元翼)·김육(金堉) 등의 주장에 의하여 대동법의 실시를 보게 되었다.

> 대동법은 1608년 경기도에, 인조 원년(1623) 강원도에, 효종 때 충청(1651)·전라도(1658, 1662)에, 1666년 함경도에, 숙종 3년(1677) 경상도에, 1708년 황해도에 확대되어 상정법(詳定法 : 변형된 대동법)으로 전국에 실시되기까지는 백년이 걸렸다. 그리하여 대동미(大同米)라는 이름 아래 전(田) 1결에 대하여 미 12두(斗)씩을 징수하게 되었다. 쌀 대신 포(布 대동포) 또는 전(錢 대동전)으로 대납하게도 하였는데 이를 주관한 관청을 선혜청(宣惠廳, 1608-1894)이라 하였다. 대동법의 실시는 농민들의 부담을 덜어주었고, 官에 공물을 대납하는 공인(貢人)이란 어용상인과 독립적인 수공업자를 낳게 하였으며 공물을 조달하기 위한 시전(市廛)을 확대·발전시켜 상품·화폐경제의 발달을 촉진시켰다.

김육은 '종덕신편(種德新編)' 序에서 「무릇 애물(愛物)은 仁에 근본했고, 제인(齊人)은 義에 근본했으며, 의혹을 푸는 것은 智에 근본했으니 이 모두는 사람의 성품에 본디 있어서 자연스레 피어나는 것이다.」 하였다.

「효종은 '어떻게 하면 국사(國事)를 담당하여 김육같이 확고하여 흔들리지 않는 사람을 얻을 수 있겠는가' 하였다.」 〈'孝宗實錄' 36輯 152面〉

〈收取의 문란(紊亂)〉

대동법의 시행으로 조선 전기의 전세 · 공물 · 군역의 세금체계는 전세 · 군역 · 환곡의 三政으로 전환되었다. 1703년(숙종 29) 이정청(釐政廳)을 설치, 군포를 2필로 균일하게 하고 각 軍門의 軍額을 감(減)하는 등 良役의 변통(變通)을 꾀하였다.1750년(영조 26) 인정(人丁) 단위로 2필의 군포를 1필로 감하고, 균역청을 설치, 감포(減布)에 따른 부족재원(不足財源)을 어전세(漁箭稅) · 염세(鹽稅) · 선세(船稅) 등 海稅와 결전(結錢) · 은여결(隱餘結) · 선무군관포(選武軍官布) 등으로 보충하는 등의 균역법(均役法)이 제정 공포 되었다.

전정(田政)은 토지로 부터 받는 전세(田稅)로서, 1결당 4두(斗)씩 받는 전세, 삼수미(三手米) 2두, 대동미 12두, 결작(結作)(균역법 실시 이후 布 대신 받게 된 미곡) 2두 등이다. 1결당 20두의 세는 수입의 10분의 1에 해당하는 것이나 각종 부가세와 잡세를 징수하여 수확고의 3분의 1을 초과하고 있었으니 징세폐단은 남징(濫徵) · 과징(過徵)에 있었다.

군정(軍政)은 16세부터 60세까지의 정남에 대하여 징수하던 군포 1필을 말한다. 그러나 황구첨정(黃口簽丁:어린 아이에게도 어른으로 계산하여 받는 것) · 백골징포(白骨徵布:죽은 자에게도 부과하는 것) · 족징(族徵:도망자의 체납분을 친척에게 물리는 것) · 인징(隣徵:도망자의 체납분을 이웃에게 물리는 것) 등이 농민들을 괴롭혔다.

환곡(還穀)은 춘기에 양곡을 대여하였다가 추수기에 석당 1두 5승(升)(10분의 1)의 이자를 계산하여 받는 것이었다. 필요 이상의 양을 강제 대여하기도, 허류(虛留)라 하여 창고에는 없는 데 있는 것 같이 문서를 허위 작성하기도, 반작(反作)이라 하여 출납 허위 보고를 작성하기도, 반은 겨를 섞어 1석을 2석으로 만들기도 하였다. 심지어 원곡은 대여하지도 않고 모곡(耗穀)을 강제로 징수하는 등 그 폐해가 컸다.

「고구려 고국천왕 시대에 해마다 3월부터 7월에 관곡(官穀)을 진대(賑貸)하고 10월 환납을 규식(規式)으로 한 것이 조적(糶糴)의 시초이다. 국초에 여제(麗制)를 인습하여 각 도에 의창(義倉)을 설치하고 곡물로써 염산(斂散)하였으니 환상(還上)이라 한다. 환곡은 유(留)와 분(分)이 있으니, 유는 수한불우(水旱不虞)를 대비하는 것, 분은 진대보조(賑貸補助)의 밑거리로 하는 것으로써 절반은 창고에 유치하고, 절반은 분급하는 것이 상법(常法)이다.」 〈'萬機要覽' 用編 3, 糶糴〉

삼정(三政)의 문란은 농민뿐 아니라, 국가 재정에도 막대한 피해를 주었고, 농촌의 파탄은 민심의 동요를 가져와 민란이 빈발하게 되었다.

〈상품(商品)·화폐경제(貨幣經濟)의 발달〉

임진왜란을 겪고 난 뒤 농토의 정비, 수리시설(水利施設)의 복구, 영농기술의 발달, 상업적 농산물의 재배, 토지경영형태의 변화 등이 이루어졌는데 이앙법(移秧法), 견종법(畎種法)의 채택으로 이모작(二毛作)이 가능하게 되고 넓은 토지를 自家 혹은 雇傭勞動力으로 경작할 수 있는 '廣作' 경영이 보급되어 농촌경제가 향상되었다. 부재지주의 증가로 소작료도 병작제에서 4 : 6제로 비율이 낮아지거나, 도조제(賭租制)가 생기고, 일부는 금납제(金納制)가 이루어져 갔다.

상업적 농산물로는 담배·목화·인삼의 재배를 들 수 있다.

담배는 1616년 琉球서 전래, 재배되어 국내 수요충당은 물론 淸에 수출되었다.

인삼은 우리나라 특산품으로 각지에서 채취되었으며, 17세기 말엽부터 재배하기 시작, 개성 지방이 그 중심으로 임상옥(林尙沃, 1779-1855)은 인삼무역의 거상(巨商)이었다.

목화는 고려 말 전래된 이래 그 재배가 전국으로 확대되어 의료혁명을 일으켰다.

헌종 때 淸으로부터 이식된 감자는 영조 39년 일본에 통신사로 갔던 조엄(趙曮, 1719-1777)이 그 종자를 얻어 가지고 온 고구마(古貴爲麻)의 남저(南藷)에 대해 북저(北藷)라고 불리었다.

조선은 초기부터 억상정책(抑商政策)을 실시, 貨幣經濟는 그리 발달하지 못하였다. 太宗 원년(1401) 저화(楮貨)가, 世宗 5년(1423) 朝鮮通寶라는 동전(銅錢)이, 世祖 10년(1464) 전폐(箭幣)가 만들어졌다. 1633년(인조 11) 상평통보(常平通寶)를 주조하여 유통하였으나 결과가 나빠 중지하고 1678년(숙종 4) 다시 주조하여 조선 말 현대식 화폐가 유통될 때까지 통용되었다. 화폐 통용 이후 여인이 화롯가에서 술을 팔게 되었다.

상업 무역도 사신을 통한 공무역 이외에는 금지되어 있었으나 17세기 이후 중국과의 개시무역[開市貿易(대외무역)]과 후시무역[後市貿易(밀무역)]이, 일본과도 왜관개시(倭館開市)를 통해 무역이 활발하였다. 중국과의 무역은 송상(松商:개성 상인)과 만상(灣商:의주 상인)이, 일본과의 무역은 송상과 내상(萊商:동래 상인)이 담당하였다. 그들은 지방에 송방(松房)이라는 지점을 설치하고, 국내외 시장을 석권하였다. 국제무역의 매개는 인삼과 은(銀)이었다.

조선 전기 대표적 상전(商廛)은 서울의 육의전(六矣廛)과 지방의 장시(場市)였다.

육의전〔선전(縇廛 : 비단 상점) · 면포전(綿布廛:무명 상점) · 면주전(綿紬廛:명주 상점) · 지전(紙廛:종이 상점) · 저포전(苧布廛:모시 · 베 상점) · 내외어물전(內外魚物廛:생선 상점)〕은 개경의 것을 모방한 것으로 태종 12년 종로 좌 · 우에 전방〔廛房, 시전의 전(廛)과 점포의 방(房)을 합친 조어〕을 만들어 상업에 종사케 하고 그들로 부터 세금을 징수하였다. 육주비전(六注比廛) · 육부전(六部廛) · 육분전(六分廛) · 육장전(六長廛) · 육조비전(六調備廛) 등 여러 명칭이 있다.

「우리나라 사람은 모두 가난하여 시정(市井)의 상인 및 행상을 제외하고는 교역을 알지 못하고, 농사짓는 것 만으로 생계를 삼았다. 호남(湖南)과 영남(嶺南)은 큰 길가에 주점(酒店)이 있었으나 行人이 힘 입는 것은 술 마시고 말 먹이를 얻는 데에 지나지 않았다. 양징리(楊經理)가 우리나라에 이르러 중국을 본 뜨려 연로(沿路)에 점포를 열었으나 사람들이 따르기를 즐겨하지 않았다. 守令된 자가 지나갈 때에는 官에서 물건들을 마련하여 길 가에 벌여 놓아서 교역(交易)하는 시늉을 하다가 지나간 뒤에 걷어 치웠으니, 중국 사람들의 비웃음을 샀다.」 〈윤국형(尹國馨) / '문소만록(聞韶漫錄)'〉

16세기부터 도시의 상업인구가 점차 증가하여 시전상인(市廛商人) 이외의 사상인(私商人)층을 형성하였다. 상인은 수공업을 지배하여 상품을 독점판매하는 도고(都賈) 상인과 도고 商業이 지배적인 형태였다. 시전상인들은 정부로부터 금난전권(禁亂廛權)을 획득하여 사상인들을 규제하였으나 소비자와 생산업자의 반발로 육의전을 제외한 시전의 금난전권은 철폐되었다. 신해통공(辛亥通共)(1792)으로 인한 경쟁의 격화와 상인 통제권의 쇠퇴로 수공업자의 물주로서 또는 상인고주(商人雇主)로서 역할하는 자가 늘어났다. 17세기 이후 정부의 금압정책이 누그러지자 장시(場市)가 18세기 중엽에는 1073개소(경기 102, 충청 158, 전라 215, 경상 278, 강원 68, 황해 82, 평안 142, 함경 28)에 이르렀다.

서울에는 이현(梨峴, 배오개, 興仁門 안) · 종루(鐘樓, 鐘路 근방) · 칠패(七牌, 崇禮門 밖의 靑坡洞)의 3대 시장이 상설 시장화하고 있었다. 장시에서 교역되는 것은 농산물이나 약간의 수공업제품이었고, 생활필수품은 사람한테 짓밟히고 텃세한테 괄시받던 보부상(褓負商)을 통하여 유통되었다. 보부상이란 보상(褓商)과 부상(負商)을 말하는 것으로, 전자는 생활에 필요한 소 도구나 세공품을 취급하는 봇짐 장수를 말하고, 후자는 농 · 수산물과 기물을 취급하는 등짐장수를 말한다.

상업의 발전과 대동법의 영향으로 도시의 수공업자는 관장(官匠)과 사영 수공업자로 나뉘어 후자는 시장 생산에 종사하는 자유로운 수공업자가 되었다. 농촌 수공업은 가내공업을 벗어나지 못하고 상업과 수공업의 발달은 금속화폐의 유통을 촉진시켜 법화(法貨)로서의 효력을 나타내기 시작하였다. 관장의 수는 서울의 경공장(京工匠)이 2천8백41명, 지방의 외공장(外工匠)이 3천6백52명이었다.

조선 후기에는 관장 중심의 관영수공업이 쇠퇴하고, 국가에 장인세를 바치는 납포장(納布匠), 즉 사장(私匠)의 활동이 활발하였는데, 안성의 유기(鍮器 : 놋그릇), 통영의 칠기, 해주의 먹, 전주의 부채, 나주의 종이, 원주의 목기 등은 전국적 인기를 끌었다.

또한 위탁 매매를 주로 하는 객주(客主)와 여각(旅閣), 상거래를 중개하는 거간(居間), 자본을 대는 물주(物主) 등 상인층의 분화가 있었다. 서점, 책주릅(도서의 매매 중개인), 세책가(貰冊家, 도서대여업), 필경사(筆耕士) 등과 산대(山臺)놀이패, 탈춤패, 거사(乞士)패, 사당패(社堂牌), 각설(却說)이패, 꼭두놀음패, 떠돌이 가객(歌客) 등이 등장했다.

육상교통은 서울을 중심으로 의주, 서수라, 동해, 부산, 통영, 제주도, 수영, 강화에 이르는 도로망 9개가 전국 팔도를 잇고 수단은 대개 말과 교자(轎子)가 이용되었다. 역(驛)의 임무는 공문서의 전달, 관리의 여행시 역마제공 및 진상 · 공납물의 수송이었다.

역은 전국을 41도(道)로 나누어 540여 개에 달했다. 역마의 이용에는 마패(馬牌)가 사용되어 마패에 새겨 진 말의 수 대로 역마를 이용할 수 있었는데, 이용자의 품계와 용무의 완급에 따라 마필의 수가 달랐다. 도에는 찰방(察訪), 역에는 역장(驛長) · 역리(驛吏) · 역졸(驛卒)이 업무를 관장하였다.

18세기 이후 해상 교통은 한강의 한성구역, 동해안의 원산포, 박천의 진두장(津頭場), 김해 칠성포(七星浦), 은진의 강경포, 영산강의 영산포, 창원 마산포, 하동의 화개장(花開場), 영광의 법성포(法聖浦), 전주의 사탄(沙灘) 등이 대표적인 상업 중심지였다.

통신수단으로는 고려시대부터 봉(烽:횃불)과 수(燧:연기)로써 급보를 알리던 봉수(烽燧) 제도를 세종 때 정식으로 마련하였다. 봉수의 간선(幹線)은 직봉(直烽)이라 하여 경흥(慶興) · 동래 · 강계 · 의주 · 순천의 5개처를 기점으로 서울의 목멱산(남산)을 종점으로 하는 것이었다. 조선 중기 이후 파발제(擺撥制)로 기발(騎撥)과 보발(步撥)의 방법이 있었다.

조운(漕運)은 전세 및 대동미(大同米)를 일단 조세창에 수납하였다가 해운과 육운에 의하여 경창[京倉(西江), 광흥창(廣興倉)]에 수송하는 것으로 연해에는 해운창(海運倉)을, 하천의 요지에는 수운창(水運倉)을 설치하였다. 수송은 관선 또는 사선(私船)을 임대하여 운반하였는데 발선일(發船日)과 도착일을 규정하여서 지키지 않을 때는 처벌을 하였다. 다만 함경도와 평안도의 세미는 국방 및 외교비에 충당하기 위해 그 도에 유치(留置)시켰다.

청계천(淸溪川)은 태종때 개구공사(開溝工事, 1406-1412)를, 영조 때 (1760) 준설(浚渫) · 양안석축(兩岸石築) · 유로변경 등을 시행, '준천사실(濬川事實)', '준천계첩(濬川禊帖)' 을 편찬하였다.

신분제(身分制) 사회구조

조선의 종실(宗室)과 사대부는 조정에서 벼슬하는 집이 되고, 사대부보다 못한 신분은 시골의 품관(品官)으로 중정(中正)과 공조(功曹) 따위가 된다. 이 보다도 못한 신분은 사서(士庶) · 장교(將校) · 역관(譯官) · 산원(算員) · 의관(醫官)과 지방의 한산인(閑散人 : 한량)이 되고, 더 못한 신분은 이서(吏胥) · 군호(軍戶) · 양민 따위가 되며, 여기에서 더 못한 신분이 노비이다. 노비에서 지방 아전이 하등 신분으로 한 계층이고, 서얼(庶孼) 및 잡색(雜色)이 또 중등 신분으로서 한 계층이며, 품관과 사대부를 양반이라 한다.

최봉영(崔鳳永)은 國朝人物考를 분석, 1천 8백 95명의 선비들 중 仕官이 1천 7백 2명(89.9%), 未仕官이 1백 93명(10.1%)이라고 밝히고 또 '增補文獻備考' (1908) 藝文考에 文集名이 실려있는 9백 52명의 선비들중 9백 11명(96.7%)이 관직을 가지고 있었다고 하였다.
조선 초기에는 李之蘭〔佟豆蘭, 초명 쿠룬투란티무르(古蘭豆蘭帖木兒), 1331-1402〕 등 여진족의 귀화가 많았고 明 · 淸 때는 遼東지역에서 전란을 피해 들어오는 유민과 지식인들이 많았는데, 가유륜〔賈維錀(蘇州 가씨 시조)〕, 千萬里(영양 천씨 시조), 施文用(절강 시씨 시조, 1572-1623), 편갈송〔片碣頌(절강 편씨 시조)〕, 金學曾(태원 김씨 시조), 楚海昌(巴陵 초씨 시조), 李應祖 · 李明祖(농서 이씨 李如松의 손자들) 등이 그들이다.
'세종실록지리지' 소재 15세기 초 성씨의 종류와 본관수의 성종별 통계를 보면, 본관상으로는 성씨가 기재된 주 · 부 · 군 · 현(속현 · 폐현 포함)은 544읍, 부곡(部曲)은 110개, 향(鄕) 48개, 소(所) 49개, 장(莊) 9개, 처(處) 5개, 역(驛) 7개, 수(戍) 3개소이고 성수는 250성 안팎으로 성관수는 토성(土姓) 2,079, 망성(亡姓) 565, 내성(來姓, 亡來姓) 381, 속성(續姓) 565, 촌성(村姓, 亡村姓) 122, 입진성(入鎭姓) 404, 입성(入姓, 亡入姓) 332, 사성(賜姓) · 투화성(投化姓) 29, 계 4,477본이었다.

성(姓)의 수는 '동국여지승람' 에는 277성, 이의현(李宜顯)이 편찬한 '도곡총설(陶谷叢說)' 에는 298성, '증보문헌비고' 에는 496성이 각각 수록되어 있다.
2000년 현재 한국인 성씨는 286개(귀화 성씨 442개를 합하면 728개)이고, 본관(本貫)은 4,179개이다. 10대 성씨(姓氏)는 김(金, 21.6) · 이(李, 14.8) · 박(朴, 8.5) · 최(崔, 4.7) · 정(鄭, 4.4) · 강(姜, 2.3) · 조(趙, 2.1) · 윤(尹, 2.1) · 장(張, 2.0) · 임(林, 1.7%)씨다.

宋 사오쓰(邵思)의 '성해(姓解)' 에 의하면 중국에서는 2,568성이 되며, 일본의 씨(氏)는 13만에 가깝다고 하였다. 중국 성씨의 유래는 다항하여 신화 및 모계사회로부터 시작된 강(姜), 희(姬)등, 왕조의 이름을 딴 제(濟), 로(魯), 송(宋), 진(秦), 조(趙), 위(魏) 등, 거주 지역명에서 유래된 배(裴), 염(閻), 구양(歐陽) 등, 관직으로 받은 사마(司馬), 사도(司徒) 등, 직업을 나타내는 도(陶), 장(匠), 무(巫) 등 크게 5개 유형으로 구분할 수 있다.
일본의 성씨는 大姓 10, 대표성 100, 일반성 3,600개로 분류되고 나머지는 희귀성에 속한다.

〈신분질서의 형성과 변화〉

혼례 · 제례의 중시로 인한 과소비, 재산의 균분 상속의 관행, 노비변정(辨正) 사업, 승려의 환속, 신량역천(身良役賤)의 설정, 신백정의 양인화 등으로 양반 계층 분화가 일어나 권세있는 권반(權班), 향촌사회에서만 영향력을 행사하는 향반(鄕班) · 토반(土班), 잔반(殘班) 등으로 나뉘어 졌다.(천민의 常民化 및 양반화)

15세기 후반 인구의 4할이 노비였는데 양천교혼(良賤交婚)으로 노비인구가 팽창했다.

❖ 양반(兩班)은 조선 사회의 지배적인 사회층으로 음서(蔭敍)에 의한 등용이 극히 제한되어 과거에 의해서만 출세할 수 있었다. 따라서 이들은 관리가 되기 위하여 학업에만 전념하였고 관리가 되면 국가로부터 전지(田地)와 녹봉을 받을 수 있기 때문에 농 · 공 · 상을 비롯한 다른 직업을 택하지 않았다. 또 그들은 생산이나 부역(賦役)의 의무를 지지 않았고 무반은 문반보다 못하여 무관의 고위직은 문관이 차지하였다.

주거지도 구별되어 한양에서는 남촌(南村)과 북촌(北村)이 양반들의 거주 구역이었다. 서얼의 자손은 문과에 응시할 수 없었으며 재가녀(再嫁女) · 三嫁女의 자손은 벼슬길이 막혀 있었다. 지방적인 차별도 있어서 '大典後續錄' 禁制조에는 「평안도 · 함경도 · 황해도 사람은 여러 관원이나 응사(鷹師)에 소속시키지 말라」하였고 '續大典' 除授조에는 '영남 · 함경 · 평안 · 송도 사람은 望單子에 주(註)를 달아라' 라 하여, 소수의 예외를 제하고는 함경도와 평안도인은 높이 등용되지 않았다. 영남 사람에게도 註를 쓰게 한 것은 勳臣 · 功臣의 자손을 알아서 特權을 주려 한 것이다.

임진왜란을 치르는 동안 양반계층은 경제적으로 몰락하는 자가 생겼고, 전후의 치열한 당쟁은 몰락 양반을 많이 배출하였다. 난(亂) 후 치부한 일부의 양인과 중인은 역(役)을 면제받기 위하여 양반의 신분〔공명첩(空名帖:이름이 기재되어 있지 않은 관작 수여 증서)〕을 금전으로 샀다.

조선의 양반사회에서 가문의 존재가 부각되고 그 영향력이 강화된 것은 17세기 이후로 迎日鄭氏 포은(圃隱)가문, 廣州李氏 동고(東皐) 이준경(李浚慶)가문, 眞城李氏 퇴계(退溪) 이황(李滉)가문, 光山金氏 사계(沙溪) 金長生가문, 延安 李氏 분봉(盆峯) 이주(李澍, 1534-1584)가문, 晋陽河氏 각재(覺齋) 하항(河沆, 1538-1590) · 송정(松亭) 하수일(河受一, 1553-1612)가문, 安東權氏 탄옹(炭翁) 권시(權諰, 1604-1672) · 유회당(有懷堂) 권이진(權以鎭, 1668-1734)가문, 迎日鄭氏 하곡(霞谷) 정제두(鄭齊斗)가문, 禮安 李氏 외암(巍巖) 이간(李柬)가문, 碧珍李氏 화서(華西) 이항로(李恒老)가문 등이 대표적 명문가이다. 3대 대제학을 낸 집안은 연안이씨 이정구 가문〔이명한(李明漢), 이일상(李一相)〕, 광산김씨 김만기(金萬基, 1633-1687)가문〔김진규(金鎭圭), 김양택(金陽澤)〕, 전주이씨 이민서(李敏敍)가문〔이관명(李觀命), 이휘지(李徽之)〕, 대구서씨 서유신(徐有臣)가문〔서영보(徐榮輔), 서기순(徐箕淳)〕등 넷이다.

❖ 중인(中人)은 양반과 양인의 사이에 있던 특수계층이었다. 양반관료를 보좌하는 위치에 있었던 이들이 종사한 관직은 통역관 · 의원(醫員) · 법관 · 관상감원(觀象監員:천문 · 지리) · 회계관 · 화원(畵員) 등이었다. 이러한 기술관은 잡직(雜職)이라 하여 세습되었는데 한성의 중앙부에 살았기 때문에 중인이란 이름을 얻게 되었다.

기술관청에서는 기술을 중인들에게 가르쳐서 과거를 거쳐 벼슬길에 나아가게 하였다. 그러나 從六品 이상으로는 승진이 안 되었고, 특수한 경우 정3품까지만 허락하였다. 양반의 서자도 중인 대우를 받아 문반에는 등용되지 않았고, 부(父)의 직위와 모(母)의 신분(양인 · 천인)에 따라 승진에 제한이 있었다. 경아전(京衙前) 녹사(錄事)는 종6품까지, 서리(胥吏)는 종7품까지 승진되었다. 하급 무관도 중인으로서 군교(軍校)라 불렀다. 지방의 아전은 향리(鄕吏)라 하여 보수가 없었기 때문에 협잡하는 길을 터 주어 조선후기 지방 서리들의 폐해가 극심하였다. 향리에 생 · 진과나 문 · 무과에 응시할 자격을 주고 지배계급의 하부구조를 이루어 양인과 천인들 위에 군림하고 있었다.
중인 출신 최성환(崔瑆煥)은 '고문비략(顧問備略, 1858)'에서 행정실무개혁을, 서얼출신들은 서얼의 역사인 '규사(葵史)'(1859)를 편찬하여 서얼 차별철폐를, 鄕吏 출신 이진흥(李震興)은 향리의 역사인 '연조귀감(掾曹龜鑑)'을 편찬하여 향리가 양반과 같은 대우를 받을 것을 각각 주장하였다.

❖ 양인(良人)은 농 · 공 · 상에 종사하던 신분계층을 말한다. 농민들은 자작농도 있었으나, 대부분 양반의 토지나 공전을 경작하던 전호(佃戶)였다. 그들은 부역을 부담하던 상민(常民)으로 호패법(號牌法)은 이농(離農)을 방지하기 위한 것이었다. 15세기 중엽 이징옥의 난과 이시애의 난 이후 농민의 이탈은 오가작통법〔五家作統法:5호(戶)를 1통으로 묶었던 호적의 보조조직〕에 의해 감시를 받게 되었다.

전조(田租)는 경작하는 토지의 면적에 따라 바치는 세금이었다. 액수가 정해져 있었지만, 해의 풍흉(豊凶)과 토지의 비척(肥瘠)에 따라 수확량에 차이가 생기게 되어, 세종 26년(1444) 전분6등(田分六等)과 연분9등(年分九等)의 양전계산법(量田計算法)이 제정되어 부담이 가벼워지기도 했다. 그들이 부담하던 것은 현물 공납〔現物貢納 : 조(調)〕이었다. 공물로는 광산물 · 수산물과 모피 · 목재 · 과실 같은 특산물, 기물(器物) · 직물 · 지류(紙類) · 돗자리 같은 수공업품 등으로 지방마다 농민은 책임량을 상납해야 했기 때문에 그 고통은 전조보다 더 하였다. 또 그들에게는 병역과 역역(力役)의 의무가 있어 병역은 교대로 번상(番上)했고, 요역은 관에서 행하는 토목공사 노동에 종사하는 것이었다.
양인과 천인 사이에는 조예(皂隸 : 고위 관리의 종자 또는 사령), 나장(羅將 : 순라 또는 옥졸), 일수(日守 : 지방 관아에서 손님 접대 일을 하는 아전), 조졸(漕卒), 수군(水軍), 봉군(烽軍), 역보(驛保) 등 신양역천(身良役賤)으로 분류되는 자들이 있었다.

❖ 천민(賤民)은 노비로서 매매 · 양여가 가능하였고, 그 신분은 세습되어 특수한 경우가 아니고는 면천(免賤)의 혜택을 입지 못하였다. 노비는 궁실이나 관아에 소속된 관노비(官奴婢)와 개인(주로 양반)에 소속된 사노비(私奴婢)의 두 종류가 있었다.

관비는 지방 관청의 허드렛 일을 맡았으나 가장 보편적인 일은 '방지기' (중앙에서 파견된 하급관원 · 군관들과 동거하면서 편의를 제공해 주던 존재)였다. 비(婢)의 소생은 그 아비의 신분에 관계없이 노비가 되었다(奴婢從母法). 공노비는 노동력을 제공하는 선상노비(選上奴婢)와 현물을 납부하는 납공노비(納貢奴婢)로 구분되었는데 조선 후기에는 대 부분이 납공노비였다. 노(奴)는 해 마다 면포 1필과 저화(楮貨) 20장, 비(婢)는 면포 1필과 저화 10장을 바치도록 되어 있었다(저화 20장이 면포 1필에 해당). 사노비는 상전의 집에 기거하면서 농경과 가내 잡사에 사역되는 솔거(率居)奴婢와 외거하면서 신공만을 바치는 外居奴婢()의 두 유형이 있었다.
조선 후기 양인과 천인이 통혼하는 일〔양천교혼(良賤交婚)〕이 흔하여 노비가 양인이 되기도 하고 천인으로 남기도 하였다. 1420년경 2십만 명의 관노비가 성종 때 35만 여명으로 격증하였다가 효종 때에는 19만여명이 되었다.〔효종 6년(1655) 노비추쇄도감을 설치, 노비를 추쇄하였다.〕 서인이 집권한 시기에는 양인의 확대를 도모한 반면 남인이 집권한 시기에는 노비제를 강화하였다. 1730년(영조 6) 9월 우의정 조문명(趙文命, 1680-1732)의 주장으로 1731년 1월1일0시를 기준으로 태어 난 아이부터 어머니의 역을 따라 양인이 되게 하였다. 또한 천한 아내나 첩의 자녀인 경우라도 대구속신(代口贖身 : 다른 노비를 대신 채우고 자신은 양인이 될 수 있도록 하는 것)을 허용하였다. 노는 1필 반, 비는 1필로 되었던(1667) 역을 다시 반필씩 감하고(1755년), 비가 바치는 면포는 혁파하고 노에게만 1필을 부과하자(1774년) 노비의 역이 평민의 양역과 동일하게 되었고 양인과 노비의 신분이 접근하여 상한(常漢)이라고 통칭하였다.
노비 이외에 천민으로 취급되던 자들로 백정(白丁, 세종때 재인과 화척을 개칭) · 광대(廣大) · 무당(巫堂) 등이 있었다. 백정은 고려시대의 화척(禾尺)으로 도살업(屠殺業), 제혁(製革) · 유기(柳器) 제조업에 종사하였다. 광대는 고려시대의 재인(才人)으로 곡예(曲藝) · 음곡(音曲) · 가무(歌舞) 등을 주업으로 하는 자를 말한다. 그들은 사회의 천대가 심하여 무당을 결혼 상대로 삼았다.
임진란으로 많은 노비가 도망하여 신분질서는 크게 혼효(混淆) 되고 군공 논상, 공사천무과, 참급(斬級)무과, 원종공신 녹훈(錄勳) 등을 통한 하층민의 신분상승이 국가 재정의 어려움을 타개하고자 실시한 납속책으로 심화되었다.

조선후기 농업기술의 발전에 따른 생산력 증대와 광작(廣作)농민 · 서민지주 출현, 상업작물 확대 재배 등은 농촌사회를 변질시켜 농민층을 분화시키고 노비들의 신분해방으로 실학자들은 노비제, 신분 세습제, 신공(身貢)의 폐지를 주장하여, 1774년 관노비의 비공(婢貢)을 폐지하였다.

세금의 총액을 각 지방에 할당하는 비총법(比摠法)의 실시로 각 도에 노비 수가 정해지고 추쇄관(推刷官, 노비를 찾아내는 관리)이 혁파되자 노비의 도망은 급증하였다. 1801년 1월 정순왕후는 내시노비의 혁파를 명하여 천2백여 책의 노비 장적(帳籍)을 敦化門 앞에서 소각시키고 내노비 3만 6천여 명과 시노비 2만 9천여 명 모두 양민이 되는 것을 허락 하였다. 고종이 1886년 노비의 신분세습을 금지하는 교서를 내렸다.
신분직역의 상향 평등화, 농촌사회의 변질, 노비들의 신분해방 등은 왕조후기 중소양반 계급이 몰락하는 계기가 되었다.

• *민초(民草)는 어육(魚肉)*

「잘 빚은 술은 많은 사람의 피요, 〔금준미주 천인혈(金樽美酒 千人血)〕
 옥 쟁반의 안주는 만 백성의 기름을 짠 것이라. 〔옥반가효 만성고(玉盤佳肴 萬姓膏)〕
 촛불 물 떨어질 때 백성의 눈물 떨어지고 〔촉루낙시 민루락(燭淚落時 民淚落)〕
 노랫소리 높은 곳에 백성들 원성 높구나. 〔가성고처 원성고(歌聲高處 怨聲高)〕」

판소리계 소설의 근원 설화 '春香傳' 에 풍자되듯 그리고 '공물은 손으로 들고 가고 인정은 마바리에 싣고 간다.' 는 속담까지 생겼듯이 조선초기부터 19세기 초까지 반복된 인순〔因循, 구습(舊習)에 묶이어 정지된 채 새 길을 열지 못함〕의 핵심은 백성을 수탈의 대상으로 여기는 착취적(exploitative)인 것이었다.

중앙관료를 대표하는 수령(守令)과 혈연적 지방사회를 대표하는 토성토족(土姓土族)과, 이 양자사이에 기생하는 향리(鄕吏)와의 사이에는 삼각관계가 있었다. 아전이 득실거리는 고을이 '악향(惡鄕)' 이고, 그 고을의 향리를 '원악향리(元惡鄕吏)' 라고 불렀다.
 성(城)안의 여우이자 관아(官衙)의 쥐이던 아전(衙前)들의 병폐에 대하여 '경국대전' 은 수령(守令)을 희롱하며 권력을 휘둘러 백성에게 작폐하는 것, 뇌물을 받고 부역(賦役)을 고르지 않게 하는 것, 조세를 걷을 때 포악하여 권리를 남용하는 것, 제 논밭에 백성을 부려 농사 짓는 것, 관의 위세를 빌어 백성을 노략질하는 것 등 열 조목을 들고 있다.

「법제(法制)가 풀어져서 관리와 장수들의 탐욕과 포악함이 더욱 성해졌습니다. 더구나 인재를 뽑고 등용하는 것이 더 불공정해져서 채수(債帥, 돈을 주고 자리를 사서 장수가 된 녹봉없는 장수)가 연달아 생겨나고 있습니다.」 〈'萬言封事'〉

「'내3천(內三千 · 중앙의 내직이 3천명)' '외8백(外八百 · 외직인 수령 방백이 8백명)' 직임(職任)을 사고파는 탐관오리가 백성의 기름을 빨고, 좌수(座首) 아전이 나라 곡식을 훔쳐 감사(監司)는 5, 6만 금(金)을, 수령(守令)은 큰 고을이면 6, 7천 금(金)을 바치고 난 연후라야 망(望)에 올라 부임 할 수 있으니……
요즘의 어사〔御史(朝鮮 初期 堂下 侍從官을 道에 파견(派遣), 暗行御史라 稱하여 地方官을 암색(暗索)하게 하고 任免 출척(黜陟)의 權限을 주었다. 1507년 권홍(權弘, 1467-1516) 등 6명이 시초이고 1892년 이면상(李冕相, 1846-?)이 마지막이다.〕는 마패(馬牌)

를 노출시키고 네 활개를 펴고 놀이를 일삼으니, 가는 길목마다 금방 알아 차리고 극진히 대접합니다. 충신, 효자, 열녀, 효부, 정녀(貞女)와 결백한 관리 등을 알려도 고개만 끄덕일 뿐 귀찮게 여기옵니다…

사기(史記)에 "땅에 금을 그어 놓고 옥(獄)이라고 해도 들어가지 않고, 나무를 깎아서 벼슬아치라 해도 모두 두려워한다"고 하였습니다…

과장(科場)에서 시관 밥상 드나드는 편에 쪽지를 들여 보내 차작(借作)으로 참방(參榜)에 오른 사람은 다 권문세가(權門勢家)의 자제들과 의주(義州)-송경(松京)의 부자집 자식들로 뇌물을 바친 자들이옵니다. 과거장(科擧場)이 그토록 어지러운 것은 선비들 틈에 자리잡아 주고 심부름을 하는 상(常) 사람이 절반이나 섞여 있는 탓이옵니다….」

〈서장관(書狀官) 심희순(沈熙淳, 1819-?) 첩 龍川妓 楚月 / 憲宗 12년, 1846〉

"…/ 놋수저는 지난번 이장에게 빼앗기고 / 무쇠솥은 다시 인근 양반에게 빼앗겼다네 / 닳아빠진 푸른 이불 오직 한 채 남았으니 / 부부유별 그 말 따져 보았자 무엇하겠나 / …"

〈정약용(丁若鏞) / 奉旨廉察到積城村舍作〉

옛날부터 西道에는 큰 도둑이 많았다. 明宗 때 임꺽정(林巨正, ?-1562), 光海君때 홍길동, 숙종때 장길산(張吉山), 활빈당과 같이 '모이면 도적이 되고 흩어지면 백성이 된다(聚則盜, 散則民)' 는 말 처럼 부민의 재물을 빼 앗아 가난한 사람에게 나누어 준 火賊(明火賊), 水賊과 같은 무리 도둑[군도(群盜)]이 있었는데 임꺽정은 토포사(討捕使) 남치근(南致勤, ?-1570)에게 잡혀 죽었다.

「史臣은 논한다. 국사에 善政이 없고 교화가 밝혀지지 않아 재상들의 횡포와 수령들의 포학이 백성들의 살과 뼈를 깍고 기름과 피를 말리고 기한(飢寒)이 절박하여 하루도 살기 어려워 잠시라도 연명(延命)하려고 도적이 되었다면 도적이 된 원인은 정치를 잘못하였기 때문이요 그들의 죄가 아니다.」 〈'명종실록', 명종 16년 10월 6일〉

"조선의 관리들은 공적인 마음가짐 없이 관직을 기회로 삼아 제 한 몸과 제 집안의 사적인 이익을 얻고자 했다. 국가는 아무리 국고의 수입을 늘려도 대부분은 중간관리의 뱃속을 채우고, 백성을 착취(搾取)할 새로운 항목만이 더해질 뿐이었다."

〈다카하시 도루(高橋亨) / '조선인'〉

에릭 홉스봄(Eric John Ernest Hobsbawm, 1917-2012)은 '의적(義賊)의 사회사'(Bandits, 1969)에서 '영주와 국가에 의하여는 농민 무법자이나 민중에게는 해방의 지도자로 까지 생각되고 어느 경우나 칭찬 · 원조 · 지지해 주어야 할 사람' 을 義賊이라 정의하고 로빈 훗(Robinhood)형 신사강도(Noble Robber), 집단적 저항 전투자인 하이더크(Haiduck), 개별적 테러리스트인 복수자(Avenger)의 세 유형으로 분류하였다.

〈맑고 깨끗한 官吏와 孝 · 忠 · 烈〉

淸白吏制는 BC168(漢武帝 12) '廉吏는 백성의 表象이다' 한데서 비롯되었다.
관료사회가 '기강이 서면 나라가 흥하고 해이(解弛)해 지면 국운도 쇠미해 진다.' 고 하였다. 주례(周禮)에서 재상의 자질(資質)을 「첫째, 마음이 맑고 착해야 하며(廉善), 둘째, 마음이 맑고 재능이 있어야 한다(廉能).」라고 하였다.
「고려 말 뇌물을 요구하고 쓰는 것을 당연히 여겨 재물을 탐하고 벼슬을 파는 것이 풍속을 이루었었습니다. 태조께서 뇌물 주고 받는 것을 금하는 법을 육전(六典)에 실으셨고, 태종이 기강과 법도를 바로 잡으셨으며 주상 전하께서 날줄〔經〕을 세우시고 벼릿줄〔紀〕을 펼치시니 만 개의 그물눈〔萬目〕이 모두 펼쳐져서 사람을 다스리는 예의(禮義)가 서고 사람을 바로 세우는 염치(廉恥)가 행해지고 있으나〔사유(四維 : 禮義廉恥)〕 전조(前朝)의 습속이 아직 다 사라지지 않았습니다.」 〈동부승지 이계전(李季甸, 1404-1459)〉
朝鮮시대에는 正二品 이상의 堂上官과 司憲府, 司諫院 등에서 추천하여 공인한 청렴 官職者로 正心, 公道, 民本이 淸白吏이념이다. 특히 지방관을 청백리에 뽑을 때는 '守令七事〔성종 14(1483)〕' 라 하여 '농사와 누에치기를 장려했는지(農桑盛), 호구가 증가했는지(戶口增), 학교를 일으켜 세웠는지(學校興), 군정을 닦았는지(軍政修), 부역을 고르게 했는지(賦役均), 송사를 간단히 했는지(詞訟簡), 간교하고 교활한 일을 없앴는지(奸猾息)' 를 따졌다. 〈경국대전 吏典 孝課條〉

朝鮮時代 淸白吏

王代	在位年間	淸白吏數	王代	在位年間	淸白吏數
太祖	7	5	宣祖	41	26
太宗	18	8	仁祖	27	13
世宗	33	15	肅宗	47	22
世祖	14	8	景宗	4	6
成宗	25	20	英祖	52	9
中宗	39	34	正祖	24	2
明宗	22	45	純祖	34	4

〈자료 : '典故大方'〉

조선조 5백년간 청백리(淸白吏)로 '청선고(淸選考)' 에 189名, 홍경모(洪敬謨)의 '대동장고(大東掌攷)' 에 121名, 강효석(姜斅錫)의 '전고대방(典故大方)' (1924)에 217名, '증보문헌비고(增補文獻備考)' 에 142名, '명세총고(名世叢攷)' 에 134명, '성씨대관姓氏大觀' 에 216名이 각각 기록되어 있는데 세 군데 이상 언급된 명단과 '大東掌攷' 의 명단 전부를 포함하여 李瑞行이 선정한 157명은 다음과 같다.

• *淸白吏*

太祖朝 - 안성(安省, ?-1421), 우현보(禹玄寶, 1333-1400), 류순(柳珣)

太宗朝 - 경의(慶儀, ?-1395), 이지직(李之直1354-1419), 김약항(金若恒, ?-1397), 이백지(李伯持, ?-1419), 최유경(崔有慶, 1343-1413), 이원(李原, 1368-1429), 박서생(朴瑞生), 최사의(崔士義)

世宗朝 - 정척(鄭陟), 최만리(崔萬理), 이석근(李石根), 황희(黃喜), 류관(柳寬, 1346-1433), 맹사성(孟思誠), 류겸(柳謙), 민불탐(閔不貪), 홍계방(洪桂芳), 박팽년(朴彭年), 이연보(李延俌), 이지(李知), 황효원(黃孝源, 1414-1481), 류염(柳琰)

世祖朝 - 노숙동(盧叔仝), 정문형(鄭文炯, 1427-1501), 박강(朴薑, ?-1460), 이언(李堰), 곽안방(郭安邦)

成宗朝 - 임정(林整, 1356-1413), 성현(成俔), 허침(許琛), 박열(朴說, 1464-1517), 윤석보(尹碩輔, ?-1505), 구치관(具致寬, 1406-1470), 이훈(李塤, 1429-1481), 이현보(李賢輔), 김겸광(金謙光), 안팽명(安彭命, 1447-1492), 양관(梁灌, 1437-1507), 박처륜(朴處綸, 1445-1502), 조지서(趙之瑞, 1454-1504), 민휘(閔暉), 이신효(李愼孝)

中宗朝 - 조사수(趙士秀, 1502-1558), 최명창(崔命昌, 1466-1536), 권빈(權璸), 김무(金碔), 정매신(鄭梅臣), 조치우(曺致虞), 오세한(吳世翰), 송흠(宋欽, 1459-1547), 김전(金詮), 강숙돌(姜叔突, ?-1515), 이선장(李善長), 류헌(柳軒, 1462-1506), 김연수(金延壽), 손중돈(孫仲暾, 1463-1529), 조원기(趙元紀, 1457-1533), 박상(朴祥), 윤사익(尹思翼), 이언적(李彦迪), 한형윤(韓亨允, 1470-1532), 신공제(申公濟, 1469-1536), 김양진(金楊震, 1467-1535)

明宗朝 - 윤부(尹釜), 이세장(李世璋, 1497-1562), 김종순(金從舜, 1405-1483), 정종영(鄭宗榮), 안현(安玹, 1501-1560), 박수량(朴守良, 1491-1554), 김순(金洵), 임호신(任虎臣, 1506-1556), 임보신(任輔臣, ?-1558), 홍섬(洪暹), 이명(李蓂, 1496-1572), 이영(李英, 1494-1563), 이몽필(李夢弼), 홍담(洪曇, 1509-1576), 성세장(成世章, 1506-1583), 윤춘년(尹春年, 1514-1567), 윤현(尹鉉, 1514-1578), 류혼(柳渾), 우세겸(禹世謙), 박영준(朴永俊, 1510-?), 박민헌(朴民獻, 1516-1586), 이증영(李增榮), 김몽좌(金夢佐), 이준경(李浚慶), 주세붕(周世鵬), 이황(李滉), 송찬(宋贊, 1510-1601), 허세린(許世麟), 안잠(安潛), 김팽령(金彭齡), 강윤권(姜允權), 오상(吳祥, 1512-1573), 신잠(申潛, 1491-1554), 김우(金雨), 이중경(李重慶, 1517-1568), 안종전(安從琠), 김확(金擴), 유언겸(兪彦謙), 김약묵(金若默), 노진(盧禛, 1518-1578), 신사형(辛士衡), 김취문(金就文, 1509-1570), 변훈남(卞勳男)

宣祖朝 - 허잠(許潛), 이기(李墍), 이우직(李友直, 1529-1590), 이원익(李元翼), 류성용(柳成龍), 이항복(李恒福), 이직언(李直彦, 1545-1628), 백인걸(白仁傑), 최흥원(崔興源, 1529-1603), 정곤수(鄭崐壽, 1538-1602), 김수(金睟, 1547-1615), 이

광정(李光庭, 1552-1627), 이후백(李後白, 1520-1578), 심희수(沈喜壽), 심수경(沈守慶)

仁祖朝 - 김시양(金時讓), 민여임(閔汝任, 1559-1627), 이안눌(李安訥), 김덕함(金德諴, 1562-1636), 이명준(李命俊, 1572-1630), 성하종(成夏宗, 1573-1645), 이시백(李時白, 1581-1660), 홍명하(洪命夏, 1608-1668), 김상헌(金尙憲), 최진립(崔震立, 1568-1636)

肅宗朝 - 강백년(姜栢年, 1603-1681), 조석윤(趙錫胤, 1605-1654), 류경창(柳慶昌, 1593-1662), 박신규(朴信圭, 1631-1687), 최관(崔寬), 이지온(李之馧 , 1603-1671), 성이성(成以性, 1595-1664), 이후정(李后定, 1631-1689), 조속(趙涑, 1595-1668), 홍무(洪茂), 홍우향(洪宇享), 강열(姜說), 이태영(李泰英), 이세화(李世華, 1630-1701), 강세구(姜世龜, 1632-1703), 윤추(尹推), 윤지완(尹趾完, 1635-1718), 이상진(李尙眞, 1614-1690), 조경(趙絅)

英祖朝 - 한덕필(韓德弼), 정형복(鄭亨復, ?-1769), 허정(許晶), 이병태(李秉泰, 1688-1733)

오리(梧里) 이원익은 존경해 온 사람으로

승지(承旨) 강서(姜緖, 1538~1589)를 첫째로 꼽고, 정자(正字) 조중립(趙中立), 사인(舍人) 조정립(趙正立, 1560-1612), 판서(判書) 오억령(吳億齡, 1552~1618), 참판(參判) 김우옹(金宇顒, 자 肅夫, 호 東岡), 정온(鄭蘊 1569-1641), 지평(持平) 임숙영(任叔英 1576~1623), 영의정 류성용을 들었다.

「任叔英의 '통군정서(統軍亭序)' 에 대하여 중국 학사가 '천년 이래의 절조(絕調)가 다시 해외에서 나왔다' 고 하였다. 율시(律詩) 육백운(六百韻)을 지었는데, 사람들이 그 거작에 탄복하였다. 인조 반정(反正) 초기 맨 먼저 한원(翰苑)으로 들어 가서 옥당을 거쳐 지평(持平)을 제수받았는데, 일을 논하는 것이 하도 강직하여 모두 사모하고 우러렀다.」

〈'仁祖實錄' 33輯 556面, 仁祖 卷 3〉

당시 착한 선비들이 함께 출사(出仕)해 사헌부와 사간원이 더욱 성대했는데 청렴하고 강직하기로는 조지겸(趙持謙, 1639-1685)과 박태보(朴泰輔, 호 定齋, 1654-1689), 문학(文學)으로는 오도일(吳道一, 1645-1703)과 임영(林泳, 호 滄溪, 1649-1696), 언론으로는 한태동(韓泰東, 1646-1687), 역량(力量)으로는 박태손(朴泰遜, 1641-1692), 염아(恬雅 : 이욕이 없고 화평하고 단아함)로는 권두기(權斗紀, 1647-1684)였다.

李圭景은 조선 왕조에서 제일가는 인재를 뽑아 놓았다.

「李退溪 滉의 德, 挹翠軒 朴 誾의 詩, 崔簡易 岦의 文, 柳磻溪 馨遠의 經綸, 李忠武公 舜臣의 略, 金淸陰 尙憲의 節, 南 怡의 勇, 徐花潭 敬德의 天文, 朴 堧(蘭溪)의 樂, 黃公 圖의 聰, 金沙溪 長生의 禮, 鄭北窓 磏(1505-1549)의 仙, 興嶺의 算, 李圓嶠 匡師의 筆, 金河西 麟厚의 風采, 宋圭庵 眉壽의 孝」 〈'五洲衍文長箋散稿', 東國第一人材辨證說〉

• *孝 · 忠 · 烈*

'삼강행실도' 와 효자 · 열녀 · 충신의 배출은 밀접한 상관관계가 있었는데 간접적인 영향으로는 양계에서 친계로의 가계(家系)변화, 이성양자에서 동성양자로의 관습변화 등 혈통에서 종법으로의 강화 경향이 나타났다.

효자의 경우 부모의 병환을 구하기 위하여 손가락을 잘라 피를 먹게 하는 단지(斷指), 제철에 나지 않는 긴요한 약을 하늘에 구원하여 구하는 구약(救藥), 3년 동안 부모의 묘소를 지키는 시묘(侍墓), 병이 낫지 않아 자신의 허벅지 살을 잘라 먹게 하는 할육조진(割肉調進), 부모를 극진히 잘 모신 효양부모(孝養父母) 등의 사례가 주류를 이룬다.

충신의 경우 왕실에 무조건적이고 절대적으로 충성하는 관료에 대한 관심이 지대했음을 알 수 있다.('삼강행실도' 에 수록 된 35가지 사례 중 간신(諫臣)의 경우는 세 건에 불과하다.)

열녀의 경우는 남편이 일찍 죽으면 본인도 정절을 지키기 위한 자서(自逝), 남편이 죽더라도 재혼하지 않는 貞節, 남편이 병 들었을 때 하는 할육조진(割肉調進), 남편 死后 자식들을 훌륭하게 키우는 教養, 병든 시부모 구약(救藥), 남편死后 시부모를 모시거나 병든 시부모 大小便을 받아내는 孝養 등이 주류다.

'조선신사대동보' 에는 효자 205명, 열녀 169명, 부인 5명이 들어 있다. 시강원보덕(侍講院輔德) 허침(許琛, 1444-1505)과 이조정랑(吏曹正郎) 정석견(鄭錫堅, ?-1500)에게 명하여 극단적이거나 유교 이념들과 상충되는 사례들을 제외하고 효자 · 충신 · 열녀 각 35인을 산정(刪定)하게 하였다. '삼강행실도' 에 수록된 우리나라 사람은 다음과 같다.

• 효자(孝子)

신라 – 지은(知恩), 설씨(薛氏)

벡제 – 상덕(向德), 성각(聖覺)

고려 – 위초(尉貂), 서능(徐稜), 문충(文忠), 누백(婁伯), 희삼(希參), 신씨(辛氏), 반전(潘腆)

조선 – 충개(虫介), 석진(石珍), 귀진(貴珍), 은시(恩時), 사월(四月), 석씨(石氏), 임씨(林氏), 효신(孝新), 박선(朴善), 자강(自强), 성무(成茂), 은보(殷保)

• 충신(忠臣)

신라 – 제상(堤上), 찬덕(讚德, ?-611), 눌최(訥催, ?-624), 죽죽(竹竹, ?-642), 비령(丕寧), 필부(匹夫)

백제 – 성충(成忠, ?-656)

고려 – 제장(諸將), 정의(鄭顗), 문대(文大, ?-1231), 이희적, 홍문계(洪文系, 洪奎), 송송례(宋松禮, ?-1289), 우탁(禹倬), 이조년(李兆年 1269-1343), 정추(鄭樞, 1333-1382) · 이존오(李存吾), 정몽주(鄭夢周), 길재(吉再), 김원계(金原桂)

• 열녀(烈女)

백제 – 미처(彌妻, 도미의 아내)

고려 – 현처(玄妻), 정처(鄭妻), 안처(安妻), 崔氏, 三女, 열부(烈婦), 金氏, 경처(慶妻), 宋氏

조선 – 林氏, 金氏, 韓氏, 여귀(黎貴), 金氏

임진년을 중심으로 순절(殉節)한 烈女로서 亂後 정문(旌門)을 세워 표창한 수는 356명, 忠臣은 11명, 孝子는 67명이다.

이수광은 '지봉유설(芝峰類說)' 에서 중국 사람들이 우리나라에 못 미치는 것으로 부녀의 수절, 천인의 장례와 제사, 맹인의 점치는 재주, 무사의 활 쏘는 솜씨 네 가지를 들었다. 연안이씨 분봉(盆峯) 이주(李澍)의 가훈은 조문이 48조나 되고 자손 대대로 성실히 지켜왔다는 점에서 특별하다.

조선의 女俗

「몇몇 여성의 절의(節義) · 효열(孝烈)은 문인의 기록에 산견(散見) 되지만, 일반 여속(女俗)으로 말하면 절의 · 효열 만큼도 개괄할 수 없다. 무릇 생활상의 업무에 딸린 일과 혼가(婚嫁)상의 예법 · 습례(習例)로부터 가정에 있어서의 예의범절 · 대사회(對社會)의 지위와 남녀간의 권리 · 적첩(嫡妾)의 차별 · 장속(裝束)의 제도 · 유폐상태(幽閉狀態) · 태아의 산육(産育) · 여성 교양 · 연중행사 · 항간(巷間)의 미신 등에 이르기까지 여속 아닌 것이 없다.」

이능화(李能和)는 上代로부터 조선조 말까지의 여속일반(女俗一般)과 부속사항(附屬事項)을 엮어 '조선여속고'를 펴내고(1927) '이혼(離婚) · 출처(出處:부인을 쫓아냄)조' 에서 굴종(屈從) · 인내(忍耐)의 '칠거지악〔七去之惡, 대대례기(大戴禮記) 본명(本命) 편' 에 나옴〕에 대하여 분개(憤慨)했다. 칠거지악에는 三不去(有所取 無所歸, 與更三年喪, 前貧賤後富貴 등 세 경우에는 내칠수 없다.)가 뒤따랐다.

「아내와 지아비의 관계에는 칠출(七出:처를 쫓아낼 수 있는 일곱가지 상황)의 조목이 있다. 부모에게 순종하지 않음(父母不順), 아들 못 낳음(無子), 음란함(淫), 투기(妬忌, 강 새암)함, 나쁜 질병(惡疾)이 있음, 말 많음(多言), 도둑질함(竊盜)이 그것이다. 특히 무릇 여자가 부군(夫君:남편)을 맞아 해로(偕老)하기를 소망하는 것인데 남편이 첩을 거느려 정이 옮아 가거나, 방탕(放蕩)하여 외도(外道)하면 신명(身命)의 둘 바가 없어지게 되므로 투기심이 나는 것은 당연한 일인데 아내에게 지아비와 이혼하거나 출부(黜夫:남편을 쫓아냄)하는 자유와 권리는 없고, 투기함을 출기(黜棄:내쫓아 버림)의 조건으로 삼으니, 이렇게 불공평 · 부자연한 일은 다시 없을 것이로다. 조선에 이르러서 부터 반가(班家:양반가)에 칠거(七去)의 설이 당연히 행하여 졌다.」

마르티나 도이힐러(Martina Deuchler, 1935-) 영국 런던대 명예교수는 '한국의 유교화 과정' 에서 "부계(父系) 중시, 장자(長子) 우대 상속, 제사, 종손(宗孫)의 가계 계승 같은 관행이 확고하게 형성된 것은 17세기로 그 요소들은 20세기까지 존재해 한국 사회의 특징을 이뤘는데 현재 한국은 부계 중심 사회에서 부계와 모계를 모두 중시하는 양계(兩系) 사회로 바뀌는 전환기에 있다"고 하였다.

〈혼속(婚俗) · 상례(喪禮)〉

조선시대 婚俗은 六禮(納采, 問名, 納吉, 納徵, 請期, 親迎)를 갖추되 근친금혼 · 동성불혼 · 동성동본불혼 등 단계적으로 강화되었는데 동성끼리 혼인한 자는 대명률(大明律)에 따라 장 60대에 처하고 이혼시켰다. 결혼 풍습에는 남귀여가(男歸女家, 夫歸婦家), 취가혼(娶家婚), 솔서혼(率婿婚, 데릴사위혼), 친영(親迎), 반친영(半親迎) 등이 있었다.

남귀여가혼〔男歸女家婚, 서류부가혼(婿留婦家婚), 세칭 처가살이〕은 삼국시대부터의 결혼풍습이었다.

「친영례를 행하지 않고 남귀여가하니, 부인이 그 부모의 사랑을 믿고 지아비를 가볍게 여기지 않는 자가 없어, 교만하고 투기하는 마음이 날로 자라 마침내 반목하는 데 이르러 가도(家道)가 무너지니 모두 시작을 삼가지 않은 데 있다.」 〈'조선경국전'〉

「우리나라에는 친영례(親迎禮)가 없고 모두 처가를 집으로 삼으며 항상 부모로 섬기니 이 또한 강상(綱常 : 三綱과 五常)이다.」 〈'성종실록', 21년(1490) 6월〉

여말선초(麗末鮮初)의 혼인풍습은 문란하기 그지 없어서 처(妻)가 죽은 뒤에 다시 처를 얻은 사람, 첩(妾)을 妻보다 먼저 얻은 사람, 세妾을 동시에 거느린 사람들이 많았다.

妾의 유형도 천인(賤人)출신의 賤妾, 양인(良人)출신의 양첩(良妾)이 있었으며, 천첩(賤妾)에는 婢妾(노비출신) · 妓妾(기생출신)이 있었고 婢妾에는 또 自己婢妾(자기소유의 노비를 첩으로한 것)과 他人婢妾이 있었다.

대명률(大明律) · 대명령(大明令)을 제정한 명(明) 초대 황제 주위앤장(朱元璋, 1328-1398)은 몽골족의 결혼 풍속을 혐오했다. 형이 죽은 후 동생이 형수를 데리고 사는 형사취수(兄死娶嫂)와 남편이 죽은 후 계모(繼母)가 의붓아들과 결혼하는 풍습을 비도덕적이라고 하여 없애 버리고 중국의 전통적인 풍속을 회복시키고자 하였다. 그 결과 명 초기부터 정절(貞節)을 숭배하는 기풍이 생겨났으며, 황제가 죽으면 모시던 궁인들 대부분이 자결하는 풍조가 있었다.

상례(喪禮)는 사례(四禮) 중 가장 중요하게 인식되었다. 喪禮는 시신의 염습(殮襲)과 보존, 거상(居喪), 문상, 매장, 장례와 탈상, 전(奠)과 제사〔祭祀, 우제(虞祭), 졸곡제(卒哭祭), 부제(祔祭), 상제(喪祭), 길제(吉祭)〕 등 대략 26개월이 소요되었다. 왕가(王家)로부터 서민(庶民)에 이르기까지 부모 초상은 3년상이었다.

제사는 조상 숭배에 대한 의례로 사시제(四時祭), 선조(先祖) 제사, 부모 제사(예제(禰祭)), 기일(忌日) 제사, 묘제(墓祭)가 있다.

제전(祭奠)은 무덤을 찾아가 제사를 드리면서 인생의 무상함을 읊은 노래이다. 총 23악절 구성으로 첫째 대목에서는 제물(祭物) 고이는 법을 풀이하고, 둘째 대목에서는 제상(祭床)에 차려진 산해진미의 이름을 든 다음 초헌(初獻) · 아헌(亞獻) · 종헌(終獻)의 절차를, 셋째 대목에서는 인생의 무상함을 한탄하는 내용으로 되어 있다.

• *女教書*

여교서(女敎書)로는 '예기(禮記)'의 내칙편(內則篇)과 려우샹(劉向)의 '열녀전(烈女傳)', 漢 뿌펑(扶風) 빤뽀아(班彪, 3-54)의 딸 쏘아〔昭 일명 姬, 45-115〕가 지은 '여계칠편(女誡七篇)', 唐 경조인(京兆人) 한림학사 웨운(韋溫)의 딸이 지은 '속여훈(續女訓)', 元 쒸이씨째(許熙載)가 지은 '여교서(女敎書)'·'여훈(女訓)'·'여헌(女憲)'·'여사서(女四書)'·'여교명감(女敎明鑑)'·'소학(小學)', '황뿌미(皇甫謐 215-282)'의 '열녀전', 뤼쥐인(呂居人)의 '궁잠(宮箴)', 쮜쓰(鄒氏)의 '여효경(女孝經)', 宋 尙宮의 '여논어(女論語)' 등이 있다.

조선시대 여성교육의 두 요소는 순종과 의존성을 의미하는 삼종지도(三從之道)와 언행과 솜씨를 의미하는 4행〔四行, 부덕(婦德 : 절개를 지키며 바르게 행동하는 것), 부언(婦言 : 할 말을 분별하는 것), 부용(婦容 : 몸을 청결하게 하는 것), 부공(婦功 : 웃고 노는 것을 즐기지 않고 길쌈에 전념, 가족과 손님 대접 솜씨를 지니는 것)〕으로 국가나 문중에서 여성교훈서를 만들어 널리 퍼뜨렸다.

조선중기 이후로는 이황의 '규중요람(閨中要覽, 1544)', 송시열의 '우암선생계녀서(尤庵先生戒女書)', 한원진의 '한씨부훈(韓氏婦訓)', 이덕무의 '사소절(士小節, 1675)', 박문호(朴文鎬, 1846-1918)의 '여소학(女小學)' 등 양반 여성들의 수신서가 있었고 왕실 여성들은 왕실 족보(族譜)인 선원계보기략〔璿源系譜記略, 16책, 약칭 '선원보략(璿源譜略)', '선원록(璿源錄, 1412)', 숙종 때 처음 간행, 1897년(고종 34) 합간〕등 과 '후감(后鑑)', '열성후비지문(列聖后妃誌文)'·'열성지장통기(列聖誌狀通紀)' 등 중국 역대 후비들의 열성록류를 공부하였다.

「가정에서는 효녀가 되고, 결혼함에 순부(順婦)·숙처(淑妻)가 되고 자녀를 낳음에 현모(賢母)가 되며, 불행히 과부가 되거나 환난(患難)을 당함에는 평소의 뜻을 변치 않게 하고 정녀(貞女)·열녀(烈女)가 되어 후세에 여종(女宗)이 된다.」 〈이덕무 / '士小節'〉

덕종비(德宗妃) 소혜왕후(昭惠王后) 한씨〔韓氏, 한확(韓確, 1403-1456)의 딸〕가 '내훈(內訓)' 칠장〔七章 : 언행(言行)·효친(孝親)·혼례(婚禮)·부부(夫婦)·모의(母儀)·돈목(敦睦)·염검(廉儉)〕을 지었고, 광주(廣州) 류의(柳義)의 어머니 유인(孺人) 모씨(某氏)가 '胎敎篇'을 지었다. 태교 관련 서적으로 '열녀전'·'소학'이 가장 많이 읽혔고 노중례(盧重禮)의 '태산요록(胎産要錄, 1434)'·'태산집요'·사주당(師朱堂) 이씨의 '태교신기(胎敎新記)' 등이 편찬되었다. 안동의 정부인(貞夫人) 장(張)씨〔李玄逸의 母(장계향, 1598-1680)〕가 쓴 '음식디미방〔知味方, 일명 규곤시의방(閨壼是議方, 1670?)〕은 여성이 쓴 동아시아 최초의 조리가공서이고 빙허각(憑虛閣) 이씨(徐浩修의 며느리)의 '규합총서(閨閤叢書, 1809)'는 주사의(酒食議), 봉임측(縫紝則)·산가락(山家樂)·청낭결(靑囊訣)·술수략(術數略) 등으로 나누어 재의(裁衣)·직조(織造)·수선(修繕)·염색(染色)·문방(文房)·기용(器用)·양잠(養蠶) 등 생활지침을 엮은 책이다.

조선 후기 음식 조리법으로 발효법(醱酵法 : 술 · 장 · 초 · 김치), 굽는 법(생선구이 · 고기구이), 말리는 법(어포 · 육포 · 곶감 · 건율), 찌는 법(고기찜 · 생선찜 · 떡류), 조리는 법(생선조림, 연근 · 우엉 등과 같은 근채류 조림), 볶는 법(고기볶음 · 나물볶음), 지지는 법(생선지짐 · 나물지짐, 화전 · 부꾸미 등과 같은 떡류), 무치는 법(나물), 끓이는 법(죽 · 밥 · 탕류), 삶는 법(수육, 나물, 경단, 단자 등과 같은 떡류), 짜는 법(기름류), 가루를 내는 법(깨소금 · 고춧가루 · 밀가루) 등이 나타났다.
정찬에는 상을 차릴 때 갖추어야 할 음식으로 국, 찌개, 밥, 초장, 김치, 젓갈, 숙육(熟肉), 술 등 8가지가 있다.

• *탕녀(蕩女) 일화(逸話)*

조선시대에는 많은 성추문이 있었다.

방석(芳碩)의 부인 (세자빈) 유씨는 내시(內侍)와 통정하다가 친정으로 쫓겨났으며, 문종의 순빈(純嬪) 봉씨(奉氏)도 소쌍(召雙)이라는 여종과 동성애를 나누다 폐출되었다. 「소쌍이 항상 단지를 사랑하고 좋아하여 밤에는 함께 잘 뿐만 아니라 낮에도 서로 목을 껴안고 혀를 바꾸어 가며 빨았다… (召雙與端之常時愛好, 不獨夜寢, 晝亦交頸舐舌…)」

〈'세종장헌대왕실록'〉

태종조에 승지 윤수(尹脩)의 부인 제석비가 맹인 하천경(河千慶)과, 세종조에 관찰사 이귀산(李貴山)의 처 柳씨가 승지(乘旨) 조서로(趙瑞老)와, 이석철(李錫哲)이 처제와 각각 간통하고 류은지(柳殷之)의 누이동생은 중과 밀통, 가노(家奴) 셋이 이 사실을 알고 있는 것을 꺼려서 다 죽였다. 양가의 딸 금음동(今音同)과 동자(童子)가 혹은 종형, 혹은 외인과, 안영(安永)의 아내〔류장(柳暲)의 딸〕가 고종사촌 홍양생(洪陽生)과, 별시이 이진문(李振文)의 아내 어리가(於里加)〔이춘생(李春生)의 딸〕가 부사정 이의산(李義山)과 양인 허파회(許波回)와 각각 통간하였다.

세종 檢漢城尹 유귀수(俞龜壽)의 딸 감동(甘同)은 사족(士族)으로서 남편은 平康 현감 최중기(崔仲基)였다. 감동은 남편이 무안군수가 되자 함께 갔다가 병이 생겨 혼자 서울에 올라 왔다. 이때 김여달(金如達)이 집으로 가는 감동을 붙 잡아 순찰한다고 위협해 강간했다. 감동은 이미 버린 몸이라 생각하고 나중에는 스스로 창기(娼妓)라고 일컬으며 李升, 黃致身(1397-1484), 田穗生, 李敦 등을 상대했다. 세종 9년(1427) 사건의 전모가 드러 났는데 39여명의 사내가 연루(連累)된 스캔들이었다. 사헌부에서는 감동을 교형(絞刑 : 교수형)에, 정효문(鄭孝文)을 참형(斬刑)에, 관련자들에게는 곤장과 자자(刺字 : 이마에 먹물로 죄를 새기는 것)를 청했으나 세종은 "뒷 사람의 감계(鑑戒 : 거울)보다 공직자의 도덕성 실추(失墜)를 더 우려하여" 사형을 감해 감동을 유배 보냈다.

성종 10년(1479) 4월 성현(成俔)등이 차자(箚子)로 설준〔雪俊, 법명(法名)〕을 처단하기를 청했으나 듣지 않았다. 사신(史臣)이 「신미(信眉) · 학열(學悅) · 학조(學祖) · 설준(雪俊)은 교만과 횡포로 위복(威福)을 누리고 신미는 누만석(累萬石)의 곡식을 증식(增殖)하여 해(害)가 백성에 미치고 있습니다.」 하였다. 대궐 벽에 쓰기를 「학열은 권총(權聰)의 첩을 간통(奸通)하고 一品의 부인에게 난행(亂行)을 자행하였으며, 학조(學祖)는 개천(价川)의 사당(社堂)을 간통하였기 때문에 중이 되어 왕래하게 되었다.」고 하였다.

信眉〔속성 김(金), 사호(賜號) 혜각존자(慧覺尊者)〕는 세조(世祖)가 왕위에 오르기 전 부터 매우 신임하여 세조 즉위 후 왕사(王師)가 되었는데, 1458년 동생 김수온(金守溫)과 '월인석보(月印釋譜)' 를 편찬하였다.

이능화(李能和)는 「신미 · 학조 · 학열 · 설준 등은 모두 명승석덕(名僧碩德)으로서 세종조(世宗朝)로부터 대대로 존경을 받고 있었기 때문에 유신(儒臣)이 미워하여 무함(誣陷)한 것일 터이다.」 하였다.

「어을우동(於乙于同, 1458-1480)은 승문원지사(承文院知事) 朴允昌의 딸이었다. 그 집이 부자요, 여인의 자태(姿態)가 매우 아름다웠다. 그러나 성질이 방탕하여 걷잡지 못하였다. 종실(宗室) 태강수(泰江守) 이동(李仝)의 아내가 되었는데, 능히 제어하지 못하였다. 남편에게서 내쫓긴 뒤로부터 여인은 사헌부 書吏 吳從年과 간통하는 등 더욱 거리낌이 없었다. 혹 꽃 피는 아침과 달 밝은 밤이면 정욕을 걷 잡을 수 없어서 여인과 여종이 거리로 쏘다니며 신분귀천과 지위고하를 막론하고 일부러 남자에게 끌리었다. 여인이 벼슬아치나 유생(儒生) 가운데 젊고 방탕한 자들을 청하여 관계하지 않은 자가 없었다. 잡아다 문초(問招)하여 고문당하고 면직되고 귀양간 자가 수십 명에 이르렀다. 여인의 죄를 재상들이 의논하였는데 임금은 풍속을 바로 잡고자 사형〔교부대시(絞不待時)〕에 처하도록 하였다.」(성종11년) 〈'慵齋叢話'〉

어을우동 어미 鄭氏는 「누구인들 情慾이 없겠는가 내 딸이 남자에게 혹(惑) 하는 것이 다만 너무 심할 뿐이다.」하였다. 〈'성종실록' 11년 10월 18일〉

성종 1년(1470) 2월 「금교도 부근 중이 간통하여 낳은 자식이 1백 30명」이라는 보고도 있었고, 연산군 1년(1495) 5월 중 智善과 비구니 智浩가 간통하여 곤장 60대를 맞은 일이 있었다. 숙종 때는 倭館에 있는 왜인들이 몰래 여염으로 다니며 부녀자를 간음, 동래와 부산의 백성 중 왜인의 자식이 많았으며 西北의 사람도 胡人(오랑캐)의 귀와 눈이 되어 識者들이 이를 근심했다.

숙종 7년 유학(幼學) 유진무의 딸 순(順)이 자신의 종과 정을 통했다는 이유만으로 사형 당했으며 영조 때 간행된 '속대전' 은 「여종의 남편이 처의 상전(上典)과 '통간(通姦)' 하면 부대시처참(不待時處斬)한다.」고 규정지었으나 영의정 김재로(金在魯, 1682-1759)가 「근래 여염(閭閻)에서 여종의 남편이 처의 상전을 능욕(凌辱)하는 자가 흔히 있다.」고 말한 것처럼 현실은 달랐다.

〈鮮語花史〉

唐 玄宗(685-762)이 연못에 노닐고 있을 때 모두들 하얀 연꽃을 보고 감탄하자 구밀복검(口蜜腹劍) 리린후우(李林甫, ?-752)가 進上한 양구이훼이〔楊貴妃, 名 玉環(楊玄琰의 딸), 719-756〕를 가리키며 치켜 세웠다. "연꽃이 아름다워도 내 말을 알아 듣는(解語) 이 꽃 만은 못하지." 이 때부터 '해어화(解語花)' 가 미인을 가리키는 말 중 하나가 되었다.

安史의 亂 때 자살한 양구이훼이(楊貴妃)를 시선(詩仙) 리바이(李白)는 절세(絕世)의 "자질풍염(資質豐艷), 활짝 핀 모란"에 비유했고, 바이러티앤〔白樂天, 名 바이쥐이(白居易), 772-846〕은 귀비와 현종과의 비극을 '長恨歌(806)' 로 노래하였으며 홍성(洪昇 1645-1704)은 전 50막의 곤곡〔崑曲, 곤산강(崑山腔) 또는 곤강(崑腔)이라고도 한다.〕 '長生殿(1679-1688)' 을 지었다.

이능화는 최초의 妓生史인 '조선해어화사(朝鮮解語花史)' 를 펴 내면서「헤어지고 만나고 슬프고 즐거운 정(情)을 기속(妓俗)에 싣고 정숙하고, 음란하고, 사특(邪慝)하고, 바른 성행(性行)은 국풍(國風)을 증험할 만한 것」이라 하였다.

조선해어화사는 기생의 기원, 기녀(妓女)의 설치 목적, 군왕(君王)과 그 종친(宗親) · 朝官과 方伯 守令 · 儒學者들의 愛妓, 그에 따른 逸話, 지방 기생의 특색, 재모(才貌)와 이채(異彩) · 詩歌와 書畵에 능한 名妓 · 節妓 · 義妓 · 孝妓 · 智妓 · 有夫妓와 無夫妓, 갈보(蝎甫) 종류 등 다양한 편재를 하였는데 꽃의 품위를 사람의 성격에 비유한 글이 있다.

「무릇 군자는 가까이 친하지만, 늙어서도 요염(妖艷)을 가까이 하지 않으면 흥하고, 요염한 것과 쉽게 합하면 늙어서는 친함을 이루기 어렵다. 샤지(夏姬)는 진(陳)을 망하게 했고, 시스(西施, 先施 BC 506-?)는 吳를 멸망시켰으며, 멍커(孟軻)는 종신토록 불우하게 지냈고, 펑덩(馮唐)은 백발(白髮)을 감추었다. 세속에 꽃을 평하여 노래 부르기를 모란화(牡丹花)는 꽃 중의 왕이요, 해바라기(向日花)는 忠臣이다. 연꽃(蓮花)은 君子요, 살구꽃(杏花)은 小人이다. 국화(菊花)는 은일사(隱逸士)요, 매화(梅花)는 한사(寒士)이다. 박꽃(匏花)은 노인이요, 패랭이꽃(石竹花)은 소년이다. 촉규화(蜀葵花)는 무당(巫堂)이요, 해당화(海棠花)는 창녀(娼女)이다. 배꽃(梨花)은 시객(詩客)이며, 홍도(紅桃) · 벽도(碧桃) · 삼색도(三色桃)는 풍류랑(風流郎)이다.」

'연꽃은 진흙에 나서 물들지 않고(出淤泥而不染) 맑은 물결에 씻기면서도 요염하지않고(濯淸漣而不妖) 가운데는 통하고 밖은 곧으며(中通外直) 덩굴도 없고 가지도 없으며(不蔓不枝) 향은 멀리가면서도 더욱 맑아진다.(香遠益淸' 〈周濂溪 / '愛蓮說' 〉

李仁老의 '破閑集' 과 '東國輿地勝覽' 慶州府 佛宇條의 天官寺와 金庾信의 逸話를 들어 신라시대에 이미 娼女와 음방(淫坊)이 있었다고 기술하고 丁若鏞의 '아언각비' (雅言覺非)를 引用하여 水尺〔물 긷는 관기, 무자이(巫玆伊, 巫는 水, 玆는 尺)〕은 官妓의 別稱이며, 고려 때 유기장(柳器匠)인 楊水尺을 李義旼(?-1196)의 아들 李至榮이 기적(妓籍)에 올리고 세금을 징수하지 않았는데, 이 뒤 부터 男兒가 태어나면 奴로 삼고 女兒가 태어나면 기생으로 만든 것이 기생의 시초라고 하였다.

기생에는 자색(姿色), 가무(歌舞), 시사(詩詞), 해학(諧謔), 서화(書畵), 신의(信義), 자선(慈善) 등 뛰어난 재주와 경국(傾國)의 미모(美貌)로 고려(高麗) 때 동인홍(動人紅) · 우돌(于咄), 조선조에 설매(雪梅) · 홍장(紅粧) · 자동선(紫洞仙) · 소춘풍(笑春風) · 상림춘(上林春) · 관홍장(冠紅粧) · 승이교(勝二喬) · 옥매향(玉梅香) · 성산월(星山月) · 황진이(黃眞伊) · 계생(癸生) · 무운(巫雲) · 운심(雲心) · 만덕(萬德) 등이 있었는데 절개로는 진주 논개(論介) · 함흥 금섬(金蟾) · 평양 계월향(桂月香), 의리(義理)로는 홍원(洪原) 홍랑(洪娘), 효성으로는 함흥 만향(晩香)이 있었다.

임진왜란 때 동래부사 송상현의 첩 금섬(金蟾)이 일본에 잡혀갔다가 생환포로로 귀환중 송상현의 순절 소식에 자살 기도를 한 공포를 노래했다. "누가 알아주랴, 진흙에 떨어진 꽃이 나비에게 희롱당하지 않았음을(誰識泥中花 不爲蝴蝶翾)."
기첩으로 들어갔다 남편 친구에게 주어버려진 소홍(小紅)은 "마음은 어지러운 풀잎, 비를 만나 시름겨운데 / 몸은 늘어진 버들, 바람을 띠고 기뻐한다.(心如亂草愁逢雨, 身似垂楊喜帶風)"라고 노래했다.
중종의 딸 정순옹주(貞順翁主)와 혼인한 송인(宋寅, 호 頤庵, 1516-1584)이 후원하고 류몽인이 '백여 년 동안 그녀만 한 명창이 없었다'고 평한 석개(石介), 유희경(劉希慶, 1545-1636)과의 사이에 얽힌 이야기로 여창가곡 계면조 이수대엽(二數大葉) 선율로 노래되는 '이화우(梨花雨)'의 작자 매창(梅窓), 시랑(侍郎) 원의손(元義孫, 1726-1781) · 이정보(李鼎輔, 1693-1766) · 심용(沈鏞)의 후원을 받은 계섬(桂纖, 1736-?)은 대표적 명창이었다. 절창(絕唱) 扶安 妓 癸生〔향금(香今), 계랑(癸娘), 자 天香, 호 梅窓, 1573-1610)〕은 부안현 아전 李湯從의 딸로 秋思 · 春怨 · 遣懷 · 自恨 등 시에 뛰어났는데 許筠의 '성소부부고(惺所覆瓿藁)'의 조관기행과 성수시화(惺叟詩話), 유희경의 '촌은집(村隱集)', '지봉유설', 之亭 安往居의 '열상규조(烈上閨藻)', 任埅(1640-1724)의 '수촌만록(水村漫錄)', '가곡원류', '조선해어화사', 장지연의 '대동시선(大東詩選, 1918)', 金宗의 '續古今笑叢', 金民星의 '매창전집'에 각각 매창에 관한 기록이 있다.
1794년 가을 태풍이 엄습하여 수천 명의 제주 주민이 아사(餓死)직전이었을 때 기생 金萬德〔김응열(金應悅)의 외동딸, 1739-1812〕이 재물을 풀어 1,100명을 구제하였는데 심노숭(沈魯崇, 1762-1837)의 '계섬전(桂纖傳)'은 만덕을 음흉하고 인색한 사람이라했다.

의녀(醫女)는 太宗 때 검교한성부(檢校漢城府) 지제생원사(知濟生院事) 허도(許道)의 건의로 설치했는데 부인 질병을 치료한 데서 비롯한다. 三南 지방의 관비(官婢) 중 어리고 영리한 자를 뽑아 올려 제생원(濟生院)에 소속시켰다가 惠民署에서 침구술(針灸術)을 가르쳤다. 의녀는 침통(針筒)을 차게(佩) 했는데 내의원(內醫院)에 소속되어 기업(妓業)을 겸행했기 때문에 약방기생(藥房妓生)이라 했다. 中宗 때 의녀 長今이 유명하였다.

침선비(針線婢)는 선발 후 궁사(宮司)에 이름을 올리고 침선비라고 이름하였는데 상의사(尙衣司) 소속이나 기업(妓業)도 하였기에 상방기생(尙房妓生)이라 불렀다. 기녀 가운데는 兩房(약방기생과 상방기생)이 일류였다.

妓女는 本質的으로 官婢이고 身分的 소원(遡源)은 다기(多岐)하지만 官妓가 妓妾으로 士大夫의 家庭에 들어가는 過程에 있어 적서금고법(嫡庶禁錮法), 노비수모법(奴婢隨母法)에 따른 制約은 官妓를 사치노예(奢侈奴隷)로 다룬 증좌(證左)이다. 妓夫는 良賤이 혼효(混淆)되어 있고, 妓女에 관한 한 兩班은 妓夫로서 여러 制約을 받아야 했다.

쉬징(徐兢)의 '高麗圖經'에 士民遊女 · 國官有妾 · 雜役之婢 · 婢妾 · 作樂女倡이라고 하여(高麗法 置官婢 世代相承故 自王府國官觀寺皆給之) 官婢의 世代相承을 밝히고 있다.

조선조에 妓女를 둔 것은 관비(官婢)로 선상(選上)하여 내전(內殿)의 여악(女樂)과 외사(外使)의 잔치와 접대에 있었다. 기생이 재예(才藝)가 이루어지면 토호(土豪)가 가려서 차지하고 조관(朝官)이 첩으로 삼았으니, 법금(法禁)에 문제가 되었지만 그 풍속이 변하지 아니하였다.

「방기(房妓)의 정에 끌려 색욕에 빠져서 정사(政事)를 해치고 풍속을 손상하여 本心을 잃은 자가 수를 셀 수 없다. 경선(京選 도성에서 기생을 뽑는 것.)이 끝나기 전에는 士夫가 황음(荒淫)하여 기생의 무리와 다름없다가도 끝나면 폐단이 곧 그쳤으며, 진풍정(進豊呈)때에도 벼슬아치가 기생을 다투어 욕하고 싸우니 그 득실(得失)을 징험(徵驗)할 수 있다.」 〈'반계수록(磻溪隨錄)'〉

世宗 20年 司憲府에서 「大明律에 官吏 숙창자(宿倡者)는 장(杖)60이고 官吏子孫 宿倡者도 罪는 같다. 이제부터 妓로써 妾을 삼는 者 일체금단(一切禁斷)하여지라」 계언(啓言)하였으나 不允하였다.

燕山君은 館 · 寺를 妓女의 소굴(巢窟)로 만들고 運平 · 興淸(여기서 '흥청거리다'라는 말이 생겨났다) · 계평(繼平) · 속홍(續紅) · 地科興淸 · 天科興淸등으로 종욕(縱慾)을 마음대로 하여 採紅使를 놓아 妓女를 들이고, 喪에 있어서도 以日易月의 制를 施行하고, 先王의 위일(諱日)에 用樂하고, 儒生들을 輩夫로 만들어 輩를 메게 하고, 外命婦도 入內시켜 황음(荒淫)하고, 妓를 들여 불예(不豫)하는 者있으면 妓夫를 處刑하였다.

「팔로(八路)의 주군(州郡)에 창기가 있으므로 사문(私門)을 통하여 정령(政令)을 더럽히는 자가 많고, 연소한 자제로서 몸을 망치고 본성(本性)을 잃은 자의 수를 셀 수 없으며, 가는 곳마다 관장(官長)된 자가 음란을 일삼아 취태를 드러내면서도 뻔뻔하여 부끄러움을 모른다. 양민의 부녀로서 음간(淫奸)한 자가 창기(娼妓)에 빠져서 더욱 그 음행(淫行)을 조장하니, 이 일은 국초(國初)에는 없었던 것인데, 연산군(燕山君)이 황음(荒淫)을 일삼던 때에 그릇된 법규를 이루었다. 中宗 이후 연산군의 잘못된 정령(政令)을 폐지하였지만, 공경(公卿)이하가 즐겨 버리지 아니하니 한스럽다.」 〈'연려실기술(燃藜室記述)'〉

각 전(殿)의 별감 · 포도군관(捕盜軍官) · 정원사령(政院使令) · 금부나장(禁府羅將) · 궁가척리(宮家戚里)의 겸인(傔人)이외에는 기부(妓夫)가 되지 못하였다. 大院君이 사처소(四處所) 외입장〔外入匠, 외엽장(外獵匠), 집 밖에서 女色을 사냥함〕은 妓生書房(풍속에 사위를 서방이라고 하는 것이 습관이 되어 남편을 서방이라고 부르게 되었다)이 되게 하고, 정원(政院)과 금부(禁府)의 하예(下隷)는 더벅머리의 서방이 되는 것 만을 허락했다.

플랑시(Collin Victor Auguste de Plancy, 葛林德, 1853-1922) 공사는 파리만국박람회(1889, 4-11월) 조선참가를 도와 1902년까지 80명의 프랑스인을 용빙(傭聘)하게 하였다. 「한 젊은 대리공사가 궁궐 소속 무희 리진(李眞, Li-Tsin)에 마음을 뺏겨 고종의 허락을 받아 1891년 그녀를 데리고 귀국하였다. 그가 1896년 주한 프랑스 3대공사로 부임하자 왕실무희단〔관습도감(慣習都監)-악학도감(樂學都監)-장악서(掌樂署, 1422)-掌樂院(1458)으로 개칭〕 무희가 된 리진은 문명사회의 도덕에 매료되어 다시 던져진 사슬에 영혼이 상처받는 것을 용납할 수 없어 목숨을 끊었다. 영혼의 꽃(Fleur d' ame)이었던 그 무희의 신분은 노예였다.」

〈이플리뜨 프랑댕(Hyppolite Frandiln / '한국에서(En Corée)'〉

문인 이학규(李學逵)는 양수척의 삶을 시로 썼다.
「그대 참으로 하늘이 낸 백성이고 사람의 자식인데 / 소 잡고 버들고리나 만들며 살아갈 뿐이니 / 가슴속에 독한 마음 품는 것도 마땅하구나」

우리말에 遊女를 통틀어서 갈보〔蝎甫(名號 밑에 흔히 甫자를 붙인다)〕라고 일컫는다. 蝎(빈대)이라는 것은 취충(냄새 나는 벌레)이다. 밤에 나와서 피를 빨아 사람을 괴롭히기 때문에 창녀(娼女)를 이것에 비유한 것이다. 도성에는 본디 갈보(蝎甫)가 없었는데, 甲午年(1894) 이후로 번성하게 되었다. 갈보의 종류에 기녀〔가무(歌舞)나 서화(書畵)를 하는 품위있는 불가촉(不可觸妓女,一牌), 은근자(殷勤子) 또는 은군자(隱君子(은밀히 몸을 파는 여자),二牌), 더벅머리〔搭仰謀利, 웃음을 파는 창녀(娼女)(三牌)〕, 화랑유녀〔花娘遊女, 매음(賣淫)하는 유녀(遊女)〕, 여사당패〔女社堂牌, (取音이다.), 回寺(山寺)를 찾아 돌아다니는 여인〕 · 색주가(色酒家, 酌婦) 등이 있다.
패(牌, 一團 또는 一組의 뜻)에는 남녀가 한데 있으니 남자를 남사당(男社堂), 여자를 여사당(女社堂), 우두머리를 모갑(某甲)이라고 했다. 한 某甲 밑에 남자 8-9명에 여자가 한두 명씩은 있었으니 남자가 여자를 등에 업고 돌아 다니면서 기예〔技藝, 가곡(歌曲)과 몸을 놀리는 재주〕와 몸을 파는 것을 업(業)으로 삼았다.

조선 때 全國 縣에 20名〔급수비(汲水婢) 包含〕, 郡에 40名, 牧 · 府에 60-80名, 각 道監營〔감사(監司)의 아문(衙門)〕에 100-200名 도합 約 2萬(全國人口의 0.5%)의 娼妓가 존재한 것으로 추산된다.

〈수세지서(需世之書)상의 社會相〉

- 李重煥은 '擇里志'에서 살 만한 곳의 입지 조건으로서 지리 · 생리 · 인심 · 산수의 넷을 들고 다음 다섯으로 나누어 그 분포를 적었다.

  - 살 만한 곳(可居處)
    공주의 갑천(甲川), 관대(館垈 ; 보은), 전주, 구례(求禮) 구만(九灣), 금산, 보련강변(寶輦江邊 ; 연안과 백천), 금천(金遷), 가흥(嘉興 ; 충주), 순흥(順興) 죽계(竹溪), 해주(海州) 죽천(竹天), 송화(松禾) 수회촌(水回村), 전주부, 금구(金溝), 만경(萬頃), 부안 변산(邊山), 이천(伊川), 금산 봉계(金山鳳溪), 대구 금호(琴湖), 성주(星州) 가천(伽川), 전주 율담(栗潭), 청주(清州) 작천(鵲川), 선산(善山) 감천(甘川), 유성(儒城), 경천(敬天), 이인(利仁), 유구(維鳩), 마곡(麻谷), 회인(懷仁), 괴산(槐山), 해미(海美) 가야산(伽倻山), 남포(南浦) 성주산(聖住山), 용인(龍仁) 어비천(魚肥川), 음죽(陰竹) 청미천(清美川), 화령(火嶺), 추풍령, 황주(黃州), 재령(載寧), 봉산(鳳山)

  - 피병지(避兵地)
    용담(龍潭), 의림지(義林池), 삼도(三島), 속리산(俗離山), 달천(達川) 상류(上流), 안동 4촌〔내성(奈城) · 춘양(春陽) · 소천(召川) · 재산(才山)〕, 회양(淮陽)과 정선(旌善)의 중간

  - 복지(福地)
    문경(聞慶) 병천(瓶川), 무풍(舞豊), 청도(清道) 운문산(雲門山), 울산(蔚山) 원적산(圓寂山), 흥양(興陽) 팔령산(八靈山), 가야산 동북면 만수동(萬壽洞), 지리산, 청화산(青華山), 보령(保寧) 청라동(青蘿洞), 홍주(洪州) 광천(廣川), 해미 무릉동(武陵洞), 남포(藍浦) 화계(花溪)

  - 은둔지(隱遁地)
    사자산(獅子山) 남두능동(南杜陵洞), 주천(酒泉), 덕은촌(德恩村 ; 횡성), 율치(栗峙) 이북

  - 일시유람지(一時遊覽地)
    청하(清河) 내근산(內近山), 청송(青松) 주방산(周房山), 영동(嶺東) 산지

  - 살 만하지 못한 곳
    여산(礪山), 은진(恩津) 남사천(南沙川), 금천(金川), 직산(稷山) 이북, 청안(清安), 양근(楊根)

- 정감록에는 풍기 車巖 金鷄村, 화산 召嶺古基 · 安東 춘양면(春陽面), 보은 속리산 아래 증항(蒸項) 근처, 예원 金堂洞 북쪽, 남원 운봉 銅店村 주변 百厘, 공주 유구(維鳩) · 마곡(麻谷)의 두 물줄기 사이, 영월 정동쪽 상류, 무주 茂豊 북쪽 골짜기, 부안 壺巖 아래와 변산 동쪽, 합천 가야산 남쪽 萬壽洞을 '十勝之地'라 하여 명당터로 꼽고 있다.

「풍속이 文만 숭상하면 말썽이 많고, 武만 숭상하면 싸움질이 많게 되며, 상리(商利)만 숭상하면 백성들이 간사(奸邪)하여진다.…

영남이 각 자 한 분, 훌륭한 조상을 모시고 살면서 흩어지지 않았으니 이씨(李氏)는 퇴계(退溪)를 모시고 도산(陶山)을, 류씨(柳氏)는 서애(西厓)를 모시고 하회(河回)를, 권씨(權氏)는 충재(沖齋 權橃)를 모시고 닭실(鷄谷)을, 김씨는 학봉(鶴峯 金誠一)을 모시고 내앞(川前)을, 학사(鶴沙)를 모시고 오미곡(五嵋谷)을, 백암(栢巖)을 모시고 학정(鶴亭)을, 이씨는 존재(存齋 李徽逸)를 모시고 갈산(葛山)을, 대산(大山 李象靖, 1710-1781)을 모시고 소호리(蘇湖理)를, 석전(石田)을 모시고 돌밭을, 회재(晦齋)를 모시고 옥산을, 적파(嫡派)는 양자골(楊子谷)을, 장씨(張氏)는 여헌(旅軒)을 모시고 옥산(玉山)을, 정씨(鄭氏)는 우복(愚伏)을 모시고 우산(愚山)을, 최씨(崔氏)는 인재를 모시고 해평(海平)을 각각 점유하였다.

그 다음 회천(懷川) 송씨, 이잠(尼岑) 윤씨, 연산(連山) 김씨, 서산(瑞山) 김씨, 탄방(炭坊) 권씨, 부여(扶餘) 정씨, 면천(沔川) 이씨, 온양(溫陽) 이씨 같은 류는 모두 뿌리가 얽히고 박혀서 세상에 알려졌다.

호남 풍속은 호협(豪俠)하기만 하고 질박한 기질이 적다. 까닭에 고씨 제봉(霽峯)의 자손, 기씨 고봉(高峯)의 자손, 윤씨 고산(孤山)의 자손 등 외에는 크게 나타난 자가 없다.

열수(洌水;한강)이상으로는 여주(驪州) 백애촌(白崖村)과 충주(忠州) 목계(木溪)만을 좋다고 말하나, 북한강 연변의 춘천(春川) 천포(泉浦)와 양근(楊根) 미원촌(迷源村)같은 곳이 더 훌륭하다.」

〈정약용(丁若鏞)〉

- 천체 현상에 기초해 날짜와 시간을 추산하는 것을 역(曆)이라 하는데, 백제는 宋 원가력법(元嘉曆法)을, 신라는 唐 원가력법과 대연력법(大衍曆法)을, 발해는 唐 선명력법(宣明曆法)을, 고려는 唐 선명력법과 元 수시력법(授時曆法)을 도입해 역서를 만들어 썼다. 조선은 세종 때 元 수시력법과 明 대통력법(大統曆法)의 장점을 아울러 칠정산법(七政算法)을 고안해냈다. 칠정산법은 '일곱 천체(태양 · 달 · 오행성)의 운행을 계산하는 방법' 으로 두 가지가 있는데, 내편법(內篇法)은 수시력법과 대통력법을 통합해 만든 전통적인 계산법이고, 외편법(外篇法)은 아라비아식 역법인 회회력법(回回曆法)을 적용한 계산법이다. 날짜를 정할 때는 내편법만 썼고, 외편법은 일월식을 계산할 때에 썼다.

- 어숙권(魚叔權)은 1554년 '고사촬요〔攷事撮要, 1585년 허봉(許篈)이, 1612년 박희현(朴希賢)이, 1636년 이식(李植)이, 1771년 서명응(徐命膺)이 각각 增補〕를 지어 행정편람과 생활의 지혜를, 강희안(姜希顔)은 '양화소록(養花小錄)' 을 지어 원예기술을, 이시필(李時弼, 1657-1724)은 '소문사설(謏聞事說)' 을 지어 온돌 설치법 · 도구 제작법 · 음식 조리법 · 질병 치료법 등을, 김백간(金伯幹, 1516-1582)은 '사송유취(詞訟類聚)' 를 편찬하여 '결송유취보(決訟類聚補)' · '유서필지(儒胥必知)' 와 함께 '옥송(獄訟)' 을, '졸옹(拙翁)' 의 '졸장만록(拙庄漫錄, 1796)' 과 성현(成俔)의 '합자보(合字譜)' 는 가야금 · 거문고 등 현악기 악보를 보급하였다.

6부

본 받을 기상(氣像) · 경계할 자취

- 지배세력 변천사(變遷史)

■족장(族長) 중심의 부족연맹국(部族聯盟國)
■입술이 다치면 이가 시리다(脣亡齒寒) – 삼국의 정립(鼎立) · 상쟁(相爭)
■고구려 정신의 계승 – 발해(渤海, 699-926)
■틈을 탄 고슴도치의 털 – 백제 · 고구려의 부흥(復興)
■벌열태성(閥閱太盛) · 문무평형(文武平衡)의 고려(918-1392)
■중문경무(重文輕武) · 승평태구(昇平太久)의 조선(1392-1910)

三韓 諸小國형성기의 형세도

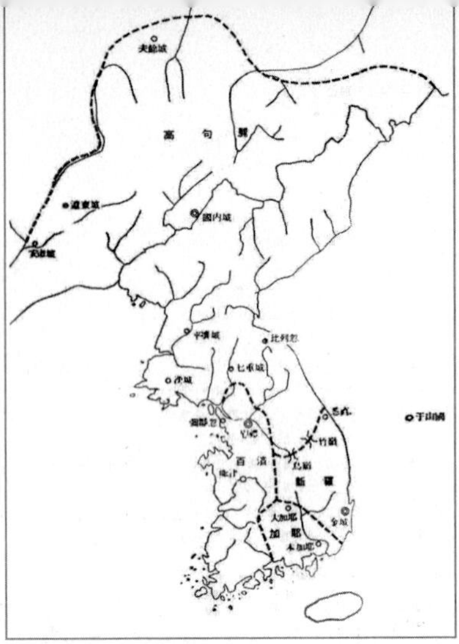

삼국의 정립기(4세기경)

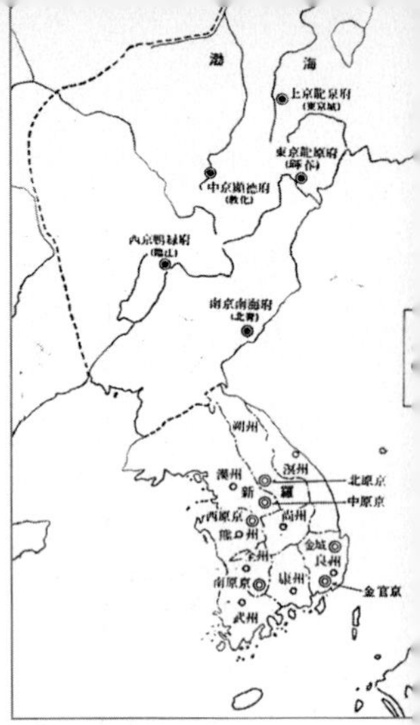

신라와 발해 (남북국시대)

高麗 5道 兩界圖

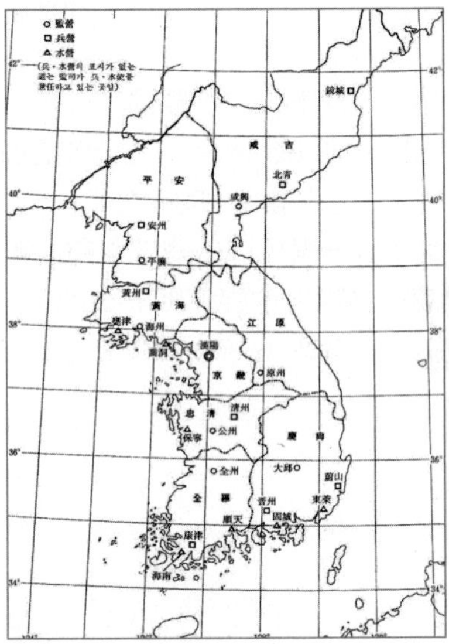

조선 8도도

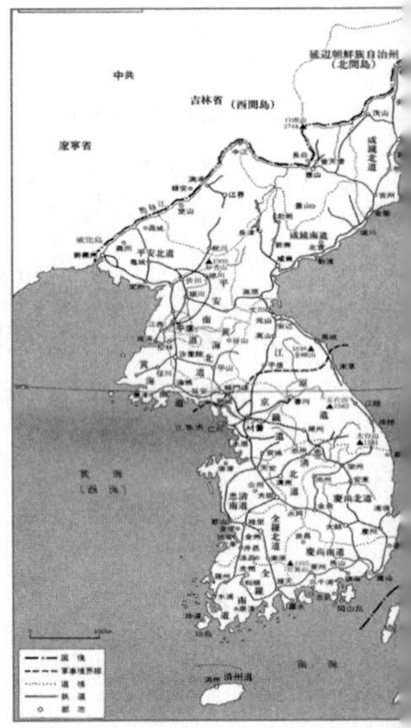

현대의 남북한

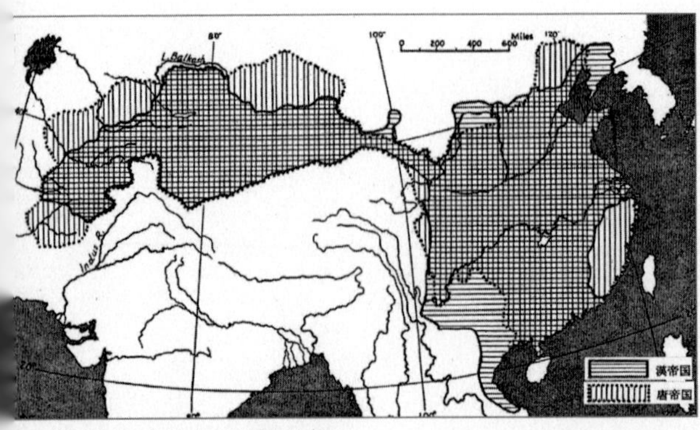

漢 (BC36년경) 및 唐 (660년경) / 토인비

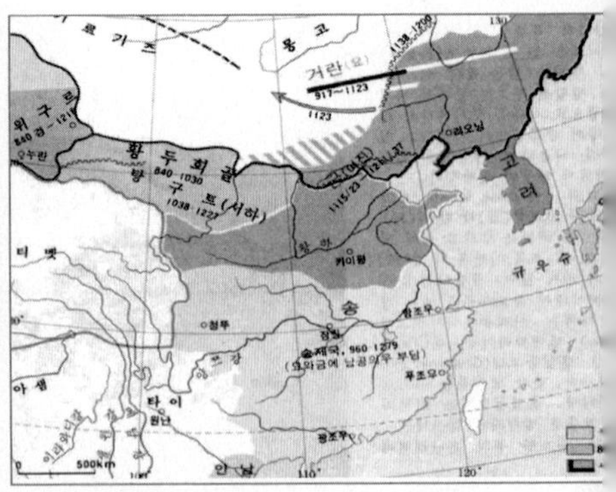

10~12세기의 동아시아

우리民族은 아시아 北方系統에 속하는 '퉁그스'族의 한 부분으로서 有史 이전 西北方으로부터 滿洲와 韓半島에 들어와 原始生活을 하다가 BC 3 · 4세기경 中國의 戰國時代에 平壤의 古朝鮮을 중심으로 北滿 松花江 상류지역에 부여(扶餘), 압록강(鴨綠江)유역에 예맥(濊貊), 咸鏡道지방에 임둔(臨屯), 黃海道지방에 진번(眞番), 漢江 이남에 진국(辰國)과 그 지배하에 있는 馬韓, 眞韓, 弁韓의 여러 部族國家가 발생하여 우리 民族의 歷史가 시작되었다.

신석기시대(新石器時代)의 씨족사회(氏族社會)는 구성원 전체가 지배세력을 형성하고 있었다. 그것이 성읍국가(城邑國家)가 형성되면서 부족장가족(部族長家族)을 중심으로 하고 씨족장가족(氏族長家族)이 가담하여 지배세력을 형성하였다.

삼국시대(三國時代)에는 국가의 규모는 커졌지만 지배세력의 범위는 좁혀져 왕족의 지배자적 지위가 강화되고, 왕비족(王妃族)이 참여하는 정도였다. 통일신라기 왕권은 전제화(專制化)하고 중앙에서는 육두품(六頭品)이, 지방에서는 호족(豪族)의 세력이 등장하더니, 김씨왕족 중심의 골품제(骨品制)를 무너뜨리고 고려를 건설하였다.

고려는 왕족, 육두품과 호족 출신의 문벌귀족을 중심으로 한 귀족사회로 근기(近畿) 지방 출신을 중심으로 하고 경주 출신이 정권에 참여한 정도였는데, 후기에는 향리(鄕吏) 출신 사대부(士大夫)의 진출이 또한 눈에 띄게 되었다.

조선은 양반(兩班) 사대부의 사회적 기반이 전국적으로 확대되었는데 사림파(士林派)가 등장하면서 이 대세는 굳어졌고, 중인(中人) · 서리(胥吏) · 상공업자 · 농민의 정치 참여를 허락하지 않는 배타적인 특권을 누렸다.

족장(族長) 중심의 부족연맹국(部族聯盟國)

BC 194년 黃人 위만(衛滿)이 침입하여 古朝鮮과 濊貊, 眞番, 臨屯을 멸망시키고 그 자리에 衛滿朝鮮을 성립시켰으며, BC 108년 漢 武帝의 침입으로 衛滿朝鮮이 없어지고 그 자리에 漢四郡이 설치되었다. 그러나 얼마 되지 아니하여 濊貊의 옛땅 鴨綠江유역에 高句麗가 일어나고, 臨屯의 옛땅 元山 · 江陵을 중심으로 한 東海岸지방에 동예(東濊), 咸鏡道지방에 옥저(沃沮)가 일어나 漢江 이남에 있는 三韓 여러 나라와 협조하여 漢의 군현(郡縣)을 공략하였다. 그 까닭에 漢은 四郡을 설치한지 25년 만에 眞番郡과 臨屯郡을 폐지하고 鴨綠江유역에 설치하였던 현도군(玄菟郡)의 郡治를 奉天방면으로 이전시켰다. 그러나 玄菟郡과 平壤지방의 낙랑군(樂浪郡) 및 遼東지방의 遼東郡을 강화하여 계속 滿洲와 韓半島 남북부를 統治하였다.

각지에 성장한 정치세력 가운데 옥저의 중심세력인 옥저현후(沃沮縣侯), 동예의 부내예후국(不耐濊侯國), 삼한의 목지국(目支國)과 구야국(狗邪國)은 국가형태로 발전하지 못한 채 소멸하고 초기 국가 형성에 성공한 것은 고조선 · 부여 · 고구려 · 백제 · 신라였다.

이승휴는 '제왕운기'에서 동부여, 북부여, 비류국, 신라, 고구려, 남옥저, 북옥저, 예맥이 등장하는 시기를 일러 '열국기(列國紀)'라고 하였다.

고조선(古朝鮮, BC 2333)

• 단군 왕검 神話

약 5천년 전 기록에 따르면 BC 2333년 곰을 어머니로 둔 천손(天孫) 단군이 나라를 일으켰다는 신화가 전해져 내려왔다.

조선의 풍속에 자식을 낳게 되면 삼신〔三神, 환인(桓因) · 환웅(桓雄) · 단군(檀君)〕에게 제사를 올리고 비는 습성이 있는데, 삼신은 생민(生民)의 조(祖)가 되니 그래서 국민은 태어나온 그 근본을 잊지 않고 중하게 여기는 것이며 단군을 교화(敎化)의 조(祖)로 삼게 된 것이다. 단군조선은 나라를 전한 것이 1480년에 이른다.

고조선 사회의 성립은 청동기문화와 초기철기문화의 전래로 이루어진 것이었다. 청동기문화가 遼河 유역에서 대동강 유역으로 번져 감에 따라서 이 지역의 여러 부족 국가는 하나의 부족 연맹체를 형성하게 되었다. 遼河 유역을 중심으로 대동강 유역에까지 걸쳤던 이 부족 연맹 세력은 단군(檀君)이라는 제사장의 뜻과 왕검(王儉)이라는 정치적 지배자의 뜻을 가진 "단군왕검"이라고 일컫는 군장을 그들 맹주의 호칭으로 삼은 제정일치(祭政一致)의 사회를 형성하였다.

북방 슝누족의 융흥과 한족(漢族)의 발전은 대륙과 한반도에 있어서 새 정세를 자아내게 하였다. 중국은 전국 시대를 맞이하여 북부 중국으로부터 많은 유이민이 만주와 한반도로 밀려 나오게 되었으며, 만주의 토착민도 남방으로 이동하게 되었다.

고조선 세력은 遼東으로 침투해 오는 燕(?-BC 222)의 세력에 밀리어 昭王時代(BC 311-BC 279)에 친카이(秦開)에 의하여 서쪽 지방이 공취(攻取)당하여(BC 280) 遼東郡이 설치되었다.

위만조선(衛滿朝鮮)(BC 194-BC 108) · 한(漢)의 4군현(郡縣)

옛 연의 땅에 연왕(燕王)으로 봉해진 루 완(盧綰, BC 247 또는 BC 265-BC 193)이 漢에 反하여 북쪽 슝누(匈奴)의 땅으로 망명하는 등 정국이 뒤바뀌는 동안 동쪽으로 망명하여 오는 자가 더욱 많아졌다. 그러한 망명자 중의 한 사람인 위만(衛滿)은 천여 명을 이끌고 와 처음 고조선의 준왕(準王)으로부터 변경 수비 임무를 맡더니 그 힘이 커지자 準王을 축출하고 왕이 되었다(B.C. 194). 준왕은 남쪽 진국(辰國)으로 가서 한왕(韓王)이라고 칭하였는데 왕권을 유지하기 위하여 고조선의 토착세력과 결합할 필요가 있었다.

진번 · 임둔 등을 복속시켜 사방 수천리 지역을 지배하기에 이른 위만조선이 한(漢)의 조공로(朝貢路)를 막고 비왕장(裨王長)을 살해하고 달아난 서허(涉何)를 보복 살해 하자 漢

武帝때 누선 장군(樓船將軍) 양푸(楊僕)는 군사 5만명을 이끌고 발해(渤海)로 향하고 좌(左) 장군 쉰즈(荀彘, ?-BC 108)는 遼東에서 출격하여 위만의 손자 우거왕(右渠王, ?-BC 108)을 토벌했다. 위만조선은 1년을 잘 싸웠으나, 주화파(主和派)의 투항이 있었고, 니계상(尼谿相) 삼(參)에 의하여 우거왕이 살해된 후 漢은 우거왕의 아들 장항(長降)과 朝鮮相 路人의 아들 최(最)로 하여금 大臣 成已(?-BC 108)를 죽이게 하여 위만조선은 3대 87년만에 멸망하였다.

「우거왕은 요새가 튼튼하다는 것을 믿고 한(漢)을 배반한 나머지 나라까지 망하게 하여 선조의 제사를 끊었으며, 涉何는 공로를 속여 전쟁을 일으켰다. 楊僕는 적은 군사를 이끌고 곤란을 당하고도 견책을 받았으며 번우(番禺) 에서의 실패에 대해 반성을 하고 있었는데도 의심을 받았다. 쉰즈는 楊僕와 공(功)을 다투다가 콩순쉐이(公孫遂, ?-BC 109)와 같이 죽음을 당하였다. 두 장군의 군사는 치욕을 당했으며 부하 장군 중에서 후(侯)에 봉해진 자는 하나도 없었다.」

〈司馬遷 / '史記', 朝鮮列傳〉

漢 武帝(劉徹)는 위만조선을 멸망시킨 그 해(B.C 108) 위만조선의 판도안에다 낙랑(樂浪), 진번(眞番), 임둔(臨屯)의 세 郡을 두고 그 다음해 예(濊)의 땅에 현도군을 두어 漢의 4郡이 성립되었는데 낙랑군이 대동강 유역의 고조선, 진번군이 자비령 이남 한강 이북의 옛 진번, 임둔군이 함남의 옛 임둔, 현도군이 압록강 중류 동가강(冬佳江) 유역의 濊지방이었다. 한무제는 기존 습속에 따라 점령지를 통치했으며 세금을 거두지 않았다.

4군 설치 후 20여년 만에 漢은 진번과 임둔의 2군을 폐하고, 그 관할 하의 여러 현(縣)을 각기 낙랑과 현도의 2군에 맡겼다(B.C. 82). 그후 현도군이 濊의 땅으로부터 만주의 興京 방면으로 이동한(B.C. 75) 결과 낙랑군은 임둔군에 속해 있던 지역의 관할을 현도군으로부터 다시 물려 받았다. 이즈음 남방의 진(辰)에서 한(韓)의 흥기를 보게 되어 이후 낙랑군 지배 하의 고조선인들은 韓으로 흘러 들어가〔낙랑왕 최리(崔理)는 그러한 존재의 하나였다〕 遼東 지방에서 독립된 세력을 펴고 있던 公孫氏가 204년 경 낙랑군의 남부 옛 진번군의 땅에 대방군(帶方郡)을 설치하였다.

한 군현의 사회제도나 생활양식이 고조선인의 사회에 침투하여 8조목 禁法이 60여 조목에 달하게 되는 등 漢 군현의 영향은 주변의 여러 나라에도 번져 갔다. 그러한 사실은 韓의 거수(渠帥)들이 낙랑의 관작(官爵) · 인수(印綬) · 의책(衣幘) 등을 받았다고 하는 데에 나타나 있다. '부조예군(夫租濊君)' 印은 함흥 지방의 토착세력가에게 준 인수였다.

낙랑군의 속현은 후한서 군국지(郡國志)에는 18城 6만 1492호 인구 25만 7050명이고 2005년 평양에서 출토된 목간(木簡)에는 BC 45년 4만 3845호, 인구 28만 4261명, 평안남도, 황해도, 함경남도, 강원도 지역에 해당하는 25개 현의 지명이 기록돼 있다.

부여(扶餘)·옥저(沃沮)·동예(東濊)

부여는 고조선의 후국(侯國)으로 BC 5세기부터 5세기까지 약 천여 년간 쑹화(松花)강, 넌(嫩)강 유역을 중심으로 성장하였다. 부여는 匈奴나 고구려와 함께 왕망(王莽, BC 45-23, 재위 9-23)의 新에게 위협적인 존재로 비칠 만큼 큰 세력이었다.

> 부여국(扶餘國)은 그 조상을 알 수가 없다. 혹은 말하기를, 단군 뒤에 북쪽으로 옮겨서 부여국이 되고 해(解)로 성(姓)을 삼았다고도 한다. 부여에 관한 기록이 나타나기는 B.C. 4세기 경으로 山海經의 불여(不與), 逸周書의 부루(符婁), 史記의 부여(夫餘), 논어주소(論語註疏)의 부유(鳧臾) 등 명칭으로 나타나 있다.
> 족장은 "加"라고 불렀는데, 馬加·牛加·저가(豬加)·구가(狗加) 등 가축의 이름이 붙여져서 구별되었다. 왕위의 세습은 적자에 한하였고 5곡이 잘 영글지 않으면 대가들이 왕을 바꾸거나 죽이는 것을 결정하였다.

후한 말 公孫氏가 遼東에 웅거, 부여와 혼인동맹을 맺었는데 위(魏)의 장군 우쳐우지앤(毌丘儉, ?-255)이 고구려를 침략했을 때(244) 부여는 魏에 군량을 제공해 그 동맹관계를 고수하였다. 부여는 시엔뻬(鮮卑)족인 무룽위(慕容廆, 269-333)의 침략을 받아 의려왕(依慮王)(?-285)이 자살하고 그 자제는 옥저로 망명하여 국가적인 위기에 처했을 때(285) 晋은 부여 왕족 依羅를 즉위시켜 국가를 부흥시킬 수 있게 하였으나 晋이 북방민족에게 쫓겨 남천하게 되면서(316) 고립 상태에 빠졌다. 무룽스(慕容氏)가 쇠망하자(370) 부여는 고구려의 보호 밑에 놓이게 되었고 그 뒤 말갈〔靺鞨:또는 물길(勿吉)〕에 몰리어서 왕족이 고구려에 항복하니 그 여맥마저 꺼졌다(494).

옥저·동예 지역의 언어는 물론 음식·주거·의복·예절 등 습속도 고구려와 큰 차이가 없었다. 옥저의 직포(織布)를 맥포(貊布)라 하고, 부족명이 동예라고 일컬어진 것으로 보아 예맥족(濊貊族)의 한 갈래로 생각된다.

옥저 지역에는 현도군이 설치되었으나 약 30년 뒤인 B.C 75년 고구려의 서북 지방으로 밀려나서 그 이름만 남게 되고, 뒤이어 낙랑군의 세력도 쇠퇴하였으므로, 옥저 지역은 邑落의 거수(渠帥, 大族長)들이 縣侯로서, 여러 후국(侯國)으로 분립된 상태가 되었다.

이들 여러 소국은 漢·부여·고구려 등 대국 세력 사이에 끼어 漢의 군현 세력에 흡수되었다가 고구려에 복속되었다. 옥저인은 그 질직강용(質直彊勇)했던 기질에도 불구하고 고구려의 기마병을 당할 수가 없었다. 옥저 지역의 총호수는 2천이었다.

동예에서도 邑落마다 거수가 있었으나 부족마다 산천을 경계로 침범하는 부족에 대해서는 生口(奴婢)·牛馬 등으로 責罰하였다. 거수들은 각기 侯·邑君·三老 등의 官號를 써서 下戶를 다스리게 하였다. 동예의 거수들도 각기 하나의 "侯國"을 이루어, 그 중의 不耐濊侯는 功曹·主簿 등의 諸曹를 갖추고 있었다. 不耐濊侯가 樂浪·帶方太守의 공격에 항복하여 不耐濊王에 봉하여졌다는 사실도 그의 세력이 왕을 일컬을 만큼 성장되어 있었음을 반증하는 것이다. 동예 지역의 총호수는 2만을 헤아렸다. 동예도 초기 국가의 형세를 이루어 갔으나 부족 연맹체적인 왕국을 이루지 못하고 고구려에 복속 되었다.

삼한(馬韓 · 辰韓 · 弁韓)의 제(諸) 소국 · 가야연맹(加耶聯盟, 42-562)

위만이 고조선의 지배권을 탈취한 BC 2세기경 한강이남 지역에는 "辰國"이라는 세력 집단이 있었다. 위만의 손자 右渠와 대립하여 2천여명의 부족민을 이끌고 남하한 고조선의 한 부족장도 辰國으로 갔다. 진국 중 가장 유력한 부족은 稷山 지방으로 비정되는 目支國(혹은 月支國)이다. BC 4세기에서 3세기에 걸쳐 이 지역의 부족 세력들은 성장하여 '魏志' 의 마한 54개국, 진한과 변한 각 12개국 총 78개 초기 국가가 형성, 여러 소국이 분립되는 형세를 이루게 되었다.

辰王이 다스렸다는 目支國(稷山), 百濟로 성장한 伯濟國등이 마한의 여러 소국 중의 하나였고, 弁辰 12국의 국명도 전해 주어, 뒤에 '新羅' 의 중심 세력으로 성장한 '사로(斯盧)' 와 '독로국(瀆盧國)', '구야국(狗邪國)', '안야국(安邪國)' 등이 이에 속하여 있었다.

> 마한의 대족장 세력은 만여 호, 소족장 세력은 수천 호를 거느려서 그 총 호수가 십여만에 이르고, 진한과 변한의 대 족장 세력은 4-5천 호, 소 족장 세력은 6~7백 호를 거느려서 총 호수가 4만에 이르렀다.

> '三國史記' 에는 '음즙벌국(音汁伐國)', '실직국(悉直國)', '압독국(押督國)', '소문국(召文國)', '골화국(骨火國)' 등의 소국명이 나타나 있으며, '三國遺事' 에서는 변한 지역 내 金官伽耶(狗邪國:김해), 아라가야(阿羅伽耶)(安邪國 : 咸安), 고령(古寧)伽耶(咸寧), 大伽耶〔임나가야(任那伽耶) 고령〕, 星山伽耶(星州), 小伽耶(固城) 등 여섯 고장의 초기국가(小國)의 존재를 전해 주고 있다.

> 변한지역 12개의 소국이 여섯 가야(加耶 · 加羅 · 駕洛) 부족연맹을 형성하는 시기는 1세기에서 3세기 사이로 중심세력은 수로(首露 · 首陵)를 시조로 본가야〔本加耶(金海)〕로 발전하는 구야국(狗邪國)과 이진아시(伊珍阿豉)를 시조로 대가야〔大加耶(高靈)〕로 성장하는 미오야마국(彌烏邪馬國)이었다.

> 「가야산 여신 정견모주(正見母主)」와 천신 이비가(夷毗訶)가 감응하여 뇌질주일(腦窒朱日)과 뇌질청예(腦窒青裔) 두 아들을 낳았는데 朱日은 이진아시, 青裔는 수로왕의 별칭이다.」
> 〈崔致遠 / '석리정전(釋利貞傳)' 〉

• *김수로왕(金首露王, ?-199, 在位 42-199)의 建國神話*

「유리왕(儒理王) 18년 3월 가락의 구간(九干, 我刀 · 汝刀 · 彼刀 · 五刀 · 留水 · 留天 · 神天 · 五天 · 神鬼)이 우수(于水)가에서 푸닥거리(계음)를 하다가 귀지봉(龜旨峰)을 바라보니 신이(神異)한 기운이 있어 자주빛 노〔승(繩)〕가 금궤(金盒)를 달고 내려왔으므로 열어 보았다. 금빛 알 여섯이 둥글기가 해 둘레만 하였다. 아도(我刀)의 집에다 모시어 놓고 이튿날 아홉 사람이 다 모여 여섯 알을 터뜨리니 여섯 동자가 되었다. 그 중 한 사람을 임금으로 삼으니 세상에 처음 나타났다 하여 首露라 하고 금궤에서 탄생하였으므로 성(姓)을 김(金)씨, 국호를 가야(伽倻)라 하였다.

나머지는 다섯 가야주(伽倻主)가 되어 동으로는 황산강(黃山江), 서남으로는 바다, 북으로는 지리산, 동북으로는 가야산을 경계로 하는 강역(疆域)을 다스렸다.

동한(東漢) 건무(建武) 24년 7월 16세의 허(許)公主〔황옥(黃玉), 호는 보주태후(普州太后), 33-189〕가 아유타국(阿踰陁國)으로부터 바다를 건너 오매 수로왕이 먼 바다에 떠 있는 증조〔蒸棗 : 선경(仙境)에 있는 좋은 과일〕를 찾고, 하늘로 올라가 반도〔蟠桃 : 선도(仙桃)〕를 찾아내, 아름다운 모습으로 나타난 公主를 만전(幔殿)에 맞아 들여 이틀을 지낸 뒤 함께 수레를 타고 환궁(還宮)하여 후(后)로 세웠다. 후는 157년을 수하였다.」

〈'동국여지승람', 김해부(金海府)〉

허황옥은 아들 열과 딸 둘을 낳았는데 맏아들은 김씨로 사성(賜姓)해 왕통을 잇게 하고, 다른 두 아들은 허황후의 뜻을 따라 허(許)씨로 사성(賜姓)하고 나머지 일곱 아들은 불가에 귀의하여 성불하게 했다. 혜진(慧眞), 각초(覺初), 지감(智鑑), 등연(等演), 두무(杜武), 정홍(淨洪), 계장(戒莊)이 103년 칠불암을 창건하니 하동 쌍계사 북쪽 20리 되는 곳이다.

이 가야연맹은 낙동강 하구의 본가야를 중심으로 북으로는 서해를 통하여 낙랑 대방 2군, 남으로는 왜, 동으로는 濊와 무역을 하였다. 김해의 패총(貝塚)에서 석기 철기 방추차(紡錘車)와 함께 왕망(王莽)시대에 주조된 화천(貨泉)이 발견된 것이 이를 증명하고 있다. 신라와 백제의 각축은 이 사회가 고대 국가로 발전하는 것을 막고 있었다. 특히 신라의 압력은 가야 연맹으로 하여금 백제 및 왜와 결탁하게 하였고 가야와 신라와의 대립은 왜병의 퇴치를 위한 고구려 광개토대왕의 출병에까지 이르게 하였다. 그 후 가야에 대한 백제와 왜의 영향이 약화된 틈을 이용하여 신라는 법흥왕 19년(532) 본가야를, 진흥왕 23년(562) 대가야를 정복하는 등 낙동강유역에 있던 가야제국은 모두 신라에 흡수되었다.

가야의 마지막 왕 김구형(金仇衡, 시조의 9대손, 在位 521 – 532)이 나라를 신라에 바치자 자손들이 흩어져 김해(金海)허씨, 하양(河陽)허씨, 태인(泰仁)허씨가 되었으며 한산 허씨는 자손이 없었다. 또 공암 허씨가 있었는데 양천(陽川) 허씨다. 신라 경덕왕 14년(755) 아찬 허기(許奇)가 당 사신으로 가 안루산(安祿山)의 난으로 피신하는 황제를 따라간 덕분에 당(唐)의 황성(皇姓)을 사성(賜姓)받아 이씨가 되었다.〈김병기 / '가락국의 후예들'〉

• *中國의 百家爭鳴시대*

春秋시대는 孔子가 저술했다는 魯의 '國史春秋' 에서 이름 지어졌다. '春秋' 는 12대 242년간(BC 722~BC 481)의 역사인데 東周시대의 시대 구분에서는 BC 770년에서 晉이 韓 · 魏 · 趙로 3분되어 각기 諸侯로 공인되던 BC 403년까지를 잡는다. 혹은 '史記' 의 '十二諸侯年表' 에서의 BC 447까지를 포함시키는 주장도 있지만, 전자가 通說로 되어 있다. 춘추시대는 列國이 약 2백개국에 달하여 周初의 70여개국에 비하면 약 3배나 증가한 것이다. 이들 중 春秋 12國(晉 · 齊 · 楚 · 秦 · 魯 · 宋 · 衛 · 陳 · 蔡 · 曹 · 鄭 · 燕)은 楚를 제외하고 中原을 무대로 할거하고 있었다.
춘추시대의 패자 중 대표적인 인물, 춘추오패〔春秋五覇, 오백(五伯)이라고도 한다.〕는 권위를 잃어가는 周황실을 지켜 만족(蠻族)을 치고 제후의 동맹을 지도하여 천하의 질서를 유지했다. 제(齊)의 환공(桓公 ,재위 BC 685-BC 643), 진(晉)의 문공(文公, BC 697-BC 628), 초(楚)의 장왕(莊王, ?-BC 591), 오왕 허뤼(闔閭, 闔廬, ? -BC 496), 월왕(越王) 고우지엔(句踐, BC 496-BC 465)을 일컬으나, 허뤼 · 고우지엔 대신 송의 양공(襄公, ?-BC 637), 진(秦)의 목공(穆公, ?-BC 621)을 넣기도 하며 또 장왕을 빼고 오왕 푸차(夫差, ?-BC 473, 재위 BC 495-BC 473)를 넣기도 한다.
꽌중(管仲, 管子, 이름 夷吾, ? -BC 645)은 公子 지우(糾)를 섬겨 糾의 이복동생 시아오바이(小白)를 죽이고 糾를 왕에 옹립하려다 실패, 죽음에 직면하였으나 친구 빠오슈야(鮑叔牙)의 추천으로 上卿이 되어 환공(桓公)을 섬겼는데, 부국강병책으로 환공을 패자(覇者)로 만들었다. 鮑叔牙와 우의가 두터워 관포분금(管鮑分金) · 관포지교(管鮑之交)라는 成語를 낳았다. 管仲은 '나를 낳아 준 분은 부모님이고 나를 알아 준 사람은 鮑叔牙였다.' 하였다. 管子 86편이 현존하나 후세인의 僞書로 알려져 있다.

전국시대(BC 403-BC 221)에 오면 舊 貴族이 몰락하고 新興 豪族들이 실권자로 등장하면서, 왕의 칭호를 자칭하게 되었다. 戰國시대는 '戰國策' 이란 책명에서 이름지어졌다. 전국시대는 춘추시대의 南北 양대블럭의 대결 대신 秦과 東方6國(韓 · 魏 · 趙 · 齊 · 燕 · 楚)의 동서대결로 바뀐 시대이었다.
東方 6國을 남북(縱)으로 연합하게 하여 西의 秦에 대항하려는 것이 쑤친(蘇秦)으로 대표되는 합종설(合縱說)이고 西의 秦과 東의 어느나라가 동서(橫)로 동맹을 맺고 타국을 공격하는 것이 짱이(張儀)로 대표되는 연횡설(連衡說)이다. 齊의 孟嘗君(?-BC 279?) · 魏의 信陵君(?-BC 243) · 趙의 平原君(?-BC 251) · 楚의 春申君(?-BC 238)이 戰國四君이다.
전국칠웅(戰國七雄) 중 효공(孝公)대 衛人 상양(商鞅, 衛鞅 또는 公孫鞅이라고도 한다)의 변법(變法, BC 356, BC 350)으로 제국의 기반을 구축한 뒤 태자 잉쩡〔嬴政, BC 259-BC 210 재위 BC 246-BC 210, 史記에 승상(丞相) 뤼뿌웨이(呂不韋)의 친자식이라고 기록〕이 莊襄王(子楚)의 뒤를 이어 즉위하여 한(韓)을 멸한(BC 230) 이후 9년 동안 조(趙), 연(燕), 초(楚), 위(魏), 제(齊)의 순으로 6국을 통일(BC 221), 始皇帝가 되었다.
중국 역사상 최초의 통일국가가 된 秦은 封建制를 폐(廢)하고 군현제(郡縣制)를 실시하여 36개 군의 중앙 집권적(集權的) 전제군주제(專制君主制)를 완성하였다. 북쪽의 匈奴를 쫓아내어 깐쑤성(甘肅省) 민셴(岷縣)에서 遼東, 遼陽에 이르는 만리장성〔萬里長城, 산하이콴(山海關)에서 지아위콴(嘉峪 關)까지 이어져 있다]을 구축하고 남쪽은 꽝뚱성(廣東省)·꽝시성(廣西省)에서 베트남 북부까지 정복하였으며 법률·도량형 문자화폐의 통일, 도로망의 건설 등으로 중국사를 새 단계로 진입시켰다. 그러나 분서갱유(焚書坑儒, BC 213-BC 212)로 역사서·제자백가서등을 불태우고 유생 460여명을 생 매장하였다.

뚜이우(杜佑)는 '제(齊)가 패업(覇業)을 이룬 것은 꽌 즁(管仲)의 개혁에 의한 것이고, 위(魏)가 부유하게 된 것은 리쿠이(李悝, BC 455?-BC 402) 때문이며, 진(秦)이 강해진 것은 상양(商鞅)에 의해서이다.' 라고 시의(時宜)에 맞게 행해 진 개혁을 중시하였다.

秦의 위명(威名)은 해외까지 뻗쳐, China, 支那·震旦 등으로 부르게 되었는데 이는 친(秦, Chin)이라는 음이 와전(訛傳)한 것이다. 秦(BC 221-BC 206)은 려우방(劉邦)에게 항복함으로써 15년 만에 망하고 漢이 이에 대신하였다.

춘추전국시대(BC 770-BC 221)를 통일한 진(秦)을 멸하고 장량[張良, ?-BC 186, 字 子房, 시호(諡號) 문성공(文成公)]·싸오허(蕭何, ?-BC 193)·한씬(韓信, ?-BC 196)과 더불어 漢을 세운 劉邦(漢고조) 이후로 창안(長安)을 수도로 하였던 전한(西漢, BC 206-8) 13왕조, 리우시우(劉秀, 在位 25-57)가 뤄양[洛陽]에 재건한 후한(東漢, 25-220) 14왕조의 漢은 184년 '황건적의 난' 으로 비틀거리기 시작했다. 주거량(諸葛亮, 字 孔明, 181-234)은 '出師表' 에서「어진 신하를 가까이 하고 小人輩를 멀리 하여 前漢이 흥했고 소인배를 가까이 하고 어진 신하를 멀리하여 後漢이 망했다.」고 하였다.

秦왕조가 고대에서 중세로의 이행기에 상당하는 시기라고 한다면 漢왕조는 중국의 중세 초기로서 '찐선(搢紳, gentry) 국가(BC 200-250)' 의 사회질서가 완결되고 강화된 시기다. 이에 뒤따르는 시기는 중국인과 그 북방 국경지대의 주민 사이의 분쟁기이다.

슝누(匈奴)는 BC 3세기 등장하여 1세기까지 몽골고원을 지배했던 북아시아의 유목기마민족 및 그들이 세운 국가이다. 한초 이래 匈奴족의 영수 마우뚠시앤위(冒頓單于, ?-BC 174, 在位 BC 209-BC 174)는 궁사(弓士) 30여명만을 거느리고 동쪽의 둥후(東胡)와 북쪽의 띵링(丁零)을 멸하고 서쪽의 위에즈(月氏)를 쫓아 내어 '활을 쏘는 사람(匈奴)들이 一家를 이루도록 했다.(B.C. 209)' 匈奴의 통치지역은 동쪽의 조선 변경지대에서 몽골 고원을 가로질러 서쪽의 띠(氐)·치앙(羌)과 인접하며, 남으로는 허타오(河套)지역에까지 신장되어 진뻬이(晋北)·섬북(陝北)일대에 이르렀다.

BC 54년 匈奴는 동서로 분열, 東匈奴의 후한예찬위(呼韓邪單于, 在位 BC 58- BC 31)는 한(漢)과 화해하여 우세해졌으나 BC 48년 남북으로 갈라졌다. 南匈奴는 華北으로 들어가 오호십육국(五胡十六國) 시대에 조(趙)·북량(北凉) 등을 세워 차츰 한민족에 동화되었다. 北匈奴는 후한(後漢)의 공격을 받아 서주(西走)했는데, 유럽 훈족(族)은 이들의 자손이라 한다.

훈족(Huns)의 西進과 압박은 고트족(Goths)의 이주를 야기시켜, 民族大移動의 직접적인 원인으로 되었다. 匈奴·훈 同族論은 드 기뉴(De Guignes)·노이만(Karl Friedrich Neumann, 1793-1870)·디오니시오스 페리에게테스(Dionysios Periēgētes)·암미아누스 마르켈리누스(Ammianus Marcellinus, 330?-400?)·하르트(Friedrich Hirth, 1845-1927)에 의해 주장되고 동족론에 대한 반대론으로 클라프로트(Klaproth)·시라토리 구라키치(白鳥 庫吉)가 있는데 다같이 匈奴와 훈은 이민족이라 하고, 匈奴를 전자는 터어키, 후자는 몽골민족이라 하고, 훈을 후이노 우구르민족이라고 하였다.

• *古代 日本의 完成*

아마테라스오미카미(天照大御神)란 '하늘을 밝게 비추는 神'이란 뜻으로, 日本書紀에는 '日神' 또는 '天神'이라고 하고, 女神이라고도 씌어 있다. 天照大神의 아들은 아마노 오시호미미노미코토(天忍穗耳尊)라고 하고, 손자를 니니기노미코토(瓊瓊杵尊)라고 하는데, 그 손자를 쓰쿠시〔筑紫(北九州)〕 휴가(日向) 다카치 호노미네〔(高千穗峯), 一書에는 다카치호(高千穗)의 구시후루타케(槵觸峯)〕에 내려 보내 다스리게 하였다.

〈'天照大神 神話'〉

일본에서는 '천신(天神)7대, 지신(地神)5대를 거쳐 인황(人皇)으로 권력의 축이 이동해왔다고 이해한다' 日本의 考古學上 時代區分은 舊石器단계의 先土器時代, BC 8000년 경부터의 新石器단계인 조몽(繩文)土器文化, BC 300년 경부터의 新石器 및 金屬器 단계인 야요이(彌生)土器文化, 300년 경부터의 古墳文化 등 단계로 나누인다.
'한서(漢書)'에 「왜인(倭人)은 백여개국으로 나뉘어 한왕조(漢王朝)에 조공(朝貢)을 하였다」고 기록되어 기원 전후 소국가적인 사회조직이 있었음을 알 수 있다.
또 '위지(魏志) 倭人傳'에 의하면 3세기 女王 히미코(卑彌呼)를 모시는 야마타이코쿠(邪馬台國)를 중심으로 하는 30餘 나라들로 연합국가가 성립되어 있었는데 그 공동체 전체는 이토코쿠(伊都國, 福岡 지방)에 파견되었던 大率에 의하여 통제되고 감찰되었다고 한다.
4세기 天皇을 중심으로 하는 야마토〔大和, 나라(奈良)의 옛 이름〕 조정(朝廷)이 지배하는 국가가 성립되고, 6세기 왕위 계승을 둘러싼 호족 간의 대립을 거쳐 권력의 집중화가 이루어지고, 6세기 후반 백제계 '도래인' 소가 씨(蘇我氏)와 쇼토쿠 태자(聖德太子)가 불교 수용파로서 토착 전통주의를 대표하는 모노베 씨(物部氏)를 멸하면서 중앙집권화가 급속하게 이루어졌다. 645년 다이카노 카이신(大化の改新)로 고도쿠 천황(孝德天皇, 재위 645-654)의 율령제도(律令制度)에 입각한 국가체제가 유지되고 671년 덴치(天智)天皇(614-671, 在位 661-671)이 죽고 그의 아들 오토모〔大友, 648-672 : 明治維新 후 고분(弘文)天皇(재위 671-672)으로 추존〕가 즉위했는데 天皇位 계승에 불만을 품은 삼촌 오아마(大海人, ?-686)皇子가 반란(壬申의 亂)을 일으켜 즉위하여 〔덴무(天武)天皇, 在位 673-686〕律令을 정비하고 古代일본을 완성했다. 일본 天皇제도는 형성기(608-672), 흥성기(673-866), 쇠퇴기(866-1868) 등 세 단계를 거쳤다.

日本이라는 國號는 聖德太子 무렵인 600년 경부터 나타나기 시작하여 '舊唐書'에서 조차 倭國傳과 日本國傳을 區別하여 서술하고 있다.〔쓰다 소키치(津田左右吉)는 日本國號의 公式 사용이 170년부터라고 하였다.〕 '日本書紀' 上의 41대 王은 696년 持統女王으로서 끝 났는데 그 연대를 다룬 '晋書' 倭人傳, '宋書'의 倭, '南齊書'의 倭國, '梁書'의 倭, '隋書'의 倭國, '南史'의 倭國, '北史'의 倭國, '舊唐書' 日本傳 등이 모두 日本國王을 王이라 하였고, '宋書'는 倭王 武(雄略)와 興(安閑)을 王이라 明記하였다. 王을 '天皇'으로 부르게 된 것도 600년 경부터로 그 이전에는 統治者의 뜻인 '스메라미코토(須明樂美御德)'라 하였다.

입술이 다치면 이가 시리다(脣亡齒寒)
- 삼국의 정립(鼎立)·상쟁(相爭)

한백겸(韓百謙)은 「우리나라는 옛날 스스로 남북으로 나뉘었는데, 북은 삼조선(三朝鮮) 땅이었다가 후에 고구려(高句麗)가 되었고 남은 삼한(三韓)이 되었다. 후한서에 '변한은 남쪽에 있고 진한은 동쪽에 있고 마한은 서쪽에 있다.' 하였는데, 그것이 삼한 땅을 가리킴이 또한 분명하다. 그 뒤 혁거세가 진한에서 추대되어 신라가 시작되었고 온조가 마한을 멸망시키고 백제를 세웠으며 수로가 진한의 남쪽 경계를 차지하여 가야산의 남쪽과 지리산의 동쪽이 모두 그의 소유였으니 곧 변한의 땅이다. 그 경계가 확실하지 않으나 한수(漢水) 일대가 남북을 가르는 천연의 구덩이었을 것이다'」 하였다.

임상덕(林象德)은 「삼한은 넓고 거칠었는데, 백성이 지리(地利)를 따라 각각 부락을 만들고 혹 웅장(雄長)이 있으면 모두 나라라고 일컬으니 삼한이 70여 국이나 거느렸고 조선 예맥 사이에 있던 작은 나라는 일일이 적을 수 없다. 고구려는 패수(浿水, 北遼東과의 경계를 흐르는 강으로서 여러 설이 있으나 청천강설이 가장 유력하다.) 북쪽에서, 백제는 한수 남쪽에서 일어났는데 작은 나라들이 항복하거나 멸망하여 삼국의 군현(郡縣)이 되었다」하였다.

고대국가란 초기국가의 발전된 형태로 중앙집권적인 정치체제의 성립과 정복사업을 전개하여 광대한 영토국가를 이룩한데 그 특징이 있다.

古代國家의 형성은 高句麗·百濟·新羅의 순서로 되었지만 자국의 기반(基盤)이 되는 部族國家 내지 部族聯盟體의 기원은 '三國史記'나 '三國遺事'의 記錄 즉, 新羅·高句麗·百濟의 순서를 좇음이 무방하다.

처음 고대 국가체계를 갖추어 가는 시기는 고구려 太祖王(在位 53-146)때, 백제 고이왕(古爾王, 在位 234-286)때, 신라 내물이사금(奈勿尼師今, 在位 356-402)때이다. 고구려는 소수림왕(小獸林王, 在位 371- 384)대를 거쳐 廣開土王(在位 391-413)대에, 백제는 근초고왕(近肖古王, 在位 346-375)대를 거쳐 聖王(在位 523-554)대에, 신라는 法興王(在位 514-540)대를 거쳐 眞興王(在位 540-576)대에 각각 크게 떨치게 되었다.

3국의 상쟁은 5세기에 들면서 치열해지기 시작하였다. 고구려의 광개토왕, 長壽王(在位 413-491)이 정복을 강행함으로써 백제·신라에 압박을 가해 왔기 때문이었다.

장수왕이 백제의 漢城을 함락시키고 개로왕(蓋鹵王, 在位 455-475)을 살해하였을 때 신라군은 원병을 보냈다. 신라의 법흥왕·진흥왕이 북진정책을 감행하여 551년 백제와 연맹하여 고구려를 쳐서 한강 상류지역의 10郡을 점유하였는데, 2년 후 다시 백제가 점령한 한강 하류마저 약취(略取), 3국의 관계는 변전(變轉)하여 백제는 고구려와 연결하여 신라와 싸우는 정세로 바뀌었다.

삼국의 대 중국관계는 朝貢의 형식을 띠었다. 특히 고구려와 北魏, 백제와 宋, 신라와 陳 사이의 관계가 밀접하였다. 3국 사이의 통일전쟁은 6세기 중엽부터 백 여년간 중국세력을 이용하려는 외교전으로 치열하게 전개되었다. 3국의 상쟁으로 3국인은 적대국을 원수로 증오하였으니, 백제 개로왕이 北魏에 보낸 上表에서 고구려를 '시한(豺狠)' '추류(醜類)' '장사(長蛇)'로 표현하였고 선덕여왕(在位 632-647)때 金春秋(603-661)가 고구려에 원조를 청하러 갔을 때 백제를 '長蛇' '봉시(封豕)' 라 하여 긴 뱀과 큰 돼지로 비유하였으며, 진덕여왕(在位 647-654)때 김춘추가 唐에 갔을 때도 백제를 '無道' · '흉악(凶惡)' 으로 표현한 것은 3국인의 적대감정을 여실히 표시한 것이다.

삼국통일 이전부터 唐은 '海東三國' '삼한지맹(三韓之氓)' 이라 하여 3한을 3국의 뜻으로 보고 고구려, 백제, 신라를 해동삼국 동일족속으로 여기고 있었다.

나 · 당 연합군에 의한 660년 사비성의 함락과 668년 평양성의 함락으로 이루어진 삼국통일은 고구려 영토 상실과 외세 이용의 문제가 있으나 대동강과 원산만 이남에 한정된 하나의 민족국가 형성의 출발점이 되었다.

669년부터 신라군 · 고구려 부흥군과 唐군과의 전투는 676년 唐군의 철수로 신라가 한반도 지배권을 쟁취, 한국사의 자주적 발전을 이룩하는 원동력이 되었다. 다만 그러한 동질성을 지닌 자신들의 존재를 깊이 자의식하지 못하였다는 데에 당시 삼국의 지배층의 역사의식의 한계가 있다.

「三韓이 나날이 서로 싸우니
백만 창생(蒼生)이 고통 속에 지새웠네.
신라 백제는 어찌 몰랐던고, 입술이 다치면 이가 시린 것을.
隋 · 唐이 방울새와 조개 모두를 노리는 漁夫인데도.
점점이 놓인 저 강산은 말이 없지만
史書의 편간(編簡)에 역력(歷歷)하네 그 사실이.
그대들은 半은 영웅이나, 半은 흉역(凶逆)이요.
우러러 하릴 없는 눈물, 소매를 적시네.」 〈徐巨正 / '삼국사를 읽고' (讀三國史)〉

「隋 煬帝는 북으로 향하는 대운하〔징항(京杭)운하〕를 건설(584-610), 그것을 이용하고서도 고구려를 정복할 수 없었다. 唐은 신라의 원조를 얻어 백제와 고구려를 정복하는데 성공했으나 후에 신라가 唐軍을 축출하고 한국전체를 통일했다. 통일된 한국은 중국의 종주권(宗主權)을 받아들이기는 했으나 명목이상의 것이 될수 없었으며 정치적 통일은 한국에 있어서 중국문명화와 불교화의 발전에 새로운 계기를 마련하였다.」 〈토인비 / '世界史'〉

견고(堅固)·강용(剛勇)의 고구려(高句麗, BC 37-668)

고구려는 중국민족과의 투쟁 과정에서 성립하였고 또 성장하여 갔다. 漢은 남여(南閭)의 투항으로 이곳에 창해군(滄海郡)을 두었고(BC 128), 그 후 현도군을 설치한 바 있으나, 전자는 3년만에 포기하고 후자는 30여년 만에 만주로 쫓겨났다(BC 75).

고구려史는 卒本城시대(B.C 37-3), 國內城시대(3-427), 平壤城시대(427-668)로 나뉜다.

高句麗는 1세기 太祖王시대에 여러 部族을 統一하고 遼東·玄菟·樂浪郡을 공격하면서 西進政策을 취한 이후 3백여년간 漢族과 혈투(血鬪)를 전개하였다. 遼東太守 공손강(公孫康)과 위장(魏將) 毋丘儉 및 연왕(燕王) 무룡황(慕容皝)의 공격을 받아 세번 國內城(丸都城)이 함락되고 王母가 사로잡혀가는 등 욕(辱)을 당한 일도 있으나, 4세기초 美川王시대에 4백년간 半島일각에 뿌리를 박고 있던 漢族의 勢力을 구축(驅逐)하고 4세기말 廣開土王시대에 遼東, 玄菟 兩郡을 격멸(擊滅)함과 동시에 肅愼 즉 靺鞨(滿洲族)의 여러 部族을 정복(征服)하고 長壽王시대에는 도읍을 平壤으로 옮겨 領土를 조령(鳥嶺), 죽령(竹嶺)까지 확장하고 文咨王시대에 扶餘를 합병하여 遼河 이래 滿洲 땅을 차지하였다. 그리하여 高句麗는 강한 나라가 되어 隋의 백만 大軍을 섬멸시키고 唐의 침입군도 격퇴하였다. 그러나 보장왕(寶藏王) 때에 천개소문(泉蓋蘇文, 淵蓋蘇文)이 죽자 아들들이 세력을 다투며 唐을 끌어들여 종국(宗國, 自國)을 공벌하고 신라 또한 협공하여 고구려는 멸망하게 되었으니 나라를 누려온 지 705년이었다.

• 동명성왕(東明聖王) 建國神話

「시조 추모왕(鄒牟王)이 나라를 세웠는데 왕은 북부여에서 태어났으며, 천제의 아들이었고, 어머니는 하백(河伯)의 딸이었다. 알을 깨고 세상에 나왔는데, 태어나면서부터 성스러움이 있었다〔5字 不明〕. 길을 떠나 남쪽으로 가는데, 부여의 엄리대수(奄利大水)를 거쳐가게 되었다. 왕이 나룻가에서 '나는 천제의 아들이며 하백의 따님을 어머니로 한 추모왕이다. 나를 위하여 갈대를 연결하고 거북이 무리를 짓게 하라' 고 하자 곧 갈대가 연결되고 거북떼가 물 위로 떠 올랐다. 그리하여 건너 가서 비류곡 홀본(沸流谷 忽本) 서쪽 山上에 성을 쌓고 도읍을 세웠다.」

〈國岡上廣開土境平安好太王碑文 : '譯註 韓國古代金石文'〉

'삼국사기' 동명본기(東明本紀)에 「부여왕(扶餘王) 해부루(解夫婁)는 하늘이 내린 아들을 금와(金蛙, 금개구리)라 이름하고 태자로 세웠다. 어느날 천신이 내려와 왕도(王都)를 옮기게 한 다음 국호를 동부여(東扶餘)라 하였다.」하였고 '동국이상국집(東國李相國集)' 동명왕편서(東明王篇序)에 「한(漢) 신작(神雀) 3년 천제의 아들 해모수(解慕漱)가 와 도읍하고 청하(淸河, 압록강)의 하백(河伯) 水神의 맏딸 류화(柳花)와의 성혼으로 신작(神雀) 4년 계해 4월 주몽(朱蒙)을 낳으니 뒤에 卒本州에 와 沸流水 위쪽에 나라를 세우고 고구려라 하였다」하였다.

'삼국유사' 왕력(王曆)에는 동명왕(東明王) 주몽을 '단군의 아들이다' 고 하였고, 고구려기(高句麗記) · 단군기(檀君記)에는 「단군이 서하(西河) 하백(河伯)의 딸을 취하여 아들을 낳으니 부루(夫婁)니라」고 했다. 고구려기를 상고하면 「해모수(解慕漱)가 하백의 딸을 사사로이 취하여 주몽을 낳았다」하였고, 단군기에는 「아들을 낳고 이름을 부루라 일컬었다고 하니 부루와 주몽은 이모형제(異母兄弟)다」라고 하였다. 唐僧 다오 스(道世)의 '주림전(珠琳傳)' 21권에는 「옛날 영품리왕(寧稟離王 : 부루왕의 이칭)의 시비(侍婢)가 '태기가 하늘로부터 와 잉태(孕胎)하였나이다' 한 후 아들을 낳았으나 불길하다 하여 돼지우리에 갖다 놓았다. 돼지가 입으로 불어 마굿간에 가져 가니 말이 젖을 먹여 살려서 부여왕이 되었다.」하였다.

안확(安廓)은 桓과 解慕는 모두 '곰' (고마)의 사음(寫音)이요, 雄은 '숫' 으로 훈독(訓讀), 漱는 '수' 로 음독(音讀)하여 남성을 의미한, 실상 동일인명이라 하였다.

〈초기의 영토확장〉

동명성왕(在位 BC 58-BC 19)은 즉위 2년 비류국, 즉위 4년 행인국(荇人國), 즉위 10년 북옥저(北沃沮) 등 주변 소국을 병합하여 건국의 기초를 닦았다.

유리왕(?-18년)은 즉위 11년(BC 9년) 4월 시엔삐(鮮卑) 동호(東胡)와 동이(東夷)족 토벌에 나서 부분노(扶芬奴) 장군이 일거에 적을 휩쓸어 鮮卑족을 복속시켰다. 유리왕 22년(3년) 10월 졸본에서 國內城(集安)으로 도읍을 옮기고 위나암성을 쌓았다.

「추모왕의 뒤에 아들 유류왕이, 유류왕의 뒤에 아들 대주류왕이 사위(嗣位)하니, 유류는 '본기' 의 유리명왕 유리다, 유류(孺留) · 유리(琉璃) · 유리(類利)는 모두 '누리' 로 독할 것이니, '세(世)란 뜻이며, '명(明)' 이란 뜻이다.」 〈신채호(申采浩) / '조선상고사' 〉

8년 漢 황제의 외척 왕망(王莽)이 대사마(大司馬) 자리에 앉아 자신이 옹립한 사위 평제(平帝)를 독살하고, 신(新)을 건국한 후 15년 동안(9-23) 지배하였다.

유리왕과 王莽이 충돌한 계기는 슝누(匈奴) 정벌이었다. 王莽의 협박을 받은 유리왕은 1만명의 병사를 랴오시로 출병시켰다. 王莽의 신하 려우시따인(遼西大尹) 티앤 탄(田譚)은 匈奴와 싸울 때마다 고구려 병사만 출병시켰다. 田譚이 죽임을 당하니 대장군 앤 여우(嚴尤, ?-23)가 3만명의 대군을 동원하여 고구려 장군 연비(延丕, ?-12)의 목을 장대에 걸어놓고, '하구려(下句麗) 후(侯)' 의 머리라고 소문을 냈다. 즉위 33년(14년) 주몽이 데리고 왔던 장수 오이와 양맥(梁貊)을 정벌하여 멸망시켰다.

대무신왕(大武神王, 4-44) 즉위 4년(21년) 부여국왕 대소(帶素, ?-22)가 괴유(怪由, ?-22)에게 죽고 해두국왕(海頭國王)을 죽이고 압록곡(鴨綠谷)을 빼앗은 그 아우마저 갈사국(曷思國)을 세워 떨어져 나가자 대소의 사촌동생이 1만명의 부여인을 데리고 항복함으로서 동부여는 고구려에 복속되었다. 즉위 8년 명재상 을두지(乙豆智)를 우보(右輔)로 삼아 개마국(蓋馬國)과 구다국(句茶國)을 복속시켰다.

즉위 11년 7월, 遼東태수가 대군을 이끌고 고구려를 공격해 왔다. 그러나 을두지의 예측대로 자위(自衛)를 견고(堅固)하게 하고 임금의 내지(內旨)를 온순(溫順) · 공손(恭遜)하게 하여 태수(太守)는 황제(皇帝)에게 보고(報告)하고 군대(軍隊)를 뽑아 물러갔다.

호동(好童, 대무신왕의 아들)과 낙랑 공주(낙랑왕 최리(崔理)의 딸, ?-32)와의 자명고(自鳴鼓)에 관련된 사랑 이야기와 첫째 왕비에 관련된 자결〔대무신왕 15년(32년) 11월〕 이야기가 삼국사기에 실려있다.

「모본왕(慕本王, 在位 48-53)은 사람됨이 사납고 어질지 못하여 국사를 돌보지 않으므로 백성들이 그를 원망했다. 왕은 날로 포악하여 앉을 때면 사람을 깔고 앉고, 누울 때도 사람을 베고 누웠으며, 그 사람이 혹시 움직이면 죽이는 데에 용서할 줄 몰랐고, 신하 중에 간하는 사람이 있으면 활로 쏘아 죽였다. 재위 6년 (53년)11월 두로(杜魯)가 모본왕을 시해하였다.」 〈'삼국사기', 고구려본기 모본왕 즉위 조〉

• *태조의 고토회복*

고구려는 태조왕(太祖王)이 등장하면서 체제를 정비하고 정복을 통한 발전을 꾀하게 되었다. 고구려의 핵심부족은 소노부(消奴部) 절노부(絕奴部) 순노부(順奴部) · 관노부(灌奴部) 계루부(桂婁部) 등 5부족이었다. 처음 왕이 소노부에서 선출되었는데, 계루부로 교체되면서부터 왕실은 고정되었다.

즉위 3년(55) 2월 遼西지방에 10개의 성을 쌓고, 즉위 4년 동옥저를, 즉위 16년 갈사국을 병합하였고, 즉위 20년 관나부의 패자(沛者) 달고(達賈)를 보내 조나국(藻那國) 왕을 , 즉위 22년 주나국 왕자 을음(乙音)을 사로잡아 고추가의 관직을 주었다. 즉위 53년 漢의 遼東군을 공격했으나 遼東태수 껑쿠이(耿夔)에 대패하고 물러났다. 즉위 59년과 66년 예맥과 합동으로 현도군 및 낙랑군을 공격하여 현도군 화려성을 빼앗았다.
즉위 69년 1월, 후한의 유저우(幽州, 北京) 자사(刺史) 평 환(馮煥)의 지휘하에 현도 태수 야오광(姚光), 遼東태수 차이 펑(蔡諷) 등이 예맥을 함락해 왕을 시해(弑害)하고 약탈을 했다. 즉위 94년 遼東군 서안평(西安平)을 급습하여 대방현령을 살해하고 낙랑태수의 처자를 사로잡았다. 이와 같이 그는 동으로 옥저를 복속시키고 북으로 부여를 압박하고 남으로 살수〔薩水(淸川江)〕까지 이르고 현도군을 북으로 쫓고 遼東을 자주 공격하였다. 그후 위(魏)가 公孫씨를 멸하고 遼東을 차지하여 고구려와 대결하게 되었다.

146년 12월 태조를 몰아내고 76세로 즉위한 차대왕(71-165)이 미유(彌儒) 등 심복들을 포진, 우보 고복장(高福章, ?-147)을 제거한 후 148년 3월 태조왕의 큰 아들 막근(莫勤)을 죽였는데 막근의 동생 막덕(莫德)은 자살했다. 초대 국상(國相) 명림답부(明臨答夫, 67-179)는 자신의 출신부족인 절노부의 지원을 받아 차대왕을 죽이고 77세의 신대왕 백고(伯固, 在位 165-179)를 세웠다. 명림답부는 신대왕 즉위 8년(172) 漢의 대군을 맞아 수천의 기병을 거느리고 좌원에서 크게 무찌르니 한 필의 말도 돌아가지 못했다.

• *고국천왕의 개혁*

왕권의 계승이 형제상속에서 부자상속으로 바뀌고 중앙의 5부족이 5부의 행정구역으로 개편되고, 족장들이 귀족화하는 것은 고국천왕(故國川王, 在位 179-197) 때 부터였다.

즉위 6년(184), 왕이 친히 정병을 거느리고 漢군과 좌원(坐原)에서 싸웠는데 漢군은 대패하여 시체가 산처럼 쌓였다. 중외대부 패자(沛者) 어비류(於界留)와 평자(評者) 좌가려(左可慮, ?-191)가 왕후의 친척으로 권력을 잡았다. 그 자제들도 교만하고 사치하였으며, 남의 집 · 논밭과 남의 아내까지 빼앗는 등 외척들의 횡포에 압록곡 좌물촌(左勿村) 을파소(乙巴素)를 등용(191), 정교(政教)와 상벌(賞罰)을 명백히 한 것을 '삼국사기' 는 이렇게 썼다. 「이는 은(殷) 고종이 후웨(傅說)에게, 촉(蜀) 先主 려우베이(劉備;玄德, 시호 昭烈, 161-223)가 孔明에게, 진(秦) 후우지엔(符堅)이 왕멍(王猛, 325-375)에게 대한 것과 같다.」

즉위 16년 빈민구제제도인 진대법(賑貸法)을 실시하였다. 고국천왕 이후 왕비족으로 등장한 연나부〔掾那部(絕奴部)〕의 존재나 전 왕족인 소노부도 왕권의 전제화를 제약하는 등 부족연맹체의 유제도 많이 남아 있었다. 즉 소노부의 가계(家系)를 이은 대인이나 절노부의 장은 고추가(古雛加)라는 존칭을, 다른 부족장들은 상가(相加)라는 칭호를 갖고 사자(使者), 조의, 先人 등의 가신을 거느릴 수 있었으며 대대로(大對盧)를 부족장들이 선출했다.

'삼국사기에 山上王(在位 197-227)의 일화가 전해지고 있다. 고국천왕은 즉위 19년 5월 한밤중에 갑자기 돌아갔다. 왕후 우씨(于氏)는 이를 숨겨 발상(發喪)하지 아니하고 왕제 발기(發岐, ?-197)의 집을 찾았으나 "항차 부인의 야행이 어찌 예라 하리까."함에 발기의 동생 연우〔延優 : 일명 위궁(位宮)〕를 찾아갔다. 다음날 왕후는 선왕의 유명(遺命)이라 하고 연우를 왕으로 삼았다. 발기는 遼東의 公孫씨에게 도망하였다가 遼東군사 3만명을 이끌고 쳐들어 왔으나 왕이 이를 물리쳐 발기는 자살하였다. 산상왕 '즉위 원년, 우씨를 왕후로 삼았는데 우씨는 석녀(石女)였다. 즉위 12년 11월 교시(郊豕, 하늘에 제사를 지낼 때 쓰려고 매어 놓은 멧돼지)가 줄을 끊고 달아났다. 한 여인이 나타나 앞질러 가서 멧돼지를 잡아 제관에게 넘겨 주었다. 왕은 왕후의 눈을 피해 미복으로 갈아입고 주통촌(酒桶村, 술통마을)으로 달려 가 9월 주통촌 여인이 왕의 아들을 낳았다. 산상왕은 하늘이 멧돼지를 통하여 얻게 해 준 아들이라 하여 교체(郊彘)라고 이름짓고 아이의 생모를 소후로 삼았다. '삼국사기' 는 후일 동천왕으로 즉위하는 교체의 생모를 后女로 기록하였다.

〈국가체제 강화와 국력신장〉

• 첫번째 중국분열기

184년 시작된 황건적의 난으로 촉발된 중국의 삼국시대(220-280)의 역사를 기록한 책이 晋 사관(著作郎) 천 서우(陳壽)가 편찬한 '삼국지'이다. 총 65권 (위지 30권, 촉지 15권, 오지 20권)으로 '위지' 동이전에는 부여, 고구려, 동옥저, 읍루, 예, 마한, 진한, 변한, 왜 등에 대한 기록이 있다.

180년에서 200년에 걸쳐 슝누의 19개 부족을 산시(陝西)성에 정착시킨 차오차오(曹操, 155-220)가 뤄양에서 사망하자 아들 차오삐(曹丕, 187-226, 在位 220-226)는 후한의 헌제(獻帝 : 재위 190-220)를 폐위시키고 위(魏, 5代 46년, 220-265)를 세웠다. 221년 漢 황실의 후예 려우베이(劉備, 161-223, 在位 221-223)가 청투(成都)를 도읍으로 촉한(蜀漢, 2代 43년, 221-263)을 세우고, 양쯔강 중하류의 순 췐(孫權, 182-252, 在位, 222-252)도 오(吳, 4代 60년, 221-280)를 건국하면서 중국전역이 전쟁에 휩싸였다.

'어려서부터 기지와 권모술수가 있었으며 남자답고 용감했으나 방탕하여 행업을 게을리 했다.' (三國志, 武帝紀)는 曹操와 劉備 · 孫權은 面厚(두꺼운 낯) · 心黑(시커먼 마음)의 통치자였다.

227년 촉 주거량〔諸葛亮(諸葛孔明)〕은 '출사표(出師表)〔온 힘을 다 바쳐 싸우다 나라를 위해 죽겠다(鞠躬盡瘁, 死而後已)〕' 를 어린 려우 산(劉禪, 207-271) 황제에게 올리고 魏에 대한 북벌의 대 원정을 시작, 군령을 어겨 크게 패한 마쑤(馬謖, 190-228)를 울며 베기(泣斬馬謖)까지 하였으나 234년 우장위앤(五丈原) 싸움에서 병사하고, 司馬仲達〔쓰마이(司馬懿) 179-251〕은 諸葛孔明이 없는 촉군을 파죽지세로 몰아 魏는 최강자로 떠올랐다.

265년 스마자오(司馬昭, 211-265)의 아들 쓰마옌(司馬炎, 236-290)이 魏를 멸하고 진(西晋, 265-317)을 세운 뒤 吳를 멸하고 중국을 통일함으로써 삼국시대(220-280)는 막을 내렸다.

• 위(魏) · 연(燕)과의 패권다툼

東川王은 중국이 魏, 吳, 蜀의 3국으로 분립하자 吳와 친교를 맺고 遼東지역을 공격하며 魏와 7년간(239-246) 전쟁상태에 돌입하였다.

전쟁을 만류한 득래(得來)는 '이 땅에 쑥대가 날 것을 곧 볼 것이다.' 라고 탄식하고는 굶어 죽었다. 즉위 16년(242) 西安平을 공격, 魏軍 6천여명을 죽였으나 247년 우 쳐우 지앤(毋丘儉)의 반격을 받아 만8천명이 죽고 환도성(丸都城)까지 함락되는 고초를 겪었다.

「백성들이 왕의 은덕을 생각하고 그의 죽음을 슬퍼하지 않는 자가 없었다. 근신 중에는 자살하여 순장되기를 바라는 자가 많았으나, 등극한 왕이 허락하지 않았다. 그러나 장례일에 왕릉에 와서 자결한 자가 많았다. 백성들이 섶을 베어 그 시체를 덮어 주었다. 그 때문에 그곳을 시원(柴原)이라고 불렀다.」〈삼국사기〉

봉상왕(烽上王, ?-300, 在位 292-300)은 293년과 296년 두 차례 센피족(鮮卑族) 무룡위(慕容廆)의 침공을 받았는데, 첫 침공은 신성태수 고노자(高奴子)의 활약으로 격퇴하였고, 두 번째 침공은 서천왕릉의 신비한 기적으로 물리쳤다. 숙부 달고(達賈, ?-292)와 동생 돌고(咄固, ?-293)를 죽이고, 폭정을 일 삼은 봉상왕을 국상 창조리(倉助利)는 군신들과 의논하여 폐위시키고 돌고의 아들 을불(乙弗)을 왕으로 세웠다. 봉상왕과 두 왕자는 자결하였다.

을불 미천왕(美川王, ?-331, 在位 300-331)은 즉위 3년(302) 9월 3만명의 군사로 현도군을 공격, 8천명을 사로잡고 311년 8월 遼東의 관문인 서안평을 빼앗았다. 313년 낙랑군을 공격, 2천여 명을 포로로 잡고 다음해 대방군을 공격해 4백여년간 한반도에 자리 잡고 있던 낙랑과 대방군을 몰아 내고 압록강에서 서해까지 진출하게 되었다. 미천왕은 대동강 유역과 압록강 하류를 차지한 다음 연(燕)의 무루웅(慕容)씨와 遼東지방을 놓고 일진일퇴를 거듭했다.

• *廣開 · 長壽의 강역 확장*

前燕 慕容氏와 百濟의 침입으로 고구려는 국가의 체제를 정비할 필요가 있었다.

> 미천왕의 뒤를 이은 고국원왕(故國原王, 國岡上王, ?-371, 在位 331-371)때 鮮卑族의 전연(前燕) 慕容氏가 침입, 고국원왕 12년(342) 궁성이 함락되어 왕모, 왕비 및 남녀 5만여 명이 포로가 되고 보물이 약탈당하고 무덤을 파헤쳐 미천왕의 시체까지 탈취당하는 고난을 겪었다. 이듬해 고국원왕은 아우를 통하여 燕王 무룡황(慕容皝, 297-348)에게 조공(朝貢)을 보내 慕容皝은 미천왕의 시체만 돌려주고 355년에서야 왕모를 돌려보냈다.

고국원왕은 도읍을 평양의 동황성으로 옮겼는데 즉위 41년 10월 백제의 근초고왕(近肖古王)이 3만명의 대군을 이끌고 평양까지 쳐들어와 고국원왕을 전사하게 했다.

소수림왕(小獸林王, ?-384)은 전연을 멸망시킨 전진(前秦)과 우호관계를 맺어 불교를 장려하였고, 태학(太學)을 설립하였으며, 율령(律令)을 반포하였다.

> 율령제는 수, 당 시대에 완비된 성문법 체계인 율령격식〔律令格式, 형법인 '律', 국가제도 일반을 규정한 '令', 군주의 명령인 '格', 律과 令의 시행 세칙인 '式'〕의 체계를 말한다.

광개토왕(廣開土王, 375-413)과 장수왕(長壽王, 394-491)은 고구려를 일대 제국으로 발전 시켰다.

> 광개토왕은 392년 백제의 북쪽을 쳐서 석현(石峴) 등 10성을, 396년 관미성(關彌城) 등 58성을 함락하고 왕제(王弟)와 대신 10인을 볼모로 삼아 개선하였다.
> 400년 신라 내물왕의 요청으로 5만명의 원군을 보내어 왜구를 격퇴시켰으며, 동예(東濊)를 통합하고(410), 신라와는 하슬라(何瑟羅)와 접경하였다. 연(燕) 무룡시(慕容熙)를 반격하여 신성(新城) · 남소(南蘇)의 2성 등 7백여 리의 땅을 쟁취하였고, 405-406년 慕

容熙의 두 번의 침입을 遼東城과 木底城에서 격퇴시켰다. 410년 동부여(東夫餘)를 정벌하여 64성을 공파, 철령(鐵嶺 ; 安邊) 이북의 땅 등 강역을 크게 확장하였다.

광개토왕릉 비문에는 「왕대에 恩澤이 皇天에 미치고 威武가 四海에 입히었다. 나라가 부하고 백성이 잘 살았으며 오곡이 잘 되었다.」라는 글귀가 있다. 광개토왕릉비는 광개토왕의 공적을 기념하기 위해 아들 장수왕이 414년 세운 입석비인데 묘호(廟號)는 마지막 세 글자를 따서 '호태왕비(好太王碑)' 라고 부른다. 중국 지린성 통거우성에서 동북쪽으로 약 4.5킬로미터 지점에 있는데 1876년 淸의 봉금(封禁) 해제후 발견되었다. 호태왕비의 서남쪽 약 300미터 지점에 광개토왕릉으로 추정되는 태왕릉(太王陵)이 있고, 능비의 동북쪽 약 1.5킬로미터 지점에 장군총이 있다. 능비는 대석(臺石)과 비신(碑身)의 두 부분으로 되어 있는데 비신은 너비 1.5m, 높이 5.34m이고 능비의 4면에는 44행 1,804자(缺字를 빼면 1775자)의 글자가 새겨져 있으나, 판독할 수 없는 글자가 141자이다.

광개토왕 비문 해석에 논란의 소지가 되는 것은 광개토왕 6년의 백제 원정 기사이다. 즉, 비문에는 "百殘 · 新羅 구시속민(舊是屬民) 유래조공(由來朝貢) 이왜이신묘년래도해파백잔(而倭以辛卯年來渡海破百殘) □□新羅 以爲臣民"이라 되어 있는데, 왜(倭) 이하 도(渡) · 해(海) · 파(破) 등 4자를 믿을 수 없다고 하였다. 일본학자들은 辛卯年 '渡海' 의 주체를 왜(倭)로 보아 任那日本府說을 주장하였고 국내학계는 그것을 고구려로 보는 설(鄭杜熙, 1947-2013) '廣開土王陵碑文 辛卯年記事의 再檢討', 歷史學報 82, 1979.)과 백제로 보는 설(千寬宇)이 있으며, 비문의 일부를 일본군 참모본부가 조작하였을 것이라는 주장도 제기되었다. 李進熙(1929-2012)는 이 비가 재발견된 해는 1880년이며 비면을 뒤덮고 있던 이끼 등을 불태워 雙鉤本(4자씩 4줄로 탁본한 것)이 작성된 것은 1882년이고, 北京의 금석학자에게 알려진 것은 1885년이었다는 것을 논증했다. 〈'광개토왕릉비의 연구' (1972)〉 그 밖에 朴時亨의 '광개토왕릉비' (1966), 왕지엔친(王健群)의 '好太王碑 硏究' (1985)가 있다. 스에마쓰 야스카즈(末松保和, 1904-)의 '任那興亡史' (1949)에서 비롯된 임나일본부의 실체에 대해서는 자치기관설, 왜사신단설(倭使臣團說), 교역기관설 등이 있다.

광개토왕의 뒤를 이은 장수왕은 재위 79년 동안 많은 업적을 남겼다. 南進政策을 채택, 즉위 15년(427) 도읍을 通溝에서 평안으로 옮겼다. 그는 중국의 남 북조를 모두 통하는 외교정책을 썼고, 승려 도림(道琳)을 첩자로 파견, 백제 개로왕에게 큰 공사를 벌이도록 하여 백성들의 원성을 높이고 국고를 바닥나게 하였다. 이에 장수왕은 한산(漢山)을 함락하여 아차산성에서 개로왕을 잡아 죽여(즉위 63년) 백제는 도읍을 웅진(熊津)으로 옮겼다.

이리하여 고구려는 서로는 遼河, 북으로는 개원, 남으로는 아산만과 남양만에서 죽령에 이르는 광대한 영토를 확보하였다. '위서(魏書)' 백제전에 '고구려가 남으로 송(宋)과 통하고, 북으로 북위(北魏)와 맹약하여 순치(脣齒) 관계에 있다' 고 하였다.

안장왕(安藏王, 在位 519-531)이 문자명왕(在位 491-519)의 태자(興安)로 있을 때 상인 차림으로 개백(皆伯)에 유력(遊歷), 장자(長者) 한씨(韓氏)의 집으로 숨었다가 절세 미인인 딸 주(珠)에 반해 정을 통하고 "후에 맞아 가리라."하고 달아나 돌아 왔다. 그곳 태수가 주를 옥에 가두어 위협하고 그 생일에 잔치를 열어 珠를 꾀었는데 을밀(乙密)의 장사들이 무객(舞客)으로 가장, 많은 손님을 살상하고 을밀이 성을 넘어 들어가서 한주를 구해내고, 부고(府庫)를 봉하였다. 이에 안장왕이 한주를 만나고 약속대로 왕의 누이동생 안학(安鶴)을 을밀에게 시집보냈다. 〈'해상잡록(海上雜錄)'〉

「평양 을밀대(乙密臺)는 을밀선인(乙密仙人)이 세운 것이라 한다. 을밀은 안장왕 때 조의(皂衣)로 뽑혀 나라에 공이 있었는데, 을소의 후손이다. 을밀선인이 대(臺)에 있으면서 삼신에게 제사지내며 참전(參佺)을 계(戒)로 수련하고 지냈는데 오랜 새월 인존(人尊)의 상징이 되었다.」 〈'태백일사(太白逸史)'〉

「고양현은 고구려의 달을성현(達乙城縣)인데 신라가 고봉(高烽)으로 고쳐서 교하군(交河郡)의 영현으로 삼았다. 행주(幸州)는 본래 백제의 개백현인데 신라가 한양군의 영현으로 삼았으며, 김부식이 이르기를 '한씨의 아름다운 딸이 안장왕을 맞은 곳이므로 왕봉(王逢)이라 불렀다' 고 했다.」 〈'세종실록지리지' 고양현 조〉

울기를 좋아하는 평강공주의 배필로 遼東 이산(肄山)의 들에서 북주 무제(武帝)의 군사를 크게 이기고 아차산성(峨嵯山城)에서 신라군과 싸우다가 전사한 바보 온달(溫達, ?-590)의 이야기가 '삼국사기' 열전(列傳)에 실려 있는데 안정복은 「고구려 왕이 딸 하나를 제대로 가르치지 못하고 방종하게 하였으니 국가를 욕되게 하고 풍기를 문란시키고, 도의를 그르친 바가 크다」고 하였고〈'동사강목' 제 3상〉, 文一平은 「벌열(閥閱)을 전상(專尙)하는 그 당시에 부귀를 버리고 빈천을 취했으니 공주의 성애(聖愛)가 더욱 천추(千秋)에 빛나게 되었다」고 하였다.

〈對 隋 · 唐戰爭〉

• 漢과 唐 중간 분열기

위진남북조(魏晉南北朝, 221-589)는 한(後漢) 멸망 다음 해부터 진(陳) 멸망까지의 시대로 진(秦) · 한(漢)과 수(隋) · 당(唐)의 두 통일기를 잇는 중간의 정치적 분열시기이다.

五胡 16國시대(304-439)는 려우위앤(劉淵, ?-310)이 국호를 한(漢)으로 정하고 大單于라고 칭한때부터 북위(北魏)가 華北을 통일한 때까지의 135년간을 말하는데 五胡는 몽골방면의 셴피(鮮卑), 산서(山西) 방면의 슝누(匈奴), 슝누의 별종 치에(羯), 사천(四川) 방면의 티베트계 띠(氐), 티베트 계 치앙(羌)을 가리키며 16國은 그 근거지에 있었던 옛 왕조 이름을 딴 연(燕), 조(趙), 위(魏), 진(秦), 양(凉) 등을 말한다. 셴피족은 무롱(慕容), 위원(宇文), 치후우(乞伏), 투어붜(拓跋), 돤(段)의 5부(部)로 나누어져 무르옹씨에 의해 전연(前燕, 337-370)과 후연(後燕, 384-409), 서연(西燕, 384-394)과 남연(南燕, 398-410)이 등장하였고 宇文氏는 북주(北周, 557-579)를, 拓跋부는 북위(北魏, 386-534)를, 乞伏부는 서진(西秦, 385-431)을 건국했다. 투파우꾸(禿髮烏孤 ?-399)의 남량(南凉, 397-414) 또한 셴피족 정권이다.

남북조시대(南北朝時代, 420−589)에 중국이 남북으로 분열되었다. 남조는, 송(宋, 420−479)의 문제(文帝 ; 재위 424−453)때부터 제(齊, 479−502)·양(梁, 502−557)·진(陳, 557−589)의 4왕조가 교체하여 나라를 세웠다가 진(陳)이 수(隋)의 문제(文帝)에게 멸망된 때까지를 가리키며, 북조는 오호십육국(五胡十六國)의 혼란을 수습한 북위(北魏, 439−534) 太武帝(재위 423−452) 때부터 효문제(孝文帝, 467−499, 재위 471−499)의 문화개혁을 거쳐 수(隋)가 통일한 때까지를 말한다.

북 아시아系族으로 漢族을 통치하였던 匈奴族 려우위앤(劉淵)의 漢國, 西藏族의 前秦·後秦, 慕容部의 前燕·後燕, 拓跋部의 北魏·東魏·西魏·北齊, 宇文部의 北周 등 諸왕조는 권력장악의 방법 등 다른 점이 많았던 까닭에 잠입(潛入)왕조, 遼·金·元·淸은 정복왕조(Dynasty of Conquest)라 하였다. 〈비트포겔(Karl August Wittfogel, 1896−?)·펑쟈성(馮家昇) / 'History of Chinese Society', (1949)〉

왕후즈(王夫之, 王 船山, 1619−1692)는 "中夏의 큰 계통"의 正統論을 밝혀 漢·唐·宋·明은 치세이고, 치와 도를 서로 이어 받은 중하의 큰 계통이고 정통이었으며, 그 안에 들지 않은 秦·三國·隋·五代·元 등은 난세로서 정통에 속하지 않았다고 기술했다.

「戰國의 투쟁은 秦·項羽에 미쳐 수백 년이었는데 漢初에 이르러, 삼국의 투쟁은 隋末에 미쳐 수백 년이었는데 唐初에 이르러, 安史의 난(亂)이 五代까지 이어져 백여 년이었는데 太平興國 宋에 이르러, 靖康의 화(禍)가 몽골로 이어져 2백여년이었는데 洪武에 이르러 각각 평정되었다.」 〈'독통감론(讀通鑑論)'〉

중국의 대국 쇼비니즘(Chauvinism)이 봉건시대에는 강하여 다른 나라에서 선물을 보내면 조공(朝貢), 사절을 보내 우호교류를 할 때도 알현(謁見), 전쟁을 끝내고 강화할 때도 신하로 복종(臣服)한다고 했으며 스스로 천조(天朝), 상방(上邦)으로 칭했다.

「上世의 제왕이 이적(夷狄)을 제어함에 있어, 복속하면 덕으로 품고, 이반하면 위엄으로 떨게 한다. 융적을 대함에 이반하면 토벌하고, 복속하면 놓아준다.」 〈'자치통감(資治通鑑)'〉

• *乙支文德의 隋軍 격퇴*

6세기 후반 양지엔(楊堅 : 文帝, 541−604, 在位 581−604)이 북주(北周) 정제(靜帝)로부터 양위받아 나라를 개창(開創)하고(581) 南朝의 진(陳)을 멸함으로서 오랫동안 분열 상태에 있던 중국을 통일하여(589) 전제 왕국(隋, 581−618)으로 등장하였다. 수 문제의 통치력을 일컬어 '開皇之治'라 한다. 고구려만이 신복(臣服)하지 않고 돌궐과 밀통하므로 신복한 돌궐, 말갈, 거란, 티베트 등의 동요에 대비하여 수는 고구려를 공격하게 되었다.

「티벳(吐蕃 617−842)은 西羌의 屬으로 50여종이 있어 황허(黃河)·長江·岷 사이에 흩어져 살았는데 조상은 보데뿌개(鶻提勃悉野)로 그 자손들이 吐蕃이라 하고 그 성을 뿌개라 하였다. 吐蕃의 왕실 등 핵심부는 야루짱포(雅魯藏布) 강 유역 야룽(雅礱) 河谷에서 성장한 뿌개부락에 그 기원을 두고 있다. 이들은 BC 3세기경 소국을 형성 성장하다가 5~6세기 소국연맹체를 구성, 위짱(衛藏)과 응가리(阿里)진영으로 세력을 확장, 7세기초 송첸감포(松贊干布, 617?−650)에 이르러 티벳 고원 전체를 통일, 라싸(拉薩)에 도읍하고 문자 창제·관제 고안을 하였다.」 〈'新唐書' 216上 吐蕃傳上〉

고구려 영양왕(在位 590-618)은 隋 文帝(在位 581-604)의 무례한 국서(國書)에 대한 도원수 姜以式〔수(隋) 병마원수(兵馬元帥)로 고구려에 귀화하여 遼東城 · 살수(薩水 ; 청천강)등에서 隋 군을 크게 격파하였다.〕의 북벌 주장에 따라 즉위 9년 말갈의 군사 1만명으로 遼西를 침공했다. 隋 文帝는 이를 구실로 30만명 대군으로 고구려 침공에 나섰는데 (598년 영양왕, 9년). 遼河 지방에서 고구려군의 공격으로 저지되고, 풍우와 질병으로 퇴각하지 않을 수 없었다. 隋 文帝의 패배는 양꽝(楊廣, 양제)으로 하여금 설욕전을 꾀하게 하였다.

아버지 文帝를 시해하고 제위에 오른 양제(煬帝, 569-618, 在位 604-618)는 혹독하고 난폭했으며 사치스러운데다 호색한이었다. 통일된 중국에 대항하여 투르크족과의 동맹 관계를 추구하고자 607년 영양왕은 투쥐에(突厥, Türk)의 可汗 치 민(啓民, ?-609)에게 사신을 보냈다. 입조를 거부하던 고구려와 투쥐에와의 밀통에 분노한 隋 양제에게 페이쥐(裵矩, 557-627)가 충동했다.
「고구려는 본디 고죽국(孤竹國)으로 지금에 이르러 신종(臣從)치 않고 이역이 되어 先帝가 정벌하려 했으나 … 못했습니다.」〈隋書 권67〉

煬帝는 612년 고구려 침공의 길에 올랐다. 隋軍의 규모는 전투군 113만명에, 輜重 부대는 그 갑절이었으며, 부대의 縱列은 960리에 뻗쳤다. 고구려는 乙支文德을 선봉으로 遼東城을 고수하여 隋軍을 수 개월 동안 그 곳에서 저지하기에 성공하였다. 위원수(宇文述, ?-616)와 위중원(于仲文)을 左右 大將으로 삼은 30만명의 별동부대는 평양성을 30리 남겨두고 진을 쳤다. 이때 을지문덕은 시 한편(與隋將于仲文)을 전했다.

「신기한 책략은 천문을 통달했고(神策究天文) / 묘한 계략은 땅의 이치에 이르렀다.(妙算窮地理) / 전쟁에 이겨 이미 그 공이 높으니(戰勝功旣高) / 족함을 알고 돌아가는 것이 어떠리(知足願云止)」

을지문덕이 다시 부하를 보내 거짓 항복을 청함에 隋軍이 총 퇴각을 시작하자, 매복 군사로 습격하여 30만명의 隋軍 중 살아 돌아간 자가 2천7백명이었다. 패강(浿江) · 살수(薩水) · 오열홀(烏列忽) 등 3대전(大戰)을 통틀어 살수대첩(薩水大捷)이라 일컫는다.

「隋 병사가 강가에 늘어서서 강을 건너려고 하였으나 배가 없었다. 문득 일곱 중이 강가에 와서 옷을 걷어 올리고 건너거늘 隋 병사가 물이 얕은 줄 알고 다투어 건너다 빠져 죽은 시체가 내에 가득하여 물이 흐르지 않아 절을 짓고 七佛寺라 하였으며 일곱 돌을 세워 놓았다.」〈'신증동국여지승람' 52권 평안도 안주목〉

양제는 宇文述 등을 쇠 사슬로 묶어 7월 遼東에서 철수하였다. 613년 2월 양제가 2차 고구려정벌을 위해 遼東으로 진격하자. 예부상서 양쉔간(楊玄感, ?-613)이 반란을 일으켰는데, 백성들이 동조했다. 돌아간 양제는 반란군을 진압하고 楊玄感을 주살했다.

614년 2월 재차 고구려 정벌을 선포, 라이후얼(來護兒, ?-618)이 이끄는 隋군은 비사성 함락 후 평양성을 향해 진격했지만 隋는 내정이 어지러운 상태였기 때문에 양제는 화친제의를 받아 들여, 군대를 철수시키고 고구려로 망명했던 兵部侍郎 후스정(斛斯政)과 고구려 화의사신을 대동하고 서경으로 돌아갔다.

고구려 침공의 실패는 隋 멸망의 계기가 되었다. 魏晋南北朝 수백년에 걸친 大分裂을 統一한 隋는 文帝 · 煬帝 · 恭帝 등 3代 38년만에 滅亡하였다. '北史'는 「隋가 안으로 富强을 믿고 廣地를 생각하여 교(驕)로써 원(怨)을 取하고 노(怒)로써 師(軍)를 일으켜 자멸(自滅)하였다」고 하였다.

• *연개소문(淵蓋蘇文)의 唐軍 격퇴*

타이 위 안(太原 ; 山西省) 유수(留守) 리 위앤(李淵, 566-635)은 618년 隋 양제가 위원화지(宇文化及, ?-619)에게 시해되자 양제의 손자 공제(恭帝)를 협박하여 선위(禪位)받아 즉위하고(在位 618-626) 국호를 당(唐, 618-907)이라 칭하였다.

리스민(李世民)은 팡슈엔링(房玄齡, 578-648) · 장순우지(長孫無忌, ?-659)의 획책(劃策)으로 그의 형이며 太子인 지앤청(建成, 589-626)과 동생 웬지(元吉)를 죽이고 〔玄武門의 변(變)〕 626년 2대 황제에 올랐다.

唐이 일어나자 고구려는 遼河 지방의 국경선〔北의 부여성(農安 부근)에서 南의 비사성(卑沙城)(발해만 부근)에 이르는 방어선〕에 천여 리의 長城을 쌓으니 그 역사(役事)로 남자는 농사를 짓지 못하고 여자는 길쌈을 하지 못하여 국력이 크게 피폐(疲弊)해졌다.

개소문(개금(蓋金)이라고도 함)의 성은 천씨(泉氏)인데 물 속에서 태어났다 하며 현혹(眩惑)시켰다. 의표(意表)가 웅위하고 의기는 호일(豪逸)하였다. 그 아버지 東部大人 대대로(大對盧) 淵太祚가 죽으니 개소문의 성품이 잔인 포악하여 부도(不道)를 행하므로 여러 대인이 왕과 밀의(密議)하고 베어 죽이려 하였으나 일이 누설되었다. 소문은 부(部)의 병사를 검열하는 것처럼 하고 城의 남쪽에 술과 찬(饌)을 성대히 마련한 후 여러 대신이 이르자 다 죽이니 백여 명이었다. 宮으로 가 榮留王(在位 618-642)을 시해하여 토막을 내고 구덩이 속에 버렸으며, 왕 아우의 아들 장(藏 : 보장왕, ?-682, 在位 642-668)을 왕으로 세우고 스스로 '신크말치'(태대대로, 太大對盧)라 일컬어 대권을 잡았다.

보장왕(寶藏王) 1년 9월 왕이 교서를 내려 연수영(淵秀英)을 석성도사(石城道使)로 삼았는데 문예 · 군략 · 무예가 뛰어나 성을 지키는 으뜸 장수가 되었다. 소장루(梳妝樓)는 연개소문이 누이 개수영을 위해 지은 것이라고 전한다.

641년(영류왕 24년), 唐 태종(598-649, 在位 626-649) 이 國子助教 주즈서(朱子奢, ?-641)를 원외산기시랑(員外散騎侍郎)으로 삼아 삼국이 화친하도록 종용했다. 642년 겨울 김춘추(金春秋)는 사간 훈신(訓臣)과 함께 고구려에 사신으로 갔는데 唐의 계략을 눈치

챈 연개소문은 김춘추의 청원을 거절하고 백제와 연합하여 신라를 공격하였다. 신라는 선덕여왕 12년(643년, 보장왕 2년) 9월과 그 이듬해 唐에 구원을 요청하였다.

644년 연개소문은 신라와 화해를 권하는 唐 사신 사농승(司農丞) 상리(相里) 쉬앤짱(玄奘)에게 「신라는 고구려의 죽령(竹嶺) 이북 10군(郡)의 땅을 앗아 갔고, 우리의 성읍(城邑)을 다 차지하였으니 그 땅과 성을 돌려 보내지 않는다면 전쟁을 그만 둘 수 없다.」 하였다.

연개소문의 강경한 태도는 唐의 고구려 침공 구실이 되어 645년 정월, 唐 태종은 선전조서(宣戰詔書)를 발표, 간의대부(諫議大夫) 추수애이랑(褚遂良, 596-658)의 만류에도 불구하고 20만명의 병력으로 수륙 양면에서 고구려를 공격하여 왔다.

「고구려 개소문(蓋蘇文, 唐 고조 李淵의 '淵' 자와 연개소문의 '淵' 자가 같아서 사서에는 '淵' 자를 생략하든가 그와 비슷한 '천(泉)' 자를 사용했다)은 그 임금을 시해하고 백성을 학대하고 있으므로 어찌 인정상 참을 수 있으리오. ……(중략) 隋 양제는 성공하지 못하였지만 지금은 다섯 필승의 도가 있다. 큰 나라로 작은 나라를 치기 때문이고(以大擊小) 순리로 역리를 치기 때문이며(以順討逆) 안정된 나라로 어지러운 나라를 치기 때문이며(以理乘亂) 건강한 몸으로 피로한 몸을 치기 때문이며(以逸待勞) 기쁜 백성이 원망하는 백성을 치기 때문이다.(以悅當怨) 遼東은 本是 中國의 땅이라 이번 東征에 中國 땅이 되게 하여 子弟들의 원수(怨讐)를 갚고 君父의 치욕(恥辱)을 씻으려고 할 따름이다.」
唐將 리스쉬(李世勣, 592-667)이 이끄는 6만명의 육군은 遼東 방면으로, 장량(張亮)이 이끄는 4만3천명의 수군은 5백여 척의 군함으로 山東반도에서 평양으로 쳐 들어 왔다. 遼東성이 함락되고 안시성이 공격받자 연개소문은 15만명의 구원군을 안시성에 파견했다. 북부의 욕살(褥薩) 고연수(高延壽, ?-645)와 남부의 욕살 고혜진(高惠眞)이 지휘한 안시성 구원군은 2만여명이 전사하고, 고연수 이하 3만6천8백명이 포로로 잡혔다. 唐 태종은 3천여명을 중국 내지로 옮기고, 나머지는 평양으로 보내고 3천3백명의 말갈병을 산 채로 구덩이에 파 묻어 죽였다. 안시성을 공격한 唐군은 피로에 지쳐 10월 퇴각했다.
唐 태종은 「웨이징〔魏徵, 580-643, 자 玄成, 시호 文貞公〕이 있었던들 이번 걸음이 없었을 것이다.」라고 후회하였다. 魏徵이 상주문(上奏文)을 올리면서 宰相이 돼서는 안될 기준에 구신(具臣), 유신(諛臣), 간신(姦臣), 참신(讒臣), 적신(賊臣), 망신(亡臣) 등 6가지(六邪)가 있음을 제시했다. 魏徵의 '십점소(十漸疏)'로 병풍을 만들어서 아침 저녁으로 보고 반성하고, 사관에게 베껴서 후세에 전하게 한데서 보듯이 웨이징은 直言을, 唐 태종은 납간(納諫)을 잘했다. 唐 태종은 '백성은 물이고 군왕은 배다. 물은 배를 띄울 수도 있고 뒤집을 수도 있다.(君者舟也 庶人者水也 水則載舟 水則覆舟)'는 故事(荀子, BC 298?-BC 238?〉, 王制篇)를 따라 백성이야말로 두려운 존재라고 스스로 경계하였다.

唐 太宗은 647 · 648년 거듭 고구려 침공을 하였으나 끝내 뜻을 이루지 못하고 649년 5월 유조(遺詔)를 남겨 遼東 전쟁을 그만두라고 하였다. 唐 태종이 죽고 서북쪽 국경이 안정되자 개소문은 신라 33개의 성을 함락시켰는데 백제와 말갈이 합세하였다.(655년)

후일 宋 신종(神宗, 在位 1068-1085)이 "唐 태종이 고구려를 쳐 이기지 못한 것은 무슨 까닭인가?"고 물었을 때 왕안스(王安石)는 "연개소문이 비상인(非常人)이었습니다."라고 하였다. 연개소문의 위풍과 동작에 대해 '구당서'에 '수염이 길고 몸집이 크며 칼을 다섯 개나 차고, 좌우 사람이 감히 우러러보지 못했다.' 하였다.

高句麗의 隋·唐軍 격퇴(擊退)는 高句麗 뿐 아니라 百濟·新羅의 존립까지도 구원한 民族保衛의 意義를 지닌다.

〈고구려의 멸망·反唐투쟁〉

唐이 신흥국가로서 융성 일로를 걷고 있었던 것과는 대조적으로 고구려는 60여년에 걸친 隋·唐과의 전쟁으로 국민 생활은 파탄(破綻)에 직면하고 국가 재정은 탕진(蕩盡)되었으며 동맹국인 백제의 멸망과 지배층의 내분으로 국력을 약화시키고 있었다.

唐 고종(628-683, 在位 649-683)이 661년 6월 수딩팡(蘇定方, 592-667) 등을, 662년 정월 백주자사(白州刺史) 옥저도 총관(沃沮道 摠管) 팡 샤오타이(龐孝泰)를 앞세워 각각 고구려를 침략하였으나 고구려군에 몰살 당하였다.
연개소문이 죽자(666년, 寶藏王 25년) 아우 연정토(淵淨土, ?-?)와 아들 男生(634-679)·男建(?-?)·男産(639-701) 사이에 막리지의 자리를 둘러싼 싸움이 벌어져 男生은 國內城(通溝)에 가서 唐의 高宗에게 歸屬을 자청(自請)하였으며, 연정토는 12개 성·763戶 3543名을 이끌고 신라에 투항, 2년후 新羅의 使臣으로 唐에 귀화(歸化)하였다.

唐은 이를 기회로 재차 667년 리지(李勣, 594-669)·쉐런궤이(薛仁貴, 613-682)·려우런궤이(劉仁軌, 602-685) 등이 수륙 양면으로 고구려로 쳐 들어왔으며, 신라도 王弟 金仁問이 북진하여 唐군과 合勢하였다. 남북으로 大敵을 맞이 한 고구려는 치열한 전투를 벌였으나, 보장왕과 귀족들은 다음 해 9월 唐軍에게 항복하고 남건은 자기 몸을 찔렀으나 죽지 않았다. 唐將 리지(李勣)는 보장왕을 비롯한 남건 등 귀족과 20여만명을 포로로 잡아갔다. 唐은 평양에 安東都護府를 두고 9도독부·42주·100현을 두어 다스렸다.

唐 고종은 장(藏)은 사평태상백원외동정(司平太常伯員外同正)을 삼고 남산은 먼저 항복하였음에 사재소경(司宰少卿)을 제수하고 남건은 검주(黔州)로 귀양을 보냈다. 백제 왕과 부여(扶餘) 융(隆)은 영외(嶺外)로 귀양보냈으나 정성을 바쳤다 하여 사위경(司衛卿)을 삼고 唐군과 내통하여 성문을 열어 준 승려 신성(信誠)은 은청광록대부(銀靑光祿大夫)를 삼고 남생은 길 인도에 공이 있었다 하여 우위대장군(右衛大將軍)을 제수하고 변국공(卞國公)에 봉했다. 남생의 아들 헌성(獻誠, 650-692)은 전공(戰功)으로 우위대장군(右衛大

將軍)겸 우림위(羽林衛)에 제수되었다가 무고로 교살(絞殺)되었는데 세아들(玄隱 · 玄逸 · 玄靜)도 관직에 있었다. 有力한 民戶 3萬8千3百戶를 골라 江淮(揚子江과 淮河의 下流) · 山南(揚子江 中流와 그 北方) · 京西(西安 西方) 各地로 强制移住시켰다.
남생의 묘(墓)는 남산의 묘와 함께 1923년 뤄양(洛陽) 남쪽에서 발견되었다.

666년 일본에 건너간 若光(寶藏王의 아들)은 고구려가 멸망하자 일본에서 「從五位 高麗王 若光」이란 품계와 姓을 받고 716년 1천7백99명의 망명 고구려 유민이 모여살던 高麗郡(뒤에 高麗村)의 장관이 됐다.

고구려인 포로 왕구루의 아들 왕모중(王毛仲, ?-731)은 唐 현종의 노예로 샤오쯔쭝(蕭至忠) · 천시(岑羲, ?-712) 등의 모반을 진압, 검교내외한구(檢校內外閑廏) 및 知監牧使로 제수되었다가 모살(謀殺)되었고 고선지(高仙芝, ?-755)는 아버지 고사계(高舍鷄)를 따라 唐 安西에 가서 음보(陰補)로 유격장군(遊擊將軍)에 등용, 행영절도사(行營節度使)로 타시켄트(石國)를 토벌한 후 755년 안루산(安祿山, 703?-757)의 난 때 참형되었고 李正己(734?-783?)는 營州출신으로 平盧淄靑節度使가 된 후 山東반도의 15州를 거느리는 雄藩이 되어 饒讓郡王의 벼슬을 받았으나 티앤 웨(田悅), 량충이(梁崇義), 리웨이웨(李惟岳) 등 절도사들과 반란을 꾀하다 死亡하였는데 李納(758-792) · 李師古(?-806) · 이사도(李師道, ?-819)까지 4代 55년간(765-819) 反唐세력으로 군림하였었다.

唐은 백제와 고구려의 구 왕실로 하여금 신라에 대항하게 함으로써 신라의 삼국 통합책을 억제하려 하였다. 文武王(在位 661-681)에게 웅진 도독에 임명된 백제 왕자 隆과의 친선 동맹을 강요한 것은 그러한 의도에서였다. 또한 唐은 고구려 옛 땅에 대한 신라의 반환 요구를 거절하였으며, 일본 정복을 구실로 전함의 건조를 신라에 강요하였다. 이에 신라는 唐 세력 축출을 위한 무력 투쟁을 전개, 고구려인의 反唐 투쟁을 후원하였다.

670년 검모잠(劍牟岑)을 지도자로 하는 의용군의 투쟁이 궁모성(窮牟城)을 중심으로 전개되었으나 연개소문의 조카 淵安勝이 고구려 왕에 추대된 후 4천여 호를 이끌고 신라로 망명, 검모잠을 죽임으로서 고구려 부흥운동이 종말을 고하였다. 신라는 또한 백제지역의 唐군을 공격하여 671년(문무왕 11년) 사비성을 함락시키고 웅진 도독부 대신 所夫里州를 설치, 그곳 지배권을 장악하였다. 唐 高宗은 675년 쉐런궤이(薛仁貴) · 리진싱(李謹行, ?-682) 등의 대군으로 신라를 공격 하였으나 신라군은 買肖城(議政府)과 한강 유역 일대의 전투에서 唐군을 축출하는 데 성공(문무왕 16년), 唐은 安東도호부를 평양으로부터 遼東城(遼陽)으로 옮김으로써 한반도에 대한 신라의 지배권을 인정하게 되었다. 唐 高宗은 이 해(677) 보장왕을 遼東都督조선왕으로, 융(隆)을 웅진도독대방왕(熊津都督帶方王)으로 임명하는 등 침략을 재차 획책하였다.

※ 고구려의 몰락에 대한 史論

「고구려가 졸본(卒本: 흘승(紇升) 骨城)에 도읍을 정한 지 40년 만에 불이성(不而城: 즉 尉那巖城)으로 도읍을 옮겨 425년간 나라를 누렸다. 이때에 군사와 마필(馬匹)은 강성하고 강토는 넓게 개척하였다. 漢 · 魏 때에는 여러 번 고구려를 침노(侵擄)하였으나 이기지 못하였다. 장수왕 15년 도읍을 평양으로 옮겨 239년간 나라를 향유(享有)하다가 패망하였다.

인민과 물화(物貨)가 풍부하고 성곽이 견고하였으나 도움이 되지 못하였다. 연수(延壽)와 혜진(惠眞)이 온 성을 가지고 항복하여도 문책하지 않았으며, 연개소문(淵蓋蘇文)이 반란을 꾸며도 금단(禁斷)하지 않았으며, 안시성주(安市城主)가 탄환(彈丸)만한 작은 성으로써 唐의 백만대군에 항거하였지만 상 주지 않았다. 믿는 것이 평양이기 때문이다. 遼東이 함락되면 백암성이 위태롭고, 백암성이 함락되면 안시성이 위태롭고, 안시성이 함락되면 애주(愛州)가 위태롭고, 애주가 함락되면 살수(薩水)가 위태하다.

진(晋)과 송(宋)이 南으로 도읍을 옮겼다가 천하를 잃었으니 중국의 경계해야 할 실패의 전례(前例)이고, 고구려와 백제가 강을 건너 남쪽으로 내려와서 그 나라를 잃었으니 우리나라의 보고 경계해야 할 실패의 자취이다.」 〈丁若鏞 / '高句麗論'〉

지리(地利)를 소홀히 한 백제(百濟, BC 18－660)

백제는 마한 54국 중의 하나인 백제국(伯濟國)이 성장한 것으로써, 그 지배층은 북방(부여)에서 이주해 온 유이민의 집단이었다. '수서 백제전'에 의하면 백제란 국호는 백가제해〔百家濟海, 백 개의 부족집단이 바다를 건너 와 세운 국가〕란 뜻이다. 백제의 국호는 십제(十濟), 백제(伯濟), 백제(百濟)로 변했다. 목지국(目支國)의 지배권 내에 있던 부족사회 백제가 언제 어떠한 경로로 백제왕국으로 성장하였는지는 밝힐 자료가 없다. 이 연맹체가 형성된 시기는 3세기 중엽 漢군현의 침입을 받았을 때로 생각되며, 한강 유역을 배경으로 고대국가의 면모를 갖추기 시작하였다.
百濟史는 漢城시대(B.C. 18-475), 熊津시대(475-538), 泗沘시대(538-660)로 나뉘는데 사비시대에는 바다를 통한 국력의 신장과 왕권의 전제화를 이루었다.
온조왕(溫祚王, 在位 BC 18-28)은 나라를 세우고 마한을 합병하였다. 매해 10월 하늘에 제사드리고 기루왕(己婁王)대에 벼 농사가 시작되었다. 근초고왕(近肖古王)은 문학을 장려하여 고흥(高興)을 박사로 삼고, 침류왕(枕流王, 在位 384-385)은 大學을 세우고 율령(律令)을 반포하여 文治가 진척되었으며 그 여파가 일본에까지 미쳤다.
바다를 건너 영토를 둔 것은 근구수왕(在位 375-384)과 동성왕(東城王, 在位 479-501) 두 시대이다. '구당서(舊唐書)'의 백제전(百濟傳)에 「西로 월주(越州)에 이르고, 북으로 고려(고구려)에 이르고, 남으로 왜(倭)에 이른다」 하였다. 의자왕(義慈王, 在位 641-660)대에 연회를 베풀고 놀기를 즐겼으며 대신들의 충언(忠言)을 듣지 않고 국방을 소홀히 하였다. 신라가 唐에 군사를 청하여 함께 공격해, 멸망하니 나라를 누린지 678년에 이르렀다.

• 온조왕(溫祚王) 建國神話

「온조왕은 아버지가 추모(鄒牟)이며 혹은 주몽(朱蒙)이라고도 한다. 북부여(北扶餘)에서 난을 피하여 졸본부여(卒本扶餘)로 왔다. 부여 왕은 세 딸 중 둘째 딸을 아내로 삼게 하였다. 부여 왕이 돌아가니 주몽이 왕위를 계승, 아들 둘을 낳으니 장자는 비류(沸流)요, 차자는 온조였다.〔혹은, 주몽이 졸본으로 와서 월군(越郡)의 딸을 맞아 두 아들을 낳았다고도 함〕 주몽이 북부여에서 낳은 아들이 와서 태자(太子)가 되자 비류 · 온조는 오간(烏干) · 마려(馬黎) 등 열 신하와 한산(漢山)에 이르러 살만한 땅을 바라보았다. 비류는 그 백성을 나누어 미추홀(彌鄒忽)로 가서 살았으며, 온조는 하남(河南) 위례성에 도읍을 정하고 국호를 십제(十濟)라 하였다.(B.C.18) 그 후 (처음) 올 때 백성이 즐겁게 따랐다 하여 백제로 고쳤다. 그 세계(世系)는 고구려와 더불어 부여에서 나왔기 때문에 부여를 성씨로 삼았다.
〔또는 이르기를, 시조는 비류왕이다. 그 아버지 우이(優台)는 북부여 왕 해부루의 서손(庶孫)이요, 어머니는 소서노(召西奴, BC 66-BC 6)이니 졸본 사람 연타발(延陀勃)의 딸이다. 우이에게 시집와서 아들 둘을 낳았는데 우이가 죽자 졸본에서 과부로 살았다. 그 후 주몽이 부여에 용납되지 못하므로 BC 37 봄 2월 졸본에 도읍, 국호를 고구려라 하였으며 소서노를 비로 삼았다. 주몽이 예씨(禮氏)에게서 낳은 아들 유류(孺留)로 왕위를 계

승하게 함에 비류는 온조와 더불어 도당을 거느리고 패 · 대(패수와 대수)의 두 강을 건너 미추홀에 살았다.〕 '북사' 및 서('수서')에 모두 '동명의 후손으로 구이(仇台)란 자가 있는데 인신(仁信)이 돈독(敦篤)하였다. 처음 나라를 대방고지(帶方故地)에 세웠다. 한(漢)의 遼東 태수 궁순두(公孫度)가 딸을 맞이하게 하여 동이(東夷)의 강국이 되었다.' 하였으니, 어느 것이 옳은지 알 수 없다.」 〈'三國史記'〉

〈부족연맹 형성 · 영토확장〉

온조왕 13년 봄 왕도의 노파가 남자로 변하고 호랑이 5마리가 성으로 들어왔다. 8월 마한에 천도(遷都)를 알리고 경계를 정하였는데 북으로는 패하(浿河)에, 남으로는 웅천에, 서로는 대해(大海)에, 동으로는 주양(走壤)에 각각 이르렀다. 즉위 14년 봄 정월 도읍을 옮겼다. 즉위 17년 봄 낙랑이 침범해 위례성을 불태우고 즉위 18년 겨울 말갈이 엄습해 오니 왕은 칠중하(七重河)에서 역전하여 추장(酋長) 쑤마오(素牟)를 사로 잡아 마한으로 보내고 그 나머지 적은 다 묻어 죽였다. 즉위 27년 마한을 멸하였다. 즉위 34년 겨울 10월 마한의 구장(舊將) 주근(周勤)이 우곡성(牛谷城)에 웅거하여 배반하자 왕이 몸소 군사 5천명으로 쳤다. 즉위 36년 탕정성(湯井城)을 쌓고 원산 · 금현의 두 성을 수리하고 고사부리성(古沙夫里城)을 쌓았다. 한수의 동 · 북 부락에 기황(饑荒)으로 천여 호가 고구려로 도망해 들어 갔으므로 패 · 대수의 사이는 사는 사람이 없었다.

백제가 河南 위례성(慰禮城)에 자리를 잡았을 때는 이미 마한 여러 나라 중 강력한 부족연맹체를 형성하고 있었다. 백제가 부족연맹체를 구축하는데 공헌을 한 고이왕(古爾王, ?-286)은 16품(品)의 관등과 품계에 따라 옷의 빛깔을 정하였으며 6좌평(佐平)을 두어 업무를 분장케 하고, 뇌물수수를 금지하는 범장지법(犯贓之法)을 만들었다(즉위 29년). 비류왕과 계왕(契王, 在位 304-346)대에는 대방지역을 놓고 고구려와 각축을 벌일 정도로 성장하였다.

백제가 고대왕국으로 체제를 완성하게 되는 것은 근초고왕 때로 父子相續에 의한 왕위계승이 정착되고, 眞氏를 왕비로 맞이하였다. 즉위 24년(369) 9월 고구려왕 斯由(고국원왕)가 2만명을 거느리고 치양에 침입하니 태자 근구수(近仇首)는 5천여명을 참획하였다. 근구수왕(近仇首王)은 마한의 나머지 영토를 차지하고, 대방지역을 아우르고 평양까지 쳐들어가 황해 · 강원 일부와 경기 · 충청 · 전라지역을 차지하는 강국을 이루었고, 왜 · 중국과도 통교하였다.

근구수왕의 맏아들 침류왕(枕流王)이 왕위를 이은 지 2년만에 돌아가고 즉위한 둘째아들 진사왕(辰斯王, 在位 386-392)은 천성이 호탕하여 청목령(青木嶺) 등지까지 성책(城柵)을 쌓고, 장려한 대궐을 짓고 큰 연못을 파서 백성이 원망하고, 해외의 영토는 다 빼앗겨 나라의 형세가 쇠약해 졌다.

〈나제동맹(羅濟同盟)과 관산성전투〉

백제와 신라가 고구려를 견제하기 위해 맺은 나제동맹은 4세기 초부터 말까지와 433년(백제 비유왕 7년, 신라 눌지마립간 17년) 두 단계에 걸쳐 형성되었다.

개로왕(蓋鹵王) 18년(472) 장사(長史), 여례(餘禮) 等을 보내 조위(朝魏 : 北魏에 가서 朝見함)로 上表하여 「高句麗는 信義가 없어 역사(逆詐 : 반역하고 거짓을 함) 번비(藩卑 : 번방(藩邦)으로서 卑下함)의 언사(言辭)를 잘 하며 흉화(匈禍 : 흉악한 災禍)를 가져올 시돌(豕突=猪突 : 멧돼지처럼 앞뒤를 헤아리지 않고 돌진함) 的인 行動으로 南으로 劉氏와 通하고 北과 순치(脣齒 : 입술과 이)를 모의(謀議)함으로써 왕략(王略 : 왕 또는 황제로서 나라를 다스리는 방침)을 능모(凌侮 : 깔보고 업신여김)하고 있습니다.」라고 高句麗 토벌(討伐)을 要請하였는데 皇帝는 조서(詔書)로 「高句麗와의 불목(不穆 : 不和)은 누차(屢次) 서로 능범(凌犯 : 업신여기어 침범함)으로 이어지게 되었다. 잘 순의(順義 : 도의를 따름)하여 인덕(仁德)으로서 이를 지키면 왜 구수(寇讎 : 원수. 敵)가 될까」하였다.
개로왕은 詔書를 긍종(肯從 : 즐기어 좇음)하지 않았으며 조공(朝貢 : 宗主國에게 속국(屬國)이 때 맞추어 禮物로 물건을 바치던 일)을 그만 두었다.

백제는 고구려의 남진에 따라 지리적 이점이 많은 한강 유역에서 웅진(공주)으로 도읍을 옮긴 이후 동성왕(東城王) 때에 체제를 정비할 수 있었다.

「490년 위로(魏虜. 북위의 비칭)가 또 기병 수십 만명으로 백제의 국경을 공격해 옴에 牟大(동성왕의 별칭)가 사법명, 찬수류, 해례곤, 목간나(木干那) 등을 보내어 쳐 크게 이겼다.」 〈'남제서', 백제전〉
동성왕은 신라와의 동맹을 공고히 하고 남제(南齊)와 통교하여 고구려를 견제하고 신라 이벌찬 비지(比智)의 딸을 맞아 혼인동맹을 맺기도 하였다. 지방에 22 담로(檐魯)를 설치하고 왕족을 봉(封)했는데 사비부여 마포촌(馬浦村)의 사냥에서 큰 눈을 만나 묵고 있다가 위사좌평(衛士佐平) 가림성주(加林城主) 백가(苩加)의 자객 칼에 시해되었다.

무령왕(武寧王, 在位 501-523)의 고구려 · 말갈족과의 싸움은 501 · 503 · 506 · 507 · 512년에 걸쳐 계속되고, 즉위 12년 고구려가 가불성(加弗城)과 원산성(圓山城)을 함락하자 몸소 군사 3천명을 이끌고 위천(葦川) 북쪽에서 고구려군사를 무찔렀다.

개로왕의 차남 昆支(?-477)가 日本에 갔을때 同行한 개로왕 后宮은 쓰쿠시(筑紫)의 가카라시마(加唐島)에서 무령왕을 낳고 그 아들 준타(淳陀 또는 純陀) 太子는 513년 죽었다. 純陀太子의 후손 야마토노 오토쓰구(和乙繼)가 백제인 妻 하지노 마이모(土師眞妹)와의 사이에 낳은 딸 다카노노니카사(高野新笠, 720?-789)가 49代 고닌(光仁) 天皇(708-781, 在位 770-781)과의 사이에 아들 야마베(山部) 親王(737-806)를 두었는데 그가 간무(桓武)天皇(在位 781-806)이다. 아키히토(明仁, 1933-)天皇은 "간무 天皇의 生母가 백제 무령왕의 자손이라고 '續日本紀'에 기록되어 있는것에 대해 한국과의 깊은 인연을 느낀다"하였다.

백제가 더욱 발전하는 시기는 성왕(聖王) 때부터였다. 성왕(聖王) 16년(538) 사비(泗沘 : 扶餘)로 천도, 국호를 남부여(南扶餘)라 개칭하고 제도의 완비, 불교의 진흥, 실지(失地)의 회복 등을 꾀하였다. 즉위 29년 고구려의 내분을 틈타 신라 진흥왕과 힘을 합하여 백제는 한강 하류의 6군을, 신라는 한강 상류의 10군을 빼앗았다. 그러나 백제가 차지한 땅은 성왕 31년 신라에 점령당함으로서 120년 동안 유지해 온 나제동맹(433-553)은 결렬되고 관산성〔管山城, 고리산성(古利山城), 환산성(環山城)〕에서 각간 우덕(于德)과 이찬 탐지(耽知) 등의 신라군을 격파하였으나 三年山郡(보은)에서 각간 김무력〔金武力, 가야 왕 김구형(金仇衡)의 아들〕의 비장 고간(高干) 도도(都刀)에게 생포 참수되고 좌평(佐平) 4명과 군졸 2만9천6백명이 도륙(屠戮)당하였다. 성왕의 셋째 임성 태자는 일본으로 건너가 백제의 문화예술을 전파하였다. 성왕의 관산성 패배는 백제몰락의 요인이 되었다.

〈싸움을 좋아하는 나라 百濟〉

허목(許穆)은 '싸움을 좋아하는 나라로 백제만 한 나라가 없다.' 고 하고, 안정복(安鼎福)은 '세 나라(신라 · 백제 · 고구려) 중에서 백제가 가장 전쟁을 좋아한다고 일컬어진다(三國之中 百濟最以好戰稱)' 고 하였다.

최치원(崔致遠)은 「고구려와 백제가 강성할 때에는 강한 군사가 백만명이라, 북으로 幽 · 齊 · 魯 등지를 소란하게 하고, 남으로 吳 · 越을 침략하였다.」고 하였다.

백제가 위덕왕 말년이거나 혜왕(惠王), 법왕(法王) 연간(598-600), 곧 서동(薯童)이 왕증손(王曾孫), 왕손(王孫) 또는 太子였을 때에는 신라와 좋게 지냈는데 서동 즉위 3년 백제는 신라의 아모산성(阿母山城 : 雲峰)을 치고, 신라는 소타(小陀) · 외석(隈石) · 천산(泉山) · 옹잠(甕岑 : 德裕山)에 성책을 쌓았다. 백제 좌평(佐平) 해수(解讐)가 4성을 공격하여 신라의 장군 건품(乾品) · 무은(武殷)과 격전을 벌인 뒤 부터는 충주(忠州) · 괴산(槐山) · 연풍(延豊) · 보은(報恩), 무주(茂朱) · 용담(龍潭) · 금산(金山) · 지례(知禮), 함양(咸陽) · 운봉(雲峰) · 안의(安義) 등지에서 쇠가 쇠를 먹고 살이 살을 먹는 참극에 이르렀다.

• 서동설화

6세기 후반 위덕왕(威德王)의 증손 서동(薯童 : 맛동이)과 신라 진평왕(眞平王)의 둘째 따님은 삼국 중에 이름난 美艶無雙(아름답고 곱기가 견줄 데 없음)이었다. 진평왕은 서동을 善花의 남편으로, 위덕왕은 또한 선화를 서동의 아내로 희망하였다. 서동은 신라 동경〔(東京), 경주〕 어느 대사(大師)의 제자가 되자 '서동요' 를 지어 아이들에게 가르쳐 날마다 부르게 하였다. 이에 진평왕은 행실이 단정치 못하다고 선화공주를 귀양보냈는데 떠나는 딸에게 왕비〔마야부인(摩耶夫人)〕는 순금 한 말을 주었다. 법연(法筵)을 기회하여 둘의 눈이 마주치자 선화는 "서동이 저 중만은 못할 것이다 "하고 서동 또한 "내가 네 남편이 되지 못할진대 죽어버리리라. "하여 마음이 맺어져 사통하였다. 그제서야 선화공주는 '서동요' 가 불려진 이유를 알게 되었다.
삼국유사에 '과부인 어머니가 못 속의 용(池龍)과 통교하여 태어나 마를 캐어 팔아 생계를 유지했으므로 서동이라 불렀다' 하였듯이 서동의 부모에 대해 '삼국유사' 와 '삼국사기' 기록은 다르다.

삼국 상쟁기에 가장 많은 횟수의 공격전을 감행한 군주는 백제 武王(在位 600-641)과 신라 眞平王(在位 579-632)이었다.

7세기 초 백제의 武王은 신라와의 빈번한 전쟁과 궁궐을 호화롭게 영조하는 큰 토목 공사로 국력을 많이 소모하였다. 무왕 17년(616) 10월 달솔 백가의 백제군 8천명은 신라의 모산성(母山城, 남원)을 함락시켰다. 신라 진평왕 40년(618) 한산주(漢山州) 군주(軍主) 변품(邊品)은 6년 전 백제에게 빼앗겼던 가잠성(椵岑城, 괴산)을 탈환했다.
무왕 24년 백제군은 신라의 늑노현(勒弩縣, 여산)에 침공하고 속함(速含, 경남 함양), 영잠, 기잠(崎岑), 봉잠(烽岑), 기현(旗縣), 혈책(穴柵)등 6개 성을 빼앗았다. 626년 신라의 주재성(主在城)을 공격하여 성주 동소(東所)를 전사시켰고 627년 7월 사걸(沙乞)이 신라 서쪽 변경 2개 성을 함락, 3백여 명을 포로로 잡아갔다. 무왕이 병력을 웅진성(熊津城)에 집결시키자 신라 진평왕이 唐에게 급사(急使)를 보내 구원을 요청했다. 무왕은 이를 알고 兵을 거둔 다음, 조카 부여복신(夫餘福信, ?-663)을 唐에 보내 조공했다.

무왕의 뒤를 이어 즉위한 義慈王은 초기에는 고구려와 동맹을 맺고 신라 서북경의 여러 城을 점령하였다. 唐 고종이 백제에 보내 온 유서(諭書)에 김법민(金法敏)의 진언으로 인용된 '여제(麗濟)가 순치(脣齒)가 되어 핍박 침공하여 대성(大城) 중진(重鎭)이 모두 백제의 어우른 바가 되어 판도가 날로 위축된다.' ('삼국사기' 백제본기)는 말이 있다. 唐은 신라에 대한 공격을 중단할 것과 신라와의 전쟁에서 얻은 영토와 포로를 돌려 줄 것을 요청하였으나 의자왕은 이를 무시하고 655년 다시 신라의 30여 성을 공략하였다. 거듭되는 전승에 의자왕은 음란과 향락에 빠져 국방을 돌보지 않았으며 신하들의 諫言도 받지 않았다.

좌평(佐平) 성충(成忠, 一名 淨忠)은 간신들의 참소를 받자 곡기(穀氣)를 끊어 28일 만에 죽었다.
「뭇노라 미뤄쉐이(汨羅水)야 취위엔(屈原)이 어이 죽다터니 / 참소(讒訴)에 더러인 몸 죽어 무칠 싸 히 없셔 / 창파(滄波)에 골육을 씨셔 어복리(魚腹裏)에 葬ᄒᆞ니라」

'삼국사기' 에 의하면 이로부터 백제에는 상서(祥瑞)롭지 못한 조짐이 연이어 나타났다. 660년 4월 두꺼비 수 만 마리가 나무 위에 모여 들었고, 한 귀신이 궁중에 들어와 '백제가 망한다. 백제가 망한다.' 하고 땅속으로 들어가 땅을 파니 한 거북이 나왔는데, 그 등에 '백제는 둥근 달과 같고(百濟同月輪) 신라는 초승달과 같다.(新羅如月新)' 라고 씌어져 있었다. 무당이 '달이 둥글면 차고 차면 이지러진다.' 하니 왕이 노하여 무당을 죽였다. 어떤이가 '둥근 달은 왕성한 것이고 초승달은 쇠미한 것입니다.' 하니 왕이 기뻐하였다.

초(楚) 재상 즈란(子蘭)은 삼려대부(三閭大夫) 취위엔(屈原)을 上官大夫 찐상(靳尙)을 시켜 경양왕(頃襄王)에게 무고하였다. 江南으로 쫓겨난 屈原은 揚子江에 이르러 방황하였는데 안색은 초췌(憔悴)하고 신체는 말라서 고목(枯木)같았다.
"세상이 다 혼탁(混濁)한데 나만 홀로 깨끗하고 뭇사람들이 다 취해 있는데 나만 홀로 깨어있어(擧世皆濁我獨淸 衆人皆醉我獨醒) 추방당했다네"라는 屈原의 답에 한 어부가 "근(瑾)·유(瑜)의 재능을 가지고 시세를 따라 처세함이 좋지 않느냐"라고 하자. "오욕(汚辱)에 몸을 더럽히느니 강에 몸을 던져 고기 뱃속에 장사지내는 것이 나으리라. 분명히 군자들에게 고한다. 나는 장차 모범이 되고 싶다(明告君子 吾將以爲類兮)"하고 楚의 망국을 한탄하며 음력 5월 5일 돌을 껴안고 '미뤄쉐이(汨羅水)' 라는 연못에 투신하였다.
사람들이 그의 유해를 물고기들이 뜯어먹지 않도록 대나무 잎으로 싼 찹쌀밥을 연못에 던져주었는데 이것이 단오절(端午節) 풍습의 유래가 되었다.

〈羅唐연합의 백제 공멸(攻滅)〉

• ***한나라로 두나라 대병을 맞아 싸우니 존망을 알수 없다.***

나당(羅唐)연합군이 660년 3월 육·해 양면에서 백제에 대한 공격을 개시하였다. 백제 장군 계백(階伯, 堦伯, ?-660)은 결사대 5천명을 거느리고 황산벌 험준한 곳에 3영(三營)을 설치, 김유신·김품일(金品日)·김흠순(金欽純)이 이끄는 5만여 명의 신라군과 대치하였다.

계백이 출전할 때에 「한 나라로서 두 나라의 대병을 맞아 싸우니 나라의 존망을 알 수 없다.」고 한 말은 적을 안 표현이요, 그의 처자를 죽이고 출전함은 자기를 안 행위였다.
계백은 「옛날 월(越)의 고우지앤(句踐)은 5천 명으로 오(吳)의 70만명을 격파하였으니, 각자가 분투면려하여 국은에 보답할지어다.」 하였다.

吳 푸차(夫差)가 부친 허뤼(闔閭)의 앙갚음으로 越을 침에 句踐은 夫差의 臣下가 되고 그의 妻는 첩이 되어 항복하였다. 빤뤼(范蠡)가 바친 시스(西施, 성은 施, 이름은 夷光)에 반한 夫差를 보고 우쯔쉬(伍子胥, ?-BC 485)가 '夏는 매이시(妹喜, 妺喜, 妹嬉), 殷은 다지(妲己), 周는 바오쓰(褒姒)로 인해 망했다.' 하였다. 句踐은 이후 상담(嘗膽)하여 빤뤼(范蠡, 闔閭의 애첩 시스(西施)를 데리고 살았음)와 함께 夫差를 죽이고 吳를 멸망시켰다.(BC 473) '와신상담(臥薪嘗膽', 섶에 눕고 쓸개를 맛 본다는 뜻으로 마음먹은 일을 이루려 괴롭고 어려움을 참고 견딤)의 故事가 이로부터 나왔다.

백제군은 돌격하기 네 번, 그 때마다 승리를 거두어 신라군의 사기는 크게 꺾였다. 좌장군(左將軍) 品日의 아들 관창〔官昌, 645-660, 관장(官狀)〕과 김흠순의 아들 반굴(盤屈)의 용감 처절한 전사는 신라군의 사기를 북돋워서 용약 돌진하는 바람에 계백도 전사하였다. 신라군은 사비성을 포위하고 수딩팡(蘇定方)의 13만 唐군도 금강입구서 사비를 直攻하였다.

5천여 명의 백제군들은 처참하게 죽었으되 대신 · 귀족들은 몸을 보전하여 투항했다.
의자왕은 「내 일찍 성충의 충성된 말을 듣지 아니하여 이 지경에 이르렀구나」하며 태자 효(孝)와 함께 북문으로 달아나니 蘇定方이 궁성을 포위하였다.
웅진성으로 탈출했던 의자왕이 태자를 데리고 와 항복하고, 왕후 · 왕의 희첩(姬妾)과 태자의 비빈(妃嬪)들은 대왕포(大王浦)로 달아나 강물에 뛰어들어 낙화암(落花巖)이란 바위 이름이 생겼다. 신라의 태자 법민(法敏)은 백제의 왕자 융을 꿇어 앉히고 품석의 아내를 죽인 죄를 물어 黔日을 사지해(四支解 : 팔다리를 자르는 형벌)에 處하였으며 김춘추는 사비성에서 큰 잔치를 베풀어 의자왕으로 술을 부어 올리게 하니 백제의 신하들이 울고 눈물을 흘리지 않은 사람이 없었다. 蘇定方은 왕 및 태자 효, 왕자인 태 · 융, 연 및 대신 · 귀족 88명과 백성 1만 2천 8백 70명을 唐으로 압송하였다.
부여융(隆)의 아들 文思 · 文宣 · 덕장(德璋) 중 덕장의 딸 부여태비(夫餘太妃, 당의 제후 사괵왕(嗣虢王)의 부인 690-?)의 묘가 2004년 중국 산시성의 헌릉(당 고조의 무덤)에 딸린 무덤 발굴과정에서 발견되었는데 '당고괵왕비묘부여지명(唐故虢王妃墓扶餘誌銘)"이라고 전서(篆書)로 음각돼 있다.

백제는 5부, 37군, 2백성(城), 76만 호가 있었는데 唐은 웅진 · 마한 · 동명(東明) · 금련(金漣) · 덕안(德安)의 5 도독부를 설치하고, 거장(渠長)을 뽑아 도독 · 자사(刺史) · 현령을 두어 다스리고, 낭장(郎將) 려우런위앤(劉仁願)에게 도성을 진수하고, 좌위낭장(左衛郎將) 왕원두(王文度)를 웅진도독으로 하여 백제의 유민들을 무마하였다. 후에 이를 개편하여 웅진도독부(熊津都督府) 하나만을 남기고 그 아래 7州 · 52縣을 두어 唐의 영토로 삼았다.

• *백제인의 反唐 항쟁*

신라와 唐은 연합 작전으로 백제와 고구려를 정복하였으나 백제 · 고구려가 멸망한 후로는 그 옛 땅의 지배권을 둘러싸고 이해관계가 상반되게 되었다. 백제인은 각 처에서 치열한 反唐 투쟁을 전개하였는데 중심지는 任存城(大興)으로 7척 키의 효용(驍勇)과 지략이 있던 흑치상지(黑齒常之, 628-687)가 3만여명의 의용군을 거느리고 唐군을 격파하여 2백여 城을 탈환하고 周留城(韓山)에서는 구 왕족 福信(?-663)과 승려 도침(道琛, ?-661) 등이 의용군을 조직하여 사비성을 포위 · 공격하였다.

사비에는 약 2만 명의 羅·唐군이 주둔하고 있었으나, 백제군의 공격으로 보급로가 끊어지는 등 위험한 정세로 몰려 唐 高宗은 려우런궤이(劉仁軌)를 보내고, 신라에서는 태종무열왕이 친히 출정하기조차 하였다. 그들은 661년 왜국에 人質로 간 백제 왕자 豊을 왕으로 추대하고 주류성을 근거로 熊津城을 포위·공격하는 등 투쟁을 늦추지 않았다. 그러나 反唐 투쟁은 福信이 道琛을 죽이고 복신은 또한 豊(豊璋)에 의해서 살해됨으로써 그 세력이 약화되었다. 663년 6월 간신들의 모함을 받아 체포된 복신은 豊의 얼굴에 침을 뱉고 욕설을 퍼부었다. '이 더러운 개 같은 천치 놈(腐狗癡奴)아!' 豊은 복신의 머리를 베어 효수(梟首)하게 했다.

663년 신라와 唐의 연합군은 주류성을 함락시키고 任存城 성주 지수신(遲受信)이 고구려에 망명하게 된 후에는 任存城도 함락되었다. 8월 4백척의 배에 2만7천명의 군대를 보낸 왜(倭)는 금강 하구의 백강에서 唐군에 대패하여 부여풍은 고구려로 도망가고, 충승(忠勝)과 충좌(忠左)는 항복했으며 많은 백제인은 왜국으로 망명했다.

우무위위대장군(右撫威衛大將軍) 흑치상지는 고종이 보낸 사신의 초유(招諭)를 받고 劉仁軌에게 투항, 唐에 가서 토번(吐蕃 : Tibet) 정벌(678년), 돌궐 정벌에 공을 세운 후 우응양위장군(右鷹揚衛將軍) 자오 화이지에(趙懷節)의 역모사건 때 옥사했다. 698년 신원되고 左玉鈐衛大將軍에 추증(追贈), 훈봉(勳封)을 예와 같이 하였다(武則天의 制書). 1929년 洛陽 망산에서 흑치상지의 墓誌銘이 出土되었다.

金容雲(1927-)은 '백강전투로 왜의 신라에 대한 증오와 한반도 침략의식이 응고(凝固)되었다' 고 하였다.

※ 백제의 약점에 대한 史論

「백제는 고구려 · 신라 · 백제의 삼국 중에서 가장 강성하였다. 그런데 가장 먼저 멸망하였다.
어떤 이는 "신라는 남으로 교활한 왜국(倭國)과 이웃하였으며, 고구려는 서쪽으로 遼東과 燕京에 경계가 연접하였기 때문에 그 수비(守備)가 엄중하였으나 백제는 그 사이에 끼어 있어서 외환(外患)이 미치지 않았으므로 병력이 이완(弛緩)하고 약하여서 쉽게 망하였다"고 하고, 어떤 이는 "백제는 그 풍속이 교만하고 간사하여 이웃나라와 화목하지 않았으므로 쉽게 망하였다"고 한다. 이것은 다 백제의 단점이다. 백제가 처음에는 위례(慰禮)에 도읍을 정하였었다. 거기에서 나라를 향유함이 494년, 그동안 북으로는 대방(帶方)을 복종시키고 동으로는 예맥(濊貊)과 수호(修好)하니 고구려 · 신라의 사람들이 겁이 나서 숨을 죽이고 위축하지 아니치 못하였다.
문주왕(文周王) 때에 웅천(熊川)에 도읍을 정하였고 부여로 옮기더니 185년 만에 망하고 말았다.
부여는 백리 이내에는 의지할 만 한 성벽이 없고 엄폐(掩蔽)할 울타리가 없다. 지리(地利)를 어찌 소홀히 생각할 수 있겠는가.」

〈丁若鏞 / '百濟論'〉

숭불(崇佛) 지나쳐 누린 계림(鷄林)으로 - 신라(新羅, BC 57 - 935)

경주 지역의 급량(及梁) · 사량(沙梁) · 모량(牟梁) · 본피(本彼) · 한기(漢岐) · 습비(習比) 등 여섯 씨족 세력이 新羅國의 모체가 되었다.
역사서에 나타난 신라의 국명은 다양하다. 사로(斯盧), 사라(斯羅), 서나(徐那), 서나벌(徐那伐), 서야(徐耶), 서야벌(徐耶伐), 서라(徐羅), 서라벌(徐羅伐), 서벌(徐伐) 등 이두식 국명을 사용하다가 503년(지증왕 4년) 국호를 정식으로 신라(新羅)라고 하였는데 '덕업일신(德業日新)'에서 '新' 자를, '망라사방(網羅四方)'에서 '羅' 자를 취해 지었다.

신라의 역사는 보통 6기로 나뉜다. 1기는 BC 57년(혁거세거서간)부터 356년(흘해이사금)까지 (부족연맹 성립기), 2기는 356년(내물마립간)부터 514년(지증마립간)까지(귀족국가 태동기), 3기는 514년(법흥왕)부터 654년(진덕여왕)까지(귀족세력 연합기), 4기는 654년(태종무열왕)부터 780년(혜공왕)까지(전제왕권기), 5기는 780년(선덕왕)부터 897년(진성여왕)까지(호족세력 등장기), 6기는 897년(효공왕)부터 935년(경순왕)까지 (내란을 거친 쇠퇴기)이다.
김부식은 1기부터 3기까지를 上代, 4기를 中代, 그 이후를 下代新羅로, 일연은 1기와 2기를 상고上古, 3기를 中古, 4기 이후를 下古신라로 각각 구분하였다.

혁거세(赫居世, BC 57-BC 4)는 신덕(神德)으로 백성을 교화(敎化)시켜 원근에서 모두 감복했으며 석탈해(昔脫解) · 김알지(金閼智, 65-?)가 그 덕을 이었다. 세 성씨가 교대로 왕위를 이으매 당우(唐虞) 시대 읍손(揖遜-겸손)의 풍이 있었다. 태종무열왕 때에 나라가 크게 발전하였으며 문무왕은 백제 · 고구려를 병합, 3국을 통일하였으니 김유신(金庾信)의 힘이 컸다. 상대 28왕은 성골(聖骨), 그 이하의 왕들은 진골(眞骨)계통에 속한다.
대개 삼국시대는 다투어 무력을 숭상했으며 천문 · 지리 · 의학 · 미술 · 공예 등과 유교 · 불교가 동시에 발달하여 그것을 일본에 전수하여 그곳의 미개함을 깨우쳐 주었다. 신라는 나라를 누린 것이 992년으로, 박씨가 열번, 석씨가 여덟 번, 김씨가 38왕을 지냈다.

• *혁거세왕(赫居世王) 建國神話*

진한(辰韓)의 땅은 옛날 6촌(村 : 알천 陽山部 · 돌산 高墟部 · 취산 干珍部, 무산 大樹部 · 금산 加利部 · 高耶 明活部)이 있었다. 이 6부(部)의 시조는 모두 하늘에서 내려온 듯하다. 노례왕 9년 6부의 명칭을 고치고, 또 6성(姓)을 내렸다.

「전한(前漢) 지절(地節) 원년(BC 69) 3월 초 하루 6부의 조상들이 양산(楊山) 아래 나정(蘿井) 옆 숲 사이에 말이 무릎을 꿇고 울고 있음을 바라 보고 가보니, 문득 말은 볼 수 없고 커다란 알 하나만 있었다. 그것을 깨어 보니 갓난 아기가 나와 데려다 길렀는데 기골이 준수하고 숙성하였다. 6부 사람들은 그 출생이 신기(神奇)했으므로 높이 받들고 존경, 혁거세왕〔향언(鄕言)이며 불구내왕(弗矩內王)으로도 되어 있는데 광명(光明)으로 세상을 다스린다는 말임.〕이라 이름하고, 위호(位號)는 거슬한〔居瑟邯 : 거서간(居西干)으로도

되어 있으며 처음 스스로 "알지 거서간이 한 번 일어난다."라고 하여 일컬은 것인데 이후 왕의 존칭이 되었음] 이라고 하였다. 그 날 사량리(沙梁里) 알영정〔閼英井:아리영정(娥利英井)으로도 되어 있음〕가에 계룡이 나타나 왼쪽 옆구리로 여자아이를 낳았다(혹은 용이 나타나서 죽었는데 그 배를 갈라 얻었다고 함). 얼굴과 용모는 아름다웠으나 입술이 닭 부리와 같았는데 월성(月城) 북천(北川)에서 목욕을 시키자 그 부리가 떨어져 나갔으므로 그 시내를 발천(撥川)이라고 하였다. 13세가 되는 오봉(五鳳) 원년 갑자에 남아를 왕으로 세우고 여아를 왕후로 삼았다. 큰 알이 박(瓠)과 같았으므로 박(朴)으로 성을 삼고 나라 이름을 서라벌(徐羅伐) 또는 서벌〔徐伐:속훈(俗訓)에 경(京)자를 서벌이라 하는 것이 이 때문임〕 혹은 사라(斯羅) 또는 사로(斯盧)라고 하였다.
일설에는 탈해왕(脫解王) 때 김알지(金閼智)를 얻으니 숲 속에서 닭이 울어 계림이라 하였다고 하는데 후세에 국호가 신라로 정해졌다.」

〈'三國遺事'〉〈'三國史記' 卷1, 新羅本記 1, 赫居世 居西干〉

〈부족연맹의 성립〉

혁거세 즉위 19년 변한이 항복하고, 즉위 21년 도성을 지어 금성이라고 불렀다.

유리이사금(儒理尼師今, 在位 24-57)은 즉위 9년 봄, 6부의 명칭을 바꾸고 17관등제를 시행했다. 즉위 14년 고구려 대무신왕에 의해 멸망한 낙랑의 백성들 5천여 명이 귀순해 왔다.

신라는 1세기 후반부터는 주변 소국들을 정복하여 영토국가를 이룩하였다.

탈해이사금(脫解尼師今, 在位 57-80) 때에는 거도(居道)가 우시(于尸) 山國(寧海)과 거칠(居柒) 山國(동래)을 정복하였고, 파사이사금(婆娑尼師今, 在位 80~112) 때에는 음즙벌국(音汁伐國, 안강)과 비지(比只)國(창녕) · 多伐國(대구) · 草八國(草溪) 및 굴아(屈阿) 火村(울산)을 병합하였으며, 실직(悉直, 삼척) · 압독(押督, 慶山)이 항복하여 그 영토를 확장시켰다.

• ***탈해설화***

「탈해의 부왕이 왕비를 맞아 임신 7년 만에 커다란 알을 낳았다. 왕은 상서(祥瑞)롭지 못한 일이라 하여 바다에 버리라고 했다. 왕비는 차마 버릴 수 없어 비단으로 곱게 싸 보물과 함께 궤에 넣어 띄워 보냈다. 금관국(金官國) 사람들이 탈해가 든 궤를 괴이하게 여겨 다시 바다에 띄워 보냈다. 계림 동쪽 아진포(阿珍浦) 아진의선(阿珍義先)이라는 노파가 탈해를 건져 양 아들로 삼아 길렀다. 바다에 떠올 때 까치(鵲)가 울면서 따라왔으므로 석(昔)으로 성을 삼고, 궤를 열고(解) 알 껍질을 벗고서 나왔기에(脫) 이름을 탈해(脫解)하고 하였다. 성장한 탈해는 신하인 호공(瓠公)의 집터가 명당 자리임을 간파하고 그 집터를 빼앗아 살게 되었다. 그곳은 후에 월성(月城)이 되었다. 그 뒤 남해차차웅(在位 4-24) 5년 왕은 딸을 탈해에게 시집보내고, 2년 뒤 그를 대보로 삼아 정사를 맡겼다.」

〈'삼국사기', 신라본기〉

내해(奈解) 이사금(在位 196-230)은 즉위 4년 백제군이 침공하였을 때와 즉위 19년 요차성과 장산성(경산지방)을 공격하였을 때도 친히 군사를 이끌고 백제군을 물리쳤다. 즉위 14년 포상팔국(浦上八國. 낙동강 지역 8개의 소국)이 가야를 침략하자 가야왕자가 구원을 요청, 태자 우로(于老)와 이벌찬 이음(利音)으로 하여금 그들을 격파하고 가야인 포로 6천 명을 돌려보냈다.

우로는 이상한 유언(사위인 조분(助賁)에게 왕위를 잇게 하라) 때문에 태자임에도 왕위를 잇지 못했다.(254) 왜국 사신 가쓰나코(葛那古)가 객관에 머물러 있었는데, 우로는 '조만간 너의 왕을 염노(소금 굽는 사내)로 만들고 왕비를 찬부(밥짓는 여자)로 만들게 될 것이다.' 희롱하였다. 왜 왕은 노하여 우도슈균(于道朱君)을 파견, 우로를 잡아 태워 죽인 다음 퇴각하였다.〔첨해이사금(沾解尼師今, 재위 247-261) 7년 4월〕 미추이사금(味鄒尼師今, 재위 262-284) 때 명원부인(命元夫人)은 왜국 사신을 불태워 죽임으로써 남편의 원수를 갚았다.

흘해(訖解) 이사금(在位 310-356)은 왜 와의 전쟁에 시달려 즉위 3년(312년) 왜국 왕의 아들과 아찬 급리(急利)의 딸을 혼인 시키기까지 했다.

〈귀족국가의 胎動〉

경주를 중심으로 사로(斯盧)가 부족연맹체로 발전하는 시기는 지배자의 칭호가 마립간(麻立干)으로 바뀌는 내물(奈勿) 마립간부터이다. 이때에 와서 사로는 낙동강 동쪽을 지배하는 대 부족연맹으로 성장하였고 왕위도 석씨가 몰락하고 김씨가 독점하게 되었다.

내물마립간 18년, 백제의 독산성주가 남녀 3백 명을 거느리고 항복해 왔다. 이때 고구려가 강성하여 이찬 대서지(大西知)의 아들 실성을 보내 볼모로 하였다. 고대국가로의 출발이 늦은 사로로서는 국가체제가 일정한 단계에 도달 할 때까지는 고구려의 후원이 필요하였는데 왜와 통하고 있던 백제와는 적대관계에 놓이게 되었다. 고구려 후원으로 왕이 된 실성(實聖) 마립간(在位 402-417)은 왜 왕의 요구에 따라 즉위년 내물왕의 아들인 미사흔〔未斯欣, 미해(美海) · 미토희(未吐喜)〕을 일본에, 412년 복호〔卜好 : 보해(寶海)〕와 417년 눌지(訥祇)를 고구려에 각각 볼모로 보냈다. 이는 양국과의 관계개선이라는 명분도 있었지만 전왕의 아들들을 외국에 볼모로 보냄으로써 실성왕계를 중심으로 왕권을 강화시키려는 의도가 있었다. 눌지는 고구려에 반역할 인물이니 죽이라는 밀서를 보낸 實聖은 고구려 우대해(于大海) 덕분에 목숨을 구한 눌지에 의해 시해되고 눌지가 19대 왕으로 등극했다.

장수왕은 신라 삽량주 태수 박제상(朴堤上)의 호소를 듣고 복호와 함께 돌려 보냈다(418). 다시 박제상은 왜국으로 가서 나라를 배반하고 온 것처럼 왜 왕의 환심을 산 다음 왕제를 구출하여 귀국시켰다. 그는 발바닥을 벗겨 갈대 밭 위를 걷게 하고 불에 달군 철판 위를 끌고 다니는 고문을 당하면서도 '나는 신라의 개나 돼지가 될지언정 더러운 왜국의 신하는 되기 싫소.' 라며 절개를 굽히지 않아 木島에 귀양보내 태워 죽였다.
눌지왕은 태수의 충절과 공로를 찬양하여 대아찬의 벼슬을 주고, 그 부인을 국대부인(國大夫人)으로 삼고, 그 딸 보화는 미사흔의 처로 맞이하도록 하였다. 국대부인은 둘째 딸 보화의 혼사를 치른 다음, 수릿재에 올라가 왜국을 바라 보며 통곡하다가 돌부처(望夫石)가 되었고, 수릿재의 신모(神母)가 되었다. 박제상과 치술공주 부부의 둘째 딸 아영(阿榮)이 다섯 살짜리 남동생을 홀로 기르니 그가 문량, 곧 백결선생이다.

눌지(訥祗) 麻立干(在位 417-458) 때에 왕위의 父子상속제를 확립하고 6村을 6部로 개편하여 중앙집권화에 진척을 가져왔다.

즉위 39년 고구려가 백제를 공격하자 나제동맹에 근거하여 백제에 군사를 파견하였다.
또한 미사흔을 귀국시킨 뒤 일본이 여러 차례 신라를 공격하였으나 모두 물리쳤다.
왜구(倭寇)가 신라에 침범한 박혁거세 8년 이후 550년 동안 33회의 침입은 소지마립간(在位 479-500) 이전인 신라 초기로 그 시기도 춘궁기인 3-5월에 집중되었다('三國史記' 新羅本記).

내물마립간부터 소지(炤知) 마립간까지 약 1세기반 동안 왕권강화 노력이 계속되어 부족장을 6부(部)의 행정구역에 편입시키고 4방에 우역(郵驛)을 설치하는 등 제도를 개편하였다.

지증왕(智證王, 437-514, 在位 500-514) 대 부터 고대국가의 면모를 갖추기 시작, 마립간대신 왕(王)이라는 칭호가 사용되고, 국호를 '사로' 에서 '신라' 로 바꾸었으며 우경(牛耕)을 시작하는 등 제도와 산업의 진전이 함께 이루어졌다. 지증왕은 또한 동북 방면의 국경에 12개의 성을 축조하여 고구려의 남침에 대비하였으며, 즉위 13년(512년) 이사부(異斯夫)를 시켜 우산국(于山國. 울릉도)을 공취(攻取)하였다. 죽은 후에 지증(智證)이란 시호(諡號)를 받았는데, 우리 나라 시법(諡法)의 시초이다.

'삼국사기(三國史記)' 는 19대(눌지)에서 22대(지증)까지의 임금을 마립간이라 하였고 '삼국유사(三國遺事)' 는 17대(내물)에서 22대까지의 임금을 마립간이라 하였다.
신라왕으로 거서간(居西干)이라 칭한 이가 1인, 차차웅(次次雄)이라 한 이가 1인, 이사금(尼師今)이라 한 이가 16인, 마립간이라 한 이가 4인인데, 최치원은 '제왕연대력' 에서 모두 왕이라 칭하였다.

〈귀족세력의 연합〉

신라의 발전은 법흥왕 · 진흥왕때 전기를 맞게 되었다. 법흥왕 즉위 4년 중앙에 병부(兵部) 설치, 즉위 7년 율령(律令) 반포 · 백관(百官)의 공복(公服) 제정, 즉위 14년 불교 공인, 즉위 23년 건원(建元) 연호 사용 등 왕권의 강화와 체제의 정비를 하였고 본가야를 정복, 낙동강유역 진출의 계기를 마련하였다(532).

진흥왕은 즉위 12년(551년) 백제의 성왕과 공동전선을 형성, 한강 유역을 점령하고 이곳에 北漢山州를 설치하여 요새(要塞)로 삼았으며, 남양만에는 黨項城을 쌓았다. 중국의 남북조와 외교관계를 맺고 낙동강유역 가야 제국을 병합하고(562), 강원과 함경 남부까지 진출함으로써 삼국통일의 기반을 조성하였다.(즉위 29년) 이같은 그의 업적은 창녕(昌寧) · 북한산(北漢山) · 황초령(黃草嶺) · 마운령(磨雲嶺)에 있는 네 순수비(巡狩碑)가 말해주고 있다. 또 진흥왕은 화랑도의 조직을 체계화하여 신라군대의 선봉이 되게 하였다.

中古期의 왕위 계승은 장자 상속 원리에 따라 진흥왕 이후의 왕위는 요절한 동륜의 적자(嫡子)인 백정(伯淨=진평왕)에 의해 계승되어야 했는데도 사륜(舍輪)(眞智王)에게 넘어갔다. 귀족 사회는 법흥왕 이후의 왕권 중심 중앙집권체제를 강화하려던 세력과 지증왕 이전의 귀족 중심 연합체제로 복귀하려는 세력으로 나뉘었는데 진지왕(在位 576-579)을 즉위시킨 세력은 후자이며 그 대표가 거칠부(居柒夫)였다. 진지왕은 도화녀(桃花女)설화에서 보듯이 정란황음(政亂荒淫. 음란한 행동으로 나라를 어지럽힘)의 죄로 화백회의에서 논의되어 즉위 4년 폐위되었다.

申叔舟의 '海東諸國記' 에는 '新羅 眞平王 4年 新羅가 西鄙에서 왜군을 징벌하였다' 라고 하였으며 '安順庵記' 에는 '동래 앞바다 絕影島에는 古壘가 있는데 新羅의 太宗이 倭를 징벌할 때에 쌓은 것이어서 太宗壇이라고 일컫는다' 고 하였다.
고구려 · 백제와의 영토확장전쟁의 후유증과 602년 백제의 아막성 침공, 603년 고구려의 북한산성 침공 등 두 나라의 공격에 시달린 진평왕은 608년 원광법사에게 '걸사표(乞師表, 乞兵表)' 를 짓게 하여 隋 양제에게 보냈다.

백제는 611년 신라의 가잠성을, 616년 신라의 모산성을, 624년 속함성을 비롯한 5개 성을 함락했다. 신흥 귀족세력의 대두에 대한 반발로 진평왕 53년 5월 이찬 칠숙(柒宿)과 아찬 석품(石品)의 모반이 일어나 그와 9족을 東市에서 참수했다. 진평왕은 재위 54년 만인 632년에 승하하고 선덕〔덕만(德曼)〕공주가 최초의 여왕으로 등극했다.

「선덕공주가 왕위에 올라 용춘(龍春)공을 남편으로 삼았으나, 公은 후사가 없다는 이유로 자퇴하니 신하들이 세 번 남편을 맞는 제도를 논의, 용춘공은 형 용수(龍樹)의 아내였던 天明공주를 아내로 맞고, 다섯 딸만 낳았으므로 김춘추로 아들을 삼았다.」

〈'화랑세기'〉

선덕여왕의 품성에 대하여는 '총명하고 지혜가 있었으나 색정을 좋아했다' 고 하였는데 '삼국유사' 에 군신들이 그 성지(聖智)에 감탄하였다는 '선덕왕지기삼사(善德王知幾三事)' 기록이 있다.

선덕여왕 즉위 11년 의자왕의 침공을 받아 서쪽 변경 40여 개의 성을 빼앗겼고, 당항성(黨項城)도 고구려와 백제의 합공으로 함락당하여 善德女王이 사신을 보내어 唐 太宗에 急을 고하였다. 또한 백제 부여윤충(扶餘允忠:성충의 아우)은 낙동강 유역 거점인 대야성까지 함락하여 신라를 위기로 몰아넣었다.

… 그때 (춘추)공의 정궁부인 보량궁주〔寶良宮主, 보종공(寶宗公)의 딸〕는 아름다웠으며 공과 몹시 잘 어울렸는데, 딸 고타소(古陀炤)를 낳아 공이 매우 사랑했다. 김춘추는 사위 김품석(金品釋, ?-642)으로 대야주(大耶州 : 陜川) 도독(都督)을 삼아 40여 성과 고을을 관할하게 하였는데 품석이 음란하고 난폭하여 군사와 백성을 구휼하지 아니하고, 재물과 여색을 탐내어 부하의 아내나 딸을 빼앗아 첩을 삼았다.

대야성전투에서 품석 부부는 아내를 빼앗겼던 품석의 막장(幕將) 검일(黔日)에게 살해당하고 화랑 사지(舍知), 죽죽(竹竹), 용석(龍石) 등을 잃은 김춘추는 고구려로 가 연개소문과 담판을 벌였지만 진흥왕 때 점령한 한강 유역의 반환문제로 결렬되고 연금되었다가 석방됐다. 백제 成忠이 사신으로 와 고구려와 동맹을 맺고 돌아간 것도 이때이다.

고구려의 외교적 실책은 김춘추로 하여금 唐의 힘을 빌리게 하였다.

즉위 13년 선덕여왕의 재차 구원 요청에 645년, 唐 태종은 고구려 1차 정벌을 시작했다. 이에 선덕여왕은 1만명의 군사를 보냈지만, 唐 태종은 안시성싸움에서 패하고 창안(長安)으로 퇴각하였다. 647년 1월 상대등 비담(毗曇)등이 염종(廉宗)과 손잡고 반란을 일으켰다가 김춘추와 김유신 등에 의해 진압되고 반란 주모자의 9족을 멸하였다.

진덕여왕(眞德女王) 원년(647년) 唐 태종이 蘇定方으로 하여금 군사 20만명으로 백제를 정벌하게 하였다. 김유신은 백제를 역습하여 20여개 성을 빼앗고, 좌평(관등 1위) 은상(殷相)과 달솔 자견(自堅) 등 백제의 장군 10명, 군사 8천9백80명의 목을 베고, 말 1만 필과 갑옷 1천8백 벌을 노획했다. 또한 달솔 정중(正仲)과 군사 1백명은 포로가 되고 좌평 정복(正福)은 군사 1천명을 이끌고 항복했다.

「'삼국사기' 김유신전을 보면, 유신은 전략과 전술이 다 남보다 뛰어나 백전백승의 명장이다. 그러나 대개 그의 패전은 휘닉(諱匿)하고 소승(小勝)을 과장한 무록(誣錄)이다」

〈'조선상고사' 제11편〉

흥덕왕(興德王)은 835년 김유신을 흥무대왕(興武大王)으로 봉하여 그 무공(武功)을 기리고 후손을 왕손으로 예우했다.

650년 4월, 백제를 꺾은 사실을 비단에 손수 五言詩〔'전쟁을 멈추어 천하는 평정을 이루고 문치를 닦아 백왕을 계승하였다' 라는 치당태평송(致唐太平頌)〕로 써서 김춘추의 맏아들 法敏으로 하여금 唐 고종에게 바치게 했는데, 이 시기부터 신라의 정치제도를 唐식으로 고쳐 즉위 3년 중조의관제(中朝衣冠制)를 발표했고, 태화(太和)를 버리고 唐 고종의 연호인 영휘(永徽)를 사용했다.

李奎報는 太平頌에 대하여 "高古하고 웅혼(雄渾)하여 初唐의 작품들과 우열을 가리지 못할 것이다."하였다.

〈통일신라(677-935) - 王族 · 貴族의 相爭과 豪族의 발호〉

654년 3월 진덕여왕이 후사 없이 돌아가자 김유신(金庾信, 각간 金武力의 손자)은 이찬 알천(閼川)과 의논하여 이찬 김춘추(金春秋)를 왕으로 추대하였다.

'삼국사기' 문무왕(文武王) 즉위년(661)에는 유신의 누이 보희〔寶姬, 아해(阿海)〕의 꿈 이야기가 서술되어 있고 '삼국유사' 왕력(王曆) 문무왕 조에는 '유언에 따라 동해의 큰 바위 위에 장사지냈다' 고 기록되어 있는데 경주시 양북면 봉길리 앞 바다에 문무왕의 水中陵으로 전해 지는 大王巖이 있고 682년 경주 사천왕사에 문무왕릉비가 세워졌다.

735년(聖德王 34년) 唐은 浿江(大同江)을 경계로 그 이남에 대한 신라의 영유를 공인하게 되어, 신라의 반도 통일은 태종 무열왕과 문무왕 부자 양대에 걸쳐 성취되었다. 문무왕은 고구려와 백제의 유신(遺臣)과 왕족에 대하여 관대한 조치를 취하고 후대하였다.

신라의 통일 이후 나타난 큰 변화는 무열왕계의 왕통이 계속되고 전제왕권이 확립된 점이다. 태종무열왕 이후 계속하여 그 직계자손이 왕위에 올랐는데 특히 문무왕을 이은 神文王(在位 681-692)은 장인 김흠돌(金欽突, ?-681)의 모역을 계기로 兵部令 軍官 등 귀족들을 숙청하여 전제왕권을 확립하였다. 통일신라의 정치와 문화는 경덕왕(景德王, 在位 742-765)대에 그 절정기를, 혜공왕(惠恭王, 在位 765-780)대에 정치적인 혼란을 맞게 되었다.

혜공왕 즉위 4년(768년) 7월 궁전을 33일이나 포위한 '대공(大恭)의 난(亂)' 에서 비롯된 귀족들의 싸움은 96 각간(角干)이 싸우는 대란으로 확대되었다. 혜공왕은 어려서 즉위하고 장성해서는 음란하여 여색(女色)에 빠지고 절도 없는 유흥으로 기강이 문란하여 재이(災異)가 자주 나타나 인심이 이반되고 사직이 위태하였다.

伊湌 金志貞(?-780)의 반란을 계기로 상대등 金良相과 이찬 金敬信에 의하여 혜공왕이 시해되고 김양상(金良相)이 왕위〔선덕왕(宣德王, 在位 780-785)〕에 오르니 내물마립간의 10세손이다. 무열왕계는 맥이 끊어지고, 이후는 내물왕계가 왕위를 차지, 하대(下代)라 부른다.

선덕왕 사후 선덕왕의 족질 이찬 김주원(金周元)이 폭우로 왕좌를 놓치고 경신을 세워 왕위〔원성왕(元聖王, 在位 785-798)〕를 잇게 했는데 해마다 천재지변과 흉작으로 민심은 이반하고, 사방에서 도적떼가 출몰했다. 내물왕계의 등장은 무열왕계의 반발을 사 김헌창(金憲昌, ?-822)이 헌덕왕(憲德王, 在位 809-826) 14년 공주를 근거로 국호를 장안(長安), 연호를 경운(慶雲)이라 하고 난을 일으켜 한때 武珍州(광주) · 完山州(전주) · 菁州(진주) · 沙伐州(상주) 등이 호응하였으나, 패전이 확실해지자 자살, 그의 시체는 다시 주형(誅刑)되고, 친척 · 부하 등 239명이 처형되었다. 825년 그의 아들 범문(梵文)이 다시 반역하여 북한산주(北漢山州)를 공격하다가 잡혀 죽었다.

이러한 혼란은 왕권을 약화시키고 귀족의 힘을 길러 왕위 쟁탈전에 깊이 간여하게 하였다. 친족집단의 분지화와 집단적 친족관계의 소멸로 골품제가 변질, 해체되어 하대의 정치적 혼란상을 초래하였다.

「어유양슈(歐陽脩)의 사론에 의하면, 노(魯) 환공(桓公)은 은공(隱公)을 시해하고, 선공(宣公)은 즈츠(子赤)를 시해하고, 정(鄭)의 여공은 세자 후(忽)를 내쫓고, 위(衛)의 콩쑨 피아오(公孫剽)는 그 주군인 칸(衎)을 내쫓고 각각 임금이 되었다. 이것은 그 사실을 후세에 전하여 귀감이 되게 함이다. 신라의 김언승(金彦昇)은 애장왕(哀莊王, 在位 800-809)을, 김명(金明)은 희강왕(僖康王, 在位 836-838)을, 김우징(金祐徵)은 민애왕(閔哀王, 在位 838-839)을 각각 시해하고 즉위한 사실을 여기에 기록하는 이유도 또한 '춘추'의 뜻이라 하겠다.」 〈'三國史記'〉

장보고[(張保皐 궁복(弓福)·궁파(弓巴), ?-846]는 일찌기 唐 군인으로 출세, 변경의 수비와 海賊들에 대비하여 설치한 軍鎭이 패강진[浿江鎭(平山)]과 청해진(淸海鎭)이었다.

장보고 세력의 기초는 唐 쯔산푸(赤山浦)중심의 山東반도 연안에 집단으로 이주한 신라인과 淸海鎭(莞島) 관할하의 西南해안지역 주민들로 구성됐다. 집단거류지를 신라방(新羅坊), 관할 행정기관을 신라소(新羅所), 사원을 신라원(新羅院)이라 하였는데 원덩시앤(文登縣) 법화원(法華院)이 유명하였다. 신라 말기 혼란으로 일부는 해적(海賊)이 되어 唐이나 일본의 해안에서 약탈을 하기도 했고, 唐의 해적이 신라인들을 잡아다 노예로 팔기도 하였다. 장보고는 흥덕왕(興德王, 在位 826-836)에게 청하여 청해[淸海(莞島)]에 진(鎭)을 설치하고(828) 그 대사(大使)에 임명되어 1만여명의 군대를 거느리고 해적을 소탕하고 무역도 성히 하여 '황해의 王者'로 군림하였다.

균정(均貞, ?-836)의 아들 우징(祐徵)이 청해진에 오자 장보고는 김양(金陽, 808-857)과 함께 반란을 일으켜 839년 민애왕(閔哀王)을 시해하고 우징을 왕위에 오르게 하였는데 문성왕(文聖王, 在位 839-857)의 비(妃)로 자기 딸을 들이려다 반대하는 귀족들이 파견한 염장(閻長)에게 암살 당하고(846) 청해진도 폐지되었다(문성왕 13년, 852).

「쑹치(宋祁, 998-1061)가 "원독(怨毒)으로도 서로 꺼리지 않고 국가의 우환(憂患)을 앞세운 자는 진(晋)에 치씨(祁奚)가 있고, 唐에 꿔펀양(郭汾陽, 子儀(697-781))과 장보고가 있다."하였으니, 누가 이(夷)에 사람이 없다 하겠는가!」

〈두무(杜牧, 字 牧之, 803-852) / '장보고 열전'〉

헌강왕 6년(880) 처용무(處容舞)가 유행하는 등 사치·환락의 풍조가 만연되어 신라의 쇠퇴기가 시작되었다. 신라 하대의 혼란은 진성여왕(眞聖女王, 在位 887-897) 때에 극에 달하였다. 진성여왕은 주군에 1년간 조세를 면제하고 황룡사에 백좌강경을 설치하는 등 민심수습을 하였으나 즉위 2년(888년) 2월 상대등 위홍(魏弘)이 죽자 미소년을 불러들여 음란(淫亂)하게 지내고, 그들에게 요직을 주어 아첨하고 총애를 받는 자들이 방자(放恣)하게 날뛰고, 뇌물 먹이는 짓을 공공연히 했으니 상벌이 공정하지 못하고 풍기와 규율이 문란해졌다.

「왕은 평소 각간 위홍과 정을 통했는데, 이때부터 떳떳하게 위홍을 궁내로 불러 들여 일을 보게 하였고, 대구화상(大矩和尙)과 함께 향가를 수집하도록 하여 '삼대목(三代目)'이라 이름 하였다.(888)」 〈'삼국사기' 진성왕 즉위 2년조〉

위홍은 김만(진성여왕)의 유모〔부호부인(鳧好夫人)〕의 남편으로, 만(曼)은 소녀 때부터 위홍과 정을 통했다.

진성여왕 3년 각처에서 元宗과 애노(哀奴) 같이 초적(草賊)들을 규합하여 그 세력을 확대하려는 자들이 생겼는데 그들로 인한 혼란은 최치원의 말에서 극명하게 드러난다.

「병(兵)과 흉(凶) 두 재앙(災殃)이 서쪽 唐에서는 멈추고 동쪽 신라로 옮겨와서 그 험악한 중에도 더 험악하여 굶어서 죽고 전쟁으로 죽은 시체가 들판에 별처럼 흐트러져 있다.」 "신라의 풍속을 혁신하여 중국처럼 진보시킬(思有以革新羅之俗 而進乎中國)" 생각을 갖고 있었던 최치원은 고려 태조 왕건에게 서한을 보내 '계림은 시들어가는 누런 잎이고, 개경의 곡령은 푸른 솔이다(鷄林黃葉 鵠嶺靑松).' 라 하여 신라의 쇠망과 고려의 흥기를 예언했다. 6두품 중심의 유교적 정치이념을 강조함으로써 왕권을 강화하려는 최치원의 시무11조 개혁안(894)이 시행되지 못하고, 崔承祐가 後百濟에서 벼슬을 하고, 최인연(崔仁渷, 崔彦撝)이 高麗의 신하가 된 것은 3崔로 불리는 이들의 골품제도에 대한 비판적 태도를 말하는 것이다. 진성여왕 즉위 11년(897) 6월 양위(讓位) 상황은 '사사위표' 에 「불이 나무에서 났으나 불이 맹렬하면 나무가 타고, 물이 배를 띄우지만 물이 날뛰면 배가 엎어지는 것이다」라는 말로 인용되어 있다.

하대 약 150년 간 20명의 왕이 교체되었다는 것은 이 시대의 혼란상을 단적(端的)으로 말해 주고 있다. 왕의 권위는 땅에 떨어지고, 중앙의 육두품 세력의 반항, 지방호족의 등장과 더불어 농민의 반란은 신라 왕조의 최후를 독촉하고 있었다.

※ 신라 쇠망에 대한 史論

「신라의 박씨(朴氏), 석씨(昔氏)는 모두 알에서 태어났다 하고 김씨는 하늘에서 금궤에 넣어 내려 보내졌다고도 하고 금거(金車)에 실어 보내졌다고도 한다. 지성(至誠)으로 중국을 섬겨 조빙하는 사신이 산과 바닷길에 끊이지 않았으며 자제들을 보내어 조정에 나아가 숙위(宿衛)하게 하고 태학(太學)에 들어가 강습하게 했다. 성현의 풍속과 정화(政化)를 상습(常習)하여 홍황(鴻荒)의 풍속을 개혁하고 예의의 나라를 만들었다. 또한 왕사(王師)의 위령에 의지하여, 백제와 고구려를 평정하고 그 지역의 군 · 현을 취하였으니 가히 성대(盛代)라고 할 수 있었다. 그런데 신라는 불법(佛法)을 받들어 그 폐해를 알지 못하고, 여항(閭巷)에 탑묘(塔廟)가 벌려 서고, 평민들은 사찰로 도망하여 중이 되어 병농(兵農)은 점점 줄어들고 국가는 날로 쇠약해졌으니 이런 때 경애왕(景哀王)은 더욱 황음(荒淫) 탐락(耽樂)하였으며, 좌우궁인(左右宮人)으로 더불어 포석정에 출유하여 주연(酒宴)을 베풀고 놀다가 견훤이 침입하는 것을 알지 못하였다. 경순왕이 태조에 귀명(歸命)한 것은 마지 못하여 한 것 같으나, 이는 또한 가상(嘉尙)함이 옳다. 옛날에 전씨(錢氏)가 오월(吳越)의 땅에 들어 宋에 바친 것을 수즈짠(蘇子瞻)이 중신이라고 일렀는데, 신라의 공덕은 그 보다 더 크다. 우리 태조는 비빈(妃嬪)이 많고 그 자손이 번영하여 현종은 신라의 외손으로 보위(寶位)에 올랐거니와 그후 왕통을 계승한 사람이 모두 그 자손이었으니 어찌 그 음덕(蔭德)을 깊다고 하지 않겠는가.」

〈'三國史記' 新羅論〉

• 두번째 中國 분열기

唐은 290년간 20대의 황제에 의하여 통치되었다. 太宗의 治世는 웨이징(魏徵)·리징(李靖, 571-649)과 房謀杜斷〔팡슈엔링(房玄齡)·두루하이(杜如晦, 585-630)〕에 힘입어 "貞觀의 治"라는 태평성세의 시대를 이루었으나 고종때 태종의 궁인(宮人) 우쳐티엔(武曌 : 武則天 624?-705)을 황후로 세움으로써 여화〔(女禍), 우웨이(武韋)의 화(禍)〕의 길을 열게 되었다. 황후 武則天의 건언십이사(建言十二事)를 실행한 고종이 683년 돌아가 武后는 셋째 아들 리쎈(李顯)의 섭정이 되었다가 그후 唐을 周로 개명, 周(690-705)의 여황제(聖神皇帝)가 되었다.

武則天의 승리는 위진(魏晉) 이래 4백여년간 문벌 세족이 정권을 장악하던 역사의 종말을 뜻했다. 天后·大聖天后·聖帝天后 등으로 불리다가 721년 우징(吳兢 670-749)의 '則天實錄' 以后 武則天으로 칭하게 되었다. 린위탕(林語堂, 1895-1976)의 '武則天正傳'에 '武則天이 平生 친족·대신 등 93명을 죽였다' 고 하였다.

唐 후기 환관 츄스량(仇士良, 781-843)은 여섯 황제를 섬기며 20년 동안 그의 손에 왕 둘과 재상 4명, 후궁 천명이 죽었다. 그는 권모술수가 뛰어났고 은혜를 갚을 줄 알았으며 예의를 차릴줄도 알았다.

이슬람 세계와 중국 사이의 첫 충돌이었던 사마르칸트(Samarkand) 대전(751)에서 포로가 된 중국인들이 중국의 문화, 공예, 제지(製紙)와 자기 기술을 서양에 전했다.

唐은 "開元의 치(治)(713-741)"라 부르는 리룽치(李隆基), 즉 玄宗 45년간(在位 712-756)을 정점으로 중기 安史〔안루산(安祿山)〕의 亂과 스쓰밍(史思明, ?-761)의 난(亂) (755-763) 이후 위구르의 붕괴(832년 이후)·사투어(沙陀)의 등장·티베트 제국의 몰락(842년부터)등 이민족(異民族)의 흥기(興起)와 地利손실·人力분산 등 지배체제의 모순으로 쇠퇴의 길을 밟았다.

번진할거(蕃鎭割據), 환관과 붕당의 발호, 농민봉기는 唐을 멸망시킨 3대 요인이다.

왕시엔즈(王仙之, ?-878)와 함께 한 황차오(黃巢, ?-884)의 난(875-884) 끝에 후량(後梁) 주취앤종(朱全忠, 朱溫, 852-912)의 제위(帝位) 탈취로 지방의 절도사(節度使)들이 11개 세력으로 갈려 각각 왕호(王號) 또는 제위를 칭하게 됨에 이후 70년(907-978)에 걸친 오대십국(五代十國)의 분쟁이 시작되었다.

두번째 중국분열시대인 五代는 정통왕조(正統王朝)의 계열로 볼 수 있는 후량(後梁), 후당(後唐), 후진(後晉), 후한(後漢), 후주(後周) 등 북중국 다섯 왕조(그 중 세 왕조는 투르크계)로 그 이전 왕조와 구별하여 앞에 후(後)자를 붙였다. 남쪽의 10왕조는 정통이 아닌 것으로 간주된다.

펑따오(馮道 882-954)는 후당(後唐) 명종(明宗) 때 재상이 된 이래, 후진(後晋)·요(遼)·후한(後漢)·후주(後周)의 5왕조 11군주를 섬기며 '양심을 버리고 기회를 잘 타야 한다'는 관리사회에서 살아남는 비결을 터득, 실천하였다.

첸무(錢穆)는 중국역사에서 가장 부끄러운 시대가 '五代' 라고 하였다.

고구려 정신의 계승 - 발해(渤海, 699-926)

7세기 후엽 반도 안에서의 신라의 삼국통일과 만주에서의 발해의 건국으로 고대사회는 남북국시대로 넘어가게 되었다.
고구려가 망하자 속말부(粟末部) 사람 대조영(大祚榮, ?-719)은 고구려의 숙장(宿將)으로 동모(東牟)에 이르러 일거에 고구려 땅을 회복하고 발해(渤海)를 세웠다. 선왕(宣王)때 영토를 확장하고 문물이 융성하여 해동성국(海東盛國)의 칭(稱)을 들었다. 후세에 遼 태조 예뤼아바오지(耶律阿保機, 872-926, 在位 916-926)에게 멸망한 바, 향국(享國)이 14代 228년이었다. 발해 후에 정안국(定安國)이 일어났다고 하나 폐한 연대가 궐(闕)하여 밝힐 길이 없다.

최치원은 '사불허북국거상표(謝不許北國居上表)' 에서 「발해의 원류는 고구려 말기 멸망때 본래 (고구려의) 우취부락에서 나온 것이다(渤海之源流也 句麗末滅之時 本爲疣贅部落)」라고 밝혀 놓았다.

一然은 '三國遺事' 에서 '구당서' 발해말갈전의 '발해말갈의 대조영은 본래 고구려의 별종이다.(渤海靺鞨大祚榮者本高麗別種也)' 라는 주장과 '신당서' 발해전의 '발해는 본래 속말말갈인이 고구려에 부속한 것으로서 성은 대(大)씨다(渤海本粟末靺鞨附高麗者 姓大氏)' 라는 주장을 함께 기록한 뒤 '따라서 발해는 말갈의 別種이다' 라고 결론짓고 있다.'

李承休는 '帝王韻記' 에서 '전에 고구려 舊將 大祚榮이 太白山 南城에 득거(得據)하였다' 고 기록, 발해사를 고구려사의 연장으로 파악했다.

이익(李瀷)은 '성호사설(星湖僿說)' 에서 발해사를 한국사의 대립되는 존재로 단정하고 우리 영토의 침범자로 저주하였다.

류득공(柳得恭)은 '발해고(渤海考, 1784)' 의 서(序)에서 '통일 후의 신라' 를 남조(南朝), 고구려를 계승한 발해를 북조로 하는 남북조(南北朝)로 체계를 세워야 한다' 고 하였다.

萬歲通天 중에 거란의 李盡忠이 營州 都督을 죽이고 반란을 일으켜 舍利를 차지하였다. 치치중상(乞乞仲象)이 말갈의 추장 치스비위(乞四比羽)와 고구려의 유민들을 모아 遼水를 건너 태백산 동북 지방에 근거하여 奧婁河를 막고 성벽을 쌓아 세력이 강성해지자 우쳐티엔(武則天, 武后)은 乞四比羽를 許國公, 乞乞仲象을 震國公에 봉하였는데 옥영위대장군(玉鈴衛大將軍) 리카이구(李楷固)와 中郎將 수츄(索仇)에게 조칙(詔勅)을 내려 封命을 받지 않은 乞四比羽를 목 베어 죽였다. 조영은 곧 乞四比羽의 잔당을 병합하고 복속하지 않는 무리들을 쳐 부수어 나라를 세우고 투쥐에(突厥)와 국교를 맺으니, 震國의 땅은 영주(營州 : 朝陽)의 동쪽 2천리로 남으로 신라에 닿아 이하(泥河)로써 경계를 삼았으며, 동은 해서(海西)의 거란 끝까지 이르러 사방 5천리, 인구는 십여만 호나 되었다.

랴오시(遼西)의 돌궐(突厥)과 거란의 소요로 진국과 교통이 막혔던 唐은 그 후 해상교통이 열리게 됨에 대조영을 발해군왕(渤海郡王)으로 봉하였다(712). 대조영은 곧 국호를 발해로 고쳤는데 고구려의 유민을 지배층으로 하고 그 밑에 말갈인이 예속되어 있었다. '북사(北史)' 에, 「말갈은 속말(粟末), 백돌(伯咄), 안거골(安車骨), 불녈(拂涅), 호실(號室), 흑수(黑水), 백산(白山) 등 7種이 있다」 하였다.

중앙관제는 정당성(政堂省), 선조성(宣詔省), 중대성(中臺省)의 삼성(三省)과 충(忠 : 吏部), 인(仁 : 戶部), 의(義 : 禮部), 지(智 : 兵部), 예(禮 : 刑部), 신(信 : 工部)의 6部로 나누어져 있었다. 행정수반(首班)은 정당성의 대내상(大內相)이며 그 아래 선조성의 좌상(左相), 중대성의 우상(右相)의 순서로 위계(位階)가 정해져 있었다.
또한 지방제도를 정비하여 5京 · 15府 · 62州를 마련하였다. 5경은 국도인 상경〔上京, 지린성 동경〕을 비롯하여 중경〔中京, 지린성 敦化〕, 동경〔東京, 間島 琿春〕, 남경〔南京, 咸南 北靑〕, 서경〔西京, 퉁거우 지안〕을 말하며, 수도는 東牟山에서 上京에 옮겼다가 (786) 다시 東京으로 옮겼는데 5대 成王(794-795) 때 다시 상경으로 환도(還都)하였다.

고왕(高王, 在位 699-719) 때에는 唐과 별다른 충돌이 없었으나 무왕(武王, 在位 719-737) 즉위 초 동북방으로 영토를 넓히면서 흑수말갈(黑水靺鞨)의 반란을 계기로 唐과 사이가 벌어지고 732년 장문휴(張文休)가 遼東성과 현도성을 회복함으로써 랴오허(遼河) 이동의 지방은 발해의 판도가 되었다. 唐이 신라와 연합하여 발해의 남쪽을 공격한 것도 이때였다. 문왕(文王, 在位 737-793) 이후에는 평화가 계속되어 唐과 친교를 맺는 한편 북으로는 突厥, 남으로는 일본과 통하면서 번영을 꾀하였다.

발해와 신라 양국 사이에 민족적인 동질의식은 있었지만 신라의 우월감, 발해의 적대의식으로 활발한 교류는 어려웠다. 신라가 발해의 남진에 대비하여 성을 쌓았지만 신라는 삼국통일때의 국경 이상으로 북상하지 않았고, 발해도 그 이남으로 진출하지 않아 唐의 요청에 의해 치르었던 한 차례의 전쟁을 제외하고는 전면적인 전쟁은 없었다.

극성기를 이룩한 宣王(在位 818-830)때 동으로 沿海州, 서로 開原, 남으로 咸南, 북으로 黑龍江에 이르는 방대한 영토를 차지하게 되었다.

'가탐군국지(賈耽郡國志)' 에 「발해(渤海) · 압록(鴨綠) · 부여(扶餘) · 책성(柵城)의 4부(府)는 모두 고구려의 옛 땅이다.」라고 하였다.

'당서' 에 「무예(武藝)의 시호(諡號)는 무왕(武王), 흠무(欽茂)의 시호는 문왕〔文王 : 武藝의 아들〕, 화여(華璵)의 시호는 성왕〔成王 : 欽茂의 손자〕, 숭린(嵩璘)의 시호는 강왕〔康王 : 欽茂의 아들〕, 원유(元瑜)의 시호는 정왕〔定王 : 嵩璘의 아들〕, 언의(言義)의 시호는 희왕〔僖王 : 元瑜의 아우〕, 명충(明忠)의 시호는 간왕〔簡王 : 言義의 아우〕이다. 언의(言義)가 죽고 종부(從父) 인수(仁秀)가 서니, 4세조(世祖) 야발(野勃)은 조영(祚榮)의 아우이다. 북쪽의 여러 부(部)를 토벌하여 크게 영토를 개척, 죽은 뒤의 시호를 선왕(宣王)이라 하였다. 선왕은 제생(諸生)들을 중국 태학(太學)에 입학시켜 고금의 제도를 익히고 배우게 하더니, 이때에 이르러 해동(海東)의 성대(盛大)한 나라가 되었다.」라고 하였다.
선왕 이후 지배층간의 반목 등으로 안으로 정치가 혼란해지고 밖으로 거란의 압력을 받다가 14대 대인선(大諲譔, 재위 901-926)때 遼의 태조 예뤼아바오지(耶律阿保機)의 후한청(忽汗城 ; 上京顯德府) 포위로 대인선을 비롯한 왕족과 거족(巨足)들은 시라무렌(Siramuren) 상류로 끌려 갔고 말갈인은 여진족으로 여러 부족의 할거(割據)상태에 놓이게 되었다.
926년 契丹에게 멸망한 渤海의 유민들은 鴨綠府(臨江) 일대를 중심으로 발해부흥운동을 일으켰으나 후발해(後渤海)는 列氏의 定安國으로 바뀌고, 고구려계 지배층은 고려로 망명하였다. 신라 말기 고려가 발해처럼 고구려 계승국임을 자처하자 발해는 신라에 더욱 친밀감을 가질 수 있었다. 왕건은 중국에 대해 '발해와 혼인하였다' 고까지 하였다.

발해의 문화는 唐의 문화를 고구려문화의 토대 위에 재구성한 것으로 고구려적인 요소가 강하게 나타나게 되었다.

1949년 뚠화(敦化)의 류띵싼(六頂山)에서 발굴된 정혜공주묘(貞惠公主墓)와 1981년 허룽시앤(和龍縣) 시구청즈(西古城子) 부근에서 발굴된 정효공주묘(貞孝公主墓)는 3대 문왕의 2녀와, 4녀의 묘로 발해문화 연구의 이정표가 되고 있다.

宋 태조(太祖) 때(在位 960-976) 발해가 쇠미(衰微)하여 함흥 이북이 여진에 함몰(陷沒)하였으나 그간 3백여 년은 다 발해의 땅이었는데 동국여지승람(東國輿地勝覽)에는 발해의 이야기는 없고, 다만 '함주(咸州)가 오래도록 여진의 점거한 바 되었다' 라고 하였다. 여진이 이곳을 점거한지 백여 년이 넘지 않아서 고려의 예종(睿宗)이 윤관(尹瓘)을 시켜서 쳐서 빼앗고, 9성(城)을 쌓았다가 곧 다시 잃어버렸다.

「발해가 일반적으로 귀히 여기는 것은 태백산의 토끼, 남해의 다시마, 책성의 된장, 부여의 노루, 막힐의 돼지, 솔빈의 말, 현주의 베, 옥주의 솜, 용주의 명주, 위성의 철, 노성의 벼, 미타호의 가자미가 있고, 과일로는 구도의 오얏, 낙유의 배가 있다. 나머지 풍습은 고구려와 거란과 대개 비슷하다.」 〈'新唐書' 권 219, 列傳 144 北狄〉

발해에 관한 기록으로 탕옌(唐晏, 본명 震鈞)의 '渤海國志(1919)', 장찌엔장(張建章)의 '渤海國記'(현전하지 않는다)가 있고 진위푸(金毓黻, 1887-1962)의 '渤海國志長編(1935)'은 발해국사의 집대성이다.

※ *渤海에 대한 史論*

渤海考가 우리 역사상 큰 의의를 가지는 것은 세부적인 고증(考證)에 있는 것이 아니고 서문에 보이는 주체적인 역사관에 있다.

「대씨(大氏)라는 이는 고구려의 사람이다. 그들이 소유하였던 땅은 고구려의 땅이다. 김씨(金氏)가 망하고 대씨(大氏)가 망하게 되니 왕씨(王氏)가 그 땅을 통유(統有)하여 고려라고 하였다. 그 남쪽 김씨의 땅은 완전한 채로 있었으나 그 북쪽 대씨의 땅은 완전하지 못하였으니, 혹은 여진에 들어가고 혹은 거란에 들어가기도 하였다.

고려가 약국(弱國)이 된 것은 발해를 차지하지 못하였기 때문이다. 신라가 삼국을 통합한 뒤 동북쪽은 천정군(泉井郡)으로 경계를 삼았으니 지금의 덕원군(德源郡)이며 서북쪽은 당악현(唐岳縣)으로 경계를 삼았으니 지금의 중화부(中和府)이다. 中和로부터 이동(以東)의 상원(祥原) 수안(遂安) 곡산(谷山)을 거쳐 덕원(德源)에 이르기까지는 다 그 변새(邊塞)이다. 그 밖의 함경(咸鏡) 평안(平安) 두 도(道)의 땅은 다 발해가 가졌었다.

신라가 쇠망하기에 이르러 궁예가 패서(浿西)의 13진(鎭)을 평정하니 평양 성주(城主) 검(黔)과 증성(甑城)의 적의(赤衣) 황의적(黃衣賊) 밍 궤이(明貴) 등이 다 항복하였다. 이때에 발해는 거란과 더불어 교전(交戰)도 하기 전에 그 남쪽 변방을 궁예(弓裔)에게 잃었다. 그래서 거란이 발해를 깨뜨렸을 때 그들이 차지한 곳은 압록 이북 뿐이었다. 그런 까닭에 압록 이남에 있던 발해군현(渤海郡縣)의 연혁(沿革)은 요사(遼史) 에 없어서 고증(考證)할 수 없다.」

〈류득공(柳得恭) / '渤海考'〉

틈을 탄 고슴도치의 털 - 백제 · 고구려의 부흥(復興)

신라말기 농민들은 중앙귀족과 지방 호족들의 이중적인 착취로 도적의 무리가 되거나 호족의 부하로 전락하는 자가 많았다. 원종(元宗)과 애노(哀奴), 죽주〔竹州(竹山)〕의 기훤(箕萱), 북원〔北原(原州)〕의 양길(梁吉), 완산〔完山(全州)〕의 견훤(甄萱, 867-935)과 양길의 부하로서 몸을 일으킨 궁예(弓裔) 등이었다. 甄萱과 弓裔는 각기 백제와 고구려의 부흥을 부르짖으며 건국하여 신라와 정립하게 되었으므로 이를 後三國이라 부른다.
후삼국시대는 사회적 기반이 중앙으로부터 지방으로, 진골귀족으로부터 지방호족으로 확대되어 간 결과로 생겨난 것이다.

궁예(弓裔)의 後高句麗(901-918)

궁예의 아버지는 신라 47대 헌안왕 의정(誼靖, 在位 857-861)이요, 어머니는 헌안왕의 빈어로서 그 성명은 전하지 않는다. 48대 경문왕 응렴(膺廉, 在位 861-875)의 아들이라고도 하는데, 태어날 때 옥상에서 하얀 빛깔이 긴 무지개처럼 하늘 위로 뻗치니 일관(日官)이, "국가에 이롭지 못할까 염려되므로 기르지 마십시오." 하여 죽이라고 하였다.
사자가 강보 속에서 들어내어 다락 아래로 던졌는데 유모가 몰래 받다가 잘못 손으로 찔러서 한쪽 눈을 멀게 하였다. 도망하여 숨어서 양육하였는데, 10여 세가 되자 세달사〔世達寺, 흥교사(興敎寺)〕 중이 되어 선종(善宗)이라 불렀다. 장년이 되자 승률(僧律)에 구속되지 않고 담기(膽氣)가 있었다. 선종(궁예)은 어지러움을 타서 무리를 모으면 뜻을 얻을 것이라 여기고 진성여왕 5년, 죽주(竹州)의 적괴 기훤(箕萱)에게 의탁(依託)하였는데 기훤이 업신여기므로 몰래 기훤의 부하 원회(元會) · 신훤(申煊) 등과 진성여왕 6년 북원의 적 양길(梁吉)에게 의탁, 강원 · 황해 · 경기를 공략하여 많은 군사와 땅을 얻게 되자 양길에게서 벗어나 자립하였다. 이때 개성의 호족 王建이 그에게 투항(投降)하였다.

궁예는 양길을 격파하여 그가 차지하던 땅까지 아우른 다음 송악군(松嶽郡)을 근거로 901년 후고구려(高麗라 칭했음)를 건국하였다.

904년 국호를 마진(摩震)으로 고치고 연호를 무태(武泰)라 하였는데, 수도를 철원〔鐵圓(鐵原)〕으로 옮긴 후 국호를 다시 태봉(泰封)으로, 연호를 聖冊(뒤에 다시 水德萬歲, 政開로 개정)으로 고쳤다.

광평성(廣評省) · 병부(兵部) · 대룡부〔大龍部(倉部)〕 · 수춘부〔壽春部(禮部)〕 · 봉빈부〔奉賓部(禮賓省)〕 · 의형대〔義刑臺(刑部)〕 · 납화부〔納貨部(大府寺〕 · 조위부〔調位部(三司)〕 · 내봉성〔內奉省(都省)〕 · 금서성〔禁書省(秘書省)〕 · 남상단〔南廂壇(將作監)〕 · 수단〔水壇(水部)〕 · 원봉성〔元鳳省(翰林院)〕 · 비룡성〔飛龍省(太僕寺)〕 · 물장성〔物藏省(少府監)〕 등 관제를 정비하고 정광(正匡) · 원보(元輔) · 대상(大相) · 원윤(元尹) · 좌윤(佐尹) · 정조(正朝) · 보윤(甫尹) · 군윤(軍尹) · 중윤(中尹)등 9등관을 설치, 지배기구를 갖추었다.

世祖(왕건의 아버지)가 그(궁예)에게, 「대왕께서 조선 · 숙신 · 변한의 땅의 왕이 되시고자 하면 송악에 성을 쌓고 나의 맏아들로써 그 城主로 삼는 것이 가장 좋을 것입니다」고 하였다. 궁예가 이를 좇아 태조(왕건)로 하여금 발어참성(勃禦塹城)을 쌓게 하고 성주로 삼으니 태조의 나이 20세였다. 〈'고려사'〉

궁예는 「신라가 唐에 군사를 청하여 고구려를 공파하여 평양의 옛 도읍은 모두 풀이 무성(茂盛)하게 되었다. 내가 반드시 그 원수를 갚으리라」고 하였다.…… 일찍이 남쪽으로 순행(巡幸)하여 興州 浮石寺에 이르러 벽에 그려진 신라 왕의 모습을 보고는 칼을 빼어 이를 쳤는데 그 칼자욱이 남아있다.

궁예는 신라를 극도로 미워하여 태봉국인들로 하여금 신라를 '멸도(滅都)'라 부르게 하였고, 신라에서 투항(投降)하는 자는 모조리 죽였다. 또 그는 미륵하생신앙(彌勒下生信仰)을 이용, 불교의 권위를 업고 자신을 미륵불(彌勒佛)이라 하고 머리에는 금책을 쓰고 몸에는 방포(方袍)를 입고 다녔다. 외출할 때에는 비구니 2백여명에게 범패(梵唄:석가의 공을 찬양한 노래)를 부르며 뒤를 따르게 하였다. 신덕왕(神德王, 在位 912-917) 4년 부인 강씨(康氏)가 왕이 법이 아닌 것을 많이 행하므로 正色을 하고 간하자 「네가 다른 사람과 간통하는 것을 내가 신통술로 보았다.」하고 타는 불에 쇠 방망이를 달구어 그 음부(陰部)를 쳐서 죽이고 두 아이도 죽였다.

앞서 唐 상객 왕창진(王昌瑾)이 철원 시전에서 한 사람으로부터 古鏡을 쌀과 바꾸었는데 그 거울을 벽에 걸어 놓자 작은 글씨가 있었다. 문인 송함홍(宋含弘), 백탁(白卓), 허원(許原) 등에게 해석하게 하였는데, 「主上이 처음 여기에서 일어났으나 여기에서 멸망한다는 증거요, 파진찬 시중이 먼저 계림을 얻고 뒤에 압록을 얻는다는 뜻이다.」하였다. 왕이 흉학(凶虐)을 제 멋대로 하여 신료들은 떨고 어찌할 바를 몰랐다.

호족으로서의 토착기반이 없었던 궁예는 지나친 미신적 불교와 참위(讖緯)思想에 빠져 민심을 잃게 되었다.

「918년 여름 6월 장군 홍술(弘述), 백옥삼(白玉衫), 능산(能山), 복사귀(卜沙貴), 〔이는 홍유(洪儒, ?-936), 배현경(裵玄慶, ?-936)), 신숭겸(申崇謙 (?-927)), 복지겸(卜智謙)의 兒名이다〕넷이 비밀히 모의하고 '왕공(王公)이 정의의 깃발을 들었다' 하니 궁예가 미복차림으로 도망하여 산으로 들어 갔다가 부양(斧壤, 강원 평강)의 백성에게 시해되었다. 궁예는 891년 일어나서 918년에 이르니, 28년 만에 멸망하였다.」 〈'三國史記'〉

견훤(甄萱)의 後百濟(892-936)

견훤은 상주(尙州) 가은현(加恩縣) 사람으로 본래 이씨였으나 뒤에 견을 성씨로 삼았다.

「한 부자가 광주(光州) 북쪽 마을에 살고 있었는데, 한 딸이 있어 용모가 단정하였다. 하루는 아버지에게, "매일 자주색 옷을 입은 한 남자가 침실에 이르러서 교혼(交婚)을 합니다."하니, 아버지가 "네가 긴 실을 그의 옷에 꿰매 놓아라."고 하므로 그대로 따랐다. 날이 밝자 실을 북쪽 담장 아래에서 찾았는데 바늘이 큰 지렁이의 허리에 꿰어 있었다. 이로써 임신하여 사내아이를 낳았는데 15세가 되자 스스로 견훤(甄萱)이라 일컬었다. 어렸을 때 아버지 아자개(阿慈介)가 농사일을 하니 어머니가 밥을 갖다주려고 아이를 숲 아래에 뉘어 놓자 호랑이가 와서 젖을 먹여 주었으므로 향당(鄕黨)에서 들은 자들이 이상하게 여겼다. 장성하자 체모(體貌)가 웅기(雄奇)하고 지기(志氣)가 뛰어나 비범하였는데, 서남해 변경 수비대의 지휘관으로 있을 때 각지에서 반란이 일어나니 그도 무리를 이끌고 무진주〔武珍州(光州)〕를 점령하고, 다시 완산주를 얻은 후 이곳을 근거로 '백제의 원수를 갚는다' 하고 후백제를 건국하였다.」 〈古記〉

왕건이 정기(精騎) 5천명으로 견훤과 公山 아래에서 대전(大戰)을 벌였는데, 장수 김락(金樂)과 신숭겸(申崇謙)이 죽고 제군(諸軍)이 패배하였다. 견훤은 대목성〔大木城 : 약목(若木)〕과 경산부(京山府) 강주(康州)를 약탈하고 부곡성(缶谷城)을 공격하였다.

927년 9월 견훤이 근품성〔近品城 : 산양현(山陽縣)〕을 불태우니, 신라왕이 왕건에게 구원을 청하였다. 왕건은 「내가 견훤을 두려워함이 아니라 그의 악이 가득 차서 스스로 쓰러지기를 기다릴 뿐이다」하였다.

견훤이 고울부〔高鬱府 : 울주(蔚州)〕를 빼앗고, 시림〔始林 : 계림, 서교(西郊)〕에 진을 치고 있다가 갑자기 신라 왕도(王都)로 들어 갔다. 景哀王(在位 924–927)은 비빈 척족과 포석정〔유상곡수(流觴曲水)하던 곳〕에 나가 놀이를 할 때여서 크게 패하였다.

사로잡힌 자는 귀천을 불문하고 기면서 노복(奴僕)이 되기를 청하였지만 죽음을 면할 수 없었다. 견훤이 왕을 핍박(逼迫)하여 자진케 하고 왕비를 강음(强淫)하였으며 그 부하를 놓아 비첩(妃妾)들을 난음하게 하고, 왕의 족제(族弟) 김부(金傅)에게 왕위를 잇게 하였다. 왕의 동생 효렴(孝廉)과 재상 영경(英景)을 포로로 하고, 보배와 병기(兵器)와 자녀, 백공(百工)을 취하여 돌아 왔다.

934년 일길(日吉)이 예성강(禮城江)에 들어와 3일 간 염(鹽) · 백(白) · 진(眞) 3주의 배 백척을 불태우고 갔다.

유검필(庾黔弼, ?-941)이 공격하여 3천여 급(級)을 참획하니, 웅진(熊津) 이북의 30여 성과 견훤의 신하 공직(龔直), 술사(術士) 종훈(宗訓), 의자(醫者) 지겸(之謙), 용장(勇將) 상봉(尙逢)과 최필(崔弼) 등이 왕건에게 항복하였다.

견훤은 처첩이 많고 아들이 10여 명 있었는데, 넷째 아들 금강(金剛)에게 왕위를 전해 주고자 마음먹고 있었다. 이때 양검(良劍)이 강주도독(康州都督), 용검(龍劍)은 무주도독(武州都督)이 되어 신검(神劍, ?-936)만이 옆에 있었다. 이찬 능환(能奐)이 양검 등과 모의, 935년 을미 봄 3월 영순(英順) 등과 함께 신검에게 권하여 견훤을 금산사(金山寺, 金堤)에 유폐시키고 금강을 죽인 후 신검이 스스로 대왕이라 일컬었는데 견훤이 소원보(小元甫), 향예(香乂), 오염(吳琰), 충질(忠質) 등과 함께 달아나 금성(錦城)으로 오매 왕건이 상부(尙父)라고 존호(尊號)한 후 양주(楊州)의 식읍(食邑)과 전장(田莊), 노비 40명, 말 9필을 내리고 앞서 항복한 신강(信康)을 아전으로 삼았다.

왕건의 군사의 형세가 크고 정돈됨에 효봉(孝奉)·덕술(德述)·애술(哀述)·명길(明吉) 등이 항복하였고 왕건이 공훤(公萱) 등에게 명하여 협격(挾擊)하게 하니, 백제군이 궤멸하였다. 황산(黃山)의 탄현(炭峴)에 이르자 신검이 두 동생과 장군 부달(富達)·소달(小達)·능환(能奐) 등 40여 명과 함께 항복하니, 왕건은 신검이 참위(僭位)한 것은 특별히 용서하였다. 견훤이 892년 일어나 45년 만인 936년(병신년) 멸망하였다.

※ 弓裔·甄萱에 대한 사론(史論)

「신라의 운수가 궁하고 도를 잃어서 하늘이 돕지 않으므로 백성들이 돌아갈 곳이 없었다. 이에 여러 도적이 틈을 타 일어난 것이 고슴도치의 털과 같았다. 그 가운데 심한 자가 궁예와 견훤이었다. 궁예는 신라의 왕자였는데, 반란을 일으켜 국가의 원수가 되었으며 선조의 화상(畵像)을 베기까지 하였으니, 그 불인(不仁)함이 심하였다. 견훤은 신라의 신하로서 녹을 먹었는데, 화심(禍心)을 품고서 나라가 위태로운 것을 다행으로 여기고 도읍을 침략하여 군신 죽이기를 금수처럼 하였으니, 천하의 원악(元惡)이었다. 궁예는 그의 신하들에게 버림을 받았고, 견훤은 그의 아들이 화(禍)를 일으켜서 모두 스스로 취한 것이니, 누구를 원망할 것인가.」

〈'三國遺事', 紀異 第二 百濟 甄萱〉

「궁예는 정세가 혼란할 때에 일어나서 도적들을 평정하고 영토를 개척하였으나 전국을 통일하기도 전에 혹독한 폭력으로 아랫 사람을 대하며 위압과 모멸로써 요긴한 술책을 삼았다. 함부로 연호를 만들고 왕으로 자칭하였으며 처자를 살육(殺戮)하는 등 천지에 용납할 수 없는 죄를 지었다. 죽은 사람에게나 살아 있는 사람에게 모두 다 원한을 샀으며 결국은 정권을 정복당하였으니 어찌 경계할 바가 아니랴」

〈'고려사'〉

벌열태성(閥閱太盛) · 문무평형(文武平衡)의 고려(918-1392)

송악지방 호족출신 王建에 의한 고려왕조의 성립은 왕조의 교체를 넘어 고대에서 중세로의 커다란 사회적 변화를 초래한 것이다. 발해가 멸망함으로써 한국민족의 역사에서 이탈하여 신라만이 그 주류를 이루게 되었지만 후삼국을 통일한 高麗가 발해의 유민을 포섭 흡수함으로써 민족의 재통일이 완수되었다.

文一平은 '高麗槪史'에서 고려를 創業期 (太祖代 이후), 守成期 (成宗代 이후), 隆盛期 (文宗 이후), 衰亂期 (仁宗 이후)로 나누었다.

太祖 王建은 기우(器宇, 度量)가 크고 깊어 세상을 건질만 한 국량(局量)이 있었다. 신라를 항복받고 후백제를 병합하여 통일의 대업(大業)을 이룩하고 領土를 淸川江유역까지 확장하고 咸鏡道 永興까지 進出하였다. 文武를 평형(平衡, 고루 조화를 이룸)하고 유교와 불교를 장려하니 규모가 크고 넓었다. 光宗(925-975, 재위 949-975) 때에 文風이 크게 떨쳐 다시 女眞을 쳐서 영토를 博川江유역까지 확장하고, 成宗(960-997, 재위 981-997)때에 徐熙의 외교적 묘완(妙腕)에 의하여 江東6州를 설치하여 領土를 鴨綠江 하류지방까지 확장하였다.
文宗(1019-1083, 在位 1046-1083)때를 절정기로 동요하기 시작하였는데 의종(毅宗)(1127-1173, 재위 1146-1170) 이후 무신들이 발호하여 왕권이 실추하고 정변이 누차 일어나 조신(朝臣)을 마음대로 죽이고 임금을 갈아 치우기를 바둑을 두듯하며 장수 무사들이 사문(私門)에 투숙하여 금군(禁軍) · 변졸(邊卒)이 모두 연약했다.

金山王子〔?-? 대요수국(大遼收國)의 시조 耶斯不의 아들〕의 구난(寇亂)과 거란 · 여진 · 몽골과의 전쟁으로 국력은 더욱 피폐했다.

蒙古 침입으로 자비령(慈悲嶺), 철령(鐵嶺) 이북과 제주도(濟州島)를 元에 빼앗겼는데 慈悲嶺이북 平安道지방은 忠烈王(1236-1308, 재위 1274-1308)대에 도로 찾았으며 공민왕(恭愍王, 1330-1374, 재위 1351-1374)은 元의 쌍성총관부[雙城摠管府(永興)]를 공격하여 鐵嶺이북을 회복할 뿐만 아니라 咸鏡道방면은 鏡城까지, 平安道방면은 江界까지 진출하였다.

우왕(禑王)(1364-1389, 재위 1374-1388)대 遼東을 치게 하였으나 李成桂의 위화도회군(威化島回軍)으로 성공하지 못한 채 공양왕(恭讓王)(1345-1394, 재위 1389-1392)은 선위(禪位)하게 되니 나라를 누린지 475년만에 망하였다.

왕의 재위기간은 고려 이전과 조선조의 세조(世祖), 중종(中宗), 인조(仁祖) 경우에는 즉위년칭원법(卽位年稱元法)에 따라 즉위년이 재위 1년이고, 고려와 조선을 건국한 두 태조를 제외한 왕의 재위기간은 유년칭원법(踰年稱元法)에 따라서 왕의 즉위 다음 해가 1년이다.

• 왕건(王建, 在位 918-943) 建國神話

'고려사(高麗史)' 고려 세계(世系)에 '고려의 先代는 역사를 빠뜨려 잘 알 수 없다' 고 밝히고 즉위 2년(919) 3대 조고(祖考)를 추존한 사실만 기록하였다.

「성골(聖骨)장군 호경(虎景)이 개성 부소산(扶蘇山)에 장가들어 살았다. 하루는 동네사람 9명과 평나산(平那山; 聖居山)으로 매를 잡으러 나갔다가 바위 굴 속에서 자게 되었는데 호랑이가 굴 앞에 와서 소리치는지라 "각자 갓을 벗어 호랑이에게 던져 보아 움켜잡힌 임자가 나가 먹히기로 하자"고 의논하였다. 호랑이가 호경의 갓을 움켜잡았기에 호경이 굴 밖으로 나오자 호랑이는 간 곳 없고 바위굴이 무너져 9명은 모두 깔려 죽었다. 호경은 옛 아내와의 사이에서 강충(康忠)을 낳았다. 강충은 西江(예성강) 永安村의 부잣집 딸 구치의(具置義)에게 장가들어 오관산(五冠山) 마하갑(摩訶岬)에서 살게 되었는데 감간(監干) 八元의 풍수(風水)대로 군 이름을 송악군(松嶽郡)으로 고쳐 상초찬(上抄粲)이 되어 천금(千金)의 부를 축적하고 이제건(伊帝建)과 손호술〔損乎述; 뒤에 보육(寶育)으로 고침〕 두 아들을 두었다. 보육이 송악산 곡령(鵠嶺; 따오기재)에 올라가 오줌을 누자 삼한(三韓) 산천이 잠기면서 은색 바다로 변해 가는 꿈 얘기를 들은 이제건은 딸 덕주(德周)를 보육의 아내로 맞게 하여 딸 둘을 낳았는데 막내 진의(辰義)가 더 아름답고 총명하였다.
753년 唐 숙종(肅宗, 711-762, 在位 756-762)이 왕자의 몸으로 예성강 입구 뻘흙 위에 상륙,(돈을 깔고 내린 곳이라 하여 전포(錢浦)라 불렀다.) 보육의 집에 자게 되었다. 보육은 '大唐 천자가 사위가 되리라' 던 술사(術士)의 말이 맞으려나 보다 하여 진의로 하여금 숙종과 잠 자리를 갖게 하였다. 숙종이 한 달 남짓 머물다 떠난 후 진의는 과연 아들을 낳았는데 육예(六藝)를 두루 갖추고 글씨와 활 솜씨가 뛰어나 16세 되던 해 숙종 말 대로 信物(숙종이 주고 간 활과 화살)을 가지고 唐으로 떠나 바다 한가운데 이르자 운무(雲霧)가 3일 동안 앞을 가로 막았다. 작제건이 치성광여래상(熾盛光如來像)으로 둔갑(遁甲)하여 서해 용왕인 노인에게 두통을 주던 늙은 여우를 쏘아 떨어뜨리자 노인이 용궁으로 맞아 들여 '동쪽 땅에서 왕 노릇 하는 것은 낭군의 세 번째 자손 건(建)에 이르러서야 될 것이다.' 하였다. 작제건은 용왕의 장녀 저민의(翥旻義)를 처로 맞아 아들 넷을 두었다. 장남 용건(龍建)〔뒷날의 왕륭(王隆, 847?-897)〕은 송악에서 영안성으로 가는 도중에 꿈속에서 부인을 삼기로 한 미인과 꼭 빼 닮은 여인을 만나 혼인하게 되었으나 온 곳을 알 수 없어 몽부인(夢夫人)이라 불렀고, 또 삼한(三韓)의 어머니라 하여 한(韓)씨로 성을 삼았다. 威肅王后라고도 한다. 그때 동리산(桐裏山) 조사(祖師) 도선(道詵)이 唐 이항〔一行, 본명 張遂, 673?-727〕의 지리법(地理法)을 얻어 가지고 곡령에 이르러 '가르쳐준 대로만 집을 지으면 명년(877)에 성자(聖子)를 얻을 터이니 이름을 꼭 왕건(王建)이라 지으라' 고 하여 왕륭이 그 말대로 집을 짓고 살았더니 그 달부터 태기가 있어 왕건을 낳았다.」

〈'편년통록(編年通錄)'〉

'편년강목(編年綱目)' 은 '唐 肅宗의 일은 宣宗(在位 846-859)의 일을 잘못 기록한 것이다' 하였다.

〈후삼국(後三國) 통일과 새 귀족정치 지향(指向)〉

> 禪師 · 國師 · 神僧 · 天人 · 眞人 · 堪輿家 등으로 불리운 도선은 '도선참기(道詵讖記)'에서 지리쇠왕설(地理衰旺說) · 지리순역설(地理順逆說) · 음양비보설(陰陽裨補說) 등을 주장했는데 은산비(隱山碑)에는 도선이 一行으로부터 전수 받았다는 비보설(裨補說)에 대한 기록이 있다.
> 「삼한(三韓)의 지세(地勢)를 보면 산들이 험악한 형세로 이뤄진 데다 물살 또한 급하기 짝이 없다. 용(龍) 같기도 하고 호랑이 같기도 하여 다투는 형세가 있는가 하면 새가 나르고 짐승이 달리는 듯한 모습도 있다. 또 서쪽으로부터 공격해 오는 형세도 있고 미약(微弱)한 것이 끊어져 격〔格〕을 이루지 못하는 형국(形局)도 있다. 그러므로 나라가 쪼개져 구한(九韓)이 되기도 하고 삼한(三韓)이 되기도 한다. 이 비보설에 따라 지세를 잘 다스린 뒤에야 삼한은 뭉쳐 단일 국가를 이룰 수 있다.」

왕건은 개성 호족 왕륭(王隆)의 아들로 19세에 궁예에게 귀속, 전공으로 철원태수(鐵圓太守) · 송악 성주 · 정기대감(精騎大監) 등으로 승진하여 바다에 나갈 때는 해군대장 혹은 누선장군(樓船將軍) 등이 되어 후백제의 배후를 위협 · 교란시킴으로써 태봉과 신라에 대한 공격을 견제하였다. 궁예의 횡포함이 심해가자 왕건이 궁예를 내쫓고 즉위하여(신라 景明王 2년 918) 국호를 고려, 연호를 천수(天授)라 하고 도읍을 송악〔松嶽, 開城〕으로 옮겼다. 왕건은 선종(禪宗)사상을 건국과 통일의 이념으로 삼고 후당(後唐)과 국교를 맺었다.

> 905-911년 도당(渡唐) 선승 5名이 武州로 왔는데 형미(逈微, 864-917) · 경유(慶猷, 871-921) · 여엄(麗嚴, 862-930) · 利嚴 등은 육조(六祖) 慧能의 7대 적손(嫡孫)인 윈쥐 따오잉(雲居 道膺, 835-902)의 문하에게 동문수학하고, 인가(印可)를 얻어 돌아온 거장(巨匠)들로서 〈海東四無畏大師(동쪽 나라의 두려울 것 없는 네 승려)〉였다.
> 이들은 무염(無染) · 혜소(慧昭) · 도헌(道憲) · 심희(審希, 855-923) · 체징(體澄) 등 초기의 선사(禪師)들이 六祖 慧能 이래의 왕정불참(王政不參) 전통을 내 세워 신라 왕정 참여를 거절하던 것과는 달리, 쟈오쏀(覺賢)이 宋 武帝의 건국을, 빠짠(法瓚)이 隋 文帝의 건국을 각각 도왔던 선례들을 내 세워 수미산파(須彌山派) 이엄(利嚴), 봉림산파(鳳林山派) 찬유(璨幽, 869-958), 성주산파(聖住山派) 법경(法鏡) 玄暉(879-941), 희양산파(曦陽山派) 원오(圓悟) 긍양(兢讓, 878-956), 옥룡산문(玉龍山門) 경보(慶甫, 868-947), 동리산파(桐裏山派) 윤다(允多, 864-945) 등과 같이 태조의 개국과 통일에 협조했다.

고려건국 이후 신라와 고려는 서로 도우며 후백제를 견제하였다. 이에 견훤은 신라를 공격하여 경주를 약탈하였고 왕건과 싸워 고려군이 크게 패하였으나 930년 고창〔古昌(安東)〕전투에서 후백제군이 대패한 후 경상도 · 강원도 일대의 110여 성이 고려에 귀부함으로써 전세가 역전되었다. 신라는 고려와 후백제에 둘러 싸인 채 명목만 유지하여 오다가 고려에 항복하였다(경순왕 9. 태조 18년, 935). 신라의 역년은 56왕 992년 이었다.

경순왕은 「고립되고 위태로움이 형세를 보전할 수 없게 되었다. 무고(無辜)한 백성들로 하여금 간뇌(肝腦)를 땅에 바르게 하는 것은 차마 할 수 없다.」하고 시랑(侍郎) 김봉휴(金封休) 편에 글로 항복을 청하니, 태자(金鎰 ?-?)는 곡읍(哭泣)하며 왕을 하직하고 개골산(皆骨山)에 들어가 마의(麻衣)와 초식(草食)으로 일생을 마쳤고 막내아들은 머리를 깎고 화엄(華嚴)에 속하여 부도(浮圖)가 되었는데 이름은 범공(梵空)으로 해인사(海印寺)에 머물렀다.

피 한 방울 흘리지 않고 신라를 차지한 왕건은 경순왕을 정승공(政承公)으로 봉하고, 자신의 딸을 후궁으로 주고 금성을 경주로 고쳐 식읍(食邑)으로 하사(下賜)하였다. 왕건은 경순왕의 조카 딸에게서 아들을 낳았는데, 현종(顯宗. 왕건의 손자로 8대 왕)의 아버지로 나중에 안종(安宗)으로 추봉되었다. 경종(景宗. 왕건의 손자로 5대 왕)은 경순왕의 딸을 왕비로, 경순왕을 상부령(尙父令)으로 삼았다.

경순왕의 자진 항복을 받고 신라를 병합하였을 때에 민중의 저항이 전혀 없었다. 왕건은 신라의 항복과 견훤의 망명을 계기로 견훤의 사위 박영규(朴英規)의 내응을 받고, 일격에 후백제군을 격파하여 후삼국을 통일하였다(936).

왕건에 의한 후삼국 통일은 중앙에 대한 지방의, 중앙인에 대한 지방인의 저항이 성공적이었음을 뜻하는데 지역 차별을 지양하게 되는 계기가 되었다.

• *고려초 왕권강화*

태조가 만년에 신하로서 지켜야 할 규범으로서 '정계(政誡)' 1권과 '계백요서(誡百寮書, 936)' 8권을 지어 中外에 반포한 것은 왕권의 안정을 도모한 것이었다.

태조 26년(943) 고굉지신(股肱之臣) 박술희(朴述熙, ?-945)를 내전(內殿)으로 불러 十訓要(信書와 訓要十條)를 친수(親授), 후일 간(諫) 하는 신하들의 전거(典據)가 되었다.

信書는 「내가 평범한 가정에서 일어나 잘못 추대(推戴)를 받아 한열(寒熱)을 무릅쓰고 노심초사(勞心焦思) 19년에 후삼국을 통합하고 즉위한 지 25년이 되매 몸은 이미 늙었다. 후사들이 자의자욕(恣意恣慾)에 맡기어 기강을 어지럽힐까 두려워 훈요(訓要)를 자술(自述)하여 전하니, 길이 귀감(龜鑑)으로 삼으라」는 것이었다.

1條　禪·教寺院을 開創하고 住持를 파견하여 각각 그 業을 닦게 하라.
2條　新創한 사원들은 다 도선(道詵)이 推占한 山水順逆의 지리에 따른 것이다. 이 밖의 땅에 함부로 사원을 지으면 地德을 거역하여 王業이 길지 못하리라
3條　왕위계승은 적자(嫡子)로써 하되 長子가 불초(不肖)할 때는 차자(次子)로서, 次子가 不肖할 때는 그 형제 중 衆人의 추대를 받는 자로써 大統을 잇게 하라
4條　예로부터 唐風을 숭상하여 문물예악(文物禮樂)이 그 제도에 따르고 있지만, 특히 契丹은 금수의 나라이므로 그의 의관제도(衣冠制度)를 본 받지 말라

5條 西京(平壤)은 水德이 순조로와 地脈의 근본을 이루고 있어 만대의 大業을 성취할 곳이니 四仲(子 · 午 · 卯 · 酉年)마다 순주(巡駐)하여 百日을 유우(留遇)하여 안녕을 이루게 하라

6條 연등(燃燈)은 佛을 섬김이요 팔관(八關)은 天靈 · 五岳 · 名山 · 大川 · 龍神을 섬김이니 신지(神祇)와 의식(儀式)의 가감을 못하게 하고 이 양대 祭典을 군신동락(君臣同樂)하여 경건(敬虔)히 행하라

7條 諫言을 청납(聽納)하고 참언(讒言)을 멀리할 것이며 요역과 부세(賦稅)를 가벼히 하여 민간 가색(稼穡)의 여려움을 인식한다면 국태민안하리라

8條 차현(車峴) 이남 公州江 외의 땅은 산형지세가 배역(背逆)하였고 인심도 또한 그러하다. 下州의 인민은 양민이라 할지라도 등용하지 말라

9條 祿은 공적으로써 하고 任官은 私情으로써 하지 말라. 또한 이웃에 강포(强暴)한 나라가 있으면 편안한 때에도 위급을 잊지 말라

10條 국가를 가진 자는 無事時를 경계해야 하며 널리 經史를 읽어 옛을 거울삼으라

太祖는 開京의 法王 · 王輪 · 興國 등 10寺를 위시하여 많은 절을 세우고, 上元(1월 15일)의 燃燈會와 仲冬(11월 15일)의 八關會 등 불교 행사를 행하였다. 문종 21년(1067) 12년 걸려 완성된 2천8백 간이 넘는 興王寺는 비보사찰(裨補寺刹)의 대표이었다.

혜종(惠宗, 912-945)의 재위기간은 2년(943-945), 定宗(惠宗의 이복 동생, 923-949)의 재위기간은 4년(945-949)에 지나지 않았으니 모두 왕위 쟁탈전에 非命으로 돌아간 것이었다.

惠宗대에 외척 왕규(王規, ?-945)가 그의 딸(태조의 16妃)이 낳은 광주원군(廣州院君)을 왕위에 앉히려 하였는데 定宗은 진장(鎭將) 왕식렴(王式廉, ?-949)의 힘을 빌어 왕규를 제거하였다. 태조때 西京은 王式廉 등 종실혈족, 金行波 · 朴質榮 등 開京정부내의 반대파들이 인근지역으로부터의 이주민을 관할하고 있었다.

고려 초기 왕권의 강화는 4대 光宗에 의해 단행되었다.

그는 왕권에 순종하지 않는 자는 개국공신이라도 숙청하였다. 광종 7년(956) 실시한 노비안검법(奴婢按檢法)은 양민으로서 억울하게 권력자의 노예가 된 자를 방량(放良)한다는 것이었지만 실은 실력자들(장군 · 호족)의 군사적 · 경제적 기반 약화에 목적이 있었다. 또 자(紫) · 단(丹) · 비(緋) · 녹(綠)의 4색 공복(公服)을 제정(광종 11년), 위계 질서를 세웠다. 주현(州縣)의 세공액(歲貢額)을 정하고 공사의 진전(陳田, 묵정밭) 개간에 대한 수조법(收租法)을 마련하였다.

광종이 황제(皇帝)를 칭하고 연호를 광덕(光德)·준풍(峻豐)이라 하며, 개경을 황도(皇都), 서경을 서도(西都)라 칭한 것은 자주성의 발로와 함께 왕권강화의 목적도 있었다.
954년 신명순성왕후(神明順成王后) 유씨(劉氏) 명복을 빌기 위해 숭선사를 창건하였으며, 화엄종 승려 균여(均如, 923-973)의 '성상융회(性相融會)' 사상을 받아 들였다.

당시 불교는 교종이 융성했는데, 교종 내에서도 성종(性宗)과 상종(相宗)이 있었다. 성종의 대표적인 종단은 화엄종, 상종의 대표적인 종단은 법상종이었는데 대 호족을 경계하여 중소 호족의 힘을 키울 요량으로 이 두 종파의 융화(融和)를 시도했다.
균여에게는 치병(治病)과 우천(雨天)을 쾌청(快晴)으로 돌린 것 같은 이행기적(異行奇蹟)이 있었다. 의천은 '신편교종총록(新編敎宗總錄)'을 엮을 때 균여의 불학을 사학으로 몰고 균여의 '석화엄교분기원통초(釋華嚴敎分記圓通鈔)', '지귀장(旨歸章)원통초', '삼보장(三寶章)원통초', '십구장(十句章)원통초' 등을 싣지 않았다.
혁련정(赫連挺)이 지은 균여전(均如傳, 원명 大華嚴首座圓通兩重大師均如傳, 1075)은 석화엄교분기원통초 권 10 말미에 부록으로 판각되어 전한다.

경종(景宗, 955-981, 在位 975-981)이 전시과(田柴科)라는 토지제도를 마련하여 귀족들의 경제적 기반을 조성하였으나 고려 귀족정치의 기반이 확립되고 새 권력기구가 그 모습을 나타낸 것은 成宗 때부터이다. 광종에 의해서 이룩된 왕권의 안정으로 성종은 唐宋 관제를 모방한 지배체제를 정비하였고, 文宗때에 완비되었다.

성종 원년 정광(正匡) 행선관어사(行選官御事) 최승로(崔承老)는 개원(開元) 때의 사관 우징(吳兢)이 '정관정요(貞觀政要)'를 지어 올려 唐 玄宗(在位 712-756)이 太宗(在位 626-649)의 정사를 부지런히 닦을 것을 권하고자 한 것과 일의 형편이 비슷하여 다섯 왕의 선정(善政)과 선악의 자취로써 본 받고 경계할 바를 상주(上奏)하였는데 시무 28조(6조는 사서에 전하지 아니한다.)를 올리는 이유와 내용에서 광종의 정치를 評하였다.

「즉위로부터 8년간은 政敎가 淸平하고 형벌(刑罰)함과 상(賞)을 줌이 문란하지 않았다. 그러나 쌍기(雙冀)가 채용된 이래 文士를 崇重하여 우대가 지나쳤으니 政事가 게을러 져 軍國사무가 지체(遲滯)되고, 연회(宴會)만 날로 계속하였다. 이에 後生이 쟁진(爭進)하고 구덕(舊德)이 점쇄(漸衰)하였고, 중국문화를 숭상한다 하나 유교정신은 취하지 않고, 중국 선비를 禮로써 맞아들인다 하나 賢才를 얻지 못하였다.(中略) 宮室을 조영(造營)함에 함부로 만들고, 의복과 음식에 지나치게 화려하고, 토목사업은 아무 때나 하며 기교(技巧)한 물건을 만듦에 휴일이 없었으니 光宗 1년간의 비용은 족히 太祖 10년간의 비용이 될 만 하였다.」

최승로가 덕치(德治)의 여부를 가지고 역대 왕의 정치를 포폄(褒貶)하였듯이 그가 이상으로 삼은 국가는 도덕국가, 정치이념은 도덕지상주의자였다.

〈거란(契丹) · 여진(女眞)과의 전쟁〉

고려는 건국 이후 중국의 역대왕조와 친선관계를 유지하였으나, 북방민족인 거란〔契丹, 끼딴(Khitan)〕 · 여진 · 몽골에 대하여는 야만시하고 대립하였다.

• 契丹의 침입(993, 1010, 1018)

고려는 대외적으로는 고구려를 계승한 왕조임을 표방하였는데 후삼국의 통일 이후 무인정권의 성립까지는 신라의 계승왕조라는 의식을 가지게 되었다. 고려가 이원적인 역사계승의식을 가지게 된 계기는 성종 12년(993) 거란의 침입이었다. 10세기 말에서 11세기 초의 成宗 · 穆宗 · 顯宗의 3代는 북방 거란족이 빈번히 침략하여 온 시기이다.

거란(契丹)은 퉁구스의 몽골의 혼혈족으로 알려진 東胡系의 한 종족으로 奚丹으로도 表記된다.
唐의 기미지배(羈縻支配)에 따른 大賀氏(8부, 628-730) · 遙輦氏시대를 거친후 907년 遼河 상류(Siramuren) 린황(臨潢)을 중심으로 거란족을 규합하여 일어난 디에츠부(迭剌部)의 족장 예뤼아바오지(耶律阿保機, 本名 耶律億)는 카간(可汗, gaghan) 교대제를 終身制로 고치고 자신을 皇帝, 국호를 요(遼, 916-1125)라 칭하고 주변에 그 세력을 떨쳤으며, 926년 발해국을 멸망시키고 그 옛 땅에 東丹國이라는 괴뢰국을 세워 발해의 유민과 아무르강(黑龍江) 유역의 여진족을 억압 · 통치케 하다가 東丹國마저 멸망시키고 랴오양(遼陽)을 거점으로 여진족과 고려에까지도 경략(經略)의 손을 뻗치었다.
「태조(太祖) 25년 거란이 낙타(駱駝) 50필을 보냈다. 왕은 거란이 발해와의 맹약을 파기하고 발해를 섬멸시켰으니 이웃을 삼을 수 없다 하여, 사자(使者) 30인을 해도(海島)에 유배시키고 낙타는 만부교(萬夫橋) 밑에 매어 두니 다 굶어 죽었다」 〈'고려사'〉
태조의 북진정책과 反거란정책은 그 후 계승되어 정종은 光軍司를 설치하고 광종은 청천강 넘어 압록강 사이에 성진(城鎭)을 쌓아 북방 경계를 엄히 하였다.
거란의 聖宗(耶律隆緖, 971-1031)은 983년(즉위 2년), 985년 두 번에 걸쳐 여진족을 공격하여 압록강 중류와 冬佳江 유역을 점령하고 989년 세 번째로 여진을 공격, 2년 후 압록강 北岸에 3城(威寇 · 振化 · 來遠)을 설치하였는데, 고려가 압록강 南岸에 축성을 완성시킨 것이 또한 이 무렵이어서 압록강을 사이에 두고 地境을 접하게 되었다.
遼는 9대 210년간 지속 끝에 金에 의해 멸망되었지만, 왕족 예뤼다스(耶律大石, 遼 德宗 1094-1143)가 중앙아시아로 달아나 추강(Chu江) 유역에 카라키타이(Kara kitai 西遼)를 세웠다(1132-1211). 카라키타이〔검은 거란족(Black Khitans)라는 뜻〕는 약 80년 간 지속되다가 蒙古의 칭기즈칸(成吉思汗, 1162-1227)에 의하여 멸망되었는데, 중국을 가리키는 'Cathay' 는 이에서 유래된 것이다.
칭기스칸은 오고타이에게 "예뤼추차이〔耶律楚材(1190-1244)〕는 하늘이 우리 집에 내려주신 보배다. 앞으로 국정은 그에게 맡기라"고 하였다.

993년 10월 거란은 東京(遼陽) 留守 샤오손닝(蕭遜寧, ?-?)의 80만명의 대군으로 고려의 서북변을 침구(侵寇)하였다. 고려는 두 달 전 그 기미를 알아 채고 朴良柔를 上軍使, 內史侍郎 徐熙(942-998)를 中軍使, 崔亮을 下軍使로 한 3軍을 조직하여 安北都護府(安州)에 本陣을 두었는데 선봉 부대가 蓬山郡〔泰川과 구성(龜城)의 중간 지점〕에서 거란군에 패하여 거란군은 청천강 北岸까지 도달하였다. 거란군은 고구려의 옛 땅을 할양하고 宋과 단교하여 거란을 上國으로 받들라는 강화를 요청하였는데 조정의 儒臣들은 西京 이북의 할양걸화(割讓乞和)를, 서희 · 李知白 등은 싸우다가 和約해도 늦지 않다고 주청하였다. 이리하여 郎 · 佛 兩家는 자주 독립 · 칭제건원(稱帝建元)을 주장하고 儒家는 中華에 부속하여 비사후폐(卑辭厚幣)로 평안을 보수하자는 양론이 대립하였는데, 麗朝 歷代에 郎徒의 강경론과 儒徒의 事大論이 대립했다.

서희는 적의 진영에 나아가 적장과 담판을 청하였다. 蕭遜寧이 「그대 나라는 신라 땅에서 일어났다. 고구려 땅은 우리의 소유인데 그대 나라라고 침식하였다. 또 바다를 넘어 宋을 섬기는 고로 땅을 베어서 바치고 수호를 닦으면 무사할 것이다.」라고 하자, 서희가 「우리나라는 곧 옛 고구려다. 그러므로 국호를 고려라 하고 평양에 도읍하였다. 상국의 동경은 다 우리 경내에 있거늘 어찌 침식이라 하는가. 여진을 쫓고 우리 옛 땅을 되찾아 성과 보루(堡壘)를 쌓고 도로가 통하게 되면 조빙(朝聘)하지 않을 수 있겠는가」하였다. 거란의 임금이 '고려가 화해를 청하니 마땅히 병을 파할 것이다.' 고 하였다.

1009년(穆宗 12년) 고려 왕실내에서는 왕위 계승을 둘러싸고 분규가 일어났다. 성종이 돌아가고 목종(穆宗)(980-1009, 在位 997-1009, 景宗의 아들)이 18세로 즉위했을 때 생모 千秋太后〔皇甫旭의 딸, 964-1029〕가 섭정을 하여 외척의 발호와 왕권의 쇠미를 초래하였으니, 근친간 혈족혼의 폐단이 나타나고 부도덕한 사간(私姦)도 있었다.

景宗의 숙부 욱(郁, 太祖의 아들)은 景宗 서거 후 과부로 된 헌정왕후(獻貞王后)(郁의 姪女)와 相姦하여 大良院君 순(詢, 992-1031)을 私生했다. 헌애왕후(獻哀王后, 千秋太后)의 외족 金致陽(?-1009)이 千秋宮에 출입하면서 추문(醜聞)이 자자하였으므로 成宗은 치양을 遠地로 장배(杖配)했었다. 成宗 서거 후 섭정에 임한 千秋太后는 치양을 소환(召還)하여 閤門通事舍人이란 內僚職을 주고 총애가 날로 더 하였다. 太后는 詢을 중으로 만들어 三角山 神穴寺에 옮겨 살게 하였다. 치양은 왕(穆宗)에게 아들이 없음을 기화로 太后와의 사이에 私生한 자기의 아들에게 선위 하고자 大良院君을 독살하려 하였으나 이루지 못하였다. 왕의 와병을 틈탄 정변 움직임에 왕은 宣徽判官 황보유의(皇甫俞義, ?-1042)를 보내어 大良院君을 후계자로 맞아오게 하고 西北面 도순검사(都巡檢使) 강조(康兆, ?-1010)로 하여금 입경호위(入京護衛)토록 하였다.
이때 康兆는 목종을 퇴위시키고 大良君을 顯宗(在位 1009-1031)으로 세우는 동시에 金致陽 부자를 죽이고 太后와 그 간당(奸黨)을 귀양보내고 廢王 목종을 시해하였다(1009).

고려 조정의 내분과 강조의 폐립(廢立)은 거란에게 재침의 구실이 되었다. 당시는 遼의 極盛期로서 그 영토가 西로 天山에서, 東으로 일본해에 미치고 北은 몽골을 아우르고 南으로 支那 북부를 점령하여 上 · 中 · 東 · 西 · 南 등 5京을 두고 있었다. 遼王 聖宗은 목종 廢立을 구실삼아 顯宗 원년(1010) 11월 친히 40만명의 대군으로 2차 고려 침입을 하였다.

압록강을 건너온 遼軍은 義州街道의 興化鎭을 포위공격하였으나 鎭將 楊規(?-1011), 李守和(?-1015)등이 固守不降하였다. 遼王은 군사를 通州(宣川)로 옮겨 강조를 국살(鞠殺)하고 郭州(郭山) · 安義(安州)등을 점령한 후 서경을 포위하였으나 서경의 백성은 일치단결하여 성을 지켰다. 조정에서는 강조가 패했다는 소식을 듣고 항복 의견이 지배적이었으나, 姜邯贊의 제의로 顯宗은 나주로 피난, 近臣 하공진(河拱辰, ?-1011)으로 하여금 강화를 청하여 거란의 聖宗은 親朝를 조건으로 철군(撤軍)하였다. 거란은 퇴각할 때 인질 河拱辰을 살해한 후 친조를 재삼 독촉하고 청천강 이북의 江東 6州 반환을 요구하여 왔다. 무신 金訓(?-1015) · 崔質 등이 쿠데타를 일으켜 張延祐(?-1015) · 皇甫俞義 등 문신을 추방하고 정권을 장악하였으나(1014) 4개월도 안돼 붕괴되었다.

1018년 12월 契丹將 샤오파이야(蕭排押, ?-1023)는 10만명의 군사로 세 번째로 내침하였는데 강감찬(姜邯贊)을 都元帥, 강민첨(姜民瞻, ?-1021)을 副元帥로 삼아 20만명의 대군으로 압록강을 건너 興化鎭으로 남침하는 거란군을 대파 하였다. 강감찬 · 金宗鉉 등은 龜州에서 대승을 거두어 〔귀주대첩(龜州大捷 1019)〕 거란군 중 살아서 돌아간 자가 수천명에 불과하였다. 3차에 걸친 침입 끝에, 1019년(현종 10) 강화가 성립되었다.

「강감찬은 성품이 청렴하고 검소하여 재물에 관심을 두지 아니하였고, 키가 적고 용모가 못 생기고 의복이 초라하였으나 정색하고 조정에 서서 대사에 임하여 대책을 결정함에는 홀연히 국가의 주석(柱石)이 되었다. 公이 국가의 모의에 참여하고, 정벌을 맡아 화란을 평정하며, 삼한을 회복하여 종사(宗社)와 생민(生民)이 길이 힘 입게 되었다. 하늘이 그를 낳아서 이 백성의 화패(禍敗)를 대비하지 않았다면 그 누가 능히 담당하였으랴」

〈'고려사절요'〉

姜邯贊의 생가 터에 낙성대(落星垈, 1964년 보수 1972년 지방문화재 지정)가 조성되어 있는데 처음 이름은 은천(殷川)이며 5대조 여청(余淸)이 신라로부터 衿州(시흥군)으로 옮겨 대대로 살았다.

개경의 방위를 위한 성채는 태조 때에 축조된 內城이 있었으나 거란과의 전쟁이 끝난 후 강감찬 등의 건의로 나성(羅城) 축조가 추진되어 류소(柳韶, ?-1038)로 하여금 北境의 石築 천리장성(長城)을 쌓게 하였는데 德宗(在位 1031-1034) 3년 착공되어 靖宗(1018-1046, 在位 1034-1046) 10년 완성되었다. 고려의 경계는 압록강 하류에서 거란과 分界되고, 동북면은 定平 지역에서 여진과의 경계를 이루고, 장성은 압록강 입구로부터 동으로 영변(寧邊)을 거쳐 동해안의 都連浦(廣浦)에 이르는 천 리에 달하였다.

전란으로 인명과 재산의 피해도 막심하였지만 大廟 · 궁궐은 물론 비고(秘庫)의 서적 등 많은 문화재가 회진(灰燼)되었다.

1013년 9월 최항(崔沆, ?-1024) 등으로 하여금 7代(태조조-목종조)의 실록을 찬수하게 한 것도, 문종대에 완성된 대장경 조판(雕版)도 佛力에 의하여 거란군의 퇴치를 기원한 데서 연유된 것이었다. 지광국사〔智光國師, 속명 원해린(元海麟), 984-1067〕는 1056년 왕사(王師)를 거쳐 1058년 봉은사(奉恩寺) 국사(國師)에 올라 왕의 극진한 대우를 받았다. 현종, 덕종, 정종, 문종은 부자 형제끼리 서로 대를 이어 거의 80년 동안 전성시대를 이루었다. 李齊賢은 고려의 전성기 文宗代에 대하여 사찬(史贊)을 하였다.

「宋朝는 매양 포상(褒賞)의 命을 주었고,
遼氏는 해 마다 경수(慶壽)의 禮를 닦았네.
東쪽 倭는 바다를 건너 진보(珍寶)를 바쳤고,
北쪽 貊人은 관문(關門)을 두드려서 살 터를 얻어 百姓이 되었네.」

• *윤관(尹瓘)의 女眞정벌(1107-1109)*

여진(女眞, Djurichin)은 동부 만주에 살았던 퉁구스 계통의 민족으로 발해가 멸망하고 나서 글안과 고려를 상국으로 섬기고 특히 고려를 부모의 나라라고 부르며 고려의 문물을 받아들였다. 고려는 모피나 마필을 받고 식량 · 농기구 · 무기 등을 주면서 교역을 하였다. 그들 중에는 고려에 의탁하여 오는 향화인(向化人)이 많았고 투화(投化)하는 자도 있어서 후히 대접하였으나 그들은 반복(反覆)이 무상한 자들이어서 경계를 게을리하지 않았다.

고려는 994-995년에 걸쳐 여진을 정벌하여 성보〔城堡, 강동육성(江東六城)〕를 쌓아 압록강 기슭까지의 영역을 수복하고 서북 지방의 국방을 견고히 하였는데 후에 강동육주〔江東六州, 흥화(興化 : 義州) · 용주(龍州 : 龍川) · 통주(通州 : 宣川) · 철주(鐵州 : 鐵山) · 구주(龜州 : 龜城) · 곽주(郭州 : 郭山)〕라 하였다.

윤관의 건의로 여진정벌을 위하여 별무반(別武班)이라는 특수부대를 창설하였다. 윤관(尹瓘)과 오연총(吳延寵, 1055-1116)이 숙종(肅宗, 1054-1105, 在位 1095-1105)때 조직된 별무반〔別武班, 신기군(神騎軍, 기병) · 신보군(神步軍, 보병) · 항마군(降魔軍, 僧徒부대)〕 17만명으로 예종(睿宗) 2년(1107) 여진족의 거주지 함흥평야 일대를 점령하였다.

이때 거둔 전과는 촌락 및 기지 격파가 135개처이고, 죽이고 사로 잡은 자가 1만여명이었다. 윤관은 점령한 요지에 함주(咸州) · 영주(英州) · 웅주(雄州) · 길주(吉州) · 복주(福州) · 공험진(公嶮鎭) · 통태진(通泰鎭) · 진양진(眞陽鎭) · 숭녕진(崇寧鎭) 등 9성을 쌓아 그 길만 막으면 오랑캐의 근심이 길이 끊어질 것이라 하였더니, 쳐서 취해 놓고 보니 수륙으로 통하지 않는 곳이 없어 들은 바와는 매우 다른 것이었다.

왕이 9성을 여진에게 돌려 주기로 하여 그 성을 철폐하였다.(1109) 평장사 최홍사(崔弘嗣, 1043-1122)와 김경용(金景庸, 1041-1125), 참지정사 임의(任懿), 추밀원사 이위(李瑋)가 윤관과 오연총(吳延寵)의 1109년 길주성(吉州城) 패군을 극론하여 벼슬을 면하고 공신호를 깎았다가 수태보 문하시중 판병부사 상주국 감수국사를 제수(除授)하였다.

「두만강 넘어 10리쯤 평원에 현성(縣城, 琿春남쪽)이 있고 여기에서 北으로 90리쯤의 산 위에 옛 돌성(石城)이 있는데, 뤄순짠(羅孫站)이라고 한다. 그 북쪽 30리에 우이순짠(虞乙孫站)이 있고, 다시 북 60리에 留善站이 있다. 또 그 동북쪽 70리에 토성(土城)터가 있으니, 윤관이 쌓은 거양성(巨陽城)이다. 그 서쪽 60리 떨어진 선춘현(先春峴)에 윤관이 세운 비(碑) 밑에서 '고려의 국경(高麗之境)' 이란 글자가 나왔다. 소하강(蘇下江)변 공험진이 곧 윤관이 진(鎭)을 둔 곳이다. 남쪽으로 구주(具州, 영고탑(寧古塔) : 영고는 '여섯의 뜻'. 탑은 '자리의 뜻' 으로 淸 조상의 여섯 형제가 살았다.) · 탐주(探州, 敦化)와 연접하고, 북쪽으로 견주(堅州, 吉林)에 잇닿아 있다. 英哥沙吾里站에서 서쪽 60리에 백두산(白頭山)이 있으니…… 그 산 마루에 큰 못이 있고, 동쪽 물 줄기를 두만강, 북쪽 물 줄기를 소하강이라 한다.」 〈世宗實錄地理志, 慶源都護府〉

「혹은 '옛 적 우리 평주(平州) 승(僧) 금준(今俊)이 여진에 도망해 들어가 아즈구춘(阿之古村)에 거주했으니 이가 金의 시조다' 라고 하며 혹은 '평주 승 金幸의 아들 克己가 아즈구춘 여진의 딸에게 장가들어 아들을 낳으니 古乙 태사(太師)라 하고 古乙이 活羅를 낳고 活羅가 장자를 허리버(劾里鉢), 계자(季子)를 盈歌라 했는데, 盈歌가 웅걸(雄傑)이어서 중심(衆心)을 얻었다. 盈歌가 죽자 허리버의 장자 우야슈(烏雅束)가 위(位)를 이었고 우야슈가 졸(卒)하매 아우 아구타가 섰다' 고 한다. 생여진 완안부(完顔部)의 아구타(阿骨打, Akuta 姓 完顔, 이름 旻, 1068–1123, 在位 1115–1123)가 황제를 일컫고 국호를 금(金, 1115–1234)이라 했다.」 〈'고려사'〉

金의 급속한 발전은 밍칸(猛安)과 무궤(謀克)이라는 특유의 兵農一致軍制 덕분이었다.

한편, 후주(後周) 세종(世宗) 서거 후 전전도점검(殿前都點檢) 자오쿠앙인(趙匡胤, 927–976, 太祖, 재위 960–976)은 천치아오(陳橋) 정변으로 금군(禁軍)에 추대되어 즉위하였다. 중원을 통일한 宋(960–1279)은 신흥지주 · 자작농을 배경으로 하고 과거제(科擧制)에 의한 文治主義로 병력은 약체화되어 이민족 침입에 고민했다. 金은 契丹(遼)을 멸망시켰을 뿐 아니라(인종 3년, 1125), 北宋의 서울 汴京(開封)을 함락시키고 휘종(徽宗)과 흠종(欽宗) 두 황제를 포로로 하여 갔다(靖康之變, 1126–1127). 흠종의 동생 자오거우 [趙構 : (고종高宗)]는 1127년 南京에서 즉위하였다. 카이펑(開封)시대를 北宋(960–1127), 린안(臨安)시대를 南宋(1127–1279)이라 한다. 한스중(韓世忠, 1089–1151) · 요훼이(岳飛, 1103–1142) · 장쥔(張浚, 1086–1154) 등 항금(抗金) 장군들의 전과에 불구하고 친퀘이(秦檜, 1090–1155)가 정권을 잡고 해 마다 금 25만 냥, 비단 25만 필을 바치기로 하고 1141년 金과 강화조약을 맺어 [샤오싱화의(紹興和議)], 153년간(1127–1279)을 존속했다. 岳飛를 "막수유(莫須有, 혹 있을지도 모른다는 뜻)증거에 의해 참형한 간신(奸臣) 秦檜가 죽은 후, 무수한 '명예와 비애' 가 남게 되었는데" "명성은 천년을 갈 수 없지만, 악명은 만년을 간다."라는 말의 적례(適例)가 되었다.

취위엔(屈原)의 '이소(離騷)' · 주거량(諸葛亮)의 '出師表' · 요훼이(岳飛)의 '만천홍(滿天紅)' · 원탠샹(文天祥)의 '정기가(正氣歌)' 는 중국의 4대 명문으로 평가된다.

〈貴族社會의 동요와 분열〉

고려의 귀족사회는 왕권의 전제화를 제약하고 귀족의 특권을 보장하기 위하여 科擧나 田柴科와 같은 제도를 마련하였는데 文宗 때 한 고비를 넘고 음서(蔭敍)의 제도 남용으로 관직을 독점하고, 賜田을 받거나 개간 · 겸병 등으로 私有地를 확대해 가면서, 귀족간 상쟁이 반란의 형태로 仁宗 · 毅宗시대(1122-1170)에 연속하여 일어났다. 이자겸(李資謙, ?-1126)과 妙淸의 반란은 귀족정치를 支柱로 하는 지배질서의 파산(破産)을 예고하고 있었다.

• 李資謙의 亂(1126-1127) · 묘청(妙淸)의 亂(1135)

고려시대에는 그 권력층이 전대(前代)보다 훨씬 확대되어 새 귀족이 많이 탄생, 외척(外戚)이 된 권력자가 생겼는데, 그 대표가 이자겸(李資謙) 이었다.

이자겸은 이자연(李子淵, 1003-1061)의 손자로서 둘째 딸을 예종(睿宗, 1079-1122, 在位 1105-1122)의 비로 삼아 인종(1109-1146)을 낳았다. 예종이 돌아 가자 이자겸은 셋째와 넷째 딸을 인종(仁宗, 在位 1122-1146)의 비로 들여 2중의 혼인 관계를 맺고 권력을 독차지하였다. 왕의 측근이 그를 몰아 내려 하다가 실패한 것을 계기로 측근 척준경(拓俊京, ?-1144)과 더불어 궁성을 불태우고 반대파를 살육하였다. '十八자(子)' (李)가 왕이 되리라는 참언(讖言)을 믿고 왕 되려는 야심으로 인종을 독살하려 하였지만 자신의 넷째 딸인 왕비의 방해로 실패하였다. 왕은 척준경으로 하여금 이자겸을 제거하게 하였고 척준경도 그 이듬해 정지상(鄭知常) 등의 탄핵으로 정계에서 물러나 권신의 발호(跋扈)는 끝났다. 영광으로 유배를 간 이자겸은 인종에게 진상품을 올리면서 '굴비(屈非)' 라고 적었다.

이자겸의 난(李 · 拓의 난)이 평정되자 西京 천도를 주장하는 묘청(妙淸, 名 淨心) · 정지상(鄭知常) · 日官 백수한(白壽翰, ?-1135) 등 서경파가 생겼다. 서경은 태조 이래로 중시하여 이궁〔離宮 : 임금이 멀리 거동할 때 임시로 머무르는 별궁(別宮), 행궁(行宮)이라고도 한다.〕과 분사제도(分司制度)가 마련돼 그 규모가 개경과 비슷하였다.

'고려사' 는 묘청을 요적(妖賊)이라 규정하였다. 인종이 정지상 등의 추천으로 즉위 5년 2월 서경으로 나가서 묘청과 백수한의 설을 좇아 관정도장(灌頂道場)을 베풀고, 15조항의 유신정령(維新政令)을 선포, 산택(山澤)을 제사하고 절약과 저축, 백성을 고역에서 벗어나게 하며, 교화를 보급하고, 세상을 이롭게 하고, 음양의 질서를 고르게 하며, 천재지변을 예방하여 국가의 안녕과 태평을 도모하고자 하였다. 인종 6년 대화궁(大花宮) 준공 후 묘청 등의 주청으로 누차 그곳에 어가(御駕)를 옮겼고, 인종 9년 임원궁(林原宮 ; 대화궁)에 성을 쌓고 팔성당(八聖堂)이란 만신전(萬神殿)을 궁내에 지었는데 팔성(八聖)의 묘덕(妙德)을 예찬(禮讚)하는 제문을 정지상이 지었다. 풍수지리설은 음양보비설(陰陽補裨說)에 따라 '호국백두악(護國白頭嶽) 태백 선인(太白仙人) 실덕 문수 사리 보살(實德文殊師利菩薩)' , 용위악(龍圍嶽) 육통존자(六通尊者) 석가불, 월성악천선(月城嶽天仙) 대변천신(大辨天神), 구려평양(駒麗平壤)선인 연등불(燃燈佛), 구려목멱(駒麗木覓)선인 비파시불(毗婆尸佛), 송악 진주거사(震主居士) 금강색보살(金剛索菩薩), 증성악신인(甑城嶽神人) 늑차천왕(勒叉天王), 두악천녀(頭嶽天女) 부동우파이(不動優婆夷)등 八불위(佛位)를 八大名山에 모셔서 이를 '이국 연기지술(利國延基之術)' 로 삼았다는 점에서 반사대적(反事大的)인 토착(土着) 이데올로기였다.

동지추밀원사(同知樞密院事) 임원애(任元敳, 任元厚, 1089-1156)와 국자사업지제고(國子司業知制誥) 임완(林完 ; 宋의 귀화인)은 묘청을 목 베어야 한다는 상소로 시폐(時弊)를 통박(痛駁)하였다. 정지상 · 묘청의 추천에 화동(和同)하던 김안(金安) · 홍이서(洪彝敍) · 이중부(李仲孚) 등과 文公仁 · 임경청(林景淸), 윤언이(尹彦頤, ?-1149) 외에는 거의가 묘청 배척파로 그 기세가 대단하였다.

묘청은 1135년 정월 분사시랑(分司侍郞) 조광(趙匡, ?-1136), 병부상서 류참(柳昰, ?-1135), 사재소경(司宰少卿) 조창언(趙昌言) · 안중영(安仲榮) 등과 서경에 웅거(雄據)하고 반란을 일으켜, 국호를 대위(大爲), 건원(建元)하여 천개(天開), 그 군사를 천견충의군(天遣忠義軍)이라 하여 관속을 두되 양부로부터 주, 군 수령까지 서경 사람으로 임명하였다.

관군은 평장사 김부식을 원수로 삼아 중 · 좌 · 우 3군으로 편성하여 토적의 격문을 발표하여 반란군을 회유(懷柔)하고, 7-8차례 류경심(柳景深) 등을 보내 항복을 권유하였다. 조광(趙匡)이 묘청, 류참, 류참의 아들 호(浩)의 머리를 베어 윤첨(尹瞻) 등을 보내어 김순부(金淳夫)와 함께 이를 바치고, 죄를 청하였다(1136, 2월). 3인의 머리를 저자에 달고 윤첨을 하옥하니 조광이 면치 못할 줄 생각하고 다시 叛하였다.

서경수복에 1년여가 소요되었는데 서경은 이후 왕의 행차도 없어졌고 대 개혁을 단행, 기구도 축소되었다.

김부식은 국자제주좌간의대부(國子祭酒左諫議大夫) 김근(金覲)의 네아들〔부필(富弼), 부일(富佾, 1071-1132), 부식(富軾), 부철(富轍)〕중 셋째다.

김부식이 감로사(甘露寺)에 갔다가 지은 詩에 「부끄러워라. 저 달팽이 뿔은 좁은 세상에서 공명 찾아 헤맨 지난 한 평생 같구나」(동문선)하였다.

宋의 쉬징(徐兢)이 「김부식은 용모와 체구가 크고, 안색은 검고 눈은 튀어나왔다. 박학강식(博學强識)하여 문장을 잘 짓고 고금의 역사를 잘 알아 고려 학자들이 신복(信服)하는 바여서 능히 그 보다 나을 자가 없었다」고 하였고 이자겸에 대해 「풍모가 의젓하고 거동이 화락하며 어진 이를 좋아 하였으나 참소(讒訴)를 믿고 이득을 즐기며 집에 썩는 고기가 수만 근(斤)」이라며 한탄 했다. 〈'선화봉사고려도경(宣和奉使高麗圖經)'〉

申采浩는 「西京戰役을 역대의 사가들이 왕사(王師)가 반적(反賊)을 친 전역으로 알았을 뿐이었으나, 실상은 낭(郞) · 불(佛) 양가 대 유가(儒家), 국풍파(國風派) 대 한학파(漢學派), 독립당(獨立黨) 대 사대당(事大黨), 진취사상 대 보수사상의 싸움이니, 묘청은 전자의 대표요 김부식은 후자의 대표였다.」하였다. 〈'조선역사상一千年來第一大事件' 서론〉

• 武臣의 政權奪取 · 農奴의 봉기

고려 초 文尊武卑의 풍조는 무신의 불평을 누적(累積)시켜 갔다. 김부식의 묘청 반란군 진압은 문신들의 지위를 더욱 높여 의종(毅宗, 在位 1146-1170) 대에 극(極)에 달한 崇文賤武의 정책은 무신들의 반란을 자초(自招)하였다.

의종은 황음(荒淫) 호문(好文)의 주(主)로서 아름다운 정자(亭子)나 유행지(遊行地)를 찾아 즐겼다. 무신 鄭仲夫(1106-1179)가 문신 金敦中(?-1170, 富軾의 아들)에 의해 촛불로 수염 태워진 일이 있었고 대장군 이소응(李紹膺, ?-1180)은 문신 한뇌(韓賴, ?-1170)에게 빰을 맞는 등 젊은 文臣들까지도 늙은 무인을 업신 여기고 함부로 대하였다.

정중부의 난은 명종대 이후 1백년간 지속된 무신정권의 시초가 되었다. 의종 24년(1170) 거가(車駕)가 五門 앞에서 오병수박희(五兵手搏戲)를 한 후 보현원(普賢院)에 이르렀을 때 정중부 · 이의방(李義方, ?-1174) · 이고(李高, ?-1171) 등은 '문관(文冠)을 쓴 자는 서리(胥吏)라 할지라도 종자를 남기지 말라' 고 외치며 문신 50餘인을 살육하였다(庚寅亂). 왕은 폐하여 귀양을 보내고 명종(明宗, 1131-1202, 在位 1170-1197)을 세웠다. 문신들의 가옥과 전답을 몰수하고 고관 현직부터 미관 말직까지 모두 무인이 차지하였다.
東北面兵馬使 김보당(金甫當, ?-1173)이 의종의 복위를 꾀하여 거병하였다가 실패(명종 3년), 의종은 이의민에 의하여 시해되고 김보당의 무고로 많은 문신이 살해당하였다. 1174년 西京留守 조위총(趙位寵, ?-1176) 등의 무신정권에 대한 대항도 실패하였다.
정중부 · 이의방 · 이고 중에서 또 싸움이 벌어 졌다. 이의방이 이고를 죽이고 자기 딸을 태자비로 삼아 권세를 부리다가 정중부의 아들 鄭筠(?-1179)에게 피살된 후 정중부가 권세를 오로지 하였다. 정중부의 천권(擅權)을 보다 못한 청년장군 경대승(慶大升, 1154-1183)은 정중부를 죽이고 정권을 잡았다. 경대승의 사후에는 이의민(李義旼)이 정권을 잡았는데, 이의민 일당은 최충헌(崔忠獻, 1149-1219) · 최충수(崔忠粹, ?-1197) 형제에 의해 제거되고, 이후 최우〔崔瑀, 이(怡, ?-1249)〕 · 항(沆, ?-1257) · 의(竩, ?-1258)에 이르는 4대 62년 간(1196-1258) 최씨 정권이 계속되었으니 무신정권의 확립기였다.
최충헌은 정중부나 이의민의 유(類)가 아니었다. 이의민 제거에 공을 세운 동생 충수와 생질 박진재(朴晋材) 등 반대하는 혈육이라도 가차(假借)없이 숙청하였다. 명종 · 희종 두 왕을 폐하고 신종(神宗, 1144-1204, 在位 1197-1204) · 희종(熙宗, 1181-1237, 在位 1204-1211) · 강종(康宗, 1173-1213 在位 1211-1213) · 고종(高宗, 1192-1259 在位 1213-1259) 등 네 왕을 옹립, 왕을 무력하게 만든 권간(權奸)이었다. '고려사' 는 「神宗은 崔忠獻이 세운 바로서 생살치폐(生殺置廢)가 모두 그의 손에서 나왔다. 神宗은 다만 虛器를 붙들고 臣民의 위에 서서 木偶人과 같을 뿐이니 가엾다.」라고 하였다. 명종 26년 봉사십조(封事十條)를 올려 공사조부(公私租賦)를 공정히 할것, 공진(供進)과 왕실의 민간에 대한 대부취리(貸付取利)를 금할 것, 비보사찰〔裨補寺刹:地勢에 따라 나라의 흥융(興隆)에 필요하여(讖緯說) 지은 절〕 이외의 사찰은 없앨 것 등 폐정(弊政)의 시정을 촉구하였다.

최씨정권의 권력기구는 행정적인 것과 군사적인 것의 둘로 대별된다.

교정도감(敎定都監 1209)은 인사 · 재무 및 감찰권까지 장악하고 있던 행정기관으로 무인 정권 몰락때까지 존속하였다. 정방(政房)은 최우의 사저에 설치한 인사행정 기관으로 정방의 특색은 어용문인(御用文人)의 등장에 있었다. 이들은 정색승선(政色承宣)이라 불리웠는데 문극겸[文克謙, 1122-1189]은 용호대장군(龍虎大將軍)과 상장군(上將軍)을 겸임, 文武 겸직의 시초가 되었다. 서방(書房)은 어용 문인들의 숙위기관(宿衛機關), 도방(都房)은 경대승 때부터 있던 것을 강화한 친위적 가병집단이었다.

武臣執權期에 농민반란과 더불어 三國復興運動이 일어났으나 관군에 의해 패퇴하였다.

明宗 2년에서 神宗 6년까지의 32년 사이에 무인의 집권으로 인한 혼란, 官의 수탈 및 무신란 이후 하극상(下剋上) 풍조에 자극 받아 신분 해방운동 등 크고 작은 난이 일어났다.

西界(平安道)의 昌州(昌城) · 成州(成川) · 鐵州(鐵山) 등 서북민들의 항거(1172), 공주 명학소(鳴鶴所)의 망이(亡伊) · 망소이(亡所伊)의 난(1176), 관성(管城, 沃川) · 부성(富城, 瑞山) · 전주의 난(1182), 운문(雲門, 淸道) 김사미(金沙彌, ?-1194)의 난과 초전(草田) 효심(孝心)의 난(1193), 私奴 만적(萬積, ?-1198)의 난, 명주〔溟洲 (江陵)〕 농민반란(1199), 진주 노비반란과 합주〔陜州 (陜川)〕 부곡민(部曲民)의 난(1200), 탐라(耽羅 : 濟州島)의 난(1202) 등 30회에 가까운 난이 일어났다.

「庚癸(정중부의 난) 이래 국가의 朱紫 〔고관, 공경대부(公卿大夫)〕가 많이 천예(賤隷)에서 일어났다. 왕후(王侯) 장상(將相)이라고 따로 무슨 씨가 있겠느냐, …… 우리들도 최충헌과 주인들을 죽이고 천적(賤籍)을 불태워 三韓에 賤人을 없게 하면 모두 공경장상(公卿將相)이 될 수 있다.」고 한 萬積의 반란 기도는 반역자의 밀고로 미연에 진압되었다.

명종 4년 1월 귀법사(歸法寺)의 승(僧) 1백 명이 선유승록(宣諭僧錄) 언선(彦宣)을 殺害하자 이의방은 수십명의 승을 쳐 죽였다. 이에 중광사(重光寺)、홍호사(弘護寺)、귀법사、홍화사(弘化寺)등에서 2천 명의 승들이 들고 일어나 이의방의 형제를 죽이매 이의방(李義方)은 또 관군을 풀어 1백 명의 승을 죽이고 용흥사(龍興寺)、묘지사(妙智寺)、복흥사(福興寺) 등을 불 살랐다. 신종 5년(1202) 10월 운문산(雲門山)의 농민들이 팔공산 부인사(符仁寺)와 동화사(桐華寺) 승들과 일으킨 반란과 그 이듬해 9월 쌍암사(雙岩寺) 등 승의 모란(謀亂) 후 고종 4년(1217) 거란군 격퇴에 동원된 흥왕사(興王寺)、홍원사(弘圓寺)、경복사(景福寺)、왕륜사(王輪寺)、수리사(修理寺) 승군(僧軍)들이 종군 도중에 성안으로 밀어 닥쳐 僧軍 3백명이 죽었다. 그 다음 날 도망하여 숨어 있는 승군 3백 명을 남계천(南溪川) 가에서 베어버리니 목 베인 수효(數爻)는 8백이 넘었다. '고려사' 는 '시체가 산처럼 쌓여 몇 달 동안 사람들이 지나가지 못했다.' 라고 전하고 있다.

무신난은 지배층의 교체 뿐 아니라 사회의 기층에까지도 큰 변화를 일으켰다.

〈몽골과의 30년 전쟁(1231-1259)〉

• 몽골족의 흥기(興起)

최씨의 무단 정치기에 대륙에서는 몽골(Mongol ; '용감한' 이란 뜻)족이 흥기하였다. '몽골비사' (Monggol-un Nigucha Tobchiyan, 蒙古脫不赤顔)는 베르테치노(Bö'rte-chino, 蒼狼 잿빛 푸른 이리)와 코아마랄(Khóa Maral, 白鹿, 흰 암사슴)내외가 텡기스(Tenggis) 큰 물을 건너 보르칸 칼둔(Burkhan Khaldun)기슭 오난(Onan)강 발원지역을 삶의 터전으로 바다치 칸(Batachikhan)을 낳으면서 시작되었다. 바다치 칸의 9세손 보르지기다이 메르겐(Borjigidai-Mergen 男 명궁)과 몽골진 고아(Monggoljin Góa 女 미인)의 손자 도본 메르겐(Dobun Mergen)이 코리 투에트 출신 알란 고아(Alan Góa)에 장가들었는데 알란 고아가 과부된 뒤 빛에 감응하여 낳은 아들 셋 중 막내가 보돈차르(Bodon Char)이다. 보도차르로부터 12대 후 테무진이 출생했다. 이들 중 일부는 오랫동안 거란과 金에 예속되어 있었으나, 내부에서 통일의 기운이 일어나서 부족장들의 회의인 쿠릴타이(Kuriltai, 統一體라는 뜻)가 조직되고 12세기초 가불(合不勒)은 카간(可汗)을 칭하게 되었다.

1189년경 테무진(Temujin, 鐵木眞 : '최고의 쇠로 만든 인간' 이라는 뜻)이 몽골족을 통일하고 1202년 맹주(盟主)로 추대되어 칭기즈칸(成吉思汗)이라는 칭호를 받고 즉위하였다. 칭기즈칸(太祖, 在位 1206-1227)과 후계자들은 東으로 시베리아와 西로 동유럽까지 정복의 손을 뻗쳤으며 1211년 북중국 침략을 개시, 1214년 金의 수도 燕京(北京)을 함락시키고 黃河 이북의 땅을 그 판도(版圖) 안에 넣었다. 이 제국은 예케 몽골 울루스〔대몽골국(大蒙古國)이라는 의미〕로 중국 지역의 大元과 러시아 지역의 주치 울루스, 중앙아시아의 차가타이(察合台) 울루스, 중동의 훌레구 울루스 등 네 나라로 분할 통치되었다.

'英詩의 아버지' 제프리 초서(Geoffrey Chaucer, 1340?-1400)는 칭기즈칸에 대하여 「이 세상 어디에도 그와 같이 모든 점에서 뛰어난 왕은 없었다. 그는 강인하고 지혜로웠으며, 정이 많았고 약속은 반드시 지켰으며, 자비롭고 용맹스러웠고 공정한 사람이었으며, 왕의 직위를 현명하게 잘 수행했다.」라고 하였다. 미국의 '타임' 지(誌)는 1999년 12월 31일, 새 천년을 앞두고 지난 천년기의 가장 중요한 인물로 칭기즈칸을 뽑았다. 한편, 만주의 거란족은 金이 쇠약해 진 틈을 타서 遼東 지방을 점령하고 위세를 떨치다가 몽골군에 좇겨서 1216년 압록강을 건너 고려 지경(地境)으로 침입하여 의주에서 평양에 이르는 서북 지방에서 약탈을 감행하였다.

• 蒙古의 침입과 對蒙抗爭

몽골인이 솔롱고스〔solongos : '무지개가 뜨는 곳' 이란 뜻〕란 이름으로 고려를 알게 된 것은 金의 반장(叛將) 푸젠완누〔蒲鮮萬奴, ?-1233, 재위 1216-1233〕가 두만강 유역에 세운 東眞國을 통하여서 였으나, 직접 접촉은 高宗 6년(1219)부터 였다. 몽골 원수(元帥) 하전(哈眞)이 고려 西北面으로 들어와 소란을 피우던 契丹 유적(流賊)을 뒤쫓아, 동쪽의 江東

城에 진군하여 조충(趙冲, 1171-1220) · 김취려(金就礪, ?-1234)와 회견하고 나서 물자를 강요하는 몽골의 독촉은 심하여지더니 官人 주구위(著古與, 著古歟, 着古歟, ?-1225)가 다시 찾아 왔다가 되돌아가는 길에 압록강을 건너자 마자 살해되었다. 이 사건을 계기로 몽골은 고려와 국교를 단절(1225), 전후 30년 간 7차례의 침입을 해 오기에 이르렀다.

太宗 오고타이칸(窩闊台汗, Ögödei Khan, 1186-1241, 在位 1229-1241)은 동방 침략을 시작, 1231년 金 정벌에 나섰는데 살리타이(撒禮搭, ?-1232)에게 別軍으로 고려를 침략하게 하였다. 몽골의 고려침입에는 洪大純 · 福源 · 茶丘 등 3代의 叛賊이 있었다.

살리타이의 사자 2인을 10월 平州에서 잡고서야 '이로 부터 몽골병의 내침을 알게 되었다' 고 '고려사' 의 찬자(撰者)가 덧 붙이고 있거니와 귀문관료(貴門官僚)층이 도주한 忠州城을 노군(奴軍) 두목 池光守와 승(僧) 牛本 등이 이끄는 노예군과 잡류별초(雜類別抄)가 사수(死守)했다. 몽골군이 고려 서북면의 방어 거점(據點)인 龜州를 박서(朴犀, ?-?)의 死守로 공략 못하고 開京으로 향한 약점이 있어서, 고려측이 항복 수락의 뜻을 보이는 것 만으로 그들은 서북면에 다루가치(達魯花赤, Darugháchi) 72인과 약간의 군대를 남기고 5개월만에 사라졌으나, 楊州 · 廣州 · 忠州 · 清州 등 몽골군이 지나간 곳은 잔멸하지 않은 것이 없었다. 몽골은 1만 領의 水獺皮, 2만 領의 말, 1만 필의 絹, 1백만명 분의 의복을 비롯하여 童男 · 童女 · 수부(繡婦) · 工匠 등 엄청난 공물을 고려에 강요하였다.
崔瑀는 장기 항전을 결의하고 수도를 강화로 옮겼다(1232). 개경의 民戶를 강화도에 이주시키고, 이중의 성벽을 쌓았으며, 백성에게는 산성이나 海島로 피난하라(山城海島入保)는 명령을 내렸다. 최씨 정권은 야별초를 파견하여 명령을 따르지 않는 자는 때려 죽이고, 혹은 긴 새끼로 사람의 목을 잇 달아 엮어서 물 속에 던져 죽게 했다.
1232년 12월 撒禮搭는 2차로 침입해 왔다.洪福源(1206-1258)이 이들을 인도하여 개경을 함락시키고 南京(서울)을 거쳐 한강 이남까지 내려 왔다. 處仁城(龍仁)을 공격하던 蒙將 撒禮搭가 승장(僧將) 金允侯(?-?)에게 사살되자, 몽골군은 후퇴하였다. 1235년 3차 침입군은 蒙將 탕우타이(唐兀台, 唐古)에 인솔되어 삼남 지방의 경주와 전주까지 미쳤다.
몽골은 왕의 親朝를 조건으로 군대를 철수시킨 후 구유크칸(定宗, 貴由, 1206-1248, 재위 1241-1248)의 뒤를 이은 憲宗(1208-1259)이 1247년 4차로 아무칸(阿母侃), 1251년 5차로 예쿠(也窟, 也古), 1254년 6차로 쟈랄타이(車羅大, 札剌兒帶) 등으로 하여금 침구하게 하였다.

1254년 狀況을 '高麗史' 는 「이해에 蒙古軍에 붙잡힌 男女는 2십만6천8백명이고 살육된 자는 헤아릴 수 없다. 지나는 주와 군마다 모두 잿더미가 되었는데, 몽골병의 난이 있던 이래로 이 때보다 심한 적은 없었다.」라고 하였다.

쟈랄타이 主將의 7차(1257) 침략이 거듭되는 동안 1258년 최의(崔竩)가 류경(柳璥, 1211-1289) · 김준(金俊, ?-1268) 등에게 살해되어 무인정권이 몰락하고 최자(崔滋) · 김보정(金寶鼎) 등에 의해 對蒙강화가 이루어졌다. 몽골군의 침략으로 개경 · 서경 · 경주 등이 파괴되고 민생은 도탄에 빠지고 인명 손실은 막심하였으며 皇龍寺의 9층탑, 符仁寺의 大藏經版 등 문화재가 손실되었다.

당시 안남국(安南國)에서 탈출, 고려로 귀화한 리용상(李龍祥, 리공온(李公蘊)이 탕롱(昇龍, 하노이)을 수도로 세운 베트남의 첫 독립국 리씨 왕조(1009-1226)의 8대왕 혜종의 숙부)은 예쿠(也窟)와 쏭쭈(松柱) 등 1만 명의 몽골군을 무찌른 공으로 식읍2천 호를 하사 받고 후손도 퍼뜨려 화산(花山, 황해도 금천군) 이씨의 세보(世譜)를 정착시켰다.

• *武臣정권의 몰락과 對蒙講和*

최씨 무인정권은 농민들에 뒷 받침되어 몽골과 항쟁하였다. 왕과 문신들은 講和의 방편으로 불력(佛力)에 의지하여 몽골군을 물리치려 대장경(大藏經)을 조판(1236-1251)하고, 팔관회, 연등회를 벌였지만 별 소득이 없었다. 최씨 무인정권 후에는 金仁俊(뒤에 金俊으로 개명)·임연(林衍, ?-1270) 등에 의하여 정권이 좌우되었다. 고려는 그 이듬해 태자 전(倎)으로 하여금 항복하기를 빌고 몽골의 요구에 따라 강도(江都)의 성곽을 허물었다.

元帝 世祖(忽必烈 쿠빌라이 칸 Khubilai khan, 1215~1294)는 1261년 고려를 복속시키고, 1264년 수도를 다두[大都(北京)]로 옮긴 후 1271년 국호(國號)를 元(1271-1368)으로 개칭, 남송(1127-1279)을 멸망시키고 중국 전토를 통일하였다.
쿠빌라이는 '高麗는 唐 太宗도 굴복시키지 못했는데 그 世子가 스스로 내게 왔으니 하늘의 뜻이다.' 하였다. 고종이 승하하자 임연 등이 강화파 김준을 죽이고 친몽정책을 주장하던 元宗(1219-1274, 在位 1259-1274)을 이장용(李藏用, 1201-1272)의 건의대로 선위하게 한 후 안경공(安慶公) 창을 옹립(擁立)하여 항전을 결의하였다(1269년 6월). 그러나 몽골의 강력한 간섭으로 원종은 복위되었고, 임연을 이은 아들 임유무(林惟茂, ?-1270)도 원종에 의해 살해되는 등 蒙古의 간섭이 무신정권의 존속을 불가능하게 하였다.

대몽강화로 1270년 개경으로 환도하니 강화로 천도한 지 39년, 무인정권 꼭 백년 만에 왕정은 복구되었지만 이후 약 백년 간 고려 조정은 몽골의 간섭하에 들어가게 되었다.

• *三別抄의 항전(1270-1273)*

최씨가 집권하면서 개경의 야경(夜警)·순위(巡衛)를 위하여 조직한 야별초(夜別抄)라는 특수 부대가 左·右의 두 별초로 개편되고 몽골에 포로로 끌려 갔던 자가 탈출, 神義軍을 편성, 좌·우별초와 합하여 三別抄라 부르게 되었다. 고려 왕실이 강화에서 出陸하던 해에 강화도 수비 주력 부대인 三別抄軍에 대하여 몽골 및 고려 왕실은 해산 명령을 내렸다. 배중손(裵仲孫, ?-1271) 노영희(盧永禧, ?-?) 등은 강화를 봉쇄한 후, 개경 조정에 반기를 들어 승화후(承化侯) 온(溫, ?-1271)을 왕으로 추대하고 反蒙 정권을 수립하였다. 1270년 8월 진도에 입거(入據)한 삼별초군은 용장성(龍藏城)을 쌓고 궁전을 營造하여 도성을 이루었는데 南海·巨濟·彰善·濟州 등 여러 섬을 장악하고 長興·合浦(馬山)·金州(金海)·東萊, 전주·錦城(羅州)까지 진격, 정부군과 격전을 벌였다. 1271년 5월, 몽골

신두(忻都) · 홍다구(洪茶丘, 홍복원의 아들로 元에 귀화, 1244-1291) · 고려 김방경(金方慶)의 연합군에 의하여 진도가 함락되었으나, 그 여중(餘衆)은 김통정(金通精, ?-1273)의 지휘 아래 탐라(耽羅;제주도)로 들어가 항전을 계속하였는데 1273년 탐라가 함락당하였다.

2011년 서해에서 발견된 우삼번별초도령시랑(右三番別抄都領侍郎)이라는 목간 기록을 통해 삼별초가 좌우 각 3번으로 나뉘어 있었고 별초의 지휘관이 4품의 시랑이라는 사실이 드러났다. 고려사 자리지에 의하면 高乙那의 15세손 高厚등 3형제가 탐진(耽津, 지금의 康津)에 이르러 신라에 조공하자 星主 · 王子 · 都內라는 작호를 주고 탐라(섬나라 라는 뜻)라 하였다. 탐라는 498년 백제, 662년 신라, 938년 고려 번국(蕃國)이 되었다가 1105년 郡, 1153년 縣, 1211년 제주로 개칭되었다.1416년 3邑制 (濟州牧 · 旌義縣 · 大靜縣)가 1445년 폐지되고 1945년 제주도, 제주시(1955), 세귀포시(1981)로 각각 승격되었다.

〈원 간섭기(元 干涉期) (1270-1356)〉

• 麗 · 元의 日本征伐 실패

元은 和州(永興)에 썽성총관부(雙城摠管府)(1258-1356)를 설치하여 조휘(趙暉)를 총관(摠管)으로 삼아 철령(鐵嶺) 이북의 땅을, 서경에 동녕부(東寧府)(1270-1290)를 설치하여 최탄(崔坦)을 총관(摠管)으로 삼아 자비령(慈悲嶺) 이북을 각각 다스렸으며, 제주도에 탐라총관부(耽羅摠管府, 耽羅國軍民都達魯花赤摠管府)(1273-1301)를 두고 일본정벌을 위해 목마장을 관장하게 하였다. 동녕부와 탐라총관부는 충렬왕 16년(1290) 반환되었으나 쌍성총관부는 공민왕(恭愍王) 5년(1356)까지 존속하였다.

충렬왕(忠烈王) 즉위년(1274) 신두(忻都)와 김방경(金方慶)의 여몽연합군 4만2천명은 9백 척의 전함으로 합포(合浦, 馬山)를 출발하여 규슈(九州)의 하카타(博多)를 공격하였으나 태풍으로 많은 군사와 함선을 잃고 회군하였다 〔분에이노 에키(文永の役)〕. 元 세조(在位 1260-1294)는 고려에 전선(戰船) 건조와 군비를 독촉하고 일본 정복을 담당할 정동행성(征東行省)을 고려에 설치(1280), 일본 원정(遠征) 후에도 존속, 고려의 내정을 간섭하였다.

정동행성은 행정기관인 좌우사(左右司), 군사기관인 도진무사(都鎭撫司), 사법기관인 이문소(理問所)가 주요 기관이었는데 공민왕 때 이문소가 혁파되고 우왕(禑王) 때에는 완전히 없어졌다.

충렬왕 7년 元-高麗 연합군 14만명은 3천5백척의 전함으로 2차 정벌에 나섰으나〔고안노 에키(弘安の役)〕 두 번째의 원정도 태풍〔소위 가미카제(神風)〕으로 패하여 돌아오지 못한 자가 몽골군 10만여명, 고려인 7천여명으로 귀환자는 3만여 명에 불과했다. 두 번에 걸친 일본원정은 고려에 막심한 피해를 주어 민생은 도탄에 빠지게 되었다.

일본은 과거 이를 겐코(元寇)라고 불렀는데, 현재는 몽골내습(來襲)이라고 부르고 가마쿠라(鎌倉) 시대에는 '분에이 11년 몽골合戰', '고안 4년 合戰' 등으로 부르기도 했다. 神風의 영향으로 일본은 神의 나라라는 神風사상이 강화되고 神社의 위치가 높아졌다.
헤이안 시대(794-1185)는 미나모토 요시치카(源義親)의 난(1107-1108), 호겐(保元)의 난(1156), 헤이지(平治)의 난(1159), 미나모토 우지(源氏)·다이라 우지(平氏) 두 세력 간의 교전(1180-1185) 등 반란과 내란을 잇따라 겪었다. 858년 천하를 장악했던 후지와라(藤原) 일족의 셋쇼(攝政)가 무너지고(1185) 두 무가(武家 ; 武士家門)가 각축하다가 미나모토 요리토모(源頼朝, 1147-1199)·미나모토 요시쓰네(源義經, 1159-1189) 형제가 헤이시(平氏) 가문을 토벌하고, 가마쿠라 바쿠후(鎌倉幕府)를 개설, 무가 정치를 전개했다.

• 元의 부마국(駙馬國)

元의 속국이 된 후 고려는 왕의 사후 묘호(廟號)에 元에 충성한다는 뜻으로 '忠'을 넣어 '祖'와 '宗' 대신 '王'으로 하였고, 짐(朕)은 고(孤)로, 폐하(陛下)는 전하(殿下)로, 태자는 세자로 하여 제후의 신분이 되었다. 왕들은 元 왕실의 공주를 비(妃)로 맞음으로서 元의 사위나라(駙馬國)가 되었다.

세자는 뚤루게〔禿魯花, tuluge, 인질(人質)〕가 되어 元에 머물다 와서 즉위하거나 즉위 후 元京에 자주 드나드는것이 통례(通例)로 되었다.
충숙왕(忠肅王, 在位 1313-1330, 1332-1339), 충혜왕(忠惠王, 在位 1330-1332, 1339-1344), 충목왕(忠穆王, 在位 1344-1348), 충정왕(忠定王, 在位 1348-1351) 4대는 고려가 元에 예속되어 난맥을 거듭하던 시기로 暠(忠宣王의 조카)와 忠肅王(1294-1339) 및 忠惠王(1315-1344)과의 왕위계승을 위한 알력(軋轢)은 元의 분열정책에 기인한 것이다.

충렬왕 23년 왕비(忽都, 元 世祖의 딸)가 사망하였을 때 元에 가 있던 왕세자(1275-1325)가 귀국하여 왕비의 사망이 왕의 幸姬(無比)와 환관들의 소치(所致)라 하여 그 일당을 주살(誅殺)하였다. 왕세자(忠宣王, 在位 1308-1313)가 즉위하자 政房을 폐지하고 詞林院을 설치하는 등 정치의 혁신을 꾀 하였다. 그러나 忠宣王의 비(妃) 계국대장공주(薊國大長公主, ?-1315)는 조비(趙妃)를 원 태후(元太后)에게 무고하여 元은 충선왕과 그의 원 실녀(元室女)를 함께 소환하고 충렬왕을 다시 왕위에 오르게 하였다. 충선왕은 元에서 瀋陽王에 봉해졌다. 瀋陽王이라 함은 선양(瀋陽, 奉天, Mukden) 라오양(遼陽)일대 고려의 유망인과 포로들을 통제하고, 고려왕을 견제하기 위하여 元이 세워 놓은 또 하나의 왕이었다. 충선왕은 충렬왕 서거 후 일시 고려 왕위를 다시 겸하게 되었으나 그 후 元에서 모해(謀害)를 입어 유배되자, 충숙왕은 부왕의 종신(從臣)들인 선양파를 장류(杖流)에 처하여 瀋王黨과 충숙왕 從臣들 사이에 대립이 생겼다.
충숙왕 6년(1319) 왕비가 병사(病死)함을 기회로 暠를 중심으로 한 瀋王黨은 왕비의 사인을 元에 무고하여 충숙왕이 곤경에 빠지게 되었다. 暠를 왕위에 앉히려는 瀋王黨의 운동은 충혜왕(忠惠王)代에도 계속되었으나 실패하였다.

忠惠王의 성품이 협기(俠氣) 부리기를 좋아하고 주색(酒色)에 몹시 빠져 음탕(淫蕩)한 짓을 함이 그지 없어 남의 처첩이 아름답다는 소문을 들으면 친소(親疎)와 귀천(貴賤)을 가리지 않고 맞아 들여 후궁이 백여명에 이르렀고, 수탈(搜奪) 하다가 뜻이 맞지 않으면 때려 죽이기까지 하였다. 기철〔奇轍(?-1356), 몽골 名 빠이앤부카(白顔不花)〕 등은 元 조정에 폐위를 건의, 충혜왕이 압송(押送)된 뒤 기철, 홍빈, 채하중 등이 정사를 처결하며 은천옹주 · 충혜왕의 애첩(愛妾) 및 궁인 126명을 추방하였다. 충혜왕은 燕京에서 2만여리 떨어진 지에양시앤(揭揚縣)으로 유배 가던 중 웨양시앤(岳陽縣)에서 독살된 듯하다.

「고려가 정동성을 설치한 이후부터 불령(不逞)한 무리들이 이를 인연하고 결탁하여 자식은 그 아비를 참소하고 신하는 그 임금을 참소하니 君臣 · 父子의 분별이 없어졌다. 충렬왕과 충숙왕은 교만(驕慢)하고 분(分)에 넘치며 음탕하고 게으름이 더할 나위 없었고 충선왕과 충혜왕은 음란하고 방종하여 더럽고 상스러우며 하늘의 상도(常道)를 더럽히고 문란(紊亂)시켰으니 투환(吐藩)으로 귀양가고 지에양(揭揚)으로 좇겨 난 것은 모두 스스로 취한 것이다. 누구를 탓하겠는가」 〈'여사제강(麗史提綱)'〉

• 몽풍(蒙風)의 폐해(弊害)

元은 지정조격〔至正條格, 제왕이 수시(隨時)로 내린 교지(敎旨) 등과 특유의 관습률을 단례(斷例)와 조격(條格)으로 대분하여 지원신격(至元新格), 대원통제(大元通制)를 다시 산정(刪定), 개정한 법전(1346)〕을 고려에 적용, 관제(官制)와 두발(頭髮), 의복(衣服), 생활 풍속까지도 원풍(元風)으로 바꾸고자 했다.

고관들은 물론 그 처자나 백성들도 몽골식의 이름을 가진 사람이 많았다. 수라(水剌)는 임금의 식사를 이르고 몽골의 풍습으로 두드러진 것은 개체(開剃)와 변발(辮髮, 머리의 변두리 털을 깎아 버리고 정수리의 것만 길게 길러서 뒤로 땋아 늘이는 것)이다.
'忠烈王이 원 世祖의 딸과 혼인, 변발(辮髮)에 호복(胡服)을 입고 함께 귀국했을 때, 그 것을 본 父老들이 백년 동안의 전란 끝에 다시 태평의 때를 맞게 되었다고 경하(慶賀)했다.' 는 기록 〈'高麗史' 世家 28〉에서 보듯이 고려의 상류사회에서는 이것이 유행하였다.
단령(團領 ; 옷깃이 둥글고 소매가 좁은 袍로 조선조 世宗때 公服 · 常服으로 제정되어 冠服으로 전래됨)과 수화자(水靴子 ; 비 올 때 신는 무관의 장화), 남자의 착수의(窄袖衣 ; 소매 좁은 옷)와 홀태바지(袴褶), 여자의 족두리(簇頭里), 남녀가 옷 고름에 차는 장도(粧刀), 신부(新婦)의 연지(臙脂)찍는 일, '장사아치', '시정아치' 등 말 끝에 치(赤)를 붙이는 언어습관, 여자들이 귀 뿌리를 뚫어 귀 걸이를 달고 담비를 넣어서 머리를 땋는 일, 절다말(赤馬) · 가라말(黑馬) 등은 모두 몽골 풍속에서 영향 받은 것이다.
1274년 만자매빙사(蠻子媒聘使 : 元에 항복한 南宋人에게 중매(仲媒)하기 위한 사신) 샤오위(肖郁)가 와 결혼도감(結婚都監)을 설치, 140명을 선발하고 1276년(충렬왕 2년) '과부처녀추고별감(寡婦處女推考別監, 1276년 歸附軍行聘別監으로 개칭)' 까지 만들어 1275년부터 1355년까지 44차례에 걸쳐 170명의 貢女가 元에 보내졌다. 稼亭 이곡(李穀)은 元 황제에게 소를 올려 공녀로 생긴 폐단을 절절히 토로(吐露)했다.

1274년 몽골 군이 고려에서 철수하고 '6사' 가운데 가장 핵심적인 다루가치(達魯花赤) 설치와 호구조사 보고가 폐지됨으로써〔세조구제(世祖舊制), 세조성헌(世祖聖憲)〕 조공-책봉 관계가 자리를 잡았다.

元에의 공녀는 고려에서 조혼(早婚)의 풍습을 낳았고 고자〔鼓子, 火者, 거세(去勢)한 자〕가 되어 元에 건너가 권세와 부를 누리고 11代 순제〔順帝, 투간티무르(妥懽帖木兒), 1320-1370, 在位 1332-1370〕의 제2 황후가 된(1340) 完者忽都 奇氏〔?-1368, 기자오(奇子敖)의 막내 딸〕와 그의 일족은 본국을 업신여기는 부원분자(附元分子)로 발호(跋扈)하였다.

고려 왕비가 된 元室女의 호화생활, 왕과 왕비의 元京 왕래, 몽골의 조공물(금 · 은 · 포 등)과 공녀 요구 등은 모두 백성의 부담이 되었다. 權門勢族들이 元의 세력과 결탁하고 있는 동안은 이들 폐단들은 개혁하기가 어려웠다.

고려는 몽골의 간섭 아래에서 이규보의 '동명왕편(東明王篇)' · 일연의 '삼국유사' 등 역사서들을 통해 자아 발견을 새롭게 하였다.

〈공민왕(恭愍王)의 개혁〉

元의 쇠퇴로 漢족의 흥기를 보게 되는 元 · 明의 교체기에 즉위한 공민왕은 반원 친명(反元親明)을 표명하여, 元의 연호 사용을 금지하고, 염제신(廉悌臣, 1304-1382)으로 기철(奇轍), 권겸(權謙) 등 기문(奇門) 일족을 숙청하였으며, 정방(政房)을 혁파하여 인사권을 장악하고, 정동행중서성이문소(征東行中書省理問所)를 파(罷)하여 주권을 회복하고, 함경도와 평안도에 군대를 파견하여 국경을 넓혔다.

• *왜구(倭寇)와 홍건적의 창궐(猖獗)*

왜구〔倭人들의 구략(寇掠)에서 由來〕란 13세기부터 16세기에 걸쳐 출몰한 한반도와 중국 연안의 일본인 해적집단으로 고종 10년(1223년)부터 4백여 차례나 조선의 해안을 노략했다. 1350년 2월 왜구가 고성, 죽말, 거제 등지에 나타나 노략(擄掠)질을 일삼자 고려 조정은 합포 천호(千戶) 최선과 도령 양관 등에게 군사를 내주어 3백여 명의 왜구를 죽였다. 그러나 왜구의 침입이 더욱 심해져 연성군 이권(李權)을 경상 · 전라도 도지휘사로, 첨의참리 류탁(柳濯, 1311-1371)을 전라 · 양광도 도순문사(都巡問使)로 보내 왜구를 방어하도록 하였다. 왜구들은 4월 순천부에, 6월 왜선 20척이 합포에, 11월 동래군에 침입하였고, 이듬해 8월 130여 척의 배로 자연도와 삼목도에 침입하여 인가를 불사르고 백성들을 잡아갔다. 왜구가 창궐하던 우왕(禑王)때에는 전후 320회로 왜구의 침략이 극도에 이르렀었다. 왜구의 근거지는 對馬島와 九州지방의 섬 들이었다. 「對馬州의 별명은 호신(芳津)으로 토지는 척박(瘠薄)해서 채 백물(百物 · 백 가지 産物)도 생산되지 않는다. 산에는 밭이 없고 들에는 도랑이 없고, 터 안에는 채전(菜田 · 채소밭)이 없다. 오로지 고기를 잡고 해초를 캐서 팔아 생계를 유지하는데, "바다 가운데의 한 도회(都會)와 같다."」〈'왜인전'〉고 하였다. 헤이안(平安)시대부터 가마쿠라(鎌倉)시대 초까지 對馬島의 실권자는 阿比留 집안이었는데, 1246년부터는 宗(처음에는 惟宗) 집안으로 교체되었다.

당시 일본은 남북조〔교토(京都)의 고묘(光明) 天皇(1321-1380, 在位 1336-1348, 북조)와 요시노(吉野)의 고다이고(後醍醐) 天皇(1288-1339, 在位 1318-1339, 남조)〕의 쟁난시대였기 때문에 몰락한 무사(武士)와 농민들이 한반도의 거의 전역에 입구(入寇)하여 양식과 인민을 노략해 갔으며 세미(稅米)를 운반하는 조선(漕船)을 약탈(掠奪)함에 해안 경비를 철저히 하고 성도 쌓았으나 큰 소득이 없었다.남북조시대부터 무로마치 바쿠후(室町幕府) 시대 초기까지의 왜구를 전기 왜구(前期倭寇)라 한다.

대표적인 승첩은 최영의 홍산대첩(鴻山大捷, 1376), 나세(羅世 : 1320-1397 元에서 귀화)의 진포(鎭浦)싸움(1380), 아키바쓰(阿只拔都, ?-1380)를 격퇴한 이성계의 황산(荒山)대첩(1380), 정지(鄭地)의 남해대첩(1383)으로 박위(朴葳, ?-1398)는 對馬島 정벌(1389)에 큰 공을 세웠고, 최무선이 발명한 화기(火器)는 왜구 퇴치에 도움이 컸다.

홍건적의 1차 침입은 공민왕 8년(1359) 4만명으로 압록강을 넘은 지 20일 만에 평양을 함락시켰는데 이방실(李芳實) · 안우(安祐, ?-1362) · 최영(崔瑩) 등이 그들을 압록강 밖으로 내 쫓았다. 2차 침입은 2년 후 10여 만명이 침입하여 왕은 복주〔福州 ; 안동(安東)〕까지 피난하고 개경은 그들의 약탈과 분탕질에 파괴되었다. 이때에도 정세운 · 안우 · 김득배(金得培) · 이방실 · 이성계 등이 개경을 탈환하고 그들을 내몰았다.

쌍성총관 조소생(趙小生, ?-1362)이 元으로 도망가 있다가, 공민왕 11년 선양(瀋陽) 지방을 탈환하고 스스로 행성상승(行省相丞)이라 하던 나하추(納哈出, ?-1381)를 유인하여 수만명으로 함경도지방에 침입해 왔는데 이성계(李成桂)가 격퇴, 큰 공을 세웠다.

총병관 김용(金鏞, ?-1363)이 功을 투기(妬忌)한 나머지 교지(矯旨 : 君命이라고 사칭함)하여 안우(安祐)를 시켜 정세운(鄭世雲)을 죽이고 안우(安祐) · 이방실(李芳實) · 김득배(金得培)도 죽이니〔삼원수살해사건(三元帥殺害事件)〕 金得培의 門生(문하생. 門下人) 직한림(直翰林) 정몽주(鄭夢周)가 시신(屍身)을 거두어 들이게 하였다. 김용(金鏞)과 결탁하여 공민왕을 제거하려는 변란(興王寺의 變, 1363)을 꾀하다가 元으로 도망갔던 최유(崔濡, ?-1364)는 공민왕 13년 타스티무르(塔思帖木兒)와 遼陽의 군사 1만명으로 고려를 침공하였으나 최영 · 이성계 등에 의해 定州에서 궤멸되고, 고려 조정에 호송되어 주살되는 등 홍건적은 1366년에야 平定되었다.

홍건적(紅巾賊, 붉은 수건으로 표지를 삼았으므로 홍건적 · 홍적이라 하였다)은 元 말기 화뻬이(華北)에서 백련교(白蓮教) · 미륵회(彌勒會) 등 민간종교 비밀결사가 주체가 되어 한상퉁(韓山童, ?-1351)을 중심으로 일어난 한족 반란(1351-1366)의 한 무리이다. 한산퉁이 잡혀 죽은 후 그의 아들 한린얼(韓林兒, ?-1366)이 무리를 이끌고 화뻬이지방을 거쳐 요동지방으로 옮겼다가 고려를 침범하게 되었다.

홍건적은 元軍과 고려군의 양면 공격을 받아 쇠잔하게 되고 중국 북부 반란을 진압한 쑤조우(蘇州)의 장스청(張士誠, 1321-1367), 쟝시성(江州)의 천요우량(陳友諒, 1320-1363) 등이 상쟁하던 중 주위앤장(朱元璋, 초명 重八)이 베이징(北京)을 점거하고 황제의 位(洪武帝, 在位 1368-1398)에 올라 지칭〔集慶, 난징(南京)〕에 도읍, 국호를 明(1368-1644)이라 하였다. 明은 다시 뚱뻬이(東北)의 랴오뚱(遼東)을 경략(經略)하여 몽골과 고려의 연결을 단절하고 1371년 쓰촨(四川)의 明昇(1355-?)을 무너뜨리고 1381년 윈난(雲南)마저 평정하여 몽골과 티벳의 제휴를 막았다. 明은 1382년 중국 본토를 통일하고, 元은 북쪽으로 옮아가 그 殘勢를 유지하는 형세가 되니 이를 北元이라고 일컫게 되었다.
몽골적 요소의 제거와 漢 민족의 사회에의 적응을 목표로 3권을 분립시켜 宋代 이래 황제 전제권은 강화되고 율령(律令)도, 병제(兵制)도 모두 이러한 방향으로 개정되었다.

北元의 昭宗이 죽고 아들 퇴귀스테뮈르(脫古思帖木兒, 在位 1378-1388)가 뒤를 이은 뒤 內紛으로 타타르 · 오이라트 · 우량하 등 3部로 분열되었는데 몽골 동부의 타타르(韃靼)를 내몽골로 몰아 내고 중가르 왕국을 세웠던 오이라트(瓦剌部, Oirat, 칼믹)가 1449년 남침하여 친정(親征)에 나선 영종(英宗, 1303-1323, 在位 1321-1323)이 포로가 되고(土木의 變), 수도도 포위됨에 名臣 위챈(于謙, 1398-1457)의 책략으로 멸망의 위기는 벗어났으나, 이후 장성(長城) 수축, 9변진(九邊鎭) 설치 등 방위에 힘을 기울여야 했다.

• *辛旽(名, 遍照)의 등용과 개혁失敗*

노국대장공주〔魯國大長公主, 一名 寶塔實里公主, 위왕(魏王)의 딸, ?-1365〕가 죽은 후 공민왕은 신돈(辛旽)을 불러 불법(佛法)을 강설하게 했으며 사부(師傅)로 삼고 청한거사(淸閑居士)라 하였다.

이제현, 이인복(李仁復), 한수(韓脩)는 신돈 등용에 반대하였으나 공민왕은 인순(因循)의 폐단을 개혁할 것을 생각하던 차에 신돈을 발탁, 三重大匡領都僉議란 직을 주어 국정을 맡기고 의심하지 않았다.

「세습귀족과 호족들은 서로 허물을 감싸주고 초야에 묻힌 신진들은 벼슬을 낚을 때까지는 신선한 기개를 보이다가도 벼슬자리에 오르면 자신의 한미(寒微)한 가문을 부끄러워하면서 명문거족과 인척 관계를 맺는 일에 열중하고 유생(儒生)들은 유약(柔弱)하여 작은 벼슬이라도 따면 붕당(朋黨)을 꾸미므로 정권을 맡길 만한 인재는 없다.」〈'고려사'〉

공민왕 15년「기강이 크게 무너져서 탐욕이 풍속을 이루어 전민(田民)을 호강(豪强)이 빼앗아 점유하고 주현(州縣)의 역리, 관노, 백성이 역을 도피하고 농장을 확대해 백성을 병들게 하고 나라를 쇠약하게 한다」고 하여 전민변정도감(田民辨整都監)을 설치하였다.

신돈은 도참설(圖讖說)로 왕을 유혹, 왕은 자주 신돈의 집을 출입, 신돈의 비첩 반야(般若)와 정을 통하여 모니노(牟尼奴)를 낳았는데 이가 곧 우왕이라는 說이 있다.
「신돈은 은혜와 원수를 가려서 꼭 보복했으며, 세가 대족들을 거의 몰살, 살육했으므로 사람들이 그를 호랑이처럼 여겼다.」 〈'高麗史', 열전 신돈〉
신돈에 대한 비판에서 극을 이루는 것이 그가 색(色)에 기울었다는 점이다. 사대부의 아녀자들이 신승(神僧)이라 하여 법을 듣고 복을 빌러 오는 자가 있으면 이를 간음하였다.
조신들은 「옛 날 비기(秘記)에 중도 아니고 속인도 아닌(非僧非俗) 사람이 나라를 어지럽게 한다고 하였는데 신돈을 두고 하는 말일 것이다.」하였다.

전민변정도감을 통하여 많은 양민들이 노비에서 환원되었고, 권세가들이 빼앗은 토지의 상당 부분이 원주인에게 되돌려지거나 국가에 환속되었으며 성균관을 중영(重營)하여 신진사대부층의 성장을 촉진케 하였다.

신돈은 기득권 세력 제거에 총력을 기울인 결과 등용 6년만에 대역죄인으로 낙인이 찍혀 수원으로 유배되었다가 찰방사(察訪使) 임박(林樸, ?-1376) 등으로 하여금 그를 죽여 목을 개경의 동문에 매달았다(1371).

공민왕의 중흥정치(中興政治)도 귀족 세력의 반대〔조일신(趙日新, ?-1352)의 임진정변〕와 부원분자의 공민왕 제거 책동〔기철(奇轍, ?-1356)의 역모 · 최유(崔濡)의 난〕 등으로 바로 잡을 수 없었고 홍건적(紅巾賊)의 입구(공민왕 8-10년)와 왜구(倭寇)의 침입이 심하였으며 군사제도와 토지제도의 문란은 수습하기에 벅찬 과제였다.

조일신(趙日新)은 공민왕이 세자로서 元에 있을 때 시종(侍從)하고, 돌아와 즉위하자 1등 공신에 올라 국권을 한손에 쥐고 충신들을 제거하고 왕을 위협하여 우정승(右政丞)이 되었으나, 밀지를 받은 삼사좌사(三司左使) 이인복(李仁復)이 김첨수(金添壽)를 시켜 참살했다.
1374년 9월 공민왕은 내시 최만생(崔萬生)으로부터 익비가 잉태했다는 보고를 받고 왕비와 같이 잔 행신(倖臣) 홍륜(洪倫, ?-1374)과 그의 무리를 죽이라고 하였다. 그러나 최만생은 한안(韓安), 권진(權瑨), 홍관(洪寬), 노선(盧瑄) 등과 공모하여 침전에 침입, 만취한 공민왕을 시해(弑害)하였다. 공민왕을 시해한 최만생과 홍륜 일당은 다음날 내시 이강달과 경복흥(慶復興, ?-1380), 이인임(李仁任) 등에 의해 모두 죽거나 유배되었다.

「공민왕은 총명하고 인후(仁厚)한 인품의 소유자였으나 노국공주가 세상을 떠난 뒤 본심을 잃고, 공신과 현인들을 내쫓고 죽였다. 또 토목 공사를 대대적으로 일으켜 백성들의 원망을 샀다. 못된 젊은이들을 가까이 두고 음란한 행동을 했으며 후사가 없음을 걱정해 다른 사람의 아들을 대군(大君)으로 책봉했다. 아들을 낳고자 비밀리에 폐신(嬖臣)으로 하여금 후궁과 관계하여 몸을 더럽히게 했으며, 후궁이 임신하자 이 일에 관계된 사람들을 죽여서 입을 막으려고 했으니, 패란(悖亂)함이 이와 같은 데 화를 면하고자 한들 되겠는가」 〈'高麗史' 세가 권 44, 공민왕 23년 10월〉

※ 高麗쇠퇴에 대한 史論

「고려의 왕씨(王氏)는 신라 말엽 태봉(泰封)이 굴기(崛起)하면서부터 일어나 신라와 후백제를 통합하여 삼한(三韓)을 한 나라로 통일하고, 이 나라의 땅을 보존하게 되었다.
성종 때에 제도가 구비되고 발전되었으나, 그 뒤를 이은 군주들이 혼미(昏迷)하고 권신들이 세력을 다투었으며, 인종 때 국운을 뒤 엎을 만한 사건이 있었고, 뒤이어 간신(姦臣)들이 군주를 자기들 마음대로 바꾸었으며, 또 강적(强敵)들이 번갈아 쳐 들어와 나라가 위태로웠으나, 다행히 조종(祖宗)의 업(業)을 보존하였다. 충렬이 유연(遊宴, 잔치)에 빠져 나라를 돌보지 않았고, 충숙(忠肅) 이후 공민(恭愍)까지 여러 가지 변고(變故)가 잇달아 나라가 더욱 쇠퇴하였다.」 〈'고려사'〉

後三國을 통일하고, 渤海의 유민을 받아들임으로써 통일국가를 이룰 수 있었던 고려사회는 지배층의 분열(이자겸의 난 · 묘청의 난, 무신란, 농민 · 노비의 반란)과 대몽항쟁의 시련(부마국)을 경험하면서 민족적 자주의식이 고양되고, 국가적 통일성이 강고해지는 데에 상응하여 각 지방에는 삼국시대 이래의 분립적 요인이 흡수 전환된 향토의식이 자리잡게 되었다.

朴世堂은 「고려는 元과 事大關係를 백년간이나 맺고 있었지만 元이 망하고 明이 일어났을 때 元에 대한 守死之義를 행하기는 커녕 도리어 明과 사대의 관계를 맺어 安穩을 유지할 수 있었다. 즉 거리가 가까우면 勢力의 핍박을 당하기 쉽고 강대하면 不恭하기 쉬우므로 빨리 禍를 입어 빨리 망하는 법이다.」고 하였다.

「고려의 용인법(用人法)은 크게 무너져서 백성을 교육시키고자 하면 사도(師道)가 밝지 못하고, 과거를 하고자 하면 私가 公을 가리고, 전주(銓注)를 하고자 하면 현자(賢者)와 우자(愚者)가 어지럽게 섞이고, 고과(考課)를 하고자 하면 청탁(請託)이 번성하고, 출척(黜陟)을 하고자 하면 뇌물이 공공연히 횡행(橫行)하여 다섯 가지가 모두 무너졌다.」 〈'高麗史' 鄭道傳傳〉

• *世界지도상의 Corea*

1240년대 카르피니(Giovanni de Plano Carpini, 1182-1252)가 '몽골의 역사'에 고려를 카울리(Caulé)라고 표현한 것이 최초의 사용 예이고, 1254년 몽골 카라코룸(Kharakhorum, 喀喇和林)에 왔던 프란치스코 수도회 소속 선교사 뤼브룩(Guillaume de Rubruck, 1220-1293)이 루이 9세에게 「중국 동쪽에 카울레(Caule)라는 나라가 있다.」고 보고한 것이 우리나라가 유럽 대륙에 알려진 최초이다. 17년동안 元에 머물던 마르코 폴로(Marco Polo)는 '東方見聞錄'에 우리나라를 '카울리(Cauli)'라고 소개하였다.
宣祖 4년(1571년) 도우라도(Fernao Vas Dourado)가 만든 세계지도는 중국 북부지방의 해안을 '콘라이(Conrai)해안'으로, 宣祖 26년 화란인 페트로 플란치오(Petro Plancio, 1552-1622)는 코라이(Corai)로, 宣祖 29년 린스호텐(Jan Huygen van Linschoten, 1563-1611)이 만든 '東印度水路集(Itineraio)附圖'는 'Core섬'(Insula de Core)으로, 포르투갈 출신의 예수회(1534년 설립) 신부 루이스 테이셰이라(Luiz Teixeira, 1564-1604)가 오르텔리우스에게 보낸 1592년 2월의 서신과 첨부한 지도는 섬나라로, 아브라함 오르텔리우스(Abraham Ortelius, 1528-1598)의 1595년판 '세계지도 총람'은 'Corea Insula'로 각각 표기하였다. 1570년 일본에서 선교활동을 하던 포르투갈 신부 가스파르 빌렐라(Gaspar Vilela)는 '일본에서 배를 타고 10일쯤 가면 코라이(Coray)라는 나라가 있다.'고 썼으며 1606년 이탈리아 신부 프란체스코 카를레티(Francesco Carletti, 1573-1636)는 여행기 속에서 'Corea라는 나라는 9道로 나뉘어져 있다.'고 소개하였다.
1692년 네덜란드의 지리학자 위첸(N.Witsen, 1641-1717)은 러시아 황제 뾰뜨르(Pyotr Alekseyevich Ⅰ, 1672-1725, 在位 1682-1725)에게 선물한 지리부도 '동북아시아(Noorden Oost Tartarie)'에서 '코리아'라고 기록하였다. 마테오 리치가 1602년 리치차오(李之藻)와 함께 제작한 '곤여만국전도(坤輿萬國全圖)'와 요안 블루에(Joan Blaeu, 1596-1673)의 1655년판 '신 세계지도총람(Novus Atlas)'은 조선을 半島國(Corea Peninsula)으로 그렸다.

어느 세계지도에서 최초로 한반도가 등장했는지에 대한 견해는 다양하다.
이드리씨(Abu' Abdallah-Idrisi, 1100-1165?)의 1154년 세계지도에는 신라가 중국의 해안 섬나라 중의 하나로 묘사되어 있다. 서정철은 피렌체 과학사 박물관 소장 로포호멤(Lopo Homem)의 1554년 지도, 나타니엘 해리스(Nathaniel Harris)는 디에고 호멤(Diego Homem)의 1558년 아시아 지도, 브리커(Bricker)는 혼디우스(Henricus Hondius)의 1573년 세계지도, 홍시환은 플란치오(Plancio)의 1594년 지도라는 설을 주장하였다.
당빌(Jean-Baptiste Bourguignon D' Anville, 1697-1782)의 '신 중국지도 총람(Nouvel Atlas de la Chine de la Tartarie chinoise et du Thibet)' 중, '조선왕국전도(Royaume de Corée)' 부분이 1737년 출간되어 조선을 독립국가로 인정하는 최초의 유럽지도가 완성되었다.

중문경무(重文輕武)·승평태구(昇平太久)의 조선(1392-1910)

조선시대의 정치사는 사대부기, 훈신기, 사림기, 외척세도기로 구분할 수 있다.

1592년의 임진왜란은 조선시대사를 전·후기로 나누는 계기가 되고, 1876년의 병자수호조약은 한국사 전체를 통하여 전통 사회와 근대 사회의 분기점으로 간주되고 있다.

고려의 문벌귀족사회가 무신란에 의하여 붕괴되고 고려 후기 권문세족이 지배층으로 되었는데, 새로이 신흥사대부가 대두하여 조선 건국에 성공하고 조선 양반사회의 토대가 되어 민유방본(民惟邦本, 민이 나라의 근본)을 기초로 정치사회의 일대 변화를 가져왔다.

> 고려조 475년 동안 정치가 불교(佛敎)와 도참(圖讖)과 같은 종교적 가치에 종속되고 있었는데 14세기 말 신흥 지식계급인 士林을 통하여 정치가 문화라는 가치로 연결될 수 있었다. 15세기 중 왕권의 강화, 관료제도의 정비, 토지에 대한 통제 강화, 상공업 억제와 농본주의(農本主義) 경제, 유교 문화로의 전환 등 왕조의 기본체계가 수립되었다.
>
> 16세기 燕山君의 폭정으로 왕실의 권위가 손상되고 중종이 훈구세력(勳舊勢力)의 정변(政變)으로 왕위에 오른 후 仁宗·明宗 등 어린 왕과 宣祖 같은 방계(傍系)가 왕이 됨으로써 왕권은 소외되고 兩班官僚권한이 강화되었다.
>
> 고려 말의 과전법(科田法)은 15세기 중엽 이후 그 모순을 드러내어 직전법(職田法)과 같은 보완책이 마련되었으나 16세기 그것마저 폐지되고 양반관료에 의한 토지의 사적 소유가 증대되어 국가의 재정과 농민생활에 위협을 주었다.
>
> 「임진에 섬 오랑캐가 나라를 좀먹으니 가히 송백(松柏)에 의지할 것이요, 병자에 북쪽 오랑캐가 나라에 가득하니 산도 이롭지 못하고 물도 이롭지 못하고 궁궁이 이롭다.」 〈'도선비기(道詵秘記)'〉

임진왜란은 海上에서 이순신(李舜臣)의 用兵과 陸上에서 義兵의 활약으로 저 들의 큰 계책도 실패로 돌아 갔으나 일본군의 살육과 약탈을 당했으며 명군의 징색(徵索)까지 가중(加重)되었으니 국력의 휴패(虧敗)와 인구의 감손(減損)이 수백년을 거쳐도 회복되지 못했다.

1623년 인조반정이 일어나서 대명사대(對明事大)를 앞세웠기 때문에 後金의 침략을 받아 삼전도(三田渡)의 비극을 초래하였다.

壬辰·丙子兩亂을 겪은 이후부터 외환이 없어 병(兵)이 무엇인지 알지 못하고 안일한 생활이 오래 됨에 게으름이 습관이 되고 허문(虛文, 儒學)만 숭상 장려하여 융정(戎政)을 폐이(廢弛)케 하고 3백년 붕당정치(朋黨政治)가 17세기 이후 勢道政治로 심화되어 풍습이 더럽혀 져 인심이 거기에 빠져들고 이웃 열강이 다투어 사변과 환란이 심해져 국가의 형세가 쇠퇴의 길로 치달았다.

조선왕조의 개창(開創)

• *李成桂의 建國說話*

서산(西山) 대사의 설봉산 '석왕사기(釋王寺記)' 에 조선 건국 이야기들이 적혀 있다.

고려 우왕(禑王, 아명 牟尼奴) 10년(1384), 전북 금마(金馬)로부터 함경북도 학성(鶴城) 지방으로 옮겨 가 살던 이성계는 이웃 노파의 말 대로 삼베 옷과 지팡이 하나 즉 간편한 행장으로 설봉산(雪峯山) 토굴(土窟)의 스님을 찾아가 꿈 이야기를 했다.
「1만 집의 닭 우는 소리는 높고 귀한 지위[(高貴位:꼬끼요의 音譯)를 경하(慶賀)하는 것이고 1천 집의 다듬이 소리는 임금을 모실 사람들이 가까이 이르렀음[御近當]을 알리는 겁니다. 서까래 셋을 사람이 지면[負] 임금 '왕(王)' 자(字)가 됩니다. 꽃이나 거울 꿈도 왕업(王業)을 재촉하는 꿈입니다. 당신은 군왕(君王)이 될 상(相)을 가졌소.」하였다.
이성계는 그곳에다 1년 만에 절[석왕사(釋王寺)]을 짓고 5백 성재(五百聖齋)를 올리는 한편 3년 동안 불공을 드렸는데 아무도 그 까닭을 몰랐다.

李成桂의 高祖(李安社, 穆祖 ?-1274)는 전주에서 知州事와의 불화로 강릉도(江陵道) 삼척을 거쳐 함길도(咸吉道) 宜州(德源)로 솔가(率家) · 이거(移居)하게 되었다. 그는 의주병마사(宜州兵馬使)로서 元兵 방어의 임무를 맡았으나 元兵이 쌍성(雙城)에 내둔(來屯)하자 元에 망명하여(高宗 41년) 경흥(慶興) 부근으로 옮아 가 元의 다루가치(達魯花赤)가 되었다. 다루가치를 승습(承襲)한 曾祖(李行里, 翼祖)는 덕원(德原)으로 환거했고, 祖父(李椿, 度祖)에 이어 父 子春(桓祖, 1315-1361)은 공민왕 5년(1356) 쌍성(雙城)의 元兵을 공격할 때에 항원(抗元) 변장(邊將)으로 입신하여 공민왕 9년 서북면병마사(西北面兵馬使)로, 그 다음해 東北面兵馬使로 진수(鎭守)의 임무를 수행하다가 사거(死去)하였다.

〈창의반사(唱義班師) · 위화도회군(威化島回軍)(1388)〉

이성계는 강계(江界)까지 도망해 온 禿魯江 萬戶 朴儀의 반란 잔당을 섬멸하고(1361), 개경을 점거했던 홍건적을 격퇴시켜 동북면병마사가 되면서 구강(舊疆) 경략의 선봉이 되었다. 공민왕 19년 야인(野人)들을 정벌하고 東北面元帥로서 강릉 · 덕원 등지에서 (공민왕21년, 1372), 西江副元帥로서 강화 · 지리산에서(禑王 3년, 1377), 우왕 6년 8월 상주(尙州) · 선주(善州) · 운봉(雲峰)에서, 1383년 이지란(李之蘭)과 함께 吉州에서, 1385년 咸州에서, 각각 왜구를 대파하여 왜구의 침입은 종식되고 이성계의 武名은 전국적으로 떨쳐지게 되었다.

공민왕의 사후 이성계는 최영(崔瑩)과 힘을 합하여 임견미(林堅味, ?-1388) · 염흥방(廉興邦, ?-1388) 등을 제거하고 점탈된 토지를 본 주인에게 돌려주는 등 국면을 전환하였으나 대외정책에 있어서는 최영과 대립, 친명 · 친원파의 알력은 격심하게 되었다.

정몽주〔초명 몽란(夢蘭)·몽룡(夢龍)〕는 박상충(朴尙衷, 1332-1375)·이숭인·정도전·이인임 등의 친원 정책을 반대, '明을 버리고 元과 가까이 한다는 것은 强을 배반하고 弱을 향하며, 순(順)을 버리고 역(逆)을 좇는 비계(非計)이다.'고 하였다. 이인임 등에게 탄핵을 받고 언양(彦陽)으로 귀양갔던 정몽주가 우왕 10년 7월 칙령을 받고 체납된 세공을 면제받아 오는 등 대명 외교가 다시 열림으로써 다음 해 明은 억류하였던 홍상재(洪尙載, ?-1392), 김유(金庾)·주겸(周謙)·이자용(李子庸, ?-1385) 등을 풀어 주었고 우왕 책봉과 전왕의 시호를 승인하여 공민(恭愍)이라 일컫게 되었다. 정몽주는 우왕 12년 다시 明으로 가 조복(朝服)과 상복(常服)을 받고(관복과 일반의관의 제도는 이때부터 明의 것을 모방하게 되었음) 세공의 반감을 청하여 성공하고 돌아왔다. 정몽주의 업적은 함부림(咸傅霖, 1360-1410)의 정몽주 행장(行狀)(1410)에 상세히 기술되어 있다

元을 북으로 몰아내고 국경을 고려와 맞대자 元의 쌍성총관부가 관할하던 철령(鐵嶺) 이북의 땅을 明의 영토로 하겠다고 철령위(鐵嶺衛)를 설치함에 최영은 遼東정벌을 결심하고 우왕의 동의를 얻어 최영이 팔도도통사(八道都統使), 조민수(曺敏修, ?-1390)를 좌군도통사(左軍都統使), 李成桂를 우군도통사(右軍都統使)로 삼아 출병하게 되었다(1388).

이성계는 네 불가론〔소국으로서 대국을 침(以小逆大)이 불가하며, 농번기에 군대를 동원함(夏月發兵)이 불가하며, 왜구가 허(虛)를 이용하여 입구할 것(倭乘其虛)이니 불가하고, 우기라 활이 녹고 병이 유행하게 됨(時方暑雨)이 불가하다〕을 내 세워 반대하였으나 왕의 강압으로 출병하였다.

「崔瑩의 목적은 遼河의 線에 진출하여 여기를 국경으로 삼는 일이었다.……이 때 明軍의 주력은 元帝 '퇴귀스테뮈르(Tögus Temür)를 치기 위하여 부이르 노르(Buir Nor)에 출동, 滿洲의 방비는 허술했으므로 崔瑩의 계획은 무모한 것이 아니었다」라는 說도 있다.

遼東 출전 배후에는 李 일파의 혁신 세력을 꺾고 고려의 사직을 안존케 하려는 최영의 심모(深謀)가 있었다. 이에 이성계는 위화도〔威化島, 압록강의 하중도(河中島), 중지도(中之島)라고도 함〕에서 조민수와 상의하여 약 5만명(병력 38,830명, 사속(使屬) 11,634명, 전마(戰馬) 21,684필)〕을 회군(回軍)하였다. 그들은 개경 근방에 이르러 최영의 파직을 요청하였으나 우왕은 이를 거부하고 전 밀직부사(密直副使) 진평중(陳平仲)을 보내어 서면으로 제장(諸將)을 유시(諭示)하였다.

「君臣의 대의(大義)는 實로 古今의 통규(通規)라 나 또한 모름지기 이 강역(疆域)을 祖宗에게 물려 받아 어찌 남에게 그저 줄 수 있단 말인가, 혼미(昏迷) 인개(吝改)하지 말고 다 같이 富貴를 保全하도록 시종(始終)힘써야 하오.」

한편 회군 소식을 듣고 동북면의 민간인과 여진 사람으로서 종군하지 않은 사람들이 다투어 이성계군으로 모여들었다. 왕은 최영과 울며 작별하고, 최영도 곽충보(郭忠輔, ?-1403) 등을 따라 나왔다. 이성계가 최영에게 "이와 같은 변란은 나의 본심이 아니오. (요동 정벌이) 큰 의리에 어긋날 뿐아니라 나라를 편안치 못하게 하고 백성을 고달프게 한 까닭이오."하였다.

최영 휘하의 심복장령들은 속속 처형되고 최영은 고봉현(高陽)에 유배되었다가 합포(合浦)로 옮겨지더니 1389년 '전공(前功)이 明에 대한 반역죄를 덮을 수 없다.' 는 이유로 참형에 처해 졌다. 최영은 16세 때 '황금 보기를 돌 같이 하라(汝當見金如石)' 는 부친 유언에 따라 청렴결백을 평생의 신조로 삼았는데 죽는 순간 '내가 평생을 탐욕(貪慾)의 마음을 가졌다면 무덤 위에 풀이 날것이요, 그렇지 않았다면 나지 않을 것이다.' 하였다. 그 무덤에는 풀이 나지 않아 '홍분(紅墳, 붉은 무덤)' 이라고 하였다.

「지위는 재상과 장군을 겸하고 오랫 동안 병권을 장악하였으나 뇌물과 청탁을 받지 않았으므로 세상에서 그 청백함을 탄복하였다. 간대부(諫大夫) 윤소중(尹紹宗)이 "공은 이 나라를 덮었고 죄는 천하에 가득하다(功蓋一國 罪滿天下)"라고 하였는데 세상에서 이를 명언이라고 하였다.」 〈'고려사' / 권 113 열전 26 최영〉

1389년 11월 전 대호군 김저(金佇) · 전 부령 정득후(鄭得厚)가 황려(黃驪, 驪州)에 유배되 있던 禑王으로부터 받은 이성계 살해에 대한 密旨누설〔김저(金佇)의 옥(獄)〕로 우왕은 폐위되어 강화도에 유폐되었다가 강릉으로 이배되었는데 그의 아들 창(昌, 1380-1389, 在位 1388-1389)이 왕위를 이었지만 1년 5개월 만에 심덕부(沈德符), 지용기(池湧奇), 정몽주(鄭夢周), 설장수(偰長壽), 성석린(成石璘), 조준(趙浚), 박위(朴葳), 정도전(鄭道傳) 등이 9공신 체제를 구축, 興國寺모임에서 폐가입진(廢假立眞, 假王을 몰아내고 眞王을 세운다)을 내 세워, 창왕은 신돈(辛旽)의 자손이라 하여 다시 추방하고 왕씨 가문 중에 신종(神宗)의 7대손 정창부원군〔定昌府院君 : 요(瑤)〕으로 왕위를 계승하게 한 후 칙령을 내려 우 · 창왕 부자를 주살(誅殺)하였다.

원천석(元天錫, 號 耘谷, 1330-?)은 '禑는 신돈(辛旽)의 시비(侍婢) 반야(般若)의 소생' 이라 하였다. 「신우(辛禑)가 죽으니 조신(朝臣)은 목은(牧隱)에게 후계를 의논했다. 목은이 '전왕(前王)의 아들을 세워야 한다.' 하니 이에 우(禑)의 아들인 창(昌)을 세웠다. 포은(圃隱)과 목은은 우(禑)와 창(昌)은 신씨(辛氏)로 생각하지 않았던 까닭이다.」
〈안정복(安鼎福) / '열조통기(列朝通紀)' / 順菴叢書 下〉

「고려사는 신우부자(辛禑父子)를 반역열전(叛逆列傳)에 기입했는데 그 뜻이 공평하지 못하다.… 그는 先王이 자기 아들이라 하였고, 부친이 전하여 주고 자식이 이어 받았는데… 차마 그를 반역이라 하겠는가.」 〈이익(李瀷) / '성호사설(星湖僿說)' 〉

〈고려왕조 5백년의 최후 · 조선왕조의 개창〉

이성계는 위화도회군 이후로 두 차례 폐립(廢立) 단행, 창왕 귀양, 윤이(尹彝) · 이초(李初) 투옥 등 3차에 걸쳐 반대세력을 제거하였다.

공양왕(恭讓王) 2년 5월 왕방(王昉) · 조반(趙胖, 1341-1401) 등이 明에서 돌아와 「윤이(尹彝) · 이초(李初)가 明 황제에게 "李시중(成桂)이 요(瑤)를 세워 왕으로 삼았다. 인척 瑤는 이성계와 공모하여 병마를 동원하여 상국(明)을 치려 하고 있다. 이성계 파는 李穡 등 10여인을 살해하고 우현보(禹玄寶) 등 9인을 유배시켰다."고 무고(誣告) 했다.」 하였다.

'尹彝 · 李初의 옥(獄, 1390)' 은 李파는 사실이 그렇다 하고, 반대파들은 모략이라고 주장했다. 윤이 · 이초의 말을 믿고 이성계를 이인임의 아들로 잘못 기록한 종계변무(宗系辨誣)는 역관 홍순언(洪純彦, 1530-1598)의 기개로 풀려 1589년(선조 22) 성절사 윤근수(尹根壽)가 대명회전(大明會典)의 전질을 받아옴 으로써 숙원을 풀었다.

'풍채가 좋음은 화평(華峰)의 송골매요, 지략의 깊음은 난양(南陽)의 와룡(臥龍)이라' 던 이성계의 세력은 날로 커가서 공양왕 때에는 인심이 그에게 쏠리고, 조준(趙浚) · 정도전(鄭道傳) 등도 받들게 되자 정몽주(鄭夢周)는 김진양(金震陽, ?-1392) 등을 대간에 내 세우고 이성계 배척의 선두에 서려 하였다. 이성계 일파는 공양왕 2년 공사(公私)의 전적(田籍)을 불태우고 과전법(科田法) 실시(공양왕 3년)와 공전(公田) 증대로 국가의 수입을 증가시켰다. 공양왕 4년 3월 明에 갔던 태자 석(奭)이 돌아오게 되자 이성계는 황주(黃州)로 출영(出迎) 나섰던 길에 해주에서 사냥을 하다 말에서 떨어져 중상을 입게 되었다. 정몽주는 이소식을 듣고 조준(趙浚) · 정도전(鄭道傳) · 남은(南誾) · 윤소종(尹紹宗) 등의 죄상〔선란조언죄(煽亂造言罪)〕을 탄핵 · 유배하고 이성계도 제거하려는 밀계를 세웠는데 이 기미를 알아 챈 이방원(李芳遠, 1367-1422)은 즉시 이성계를 서울로 오게 하여 정몽주의 계책에 큰 타격을 주었다. 정몽주가 그를 방문하였을 때 이방원은 술 자리를 마련하고 '하여가(何如歌)' 를, 정몽주는 '단심가(丹心歌)' 를 읊었다.

「이런들 엇더ᄒᆞ리 져러ᄒᆞᆫ들 엇더ᄒᆞ리 / 萬壽山 드렁츩이 얽어진들 긔 엇더ᄒᆞ리 /
우리도 이ᄀᆞᆺ치 얽어져셔 百年가지 ᄒᆞ리라」

「이 몸이 죽고죽어 一百番 곳쳐 죽어 / 白骨이 진토(塵土)되여 넉시라도 잇고 업고 /
님 向ᄒᆞᆫ 一片丹心이야 가실줄이 이시랴」

「몽주가 오자 조영규(趙英珪, ?-1395)가 달려 나가면서 쳤으나 맞지 않았다. 몽주는 방원의 부하들을 꾸짖고 말을 채찍질하여 내 뺐다. 영규가 쫓아 가면서 말 머리를 치니 말이 엎어졌다. 그 바람에 몽주가 땅에 떨어졌다가 일어나 뛰는 것을 고여(高呂)등이 쫓아가 죽였다.」 〈'태조실록'〉

선혈을 흘린 선지교 돌 틈에서는 대 나무가 솟았다 하여 선죽교(善竹橋)라 부르게 되었다. 그의 시체는 송악산(松嶽山) 중들이 염습(殮襲)하여 풍덕(豊德) 땅에 묻었다.

이 일로 이성계는 방원을 멀리하게 되었지만, 방원은 1405년 정몽주에게 대광보국숭록대부(大匡報國崇祿大夫) 영의정부사(領議政府事)수문전대제학 감예문춘추관사 익양부원군을 추증하고 그 충절은 개성의 숭양서원 등 13개 서원에 제향(祭享)되었다. 효종(孝宗)은 '千古에 어찌 이와 같은 정충(精忠)이 있으리오.' 하였고 '율곡별집(栗谷別集)' 은 '정포은은 이학지조(理學之祖)로 불리우나 사직(社稷)을 편안케 한 신하이지 유자(儒者)가 아니다' 하였다.

「정몽주는 재질이 비상하게 높고 기개와 절개가 뛰어나게 오매하며 충효 대절을 지켰고, 성리학을 연구하여 조예가 매우 깊었다.… 정몽주가 비로소 양반이나 서민들로 하여금 '주자가례' 에 의거하여 가묘를 세우고 조상에게 제사를 드리게 하였다.」 〈'고려사'〉

정몽주에 대하여 훗날 장유(張維)는 '우왕과 창왕이 폐위되고 죽임을 당할 때에는 절의를 제대로 세운 일이 있지 않았고, 심지어는 아홉 공신의 반열에 들기까지 했다' 고 하였다.

「가마귀 ᄡᅡ호는 골에 백로(白鷺)야 가지마라 / 성닌 가마귀 흰 빗츨 ᄉᆡ오ᄂᆞ니 /
창파(滄波)에 됴희 ᄡᅵ슨 몸을 더러일가 ᄒᆞ노라」 〈鄭夢周의 母〉

「白雪이 ᄌᆞᄌᆞ진 골에 구름이 머흐레라 / 반가온 梨花는 어ᄂᆡ 곳듸 피엿는고 / 夕陽에 홀노 셔셔 갈 곳 몰나 ᄒᆞ노라」 이성계에게 신종(臣從)을 거부 했다는 이색의 시다.

정몽주가 죽자 이성계는 왕을 강박하여 이색마저 유배시키고 서인(庶人)으로 격하시켰다. 또한 金震陽 · 李崇仁 · 李種學(1361-1392) 등 구신들과 설장수(偰長壽, 1341-1399) · 이무(李茂, 1355-1409) · 강회백(姜淮伯, 1357-1402) · 류정(柳汀) · 김리(金履), 禹玄寶와 아들 禹洪壽(1355-1393), 종친들, 왕의 측근들을 모두 유배시켰다. 한편 이방원 · 배극렴(裵克廉, 1325-1392) · 조준 등은 일을 서둘러, '왕은 혼암(婚闇)하여 군도(君道)를 잃고 인심이 떠나 사직(社稷)과 생령(生靈)의 주(主)로 삼을 수 없다.' 고 왕대비(王大妃:공민왕비)에게 공양왕의 폐위를 선언하도록 하였다. 공양왕과 그의 가족은 원주로 추방되고, 왕의 사위 단양군(丹陽君) 우성범(禹成範), 진원군(晋原君) 강준계(姜准季)가 죽임을 당하고 성석린(成石璘, 1336-1423) · 한천(韓蕆 ?-1403) · 류혜손(柳惠孫) · 강회중(姜淮仲) 등 구신 세족(世族)들이 유배되었다.

도평의사사(都評議使司)의 의결을 거쳐 공양왕의 양위와 이성계의 즉위(공양왕 4년, 1392)로 易姓革命이 이루어져 고려는 34왕 475년 만에 그 막을 내리고 조선왕조가 개창되었다. 이성계는 明 황제에게 고명(誥命)과 인신(印信)을 요청하고 국호(國號)도 조선(朝鮮) · 화녕(和寧)(이성계의 출생지) 중에서 擇定해 줄 것을 청하여 조선으로 정하였다. 이성계는 군제의 개편에 착수하고 52명을 개국공신(開國功臣)으로 봉하여 새 군신관계를 다짐하였다.

조선시대에는 개국공신에서부터 1728년(영조 4) 이인좌(李麟佐)의 난 진압 후 책봉된 분무공신(奮武功臣)에 이르기까지 총 28회 977명의 공신책봉이 있었고 원종공신(原從功臣)은 18차례 1,698명에 이른다.

이성계는 고려 태조의 묘를 경기도 마전(麻田)으로 옮기고, 공양왕을 원주에서 간성(杆城)으로, 다시 삼척으로 옮겼다가 죽였다. 또 왕씨 일족은 강화도와 거제도로 추방하거나 바다에 빠뜨려 죽이기도 하였다. 왕씨들은 어머니의 성을 따르거나 전(全), 옥(玉), 용

(龍), 전(田)씨 등으로 성을 바꾸고 살았다. 그는 남해 견암사(見巖寺), 개성 진관사(津寬寺) 등에서 수륙재〔水陸齋, 수륙무차법회(水陸無遮法會)〕로 왕씨(王氏)의 명복을 빌었다. 고려왕조에 대한 충성심을 버리지 않은 신하들이 개풍군 광덕산 부조현(不朝峴)으로 찾아 들어 '두문불출(杜門不出)' 했으므로 동리 이름을 두문동이라 하였는데 (且杜門不出故 又以杜門名其洞) 화해사전(華海師全)의 '언지록(言志錄)' 에 임선미(林先味), 조의생(曺義生), 성사제, 이경(李瓊), 맹호성(孟好誠), 고천상(高天祥), 서중보(徐仲輔), 李中仁(1315-1392) 등 두문동 72현의 이름만 전해온다. 4處士(元天錫 · 南乙鎭 · 徐甄 · 李陽昭)를 비롯한 그들은 고려의 마지막 충신들로 정조가 1783년 성균관에 표절사를 세워 충절을 기렸다.

「興亡이 有數ᄒᆞ니 滿月臺도 秋草 - 로다 / 五百年 王業이 목적(牧笛)에 붓쳐시니 / 夕陽에 디나는 客이 눈물 계워 ᄒᆞ노라」

원주로 찾아온 제자 태종을 피해 치악산(雉岳山)으로 들어간 遺臣 원천석(元天錫)의 옛 왕도를 돌아다 본 감회(懷古歌)이다. 원천석은 운곡야사(耘谷野史) 등 많은 저서를 남겼으나 耘谷行錄(耘谷詩史)만 전해진다.

「五百年 都邑地를 필마(匹馬)로 도라드니 / 山川은 의구(依舊)ᄒᆞ되 인걸(人傑)은 간듸 업늬 / 어즈버 태평연월(太平烟月)이 꿈이런가 ᄒᆞ노라」 〈吉再, 字 再父, 號 冶隱〉

태조(太祖)는 '도선비기' 에 따라 개경을 버리고 1394년 국도를 한양(漢陽)으로 옮겼다. '팔역지(八域志)' 와 '五山說林' 에 한양 도읍과 관련된 이야기가 있다.

「이성계가 무학(無學, 名 自超 1327-1405)에게 수도(首都)를 정하게 하자 무학은 백악산(白岳山) 아래 세 개의 산맥이 모여 하나의 들〔坪〕을 이룬 것을 보고 궁궐 터를 정했다. 바깥 성(外城) 쌓을 자리를 놓고 무학과 선비들의 의견이 엇 갈려 城의 둘레와 거리(遠近) 등을 결정하지 못할 때 하루는 밤에 많은 눈이 내려 안으로는 깎이고 밖으로는 계속 쌓여 성의 형상을 이루었다. 이 태조는 눈을 좇아서 성을 쌓게 했는데 그것이 오늘날의 城이다.」(뒷날 '눈 울타리' 라는 뜻의 '설울' 로 불리다가 '서울' 로 부르게 됐다는 설이 있다.) 무학은 한양(漢陽)에 이르러 "인왕산으로 진산(鎭山)을 삼고 백악(白岳)과 남산으로 좌우용호(左右龍虎)를 삼아야 합니다"(酉坐卯向) 하였고 정도전은 "예부터 제왕(帝王)은 다 남면(南面)하여 나라를 다스렸습니다. 북악을 주산으로 하여 인왕 · 낙산으로 좌우용호를 삼아야 합니다."(壬坐丙向) 하였다. 무학이 "신라의 의명대사(義明大師)가 '한양에 도읍을 택정(擇定)할 때에 정씨(鄭氏) 성을 가진 이가 시비(是非)를 걸면 5世를 지나지 못하여 찬탈(簒奪) 당하는 화(禍)가 생기고 2백년이 되는 때에는 판탕(板蕩)의 어려움이 올 것이다' 라고 하였읍니다." 하였다.」 〈車天輅 / '五山說林' 〉

의상(義湘) 대사 '산수기(山水記)' 에서 말하는 '스님' 은 무학(無學)을 가리키고 '정(鄭)씨 성을 가진 사람' 은 정도전(鄭道傳)을 지칭한다. 무학은 글을 좋아하지 않았다. 그는 질소(質素) 검박한 성격으로 무엇이든 남에게 주기를 좋아하였다. 항상 '팔만보살행(八萬菩薩行) 중에 갓난 어린애의 행(行)이 제일이다.' 라고 하였다.

「도선(道詵)의 '비기(秘記)'에 '왕씨(王氏)를 대신할 자는 이씨니 한양에 도읍할 것이다'라는 말이 있다. 그런 까닭에 여조(麗朝)에서는 한양에 오얏나무를 심고 오얏나무가 무성하게 되면 벌채 해 버려서 왕기(王氣)를 누르곤 하였다는데 이때에 이르러 '비기'의 도참(圖讖)이 들어맞았다.」 〈'旬五志'〉

정약용은 풍수설을 비판했다.

「일세의 영걸로서 총명과 위엄으로 한 세상을 산 사람이 명당 위에 앉아 있어도 자손들을 비호하지 못해 요절하고 폐인이 되기도 하는데 풍수설의 시조 꿔푸(郭璞, 276-324)는 죽음을 당해 물속에 묻혔고, 도선과 무학은 중이 되어 조상에게 제사도 지내지 않았다. 풍수쟁이들은 죽을 때까지 빌어먹을 뿐 그 자손들이 번성하지 못하는데 무슨 이치인가」

한양은 1395년 한성부(漢城府)로, 1910년 경성부(京城府)로, 1945년 서울시로 각각 개칭(改稱)된 후 1949년 특별시로 되었다.

이성계가 즉위후 공신들과 잔치를 베풀었을 때

「서로 경신(敬信)하여 자손만대에 변함이 없어야 하겠다.」 하자 정도전은 「예전 제환공(齊桓公)이 빠오슈야(鮑叔牙) 에게 치국(治國)의 방도를 물었을 때 빠오슈야는 '公은 거(莒)에 있을 때를 잊지 않고 나는 함거(檻車:罪人을 싣는 수레)에 실려 있을 때를 잊지 않으면 된다.' 고 하였다 하니, 전하는 말에서 떨어졌을 때를 잊지 말고 신(臣)은 목에 쇠줄이 매였을 때를 잊지 않으면 자손만대(萬代)를 기할 수 있을까 하오」 하였다.

정도전은 개국(開國)할 즈음에 왕왕 취중(醉中)에 「한 고조(漢 高祖)가 張子房을 쓴 것이 아니라, 張子房이 한 고조를 쓴 것이다.」하였다.

저우둔이(周敦頤)는 '周敦頤集'에서 「天性 그대로를 만족하는 자는 聖人이고 天性으로 돌아가 그것을 지키는 자는 賢人이다」하였다.

정도전은 요순(堯舜)은 聖人, 하우(夏禹)에서 성탕(成湯)을 거쳐 周 무왕까지는 賢人, 춘추오패는 범인(凡人)에 지나지 않았으므로 覇者 이후에는 재상이 전권을 가져야만 올바른 정사가 펼쳐질 수 있다고 보았다.

「중 노릇을 하던 우현보(禹玄寶)의 족인(族人) 김전(金戩)이 종(奴) 수이(樹伊)의 아내를 간통하여 딸 하나를 낳았다. 후일에 속인(俗人)이 되자, 수이를 내쫓고 그 아내를 빼앗아 자기의 아내를 삼았다. 그 딸을 士人 우연(禹淵)에게 시집 보냈는데, 우연은 역시 딸을 낳아 공생(貢生) 정운경(鄭云敬)과 혼인을 시켜 아들 셋을 보았으니 맏이가 정도전이다. 그가 처음 벼슬하매 우현보(禹玄寶)의 자제(子弟)들이 경멸(輕蔑)하므로 대성(臺省)에서 고신(告身)에 서경(署經)하지 않았다. 조선 왕조가 일어서는 데는 정도전의 힘이 컸다. 그러나 도량이 좁아 남을 시기(猜忌)하고 겁이 많았다. 자기보다 나은 사람을 꼭 해치려 하고, 옛 날에 감정을 품었던 사람에게는 기어코 보복하려 하였다. 오천(烏川) 정몽주(鄭夢周)와 성산(星山) 이숭인(李崇仁)과 친밀한 우정이 깊었는데, 후에 조준(趙浚)과 교제하고자 하여 세 사람을 참소(讒訴)하고 헐 뜯어 원수(怨讐)가 되었다.」

〈'太祖實錄' 1輯 27面 · 134面, 太祖 卷 14〉

문치주의(文治主義)

• 주자 정치 철학의 두 경향

조선조는 개창과 더불어 신 왕조를 세운 합리화의 근거와 排元親明 외교정책의 근거를 春秋大義的 義理觀과 그 華夷觀에서 찾으려 하였다. 조선의 건국이념인 숭유억불(崇儒抑佛)·중농(重農)·사대교린(事大交隣)은 조선의 정치·외교·경제적 현실을 반영한 것이다.

유교의 기본 철학을 정치에 반영시켜야 한다는 경학 내지 성리학 위주의 입장과, 詞章을 위주로 현실적인 정치·경제에 보다 많은 관심을 갖자는 입장의 두 경향이 나타났는데 전자는 신하는 節義를 지켜야 한다는 유교적인 윤리관(君臣有義)이고 후자는 신 왕조 개창에 적극 참여하여 양반 관료 체제 확립에 이바지 한 학자들(鄭道傳·趙浚·權近)이다.

성리학의 전파는 정권과 결합하여 불교 배척의 기운을 조성하였다. 태조는 사찰의 면세 특권을 빼앗고, 도첩제(度牒制)를 강화하여 승려의 숫자를 줄이고 서울에는 성균관, 지방에는 향교(鄕校)를 세워 학문을 진흥하였다.

삼봉(三峰) 정도전은 역대(歷代 : 晋·魏·齊·穰 ·李靖·諸葛武候) 병법을 참고로 '오행출진기도(五行出陣奇圖)' 를 짓고, 주례(周禮)의 사마수수지법(司馬蒐狩之法)을 증손(增損)하여 '강무도(講武圖)' 를 지어서 훈련하게 하고, 명정(明廷)에 가서는 하은사(賀恩使)로서 명제의 수우(秀優)를 받아 외교 사명을 완수하였다.

태조 2년 '문덕곡(文德曲)', '몽금척(夢金尺)', '수보록' 등의 악사(樂詞) 세 편을 지어 바쳐서 창업의 쉽지 않음과 수성(守成)의 어려움을 반성하게 하였다.

한양에 짓는 궁궐(태조 4년 준공)을 '시경' 雅篇의 '이미 술에 취하고 덕에 배부르니 군자 만년 그대의 큰 복을 도우리라(旣醉以酒 旣飽以德 君子萬年 介爾景福)' 라는 구절에서 따와 '경복궁(景福宮)' 이라고 명명하고 '주례, 고공기(考工記)' 의 '좌묘우사' (左廟右社) 원칙에 따라 역대 국왕·왕비의 신위(神位)·위패(位牌)를 안치한 종묘(宗廟)와 토지의 신(社)·오곡의 신(稷)을 모시는 사직단(社稷壇)을 설치했다. 사직단에서 1년에 네 차례 임금이 제주가 되어 땅의 신과 곡식의 신에게 제사하는 대제사(大祭祀)와 풍년을 비는 선농(先農), 좋은 베 짜기를 비는 선잠(先蠶), 좋은 기후를 바라 우단(雩壇)에 제사하는 중제사(中祭祀)가 있었다.

전조후시(前朝後市)에 따라 대소 궁전, 흥인지문(興仁之門), 돈의문(敦義門), 숭례문(崇禮門), 소지문 [昭智門, 숙정문(肅靖門)] 등 문루(門樓)와 도성(都城) 내외 49 방(坊)의 이름을 짓고 '신도팔경시(新都八景詩)' 를 지었다.

태조 6년 '경제문감(經濟文鑑)' 을 지어 정치제도, 재상(宰相), 대관(臺官), 간관(諫官)의 임무와 실례 등을 중국 고사(故事)에서 인용, 위병(衛兵), 본조부병(本朝府兵), 감사(監司) 제도 등 시정방책을 제시하였다. 정도전은 회진현으로 귀양 갔을 무렵의 오언절구(五言絕句)가 있다.

「예부터 한 번의 죽음은 있다. 도둑질 한 편안은 편안이 아니다. 아득한 천년 후에도 영웅의 뜻은 추천(秋天)에 비끼리라.」

「타오유엔밍〔陶淵明, 타오첸(陶潛), 365-427〕이 만종의 녹을 의롭지 않다 하고 전원을 달게 여긴 것은 춥고 배고픔을 즐거움으로 삼았기 때문이며, 술에 의탁해서 끝내 그 지조를 지켰으니 취한 것이 곧 절개가 되었다.」 〈'三峰集' 권 4, 「讀東亭陶詩後序」〉

고종 때 대원군이 경복궁을 중건하면서 정도전에게 1865년 문헌(文獻)이라는 시호와 '유종공종〔儒宗功宗, (유학의 으뜸이요 공로도 으뜸이다)〕' 이라는 편액을 내려주었다.

〈太宗의 王權確立〉

새 왕조 초기 거듭된 정변은 정치체제 수립으로 왕권을 강화하려는 것이었다. 태조 7년(戊寅年 : 1398) 1차 왕자의 난〔'방원의 난', '무인정사' · '정도전의 난' 이라고도 한다.〕이 일어났는데 功이 많은 신의왕후(神懿王后) 한(韓)씨(1337-1391) 소생 방원(芳遠)을 제외하고 신덕왕후(神德王后) 강(康)씨(?-1396) 소생 방번(芳蕃, 1381-1398) · 방석(芳碩, 1382-1398) 중 방석을 세자로 삼았기 때문이었다.

도전, 남은, 효생 등이 결당음모(結黨陰謀)하여 친훈(親勳)을 해하고 국가를 요란하게 하려 하므로 사세가 급박하여 주제(誅除) 하였다고 했다. 태종의 정사(定社)의 공은 하륜(河崙 1347-1416)과 이숙번(李叔蕃, 1373-1439)의 힘이었다

「정도전 · 남은이 방석에게 붙어서 피우〔避寓, 임금을 다른 곳으로 옮겨 모실 일〕를 의논하겠다고 핑계하고 익안군(益安君) 방의(芳毅, ?-1404), 회안군(懷安君) 방간(芳幹, 1364-1421) 등 왕자들을 제거하기를 꾀하였다.
이숙번은 남은의 첩 집과 이웃집 세 곳에 불을 질렀다. 심효생(沈孝生, 1349-1398), 장지화(張至和, ?-1398)등은 그 자리에서 맞아 죽고, 정도전은 달아나 숨었다가 소근에게 잡혀 목 잘려 죽었다. 남은은 도망하여 숨었으나 뒤에 참살되었다. 정도전의 네 아들 중 유(游)와 영(泳)은 변을 듣고 뛰어 나와 맞아 죽고, 담(湛)은 자살하였으며, 진(津, 1361-1427)은 거짓 하인으로 지붕 위에 올라 가서 불을 끄는 형상을 하여 죽임을 모면하였다.
방번을 도당(都堂)에서 뒤 쫓아 죽이고 경순공주(慶順公主)는 이제(李濟, ?-1398)에게 시집갔는데 제(濟) 또한 죽으니 태조가 친림(親臨)하여 공주의 머리를 깎아 주며 눈물을 흘렸다.」 〈'海東樂府'〉

「왕(定宗), 정안공(靖安公) 방원과 정사공신(定社功臣)을 논제하고, 도승지(都承旨) 이문화(李文和, 1358-1414)를 시켜 전지(傳旨)하여 가로되, '국가 창업 미구(未久)하니 단본정시(端本正始)로서 천명으로 알고 조(祚)를 만세(萬世)에 전할 지니라. 불행하게도 간신(奸臣) 정도전, 남은등이 上王이 병중에 있음을 기화로 어린 왕자를 끼고는 난(亂)을 일으켜 우리 제형(諸兄)을 죽여 기성의 업(業)을 번복하려고 할 새 화(禍)는 불측(不測)에 있었다. 이에 화(和), 방의(芳毅), 방간(芳幹), 방원(芳遠), 이백경(李伯卿), 조준(趙浚), 김사형(金士衡, 1332-1407), 이무(李茂), 하륜(河崙), 이거이(李居易, 1348-1412), 조영무(趙英茂, ?-1414) 등이 분충결책(奮忠決策) · 정난반정(靖難反正)하여 종사(宗社)를 안태롭게 하다.」 〈'조선왕조실록' 정종 즉위년 9월 17일〉

이에 태조는 물러가고 장남 진안대군(鎭安大君) 방우(芳雨, 1354-1393)는 死去한 후여서 영안대군(永安大君) 방과(芳果)가 즉위하니 이가 정종(定宗, 1357-1419, 재위, 1399-1400)이다. 정종은 분경〔奔競 : 분추경리(奔趨競利)의 준말, 권귀(權貴)를 찾아 벼슬을 청탁함〕을 법으로 금지시키고 노비변정도감(奴婢辨正都監)을 설치, 강제로 노비가 된 양인들을 구제하였다.

1400년 방원은 방간의 도전〔2차 왕자의 난, '박포(朴苞)의 난' 이라고도 한다〕마저 봉쇄하여 왕위를 물려 받았다. 太宗의 왕권강화는 사병(私兵)의 혁파와 관제의 개혁이었다.

태종 2년(1402) 11월 태조는 야반에 궁을 나와 양주 소요산(消遙山)에서 며칠 쉬고 함흥으로 향하였다. 함흥에서는 조사의(趙思義, ?-1402)의 난이 일어나 불안하였으므로 상호군(上護軍) 박순(朴淳, ?-1402), 호군(護軍) 송유 등을 보내 돌아오기를 청하였으나 돌아오는 사람이 없었다. '함흥차사(咸興差使)' 라는 말은 여기서 유래되었다. 태종은 최후로 왕사 무학, 안평부원군 이서, 승려 익륜과 설오, 환관 노희봉을 잇 달아 보내 모시고 오게 되었다.

태종은 치안의 확보와 형정(刑政)을 정비하고, 순군(巡軍)을 의금부(義禁府)로 개편하여 최고의 법사(法司)로 삼았으며 새 법전의 편찬을 하고 민의상달(民意上達)의 등문고〔登聞鼓, 승문고(升聞鼓)라고도 함〕를 설치(1402)하였다. 1406년 3월 전국의 사찰소유 토지와 노비가 국고로 환수되고 불교계의 종파도 12개에서 7개로 축소되었다. 국가가 지급했던 사찰의 토지와 노비는 1/10로 줄어들었는데, 이를 모면할 수 있었던 사찰은 242사에 불과하였다.

태종이 외척 원경왕후(元敬王后) 민씨〔민제(閔霽, 1339-1408)의 딸(1365-1420)〕 일파〔무구(無咎, ?-1410) · 무질(無疾, ?-1410) · 무휼(無恤, ?-1416) · 무회(無悔, ?-1416)〕와 세종의 장인 심온(沈溫, 1375-1418)을 제거한 것도 왕권강화조치였다.

〈世宗의 여정도치(勵精圖治, 정성을 다해 힘껏 다스림)〉

태종은 상왕으로 물러나기 전인 1418년, 양녕대군(1394-1462)이 전 중추(中樞) 곽선(郭璇)의 첩 어리(於里) 등 궁 밖의 여성들과 방탕한 생활을 일 삼는다는 이유로 柳廷顯(1355-1426) 등의 청원에 따라 14년간 있었던 세자에서 폐하고 충녕대군을 세자로 삼아 2개월 뒤 선위했다.

世宗 때 集賢殿 설치(1420), 4部學堂제 확립으로 현사(賢士)를 기르고 宗學 설립으로 音韻 연구, 유교윤리 보급, 유교교육 진흥 등 유교문화의 발전을 보게 되고 천문학 · 무기 · 농업 · 역학 · 의학 등 분야에 걸쳐 과학기술이 발달하였으며 훈민정음(訓民正音)을 창제(創制)하고 文治가 융성해짐에 무공(武功) 또한 펼쳤으니 야인(野人, 女眞人)을 쫓아내고 땅을 넓혀 四郡六鎭을 두었으며 對馬島를 정벌하였다.

「세종은 28세에 보위에 올라 7년 대한(大旱)과 많은 국상(國喪)을 치루었다. 임금이 별실(別室) 두 칸을 짓게 하였는데, 주초(柱礎)도 쓰지 않고 띠(茅草)로 덮게 하였으며 장식은 검소하게 하였다. 임금은 정전(正殿)에 들지 않고 별실에서 기거하였다.」 〈'세종실록'〉

세종은 상경(常經 : 사람이 지켜야 할 변치 않는 법도)과 권도(權道 : 왕명으로 임기응변에 대응하는 것)를 존중하면서도 한쪽에 치우치지 않았으며, 몸소 정법을 실행해 보이는 것으로 귀감을 삼게 하였다.

首陽大君의 찬위(簒位)

• 계유정난(癸酉靖難, 1453)

세자 책봉 25년 뒤인 1445년 대리청정을 시작했던 문종(1414-1452, 在位 1450-1452)은 斥佛言論 · 朝臣 6品以上 윤대(輪對) · 12司의 5司 개편 등을 하였는데 등창에 독인 꿩고기를 들고 세종의 대상(大祥) 이듬해 승하하여 12세 단종(端宗, 1441-1457, 在位 1452-1455)이 즉위했다.

단종의 어머니 현덕왕후(顯德王后, 권전(權專)의 딸, 1418-1441)는 세자빈에 책봉되었으나 가례(嘉禮)를 치르지 못하고 4년 만에 죽어 현덕이란 시호가 내렸다. 단종의 누이 경혜공주(敬惠公主, 1436-1473)는 남편 정종(鄭悰, ?-1461)이 중 성탄(性坦) 등과 모반을 꾀했다 하여 능지처참된 후 관비(官婢)가 됐다.
단종은 교서로 자신이 유충하여 국사는 의정부에 계문(啓聞 : 글로 써서 상주함)하여 시행 하라고 하니 좌의정 남지(南智, ?-?)는 풍증(風症)을 얻어 황보인(皇甫仁)과 김종서(金宗瑞, 1390-1453)가 모든 권한을 행사하게 되었다. [황표(黃標)정사] 이때 "영의정 황보인은 나약(懦弱)하고, 좌의정 김종서는 전횡(專橫)하며, 우의정 정분[鄭苯, ?-1454, 정이오(鄭以吾, 1354-1434)의 아들] 은 눌려 있다"고 하였다.

대권을 노리던 왕의 중숙(仲叔) 수양대군의 눈에는 節齋 김종서가 눈에 가시였다. 또한, 시문서화금기(詩文書畵琴棋)의 쌍삼절(雙三絕)로 꼽히던 제일의 문사로 세종의 사랑과 문종의 권우(眷遇)도 극진하였던 안평대군이 자신을 견제하자 불령반역(不逞叛逆)의 무리를 이끌고 충의열사들을 도륙(屠戮)하고 골육(骨肉)을 살해하게 되었다.

수양의 찬위는 두가지 의미를 가지는데 하나는 집현전 학자들의 분열이고, 다른 하나는 한글의 대중적 보급의 저해이다.

수양의 반역 음모가 누설되고 세 정승이 징치(懲治) 대책을 논의하게 되는데 이 사실이 탐지되어 수양은 단종 원년(1453) 10월 10일 밤, 김종서를 몸소 제거하러 나섰다. 수양은 단종에게 "김종서가 역모하여 주륙(誅戮)하였으나 상주(上奏)할 겨를이 없었소. 역모한 황보인 등 도당을 잡도록 하시오."한 후 승지 최항(崔恒)에게 명하여 대신들을 급히 들게 하였다. 이때 미리 암계(暗計)가 되어 영의정 황보인, 이조판서 조극관(趙克寬, ?-

1453) · 찬성 이양(李穰), 병조판서 민신(閔伸)과 윤처공(尹處恭) · 이명민(李命敏, ?-1453) · 조번(趙藩) 등을 철퇴로 죽이고 좌의정 정분 · 조극관의 동생 조수량(趙遂良)을 유배하였으며, 안평대군과 그의 아들 우직(友直)은 강화로 압치(押置) 했다가 사사(賜死)하였다. 허후(許詡, 許稠의 아들, ?-1453)는 수양대군의 처사에 불만, 거제도에 안치되었다가 교살되었다. 이리하여 단종 3년 왕위를 물려 받으니 이가 세조(世祖, 在位 1455-1468)이다. 신숙주(申叔舟), 한명회(韓明澮, 1415-1478), 구치관(具致寬), 홍윤성(洪允成, 1425-1475), 윤자운(尹子雲, 1416-1478), 김국광(金國光, 1415-1480) 등 정난공신(靖難功臣)을 43명, 좌익공신(佐翼功臣)을 46명 책봉하였다.

수양대군은 '10월 10일 정난(靖難)의 일은 한명회가 다 했고, 나는 한 것이 없다' (세조실록, 3년 3월 28일)고 하였다.

'단종실록' (원래는 '魯山君日記') 권2 즉위년 6월 30일 신묘(辛卯)조에는 김종서가 안평대군에게 보냈다는 오언율(五言律)시가 실려 있고 이 시는 김종서가 안평대군으로 하여금 인심을 수습하여 모반하기를 독촉한 시라고 설명해 놓고 있다. 세조가 김종서와 안평대군에게 모반의 누명을 씌워 자신의 모반 사실을 정당화시키려 한 곡필(曲筆)이다.

• *上王復位企圖(1456) - 만고(萬古)의 충신들(사육신)*

수양의 찬위(簒位)에 대하여 집현전 출신 유신들의 반발이 일어났다. 세조 2년 단종의 복위와 권신의 숙청을 꾀 하던 계획이 좌절되어 右司諫 성삼문(成三問) · 박팽년(朴彭年) · 김문기(金文起, 1399-1456) · 執義 이개(李塏) 등이 형살(刑殺) 되고, 左司諫 하위지(河緯地)도 살해되었으며, 류성원(柳誠源, 1426-1456)은 스스로 목숨을 끊어 "사육신"이라는 이름을 남겼다. 이 사건에 연루되어 처벌된 자가 70여 명에 이르렀다.

단종 복위 계획은 성삼문 일가와 친분이 두터운 본국 출신 환관 윤봉(尹鳳)이 明 사신으로 온 것을 기회로 1456년 6월 윤봉을 위로하는 잔치 자리에서 별운검(別雲劍)으로 하여금 세조를 비롯 한명회 · 권람(權擥) 및 세자 등을 제거하고 상왕을 복위시키려던 거사(擧事)로 실패 다음날 김질(金礩, 1422-1478)이 그 장인 정창손(鄭昌孫)과 함께 고변(告變), 박팽년은 성삼문 등과 함께 잡히어 모진 고문을 받게 되었다.

세조가 '너희들이 어찌하여 나를 배반하는가' 하니 삼문이 '하늘에 두 해가 없고, 백성에게는 두 임금이 없기 때문이오(天無二日 土無二王)' 라고 하였다. 세조가 매우 성내어 무사로 하여금 쇠를 달구어 그 다리를 뚫고 그 팔을 끊게 하였으나 성삼문은 식기를 기다려서 '다시 달구어 오게 하라. 나으리의 형벌이 참혹하다' 하였다. 그때 신숙주(申叔舟)가 주상의 앞에 있으니 삼문이 꾸짖어 「영릉(英陵)께서 원손(元孫)을 안으시고 "나의 천추만세 뒤에 너희들은 모름지기 이 아이를 염려하라"고 하시었다. 그 말씀 네 어찌 잊었는가. 너의 악(惡)함이 이렇게 극도에 이를 줄은 생각지 못하였다.」 하였다.

팽년이 「내가 상왕의 신하로서 충청감사가 되었고, 나으리에게 올린 계목(啓目)에는 한 번도 신이라 일컬은 것이 없으며, 또한 녹도 먹지 않았소」 하였다.

이개(李塏)는 단근질을 당하며 '이것은 무슨 형벌인가' 하니, 세조가 응답할 말이 없었다. 하위지(河緯地)가 '반역 죄명을 쓰면 사형이 있을 뿐이다' 함에, 단근질은 쓰지 않았다.

하위지는 강개(慷慨)하고 경연(經筵)에서 시강(侍講)함에 헌체(獻替:임금을 보좌하여 선을 권하고 악을 못하게 하는 것)하는 바가 많았다. 제학(提學) 강희안(姜希顔)이 초사에 관련되었으나 불복, 화를 면하였다.

삼문이 옛 동료들에게 '너희들은 어진 임금을 도와 태평을 이룩하라. 삼문은 돌아가 지하에서 옛 임금을 뵙겠다.' 하고 「북소리는 사람의 목숨을 재촉하는데(擊鼓催人命) / 머리를 돌려보니 해는 차츰 기울고 있네(回頭日欲斜) / 황천에는 주막 하나 없을 테니(黃泉無一店) / 오늘밤을 누구 집에서 자고 갈꼬(今夜宿誰家)」 하였다. 그 딸 아이가 5, 6세쯤 되었는데 수레를 따라가며 울며 뛰고 그 종이 울면서 술을 올리니 삼문이 엎드려 마시고 시를 지어 「임이 주신 밥을 먹고 임이 주신 옷을 입고 / 일평생 한 마음 어김이 없었네 / 한번 죽음이 충의인 줄 알았으니 / 현릉의 송백이 꿈에도 잊을 수 없네」 하였다. [추강집(秋江集)에서는 성승(成勝, ?-1456)의 시라고 하였다.]

세조는 성삼문을 그 부친 성승 및 유응부, 박쟁, 이개, 하위지, 박중림(朴仲林, ?-1456)(박팽년의 부친) 등과 함께 군기사(軍器寺) 앞길에서 차열(車裂:사지를 두 수레에 각각 잡아 맨 다음 서로 반대 방향으로 몰아 찢어 죽이는 형벌)로 죽이고 그 사지를 각처로 끌고 다니며 구경하게 하고 3일 동안 효수하였다. 박팽년의 시신도 그렇게 하였다. ['해동야언(海東野言)' 에는 팽년이 옥중에서 죽었다고 하였다.]
성삼문의 세 아우 [삼빙(三聘) · 삼고(三顧) · 삼성(三省)] 네자녀 [맹첨(孟瞻) · 孟年 · 孟終 · 갓난아이]와 박팽년의 부친(仲林), 세 아우(기년 · 인년 · 대년), 세아들(憲 · 珣 · 奮), 매부(봉여해) 등 3代가 참화를 입었다.

死六臣은 형장에서 이런 시조를 남기고 죽어갔는데 세조는 육신의 죽음을 보고 "너희들은 내게는 불충했으나 후세에는 만고의 충신들이구나." 하였다.

「이몸이 죽어가셔 무엇시 될고 ᄒᆞ니 / 봉래산(蓬萊山) 第一峯에 낙락장송(落落長松) 되얏다가 / 白雪이 만건곤(滿乾坤)홀 제 獨也靑靑 ᄒᆞ리라」 〈成三問〉

「窓 안에 혓ᄂᆞᆫ 燭불 눌과 이별(離別)ᄒᆞ엿관듸 / 것흐로 눈물 디고 속타ᄂᆞᆫ 줄 모로ᄂᆞᆫ고 / 져 燭불 날과 갓ᄒᆞ여 속타ᄂᆞᆫ 줄 모로더라」 〈白玉軒 李塏〉

「간밤에 부던 바람 눈셔리 치단 말가 / 落落長松이 다 기우러 지단말가 / 허믈며 못다 퓐 곳지야 닐너 무숨 ᄒᆞ리오」 〈俞應孚〉

「가마귀 눈비 마자 희ᄂᆞᆫ 듯 검노ᄆᆡ라 / 夜光明月이야 밤인들 어두으랴 / 님 向ᄒᆞᆫ 一片丹心이야 變홀 줄이 이시랴」 〈朴彭年('연려실기술' 권4에는 이개의 시조로 실려 있음)〉

김종서의 아들 김승규의 아내와 박팽년의 아내(天安全氏, 1417-1499)는 정인지가, 성승의 아내는 이흥상(李興商, ?-1465)이, 성삼문의 아내(연안 김씨) · 딸과 이승로(李承老)의 누이는 박종우(朴從愚, ?-1464)가, 성삼고의 아내 · 딸은 정창손이, 이현로의 아내와 김유덕의 아내 · 딸은 이사철이, 김문기(金文起)의 아내는 류수(柳洙, 1415-1481)가, 김문기의 딸은 최항이, 이해의 아내 · 딸과 김유덕의 누이는 박중손(朴仲孫, 1412-1466)이, 최면의 누이와 조완규(趙完珪, ?-1454)의 아내 · 딸은 신숙주가, 권자신(權自愼, ?-1456)의 아내 · 딸은 권준(權蹲)이, 김현석의 아내는 권람이, 김승규의 딸과 권저의 어미는 강곤(康袞, 1411-1484)이, 김승벽의 아내는 홍윤성이, 유성원의 아내 · 딸과 이명민(李命敏)의 아내는 한명회가, 이보흠의 아내와 이윤원의 아내는 김질이, 하위지의 아내 귀금(貴今) · 딸 목금(木今)은 권언이 각각 차지하였다.

공신들은 사육신의 토지도 빼앗아 금성대군 이유(李瑜)와 성삼문의 당진 땅은 이구가, 김문기의 영동 땅은 정인지가, 하위지의 선산 땅은 한확이, 이개의 포천 땅은 정창손이, 유응부의 포천 땅은 신숙주가, 이개의 한산 땅은 홍윤성이, 이개의 충주 · 임피(臨陂) 전지는 삼촌 이계전이 각각 차지하였다.

1977년 9월 국사편찬 위원회는 발표하였다.

「세조 2년 6월 8일 병오조 기록을 검토하건대 성삼문, 박팽년, 하위지, 이개, 류성원, 김문기 순으로 6臣만을 들고 김문기가 도진무로서 박팽년과 모의할 때 군 동원의 책임을 맡은 사실이 기록되어 있으므로 위에 든 6신이, 세조조에 가려진 원래 6臣이라고 판정됨, (생략)」「'첨기' 조선왕조실록은 정사이고, 추강집(秋江集) 육신전(六臣傳)' 은 항간(巷間)에 내려 오는 말을 사찬한 것임을 밝힘.」 이리하여 기왕에 있던 유응부의 묘는 그대로 두고 1978년 5월 노량진 육신묘역에 白村 김문기의 허묘(墟墓)를 봉안 하였다.

세조는 壽康宮 上王 단종을 노산군(魯山君)으로 강봉(降封)하여 영월(寧越)로 추방하고 (1457), 순흥부사 이보흠(李甫欽, ?-1457)의 금성대군(錦城大君, 이름 瑜, 세종의 여섯째 아들, 1426-1457) 복위 음모를 적발하자 노산군을 폐하고 서인(庶人)으로 삼았다.

주동자 21명 등 3백여 명의 영남 사민(士民)들이 처단되었는데 피살자들의 피가 죽계(竹溪)하류까지 흘러 "피끝"이라는 지명이 생겨났다. 권신들은 노산군과 금성대군의 완전 제거를 계속 주장하여 금성대군을 사사(賜死)하고, 노산군도 세조 3년 스스로 목숨을 끊었다.

사약을 가지고 영월에 갔던 금부도사 왕방연(王邦衍)은 돌아가는 때 시를 지었다.

「千萬里 머나먼 길에 고운님 여희오고 / 닉 마음 둘듸 업셔 시닉가에 안ᄌ시니 / 져 물도 내 안 갓ᄒ여 우러 밤길 녜는다」 〈연려실기술〉

단종은 승하한지 224년 후인 1681년(숙종 7) 노산대군(魯山大君)으로 복위 되었다가 1698년 申奎의 상소로 왕으로 복원, 묘호를 단종(端宗), 능호를 장릉(莊陵)이라 했다.

서울 興仁門 밖 동망봉(東望峰) 청룡사(靑龍寺) 정업원구기(淨業院舊基) 뒷면에는 영조(英祖)의 '음제서(飮悌書)' 란 글이 새겨져 있다. 신숙주가 내려달라던 단종비(端宗妃) 定順王后 宋氏(1440-1521)는 아버지 송현수(宋玹壽, ?-1457)가 사사(賜死), 어머니 민씨는 교형 당했다 「송비가 정업원에 출가할 때에 시녀 셋이 머리를 깎았는데, 법명은 희안(希安), 지심(智心), 계지(戒智)였다. 한 사람은 옆에서 모셨고, 두 사람은 동냥을 하여 끼니를 이었다.」 〈'해평가전(海平家傳)'〉

일부 유신들은 "불사이군(不事二君)"의 절의를 고수하여 왕위를 빼앗은 세조에게는 출사(出仕) 할 수 없다 하여 평생을 초야에 묻혀 보냈으니, 김시습〔金時習, 자 열경(悅卿), 호 매월당(梅月堂)〕· 권절〔權節, 1422-? 또는 남효온(南孝溫)으로 대신〕· 원호(元昊, ?-?) · 이맹전(李孟專, 1392-1480) · 조여(趙旅, 1420-1489) · 성담수(成聃壽, ?-1456)를 생육신(生六臣)이라 한다.

자학(自虐)과 경세(警世)의 金時習에 대하여 율곡은 「절개와 의리를 표방하고 윤리와 기강을 부지(扶持)하는데 있어서 그 뜻이 밝고도 정대함이 해와 달과 같다. 다만 마음은 유교에 있되 족적은 불교에 있다.(心儒跡佛)」고 했으며 퇴계는 「한갓 괴이(怪異)한 사람으로서, 그가 살던 시대가 어지러웠기 때문에 높은 절개가 이루어 졌을 뿐이다」 하였다.

역대왕조에서는 세조의 찬역을 은폐하여 논평을 기피하였다. 성종(成宗) 때 김종직(金宗直)이 '성삼문은 충신이다. 변란이 생긴다면 臣이 성삼문이 되겠소이다.' 하였다.
선조(宣祖) 9년(1576) 강관(講官)이 성삼문의 충절을 논한 것이 도화선이 되어 격노한 선조는 남효온(南孝溫)의 육신전(六臣傳)을 전부 색출하여 불 태우려고 했는데 이이(李珥)는 강관의 태도를 논하였다.
「육신의 충절을 아무도 부인할 수 없다. 그러나 군부(君父)의 악(惡)을 꺼리어 기피하는 것도 고금의 통의(通義)인즉, 그때 누구라도 김종직이 성종께 한 말대로 했더라면 선조는 즉석에서 석연(釋然)하였을 것이다.」
1691년(숙종 17) 死六臣을 복작(復爵)시키고 廟宇를 만들었으며 1791년(정조 15) 단종을 위해 충성을 바친 안평대군 등 六宗英 · 송현수 등 四懿戚 · 김종서 등 三相臣 · 김문기 등 三重臣 · 成勝 등 兩雲劒, 그리고 六臣 등 32人으로 '御定配食錄' 을 편정(編定)하였다.

단종을 폐하고 왕위를 빼앗고 충신을 죽였으매 유학의 입장에서 용납될 수 없던 세조는 집현전과 경연을 폐지하였다. 효령대군(孝寧大君, 1396-1486)이 회암사에서 원각법회를 베풀던 중 부처가 나타나고 감로(甘露)가 내리자 세조는 이를 기리도록 원각사(圓覺寺)를 짓고 1461년(세조 7) 간경도감(刊經都監)을 설치하여 불경을 많이 간행하였다. 과전법을 폐지하고 직전법(職田法)을 실시하였으며, 강북야인을 정벌하고 변방을 편안히 하였다.

효령대군 墓下에 1736년 청권사(淸權祠)가 건립되고 1789년 사액(賜額)되었다.
수양(세조)의 두 아들 중 하나는 의경세자(德宗, 1438-1457)로, 하나는 임금(예종, 1450-1469)으로 모두 20세에 죽었다. 수양의 며느리와 손부(孫婦)는 모두가 한명회의 딸인데 세자빈(章順왕후, 1445-1461)과 왕비(恭惠왕후, 1456-1474)로 각각 17세, 19세에 죽었다. 세조는 온몸에 부스럼이 나서 고름을 짜내는 병고 속에 52세로 승하하였다. 한강 남쪽 언덕 위에 압구정(狎鷗亭)을 짓고 豪富를 누렸던 한명회의 딸이 낳은 세손도 4세에 죽었다. 성종은 한명회를 탄핵한 대사헌 홍흥(洪興, 1424-1501)의 기개를 장하게 여기고 그에게 의탁하는 일이 많았다.

「한명회는 번잡(煩雜)한 것을 좋아하고 과대(誇大)하기를 기뻐하며, 재물을 탐하고 색을 즐겼다.」 〈'성종실록' 18년 11월 14일 한명회 졸기〉

18세기 초 홍만선(洪萬選)의 '산림경제(山林經濟)'에 녹두나물을 '두아채(豆芽菜, 元의 '居家必用'에 처음 등장)'라 했고, 19세기 초 편찬된 '만기요람(萬機要覽)'에는 '녹두장음(菉豆長音)' 또는 '장음녹두(長音菉豆)'라 했으니 녹두나물을 숙주나물이라 부르게 된 것은 19세기 이후인듯 하다.

계유정난 · 단종복위기도에 관한 기록으로 李恒林 · 朴景林 · 朴和東 등에 의한 '단묘충의록(端廟忠義錄, 1936)', 李光洙의 '단종애사'(1928-1929), 金東仁의 '大首陽(1941)'이 있다.

• 이징옥의 난(1453) · 이시애의 난(1467)

수양의 찬위에 대한 반발은 지방에서도 일어났다. 6진 개척에 무공을 세워 함길도도절제사(咸吉道都節制使)가 된 이징옥(李澄玉)을 파면시키고 박호문(朴好問 ?-1453)을 후임으로 하자, 이징옥은 '은인의 원수와 같은 하늘 아래 살 수 없다.' 라며 그 후임자를 죽이고 군사를 일으켜 종성(鐘城)에 이르러 "대금황제(大金皇帝)"라 칭하며 신 왕권에 반기를 들었다. 그는 여진과 결탁하여 저항을 꾀하였으나, 종성에서 절제사에게 주살 당하였다.

채제공은 '이징옥이 군사를 일으킨 것은 明에 직소하여 단종의 복위를 꾀한 것이지 황제가 되려고 했겠는가' 하였다. 〈'번암집(樊巖集)'〉

세조 13년(1467) 5월 전 회령부사(會寧府使) 이시애(李施愛)는 길주(吉州)에서 병난을 일으켜 병마절도사(兵馬節度使) 강효문(康孝文, ?-1467)과 길주 목사(牧使) 설징신(薛澄新)을 죽이고, 함길도의 수령은 함길도인으로 임명할 것을 요구하자 함흥 이북의 주군(州郡)이 이에 호응하고, 각지의 유향소(留鄕所)가 주도하여 함길도관찰사(咸吉道觀察使)까지 함흥에서 패사(敗死) 되었다. 都摠使 이준(李浚, 龜城君)과 허종(許琮, 1434-1494) · 강순(康純, 1390-1468) · 어유소(魚有沼, 1434-1489) · 남이(南怡) 등이 이끄는 6도(道) 3만명의 관군이 반군을 대파, 이시애는 길주로 패주하여 체포 · 참수되고 난은 3개월만에 평정, 길주는 길성현(吉城縣)으로 강등되고 함길도(咸吉道)는 남 · 북 2도로 분리되었으며, 유향소도 폐지되었다.

• *남이(南怡)의 옥(獄)(1468년)*

남이(南怡)는 태종의 넷째 딸 정순공주의 아들로 무재가 뛰어났는데, 「북청의 싸움에서 남이가 진압을 드나들면서 사력을 다해 싸우니, 향하는 곳마다 적이 마구 쓰러졌고, 몸에 4, 5개의 화살을 맞았으나 얼굴 표정이 태연하였다.」('세조실록' 권 43) 하였다.

「백두산 돌은 칼을 갈아 닳아 없어지고(白頭山石 磨刀盡) / 두만강 물은 말을 먹여 말랐네.(豆滿江流 飮馬無) / 사나이 스무살에 나라를 평정치 못하면(男兒二十 未平國) / 후세에 누가 대장부라 칭하리오.(後世誰稱 大丈夫)」

무과로 등용된 남이가 '이시애 난' 평정후 백두산에 올라 지은 시의 구절중 훈신들은 '미평국(未平國)'을 '미득국(未得國)'으로 바꿔, 역모를 획책하였다고 모함하였다.

남이가 강희맹, 한계희 등 훈구 대신들의 비판으로 병조판서에서 겸사복장직으로 물러났을 때 하늘에 혜성(彗星)이 나타났다. 남이는 '묵은 것을 몰아 내고 새로운 것을 받아들일 징조'라고 말하였는데 병조참지 류자광(柳子光)이 이 말을 엿듣고 역모를 꾀하려 한다고 예종(在位 1468-1469)에게 고변해 남이를 비롯하여 강순(康純), 조경치(曺敬治), 변영수(卞永壽), 변자의(卞自義), 문효량(文孝良), 고복로(高福老), 오치권(吳治權), 박자하(朴自河) 등 약 30명의 무인이 악형에 못 이긴 거짓 자백으로 참형을 당하고 그 가솔(家率)들이 노비로 전락 했다.

남이의 준일(俊逸)함을 겁낸 류자광은 남이를 철색으로 묶고 기병이 포위하여 끌고 오라고 했다. 남이는 옥(獄)에 이르자 분신(奮迅) 철색을 끊고 지붕 위에 뛰어올라, '나는 불사(不死)할 수 있지만 군명(君命)에 의해 죽을 뿐이다. 다만 한 스러운 것은 대장부가 류자광 따위의 모함에 걸려 죽는다는 사실이다'라고 외친 뒤 국문에 응해 눈을 감고 형을 받는데 고통스런 표정이 없었다.

사대교린(事大交隣)

〈배원(排元) · 친명(親明)의 事大〉

「仁者만이 大國으로 小國을, 智者만이 소국으로 대국을 섬길 수 있다. '대국으로 소국을 섬기는자(以大事小者)'는 하늘을 즐거워하는 자요, '소국으로 대국을 섬기는 자(以小事大者)'는 하늘을 두려워하는 자이니, 하늘을 즐거워하는 자는 천하를 보존하고, 하늘을 두려워하는 자는 나라를 보전한다.」 〈'맹자', 양혜왕〉

조선은 개국 당시부터 중국에 事大〔'春秋左傳'의 '禮也者 小事大 大字小之謂', (예라함은 작은 것이 큰 것을 섬기고 큰 것이 작은 것을 아낌을 이르는 것)에서 인용〕하고 이웃나라와의 교린을 외교의 근본으로 삼았는데 사대외교는 열심히 했으나 교린외교는 성심껏 하지 않았다.

친명 · 사대의 정책은 고려의 구신(舊臣)을 제거하고 신 왕조의 권위를 인정받기 위해서였으나 초기의 대명(對明) 관계는 여진유민(女眞流民)의 환송, 세공(歲貢) 문제등 복잡한 양상을 띠어 태조가 요청한 조선국왕의 고명(誥命, 국왕 책봉서)과 인신(印信, 왕인)은 태종 때에야 받게 되었다.

조선은 明에 사대(事大)의 예는 취하였지만 내정과 외교는 자주적이었다. 明은 조공(朝貢)의 형식을 취한 무역으로 이(利)를 얻으면서 중화자존(中華自尊) 의식을 만족시켰고, 조선은 명제의 사여(賜與)에 의한 무역을 통한 실리(實利) 외교를 행하였다.

조선에서는 정초에 하정사(賀正使), 明 황제 생일에 성절사(聖節使), 황태자 생일에 천추사(千秋使), 특별한 일이 있을 때 사은사(謝恩使) · 주청사(奏請使) · 진하사(進賀使) 등을 파견하였다. 사신의 왕래는 문화의 수입, 물품의 교역에도 필요하였는데 수출되는 물품은 금 · 은 · 마필 · 인삼 등이었고, 약재 · 서적 · 문방구 등이 수입되었다.

어전통사(御前通事)로는 태조때의 사역원(司譯院) 제조(提調) 설장수(偰長壽)와 태종때의 원민생(元閔生, ?–1435), 세종 때의 김하(金何)와 이변(李邊, 1391–1473)이 최고를 다투었다. 태종 8년(1408)부터 세종 15년(1433)까지 7차례에 걸쳐 114명의 貢女가 明에 보내졌고 인조 16년(1638)과 효종원년(1650) 두 차례에 걸쳐 32명의 貢女가 淸에 보내졌다.

원민생이 '처녀 주문사(處女 奏聞使)' 로 明 황제에게 헌납할 처녀들을 데리고 北京을 갔는데 이들의 중국行에 부모친척들의 울음소리가 길에 가득하였다.

「여인들은 다 슬피 흐느끼고 먹지 않았으며, 물러나올 때에는 낯을 가리고 우니 부모와 친척들이 서로 붙들면서 데리고 나왔는데, 곡성이 뜰에 가득하여 보는 사람들이 눈물을 흘리었다.」 〈'세종실록', 권 45, 11년 7월 18일〉

〈南倭北虜와의 交隣〉

• 육진(六鎭) · 사군(四郡) 개척 - 對 여진(女眞) 관계

만주 일대 여진족은 조선과 明에서 생활필수품을 수입하여 갔으나 교역이 이루어지지 않을 때는 변경을 침략하여 약탈해 갔다. 조선은 여진에 대하여 북진정책을 내 세워 정벌도 하고, 교역을 하여 달래기도 하는 기미교린책(羈縻交隣策)을 폈다.

조선은 여진인의 귀화를 장려하였고, 입공(入貢)하는 추장에게는 관작을 주고 녹봉을 지급하였다. 또한 종성(鐘城)과 경원(慶源)에 무역소를 설치, 그들은 마필 · 모피 등을 바치고 포목 · 농구 · 미두 등을 가져갔다. 조선에서 여진 유민을 우대한 것이 明과의 외교문제를 일으키기도 하였다. 우데케(兀狄哈) 2백여명이 떼를 지어 들어오기는 세종 4년(1422) 10월이었는데, 名將 첨절제사(僉節制使) 전시귀(田時貴)에게 패전하여 내 쫓기었다. 파저강(婆猪江: 佳江, 桓仁 지역)일대의 여진족 추장 리만주(李滿住)가 여연(閭延)군 백성과 가축을 약탈해 달아난 것을 계기로 세종 15년 4월 평안도 도절제사 최윤덕(崔潤德,1376–1445) 등으로 하여금 군사 1만 5천명을 이끌고 정벌케 하였다.

와무허(斡木河) 오도리(吾都里:斡朶里)족 추장 투몽거 테무르(童猛哥帖木兒) 부자가 우데께(兀狄哈)족의 침입을 받고 살해당해 內紛이 일어남을 기화로 김종서는 세종 16년부터 이 지방을 공략하여 10여년 만에 경원(慶源) · 종성(鐘城) · 회령(會寧) · 경흥(慶興) · 온성(穩城) · 부령(富寧)의 6진을 회복 또는 신설하였다. 동북 6진의 개척은 태종 16년부터 세종 25년까지 27년간 개척의 결실인 서북 여연(閭延) · 자성(慈城) · 무창(茂昌) · 우예(虞芮) 등 4군의 설치와 함께 조선의 국경을 두만강과 압록강으로 획정하는 계기를 마련하였다.

「삭풍(朔風)은 나모 긋틔 불고 明月은 눈 속에 찬듸 / 만리변성(萬里邊城)에 일장검(一長劍) 집고 셔셔 / 긴 ᄑᆞ람 큰 ᄒᆞᆫ소릭에 것칠거시 업세라」

김종서(金宗瑞)가 두만강 가에 석성을 쌓고 장대(將臺)에 올라 대장부의 기개를 한 껏 뽐 낸 시조이다. 김종서는 군비(軍備) 증강(增强)과 북방정책을 상소했다.

세종은 「국경 지방에 대한 일은 내가 있더라도 김종서가 없었다면 충분히 변통하여 처리할 수 없었을 것이고, 종서가 있더라도 과인이 없었다면 이 일을 충분히 주장하여 처리할 수 없었을 것이다」 하였다.

世祖 12년 강순(康純)이 鴨綠江을 건너가 兀刺山城을 분탕하고 建州衛 추장(酋長) 리만주(李滿住)를 잡아 죽였으며 성종은 1479년 좌의정 윤필상(尹弼商)을 도원수로 삼아 건주 야인들의 본거지를, 1491년 함경도관찰사 허종(許琮)을 도원수로 삼아 두만강 건너 '우데께' 의 부락을 각각 정벌하였다.

• *정벌(征伐)과 교역(交易) - 대왜관계(對倭關係)*

고려말 창궐하였던 왜구는 조선 초기까지 해안지대에 출몰하여 인명을 해치고 노략질을 계속 하였다.

조선은 일본과의 通交를 위하여 왜구의 단속을 요구, 제한적으로 무역을 허가했는데(관리통제권은 쓰시마 島主, 교역지는 三浦) 쓰시마 정벌과 왜란(三浦 · 蛇梁 · 乙卯) 등 분쟁으로 활발하던 교역은 단절과 재개를 반복하면서 쇠퇴해갔다.

태종 11년9월 쓰시마(對馬) 도주(島主) 소우 사다시게(宗貞茂, ?-1418)에게 쌀과 콩 3백 석을, 호군(護軍) 平道全에게 쌀과 콩 30석과 옷 한 벌, 안장 한 개를 쓰시마섬에 보냈다.

태종 16년 1월 전 호군(護軍) 이예(李藝, 1373-1445)는 류큐(琉球)에 파견되어 왜구에 잡혔다가 류큐로 팔려간 44명을 추쇄하여 오는 등 조선인 포로 667명의 송환을 성사시켰다.

조선의 수군 규모는 '세종실록지리지' 에 829척 5만 402명, '경국대전' 에 739척 4만 8800명으로 기록되어 있다.

세종 원년(1419) 군정(軍政)을 총찰(摠察)하던 上王 태종은 삼군도체찰사(三軍都體察使) 이종무(李從茂, 1360-1425), 류정현(柳廷顯), 최윤덕(崔潤德) 등에게 병선(兵船) 227척과 군사 1만 7천 285명으로, 쓰시마 섬을 정벌케 했으나 큰 성과는 없었다.

적선 1백 29척 중 사용할 만한 것 20척을 고르고 나머지는 불살라 버렸다. 또 가옥 1천 9백 39호를 불질렀으며, 머리 벤 것이 1백 14요, 생포 21명이었다. 우리측 전사자 1백80명 등 피아간에 3천 8백여명의 사상자가 발생하였다. 이 군사 행동을 조선은 기해동정(己亥東征), 일본은 '오에이노 가이코(應永の外寇)' 라 불렀다. 병조 판서 조말생(趙末生, 1370-1447)으로 하여금 쓰시마 도주(島主) 都都熊丸〔소우 사다모리(宗貞盛)의 幼名, 1385-1452〕에게 초유문(招諭文:불러서 타이르는 글)을 보냈다.

기해동정 이듬해 무로마치 바쿠후 사절과 동행하여 일본에 갔던 송희경(宋希璟, 1376-1446)의 '老松堂日本行錄' 에 「일본은 굶 주린 사람도 많고 병든 사람도 많다. 노변(路邊)에 앉아 행인을 만나면 돈을 구걸(求乞)한다. 일본은 여자가 남자보다 두 배나 많다. 거리 유녀(遊女)는 옷을 반쯤 벗은 상태이다.」 하였다.

왜구가 끊어지자 제한된 무역을 통하여 그들을 회유하였다. 1407년 웅천(熊川)의 내이포(乃而浦) · 1423년 동래(東萊)의 부산포(富山浦), 1426년 울산(蔚山)의 염포(鹽浦)를 개방하고 왜관(倭館)을 두어 그들의 내왕과 교역에 편의를 제공하였는데 '항거왜인(恒居倭人 : 3포에 정착해 사는 자)', '사송왜인(使送倭人 : 일본의 공식 사절)', '수직왜인(受職倭人 : 조선 정부로부터 직위를 받은 자)', '흥리왜인(興利倭人 : 무역을 위해 온 자)' 등으로 불리웠다. 왜관은 1403년 건설된 뒤, 존폐를 거듭 1868년까지 유지되었는데 19세기 후반 '정한론(征韓論)' 에 입각한 '조선 침략의 전진 기지' 가 되기도 하였다. 왕래하는 왜인이 규정된 수 보다 많이 거주하게 되고, 미곡 · 면포등의 밀수출이 늘어나 1443년 소우 사다모리(宗貞盛)와 세견선(歲遣船)을 50척, 세사미(歲賜米)를 200섬으로 제한하는 등의 계해약조(癸亥約條)를 맺었다. 그러나 조선의 사무역과 밀무역의 단속 강화로 中宗 5년(1510) 삼포왜란〔三浦倭亂, 일명 경오(庚午)의 난〕이 일어났다.

제포(薺浦:창원)의 항거왜추(恒居倭酋) 오바리시(大趙馬道)와 야스고(奴古守長)등이 쓰시마 도주(島主)의 아들 소우 모리히로(宗盛弘, ?-1510)을 대장으로 하여 동원된 군사는 4~5천명으로 부산진 첨사 이우증(李友曾)을 살해하고 제포 첨사 김세균(金世均)을 납치, 3포는 6일 사이에 초토화되었다. 조선의 진압군이 宗盛弘를 살해하고 3포 거류 일인들이 쓰시마 섬으로 도주함으로써 왜란은 평정되었다. 조선은 군민 270여명이 피살되고, 민가 약 8백채가 소실되었으며, 倭는 군함 5척이 격침되고, 약 3백명이 사살되었다.

3포 왜란의 결과 3포는 폐쇄되고 조선은 일본과의 교역을 단절하였다. 그러나 아시카가 바쿠후〔足利幕府〕가 다시 수교를 요청해 중종 7년(1512) 임신약조(壬申約條)를 체결, 제포(薺浦) 1항만 개항하고 선척과 세사미두(歲賜米豆)를 각기 25척 · 100섬으로 반감하였다.

1544년 사량왜변(蛇梁倭變)으로 조선에서는 왜인의 내왕을 금지시켰지만, 쓰시마 島主의 사죄와 통교 재개 요청으로 1547년 정미약조를 맺고 왜인들의 통교를 허용하였다.

1555년 5월 왜구는 선박 70여척으로 남해안 쪽에 침입하여 어란도, 장흥, 강진, 영암 일대에서 약탈을 감행, 병마 절도사 원적(元績), 장흥부사 한온(韓蘊) 등이 전사하고 영암군수 이덕견(李德堅)이 포로가 되었다. [달량(達梁) 왜변, 을묘왜변(乙卯倭變)] 이에 이준경(李浚慶)을 도순찰사, 김경석(金景錫) · 남치훈(南致勳)을 방어사로 삼아 왜구를 토벌했다. 1609년(광해군 1년) 기유약조(己酉約條)를 체결, 3포를 다시 개항한 후 초량(草梁)에 왜관을 설치, 공무역을 하게 하였다. 수출품은 불구(대장경 · 종 · 불상 · 불화), 직물(마포 · 목면포), 모피, 청자 등이었고 수입품은 광산물(동 · 유황 · 은), 공예품(큰칼 · 부채 등), 중계물자(염료 · 향료 · 약재)등이었다.

후금의 위협 때문에 곤경에 처한 상황에서 일본과는 화호(和好)할 수 밖에 없었는데 1637년(인조 15년) 이후 공무역 체제가 무너지고 사무역(私貿易)이 성행 하였다. 조선의 왜관 상인들은 호조(戶曹)에서 문권(文券)을 받은 관허 상인들로서, 1691년(숙종 17) 정한 것을 보면 30명이었다.

김흔(金訢, 1448-1492)은 '번덕이 심한 오랑캐를 재물로써 다독여야 하므로 적절한 은혜와 위엄을 병용하지 않으면, 그들을 기쁘게 할 수도 복종시킬 수도 없다' 고 하였다.

'만세불공의 원수' 에게 자국 땅의 일부를 내주고 거주를 허용했던 것은 접왜지도(接倭之道)를 둘러싼 조선의 고민이기도 했지만 천 명 이상의 일본인들이 머물고 있던 왜관은 일본인들의 '거주 공간', '교역 공간' 을 넘어 '바람이 불기를 기다린다는 핑계로 오래 머물면서 아국의 허실(虛實)을 엿보려한다' 는 지적이 있었던 것처럼 조선 정보의 탐색과 수집 장소가 되어갔다.

• *독도의 내력(來歷)*

독도는 울릉군 南面 道洞 산42부터 76에 걸쳐 있는 군도(群島)를 총칭한다.

「우산(독도)과 무릉(울릉도)의 두 섬이 (울진)현 동쪽 가운데 바다에 있다. 두 섬이 멀지 않아 청명하면 바라볼 수 있는데 신라시대에는 우산국이라고 불렀다(于山武陵二島 在縣正東海中, 二島相距不遠, 風日淸明, 則可望見, 新羅時稱于山國).」

〈'세종실록' 권 135 지리지, 강원도 울진현 조〉

'성종실록 권 72' 는 독도를 三峰島, '정조실록' 은 可支島라 하였으며, '신증동국여지승람' 卷頭 八道총도(總圖)와 권 44 강원도 지도에는 울릉도와 우산도 두 섬이 실려있다.

崔南善은 '울릉도와 독도' 에서「近世 부근 주민사이에 섬의 형태가 '독(甕)' 과 비슷하다고 하여 '독섬' 이라고 부른다. '獨島' 라는 문자는 '독' 이라는 音을 취하였을 뿐 '獨' 의 자의(字義)에는 아무 관계가 없다.」하였고, 신석호(申奭鎬)는 '독도의 내력(來歷)' 에서「울릉도 사람 가운데 이 섬이 동해 한 복판에 외로이 있기 때문에 독도라 하였다는 사람도 있고 이 섬 전체가 바위, 즉 돌로 성립되어 있으며 경상도 방언에 돌을 '독' 이라 하므로 '돌섬' 이라는 뜻에서 독도라 하였다는 사람도 있어 어떤 것이 옳은지 알 수 없다.」하였다.

울릉도는 1004년 일본에 '우루마노시마'로 알려졌으나 그 뒤 다케시마로 개칭되었고 독도는 '마즈시마'로 불리웠는데 1840년 시볼트(Philipp Franz Balthasar von Siebold, 1796-1866)가 일본지도를 작성할 때 울릉도를 마즈시마, 독도를 다케시마로 오기(誤記)하여 그 뒤 일본은 독도를 다케시마로 개칭하였다. 1667년 편찬된 출운(出雲)의 蕃士 사이토 호센(齋藤富仙)의 '隱州視聽合記'는 울릉도와 독도(松島)는 고려 영토이고, 일본의 서북쪽 국경은 隱岐島〔오키 섬, 隱州〕를 한계로 한다'고 기록하였다.

1696년 東萊府 戰船隊 노군(櫓軍) 안용복(安龍福)·박어둔(朴於屯)은 울릉도에 출어(出漁)했다가 일본 어선을 마쓰시마(松島)까지 추격하여 울릉·우산 양도 감세관(鬱陵于山兩道監稅官)이라 자칭하고 일본 호키슈〔伯耆州 ; 島根縣〕 藩主에게 범경(犯境)의 사실을 항의함에 간파쿠(關白)는 '竹島와 松島는 조선 영토이므로 일본인들의 출어를 엄금한다.'고 명령하고 두 섬의 도해(渡海)면허도 취소했다.

領中樞 南九萬의 中策으로 對馬島主는 모든 과오를 前 島主에게 돌려 울릉도에 절적(絕迹)할 것을 맹세하고 정부는 용복을 사형에서 감(減)하여 귀양보냈다.

「안용복은 곧 英雄의 주필(儔匹)이다. 일개 櫓軍의 몸으로 萬死를 무릅쓰고 놈들의 奸計를 분쇄(粉碎)하여 累世의 분쟁을 해결하고 一州의 國土를 찾았으니, 호걸(豪傑)이 아니고는 결코 할 수 없을 일이다.」 〈안정복 / '星湖僿說類選'〉

天皇 어람(御覽) 전에 주문(奏文)을 보는 섭정(攝政) 태정대신(太政大臣)을 關白이라 칭한 것은 한 선제(漢 宣帝)때 후오꽝(霍光, ?-68)에게 한 말에서 유래한다.

에도(江戶)시대 실학자 하야시 시헤이(林子平, 1738-1793)가 1785년 제작한 '삼국접양지도'는 독도를 조선 영토로 표시하였다.

1737년 당빌(J. B. D'Anville)은 조선왕국전도에 판링타오(울릉도)·찬찬타오(독도)로, 1787년 프랑스 라페루즈(La Pérouse)는 리앙쿠르트 암(Liancourt Rocks)으로, 1854년 러시아 해군함대는 동도를 메넬라이(Menelai)암·서도를 올리부차(Olivutsa) 암으로, 1855년 영국 함 호넷은 호넷섬(Hornet Islands)으로 각각 표기하였다.

1877년(明治 10년) 3월 太政官은 「竹島外一島本邦關係無之義(다케시마 외 한 섬은 日本과 관계없음)」을 가결했다.

1900년 10월 25일 대한제국칙령 41호는 '울릉도를 울도로 개칭하고 울릉 군수가 울릉의 모두 섬과 죽도 및 석도를 관할한다.' 하였다.

1903년 10월 일본 '제국육해측량부'가 제작한 일로청한명세신도(日露淸韓明細新圖)에 독도(松島)와 울릉도(竹島)는 조선 영토로 명시돼 있다.

1905년 日本은 시마네현 고시 40호로 '독도를 다케시마(竹島)로 하여 시마네현 오키섬의 관하에 둔다.' 하였다.

1946년 1월 29일 '연합국 최고사령부 훈령(SCAPIN : Supreme Command for Allied Powers Instruction Note) 677호'로서 '약간의 주변 지역을 정치·행정상 일본으로부터 분리하는 데 관한 각서'를 발표하고 집행하였다.

「일본은 4개 本島(北海道·本州·九州·四國)와 약 천개의 더 작은 인접 섬들을 포함한다고 정의된다. 포함되는 것은 對馬島 및 북위 30도 이북의 琉球(南西) 諸島다. 제외되는 것은 鬱陵島 · 리앙코르드岩(Liancourt Rocks ; 獨島, 竹島) · 濟州道, 북위 30도 이남의 琉球(南西)諸島(口之島 포함) · 伊豆 · 南方 · 小笠原 및 火山(琉黃)群島와 大東諸島 · 鳥島 · 南鳥島 · 中之鳥島를 포함한 기타 모든 외부 태평양제도, 쿠릴(千島)列島 · 齒舞群島(小晶 · 勇留 · 秋勇留 · 志癸 · 多樂島 등 포함) · 色丹島 등이다.」

1950년 8월 시볼드(William Sebold, 1901-1980) 주장으로 샌프란시스코 강화조약 최종안에 '일본이 반환해야 하는 영토'에서 독도가 삭제된 후 1951년 8월 딘 러스크(David Dean Rusk, 1909-1994)는 양유찬(梁裕燦, 1897-1975) 주미 대사에게 보낸 비밀 書信에서 미국 정부는 독도를 일본영토로 본다고 하였다.

일본은 1951년 3월 6일 '조선총독부 교통국 공제조합이 소유한 일본인 재산정리에 관한 정령'을 공포한 뒤 총리부령 24호는 「부속도서로는 아래 열거한 도서 이외의 도서를 말한다」면서 '아래 도서'에 '울릉도, 독도, 제주도'를 포함시켰다.

1952년 1월 18일 '대한민국의 인접해양에서의 주권에 관한 대통령 선언'으로 선포한 평화선(이승만 라인)이 1965년 청구권 합의와 교환되는 형태로 사라지고 어업협정(12마일의 전관수역 설정, 전관수역 바깥쪽의 공동규제수역 설정), 독도밀약(양국의 자국 영토 주장 인정과 반론 제기에 이의 없다)으로 한일 국교정상화가 이루어졌다.

1998년 1월 한일어업협정이 파기되고 1999년 1월 체결된 '신 한일어업협정'에서 독도가 중간수역(공동관리수역)에 들어갔으나 1965년 교환공문(양국간의 분쟁해결은 외교상 경로와 양국 합의 절차에 따른 조정에 의한다)을 부정한 것은 아니며 어업협정은 독도영유권 문제와는 관계가 없다.

야마베 켄타로(山邊健太郎, 1905-1977), 나이토 세이추(內藤正中, 1929-2012), 가지무라 히데키(梶村秀樹, 1935-1989), 호리 가즈오(堀和生, 1951-), 이케우치 사토시(池內敏, 1958-), 호사카 유지(保坂祐二, 1956-), 구보이 노리오(久保井規夫,), 구로다 요시히로(黑田伊彦)등은 '독도는 일본의 고유 영토가 아니다'라고 하였다.

• *류큐(琉球) · 남만(南蠻)과의 往來*

고려 말 창왕(昌王) 원년 류큐(14세기 明이 지칭한 한자어에 기원)의 주잔(中山)王 삿토(察度, 1321-1395, 在位 1350-1395)는 왜구에게 잡혀간 부로(俘虜)를 송환하였고, 토산물을 봉납하면서 '奉表稱臣'한 바 있다. 이후 고려와 조선에 걸쳐 류큐는 빈번히 왕래하면서 피로인 · 표류인 등을 송환하였다.

「琉球의 南山왕 온사도(溫沙道)가 15인을 거느리고 왔다. 沙道가 中山왕에게 축출당하여 진양(진주)에 우거(寓居)하고 있으므로, 국가에서 해마다 의식(衣食)을 주었는데, 임금이 나라를 잃고 유리하는 것을 불쌍히 여기어 의복과 쌀, 콩을 주어 존휼(存恤)하였다.」

〈'태조실록', 태조 7년(1398) 2월 16일〉

12세기경 '아지(按司)'라는 호족집단을 형성, 족장 할거체제로 14세기 호쿠잔(北山), 주잔(中山), 난잔(南山)으로 三分되었다가 1429년 南山의 쇼하시(尙巴志) 王(1372-1439, 在位 1421-1439)이 3國을 통일, 琉球 왕국을 창건하였다. 1469년 가신 출신 쇼엔(尙円)

王(1415-1476, 在位 1469-1476)이 왕위를 계승, 제 2 쇼왕조가 탄생했는데 3대 쇼신(尙眞)王(1465-1527, 在位, 1477-1526) 시대는 황금시대로 평화롭고 변영된 시대를 맞았다. 류큐 왕국은 明과 조공무역, 日本 · 조선 · 동남아국가들과 중개무역으로 부를 축적하고 문화가 발달하였다.

류큐는 선초부터 일본의 경우와 같이 세견선을 파견하였고, 조선에서도 이들을 우대하여 관직을 수여하기도 하였다. 류큐에는 조선인으로 왜구에게 잡혀 팔려 가서 영주한 자도 있고, 표착(漂着) 거주하면서 남방무역에 종사하는 자도 있었다. 류큐의 조공물은 소목(蘇木) · 호초(胡椒:후추) · 향료(香料) · 사탕 · 석(錫) · 서각(犀角:무소뿔)등 이었으며 류큐는 토산품과 안난〔安南 : 越南이라는 명칭은 679년 중국이 하노이에 안난도호부(安南都護府)를 둔 데서 비롯한다.〕 · 시암(暹羅 : 태국) 등의 물품을 중계하여 각국 상선의 기항지가 되기도 하였는데 시암 · 안난 · 조와(자바)도 우리나라에 왕래하였다.

琉球王國은 쇼네이(尙寧)王 때인 1609년 사쯔마 藩主 시마즈 요시히로(島津義弘, 1535-1619)에 의해 정복되어 일본에 복속, 1872년 류큐번으로 되고 1879년 오키나와(沖繩)현이 되었다. 2차 세계대전 막바지에 美軍이 점령, 1951년 샌프란시스코條約에 의해 美國에 의해 관할되어 오다가 1972년 5월 15일 沖繩반환협정(琉球諸島 및 大東諸島에 관한 日本國과 美合衆國 간의 협정)에 의해 日本에 반환되었다.

남월(南越, BC 203-BC 111)은 秦 멸망후 남해군위(南海郡尉) 찌에우다(趙佗, ?-BC 137)가 桂林 · 南海 · 象 등 3郡을 병합하여 番禺(지금의 廣州)에 도읍, 武帝를 칭한데서 비롯하였으나 漢武帝가 양푸(楊僕) 등 대군을 보내 5대 93년 만에 망하고 이후 약 천년에 걸쳐 중국 지배와 반란의 역사가 반복되었다. 939년 중국의 지배를 벗어나 13세기에 3차례 몽골의 침략을 물리치고 1407년 중국에 다시 정복되었지만 거국적 저항운동으로 1428년 중국인들을 몰아냈다. 레(黎) 왕조 치하에서 중국식 관료주의 정부가 수립, 1757년 양분되었다가 1802년, 후에 통일왕조의 황제(嘉隆帝, Gia Long)가 된 구엔 안(阮映, Nguyen Ahn)에 의해 통일되었다. 구엔 안 왕조(1802-1945)는 베트남 중부 후에에 터를 잡아 '비엣남(越南)' 이었던 국호를 '다이남(大南)' 으로 바꾸고 청과 대등한 황제국가임을 자부했으나 1883년 프랑스의 식민지가 되었고, 20세기 전반 일본의 침략도 받았다. 1945년 호치민〔HoChiMinh(胡志明), 1890-1969〕의 독립 선언 후 프랑스에 대한 독립전쟁(Indo-China 戰爭, 1946-1954)의 결과 17도선을 경계로 하노이(Hanoi)를 수도로 하는 베트남 민주공화국(북베트남)과 사이공(Saigon)을 수도로 하는 베트남 공화국(남베트남)이 兩立 된 후 남북베트남(Vietnam)戰爭(1964-1975) 결과 1976년 7월 베트남 사회주의 공화국(Socialist Republic of Vietnam)이 탄생했다.

對馬島는 조선을, 히젠슈(肥前州)는 중국을, 사쓰마슈(薩摩州)는 琉球를 각각 접대하였는데 예전부터 성실함과 믿음이 전혀 없어 교활하다고 일컬음을 받았다.

「류큐 상인들은 신용할 수 있다. 노예를 사지 않으며 팔지 않는다. 그들은 성실하고 중국인들보다 믿을 수 있으며 경외의 대상이다」

〈Tome Perez / 'Diary of Travel in the Countries of the East'〉

〈士林시대 양반의 군림과 분열〉

조선왕조의 중앙집권적 양반관료체제의 특징은 양반이 집권층으로 군림하고 문치주의를 실현시킨데 있다. 왕권을 강화하는 한편 왕권을 견제하는 제도적 장치를 마련하였는데 왕의 잘못이 있을 때 간쟁(諫諍)하는 대간, 역사서술을 통하여 왕의 전제권을 제약하는 사관(史官), 왕이나 세자의 행동과 사고를 교육하는 경연(經筵) · 서연(書筵) 등이 그것이다.

중앙집권화에 최대의 걸림돌은 지역사회의 실력자 향리였다. 그러나 향리세력이 몰락하면서 중앙관료와 지역 사족의 단합은 이완(弛緩)되기 시작하고, 지역 사족들은 향약을 비롯하여 향음주례(鄕飮酒禮), 향사례(鄕射禮) 등으로 지역사회의 지배력을 강화해 갔다.

勳舊세력 지배하의 조선사회는 지방의 士林들이 대거 중앙의 정치무대에 등장함으로써 진통을 겪어야 했다.

> 세조 이후 성종조에 이르는 18년간, 250명의 공신들을 중심으로 한 훈구파가 정권을 차지하였다. 성종대에 사림파라는 정치세력이 형성되어 훈구세력들을 비판했다. 훈구파는 문장을 중시하는 사장파(詞章派)였고, 사림파는 도덕적 수양을 내세우는 경학파(經學派)였다.

사림들은 왕의 도움으로 새 기풍을 일으켰으나 조급했던 개혁 의지에 염증을 느낀 왕은 훈구세력과 결탁하여 사림계에 대한 보복으로서 약 50년간 무오(1498) · 갑자(1504) · 기묘(1519) · 을사사화(1545) 등 네 차례 사화를 일으켰다.

> 사화 후 큰 타격을 받았던 사림계열은 중종 말엽 다시 중앙으로 진출하였고 장경왕후 윤씨(1491-1515)의 소생 인종(在位 1544-1545)은 이들 사림세력을 지지했다. 1553년(명종 8) 문정왕후의 수렴청정이 끝나고 명종의 친정(親政)이 시작되었으나 척신정치의 폐단은 가시지 않았다. 문정왕후의 죽음은 사림들이 본격 진출하는 계기가 되었다.

> 조선시대 수렴청정은 정희왕후(貞熹王后) 尹氏(1418-1483)로부터 비롯되었다. 13세의 성종이 즉위하자 신숙주 · 한명회 등은 당일로 정희왕후에게 요청, 7년간 수렴청정을 했다. 명종 대 文定王后 윤씨, 선조 대 仁順王后 심씨(1532-1575), 순조 대 貞純王后 김씨, 헌종과 철종 대 純元王后 김씨(1789-1857), 고종 대 神貞王后 조씨(1808-1890)가 수렴청정을 한 경우이다. 왕의 명령서를 교지라고 한 것과 구별하여 대비의 명령지는 의지(懿旨)라 했는데 조선 후기 자지(慈旨)라 하고 왕세자가 발하는 휘지(徽旨)와 구별하였다.

선조의 즉위 이후 기묘사화 이후 위축되었던 사림이 정계에 대거 진출하였다. 외척 심의겸이 사림의 편을 들어 정권을 잡았으나 후배 사림들은 스스로를 君子라 하고 선배 사림을 小人이라 하여 배격했다. 15세기 말 16세기 중엽 거듭된 政爭과 옥사는 士類들에게 타격을 주었을 뿐만 아니라, 양반 관료 체제를 붕괴시켰다.

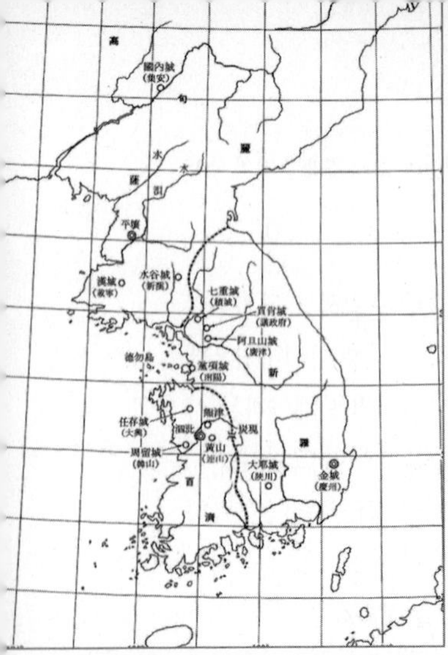

삼국상쟁(相爭)도

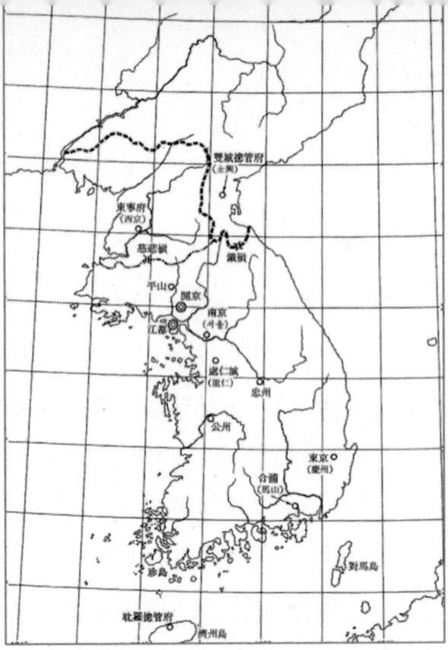

고려 · 몽골 관계도

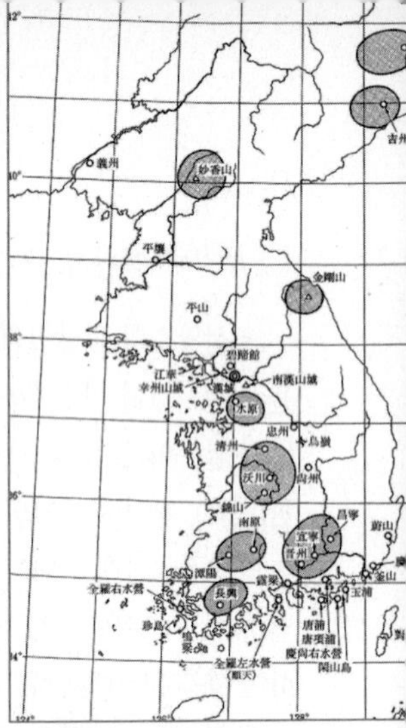

임진왜란도

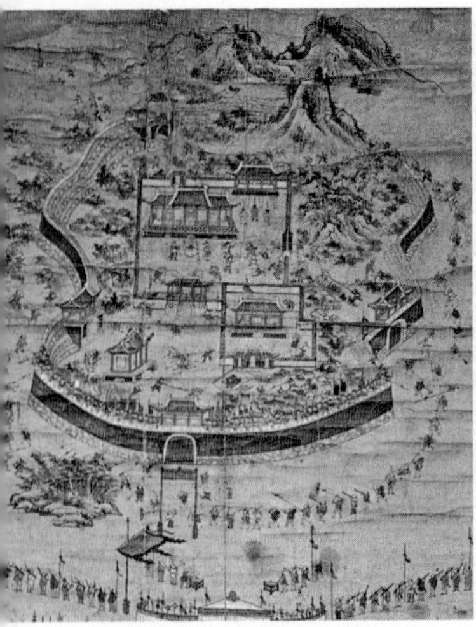

동래부사순절도(東萊府使殉節圖), 1793년

귀선도(龜船圖)

임진왜란도

壬辰 · 丁酉倭亂

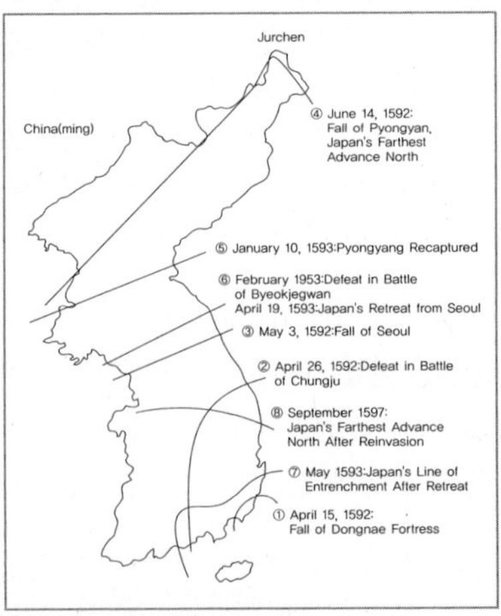

Battle Lines of the Seven-Year war

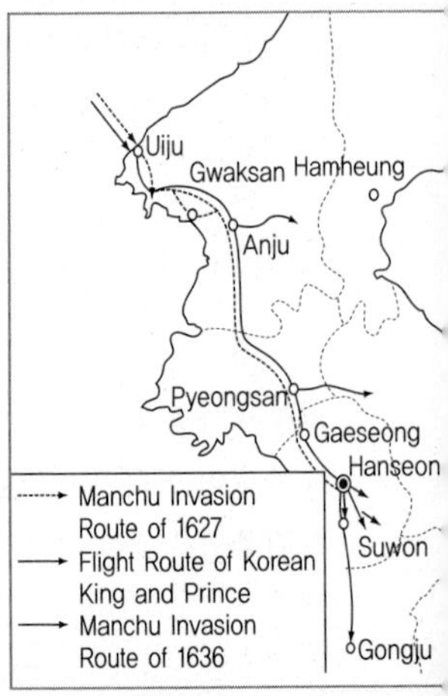

The Ming-Qing Transtion and the Manchu I
Korea

日本과의 7년 전쟁(1592-1598) - 壬辰倭亂 · 丁酉再亂

• *개요(概要)*

1592년과 1597년 2차에 걸쳐 일본이 조선을 침범한 사건은 1차를 임진왜란, 2차를 정유재란이라 한다. 일본에서는 '분로쿠노 에키'(文祿の役), '게이초노 에키'(慶長の役), 중국에서는 '만력(萬曆, 1572-1620)의 역(役), 항왜원조(抗倭援朝) 전쟁, 동원지역(東援之役)'으로 부른다.

「태평한 세월이 2백년 동안 이어져 백성들은 전쟁을 몰랐고 군현들은 풍문만 듣고도 놀라 무너졌다.」 〈선조실록〉
「이때 세상이 태평한 지가 오래되었으므로 중앙과 지방이 안일(安逸)에 젖었고 백성들은 노역(勞役)을 꺼려 원망하는 소리가 길거리에 자자하였다.」 〈'징비록'〉

亂前 力役의 번흥, 공부(貢賦)의 가급(苛急), 형옥(刑獄)의 번원(煩寃) 등으로 민심이 나라를 이반하고 있었는데 조선통신사 '正 · 副使가 정반대의 보고'를 한 것은 '偏黨之故也' 즉 붕당에서 말미암은 것이었다.
선조 25년(1592) 일본 간파쿠(關白) 도요토미 히데요시(豊臣秀吉, 1536-1598)가 쳐들어오매 삼도(三都 서울 · 개성 · 평양)가 함락되고, 어가(御駕)가 의주로 피난하여 원병을 청하니 明이 수락하여 한 · 명 · 일 3국의 군대가 7년 혈전을 벌였는데 도요토미 히데요시가 죽자 그들도 철병했다.

1592년 4월 13일 시작된 임진왜란은 이듬해 明軍 출병으로 개시된 1월 8일의 平壤전투, 1월 27일의 벽제관(碧蹄館)전투, 2월 12일의 행주(幸州)산성 전투와 6월 29일의 진주성(晋州城)함락까지 기간을 제하면, 1597년 2월 정유재란(丁酉再亂)이 일어나기까지 4년 가까이는 소강(小康)상태였다.
「임진년(壬辰年) 국왕이 서쪽으로 피난한 후 국내는 공백상태에 빠지고 정병(整兵)은 곳곳에 충만(充滿) 되었으며, 조정의 명령은 준행(遵行)되지 아니하여 거의 무정부 상태에 빠진지가 1개월 이상이나 되었다. 영남의 곽재우(郭再祐)와 김면(金沔, 1541-1593), 호남의 김천일(金千鎰)과 고경명(高敬命, 1533-1592), 호서의 조헌(趙憲)등이 솔선하여 의병(義兵)을 일으키고 각 지방에 격문(檄文)을 살포하였다. 왜적을 섬멸하여 국가를 회복시킨 것은 의병의 힘이었다.」 〈'지봉유설(芝峯類說)', 卷 3〉
「적군은 수군과 육군이 합세하여 북으로 쳐 들어 오려고 했던 것인데 적군의 한 쪽 기세는 완전히 꺾였다. 小西行長는 평양성을 빼앗았다고 하더라도 그 형세가 외로워서 전진하지 않았다. 이로 인하여 "호남이 없으면 국가도 없다"는 전라도와 충청도를 확보할 수 있었고 황해도와 평안도 연안 일대도 보전할 수가 있었고 군량을 조달하고 호령을 전달할 수 있었다. 遼東의 금(金) · 복(復) · 해(海) · 개(蓋)주와 텐진(天津) 등지도 놀람을 당하지 않고, 明 군사로 하여금 육로로 와서 도와 왜적을 물리치게 된 것이니, 이는 다 이순신의 한 번 싸움에 승리한 공이다.」 〈柳成龍 / '징비록(懲毖錄, 1633)'〉

징비(懲毖)는 '시경(詩經)' 의 "내 지난 잘못을 반성하여, 후환이 없도록 삼가네(予其懲而毖後患)" 라는 구절에서 따왔다.
류성룡은 「도성의 함락과 회복, 히데요시(豊臣秀吉)의 죽음, 하늘의 도움〔천찬(天贊)〕이 아닐 수 없다.」 하였다.

우국진충(憂國盡忠) 이순신은 '天에 의한 시련(試鍊)' 의 본보기이다.
「하늘이 큰 일을 맡기는 命을 내리려면(天將降大任於是人也) 반드시 먼저 마음을 괴롭히고(必先苦其心志) 살과 뼈를 지치게 만들고(勞其筋骨) 근육과 뼈를 깎는 고통을 주고(餓其體膚) 생활을 궁핍하게 해서(空乏其身) 하는 일마다 어긋나게 만든다(行拂亂其所爲) 이것은 마음을 움직여서 그 성질나는 것을 참게 하여(所以動心忍性) 해내지 못하던 일을 더 많이 할 수 있도록 해주기 위함이다(曾益其所不能)」 〈孟子, 告子章句下 十五〉

〈임진왜란의 조짐(兆朕)〉

조선과 일본의 관계는 1404년 태종과 무로마치 바쿠후의 3대 쇼군 아시카가 요시미쓰(足利義滿, 1358-1408, 在任, 1368-1394)부터 시작되었다. 일본은 日本國王使라는 이름으로 사신을 71회 보내왔고 조선은 세종 10년(1428)부터 "상호 신의(信義)를 기반으로 통호(通好)한다" 는 뜻의 통신사〔通信使, 무로마치시대에는 回禮使 또는 보빙사(報聘使)라 하였다.〕라는 이름으로 4회(1428, 1439, 1443, 1468)에 걸쳐 파견되었는데 1467년 '오닌(應仁)의 난' 〔쇼군(將軍)의 후계와 상속 문제, 세력 쟁탈전 등으로 다이묘(大名)들이 양분되어 11년 동안 계속한 내란〕등 일본 사정으로 중단되었다. 조선통신사가 일본을 방문한 횟수는 1413년(태종 13)부터 1811년(순조 11)까지 20회였는데 에도시대에는 세 사신(정사, 부사, 종사관) 등 3백~5백명에 이른 대규모였다.

16세기의 일본은 '전국시대' 였다. 오다 노부나가(織田信長, 1534-1582)가 1560년 반대파를 물리치고 도쿠가와 이에야스(德川家康, 元信 · 元康,, 幼名 竹千代)를 포섭, 무로마치 바쿠후〔(室町幕府) 1338-1573〕를 멸하고 중앙집권형 일본을 만들었다.
혼란이 한 세기 정도 계속된 戰國시대(1467-1568)는 '표면적으로는 정중하고 겸손하지만 속으로는 불신감이 강하고 기회만 있으면 남을 모함하는 것도 불사하는' 일본인의 성격 형성에 영향을 끼쳤다.
가모노 마부치(賀茂眞淵, 1697-1769)는 '만요슈(萬葉集)' 에서 구하여 古代일본인의 순박 · 웅건을 정의하고 모토오리 노리나가(本居宣長, 1730-1801)는 古典을 섭렵, '모노노아하레' (감동을 중심으로 하는 마음의 움직임의 뜻)론을 정립하였다.

「秀吉는 교만하고 민첩하며 힘이 많았다. 얼굴은 원숭이 같아 猿面王 또는 猿王이라 하였다. 그 아버지〔기노시타 야에몬(木下彌右衛門, ?-1543)〕는 하급무사로 어려서 천한 일꾼으로 平信長를 섬겼는데 信長가 그를 양아들로 삼고 성을 平氏로 고쳐 궁중에서 길렀다. 젊어서는 기노시타 도키치로(木下藤吉郎), 후에는 하시바 히데요시(羽柴秀吉)라 하였다가 太政大臣 關白가 되어 도요토미라는 성을 썼다. 1558년 이후 오다 노부나가 휘하에서 두각을 나타내어 重用되어 오던 중 아케치 미쓰히데(明智光秀, 1526-1582)의 모반으로 죽은 오다 노부나가의 원수를 갚고 천하를 통일하였다(1590). 信長가 8州를 호시

탐탐 노릴 수 있었던 것이나 오랫동안 關白의 권력을 오로지 한 것은 秀吉의 힘이었다.」

〈원중거(元重擧, 1719-1790) / '和國志'〉

「秀吉는 사방을 평정하여 국내를 통일하고 百萬精兵을 휘하에 두고 기고만장하였을 뿐 아니라 내환을 염려하여 제후의 병력을 遠征에서 소모시켜 버리려고 中國침략을 생각하였다. 倭寇의 실패에 거울하여 먼저 가까운 朝鮮을 근거로 삼고 陸路進擊을 꿈 꾸었다.」

〈'宣祖修正實錄'〉

「선조 19년(1586) 일본의 사신 다치바나 야스히로(橘康廣)가 平秀吉의 국서(國書)를 가지고 왔다. '인생은 백년도 채 못되는데 언제까지나 이 섬나라에 거처하랴. 먼 길을 무릅쓰고 明에 쳐들어가 4백여주에 日本 풍속과 政化를 베풀겠다. 내가 大明에 들어가는 날 사졸을 거느리고 助征하면 더욱 인맹(隣盟)이 두터워질 것이다.' 우리 조정에서는 "물길에 어두움으로 해서(海路迷昧) 사신을 파견하는 것은 허락할 수 없다"고 회답하였다. 平秀吉는 크게 노하여 그를 죽이고, 그 일족을 멸망시켰는데, 다치바나 야스히로는 그 형 康年과 함께 源氏 때부터 내조(來朝)하여 직명(職名)을 받았으므로, 그의 말이 자못 우리나라의 처지를 위하였던 까닭으로 平秀吉에게 죽은 바 되었다.」 〈'징비록'〉

「秀吉는 朝鮮과의 교섭에 있어서 명확하게 外征이나 대외교섭이란 의식이 없었고 국내의 적대세력을 처리한 것과 같이 朝鮮全土를 점령하고 北半四道와 서울을 朝鮮國王에게 주고 朝鮮王을 선봉장으로 北京에 쳐 들어갈 구상이었다.」

〈文藝春秋 1973년 8월호 이사야 벤다산(Isaiah BenDasan, 1918-)

/ '中國人과 日本人' 미스테리의 朝鮮出兵 條〉

봉토(封土)의 필요성에 따라 도요토미 히데요시는 정명향도(征明嚮導, 明을 치기 위한 길 안내)의 구호로서 조선을 압박했다.

1443년 일본에 갔던 조선통신사 서장관(書狀官) 신숙주는 '海東諸國記'에서 '일본을 법도에 맞게 진무(鎭撫)하면 예를 갖추어 조빙하나 법도에 어긋나게 대우하면 방자하게 노략질한다' 고 하여 예에 맞추어 대우하는 것이 필요하다고 하였으며 죽을 때에 成宗에게 '일본과 失和하지 마시옵소서' 하였고 변협(邊協, 1528-1590)은 '왜(倭)가 가장 어려운 적' 이라 하였다.

「무기는 창과 칼 쓰기를 좋아한다. 젓가락만 있고 숟가락은 없다. 남자는 머리털을 짤막하게 자르고 묶으며 사람마다 단검(短劍)을 차고 다닌다. 집들은 나무판자로 지붕을 덮었는데, 천황과 국왕이 사는 곳과 사원에는 기와를 사용했다. 차 마시기를 좋아하므로, 길가에 다점(茶店)을 두어 차를 팔았고, 남녀 보두 그 나라 문자를 익히며, 승려만이 경서를 읽고 한자를 안다.」 〈'해동제국기' 日本國紀 국속(國俗)편〉

「1591년(선조 24년) 봄 통신사 황윤길(黃允吉, 호 友松堂, 1536-?), 김성일(金誠一, 호 鶴峰), 허성(許筬) 등이 일본에서 돌아왔는데, 對馬島主의 家臣 다이라노 시게노부〔平調信, 야나가와 시게노부(柳川調信, ?-1605)를 이른다.〕, 외교승(外交僧) 게이테쓰 겐소(景徹 玄蘇, ?-1612)가 함께 왔다. 그들이 가지고 온 국서(國書)에 〔솔병입명(率兵入明 ; 군사를 이끌고 명을 쳐 들어 감)]의 내용이 있었으므로, 이러한 사정 [정명향도(征明嚮導)를 가도입명(假道入明)으로 바꿔치기 했음]을 明에 알리기로 하였다.
平秀吉가 히가시야마(東山道)를 치러 갔다가 돌아오고도 궁실(宮室) 수리를 핑계로 국서(國書) [강신수목(講信修睦)으로 인호(隣好)를 두텁게 하기를 바란다.]를 받지 않아 다섯 달 있다가 주라쿠다이(聚樂第)에서 전달하였다. 황윤길은 부산으로 돌아오자 급히 장계(狀啓)를 올려 "반드시 병화(兵禍)가 있을 것입니다."하였고 김성일은 "臣은 그러한 징조(兵禍)가 있는 것을 보지 못하였습니다."하였다. 이에 윤길의 말을 옳게 여기는 쪽과 성일의 말을 옳게 여기는 쪽으로 의견이 갈렸다.」 〈'징비록'〉

• *스페인 세스뻬데스(Gregorio de C'espedes, 1551-1611) 神父가 본 壬亂史*

「1592년 고니시(小西行長)는 총 6백 43척의 배에 2만여 명을 태우고 쓰시마 섬을 출발했다. 아구스틴(小西行長)은 음력 4월 13일 부산카이(釜山城) 밖의 모든 마을에 불지를 것을 명령했다. 새벽 4시 공격을 시작, 3시간 동안 전투를 벌여 6백여 명의 병사를 사살하였다. 성안에 민가가 3백채 쯤 되었는데 부인들은 숯검정을 얼굴에 칠하고 겁탈을 피하려는가 하면 아이들은 발을 절거나 미친사람 행세를 하여 납치에서 피하려는 아비규환(阿鼻叫喚)이 벌어졌다. 4월 14일 3 레구아(약 15km)정도 떨어진 포키남기(東萊城인 듯) 싸움에서 5천 명의 조선인들이 전사했고, 1백 명의 일본 군사가 죽고 4백 명의 일본군이 부상했다. 조선군사는 용기를 잃고 성을 버리고 달아남에 일본군은 어려움 없이 점령을 할 수 있었다. 국왕은 그 자신의 궁궐 두 개와 양식 저장창고와 집 들도 불지를 것을 명령하고 나서 중국의 국경 부근으로 갔고 수도에는 수비가 거의 없었다.
일본의 군사 약 20만명이 조선으로 건너 갔으며, 도요토미 히데요시 휘하의 영주들도 약 3백 척의 주력 해군부대를 파견하였다. 조선인들은 배의 수는 적었지만, 더욱 강력하였고 크기가 컸다. 이 해전에서 조선인은 70척의 일본 함대를 손 아귀에 넣었고, 대부분의 일본군을 괴멸시켰다. 일본인은 바다에 관한 한 조선인보다 기술이나 장비가 뒤떨어졌다. 조선정복사업은 나날이 악화되고 일본인의 피해는 극심하였다. 분노와 초조함에 휩싸여 조선 땅에 머무르고 있던 일본인은 돌아오고 싶었을 것이다.」

〈'예수회(Compania de Jesus) 일본관구 연례보고서' 1592년 부록편〉

〈官軍의 붕괴〉

선조 25년(1592) 4월 13일 부산을 지키는 군병들은 첨절제사(僉節制使)를 위시하여, 세 척의 배를 타고 절영도(絕影島)에 건너가 사냥을 겸한 놀이를 즐기고 있었는데, 저녁 무렵 수평선에 나타난 배를 보고 쓰시마(對馬)의 세견선(歲遣船)인 줄 알았지만, 뒤를 이어 나타난 大船團에 혼비백산(魂飛魄散)되었다. 일본군이 부산에 상륙하니 성을 버리고 달아난 경상좌수사 박홍(朴泓, 1534-1593)의 장계에 의해 이 사실을 조정이 알게 된 것은 4월 17일이었다.

부산 첨사(僉使) 정발(鄭撥, 1553-1592) · 동래부사(東萊府使) 송상현(宋象賢, 1551-1592) · 양산군수 조영규(趙英圭, ?-1592) · 다대포 첨사 윤흥신(尹興信, ?-1592) 등은 임무를 지켜 목숨을 버리었으나 慶州判官 박의장(朴毅長), 金海府使 徐禮元(?-1593), 草溪郡守 이유검(李惟儉), 慶尙左水使 박홍(朴泓), 慶尙左兵使 이각(李珏) 등 수신(帥臣) · 진장(鎭將)들은 모두 소문만 듣고 도주하였으니, 관군은 총 붕괴 상태에 이르렀다.

> 4월 14일 부산진을 돌파한 일본군은 이튿날 동래성을 포위, "싸우려면 싸우고 싸우지 않으려면 길을 빌려 달라(戰則戰不戰則假我道)" 함에 송상현은 "죽기는 쉬워도 길을 빌려 주기는 어렵다(死易假道難)"고 했다.
> 적은 세 길로 나누어 고니시 유키나가(小西行長)는 양산 · 밀양을 거쳐 대구 · 상주 · 조령(鳥嶺) 방면으로, 가토 기요마사(加藤淸正, 1562-1611)는 울산 · 경주를 거쳐 영천 · 신녕(新寧) 방면으로, 구로다 나가마사(黑田長政, 1568-1623)는 4陣 시마즈 요시히로(島津義弘) 등과 합세하여 성주 · 개령(開寧)을 거쳐서 추풍령방면으로 제 각기 한양으로 진격하였다. 조정에서는 김명원(金命元, 호 주은(酒隱), 1534-1602)을 도원수로, 류성룡(柳成龍)을 도체찰사로 삼아 도순변사(都巡邊使) 신입(申砬, 1546-1592)에게 일루의 희망을 붙이고 이일〔李鎰, 1538-1601, 1583년 북병사 시절 胡人 니거제이(尼湯介) 침입을 막은 造山堡 萬戶 이순신을 定罪, 백의종군 시켰다.〕을 순변사로 中路, 성응길(成應吉)을 좌방어사(左防禦使)로 左道, 조경(趙儆)을 우방어사로 西路, 유극량(劉克良, ?-1592)과 변기(邊璣)를 조방장으로 삼아 죽령(竹嶺)과 조령(鳥嶺)을 각각 지키게 하고 변응성(邊應星)을 경주부윤(慶州府尹)으로 삼았다. 신입이 충주 탄금대에서 패전, 김여물(金汝岉, 1548-1592)과 함께 강물에 투신 자결하자, 여러 군사들도 모두 강물에 뛰어들어 시체가 강을 뒤덮었다. 우리 군사들은 크게 무너지고 5월 3일 적군이 한성에 들어오니 유도장(留都將) 이양원(李陽元, 1526-1592)과 원수(元帥) 김명원이 모두 달아났다.
> 도체찰사 柳成龍의 1594년(宣祖 27년) 4월 진시무차(陣時務箚)〔그때 꼭 해야 할 가장 시급한 일(時務)을 임금에게 아뢰는 진주(陣奏) 상소문〕의하면 우리 병력은 기병(騎兵) 2만 3천 700명, 보병(步兵) 1만 6천 2백명이었다.

선조가 오성(鰲城) 李恒福의 뜻(잠시 어가(御駕)를 의주에 머무르게 하였다가 형세가 곤궁하고 힘이 다하면 곧 明 조정에 가서 호소하는 것)을 따라 피난길을 떠날 때의 상황이다.

> 「위사(衛士) 이복(吏僕) 모두 도망쳐 버리고, 궁문은 잠그지도 않았고 금루(禁漏, 궁중의 물시계)는 경(更=시간)을 알리지 않았다. 야심(夜深)에 이일의 장계가 도착하여, 왜군이 금명간 도성에 닥칠 것을 전하다. 새벽 왕은 사관(祠官)으로 하여금 종사(宗社)의 주판(主版)을 봉행(奉行)케 하고 기마(騎馬)로써 돈의문을 나서다. 세자도 거마로서 따르고 왕자들도 호종(扈從)하다. 왕비 숙의 이하 가마로써 따르고 여시(女侍) 수십인이 통곡하며 보종(步從)하다. 혼흑우암(昏黑雨暗), 지척을 가리지 못하는데 도승지 이항복(李恒福)이 촛불을 밝혀 전도(前導)하다.」 〈'선조실록'〉
> 왕의 일행은 6월 22일 한성을 떠난 지 한달 22일 만에 의주에 도착하였는데 끝까지 따른

사람은 관리 24명, 내시 10여 명, 액정원(掖庭員) 4-5명, 사복원(司僕員) 3명이었다.

동지중추부사(同知中樞府事) 이덕형(李德馨)이 玄蘇와 화의교섭에 실패하고 왕을 정주(定州)까지 호종, 그 길로 청원사(請援使)가 되어 정곤수(鄭崐壽) 등과 明에 원병을 요청하였다.

왕이 平壤을 떠나고, 곧 平壤이 함락되어(6월 13일), 그 "형세가 마치 높은 꼭대기에서 물을 쏟아 붓는 것 같아서 압록강까지 倭軍이 쳐 들어 올 것으로 여긴" 위급상황에서 明에 내부(內附)하기를 간청〔걸내부(乞內附)〕했다. 柳成龍은 '임금께서 우리 땅에서 한발자국이라도 떠나신다면, 그때부터 朝鮮은 우리 소유가 아닙니다.' 하였다.

신입(申砬)의 패전과 선조의 피난으로 이어지는 극도의 불안 속에서 민심을 진정하는 방도로서 광해군(1575-1641)의 세자책봉과 국사권섭(國事權攝)의 분조 활동이 제시되어 선조의 행재소(行在所)를 원조정(元朝廷), 세자가 있는 곳을 소조정, 즉 분조(分朝, 1592. 6-1592. 12)라 했다. 선조는 한양 · 개성에 이어 평양이 함락되고 함경도까지 왜군이 침략하자 遼東으로 망명할 채비(差備)를 갖추었고 明은 조선을 반으로 나누어(分割) 일본에 넘겨주고, 임금을 교체해야 한다(易置)는 복안〔분할역치(分割易置)〕을 구상했다.

「임진년 왜군이 大擧 침입하자 경서〔景瑞, 초명 응서(應瑞), 1564-1624〕는 대가(大駕)를 받들어 의주로 갔다. 평양성에 웅거한 왜장 고니시 히(小西飛, 1550?-1626)는 효용(驍勇)하여 당할 자가 없었으며, 府의 기생 계월향(桂月香)을 사랑했다. 별장(別將) 경서가 계월향의 친척임을 빙자(憑藉)하여 밤에 적의 진영으로 들어가 敵將의 목을 베어 가지고 나왔다. 계월향이 옷을 붙잡고 따르려 했으나, 발각될 것이 두려워 계월향을 죽인 뒤 성을 뛰쳐나왔다.」 〈'耳谿集', 金景瑞傳〉

회령부의 아전 국경인(鞠景仁, ?-1592)은 역졸(驛卒) 이충경, 친위군 김세언등과 작당하여 勤王兵을 모집하려던 왕세자(王世子) 임해군(臨海君, 1574-1609)과 순화군(順和君, ?-1607), 상락부원군(上洛府院君) 김귀영(金貴榮, 1520-1593), 장계부원군(長溪府院君) 황정욱(黃廷彧), 전(前) 승지(承旨) 황혁(黃赫, 1551-1612), 선전관 조인징(趙仁徵), 남병사(南兵使) 이영(李瑛, ?-1592), 회령부사(會寧府使) 이몽헌(李夢軒), 함흥판관(咸興判官) 이혜(李蕙) 등을 결박하여 가토 키요마사 앞에 끌어다 주었다. 북도우후(北道虞侯) 이범(李範), 온성부사(穩城府使) 이수(李銖), 병사 한극함(韓克諴, ?-1593)도 난민에 붙들려 적진으로 인도되었다.

국경인은 賊軍이 퇴각할 때 鄭文孚의 격문(檄文)을 받은 會寧儒生 申世俊 · 吳元廸 등에 붙잡혀 참살(斬殺)되었다. 예빈사(禮賓寺) 서원(書員) 박수영(朴守英)은 왜병에게 밀고(密告)하여 종루 앞과 숭례문 밖에서 화형(火刑)을 당한 자가 부지기수였다.
1708년 함경도 북평사 최창대(崔昌大, 1669-1720)가 정문부(鄭文孚) 등 함경도 의병의 전승을 기념하여 건립한 북관대첩비(北關大捷碑)는 도쿄 야스쿠니 신사(靖國神社) 안에 방치되었다가 2005년 10월 돌려받아 이듬해 3 · 1절 북한에 인도돼 제자리에 세워졌다.

전라좌도수군절도사(全羅左道水軍節度使) 이순신(李舜臣)이 경상우수사(慶尙右水使) 원균(元均, ?-1597), 전라우수사(全羅右水使) 이억기(李億祺, 1561-1597) 등과 함께 玉浦, 泗川, 唐浦, 栗浦, 閑山島, 安骨浦 등지의 海戰(1592. 5-7)과 와키사카 야스하루(脇坂安治, 1554-1626), 구키 요시타카(九鬼嘉隆, 1542-1600), 가토 요시아키(加藤嘉明, 1563-1631) 등 함대와 熊浦海戰(1593. 2-3)에서 賊의 兵船을 크게 부수었다. 그 공으로 이순신을 정헌(正憲) 대부로, 이억기와 원균을 가선(嘉善) 대부로 높였다. 亂中 이순신은 군관 羅大用(1556-1612)의 기술적 도움으로 거북선(龜船) 3척을, 화포장(火砲匠) 이장손(李長孫)은 비격진천뢰(飛擊震天雷)를, 변이중(邊以中, 1546-1611)은 火車를 발명하고 대완구(大碗口), 현자총(玄字銃), 별황자총(別黃字銃), 장전(長箭) 등을 제조하여 왜군의 조총에 대항하였다.

「신이 일찍이 왜적의 난리가 있을 것을 걱정하고 거북선을 만들었사온데(別制龜船) 앞에는 용머리를 달아(前設龍頭), 입으로 대포를 쏘고(口放大砲) 등에는 철첨〔鐵尖(쇠송곳)〕을 꽂았으며(背植鐵尖), 적선이 수백척이라도 뚫고 들어가 대포를 쏠 수 있습니다.」
1592년 6월 초, 당포에서 왜군을 섬멸한 다음 이순신이 왕에게 올린 장계다.

「戰船에는 樓船과 龜船이 있는데 樓船은 板上에 樓를 지어 머리면이 넓어 전투에 부적합하나 거북선은 樓가 없고 여러가지 점에서 전투에 편리하다. 거북선은 누를 세우지 않고 板으로서 덮개를 하고 거기다 철갑을 둘렀다(龜船則不以爲樓 以板爲蓋仍作鱗甲).」

〈이언섭(李彦燮) / 狀啓(1748)〉

거북선이 鐵甲船이라는 기록은 壬亂당시 도노오카 진자에몬(外岡甚左衛門)이 쓴 '高麗船戰記'가 유일하다. 釜山 해전에서 鹿島萬戶 정운(鄭運, 1543-1592)을 잃었는데 고향인 全南 靈岩에 충신정각과 孝宗때 사당을 세우고 肅宗 때 충절사(忠節祠), 高興 녹동 사당에 쌍충사(雙忠祠)란 편액과 忠壯이란 시호를 내렸다.

〈민중(義 · 僧兵)의 분기(奮起)〉

亂이 일어나자 민심은 극도로 이반되어 장예원(掌隷院)과 형조(刑曹)등 관아(官衙)와 모든 궁궐을 불 살라 버리었고, 순안(順安) · 숙천(肅川) · 안주(安州) · 영변(寧邊) · 박천(博川) 등에서는 창곡(倉穀)을 약탈하는 사태가 일어났다. 민중의 향토의식과 유교적인 근왕(勤王)정신, 및 면천법(免賤法) 시행과 73세의 팔도십육종도총섭(八道十六宗都摠攝) 휴정의 격문(檄文)으로 의승병(義僧兵)들이 전국에서 일어났다.

휴정의 제자 유정〔惟政, 송운(松雲, 사명대사)〕은 7백여 僧을 거느리고 관동에서, 처영(處英) 뇌묵(雷默)은 1천여 僧을 거느리고 호남에서, 기허(騎虛) 영규(靈圭, ?-1592)는 공주에서, 중관(中觀) 해안(海眼, 1567-?)은 진주에서 각각 일어나는 한편, 문도들과 자모승(自募僧, 지원병) 1천 5백여명 등 모두 5천여 명이 순안(順安) 법흥사(法興寺)에서 승병단을 조직하여 통신 · 운반 · 탐정 · 경비의 각 부문에 큰 공을 세웠다.

「죽기를 작정하고 어쩔 수 없이 출전했다. 천시(天時)도 지리(地利)도 모두 불리하지만, 어쩌겠는가. 내게 병권(兵權)이 없는 것을……」 유정은 강홍립에게 답답함을 토로했다. 1788년(정조 12년) 계홍(戒洪)과 천묵(天默)의 탄원으로 대둔사에 사당을 건립, '표충(表忠)' 이라는 편액을 하사하고 사명(四溟)과 뇌묵(雷默)을 좌우에 배향(配享)토록 했다.

의병장은 김면(金沔) · 정인홍(鄭仁弘) · 이정암(李廷馣, 1541-1600) · 우성전(禹性傳) · 권응수(權應銖, 1546-1608) · 정대임(鄭大任, 1553-1594) · 류종개(柳宗介, 1558-1592) · 이대기(李大期, 1551-1628) · 홍계남(洪季男) · 박춘무(朴春茂) · 류팽노(柳彭老, 1554-1592) · 김해(金垓, 1555-1593) · 유의(儒醫) 전유형(全有亨, 1566-1624) 등으로 趙憲, 郭再祐〔목사(牧使) 곽월(郭越)의 아들〕, 高敬命, 金千鎰, 鄭文孚, 김덕령(金德齡)은 그 대표들이었다.

의병을 일으킨 16명 중 병사 1명, 전사 12명, 살아 남은 사람은 곽재우(郭再祐), 이정암(李廷馣), 정인홍(鄭仁弘) 셋 뿐이었다. 조헌은 옥천에서 왜병을 축출하고 금산의 왜병을 공격하다가 僧將 靈圭대사와 칠백의사 전원이 순국하였다.

金德齡은 起兵한지 3년, 名聲은 화이(華夷)에 널리 알려졌음에도, 너무 강직(剛直)하여 촌절(寸切 : 작은 친절)도 베풀지 못하였고 犯法者를 例外없이 처벌(處罰)하였으며 잔혹(殘酷)하게 무고(無辜)한 사람을 많이 죽였다는 평판(評判)을 받았는데 李夢鶴의 반역(叛逆)에 內通하였다는 狀啓로 나국(拿鞫 : 죄인을 拿捕하여 鞠問함)을 당한 다음 몽둥이로 맞아 죽었다. 류성룡(柳成龍), 이기(李墍 · 大司諫), 류영경(柳永慶 · 大司憲)은 시일을 두고 처리하자하였으나 선조의 즉시 척결방안에 윤두수(尹斗壽)가 동조하였는데 김덕령이 옥중에서 억울한 회포를 부른 '춘산곡(春山曲)' 이 충장사(忠壯祠)에 걸려있다.

「춘산에 불이 나니 못다 핀 꽃 다 붙는다 / 저 뫼 저 불은 끌물이나 있거니와 / 이몸에 내(川) 없는 불 일어나니 끌물 없어 하노라.」

이몽학(李夢鶴, ?-1596)의 난은 의병장들에 대한 탄압에 이용되었다.

경기감사(京畿監司) 심대(沈岱, 1546-1592)는 삭령(朔寧)에서, 여주(驪州) 귀미포(龜尾浦)에서 승전한 강원도 조방장(助防將) 원호(元豪, 1533-1592)는 春川에서 전사했다.

1592년 9월 倭賊은 선릉〔宣陵, 성종릉(成宗陵)〕,정릉〔靖陵, 중종릉(中宗陵)〕 두 陵을 發掘하였음에 1593년 7월과 8월 선릉 · 정릉을 개장(改葬)하고 위안제(慰安祭)를 지냈다.

〈明軍의 來援 · 강화(講和)의 실패〉

7월 明 신종(神宗 ; 朱翊均, 萬曆帝, 1563-1620)은 부총병(副摠兵) 자오청쉰(祖承訓)과 유격장(遊擊將) 스루(史儒, ?-1592) 등으로 하여금 5천명의 군사로써 조선을 돕게 하였다.

평양 공격에서 패하여 史儒는 죽고 자오청쉰은 遼東으로 달아난 후 9월 明 선웨이징(沈惟敬, ?-1597)이 왔는데 50일을 기한으로 싸우지 말도록 왜적과 강화하려는 계책 뿐이었다. 12월 明이 송잉창(宋應昌)을 경략(經略)으로, 려우황창(劉黃裳) · 위앤황(袁黃)을 찬획군무(贊劃軍務)로 삼아 遼東에 주둔하게 하고, 리루송(李如松, ?-1598)을 대장(大將)으로 삼아 리루보(李如栢) · 장스줴(張世爵) · 양위앤(楊元)과 뤄상즈(駱尙志) · 우웨이중(吳惟忠) · 왕비디(王必迪) 등이 압록강을 건너니 군사는 4만명이 넘었다.

선조 26년(1593) 정월 明軍이 평양을 포위하고 보통문(普通門) · 칠성문(七星門)을 치니 적군은 그날 밤 얼음을 타고 강을 건너 달아나 평양은 수복되었다.

平壤 전투(戰鬪)에서 朝 · 明 聯合軍이 倭賊을 죽인 것은 1,285 級, 노획(鹵獲)한 말은 2,985필(匹), 軍器는 45,002件이며 사로 잡혔다가 救出된 男婦는 1,015名이었다.
벽제관(碧蹄館)전투에서 패한 李如松군대가 파주(坡州), 東坡로부터 開城으로 물러나 있을 때의 정경이다.
「길 옆 들판에는 倭兵들이 불을 질러서 사방의 산이 깡그리 불타 한 치의 풀도 남기지 않았다. 坡州 경내(境內)가 더욱 심하여 백리 안에는 촌락이 없다. 군량과 마초는 모두 떨어져 말은 죽어 길에 널려 있고 살아남은 말들도 너무 야위어서 전쟁터로 나갈수 없다.」
〈'징비록'〉

권율(權慄)이 행주에, 순변사(巡邊使) 이빈(李蘋, 1537-1603)이 파주에, 고언백(高彦伯, ?-1609)과 이시언(李時言, ?-1624)이 해유령〔蟹踰嶺(게넘이고개), 楊州郡 백석면 연곡리〕에, 김명원(金命元)이 임진강 남쪽에, 류성룡이 동파(東坡)에 있었다. 2월 권율(權慄)은 행주산성(사적 56호)에 웅거하여 왜군을 격퇴하였는데(1603년 행주대첩비를 세웠다), 이치(梨峙)의 戰鬪가 으뜸이고 幸州는 다음이라고 하였다. 이 방어전의 승리는 임진왜란의 3大捷의 하나로 이때 화의가 진행되어 왜군은 경남의 해안 일대로 물러났다.

1593년 4월 8일 倭와 龍山에서 강화회담을 시작하고부터 明軍은 朝鮮軍이 倭를 공격하기만 하면 將兵을 가리지 않고 잡아 갔다. 明軍의 이런 횡포로 朝鮮軍은 倭와 싸울 의지가 없게 되었고 군량마저 떨어져 군사들이 사방으로 흩어졌다.

明軍은 全羅監司 권율(權慄), 순변사(巡邊使) 이빈(李蘋), 방어사(防禦使) 고언백(高彦伯)을 힐문(詰問)하며 책임을 따졌고, 중위(中衛) 선봉장(先鋒將) 변양준(邊良俊), 사평(司評) 이충(李忠), 조방장(助防將) 홍계남(洪季男)의 목에다 쇠 사슬을 걸고 중상을 입히는 등 강화에 방해 된다 싶으면 朝鮮軍에 갖은 횡포를 가했다.
전세(田稅), 공물작미(貢物作米), 둔전(屯田)과 모속(募粟 : 군량을 자진 헌납), 무속(貿粟 : 貿易으로 군량을 조달), 공명첩(空名帖)에 의한 조달에 불구하고 왜란 내내 계속된 군량 궁핍은 1593년 4월 柳成龍의 보고서에 역연(歷然)히 나타나 있다.
「明 군에 양식을 주고 나니. 좁쌀과 물에 젖은 썩은 쌀만 남았습니다. 좁쌀과 썩은 쌀도 군사 한 사람당 하루 1되 7홉 밖에 주지 못합니다. 이 양식으로 그들의 처자와 나눠 먹는 까닭에 하루 쌀 반 되로 근근히 연명해 갑니다. 그러나 그마저도 줄 수가 없어 모두 굶주려서 얼굴은 누른 빛만 띄우고, 기력이라곤 하나도 없으니 적을 토벌할 분기심과 용기가 있다해도 발휘할 방도가 없습니다.」
이순신은 갑오년(1594년) 3월 경상도 웅천에서 강화협상중 '답담도사금토패문(答譚都司禁討牌文)' 에서 "왜적이… 죄 없는 우리 백성을 죽이고, 흉악한 짓을 저지른 것이 이루 말할 수 없으므로 통분함이 뼛속에 맺혀 이들과는 같은 하늘 아래서 살지 않기로 맹세하고 있습니다.… 왜적들을 한 척의 배도 돌아가지 못하게 함으로써 나라의 원수를 갚고자 합니다." 하였다.

이즈음 왜군은 3대첩의 하나로 꼽히는 1차 전투에서 김시민(金時敏, 1554-1592)에게 패퇴한 진주를 재차 공격하여 판관(判官) 성수경(成守慶, ?-1592) · 창의사(倡義使) 김천일(金千鎰) · 경상병사(本道兵使) 최경회(崔慶會, 1532-1593) · 충청병사(忠淸兵使) 황진(黃進, 호 蛾述堂) · 의병복수장(義兵復讐將) 고종후(高從厚, 1554-1593) 등이 전사하고 목사(牧使) 서예원(徐禮元)은 도망가다 죽는 등 군인과 백성 6만여명이 죽고, 닭 · 개들까지도 남아나지 않았다.(晋州城 함락)

「官妓 論介(1574?-1593)는 장수현(長水縣) 양가(良家)의 여자로서 재질과 용모가 뛰어났다. 어려서 부모 〔주달문(朱達文)과 밀양 박씨(密陽朴氏)〕를 여의고 가난하고 의지할 데가 없어 기생으로 전락, 현감(縣監) 황진의 사랑하는 바 되었는데 진양(晋陽) 싸움에서 황공(黃公)이 순국하게 되니, 촉석루 바위 위에 서서 술이 거나하게 된 적장 게야무라 로쿠스케(毛谷村六助)의 허리를 안고 벼랑 밑으로 떨어져 함께 죽었다. 그 바위 이름을 의암(義巖)이라 하고, 바위 위에 비(義巖事蹟碑)를 세워서(1722) 정표(旌表)하였다. 촉석루 서쪽에 사당(의기사(義妓祠))을 세우고(1740), 해마다 6월 29일 제사지낸다.」

〈張志淵 / '逸士遺事' 〉

전주성이 함락되고 병마절도사 崔慶會가 官印을 품은채 남강에 투신하자 겁탈하려드는 倭將을 끌어안고 죽었다는 등 異說이 류몽인의 어우야담(於于野譚) · 오두인(吳斗寅, 1624-1689)의 의암기(義巖記, 1651) · 최진한(崔鎭漢)의 '장계(1721)' · 박태무(朴泰茂)의 '의기전(義妓傳)' · 민백순(閔百順)의 '임진록' 에 전해지고 있다.

논개의 애국적 절개를
허회(許滄, 1758-1829)는 '붉게 떨어지는 바위 꽃은 장한 혈기 머금었고 / 푸른 강물에는 의기의 수심이 서려 있네' 라고, 변영로(卞榮魯)는 '거룩한 분노는 종교보다도 깊고 / 불붙는 정열은 사랑보다도 강하다 / 아! 강낭콩 꽃보다도 더 푸른 그 물결 위에 / 양귀비꽃보다도 더 붉은 그 마음 흘러라' 라고 각각 노래 하였으며 정현석(鄭顯奭, 1817-1899)의 '교방가요(教坊歌謠, 1872)' 에 '義巖別曲' 이란 連時調型의 歌曲이 있다.

6월 왜적은 왕자 임해군 · 순화군과 재신(宰臣) 황정욱(黃廷彧) · 황혁(黃赫) 등을 돌려보내고, 선웨이징(沈惟敬)으로 하여금 돌아가서 보고하게 하였다. 明 朝廷의 평의(評議)는 和議 제의(提議)를 許容함은 잘못이라고 하였으나 스싱(石星, 1538-1599)과 송잉창(宋應昌) · 구양챈(顧養謙)은 승산(勝算)이 없다고 和議를 成就시키려고 極力하였다.

1593년 12월 宋應昌은 主和로써 탄핵(彈劾)을 받고 구양챈(顧養謙)이 새 經略으로 任命되었다. 왕비디(王必迪)는 1593년 12월 李如松 귀국 후에도 려우팅(劉綎, ?-1619), 우웨이중(吳惟忠) 등과 함께 1만명을 거느리고 경주 · 대구 · 칠곡(漆谷) 등지에서 용감히 싸웠다. 1594년 4월 유정(惟政)은 왜장(倭將)과의 필담(筆談)으로 "사람을 함부로 죽이지 말라(勿嗜殺)"하고 3일 만에 고성에서 나오니 그의 법력(法力)으로 영동 아홉 고을이 참화를 면할 수 있었다.

〈정유재란과 전쟁의 終局〉

宣祖 29년(1596년) 5월 가토 기요마사(加藤清正)는 西生浦를 대파(大破)하고 철군(撤軍)하니 46個 屯營이 연달아 철거(撤去)하고 釜山에만 4個 屯營이 남아 있었다. 明과 일본의 강화 교섭은 토요토미 히데요시의 요구〔화친(和親), 할지(割地) 朝鮮 4道분할을 골자로 한 화의7조(和議七條) 1593. 6〕가 매우 커서 봉공(封貢) 뿐만도 아닌데, 세객(說客) 선웨이징(沈惟敬)과 고니시 유키나가가 친숙하여 일을 미봉(彌縫), 4년여의 세월(1592년 9월-1596년 9월)끝에 결렬되었다. 강화(講和)가 失敗하니 1597년 1월 왜군은 가토 기요마사(加藤清正), 고니시 유키나가(小西行長), 구로다 나가마사(黑田長政), 시마즈 요시히로(島津義弘), 와키사카 야스하루(脇坂安治), 우키타 히데이에(宇喜多秀家, 1573-1655) 등 諸將들로 1-8번 部隊編成을 하여 14만명으로 다시 출동하였다.

간첩 가케하시 시치타이후〔梯七太夫, 요시라(要時羅)〕가 조정을 드나들며 권율, 김응서(金應瑞) 등을 현혹시켜 거짓 정보를 흘리고 있었다. 이순신은 원균의 중상모략에 따른 성균사성(成均司成) 남이신(南以信, 1562-1608)의 현지조사보고〔가토 키요마사(加藤清正)가 해도(海島)에 머무르는 7일 동안 머뭇거리고 나가지 않아서 그 기회를 놓쳐 버렸습니다.〕로 투옥돼 죽음에 처했으나 정탁(鄭琢, 1526-1605)의 救命 상소로 사형을 감하고 관직을 삭탈당한 채 권율의 막하로 가서 백의종군의 명을 받았다(1597. 1).

平行長은 이순신으로 하여금 죄를 얻게 하고, 원균을 유인하여 바다 속으로 나오도록 하여서, 그 방비의 있고, 없음을 다 알게 된 후에야 습격했던 것이다.

원균은 성품이 험악하고 간사하며 또 중앙 · 지방(中外)의 인사들과 이순신을 모함하는 데 여력을 남기지 않았다. 원균은 첩을 데려다가 이순신이 지은 운주당(運籌堂)에서 술주정과 성 내는 것을 일 삼았고, 형벌이 법도가 없었으므로 호령이 행하여 지지 않았다.

「수사 원균이 나타나서 술주정을 했다. 배 안의 모든 군사들이 분개 했다. 그 망측한 꼴을 차마 입으로 말할 수 없었다.」 〈'난중일기'〉

「조정에서 보낸 편지와 원흉(元兇 · 원균)이 보낸 답장이 지극히 흉악하고 거짓되어 입으로는 말할 수 없다. 기만하는 말 들이 무엇으로도 형상하기 어려우니 하늘과 땅 사이에는 元兇처럼 흉패(凶悖)하고 망령(妄靈)된 이가 없을 것이다.」 〈'충무공유사(忠武公遺事)'〉

1597년 5월 明은 양하오(楊鎬, ?-1629)로 경리를, 싱지에(邢玠)로 총독총병을, 마궤이(麻貴)로 제독을 삼아 만 3천명으로 구원하도록 하였다.

이에 楊鎬는 평양에, 麻貴는 한성에 주둔하며, 楊元 · 吳惟忠 등은 군사 3천명을 거느리고 남원에서 싸웠는데, 楊元이 도망하고, 전라병사(全羅兵使) 이복남(李福男, ?-1597) · 남원부사(南原府使) 임현(任鉉, 1549-1597) · 조방장(助防將) 김경로(金敬老, ?-1597) · 광양현감(光陽縣監) 이춘원(李春元) · 명장접반사(明將接伴使) 정기원(鄭期遠, 1559-1597) 등은 다 전사하였다. 뒤에 楊元은 참형을 당하고 베인 머리는 순시(徇示)하였다.

모리 히데모토(毛利秀元, 1579-1650) 군사가 황석산성(黃石山城)을 함락, 안음현감(安

陰縣監) 곽준(郭䞭, 1550-1597), 전 함안군수(咸安郡守) 조종도(趙宗道, 1537-1597)가 전사하였다. 1597년 7월 도토 다카토라(藤堂高虎, 1556-1630)와 고니시 유키나가(小西行長)가 연합전선을 편 칠천량(漆川梁) 해전에서 원균 · 이억기가 사망하고, 경상우수사 배설(裵楔, ?-1599)은 도망하여 한산도가 패하고 남해 · 순천이 함몰(陷沒)되었다.

정유재란(1597) 당시 九州 남부 가고시마〔鹿兒島 · 薩摩(사쓰마)〕의 藩主(城主) 시마즈 요시히로(島津義弘)가 이끈 5만명의 부대가 남원 · 사천격전에서 조선인 3만 8천 7백명의 목을 베었는데, 姜弘重(1577-1642)의 '동사록(東槎錄)' 에서도 紅倭軍(薩摩軍) 最惡이라 통박하고 있다. 賊軍은 南쪽 邊境을 나누어 고니시(小西行長)는 順天을, 시마즈(島津義弘)는 泗川을, 가토(加藤清正)는 蔚山을 각각 占據하였고 야나가와 시게노부 (柳川調信)는 南海 유산도(流山島)에 駐屯하였다.

울산전투에서 朝鮮軍은 사상자 1,174명, 도망자 4,982명으로 진중에는 3,813명 뿐이었는데, 楊鎬는 明倭 4대 1의 병력을 가지고도 倭를 이겨낼 수 없었다.

「이때(1598년 1월 10~14일) 몹시 춥고 비까지 와서 모두 손발이 얼어 터졌다. 잇달아 적은 육로로도 내원(來援)해 왔다. 그러자 경리(楊鎬)는 적에 공격당할까 두려워서 갑자기 군사를 돌이켰다. 明 장수들은 정월(正月) 서울로 모두 돌아갔다.」 《懲毖錄 卷 Ⅱ 15章》

九州(1535-?) 우스키(臼杵)의 城主 오타 가즈요시(太田飛彈守一吉, ?-1617)를 종군한 醫僧 慶念(1535-?)은 '朝鮮日日記' (1597)를 남겼다.

「들도 산도, 성은 말할 것도 없고, 닥치는대로 불을 질러 버리고, 사람은 칼로 베고, 쇠사슬 · 竹筒으로 목을 조르니, 어버이는 자식을 탄식하고, 자식은 어버이를 찾는 가여운 모습을 처음 본다. 아이들은 납치하고 부모는 칼로 쳐죽여 그 애처로움은 흡사 옥졸(獄卒)들의 고문이나 다름 없다. 들과 산을 불태우는 武者들의 고함소리, 마치도 修羅場〔아수라왕(阿修羅王)이 범천제석(梵天帝釋)과 싸운 마당〕 같구나. 많은 장사치가 귀천노약(貴賤老若)할 것 없이 법석대고 있었는데 이 자들은 '日本서 건너온 각종 상인' 으로 행군의 뒤를 따라 男女老若을 사서는, 노끈으로 목을 묶어 한데 모아 앞으로 몰아가는데 걷지 못하면 뒤에서 막대로 내몰고, 때려서 달리게 하는 광경은 마치 아방나찰(阿房羅刹)의 포악함이 이와 같지 않나 하고 여겼다.」

倭軍은 각도를 赤國(전라도) · 青國(충청 · 경기도) · 白國(경상도)으로 색별해 3도(道)를 짓밟아 지나는 곳마다 가옥을 다 불사르고 백성들을 죽였으므로 한성(都城) 사람들은 다 달아나 흩어지는 형편이었다. 이때 경림군(慶林君) 김명원과 병조판서 이항복의 상주로 이순신이 다시 통제사에 등용됨으로써 전세는 일순(一瞬)에 반전되었다. 토왜대장(討倭大將) 정기룡은 고령, 성주, 합천, 초계, 의령 등을 탈환하고 경주, 울산을 수복하였다.

明은 皇帝를 속인 8가지 罪와 國事를 그르친 5가지 罪目을 열거, '스싱(石星)이 沈惟敬을 이용하여 왜와 내통하여 나라를 팔고 위엄을 손상시켰다' 고 하여 石星을 하옥시켜 병들어 죽게 하고 沈惟敬은 下獄하였다가 3년만에 處刑하여 기시(棄市 : 罪人의 목을 베고 그 屍體를 거리에 내다 버리는 형벌)하였다.

1598년 정월 明은 동이왠(董一元), 려우팅(劉綎)을 中路 · 西路 제독으로, 천린(陳璘, 1543-1607)을 수사제독으로 삼고 조선에 흉년이 들어 山東의 곡식 백만 섬을 보내 구휼하였다.

이순신이 진도(珍島) 벽파정(碧波亭) 아래서 12척의 배에 대포를 싣고서 조수의 흐름을 이용, 순류(順流)에 왜장 마타시〔馬多時, 구루시마 미치후사(來島通總), 1561-1597〕를 잡아 죽이고 적선 133척을 깨뜨리자 왜적들은 달아나 이순신의 명성과 위세가 크게 떨쳐졌다. 〔명량대승첩(鳴梁大勝捷)〕

> 이때 이순신에게는 군사 8천여명이 있어서 고금도(古今島)에 수군 본영을 옮기고, 해로통행첩(海路通行帖)을 만들어 10여일 동안에 군량 1만여 석(石)을 얻었다.
> 鳴梁海戰에서 참패한 적들이 보복으로 牙山 忠武公 본가는 물론, 온 마을을 불지를 적에 막내 아들 면(葂)은 어머니를 모시고 있다가 왜적 伏兵의 칼에 순국하였다.
> 진도 주민들은 울돌목('바다가 우는 길목'이라는 뜻)에 수장(水葬)됐던 일본 수군 시신 백여구(具)를 수습, 진도 고군면 내동리에 묘지를 만들었는데 왜덕산(倭德山)은 왜군에게 덕을 베풀었다는 뜻이다.

1598년 2월 陳璘이 古今島에서 이순신과 합세하고 7월 과도관(科道官) 병부주사(主事) 띵잉타이(丁應泰)의 탄핵을 받고 파면된 楊鎬의 자리를 완스더(萬世德)가 대신하면서 조명연합군의 총공격이 시작되었다. 정유재란 이후 明軍은 패할 때마다 자기들의 허물은 덮고, 이유를 모두 朝鮮軍에게서 찾았다.

10월 려우제독(劉提督)이 순천에 있는 왜적을 공격하고, 이순신이 왜적의 구원병을 바다 가운데서 크게 쳐부쉈는데, 平行長는 성(城)을 버리고 도망하였고, 부산 · 울산 · 하동의 연해안에 둔쳤던 왜적들도 모두 물러갔다. 이순신은 陳璘과 함께 왜적의 배 2백여 척을 불태우고, 왜적을 죽인 수는 헤아릴 수 없이 많았다. 이때 아군은 도망하는 왜적을 남해의 지경(露梁)까지 추격, (노량승첩(露梁勝捷) 1598년 11월) 이 싸움을 마지막으로 7년간 끌었던 조선과 왜국간의 혈투는 끝났다.

> 「이순신은 시석(矢石)을 무릅쓰고 싸웠는데, 총알이 그의 가슴에 맞아 등뒤로 빠져나갔다. 이순신은 "싸움이 바야흐로 급하니 내가 죽은 것을 말하지 말라."하고 숨을 거두었다. 이순신의 형의 아들 이완(李莞, 1579-1627)은 그의 죽음을 숨기고 독려하여 포위된 陳璘을 구원하였다. 왜적들이 달아난 뒤에 陳璘은 비로소 그가 전사한 것을 알고서 군사들의 통곡 소리가 바다 가운데 진동하였다. 수 백척의 부서진 전함들로 물이 흐르기 어려울 정도였고, 바다는 온통 핏빛이었다. 이순신 외에도 明의 덩즈룽(鄧子龍), 가리포 첨사(加里浦僉使) 이영남(李英男), 낙안군수(樂安郡守) 방덕룡(方德龍), 흥양현감(興陽縣監) 고득장(高得蔣) 등 10여 명이 전사하였다.」
> 〈'懲毖錄'〉

주화오국(主和誤國)의 인책론에 1598년 9월 柳成龍이 차사〔箚辭(사직 상소문)〕로 자신을 탄핵하고 사직하였으나 윤허하지 않았고 체임(遞任)되어 가다 李舜臣이 죽던 그날 파직되었다. "선생의 노기가 날로 심해져 빈객을 만날 수조차 없었다"〔서애연보(西厓年譜)〕고 하였듯이 류성룡은 분노했다. 이원익(李元翼)은 宣祖에게 「누구를 택해도 柳成龍을 대신할 수 없습니다. 柳成龍이야말로 청개자수혈성(淸介自守血誠)으로 나라를 근심하고 위해 왔습니다.」 하였다.

「재상(宰相)의 자리에 올라서는 정인홍(鄭仁弘)과 의논이 맞지 않아서, 인홍이 매양 공쑨홍(公孫弘, 전한 최초의 丞相 封侯, BC 200-BC 121)이라 배척(排斥)하였다. 성룡 역시 인홍의 속이 좁고 편벽(偏僻)됨을 미워하니, 사론(士論)이 두 갈래로 나뉘어져 서로 공격하는 것이 물과 불 같았다. 山林의 착한 사람들이 다 죽었는데도 한 마디 말을 하거나 한 사람도 구제(救濟)하지 않았고 상소(上疏)하여 자신을 변명(辯明)하면서 구차(苟且)하게 몸과 지위(地位)를 보전(保全)하기까지 하였다. 원수(怨讐)는 반드시 갚아야 하는데도 계획이 굳세지 못하고 국시(國是)가 정해지지 않아서 화의(和議)를 극력 주장하여 원수(怨讐)를 잊고 부끄러움을 참게 한 죄(罪)가 千古에 한(恨)을 끼치게 하였다.」〈'宣祖修正實錄' 25輯 334面, 宣祖 卷 41〉

1599년 봄 宣祖는 「외적이 두려운 것이 아니라(外賊不畏) 내변이 우려된다(內禍可慮)」며 明軍이 더 머물러 있을 것을 요청했는데 劉綎은 龍頭山에서, 陳璘은 古今島에서, 동이웬(董一元)은 星州에서, 마궤이(麻貴)는 慶州에서, 우꽝(吳廣)은 南原에서 各各 軍士를 거느리고 한성으로 올라오니 王은 漢江까지 나가 迎接하였다.

明은 두 번 軍士와 양식(糧食)을 보내어 구원(救援)해 주었으므로 宣祖는 한응인(韓應寅) 등을 보내어 感謝하는 表文으로 謝恩하였다. 明軍은 倭와 15번을 싸워 13번을 대패했음에도 1601년 3월 선조는 이렇게 말하였다.

「倭賊이 평정된 것은 오로지 明軍 덕분이다. 李 · 元 두 장수의 바다에서의 무찌름과 권율(權慄)의 행주(幸州)에서의 이김이 약간 두드러질 뿐이다.」

선조는 1604년 正功臣을 호성(扈聖) 86명 · 선무(宣武) 18명 · 청난(淸難) 12명으로 나누어 녹훈(錄勳)했다.

왜군들 가운데에는 조선에 남은 자들이 적지 않았다. 우봉 김씨(牛峰金氏)의 시조 김충선〔金忠善, 1571-1642, 본명은 스나야기(沙也可)〕과 함박 김씨(咸博金氏)의 시조 김성인(金誠仁)은 왜군 장수로 귀화한 후 성을 하사받고 조선에 뿌리를 내렸다. 김향의(金向義) · 김귀순(金歸順) · 이귀명(李歸命)도 귀화 왜군으로 관직까지 얻었고 이시언(李時言) 휘하의 항왜 其吾叱己와 沙已所는 거창에서 왜군 17명을 유인해 오기도 하였다. 전란이 끝난 후 항왜(降倭)는 향화인(向化人)으로 지칭되었다.

明은 정유재란이 끝난 직후 부산, 거제, 죽도 등에 3만 700명, 표병(標兵) 3천과 순포잡류(巡捕雜流) 1833명 등 총 3만 5천 5백명의 유병(留兵)을 제안, 관철시켰다.

〈사대문궤(事大文軌) 권 32〉

• 軍神 李舜臣의 戒嚴

이순신의 자(字)는 여해(汝諧)이고, 그 본관은 덕수(德水)이다. 이씨의 조상은 문관을 지냈는데 이순신에 이르러 무과(武科)에 올라서 권지훈련원봉사(權知訓練院奉事)에 보직되었다. 「정읍현감(井邑縣監) 이순신을 발탁하여 전라좌도수군절도사(全羅左道水軍節度使)로 삼았다. 이순신은 담력과 지략(膽略)이 있고 말을 잘 타고 활을 잘 쏘았다. 조정에서는 추천하여 주는 사람이 없어서 무과 과거에 급제한 지 10여 년이 되도록 승진이 되지 못하고 있다가 비로소 정읍현감이 되었다.」 〈'懲毖錄'〉

그의 형 이희신(李羲臣)과 이요신(李堯臣)은 다 먼저 죽었으므로 이순신은 그들의 자녀들을 자기의 아들 딸처럼 길렀으며, 시집보내고 장가들이는 일은 조카들을 먼저 하였다.

이순신은 난중일기(亂中日記)를 남겼는데 '한산도가(閑山島歌)' 는 그의 기백 · 의지 · 이상을 보여주는 시이다.

「閑山셤 달밝근 밤에 수루(戍樓)에 혼ᄌᆞ안ᄌᆞ / 큰 칼흘 녑희 ᄎᆞ고 긴 퓰을 ᄃᆞᆫᄂᆞᆫᄎᆞ에 / 어듸셔 일성호가(一聲胡笳)는 단아장(斷我腸)을 ᄒᆞᄂᆞᆫ고」

해상에서 연전연승(23戰23勝)한 장군은 이순신이며, 육상에서 연전연승한 정기룡(鄭起龍, 1562-1622)은 대소 60여 전투에 이소격중(以少擊衆)하여 한번도 진 일이 없었는데, 삼도통제사(三道統制使)로서 보국숭록대부(輔國崇祿大夫)에 서(敍)하였다.

이순신의 죽음이 의도된 것이 아니냐는 의혹은 갑옷을 벗고 선봉에 섰다는 '면주(免胄)의 비화' 에서 비롯된다. 이민서(李敏敍, 1633-1688)는 「金德齡이 죽은 뒤 諸將은 一身을 保全하기 어려움을 깨달아, 郭再祐는 이끌던 義兵의 부대를 해산(解散)하고 한때 곡기(穀氣)를 끊었으며, 李舜臣은 싸움이 한창일 때 갑옷을 입지 않고 스스로 彈丸에 맞아 죽었다.」〈'金忠壯公遺事'〉고 하였다. 이여(李畬, 1645-1718)는 이순신 전몰 1백 14년 후에 이순신의 투옥과 백의종군했던 심중(「나와 같은 사정이 또 어디 있으랴… 적이 물러가는 그날에 죽기를 기다릴 뿐이다」)을 헤아려 동조하였다.

김택영은 '한사경(韓史綮)에서 「국왕이 수레를 돌려 옛 수도로 돌아온 지 4, 5년 사이에 이순신의 공을 싹 잊어버리고 온 조정이 적의 계책에 미혹(迷惑)되어 장성(長城)을 스스로 무너뜨리려고 하였으니 원균이 패하여 죽지 않았다면 독우(督郵)의 칼이 이순신의 목에 이르지 않았겠는가」 하였다.

陳璘은 선조에게 「통제사(統制使 · 李舜臣)는 경천위지지재〔(經天緯地之才 : 天下를 經綸할 만한 뛰어난 人才)〕와 보천욕일지공〔補天浴日之功 : 국난을 극복하여 國運을 만회(挽回)한 큰 공로 : 故事에 여와(女媧)가 五色돌로 하늘 뚫린 데를 깁고 羲和가 해 열 개를 낳아 甘泉에 목욕시켰다는 이야기에서 나온 말)〕이 있습니다.」 하였다.

이순신과 같은 해 급제하여 후일 '農家月令歌' 를 지은 문인 泰村 고상안(高尙顔, 1553-1623)은 「李舜臣은 그 언론이나 꾀와 지혜가 본시 만을 평정할 만 한 재목이다 그러나 용모는 비대하지 않고 입술이 위로 치켜진 相이어서 복이 없는 장수였다.」라고 하였다.

「舜臣은 말과 웃음이 적고 용모가 단아(端雅)했다. 사람된 품이 선비와 같았으나 담기(膽氣)가 서려 있었다. 舜臣은 명운(命運)이 없어 가지고 있던 재간(才幹)의 백분의 1도 쓰지 못하고 죽으니, 참으로 아깝다.」 〈'懲毖錄', 2권, 16장〉

「사신(史臣)은 논한다. '이순신은 충용(忠勇)하고 재략(才略)도 있었으며 기율(紀律)을 밝히고 군졸을 사랑하니 모두 즐겨 따랐다. 원균(元均)은 비할 데 없이 탐학(貪虐)하여 크게 군사들의 인심을 잃고 사람들이 모두 그를 배반하여 마침내 정유년 한산(閑山)의 패전(敗戰)을 가져 왔다.' 국가를 위하는 충성과 몸을 잊고 전사(戰死)한 의리(義理)는 이 보다 더할 수 없다. 조정(朝廷)에서 사람을 잘못 써서 순신으로 하여금 그 재능을 다 펴지 못하게 한 것이 참으로 애석(哀惜)하다.」 〈'宣祖實錄' 23輯 536面, 宣祖 卷 106〉

「自古로 戰將으로서 期正分合의 묘책을 구사(驅使)한 사람은 한 둘이 아니다. 그러나 海將으로서는 동양의 이순신, 서양의 넬슨(Horatio Nelson, 1758-1805)을 꼽지 않을 수 없다.」 〈사토 데쓰타로(佐藤鐵太郎) / '帝國國防史'〉

장수들은 통제사 이순신을 신(神)과 같은 장군이라고 생각하였다. 나라에서는 의정부우의정(議政府右議政)을 추증(追贈)하였다.

戰爭 45년 후인 인조 21년(1643) 시호(諡號)를 忠武라 하였는데 1601년 여수 충민사(사액사당), 1606년 통영 충열사(신위사당), 1628년 남해 충열사, 1697년 순천 충무사, 1704년 아산 현충사, 1932년 한산도 제승당 충무사가 각각 건립되었다.

명량대첩이 있은 지 88년째 되는 1685년(숙종 11) 이민서(李敏敍)가 碑文을 짓고 金萬重이 身石, 판돈령부사(判敦寧府事) 이정영(李正英, 1616-1686)이 본문을 지은 명량대첩비(鳴梁大捷碑, 높이 2.67m 폭 1.14m)가 전라우도 수군절도사 박신주(朴新胄)에 의해 해남군 문내면 동외리에 세워졌다(1688).

• *壬辰의 禍難*

1593년 4월 19일 왜병이 철수할 때까지의 근 1년동안 한성의 참상이다.

「유민들은 백에 하나 꼴로도 생존해 있지 않고, 살아남은 자도 모두 굶주려 여윌대로 여위어 피로곤비(疲勞困憊)한 모양이 귀신의 형상이었다. 거리에 죽은 사람과 말의 시체가 딩굴고, 악취는 성내를 메워 지나가는 사람들은 코를 가렸다. 종묘와 삼궐(三闕) 및 종루(鐘樓)의 각사(各司) 관학(성균관) 등 대가(大街) 이북에 있었던 것은 흔적(痕迹)도 없이 사라지고 잿더미만 남았다…」 〈'징비록'〉

「임진란 후 백성들이 유리분산(流離分散)하여 대가세족(大家世族)도 거의 실업(失業)하고 거지 노릇을 하였으며, 부녀들도 존비(尊卑)가 없어져 적수(敵手)에 의해 더럽힘을 받은 자 많았다. 쌓인 시체가 들에 가득하였으나 수렴하는 자가 거의 없었으며, 아비로서 자식을 팔고, 남편으로서 아내를 팔게 되었다. 계사년 봄 서로 살식(殺食)하고 시체를 쪼개어 다투어 먹었으니, 변란지화(變亂之禍)가 오늘처럼 심한 일은 일찍이 없었다.」 〈윤국형(尹國馨) / '문소만록(聞韶漫錄)'〉

「군사를 시켜 죽은 백성의 시체를 묻게 했는데, 그 수가 1만 7천을 넘었다」

(선조 27년 4월 17일)

「나라의 기강이 무너지고 백성들이 도탄에 빠져 창칼은 피했더라도 굶주림을 면하지 못하여 시체들이 들에 가득해서 차마 볼 수 없어, 뼈들을 수습하여 야장(野葬)하고 별 제사를 지낸 후 원혼들을 구제하기 위해서 수륙재를 열었다.」

〈선수(善修, 1543-1615 / '전사자의 망혼을 극락세계로 보내는 소(疏)')〉

「종군하여 적의 머리 일곱을 벤 자에겐 과거급제(科擧及第)의 자격을 주었다. 〔참수급제(斬首及第)〕 더러 가격문제로 소송을 일으킨 예도 있었는데 머리 하나로 이삼품(二三品)을 받기도 했다.」 〈이성령(李星齡, 1632-?) / '춘파당일월록(春坡堂日月錄)' 〉

「적이 우리 사람들의 코를 베어 소금에 절여서 도요토미 히데요시에게 보내면 그는 수도의 북쪽 교외 다이부쓰지(大佛寺)옆 구릉(丘陵)에 저장하여 위엄을 보였다.」〈'지봉유설'〉

왜병들이 베어간 코의 수는 2만9천2백51개로〔후지키 히사시(藤木久志, 1933-) / '일본역사' 〕 京都의 귀무덤(耳塚)과 오카야마(岡山)의 코무덤(鼻塚)이 그 유적이다.

화(禍)는 왜병들에게서만 온 것은 아니었다. 동정군(東征軍, 明軍)의 행패도 대단했다.

「왜적이 해를 끼친 것은 얼레빗과 같고 明군이 해를 끼친 것은 참빗과 같다.」고 하였다.

明 兵士들은 우리 女人을 아내로 맞아 湖嶺에 居住하다가 돌아가니 다 같이 따라 갔으며 산하이관(山海關)에 到着하여 房子 등으로 작배(作配 : 남자와 여자가 짝을 지음)하여 기주(寄住 : 붙어 삶)하게 되었는데 數萬 名에 達했다.

임진왜란 때 일본에 잡혀간 한국인은 5만여 명으로 추산된다. 그중 1599년에서 1643년까지 63차례에 걸쳐 6천여 명이 송환되었으며 5천여명이 규슈의 노예시장에서 포르투갈 상인에게 팔려가고 나머지 3만 5천여 명 가량이 일본에 귀화하였다.

이탈리아 메디치(Medici)家의 프란체스코 카를레티는 1598년 나가사키(長崎) 노예시장에서 조선인 5명을 12스키와트(30엔)에 사서 항해하던 중 印度의 고아(Goa) 노예시장에서 4명은 놓아주고 안토니오 코레아(Antonio Corea)만 플로렌스까지 데려갔다.

• *壬亂直後 - 日本側 사정*

1600년 이시다 미쓰나리(石田三成, 1560-1600)가 秀吉의 아들 히데요리(秀頼, 1593-1615)를 내세워 주도한 다이묘 西軍〔모리 데루모토(毛利輝元, 1553-1625) · 고바야카와 히데아키(小早川秀秋, 1582-1602) · 고니시 유키나가(小西行長) · 시마즈 요시히로(島津義弘) · 우키타 히데이에(宇喜多秀家) · 나가쓰카 마사이에(長束正家, 1562?-1600) · 조소카베 모토치카(長宗我部元親, 1539-1599) 등〕과 도쿠가와 이에야스(德川家康)가 주도한 東軍〔아사노 요시나가(淺野幸長, 1576-1613) · 후쿠시마 마사노리(福島政則, 1561-1624) · 구로다 나가마사(黑田長政) · 호소카와 다다오키(細川忠興, 1563-1645) · 이케다 데루마사(池田輝政, 1564-1613) · 가토 기요마사(加藤淸正) · 도토 다카토라(藤堂高虎, 등〕 간 기후(岐阜)縣 미노(美濃) 세키가하라(關ケ原) 전투에서 서군이 패하여 이시다 미쓰나리 · 고니시 유키나가를 사형, 우키타 히데이에 등 88가문의 다이묘를 멸망시키고 1602년까지 68가문의 신판(親藩)과 후다이(譜代) 다이묘를 세웠다.

1615년 5월 도쿠가와 세력에 의해 오오사카(大阪)城이 함락되고 히데요리와 生母 요도도노(淀殿 : 히데요시의 愛妾, 1569-1615)는 자살하고 8세의 손자도 참수되어 豊臣 일가는 멸문되었다.

도쿠가와 이에야스가 이시다 미쓰나리 · 고니시 유키나가 등 文吏派를 물리치고 가토 기요마사 · 후쿠시마 마사노리 등 武斷派와 손잡고 1603년 에도 바쿠후(江戸幕府)를 열기까지를 아즈치 모모야마(安土桃山)時代라고 하는데, 웅장한 성관(城館)의 조영과 호화로운 무사 저택의 건축 등을 중심으로 한 모모야마(桃山)文化가 결실하였고, 조총(鳥銃) 등 새 문물과 그리스도교가 전래되어 남만문화(南蠻文化 ; 포르투갈인의 來航으로 전래된 유럽 문화)가 일어났다.

도쿠가와 이에야스〔兒名 마쓰다이라 다케치요(松平竹千代)〕는 바쿠후(幕府)창건, 의리 · 인내 · 검약의 인간성, 쇄국 정책으로 일본 사회의 규정이 되고 일본인 삶의 표본이 되었다.

그때 '파멸의 영웅'을 사랑하는 분위기가 형성되었는데 사나다 유키무라(眞田幸村, 1567-1615)나 '가나데혼 주신구라〔假名手本 忠臣藏 : 억울하게 죽은 주군 아사노 다쿠미노카미(淺野內匠頭, 본명 아사노 나가노리(淺野長矩), 1667-1701)를 위해 오이시(大石) 등 47명의 부하들이 절치부심(切齒腐心)하며 기라 요시히사(吉良義央, 1641-1702) 一派를 상대로 1702년 12월 원수를 갚은 뒤 집단 자결(自決)한 실화를 바탕으로 꾸민 이야기〕'에 등장하는 아코(赤穗) 사무라이들이 그 전형(典型)이다.

루스 베네딕트(Ruth Fulton Benedict 1887-1948)는 '국화와 칼(The Chrysanthemum and The Sword, 1946)'에서 예의 바르고 온순 · 겸허하지만 거칠고 야만스러우며 폭력적이고 무사도의 명예에 집착하는 二重性을, '만세일계(萬歲一系)'의 황실을 상징하는 국화와 사무라이 무사도의 상징인 칼에 비유, 일본의 문화유형과 일본인 의식구조를 특징적으로 분석하였다.

공 · 형조좌랑(工刑曹佐郎) 강항(姜沆, 號 睡隱)이 1599년 4월 10일 왜적의 포로로서 몰래 보낸 상소문이 '건거록(巾車錄, 1656년 看羊錄으로 고침)'인데 일기〔섭란사적(涉亂事迹)〕 등을 권말에 첨부하였다.

「도(道)가 8이요, 주(州)가 66인데 큰 섬이 둘이요, 향(鄕 ; 성지가 있는 곳)이 9만 2천, 촌(村)이 10만 9천 8백 56, 논(畓) 89만 9천 1백 60정, 밭 11만 2천 1백 48정(왜놈들은 다섯 자를 한 칸, 55칸을 1정, 36정을 1리라 하여 1리는 10리에 해당합니다.)이옵더이다. 또 절간은 2천 9백 58, 징구(神宮)는 2만 7천 6백 18, 남자는 1백 99만 4천 28인, 여자는 2백 90만 4천 8백 20인이라 하옵니다.…

임진란 때의 군졸의 수효는 16만 1천 5백(이는 무장병의 수효로 졸병들은 이 수에 들어 있지 않습니다.)이었사옵고 정유의 난리 때는 10만 4천 4백 명이었사옵니다.

그들은 '상(樣)', '도노(殿)' 등 칭호들을 무절제하게 쓰고 있는 무례한 놈들이다. 긴 것 하나 없는 짧은 칼 두 개를 차고 다니는 무사라는 족속들이 많다. 또한 한 패의 중이란 부류가 있다. 아마 열이면 중대가리가 너댓의 평균은 될 것이다. 그 까닭은 밤낮 죽이고 찢고 하는 싸움이 싫고 뼈 빠지게 부려먹는 역사(役事)가 싫어서 제 한 몸이나 가꾸다가 죽자는 데서 모두들 중이 되어 버리기 때문이다.」 〈강항 / '看羊錄'〉

유계(兪棨)는 「공이 창졸간(倉卒間)에 환란을 당하여 죽자 해도 죽지 못한 것은 宋 원원산〔文文山, 원탠샹(文天祥), 1236-1282〕과도 같고, 온갖 굴욕을 받아 가면서도 절조를 굽히지 아니한 것은 수쭝랑〔蘇中郎, 수우(蘇武), BC 140-BC 80〕과도 같고, 적정을 뚫어지게 캐내어 봉소(封疏)를 올려 군기(軍機)의 도움이 되게 한 것은 홍하오(洪皓, 1088-1155) · 주비앤(朱辯, 1085-1144)의 충성인 것이요, 죽지 않고 고국으로 돌아오게 된 것은 종이(鍾儀) · 덩유(鄧攸, ?-326) 따위의 일이리라.」 하였다. 〈'간양록(看羊錄)' 서문〉

당시의 일본 국내 형편은 군벌과 승려의 둘로 갈려 승려라는 계급은 칼 찬 군벌과는 대조를 이루어 군벌들의 조선 침공을 못마땅히 여기는 부류들이었다.
「일본 풍속은 사람을 잘 죽이는 것을 담용(膽勇)으로 삼는다. 살인을 많이 하는 자는 저잣거리의 賤한 사람일지라도 그 명성이 드높다. 두려워서 회피하는 자는 권세 있고 귀한 신분의 자제일지라도 온 나라 사람이 그를 버린다. 삶을 가벼이 여기고 죽음을 즐겨하는 풍속이 이와 같다.」 〈김세렴(金世濂, 1593-1646) / '해사록(海槎錄)'〉

• *壬亂의 영향*

임진왜란은 조선 사회 전체의 변화를 야기 하였다.

인구는 줄고, 토지대장과 호적이 불타버려 조세와 요역의 징발이 곤란하였으며, 불국사, 경복궁 같은 건축물이나 史庫의 서적들이 불 타는 등 귀중한 문화재가 많이 없어졌다.

엄격한 신분제도가 와해되기 시작했고, 廣作 운동의 전개, 商工業의 발전 등이 이루어지고 實學의 발전, 한글 小說의 유행, 眞景山水畫와 俗畫의 발달 등 혁신적 기풍이 감돌았으며 의병활동 등을 통해 민족공동체의 성장이 자극받았다.

임진왜란이 끝난 직후 조선은 일본을 '영원히 함께 할 수 없는 원수(萬世不共之讐)'로 여기게 되었고, 일본을 경계하는 시발점이 되었다. 임진왜란이 문화상 韓 · 日 양국의 지위가 뒤바뀌는 시발점이었다고 보는 견해(崔南善 / '壬辰亂')도 있으며 明의 派兵은 후일 조선에게 "재조(再造)의 은혜"로 인식되어 崇明思想을 고취하는 바탕이 되었다.

당시 팔만대장경을 지켜낸 것은 곽재우, 김면(金沔), 정인홍이 이끄는 경상도 의병과 소암(昭岩) 대사가 이끄는 해인사 승병이었다.

히로시마(広島) 安國寺에는 승려 에케이(惠瓊, 1539?-1600)가 潭陽 龍龜山(龍興寺) 般若庵에서 약탈해 간 '三藏十王幀畫'가 있다. 분로쿠 · 케이초노 에키(文祿 · 慶長の役)에 참전했던 武將들은 갖가지 책들을 가져 갔다'고 도쿠도미 소호〔德富蘇峰, 본명 이치로(猪一郎), 1863-1957〕가 1930년 5월 밝혔다.

임란을 야키모노전쟁(燒物戰爭)이라고 할 정도로 일본 도자기문화의 원조는 이때 잡혀 간 도공들이다. 아리타야키(有田燒)의 본 고장 사가(佐賀)현 아리타(有田) 市 스에야마신사(陶山神社)에는 분로쿠(文祿) 2년(1593) 번주 나베시마 나오시게(鍋島直茂, 1538-1618)가 휴행(携行)하여 귀화시킨 '도조(陶祖) 이삼평(李參平, ?-1653) 비' 가 있다. 李參平에서 시작된 일본의 도자기는 사키이다 가키에몬(酒井田柿右衛門, 1596-1666)으로 이어져 정돈된 형태 · 화려한 색상 · 세려된 문양의 이마리야키(伊萬里燒)를 탄생시켰다.
사쓰마야키(薩摩燒)는 박평의(朴平意) · 심당길(沈當吉) 등에 의해, 하기야키(萩燒)는 이작광(李勺光) · 이경(李敬)에 의해 가마가 열렸다.
장헌공(張獻功)은 시마즈 요시히로(島津義弘)가 잡아 간 22姓 80여명의 朝鮮陶工중의 한사람으로, 琉球 쇼네이(尙寧)王, (1564-1620, 재위 1589-1620)의 世子 쇼호(尙豊, 1590-1640, 재위 1621-1640)의 간청에 의해 사쯔마藩에서 琉球로 파견되었었다.

강항을 포함한 조선인 유학자 38명은 1600년 4월 귀국, 윤순거(尹舜擧, 1596-1668) 등 제자를 배출하였다. 강항과 깊은 교제를 맺고 있던 후지와라 세이카(藤原惺窩, 1561-1619)는 그후 일본 경학(京學 : 京都에서 행하여지던 儒學)의 시조가 되었거니와 일본 정주학파(程朱學派)를 대성(大成)시킨 야마자키 안사이(山崎闇齋)의 선구자이다.
2차 晋州城공방(1593년 6월) 때 나베시마 나오시게에게 잡혀 간 洪浩然(본명 洪雲海, 1581-1657), 1592년 7월 아사노 나가마사((淺野長政, 1544-1611)에게 잡혀간 와카야마(和歌山)의 李眞榮(1571-1633), 오즈(大洲)의 姜沆은 사가(佐賀)일대의 사상계에 큰 영향을 끼쳤다.
일본에서 理學은 후지와라 세이카 · 야마자키 안사이에게, 氣學은 하야시 라잔〔林羅山, 僧名 도슌(道春), 1583-1657〕 · 나카에도주(中江藤樹, 1608-1648) · 이토진사이(伊藤仁齋) · 오규소라이(荻生徂徠) 등에게 수용되었다.

조선에서 明軍이 완전히 철병한 후 1602년 정탐사〔偵探使, 첨지(僉知) 전계신(全繼信), 녹사(錄事) 손문목(孫文穆), 역관(譯官) 김효순(金孝順)등〕와 1604년 유정(惟政)의 쓰시마 파견 및 간파쿠(關白) 도쿠가와 이에야쓰(源家康, 德川家康) 접견('나는 임진년 군사를 일으키는 일에 관여하지 않았다. 조선과 나 사이에는 원한이 없다.')으로 조선 · 쓰시마의 화호와 조일통호의 단서가 열려 국교가 회복되어 明治維新 때까지 평화적인 관계를 지속하였다.

'돌에 풀 나기 어렵고(石上難生草), 방안에 구름 일어나기 어렵거늘(房中難起雲), 도대체 어느 산 새이기에(汝爾何山鳥), 여기 봉황 무리 속에 끼어들었는가(來參鳳凰群)' 도쿠가와 이에야스의 필담에 惟政은 '나는 본래 청산에 노는 학인데(我本靑山鶴), 항상 오색구름 타고 놀다가(常遊五色雲), 하루아침 오색구름 사라지는 바람에(一朝雲霧盡), 잘못 닭무리 속에 떨어졌노라(誤落野鷄群)' 하였다.

교지를 받은 사명당과 손문욱(孫文彧)은 1605년 포로 천 3백 9십명을 데리고 돌아왔다.

1607년 여우길(呂祐吉, 1567-?)을 정사, 경섬(慶暹, 1562-1620)을 부사로 한 '회답겸쇄환사(回答兼刷還使)'를 일본에 파견, 포로 1,340명을, 1617년 오윤겸(吳允謙, 吳希文의 아들, 1559-1636)은 150여명을 데리고 귀국했다. 경섬의 '해사록(海槎錄)'을 통해 이후 국교 회복 과정과 쓰시마 번이 국서를 고쳐 쓴 사실 등을 알 수 있다.

1429, 1439, 1443, 1460, 1479, 1590, 1596, 1607, 이후 통신사에는 1607년 이홍규(李泓虬, 1568-?), 1617년 柳成業, 1624년 李彦弘(1596-?), 1636년 金明國(호 蓮潭, 1600-1662), 1643년 金明國과 이기룡(李起龍, 1600-?), 1655년 한시각(韓時覺, 1621-?), 1682년 함제건(咸悌健), 1711년 朴東普, 1719년 함세휘(咸世輝), 1748년 이성린(李聖麟, 1718-1777)과 崔北, 1764년 金有聲(1725-?), 1811년 이의양(李義養, 1768-?) 등 화가가 수행하였다. 통신사들은 5산 10찰(五山十刹)의 하나인 시즈오카(靜岡)시 세이켄지(淸見寺)에서 객고(客苦)를 달래며 시를 짓고 그림을 그렸다. 1719년 製述官 신유한(申維翰, 1681-1751)이 '해유록(海遊錄)'에서 「혹은 닭이 울 때까지 자지 못하고 식사도 중단 해야 할 지경이었다」고 하였듯이 일본 문인들은 한시(漢詩)의 창수(唱酬)는 물론 書畵에 휘호(揮毫)를 청했고 筆談으로 중국과 조선의 經史 諸學에 관하여 문답하는것이 상례로 되어 있었다. 신유한은 '일본학자의 한시 · 한문은 조선의 어린아이가 보아도 웃을 정도이다. 한자와 히라가나를 섞어 쓴 글은 눈먼 뱀이 밭을 기어 다니는 것처럼 유치하다'고 하였다. 지쿠잔 류안(築山龍安)이 백흥전(白興銓)과 문답한 '桑韓唱和集', 기타오 슌포(北尾春圃, 1659-1741)가 奇斗文과 문답한 '桑韓醫談', 야마다 도난(山田圖南, 1749-1787)이 이좌국(李佐國)과 문답한 '桑韓筆語' 등 필담집 178권이 있다.
임진왜란 이후 通信使와 관계를 가졌던 狩野派의 대표적 화가로는 가노 탄유(狩野探幽, 1602-1674)와 가노 쓰네노부(狩野常信, 1636-1718) 등이 있다. 도쿄대 이타쿠라 마사아키(板倉聖哲, 1965-)는 「그동안 일본은 주로 중국과의 관계에서 일본 회화를 분석해 일본 회화의 거장 다와라야 소타쓰(俵屋宗達, ?-1634), 이케노 다이가(池大雅, 1723-1776), 이토 자쿠추(伊藤若沖, 1716-1800) 등에 끼친 한국 회화의 영향이 지나치게 낮게 평가돼 있었다」고 했다.

일본에서는 서부 諸侯들이 몰락하고 동부 諸侯들이 흥기하여 德川幕府가 들어서는 계기가 되었고, 중국에서는 16세기 북로남왜환(北虜南倭患), 조선 원병(援兵)으로 인한 재정악화, 당쟁(黨爭)과 기근농민의 반란 등으로 싼시(陝西)의 리쯔청(李自成, 1606-1645)이 1643년 西安을 수도로 삼고 국호를 大順이라 한 후 이듬해 北京에 진입했으나 도르곤(Dorgon, 多爾袞, 1612-1650) · 우싼꿰이(吳三桂, 1612-1678) 연합군에 패해 湖北에서 살해되고, 毅宗(崇禎帝, 1610-1644, 在位 1627-1644)이 자살함으로써 明朝는 멸망하고 後金(후에 淸)이 들어서는 왕조 교체가 일어났다.

대(對) 후금(後金 · 清) 항전(抗戰) - 병자국치(丙子國恥)

明 成祖〔영락제(1360-1424, 在位 1403-1424)〕가 돌아가고 만주 경략 성과를 올린 1583년 이후 만주에 대한 明의 지배력은 약화되어 갔다. 누르간 도사(都司) 관하의 건주(建州) 여진인 누르하치〔Nurhaci, 1559-1626, 재위 1616-1626, 奴兒哈赤 · 弩爾哈齊, 姓 아이신죠우뤄(愛新覺羅) '멧돼지 가죽' 이라는 뜻〕가 1593년 혼하 일대에서 해서여진(海西女眞)과 몽골의 연합군을 대파한 후 여진족을 통합하여 만주(滿洲) 쑤즈허(蘇子河) 유역 해투알라(赫圖阿拉 : Hetuala)에서, 칸(汗, Khan)의 위(位 1616-1626)에 올라 국호를 후금(後金), 연호를 天命이라 하고 싱징〔興京, 선양(瀋陽)〕에 도읍하였다. 1619년 사르프에서 명군(明軍)을 격파하고, 1621년 요동(遼東)을 정복, 청조의 기초를 세웠다.

「白頭山 天地 근처 布勒瑚里 호수에서 하늘로부터 三仙女가 내려와 목욕을 했다. 목욕을 끝내고 湖畔에 올라오니 까치 한 마리가 날아 와 세 仙女 중의 막내동이 옷 위에 붉은 과일 하나를 떨어뜨리고 갔다. 과일이 하도 탐스러워 입에 물고 몇 조각을 먹었더니 잉태되어 막내는 남아를 낳았다. 이 아기가 뒤에 滿洲(淸)를 일으킨 누르하치다. 만주 後世의 자손들이 모두 까치(鵲)로써 神을 위하는 고로 加害하지 않는다.」 〈'淸太祖實錄'〉

• *仁祖反正(1623)*

광해군은 선조 승하 당일 즉위하였으나 明은 적자도, 장자도 아니라는 이유로 왕으로 인정하지 않아 영의정 이원익 이하 문관 · 무관 · 종실 · 군민 · 성균관 생원 등 1만 8,805명의 연명으로 간청, 1609년 6월 明의 인준을 받아 책봉례를 행하였다.

광해군은 明이 女眞의 後金을 치기 위하여 만주로 출병하였을 때 그 요청에 못이기어 강홍립(姜弘立, 1560-1627)을 도원수로, 김응서를 부원수로 삼아 원조하게 하였다. 1619년 2월 深河에서 明군 8만 6천명 · 조선군 1만 3천명과 후금군 6만명의 결전이 시작되었다. 明軍이 불리하게 되자 강홍립은 후금에 항복하였는데 광해군이 '명 장수들의 명령만 따르지 말고 신중하게 처신하여 패하지 않는 전투가 되도록 힘쓰라.' 고 밀교(密教)한 것이었다. 투항 반대로 강홍립에 의해 清에 바쳐져 建州에 갇혀 있던 김응서는 1624년 4월 누루하치에 의해 죽임을 당하였다.

광해조의 정치는 「서인이 이를 갈고 남인이 원망을 품으며 소북이 비웃는」 상황으로 요약된다. 사고(史庫)의 정비, 서적의 간행, 호패(號牌)의 실시, 대동법(大同法) 시행, 사림 5현의 문묘종사(文廟從祀) 결정, 기유약조(己酉約條, 日本送使 條約) 체결(1609), 명 · 후금과의 등거리 외교 등 업적을 이루었던 광해군은 서인(西人) 이귀(李貴), 김류(金瑬), 김자점(金自點) 등이 일으킨 仁祖反正으로 1623년 3월 13일 밤 三更 내시(內侍)에게 업혀 창덕궁 궁성을 넘어 도망갔다. 정담수가 광해군이 숨어 있는 곳(醫官 安國臣의 집)을 아뢰자 이천 부사 이중로 등을 보내 데려오게 했다.

인조반정으로 인조(在位 1623-1649)를 옹립한 서인은 向明排金의 정책을 뚜렷이 하여 후금이 2차에 걸친 침략을 하였다.

〈정묘호란(丁卯胡亂, 1627)〉

누루하치는 1605년 명에 대한 조공을 폐지하고 1618년 명과의 싸움을 선언하였다. 1621년 明將 마오원롱(毛文龍, 1576-1629)이 鐵山의 가도(椵島)에 주둔하고 遼東의 회복을 획책하였으므로 후금은 明을 치기 위하여는 먼저 배후를 위협하고 있는 조선과 毛文龍을 정벌할 필요가 있었다.

인조 2년(1624) 영변(寧邊)에서 平安道兵馬使兼 副元帥 이괄(李适, 1587-1624)이 反正 2등 功臣 책봉에 불만을 품고 1만 2천여명으로 반란을 일으켜 임금이 公州까지 남천(南遷)하였는데 안현(鞍峴) 전투에서 都元帥 장만(張晩, 1566-1629) · 安州 防禦使 정충신(鄭忠信, 1576-1636) · 中軍將 남이흥(南以興, 1576-1627)의 관군에게 패하자 그 일당이 후금으로 도망하여 광해군 폐위와 인조 즉위의 부당성을 내 세워 후금의 침략을 종용하였다.

출장입상〔出將入相(문무를 다 갖추어 장상(將相)의 벼슬을 모두 지냄)〕의 장만은 이괄의 난을 평정한 공으로 정충신 · 남이홍과 함께 진무(振武) 1등공신에 책봉되었다. 光州의 금남로는 정충신 군호인 금남군(錦南君)을 따서 지었다.
1626년 9월 누르하치가 돌아가자 16명의 아들중 여덟째인 아바하이〔Abahai, 皇太極, 1592-1643, 在位 1626-1643〕가 칸이 되었다.

홍타이지(皇太極)는 앞서 항복한 강홍립 · 박난영(朴蘭英, ?-1636) 등을 길잡이로 삼아 1627년 아민(阿敏)으로 하여금 3만명의 대군으로 침입하여, 일부는 가도의 毛文龍을 치고 주력부대는 平山으로 닥쳐왔다.

왕과 세자는 강화도와 전주로 각각 피하였으며, 경상도 유학(幼學) 채이항(蔡以恒) · 정봉수(鄭鳳壽, 1572-1645) 등 의병이 후금군 퇴로를 막았다. 이때 최명길(崔鳴吉)이 화의를 주장하여 이귀(李貴)의 찬동을 얻고 후금 사신 려우하이(劉海)의 오만과 왕의 친견 주장으로 조론(朝論)을 경화시키자 이계(李棨)는 절화(絕和)를, 윤황(尹煌, 1571-1639)은 淸 사신을 목베자 하며 최명길과 이귀가 나라를 그르친다 하였다. 화의를 추진하여 '형제의 맹약' (정묘화약)을 맺고 철수한 홍타이지가 1627년 遼西공격에 나섰으나 寧錦전투에서 明軍에게 크게 패하고 瀋陽으로 돌아갔다.

太宗〔홍타이지(Hong Taiji) 皇太極〕은 1636년 4월 황제라 칭하고 국호를 大淸(1636-1911), 수도를 燕京(北京), 연호를 崇德, 민족의 이름을 여진〔선진(先秦) 때는 肅愼, 兩漢 때는 挹婁, 魏晉南北朝 때는 勿吉, 수 · 당때는 말갈, 宋代 이후에는 여진(女眞)이라 하였다.〕에서 만주〔滿洲, Manzhou는 티베트불교의 문수사리(文殊師利, Mañjuśri : 文殊菩薩)에서 유래〕로 고치고 조선과 형제의 맹약을 君臣의 관계로 할 것을 요구하였다. 인조는 淸의 사신을 만나지도 않고 그 국서도 받지 않았다.

〈병자호란(丙子胡亂, 1636-1637)〉

천재와 괴상한 일이 잇따라 일어났으니, 富平 · 安山에서는 돌이 저절로 옮겨지고, 영남(嶺南) · 관서(關西)에서는 물오리가 서로 싸우고, 대구(大丘)에서는 황새가 진을 치고, 청파(青坡)에서는 개구리가 싸우고, 죽령(竹嶺)에서는 두꺼비가 행렬을 짓고, 예안(禮安)에서는 냇물이 끊어지고, 두 능(陵)에 벼락이 떨어지고, 한성의 땅이 새빨개지고, 도성(都城)에 하루 27군데나 벼락이 떨어지고, 갑자기 큰 물이 나서 東門의 길이 끊어지고, 세 대궐이 일시에 진동하고, 흰 무지개가 해를 꿰뚫고, 별의 변괴가 일어나는 등 숱한 괴변과 천재지변이 반복되자 서운관(書雲觀) 직원 홍경립이 불길한 징조를 알리는 상소를 하였는데 그의 예언대로 3년 후 조선은 병자호란을 당했다.

1636년 12월, 清 태종은 12만 8천명의 대군을 이끌고 압록강을 건넜다. 조정에서 清의 침입에 대한 첫 보고를 받은 것은 12월 13일. 적이 안주까지 병력을 전개한 후였다. 清군은 6일 만에 양철리(梁鐵里)에 진출하여 한성과 강화도를 연결하는 도로를 차단했다. 적장 마후다(馬夫大, 馬胡)가 홍제원(弘濟院)에 도달했다는 급보를 받고 최명길을 시켜 고기와 술을 싣고 가 적의 예봉을 조금 지체시키고 그 사품에 인조는 남한산성으로 피했다.

대가(大駕)가 숭례문을 나갔다가 적이 강화 길목을 막고 있다는 보고에 소현세자(昭顯世子, 1612-1645)와 숭례문을 다시 들어와 수레를 돌려 신천(新川)과 송파(松坡) 두 나루를 건너 이경(二更)에야 산성에 들어갔는데 수행은 5, 6명밖에 안됐다. 오랜 후에 문무음관(文武蔭官) 2백 명, 종실과 삼의사(三醫司) 2백 명, 노복 3백 명이 이르렀다. 강도검찰사(江都檢察使) 김경징(金慶徵, 1589-1637)이 몰래 도망하여 강화(江華)가 함락되었다.
한성과 경외(京外)의 각 고을서 구원병 1만 2천 명이 되어 12월 15일부터 이듬해 1월 30일까지 45일 간에 걸친 남한산성의 항전이 시작되었다. 세자빈 강씨(?-1646), 원손(元孫), 봉림대군(鳳林大君, 훗날의 효종, 1619-1659), 인평대군(麟坪大君) 등 강화로 피난했던 왕자 · 비빈이 포로가 되어 1월 26일 삼전도의 清 태종 본진에 수용되었다.

清軍을 이긴 싸움은 평안도관찰사 홍명구(洪命耉, 1596-1637) · 병마절도사 류림(柳琳, 1581-1643)이 2천명의 근왕병(勤王兵)을 거느리고 분전한 金化전투와 전라도 병마절도사 김준룡(金俊龍, ?-1641)의 光教전투 뿐이었다.

清군은 남한산성에 사절을 보내어 강화도 함락을 통보하고 남한산성을 포위, 항복을 독촉했다. 덤비는 대적을 세 치 혀끝으로 막아 낼 듯이 척화론(斥和論)만 부르짖으며 사신을 목베고 국교(國交)를 끊자고 했는데 이조판서 최명길(崔鳴吉)만은 형세의 어려움을 알고 홀로 화의(和議)를 주장, 영의정 김류(金瑬)가 동조하여 주화 · 척화의 논란이 격렬해졌다.

최명길은 전수(戰守)와 완화(緩和)를, 장령 홍익한(洪翼漢, 호 花浦, 1586-1637), 수찬(修撰) 오달제(吳達濟, 1609-1637), 교리(校理) 윤집(尹集, 1606-1637) 등은 척화로 맞섰다. 김상헌은 화의 부당함을, 홍서봉(洪瑞鳳, 1572-1645)은 화의의 불가피함을 말하여 엇갈리다가 세자를 볼모로 보내기로 하였다. 신익성(申翊聖, 호 樂全堂, 1588-1644)이 칼을 뽑아들고 화의 창론자를 베자 하고 홍광수(洪光洙)는 최명길을 처단하라 하였다.
청진(淸陣)에서는 홍이포(紅夷砲)를 쏘아대고, 강도(江都)는 함락되었으며 성중의 군사는 지쳤는데도 의론은 그렇게 엇갈리고 있었다.

강화에 가 있던 윤방(尹昉, 1563-1640) 등의 장계(狀啓)와 대군의 친서를 적이 보내 와서 비로소 강화가 함락된 줄을 알고, 산성과 적진 사이에 몇 차례 서한(書翰)이 오고 간끝에 정축화약(丁丑和約)이 맺어지고 인조는 主和派의 주장을 좇아 淸에게 항복을 결심했다.

최명길이 왕의 명에 의하여 항복하는 글을 썼다. 이때 김상헌(金尙憲)이 찢으면서 '公의 先大夫는 선비들 사이에 명망이 있었는데 어찌 이런 일을 할 수 있소.' 하며 통곡하니 최명길은 찢은 종이를 다시 붙이며, '찢는 사람도 없어서는 안되고, 다시 붙이는 사람도 없어서는 안되오.' 하였다.
인조 15년 1월 28일 주욕신사(主辱臣死 : 임금이 욕보면 신하는 죽어야 한다)를 따라 이조참판 정온(鄭蘊)과 예조판서 김상헌이 자결을 시도했으나 미수에 그쳤다.

「…외로운 성에서 포위당한 채 겨울을 보내고 봄을 맞았다. 군졸이 부족하자 儒臣들을 군사에 편입시키고, 저축한 식량이 모자라 콩 반쪽으로 배를 채웠다. 집을 뜯어 꼴로 충당하고 나무 뿌리로 불 때어 밥을 지었는데, 사람 수와 식량을 계산하니 열흘을 지탱하기 어려웠다…. 大軍이 몰려 오기 전에 나라는 이미 병 들었으니 '나라는 자신이 해친 뒤에야 남이 해치는 법이다' 고 한 말을 어찌 믿지 않겠는가….」

1637년 1월 30일은 조선 국왕이 淸의 칸(汗 : 황제)에게 머리를 숙인 날로 을사조약 체결일과 더불어 한민족사의 2대 國恥日로 기록됐다.
인조가 백마를 타고 남융복(藍戎服)을 입고 시종(侍從) 50명을 거느리고 서문을 통해 城을 나갔는데 왕세자가 따랐다. 인조가 걸어서 칸(淸 태종)이 黃屋을 펼치고 앉아 있는 陣앞에 이르고 룽구다(龍骨大, 龍胡) 등이 인도하여 '산바이져우커우〔삼배구고 (三拜九叩) 라고도 한다〕의 예' (禮, 무릎을 꿇고 양손을 땅에 댄 다음 머리가 땅에 닿을 때까지 숙이기를 세 번, 이것을 한 단위로 세 번 되풀이함)를 행하였다. 仁祖는 밭 가운데 앉아 진퇴를 기다렸는데 해 질 무렵에야 도성에 돌아가게 했다.

「津卒(나루터를 지키는 병사)은 대부분 죽고 빈 배 두 척만 있었는데, 백관들이 다투어 건너려고 임금의 옷을 잡아당기기까지 하면서 배에 올랐다. 사로잡힌 자녀들과 길을 끼고 울며 부르짖는 자가 1만명을 헤아렸다. 한성에 남아 있는 자는 10세 미만의 어린이와 70이 넘은 사람들 뿐인데, 대부분 굶주리고 얼어서 거의 죽게 되었다.」

〈'인조실록' / 15년 2월 3일〉

그후 인조는 군사와 백성들에게 내린 교서에서
「내가 하루의 치욕을 참지 못해 필부(匹夫)의 의리만을 지켰던 들 李氏의 혈통은 여기서 끊어졌을 것이다. … 고통과 괴로움이 오장(五臟)을 에이는 듯하여 뜬 눈으로 밤을 새우노라.」 하였다. 〈'인조실록' / 인조 15년 2월 19일〉

이 결과 조선은 明과 단교하고, 봉림대군 · 인평대군을 볼모로 보내고, 淸에 대하여 신하로서의 예를 지키고, 淸이 明을 공격할 때에 원병을 파견할 것과 기묘년(己卯年 ; 1639년)부터 세폐(歲幣)를 보낼 것 등을 약속하였다. 淸은 명길이 결박을 지워 데리고 가서 바친 척화신(斥和臣) 오달제 · 윤집 · 홍익한등 三學士와 많은 백성을 포로로 끌고 갔다.

「1637년 3월 淸 태종이 三田渡 수항단(受降壇)에 '대청관온인성황제공덕비(大淸寬溫仁聖皇帝功德碑)'의 건립을 명하였다. 그해 11월 비단(碑壇)이 완공되어 三田渡碑의 글을 지어 바쳤는데 조희일(趙希逸, 호 竹陰, 1575-1638)은 고의로 글을 거칠게 만들어 채용되지 않기를 원했고, 이경전(李慶全, 1567-1644)은 병 때문에 짓지 못했으므로 谿谷 張維, 이경석(李景奭) 두 사람에게 撰進케 했는데 谿谷이 지은 것은 지나치게 굴욕적이라고 하여(引喩失當) 李景奭의 것을 고쳐서 썼다. 당시 士論은 和議 주장과 三田渡碑文 때문에 谿谷을 혹열하게 비난했다.」 〈'인조실록'〉

淸에 끌려갔던 여인들은 탈출하거나, 속전(贖錢)을 내고 되찾아 오는 방법으로 귀국했다. 본국으로 탈출하는 사례가 속출하자 淸의 再侵 엄포에 인조는 1641년 쇄환령을 내렸다.

선양(瀋陽)의 남탑거리에는 조선인 포로를 매매하는 노예시장이 있었는데 돈이 있으면 이들을 속환(贖還 : 돈을 내고 포로를 사오는 일)할 수 있었다. '선양장계' 인조 15년 5월조는 '속환가가 수백 또는 수천 냥이나 되어 울부짖는 백성들이 도로에 가득 찼다.' 고 하였다. 당시 조선인 노예들은 25~30냥이었고 소는 15~18냥에 거래 되었다.

「우리 백성이 이역 땅에 잡혀가 골육을 그리워 한 나머지 죽음을 무릅쓰고 도망하기를 마치 그물을 벗어난 토끼가 숲 속으로 뛰어 들어가 듯 했다. 몸을 숨겨 목숨을 부지하기 바빠 본업도 잃었는데, 찾아내 결박하여 (淸으로 다시)보내기를 도적 대하듯 하여 자식은 부모와, 남편은 아내와 이별하고 있다…. 국고를 다 털어서라도 속환을 도모해야겠다고 생각하나 재력이 부족하여 기약할 수도 없다….」
淸에 잡혀 갔던 부녀들을 환향녀(還鄕女)라 불렀는데 훼절을 문제삼지 말도록 한 교지(教旨)에 불구하고 집안에서 받아 주지 않자 스스로 목숨을 끊거나 비구니가 되는 사례가 허다했다. 이것이 후일 '화냥년' 의 어원이 되었다.
정뇌경(鄭雷卿, 1608-1639) · 강효원(姜孝元, ?-1639) · 이사룡(李士龍, 1612-1640)은 포로로 淸에 남아 비리와 탐욕을 일삼던 청역(淸譯) 정명수(鄭命壽, ?-1653)의 무고로 淸에서 처형당했다.

조선을 공격하여 승리를 거두고 재물을 충당하여 안정을 꾀한 홍타이지는 '삼국지연의' 에 나오는 반간계(反間計)를 이용, 明을 쇠락(衰落)의 길로 이끌었다.

도르곤(多爾袞, 누루하치의 14번째의 아들)은 중국 전토를 무력으로 평정, 漢人 관료와의 타협으로 만주족의 중국지배의 기초를 확립했다.

장다이(張岱, 1597-1667)는 수필집 '도암몽회(陶庵夢懷)' 와 역사서 '석궤서(石匱書)', '석궤서후집(石匱書後集)' 등을 통해 명이 멸망한 원인과 이유를 후대에 남겼다.

「임진왜란때의 기록으로 '황명전신록(皇明傳信錄)', '징비록(懲毖錄)', '신상촌(申象村)의 유고(遺稿)' 가 있다. 이제 '병자록(丙子錄)' 을 저술함에 있어 일의 잘잘못과 사람의 착하고 악함을 크고 작은 것을 막론하고 남김없이 죄다 말했으며, 친하고 소원함을 가리지 않고 사실을 들어 똑바로 썼다.」

〈공조참의(工曹參議) 겸 양향사(糧餉使) 구포(鷗浦) 나만갑(羅萬甲, 1592-1642) / '丙子錄'〉

임진왜란 · 정유재란에 관한 37종의 기록중 민간의 기록으로는 오희문(吳希文, 1539-1613)의 '쇄미록〔瑣尾錄, 보물 1096호, '시경(詩經)' 의 '쇄혜미혜(瑣兮尾兮) 유리지자(遊離之子)' 에서 따옴〕과 정경운(鄭慶雲, 孤臺, 1556~?)의 '고대일록(孤臺日錄)' 이 있으며 병자호란의 참상을 기록한 것으로 '山城日記' (1636), '達川 · 皮生 · 江都夢遊錄' 이 있으며 병자호란을 소재로 한 소설로 박종화(朴鍾和)의 '대춘부(待春賦, 1937-1938)' 가 있다.

조선출병에 관한 일본측 기록으로 도노오카 진자에몬(外岡甚左衛門)의 '高麗船戰記' (1592), 텐케이(天荊)의 '西征日記' (1592), 호리 세이이〔堀正意, 교안(杏庵, 1585-1643)〕의 '朝鮮征伐記' (1659), 시마즈 히사미치(島津久通, 1605-1674)의 '征韓錄' (1671), 오코치히데모토(大河內秀元, 1576-1666)의 '朝鮮日記' (朝鮮物語 · 朝鮮記 · 大河內物語 · 大河內秀元陣中日記, 1662), 도쿠다 유코(德田邕興, 1738-1804)의 '鬪徵錄', 고다이 히데타카(五代秀堯, ?-1853)의 '征韓實記(朝鮮役錄, 1814)', 구와무토 세이메이(桑武堂正名)의 '征韓武錄' (1856) 등이 있다.

〈복수설치(復讐雪恥) · 北伐계획〉

파직되어 태백산에 은거하던 김상헌은 1639년 淸의 5천명 파병요청에 반대하여 그 이듬해 12월 지평 조한영(曺漢英, 1608-1670), 채이흥(蔡以興)과 함께 선양에 잡혀갔다.

「가노라 三角山아 다시 보쟈 漢江水야 / 故國山川을 떠나고쟈 ᄒᆞ랴마ᄂᆞᆫ / 時節이 하 殊常ᄒᆞ니 올동말동 ᄒᆞ여라」

김상헌이 이때 잡혀 가면서 읊은 시조인데 1642년 1월 의주로 돌아왔다. 선천 부사 이계(李烓, 1603-1642)가 밀무역을 하다가 적발되자 목숨을 건지고자 본국의 비밀 열두 조목을 淸에 일러바쳐 김상헌이 1643년 다시 잡혀가게 되었다.

淸이 錦州衛를 공격할 때 병선과 양곡을 요구하자 인조는 평안병사 임경업(林慶業), 황해병사 이완(李浣, 1602-1674)으로 하여금 전선 120척, 군사 6천명으로 조전(助戰)케 하였다. 임경업은 선공(船工)에게 밀명하여 30여 척을 파괴하게 하고 淸의 움직임을 明에게 알리는 등 淸의 계획을 방해하였다. 또 최명길은 항복 사유를 明에 알리고자 등래총병(登萊摠兵) 陳弘範에게 이자(移咨)하여 皇朝에 전문(轉聞)되도록 바랬는데 傳達되지 않아 信使 독보(獨步)를 시켜 明에 들어가게 하였다. 이 또한 이계에 의하여 明과 통교한 사실이 드러나 1642년 11월 최명길과 임경업은 선양에 집송(執送)되었다.

김상헌에 대하여는 '교만하고 망령되었다.' (선조실록)는 평과 '강직하고 유아(幽雅)하여 세상사람들의 존대를 받았다.' (선조수정실록)는 평이 병기되어 있다.

「명길은 기민하고 권모술수가 많았는데 추숭(追崇)과 화의론 주장으로 청의에 버림을 받고 사류와 알력이 생겨 모두들 소인으로 지목했다. 그러나 위급한 경우에 앞장 서서 일을 분명히 처리해 따를 사람이 없었으니 역시 한 시대를 구제한 재상이다.」〈'선조실록'〉

1645년 2월, 淸 세조(順治帝, 1638-1661, 在位 1643-1661)가 이들과 8년간의 인질 생활을 한 세자 일행을 풀어 주었는데 이에 대한 기록으로 '선양장계(瀋陽狀啓)' 가 있다.
「세자가 瀋陽에 있은 지 오래되어서는 전렵(田獵)하는 군마(軍馬) 사이에 출입하여 가깝게 지내는 자는 무부(武夫)와 노비들이었다. 학문을 강론하는 일은 전혀 폐지하고 화리(貨利), 토목공사와 구마(狗馬)나 애완(愛玩)을 일삼았기 때문에 크게 인망을 잃었다.」
〈'인조실록'〉

세자빈 강씨〔姜碩期(1580-1643)의 딸, 愍懷嬪〕가 동포들을 속환할 수 있었던 것은 무역을 통해 축적한 재화가 있었기에 가능했다.소현세자는 세자빈 강씨, 두 아들과 귀국한 지 두 달 만인 4월 병을 얻어 3일 만에 죽었는데 '세자의 시신은 진흑(盡黑)으로 변해 있었으며, 9혈(穴)에서 출혈하고 있어 독약에 중독된 사람 같았다.' 봉림대군을 왕세자로 책봉한 인조는 세자빈을 역강(逆姜)이라고 불렀는데 1646년 1월 상의 행희(幸姬 : 애첩) 소용(昭容) 조씨는 세자빈이 세자를 죽였다고 무고하여 강빈의 형제들 중 강문성과 강문명이 곤장을 맞아 죽고, 폐출해 쫓아낸 당일로 강빈(姜嬪)에게 사약이 내려졌다(강빈옥사 姜嬪獄事). 세자빈 강씨의 어머니와 제주도로 귀양갔던 소현세자의 세 아들〔石鐵(1636-1648), 石麟, 石堅〕 중 석철, 석린 또한 죽음을 당하였다.

淸군의 침입은 기간도 짧았고, 또 국토의 일부만이 전쟁터였기 때문에 피해가 적은 편이었으나, 서북지방은 약탈과 살육으로 황폐하여졌다. 복수설치(復讐雪恥 : 복수하여 치욕을 씻음)의 분위기로 淸에 대한 반감이 크게 일어나 林慶業이 明과 연결하여 淸을 치려고 한 일이 있으며 또 '맏형이 죽으면 아우가 계통을 잇는다(兄亡弟及)' 는 예에 따라 효종(鳳林大君)이 어영청을 설치하여 이경여(李敬輿, 1585-1657), 이후원(李厚源, 1598-1660), 송준길(宋浚吉), 이완(李浣)등 西人으로 北伐을 계획하였다고 하나 실제로는 윤휴가 북벌 주장을 하였다. 북벌(北伐)을 도모하는 과정에서 淸에 대하여는 '일본의 재침(再侵)이 우려된다' 는 왜정가려론(倭情可慮論)을 내세웠다.

김자점은 효종의 북벌 준비를 청에 고자질, 영의정 이경석(李景奭)은 상국을 속인 죄로 백마산성(白馬山城)에 위리안치(圍籬安置)되었다가 '영부조용〔永不調用(영구히 등용되지 못함)〕' · '방귀전리〔放歸田里(벼슬을 떼고 시골로 내쫓는 형벌)〕' 를 조건으로 석방된 후 1668년(현종 9) 11월 궤장〔几杖(원로대신의 공로를 기리기 위해 주는 의자와 지팡이)〕을 내려 받았다.

한편 조선은 북한산성〔132년(개루왕 5)축성, 숙종 40년(1714)재축성, 사적 162호〕과 남한산성〔신라 문무왕 때 쌓은 주장성(晝長城)의 옛터에 1624년 축성, 사적 57호〕을 수리하고 표류해 온 네덜란드인 하멜(Hendrick Hamel, 1630-1692)을 훈련도감에 수용하여 조총, 화포 등의 신무기를 개량, 보충하게 하고 화약 제조를 위해 염초 생산에 매진하였다.

최초의 서양 도래인은 1604년 6월 왜선을 타고 가다가 조선 해안에서 좌초, 붙잡힌 49명 중의 1인인 포르투갈 무역상 주앙 멘데스〔Joaó Mendes(之緩面第愁)〕이다.
박연〔朴淵(燕), 얀 얀세 벨테브레(Jan Janse Weltevree), 본명은 호탐만, 1595-?〕은 하란다(河蘭陀) 사람으로 1628년 오베르케르크(Ouwerkerck)호를 타고 일본으로 항행(航行)하다 제주도에 표착하였다. 조정에서는 그를 훈국(訓局)에 예속시켜서 항왜(降倭)와 중국의 표류인들을 지휘하는 일을 맡겼다. 그는 병서(兵書)에 밝고 뛰어난 기술로 각종 화포를 만들어냈다. 박연은 대장군 구인후(具仁垕, 1578-1658)의 부하로 있었으며 그의 후손들도 훈국에 편입되어 차적(車籍) 일을 맡아 보았다.
'스페르베르(Sperwer)號'의 난파(難破)日記'(1668)와 윤행임(尹行恁, 1762-1801)이 朴淵에 대해 言及한 글에 하멜의 표류 경위가 기술되어 있다.

효종 4년(1653) 바타비아를 출발하여 타이완과 일본 나가사키(長崎)로 향하던 Sperwer(Sparrow Hawk)호가 제주도에 좌초, 하멜 일행 64명중 36명만이 살아 남았는데 조정에서는 박연을 보내 조사케 하였다.
억류된 13년 28일 동안 16명을 제외한 사람들이 죽고 이들 중 전라도 좌수영(左水營)에 분치(分置) 되었던 8명이 어선을 훔쳐 타고 나가사키로 도주하였다. 하멜 일행 중 1명은 南씨 성을 얻어 정착, 조선 여성과 결혼해 후손을 남겼다.
네덜란드(Netherlands, 저지대라는 뜻)는 중세 초 프랑크왕국에 속해 있다가 16세기초 합스부르크(Habsburg)家 지배하에서 펠리페 2세(Felipe Ⅱ, 1527-1598, 재위 1556-1598)의 신교도 탄압에 반대, 독립전쟁이 시작되어, 1579년 유트레히트(Utrecht) 동맹을 결성, 1581년 연합공화국을 세워 1648년 웨스트팔리아(Westphalia) 조약으로 독립이 공인되었다. '하느님은 인간을 창조했고 우리는 육지를 만들었다'는 네덜란드는 1619년 자바섬 자카르타를 점령, '바타비아(Batavia)'라고 명명한 뒤 1602년 설립한 연합 동인도회사(근대주식회사의 시초)의 아시아무역을 총괄하는 총독 주둔지로 삼는 등 동양무역의 패권을 쥐고 17세기 중엽 황금시대를 구축하였으나 백년에 걸친 영국과의 해상의 패권 다툼에서 패배, 국세(國勢)는 쇠퇴해 가고 1815년 빈 회의 결과 네덜란드 왕국이 성립, 1848년 입헌군주국이 되었다.

黑龍江 방면으로 남하해 온 '러센'人〔羅禪(러시아)人을 滿語로 표기한 것〕을 방어하기 위하여 淸이 조선에 원병을 요구해 오자 조선은 1654년 변급(邊岌) 등 150명과 1658년 신유(申瀏, 1619-1680) 등 260명을 두만강 너머로 파병하여 淸兵을 도운 일도 있었다. 〔'러센(羅禪)' 정벌〕

당시 러시아는 큰 배 13척, 작은 배 26척에 4백여 명, 조청연합군은 큰 배 20척, 작은 배 140척에 1천여 명의 병력이었다.

러시아가 처음 중국에 알려졌을 때엔 '오로스(斡羅思)' 였다. 淸代에 '로사(羅刹)' 또는 '아라사(俄羅斯, 鄂羅斯)' 로 표기하였으며, 약칭으로 '아국(俄國)' 이라 하였다.

'소련사' 에 대하여 제정시대(帝政時代)의 역사가 크루체프스키는 드네프르〔(Dnepr)끼예프〕 루시(Kievan Russia 8-13세기), 볼가(Volga, 상류) 루시(13-15세기), 모스끄바 루시(15-17세기), 러시아 제국(17세기 이후)의 네 시대로 구분하였는데 '러시아 봉건제' 는 초기(끼예프 공국 862-1132) · 중기〔블라지미르(Vladimir) 공국 1120-1263〕 · 후기(모스끄바 공국 1263-1613)로 구분하는 것이 보통이다.

왜란과 호란도 사회 조건이 좀더 안정되고 위정자가 각성하였더라면 피해를 줄일 수 있었을 것이다. 왜란 전 일본에 다녀온 두 사신이 당파가 달라 상반된 보고를 하여 정세 판단에 혼선을 초래한 점, 의주로 몽진(蒙塵)할 때 노비들이 장례원(掌隷院)과 刑曹를 습격, 노비 문서를 소각하고, 어가(御駕)가 지나는 연도에서 항의소동을 벌인 점, 국난중(1596. 7) 서얼 자손 이몽학(李夢鶴) 등이 모반을 꾀한 점〔(韓絢과 함께한 李夢鶴의 鴻山 叛亂은 130여명이 능지참수형(陵遲處斬刑)을 받고 終結되었다.〕, 胡亂때 이괄(李适)의 반군이 후금으로 도주하여 침략을 종용한 점, 江都함락과 陣中 사기 몰락에도 向明排金을 둘러싸고 主和派와 主戰派가 벌인 논난등이 그것이다. 두 번의 호란 후 18세기 후반 淸의 발달된 문화를 수용해야 한다는 北學論이 대두하였다.

• *淸의 강건성세기(康乾盛世期)*

淸朝는 삼번〔三蕃, 雲南의 平西王 우싼꿰이(吳三桂), 廣東의 平南王 상커시(尙可喜, 1604-1676), 福建의 靖南王 겅지마오(耿繼茂, ?-1671)〕의 난(1673-1681) 진압과, 明 최후의 유신(遺臣) 정청궁(鄭成功, 1624-1662)의 자손 귀순으로 4대 康熙帝때 오늘날의 중국 영토의 조형(祖型)을 이루었다.

康熙帝는 1689년 러시아제국과 경계를 확실히 한 네르친스크(Nertchinsk) 조약을 맺음으로써 최초로 국경을 확정하고 19세기 중엽까지 러시아의 남하를 억제하였다.

캉시디(康熙帝, 玄燁, 1654-1722 在位 1661-1722), 융정디(雍正帝, 胤禛, 1678-1735, 在位 1722-1735), 챈룽디(乾隆帝, 弘曆, 1711-1799, 在位1735-1796) 등 3대에 걸쳐서 중앙아시아의 중가르(Jungar) 部를 토벌하고 칭하이(青海)의 속령화(屬領化)와 티벳의 보호평화를 촉진시키면서 1759년 중가르부 · 위구르(Uighur, 回部 : 후의 新疆省)의 지배를 확립, '강건성세(康乾盛世)' 의 극성기(極盛期, Pax Sinica)를 실현했다.

十全老人(중가르 · 베트남 · 버마 · 타이완 · 네팔 구르카인 등을 상대로 한 열 차례 전투에서 승리를 거둔 군주라는 뜻)의 별명이 있는 康熙帝 때 만주족과 한족의 갈등 · 반목을 불식시키려 '입과 배의 욕망(口腹之欲)' 에 착안하여 창시된 '만한전석(滿漢全席)' 은 강한 민족적 특색을 지닌 대형 연회상으로 친반연(親潘宴) · 정신연(廷臣宴) · 만수연(萬壽宴) · 천수연(千壽宴) · 구백연(九白宴) · 절령연(節令宴) 등 6대연이 있다.

乾隆 말년, 변경(邊境) 이슬람 교도 · 먀오족(苗族) 등의 반란은, 嘉慶 연간(1796-1820) 백련교〔(白蓮敎)1775년 려우송(劉松)이 敎首로서 만주인 왕조의 멸망을 예언〕의 湖北 · 河南 · 陝西 등 5개省 대반란(1796-1804)으로 폭발하였고, 팔기(八旗)가 무력하게 되었으며, 권신(權臣) 허선(和珅, 1750-1799)의 수회사건이 상징하듯 "청렴한 知府라도 3년이면 눈 처럼 흰 은(銀) 10만 냥을 갖게 된다"는 관료 부패로 청조는 흔들리기 시작하였다.

18세기 중엽 淸의 사회상을 폭넓게 반영한 사실주의 소설인 차오쉐친(曹雪芹, 본명 霑, 1716?-1763?)의 '홍루몽(紅樓夢)' 은 대귀족의 화려한 생활 뒷면에 숨은 부패를 날카롭게 파헤치고, 여성들의 섬세한 심리 묘사에도 뛰어난 중국 문학사상 명작으로 왕궈웨이(王國維)에 의해 그 근대성을 평가받았다.

중국에는 업적이 뛰어난 봉모인각(鳳毛麟角, '봉황의 깃털과 기린의 뿔' 로 매우 희귀하다는 뜻)의 일곱 군주가 있었다. 하우(夏禹)는 치수에 지대한 공을 세웠고 주(周) 무왕(武王)은 주(紂)를 벌하고 천하를 분봉하는 국가를 세웠으며 진시황은 처음으로 중앙집권제국을 세웠고 한 고조(高祖, 劉邦)는 찐선(搢紳, gentry)국가를 정착시켰다. 당 태종(太宗, 李世民)은 정관(貞觀)의 치세로 역사를 크게 발전시켰고 명 태조(太祖, 朱元璋)는 몽골 정권을 몰아내고 한족의 통치를 회복했으며 청 캉시디(康熙帝)는 전국을 통일, 현대 중국의 조형(祖型)을 이루었다.

붕당정치(朋黨政治)의 과(過)·경세제용(經世濟用)의 공(功)

• 음모와 奸計의 시이소

우리나라의 붕당정치의 특색은 장기간 계속되었다는 점에 있다. 운명을 건 무력적(武力的) 판가름이 아니라, 대립하는 당파는 반대당을 역적으로 모함하고 음모와 간계(奸計)의 시이소게임을 벌였으니 그것은 책봉국가였기 때문이다.

'책봉' 이란 전근대(前近代) 東아시아에 있어서의 국제관계 또는 국제질서이다.
왕조에 대한 반란은 중국 황제의 권위를 부정하는 것이 되어 그 간섭을 결과하였다. 임진왜란때의 명군(明軍)의 내원, 동학운동때의 청군(淸軍)의 출동이 그것이다.
신라 憲德王 11년(819) 唐 절도사(節度使) 李師道의 난 때, 金雄元으로 하여금 3만명의 군사로 원정케 하였고, 元 말 홍건적(紅巾賊)의 반란이 일어나자 元의 요청으로 崔瑩 등이 2천명의 정병으로 출정하여(恭愍王 3년 1354) 元에 거류하는 고려인 2만명과 합세, 무공을 세웠으며, 조선 孝宗 때 黑龍江畔에서 淸·露의 충돌이 벌어졌을 때 두 번 정예한 포수를 보냈다.
이러한 관계를 우리는 사대(事大), 중국에서는 책봉(冊封)이라 하였다.

「원위(元魏)시대 사신들이 숙소를 정할 때, 제(齊) 사신이 제일이었고, 고구려 사신이 두 번째였다. 唐 때에는 신라의 서열이 발해보다 위에 있었고 宋 때에는 거란 사신을 제일로 하고, 고려를 다음으로 하였으며, 고려 사신이 국경과 교정(郊亭)과 관(館)에 이르면 황제의 노문(勞問)이 답지하였고 예대(禮待)가 극진하였다. 明의 외국 반차(班次)는 조선이 제일이고, 베트남(安南)과 류큐(琉球) 등의 사신은 감히 나란히 서지 못하였다.
중국 사신 천잰(陳鑑)이 쓴 부(賦)에 '조선은 동번(東藩)의 예의지국이며 시서(詩書)가 뛰어나므로 수위(首位)에 두게 된 것이다.' 하였다.」 〈'지봉유설(芝峰類說)' 권4〉

조선 후기 붕당정치는 쫓기고 쫓는 과정이 늘 되풀이 된 싸움의 연속이었다. 그것도 논쟁의 대상이 사회의 개혁이나 국민생활의 향상을 위한 것이 아니라, 자파의 득세를 위한 왕실의 규범이나 세자의 책립 등이 문제가 된 것이었다.

붕당 세력의 우열이 차츰 고정되자 일당전단(一黨專斷)의 경향을 띠어 왕권의 약화를 초래하였다.

〈北學派의 등장〉

17세기 중엽 임진、병자 兩亂으로 많은 인명이 살상되었고 이향(離鄕)하는 농민이 많아 농토는 황폐화하였다. 토지제도는 문란해졌고 권문세가는 토지를 겸병(兼倂)하였으며, 삼수미(三手米)、결전(結錢)등 부렴(賦斂)을 과중히 하여 백성을 수탈한 반면 국가의 세곡(稅穀)은 줄고 재정은 파탄에 직면하였다.

둔전(屯田)、아문전(衙門田)、관방전(官房田)등의 면세지는 증가하고 사부(士夫)의 자제들은 관아에 소속하지 않으며, 향품냉족(鄕品冷族)들도 양반이라고 칭하고 신역(身役)을 도피하여 군역(軍役)도 피폐한 농민만이 전담하게 되었다.
官界는 부패하여 회뢰(賄賂)가 성행하고 감사(監司), 수령(守令), 변장(邊將)등으로부터 이속(吏屬), 군교(軍校)에 이르기까지 협잡과 농간을 자행하였다.
과거제도는 그 원래의 기능을 상실하고 문벌과 당색(黨色)만이 출세를 좌우하게 되었다.
포교(捕校)는 백성을 침학(侵虐)하여 함부로 악형(惡刑)을 가하고 부윤(府尹)이 백성을 죽이는 등 기강이 땅에 떨어져 백성들은 도탄에 빠져 있었다.

양반 계층의 대립 · 분열이 일당 전제적인 취향을 나타냈을 때, 詞章을 주로 하는 학풍이나 사변적인 성리학을 배격하고, 현실적으로 사회에 기여할 수 있는 학문에 노력해야 한다는 경향이 나타났는데 유형원 · 이익 · 정약용이 대표였다. 그들은 토지 제도의 개편을 기본 요건으로 하는 重農主義的 사상에 뿌리박고 있음이 공통점이었다.

18세기 淸 문물의 도입을 주장한 류수원(柳壽垣), 朴趾源, 朴齊家, 洪大容, 李德懋 등 "北學派"가 등장했는데 상공업과 기술을 천시하는 양반들의 생리와 관념을 타파해야 한다는 重商論이나 기술 존중론이라는 점에서 공통된다.

영정(英正)시대(1724-1800)의 문운에 청조 고증학의 영향을 받아 실학은 융성하게 되고 영조의 탕평 정책으로 왕권강화, 정국안정 등 사회 전반에 걸쳐 많은 발전이 있었다.

같은 당파에 속한 집안간의 결혼을 금지시킨 '동색금혼패'(同色禁婚牌)를 집집마다 대문에 걸게 함으로써 당색의 결집에 대한 우려를 환기시켰다.
1725년 주리를 틀어서 국문(鞫問)하는 압슬형(壓膝刑)과 남형(濫刑), 경자(鯨刺) 등을 폐지했으며, 사형수는 초심, 재심, 삼심을 거치게 하는 삼복법(三覆法)을 시행하였다.
균역법의 시행으로 백성들의 군역 부담이 크게 감소되었다.
각 도의 방죽을 수축하여 가뭄 피해에 대비했고, 오가작통(五家作統) 및 이정의 법으로 탈세를 방지했다.
화폐 주조를 중지하고 무기를 만들도록 했으며, 1729년 김만기(金萬基)가 만든 화차를 고치게 하였고, 수어청에서 조총을 제작하게 하고 전라좌수사 전운상(田雲祥, 1694-1760)이 제조한 해골선(海鶻船)을 통영 및 각 도의 수영에 배치하였다.
1734년 평양중성을 구축하고 1743년 강화도의 외성 개축을 완료했다.
1773년 신문고(申聞鼓) 제도를 부활시키고 書院 · 祠宇의 私建 · 私享을 금지시켰다.

정조는 관료기강 쇄신과 인재 배양을 위해 1777년 '서얼허통절목(庶孼許通節目)'을 반포, 서얼들의 관직 진출을 허용하였으며, 1781년 2월 규장각을 재정비하고 신권 견제 책으로 '초계문신(抄啓文臣)' 제도 등을 통해 기른 근신(近臣)은 세도정치의 뿌리가 되었다.

초계문신은 가장 우수하다고 인정되어 승문원에 추천되었던 당하관 이하 문신 가운데 37세 이하를 뽑아 교육시켜 40세가 되면 해제시켰다. 선정은 의정부에서 했지만 교육은 규장각에서 맡았으며 정조가 직접 강의를 하고 출제를 했다.

박지원의 '열하일기' 가 인기를 얻고 이옥(李鈺) 등이 패관(稗官)소품을 짓자 정조는 법고창신(法古刱新)으로 요약되는 박지원의 문체 확산을 우려하여 文風 쇄신운동으로서 청(淸)의 문집 · 잡서와 패관소설의 국내 유입을 금지시키고, 문체가 불순한 자는 과거에 응시하지 못하게 하였다. 〔문체반정(文體反正)〕

「고전을 배우고자 하는 사람은 그에 사로잡혀 버리는 것이 흠집이고 새 것을 창조하고자 하는 사람은 고전에 의거하지 않으려는 것이 걱정이다. 모름지기 고전을 본 받되 개변할 줄 알아야 하며 새 것을 창조하되 고전에 의거할 줄 알아야만 오늘의 글이 고전과 같이 좋은 글로 될 것이다.(法古而知變 創新而據古)」 〈박지원 / '초정집' 서문〉

「패관소설은 유자(儒者)들이 문장을 가지고 우스개 소리를 만들되 넓은 지식을 펴기위해서나 심심풀이를 하기 위하여 만든것이다.」 〈徐居正 / '太平閑話滑稽傳', 梁誠之序〉

「책이 지닌 영향력을 객관적으로 측정하는 것은 불가능하며, 책의 파급(波及)효과가 저자의 의도와 일치하지 않을 때도 있다. 자연에서 비롯된 인식, 즉 '아시아에 있는 나비 한 마리의 날개짓이 미국에서 허리케인(Hurricane)을 불러 일으킬 수도 있다(나비효과)' 는 인식은 문학에도 똑같이 적용된다.」

〈볼프강 헤를레스(Wolfgang Herles, 1950-)〉

「많은 작가들이 글로 진실으 밝히기 위하여 위험을 무릅쓰고 그 시대의 억압에 항거했다. 목소리 큰 사람들의 뜻에 거슬린다고 해서 글과 사상이 검열되고 판금(販禁)되는 것을 묵과(默過)했다면 지금 우리가 누리는 지식의 폭은 현저히 줄어 들었을 것이다.」

〈돈 소바(Dawn B, Sova)〉

정치적 · 종교적 · 사회적 이유로 역사상 표현의 자유 · 종교의 자유를 억압한 대표적 사례로는 BC 3세기 진시황(秦始皇)의 분서갱유(焚書坑儒)와 BC 411 프로타고라스(Protagoras, BC 483?-BC 414?)의 '諸神에 관하여' 焚書 및 16세기 舊敎측의 금서(禁書) 공표〔禁書令(1546), 교황 파울루스 4세의 禁書目錄(1559), 트리엔트 禁書公布(1564)〕가 있다.

〈*勢道政治*〉

순조(純祖, 在位 1800-1834), 헌종(憲宗, 1827-1849, 在位 1834-1849), 철종(哲宗, 1831-1863, 在位 1849-1863)이 재위한 시기의 정치 형태를 세도정치(勢道政治)라고 부른다.

1800년 오회연교 〔五晦筵敎 5월 회일(晦日, 그믐)의 연석에서의 솔교(率敎) · 교속(矯俗)의 하교〕 발표 직후인 6월 정조가 승하하자 열한 살의 순조가 왕위에 오르고, 영조의 계비(繼妃) 정순왕후(貞純王后:慶州金氏)가 후견(後見) 정치를 했는데 김조순(金祖淳, 1765-1831)이 선왕(先王)의 고명(顧命)을 받아 왕을 보좌했다.

정순왕후는 1801년 천주교 탄압을 기화(奇貨)로 이가환 · 정약용 등을 사형시키거나 유배 보냈다. 그후 김조순의 딸이 순조의 비(妃)가 되고, 1804년 정순왕후의 후견정치가 거두어지자〔철렴(撤簾)〕, 김조순은 국구(國舅)로서 세도(勢道, 정치권력의 장악)를 잡게 되었다. 이로부터 '세도(世道, 세상을 다스리는 도리)' 대신 안동(安東) 김씨의 세도정치〔勢道政治, 총신(寵臣), 척신(戚臣의 천정(擅政)〕가 시작되었는데 안동 김씨의 시조는 고려의 개국 공신 김선평(金宣平, ?-?)이다. 여기에는 시파의 대가인 남양 홍씨, 풍양 조씨, 여흥 민씨, 동래 정씨, 나주 박씨 등이 제휴(提携)되어 있었다.
조만영(趙萬永, 1776-1846)의 딸로 비(趙大妃)를 삼았던 효명세자〔1809-1830, 翼宗으로 추존〕는 즉위 전에 서거, 헌종(憲宗)이 즉위하였으나 어린 탓에(8세) 순조 비 순원왕후(純元王后) 김씨의 수렴청정 아래 김조순의 아들 김좌근(金左根, 1797-1869)이 정권을 잡았다.
헌종은 여성편력도 많았는데 재위 15년간은 풍양(豊壤) 조씨(1772-1815)가 권세를 얻어 영달(榮達)하였다. 1836년 남응중(南膺中), 1844년 이원덕(李遠德) · 민진용(閔晉鏞) 등이 謀反하였다. 헌종이 후사없이 승하하자 순조비 김씨는 철종(哲宗)을 세우고 김문근(金汶根, 1801-1863)의 딸로 비를 삼으니 1864년 고종이 즉위하고 흥선대원군이 섭정을 하기까지 60년 동안 金興根(1796-1870) · 左根 · 炳國(1825-1905) 등 안동 김씨가 정국을 휘어잡았다.

세도정치기에 수령들은 백성들의 피를 짜내어 안동 김씨에게 뇌물을 주고 그 집에 손이 되기를 바랐다. 이러한 집이 열두 가문이어서 12사랑(舍廊)이라는 말까지 생겼다.
안동김씨의 위엄(威嚴)이 천지를 진동하고 지나치게 교만을 부리는 모습이 눈(雪)을 읊은 시에 배어 나 있다.

「흰 눈 덮인 뭇 산은 푸른 기미 없고. (群山不敢生心碧)
지는 노을 오히려 홍염을 토하고 있네. (落照猶能盡力紅)」

〈윤효정(尹孝定, 1858-1939) / '최근 60년의 비록'〉

세도정치는 공도(公道)를 상실한 정치체제였으므로 정치 기강, 특히 인사(人事)와 수취(收取)의 문란이 심했다. 세도정치는 왕권 보호를 위하여 시작된 것이지만 후에는 왕권을 농단(壟斷)하는 단계로 발전하여, 양반관료의 지배체제를 붕괴(崩壞)시켰다.

7부

간신(奸臣)이 기를 펴고 양신(良臣)은 명분(名分)을 좇고

- 의리쌍행(義利雙行) · 왕패병용(王霸竝用)의 붕당사(朋黨史)

붕당정치란 무엇인가

■파쟁의 양상(樣相) – 사화(士禍) · 예송(禮訟) · 환국(換局)

■붕당(朋黨)이 심해진 이유

■붕당정치의 공과(功過)

붕당 계보도

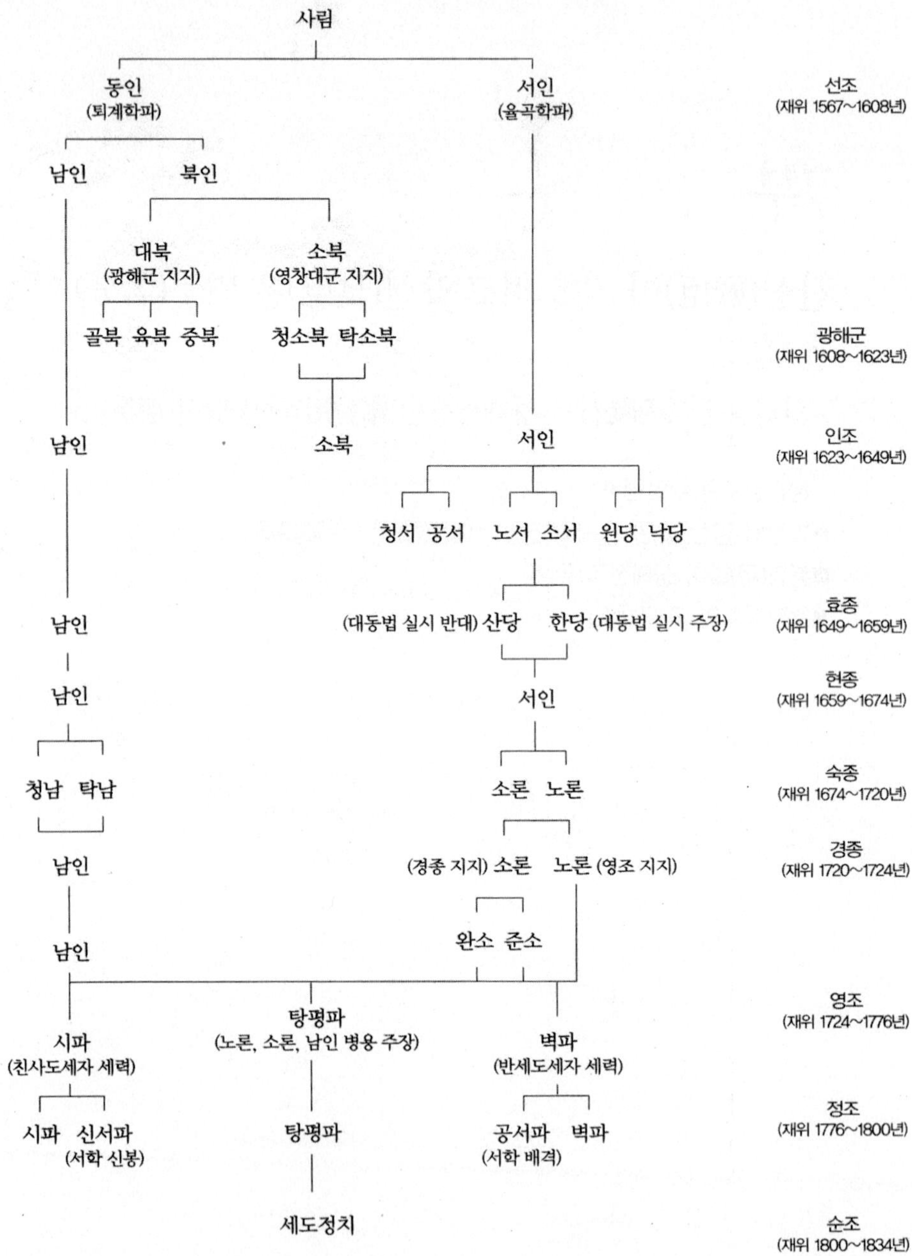

〈자료 : 李成茂 / '조선을 만든 사람들', 2009〉

붕당정치란 무엇인가

'군자는 당(黨)하지 않는다'('논어', 술이편)는 말이 孔子 시대에 쓰였을 정도로 당(黨)의 의미는 부정적이었다. 당은 편당(偏黨), 파당(派黨)을 의미하는 것으로 자기를 따르는 사람은 받아 들이고 따르지 않는 사람은 배척하는 것이다. 漢 · 唐 시대까지도 정치는 君主 한 사람의 것이라는 인식 아래, 붕당을 이루는 것은 죄악시하다시피 하였다. 宋代 인종(재위 1022-1063) 때 붕당의 풍조가 강하게 일어나, 당파에 대한 논쟁이 격화하였는데, 어우양슈(歐陽脩)는 '붕당론(朋黨論)'에서 「小人의 당은 영속(永續)하지 못하고, 君子의 결합만이 영속할 수 있다. 군자끼리는 도(道)가 같으므로 붕(朋)이 되고, 소인끼리는 이(利)를 같이하므로 당이 되니 그것은 자연적인 이치이다. (중략) 군자가 소인의 위붕(僞朋)을 물리치고 군자의 진붕(眞朋)을 쓰면 나라가 잘 될 것이다.」하였다.

朱子는 "장차 군주를 붕당으로 이끄는 것도 꺼리지 말아야 한다"고 주장했다〔인군위당설(引君爲黨說)〕. '대명률(大明律, 1367 기초 · 1373 再定 · 1397 반포)'에 「붕당을 만들어 조정을 어지럽힌 관원은 목을 베고, 처자는 종으로 삼고, 재산은 몰수한다.」고 규정하였다.

중앙의 통제력 약화는 당쟁〔붕당지쟁(朋黨之爭)의 준말〕을 격화시켰고, 당쟁의 격화는 왕조의 붕괴를 촉진시켰다. 당쟁은 대부분 이해 관계의 대립에서 일어났는데 후한(後漢) 말 환관세력이 황제와 결탁하여 문인관료에 박해를 가한 '당구(黨錮)의 옥(獄) (166, 169)', 唐代 牛李〔니우썽여우(牛僧孺, 779-847) · 리더위(李德裕, 787-849)〕의 당쟁(808), 宋代 왕안스(王安石, 호, 半山, 字 졔푸(介甫)의 신법당(新法黨)과 쓰마꾸앙(司馬光)의 구법당(舊法黨)의 싸움(1087-1100), 明代 양꾸이샨(楊龜山)의 동림당(東林黨)과 웨이중씬(魏忠賢, 1568-1627)의 비동림당(非東林黨)의 싸움(1611) 등이 유명하다.

王安石 변법을 반대하여, 쓰마꾸앙(司馬光)은 이민족과의 모순보다 자신이 속한 계급 사이의 모순이 더욱 첨예하다고 생각하였기 때문에, 대외적으로 타협하고 양보하여, "먼저 중국을 편안하고 번성하게 한 연후에 사이(四夷)를 정벌하자"고 주장하였고 쑤쓰(蘇軾)는 '국가의 존망은 도덕의 깊고 얕음에 있지 강함과 약함에 있지 않고 국가의 수명은 풍속의 두터움과 천박함에 있지 부귀에 달려있지 않다' 하였다.

우리나라 당쟁은 조선의 중앙집권적 권력 구조와 양반계급의 소산이었다.

선조(宣祖) 연간을 경계로, 그 이전 훈전세력(勳田勢力;건국공신들의 세력)과 신진 주자학파(朱子學派)사이의 정쟁〔사화(士禍)〕은 주자학파의 패배로 거듭되었고, 그 이후는 득세(得勢)한 주자학도끼리 당파가 갈리어 오랜 투쟁이 전개되었다.

분당(分黨) 이후의 士林 사이에는 지방별 이해관계, 학문 계통에 따른 견해차, 연령 · 직위의 고하(高下)에 따른 시국관 차이 등에서 입장을 같이하는 인물들끼리 집단을 형성하여 그에 반대되는 집단과 대립 · 반목한 것이 당쟁의 요인이 되었다. 동서분당(東西分黨)으로 발단된 지배층의 분열은 왜란이후 거듭하는 대립과 항쟁 끝에 열세(劣勢)한 붕당은 몰락(沒落)하고 우세한 붕당은 확고부동한 세력을 이루어 勢道政治로 치 닫게 되었다.

파쟁의 양상(樣相) - 사화(士禍)·예송(禮訟)·환국(換局)

파쟁의 양상을 사화, 예송, 환국의 세 시기로 나눌 수 있다. 사화시대에는 고착적인 당파관계는 없었고, 일시적 우발적인 대립이었다. 예송은 파쟁의 절정을 이루어 왕실의 사소한 상례(喪禮) 문제의 귀결에 서인과 남인이 각축하였다. 왕실의 상례가 정쟁의 쟁점이 된 것은 왕실의 일이 곧 정치였고, 유교적인 예속(禮俗)이 교화(敎化)의 기본으로 존중되어 예학(禮學)이 전성을 이룬 시대였기 때문이다. 사색당쟁(四色黨爭)은 송시열(宋時烈)의 분투로 노론(老論)의 압도적 우세로 정착되어 영조·정조는 탕평책(蕩平策)을 썼으나 사도세자(思悼世子) 문제로 노(老)·소(少)·남(南)·동(東)색 내에서 시·벽의 분열을 보았으니 4색은 2당으로 통합된 셈이었다.

훈구(勳舊)·사림(士林)간의 쟁투(爭鬪) - 네차례 사화(1498-1545)

조선초기의 훈구대신(勳舊大臣)들은 대개가 개국공신 계열에 속하여 훈고와 사장(詞章)을 주로 하는 관학파(官學派)였다. 수양(首陽)의 王位찬탈을 계기로 지식인은 훈구파(勳舊派)·사림파(士林派)·절의파(節義派)·청담파(淸談派) 등으로 나뉘었다.

훈구파는 수양의 찬탈에 협조하거나 긍적적 태도를 취한 정인지(鄭麟趾)·신숙주(申叔舟)·서거정(徐居正)·이극돈(李克墩) 등의 관학파로 광대한 농장 소유주들이었고 절의파는 성삼문을 비롯한 사육신과 김시습을 위시한 생육신등 수양의 찬위를 반대하여 세상을 등진 사람들이었다. 청담파는 진(晋)의 주린치시앤(竹林七賢)을 본따 세상을 비웃으며 동대문밖 죽림에 모여 청담(지식인 名士들이 나눈 철학적 담론)을 즐기던 남효온(南孝溫) 등이었고, 사림파는 길재(吉再)의 학통(學統)을 이은 영남의 선비들로 성종때 부터 대거 중앙무대에 진출하기 시작, 김종직(金宗直) 등용 이후 김굉필(金宏弼, 字 大猷)·정여창(鄭汝昌, 伯勗)·김일손(金馹孫, 호 탁영(濯纓) 등 신진이 크게 떨치었다.

「사림정치는 중간 관료들이 언론권과 인사권을 분점(分占)하고 있었던 것이 특징이다. 고려부터 조선초까지는 재상들이 언론권과 인사권을 독점하고 있었으나 사림이 성장하면서부터 사헌부·사간원·홍문관 등 언론 3사(言論三司)로 하여금 훈구파 재상들의 부정·부패와 비리를 공격하게 하고 이·병조(吏·兵曹)의 정랑(正郎)·좌랑(佐郎) 각 3명에게 당하관(3품 이하 관료)의 인사권을 부여하여 〔이들을 전랑(銓郎), 이들의 인사권을 당하통청권(堂下通淸權)이라 한다.〕 재상들의 인사권 독점을 방지했다. 전랑을 비롯한 중간 관료들은 후임자를 선택하는 자천권(自薦權)을 가지고 여러 사람이 후보자를 정하는 회천권(回薦權)을 가지기도 했는데 사관(史官)을 뽑는 한림회천권(翰林回薦權)이 그 예이다. 전랑은 특히 대간(臺諫)을 추천하는 권한이 있어 대간의 언론은 전랑의 지휘를 받아야만 했다. 재상들이 잘못할 경우 전랑은 대간을 시켜 이들을 공격했다. 그러나 전랑은 이 · 병조 판서, 참판 · 참의 등 직속상관의 지휘를 받지 않을 수 없었다. 이러한 삼각관계가 당시의 정치를 건강하게 유지할 수 있게 한 틀이었다. 대간들은 또한 여론을 주도하는 감주(監主)의 지휘를 받았다. 감주는 3사의 대표로서 전랑의 눈치를 보아야 하고, 전랑은 주론자(主論者)의 지휘를 받아야 했다. 주론자는 뒤에 山林으로 바뀌었다. 붕당간에 치열한 싸움이 일어나자 전랑이나 산림이 특정한 붕당의 이익을 대변하게 되었다. 동서분당이 전랑 자리를 둘러싸고 생긴 것이나 집권당이 산림을 독차지하게 된 것도 그 때문이다.」 〈李成茂〉

「조정의 풍속이 염치를 숭상하고 명절을 중히 여기어 한번 탄박(彈駁)을 받으면 직을 그만 두지 않을 수 없었다. 銓郎의 권한은 三公과 동등하였으니, 이 때문에 대소가 상유(相維)하고 상하가 상제(相制)하여 3백년간 大權奸이 없고, 신하의 세력이 커져 제어(制御)하지 못하게 되는〔미대난도 (尾大難掉)〕 患도 없었다.」 〈'擇里志' 卜居總論〉

사림들의 훈신사공(勳臣事功)파에 대한 저항과 훈신파의 반목에서 권력투쟁이 벌어져 약 반세기 동안 네 차례의 사화를 겪게 되었다.

첫 사화는 사림을 옹호하던 성종이 승하(昇遐)하고 훈척신들의 사림에 대한 반감이 폭발한 연산군(在位 1494-1506) 4년(1498)의 무오사화(戊午士禍)로 최초의 필화사건이다.

신진의 김종직과 훈구의 류자광(柳子光, ?-1512)은 일찍이 함양의 시판철훼사건(詩板撤毁事件)으로 사혐(私嫌)이 있었다. 김종직의 문인 김일손이 춘추관(春秋館)의 史官으로서 이극돈(李克墩, 1435-1503)의 비행을 직필(直筆)하여 틈이 생겨 있던 터에 실록청(實錄廳)이 개설되어 '성종실록'의 편찬이 시작되자, 당상관(堂上官) 이극돈은 "김일손이 기초한 사초(史草)에 삽입된 김종직의 조의제문(弔義帝文)을 세조(世祖)의 찬위(簒位)를 음기(陰譏)한 것"이라 하여 류자광, 노사신(盧思愼)등으로 상계(上啓)케 하여 "김종직이 세조를 헐 뜯는 것은 대역부도(大逆不道)"라고 하였다.

조의제문은 세조에게 죽임을 당한 단종을 샹위(項羽, 項籍, BC 232-BC 202)에게 죽임을 당한 초(楚) 회왕(懷王, 雄槐, BC 328-BC 299)에 비유해 애도(哀悼)하는 제문이었다. '나는 조선 사람이고 천 여년이나 지난 다음에 태어났지만 삼가 초의 회왕을 슬퍼하노라… 어찌 그 項羽를 잡아 죽이지 않았는가?' 이에 연산군은 김일손을 추국(推鞫), 그 일파의 죄악은 모두 김종직에게 있다 하여 죽은 김종직의 관(棺)을 열어 그 시체의 목을 베고(剖棺斬屍) 김일손 · 권오복(權五福, 1467-1498)등을 죽이고 정여창 · 이수태(李守泰) · 이종준(李宗準, ?-1499) · 박한주(朴漢柱, ?-1504) · 김굉필 · 임희재(任熙載, 1472-1504) 등을 장류(杖流)하였다.

「우리 동방 2大 儒學者가 모두 斯文에 막중한 명성이 있는데도 크게 의심할 만 한 곳이 있으니 圃隱은 순절(殉節)하였는데도 禑 · 昌을 왕위에서 내쫓아 죽임에 있어 능히 설 바를 두지 못하여 9功臣에 끼이는데 이르렀고, 佔畢齋는 世祖에게 몸을 던져 벼슬을 하고도 '吊義帝文'을 지어 임금을 속이는 죄를 범하였다. 마음과 일이 서로 모순되고 의리와 명분이 다 함께 무너졌다. 圃隱이 文廟에 배향되고부터 戊午士禍의 뒤에 사람들이 그 일을 의논하지 않았다.」

〈'張谿谷漫筆'〉

연산군 10년 임사홍(任士洪, 1445-1506) 일파가 연산군의 생모 윤씨〔윤기견(尹起畎)의 딸, 1445-1482〕의 폐출사사사건(廢黜賜死事件)(1479)을 들추어 연산군을 충동하여 훈구대신들과 사림의 잔존세력을 죽이고 축출하였다. 이것이 1504년 3월부터 10월까지 벌어진 갑자사화(甲子士禍)이다.

연산군은 윤씨를 배척한 엄숙의(嚴淑儀)·정숙의(鄭淑儀)를 죽이고 그들의 소생〔安陽君(桁), 鳳安君(㦀)〕을 귀양보냈다가 후에 모두 죽였다. 성종의 어머니 인수대비(仁粹大妃,)도 병상에서 타격하였다. 연산군은 폐비 윤씨를 복위시켜 성종묘(成宗廟)에 배사(配祠)하려 하였는데, 응교(應敎) 권달수(權達手, 1469-1504)·이행(李荇) 등이 반대하자 권달수는 참형(斬刑)하고 이행은 귀양 보냈다. 윤씨 폐출에 찬성한 윤필상(尹弼商, 1427-1504)·이극균(李克均, 1437-1504)·성준(成俊, 1436-1504)·이세좌(李世佐, 李浚慶의 조부, 1445-1504)·권주(權柱, 1457-1505)·김굉필·이주(李胄, ?-1504) 등을 사형에 처하였으며, 한치형(韓致亨, 1434-1502)·한명회(韓明澮)·정창손(鄭昌孫)·어세겸(魚世謙, 1430-1500)·심회(沈澮, 1418-1493)·이파(李坡, 1434-1486)·정여창·남효온(南孝溫) 등 명신거유(名臣巨儒) 48명을 부관참시(剖棺斬屍) 하였다.

甲子士禍가 일어난 해 3월 연산군은 「입은 화의 문이요 혀는 몸을 베는 칼이라.(口是禍之門 舌是斬身刀) 입을 다물고 혀를 깊이 간직하면 몸이 편안하여 어디서나 굳건하리라.(閉口深藏舌 安身處處牢)」라는 글을 새긴 '신언패(愼言牌)'를 환관(宦官)들에게 차고 다니게 했다. 연산군은 한글로 된 책을 불 태우고 한글 쓰는 것을 금지했으며 경연(經筵)을 폐지하고, 성균관을 놀음터로, 원각사를 기방(妓房)으로 만들었는데 총희(寵姬) 張綠水(?-1506)가 失政을 부추겼다.

경연(經筵)은 임금에게 유학의 경서(經書)를 강론하던 일로 경악(經幄)이라고도 한다. 고려시대 1132년 정원(鄭沅)·윤언이(尹彦頤)·정시상(鄭知常) 등이 진강(進講) 한 것이 최초로 청연각(淸燕閣)·서적소(書籍所)·서연관(書筵官)을 두었는데 1390년(공양왕 2) 경연이라 개칭하였고, 영사(領事)·지사(知事)·시독(侍讀) 등을 두었다. 1392년 경연관, 1420년(세종 2) 경연청(經筵廳)이라 한 뒤로는 여러 명칭의 경연관이 있었다.

선종·교종의 本山을 폐쇄하고 僧官과 僧科제도를 폐지하였다. 국초(國初) 이래 왜구(倭寇) 교린(交隣) 정책으로 많은 일본인들이 내왕(來往)했는데 이들을 접대하기 위해서 인현동에 동형관(東平館)·서평관(西平館), 묵정동에 묵사분처(墨事分處)가 있었으며 연회를 베풀때 한꺼번에 3백명의 기생을 동원한 일도 있다.

「뜻밖에 사왕(嗣王)이 포학(暴虐)하고 인도에 벗어나서 부왕의 후궁을 때려 죽이고 옹주와 왕자를 귀양 보내 죽였다. 대신을 욕보이고, 충성하고 선량한 신하를 살해하였으며, 이들의 부자형제들까지 연좌(連坐)시킴이 秦의 법보다 심하였다. 무덤을 파서 해골에까지 화가 미치게 되었으니 시체를 토막토막 베고 뼈를 바수는 것은 무슨 형벌인가」

〈'燃藜室記述', 燕山朝故事本末〉

조선시대의 환관(宦官 ; 宦者, 宦寺, 宦竪, 火者, 奬宦, 中宦, 內宦, 寺人, 黃門, 中使, 寵宦 등으로 불린다)들은 내시부에 소속되어 왕 · 왕비 · 대비 · 세자궁에 배치되어 사명(使命)과 잡무를 맡아 보았는데, 240명에 달했다. 일곱 임금을 섬긴 尙膳 김처선(金處善, ?-1505)은 연산군에게 직언(直言)을 하다 비참한 죽음을 맞았다.

1506년 9월 박원종(朴元宗, 1467-1510) · 성희안(成希顔, 1461-1513) · 류순정(柳順汀, 1459-1512) 등의 '신하가 임금을 바꾸는 거사' 로 연산군은 축출되고 중종(1488-1544)이 즉위하자(中宗反正) 사림파의 조광조(趙光祖) 등을 중용(重用)하였다. 〔'反正' 은 '춘추공양전' 의 발란반정(撥亂反正, 난리를 평정하여 바른것으로 되돌림)에서 유래하였다.〕 조광조는 위훈삭제(僞勳削除), 소격서(昭格署, 초제(醮祭)를 지내는 관아) 혁파, 향약 · 현량과〔賢良科, 賢良方正科를 줄인 말로 천거과(薦擧科)라고도 한다.〕 실시, 궁중 여악(女樂) 폐지 등으로 훈구파 대신의 모함(謀陷)을 받아 제거되었는데 이것이 중종 14년(1519)의 기묘사화(己卯士禍)이다.

중종 10년 왕비 윤씨가 죽자 후궁 가운데서 한 사람을 왕비로 삼자는 의론이 있음에 담양부사(潭陽府使) 박상〔朴祥, 호, 눌재(訥齋), 1474-1530〕과 순창군수(淳昌郡守) 김정(金淨, 1486-1521)이 단경왕후(端敬王后) 신씨〔신수근(愼守勤, 1450-1506)의 딸, 1487-1557〕 복위를 상소하였다. 사론(邪論)이라고 그들을 탄핵하려하자 司諫院 正言 조광조는 박상과 김정 등에 편들고 대사헌(大司憲) 권민수(權敏手, 1466-1517)와 대사간(大司諫) 이행(李荇)을 배척하였다. 중종 14년 10월 대사헌 조광조는 공신의 관작(官爵)을 지나치게 정하였다고 상소를 올려 정국공신 103명 가운데 78명을 삭훈함에 홍경주(洪景舟, ?-1521), 남곤(南袞), 沈貞(1471-1531), 김전(金詮, 1458-1523) 등이 비밀리에 王을 움직여서 禍를 일으켰다(神武之變).

「재이(災異)가 일어나게 되는 것은 소인이 군자를 모함하는 데 있다. 군자와 소인을 분별하는 것은 어려운 일이다. 소인은 군자를 소인이라 하고 군자도 소인을 소인이라 하기 때문이다.」 조광조는 훈구파 대신들을 소인으로 몰고 혁신적인 정치 역량을 발휘(發揮)하였다.
자고로 소인(小人)이라 칭할 때에는 고총〔固寵 : 변하지 않는 총애(寵愛)를 받음〕, 첨미〔諂媚 : 아첨하고 영합함〕, 부회〔附會 : 억지로 이치(理致)를 붙임〕의 세 경우가 있다.

靜菴이 관직에 오르기는 中宗 10年 6月 吏曹判書 안당(安瑭, 1461-1521)의 추천으로 造紙署司紙에 발탁되면서 부터이다. 그 뒤 성균관 전적(典籍), 弘文館 수찬(修撰) · 교리(校理) · 응교(應敎) · 전한(典翰) 등을 거쳐 承政院 同副承旨에 이른 후 弘文館 提學으로 뽑힌 것은 36歲 때

였다. 至治主義를 주창한 靜菴은 義理王覇의 辨, 古今治亂의 幾, 君子 小人의 進退 消長의 戒에서 비롯한 노력으로, 百官의 기강을 바로 잡고 백성의 생활을 개조하는 데 크게 이바지하였다.

남곤과 심정(沈貞)은 홍경주가 찬성(贊成)이었을 때, 선비들의 논핵(論劾)을 받아 파면된 것에 분노와 원한을 품고 있는 것을 알고 그와 결탁, 경주(景舟)로 하여금 그의 딸 희빈(熙嬪, 1494-1581)에게 시켜서 '온 나라 사람들의 마음이 죄다 조씨(趙氏)에게 돌아갑니다.' 라고 하고, 밀즙(蜜汁)으로 금원(禁苑)의 나뭇 잎 위에 '주초위왕(走肖爲王)' 글자를 써 놓은 것을 채취하여 올려 왕으로 하여금 위태롭게 여기고 두려워 하게 만들었다.

밀지(密旨)에 「조광조 등이 정국공신의 삭훈을 청한 것은 강상(綱常)을 중히 여긴 것이고 현량과를 설치할 때는 인재를 얻으려 함인 줄 알았으나 지금 보면 그의 세력을 확보하려는 것이었다. 조광조를 발탁하였더니 지금 나는 '走肖' 의 술수(術數)에 빠져 버렸다. 그들을 죄 주려 하여도 대간과 홍문관 六曹 유생들이 반대하니 경 등이 처치하고 나에게 알리라.」하였다.

김전(金詮), 琴軒 이장곤(李長坤, 1474-1519), 홍숙(洪淑, 1464-1538)등은 조광조 등을 국문하였는데, 조광조가 「신(臣)이 믿은 것은 군심(君心) 뿐, 국가의 병폐가 사사로운 이익을 추구하는 데 있다고 생각하여 국맥(國脈)을 새롭게 하려는 것이었습니다.」하였다.

중종이 「조광조, 김정(金淨), 김식(金湜, 沙西, 1482-1520), 김구(金絿, 1488-1534) 등은 붕당을 만들어 자기네 편에 붙는 자는 천진(薦進)하고 의견이 다른자는 배척하니 그들은 서로 의지하여 권요(權要) 한 벼슬자리를 굳게 다지고 국론(國論)을 전도(顚倒)되게 만들고 정사가 날로 잘못되게 만들건만 그들의 불꽃같은 세력을 두려워하여 감히 입을 열지 못한다. 윤자임(尹自任, 1488-1519), 박세희(朴世熹, 1491-?), 기준(奇遵, 1492-1521), 박훈(朴薰, 1484-1540) 등은 광조배(光祖輩)의 궤격(詭激)한 버릇에 서로 호응하여 아부하였다.」라고 하였다.

南袞 · 沈貞 등은 '일이 급하여 고문할 겨를이 없으니, 즉시 光祖 등을 잡아들여 타살하여야 한다.' 고 주장하였으나, 李長坤 · 金詮의 반대로 諸臣을 불러 들여 治罪하기로 하였다. 領相 鄭光弼(1462-1538)은 '과격한 죄는 있으나 무상행사(誣上行私)한 죄적(罪跡)은 없으니 극형엔 고려할 바 있다.' 하였다. 南袞은 머리가 날카로운 小人이라, 자기의 양심에 몰려서 늘 근심을 품고 있었는데 史臣은 '기묘년 남곤의 행적(行蹟)이 노출되지 않았으니 그 재주를 따를 수 없다 하겠다.' 하였고 '沈貞은 성품이 편협하고 사납고 눈치가 빨랐다. 성균관에 있을때부터 그가 나라를 그르치리라 여긴 동료들이 많았다' 하였다. '조광조 등을 당장 죽여서는 결코 아니되옵니다.' 한 李長坤의 말을 뒷 날 許筠이 '일부러 구해 보는 척 한 것에 불과하다.' (佯救之)고 하였듯이 長坤은 學行있는 사람이 아니라 能臣이었을 뿐이다.

종실(宗室)의 파릉군(巴陵君) 경(璥) 등의 구제운동이 일어나게 되자 후환(後患)을 없애려는 계략이 진행되어 조광조, 김정, 김식, 김구등 4인은 사형, 尹自任, 이자(李耔, 1480-1533), 奇遵, 朴世熹, 朴薰 등 18명을 귀양 또는 파면 시키고 현량과도 폐지하였다.

조광조는 義禁府 都事 류엄(柳淹) 등이 王命을 전함에

「大夫를 어찌하여 종이 쪽지 하나를 보내어 죽게 한단 말이냐. 이러한 폐단(弊端)은 간사한 무리들이 사람을 마음대로 죽일 수 있게 할 뿐만 아니라 급함을 당한 사람이 한마디 변명도 할 수 없게 하였구나.」라고 개탄하고 시자(侍者)에게 「관과 상장제구(喪葬諸具)는 박(薄)하게 하고 무겁고 두텁게 하지말라.」 하였다.

「임금을 어버이처럼 사랑하고(愛君如愛父) 나라 일을 내집 일 같이 걱정했도다(憂國若憂家)
밝은 햇빛이 세상을 굽어보니(白日臨下土) 사심없는 이 마음을 환하게 비쳐주리(昭昭照丹衷)」

함께 사가독서(賜家讀書)를 했던 학포(學圃) 양팽손(梁彭孫, 1480-1545)이 和順 綾州에서 조광조의 시신을 거두어 이듬 해 龍仁 深谷里에 安葬하였으며, 소쇄옹(瀟灑翁) 梁山甫(1503-1557)는 담양에 소쇄원(瀟灑園)을 짓고 平生을 處士로 지냈다.

「광조가 죽으니 정광필(鄭光弼)이 가장 상심하였고, 남곤(南袞)도 또한 매우 슬퍼하였다. 돈재(遯齋) 성세창(成世昌)이 꿈을 꾸니, 광조가 시를 지어 世昌에게 주었는데 "해가 떨어지니 하늘이 먹과 같고 / 산이 깊으니 골짜기가 구름 같구나 / 임금과 신하 사이의 천재의 의리가 슬프다. / 한낱 외로운 무덤이로구나"하였다. 이 이야기를 들은 자 울지 않는 이가 없었다.」

〔'野言別集', 己卯錄에는 이 시를 김식(金湜)의 것이라 하였다.〕

김육(金堉)은 '기묘록(己卯錄)' 에서 「조정암의 행정이 수 년 더 계속되었더라면 풍속이 크게 달라 졌을 것이다.」하였다.

이이(李珥)는 '석담일기(石潭日記)' 에서 「公(조광조)은 어질고 밝은 자질과 나라 다스릴 재주를 가졌음에도 학문이 이루어지기 전에 정계에 나아가 후세 사람들에게 그의 행적이 경계(警戒)가 되었다. 하늘이 그의 이상을 실행하지 못하게 하면서 어찌 그와 같은 사람을 내었을까. 기묘사화는 조광조 개인의 피화(被禍)가 아니고, 국가 정맥(正脈)을 끊은 것인즉, 후세 사람들에게 권선(勸善)할 것과 징계(懲戒)할 소이(所以)를 알게 하는 것이다.」라고 하였다.

「退溪가 奇明彦에게 보낸 답서에서 "靜庵이 화란을 알면서도 괜찮겠지 하고 잘못 믿은 것이요. '언제까지나 영웅으로 하여금 눈물이 옷깃에 가득하게 한다(長使英雄淚滿便襟)' 는 뚜쯔메(杜子美)의 글은 선생에게 합당하다 할까. 간악(奸惡)한 것들을 충격하여 해괴(駭怪)한 기미를 촉발하게 한 것은 제현들이 위태로운 일에 당하고서도 경계하지 않은 것이며 너무 날카롭게 곧장 앞으로 나가기만 한 까닭이다."하였다.」 〈'星湖僿說'〉

이황(李滉)은 '퇴도언행록(退陶言行錄)' 에서 「요순시대와 같은 이상정치 시대는 환경과 역경(逆境)이 없으면 이루어지지 않는 것이니, '기묘(己卯)의 실패' 도 이와 같은 것이다. 趙靜庵의 천자(天資)는 참으로 아름다우나, 勞力이 충실하지 못했으므로 그의 시위(施爲)한 바가 과당(過當)한 곳이 없지 않아 종말에는 실패에 이르게 되었으니, 勞力이 충실하고 덕기(德器)가 성취된 뒤에 世務를 담당하였더라면 그의 성취는 측량(測量)할 수 없었을 것이다.」 하였으며 靜庵의 行狀을 지으면서 그에 대한 三不幸을 논하였고, 또 그의 입궁수후(立宮垂後)가 없음을 몹시 슬퍼하였다.

金澤榮은 '한사경(韓史綮)' 에서 「고금에 임금의 마음을 얻어 정사를 조급(躁急)하게 한 사람으로 漢 文帝 때의 지아이(賈誼, 賈生, BC 200-BC 168)와 조선 중종 때의 조광조 두 사람이 있다. 賈誼는 자신의 재능을 펼치는 것을 조급하게 여긴 것이고, 조광조는 충성을 다하는 것을 조급하게 여긴 것이다.」하였다.

「사신은 논한다. 김식은 죽음에 임한 꾀를 보면 그 뜻은 슬퍼할 만하나, 그 계책이 지극히 잘못되어 처자와 친구가 모두 그 화를 입게 되었으니 평생 배운 힘이 어디에 있는가」

〈'中宗實錄' 15輯 661面, 中宗 卷 39〉

「사신(史臣)은 논한다. 행(荇)은 김안로를 벗으로 여기고 적소(謫所)에 있던 그를 도와 치켜 세워서 다시 조정(朝廷)에 끌어 들였다. 안로가 흉악하고 못된 짓을 제 멋대로 행하여 국사(國事)가 날로 그릇되어 가자 그제야 후회(後悔)하게 되었다. 여색(女色)을 좋아하지 않았으며 편협(偏狹)하고 얕고 비루(鄙陋)해, 옛 것을 좋아하고 선한 것을 즐겨하는 사람을 두고 실 없고 망령스럽다고 하였다. 고집이 너무 지나쳐 마침내 재앙(災殃)을 입어 결국 적소(謫所)에서 죽고 말았다.」

〈'中宗實錄' 17輯 546面, 太宗 卷 78〉

기묘사화 때에 사사(賜死) 되었거나 죄를 얻었거나 파직(罷職)되고 유배(流配)된 75명 중 趙光祖, 金淨, 金湜, 金絿. 尹自任, 奇遵, 朴世熹, 朴薰 등을 己卯八賢이라 한다. 기묘사화 이후 중앙권력은 훈신계열 중에서도 심정(沈貞) · 남곤 · 홍경주 등 권신 기묘삼간(己卯三奸)에게 집중되었으나, 오래가지 못하고 김안로(金安老)에게 자리를 물려 주었다.

趙光祖는 소재(蘇齋) 盧守愼, 太學生 洪仁憲, 副提學 朴大立(1512-1584), 大司諫 白仁傑, 奇大升 등의 계언(啓言)으로 宣祖 1년 4월 大匡輔國 崇祿大夫 議政府 領議政 兼 經筵 弘文館 藝文館 領事, 觀象監事에 추증(追贈)되었고 宣祖 3년부터 肅宗 14년에 걸쳐 竹樹(綾州) · 道峯(楊州) · 象賢(熙川) · 景賢(羅州) · 正源(信川) · 道東(松禾) · 仁山(牙山) · 紹賢(海州) · 興賢(永興) · 竹林(礪山) · 靜退(溫陽) · 深谷(龍仁) · 鳳岡(文化) · 迷源(楊根) · 雲田(咸興) · 望德(定平) · 藥峰(寧邊) 書院과 高宗 39년 慕賢祠(永興)가 創建되어 제향(祭享)하고 있으며 英祖에서 高宗까지 歷代國王이 靜菴祠堂에 치제(致祭)하였다.

중종의 사후 인종(1515-1545, 재위 1544-1545)과 명종(1534-1567, 재위 1545-1567)의 계승 문제로 외척인 윤임(尹任, 1487-1545 大尹)과 윤원형(尹元衡, ?-1565 小尹)의 대립으로 파가 갈리어 싸웠다. 윤원형(尹元衡) 일파는 윤임(尹任), 류관(柳灌, 1484-1545), 류인숙(柳仁淑, 1485-1545) 등을 옭아매 윤임 일파 47명을 귀양보내거나 처형하였다〔을사사화(乙巳士禍), 1545〕.

명종은 침실 좌우편에 '마음을 맑게 가지고 욕심을 적게 하라(淸心寡慾)', '보는 것은 분명히 · 듣는 것은 멀리(明目達聰)', '정성 · 공경 · 화평 · 근면(誠敬和勤)', '어진 사람을 좋아하고 학문을 즐기라(好賢樂道)' 등의 구절을 써 붙이고 날마다 반성하였다.

「명종이 즉위하자 윤원형은 곧 보복할 계획을 세워 이기(李芑) · 허자(許磁 1496-1551) · 정순붕(鄭順朋, 1484-1548) 등과 함께 흉한 말을 만들어 밖에서 선동(煽動)하고, 안에서는 정난정(鄭蘭貞, ?-1563)이라는 첩을 들여보내 대비와 임금의 마음을 놀라게 하며 의혹(疑惑)을 품게 하였다.」

〈'연려실기술'〉

「윤임은 정유삼흉〔丁酉三凶, 김안로 · 허항(許沆, ?-1537) · 채무택(蔡無擇, ?-1537)〕과 한 당이 되어 중종이 동궁을 폐위시키고 대군을 세자로 세우려 한다는 말을 꾸며 내 퍼뜨려서 상하가 불안을 느끼게 했다. 인종 승하 후에는 불안을 느껴 권신들과 결탁하여 불측(不測)한 일을 꾀했다. 류관은 고명대신(顧命大臣)인데도 윤임의 말을 좇아 임금을 고립시키려 했다.」

〈'명종실록'〉

을사사화 시정기(時政記)에 윤임(尹任)을 찬양, 처형 된 안명세(安名世, 1518-1548)는 후대에 사관의 모범으로 인정받았는데 그의 처형은 이지함으로 하여금 해도(海島)를 주유(週遊)하면서 미치광이로 세상을 피하게 하였다.

1547년 9월 전라도 양재역(良才驛)에서 부제학 정언각(鄭彦慤, 1498-1556)이 벽서(壁書)를 발견하였다. 「여자 임금이 정권을 잡고 간신 이기(李芑) 등이 권력을 농단(壟斷)하고 있다. 이는 나라가 망할 징조이니 어찌 보고만 있을 수 있는가」〈'연려실기술'〉.

이에 송인수(宋麟壽, 1487-1547)·이약빙(李若氷, 1489-1547)을 죽이고, 이언적·정자(鄭滋, 1515-1547)·노수신·정황·이담(李湛, 1510-1575)·권벌(權橃, 1478-1548)·송희규(宋希奎, 1494-1558)·백인걸(白仁傑, 1497-1579)·김난상(金鸞祥, 1507-1570)·류희춘(柳希春)·이홍남(李洪男, 1515-?) 등을 유배했으며, 봉성군〔鳳城君 : 中宗의 여덟째 아들 완(岏), 1529-1547)〕도 울진에서 살해되었다〔벽서(壁書)의 옥(獄), 정미사화(丁未士禍)〕. 이약빙의 아들 홍남이 영월에 귀양 중 1549년(명종 4) 4월 홍윤(洪胤)이 주상을 비방(誹謗)하고 역모를 꾀했다고 무고(誣告), 죽은 사람은 주로 충주에 살던 이약빙의 문인들로 한 면(面)이 텅 빌 정도였다. 정언각(鄭彦慤)은 정순붕, 임백령(林百齡, ?-1546)과 함께 을사삼간(乙巳三奸)으로 불리웠는데 정순붕의 아들 정염(鄭磏, 北窓)과 정작(鄭碏, 古玉, 1533-1603)은 난세를 등진 주선(酒仙)이었다.

퇴계가 낙향했던 무렵 南冥 조식(曺植)은 단성소(丹城疏)에서 「외적이 침략해 오면 토붕와해(土崩瓦解 : 흙이 무너지고 기왓장이 깨짐, 즉 亡國)의 우려가 있다. 자전(慈殿:문정대비)은 밖의 소식이 막힌 궁궐 안의 한 과부에 지나지 않고 전하는 선왕(先王)의 한 나이 어린 후사(後嗣)일 뿐이다.」하였는데, 경연시독관 정종영(鄭宗榮, 1513-1589)은 '조식(曺植)의 소(疏)가 이토록 직절(直截) 함은 이 나라 선비가 살아 있다는 증거' 라고 직언하여 명종도 치죄(治罪)의 명(命)을 거두었다.

「문정왕후 윤씨는 천성이 극악(極惡)스러웠고 문자를 알았다. 명종이 즉위한 뒤 아우 윤원형과 안팎에서 권세를 휘둘러 20년 사이에 정사가 어지러울 대로 어지러워졌는데 국맥(國脈)이 끊어지지 않은 것이 다행이었다.」 〈'명종실록'〉

「지금 충성스런 신하는 반역을 했다고 배척되고 간특한 괴수는 공신으로 녹공되었으니 명분이 잘못됨이 이보다 심한 것은 없다. 지금의 계책은 다섯 간흉(鄭順朋, 尹元衡, 李芑, 林百齡, 許磁)의 죄를 폭로하여 그 관직을 삭탈하며 위사 공신을 모두 삭제하고 죄 없는 사람을 모두 풀어주어, 이로써 종묘사직에 고하고 중외에 교를 반포해 새로 시작해야 한다.」

〈'동호문답(東湖問答)'〉

이이의 논의 주도로 1577년(선조 10) 6월 류관·류인숙, 12월 윤임(尹任)과 계림군(桂林君) 유(瑠)의 복관과 을사삭훈이 이루어졌다.

3백년 당쟁(1575-1863)의 원류(源流) : 분열하는 사림

〈동서당론(東西黨論)의 갈림〉

「조정이 맑고 밝은데 어찌 붕당이 있겠습니까 '사람이 죽을 때는 그 말이 선하다'(人之將死 其言也善)고 했는데 이준경(李浚慶, 1499- 1572)은 죽으면서 그 말이 사납습니다.」

영부사(領府事) 동고(東皐) 이준경이 유차(遺箚)로써 조정에 붕당(朋黨)이 있음을 말하고 지금 바로 잡지 못하면 후일 화근(禍根)이 될 것이라고 했는데, 응교(應敎) 이이(李珥)가 사류(士類)를 모함(謀陷)하는 악언(惡言)이라고 상소(上疏)했다. 삼사(三司:사헌부, 사간원, 홍문관)에서는 이준경의 생전의 관직을 삭탈(削奪)하게 하려 하였는데 류성룡이 '옳고 그름을 가리면 그만이지 관직을 추탈할 것까지야 있겠는가' 하며 홀로 참여하지 않고 좌상(左相) 홍섬(洪暹) 등도 죄를 주는 것은 옳지 못하다고 하여 의논이 중지 되었다.

李浚慶은 사람의 불화를 조율하고자 했는데 이이가 지나치게 따지고 남을 신랄하게 비평하는 것을 싫어했다. 李浚慶의 사람됨을 栗谷은 「밖으로는 굳세지만 안으로는 겁이 있었다」(外毅而內怯)하였고 退溪는 「學究天人 資兼文武」라 하였다.

이준경의 유언이 있은 지 3년 후 그 말이 들어 맞았다. 술사(術士:점쟁이) 남사고(南師古)가 「나라의 도읍지인 동쪽에 낙봉(駱峯)이 있고, 서쪽에는 안현(鞍峴)이 있어 두 산이 서로 다투는 기상이다. 동인과 서인의 다툼이 있을 것인데 '락(駱)' 자는 각마(各馬)이므로 동인은 분열되어서 각자 다 자립하고 '안(鞍)' 자는 혁이안(革而安)이라 서인은 변혁(革)이 있은 뒤에 편안할 수 있다.」고 했는데 뒤에 그 말들이 다 실제로 맞았다.

당쟁의 시초는 선조(1552-1608, 在位 1567-1608) 초년 심의겸(沈義謙, 1535-1587 西人)과 김효원(金孝元, 1532-1590 東人)의 이조(吏曹) 전랑〔銓郞(正5品 正郞 · 正6品 佐郞)〕 직을 에워싼 암투에서 비롯되었다. 김효원은 한성 동쪽의 건천방(乾川坊), 심의겸은 한성 서쪽의 정릉동(貞陵洞)에 살고 있었기 때문에 東人 · 西人으로 일컬었는데 1575년(선조8) 사림이 동인 · 서인으로 분열, 당쟁의 역사가 시작되었다. 때려서는 안 될 것을 먼저 때린 것은 심의겸이고, 때린 것을 용서하지 못하고 보복으로 받아친 것은 김효원이다.

「효원(孝元)이 과거에 장원급제하고 재명(才名)이 날로 높아가며 몸가짐을 청고(淸高)하게 하고 벼슬을 맡으면 직책을 다하니 조사(朝士)들이 다투어 추장(推奬) 하였는데 오건(吳健, 1521-1574)이 효원을 전랑에 추천하면 의겸이 문득 저지(沮止)해 막았다. 그리하여 효원은 낭관(郎官)으로 있은 지 6, 7년 만에 비로소 전랑이 되었다. 의겸의 아우 충겸(忠謙, 1545-1594)을 천거하여 전랑으로 뽑고자 하는 자가 있으나 효원이 허락하지 않았다.」

「이이가 '沈이나 金은 다 선비들로서 흑(黑)과 백(白) · 사(邪)와 정(正)으로 구분할 수 있는 것이 아니고, 또 참으로 혐극(嫌隙)을 이루어 서로 해치고자 하는 것도 아닌데, 다만 야박한 습속(習俗)이 고요하지 않아서 뜬 말들을 만들어 내곤 하는 것이니 양쪽을 다 치죄(治罪)할 계책을 한다면 士林의 화(禍)가 일어날 것입니다.' 하였다.
이이가 힘써 둘 다 외직으로 내 보낼 것을 논하여 양편 사이를 조정하고자 하였으나 되지 않았고, 마침내는 그 자신이 서인의 영수(領首)되는 것을 면치 못하였다.」 〈'荷潭錄'〉

1583년 이이를 공격하다가 奸臣으로 지목되어 유배된 송응개(宋應漑, ?-1588), 박근원(朴謹元, 1525-1585), 허봉(許篈)을 계미삼찬(癸未三竄)이라 하였다.

〈기축옥사(己丑獄事, 1589)〉

연산군(燕山君)의 학정과 사화(士禍)로 사회는 피폐(疲弊)와 혼란에 빠지게 되었고, '정감록(鄭鑑錄)' 이란 유령이 민심을 흔들기 시작, 선조 22년(1589) 10월 역모사건(逆謀事件)이 드러났는데 정여립과 관련된 동인들이 3년여에 걸쳐 피해를 입어 동 · 서 분당의 계기가 되었다.

역모의 주모자 정여립(鄭汝立, 1546-1589)은 대대로 全州 南門 밖에서 살았는데 재간이 뛰어나 율곡(栗谷) 문하에서 총애(寵愛)를 받고 또 율곡의 천거로 조정에 나서 동인의 힘으로 수찬(修撰)까지 올랐으나 심술(心術)이 선조의 노여움을 사 벼슬을 빼앗기고 낙향하였다.
목자망전읍흥〔木子亡奠邑興 : 이씨는 망하고 정씨(鄭氏)가 일어난다〕는 도참설을 이용하여 '나라가 개인의 것이 될 수 없고(天下公物說) 누구라도 임금으로 섬길 수 있다(何事非君論)' 는 거사의 음모가 무르익을 무렵 안악군수(安岳郡守) 이축(李軸, 1538-1614)이 탐지하여 재령군수(載寧郡守) 박충간(朴忠侃, ?-1601), 신천군수(信川郡守) 한응인(韓應寅, 1554-1614) 등과 더불어 황해 감사(黃海監司) 한준(韓準, 1542-1601)을 통하여 상고했다. 이에 그 일당이 모조리 잡히고 정여립은 자살하고 역모에 가담한 무리 중에 승려 출신이 많았던 까닭으로 검거의 불길은 불교계에도 번졌다.

「정여립이 나와서 이발(李潑, 1544-1589), 정개청과 함께 상응창화(相應唱和)하여 기세를 부렸으나 정여립이 반역하게 되니 함께 죽음을 당하였다. 호남의 풍속이 본래부터 유술(儒術)을 좋아하지 않았는데, 여립이 패망하니 사람들이 학문하다가 죽게 된 일의 처음 시작이라고 하여 호남의 학문은 이로부터 없어졌다.
처음에 여립이 이이(李珥)를 배반하고 시론(時論)에 아부하여 반목하는 태도를 보이자, 서인들은 통분히 여기던 차에 여립이 역적이 되자 이 때를 당하여 서로 손뼉을 치면서 크게 기뻐하여 역적이 동인에서 나왔다고 했다. …」 〈'연려실기술'〉
동인들은 이것을 서인들, 특히 율곡의 제자들이 꾸민 일이라며 분개했는데 선조의 교서에 「…적신 정여립은 어미를 잡아 먹는 올빼미보다 더 악하고 독사(毒蛇)보다 더 독할뿐더러… 난신(亂臣)과 역적이 이 보다 심한 놈은 없을 것이다.」 하였다.

〈남북분당 · 북인의 분열〉

정여립사건과 광해군의 세자책봉문제는 동인이 남인과 북인으로 갈리는 계기가 되었다.

정철(鄭澈)은 「개청은 반역하지 않은 여립이요, 여립은 반역한 개청이라」는 말까지 서슴지 않았다. 서인은 정여립의 모역(謀逆)을 기화로 정계에서 동인을 몰아내고 정권을 장악할 수 있는 계기를 마련했다.

정철이 정여립의 옥사를 다스릴 적에 사축 최영경(崔永慶, 1529-1590)이 감옥에서 죽었다.
대사간 홍여순(洪汝諄, 1547-1609)이 '정철이 사소(些少)한 원한으로 부당하게 명사를 죽였다.' 고 상소하려 하였다. 사인 우성전(禹性傳)이 말렸으나 홍여순은 듣지 않고 정철을 탄핵하였다. 이산해[李山海, 아계(鵝溪), 1539-1609] 등은 '홍여순이 옳다' 고 여겼으니 이들을 '北人', 우의정 류성룡 등은 '우성전이 옳다' 고 여겼으니 이들을 '南人' 이라고 하였다.
「永慶은 청백하고 외로운 절개(孤節)가 뛰어나 그 의리가 아니면 한 개의 터럭도 취하지 않았다. 成渾이 심방하였더니 永慶이 무명옷과 해어진 신으로 가난한 모습이 쓸쓸하였는데도 그 용모는 엄중하여 감히 침범하지 못할 것이 있었으며 담화를 나눔에 한 점도 塵世의 태도라곤 없었다. 渾이 돌아올 때 홀연히 맑은 바람이 소매에 가득함을 느꼈다고 하였다.」〈'石潭日記'〉

정철이 죽자 사헌부에서는 「그는 성질이 강팍하고 시기심이 많아 사갈(蛇蝎)과 같은 마음으로 사람을 상하게 하고 해치는 것을 일 삼았다.」고 아뢰었고 선조는 「정철을 말하면 입이 더러워 질까 염려된다.」하였다.
「정철은 결백성(潔白性)이 지나쳐 의심(疑心)이 많고 용서하는 마음이 적어 일을 처리해 나가는 지혜가 없었다. 중년 이후로 주색(酒色)에 병들고 탐사(貪邪)한 사람을 미워하였으며 편벽(偏僻)된 의논을 극력 고집하면서 믿는 것은 척리(戚里)의 진부(陳腐)한 사람이었다. 역옥(逆獄)을 다스릴 때 당색(黨色)의 원수(怨讐)를 많이 체포하였으니, 공격 대상이 된 것은 족(足)히 괴이(怪異)할게 없다. 그의 처신(處身)은 정말 지혜롭지 못했다. 그러나 권간(權奸)과 적신(賊臣)으로 지목하는 것은 문제가 있다.」 〈'宣祖修正實錄' 25輯 644面, 宣祖修正 卷 27〉

이발이 전랑이었을 적에 정인홍은 그의 지시를 받아 우성전의 단점을 탄핵(彈劾)하고 류성룡 및 김성일, 이덕형 등은 우성전을 탄핵해서는 안된다고 하였다. 이발은 북쪽에, 우성전은 남쪽에 살았으므로 南北의 논쟁이 갈리어 동당(東黨)이 南北 두 당으로 변하였다.
남인은 퇴계학통, 북인은 남명학통이 주류였다. 왜란 말기 신진세력의 지지를 받은 북인 김신국(金藎國, 1572-1657), 남이공(南以恭, 1565-1640) 등은 집권과 동시에 이산해 · 홍여순 등과 대립하여 大北과 小北으로 분립하게 되었다. 大北세력이 정국을 주도하게 되면서 1600년(선조 33) 4월 이산해를 지지하는 육북(肉北)과 홍여순을 지지하는 골북(骨北)으로 나뉘었다.

북인의 대 · 소북으로의 분열은 영창대군(永昌大君, 1606-1614)의 출생과 함께 공빈(恭嬪) 김씨(1553-1613)가 낳은 광해군과의 대립으로 첨예화되었다.

선조가 갑자기 승하(昇遐)하고 광해군(在位 1608-1623)이 즉위하자 이이첨(李爾瞻, 1560-1623) 등 北人들은 임해군을 광인으로 몰아 明의 눈을 가리고 강화에 가두었다가 죽였다. 다음 선조의 적자(嫡子) 영창대군의 외조부 김제남(金悌男, 1562-1613)의 역모 옥사를 꾸며 국구(國舅) 김제남 일가 등을 숙청(肅淸)한 후 江華府使 정항(鄭沆)으로 하여금 영창대군을 방에 가두어놓고 불을 많이 지펴 데어죽게〔증살(烝殺)〕 했다. 최찬(崔纘, 1554-1624)은 영창대군에 대한 애통을 哀大君歌로 노래했다(孤松遺稿). 서양갑(徐羊甲, ?-1618) · 심우영(沈友英, ?-1613) · 이경준(李耕俊, ?-1613) · 박치인(朴致仁) · 박치의(朴致毅) · 허홍인(許弘仁) · 박응서(朴應犀, ?-1613) 등 칠서(七庶)〔강변칠우(江邊七友)라고도 함〕는 모두 서얼들로서 출세의 길이 막힌 데 〔서얼금고(禁錮)〕 불평을 품고 도둑 김경손(金慶孫, ?-1613)과 악행을 자행하다가 김제남(金悌男)과 결탁했다고 자복(自服)했다.〔칠서지옥(七庶之獄, 癸丑禍獄), 1613년(광해군 5)〕
이이첨이 판서 허균(許筠)과 모의하여 "반역자 의(議, 永昌大君)는 서궁후(西宮后)가 다른 사람의 아들을 얻어 기른 것이다"라는 유언비어를 퍼뜨리게 한 후, 영창대군의 생모 인목대비(1584-1632) 폐모론(廢母論)을 들고 나와 西宮에 유폐(幽閉)하였다.

"그런 짓을 하시고 죽어서 무슨 낯으로 종묘 역대 선왕들을 만나시겠소" 상소한 동계(桐溪) 정온은 제주도에 위리안치되고 정조(鄭造, 1559-1623), 윤인(尹訒, 1555-1623) 등의 폐모론에 그 불가함을 극간(極諫)하다가 기자헌(奇自獻, 晩全, 1562-1624)은 문외출송(門外黜送), 송영구(宋英耉, 瓢翁, 1556-1620)는 파직되었으며 이항복(李恒福)은 '부모가 어질지 못 할지라도 효도해야 하는 것' 이라면서 소(疏)를 올렸다가 북청(北靑) 귀양길에 '등철령가(登鐵嶺歌)' 를 짓고 위리안치(圍籬安置) 속에서 광해군 10년 5월 세상을 떠났다.

「철령(鐵嶺) 놉흔 峯에 쉬여 넘는 져 구름아 / 고신원루(孤臣寃淚)를 비삼아 띄여다가 / 님 계신 구중심처(九重深處)에 뿌려볼가 ᄒᆞ노라」
나라 일에 참여하여(國辜) 들어보지 못하는 때였는데도 난처(難處)한 기색이 없이 붓을 잡고(取筆) 의견을 썼으니 백사(白沙) 이항복의 큰 절조(節操)는 그와 같은 것이었다.

「사신(史臣)은 논한다. 한음(漢陰) 이덕형(李德馨, 1561-1613)은 폐모(廢母)의 논의에 이견(異見)을 세우지 못하고서 정청(廷請)에 참여하였으니, 공론(公論)의 버림을 받아 마땅하나 反正 이후에는 지조(志操)를 지켜 굽히지 않았으므로 사람들이 또한 이것을 훌륭하게 여겼다.」
〈'仁祖實錄' 35輯 235面, 仁祖 卷 46〉

이원익(李元翼, 1547-1634)은 이이첨(李爾瞻) · 박승종(朴承宗, 1562-1623) · 류희분(柳希奮, ?-1623)의 폐모론(廢母論)에 반대했음은 물론, 반대하다 북인들에게 박해를 받게 된 이항복, 이덕형 등도 그의 위엄과 덕망으로 구해낼 수 있었다. 이원익은 영의정 네 번 등 40여년 벼슬에도 그의 집은 두어칸 오막살이 초가집이었다.
사람들은 「李元翼은 가히 속일 수 있으나 차마 속일 수 없고, 柳成龍은 속이려 해 보아도 속일 수 없다」고 하였다.

〈문묘종사(文廟從祀)로 4派 대립〉

文廟는 孔子를 받드는 묘우(廟宇)인데 孔子를 正位로 顔子·曾子·子思·孟子를 배향(配享)하였고 또 孔門十哲〔열 사람의 학문이 높은 제자, 민순(閔損,, 閔子騫, ?-?)·란정(冉耕, 伯牛, BC 544-?)·란융(冉雍, 仲弓, BC 522-?)·자이위(宰予, BC 522-BC 458)·푸안무츠(端木賜, 子貢, BC 520?-BC 456?)·란치우(冉求, BC 522-?)·쭝요우(仲由, 子路, BC 542-BC 480)·옌옌(言偃, 子游, BC 506-?)·보샹(卜商, 子夏, BC 507-BC 420?)·쭈안순쓰(顓孫師, 子張, BC 503-?)〕과 宋朝六賢(周敦頤, 程顥, 程頤, 邵雍, 張載, 朱熹)과 우리나라 18賢(崔致遠, 薛聰, 安珦, 鄭夢周, 金麟厚, 金宏弼, 鄭汝昌, 趙光祖, 李彦廸, 李滉, 李珥, 成渾, 趙憲, 金長生, 金集, 宋時烈, 宋浚吉, 朴世采)을 종사(從祀)하였다.
栗谷은 '문묘에 종사된 분 중 설총·최치원·안유는 도학과는 아무 상관이 없다' 하였다.

선조가 즉위하던 1567년 10월 기대승이 경연에서 조광조를 '현사(賢士)', 이언적을 '현자(賢者)', 이황·김굉필을 '현인(賢人)'으로 칭송하고 대사간 백인걸(白仁傑), 태학생 홍인헌(洪仁憲) 등이 조광조의 문묘(文廟) 배향(配享)을 주장한 이래 40여년 노력의 결과 1610년(광해군 2) 6월 김굉필, 정여창, 조광조, 이언적, 이황 등 사림5현(士林五賢)에 대한 문묘 종사(從祀)가 결정되었다. 또한 이이와 성혼의 문묘종사(文廟從祀) 여부가 서인과 남인들의 쟁점이 되었으며 선비들과 유생들이 다투고 싸워 무사히 넘기는 해가 없었다. 李珥를 모함한 자는 鄭汝立이요, 李滉·成渾을 모함한 자는 鄭仁弘이었다.

정인홍은 회재(晦齋)와 퇴계를 문묘(文廟)에 배향할 수 없다는 회퇴변척소(晦退辨斥疏)를 올리고(1611년) 김육 등 성균관 유생들은 정인홍을 '청금록(靑衿錄, 성균관 학적부)'에서 삭제하며 맞섰다. 1614년 11월 조목(趙穆, 자 士敬, 호 月川, 1524-1606)이 영남학파의 본산 도산서원에 배향되어 정인홍의 회퇴변척은 실효를 거두지 못했다.

「회재(晦齋)의 학문이 연원(淵源)은 없으나 스스로 사도(斯道)에 분발하니 은연중 빛나서 덕이 행실(行實)에 부합되었다. 문장(文章)이 붓끝에서 나오면 교훈되는 말이 후세에 전해져 東方에서 자못 비견(比肩)할 사람이 드물었다.」

〈'明宗實錄' 20輯 175面, 明宗 卷 15〉

「李文元(晦齋의 諡號)은 충효의 사람일 뿐으로 저술을 잘 하였다 하겠으나, 거가(居家)에 부정한 女色을 멀리하지 못하였고 입조(立朝)에 도를 담임한 책무를 행하지 못했으며 乙巳년의 화란에 直言으로 節義를 세워 대항하지 못하였으니 어찌 '道學'으로 추숭(推崇)할 수 있겠는가」

〈栗谷 / '石潭日記'〉

이리하여 이회재(李晦齋)에 대한 사론은 두 갈래로 갈리게 되었다.

李澤堂이 「퇴계는 인물의 장단과 정치의 득실(得失)을 말하지 않았으나 異端을 물리치는데 있어서는 양보하지 않아 유학자들의 주장이 혹 지나쳐서 異端에 흘러 들어갈 것을 두려워하면 힘써 절충(折衷)함을 더하였으니 徐花潭과 朴松堂의 학문 같은 것은 退溪가 회재(晦齋) 학문의 진수(眞髓)를 드러내서 金寒暄堂 · 정일두(鄭一蠹) · 趙靜庵과 더불어 四賢으로 칭송하자 國論이 정해졌다. 南冥에 대하여 退溪가 그 論議와 氣風이나 학습하는 것이 후일의 폐단이 없지 못할 것을 보고서 "기이한 것을 좋아하여 숭상하므로 중정한 도리로 요구하기 어렵다" 하였다. 南冥의 문인 중 鄭仁弘만은 퇴계에게 원한을 쌓아 兩賢을 그르다고 논하였고 同道의 鄕校 10여위에 진흙을 발랐으며 그 악독이 兩賢의 화액이 되는데만 그치지 않았으니 南冥의 학문이 이 같은데 이르른 것은 退溪가 속으로 근심하였던 것이 비로소 드러 났으니 또한 후학의 귀감(龜鑑)이 될 만하다.」하였다.

퇴계가 도체(道體)를 궁리하고 심성을 수양하는 문제에서 감발(感發)하였다면, 남명은 학문의 실천에 관심을 가지고 出處의 의리에 감개(感慨)하였다. 조정 인사 중에는 퇴계의 문인이 많았고, 임진왜란 때 의병장은 남명 문인이 주류를 이루었다.

퇴계의 고제 류성룡(柳成龍)과 남명(南冥)의 고제 정인홍의 대립은 정적의 관계가 되어 퇴계 · 남명의 학문 · 출처 · 언행에 대해 비교 논란을 벌이는 가운데 자기 스승은 높이고 상대방의 스승을 폄하(貶下)하는 우열 경쟁을 지속했다. 이로부터 안동 사림은 류성룡을 중심으로, 예안 사림은 조목을 중심으로 뭉쳤다. 더욱이 회재와 남명, 남명과 퇴계는 두 사람끼리 만난 일도 없었다. 이황이 조식을 두고 「거만스러워 중용(中庸)의 도를 기대하기 어렵고, 노장(老莊)에 물든 병통이 있다」고 비난하고 남명은 「요사이 학자들은 물 뿌리고 비 질하는 절도도 모르면서 입으로 천리(天理)를 담론하여 허명(虛名)을 훔친다」고 응수(應酬)했다.

「남명 스스로 '내 글은 비단을 짜서 필(匹)을 이루지 못한 것이고 퇴계의 글은 포목을 짜서 필을 이룬것이다' 하였다.」 〈성호 / '南冥 선생 문집'〉

「重峰이 충성스러운 말과 아름다운 모책(謀策)을 지니고 있었으나 世事에 당하여 근심하고 울분(鬱憤)하여 재액과 곤궁 속에서 세월을 허송(虛送)하였다. 兵亂으로 쑥밭이 되고서야 공의 명분과 절조(節操)가 드러났으니, 앞서 그 말이 일찌기 신임을 받게 되었더라면 크게 국가의 安危에 관여하는 機會를 얻었을 것이다.」 〈'휴와잡찬(休窩雜纂)'〉

「류성룡은 천자가 단정하고 총명(聰明)스러웠으며 남의 말에 귀를 기울여 듣고 말수가 적었으나 우유부단(優柔不斷)하고 줏대가 없어 체통을 지키지 못했다.」〈'선조실록'〉하였고 허목(許穆)은 '미수기언' 에서 「공이야말로 덕과 지혜와 술수와 지략을 지니고 왕업을 안정시키고, 백성들로 하여금 의식(衣食)을 즐기고 편안히 살며 본업을 즐기게 한 것이 그 누구의 힘이겠는가」하였다.

'선조실록' 은 광해군 때 대북 정권이, '선조수정실록' 은 인조반정으로 광해군을 몰아내고 들어선 서인 정권이 편찬한 것으로 같은 인물을 바라 보는 시각이 다른 극명(克明)한 예가 정인홍이다.

「정인홍은 어려서부터 林下에서 독서하여 기절(氣節)이 있다고 자부해 왔는데 영남의 선비들이 추존(追尊)하여 내암(來庵)선생이라고 불렀다. 그가 소명을 받고 초야에서 몸을 일으켜 나오자 임금은 자리를 비우고 기다렸고 조야(朝野)는 눈을 닦고 바라 보았다.」

〈'선조실록' 선조 35년(1602) 9월 25일〉

「인홍은 산림에다 자취를 가탁하여 멀리서 조정의 권한을 쥐고 사림을 해치는 것으로 일을 삼았다. … 이이와 성혼 등을 원수보다 심하게 비방(誹謗)하여 팔을 걷고 날 뛰면서 이이첨 등과 결탁하여 조정을 어지럽혀 못 하는 짓이 없었다.」

〈'선조수정실록' 선조 35년(1602) 9월 25일〉

「月川이 강(剛)한 것으로 自負하지만 모든 것이 다 강선(剛善)이 되지는 못하고 도리어 강포(强暴)하고 분루(忿戾)한 데서 나오는 병통이 많아 겸손하고 공손하여 자기 마음을 비워 남의 뜻을 받아들이는 것은 조금도 없으니 그 덕을 해롭게 하고 事物을 그르치는 것이 琴君의 행위보다 더 심한 것이 있다.」

〈退溪書〉

광해군 15년(1623) 인조반정이 일어나 광해군이 폐위 당하고 大北 정권이 몰락하면서 정인홍, 이이첨부터 그의 수하(手下)들에 이르기까지 다 목베어 죽여서 그 뒤로는 감히 대북이라 이름하는 자가 없어 국론(國論)이 서인에게로 돌아갔다.

인조반정의 이유는 '음회이심(陰懷貳心) 수관노이(輸款奴夷)하여 삼한예의지방(三韓禮儀之邦)을 이적금수(夷狄禽獸)의 성(城)에 빠뜨려 천리(天理)를 멸(滅)하고 황조(皇朝)에 득죄(得罪)한 것' 이었으며 인목대비(仁穆大妃)가 광해군의 36가지 죄를 논한 중에 '천지간에 비 할데 없는 대역부도(大逆不道)로서 군부를 죽이고 형을 죽이고 어미를 폐한 죄' [폐모살제(廢母殺弟)의 패덕(悖德)]를 들고 있다.
인조(1595-1649, 在位 1623-1649)가 즉위하자 인목대비 金氏는 광해군을 향해 「한 하늘 아래 같이 살 수 없는 원수이다. 십여 년 동안 유폐되어 있으면서 참아온지 오랜 터라 그의 목을 잘라 망령(亡靈)에게 제사하고 싶다.」('인조실록' 권1, 인조 1년 3월 계묘) 하였으나 이덕형 등의 만류(挽留)로 폐주 예우의 차원에서 광해군이라는, 세자 책봉 이전의 왕자군 봉호로 강등되었다.

「역적 허균(許筠) · 하인준(河仁浚) · 현응민(玄應旻) · 우경방(禹慶邦) · 김윤황(金胤黃)의 연좌와 적몰(籍沒), 집을 부수고 못을 파는 일, 그 지역의 수령을 파직(罷職)하는 일, 그 읍호(邑號)를 강등(降等)하는 일 등을 모두 율문(律文)에 따라 시행하였다.
草堂 허엽(許曄, 1517-1580)의 세 아들 성[筬, 악록(岳麓), 1548-1612] · 봉[篈 하곡(荷谷)] · 균(筠)과 사위 우성전(禹性傳) · 김성립(金誠立)은 모두 문사(文士)로 조정(朝廷)에 올라 서로의 수준을 높였기 때문에 세상에서 '허씨(許氏)가 당파의 가문 중에 가장 치성(熾盛)하다' 고 하였다. 허균(許筠)이 패역(悖逆)으로 주멸(誅滅)당함에 미쳐서야 문호(門戶)가 침체되었다.」

〈'宣祖修正實錄' 25輯 487面, 宣祖修正 卷 14〉

燕山君은 江華島(喬桐)에, 光海君은 濟州島에 유배되었듯이 流配地는 주로 咸鏡道의 邊境地方과 全羅道의 島嶼 및 濟州道였고, 더러 江華島 등지가 이용되기도 하였다.

인조반정으로 기호계가 계속 권력을 독차지하고 반정공신 회맹(會盟)에서 숭용사림(崇用士林, 사림의 여론을 존중) · 무실국혼(毋失國婚, 왕비 자리를 빼앗겨서는 안된다)을 결의했다. 1635년(인조 12) 3월 인조의 생부 정원군〔定遠君, 이부(李琈), 1580-1619〕을 원종(元宗)으로 추숭(追崇)했는데 이는 현종대 '복제예송' 의 선례로 되었다.

西人이 집권하자, 김류〔金瑬. 金汝岉의 子, 1571-1648〕· 李貴(1557-1633) 등의 훈서(功西)와 金堉 · 宋時烈 · 宋浚吉(1606-1672) 등의 淸西로 나뉘고 또 오래지 않아 노서(老西)와 소서(少西)로 변했다.

인조 말년 또 원당(原黨), 낙당(洛黨), 산당(山黨), 한당(漢黨)이 나누어졌다. 功西派는 병자호란(丙子胡亂) 여파(餘波)로 몰락(沒落)하고 孝宗, 顯宗, 肅宗 3代를 거치는 동안 淸西派는 老論 · 少論으로 분열(分裂), 朝鮮朝 末葉까지 南人, 北人, 老論, 少論의 四色政派가 對立하였다.

> 원당의 영수는 원평부원군(原平府院君) 원두표(元斗杓, 1593-1664)였고, 낙당은 상낙부원군(上洛府院君) 김자점(金自點)이 영수였는데 다 공신이었다.
> 산당(山黨)은 김상헌과 김집〔金集, 沙溪의 아들 1574-1656〕이 영수였는데 송준길(宋浚吉)과 송시열 등이 보좌했으며 다 충청도 연산(連山), 회덕의 산림(山林) 속 사람들〔산림숙덕지사(山林宿德之士)' · '산림독서지인(山林讀書之人)'〕이므로 산당이라고 일렀다.
> 한당(漢黨)은 김육(金堉)과 신면(申冕, 1607-1652)이 영수였는데 다 한강 위에 살고 있었으므로 한당이라고 이름하였다.
> 김집은 쩐시산(眞西山)의 「홀로 행하여도 그림자에 부끄럽지 않고 홀로 누워도 이불에 부끄럽지 않다」는 말을 사랑하여 신독재(愼獨齋)라고 호를 지었다.

> 김집은 「천하의 큰 근본 하나가 있으니 전하의 한마음(一心)이고 오늘의 급무(急務)가 여섯 있으니 덕량(德量)을 넓히고 기강을 진작(振作)시키고 궁위를 엄히 단속하고 현량(賢良)을 등용하고 백성의 고통을 구휼(救恤)하고 실효를 책성(責成)하는 것입니다」라는 상소를 하였다.

대동법 확대 실시에 따른 김육 대 김집(金集)의 불화로 산당은 약 9년 동안 정계에서 족적(足跡)을 감추었으나 1658년(효종 9) 김육이 죽고 북벌이 구체화 되면서 재입조하여 조선후기 정치사의 흐름을 바꿔 놓기에 이르렀다.

服制시비 - 禮訟

1653년(효종 4) 황산서원에서 유계(兪棨) · 윤선거(尹宣擧, 1610-1669)와 회동한 송시열은 급기야 윤휴(尹鑴)에게 '사문난적(斯文亂賊)' 이라는 말을 던졌다. 윤휴는 북송(北宋) 이전의 漢 · 唐 유학, 고전의 참 뜻을 연구해 주자적인 경전 주해의 속박에서 벗어나 주자의 권위에 도전하였던 것이다. 윤휴를 두둔한 美村 윤선거(尹宣擧) · 明齋 윤증(尹拯) 부자와 송시열의 반목은 황산서원의 논쟁 이후에도 동학사(東鶴寺) 흑백논쟁(1665), 제문(祭文) 사건, 기유의서(己酉擬書), 송시열이 지은 윤선거 묘문(墓文), 묘지명(墓誌銘) 시비 등 윤선거가 죽고 난 연후까지 계속 되었다.

예송은 현종(在位 1659-1674), 숙종(在位 1674-1720) 대에 걸쳐 효종(在位 1649-1659)과 효종비에 대한 조대비(인조의 계비 장렬왕후)의 복상 기간을 둘러싸고 일어난 서인과 남인간 논쟁이다.

〈1차 예송 - 기해예송〉

'효종(孝宗)이 승하(昇遐)하자(1659년 5월), 이조판서 송시열과 좌참찬 송준길은 자의대비(慈懿大妃, 1624-1688) 趙氏의 기년복(朞年服)을 주장하고 윤휴는 3년복을 주장하였다.

'다밍리(大明禮)' 와 우리 '국제(國制)' 에는 모후(母后)가 長子나 그밖의 아들이 죽었을 때 다 기년(朞年:1년)의 복(服)을 입게 되어 있었다. 영의정 정태화(鄭太和, 호 陽坡, 1602-1673)가 '국제(國制)' 에 의거하여 기년상(朞年喪)으로 정하고 송시열과 윤휴의 설을 다 시행하지 않았다.

현종(在位 1659-1674) 원년 장령(掌令) 미수 허목(許穆)이 「3년복을 입지 못하는 경우인 체이부정〔體而不正, 계승하였으나 정통아닌 경우〕은 첩의 아들을 말한 것입니다. 효종은 대비(大妃)의 적자(嫡子)인데 어찌 바르지 않다고 할수 있습니까」라고 소(疏)를 올렸는데 그의 주장이 또 다시 유야무야(有耶無耶)로 되어 서인측의 기년설이 확정되고 난 뒤 전참의(前參議) 윤선도(尹善道)의 과격한 상소〔모든 권위는 두 송씨(송시열과 송준길)가 다 차지하고 군주는 아무것도 못하게 하였다.〕는 예송이 정쟁으로 번지는 원인이 되었다.
우윤(右尹) 권시(權諰), 판중추부사 조경(趙絅, 1586-1669), 수찬 홍우원(洪宇遠, 1605-1687), 조사기(趙嗣基, 1617-1694)등이 관작 박탈 · 전리(田里) 방축된 윤선도를 구하려는 상소를 올리다가 유배(流配)도 당하고 사적(仕籍)에서 삭제 당하는 등 희생이 많았는데 계속 영남의 유생 류세철(柳世哲, 1627-1681) 등 1천 4백명이 상소로 송시열의 궤례(詭禮)를 공박하였다. 현종은 「기해복제(己亥服制)는 방례(邦禮)에 의하여 정한 것이므로 지금 와서 고칠 수는 없다.」 하였다.

「기해예송은 예의 본질로 보면 군왕이라 하드라도 인륜을 떠날 수 없는 이상에는 송시열 · 송준길의 의견이 옳은 것이요, 또 허목이 '첩의 자식(효종을 말함)' 이라는 해석은 정치적 목적으로 사용하여 불순한 점이 없다고 할 수 없다. 그러나 윤선도의 적통론을 많은 남인들이 응원하고 선전함으로 부지불식간에 일종의 동정론이 생기게 되었다. 즉 제왕가에는 '본래부터 일반의 예법과 달라야 한다.' 는 것으로 왕과 일반의 인심에 변동이 생기게 되었고, 그리하여 왕과 민심은 서인을 이반(離反)하게 되었다.」 〈현상윤 / '조선유학사(朝鮮儒學史)' 〉

〈2차 예송 - 갑인예송〉

현종 15년(1674) 봄 현종의 어머니 인선왕후(仁宣王后, 1618-1674) 장씨가 별세하자 자의대비의 복제문제가 재연, 서인측은 대공복(大功服:9개월복)을, 도신징(都愼徵, 1604-1678)등 남인세력은 기년복을 주장, 2차 예송(갑인예송)이 일어났다. 현종은 기년설을 채택하고 서인세력을 몰아냄으로써 남인세력이 등장하게 되었다.

1674년 11월 윤휴에게 예빈시정(禮賓寺正)에 이어 사헌부 장령의 직을 제수(除授)하였으나 윤휴는 사양하였다. 그러나 다음해 권유(權愈, 1633-1704) · 권대운(權大運, 1612-1699) · 이하진(李夏鎭, 1628-1682)등의 권유로 출사한 윤휴가 차자(箚子 : 간단한 상소문)로 주장한 것은 언로(言路)개장(開張), 병거(兵車, 전차) 제작, 도체찰사(都體察使) 설치, 둔전(屯田) 확대 방지, 호포법(戶布法) 실시, 조적법의 폐지 등이었다.

숙종 초년 정월 남인측의 강력한 탄핵, 즉 사론(邪論:예송에 있어서의 서인측의 주장)에 부화뇌동(附和雷同)한 김수흥(金壽興, 1626-1690)이 유배되었는데 사론을 창도한 송시열이 빠졌다는 주장에 따라 송시열은 덕원(德源)에 유배되었다. 뒤이어 윤휴가 "송시열 등의 10년 집권은 그 피해가 홍수 · 맹수보다 심하다."고 주장하자 송시열은 다시 장기에 위리안치(圍籬安置)되는 등 서인측은 지리멸렬되었다.

이원정(李元禎, 1622-1680)이 허적(許積, 1610-1680)의 상소에 대한 숙종의 비답을 따라서 계(啓)를 올리자 성균관 유생 윤헌(尹櫶)등 7백여명이 상소하여 송시열을 두둔했는데, 귀양가지 않은 자가 없었다. 고묘(告廟)를 하자 양사(兩司:사헌부, 사간원)에서 송시열을 법으로 다스리라고 57회나 장계(狀啓)하였고, 대신들이 계속 청했으나 윤허(允許)하지 않았다.

송시열 중심의 서인세력에 대한 태도의 강 · 온에 따라 허목이 영도하는 강경파는 청남(淸南)으로, 허적이 영도하는 온건파는 탁남(濁南)으로 갈라졌다.

사문(斯文)·충역(忠逆) 是非 - 환국(換局)

〈경신환국[경신대출척(庚申大黜陟)](1680)-서인의 집권〉

실세한 서인의 소망이 10여년만에 이루어진 것은 숙종 6년(1680) 4월 영의정 허적(許積)의 전자(專恣)에 크게 노(怒)하여 이룩된 것이었다. '삼복(三福)의 난', 즉 인평대군(麟坪大君, 松溪 李㴭, : 인조의 셋째아들, 1622-1658)의 세 아들 복창군(福昌君)·복평군(福平君)·복선군(福善君)이 허적의 서자 허견(許堅, ?-1680)과 역모를 꾀했다는 밀고로 허견·복선군은 주살되고 복창군·허적·윤휴도 사사(賜死)되는 등 남인이 완전히 축출되었다.

서인은 노론과 소론으로 분파되어 송시열, 김석주, 김익훈 등이 노론(老論)이 되고 박세채, 조지겸, 한태동, 오도일 등이 소론이 되었다. 회덕(懷德)의 尤庵·니성(尼城)의 明齋두 거두가 반목·대립하여 〔회니시비(懷尼是非)〕 노론의 영수에는 송시열, 소론의 수령에는 윤증이 앉게 됨으로써 서인 소장파들은 계속 송시열을 배척하였다.

김익훈(金益勳, 김장생의 손자, 1619-1689)이 김석주(金錫胄, 金堉의 손자, 1634-1684)의 지시로 허새(許璽, ?-1682)·허영(許瑛)·류명견(柳命堅, 1628-?) 등이 모반하였다고 김환(金煥 ?-1689)을 시켜 밀고하도록 하여 허새·허영을 죽이고 김익훈은 민암(閔黯, 1636-1694)을 고발하였는데 오래지 않아 허위조작이었음이 밝혀졌다.〔임술(壬戌) 삼고변옥사(三告變獄事, 1682)〕.

「세상에서 공의(公議)를 가진 자가 화(禍)의 근본(根本)을 추론(追論)하면서 공괴(功魁)·죄수(罪首)로 김석주를 결정(決定)하였다.」 〈'肅宗實錄補闕正誤' 39輯 24面, 肅宗 卷 15〉

신유의서(辛酉擬書, 송시열에게 보내는 윤증의 글)에
「선생은 너무 강직한 데만 기울어져 선생의 강(剛)은 극기궁행(克己躬行 ; 사욕을 이기고 실천하는 것)의 '강'이 아니고 힘으로 남을 억누르는 '강'이어서 인애성(仁愛性)이 없음을 깨닫지 못하오. 선생의 언행의 본원은 의리쌍행(義利雙行 ; 정의를 표방(標榜)하면서 사리도 버리지 않는 것)·왕패병용(王覇竝用 ; 王道의 이념을 높이면서 권모술수가 많다는 것)이오. 제 몸을 이기는 데 과감한 것을 굳센 것이라 하거늘 선생은 남 꾸짖는데 맹렬한 것을 굳센 것으로 알며, 또 의리가 이욕을 이기는 것이 굳센 것이라 하거늘 선생은 권력으로써 남을 복종시키는 것을 굳센 것으로 아오니 어찌 합당한 노릇이겠습니까. 또 사람과 수작하는 사이에 남을 꾸짖고 조롱하며 추켜 올리고 깎는 것이 입으로나 붓으로나 모질고 각박(刻薄)하여 남을 치면 꼭 이기고야 말며, 한가지 일이나 말이 선생의 뜻에 어긋남이 있으면 분통하게 여겨 평생 정분을 헌 신짝같이 버리시니 은혜를 저 버리어 정을 얇게 함이 人臣을 극했다 하겠습니다.」하였다.

義理之學·義利雙行과 王道政治·王覇竝用에 관한 첸리앙(陳亮, 1143-1194)과 주시(朱熹)의 입장을 첸푸리앙(陳傅良, 호 止齋, 1137-1203)은 요약하였다.

"공업(功業)이 성공한 곳에 바로 덕(德)이 있고, 일(事)들이 해결된 곳에 바로 이치(理)가 있다"는 것은 바로 老兄의 설이며… "공업(功業)이 우연히 성공했다 하더라도 어찌 반드시 그 안에 덕(德)이 있다고 할 수 있으며, 일(事)들이 우연히 잘 이루어졌다고 해서 어찌 반드시 그 안에 이치(理)가 담겨 있다고 할 수 있단 말인가"는 바로 朱 어른의 설입니다.(功到成處, 便是有德, 事到濟處, 便是有理, 此老兄之說也…, 功有適成, 何必有德, 事有遇濟, 何必有理, 此朱丈之說也…,)

〈止齋文集, 권 36〉

호이트 틸만(Hoyt Cleveland Tillman)은 "공리주의적 유학 : 陳亮의 朱熹에 대한 도전"에서 陳亮의 입장을 '社會功利 혹은 後果의 윤리학' (Ethics of social orientations or end results)으로, 朱熹의 입장을 '절대적 목적 혹은 개인적 德의 윤리학' (Ethics of absolute ends or personal virtue)으로 규정하였다.

〈(Utiliterian Confucianism : Ch' en Liang' s Challenge to Chu Hsi), 1982〉

사과(司果) 이세덕(李世德)은 격쟁(擊錚 : 꽹과리를 쳐서 임금에게 하소연하는 것)하다가 옥에 갇힌 후 옥안에서 원정문(原情文 : 사정을 하소연하다) 수십만어를 올렸다.

「송시열은 朱子를 본 받았다고 하나 실상은 빌린 것일 뿐이고, 효종에게 충성하였다고 하나 실상은 허위일 뿐입니다. 자신과 다른 자는 朱子를 배신했다고 이르고 그 단점을 공격하는 자는 성조(聖朝)를 속였다고 일러 온 세상이 자신을 의론하지 못하게 합니다.」

송시열과 함께 '예송논쟁을 잘못 이끌어(誤禮)' 귀양을 갔던 이유태〔李惟泰, 호 초려(草廬), 1607-1684〕도 윤증과의 대화에서 말했다.

「우공(尤公 ; 송시열)이 남을 공격할 때에는 다른 사람의 말을 가탁(假託)하여 공격함으로써 서로 싸우게 하고 자신은 옆에서 둘을 중상(中傷)한다.」

김택영은 「孔子께서 웬랑(原壤)을 책망(責望)하였으나 심히 하지 않았던 것은 친구였기 때문이고, 자이위(宰予)를 배척하였으나 심히 하지 않은 것은 제자였기 때문이다. 송시열은 윤증의 아비를 원망(怨望)하고 시기(猜忌)함이 너무 심했으며 야박(野薄)하게 한 실수가 있다고 하나, 윤증이 악담(惡談)을 한 것 또한 '군자가 절교(絕交)할 때에는 악담(惡談)을 하지 않는다'라는 군자의 厚한 道와는 다르다.」하였다.

박세채〔朴世采, 호 현석(玄石) · 남계(南溪), 1631-1695〕는 「미장(美丈 : 윤선거)은 미진(未盡)한 점이 있고 우장(尤丈)은 너무 지나쳤으며 자인(子仁 : 윤증)은 너무 미혹(迷惑)하다고 한 연후에야 그 득실(得失)이 대략 정해질 것이다.」하였다.

치열했던 당쟁의 특질은 학문적인 대립이 정치문제화 되었다는 데 있으며 노소의 분당은 개인적인 감정이 정치문제로 확대된 것이었다.

〈기사환국(1689년)·갑술환국(1694) - 남인의 盛衰〉

1688년 3월 서인에 대한 응징조처로서 이이(李珥)와 성혼(成渾)의 문묘출향을 단행하면서 숙종은 말했다. "이 두 신하가 문묘에 종사되면서부터 송시열이 남을 해치고 나라를 병들게 하였으며 윤증과 다투어 아름다운 윤리가 끊어지게 되었다."

숙종 15년 5월 인현왕후(仁顯王后, 閔維重(1630-1687)의 딸, 1667-1701)를 중궁 폐출(中宮廢黜)시키고 "왕비에게는 덕이 없고 질투가 많아 원자의 정호(定號)를 서두는 것도 이 때문이다." 하면서 6월 장희빈(장옥정)을 정식 왕비로 세웠다. 이때 시중에, '장다리꽃은 한철이요, 미나리꽃은 사철이다.' 하였으니, 장다리는 장희빈이요 미나리는 인현왕후를 가리킨 것이다.

소의(昭儀) 張氏(張禧嬪)의 아들을 元子(景宗)로 책봉하려는 숙종의 뜻을 宋時烈 등이 반대하자 이를 계기로 南人들이 西人을 탄핵, 옥사(獄事)가 일어나 김수흥(金壽興), 김수항(金壽恒, 金尙憲의 손자, 1629-1689) 등 西人이 축출당하고 南人이 집권하였다(己巳換局).

이현기(李玄紀), 이옥(李沃, 1641-1698) 등이 송시열의 주장을 반박(反駁)하는 상소를 기화로 송시열을 삭탈관직하고 제주도로 귀양보냈다가 후에 사약(賜藥)을 내렸다.

「이옥은 이관징〔李觀徵, 호 근옹(芹翁)·근곡(芹谷), 1618-1695〕의 아들이다. 쥐의 낯짝에 여우의 얼굴이어서 암계(暗計)와 간사함을 헤아릴 수 없었으니, 일찍이 송시열을 스승으로 섬기다가 참새가 설치듯 일어나 앞장서서 공격하고 배척하기에 온힘을 다했다. 조세환(趙世煥, 호 樹村, 1615-1683)이 '동방 앞뒤에 이옥이 나니 사문(斯文)의 액운이라 하늘에 어찌 하리〔前後東方生李沃 斯文厄會奈何天〕' 라고 했다.」 〈숙종실록, 권4, 숙종 1년 윤5월 12일〉

갑술환국은 기사환국으로 정권을 장악한 남인이 인현왕후 민씨의 복위운동으로 축출당하고 다시 서인이 집권한 사건이다.

숙종은 송시열, 김수항, 김석주, 김익훈 등을 신원(伸寃)시키며 후회하고 뉘우친다는 교서를 내려 중전을 복위시키고 장씨(張氏)를 예전의 관작(내명부 정1품 희빈)으로 강등(降等)시키면서 「이제부터 국법으로 정하여 다시는 빈(嬪)을 후비(后妃 : 왕비)에 승차시키지 말라.」라고 명했다. 희빈 장씨는 취선당(就善堂)에 신당(神堂)을 차려 인현왕후가 죽기를 기원하며 복위(復位)를 꾀했는데, 인현왕후가 죽자 희빈 장씨가 사사(賜死) 되었다. 이 일로 그녀를 지지하던 소론측의 입지가 약해지고 남인이 정계에서 완전히 거세(去勢)당하였다. 숙종조 중엽 서인에게 빼 앗긴 권력은 근 2백년간 다시 남인의 손으로 돌아오지 않았다.

숙종 시대는 당파간의 정쟁이 가장 심했던 기간이다. 숙종은 임진왜란과 병자호란 이후 사회 혼란을 수습하고 민생을 안정시켜 조선사회 재도약의 발판을 마련하였지만 중전과 후궁들에 대한 애증을 제대로 다스리지 못해 숱한 옥사를 유발(誘發)하여 치세에 흠을 남겼다.

경종(1688-1724, 在位 1720-1724)의 등극은 희빈 장씨를 죽음으로 몰고 간 노론에 대한 정치적 박해(迫害)를 예고하고 있었다. 경종(景宗)은 소생이 없는 데다가 신병이 많았다. 노론의 4대신 김창집(金昌集), 이건명(李健命), 이이명(李頤命, 1658-1722), 조태채(趙泰采, 1660-1722) 등의 주장으로 경종 원년(1721) 8월 왕제(王弟) 연잉군(後의 英祖)을 세제(世弟)로 책봉하자 시기상조론을 들어 반발하던 소론 일파는 '군위신강(君爲臣綱)과 군신유의(君臣有義)의 무너짐이 오늘날과 같은 적이 없습니다.' 라고 상소하고 김일경〔金一鏡, 호, 아계(丫溪), 1662-1724〕의 사주에 따른 地官 목호룡(睦虎龍, 1684-1724)의 고변(告變)에 따라 4대신 이하 노론 일파를 역모(逆謀)로 무고(誣告)하여 극형에 처하고 실각시켰다.

〈신임옥사(辛壬獄事) · 임인옥(壬寅獄)〉

「옛 부터 국가의 일은 성패만 있고 순역(順逆)은 없는 것이어서 '갈고리를 훔친 사람은 목이 베여지고 나라를 훔친 사람은 제후(諸侯)가 된다' 는 것이니 제후의 문은 인의가 있는 것이다. 唐의 웨이츠징더(蔚遲敬德, 이름 恭, ?-?)가 태종을 위하여 지앤청(建成)을 죽였으나 敬德를 建成의 역적이라고 여기지 않았고, 조선의 조준(趙浚 1346-1405)이 태종(在位 1400-1418)을 위하여 방석(芳碩)을 죽였으나 조준을 방석의 역적이라고 생각하지 않았다. 마찬가지로 김일경이 영조에게 흉수(凶手)를 통쾌(痛快)히 시행한 것을 경종이 불문(不問)에 부쳤다면 경종이 동생을 죽였다거나 김일경이 영조의 역적이라고 지목하지는 않았을 것이다.」

〈金澤榮 / '韓史綮'〉

「송시열은 朱子學을 반대하면 사문난적(斯文亂賊)으로 모는 등 朱子學을 극단적으로 교조화시키는 역할을 하였다. 퇴계가 朱子를 배우고 율곡이 朱子를 사모했다면, 송시열은 朱子의 당(黨)을 자처(自處)한 인물이다. 김굉필이 '소학(小學)' 을, 조광조가 '근사록(近思錄)' 을, 퇴계가 '심경(心經)' 을, 이이가 사서(四書)를, 김장생이 '가례(家禮)' 를 받들었다면 송시열이 평생 애독한 경전은 '주자대전(朱子大全)' 과 '주자어류(朱子語類)' 였다.」 〈'숙종실록'〉

「송시열은 학문을 좋아하는 군자이지만 기(氣)는 편벽(偏僻)되고 수양이 낮아서, 순수하여 흠(欠)이 없는 경지에는 이르지 못하였는데도 지나치게 추존(推尊)한 것은 비유(比喩)하자면 순풍(順風)에 소리를 지르면 소리는 더 빨라지지 않더라도 그 기세는 귀에 부딪히는 것과 같은 것이다.」 〈金澤榮 / '韓史綮'〉

「송시열은 기질이 거칠고 학문이 허술하여, 함양(涵養)함이 없고 강(剛)함과 엄(嚴)함이 지나치며, 가엾이 여기는 어짊이 적었다. 名目에 끌렸으나, 체험의 공(功)이 없었으며, 스스로 사문(斯文)을 위호(衛護)하면서 당습(黨習)의 괴격(乖激)함으로 귀착(歸着)됨을 면하지 못하였다. 스스로 대의(大意)를 발명(發明)하여 힘 쓰면서도 패도(霸道, 五霸의 道)에 치우치고 인의(仁義)를 가차(假借)하는 병이 있었다. 인도하여 아첨(阿諂)함에 익숙해지고 주장이 크게 지나치고 바로 잡는 힘이 약하여, 집요(執拗)한 성질을 돌이키기 어려우니, 사사로운 뜻이 농간을 부리고 친당(親黨)이 그르치는 바가 되어 거조(擧措)가 낭당(郎當)하고 사기(辭氣)가 분치(忿懥)하여 君子가 더욱 그 이름을 끝까지 보전하지 못함을 애석(哀惜)해 하였다.」〈'肅宗實錄補闕正誤' 39輯 211面, 肅宗 卷 21〉

「송시열이 윤휴의 '경전주해' 에 대해 취한 태도는 대단히 고압적이며 구속적이다. 당쟁의 감정으로 학문의 연구와 사상의 자유를 억압하고 봉쇄(封鎖)한 것은 송시열의 태도가 지나친 것이라고 비난하지 않을 수 없다.」 〈현상윤 / '조선유학사'〉

'경전주해' 에 대한 송시열 이후 유학자들의 태도를 이익(李瀷)은 논하였다.

「朱子 이후에 주해(註解)가 갖추어진 것이 '중용' 과 '대학' 보다 나은 것이 없는데, 그 중에서 주해가 틀리는 것이 있어도 찾아내지 못하면서 옛 날 주해를 의심하면 망해(妄解)라 하고 다른 서적과 비교하여 고증을 하면 죄과(罪過)로 돌린다. 이런 버릇이 있으니 우리나라 학문이 뒤 떨어짐을 면할 수 없다. 그래도 중기에는 이언적이 '대학장구보유(大學章句補遺)' 도 냈고 율곡은 중용주해의 잘못된 점을 지적하여 '성학집요(聖學輯要)' 를 간행한 후 경연에서 강의까지 하였으니 지금보다는 더 자유로웠던 편이다. 후세로 내려 오면서부터 유학자들은 다른 학설을 막는 법을 더 굳게 한 것 같다.」 〈'성호사설'〉

쌍거호대(雙擧互對) - 탕평책(蕩平策)

「사람(의 잘못)은 책할 것이 못되고, 政事(의 결점)도 비난할 것이 못된다. 다만 큰 德을 지닌 사람만이 君主의 마음 속의 과오를 바로 잡을 수 있다. 君主가 인자하면 인자하지 않을 者없고 君主가 義로우면 義롭지 않을 자 없고, 君主가 올바르면 올바르지 않을 자 없다. 한 번 君主를 올바르게만 하면 저절로 나라도 안정하게 된다.(人不足與適也 政不足間也. 惟大人 爲能格君心之非 君仁莫不仁 君義莫不義 君正莫不正 一正君而國定矣)」〈'孟子' , 離婁章句上 20〉

'탕평(蕩平)' 이란 '서경(書經)' 홍범구주(洪範九疇) 중 황극설(皇極說)의 "편벽됨이 없고 편당함이 없으면 왕도가 아득히 넓고, 편당함이 없고 편벽됨이 없으면 왕도가 평탄하며, 어긋남이 없고 기울어짐이 없으면 왕도가 정직하다"(無偏無黨 王道蕩蕩 無黨無偏 王道平平, 無反無側, 王道正直)' 에서 나온 말이다. 소론의 영수 박세채〔호 남계(南溪)〕는 이이의 조제론을 기반으로 1683년, 1688년, 1694년 세 차례 탕평책을 제시하였다.

「조정에서 동인과 서인의 명목이란 군자와 소인의 구별로 시작되었으나 음과 양, 흑과 백처럼 서로 용납(容納)하지 못할 것은 아니었습니다. 그후 양당(兩黨)의 득실과 전후(前後)가 서로 가렸습니다. 청 · 탁남과 노 · 소론이 분열했던 것은 현명(賢明)하고 간사(奸邪)함이 확연히 달랐기 때문이 아니라 의논이 격렬했기 때문입니다.」 〈'남계선생문집'〉

이조판서 박세채가 宗親에게 친후(親厚)하는 지극한 도리를 차자(箚子)로 바쳤다가 문외송출된 후 시무 12조를 논한 상소 끝에 다시 좌의정에 제수(除授)되어 붕당을 경계하는 교서를 제진(製進)하니 임금이 명백하고 적실하다고 칭찬했다. 그의 졸기(卒記)다.
「내가 의지 하기를 柱石과 같이 할 뿐만이 아니었는데 흉(凶)한 소식이 들려오니 눈물이 옷깃을 적시고 슬픔을 억제하기 어렵다」 〈'숙종실록' , 숙종 21년 2월 5일〉

어떤 사람이 남구만(南九萬, 호 藥泉 · 美齋, 1629-1711)에게 「지금은 조금의 뜻을 굽히고 노론(老論)의 한 두가지의 일만 따르면 노론과 소론이 다시 합해져 국사(國事)에 행복이 될 것이다.」 라고 했으나 남구만이 굳이 따르지 않았다.

「남구만(南九萬)은 처지(處地)가 매우 고단(孤單)하고 가난하였으나 남에게 의지(依支) · 아부(阿附)하지 않았다. 학술(學術)은 순정(純正)하지는 못하였더라도 지조와 행동은 정확(貞確)하였고 기량(器量)은 크지 못하였다 하더라도 견식(見識)과 사려(思慮)는 정심(精深)하였으며 시행하고 조처한 것이 뇌락(磊落)하지 못하거나 心中이 활달하지 못하였다. 강직 · 방정한 기절(氣節)과 결백한 조행(操行)으로 존경을 받았으나 갑술년 음사(陰邪)를 물리치고, 平反을 주장하여 당인(黨人)들이 골수(骨髓)에 맺힌 원수처럼 보았다. 세상에서 "곧고 굳은 절조(節操)와 미륜(彌綸)하는 재능은, 이원익(李元翼) · 최명길(崔鳴吉)과 백중(伯仲)이 될 만하다." 하였다. 세상이 붕비(朋比)하여 모함과 알력을 일삼았는데도 남구만은 마음가짐과 주장하는 의논이 公平 · 윤당(允當)하였기 때문에 원망하고 미워하는 말이 일어나지 않았다.」

〈'肅宗實錄補闕正誤' 40輯 406面, 肅宗 卷 50〉

영조(1694-1776, 在位 1724-1776)는 경종의 세제(世弟)로 책봉될 때 당쟁을 경험하였기 때문에 1725년(영조 1년) 당쟁의 폐해와 탕평의 정신〔완론(緩論)〕을 하교(下敎)하였다.

「붕당의 폐단이 지금같이 심한 때도 없었다. 반대편이라면 모조리 역적으로 몰아 붙이는데 그 하는 품이 각박하고 심각하다. 귀양을 보냈다가는 또 죽이곤 하니 어찌 원통한 사람이 없으랴. … 그대들이 무리를 짓는 기교(技巧)와 당을 만드는 습성(群工黨習)을 버리고 공평한 마음으로 돌아 가려고 힘 쓴다면 어찌 의(義)로운 일이 아닐 수 있으랴….」

파붕당, 즉 붕당을 깨뜨리기 위한 영조의 양치양해(兩置兩解) · 쌍거호대(雙擧互對) 조처는 어느 한 쪽을 치죄(治罪)할 일이 있으면 다른 한 쪽도 함께 다스려 공정성을 유지한다는 탕평의 표현이었다.

목호룡과 이의현을 처단한 영조는 1725년 을사처분(乙巳處分)에서는 노론을 달래 신임(辛丑壬寅)옥사를 무옥(誣獄)으로 규정하고, 1727년 정미환국(丁未換局)에서는 소론의 비위(脾胃)를 맞추어 처분을 번복(飜覆)했다. 영조 2년 신임사화가 무고로 밝혀지자 소론을 쫓아내고 노론을 두호(斗護), 전말을 기록한 '신임기년제요〔辛壬紀年提要(15권), 구준원(具駿遠, 1755-1814)편술 · 신변(辛卞) 증보〕' 를 편찬하였다.

1728년 3월 경종의 복수와 소현세자의 증손 밀풍군〔密豊君, 이탄(李坦)〕의 추대를 명분으로 청주에서 시작, 영남 · 호남지역으로 확산되어 居昌座首 이술원(李述源, 1679-1728) · 충청절도사 이봉상(李鳳祥, 1676-1728) · 청주 營將 남정연(南廷年) 등을 죽이고 한때 기세를 올렸던 무신란(戊申亂)은 少論인 호남의 박필현(朴弼顯, 1680-1728), 호서의 이인좌(李麟佐, ?-1728), 영남의 정희량(鄭希亮, ?-1728), 평안의 이사성(李思成), 함경의 권익관(權益寬) 등 21명이 처형됨으로써 평정되었다. 이 사건으로 노론의 권력 장악이 가속화되고 소론은 재기불능 상태로 무너졌다.

1729년 기유처분(己酉處分)에서는 이병태(李秉泰, 1688-1733)와 유최기(俞最基) 등을 내치고 노론과 소론을 아울러 등용하였으며, 1730년 노론 민진원(閔鎭遠, 1664-1736)과 소론 이광좌(李光佐, 1674-1740)에게 화목(和睦)을 권하였다.

신임의리의 재조정에 따라 신임옥사의 명칭을 이정(理正)하고, 피화자 신원책을 강구하는 선에서 마무리짓고 [경신처분(庚申處分) 1740년 6월] 신유대훈(辛酉大訓)의 제정과 고묘(告廟)의 시행으로 신임옥사에 따른 처분은 낙착을 보았다.

전랑권은 당쟁의 격화 요인으로 지적되어 대폭적인 권한의 축소가 불가피했는데 1741년 전랑권의 제한과 축소는 사림정치의 점진적인 붕괴를 의미한다.

1742년 3월 영조의 친필 탕평비(蕩平碑)에 「周而弗比乃君子之公心 / 比而不周寔小人之私意〔성심으로 사귀면서도 편당을 짓지 않는 것은 군자의 공심(公心)이요 / 편당을 지으면서도 성심이 없는 것은 소인의 사심(私心)이니라.〕」하였다.

「원경하(元景夏, 1698-1761)는 吳光運의 무리와 함께 조정에서 대탕평을 부르짖어 벼슬아치와 벗들이 모두 수치(蒐恥)로 여겨 서로 왕래하지 않았다.」 〈'영조실록' 권97, 37년 5월조〉

1755년(영조 31) 1월 소론(小論)의 윤지(尹志) 등이 노론(老論) 제거 목적으로 일으킨 모역(謀逆)으로 을해옥사〔乙亥獄事, 나주괘서의 변(羅州掛書의 變)〕가 일어났다.

〈시벽(時僻)-임오화변(禍變)〉

영조는 비녀(婢女) 무수리〔水賜伊, 水賜라고도 하는데 몽골말로 '소녀'라는 뜻이다.〕崔福順의 소생이었으므로 서자 출신임을 신경질적으로 싫어하였는데 노론과 한편이 되어 소론을 궁지로 몰았다.

영조는 정빈 이씨와 영빈 이씨(1696-1764)에게서 효장세자(孝章世子, 1719-1728)와 장헌세자(莊獻世子, 1735-1762)를 얻었는데 효장세자의 요절(夭折)로 장헌세자 선(愃)이 세자에 책봉 되었다. 1749년 영조의 건강상 이유로 세자가 대리청정을 하게 되자 노론세력과 계비 정순왕후 김씨, 숙의 문씨 등의 무고(誣告)에 따라 영조는 자주 세자를 질책(叱責)하였다.

「(세자는) 천자(天資)가 탁월하여 임금이 매우 사랑하였으나, 대리(청정)한 후부터 질병〔격간도동(膈間挑動)〕이 생겨 천성을 잃었다. 정축년(1757) 이후부터 증세가 심해져, 병이 발작(發作)할 때는 궁비(宮婢)와 환시(宦侍)를 죽이고, 죽인 후에 후회하곤 하였다.」 〈'영조실록'〉

15세로 왕비에 책봉되어 66세의 영조와 가례(嘉禮)를 올린 계비 김씨의 아버지 김한구(金漢耈, ?-1769)와 그 일파인 홍계희, 윤급(尹汲, 1679-1770) 등 老論의 사주(使嗾)를 받은 나경언〔羅景彦, 형조판서 尹汲의 청지기〕이 세자의 비행 10조목을 상소함에(1762) 영조는 문미(門楣)를 치며 분노를 참지 못하고 세자에게 자결을 명하였다. 세자가 응하지 않자 그를 폐위하여 서인으로 강등시킨 후 뒤주 속에 가두어 8일 만에 굶어 죽게 하였다.

이때 세자의 참담한 죽음을 동정하는 시파(時派)와 죽음의 정당성을 주장하는 벽파(僻派)가 생겨(시파는 '시류에 영합한다' 는 의미로, 벽파는 '시류는 무시하고 당론에만 치우쳐 있다' 는 의미에서 붙여진 이름이다.) 경종 연간에 노론 4대신을 처형한 신임사화와 영조가 사도세자를 죽인 임오화변에 대한 인식에서 입장을 달리하고 있었다.

사도세자에게는 네 아들〔왕세손(王世孫, 뒷날 정조, 1752-1800) · 은언군(恩彦君, 1755-1801) · 은신군(恩信君, ?-1771) · 은전군(恩全君, ?-1778)〕이 있었는데 귀양간 은언군이 제주도에서 죽고, 김관주(金觀柱) · 김귀주(金龜柱, 1740-1786) · 유언호(俞彦鎬, 1730-1796) 등 벽파(僻派)세력은 사도세자비 혜경궁 홍씨의 아버지 홍봉한(洪鳳漢, 1713-1778) · 숙부 홍인한 등 시파(時派)세력을 탄핵 했다.
그 후 영조는 후회하여 '사도(思悼)' 라는 시호를 내렸는데 이후 정조가 즉위하자 장헌(莊獻)으로 추존(追尊)되었다가(1777) 다시 장조(莊祖)로 추존되었다(1899).
왕세손(祘)은 1776년 2월 사도세자의 수은묘(垂恩廟)를 참배하고 영조에게 "전하께서 하신 일은 공정한 천리에 의하여 하신 일이요, 신이 애통해하는 것은 어쩔 수 없는 인정인 것이므로 아울러 행하여도 방해가 되지 않을 것입니다" 했다.

정조는 즉위 후 사도세자 죽음에 관련한 김상로(金尙魯) · 문성국(文成國) · 정후겸(鄭厚謙, 1749-1776) · 홍인한(洪麟漢) 등을 사사(賜死)하여 시파가 정계에 등장하였다. 홍국영(洪國榮, 1748-1781)이 정조의 총애를 믿고 횡포를 일삼으며 왕통(王統)을 바꾸려 획책하자, 정조 3년(1779) 납부퇴성(納符退城) · 전리방축(田里放逐) · 가산몰수로 홍씨 세도를 종식(終熄)시켰다.

정조는 1785년 장용위〔壯勇衛, 1793년 장용영(壯勇營)으로 개칭〕라는 친위부대를 창설하고 1789년 장헌세자(사도세자)의 무덤을 수원으로 옮겨 현륭원(顯隆園)이라 하였는데 장조(莊祖)로 추존되면서 '융릉(隆陵)' 으로 능호(陵號)가 바뀌었다.

정조(正祖)도 당쟁 타파〔준론(峻論)〕에 힘썼는데 침실을 '탕탕평평실(蕩蕩平平室)' 이라 이름하고 당론의 조화에 힘썼으나, 시파와 벽파의 분립으로 붕당은 외척과 결부되어 19세기 이후 세도정치(勢道政治)로 변전(變轉)되었다.

정조 개혁의 파괴자 심환지(沈煥之 1730-1802)는 선왕(정조)이 선향〔仙鄕(저승)〕으로 떠나던 당일로 선왕을 배신, 김종수(金鍾秀 1728-1799)의 뒤를 이어 노론 벽파의 영수로서 과거로 되돌리는 데 앞장섰으며 신유박해때 時派 가톨릭 교도에게 무자비한 살육을 하고 옥사를 주관하지 않은 것이 없었다. 순조 때 김관주 · 김달순(金達淳 1760-1806) 등과 함께 역적으로 규정되었다.
「심환지는 본래 아둔하고 재능이 없어 공적은 보잘것 없었고 당동벌이(黨同伐異, 같은 무리는 이끌어주고 다른 무리는 배척함)만 일삼아 김관주(金觀柱) · 정일환(鄭日煥) 같은 무리만을 관직에 진출시켰을 뿐이다. 권위가 높았음에도 자못 검소하다는 말을 들었다.」〈'순조실록'〉

당쟁(黨爭)이 심해진 이유

'냄새와 맛이 물과 불같이 되었다.'

「우리나라의 당화(黨禍)는 1백년이 된 고질병인데 냄새와 맛 같이 사소(些少)한 데서 시작된 것이 삼성(參星)과 상성(商星)의 차이로 이어져 마침내는 물과 불 같이 되었습니다. 노당(老黨 : 노론)과 소당(少黨 : 소론)에는 주객(主客)과 강약의 형세가 있습니다. 노론은 대대로 국명(國命)을 잡아 당친(黨親)이 넓고 굳게 자리를 잡아 그 뿌리가 진실로 깊고 견고해졌고 소론은 안팎의 도움이 없어져서 권력이 의뢰할 데가 없으니 한 사람의 나그네 같은 신하에 지나지 않습니다.

수레를 나란히 하고 서로 다투어 기운과 의지가 굳세어서 자신과 뜻이 다른 사람은 배척하고 자신의 사사로운 일에만 만족하려고 애쓰는 것이 노론의 본습이요, 앞을 보고 뒤를 돌아보아 머리도 꼬리도 교묘하게 형적(形迹)을 피하여 일을 맡지 않으려는 것이 소론의 본색입니다. 노론은 용맹스럽게 주저하지 않고 가는 것이 장점인 것 같으나 단점도 여기에 있고 소론은 부드럽게 물러나는 것이 단점인 것 같으나 장점 또한 여기에서 말미암은 것이니 이는 진실로 피차(彼此)의 우열(優劣)이 판단되는 것입니다.」

〈지평(持平) 이석표(李錫杓, 1704-?) / '만언소'〉

'벼슬할 사람은 많은데 자리는 적다'

「붕당은 쟁투(爭鬪)에서 일어나고 쟁투는 이해(利害)에서 일어나니 이해가 결실하면 그 당이 뿌리깊고 이해가 오래 계속되면 그 당이 견고하여지는 것은 세(勢)가 그렇게 만드는 것이다. 科擧라는 것은 나라가 선비를 찾는 것이 아니고 선비가 벼슬을 구하는 것이다. 과거 이외에도 조상의 덕으로 관직에 임명되는 음보(蔭補)등이 있어 벼슬할 사람은 많은데 벼슬자리는 적고 보니(官員少而應調多) 여기에 문제의 핵심이 있다.

중국에서도 당쟁은 있었다. 그러나 우리나라와 같이 1백여 년에 걸쳐 갈수록 격화된 나라는 없다. 선조(宣祖) 이래 당파가 둘로 갈라 지더니 둘이 넷이 되고 넷이 다시 여덟이 되어 역적으로 모함하는 혈전을 벌인 끝에 원한은 누적(累積) 세습되었다.

명문세벌(名門世閥)의 집안에서도 홍패(紅牌 ; 과거 합격증)를 안고 굶 주린 창자를 어루만지며 한탄하는 자가 부지기수이니 당파가 어찌 갈라 지지 않을 것인가.

일단 당파가 갈리면 당인의 눈에는 자파의 이익만이 있고 국리민복은 생각할 여유가 없으며, 당파를 위하여 용감히 싸우다 죽는 자를 명절(名節)로 치고 공정한 입장을 취하려는 자를 못났다고 하니 당쟁의 형세는 더욱 치열해 가는 것이다.」

〈이익 / '붕당론(朋黨論)' 당쟁관(黨爭觀)〉

'사정(邪正)과 역순(逆順)의 분별은 定論이 없다.'

「歐陽脩의 붕당론을 보면 당우은주(唐虞殷周) 시대부터 비롯되었다고 말하지만 사흉(四凶)과 주(紂)의 악한 것과 열여섯 정승과 武王의 현명한 것은 변명을 기다리지 않더라도 밝혀지고 있다. 후세에 붕당이 성(盛)했는데 동한(東漢)이나 唐 · 宋사이에서 가장 심하였다. 동한(東漢)의 붕당은 무리도 많았고 또 오래되어 리구(李固) · 천판(陳蕃, ?-168)의 충성된 것과 량지(梁冀, ?-159) · 장랑(張讓)이 악당인 것은 사람마다 다 이야기하는 것이다. 唐의 니우썽여우(牛僧孺), 리종(李宗), 민쥔(閔均) 등은 군자도 아니요, 또한 소인쪽으로도 심하게 기운 자가 아니었고 宋의 판중옌(范仲淹, 989-1052), 청이(程頤), 쑤스(蘇軾), 려우즈(劉摯) 등은 다 군자였지만 뤼이젠(呂夷簡, 978-1043), 왕안스(王安石) 등도 또한 소인으로 배척 당할 사람들은 아니었다.
분열하여 두 당이 세 당이 되고 네 당이 되어 2백 여년이란 긴 기간 동안 종내 사정(邪正)과 역순(逆順)의 분별을 합의하지 못하고 , 또 밝게 정론을 세우지 못한 붕당을 들라면 조선이 그러한 것이다. 그 까닭은 도학(道學)이 지나치게 중한 것(道學의 太重), 명분과 의리가 지나치게 엄한 것(名義의 太嚴), 문사(文詞)가 지나치게 번잡한 까닭(文詞의 太繁), 옥사와 형벌이 지나친 것(刑獄의 太密), 대각(臺閣 : 사헌부, 사간원, 홍문관)이 너무 높은 것(臺閣의 太峻), 관직이 너무 맑은 것(官職의 太淸), 문벌이 너무 성대한 것(閥閱의 太盛), 나라가 태평한 것이 너무 오래되었기(承平의 太久) 때문이다. 무릇 이 여덟 가지는 당론(黨論)에서 나온 것들로서 그 득실은 피차(彼此)가 같은 것이며 사정(邪正)과 역순(逆順)의 분별은 명언(明言)과 정론(定論)이 없다.」

〈이건창(李建昌) / '당의통략(黨議通略)'〉

'기질은 편협(偏狹)하고 학술은 우원(迂遠)하다.'

「조선 붕당의 근원을 살펴보면 풍속과 기질의 편협(偏狹)함 때문이오, 학술의 우원(迂遠)함 때문이라고 말할 수 있느니, 태종이 서자를 금고하고 명분을 중히 여긴 것도, 귀천을 너무 심하게 따지는 것도 그 때문이다. 세종이 유술(儒術)을 숭상하였고 성종이 이를 계승, 배양하여 심하게는 개가(改嫁) 금지법을 설정하여 온 나라의 명절(名節)을 격려하기에까지 이르렀다. 이에 이학(理學)을 하는 이름난 선비가 잇달아 나와서 선조 때에는 원류가 더욱 성하여 졌고 강목을 크게 하여 三代로 표준을 삼지 않는 일이 없었으니, 그 지위가 진실로 높아졌다. 그 지위가 높은 까닭에 그들이 남긴 폐단도 우활(迂闊)하게 큰 것이 성에 올라가 사람을 꾸짖는 것과 같았다. 서기(徐起)는 송익필(宋翼弼)을 추존하여 諸葛武侯 위에 두었다. 무릇 앞에서는 풍속과 기질이 편협하게 되고, 뒤에서는 학술의 우원함이 이와 같았으니 이것이 이준경이 유소(遺疏)에서 '자기와 한마디라도 의견이 합치되지 않으면 배척하여 용납하지 않고 고담대언(高談大言)으로 허위(虛威)가 성풍한다' 고 한 것이다.」

〈金澤榮 / '韓史綮'〉

'숯불도 흩어 놓으면 아이들도 끌 수가 있다'

「속담에 '목이 마른 자가 물을 마시는데 청탁(淸濁)을 가리랴' 라고 하기도 하고 '말을 타면 경마를 잘 하고 싶다' 고도 하였다. 슈유(許由)는 필부(匹夫)로서 천하를 양보했고 漢 무제는 萬乘天子로서 신선을 찾았으며 석가는 '중생이 곧 나로, 나는 중생을 밝힌다.' 고 하였고 마호메트(Muhammad Ibn Abdullah Mahomet, 570?-632)는 '칼날의 빛 가운데 天國이 있다.' 고 하였다. 思想은 萬가지로 다르므로 억지로 서로 같게는 할 수 없다.
활활타는 숯불도 흩어놓아 드문드문 있으면 아이들도 밟아 끌수가 있으니 한 가닥의 실이 어찌 동아줄이 되겠는가 이러한 위미(萎靡)와 박약(薄弱)으로 부질없이 희망의 사치(奢侈)만 삼는 것은 너무나도 스스로 헤아리지 못하는 것이다. 속담에 '나무 밑에 누워서 감이 입으로 떨어지기를 바라고, 돼지 족발 하나와 한 잔의 술을 잡고서 車에 실리기를 바란다' 는 것과 같아서, 이는 또한 淳于씨의 웃음거리가 되는 것이다. 그러므로 사견(私見)을 희생하여 근본을 주장하고 인심을 단결하는 것으로써 전제(前提)로 삼을 것이다.」

〈신규식(申圭植) / '韓國魂'〉

'당파의 도덕을 강구하지 않고 멸절(滅絶)만을 바란다.'

「정당발생의 시초는 연산군 때 비롯되었다. 참혹한 사화가 네 번에 이르자, 김종직 · 김굉필 · 조광조 · 류관 등 유명한 절의사가 많이 살해되었다. 이 사변을 징험하여 둘로 나뉘니, 충의 절개(節槪)를 고집한 자와 명리 신분의 보전책을 권세에 의부(蟻付)하여 구하는 자였다. 그 당파의 형세가 불끈불끈하여 상호공격이 치성(熾盛)하기에 이르니, 盧守愼 · 成渾 · 李珥 등은 보합 조정을 주선(周旋)하여 성심을 다했다. 왕도 당파의 성립을 승인하고 율곡의 당이 되는 동시에 和協策을 내려 銓郞薦代法을 폐지하기에 이르니, 이의 약점이 양당 수령을 축출하는 책과 다름 없다. 이 까닭에 정당의 안목에는 왕권도 또한 절대하게 여겨지지 않아 갈수록 政戰이 확장되고 당파는 분할되기에 이르러 정사는 다 黨議에서 나왔었다. 정조 중년 이후는 노론이 세를 점하니, 이는 안으로 국혼을 맺으며 밖으로 학자를 등용함이니, 노론의 이 양책은 인조반정 때에 이미 '毋失國婚 崇用士林' 이라는 당책을 세워 회맹을 約했다. 老 · 北派는 활발하고 시세의 기미(機微)를 선찰(善察)하며 改進을 무도(務圖)하는 변통적 수단 하에서, 少 · 南派는 자부심과 독선주의와 권위적 · 절의적 · 보수적 수단 하에서 각각 세력적 역사를 만들었다. 당인은 당파의 도덕을 강구하지 않고 오직 당파의 멸절함을 희망하여 각 파의 조화를 획책(劃策)하니 정조 중엽 영영 당의가 끊기고 무언으로 위주하므로 소위 勢道라는 것이 생기고 반벌(班閥)의 制가 혹심(酷甚)하여 필경(畢竟) 국정이 크게 쇠하는데 이르렀다.」

〈안확(安廓) / '朝鮮文明史'〉

※ 붕당정치의 공과(功過)

李瀷은 '利害에서 당쟁이 나왔다. 利權를 막도록 하면 백성의 마음이 安定된다' 고 하였다.

李重煥은 '人事의 천망(薦望)이 吏曹銓郎에 專任되어 있어 누구나 그 職을 선망(羨望)하고 銓郎은 그 後任者를 自薦하는 制度였기 때문이었다' 고 하여 官僚人事制度의 특수성(特殊性)에 그 原因을 두었다. 삼사(三司)의 언론 자유는 남용 · 악용되어 '당벌(黨伐)의 具' 로 전락(轉落)하여 당쟁을 격화시켰고, 전랑의 권한이 너무 커서 이 자리가 어느 파에게 돌아가느냐 하는 문제가 왕왕(往往) 새로운 대립의 시발점이 되었다.

李建昌은 '事態가 急하면 士禍가 되고, 事態가 오래 가면 黨爭이 된다' 고 하였다.

박제형(朴齊炯)은 '書院에서 … 一人이 선창(先唱)하면 衆口가 동성(同聲)하여 國內에 격문(檄文)을 돌리니 이것을 유통(儒通)이라고 한다. 또 朝廷에서 官僚의 人事가 있을 때 그 사람이 중망(衆望)에 미흡(未洽)하면 논의(論議)가 비등(沸騰)하여 드디어는 제배(除拜)치 못하도록 하매 이것을 청의(淸議)라고 하니 … 이는 우리나라 黨派의 시초인 것이다' 라고 하여 書院의 폐(弊)가 있다고 보았다. 농장주들의 득세에 따라 서원도 늘어 숙종 一代에만도 2백 74개의 서원이 신설되고 전토와 노비의 기증을 받아 사액서원이 되는 경우도 1백 31개소에 달했다. 서원에서는 향유(鄕儒)들이 모여 조정의 인사를 평판하고 '淸議' 니 '儒道' 니 하여 당파적인 시비를 일삼았으니 붕당의 지방적인 근거요, 전국적으로 확대 격화시키는 역할을 하였다.

성낙훈(成樂熏)은 '黨爭의 原因은 士類政治에 있고, 士類들이 信奉하는 宋 儒學의 思想적 말폐(末弊)에 原因이 있다' 고 하였다. 주자학은 과도하게 명분과 의리를 내세워 융합(融合)의 기가 적었으며, 남의 잘못을 너무나 준엄(峻嚴)하게 가렸고, 견문이 좁아 사소(些少)한 이견(異見)도 용납할 줄 몰랐다.

이밖에도 黨爭을 論한 것에는 남기제(南紀齊, 老論)의 '아아록(我我錄, 一名 龍門問答)', 南夏正(1678-1751, 南人)의 '동소만록(桐巢漫錄)', 이긍익(李肯翊, 少論)의 '연려실기술(燃藜室記述)' 등을 들 수 있으나 黨爭의 원인에 대한 독특한 견해는 찾아 볼 수 없다.

李基白은 '中央의 政界를 무대(舞臺)로 한 權力대립이 理念이나 정강(政綱)대립이 아닐 때에는 血緣관계나 師弟관계와 결부(結付)되어서 派系子孫이나 弟子에게 계승(繼承)되고 正義나 政策은 압살(壓殺)되는 것이었다' 하였다.

千寬宇는 '支配層이 權力 쟁탈(爭奪)의 싸움을 벌인 것을 朝鮮王朝史의 骨子처럼 보이도록 서술(敍述)하느냐 아니 하느냐에 歷史를 보는 눈이 있다' 고 하였다.

조선시대 정치는 양반사림의 공론을 근간으로 붕당정치를 원리로 전개된 정치형태였다.

당쟁 때문에 부정은 견제되고 왕조는 그만큼이나마 유지되었는데 宣祖 · 肅宗 · 英祖와 같이 당쟁을 이용하여 王權을 다진 경우, 光海君 · 景宗 · 思悼世子와 같이 당쟁의 희생이 된 경우, 純祖 · 哲宗과 같이 당쟁에 이용당한 경우 등 셋으로 나누어 볼 수 있다.

양반의 정신에는 순기능으로 작용한 긍정적 측면들도 많았으니 의리실천으로서의 학문정신, 봉공(奉公)을 우선하는 선비정신, 수양에 기초한 고매(高邁)한 인격 형성, 고급문화의 창출과 격조(格調) 높은 풍류 등이다.

당쟁에 용감하게 생명을 걸 수 있었고, 당쟁이 장기화할 수 있었던 경제적 조건은 관원(官員)들의 생활 기반인 농장(農莊)에 있었다. 농장이란 개간 · 매득(買得) · 점탈(占奪)에 의하여 혹은 투탁(投託)받아서 농민과 수확을 반분하는 땅이다. 임진왜란 이후에는 오영(五營)이 설치되어 국가재정은 파탄하고 고관도 녹봉으로서는 생계 유지가 어려웠지만, 그들은 지방에 농장을 갖고 있었다.

경상도에서는 향청(鄕廳)도 사족들의 세력기반이었다. 당인(黨人)들은 이와같이 지방에 은퇴할 곳이 있었으므로 관직에서 떨어져도 생계 염려가 없었으며, 당쟁에 앞장 설 수 있었다.

당쟁시대에는 상대방에게 약점을 잡히지 않으려고 하여 부정부패가 견제(牽制)되었다. 예송이 한창일 무렵 정치인들은 당쟁의 기복(起伏)에 따라 고배를 마셨지만 백성은 비교적 편안했으며 민란(民亂)이란 없었다. 세도시대에는 일당전제로 부정부패는 만연(蔓延)되었고, 농민들은 반항으로 궐기(蹶起)하였다.

〈黨人 姓名〉

東人 : 김효원(金孝元), 허엽(許曄), 노수신(盧守愼), 김성일(金誠一), 김우옹(金宇顒),
송응개(宋應漑), 박근원(朴謹元), 정지연(鄭芝衍), 정언신(鄭彦信), 이발(李潑),
백유양(白惟讓), 정개청(鄭介淸), 최영경(崔永慶), 허 성(許筬), 허봉(許篈)

西人 : 심의겸(沈義謙), 박순(朴淳), 김계휘(金繼輝), 백인걸(白仁傑), 이이(李珥),
성혼(成渾), 정철(鄭澈), 유홍(兪泓), 조헌(趙憲), 양산수(梁山璹),
송익필(宋翼弼), 윤두수(尹斗壽), 이항복(李恒福), 황신(黃愼), 서성(徐渻),
이정구(李廷龜), 한응인(韓應寅), 신흠(申欽), 박동량(朴東亮), 김제남(金悌男),
오윤겸(吳允謙), 김덕함(金德諴), 홍이상(洪履祥), 오억령(吳億齡), 김류(金瑬),
이귀(李貴), 김자점(金自點), 최명길(崔鳴吉), 조속(趙涑), 박지계(朴知誡),
김장생(金長生), 조익(趙翼), 김상용(金尙容), 윤방(尹昉), 김상헌(金尙憲),
장유(張維), 이식(李植), 홍서봉(洪瑞鳳), 유백증(兪伯曾), 강석기(姜碩期),
홍익한(洪翼漢), 윤집(尹集), 오달제(吳達濟), 윤황(尹煌), 김경징(金慶徵),
이경여(李敬輿), 김육(金堉), 김집(金集), 이경석(李景奭), 오두인(吳斗寅)
정태화(鄭太和)〔원래는 中北〕, 원두표(元斗杓), 이후원(李厚源), 이시백(李時白),
이시방(李時昉), 홍명하(洪命夏), 심지원(沈之源), 송준길(宋浚吉), 김홍욱(金弘郁),
유계(兪棨), 김남중(金南重), 김수흥(金壽興), 조성기(趙聖期), 김우명(金佑明),
박세당(朴世堂), 김만기(金萬基), 남용익(南龍翼)

南人 : 류성룡(柳成龍), 우성전(禹性傳), 이원익(李元翼), 이덕형(李德馨), 이호민(李好閔),
김응남(金應南), 정탁(鄭琢), 이순신(李舜臣), 정문부(鄭文孚), 한준겸(韓浚謙),
정구(鄭逑), 정온(鄭蘊)〔원래는 北人〕, 장현광(張顯光), 정경세(鄭經世),
이준(李埈), 목성선(睦性善), 김시양(金時讓), 류진(柳袗), 조경(趙絅),
이계(李烓), 김령(金坽), 권시(權諰), 윤선도(尹善道), 류형원(柳馨遠),
도신징(都愼徵), 허목(許穆), 윤휴(尹鑴), 허적(許積), 권대운(權大運),
민암(閔黯), 홍우원(洪宇遠), 남천한(南天漢), 이수경(李壽慶), 류명천(柳命天),
류혁연(柳赫然), 오정창(吳挺昌), 이원정(李元禎), 홍여하(洪汝河), 목래선(睦來善),
김덕원(金德遠), 이현일(李玄逸), 권해(權瑎), 이만원(李萬元), 이잠(李潛),
심단(沈檀), 권상일(權相一), 이익(李瀷), 채제공(蔡濟恭), 홍국영(洪國榮),
이도현(李道顯), 이상정(李象靖), 최흥원(崔興遠), 안정복(安鼎福), 이가환(李家煥),
정약용(丁若鏞), 김한동(金翰東), 류상조(柳相祚), 류치명(柳致明), 강시영(姜時永),
류후조(柳厚祚), 한계원(韓啓源), 조성교(趙性敎), 정현덕(鄭顯德), 허부(許傅),
한기동(韓耆東), 이남규(李南珪), 허위(許蔿)

大北 : 이산해(李山海), 홍여순(洪汝諄), 정인홍(鄭仁弘), 이경전(李慶全), 이이첨(李爾瞻),
허균(許筠), 윤인(尹訒), 정조(鄭造), 한찬남(韓纘男),
기자헌(奇自獻)〔원래는 中北〕, 정창연(鄭昌衍)〔원래는 中北〕, 이명(李溟),
류몽인(柳夢寅)〔원래는 中北〕.

小北 : 류영경(柳永慶), 류희분(柳希奮), 박승종(朴承宗), 임숙영(任叔英), 엄성(嚴惺),

남이공(南以恭), 김신국(金藎國), 강학년(姜鶴年), 류희발(柳希發), 박자흥(朴自興),
강선(姜銑), 남이형(南履炯), 김세호(金世鎬), 강노(姜潞), 김규식(金奎軾),
남정익(南廷益), 엄세영(嚴世永)

老論: 송시열(宋時烈), 김수항(金壽恒), 민정중(閔鼎重), 김석주(金錫胄), 김익훈(金益勳),
이세백(李世白), 김진귀(金鎭龜), 홍계적(洪啓廸), 김구(金構), 권상하(權尙夏),
김춘택(金春澤), 김창집(金昌集), 이이명(李頤命), 김창협(金昌協), 김창흡(金昌翕),
이여(李畬), 조태채(趙泰采), 이건명(李健命), 윤지술(尹志述), 이정소(李廷熽),
조성복(趙聖復), 정호(鄭澔), 이천기(李天紀), 정인중(鄭麟重), 이희지(李喜之),
김용택(金龍澤), 심상길(沈尙吉), 민진원(閔鎭遠), 홍치중(洪致中), 정우량(鄭羽良),
황경원(黃景源), 오원(吳瑗), 김상노(金尙魯), 홍계희(洪啓禧), 김귀주(金龜柱),
이후(李𤥽), 한익모(韓翼謨), 이천보(李天輔), 남유용(南有容), 김치인(金致仁),
홍봉한(洪鳳漢), 김상복(金相福), 홍인한(洪麟漢), 송명흠(宋明欽), 한원진(韓元震),
이간(李柬), 이재(李縡), 송덕상(宋德相), 김익(金熤), 조경(趙璥),
이문원(李文源), 김종수(金鍾秀), 이용수(李龍秀), 심환지(沈煥之), 박지원(朴趾源),
윤행임(尹行恁), 남공철(南公轍), 김관주(金觀柱), 김달순(金達淳), 박종경(朴宗慶),
김명순(金明淳), 김조순(金祖淳), 조득영(趙得永), 김재찬(金載瓚), 이서구(李書九),
홍석주(洪奭周), 조만영(趙萬永), 조병현(趙秉鉉), 이지연(李止淵), 김매순(金邁淳),
김노경(金魯敬), 윤정현(尹定鉉), 권돈인(權敦仁), 오희상(吳熙常), 홍직필(洪直弼),
김정희(金正喜), 김유근(金逌根), 김홍근(金弘根), 조두순(趙斗淳), 김병학(金炳學),
김병국(金炳國), 김병기(金炳冀), 심의면(沈宜冕), 이병문(李秉文), 박규수(朴珪壽),
민승호(閔升鎬), 민태호(閔台鎬), 민겸호(閔謙鎬), 민규호(閔奎鎬), 이경하(李景夏),
김병시(金炳始), 김병덕(金炳德), 김보현(金輔鉉), 이항로(李恒老), 최익현(崔益鉉),
송근수(宋近洙), 신응조(申應朝), 서형순(徐衡淳), 홍순목(洪淳穆), 조영하(趙寧夏),
김윤식(金允植), 이용원(李容元), 조병세(趙秉世), 조강하(趙康夏), 김옥균(金玉均),
박영효(朴泳孝), 서광범(徐光範), 서재필(徐載弼), 민영익(閔泳翊), 홍영식(洪英植),
신기선(申箕善), 민영준(閔泳駿), 신정희(申正熙), 어윤중(魚允中), 민응식(閔應植),
이완용(李完用), 유길준(兪吉濬), 이재곤(李載崑), 이용직(李容稙)

少論: 윤증(尹拯), 조지겸(趙持謙), 한태동(韓泰東), 박태유(朴泰維), 오도일(吳道一),
유득일(兪得一)〔후에 노론(老論)〕, 신완(申琓)〔후에 노론(老論)〕, 박세채(朴世采),
남구만(南九萬), 윤지완(尹趾完), 박태보(朴泰輔), 윤지선(尹趾善), 류상운(柳尙運),
최석정(崔錫鼎), 서종태(徐宗泰), 조태구(趙泰耉), 송필항(宋必恒), 조최수(趙最壽),
이진검(李眞儉), 최석항(崔錫恒), 이기익(李箕翊), 이광좌(李光佐), 김일경(金一鏡),
류봉휘(柳鳳輝), 이진유(李眞儒), 이명의(李明誼), 최규서(崔奎瑞), 조태억(趙泰億),
정석삼(鄭錫三), 이진급(李眞伋), 이태좌(李台佐), 오명항(吳命恒), 조문명(趙文命),
송인명(宋寅明), 박문수(朴文秀), 서명응(徐命膺), 서명선(徐命善), 정홍순(鄭弘淳),
서기순(徐箕淳), 이상황(李相璜), 이양연(李亮淵), 신위(申緯), 이시원(李是遠),
정원용(鄭元容), 이유원(李裕元), 정범조(鄭範朝), 윤자덕(尹滋悳), 이건창(李建昌),
김홍집(金弘集), 조중응(趙重應)

實地 소재 土姓의 분포도(15세기)

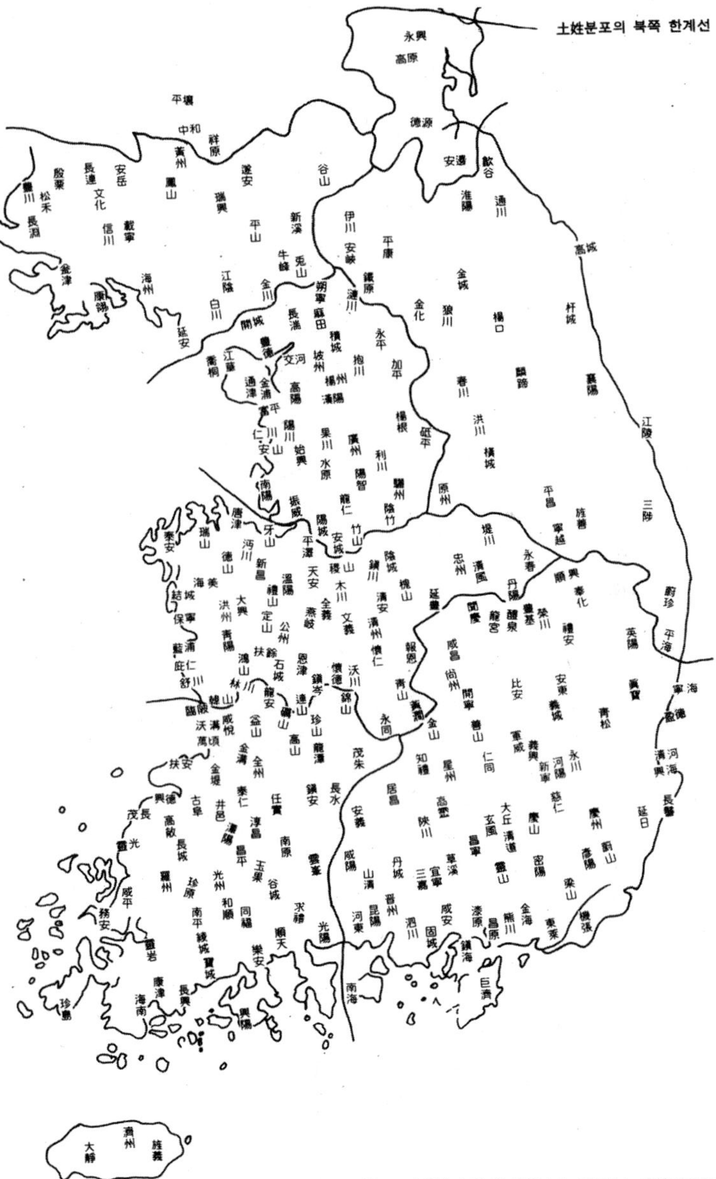

〈자료 : 李樹健 / '高麗 朝鮮時代 支配勢力 변천의 諸 時期'〉

8부

근대화(近代化)에의 도전(挑戰)·민족운동(民族運動)의 생성(生成)

-근대사

■자수자강(自修自强)을 따라 – 문호개방(門戶開放)과 체제개혁(體制改革)

■나라는 자신이 해친 뒤 남이 해친다
– 국치민욕(國恥民辱)의 일제강점(日帝强占)

■자주구국(救國)을 표방(標榜)하여
– 주권회복(主權恢復)을 위한 민족적 항쟁(抗爭)(1910–1945)

에도(江戸)를 지나는 조선통신사행렬 / 하가와 도에이(羽川藤永) 筆

서울의 외국 공사관 경비병들 / 르 프티파리지앙 (1904.2.7)

한반도 상륙한 일본군 / 라 비 일뤼스트레 (1904.2.19)

흥선대원군 이하응(李昰應)

명성왕후(明成王后)

갑신정변의 4주역
(좌로부터 박영효, 서광범, 서재필, 김옥균)

가장 오래된 태극기

창건 당시의 독립문 (왼쪽 끝에 영은문 돌기둥이 남아 있다.)

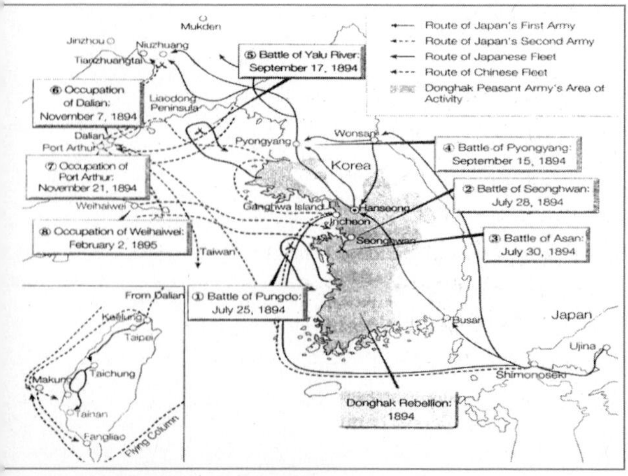

Major Battles of the Sino-Japansese War
※From Asao Naohiro et al, New History of Japan

The Partition of China and the Russo-Japanese War

1815년부터 1914년까지 백년동안 유럽은 대규모전쟁을 겪지 않았다. 하버드대학의 사회학자 쏘로킨(Pitirim Alexandrovich Sorokin. 1889-1968)은 19세기를 '平和의 世紀'라고 하였다.

19세기 중엽의 조선은 두 곳으로부터 근대화에의 도전과 시련을 맞게 되었다. 하나는 외부로부터의 제국주의적 침입으로 西學(天主敎)의 布敎, 외국商船의 출몰과 통상요구 등 선진자본주의 諸國에 의한 植民化의 위협이고, 다른 하나는 내부로부터 일어난 민중(특히 농민)의 체제요구로 1811년 홍경래(洪景來, 1780-1812)의 난, 1862년 晋州民亂 등 일어난 민란이다.

「近代化는 서구에서 近代가 시작된 때부터 최초의 국제적인 文化移植(the initial international acculturation)과 그에 따른 변동의 土着化(the subsequent indigenization of change)라는 두 가지 相關된 역사적 과정이다.」〈金璟東〉

배링턴 무어(Barrington Moore, 1913-2005)는 '독재와 민주주의의 사회적 기원(Social Origin of Dictatorship and Democracy, 1966)'에서 근대화에 이르는 길로 청교도혁명 · 프랑스혁명 · 남북전쟁을 거쳐 자본주의와 의회민주주의를 결합시킨 영국 · 프랑스 · 미국, 자본주의적이나 반동적 정치형태를 거친 독일 · 일본, 공산주의 혁명을 거친 러시아 · 중국 등 세 유형을 제시하였다.

일본은 1853년 페리(Matthew Calbraith Perry, 1794-1858) 提督의 함대(艦隊)가 日本 領海에 나타난지 15년도 안되어 德川幕府를 타도하고 신 체제를 수립하였다. 중국은 쩡허(鄭和, 1371 ?-1435 ?)의 遠征活動(1405년 부터 1433년까지 7차례 30여국 원정)이 바스코 다 가마(Vasco da Gama 1469?-1524)의 인도양 도달보다 80~90년이나 앞섰음에도 '팽창하려는 충동(衝動)'을 갖지 못한 결과 1793년 英國 매카트니(George Macartney, 1737-1806)경 一行의 北京 도착으로 2천여 년 동안 계속된 구체제를 타도하는데 1백 18년이나 걸렸다.

린쯔쉬(林則徐, 1785-1850)의 아편밀수 근절로 야기된 아편전쟁〔Opium War, 1차(1840-1842), 2차(1856-1858)〕 이후 江華條約이 체결되기까지의 변혁기에 조선은 전통적인 것의 반발(反撥, 위정척사론)이 강한 데다가 淸과 日本에서 일어나고 있는 변화에 대처할 수 있는 안목과 능력을 결여하여 낙오(落伍)하였다. 조선후기 북학론자들의 통상개화론과 개항이후 개화파에 의하여 추진된 근대화에의 도전과 시련은 외세의 영향이 적지 않게 작용하였다.

한국 근대사의 특징은 개화와 보수의 갈등, 외세의 침략에 대한 민족의 항쟁에서 찾아진다.

조선에 개항과 통상을 요구한 세력은 후발자본주의 국가인 프랑스와 미국이었고 조선의 자본주의 시장체제 진입을 선도한 세력은 일본이었다.

李相佰, 千寬宇는 '江華條約이 근대화의 계기(契機)가 되었다는 점에서 큰 意義를 갖는다' 하였다.

「高宗13년(1876) 丙子修好條約에 이어 여러 港口가 개방(開放)되고 西洋 各國과 日本과의 접촉(接觸)이 잦아진 것은 朝鮮王朝가 近代化의 새로운 도표(道標)를 찾게 된 것인 동시에 植民地化의 위험(危險)에 直面한 것을 말하는 것이다. 1881년 領選使 · 紳士遊覽團의 파견(派遣), 1884년 甲申政變등 近代化運動도 없지는 않았으나 밖으로 淸 · 日의 각축(角逐), 안으로 保守 · 進步의 對立은 더욱 사태를 혼란케 하였다. 1894년 東學亂, 日淸開戰, 甲午更張의 연달은 파란(波瀾)속에서 近代化는 外部의 힘으로 推進되고 植民地化의 性格을 띠어 그 뒤 露 · 日의 각축(角逐)이 日露戰爭으로 發展되고 乙巳條約을 거쳐 韓日合併으로 結果된 것이었다.」 〈震檀學會 / '韓國史' 近世前期篇〉

자수자강(自修自强)을 따라
- 문호개방(門戶開放)과 체제개혁(體制改革)

민중봉기(民衆蜂起)와 개항(開港)

안으로 삼정(三政, 전정 · 군정 · 환곡)의 문란으로 민생이 도탄에 빠지고 홍수, 지진, 역질 등이 창궐(猖獗)하여 전국적으로 농민 반란이 일어났으며 밖으로 이양선(異樣船)〔황당선(荒唐船)이라고도 불렀다.〕의 출현과 천주교의 전래로 왕조 질서가 흔들리고 있었다.

洪景來亂, 壬戌民亂, 東學亂은 19세기의 3大民亂으로 신분체제의 변화, 농촌경제와 상공업의 발달 등은 민란의 배경이 되었다.

순조 4년 서울의 4門에 관서비기(關西秘記)가, 안악(安岳)에 정부 비방 가사(歌詞)가 나도는 등 괘서(掛書)와 방서(榜書)등의 사건이 잇달아 일어나 민심을 소란시켰다. 이들 중에는 서강단(西江團) · 폐사군단(廢四郡團) 등 단호(團號)를 가진 자들도 있었는데 민란의 주체는 농민들이었지만 몰락한 양반들도 가담하였다.

순조 11년 11월 관서(關西) 차별에 반항하여 경천동지(驚天動地)할 격문이 나 붙었다.
「관서는 임진란 때 국가재조(國家再造)의 공이 있고 정묘의 변(變)에 정봉수(鄭鳳壽)의 충성이 있었으며, 선우협(鮮于浹, 1588-1653)의 학문과 홍경우(洪敬禹)의 재주도 西土에서 낫느니라. 그러나 조정이 이 땅을 버려두니 분토(糞土)와 다름이 없노라. 권문(權門)의 노비까지도 평안내기[平漢]라고 하니 서토의 사람됨이 억울하지 않느냐!」
홍경래는 양반의 불평분자 · 서리 · 상인 등과 유민 · 기민(飢民) 등을 모아 가산(嘉山)에서 난을 일으켰으나 1917명의 농민군과 홍경래 · 우군칙(禹君則) · 김사용(金士用) 등 주모자가 모두 잡혀 처형당했다.

「홍경래가 관서인(關西人)으로 조정에 항거한 것은 이시애(李施愛)가 관북인으로 조정에 항거한 것과 비슷하거니와, 이시애가 지방분치(地方分治)를 우겼음에 반하여 홍경래는 지방차별을 깨뜨리려고 한 것이 판이하며, 전자(前者)는 호족임에 대하여 후자는 상민인 것이 현수(懸殊) 할 뿐이다.」 〈文一平 / '호암전집' 권 1, 史上의 기인(奇人)〉

병사(兵使) 백낙신(白樂莘)의 탐학에 전 교리 이윤명(李允命), 殘班 출신 농민 류계춘(柳繼春) 등이 1862년 2월 진주를 중심으로 '초군란(樵軍亂)'을 일으켜 지방관청을 파괴하고 탐관오리들을 살상하게 되니, 4, 5월경 순천, 장흥, 거창, 함평, 부안, 연산(連山), 회덕, 개녕(開寧), 선산, 상주, 회인(懷仁), 문의(文義), 제주, 공주, 여산(礪山), 은진(恩津), 익산, 광주 등 三南 34개 전역이 민요 · 민란에 휩쓸리게 되었다. 〈임술민란〉
1862년 5월 '삼정이정청(三政釐正廳)'을 설치하고 4개월 후 삼정 제도로 돌아감으로써 농민군이 바라던 개혁은 이루어지지 않아 네 차례 '이필제(李弼濟, 1826-1871)의 난' 이후에도 창원, 황주, 청안, 남해 등지에서 항쟁이 이어졌다.

〈흥선 대원군(興宣大院君)의 함여유신(咸與維新)〉

철종의 뒤를 이어 즉위한 고종〔아명 命福, 초명 載晃, 1852-1919〕은 어린 나이(12세)였으므로 생부 흥선군(興宣君) 이하응(李昰應, 호 石坡)이 실권을 장악하고 왕권 강화와 폐정 쇄신을 위한 개혁을 단행하였다(大院位世道). 그는 제국주의 침탈기에 배외정책을 펴면서 천주교도를 탄압하고 통상 요구를 거절하고 서구 열강의 침공에 무력으로 맞섰다.

> 파락호(破落戶) 이하응은 외척 세력인 안동 김씨 일문을 축출하고 인재를 쓰는데 四色을 고루 등용하고, 지방이나 계급에 차별을 두지 않았다. 비변사(備邊司)를 폐지하여 행정과 군사를 분리함으로써 왕 중심의 지배체제를 갖추었다. 막대한 농장과 노비를 소유한 채 세금과 역(役)의 면제를 받던 서원 정리를 하여〔尤庵이 세운 화양서원(華陽書院, 1695)의 행패(行悖)가 가장 심하였다.(華陽墨牌)〕 고종 8년(1871) 6백여개 서원 중 陶山서원등 47개만 남기고 (辛未存置 47서원) 모두 철폐하였다. 경복궁(景福宮)을 중건(1865-1868), 경비 조달책으로 결두전(結頭錢)이라 하여 토지 1결에 100문(文)의 세를 받았고, 한성의 성문 출입자에게 세금을 징수하였으며, 강제기부금인 원납전(願納錢)과 새 화폐 당백전(當百錢)을 주조하여 경제적 파탄을 가져왔다.
>
> 대원군은 '대전회통(大典會通)' 편찬과 六典條例 등 법전의 재정비를 하고 종부조례(宗府條例) · 오례편고(五禮便攷) 등 왕실의 典則과 국가적 典禮의 정비를 하였다. 군포를 호포(戶布)라 하여 양반에게도 징수하였으며, 간리(奸吏)의 협잡을 막기 위해 환곡(還穀)을 폐지하고, 사창(社倉)제를 부활시켜 대여 양곡의 회수를 엄히 하여 농민 구휼에 힘썼다.

19세기후반 日本의 大陸侵略, 露西亞의 南下, 美國의 朝鮮에 대한 開放요구, 英國의 對露西亞 南下저지(沮止), 淸의 對朝鮮 宗主權强化 등 極東아시아 정세속에 1874년 日本의 侵臺 이후 淸의 海防論議와 함께 防日政策이 대두되었고 1879년 日本의 琉球폐합(廢合)을 전후하여 露 · 日의 침략가능성과 서양인들의 통상요구가 빈번하여졌다.

조선이 외세의 통상요청을 거절한 것은 양이(洋夷)의 해(害)와 천주교의 만연에 대한 공포 때문이었다. 그 결과 조선은 두 차례의 양요를 겪게 되었다.

> 순조 32년(1832) 영국 상선 암허스트(Lord Amherst)호가 충청도 해안에 나타나 교역을 요청하였고, 헌종 11년(1845) 영국 군함 1척이 多島海 수역을 측량하고 통상을 요구하였다. 이듬해 프랑스의 동양함대 사령관 세실(Cecil)제독의 군함 3척이 충청도 해안에 출현, 3명의 프랑스 신부 처형에 대한 해명을 요구하였다. 철종 5년(1854) 러시아의 旗艦 Pallada號, Vostok호, Menshikov公號 등 東아시아全權순회大使 뿌짜찐(Putiatin) 提督의 艦隊 4척 중 3척이 東海岸의 永興灣에 入港, 元山灣 · 포시에트灣 · 豆滿江하구(상류로 十哩지점까지) 등지를 조사 측량하고 갔다.

• *丙寅洋擾(1866)·辛未洋擾(1871)*

7세기 이후 이슬람세력이 크게 성장하면서 중세 유럽 가톨릭교회는 교황의 기치 아래 십자군전쟁(1096-1270)을 치루고 정복지에 가톨릭을 전파, 식민지 영토 확장을 적극지지 했다. 종교개혁으로 약화된 教勢를 만회(挽回)하기 위한 방법의 하나로 基督舊教가 해외布教의 길을 열어 인도、중국、일본 등 동양지역에 침투하게 되자 유럽 여러나라들은 선교사들의 布教활동을 식민지 개척정책(侵略의 前衛)으로 이용하였다. 특히 프랑스가 앞장서고, 독일의 빌헬름2세(Wilhelm Ⅱ 1859-1941, 在位 1888-1918)도 '선교사의 피 한 방울 흐르는 곳에 제국의 영토 늘어난다.' 하고 豪言하였다.

고종 3년(1866) 병인양요는 천주교에 대한 탄압이 그 도화선이 되었다. 한성을 향하던 프랑스 부대는 文殊山城에서 韓聖根의 군대에게, 鼎足山城을 공격하던 군대는 梁憲洙(1816-1888)의 군대〔초관(哨官·金沂明·李廉·李大興 등 549명〕에게 각각 격퇴되고 대동강을 거슬러오던 미국 상선 제너럴 셔먼(General Sherman)호는 승선과 문정(問情)을 요구하는 지방관리들을 멸시 또는 모욕한 데에서 선원들과 평양 관민들이 충돌, 平壤監司 박규수(朴珪壽)의 火攻으로 선원 24명이 몰살되고 배는 불탔다.

조선에 와 있던 베르뇌〔Siméon Francois Berneux(張敬一)〕 등 12명의 프랑스 선교사중 9명이 순교하였는데 숨어 있던 3명의 신부 중 중국으로 탈출한 리델(Félix Clair Ridel, 1830-1884) 신부의 보고에 접한 프랑스 해군제독 로즈(Piérre Gustave Roze, ?-?)는 天主教徒 학살(虐殺)을 힐문(詰問)하고자 군함 3척으로 楊花津까지 정찰을 하고 돌아갔다가 곧 다시 군함 7척 6백명의 해병으로 리델·崔善一·崔仁瑞·沈順汝 등 안내로 물치도(勿淄島 : 작약도)에 나타나 한강을 봉쇄하는 한편, 江華邑을 점령하고 외규장각을 약탈한 후 철수하였다.(프랑스군 60여명, 조선군 5명 사상)
두 차례 통상을 요구하고 갔던 독일 상인 오페르트(Ernst Jacob Oppert 1832-?)는 '금단의 나라 조선 기행(Ein Verschlossenes Land : Reisen nach Korea)' 에서 프랑스 함대의 원정 실패가 대원군의 쇄국책을 결정적으로 강화시켰다고 하였다.

1868년, 오페르트의 德山굴총(掘冢)事件〔南延君 李球(대원군의 아버지, ?-1822) 무덤 도굴기도〕은 大院君의 고집을 꺾어 通商과 信教의 自由를 트는 동시에 佛·美國人 살해(殺害)에 관하여 兩國 政府에 사과(謝過)시키자는 의도였으나 天主教徒의 박해와 通商의 경색(梗塞)을 加重하는 역효(逆效)를 낳았다.

병인양요 5년 후 미국은 上海 總領事 슈워드(W. H. Seward)의 촉구(促求)로 General Sherman 호 사건을 조선 개항 계기로 이용하려 北京 주재 공사 로우(Frederick Ferdinand Low)와 아시아함대 사령관 로저스(John Rodgers, 1812-1882)로 하여금 군함 5척에 병력 1천2백30명, 대포 35문을 싣고 포함(砲艦) 외교를 결행했다.

미국군대는 草芝鎮、德津鎮·廣城堡등을 점령하였으나 魚在淵(1823~1871년) 수비대의 완강한 저항을 받았는데 조선군측은 53명의 전사자와 24명의 부상자를, 미군측은 3명의 전사자와 9명의 부상자를 내었다. 또, 甲串에 상륙한 미국 군대도 江華 수비병의 공격을 받아 패퇴, 淸으로 돌아갔다. 박규수는 "신미양요후 화호(和好)를 명분으로 삼으면서 어찌 병력을 싣고 왔으며, 예의로 대접할 것을 요구하면서 어찌 위문을 배척했는가?" 하였다. 〈미국병선자요자(美國兵船滋擾咨)〉

흥선대원군(興宣大院君)은 각 처에 '洋夷가 침범함에, 싸우지 않으면 곧 화의인데, 화의를 주장함은 매국이다(洋夷侵犯 非戰則和 主和賣國).' 라는 척화비를 세우고 斥洋의 결의를 다짐으로써 개항은 무위(無爲)로 끝났다.

• *켈트인에서 프랑크족까지-프랑스(France)의 성쇠*

BC 5세기 최성기를 맞은 켈트인의 라텐(La Téne) 문화기(文化期), BC 58년 시작된 로마제국 지배 하의 라틴 문화기를 거쳐 3세기경 게르만 민족이 침입, 프랑크족이 정주하여 게르만 문화 시대를 열었다.
메로빙(Meroving), 카롤링(Caroling) 두 왕조를 지나 칼 대제〔Karl 大帝, 샤를르마뉴(Charlemagne), 742-814, 在位 768-814〕가 영토를 확장했으나 베르됭(Verdun, 843) · 메르센(Mersen, 870) 두 조약으로 국토는 3분할, 현재의 프랑스 영역의 기초가 되었다.
위그 카페(Hugues Capét 938경-996, 재위 987-996)로 시작된 카페 王朝(Capét, 987~1328) 하에서 봉건사회가 완성, 집권화 · 왕권 강화가 되고 14세기 초 필립 4세 때 통일국가로서의 체제가 갖추어졌다. 발로와 왕조(Valois 王朝) 때 백년전쟁을 치르고 영주제(領主制)의 위기를 맞아 사회적 전환기가 되었는데 샤를 7세(Charles 七世 1403-1461, 재위 1422-1461), 루이 11세(Louis 十一世 1423-1483, 재위 1461-1483)시대에 영국 세력을 몰아내고 국토통일을 실현하였다.
르네상스 · 종교개혁이 진행되는 가운데 앙리 4세(Henri Ⅳ 1553-1610, 재위 1589-1610)가 창시한 부르봉(Bourbon) 王朝(1589-1792, 1814-1848)가 성립, '짐 (朕)은 곧 국가다' 라는 태양왕(Le Roi Solei) 루이 14세(1638-1715, 재위 1643-1715)때 콜베르(Jean Baptiste Colbert, 1619-1683)의 重商主義정책으로 17세기 절대왕정의 최성기를 맞았다.
7년 전쟁의 실패, 부르즈와지의 대두와 민중운동의 격화로 1789년 프랑스혁명이 일어나 앙시앵 레짐〔Ancien Régime, 구체제(舊體制)〕을 타도하고 황제가 된 나폴레옹(Napoléon I, 재위 1804-1815)은 근대시민사회의 여러 질서를 확립했다.(1共和政, 1804)
그가 몰락한 후, 부르봉 왕조가 부활했으나 1830년 7월혁명, 1848년 2월 혁명이 일어나 왕정을 쓰러뜨렸다(二共和政 1848-1852). 루이 나폴레옹(Napoléon Ⅲ, 1808-1873, 재위 1852-1870)에 의한 2 제정 시대에에 산업혁명이 완성되고 1870년 프로이센-프랑스 전쟁 후, 파리 코뮌 (Commune de Paris, 1871.3-5)을 거쳐 3공화정(1870-1940)이 성립되었다. 2차 세계대전후 내각교체가 되풀이 되고 식민지 독립운동이 일어나는 가운데 드골(Charles Andre Joseph Marie DeGaulle 1890-1970)의 5 공화정이 탄생(1959), 알제리(Algerie) 해방(1962)으로 '비식민지화' 와 '반패권주의' 를 지향했다.

• *美國은 1860년대까지 신흥공업국*

'붉은 털의 에릭' 이라는 이름으로 알려진 스칸디나비아인이 985년 경 그린랜드로 건너와 정착촌을 이루고 있었다. 북아메리카에 온 최초의 유럽인은 그린랜드로부터 온 '노스(Norse, 스칸디나비아人)' 이었다.

콜룸부스(Christopher Columbus 1451?-1506)가 스페인 왕 이사벨라 1세(Isabella Ⅰ, 1451-1504, 在位 1474-1504)의 후원아래 1차(1492-1493), 2차(1493-1496), 3차(1498-1500), 4차(1502-1504)에 걸쳐 중앙아메리카를 탐험했는데 아메리카는 남아메리카 연안을 탐험, '新世界' 로의 항해 이야기를 써서 널리 알려진 이탈리아인 '아메리고 베스푸치(Amerigo Vespucci, 1454-1512)' 의 이름을 따서 명명되었다.

1497년 베니스의 항해사 존 캐보트(John Cabot, 1450-1498)가 英國王의 사명을 띠고 뉴펀들랜드(New found land)에 도착했는데 캐보트의 항해는 후일 북미주에 대한 영국의 領有權 주장의 토대가 되었다. 1607년 최초의 영국령 식민지가 형성되고 101명의 英國淸敎徒(Puritans)들이 메이플라워(Mayflower)號를 타고 플리마스港(Plymouth)에 上陸한 1620년 이래 유럽의 대대적인 북아메리카 移民이 시작된 후 3백여년에 걸쳐 수백명의 영국 식민지 개척자들로부터 수백만 명의 대이동으로 발전했다. 강하고 다양한 동기에서 新大陸으로 건너온 이들은 영국계 아메리카인들의 기원(起源)이 되어 수십만의 원주민을 추방하고 아메리카 북부에 새 문명을 이룩했다. 1733년 조지아 등 13개의 식민지가 건설되고 1773년 보스턴 차사건(茶事件)(Boston Tea Party)을 계기로 식민지 간에 대륙회의(大陸會議)가 발족, 독립전쟁으로 발전해 1776년 동부 13개 식민지의 독립선언, 1783년 파리 조약에서 독립 승인, 1787년 연방헌법 제정, 1789년 워싱턴(George Washington, 1732-1799 재임 1789-1797)이 초대 대통령에 취임, 새 정부가 세워졌다.

1848년 2월 멕시코와 '과달루페 이달고 조약(Treaty of Guadalupe Hidalgo)' 을 맺으면서, 대서양에서부터 태평양에 이르는 광대한 영토를 갖게 됐다.

한편 1660년대 남부 대농장 노동인력수요에 따라 아프리카 흑인들이 종신(終身) 노역(勞役)을 위해 끌려와 노예제도가 굳혀지기 시작했는데 1863년 '인민의, 인민에 의한, 인민을 위한' 슬로건으로 연방제도와 민주주의의 유지를 강력히 주장한 링컨(Abraham Lincoln, 1809-1865, 재임 1861-1865) 대통령이 '노예해방' 을 선언, 남북전쟁 결과 북부의 승리로 남부의 노예해방이 달성되고, 남부의 공업화가 진척되었다.

식민지를 둘러싼 英佛의 각축(7년 전쟁 1756-1763)과 英美전쟁(1775년, 1812년)을 거쳐 독립을 쟁취한 미국은 淸敎主義와 개척자 정신을 바탕으로 연합식민지(1774) · 연합국가(1781) · 연방국가(1789)의 단계를 거친 건국 초석기(1607-1789), 집단이민 · 영토확장 · 농업성장(밀, 면화, 목장) 등 西進운동에 의한 팽창기(1789-1865), 남북전쟁(1861-1865) · 에스파냐(España)와의 전쟁(1898)이 要因이 되어 산업화 · 해양식민지화를 이룬 성장기(1865-1930), 1 · 2차 세계대전 결과 대공황(大恐慌)에 대처한 루스벨트(Franklin Delano Roosevelt, 1882-1945, 재임 1933-1945)의 뉴딜정책에 의한 위기조정기(1930-1945), 냉전(cold war)시대 공포의 평화와 해외영향력 확대에 상응한 첨단과학기술 발전을 이룬 패권기(1945-1990)를 거쳐 세계 유일의 초일류 강대국이 되었다.

〈'밖으로부터의 近代化 압력 - 江華島條約 · 列强과의 通商〉

19세기 후반은 1780년대에 산업 혁명을 이루었던 영국과 1830, 40년대에 산업혁명을 수행했던 후발자본주의국가들이 동아시아 지역의 세력권 확보를 위해 각축을 벌이던 시기로 조선의 문호개방은 열강의 조선침투 계기가 되었는데 개항은 중국, 일본, 조선의 순서로 이루어졌다. 중국의 개항(1842년)과 일본의 개항(1858년)은 산업혁명을 거친 서구가 시장 확보를 위한 상업자본주의적 개항이었으나 조선의 개항은 한꺼번에 여러나라가 밀어닥치고 일본과 구미의 요구가 중첩된 것이었다.

조선이 각국과 맺은 수호통상조약은 海關 설치, 無關稅 · 低率關稅의 인정, 領事裁判權의 인정, 외국화폐의 通用 인정 등 조선에게 불리하게 맺어진 불평등조약이다.

조선은 병인양요와 신미양요에서 서양의 통상요구와 침투시도를 武力으로 격퇴하고 衛正斥邪를 國論으로 정한 바 있었다.
왕정을 복고한 일본은 1870년 수교를 청해 왔으나 조선은 무쓰히토〔睦仁, 메이지(明治)天皇, 1852-1912, 在位 1867-1912〕의 국서가 오만하다 하여 받지 않고 수호 교섭에도 응하지 않았다. 일본은 1872년 다시 사신 하나부사 요시모토(花房義質, 1842-1917)로 하여금 군함 2척을 거느리고 동래에 도래하여 수교를 청하였으나 거절되자 수개월간 체류 끝에 돌아갔다.
1875년 일본은 운요호(雲揚號) 사건(군사 훈련을 빙자한 정탐 · 측량 후 강화도 초지진(草芝鎭) · 영종진(永宗鎭) 포격으로 35명 전사, 16명이 포로가 됨)을 일으켜 문호개방을 강요, 신헌(申櫶, 1810-1884)과 구로타 기요타카(黑田淸隆, 1840-1900)간 '朝日修好條規'〔丙子修好條約, 江華島條約〕가 체결되었다(1876.2.26).
일본과의 수교는 잠시 끊겼던 교린관계의 복구이며 서양에 대해서는 척사적 입장을 고수한다(與倭續好 匪洋伊和)는 논리였지만 동아시아 질서〔화이(華夷) 체제, 조공체제〕가 무너지고, '만국공법(萬國公法)'의 이름아래 서양 열강이 주도하는 국제 질서(조약체제)로 개편되어 간 것이었다.
1871년 로저스 提督이 辛未에 패귀(敗歸)한이래 在北京 駐美公使의 報告에 따라 수차례 교섭결과 1882. 5 슈펠트(Robert Wilson Shufeldt, 蕭孚爾, 書斐路, 舒富, 薛斐爾, 1822-1895) 提督과 申櫶 · 金弘集 간에 朝美修好條約이 체결되었다.
뒤이어 영국(1883), 독일(1883), 청국(1882), 러시아(1884), 이탈리아(1884), 프랑스(1886), 오스트리아(1892), 벨기에(1901), 덴마아크(1902) 등과 수호통상조약을 체결하고 부산(1876), 원산(1880), 인천(1883)을 개항하였다.

• *"해가 지지 않는 대영제국"의 성쇠(盛衰)*

英國(United Kingdom of Great Britain and Northern Ireland, 別稱 Great Britain, Britain)은 잉글랜드(England), 웨일스(Wales), 스코틀랜드(Scotland), 북아일랜드로 구성되어 있다.

영국사는 고대 브리튼시대〔비키족(Beaker, BC 2천년경) · 켈트족(Celts, BC 8세기경) · 케사르(Gaius Julius Caesar, BC 100-BC 44) 등 로마인 점령(BC 55-410)〕, 앵글로 색슨시대〔게르만 민족이동으로 7왕국(Kent · Essex · Sussex, East Anglia, Mercia, Wessex, Northumbria)을 829년 에그버트(Egbert, 775?~839 재위 802-839)가 잉글랜드로 통일〕, 노르만 정복시대(Norman Conquest)〔데인(Dane)인 크누트(Cnut) 1세(재위 1016-1035)의 데인왕조를 노르망디公 윌리엄(William) 1세(1027-1087, 재위 1066-1087)가 정복, 노르만朝 성립(1066-1154)〕, 왕위계승 시대〔1284년 웨일즈 합병, 플랜태지닛 왕가(Plantagenet, 1154-1399) · 랭커스티(Lancaster) · 요크 왕가 (York, 1399-1485) · 튜더 왕가 (The Tudors, 1485-1603) · 스튜어트 왕가(The Stuarts, 1603-1660)〕, 왕정복고 시대(Later Stuarts, 1660-1702), 입헌군주시대〔1702~ , 스코틀랜드합병(1707)〕로 나눈다.

윌리엄 1세의 통일민족국가부터 중앙집권회(Common Law에 의한 司法의 집권화)가 진행되었는데 英 · 佛 百年전쟁(1337-1453) 패배, 랭카스터 · 요크 양가의 장미전쟁(1455-1485)의 갈등으로 봉건세력이 몰락하고 에스파냐(España)무적함대 격파(1588)와 왕권확대로 엘리자베드 일세(Elizabeth I 세 1533-1603, 재위 1558-1603)의 절대왕정 절정기를 이루었다.

마그나 카르타(Magna Carta, 대헌장)선포(1215), 크롬웰(Oliver Cromwell, 1599-1658)의 共和政이 수립된 퓨리턴(Puritan) 혁명(1640-1660), 그리고 명예혁명(名譽革命 1688-1689)의 결과 권리장전 채택으로 입헌군주제가 성립하고 토리당(Tory, 후의 보수당)과 휘그당(Whig, 후의 자유당) 등 두 정당에 의한 의회정치가 전개되었다.

미국독립(1776)에 불구하고 네델란드와의 전쟁(1652-1674), 7년전쟁(1756-1763), 나폴레옹전쟁(1793-1815) 승리로 식민지 획득에 진력하고(1840년 중국 진출, 1858년 인도합병, 19세기말 아프리카 분할실시 등) 산업혁명의 성공과 글래드스턴(William Ewart Gladstone, 1809-1898, 재임 1868-1874, 1880-1885, 1886, 1892-1894) · 디즈레일리(Benjamin Disraeli, 1804-1881, 재임 1868, 1874-1880)의 보좌를 받은 빅토리아 여왕(Alexandrina Victoria 女王 1819-1901, 재위 1837-1901) 治世로 전세계 인구의 26%를 지배하는 '해가 지지않는 대영제국' 으로서의 번영을 누렸다.

그후 부르즈와 대두와 무산계층의 양산(量産), 자본가와 노동자의 대립격화, 노예제 폐지(1833), 차티스트(chartist)운동(1836-1858) 그리고 1 · 2차 세계대전 전후 재편성 및 민족해방 고조로 국제적 지위는 격하되고 영국 통치를 둘러싼 북아일랜드 분쟁(北 Ireland紛爭), 포클랜드 영유를 둘러싼 아르헨티나와의 분쟁(1982) 등을 내포한 채 쇠퇴(衰退)의 길을 걷게 되었다.

• *독일(獨逸, Deutschland)민족의 성쇠(盛衰)*

훈족(Huns)의 압박에 따른 동고트(Goths)족 이주를 시작으로 게르만족의 민족이동 결과 서고트족은 남서갈리아(Gallia), 부르군트(Burgund)족은 남동갈리아에 각각 왕국을 건설하였는데 클로비스(Clovis, 465?-511, 재위 481-511)가 全프랑크를 통일, 메로빙(Meroving왕조, 481-751)를 창시하고 그 와중에 서로마 제국은 붕괴되었다(476).
피핀(Pippin der Kleine, 714?-768)이 메로빙왕조를 폐하고 세운 카롤링왕조(751-987) 칼(Karl)大帝〔샤를르마뉴(Charlemagne)〕의 서유럽 재통일과 르네상스에 힘입어 서유럽의 특질 , 봉건사회의 기초, 현재의 프랑스 · 독일 · 이탈리아의 모체가 형성되었다.
대공위(大空位)시대(Great Interregnum, 1250-1273)를 거쳐 지기스문트(Sigismund, 1368-1437, 재위 1411-1437) · 막시밀리안 일세(Maximilian I , 1459-1519, 재위 1493-1519)의 개혁실패 후 신구교간 30년전쟁(1618-1648)결과 인구의 3분의 1감소, 314개의 연방국가로 분열, 아우구스부르크(Augsburg) 종교화의(宗教和議)의 확인, 농촌 · 도시의 황폐, 경제활동저조 등 독일의 후진화를 초래, 회복까지 여러 세기가 걸렸다.
프리드리히 1세(Friedrich I , 1657-1713, 재위 1701-1713) 프리드리히 빌헬름 1세(Friedrich Wilhelm I , 1688-1740, 재위 1713-1740) · 프리드리히 2세(1712-1786, 재위 1740-1786) 등은 영토확대, 절대주의 강화, 합스부르크(Habsburg)왕가 마리아 데레지아(Maria Theresa, 1717-1780, 재위 1740-1780)의 왕위계승을 둘러싼 오스트리아와의 7년전쟁(슐레지엔 전쟁, 1756-1763) 승리로 프로이센의 국제적 지위를 높여 독일의 주도권을 확립시켰다.
나폴레옹의 라인동맹(Rhein 聯邦, 바이에른 등 16國, 1811년 36國 가맹, 1806-1813)으로 프랑스의 패권이 확립되었을때 피히테(Johann Gottlieb Fichte, 1762-1814)는 '독일 국민에게 告함' 論題로 독일국민정신을 진흥(振興)시켜 독일재건을 意圖하였다.
오토 작센(Otto-Sachsen) 왕조의 신성로마제국(제1제국, 962-1806)이 해체된 후 1815년 메테르니히(Klemens Fürst von Metternich, 1773-1859) 주도의 빈 회의결과 신성로마제국을 대신한 독일연방(35 군주국, 4자유시), 북독일연방(32개국)을 거쳐 비스마르크(Otto Fürst von Bismarck, 1815-1898, 재임 1871-1890)의 철혈(鐵血) 정책에 의한 독일제국(제2제국, 22군주국 3자유시, 1871-1918) 탄생으로 소독일민족통일을 실현했다.
19세기 후반 발칸 반도에서는 독일의 '범(汎) 게르만 주의'가 러시아의 '범슬라브주의'와, 중동 · 아프리카에서는 독일의 '3B 정책(베를린 · 비잔티움 · 바그다드를 잇는 철도부설)' 이 영국의 '3C 정책(캘커타 · 카이로 · 케이프타운을 연결하는 식민지 건설)' 과 각각 격돌하였다.
1차 세계대전 후 수립된 바이마르(Weimar)공화국(1918-1933), 히틀러의 대통일주의로 탄생한 나치(Nazi) 독일(제3제국, 1933-1945), 2차 세계대전후 동서독 분단(1945-1990)을 거쳐 1841년 하이든(Franz Joseph Haydn, 1732-1809)이 작곡한 '세계의 으뜸 독일' 國歌아래 1990년 하나의 독일이 탄생, 분열 · 전제 · 독재의 낙후를 극복하고 선진 공업사회를 이루었다.

• *日本의 메이지 이신 (明治維新)*

17세기에서 19세기 중반까지 일본은 쇼군(將軍)이 직접 지배하는 지역〔북의 마쓰마에(松前)부터 남의 가고시마〔(아마미(奄美) 제도 포함)〕까지〕과 그 밖의 약 260개 지역으로 다이묘(大名)가 나뉘어 쇼군에게 영지를 보장받고, 가신인 무사를 거느리고 서민을 지배하였다.

1867년 11월부터 1868년 3월까지 진행된 尊皇討幕(황실을 일으켜서 바쿠후를 토벌한다)의 기치 아래 유신세력이 무력으로 바쿠후(幕府)側을 누르게 되자 藩主들이 대세를 따라 유신(維新)의 주체세력에 복종하게 되었다.

이와쿠라 도모미(岩倉具視, 1825-1883), 도쿠가와 요시노부(德川慶喜, 1837-1913) 등 바쿠후가 조정에의 정권 반환, 즉 다이세호칸(大政奉還)을 선언하고, 사카모토 료마(坂本龍馬, 1835-1867)의 삿초동맹(薩長同盟)(1866) 주선으로 사쓰마(薩摩) · 조슈(長州) 등 西南雄藩을 중심으로 하는 신 정부를 수립하여 明治維新〔'尙書' 中 "周雖舊邦 其命維新"(주가 오래되었지만 천명은 새롭다) 구절을 땄다.〕의 里程標가 되는 '오통조 어서문(五箇條 御誓文)' 을 발표하였다.

신 정부는 에도(江戶)를 도쿄(東京)로 개칭하여 수도로 삼고(1869), 원호(元號)를 메이지(明治)〔'易經' 의 聖人南面聽天下 向明而治(남쪽을 향해 천하의 의견을 들어서 밝은 것을 향해 다스린다)를 인용〕로 고쳤다. 유신정부는 軍人勅諭(1882), 華族令(1884), 大日本帝國헌법(1889), 皇室典範(1889), 敎育勅語(1890) 등을 반포, 근대 天皇국가 법률구조와 이데올로기 지주를 확립하였다.

植産興業 · 富國民强 · 文明開化의 메이지이신으로 근대적 통일국가, 자본주의, 입헌정치 등 근대화 추진이 되었다. 일본의 근대화는 하급무사를 주역으로 하고 武士道라는 封建的 모랄의 국민화라는 방향에서 안으로는 동조하고(폐쇄성) 밖으로는 경쟁하는(다이너미즘) 집단의 전통적 생리속에 이루어졌다.

이와쿠라 도모미(岩倉具視), 기도 다카요시(木戶孝允 1833-1877), 오쿠보 도시미치(大久保利通, 1830-1878), 이토 히로부미〔(伊藤博文, 본명 : 하야시 도시스케(林利助), 1841-1909)〕 등 48명의 사절단이 유학생 59명과 함께 1871년 11월부터 1년 10개월 동안 미국 · 영국 · 프랑스 · 프러시아(독일) · 러시아 등 12개국을 시찰하고 기술한 '특명전권대사 미구회람실기(特命全權大使 米歐回覽實記)' 가 일본의 근대화를 이루는 기초가 되었다.

日帝 文化政策의 기조는 脫亞論, 大東合邦論, 征韓論의 셋으로 정한론이 처음 정립된 것은 江戶(1603-1867) 末期인 1854년 사무라이 출신 '쇼카손주쿠(松下村塾)' 요시다 쇼인(吉田松陰, 1830-1859)에 의해서였다. 1861년 빗추마쓰야마(備中松山)藩의 儒臣 야마다 호코쿠(山田方谷, 1805-1877)는 藩主 이타쿠라 가쓰키요(板倉勝靜, 1823-1889)에게 征淸을, 1863년 對馬島藩의 參政 오시마 도모노조(大島友之允, 1826-1882)는 征韓을 주장하였다. 征淸은 幕府에 반대하는 各 藩의 군사력을 해외침략에 내 몲으로써 식민지를 얻을 수 있고 실패하더라도 반대세력을 제거할 수 있다는 속셈에서였다. 정한론은 기토다

카요시(木戸孝允)가 발상하고 사이고 다카모리(西郷隆盛, 1827-1877) · 이타가키 다이스케(板垣退助, 1837-1919) 등 유수파(留守派)가 주창한 조선에 대한 군사침략론이다. 1873년의 征韓論은 內治優先을 내 세운 반대론자에 의하여 묵살되었는데 '세이난(西南) 전쟁'을 일으킨 사이고 다카모리, 소에지마 다네오미(副島種臣, 1828-1905), '사가(佐賀) 난(1874)'을 일으킨 에토 신페이(江藤新平, 1834-1874)등 征韓論者를 쫓아내고〔정한론 정변(明治 6년의 정변)〕 권력을 독점한 외유파 이와쿠라 도모미(岩倉具視), 오쿠보 도시미치(大久保利通) 등은 조선을 강제開國시키려고 나섰다.

오쿠보 도시미치는 관료제도의 기초를 세우고 '풍요로워졌지만 행복하지 못한' 일본을 만든 인물이다. 도모에다 류타로(友枝龍太郎)는 '程朱-退學-大塚退野로 이어지는 학설 아래 明治의 교육방침을 세웠다.' 고 하였고 나카에 초밍(中江兆民, 1847-1901)은 1887년 일본의 진로를 논한 '삼취인경륜문답'(三醉人經綸問答)을 썼다.

明治維新 이후의 일본근대사를

이노우에 키요시(井上清, 1913-2001) 중심의 講座派(맑스主義者)는 帝國支配의 획책(1830-1873) · 資本主義의 발전(1873-1900) · 帝國主義로의 이행(1900-1918) · 전반적 危機時代(1918-1937) · 日本帝國主義의 몰락(1937-1945)으로, 배링턴 무어(Barrington Moore Jr.)는 農民自由主義의 실패(1868-1913) · 民主化의 실패(1914-1931) · 파쇼(fascio)體制時代(1931-1945)로, 스칼라피노(Robert Anthony Scalapino 1919-2011)는 1868-1914년의 1기 · 1914-1931년(滿洲事變)의 2기 · 1931-1945년의 3기로, 얀센(Marius B. Jansen)은 德川말기에서 明治중엽(1830-1900)까지의 1기 · 1900-1914년까지의 2기 · 1920년 대의 大正시대 · 昭和軍國主義로 구분한다.

〈'On Studying the Modernization of Japan', Cultural Studies〉

1936년 2월 26일 새벽, 기타 잇키(北一輝, 1883-1937)의 '일본개조법안대강'을 오독(誤讀)한 22명의 열광적인 天皇주의자 청년장교들이 1천4백명의 사병을 이끌고 반란을 일으켰으나 히로히토〔裕仁, 쇼와(昭和) 天皇, 1901-1989 在位 1926-1989)〕의 철병 명령으로 사흘 만에 막을 내렸다.

메이지(明治, 1867-1912) · 쇼와〈昭和〉 시대(1926-1989)의 사이 14년은 '다이쇼(大正) 데모크라시' 라는 민주주의 도입기였다.

개화(開化)와 척사(斥邪)의 대립

「고종 때에 허기(虛氣)와 도언(徒言)으로써 척왜를 창언(倡言)하는 중에, 역관 오경석(吳慶錫 1831-1879)이 베이징 관계로서 세계의 정세를 살펴서 요직에 있는 박규수를 움직여 개국의 방침을 책정하게 하니, 강화조약 전후의 새 국면이 심한 파탄을 면하는 데는 오경석의 힘을 입음이 컸다.」 〈최남선 / '조선역사'〉

이광수가 개화사상이 어디서 비롯되었는지를 묻자 박영효(朴泳孝. 1861-1939)는 "신사상은 박규수 집 사랑방에서 나왔소"라고 하였다.

開化는 明治維新(1867)이래의 일본을, 自强은 洋務運動(1862)이래의 淸을 각각 모델로 삼는 근대화를 의미하는 것이었는데 정부의 개화정책은 유생의 맹렬한 반대를 받아 대원군과 유생 중심의 수구파와 개화파의 대립으로 나타났다.

화이론자(華夷論者)들은 존중화양이적(尊中華攘夷狄)의 양이론(攘夷論)을 내세웠고, 개화파는 서구 사상을 수용하여 낙후(落後)를 극복하고 자강부국(自强富國)을 꾀하고자 하였다.
1870년대 후반 개화파간 의견의 대립이 생겨 金弘集(1842-1896), 魚允中(1848-1896), 金允植(1835-1922)등의 온건파(守舊黨 혹은 事大黨)와 金玉均, 朴泳孝, 洪英植(1855-1884), 徐光範(1859-1897)등의 급진파(開化黨 혹은 獨立黨)로 갈렸다.
개화파 개혁의 내용은 전제군주제를 입헌군주제의 초기형태로 하여 근대국민국가로 나가는 것, 상공업을 일으키고 산업개발을 하는 것, 인재를 뽑아 쓰고 민중의 힘을 효과적으로 동원하는 것, 근대학교를 설립하여 신교육을 실시하고 세계 각 지역의 문화를 흡수하면서 우리 문화 · 예술을 발전시키는 것, 군함을 도입하고, 군대를 신식 군대로 개편하며, 근대적 兵器로 무장시킴으로써, 열강의 위협으로부터의 自力 방위를 하는 것 등이었다.

19세기 조선의 세계인식은 淸朝 웨이위앤(魏源, 1794-1857)의 '해국도지(海國圖志, 1842 완성 · 1844 간행, 초간본 50권, 1847-1848년 60권, 1852년 100권)' 와 쉬지위(徐繼畬, 1795-1873)의 '영환지략(瀛環志略, 1848 완성, 1850 간행)' 에 의존하였는데 淸은 조선으로 하여금 미국 및 유럽 여러나라에 문호를 개방케 함으로써 일본세력의 침투와 러시아세력의 남하를 견제할 심산이었다.

『해국도지』는 해방론(海防論)의 '의수(議守)', '의전(議戰)', '의관(議款)' 이 핵심인데 1840년 닥쳐온 서세(西勢)에 대한 중국적 대응이었다.

〈존왕양이(尊王攘夷) - 위정척사론(衛正斥邪論)〉

「안으로 개화혁신의 논의가 일어나고 밖으로는 통상조약을 체결하자는 외국의 요구가 성화 같았다. 서양사상이 홍수같이 밀려오고, 외국문화의 수입과 외국인의 통상거래가 빈번하게 되었다. 또 제도의 병폐와 정치의 문란으로 야기된 국력의 쇠약은 외세의 침략을 받아 국치민욕(國恥民辱)이 심하게 되매 유학자들이 일대 반항운동을 일으키니 이것이 척사위정운동이다. 斥外운동 중 일본을 배척하는 운동은 국권옹호에 있어서 그 공적은 실로 파다(頗多)하나 서양사상 배척이라든가 舊思想 완수(頑守)같은 것은 조선의 개화혁신에 있어서 큰 장애물이 되어 왔었다.」 〈현상윤(玄相允) / '조선유학사'〉

강화도조약 체결후 그 해에 수신사(修信使) 김기수(金綺秀, 1832-?)등 76명의 일행은 '일동기유(日東紀游)'를 바치고 1880년 김굉집(金宏集)[(후의 김홍집]이 58명의 수행원을 이끌고 돌아올 때 쩡관잉(鄭觀應, 1842-1922)이 지은 '易言'과 참찬(參贊) 황쭌셴(黃遵憲, 字 公度, 1848-1905)이 저술한 '조선책략(朝鮮策略, 1880)'을 갖고 왔다. 그 내용은 조선의 처지를 '연작처당(燕雀處堂)'의 신세(집 기둥에 불이 타오르는데 그 위의 새집 제비들은 타 죽기 직전인 줄도 모르고 지지배배 울고 있다)에 비유하고 "조선의 다급한 정세는 러시아를 방어하는 것보다 더한 것은 없으며, 러시아를 방어[방아(防俄)]하는 계책은 조선이 친청국(親淸國) · 결일본(結日本)、연미방(聯美邦)해야 하는 것보다 더 급한 일은 없다."고 하였다. '조선책략'이 '사의(私擬)' 두 자를 붙여 황쭌셴의 의견인 것처럼 꾸몄으나, 실상은 리 훙장(李鴻章, 1823-1901)의 견해를 반영한 청조의 외교 노선이었다.

1881년, '영남만인소(嶺南萬人疏)'는 '조선책략'이 조야에 퍼지자, 유계(儒界)에서 보여준 신랄한 반응이었다. 영남 유생 이만손(李晩孫, 1810-1891)이 경상도의 김순진(金淳鎭), 경기도의 류기영(柳冀永), 忠淸道의 한홍열(韓洪烈) , 江原道의 홍재학(洪在鶴, 1848-1881), 전라도의 고정주(高定柱) 등 1만 명의 연서(連署)로 김홍집 일파를 탄핵한 상소문으로 '조선책략'을 패륜망덕(悖倫忘德)의 불온문서라 단정하고 그 팔대불가론(八大不可論)을 제시하였다. 大院君의 전횡(專橫)을 탄핵하여 政權의 座에서 끌어 내린 崔益鉉은 일본과의 통상을 반대하여 '五不可論'의 지부상소(持斧上疏)를 하였다.

위정척사 운동은 대내적으로는 수구, 대외적으로는 척양(斥洋) 척왜(斥倭) 운동이 되었는데, '옳은 것(正)은 지키고 그른 것(邪)은 물리친다'는 논리에서 중국과 우리나라(小華)를 '華'로 보고, 倭洋을 '夷'로 보며, '華'만이 문명국이요, '夷'인 일본과 서양은 야만국이라고 하였다. 또한 '기기음교(奇技淫巧)'인 서양의 과학기술의 도전을 극복하는 방법은 通商을 絕禁시켜 洋物이 들어오지 못하게 하는 것이라고 하였다.

위정척사론에 대하여는

「18세기이래 역사의 주체성은 서구(西歐)의 수용이라는 변화의 측면(19세기적 상황에서의 開化등) 보다는 排外自存이라는 전통적 역사에너지에서 보다 활발하게 발견될 수 있었다.」라는 견해 〈崔昌圭 / '近代韓國政治思想史' 〉와 「19세기 위기 상황속에서 개혁파의 주창, 양반질서의 문란과 민중세력의 등장, 東學의 창조등 내부모순과 침략세력으로서의 서구문명을 살펴본 바탕 위에서 지도이념을 형성하지 못하고 국제정세를 외면, 쇄국을 묵수(墨守)한 점에서 보수 · 반동의 한 몫을 했다」는 견해〈李離和 / '斥邪衛正論의 批判的검토' (創作과 批評 · 1975)〉가 양립한다.

〈淸의 干與유발 - 임오군란(壬午軍亂 1882)〉

개화파인 왕비세력과 수구파인 대원군 사이의 정치적 싸움에 얽혀 斥邪論을 바탕으로 한 개화반대운동이 일어났으니 곧 임오군란이었다.

고종은 5군영을 武衛 · 壯禦 2營으로 개편하고 새로이 별기군(別技軍)을 조직(1881), 일본인 교관 호리모토 레이조(堀本禮造)를 초빙하여 신식 군사훈련을 받게 하였으며 淸 · 美 · 英 등 외국의 무기를 적극 도입했다.
개화정책과 신식 군대의 창설은 유생과 구 군졸들의 불만을 유발하여 王을 폐하고 이재선(李載先, ?-1881)을 왕으로 추대하는 한편 王妃를 살해하려는 음모〔안기영(安驥泳, 1819-1881) 事件〕까지 발생, 일당 30여 명은 처형되었다.
선혜청의 고리(庫吏)들은 부정하게 사리를 도모하여 양곡에 겨를 섞어 13개월이나 봉미(俸米)를 받지 못한 군졸들에게 배급하였다. 군졸들의 평소 불만은 이 사건으로 격화되어 포도청을 습격하여 갇힌 자를 석방하고 별기군 교관 등 일본인 13명을 살해하고 일본 공사관은 불타 하나부사 요시모토(花房義質)공사는 귀국하였다. 군졸들이 민겸호와 경기 감사 김보현(金輔鉉, 1826-1882)을 죽이는 동안 명성왕후(明成王后, 1851-1895)는 변복(變服)한 채 탈출, 충주의 친척 향제(鄕第)에 은신하였다.

첩각(捷脚)으로 하루 3백리를 보행한 북비천인(北鄙賤人) 이용익(李容翊, 1854-1907)이 36일 동안 잠어(暫御)했던 장호원(長湖院)의 명성왕후와 한성 민씨 일가를 잇는 심부름을 하였다. 금광업 개척자 端川府使 이용익은 후일 咸鏡道의 南兵使로 任命되고, 王后의 密使로서 露國에 往來한 後 친러파로 내장원경(內藏院卿)에 발탁, 莫大한 헌금(獻金)을 하여 財政이 윤택(潤澤)하게 되었다. 고종은 이용익의 충성(忠誠)과 재각(才覺)을 높이 평가하였는데 그가 한 일을 더듬어 보면 충성뿐이라고 하였다.
「용익이 염이간(廉而幹)하여 음식에 육미(肉味)를 찾지 않고 폐포 파모(敝袍破帽)로 성색(聲色)을 가까이 함이 없어 上이 그 고립(孤立)함과 청검(淸儉)함을 믿으셨다.」
〈황현 / '매천야록' (1910)〉

일본과 淸은 앞 다투어 이 사건에 개입, 일본은 공사 花房義質에게 훈령하여 군함 3척과 3백명의 군사가 인천에 입항하고 淸은 딩루창(丁汝昌, 1836-1895) · 마젠쭝(馬建忠, 1845-1899) · 우창칭(吳長慶) 등으로 하여금 군함 3척을 이끌고 조선에 가서 진상을 조사하게 하였는데 淸군이 군란 직후 조선에 도착하여 기선을 제함으로써 일본은 淸의 거중(居中) 조정을 받게 되었다. 임오군란을 계기로 淸 · 日 두 나라 군대가 한성에 주둔하게 되면서 한반도는 군사적 충돌의 위험성을 내포하게 되었다.

난군을 배후 조종한 대원군의 재집권으로 군란은 진정되고 구 체제의 복구를 가져와 별기군을 폐하고 5군영을, 통리기무아문을 폐하고 삼군부(三軍府)를 각각 부활시켰다.

淸군의 내주(來駐), 대원군의 납치와 왕비 정권의 복구로 이유원(李裕元, 1814–1888) · 하나부사 요시모토 간 제물포조약(濟物浦條約)을 체결, 군란 주모자의 엄벌, 일본에 대한 배상금 50萬圓의 5개년 년부(年賦) 지불, 일본 공사관 경비병(日軍)의 주둔 등을 약속하고 묄렌도르프(Paul Georg von Möllendorff 穆麟德, 1848–1901)와 마젠창(馬建常)을 외교 고문으로 받았다.

고종은 1882년 7월 20일 조칙(詔勅)을 내려 열한 가지 조목을 자책하면서 백성과 함여(咸與) 유신(維新)할 것을 다짐하고 8월 5일 교유문(敎諭文)을 내려 '우호를 맺는것(聯好)과 사교를 금하는것(禁敎)은 별개' 라고 개화 의지를 다지고 척화비를 뽑아 없앴다.

淸은 淸國總辨朝鮮商務 천수탕(陳樹棠)과 교대한 웬스카이(袁世凱)에게 '주차조선총리교섭통상사의(駐箚朝鮮總理交涉通商事宜)' 라는 직함을 주고, 조선의 내정에 간여하게 하였다. 袁世凱는 朝淸간의 宗藩舊制 및 大儀禮를 강요하고 趙寧夏(1845–1884), 尹泰駿(1839–1884) · 金炳始(1832–1898) · 金宏集 · 金允植 · 魚允中 · 卞元圭등 事大黨 要人을 이용, 親日 · 親露 · 親美派 인사들과 政爭을 야기시키고, 大院君의 세력을 척족과 대립케 하였으며 高宗 폐위와 大院君의 孫 李埈鎔(1870–1917) 옹립 획책까지 하였다.

임오군란은 결국 淸이 조선의 정치 · 군사 · 외교면에 직접 간여하는 계기가 되었는데 淸의 조선 내정간섭은 친청 온건개화파의 기대를 저버린 것으로 대청(對淸) 반감을 증폭시켜 친러파의 등장과 친일개화파의 강화를 초래하였다.

명성왕후와 대원군이 대립하였던 시기는 전통사회가 붕괴되고 근대사회로 넘어가는 과도기였다.

「공(대원군)의 호랑이 같은 위세가 없으면 개화를 막고 완고함을 보전할 수도 없지만, 또한 공이 없으면 뒷날 완고함을 변화시켜 개화로 나아갈 수도 없다.」

〈박제형(朴齊炯) / '근세조선정감(近世朝鮮政鑑 1886)' 〉

「대원군의 용기와 결단성은 높이 평가할 만하나 해외사정에 대한 무지와 그릇된 세계정세 판단으로 역사의 물줄기를 거스르며 나라의 정책 방향을 이끌어간 것은 더 할 수 없는 실책(失策)이다.」 〈박은식 / '한국통사' 〉

「그는 배움이 얕고 기가 조잡(粗雜)했던 까닭에 모든 것이 지나치게 과격하여 중도를 벗어났으며 경박한 일도 많이 행하여 국망을 초래하였다.」 〈金澤榮 / '韓史綮' 〉

〈'위로부터의 近代化' 企圖 - 甲申정변(1884)〉

개화파는 1880-1884년 사이에 통리기무아문(統理機務衙門) 설치〔사대(事大)·교린(交隣)·군무(軍務)·변정(邊政)·통상(通商)·군물(軍物)·기계(機械)·선함(船艦)·기연(譏沿)·어학(語學)·전선(典選)·이용(理用) 등 12사(司)를 두었다.〕, 영선사(領選使) 김윤식(金允植) 등 兵器學習유학생사절단의 淸 파견(1881), 박정양(朴定陽, 1841-1905)·어윤중(魚允中)·유길준(兪吉濬, 1856~1914)·조준영(趙準永, 1833-1886)·홍영식(洪英植) 등 朝士視察團 (신사유람단)과 유학생 파견(1881), 보병사(報聘使) 민영익(閔泳翊) 등 11名 美 파견(1883), 일본과 釜山海底電線條款 체결, 新式육군(別技軍)과 근대 경찰 창설, 海防策 수립, 해관(海關) 설치(1883), 農務목축시험장 설치(1884)와 최경석(崔景錫, ?-1886)의 농축(農蓄) 개량, 治道局 설치와 한성 도로확장 정리, 한성순보(漢城旬報) 창간(1883. 10. 31), 우정국(郵政局)등 근대 우편제도 창설, 太極旗로 國旗 제정, 복식(服飾) 개혁, 대외적 균세(均勢)정책 실시, 26개 근대상공업 기업체 설립 등을 실행하였다.

南原 유학(幼學) 오감(吳鑑)은 재판·경찰의 제도확립이 시급함을 논하고 「은(殷)의 탕(湯)이 이인(伊尹)을 씬예(莘野)에서 맞고, 주(周) 文王이 뤼쌍(呂商 : 姜太公望)을 판씨(磻溪)에서 맞고, 진(秦) 목공(穆公)이 빼리씨(百里奚)를 소 먹이는 데서 뽑아 백성 위에 올려 썼으니 人材를 초야(草野)에서 求하라」라고 폐정개혁 상소(弊政改革 上疏)를 하였다.
국기의 表式은 黃遵憲, 馬建忠의 용기(龍旗)·태극팔괘도(太極八卦圖, 易에는 太極이 있어 兩儀를, 兩儀는 四象을, 四象은 八卦를 낳는다.) 제안과 1882년 8월 박영효 일행이 탄 메이지마루(明治丸)호 안에서 영국인 선장 제임스의 도안대로 만들게 하여, 장계와 함께 고종에게 보냈으며 1883년 국기로 공포했다. 1882년 5월 조미(朝美)수호통상조약 체결 때 역관 이응준(1832-?)이 도안 사용했다는 異說이 있다.

> 「국기를 묶고 있는 누각에 달았다. 기는 흰 바탕으로 네모졌는데 세로는 가로의 5분의 2에 미치지 못하였다. 중앙에 태극을 그려 청색과 홍색으로 색칠을 하고 네 모서리에 사괘〔四卦, ☰(乾, 하늘·春·동쪽·仁), ☲(離, 해·秋·남쪽·禮), ☵(坎, 달·冬·북쪽·智), ☷(坤, 땅·夏·서쪽·義)〕를 그렸다. 일찍이 왕으로부터 명을 받은 것이다.」
>
> 〈박영효 / '사화기략(使和記略)'〉

초대 全權公使 푸트(Lucius Harwood Foote, 1826-1913)로부터 "나라는 침체되어 있고, 빈곤하며, 교역할 물건도 별로 없다"고 보고 받은 미국은 1884년 7월 미국 대표부의 지위를 전권공사에서 주차공사(駐箚公使) 겸 총영사로 격하시켰다.

박규수, 유홍기[劉洪基(大致, 1831-1884?)]의 영향을 받은 金玉均, 박영효, 서재필, 서광범(徐光範) 등 초기 개화 급진파는 淸佛전쟁이 일어나 천5백명을 安南戰線으로 이동시키고 한성에 천5백명의 淸軍만 남게 되자 親軍營軍 5백명과 다케조에 신이치로(竹添進一

郎, 1842-1917) 공사로부터 일본군 150명을 빌려 650명의 병력에 기초하여 1884년 12월 4일 洪英植이 총판(總辦)으로 있는 우정총국(郵政總局)의 개국축하연을 이용, 갑신정변을 일으켰다.

王을 景祐宮에 옮겨 日軍으로 호위하게 하고, 閔泳穆(1826-1884) · 閔台鎬(1834-1884) 등 大臣 6명을 살해하고 新 內閣을 조직, 대원군 귀환과 조공 폐지 · 문벌 타파와 인재 등용 · 지조법(地租法) 개혁과 환상(還上) 불징수 · 내시부 폐지와 탐관오리 치죄(治罪) · 규장각 폐지 · 혜상공국(惠商工局) 혁파 · 일체의 공관(空官) 도태 · 순검제도 신설과 四營 합일 등 14個條의 革新策을 반포(頒布)하였다.

개화승 이동인(李東仁, 1849-1881)의 좌절을 딛고 일으킨 갑신정변은 시민세력의 미성숙과 일본공사관의 武力借用, 우자오여우(吳兆有) · 웬스카이의 개입 등 외세의존적 개혁으로 실패하고 김옥균등이 日本으로 망명함으로써 개화당의 집권은 '三日天下' 로 끝났다.

1894년 金玉均이 洪鍾宇(1854-1913)에 의해 암살되는 등 先覺的 정예(精銳)들이 살육당하였다. 上海에서 죽은 김옥균의 시신을 인수한 조선정부는 '謀反大逆不道罪人玉均 當日楊花津頭 不待時凌遲處斬' (모반 대역부도의 죄인 옥균은 당일, 양화진두에서 때를 기다리지 않고 능지처참하다)을 포고하였다. 1931년 박영효는 "김옥균은 사람들과 잘 어울리고 다재다능해서 글 잘 쓰고, 노래 잘 하고, 바둑도 프로급 고수였으나, 책략과 인덕이 없는 사람이었다"고 하였다.

이 정변을 계기로 일본공사관 배상 등을 내용으로 하는 漢城條約이 체결되고, 리홍장(李鴻章)과 이토 히로부미가 텐진에서 청일조약을 체결했다(1885).

텐진조약은 양국군대 동시철수, 제3국 교관파견, 동등한 출병권 등을 규정하고 청일 양국이 군사문제에 대한 대등한 권리를 지니게 되었다.

甲申政變에 대하여는
李瑄根은 "近代化運動의 自主적인 선구(先驅)였다"고 하였고('韓國史', 最近世編 p639), "朝鮮의 社會生活에 있어 進步적 역할(役割)을 다한, 進步的 思想의 부식(扶植)을 促進하였다"(李淸源/ '朝鮮近代史')라거나 "이 時期의 歷史的 條件하에서는 확실히 進步적인 意圖가 그 속에 반영(反映)되었다"(李羅英, '朝鮮民族解放鬪爭史')라는 견해가 있으며 北韓에서도 최초의 '부르즈와(bourgeois) 上層改革' 으로서의 의의를 강조하고 있다.
이에 대해서 "金玉均 一派가 政權欲에서 日本 勢力을 利用하고 또한 利用되어서 政治적 암살(暗殺)과 음모(陰謀)를 기도한 정변(政變)이요, 政界 혼란 · 분열과 사회 不安 · 동요(動搖)를 초래하고 朝鮮의 進步 · 發展을 방해(妨害)하여 朝鮮의 半植民地化를 가편(加鞭)했다고 할만 한 점도 있다"〔申國柱(1925-), '近代朝鮮外交史' p244〕라고 한 의견이 대립을 이루고 있다.

〈'밑으로부터의 近代化'를 指向 - 東學 農民봉기(1894)〉

淸에 대한 반발의 성격을 띠었던 갑신정변은 개화당이 일본 세력을 끌어들여 청 · 일의 내정 간섭을 초래하는 또 하나의 계기를 만든 셈이었다. 갑신정변 이 후 1894년에 이르는 동안 조선을 둘러싼 열강의 대립은 복잡하게 전개되었다. 淸의 內政간섭은 강화되어 袁世凱는 그 위세를 더 하였고 일본은 淸과 첨예하게 대립하게 되었다.

러시아공사 베베르(Karl Ivanovich Waeber : 韋貝)가 궁중에 친러세력을 심는 데 성공하자 淸은 묄렌도르프를 소환하고 1885년 대원군을 서울에 돌아오게 하였다. 영국도 1885년 4월, 동양함대 사령관 도웰(William M. Dowell)이 이끄는 3척의 군함이 巨文島(前에는 三島라 하였다)를 무단 점령, 외교적 갈등이 지속되다가 영국군이 거문도를 철수한 것은 1887년 2월이었다. 인도 총독은 영국의 거문도점령에 대하여 "개의 목을 졸라 입에 문 뼈다귀를 놓게 하기 위해서였다."고 하였다. 청은 조선에 대한 실질적 지배권 확립을 기도하고 일본과 영국은 러시아의 남하 견제 의도를 보이고 있었다. 거문도 사건은 러시아의 시베리아 횡단철도 착공(1891년 5월)과 일본의 군비강화책을 추진하는 계기가 되었다.

朴定陽 駐美全權公使의 미국 파견〔미속습유(美俗拾遺)를 남겼다〕, 독일領事 부들러(Budler)의 永世局外中立國 제안, 兪吉濬의 '中立論'(1885) 등은 열강에 둘러싸인 조선의 긴박한 사정을 말하여 주는 증거이다.

묄렌도르프(1882.12-1885.9)의 후임 데니(Owen N. Denny, 1886.5-1890.2)는 조선은 淸에 대한 '조공국'(朝貢國, tributary state)이나 속국(屬國, dependent country)이 아닌 독립국이라는 '청한론'(淸韓論, China and Korea, 1888, 상하이)을 발표, 조선의 자주독립에 대한 국제적 지지를 유도하려 하였다.

守舊派 정부가 갑신정변후 농민에 대한 가렴주구(苛斂誅求)를 일삼고 袁世凱가 內政에 간섭하면서 온건개화파의 개혁시도까지도 봉쇄한 결과 동학농민운동이 폭발하였다. 대원군 執政期는 양반권위의 부정, 西學(천주교)에의 대항, 외세의 배격 등을 내 세운 동학이 그 교세를 확장하기에 호적의 상황이기도 했다.

시천주(侍天主)의 강령정신(降靈精神)을 신앙화한 인내천〔人乃天(天心卽人心)〕의 동학사상은 運數論, 정감록(鄭鑑錄), 샤마니즘, 부적…… 등을 도입하여 농민에 대한 친화력을 높였다. "부자는 돈이 많아 섶을 지고 불에 들어감과 같고, 빈자는 재산이 없어 어디든지 가나니, 지각있는 자라야 시국을 보아 행하리다." 동학은 전통적 신앙과 종교의 요소를 한울님 崇信의 민중적인 종교로 귀일(歸一)시킨 것이며, 非世俗的 종교논리와 주술적(呪術的) 민속신앙 위에 이루어진 예언자적인 종교이기도 했다. 水雲 최제우는 인류 역사를 '선천(先天)'과 '후천(後天)'의 두 단계로 나누어 모두 개벽으로 시작된다고 하였다.

그는 1861년 6월, 제자 최중의(崔仲義)를 데리고 보국사(輔國寺)에 들어가 도수사(道修詞), 권학가(勸學歌)를 짓고 동학론(東學論)을 집필하였다. 창설 3년 만에 각 지에 接所를 두고 接主로 교세의 확장을 꾀하게 되자. 동학은 1864년 사교(邪敎)로 규정되고 敎祖 최제우가 처형되었지만, 지하종교화하여 농민들 사이에 救世종교세력으로 성장하였다.
최제우가 처형된 후 동학에 대한 탄압이 가중되었을 때 2세 교주 최시형〔崔時亨, 본명 경상(慶翔), 1827~1898〕은 太白山 속으로 은신하여 주로 경상북도와 강원도의 산간촌락에서 비밀리에 포교하고 '동경대전(東經大全, 1880)' 과 '용담유사(龍潭遺詞, 1881)' 등을 발간, 교의(敎義)를 체계화했다. 孫秉熙(1861-1922)는 1905년 12월 東學을 '天道敎'로 개칭하였다.

농민들이 조직적인 동요를 보이기 시작한 것은 1892년 공주집회와 참례(參禮)집회 때부터였다. 1893년 2월 東學徒의 上京, 복합(伏閤)상소가 있었고, 5월 2만여명의 報恩집회에서 敎祖 신원(伸寃) 뿐만 아니라 '척왜양창의(斥倭洋倡義)' 의 깃발을 들었다.

「民은 국가의 근본이다. 근본이 약해지면 국가도 잔약해지는 것이다. 보국(輔國) 安民의 방책을 생각하지 아니하고 밖으로 향제(鄕第)를 베풀어 홀로 온전할 방책만 꾀하고 헛되이 국록과 관직을 탐하는 것이 어찌 이치에 닿겠는가.」 〈무장포고문(茂長布告文)〉

1894년 2월 전라도 古阜에서 폭발한 동학 농민봉기는 4단계로 구분할 수 있다.

1단계는 고부민란(古阜民亂)을 일으킨 때이다. 古阜군수 趙秉甲(?-?)의 苛斂誅求에 대항하여 全琫準(1854-1895), 정익서(鄭益瑞) 등이 백여 명의 농민을 이끌고 만석보(萬石洑)를 파괴, 古阜군아(郡衙)를 습격하여 곡식을 풀어 농민들에게 나누어주고 약 10일 간 郡衙를 점령하였다가 귀농(歸農)하였다. 전봉준 이하 20명은 고부성(古阜城)의 점령, 조병갑의 처형, 무기고 점령, 탐관오리의 처단 등을 내용으로 한 사발통문(沙鉢通文)을 작성, 각 마을 집강(執綱)에게 보냈다.

2단계는 전주에 입성하기까지이다. 全琫準을 總大將, 孫化中(1861-1895)과 金開南(1853-1894)을 總管領에 추대하여 古阜와 泰仁에서 무장봉기 하였다. 軍勢는 만3천명을 넘었으며, "白山盟約"이라 불리우는 四大名義는 제세안민을 위하여 왜양(倭洋)을 축멸(逐滅)하되 살인、살물하지 않을 것이요(不殺人 不殺物), 구병입경(驅兵立京)하여서는 권귀(權貴)를 진살(盡滅)하고 기강을 세우겠다(大振紀綱)는 것이었다. 정부는 京軍의 황토현(黃土峴) · 長城의 黃龍村 패전과 전주성 함락에 遠世凱를 통하여 淸의 진주(進駐)를 요청, 淸은 6월 5일 군함 2척을 인천에 파견, 6월 9일 2천5백명의 淸兵이 아산만에 상륙하였다. 일본은 天津조약을 구실로 6월 9일부터 6천명의 혼성여단(混成旅團)을 인천에 상륙시키고, 일본공사는 陸戰隊 420명과 대포 4門을 이끌고 서울에 입성하였다.

3단계는 농민군이 홍계훈(洪啓薰, ?-1895) 등 官軍과 12개 조목의 전주화약(和約)(1894. 6. 11)을 맺은 시기이다. 그 결과 전라도 53개 군에 집강소(執綱所)가 설치되어 전봉준은 金溝 院坪에 본거(本據)를 두고 全羅右道를, 김개남은 南原에 本據를 두고 全羅左道를 통할함으로써 原情(弊政개혁안) 12개조를 실천에 옮겼다.

4단계는 정부군과 일본군의 탄압으로 농민운동이 실패로 돌아가기까지이다. 전봉준이 남도접주(南道接主)로 12만명의 병력을 지휘, 북도접주(北道接主) 손병희(孫秉熙)의 10만명과 연합하여 교주(敎主) 최시형(崔時亨)의 총 지휘하에 대일전(對日戰)을 전개했으나 일본군에 패배, 全琫準이 체포되어 1895년 3월 김개남과 함께 서소문 장터에 효수되어 농민봉기는 실패로 끝났다.

전봉준은 집이 가난하여 약을 팔아 자급(自給)했고 방술(方術)도 익혔다. 일찍이 지사(地師)를 맞아 장지를 골랐는데 "오래 남의 밑에서 살았으니 구차하게 자손을 잇기보다는 차라리 자손이 끊어지는 것이 흔쾌할 것이다"고 하였다. 〈황현 / '오하기문'(梧下紀聞)〉

「동학당은 호미와 곰방메와 가시나무 총을 들고 밭고랑에서 분기하여 관군과 일병을 상대하여 교전을 벌였으나 9개월 만에 항복을 하고 사망자가 30여만 명이나 되었으니 미증유(未曾有)한 유혈의 참상이다」 〈박은식 / '조선독립운동지혈사'〉

「새야새야 파랑새야 녹두밭에 앉지 마라
녹두꽃이 떨어지면 청포장수 울고 간다.」
조선과 淸에 다가오는 불행을 상징한 동요의 한 구절이다.

동학농민군의 1차 봉기는 반봉건적인 무력항쟁, 2차 봉기는 일본군에 대한 민족적 항전이었다. 요컨대 東學농민봉기는 開港이래 침투하여 온 日本의 자본주의세력, 財政困難으로 前近代적인 經濟體制를 硬化시켜 가려던 朝鮮政府, 外勢와 政府와의 이중적인 침학(侵虐) 밑에 허덕이던 農民 등 3者의 利害 대립 속에서 일어난 항거(抗拒)였다.

안재홍(安在鴻)은 「당시 인물들이 기개(氣槪)에서 빼어남이 있으되 이상(理想)에서는 빈약하였고, 호남(豪男)으로서 장한 바 많으나 기획으로서는 소홀함을 면치 못하였으니 인민 불평의 감정을 대표한데서 강용(强勇)하였고 주도한 경험을 구성할 여유는 없었을 것이다. 파괴에는 용(勇)하되 건설에는 소매(素昧)할 밖에 없어 감정이 경륜(經綸)의 이지(理智)와 함께 하고 파괴가 건설의 포부와 동무하지 않고서는 구전(具全)한 선구자일 수는 없다.」고 評하였다.

東學봉기에 대하여는
비류(匪類)들의 亂으로 성격지으려는 見解, 啓蒙적인 思想에 의하여 일어난 運動이라는 견해(金庠基, 白世明), 帝國主義侵略에 대한 民族運動으로서 나타났다는 견해(全錫淡, 朴慶埴, 韓佑劤, 申國柱), 社會革命적인 運動으로 보려는 見解(李丙燾, 姜在彦, 金容燮, 李瑄根, 金龍德), 위정척사(衛正斥邪)운동 및 임오군란(壬午軍亂)의 맥을 이은 역(逆)시대적 무장개혁운동(armed reform movement)으로 보는 見解[Isabella Bird Bishop, 柳永益(1936-)]가 있다.

〈近代的 內政改革 - 甲午更張(1894)〉

갑신정변과 1차 동학농민운동이 모두 실패하여 근대적 개혁 기회를 잃고 일본군이 1894년 7월 23일 경복궁 점령후 김홍집 등에게 권력을 넘겨 일본이 조선 내정개혁을 요구하게 되고 조선은 재정난에 봉착, 일본으로부터 두 차례 13만 圓과 3백만 圓의 차관을 받아 일본은 조선에 대한 이권점탈에 급급하게 되었다.

이남규(李南珪, 호 修堂, 1855-1907)의 청절왜소(請絕倭疏)에 불구하고 고종은 1895년 1월 7일 '청국과의 관계 단절에 의한 자주독립과 왕실 및 내정의 개혁' 이라는 두 성격의 洪範 14條를 종묘에 서고(誓告)하고 2월 덕육(德育) · 체양(體養) · 지양(智養)의 3대 정강을 발표하였다.

온건개화파의 金弘集 1차 내각이 성립, 金允植 · 魚允中 · 俞吉濬등이 主軸이 되어 1차 개혁 때(1894년 7월-12월)에 중앙관제를 의정부(議政府)와 궁내부(宮內府)로 구별하고 육조(六曹)를 外務와 農商을 더한 8아문(八衙門)으로 개편, 의정부의 직속으로 하였으며 군국기무처(軍國機務處)를 설치하고 開國紀年을 사용하였다.
2차 개혁 때(1894년 12월-1895년 8월)는 의정부를 내각이라 고치고 外 · 內 · 度支 · 法 · 學 · 農商工 · 軍部 등 7部를 두었다. 문무관文武官)을 개편하고 월봉제도(月俸制度)를 수립하였으며, 과거제도를 없애고 새 관리임용법을 채택하여 문무 · 반상(班常)의 구별을 없앴다. 8도(道)를 23부(府)로, 다시 13도로 고쳤다. 지방관으로부터 사법권과 군사권을 박탈하고 재정에 관한 사무를 탁지부(度支部)에서 관장하였으며 銀본위제를 채택하고 조세의 금납화(金納化)와 도량형(度量衡) 통일을 하였다. 재판소가 설치되고 2심제(二審制)가 채택되었으며 한성에 경무청(警務廳)을 두고 지방에 경무관을 배치하였다. 官制 개혁으로 전국 지방관 2만2천3백명 중 만6천여 명이 물러나고 군대 수와 무기의 제한 등 개혁으로 병력은 9천명 정도에 지나지 않았다.

斥洋과 斥倭 · 義兵運動으로써 '내쇼날리즘(Nationalism)' 의 先頭에 선 保守勢力은 近代化와는 거리(距離)가 멀었던 사람들이고 日本을 모델로 한 '균세(均勢, balance of power)' · '자강(自强)' 의 開化運動으로 近代化를 선구(先驅)했던 新進勢力은 日本팽창(膨脹)主義의 利用物이 된 例가 많다.

갑오개혁에 대하여는 自律性論과 他律性論이 양립하고 있다.
타율성론은 갑오개혁이 일본의 무력과 위협에 의한 결과로 일본의 침략에 도움을 주게 되었다는 인식이고, 자율성론은 실학사상을 계승한 개화사상 · 19세기 이래 계속된 전통사회에 대한 근본적 개혁 요구의 전개(한국사의 내재적 발전 과정에서 나타난 필연적 사실)로 본다. '更張' 이라는 이름값에도 갈 수 없는 隸屬化의 과정이라 하여 그 呼稱도 고쳐져야 한다는 論者도 있다.

손상(損傷)된 국가존엄 - 을미지변(乙未之變)·아관파천

〈일본인의 민왕비시해(閔王妃弑害) - 을미지변(乙未之變, 1895)〉

명성왕후는 러시아 세력을 끌어들여 왕권을 회복하고 개화 정권과 일본 세력을 동시에 제거하고자 했다. 淸과 일본은 각각 '속방화'와 '보호국화' 의도를 가지고 있었기에 멀리하고, 영토적 야심이 없는 미국이나 러시아에 기대어 독립을 보전하고자 한 수원책(綏遠策)은 실효를 거두지 못하였다.

아산만에서의 일본군함의 선제공격(1894. 7. 25)으로 시작된 청일전쟁은 웨이하이웨이 함락과 淸 북양함대 궤멸에 따라 일본의 승리로 종결되고, 일본 무쓰 무네미쓰(陸奧宗光, 1844-1897)와 淸 리훙장(李鴻章)사이에 시모노세키조약(, 下關條約, 馬關條約이라고도 한다)이 맺어져(1895.4) 淸은 遼東반도·타이완(臺灣)과 부속 도서 및 펑후열도(澎湖列島)를 일본에 할양(割讓)하였으며, 2억냥의 백은을 배상금으로 지불하며 사스(沙市)·충칭(重慶)·쑤저우(蘇州)·항저우(杭州)를 일본에 개방하고 조선의 독립을 승인한다는 명분 아래 중국 봉건군벌들의 세력이 조선에서 쫓겨났다. 결국 淸은 조선에 대한 종주국 지위를 포기하고 조선의 독립을 인정했다. 遼東半島의 淸으로의 환부(還付) 요구를 러시아·독일·프랑스 3국으로부터 권고받은 일본은 遼東 반도 반환의 댓가로 3천만 양(兩)의 배상금을 淸으로부터 받았다〔삼국간섭(三國干涉), 1895〕.
일본은 타이완 통치 경험을 조선과 중국 동북 지역 지배에 이용하였다.

러시아·독일·프랑스 3국은 그 은혜로운 간섭의 대가(代價)를 각기 淸에 요구하여 러시아는 遼東 반도의 뤼순(旅順)과 따롄(大連)을 25년간 조차(租借)하게 되고(1897), 독일은 산뚱(山東) 반도의 이권을 차지하는 동시에 자오저우만(膠州灣)을 99년간 조차하게 되고(1897), 프랑스는 화난(華南)의 이권을 차지하고(1896) 칭저우만(慶州灣)을 99년간 조차하게 되었다(1899). 영국도 웨이하이웨이(威海衛)와 주룽(九龍) 반도를 조차하고(1896) '香港領域擴張에 관한 條約'을 체결, 香港을 99년간 租借하게 되어(1898) 열강에 대한 중국의 "문호개방"과 중국 진출의 "기회균등"을 내세우게 되었다.

박정양 내각의 성립은 구미파의 등용, 김홍집파의 보강, 박영효파의 퇴임 등 상호견제를 통해 왕권을 회복하려는데 그 목적이 있었다. 민영환〔閔泳煥, 閔謙鎬(1838-1882)의 아들, 1861-1905〕, 민영소(閔泳韶, 1852-1917), 민응식(閔應植, 1844-?), 민영달(閔泳達, 1859-?) 등을 궁내특진관(宮內特進官)에 기용하고 법부·외부고문으로 그레이트하우스(Clarence R. Greathouse, 具禮 在任 1890.8-1899.10)를 임명하고 외교 및 재정고문 리젠드르(Charles William LeGendre, 李善得, 1830-1899, 在任 1890.4-1899.9)를 궁내부고문(宮內府顧問)에 재등용하고, 시위대(侍衛隊)를 편성하여 친일 훈련대를 견제하였다.

일본 망명중 박영효는 이노우에 가오루(井上馨, 1835-1915) 후임 미우라 고로(三浦梧樓, 1846-1926) 공사에게 "왕후와 그 일파를 제거해야만 조선정치가 개혁될 수 있다"하고 흥선대원군을 옹립하도록 충고했으며, 훈련원 교관을 지낸 우범선(禹範善, 1857-1903)을 소개했는데 그 아들이 '페츄니아 겹꽃(重弁花)이론'으로 유명한 유전육종학자(遺傳育種學者) 우장춘(禹長春, 1898-1959)이다.

• *왕비시해의 현장*

대원군은 1894년 11월 은퇴후 손자 준용(埈鎔, 1870-1917)을 데리고 교동(喬桐)에 피적(被謫)된 이래 공덕리 별서(別墅) 아소정(我笑亭)에 파묻혀 울적한 나날을 보냈다.
1895년 10월 7일 심야 대원군의 집에 도착한 로우닌(牢人, 浪人)들은 경비 11명을 창고에 감금하였다. 대원군과 오카모토 류노스케(岡本柳之助, 1853-1912), 호리구치 구마이치(堀口九萬一, 1865-1945)와의 대화는 계속되고 있었다. 우치다 사다쓰치(內田定槌, 1865-1942)영사는 후에 "대원군은 좀체 나오지 않았다. 우물쭈물하면 날이 새기 때문에 대원군을 끌어내 선두에 세워 왕성으로 향했다."고 하였다.

훈련대 2대대장 우범선(禹範善)은 미우라의 청탁으로, 훈련대 연대장 홍계훈(洪啓薰)에 보고하지 않고 출동했다.
홍계훈은 최후까지 왕비의 '충신'이었다. 경복궁에 달려온 그는 광화문에서 총격전을 전개, 낙마한 뒤에 참살되었다. 그 후의 장면은 독립문의 세부설계자 건축기사 세레딘 사바틴(Aleksey J. Seredin - Sabatin)에게 목격되었다.
「20~25명 가량의 일본인들이 일본도로 무장한 채 10~20명의 궁녀들을 왕후의 침전에서 2m가 넘는 창 밖의 뜰에 내 던졌다. 놀랍게도 궁녀들은 한 사람도 달아나거나 울부짖거나 반항하거나 신음소리를 내지 않았다. 머리채를 잡혔을 때도 창 밖으로 던져졌을 때도 묵묵히 고통을 참고 있었다.」

주한 영국 영사 힐리어(Walter C. Hillier, 1849-1927)는 시위대 연대장 현흥택(玄興澤), 사바틴, 통역 군사교관 다이(William McEntyre. Dye 茶伊, 1830-1899)등 4명의 목격자 증언을 토대로 北京주재 영국공사 오커너(N.R. O' Conor)에게 알렸다.
「건청궁의 앞 뒷문을 통해 일본군의 엄호 아래 침입해 들어온 민간복장의 일본인들은 곧바로 왕과 왕비의 처소로 가서 몇몇은 왕과 왕태자의 측근을 붙잡았고, 다른 자들은 왕비의 침실 옥호루(玉壺樓)로 향하였다. 궁내부 대신 이경직(李耕稙, 1841-1895)은 칼날에 양 팔목을 잘리고 죽었다. 왕비는 뜰 아래로 뛰어 나갔지만 넘어뜨려졌고, 세 차례 왕비의 가슴을 짓밟으며 칼로 거듭 왕비를 찔렀다. 실수가 없도록 왕비와 용모가 비슷한 궁녀들도 살해되었는데, 여시의(女侍醫)가 손수건으로 왕비의 어안(御顔)을 가렸다.」

「나카무라 다테오(中村楯雄), 후지 가쓰아키(藤勝顯), 나〔데라사키 다이키치(寺崎泰吉), 本名 다카하시 겐지 高橋源次〕셋은 왕의 제지를 무시하고 왕비의 방으로 들어갔다. 웅크리고 있던 2, 30명의 궁녀 중 귀인의 풍모를 갖춘 사람이 있었으므로 민비라고 알아차렸다. 머리카락을 잡고 끌어 당겼으나 그 태도는 조금도 흐트러지는 곳이 없었다.… 나는 칼을 한 번 내려쳤다. 나카무라가 머리카락을 잡고 머리 부분을 쳤으므로 일격에 쓰러져 버렸다.」

우치다의 보고서는 '왕비의 관자놀이에 아주 희미한 마마자국이 있다는 증거를 얻어 3구의 시체 중 하나에 마마자국이 있어 궁녀를 연행하여 민비임을 확인했다' 고 썼다.

명성왕후 순국숭모비 '명성황후약사' 에는 "흉도들은 평소 왕비와 안면이 있는 고이즈미 미노루(小泉實)의 딸 고이즈미 하나코 (小泉花子)를 앞세우고 시신이 왕비임을 확인하였다"라고 하였다.

「상체에는 짧은 속옷을 입었을 뿐이며 허리 아래는 하얀 속바지를 입고 있었으나 무릎 아래는 맨 살이다..… 위를 향한 채 이미 숨이 끊어졌고 주변에 피가 흐르고 있었다.」

〈한성신보 편집장 고바야카와 히데오(小早川秀雄, 1870-1920)〉

「왕비를 끌어내어 두 세군데 칼로 찌르고 나체(裸體)로 만들었으며 국부검사(局部檢査)를 웃어대며 했다 그리고는 최후로 기름을 뿌려 불태워 버렸다.」

〈이시즈카 에이조(石塚英藏, 1866-1942)〉

「우범선이 곤녕전에 도착, 구연수(具然壽)와 하사관에게 명해 왕비의 사체를 이불 위에 얹고 그 위에 다시 이불을 덮어 새끼줄로 묶어 옆 창고에 넣었다. 곧 사체를 동산 기슭으로 옮겨 석유를 끼얹어 태웠다. 타다 남은 뼈는 못에 갖다 버렸다.」

〈사노(佐野)시 향토박물관 소장 '스나가문고(須永文庫)' 관계노트〉

고종은 사건 발생 직후 리젠드르(Charles William Legendre)의 통역관을 통해 "짐(朕)의 면전에서 오카모토, 스즈키, 와타나베가 군도를 들고 침전(寢殿)에 난입해, 왕후를 잡아 넘어 뜨리고….."라고 밝혔다.

1895년 11월 21일자 '노스 차이나 헤럴드' 지는 '이노우에가 실제 주모자였으며, 미우라는 희생양에 불과하다. 박영효의 반역도 이노우에에 의해 사주(使嗾)된 것이고….' 라고 썼다. 일본 여류사학자 김문자(金文子)는 시해의 주범으로 가와카미 소로쿠(川上操六, 1848-1899) 육군 대장, 야마가타 아리도모(山縣有朋, 1838-1922) 육군대신 등을, 명성황후에게 처음 칼을 휘둘러 치명상을 입힌 자로 육군 소위 미야모토 다케타로(宮本竹太郎)를 지목했다. 〈'명성황후 시해와 일본인' (2009)〉

10월 4차 김홍집 친일내각이 성립, 태양력(太陽曆) 채용, 어린이 종두(種痘) 규칙 발표, 한성에 소학교 설치, 충주 · 안동 · 대구 · 동래에서 우체(郵遞) 사무 개시, 군제 변경〔중앙에 친위대(親衛隊), 지방에 진위대(鎭衛隊)〕, 단발령(斷髮令) 강행 등 급진적인 개혁을 하였는데 특히 단발령은 "목을 자를수 있으나 머리털은 자를 수 없다"라는 반대에 부딪쳤다.

10월 17일 미우라 공사의 해임과 소환이 결정되고 고무라 주타로(小村壽太郎, 1859-1911)가 후임이 되었다. 1896년 1월 14일 5사단 군법회의에서 구스노세 유키히코(楠瀨幸彦, 1858-1927) 중좌 이하 초적폭도(草賊暴徒) 48명 전원이 무죄로 되었고, 1월 20일 히로시마 지방재판소 예심에서도 전원 免訴가 되었다.
조선 당국이 왕후 암살의 하수인으로 이주회(李周會), 박선(朴銑), 윤석우(尹錫禹) 등 3명을 처형한 것이 일본의 입장을 편하게 만들었다.
초적폭도(草賊暴徒) 대부분은 士族出身으로 한성신보 사장 아다치 겐조(安達謙藏, 1864-1948)는 가토 다카아키(加藤高明, 1860-1926) 내각의 遞相 · 하마구치 오사치(濱口雄幸, 1870-1931) 내각의 內相, 스기무라 후카시(衫村濬, 1848-1906)는 外務省 通商局長 · 브라질 공사, 시바 시로(紫四郎, 1853-1922)는 衆議院 의원, 호리쿠치 구마이치는 브라질 · 루마니아 공사를 각각 역임했다.
일본에 망명한 '시국모 소체지 극역대악(弑國母 燒體之 極逆大惡, 국모를 시해하고 그 몸을 소각한 극역 대악)' 우범선은 박영효 등과 어울리다가 1903년 구레(吳)에서 국모복수(國母復讐)를 계획한 高永根(前 만민공동회장, 1854-1923) · 노원명(盧遠明, 魯允明)에 의해 암살 당했다.

大院君은 집정(執政) 3日 누차(屢次) 主上에 要請하여 폐비(廢妃)의 조칙(詔勅)을 내리게 하였는데 고종은 격노하여 각료들에게 "짐에게 그 서명을 강요하느니 차라리 짐의 두 팔을 자르라"고 소리쳤다. 「우리들은 왕의 입장을 구하려 하였으나 할 수 없었다. 민비는 죄과가 많았으므로 폐위할 수 밖에 없었다. 왕도 그것을 이해하고 결국 민비 폐위에 동의하는 결과가 되었던 것이다.」 〈雲養 김윤식(金允植 / '속음청사(續陰晴史)' 〉

조선 정부는 11월 26일 '폐후의 조칙' 을 취소하고 빈호를 특별히 사여했다.

• *재치와 총명으로 싸운 明成王后*

명성왕후는 여주읍 능현리 잔반(殘班) 민치록(閔致祿, 1799-1858)의 딸로 8살때 부모를 여의고 서울 일갓집에 붙어살면서 '春秋左氏傳' 등을 열심히 읽었다.
16세에 왕비로 책봉 이후 상궁 나인(영보당 이씨)이 낳은 완화군(完和君, 1868-1880)을 왕과 대원군이 몹시 사랑한다는 소식을 듣고 양오라버니 민승호(閔升鎬, 1830-1874) 등 여흥 민씨를 규합, 대원군에게 대항하였다.

영국 지리학자 비숍(Isabella Lucy Bird Bishop)의 明成王后 인상기이다.
「그녀는 대원군을 중심으로 정적들에 포위되어 있었다. 정적들은 왕비의 재능과 힘을 증오하며 조정의 요직에 민씨 일족을 앉히는 것을 미워했다. 그녀는 왕과 왕세자의 존엄과 안전을 지키고 대원군을 거세하기 위해 자기의 매력, 기민성, 총명으로 잘 싸웠다.」

언더우드(Lillias Stirling Horton Underwood, 1851-1921) 부인은 「다른 모든 아시아인들과 마찬가지로 그녀의 지식도 주로 중국의 고전에서 얻은 것이었으나, 그녀는 세계의 강대국에 대해 잘 알고 자기 나라에 이익이 되는 것을 위해 몸을 바치고 있었고 백성의 복지를 찾고 있었다. 이것은 모두 우리들이 동양의 왕비에게서 기대할 수 있는 수준을 훨씬 넘어서는 것이었다.」라고 썼다.

서재필은 「민비는 실로 당할 길 없는 지략과 재략을 지닌 걸물이었소.」라고 하였다.

「타고난 예지와 날카로운 의리로 어려울 때 짐(朕)을 살뜰히 도와주었고, 근심거리가 있으면 대책을 세워 풀어주었으며, 특히 황후가 권고한 수원 정책(綏遠政策 : 먼 나라를 끌여들여 가까이하라는 정책)은 외국인들도 감복했을 정도다. 황후는 경복궁의 곤녕합에서 무자일(戊子日) 묘시(卯時)에 세상을 떠났다. 이날 새벽 짐과 황후가 곤녕합 북쪽 소헌(小軒)에 있을 때 흉악한 역적들이 난입하여 소란을 피우니 황후가 개연히 "원컨대 종묘사직의 중대함을 잊지 말 것입니다"하였는데 위급한 중에도 종묘사직을 돌보는 마음이 이와 같았다. 아! 슬프다.」 명성왕후의 장례를 치르면서 발표한 '어제행록(御製行錄)' 이다.
〈'고종실록' 36년(1897, 대한 광무 1) 11월 22일〉

시해 2년 후인 1897년 11월 '명성(明成)' 이란 시호가 내려지고 연못 속에 버려졌던 뼈를 찾아내어 금곡 홍릉에 안장했으며 고종도 그후 합장되었다. 경복궁에는 '명성왕후 조난지' 가 조성돼 있다.

당시 일본 언론은 명성황후를 질투심 강하고 잔인한 악녀로, 시해 후에도 악후로 묘사했다.

「閔妃 살해는 세계 어느 나라의 침략외교에서도 없었던 포학(暴虐)한 것으로 그 후 反日투쟁이 민중 속으로 깊게 확산 되었다.」
〈이노우에 키요시(井上 淸)〉

1995년 명성왕후 시해 100주년에 맞춰 초연한 윤호진(尹浩鎭, 1948-)제작 · 이태원 주연의 뮤지컬 '명성황후' 는 2010년까지 700회 가까이 공연, 국내외에서 128만명이 봤다.

〈아관파천(俄館播遷, 1896-1897)과 光武改革(1896-1904)〉

春生門사건〔貞洞구락부가 중심이 되어 경복궁 북문(春生門)을 통해 外國공사관으로 移御하려던 일〕 후 친러파 이범진(李範晋, 1852-1911) 등은 베베르와 밀의하여 친일정권을 타도하려고 하였다.

1896년 1월 러시아 공사 스페예르(Alexei de Speyer 士貝耶)는 인천에 정박 중인 러시아 군함으로부터 수병(水兵) 120명을 서울로 끌어 들였다. 명성왕후 시해로 불안해 하던 고종과 왕세자는 嚴상궁 주선으로 1896년 2월 11일 새벽 정동 러시아 공사관으로 이어(移御)했다. 스페에르는 「나는 서울 도착 이후 조선의 정황을 보고 놀랐다. 왕은 그의 각료들의 불합리한 요구를 저지할 힘이 없었고, 각료들은 일본공사관으로부터 지령을 받고 있었다.」고 하였다.

총애를 받아 세도를 부린 내시들은 김규복 · 황윤명 · 이용선 · 나세환 · 강석호 · 김한종 등으로 "이들은 서로 결탁하여 국가의 큰 좀벌레가 되었는데 그중 강석호(姜錫鎬, ?-?)가 으뜸이었다."(매천야록)

高宗은 명성왕후의 횡사(橫死) 후 불안하여 거의 밤을 새우는 상태이었는데 軍事고문(顧問) 다이 將軍과 美國宣敎師 언더우드 등이 얼마동안은 每夜 인실(隣室)에 入直하게끔 되었으니 高宗은 자기 신하들도 신임할 수 없었다.

명성왕후 시의(侍醫) 언더우드夫人과 베베르의 인척 손탁〔孫澤, Antoinette Sontag:1854-1925〕 女史는 늘 高宗을 위자(慰藉)하였으며, 베베르 夫妻는 충심(衷心)으로 진취(盡瘁)하였으므로 高宗이 露國 공사를 깊이 신뢰하였다.

이범진(李範晋) · 이완용(李完用, 1858-1926) 등 친러파는 친일 정권의 수뇌 5명을 역적으로 규정하고, 이어(移御) 사실과 역적 포살령을 포고하였다.

총리 김홍집(金弘集), 대신 정병하(鄭秉夏, ?-1896) · 어윤중(魚允中)은 반일 감정에 격분한 군중과 순검(巡檢)에게 피살되었고 유길준(兪吉濬) · 조희연(趙羲淵) 등은 일본으로 망명하였다.

「홍집(弘集)은 화왜(和倭)를 주장하다가 청의(淸議)에 득죄(得罪)했으나 국사(國事)에 진심(盡心) 하였고, 그의 재간과 지략(智略)은 속류배(俗流輩)가 따를 바 못되었다. 그 부인 홍씨(洪氏)는 변란을 듣고 목매어 자살했으며 젖먹이 어린 아기는 강보(襁褓)에서 죽었으니 사람들이 더욱 슬퍼했다.」 〈'梅泉野錄'〉

아관파천기(1896. 2. 11-1897. 2. 20)인 1896년 5월 러시아 · 일본 양국의 외교적 절충으로 베베르 · 고무라(小村) 각서(Waeber Komura Memorandum, 京城議定書)가 조인되어 고종의 환궁, 반일정부의 해산, 조선에서의 병력주둔 등이 이루어졌다.

아관파천에 대하여 황현(黃玹)은 '충의 때문에 한 짓이 아니며, 러시아를 위하고 일본을 배척하기 위하여 한 짓도 아닌, 권력 싸움 때문' 이라는 정평을 내렸다.

고종의 러시아공사관 체재는 국민의 비난을 받아 박정양 · 한규설(韓圭卨) 등과 독립협회 중심의 민중운동으로 慶運宮(덕수궁)으로 환궁(還宮)하여 국호를 대한(大韓), 연호를 광무(光武)라 고치고, 원구단〔圜丘壇, 하늘에 서고(誓告)하는 장소로 1457년 太宗이 세우고 太祖를 배향하였다〕에 참예(參詣)하여 왕을 황제(皇帝)라 칭하고 중외(中外)에 독립제국임을 선포하였다.(1897. 10)

경운궁 동편에 세운 대안문(大安門)은 물멸대안(物滅大安)에서 따온 것으로 몸에 나쁜 것을 죽이고(物滅) 다시 태어난다(大安)는 뜻이다.

원구단(圜丘壇, 사적 157호)은 총독부 철도조선호텔 건립으로 위패를 모신 황궁우(皇穹宇)만 남아 있고 乙未之變때 홍계훈(洪啓薰), 이경직(李耕稙) 등 忠臣烈士 추모를 위해 1900년 세운 장충단(奬忠壇)은 공원만 남아있다.

대한제국(1897-1910)이 갑오개혁과 을미개혁에 이어 단행한 光武改革(1897년에서 1904년까지 내정 개혁)의 방향은 '舊本 新參'(구법을 본으로 삼고 신법을 참고한다)이었다.

광무개혁에서는 大韓帝國 반포, 황제권의 강화, 친위대(親衛隊) · 시위대(侍衛隊) · 호위대(扈衛隊)의 개편, 武官學校개교, 국가(國歌) 및 각종 기(旗) 제정, 양전사업(量田事業) 실시 및 지계제도(地契制度) 채택, 인공양잠전습소(人工養蠶傳習所) · 직조권업장(織造勸業場) · 한성제직(漢城製織) 등 회사들과 한성은행(漢城銀行, 1897) · 대한천일은행(大韓天一銀行, 1899) · 대한은행(大韓銀行, 1899) · 한일은행(1906) 등 금융기관의 설립, 技藝 · 商工 · 鑛務學校와 경성의학교 설립, 北間道管理所 설치, 清과의 통상조약〔한청조약(韓清條約, 1899)〕체결이 이루어졌다. 한청조약(韓清條約)은 중화주의의 잔재와 싸운 평등조약의 공이 인정되는 성과다. 대한천일은행은 1911년 조선상업은행, 1950년 한국상업은행이 되었다가 1999년 한일은행과 합쳐 한빛은행이 되었고, 2002년 '우리은행'으로 개칭했다.

露帝 니꼴라이 2세(Aleksandrovich Romanov Nikolai Ⅱ, 1868-1918, 在位 1894-1917)의 대관식 축하사절의 사행록으로 민영환의 '해천추범(海天秋帆)'과 김득련(金得鍊, 1852-?)의 '환구일록(環璆日錄)'이 있다.

동 대관식 참석을 기회로 모스크바에서 체결된 로바노프(Aleksey Borisovich Lobanov Rostovskii)-야마가타 아리토모(山縣有朋) Protocol (모스크바 의정서라고도 함, 1896)과 니시 도쿠지로(西德二郎, 1847-1912) · 로젠(Roman Romanovich Rozen, 1847-1927) 협정(광무2년, 1898)에 의하여 러시아와 일본 양국은 대한제국의 내정에 간섭하지 않으며, 鍊兵교관과 재무고문의 파견은 사전에 협의하며, 러시아는 일본의 상업 및 공업상의 대한제국 침투를 방해하지 않는다는 것을 약속하였다. 또한 러시아와 清은 '러 · 清 비밀군사동맹'을 체결하고(1896.6) 東清철도(Chinese Eastern Railway)부설권이 러시아에 양여되었다.

조선에 대한 러시아의 침략과 팽창은 '온화'하고 '점진적'인 방식으로 진행되었다.

개화자강(開化自强)의 구국운동
- 독립협회(獨立協會) · 만민공동회(萬民共同會)

1896-1898년에 전개된 독립협회와 만민공동회운동은 갑오개혁과 아관파천 후 러시아 등 열강의 침략정책에 대항하여 개화파들이 주동이 된 구국개혁운동이었다. 독립협회는 국가의 주권과 독립을 강조하기 위해 독립문을 세웠으며(1897. 11. 준공) 모화관을 독립회관으로 개칭하였다.

1407년 明의 사신 영접을 위해 세워 졌던 모화루(慕華樓)를 世宗때 慕華館으로 개칭했고 그 앞에 있던 홍살문은 영조문(迎詔門)으로 부르다 中宗때 헐고 다시 지은 것이 迎恩門인데 임진왜란때 불탔던 것을 중건했다. 사적 32호 독립문은 1906년 11월 2일 기공했던 것으로 1934년 迎恩門의 주석(柱石) 두개를 독립문 남쪽에 옮겨 세운 것은 영은문의 잔해를 독립문앞에 꿇어 앉힌다는 뜻에서였다.

「1895년 12월 25일 나는 조선 땅을 다시 딛었다. 을미사변의 참극으로 조국은 온통 공항상태에 빠져 있었다. 나는 신문만으로는 대중에게 자유주의 민주주의적 개혁사상을 고취하기 곤란할 듯 하여 1896년 4월 7일 '독립신문' 을 창간한 지 7, 8개월 후 독립협회를 창설했다. 처음 이 회에 참가한 분들이 이상재(李商在), 이완용, 윤치호, 이채연(李采淵, ?-?)이었고, 고문은 나, 회장은 이완용, 서기는 이상재로 이들을 '정동파' 라 불렀다.」

〈서재필(徐載弼)〉

독립협회의 사회사상은 자주독립 · 자유민권 · 자강개혁이 통합된 자주민권자강 · 자유독립개혁사상으로 서재필, 윤치호 등 중심의 서구시민사상의 도입과 翰西 남궁억(南宮檍, 1863-1939), 정교(鄭喬, 1856-1925) 등 중심의 개신유학적 전통이 그 배경이다.
독립협회운동 자체가 실학운동이었다는 것은 학자들의 공통된 견해인데 文一平의 말과 같이 '독립협회운동에 3巨頭가 있었으니 徐載弼은 창설자, 尹致昊는 계승자, 李商在는 확충자(擴充者)' 이었다. '대조선독립협회보' 는 강병을 만드는 길이, 충의(忠義) · 군율(軍律) · 무예(武藝)를 익히는 데 있다 하고, 그래야만 나라의 독립을 지킬 수 있다고 했다.

독립협회는 1898년 3월 만민공동회운동으로 부산영도까지 진출하려던 러시아를 遼東半島로 후퇴시키고〔露國의 絕影島租借반대, 露國 教官과 顧問의 해임, 노한은행(露韓銀行)의 철수〕, 역관(譯官) 김홍륙(金鴻陸, ?-1898)의 고종독살미수사건을 계기로 10월 박정양의 진보적 내각을 수립시켰으며 2차 만민공동회에 정부대신을 합석케 하여 官民공동회를 개최했다. 관민공동회의 핵심은 의회제도 마련으로, '헌의(獻議) 6條' 를 채택, 11월 2일 민선의회의 성격이 가미된 중추원 官制가 반포되었다.

1898년 말 親露 수구파정부는 러시아와 일본에 야합하고 미국의 양해를 얻어 독립협회 · 만민공동회 등 개혁파단체들을 해산시키고 그 구국운동을 무력으로 탄압하였다.

열강의 이권침투와 식민지화 정책에 응전하는 구국운동이 중국 康有爲 등의 '무술정변(戊戌政變)' 과 '독립협회 · 만민공동회 운동' 이었는데 戊戌政變과 달리 '독립협회 · 만민공동회 운동' 은 개화독립사상과 민중을 결합시키는 데 성공하였으나 농민층에의 침투력 부족, 제국주의의 경제적 침투에 대한 인식미흡 등 지도력의 빈곤이 문제점이었다.

열강의 이권 침투 내용

이 권	연도	국 명
雲山 금광채굴권(雲山礦約)	1896	미 국
서울 電車 부설권	1898	
慶源 · 鐘城 광산채굴권	1896	러시아
압록강 유역 및 울릉도 삼림벌채권	1896	
京釜線 철도부설권	1898	일 본
京仁線 철도부설권(미국으로부터 매입)	1899	
稷山 금광채굴권	1900	
殷山 금광채굴권	1900	영 국
京義線 철도부설권	1896	프랑스
堂峴 금광채굴권	1897	독 일

〈新教育의 普及〉

최초의 근대적 사립학교의 설립은 德源府使 鄭顯奭이 1883년 세운 元山學舍를 꼽는다. 1884년 미국 北長老會(The Presbyterian Church)의 알렌(Horace Newton Allen, 1858-1932)이, 그 다음해 언더우드(Horace Grant Underwood, 元杜尤, 1859-1916), 미국 北監理會(The Methodist Episcopal Church)의 아펜젤러(Henry Gerhard Appenzeller, 1858-1902)와 스크랜튼(Mary Fletcher Benton Scranton, 1834-1909, William Benton Scranton, 1856-1922)이 온 이후 신교의 각 파가 선교사업을 전개, 의료등의 사회사업을 경영하고 자유주의 · 민족의식을 고취하였다.

1884년부터 1910년 사이에 우리나라에서 활동한 美개신교 선교사들은 북장로회(165명), 북감리회(114명), 남장로회〔테이트(Tate) · 레이놀즈(Reynolds)등 62명〕, 남감리회〔리드(Reid)등 46명〕 등 약 5백명 정도로 추산된다.

1885년 10월 아펜젤러가 최초의 감리교회인 貞洞教會(사적 256호)를 창설하고, 1887년 9월 14명의 신자가 정동 언더우드의 집 사랑에서 첫 예배를 보았는데 최초의 장로교회인 '새문안(新門內)교회' 의 시초이다. 1888년 12월, 주일 예배는 50명의 신자가 모였고 11명의 신자가 세례를 받았다(J.S. Gale 목사의 증언). 1924년 새문안 교회에서 '조선예수교연합공의회' 를 창설했는데 그것이 한국기독교협의회의 전신이다.

2005년 현재 개신교 신자는 8,616천 명이다.

1886년 최초의 관립학교 育英公院을, 다음 해 經學院을 설립했다. 1890년대에 師範學校令, 外國語學校令, 小學校令(1895), 醫學校令, 中學校令, 商工學校令(1899) 공포에 따라 소학교 및 중등교육기관인 각급 학교와 鑛務學校, 法官養成所(1895), 軍人教育기관 등이 개설되었고 미국 선교사들과 민족운동가들에 의해 京鄕에 많은 사립학교가 세워졌다.

교육단체로는 이갑(李甲, 1877-1917) 등의 서북학회(西北學會, 1908), 이광종(李光鐘) 등의 기호학회(畿湖學會), 장지연 등의 영남학회(嶺南學會), 남궁억(南宮檍)등의 관동학회(關東學會, 1908), 고정주(高鼎柱) 등의 호남학회(湖南學會, 1907) 등이 국민을 계몽、선도하였다.

아펜젤러는 培材學堂(1886)을, 스크랜튼 부인은 梨花學堂(1886)을, 언더우드는 儆新學校(1886)를, 閔泳綺(1858-1927)는 中橋義塾(1896)을, 베어드〔William Martyn Baird, 배위량(裵緯良), 1862-1931〕는 崇實學校(1897)를, 민영환(閔泳煥)은 興化學校(1898)를, 安昌浩는 漸進學校(1899)를, 醫師 오긍선(吳兢善, 1878-1963)은 群山 永明中學校 · 安樂學校(1910) · 경성보육원(保育院, 1919) · 경성양로원(1931)을 각각 설립하였다.

한문 위주의 서당식 교육을 탈피, 신 학문이 전수되었고, 특히 서울의 普成, 평양의 大成, 安州의 安興學校 등 사립학교에서 근대적 지식을 가진 많은 인재가 배출되었다.

「이용익은 申海永, 金桂炳 등과 더불어 편집소(編集所)로 普成館,, 인쇄소(印刷所)로 普成社, 教育機關으로 普成小學 · 同中學 · 專門學校를 施設하니 民間의 教育事業이 이 때문에 비약(飛躍)적 성운(盛運)으로 向하였다.」 〈崔南善 / '國民朝鮮歷史'〉

親露反日의 李容翊은 1905년 6월 高宗의 密書를 갖고 프랑스로 향하던 도중 日本官憲에 발각되어 일체의 公職을 파직(罷職)당한 후 海蔘威에서 객사하였다. 李容翊에 대한 評價는 贊反兩論이 있었고 오늘날에도 의견이 區區하다.

이용익(李容翊)이 설립한 보성(普成)전문학교는 1932년 3월 인촌(仁村) 김성수(金性洙, 1891-1955)가 인수하였다.

남강(南岡) 이승훈(李昇薰)은 오산학교 개교식 날, 「옛 성인(孟子)의 말씀에도 '人必自侮然後人侮之(사람은 스스로를 모욕한 뒤에야 남이 모욕한다)' 라고 하였다. 오늘 일곱명의 학생밖에 없으나, 70명 내지 7백 명에 이르도록 할 날이 올 것이니, 일심 협력하여 나라를 남에게 빼앗기지 않는 백성이 되기를 부탁한다.」하였다.

그는 「내가 죽거든 뼈를 흙 속에 묻어 쓸데없이 썩히지 말고 표본으로 만들어 학생들이 연구하는 데 쓰게 하라.」는 유언을 하였다.

「남강이 무엇인고, 열(熱)이요 성(誠)이로다. 강(剛)이요 직(直)이러니 의(義)시며 신(信)이시라. 나갈 젠 단(斷)이면서도 그저 겸(謙)이시더라.」 〈金基錫 / '南岡 李昇薰'〉

1910년 한일 합병때까지 국내에 2천3백 교, 西間島에 50개 교, 北間島에 1백30개 교가 세워졌으나 合併과 함께 日帝는 독립운동의 온상(溫床)임을 인지하고 탄압하여 1915년 1,154개 교, 1919년 7백42개 교, 1925년 6백4개 교로 私立學校의 수가 줄었다.

한말의 사립학교

연도	학교명	설립자	지명
고종 20년(1883)	元山學舍	鄭顯奭	元山
고종 23년	培材學堂	美北監理會	서울
	梨花學堂	美北監理會	서울
	儆新學校	美北監理會	서울
고종 27년	貞信女學校	美北監理會	서울
고종 34년	崇實學校	美北監理會	平壤
광무 2(1898)	培花女學校	美北監理會	서울
광무 7	崇義女學校	美北監理會	平壤
광무 8	好壽敦女塾	美北監理會	開城
	靑年學院	全德基	서울
광무 9	普成學校	李容翊	서울
	養正義塾	嚴柱益	서울
	徽文義塾	閔泳徽	서울
광무 10	信聖・保聖女學校	美北長老會	宣川
	進明女學校	嚴貴妃	서울
	淑明女學校	嚴貴妃	서울
	輔仁學校	輔仁學會	서울
	養閨義塾	秦學新	서울
	中東學校	崔奎東	서울
	瑞甸書塾	李相卨	間島
광무 11	新興 紀全女學校	美南長老會	全州
	大成學校	安昌浩	平壤
	五山學校	李昇薰	定州
	五星學校	西北學會	서울
	鳳鳴學校	李鳳來	서울
융희 2 (1908)	畿湖學校(現 中央中高)	畿湖興學會	서울
	同德女子義塾	李載克	서울
	大東專修學校	大東學會	서울
융희 3	昭義學校	張志暎	서울

〈자료 : 孫仁鐵 / 各級 敎育機關, '한국사 20'〉

1910년 7월의 우리나라 學校數

府道別	學校總數	官公立			準公立	私立				
		高等	普通	實業	學校	高等	普通	實業	各種	宗教
漢城府	112	6	9	3	—	1	1	2	66	24
京畿道	219	—	6	1	12	—	—	—	136	64
忠淸南道	98	—	4	—	3	—	2	—	73	16
忠淸北道	53	—	2	—	3	—	—	—	41	7
全羅南道	49	—	5	2	6	—	1	—	31	4
全羅北道	85	—	4	2	2	—	4	—	42	31
慶尙南道	117	—	7	2	4	—	3	1	82	18
慶尙北道	158	—	4	1	3	—	3	—	72	75
江原道	51	—	3	1	4	—	—	—	37	6
黃海道	295	—	2	—	7	—	—	—	104	182
平安南道	453	1	3	1	3	—	—	—	189	254
平安北道	411	—	4	1	5	—	—	1	279	121
咸鏡南道	230	—	3	1	8	1	2	—	194	21
咸鏡北道	65	—	3	—	3	—	—	3	56	—
		7	59	15		2	16	7	1,402	823
計	2,396	81			65	25			2,225	

〈國史編纂委員會 / '韓國獨立運動史' p.902~903. 資料 171號〉

일제 관학교육에 불만을 가진 사람들은 서당으로 몰렸다.

1911년 서당 1만 6,540개에 학생 수 14만 1,604명, 1917년 서당 2만 4,294개에 학생 수 26만 4,835명이었다. (조선총독부 통계연보(1917))

〈近代文明施設의 도입(導入)〉

우리나라가 근대적 기술에 눈을 뜨게 된 것은 1881년의 신사유람단과 영선사의 파견으로 이후 상공학교(1899)와 공업전습소(工業傳習所)(1902)가 설립되어 기술자를 배출하였다.

한성판윤 이채연(李采淵)이 서울 도시개조사업의 주역이 되었다.

철도는 경인선이 1896년 미국인에 의해 착공되었다가 일본에 넘겨져 1899년 9월 인천과 노량진 간의 철도가 완성되고, 한강철교의 준공으로 서울역까지 연장되었다(1900). 경의선은 프랑스에 의해, 경부선은 일본에 의해 각각 1904년 완공되었다.

도로는 반도종관노선(半島縱貫路線)으로서 부산-대구-대전-서울-평양-신의주-안동(安東 : 滿洲)으로 이어지는 안동선, 서울-원산-청진-나진-경흥-연해주로 이어지는 연해주선, 함흥-장진-강계-만포진-통화(通化 : 滿洲)로 이어지는 만주선 등 일제의 대륙진출을 위한 치도사업의 결과였다.

전차는 1898년 미국계 콜브란 보스트윅사(Collbran-Bostwick Company)가 정부와의 계약으로 착공하여 부설되었다.

전신시설은 한성전보총국(漢城電報總局)과 인천분국 간에 전신개통을 시작으로(1885) 한성 · 의주 사이의 서로전선(西路電線)이 미국인 기술자의 감독 아래, 한성 · 부산 사이의 남로전선(南路電線)이 정부 단독의 힘으로 각각 완성됨으로써(1888) 중국, 일본과의 통신망이 완결되었다. 전화는 궁중과 행정기관에 가설되어 사용되다가(1896) 민가에 보급되었다.

우편은 1884년 우정국 설치가 갑신정변으로 중단되었다가 우편국을 개설하였다(1896).

> 뉴욕크 駐在 名譽 總領事 프레이져(Everett Frazar, 1835-1901, 韓國名 厚福節)가 發明家 에디슨(Thomas Alva Edison, 1847-1931)으로부터 전기 가설권을 얻어 1887年末 景福宮 乾淸宮에 전등(電燈)을 켜게 했다.

의료시설은 혜민국(惠民局, 1112)이 최초이었는데 제생원(濟生院, 1397), 혜민서(惠民署, 1466)로 개칭하였다가 1882년 폐지되고 근대시설로서 1885년 알렌(Horace N. Allen, 安連) 이 세운 광혜원〔廣惠院(後의 濟衆院)〕에 이어 1899년 정부에서 광제원(廣濟院)을 세웠다.

> 알렌이 시작한 세브란스(Louis Henry Severance, 1838-1913)醫學校는 美 北長老派 단독으로 경영하여 오던 것을 에이비슨(Oliver R. Avison, 魚丕信, 1860-1956) 校長의 노력으로 宣敎醫療事業을 하고 있던 각 敎派가 연합하여 운영하게 되어 기구 확장(機構 擴張)과 敎職員 보강(補强)이 되었다. 1898년 셔우드(Rosetta Sherwood, 1865-1951)가 평양에 廣惠女院을, 1903년 에드먼즈(Margaret J. Edmunds)가 간호원양성소를 설립하였다.

정체(停滯)된 社會 - 100年 전 韓國

• *流浪하고 移住하고*

植民地 農業經營의 方向은 農業生産의 發展이었으나, 農民의 階級的 전락(轉落), 半封建的 小作制度의 再生産, 農民生活의 궁핍화(窮乏化), 農民의 이촌(離村)과 유랑(流浪)의 과정(過程)을 밟았다.

日帝가 신고제도를 실시하여 양반지주들과 야합함으로서 토지를 잃은 농민들은 농촌에 그대로 머물러 임노동자로 지주에게 예속되는 과정을 밟기도 하고 유랑의 길에 올라 대도시 주변에 굴을 파고 오두막을 지어 사는 '土幕民' 이 되거나, 깊은 산골에 들어가 '火田民' 이 되거나, 일본 · 만주 · 시베리아 등지로 건너갔다.

한국인이 중국에 이주하기 시작한 것은 17세기까지로 소급된다. 여진족이 淸을 세우고 間島지방을 그 조상의 발상지(龍興發祥之地)라 하여 1677년 봉금령(封禁令)을 내려 아무도 이주하지 못하게 했다. 間島지방에 들어와 농사를 짓는 조선인이 많아진 후 19세기 중엽 구주열강(歐洲列强)의 침략을 받아 국력이 쇠약해지고 哲宗 말년 우리나라 流民이 퍼지게 되자 淸이 1881년(高宗 18년) 두만강 일대에 대한 영유권을 주장하면서 間島문제가 일어나게 되었다. 1712년(肅宗 38년, 淸 康熙51년) 오라총관(烏喇總管) 무커덩(穆克登)과 접반사(接伴使) 朴權(1658-1715)이 白頭山 定界碑〔만주사변(滿洲事變)때 일제에 의해 철거되었다〕를 세워 鴨綠江과 土們江으로 淸과 朝鮮의 경계를 삼았는데(西爲鴨綠 東爲土們) 朝鮮은 土們江은 松花江의 원류(源流)인 土們을 지칭한 것으로 松花江 以東 間島 땅이 朝鮮영토라 주장하고, 淸은 土們江은 豆滿江을 가리킨 것이라 하여 30여년동안 外交戰을 전개하였다. 1905년 大韓제국 외교권이 일본에 넘어가자 1909년 9월 淸 량둔엔(梁敦彦)과 日 이주인 히코키치(伊集院彦吉, 1864-1923)간의 '間島에 관한 淸日協約' 으로 安奉線과 무순(撫順) 탄광 등을 교환조건으로 間島의 주권도 이양되었다. 間島는 白頭山定界碑가 세워진 東山에서 發源하는 石乙水 및 이 물줄기가 流入하는 豆滿江유역에서 蘇領 沿海州와 국경선을 이루고 있는 豆滿江對岸인 東間島 또는 北間島를 가리키는데 汪淸, 琿春, 延吉, 和龍, 安圖縣 등 上縣에 넓이 2만1천㎢의 지역을 통칭한다.

1962년 10월 김일성 북한 주석과 저우언라이(周恩來) 중국 총리간 '조중변계조약(朝中邊界條約)' 〔1964년 3월 朴成哲(1912-?) · 천이(陳毅)간 변계의정서 체결〕에서 국경선은 육지 45km와 하천 1289km 총 1334km로 하고, 압록강(790km)과 두만강(521km)에 있는 468개 섬 중 280개는 북한령, 187개는 중국령, 1개는 러시아령으로 귀속하며 백두산 천지는 북한이 55%, 중국이 45%를 소유하기로 했다.
북한과 소련은 1985년 4월 두만강 하상 중간선을 경계로 하는 국경 협정을 체결하고 1990년 9월 국경 설정 의정서 및 국경질서에 관한 조약에 서명하였다.

19세기 중엽 이래 조선인의 중국유입이 대대적으로 이루어져 1860년대부터 두만강을 건너가 농사를 지었는데 1870년 압록강 연안에 조선족 마을이 28군데나 됐으며 1881년 봉금령 철폐후에는 이주자가 더욱 증가했다.

한인들이 間島지방뿐만 아니라 만주전역에 이주하게 된 것은 1910년 경술국치 이후이다. 일본은 1910년 옌벤에 영사관과 間島파출소를 설치, 침략기도를 노골화했다.

1931년 만주사변을 일으킨 뒤 집단이주를 독려함에 따라 1860년대, 1910년대 이주에 이어 제3의 이주가 시작됐다. 재만 조선인은 1894년 6만 5천명, 1905년 7만 8천명, 1910년 10만 9천명, 1930년 60여만명, 1945년 160여만명이었다. 만주에 이주한 한인들은 수도작(水稻作)에 성공, 만주개척에 큰 공헌을 했으나 漢族지주들의 고리대와 높은 소작료, 滿洲 동양척식회사의 경제적 수탈, 1937년 中日전쟁과 함께 가속화 된 일인화교육 등으로 숱한 고난과 설움을 겪어야 했다.

러시아 한인 이주의 과정은 1863년 13가구의 첫 이주로부터 1910년 한일합병까지의 초창기, 1917년 볼셰비끼혁명때까지의 소수민족형성기, 1937년까지 항일 민족운동과 공산주의 운동의 전개시기, 강제이주 시기 등 4단계로 나누어 볼 수 있다.

러시아가 1860년 北京조약으로 沿海州를 조차한 직후 한인들은 수탈과 기아를 피해 주로 만주 지방으로 이주하였고 이중 178천명이 1910년까지 러시아 변방으로 흘러 들었다. 1937년 10월 연해주, 블라디보스토크(Vladivostok)와 하바로프스크(Khabarovsk) 거주 한인 171,781명은 스탈린(Iosif Vissarionovich Stalin, 1879-1953, 재임 1941-1953)의 지령과 몰로토프(Vyacheslav Mikhailovich Molotov, 1890-1986) 소련인민위원회 의장의 집행으로 중앙아시아로 강제이주 당하여 [(우즈베크(Uzbek)공화국 76,525명, 카자흐(Kazakh)공화국 95,256명] 집단농장 등에 정착하였다.

미국 이민은 1902년경 美國人 데쉬러(David W. Deshler)가 開發社會를 창립함에 1차 121명을 필두로 1903년 16차, 1904년 33차, 1905년 16차, 도합 65차 7,226명의 영세(零細) 農民이 하와이에 정착하게 되었다. 이들 중 1,037명은 1903-1907년 미국 본토로 건너갔다.

미국 영주권을 취득한 한국인은 1940년 이래 2007년까지 91만8560명이다.

멕시코 이민은 '레반타바 엘 디네로 콘 팔라(LEVANTABA EL DINERO CON PALA, 삽으로 돈을 퍼 들인다.)' 라고 속인 사기였다.

1905년 영국 상선 '일포드' 호로 멕시코 남부 항구에 내린 한인 1033명은 다시 화물차와 화물선에 실려 유카탄(Yucatán) 반도의 주도(州都) 메리다(Merida)와 그 주변 마을에 도착했다. 멕시코 어저귀(Henequen, 龍舌蘭 류) 재배농장에 4년간 계약노동형태로 고용된 이들이 얼마나 비참하게 살았는지는 1905년 7월 29일 황성신문에 실렸다.

「이곳에서 돼지 값은 80페소, 한인 값은 30페소이다. 한인들은 모두 조각조각 떨어진 옷을 걸치고 다 떨어진 짚신을 신었다. 농장에서 일을 제대로 못하면 무릎을 꿇이고 구타당해 살가죽이 벗겨지고 피가 낭자하다.」 〈메리다市 허후이(河惠)〉
인솔 단장인 왕족(王族) 이종도는 동포들이 노예가 돼 버린 것을 보고 화병(火病)으로 숨졌다.

• *전통의 고집, 발전을 저해*

문명 또는 근대의 기준 중 하나로 청결을 꼽던 서구인들에게 백여년전 한국은 '고요한 아침 나라' 였다.

「조선 정부는 백성들을 수탈하여 거의 동물적인 생존을 영위하기도 어렵도록 만들고 있다. 산업이나 무역을 촉진시키려는 의도도 없고 인권을 다룸에 있어서 허위, 부정, 배신, 잔인성, 심각한 난폭성의 모범을 보임으로써 그 臣民들을 부패시키고 타락시킨다.」
〈케넌(George Kennan, 1845-1924) / '眺望(Outlook)' 誌 1905년 10월 7일자〉

1894년 독일 라히프치히 매일신보 특집에서 헤쎄 바르텍(Ernst von Hesse-Wartegg, 1851-1918)은 '일하지 않는 사람이 더 많은 나라' 로, 1902년 '극동' (Der Ferne Osten)에서 에쏜 써드(EssonThird)는 '시간이 남아도는 선비의 나라' 로, 1905년 '견문기' (Korea. Reiseschilderungen, 1901)에서 지그프리드 겐테(Sigfried Genthe)는 "전통의 고집이 발전을 저해하는 나라」로 각각 묘사했다.

1911년 우리나라를 방문한 웨브 부부(Sidney James Webb, 1859-1947, Beatrice Potter Webb, 1858-1943)는 '진흙과 짚풀로 된 더러운 오두막에 사는 무지하고 미개한' 사람들로 파악했다.

커즌(George Nathaniel Cuzon, 1859-1925)은 「이 작은 나라는 독립을 유지하기에는 너무 부패했고, 독립을 통해 이득을 얻어 내기에는 너무 쇠약했다」고 했다.

※ '국사보는 눈이 淸敎徒的이다.' - 조선조 정치문화의 재평가

「조선조의 정치이념이 근대적 감각으로 볼 때는 빈국약병(貧國弱兵)을 지향하였었다. 조선조의 정치이념속에는 권세나 영광이나 승리나 전능함을 찬양하는 경향이 없고 있으면서도 없는 듯이 겸손해 하는 멋이 서양에는 없다. 정치이념체계가 경제발전을 至上善으로 삼기 어려웠고 人倫을 파괴하는 것으로 인식된 富를 추구하는 행위를 善으로 간주하기 어려웠다. 무반(武班)을 꺼렸던 것도 유교를 정치이념의 基底로 삼았던 조선조에서는 당연하였다.

무엇보다도 중요한 것은 한반도의 자원을 다 동원한다 해도 中原을 정복한다는 것은 불가능하다고 본 李成桂의 냉철한 국제정세 판단이다. 오늘날 유럽의 외교정책에 '미국의 핵우산'이라는 개념이 있는 것을 보면 조선조의 對明정책(사대외교)이 터무니없는 것은 아니었다.

조선조의 治者들은 朱子學을 이념의 바탕으로 중국에서도 실현해 보지 못했던 '예의지국(禮儀之國)'을 이 땅에 실현해 보았다. 일본인들로서는 식민통치를 정당화하기 위하여 조선조의 체제를 악정(惡政)의 전형(典型)으로 만들어야만 했다. 조선조의 文人들이 좀 더 자기들의 업적이나 성공을 과시(誇示)하는 입장에서 글을 썼더라면 역사를 왜곡(歪曲)하기가 쉽지 않았을 것이다. 조선조의 治者들이 儒者의 입장에 서서 반성과 修己의 자세를 가지고 글을 썼기 때문에 잘못된 일들만 기록되는 결과를 가져오게 된 것이다.

조선조에 부정과 부패, 불의(不義)와 죄악, 패륜(悖倫)과 失政이 특히 儒者의 이상에 비추어 볼 때 많았다. 그러나 그 시대 다른 정치체제들에는 그 정도의 부정부패나 불의와 죄악이 없었을까. 오늘날 국사를 보는 우리의 눈은 너무도 청교도적이다.

유교적 史觀이 오늘에 있어서도 그대로 원용되어지고 있는 가장 뚜렷한 예가 조선 당쟁사를 풀이하는 우리의 안목(眼目)이다. 붕당을 만들고 다투는 것이 유교에서 요구하는 겸양(謙讓)이나 극기복례(克己復禮)의 道를 저버리는 것으로서 끊임없는 자책(自責)과 개탄(慨歎)의 대상이 아니 될 수 없었다. 민주주의의 本山 英·美의 경우를 보더라도 근대식 정당제도가 그 윤곽(輪廓)을 나타내기 시작한 것이 19세기에 들어와서의 일이며 그전에 그들이 가졌던 것은 수많은 지연, 혈연, 학벌 등을 중심으로 한 파벌들이었다.

조선조의 治者들이 서양인들보다 2백년 혹은 350년 전에 근대식의 정당제도를 가졌기를 기대해야 만 할까. 숙종代에 임금의 얼굴도 한 번 못 보고 우의정까지 연배(連拜)되었으나 끝내 사양(辭讓)한 윤증(尹拯), 좌의정까지 천거(薦擧)되었으나 사양하던 권상하(權尙夏), 일시 官路에 나갔으나 물러난 후 예조판서나 大提學 등에 임명되어도 사절한 김창협(金昌協), 自黨에 해로운 말이라도 옳은 말이면 반드시 하므로 삭직(削職)을 당하던 정시한(丁時翰) 등 당쟁이 절정에 달했을 때에도 이념에 충실했던 선비들이 얼마든지 있었다.

조선조의 당쟁을 부정적으로만 평가하는 한 오늘의 정당제도에 대하여 적극적이며 건설적일 수 없다. 정권을 에워싼 派黨의 분열을 당연지사로 볼 수 있는 안목이 아쉽다.」

〈咸秉春(1932-1983) / 延世大 政法大 副敎授, 法哲學〉

• *清의 自强運動*

1840년대와 1850년대 서양으로부터의 충격은 중국에 共和制革命, 國民革命, 共産革命 등 세차례의 혁명을 일으키는 촉진제 역할을 했다. 밖으로는 아편전쟁 · 애로(Arrow)사건(1856) 등으로 배외주의(排外主義) · 쇄국주의가 굴복당하고, 안으로는 태평천국의 난[창파제이(長髮賊) · 월비 · 파니(髮逆) 등으로 불렀다.]으로 봉건적 지배체제가 위기에 있었다.

4세기부터 19세기까지 북방 이민족들의 침입, 왕조교체기의 전란 · 기근(饑饉)등이 겹쳐 꽝뚱성(廣東省), 장시성(江西省), 푸젠성(福建省) 경계선 일대에 유입된 이들을 커지(客籍)라고 불렀다. 커쟈(客家 Hakka)는 여기서 유래하였다. 커쟈인(客家人) 홍슈취앤(洪秀全, 1813-1864)과 농민반란군(太平軍)이 滅滿興漢(만주족을 멸망시키고 한족을 흥하게 하자) 등을 기치로 하여 난징(南京)을 수도로 14년간 지속하였던 태평천국(太平天國, 1851-1864)은 1856년 東王 양슈칭(楊秀淸, 1820 ?-1856)과 天王 홍슈취앤과의 대립, 북왕 웨이창후이(韋昌輝 1823?-1856)의 쿠데타(楊韋內訌), 익왕(翼王) 스따카이(石達開, 1831-1863)의 독립행동 등 분열과 청꾸어환(曾國藩, 初名 子城, 호 滌生, 1811-1872)의 상용(湘勇) · 주오쫑탕(左宗棠, 字 季高 · 朴存, 1812-1885)의 초용(楚勇) · 리홍장(李鴻章)의 회용(淮勇) · 미국인이 조직한 常勝軍의 공격으로 압살(壓殺)되었다. 중국 봉건역사상 마지막 학자 曾國藩에 대한 후세의 評은 '높이 평가하면 성스러운 재상(宰相)이 되고 낮추어 말하면 元凶이 된다' 이다.

아편전쟁으로 부터 시작되는 중국 근대의 시기에 洋務派 장즈퉁(張之洞, 1837-1909)의 中體西用論과 變法派 탄쓰퉁(譚嗣同, 1865-1898)의 器體道用論에 기초하여 봉건적 자연경제와 신분질서체계의 해체운동이 전개되었다. 양무운동(洋務運動, 1861)은 19세기 후반, 청말(淸末) 봉건체제의 유지 보강을 서유럽으로부터의 근대기술도입에서 이루려한 淸의 자강운동이다. 이 자강운동은 청불전쟁(淸佛戰爭) · 청일전쟁(淸日戰爭)으로 그 약체성이 노정(露呈)되고 캉유웨이(康有爲) · 량치차오(梁啓超), 탄쓰퉁(譚嗣同) · 옌푸(嚴復)를 중심으로 진행된 변법자강(變法自强)운동(戊戌變法:百日維新, 1898)도 시타이허우(西太后, 慈禧 1835-1908)의 쿠데타(戊戌政變)로 좌절되었다.

太平天國의 난은 1900년 청조를 일으키고 서양을 배척하자(扶淸滅洋)는 배외적(排外的) 농민투쟁인 의화단(義和團)의 난〔1898-1900, 북청사변(北淸事變) · 단비(團匪)의 난이라고도 한다.〕의 출발점이 되었는데 영국, 독일, 러시아, 프랑스, 미국, 일본, 이탈리아, 오스트리아 등 8개국 연합군이 베이징을 점령, '베이징 의정서(신축조약)' 를 체결하였다(1901년 9월).

독립운동가 안중근의 옥중 유언 (1909. 10 .26)

기미독립선언을 논의하는 민족대표 33인

조선조 말기 의병(義兵)

上海 임정 지도자들. 좌로부터 손정도, 이동령, 이시영, 이동휘, 이승만, 안창
박은식, 신규식 (1920. 12. 28)

일본 關東대지진으로 인한 폐허에서 목욕하는 조선 여인들

1945년 10월 충칭 연화지 임시정부 환국 기념

중국 난징(南京)대학살

의병의 주요 항쟁지

3 · 1운동 봉기도

나라는 자신이 해친 뒤 남이 해친다
- 국치민욕(國恥民辱)의 일제강점(日帝强占)

1874년부터 유럽 열강이 '좋았던 시절'(서로를 향해 무기를 들지 않고, 그 대신 유럽 외부의 약소국들을 희생자로 삼았다.)을 지낸 후 1차 세계대전이 발발한 1914년까지를 '제국의 시대'라 하는데 병든 제정러시아 및 중국과 일본의 팽창주의로 서유럽과 미국을 제외한 주변부에서는 사회적 · 정치적 긴장상태가 지속되었다. 1次 世界大戰이 일어나 獨 · 墺 · 土 등 同盟國과 露 · 佛 · 英 등 聯合國 사이에 격전(激戰)이 거듭되고, 日本이 연합국의 편을 들어 獨逸 領有 西洋群島와 중국 칭따오(靑島)를 점령하는 속에서 世界史的인 현상(現象)이 둘 일어났으니 美國의 發言權 강화와 共産主義의 출현이었다. 동유럽은 소련이 점령했고, 서유럽은 미국에게 리더역할을 맡겼으며, 나머지 세계는 두 초강대국 미국과 소련이 관장하거나 중립을 표방했다. 英國 政治學者 라스키(Harold Joseph Laski, 1893-1950)는 20世紀의 기본적 성격을 '戰爭과 革命의 世紀'라고 하였다.

이해를 놓고 열강이 편을 가르던 시절 러시아의 내부적 갈등과 모순을 보지 못한 '인아(引俄)'정책, 러시아 견제를 위한 일본의 지배권 확장에 대한 영국 · 미국의 지원, 국민주권주의를 수립하지 못한 대한제국정부와 국민적 역량의 한계, 지정학적 이점을 살리지 못한 조건 등이 겹쳐서, 한반도지역은 일본에 강점되었다.

「조선조 末 허약(虛弱)에 병들어 교구(狡寇)의 침략을 받았고 드디어 亡國에 빠졌으니 우리 민족 유사이래의 기치대욕(奇恥大辱)이다. 나라를 장사(長蛇)에게 바친 封豕家로 만들어 (國民은) 손 묶여 포박(捕縛)을 받고 목을 내밀어 칼날을 받는 참상(慘狀)이 되었지만 민족은 忠義의 피가 끓었다.」 〈朴殷植 / '韓國獨立運動之血史'〉

1915년 朴殷植은 '韓國痛史'에서 「황실의 존엄을 유지한다 약속하고 폐위시킨 일, 화폐를 개량한다하고 財權을 박탈한 일, 兵制를 쇄신한다 하고 군대를 해산한 일, 교육을 지도한다 하고 학교를 철폐하고 서적을 불태운 일, 부강을 기도한다 하고 그 富源을 모두 빼앗은 일, 인민의 행복을 증진한다 하고 산업을 유린하고 그 혈육을 문드러지게 한 점」 등이 병합의 내막(內幕)이라고 하였다. 중국 내전과 2차 세계대전기간 중에, 한국어 사용과 교수를 금지하고 한국인을 강제로 동화시키려는 시도가 행해져 대다수의 한국인들이 강제로 일본명으로 개명하였고, 노동자들과 많은 한국인들이 강제 징용 · 징병되었다. 일본강점의 특징으로 경제적 수탈, 한국인에 대한 차별, 한국민족주의 전개에 대한 탄압을 들 수 있다. 근대적 두 주체 중 식자층은 개화(갑신정변), 개혁(독립협회), 계몽(대한자강회 · 신민회)운동의 주체로, 민중은 동학농민운동, 광무농민운동(영학당 · 활빈당)으로 성장하여 의병전쟁에 주체적으로 참전하였다.(1904년 일부 동학농민이 일진회를 만들어 반동적 군중으로 탈락해갔으며 유림의병은 을사조약후인 1906년에 본격화되었다.)
'야만의 시대'일제강점기의 성격에 대하여 근대화된 자본주의화의 시기로 보는 관점(植民地資本主義論), 제국주의적 자본주의시기로 보는 관점(植民地近代性論), 반봉건제사회로 보는 관점(植民地半封建社會論) 등 세 견해가 있다.

을사늑약(乙巳勒約) - 경술국치(庚戌國恥)

〈政治 · 外交權 피탈(被奪)〉

3국간섭 이후 러시아의 남하를 견제하기 위해 랜스다운(5th Marquess of Lansdowne, 1845-1927) · 하야시 다다스(林董, 1850-1913)간 英日同盟을 맺어(1902) 淸에서의 영국의 이권을 인정해 주는 대신 대한제국에서의 일본의 권익을 승인받았다. 이에 러시아는 프랑스와 동맹을 맺고, 1903년 압록강하류의 龍岩浦를 점령, 조차를 요구하여 왔다.

만주에서의 러시아 우선권과 대한제국에서의 일본의 우선권을 둘러 싼 양국의 교섭이 성과를 거두지 못한 채 러시아의 한반도 39도선 분할안이 일본측에 의해 거부되고 일본 함대가 여순군항(旅順軍港)을 기습공격함으로써 러 · 일전쟁이 발발하였다.(1904. 1. 27) 러시아는 129만명 참전에 5만여명이, 일본은 108만명 참전에 8만 4천여명이 각각 전사했다.

대한제국은 국외중립(局外中立)을 선언하였으나 일본은 韓日議定書 체결로(1904. 2. 23) 정치적 · 군사적 간섭을 합리화 한 후 러일전쟁이 일본에게 유리하게 전개되자 고문용빙에 관한 5개 조항의 1차 한일협약이 체결되었다(1904년 8월 22일). 이것은 대한제국의 정치、군사권의 침해로 재정고문 메가타 다네타로(目賀田種太郎, 1853-1926), 외교고문 스티븐즈(Durham White Stevens, 須知分, 1851-1908), 군부고문、경무(警務) 고문、궁내부(宮內府) 고문、학정참여관(學政參與官) 등이 부임하여 과도기적 단계로 '고문(顧問)정치'가 시작되었다.

1905년 5월 27 · 28일 日 도고 헤이하치로(東鄕平八郎 1847-1934)艦隊가 東海上에서 露의 발틱(Baltic)함대를 격파, 7월 日 수상 가쓰라 다로(桂太郎, 1847-1913)와 美 육군 장관 태프트(William Howard Taft, 1857-1930) 사이에 도쿄 合意覺書 성립으로 일본은 미국의 필리핀 지배를, 미국은 일본의 대한제국 지배를 상호 인정하고, 8월 2차 英日 동맹이 맺어져, 일본의 대한제국에 대한 지도、감리、보호의 권리가 영국에 의해서 승인되었다. 영 · 일 동맹은 서구 열강이 한반도에서 일본의 우월한 지위를 인정한 첫 조약이었다.

'태프트(William H. Taft)、가쓰라(桂太郎)' 각서(Agreement, 1905. 7. 27)는 데네트(Tyler Dennett, 1883-1949)가 발견, 1924년 10월 'The Current History Magazine' 에 공개되었다.
디어도어 루즈벨트(Theodore Roosevelt, 1858-1919 재임 1901-1909) 대통령은 '한국인은 스스로 통치할 능력이 없다. 일본이 능률적으로 다스린다면 한국민과 아시아를 위하여 낫다. 日本人의 평화조약 내에 韓國統治權을 포함한 것을 誠心으로 同意한다.' 고 하였다. 그에게는 19세기 조선이 외국 선교사들을 박해한 것이 아주 나쁜 인상을 남겼다.

가쓰라 · 태프트 밀약을 루즈벨트 대통령에게 항의하고 소환된 주한 미공사 알렌(Allen)은 "나는 한국과 함께 쓰러졌다(I fell with Korea)"는 말을 남기고 귀국 후 쓴 '한국적인 것들(Things Korean)' 에서 「불행하게도 미국은 신의를 저버렸다. 1882년 조미수호통상조약을 맺었지만 지키지 않아 한국인들의 분노와 반감을 샀다」라고 썼다.

〈乙巳勒約(1905)〉

러일전쟁에서 일본의 승리가 명백해진 1904년 維新會(宋秉畯, 1858-1925), 進步會(李容九, 1868-1912), 一進會(尹始炳-李容九), 國民會(李中鎭), 共進會(褓負商)등 친일단체의 대일협력으로 1905년 11월 5일 '일진회선언서' 를 발표했다. 東京에서 일부벽파론〔一斧劈破論, 도끼(신교육) 하나로 낡은 것을 깨부순다〕의 이기〔李沂, 해학(海鶴), 1848-1909〕, 羅寅永(羅喆의 아명) 등이 특파대사 伊藤博文에게 항의문을 보냈는데 을사조약의 체결에 이르자 大韓自强會(尹致昊), 西北學會(西友學會와 漢北學會 통합, 鄭雲復, 金朋濬), 咸北興寧會 등 애국단체가 반대운동을 전개했다.

1905년 7월 '가쓰라-태프트 비망록', 8월 2차 영일동맹, 9월 러일 강화조약의 체결로 미국, 영국, 러시아의 지지 내지 묵인을 이끌어 내고 1905년 9월 루즈벨트 대통령의 주선(周旋, Good Offices)에 의한 러 비테(Sergei Yulyevich Witte, 1849-1915)와 日 고무라 주타로(小村壽太郎)간 포츠머스(Portsmouth) 조약에 의거 대한제국에 대한 지배권을 국제적으로 인정받은 일본은 '한국보호권확립실행에 관한 각의결정' 을 했다.

1905년 11월 이토 히로부미는 주한공사 하야시 곤스케(林權助, 1860-1939), 주한 일본군사령관 하세가와 요시미치(長谷川好道, 1850-1924) 등과 경복궁 수옥헌(漱玉軒)으로 고종을 배알, 韓日協商조약 초안을 내놓고 「거부해도 제국 정부가 그렇게 하기로 결정을 내린 사항입니다. 인민의 횡의(橫議)는 병력으로 진압할 것이오니 양국의 교의(交誼)를 생각하사 빨리 처분하소서.」라며 황제와 대신들을 협박하였다.
고종은 「朕은 貴國황제의 선전조칙(宣戰詔勅)중에 대한제국의 독립을 부식(扶植)한다는 문구가 있고, 한일의정서에도 독립을 보증한다고 되어있는 만큼 후작(侯爵)이 사명을 띠고 來到함에도 다행으로 생각하였거늘 이제 이러한 조건을 요구함은 실로 千萬意外라 어찌 平日에 기망(期望)하던 바일 것이냐. 朕이 自意로 천단(擅斷)할 수는 없노라. 이 조건을 인허(認許)한다면 亡國이나 다를 것이 없으니 朕은 사직(社稷)을 위하여 순사(殉死)할 지언정 결코 이를 인허할 수는 없노라.」 하였고 궁내부 대신 이재극(李載克, 1864-?)을 거쳐서 '정부대신들과 잘 협의하라' 고 하였다. 참정(參政) 한규설(韓圭卨, ?-1930), 탁지부(度支部) 민영기(閔泳綺), 法部 李夏榮(1858-1919)은 반대를, 外部 박제순(朴齊純, 1858-1916)은 '칙명(勅命)만 내리면 조인하겠다' 고 하였다. 약간의 자구만을 수정한다면 이의(異議)없다는 學部 이완용(李完用)의 발언에 軍部 이근택(李根澤, 1865-1919), 內部 이지용(李址鎔, 1870-1928), 農商工部 권중현(權重顯, 1854-1934)은 '李 學部大臣의 의견에 찬동하오' 하였다. 伊藤博文는 否票가 둘, 可票가 여섯이니 종다수(從多數) 가결이라고 선언하였다. '나 자신이 직접 황제께 알현(謁見)하고 上奏하여 결정을 짓겠다. 나는 죽는 한이 있더라도 이 조약의 인준은 거부하겠다. 칙명(勅命)이 내린다 해도 나는 반대한다.' 고 외친 韓圭卨은 長谷川 大將의 一令아래 日 헌병에 의하여 감금당하였다.

〔니시요쓰쓰지 기미타카(西四辻 公堯, 1878-1943) / '韓末外交秘話'〕

李載克이 고종황제의 침전(寢殿)에서 退出, 구두로 황제의 재가가 내렸다고 전달하고 외부대신 박제순을 강박하여 찬성한 다섯 대신으로 하여금 날인케 했다(1905년 11월 17일). 한국의 외교권을 박탈한 韓 · 日協商條約을 2차 한일협약 혹은 을사 5조약, 이에 참여한 대신들을 '을사오적(乙巳五賊)' 이라 한다.

이 조약의 여파로 한규설은 3년 정배(定配) 처분을 당하고, 민영철(閔泳喆)이 참정대신이 되었다. 독립협회 간부 정교(鄭喬) 등은 고종에게 「정부요인 가운데서 믿을 만한 사람은 민영환과 한규설(韓圭卨)뿐입니다.」하였다.

일제는 1906년 2월 1일 서울에 통감부를 설치, 3월 이토가 초대 통감으로 부임하고 5월 이완용이 이토의 추천으로 총리대신으로 취임, 이토의 괴뢰가 되었다.

'韓民族은 이제 고립무원(孤立無援)', 뉴욕 헤랄드紙는 선교사 헐버트(Homer Bezaleel Hulbert)의 日帝에 대한 규탄을 특필하였다.

「한국은 최근 25년 동안 淸 · 露 · 日 3국의 권모술책(權謀術策)과 싸우면서 어느덧 小心하여졌다. 日帝는 매양 침략적이요 호전적이요 흉측하였다. 1905년 11월 17일 사기수단으로 그 조약을 성립시킨 이래 한국에 대한 日人들의 침략행위는 잔인하고 흉포(凶暴)하여 파멸적인 것이었다. 一進會에 개혁이라고 하는 가면을 씌워서 이를 조종하며 민족적 단결을 기도한다고 간주되는 韓人들의 정당한 結社를 분열 타도 시켰다.」

일본이 대한제국의 외교권을 뺏은 후 수호체약국(修好締約國, 美 · 英 · 獨 · 佛 · 露 · 伊 · 벨기에 · 덴마크 · 淸國 및 日本 등)의 외교기관의 행태를 주한 미국공사관 서기관 스트레이트(Willard Straight)는 '침몰하고 있는 배로부터 도망질 하는 쥐와 같다' 고 하였다.

朝美修好通商조약 체결 전 朝鮮人들은 美國에 대해 좋은 心像(Image)을 갖고 있었는데 1898년 미국은 스페인과의 전쟁을 시작하면서 帝國主義路線을 취하여 아시아에 대한 협력 · 干涉政策을 채택하게 되었다.

페어뱅크(John K. Fairbank, 1907-1991)의 지적대로 '중국본토에서 세력권(Sphere of Influence)을 갖지 않았던 미국은 만주에의 경제적 진출을 기도하고 동아시아에서의 국제적 세력균형을 희망했는데 러시아의 남하팽창을 일본이 저지하는 것이 미국의 이익에 합당하다.' 고 판단하였다.

구미 열강은 자국의 식민지 지배를 일본이 인정하는 대가로 일본의 대한제국 병합을 인정했다. 헐버트는 'The Korea Review(한국평론)' 를 통하여 일본의 행위가 얼마나 야만적인가를 세계 여론에 환기시켰다. 1898년 'The Korean Repository(한국소식)' 가 폐간되자 국내 유일의 외국잡지가 된 The Korea Review는 1901년부터 1906년까지 매월 40여 페이지의 한국을 주제로 한 논설, 서평을 실었는데 1904년경 19개국에 배포되었다.

〈헤이그(海牙)密使 파견과 高宗의 양위(讓位)〉

고종은 을사늑약 체결 다음달 미국에 도움을 요청하고 훈령으로 주 독일 · 러시아 · 프랑스 등 3개국 공사들에게 「을사늑약의 부당함을 알리고 문호개방과 함께 일본에 부여한 것과 똑같은 특권을 주겠다」는 뜻을 각 정부에 알리도록 하였으며 1906년 1월 독일황제 빌헬름 2세(Wilhelm Ⅱ)에게는 친서를 알퐁스 트레믈레로 하여금 전달하게 하였다. 또한 1907년 전 의정부 참찬(參贊) 이상설〔李相卨, 부재(溥齋), 1871-1917〕, 전 평리원(平理院) 검사 이준(李儁, 1859-1907), 주 러시아공사관 서기관 이위종(李瑋鐘, 1887-?)으로 하여금 헤이그(Hague) 만국평화회의(萬國平和會議)에 한국입장을 호소케 하였다.

「念外에 시국이 大變하여 강린(强隣)의 침박(侵迫)이 날로 심해져 외교권이 피탈(被奪)되고 자주정치 마저 손상당하게 되었다. 짐(朕)과 거국(擧國)의 臣民은 통분하고 억울하며 규천읍지하되 無所不至하니 交好의 의(誼)와 부양(扶養)하는 大義를 생각하여 널리 여러 우방과 상의하고 法을 設하여 독립의 國勢를 보전케 함으로 朕과 신민으로 하여금 은혜를 품고 萬世에 그 德을 칭송할 수 있게 고루 살펴주기를 바라마지 않노라.」

이상설(李相卨)、이준(李儁) 두 밀사는 5월 하순 경 露京 뻬쩨르부르그(레닌그라드)에서 前 駐露공사 李範晋과 그의 아들 瑋鐘을 만나 前 駐韓 러시아 공사 베베르(韋貝) 및 파블로프(Pavlov, 巴厚路) 등의 알선으로 니꼴라이 2세에게 고종의 친서를 전달하였다.
海牙에 도착한 3人의 밀사는 헐버트와 함께 각국 대표를 방문하여 대한제국의 입장을 설명하고, 열국의 동정을 얻어 회의에 참석하고자 하였으나 실패하였다. 이준은 객사하고 유해는 헤이그 뉴우에크 뒤덴 묘지에 안장, 1963년 한국으로 이장되었다.
헐버트는 광복후 한국정부 초청으로 내한, 병사하여 양화진(楊花津) 외인묘지에 묻혔다.

만국평화회의(萬國平和會議)는 러시아 황제 니꼴라이 2세의 제창으로 세계평화를 도모하기 위하여 개최된 국제회의이다. 1차는 1899년 26개국, 2차는 1907년 44개국의 대표가 헤이그에서 회합, 군비축소와 평화유지책을 협의하였다. 군비축소에는 실패했으나 국제분쟁의 평화적 처리, 유독(有毒)가스 및 특수 탄환의 사용금지 선언 등이 조인되고 국제중재재판소가 설치되었다.

일본에서는 海牙密使事件을 계기로 좀 더 강경한 對韓정책을 취하자는 주장이 대두 되어 황태자로 하여금 섭정케 한다 하고 양위케 하여 순종(純宗, 1874-1926, 在位 1907-

1910)이 즉위하고 연호를 융희(隆熙)로 고쳤다.(1907년 7월)

일본은 한일신협약 체결(1907.7.24)에 따라 8월 10일 대한제국 군대 8개대대(서울 2개 시위연대 약 4천명, 지방 진위대 8개 대대 약 4천 8백명)를 해산하였다.

한일신협약에 서명한 총리 이완용(李完用), 내부 임선준(任善準, 1860-1919), 탁지부 고영희(高永喜, 1849-1916), 군부 이병무(李秉武, 1864-1926), 법부 조중응(趙重應, 1860-1919), 학부 이재곤(李載崑, 1859-1943), 농상공부 송병준(宋秉畯) 등 大臣을 '정미칠적(丁未七賊)'이라 한다.

1907년 12월 皇太子 李垠(英親王, 1897-1970)은 유학명목으로 渡日하여 1920년 4월 日本 皇族 나시모토노미야(梨本宮) 모리마사(守正)王(1874-1951)의 맏딸 마사코(方子, 1901-1989)와 결혼, 이구(李玖, 1931-2005)를 낳고 1963년 11월 환국(還國)하였다.

「퇴위당한 고종은 덕혜옹주(귀인 양씨의 소생, 1912-1989)를 시종 김황진의 조카에게 시집보내려 하였다. 일제는 옹주가 13살되던 1925년 3월 東京학습원에 입학시키고 조발성치매증(早發性癡呆症)을 앓던 덕혜옹주를 쓰시마섬 藩主 소우 시게모치(宗重望, 1867-1923)의 아들 소우 다케유키〔宗武志, 兒名 구로다 다케유키(黑田武志), 1908-1985〕에게 시집 보냈다(1931년 5월).」

〈김용숙(金用淑, 1923-2003) / '조선조 궁중풍속 연구'〉

덕혜옹주는 1955년 이혼 후 1962년 환국하였는데 그의 생애에 대한 기록으로 혼마 야스코(本馬恭子, 1949-)의 '도쿠에히메(德惠姬, 1998)'가 있다.

1907년 7월 30일 1차 '러일협약'과 '러일비밀협약' 조인으로 일본의 대한제국 병합과 남만주에서의 이권을 승인하는 대가로 북만주와 외몽골에 대한 러시아의 특권을 승인하였다.

미국과 일본은 1908년 11월 루트 · 다카히라 고고로(高平小五郞, 1854-1926) 협약으로 다시 한번 대한제국과 필리핀에 대한 상대방의 독점적 이권을 인정하고 桂太郞 · 小村壽太郞 · 伊藤博文는 韓 · 日倂合施行方針을 密議,(靈南坂密議)(1909. 4) 1909년 7월 司法 및 감옥(監獄)事務를 日本에 委任하는 기유각서(己酉覺書) 조인으로 司法權을 박탈하였다.

통감 이토 히로부미의 지시로 창간된 일본어신문 '경성일보'(1906.9.1-1945.12.10)와 영국인 하지(J.W.Hodge)가 1905년 창간한 주간지를 매수, 일간지로 발행한 서울 프레스(The Seoul Press, 1906.12.5-1937.5.30)는 일제의 한반도 침략의 대변 역할을 수행했다.

일본의 궁극적 목적이 대한제국 병합에 있음은 분명했지만 단번에 병합을 선언하지 않고 조약을 통해 서서히 조금씩 주권을 빼았고 있었기 때문에 빼앗기면서도 빼앗기는지 모르는 상황이었다.

〈경술국치(庚戌國恥) - 韓日併合〉

사이고 다카모리(西鄕隆盛)일파에 의해 주창되었던 '征韓論'이 藩閥執權勢力의 공명을 얻고 스기우라 주고(杉浦重剛, 1855-1924), 구가 가쓰난(陸羯南, 1857-1907), 미야케 세쓰레이(三宅雪嶺, 1860-1945), 시가 시게타카(志賀重昻, 1863-1927) 등 국권파가 국가주의를 내세워 재야세력(민권파)의 동조를 얻어 한일병합으로 전개되었다.

1909년(융희 3:순종 2년) 12월, 일진회(一進會) 이용구(李容九) 등의 1백만 회원 연명으로 된 '한일(韓日)병합 성명서'가 장안에 알려졌다.
13道의 儒生 金東弼 등이 伊藤에게 合併條約의 부당성을 지적하고, 幼學 盧英鉉 등이 정부에 一進會의 尹始炳(1851-1932)과 宋秉畯 등을 처참할 것을 청하고, 시내 각 高等小學校 生徒들이 水下洞小學校에 모여서 一進會를 규탄하여 서울의 물정이 매우 시끄러웠다.

李人稙은 統監府 外事局長 고마쓰 미도리(小松綠, 1865-1942)와 담판하여 韓日併合에 박차(拍車)를 加하였다. 이인직이 "종주국이었던 중국으로부터 일전(一轉)하여 일본으로 옮기는 것이다"함에 고마쓰는 "병합 후 한국의 원수는 일본 왕족의 대우를 받으며 내각의 대신은 물론 다른 대관까지도 영작(榮爵)을 수여받고 세습재산도 받게 된다"고 했다.
「著者가 合併 담판(談判)을 열 機會를 붙잡을 自信이 있다고 寺內 統監에게 대답(對答)한 것은 首班 李完用과 農相 趙重應을 설복시킬 희망이 있었기 때문이다. 李完用은 日本말을 모르므로 그 心腹 李人稙(李完用의 秘書役)을 통하여 기초 이야기를 할 작정이었다. 調印 3주전인 8월 4일 갑자기 李人稙이 찾아 왔으므로 우물 속에 고기가 제 풀에 뛰어 들어온 것만 같은 생각이 들었다.」 〈小松綠 / '明治外交秘話'〉

1910년 8월 22일 이완용 등 각료들이 '상호의 행복을 증진시키는 동시에 평화를 확보하고자', '한일병합에 관한 조약'에 날인, 8월 29일 병합의 조서(詔書)가 發布되었다.

1910년 8월 22일 어전회의에서 순종은 통치권 양여(讓與)를 선언, 조약체결 위임장에 서명하고 국새를 찍게 하여 이완용에게 건넸다.
데라우치 마사타케(寺內正毅)는 '한국병합시말'에서 '9명의 참석자 중 누구도 이의를 제기하지 않았으며 순종은 '흔쾌히' 조약을 재가했다'고 하였고, 박은식은 '한국통사(韓國痛史)'에서 '시종원경(侍從院卿) 윤덕영이 국권을 양여하는 조칙에 어새(御璽)를 찍을 것을 요청하자, 황제는 흐느끼면서 이를 허락하지 않았지만 황제가 침실로 들어간 틈에 몰래 어새를 찍어 이완용에게 건네주었다'고 기록했다.
일본은 '무쓰히토(睦仁)'의 강제병합 재가를 받은 반면 대한제국은 순종이 서명을 거부한 상태에서 칙유(勅諭)가 공표됐다

일본이 '대한제국'을 고쳐 '조선'으로, '통감부'를 '총독부'로, '황제'를 강등하여 '왕'으로 삼고 한 해의 봉록을 백만원으로 정했으며, 고종을 태왕(太王)으로 삼아 '덕수궁'이라 부르니 대한제국이 마침내 망하였다. 대한제국 궁내부의 17관서는 궁내성(宮內省) 소속 이왕직의 5계로 축소 재편되었다.

당시 도쿄 주재 오스트리아 – 헝가리 대사 폰 칼은 '모든 강대국들이 한일병합을 반대 없이 인정했고, 일본은 어떠한 저항도 두려워하지 않았다' 고 하였다.
무교회주의자(無教會主義者) 우치무라 간조(內村鑑三, 1861-1930)는 한 · 일병합을 「정의에 입각한 근거도, 인도적인 동기도 가지지 못한 양국의 합방이 장차 어떤 징벌과 응보를 일본에 가져올 것인가!」(警世雜著)하였다.

1348년(고려 충목왕 4년) 건립된 경기도 개풍군(開豊郡) 광덕면(光德面) 부소산(扶蘇山) 경천사 십층석탑(敬天寺 十層石塔)은 1907년 궁내대신 다나카 미쓰아키(田中光顯, 1843-1939)에 의해 일본으로 탈취되었다가 1919년 국내로 돌아왔는데 '워싱턴 포스트'는 '임진왜란 때 파고다공원의 탑을 강탈하려다가 뜻을 이루지 못한 일본, 4백년 후에 한국의 유명한 탑 절도에 성공하다' 라고 보도했다.(1907.06.02.)
일제는 1911년 2월 한반도침략을 미화하는 내용을 자국민에게 창가 형식으로 보급하기 위해 '지리역사 조선창가(地理歷史 朝鮮唱歌)' 〔이시하라 와사부로(石原和三郎, 1865-1922)작사 · 다무라 도라조(田村虎藏, 1873-1943)작곡〕를 출간했다.

을사늑약은 '국가 원수에 대한 강박으로 이뤄졌고 국가원수가 대표를 임명한 전권위임장, 조약문에 대한 황제의 비준 서명이 없었으므로 한일병합 不成立 · 무효' 라는 견해(李泰鎭, 1943-)와 "한일강제합방은 관련 협상이 군사적 압력으로 진행됐을 뿐 아니라 절차를 갖추지 못해 'lex lata(렉스 라타 · 실제로 존재하는 법)' 측면에서 효력이 없으며 'lex ferenda(렉스 페렌다 · 법적 정의에 따라 있어야 할 법)' 의 관점에서 평화와 인도에 반하는 국제범죄다."라는 견해〔무샤코지 긴히데(武者小路公秀, 1929-)〕가 있다.

1965년 한일 국교수립 당시 체결한 '대한민국과 일본국간의 基本關係에 관한 조약' 2조는 "1910년 8월 22일 및 그 이전에 대한제국과 대일본제국간에 체결된 모든 조약 및 협정은 이미 원천 무효(already null and void)임을 확인한다"라고 하였는데 원천무효의 시점을 둘러싸고 강제체결 때(한국측 해석)와 대한민국정부수립때(일본측 해석)로 쟁점이 되어오던 중 2010년 한일 강제병합 백년을 맞아 김영호(金泳鎬), 이태진(李泰鎭), 와다 하루키(和田春樹, 1938-), 아라이 신이치(荒井信一, 1926-) 등 한국과 일본의 지식인 1139명(한국측 599명, 일본측 540명)이 서울과 도쿄에서 동시에 공동성명을 발표하고 한일병합조약이 사실상 불법 무효라고 선언했다.

무단(武斷) · 회유(懷柔) · 말살(抹殺)의 식민통치(植民統治)

〈민족운동 탄압〉

병합이 실현되자 일제는 조선을 '영원한 농업국가로, 日本의 상품판매시장으로, 대륙침략을 위한 병참기지로' 하는 對韓 통치방침을 세워 한국통감부(韓國統監府)를 조선총독부(朝鮮總督府)로 고치고 경복궁 앞 부분을 허물고 조선총독부 건물을 세워 식민지 지배체제로 개편하였다. 조선을 '天皇의 大權' 으로 다스리려 육해군의 大將만으로 임명하는 조선총독은 天皇에게 직속되어 입법 · 사법 · 행정의 三權을 한 손에 쥐었다.

총독부는 1914년 13도 12부 220군 2,522면으로 하는 지방행정기구 개편을 하였다.

조선총독부 기구(1910. 9. 30 공포)

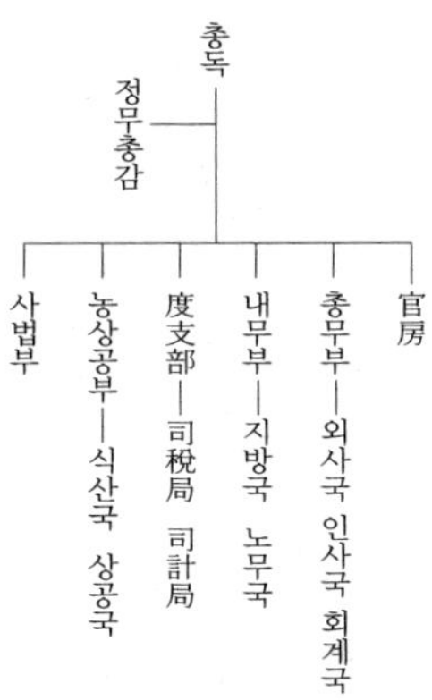

역대 조선총독(년도는 부임년월)

데라우치 마사다케 (寺內正毅, 1910. 10)
하세가와 요시미치 (長谷川好道, 1916. 10)
사이토 마코토 (齋藤實, 1919. 8, 1929. 8)
우가키 가즈시게 (宇垣一成, 1927. 4, 1931. 6)
야마나시 한조 (山梨半造, 1927. 12)
미나미 지로 (南次郎, 1936. 8)
고이소 구니아키 (小磯國昭, 1942. 5)
아베 노부유키 (阿部信行, 1944. 7)

초대 총독 데라우치 마사다케(寺內正毅)는 통감부시대부터 있던 헌병 경찰제를 강화하였다. 1912년 1,649개소의 憲兵警察기관과 13,166명의 警察力은 경무총감(警務總監)의 지휘를 받았는데, 경무총감에 주둔 일본 헌병 사령관이, 각 도의 경무부장에 그 도의 헌병대장이 임명되었다. 이들은 민족운동의 탄압, 첩보수집, 즉결처분 등 권한을 가지고 총독은 조선형사령(刑事令), 보안법, 治安維持法 등을 반포하여 민족운동을 봉쇄했다. 1910년 안명근(安明根, 1879-1927)의 寺內총독 암살미수사건을 계기로 尹致昊 · 梁起鐸 · 李昇薰 등 6백여 명을 검거하여 그 중 105명을 기소하였다.

「경찰업무에 종사하는 한국인은 대체로 하층계급 출신이었다. 그들은 광신적인 총독부의 하수인으로서 '계급적 증오' 라고 할 정도의 정열로 한국인 동포들을 탄압했는데 일본인 상사가 자신을 신뢰해도 된다는 확신을 갖도록 일을 열심히 하였다. 이에 많은 한국인들은 일본인을 원망하는 이상으로 한국인 경찰관을 증오하고 경멸하게 되었다.」

〈그레고리 헨더슨 / '한국, 소용돌이의 정치(KOREA:The politics of the Vortex)', 1968〉

〈회유(懷柔)와 강압 - 기만적 文化政治〉

일제는 관리와 교원에게도 제복을 입히고 칼을 차게 하였다. 또 총독부 부속으로 중추원(中樞院)을 만들었는데 그 의장은 정무총감이었고 의원은 일본이 임명하였다.

일제는 구 황실과 병합에 공을 세운 자들에게 작위와 은사금(恩賜金)을 주어 회유하였다.

병합 후 작위가 수여된 사람은 76명으로 왕실 인사와 노론 당인이 대부분이다. 김석진(金奭鎭, 1843-1910)이 수작을 거부하고 순국했으며, 조정구(趙鼎九)는 미수로 그쳤다. 민영달(閔泳達)·유길준(俞吉濬)·尹用求(1853-1936)·조경호(趙慶鎬 1839-?)·한규설(韓圭卨)·홍순형(洪淳馨 1857-?) 등이 퇴작하였고, 조희연(趙羲淵)은 사후에 이를 물리쳤다. 나머지 67명 중 김사준(金思濬, 1855-?)·이용태(李容泰, 1854-1922)는 독립운동 탓으로 남작을 박탈당했다. 김가진(金嘉鎭 호 東農, 1846-1922)은 남작을 거절하고 대동단 고문·임정 요인으로 활동했다. 金允植은 자작·중추원 부의장이었으나 흥사단 기호학회를 조직하고 대종교에 입교, 나철과 함께 민족운동을 했으며 3 1운동 때 이용직(李容稙, 1852-1932)과 함께 독립청원서를 제출하고 작위를 삭탈당했다. 민영린(閔泳璘, 1872-1932)의 백작은 취소되고, 이완용은 후작, 송병준은 백작으로 승급하였다. 그 결과 일제의 귀족은 후작 7명〔李載完(1855-1922), 李載覺(1874-1935), 李海昌(1865-1945), 朴泳孝, 尹澤榮(1876-1935), 李海昇(1890-?), 李完用〕, 백작 2명(宋秉畯, 李址鎔), 자작 19명〔박제순(朴齊純), 권중현(權重顯), 이하영(李夏榮), 이근택(李根澤), 윤덕영(尹德榮), 민영휘(閔泳徽) 등〕, 남작 33명으로 도합 61명이다.

은사금은 이재면 83만, 윤택영 50만 4천, 박영효 28만, 이재각·이재완 각 16만 8천, 이준용 16만 3천, 이완용 15만, 이지용·고영희·송병준·이용구 각 10만 엔 등이었다.

대한제국 강점과 함께 급조된 '조선귀족'은 일본제국주의가 '천황제' 국가의 신분적 특권 제도 속에 조선의 상류층을 편입시켜 자기세력화하기 위한 수단이었다. '조선귀족'으로 작위를 받은 자들은 나라를 판 대가로 사회적 지위를 보장받고 부와 권력을 누렸으며, 이를 후손에게 물려주었다.

윤덕영(尹德榮, 1873-1940?)은 신랄한 책략을 동원해 고종을 압박, 坧(순종)으로 하여금 1917년 6월 하세가와 총독, 이재곤(李載崑) 등 50여명과 메이지天皇墓를 참배하고 요시히토〔嘉仁·다이쇼(大正)〕天皇(1879-1926, 在位 1912-1926)에 예를 올리게 하였다(天機奉伺). 순종은 조정구(趙鼎九)에게 유조(遺詔)를 남겼다.

「지난날의 병합 인준은 강린(强鄰) 일본이 역신(逆臣)의 무리(이완용 등)와 더불어 나를 유폐(幽閉)하고 협제(脅制)하여 말을 할 수 없게 한 것이니 노력하여 광복하라. 짐의 혼백이 명명(冥冥)한 가운데 여러분을 도우리라」

1919년 8월 3代 총독 사이토 마코토(齋藤實, 1858-1936)가 부임, 무단정치에서 문화정치로 전환 하였다.

문화정치라는 것에 「조선의 독립은 영구히 줄 수 없다, 영구히 조선 사람들에 의한 자치를 불허한다, 조선사람을 완전히 일본인으로 만든다」는 세 骨子가 있었다.
역대 총독 중 문관은 하나도 없었고, 헌병경찰을 보통경찰로 바꿨다 하나 실제로는 경찰의 수와 예산은 3 · 1운동 당시보다 훨씬 증가하였다. 교원이 칼을 차는 것을 폐지하고 학교를 증설하였으나 민족차별교육은 계속되었다.
1920년 '조선일보', '동아일보' 의 창간은 3 · 1운동 후 일제 문화정책의 일환으로 이루어진 것이었다.

長谷川好道의 후임총독 '사무인계 의견서' 에 다음 내용이 있다.
「언론 집회의 억압은 종래 혹독하게 지나친 감이 있다. 차제에 두셋의 언자(諺字, 朝鮮字) 신문의 간행을 허락하여 민심의 통일과 시정(施政)의 선전용으로 공(供)할 필요가 있다.」
조선일보는 친일 실업인단체인 대정실업친목회〔大正實業親睦會, 고문 이완용(李完用) · 민영휘(閔泳徽. 1852-1935) · 이윤용(李允用), 간부 민영기(閔泳綺) · 조진태(趙鎭泰, 1853-1933) · 예종석(芮宗錫, 1872-1955) · 백완혁(白完爀, 1856-1938) · 한상룡(韓相龍, 1880-1947) 등〕를 대표한 예종석에게 허가되었으며 동아일보는 전남 동복(同福) 현감을 지낸 천석꾼 김기중(金祺中, 1859-1933)의 아들 김성수(金性洙)가 대부분 출자한 '주식회사 동아일보' 로 설립되었는데 주주는 410명으로 박영효(朴泳孝) · 최준(崔浚) · 윤상은(尹相殷) · 박용희(朴容喜) · 현준호(玄俊鎬, 1889-1950) · 고광준(高光駿) 등 대지주 출신들이었다.
이들은 일제를 변호 · 지지하는 기사를 날로 싣고 항일무장유격전, 소작쟁의, 노동쟁의, 해외의 애국운동 등은 보도 하지 않거나 왜곡 보도하였다.
두 신문이 폐간된 후 '언론보국회', '흥아보국단', '국민총력조선연맹', '임전보국단' 처럼 김성수는 1943년 8월 5일자의 매일신보에 '문약의 고질을 버리고 상무기풍을 조장하라' 는 글에서 '학도여 성전(聖戰)에 나서라. 대의에 죽을 때 황민됨의 책무는 크다' 고 징병지원을 촉구하였고, 1933년 조선일보를 인수한 방응모(方應謨, 1883-1950)는 '조광(朝光)' 을 독립시켜 '성전의 성과가 완수되기까지 멸사봉공의 희생적 정신으로 나아가야 할 것' 이라 역설했다.

갑오개혁 이후 상층관료는 양반출신들이 거의 독점한 반면, 하급관료는 신제(新制) 日語교육을 받은 中人 혹은 신흥자산가 자제들이 다수를 점했다(金泳謨 / '한말 지배층 연구') 일제강점기 양반계급은 광범위하게 몰락한 반면 많은 조선인들이 조선총독부 혹은 만주제국에서 일본인 관료의 수족적(手足的), 부록적(附錄的) 성격의 복무를 했다. 이들은 양반지배체제에 불만을 품고 기생(寄生)관료로서 식민지시대의 변화에 잘 적응해갔다.

일제의 관리는 세 층으로
첫째는 구 대한제국 관리 출신〔일제의 도지사 경력자 42명 중 반수인 21명이 이 계층에 속한다. 朴重陽(1874-1959) · 申應熙(1859-1928) · 李圭完(1862-1946) · 李斗璜(1858-

1916) · 李軫鎬(1867-1946) · 趙羲聞(1858-1941) · 柳赫魯(1855-1940) · 尹甲炳(1864-1943) · 金寬鉉(1876-1948) · 金時權(1884-?) · 金潤晶(1869-1948) · 元應常(1869-1958) · 李範益(?-1939) · 張憲植(1869-1950) · 鄭僑源(1887-?) 등,

둘째는 대졸 · 고문 출신 〔高元勳(1881-?) · 金大羽(1900-1976) · 南宮營(1887-1939) · 朴榮喆(1879-1939) · 俞萬兼(1889-1944) · 李昌根(1900-?) · 鄭然基(1891-?) · 韓圭復(1881-1967) · 桂珖淳(1909-1990) · 金永祥(1899-?) · 尹相曦(1899-?) · 林文碩(1903-1971) · 林憲平(1905-?) · 張潤植(1901-1949) · 鄭用信(1907-?) · 崔秉源(1900-?) · 韓東錫(1909-1956) 등,

셋째는 순사 · 면서기에서 승진한 자〔姜弼成(1885-1939) · 金東勳 · 宋文憲(1892-1970) · 尹泰彬(1886-?) · 李基枋(1888-?) · 具滋璟(1888-?) · 金悳基(1890-?) · 金永培(1886-1943) · 金昌永(1891-1967) · 金泰錫(1882-?) · 安鍾哲(1880-?) · 柳時煥(1887-?) · 張基昌(1895-1952) · 趙鍾春(1896-?) · 崔志煥(1882-1959) 등이다.

日本府 視學官 高光萬(1904-?), 淸州支廳검사 金善太(1911-1978), 전남보안과장 盧德述(1899-1968), 京城覆審판사 閔復基(1913-2007), 丹陽군수 · 충북사회과장 李在鶴(1904-1973), 順天지청 검사 李仁(1896-1979), 京城覆審 판사 張暻根(1911-1978), 경북 재무부장 · 학무국 원호과장 全禮鎔(1910-1994), 대구지법 부장판사 趙鎭滿(1903-1979), 군수 · 興亞院華北연락부 사무관 玄錫虎(1907-1988) 등은 광복 후 重用되었다.

「전국 3백여명의 조선인 郡守 가운데 2백60명이 지방향리의 자제였다」 〔이나바 이와키치(稻葉岩吉) / '조선사회사의 斷面'〕 일제시대의 한국인 관료들이 광복후 미 군정(美軍政)시기를 거쳐 3공화국시대까지 살아 남을 수 있었던 이유 중의 하나도 그들이 행정의 근대화를 체득한 행정기술자였다는 사실이었다. 그들은 신생 대한민국의 관료로서 중용(重用)되어, 권력 엘리트로 부상하였다. 그들은 자기들의 특권적인 지위를 보장해주는 한에 있어서 정부에 충실했으며, 그의 호감을 사는 데에만 경쟁하였다.」

〈朴東緖(1929-2006) / '韓國官僚制度의 역사적 전개'〉

「이 풍진(風塵) 세상을 만났으니 너의 희망이 무엇이냐
부귀와 영화(榮華)를 누렸으면 희망이 족할까
푸른 하늘 밝은 달 아래 곰곰이 생각하니
세상 만사가 춘몽(春夢) 중에 또 다시 꿈 같도다.」

경세(警世)의 노래 '희망가'는 1920년대 크게 유행하였다.

〈民族性의 말살(抹殺)〉

일제는 한일병합을 전후하여 역사를 왜곡 · 날조, 韓民族의 독립성 · 한국의 역사 및 문화의 독자성을 부인하거나 엄폐(掩蔽)하는 民族말살정책을 강행하였다.

기만적 문화정치는 비타협적인 민족주의운동을 강화시키는 결과를 가져왔다.

중국의 공런허(龔仁和)는 「남의 나라를 멸하고 남의 터전을 흔들며 남의 人材를 끊기도록 하고 남의 敎化를 없애 버리며 남의 기강을 무너뜨리고 남의 祖宗을 짓밟아 버리려면 먼저 그 역사를 없애야 한다.」라 하였다.

1919년 8월 官制改編 '詔書'의 一視同人, 4代 총독 우가키 가즈시게(宇垣一成, 1868-1956)의 內地延長主義에 이어, 7代 총독 미나미 지로(南次郎, 1874-1955)는 국체명징(國體明徵), 내선일체(內鮮一體), 인고단련(忍苦鍛錬)의 3大강령(綱領)인 '황국신민(皇國臣民) 서사(誓詞)'를 제정하여(1937) 집회 때마다 제창하게 하였다. 신사 참배(神社參拜)와 '서사'의 제창을 거부한 기독교 계통의 학교는 폐교당하고 손양원(孫良源, 1902-1950) 목사 등 기독교인들을 구속, 주기철(朱基徹, 1897-1944) 목사는 옥사하였다.

1911년 6월 일제는 조선총독부령 73호로 성균관에 경학원(經學院)을 설치하고 1930년 명륜학원〔明倫學院, 1939년 2월 명륜전문학원, 1942년 명륜전문학교, 청년연성소(靑年錬成所, 조선명륜연성소)로 개편〕을 부설, '황도유학(皇道儒學)'을 강요하였다.

五山학교 · 延禧전문학교 · 普成전문학교 등의 대학 승격이 실현되지 못하고 관립대학인 京城제국대학(서울대학교의 前身)이 설립되었다(1924. 5). 1939년 '황국신민화운동'으로 신교육령을 공포하여 한국어의 교육을 학교교과에서 제외시키고, 일본어 상용(常用)을 강요하였다. '동아일보', '조선일보' 등 신문과 '문장(文章)', '인문평론(人文評論)' 등 잡지가 폐간되고 1942년 조선어학회사건으로 이희승(李熙昇, 1896-1989) · 桓山 이윤재(李允宰) · 최현배 · 장지영(張志暎, 1887-1976) 등 29명이 구속되고 12명이 유죄판결을 받았다.

문학가들은 일본어로 작품을 써야 했고, 각급 학교의 교가도 일본어로 부르게 되었다.

創氏라 하여 성명조차 일본식으로 고치도록 강요되었는데(1940. 2). 본관(本貫)을 그대로 두어 문제가 있을 때는 곧 알아 낼 수 있게 하였다. 유지와 지도자들이 창씨 개명(創氏改名)에 앞장서 9월 현재 屆出者數가 3백20만1백16戶(호적 총호수의 79.3%)에 달하였고 개명한 자는 1941년 말까지 약 231만명으로 총인구 2,386만명의 9.7%에 이르렀다.

「門前의 沃土는 어찌되고 쪽박의 신세가 웬 말인가
밭은 헐려서 新作路되고 집은 헐려서 정거장되네
말 깨나 하는 놈 재판소 가고 일 깨나 하는 놈 共同山간다
아 깨나 낳을 년 갈보질 하고 목도 깨나 메는 놈 부역을 간다.」

〈김소월 / '조선민요선'〉

日帝 침략의 구체적 양상(樣相)을 제시, 민족의 저항의식을 제고시킨 민요이다.

일제의 만행(蠻行)·수탈(收奪)·징용(徵用)

〈만행(蠻行)〉

• *'堤岩里 학살'*

「1919년 4월 15일, 낮 2시, 보병 78연대 아리타 도시오(有田俊夫) 중위 등 일본군 10여명이 화성군(華城郡) 향남면(鄕南面) 堤岩里 마을로 들어왔다. 두령바위라고도 불리는 이 곳은 3·1 만세운동을 전개한 곳으로 조선인 순사보 (조희창)와 일인 상인 (佐假吉)이 15세 넘는 남자는 예배당으로 모이라고 했다. 일본 병정들은 그리스도교도·천도교도 30여명을 예배당에 몰아 넣고 창문과 출입문에 못질을 한 후 총을 쏘고 짚단을 가져다 예배당 주위에 쌓고 석유를 부었다. 예배당 안에서 22명, 밖에서 6명이 죽었는데 자신들이 숙소로 쓸 두 집만을 남겨두고 제암리 마을의 31호를 모두 불태웠다.」

〈田同禮(1897-?) / 東亞日報 (1982년 8월 4일자)〉

1892년부터 1934년까지 조선에서 활동을 했던 미국 북감리교 노블(Mattie Wilcox Noble, 1872-1956)선교사의 일기(1919. 4. 16)는 "화성 지역에서 제암리 이외에 16개 마을이 전멸되다시피 했다. 교회 터에는 재와 숯처럼 까맣게 타버린 시체뿐이었고, …"라고 적었다. 영문학자 사이토 다케시(齋藤勇, 1887-1982), 가시와기 기엔(柏木義円, 1860-1938), 아키즈키 이타스(秋月致) 등은 제암리사건 당시 사령관 우쓰노미야 다로(宇都宮太郎, 1861-1922)를 용서할 수 없는 처사로 탄핵했다.

현재의 堤岩교회는 오야마 레이지(尾山令仁, 1927-) 목사 등을 중심으로 '堤岩교회소타사건 사죄위원회'를 발족, 1970년 8월 25일 재건립한 것이다. 1959년 이곳 교회 자리에 기념비를, 1982년 기념탑을, 2001년 기념관을 건립하였다.

• *滿洲 훈춘(琿春) 학살*

琿春, 옌지(延吉), 허룽(和龍), 왕칭(汪淸)縣으로 이루어진 북간도는 문전옥답을 빼앗긴 농민들과 일제의 착취와 수갑을 피해 나온 지사들이 실향민이 되어 몰려드는 곳이었다. 1920년 10월 창장하오(長江好)를 수령으로 하는 중국인 마적단 4백명이 훈춘성을 습격, 일본 영사관 시부야(澁谷) 경부(警部)의 가족 등 일본 부녀자를 살해하였다. 이 사건으로 關東州(遼東) 沿海州 주둔 3개 사단을 출동시켜 독립군을 추격하고 대량보복 학살하는 경신참변(庚申慘變, 일명 琿春사건)을 일으켰는데 1920년 10월 9일에서 11월 5일까지 69개부락에서 한국인 3,459명이 피살되고 소실된 가옥은 2천5백7戶에 이르렀다.

「琿春사건 후 화룡현의 한 마을 전체가 불타고 있는데 변씨라는 30대 농부가 태극기를 들고 '대한 독립 만세'를 불렀다. 日軍은 태극기를 들고 있던 오른쪽 팔을 어깨에서 부터 내리쳐 잘랐다. 오른 팔과 함께 태극기가 떨어졌다. 변씨는 남아 있는 왼 팔로 태극기를 집어들고 다시 또 '독립 만세'를 외쳤다. 日軍은 일본도를 들어 다시 왼쪽 어깨를 내리찍었다. 변씨는 또 다시 만세를 부르고 선혈 위에 쓰러졌다.」

〈李康勳(1903-2003) / 東亞日報, 1982년 8월 6일자〉

• 간토대진재(關東大震災) 학살(虐殺)

1923년 9월 1일 11시 58분 도쿄(東京)를 중심으로 한 간토지방에 진도 7.9의 초강진이 발생, 14만여 명이 인명피해를 입고, 56만 채 이상의 가옥이 파괴되었다. 일본 경시청〔경시총감 아카리케 아쓰시(赤池濃, 1879-1945)〕은 차제(此際)에 독립운동자들을 탄압하고자 조선인이 폭동을 일으킨다는 유언비어를 유포, 계엄령을 선포하였다. 군대와 경찰, 그리고 3,689개의 자경단(自警團)이 결성되어 조선인과 사회주의자들을 학살하였다. 내무상 미즈노 렌타로(水野錬太郎, 1868-1949)는 사이토 마코토(齋藤實) 총독과 같이 정무총감으로 부임해 와 강우규로부터 피폭된 자였다. 몇 명이 학살되었는지 확실하지 않으나 '세계 무대에 얼굴을 들 수 없을 정도의 대 치욕' 이라고 한 '다이쇼 민주주의' 의 요시노 사쿠조(吉野作造, 1878-1933)는 '압박과 학살' 에서 2,534명으로, 김승학(金承學, 1881-1965)은 '한국독립운동사' 에서 6,066명으로, 독립신문(1923. 12)은 6,661명으로 각각 집계하였다.

「청천도 눈살을 찌푸릴 것이요, 백일도 빛을 잃을 것이다. 전차 길 다리 밑에 목을 매 달아 놓고 두 다리에 그물을 맨 후 좌우에서 그네같이 흔들어 죽이기도 하고 사람을 전신주에 묶어 눈알을 빼내고 코를 잘라 그 광경을 충분히 본 후 배를 찔러 죽인다. 기차 안에서 사지를 잡고 창문 밖으로 내 던져 죽이기도 하고, 남녀 수십 명을 발가벗긴 후 걷게도 하고 춤도 추게 한 후 몇 시간씩 동물적 희롱을 감행한 다음 찔러 죽인다. 거리나 기차 안에서 倭國文 濁音字 발음 '주고엔 고짓센' (15엔 50전)을 시켜보아 한인 색출을 하기도 하였다.」 〈1924년 1월 北京에서, 調査員一同 告白 右代表 金 健〉

「……가까운 오나기가와 강(小名木川) 부근에서 가장 심했던 곳은 오지마(大島) 六丁目으로 4,5백평의 공지에 나체에 가까운 약 2백50구의 死骸가 유기되어 있었다. 목을 잘리어 기관과 식도와 두 개의 경동맥이 거멓게 드러난 것, 억지로 찢어 끊은 흔적이 역연한 잘린 머리와 몸체 등 무참한 것들뿐이었다. 가장 처참한 것은 젊은 여자가 배를 갈리어 6, 7개월 정도라 생각되는 태아가 뒹굴고 있는 것이었다. 그 여자의 음부에는 쇠사슬과 죽창이 꽂혀 있었다. 그 때처럼 내가 일본인이란 것을 부끄럽게 생각한 적이 없다.」

〈다나베 데이노스케(田邊貞之助, 1905-1984), 불문학자〉

「流言의 근원은 1일밤 요코하마(橫濱) 형무소에서 해방된 죄수들이 능욕, 강탈, 방화 등 악행을 범하면서 돌아다닌 자취가 있는데, 그것을 조선인의 소행으로 잘못 알고 소문이 거의 電光적으로 전파, 불상사를 일으킨 것이다.」 〈10월 22일 '報知新聞'〉

尹琦燮이하 20명은 關東 학살사건의 선후책 협의를 위한 上海 僑民大會를 열고 윤기섭(尹琦燮, 1887-1959), 여운형(呂運亨, 1885-1947), 조완구(趙琬九, 1881-1954) 등 명의의 경고문 천부를 지나인 및 間島, 露領, 하와이 등 교민에게 보냈다.요코하마(橫濱) 쓰루미(鶴見) 경찰서장 오카와 쓰네키치(大川常吉, 1877-1940)는 학살위험에서 3백명의 조선인을 지켜냈다. 한국인단체는 오카와의 묘 옆에 감사의 비석을 세웠다(1953. 3).

조선인 학살 관련 피고인은 102명(81명 집행유예, 5명 무죄, 실형 선고 16명)이었다.
「1923년 9월 간토대진재의 혼란속에서 잘못된 책동과 유언비어로 6천여명의 조선인이 귀중한 생명을 빼앗겼습니다. 마음속 깊이 추도합니다.」 도쿄 스미다구(墨田) 요코아미초공원 위령당 옆에 일조(日朝)협회 일본인 회원들이 1973년 세운 위령비가 있다.

• *日 關東軍의 포로生體실험*

「태평양전쟁은 피해의 기록은 많으나 가해의 기록은 적다. 이 기록은 전쟁에 일본이 휘말렸을 때 다른 나라 국민들에 대해 저지른 잔학(殘虐)의 기록이다. 세계 최대의 세균전부대 關東軍 731부대는 일본육군이 낳은 악마의 부대임에도 공백인 채로 있어 戰史의 공백을 메우기 위해 이 부대의 실태를 고발한다.…」

〈모리무라 세이이치(森村誠一, 1933-) / '악마(惡魔)의 포식(飽食)' (1981)〉

化生무기개발을 위한 생체실험용으로 한국인 항일투사 · 중국인 · 소련인 · 몽골인 · 미국인 포로 등 3천명 이상(1463명은 진청민(金成民)에 의해 2005년 8월 신상 확인이 되었다.)을 희생시킨 日 關東軍 731부대는 防疫給水部 본부라고 하는 비밀특수부대로 창설자인 軍醫 이시이 시로(石井四郎, 1892-1959)의 이름을 따라 '이시이부대' 로 불리웠다.
1931년 만주 하얼빈 남쪽 20km지점 平房에서 편성된 이 부대의 연구대상은 착혈(搾血), 대체수혈(輸血), 내열(耐熱), 眞空, 역전(逆轉), 세균 감염(感染), 공기정맥(靜脈)주사 등 실험이었는데 세균 · 쥐 · 벼룩 증산을 위한 狂想은 1945년 8월 9일 종언을 고하였다.
수용되어 있던 마루타〔(丸太) - 껍질만 벗긴 통나무. '인간 생체 그대로' 라는 뜻으로 關東軍이 세균전용 병기를 개발하기 위해 피실험재료로 사용했던 희생자 명칭〕 약 410명 전원을 독 가스로 죽였다. 선양(瀋陽) 時代商報는 1943년 2월 관동군 사령관 우메즈 요시지로(梅津美治郎, 1882-1949) 지시로 미군 328명을 포함해 최소 766명 이상의 연합군 포로가 세균실험으로 사망한 것으로 보도했다.
교토(京都)의 국립 국회도서관 간사이(關西)관 소장(所藏) 731부대 관련 문서는 1940년부터 1942년 사이 세균무기를 6차례 사용해 감염자가 2만 5946명에 달했다고 밝히었다.
2013년 서울대 서이종 교수는 하얼빈 731부대 연구소의 극비 문서를 정밀 분석해 지린성(吉林省) '눙안(農安), 취현(衢縣), 닝보(寧波), 창더(崇德), 위산(玉山)' 의 주민 2만 9천 여명을 대상으로 페스트 세균 감염 실험결과 2,572명이 사망했다고 하였다.

• *'浮島丸' 폭침(爆沈) 의혹(疑惑)*

일본 군함 우키시마마루(浮島丸)가 1945년 8월24일 17시20분 한국인 송환자를 태운 채 마이즈루(舞鶴)만 시모사바카(下佐波賀) 앞 바다에서 기뢰에 충돌하여 침몰, 한국인 승객 5백24명과 해군 승무원 25명등 5백49명이 사망하였다.
승선인원에 대해서 大湊해군경비사령부는 한국인이 3천725명, 일본 해군이 255명이라 하였으나 '浮島丸은 부산으로 향하지 않았다' 의 著者 김찬하는 준사관 長谷川是, 齋藤恒次 등의 증언에 따라 '한국인 승선자는 6천명에서 8천명에 이른다' 고 하였다.

〈經濟面에 있어서의 收奪〉

• 土地强占 · 産米增殖 · 産業强占

일제는 韓日議定書와 더불어 "對韓施政綱領" · "對韓施政細目"과 土地調査事業(1910-1918), 會社令(1911)으로 식민지수탈체제를 확립하여 갔다. 1910년대의 조선토지조사사업과 1920년대의 산미증식계획과 비례세제로 중산층이 몰락하면서 구조적 모순이 심화되었다.

토지조사 사업이라는 일본인의 조선인 토지 '강점 사업'은 '토지소유권 확립과 地稅부과 목적이라 내 세웠지만 실은 조선총독부의 財政收入源을 확보하고, 地主 및 일본 토지회사의 토지소유권을 확립하기 위한 것이었다. 농민들은 조상 전래의 농토를 잃고 궁실 · 관청 등 소속 토지와 일족(一族) 일촌(一村)의 공유지는 몰수되어 국유지가 되고 국유의 산림도 총독부 소유로 하여 총독부는 최대의 지주가 되었다. 전 국토의 40퍼센트를 동양척식회사(東洋拓殖會社) 등 일본인의 토지회사와 일본인들에게 헐 값으로 불하하여 일본인은 지주가 되고 조선인은 소작농으로 전락하였다. 1918년 지주는 3.1퍼센트, 자작농이 19.7퍼센트, 자작 겸 소작이 39.4퍼센트, 소작이 37.8퍼센트였다.
전체 농가호수 2백65만2천호 가운데 3%밖에 안되는 지주들이 77%에 달하는 小作農 내지 自作謙 小作農에 대립되어 있는 상태에서 總 경지면적(耕地面積)의 50.4%가 小作地化되어 있는 양극화(兩極化)구조이었다.

日帝下 韓國농민의 농작구조

〈단위 : 천호〉

연 도	자작농	자작겸 소작농	순소작농
1917	517	1,061	989
1920	529	1,017	1,082
1923	527	951	1,123
1926	525	895	1,193
1929	507	885	1,283
1932	476	742	1,546

〈자료 : 조선총독부 / '農事統計表', 1933〉

산미증식(産米增殖) 계획(1920-1934)에 따라 1920년 1,488만 석, 1926년 1,530만 석, 1933년 1,819만 석으로 증가되었고 수출량은 1920년 209만 석, 1926년 579만 석, 1933년 799만 석으로 급증하였다. 조선인들은 쌀을 생산하여 일본으로 보내고, 주린 배는 만주에서 들여오는 잡곡(조 · 수수 · 콩)으로 채웠다. 세계적인 공황으로 1934년 산미 증식 계획이 중지되었는데 이 때부터 조선의 농업이 쌀 농사 일변도로 개편되고, 상업 · 금융 · 운수업 등 유통부문과 경공업 부문까지도 재편성되어 파행적인 경제구조를 이루게 되었다. 한편 농토의 개량, 품종 개선, 경종법 개발, 수리 시설 등 농업 기술의 향상이 이루어졌다.

일제는 이외에도 삼림령(森林令 1908), 어업령(漁業令 1911), 조선광업령(朝鮮鑛業令 1915)을 공표하여 삼림 벌채, 어업 독점, 광산 독점으로 금 · 은 · 철 · 석탄 등을 수탈하고 철도 · 항만 · 통신 시설 운영과 인삼 · 담배 전매로 막대한 수입을 올렸다.

재정고문 메가다 다네타로(目賀田種太郎)의 白銅貨 개혁(1905)은 한국 상공업자에게는 막대한 손해를 보게하고 일본 상인에게는 경제적인 진출의 길을 넓혀 주었다.

開港場 상인단체로 성장한 客主組合은 고종 32년(1895) 商務會議所 規例가 발표되면서 商務會議所로 되었다.

최초의 금융기관은 1896년 金宗漢(1844-1932) 등이 설립한 朝鮮銀行이다. 1900년경 第一銀行 · 第十八銀行 · 第五十八銀行 · 日本興業銀行 등 일본은행이 한국에 상륙하고 1906년 農工銀行을 설립, 상공업자와 농민을 지원하고 1909년 설립된 韓國銀行이 1911년 朝鮮銀行으로 되어 중앙은행의 구실을 하였다.
1918년 전국 6개 농공은행을 합병해 조선식산은행(朝鮮殖産銀行)을 설립하였는데 광복 후 한국식산은행, 1954년 한국산업은행으로 명칭이 바뀌었다.

1941년 현재 日本資本은 조선 民有地면적의 26.6%, 가액(價額)의 38.0%를 수탈하고 있었다.

• *戰時體制下 收奪과 徵用*

1941년 2차 세계대전에 참전한 일본의 군사비 보충은 식량 배급제, 공출제(供出制), 징병제 등으로 파급되고 전쟁물자조달을 위한 조선은행권(朝鮮銀行券)의 남발은 전시인플레를 야기하여 민중생활을 파탄으로 몰아넣었다.

군량미 확보책으로 조선미곡배급조정령을 공포하여(1939) 식량의 수집과 배급을 실시하였다. 공출은 사전 할당제로 수확량에 관계없이 일본인은 년간 1人 1섬 1말 수요에 조선인은 6말이라는 계산을 했다. 京城日報는 1932년부터 1942년 사이에 조선인 7만 1,334명이 아사(餓死) 혹은 동사(凍死)했다고 보도하였다.

미곡 공출량

〈단위 : 천호〉

연 도	자작농	자작겸 소작농	순소작농
1941	21,527	9,208	43.1
1942	24,885	11,255	45.2
1943	15,687	8,750	55.7
1944	18,919	11,957	63.8

〈자료 : 아세아문제연구소 / 일제의 경제침탈사, p.105〉

日帝는 철광은 수요의 80%〔무산(茂山), 利原, 价川, 銀龍등 광산에서 실어간 철광석은 1944년 550만 톤에 이르렀다.〕, 텅그스텐은 수요의 90%, 몰리브덴, 코발트, 운모, 형석, 흑연, 알미늄 등은 수요의 50% 이상을 韓國産으로 충당했다.

'국방헌금'을 강제 징수하고, '애국채권'을 강매하였으며, 유기(鍮器) 등 생활집기까지 거둬 갔다.

'국가총동원법'(1938-1945)에 근거한 국민징용령을 1939년 7월 8일 공포, 동년 10월 1일부터 조선에서 징용영장(白紙應召로 불리웠다)을 발부하여 징용 조선인은 終戰時까지 1,128천명이었는데 日本, 사할린〔가라후토(樺太)〕, 남태평양 등지로 징용된 노무자(일본말 '로무샤'는 인도네시아어가 되었다.)들은 상당수가 이국땅에 남게 되었다.

한국인 징용

〈단위 : 명〉

연도 업종	1939	1940	1941	1942	1943	1944	1945	계
석탄광산	24,279	35,441	32,415	78,660	77,850	108,350	136,810	493,805
금속광산	5,042	8,069	8,942	9,240	17,075	30,900	34,060	113,328
토건	9,479	8,898	9,563	18,130	35,350	64,827	29,642	176,889
부두노동						23,820	15,333	39,153
공장기타		1,546	2,672	15,290	19,455	151,850	114,044	304,857
계	38,800	54,954	53,592	121,320	149,730	379,747	329,889	1,128,032

〈자료 : 趙東杰/ '日帝下 韓國農民運動史'〉

日帝는 1943년 학도동원령을 내려 학생들을 징집하였는데 친일파 지도층이 권유 행각을 하였다. 1944년 징병령을 실시하여 징병된 조선인은 2차 대전 종전때 36만 4,186명(육군 18만 6,980명, 해군 2만 2,299명, 기타 군요원 15만 4,907명)에 달하였다. 남태평양, 동남아, 중국 등 전선에 투입되어 15만명이 전사하고 광복후 돌아온 한국인은 미국국립문서기록관리청(NARA)문서에 의해 1만 996명으로 밝혀졌다.

• *조센피(朝鮮妣) - 정신대(挺身隊)*

挺身隊의 前身은 피야[중국 비속어(卑俗語)로 여자의 음부(陰部)를 뜻함]였다. 日本군부는 通州(河北省) 학살사건 이후 중국의 排日사상이 확산되자 軍의 사기를 높이기 위해 15-19세의 앳 된 조선 여인들을 낭자군(娘子軍) 미명을 붙여 上海, 天津 등의 일본군 주둔지역 피야에 수용하고 군인 군속의 전용위안부 노릇을 하게 했다.

1932년 1월 처음 上海 海軍위안소가 설치되었다. 1937년부터 일제는 가난한 조선 여성들을 '지원' 형식으로 중국으로 데려가 '위안소', '육군오락소' 등의 군 시설에 배치하고 1944년 8월 '여자 정신 근로령'을 공포하여 12세 이상 40세 미만의 조선 여성을 정신대에 끌어 모았는데 그중 일부는 남방전선 위안부로 혹사했다. 이들은 하이난(海南) 섬 하이커우(海口), 싼야(三亞) 등 중국전선이나 남방에서 '조센피(朝鮮妣)'로 경멸되었다.

1943년부터 1945년까지 정신대라는 이름으로 끌어 간 조선인 여성의 수효는 20만 명으로 추계, 이중 약 5~7만 명이 위안부로 계산되고 있다. 그들은 '니쿠이치(二九一)'라 하여 일본군 29명에 위안부 1명의 비율로 충원계획을 세워 악행을 자행했다.

다음은 어느 조선인 위안부의 증언이다.

「하루에 90명까지도 치르었는데 병사들은 위안부들이 밥 먹을 시간도 없을 만큼 달려들었다. 관리부의 병사가 주먹밥을 만들어 위안부의 입에 넣어 주었고, 우리는 배 위에 사람을 올려놓은 채 그것을 먹었다….」

1991년 11월 군 위안부 강제동원에 직접 관여했다는 요시다 세이지(吉田淸治, 1913-)의 양심선언과 1992년 1월 요시미 요시아키(吉見義明, 1946-)의 일본군 직접관여 정부문서 공개로 가토 고이치(加藤紘一, 1939-)관방장관이 정부관여를 처음 시인하였다. 관방장관 고노 요헤이(河野洋平, 1937-)는 1993년 8월 위안소 설치 · 관리 및 위안부 이송 등 일본군의 위안부 강제 동원 사실을 인정하고 일본정부의 사죄와 반성을 표명한 '고노 담화'를 발표, 유엔은 공식조사를 결정하여 위안부 문제가 국제화되었다.

1998년 6월 제네바 유엔인권소위에 제출된 '맥두걸(Gay McDougall) 보고서'는 전시하 군대 성노예제(military sexual slavery in wartime)에 해당하며 노예행위로서 처벌받아야 한다'라고 하고 일본정부가 군대위안소에 책임이 있는 생존자를 확인해 처벌토록 하고 또 일본정부와 함께 배상책임 결정, 피해자 확인, 일본내 피해자들의 주장을 확인할 포럼을 위한 국제위원회 설립을 권고하였다.

2007년 7월 30일 미 연방하원이 마이클 혼다(Michael Makoto Honda, 1941-)의원 발의로 'HR(House Resolution) 121'로 불리는 '일본군 성노예(enforced sex slaves) 결의안'을 채택하여 일본군 위안부 문제에 대한 국제사회의 인식이 높아졌다.

2007년 12월 유럽의회는 '2차 세계대전 전후 아시아 성 노예 위안부 정의에 관한 의결'에서 일본정부 상대로 위안부 생존자들과 유족들에 대한 배상요구 등 10개항을 결의하였다.

2008년 10월 유엔의 '시민적 정치적 권리위원회'가 채택한 보고서는 "일본 정부는 법적 책임을 인정하고 피해자 다수가 수용가능하며 이들의 존엄성을 회복시키는 방법으로 무조건 사과(apologize unreservedly)"하라고 요구했다.

자주구국(救國)을 표방(標榜)하여
- 주권회복(主權恢復)을 위한 민족적 항쟁(抗爭)(1910-1945)

러시아지배(1922–1991)이전의 아르메니아인 대량학살(1915–1917, 최대 150만명)과 볼쉐비끼혁명을 거친 후 1930년부터 1950년까지의 20년간은 세계적 규모의 경제불항과 첨예(尖銳)한 계급투쟁, 파시즘과 民族帝國主義의 대두, 고귀한 理想을 선언한 革命세대의 순사(殉死), 史上 미증유의 파괴적 전쟁, 강제수용소나 죽음의 房에서 벌떼처럼 처리된 6百萬명의 유대인 살육(殺戮) 등 有史이래 특수하게 긴장한 시대였다. 과거 1백50년간 革命的 충동을 표명하여 온 급진적 知識人에겐 至福千年에의 희망의 종언(終焉), 千年王國說(Pre Millenarianism)의 종언, 默示的 思想의 종언, 요컨대 이데올로기의 종언을 의미하였다.

近代志向意識과 民族意識을 복합적(複合的)으로 파악하는 立場에서 주도적(主導的)인 영향력을 미친 이들은 結社 · 言論 · 教育 · 宗教 등의 자발적인 民間運動을 지도하거나 國故研究에 전심한 이들이었다. 儒學을 기초로 近代志向에 민감했던 민족주의자들(朴殷植 · 申采浩 등), 基督教人을 포함하여 西洋文明 수용에 적극적이었던 민족주의자들(安昌浩 · 梁起鐸 등), 日本 近代化에 자극받은 東學系(孫秉熙, 吳世昌 등), 近代的 방법으로 國故 研究활동을 한 민족주의자들(周時經 · 崔南善 등)이 主流이었는데 3 · 1 運動을 계기로 비로소 융합(融合)을 이루었다. 3 · 1운동은 일본으로 하여금 對 朝鮮植民政策의 一大전환(轉換)을 가져오게 하였다.

「1880년대 침략의 모순이 예견되던 단계에서는 現存 엘리트나 中間 엘리트에 국한되던 민족적 저항의 진폭이 1890년대에 민중으로 확대되어 갔고, 1910년에는 1860년대부터 진행된 韓民族 근대사에 있어서의 국가적 측면과 민족적 측면의 분리현상(分離現象)이 민족적 측면으로 합일하는 체계를 이루었다. 韓末 민족운동에서 그 같은 거족(擧族)적 동원이 이루어지기 위하여는 다음과 같은 動員過程을 거치게 된다. 즉 종교적 동원(religious mobilization)으로서 辛巳위정척사운동(1882) · 甲午동학운동(1894) · 乙未의병운동(1895) 등이, 지성적 동원(intellectual mobilization)으로 독립협회 · 만민공동회 등이 있었다. 19세기 말 여러 형식의 대중동원은 1905년 이후의 민족적 동원형식으로서의 의병운동으로 연결되었다. 35년간의 시간적 文脈은 저항 파괴기(1910–1919), 시위창조기(1919–1930), 실천 성숙기(1931–1945)로 나뉘어진다.
1910년의 자주권 상실을 국가적 측면의 停止로 보고 1945년을 국가적 측면까지 포함한 자주권의 회복으로 본다면, 36년간의 민족운동은 국가적 측면에서의 단절을 민족적 측면의 에너지로서 연결 회복 시켰다는 역사적 의미로 귀착된다.」 〈崔昌圭, 서울大 專任講師, 政治學〉

규탄상소(糾彈上疏) · 자결순국(自決殉國) · 의병(義兵)항쟁

일본의 침탈이 극심해 지자 1895년 5월 의암(毅菴) 류인석(柳麟錫)이 베푼 장담(長潭) 향음례(鄕飮禮)에서 스스로 목숨을 끊는 방법〔자정치명(自靖致命)〕, 의병을 일으켜 외세를 소탕하는 방법〔거의소청(擧義掃淸)〕, 조국을 떠나서라도 대의를 지키는 방법〔거지수의(去之守義)〕 등 대처할 세 가지 방법〔처변삼사(處變三事)〕이 제기됐다.

을사조약 체결은 온 국민의 분노를 사서, 조약에 반대하고 일제를 배격하는 운동이 광범하게 일어났다. 일제강점기간 민족운동의 성격은 실력양성 · 자치 · 비타협으로 양반 출신인 李會 · 李東寧 · 申采浩 · 李相龍(1858-1932) · 金東三(호 一松, 1878-1937) 등과 상민출신인 申乭石(1878-1908) · 安桂洪 · 池龍起 · 金秀敏 · 洪範圖(1868-1943) 등은 지부복궐(持斧伏闕), 실학 · 동학 등의 전통을 계승하면서 근대의식의 폭을 넓혔다.

'獨立新聞' 이 폐간되고 '대한매일신보' 는 '매일신보' 로, '황성신문' 은 '한성신문' 으로, '대한신문' 은 '한양신문' 으로 각각 바뀌었다. 皇城新聞〔남궁억(南宮檍), 류근(柳瑾, 1861-1921), 박은식(朴殷植) 등이 1898년 3월 8일 창간〕 주필 張志淵이 '是日也放聲大哭(오늘 목 놓아 크게 곡하노라)' 이라는 논설로 국민의 의분에 호소하였다.
「4천년을 〈이어온〉 강토와 5백년의 종묘(宗廟) 사직(社稷)을 남에게 바치고, 2천만 생령(生靈)으로 노예노릇을 하게 하였으니, 대신들은 김청음(金淸陰, 이름 尙憲)이 국서(國書)를 찢고 통곡〔哭〕하던 일〔열서곡(裂書哭)〕도 하지 못했고, 정동계(鄭桐溪, 이름 蘊)가 칼로 할복(割腹)하던 일〔도사복(刀剚腹)〕도 못하고 단기(檀箕) 이래 4천년, 국민정신이 하룻밤 사이에 졸연히 멸망하고 말았는가. 애통하도다」

李相卨, 趙秉世(1827-1905), 閔泳煥 등의 상소 항의가 연이었고, 崔益鉉은 대부(大斧)를 휴(携)하고 大漢門 前에 복(伏)하여 상소극간(上疏極諫) · 비분통곡(悲憤痛哭)하였으며 시전(市廛) 상인들은 철시(撤市)하였다. '을사오적' 은 규탄의 대상이 되어, 1906년 2월 이근택(李根澤)과 권중현(權重顯)은 저격당하고 7월 이완용(李完用)과 박제순(朴齊純,)의 집이 민중에 의하여 불살라졌으며 이완용은 1909년 12월 李在明(1890-1910)으로부터 자상(刺傷)을 입었다. 獨立協會의 幹部 · 重要會員 전부가 검거되었을 때 류근(柳瑾) 이하 1백 67명의 동지는 역률(逆律)에 의하여 大木칼이 씌어지고 兩足에 질곡(桎梏)을 채워 요지부동(搖之不動)의 영어(囹圄) 생활을 하였다.
이승만(李承晩)은 1904년 한성감옥에서 백성을 일깨워 나라를 지켜야겠다는 우국충정(憂國衷情)의 獄中記 '독립정신' 을 기술했다.

1905년으로부터 1910년 무렵까지 문헌에 명시된 순절자는 45명이다. 1905년 閔泳渙이 '二千萬 동포에게 고함' 이라는 유서를 남기고 목숨을 끊자 菊隱 李漢應(1874-1905) · 趙秉世 · 洪萬植(1842-1905) · 宋秉璿, 李相哲(?-1905) · 李命宰 · 金奉學(1871-1905) · 尹斗炳을 필두로, 이듬해 醒石 李建奭 · 李偰(1850-1905), 1907년 李儁 · 朴性焕(昇煥, 1869-1907) 등과 1910년 이후로 黃玹 · 洪範植(1871-1910) · 李晩燾(1842-1910) · 宋道

淳 · 金奭鎭 · 李載允(1849-1911) · 宋種奎 · 潘學榮 · 宋益勉 · 鄭在健(1843-1910) · 金智洙 · 吳剛杓(1843-1910) · 鄭東植(?-1910) · 金永相(1836-1910) · 金道鉉(1852-1914) · 宋完命 · 金永世 · 趙章勇 · 李學純(1843-1910) · 李根周(1860-1910) · 金天述, 李範晉, 李中彦(東隱, 1850-1910), 有姓失名氏로 금구 정참판 · 홍덕 백의관 · 보은 이감찰 · 선산 허씨 · 문의 이씨 · 충주 박씨 등이 자결 순국했다.

1906년부터 '국권 회복'을 위해 재기한 2차 의병도 명성황후시해의 '국수(國讐)'를 갚기 위한 1896년 1차 의병 때와 마찬가지로 척사위정파에 의하여 주도되었다.

1기 의병전쟁(1907. 8-1908. 8)은 중부 및 남부를 중심으로 전개되었다.
1907년 丁未7條約 (한일신협약)의 체결로 구 한국군의 대부분이 각지의 의병부대에 흡수되거나 연합작전을 펴게 되면서 전투능력이 증강되고 경상 · 강원 · 황해 · 경기 등으로 확대되어 지방의 각 분견대(分遣隊)와 진위대(鎭衛隊 원주, 강화, 안동, 수원, 진주)는 일병을 격파하고, 철도와 전신 시설을 파괴하였다. 유생 從軍者는 대관광수(大冠廣袖)로 正裝하여 과거보러 가는 것 같았는데 유생과 농민간의 신분적 위화감이 문제였다.
1기는 민긍호(閔肯鎬, ?-1908)의 原州鎭衛隊와 연합한 이인영(李麟榮, 1867-1909), 이은찬(李殷瓚, 1879-1909), 旺山 허위(許蔿, 1855-1908)의 13道 倡義軍이 서울탈환을 시도한 시기다. 이강년(李康秊, 1861-1908) · 전해산(全海山, 1878-1910), 강기동(姜基東, 1884-1911) 등 의병장 외에 민종식(閔宗植, 1861-1917)은 定山에서, 최익현(崔益鉉)은 순창(淳昌)에서, 신돌석(申乭石)은 경상도에서, 류인석(柳麟錫)은 제천(堤川)에서, 김백선〔金百先, 백선(伯先), 1873-1896〕은 강원도에서 이규홍(李圭弘, 1881-1929)은 익산(益山)에서 각각 日兵과 격돌하였는데 민종식과 최익현은 체포 · 유배되었고, 정용기는 전사하였으며 金伯先은 安承禹와의 갈등으로 류인석에 의해 처형되었다.
김백선의 처형에 대하여「적을 토벌하지는 않고 먼저 장수를 죽인 것은 방패를 버리고 성을 무너뜨린 것이니 제천 싸움의 패배 또한 당연하지 않은가」하였다.
〈송상도(宋相燾), 1871-1946) / '기려수필(騎驢隨筆)'〉

류인석의 창의격문(倡義檄文)은「리워쒜(李若水)가 흠종(欽宗 : 北宋의 마지막 황제로 金에 잡혀감)을 부둥켜 안은 고사(故事)를 실천한 자가 누구며, 唐의 얜쩐칭(顔眞卿, 709-784)처럼 의병 모집하는 것을 못 보았으니 당당한 정방(正邦 : 主權國)으로서 小日本이 된다면 얼마나 통분할 일이랴, 국적(國賊)들의 정종모발(頂踵毛髮 : 이마와 발 뒤꿈치와 털과 머리카락이란 뜻으로 온 몸을 가리키는 말)이 누구의 덕으로 살아 왔는가. 국모(國母 : 閔妃)의 원통함을 생각하면 이가 갈리는데 또 이런 망극(罔極)한 흉화(凶禍)를 당하매 천지가 뒤집히고 이성을 보전할 길이 없구나.」하였다.

최익현은 1906년 쓰시마섬의 이즈하라(嚴原) 에주에이(衛戍營) 옥중에서 단식을 계속하다가 임병찬(林炳瓚, 1851-1916)에게 유소(遺疏)를 구술한 뒤 굶어 죽었는데 '사신취의'(捨身就義)의 삶을 보여준 전형이다.

「내가 일본 밥 두어 숟가락을 먹은 것은 잘못된 일이로구나. 내 어찌 살기를 탐내어 입에 풀칠을 하고 선왕(先王)의 제(制)를 바꾸어 성인의 도리에 어긋나는 짓을 하겠는가. 나는 지금부터 단연코 일본의 밥은 먹지 않을 것이다. 日本이 民은 궁(窮)하고 財는 진(盡)하여 衆이 그 上을 서(怨)하고 있는 상황이므로 倭賊에게 必亡의 形이 있어 늦어도 45년을 넘지 못할 것이다.」 〈임병찬 / '쓰시마섬일기'〉

일본군은 의병 토벌에 '산코센랴쿠'〔三光戰略, 모조리 살육하고(殺光) 모조리 약탈하고(奪光) 모조리 불지르는(燎光) 초토화 섬멸작전〕을 전개, 살인 · 방화 · 강간을 자행하였으며 의병을 체포하여 열탕에 삶고 의병장의 부인 음부에 숯불을 넣어 태워 죽였다.
충주 공략전에서 민긍호(閔肯鎬)의 의병부대에 분전석패(奮戰惜敗)한 이래 日軍들은 도처에서 파괴와 살육을 감행하였는데 특히 여주지방이 閔中殿의 출생지라 排日사상과 의병활동이 치열하다고 하여 제천과 마찬가지로 모든 촌락을 소이(燒夷)시켰다.

「이천읍 외 4면 12동(洞)을 일병이 충화(衝火) 몰소(沒燒)하는데 인민이 다수 피해(被害)하였고 부녀를 봉첩겁간(逢輒劫姦)했고, 충주읍에서 의병과 일병이 호상(互相) 교전하여 일병 150명이 함몰하고 패병(敗兵) 8명이 은피상경(隱避上京)하는데 소과처(所過處)에는 행악(行惡)이 무소부지(無所不至)하여 부녀를 무론노소(毋論老少)하고 봉첩겁간, 광주(廣州) 음치(陰峙) 일병 참소에서는 부근 촌려(村閭)에 횡행하여 노소부녀를 겁간하여 계저(鷄猪)를 임의 살식(殺食)하였다 하고, 양주(楊州) 원천(遠川) 등지에서는 일병이 거민(居民) 가옥을 몰수(沒數) 충화(衝火)하였다더라.」 〈대한매일신보, 1907년 8월 30일자〉

황현(黃玹)은 「처음에는 온 나라가 성대히 의병을 환대하였다. 세월이 지나감에 따라 그들의 예기(銳氣)는 떨어지고 규율이 없어 경군만 만나도 도망쳤다. 충의를 가진 자는 몇 안 되고 이름만 내 걸고 일하기 싫어하는 자들이 무리를 지어 의려(義旅)라 하며 따라다녔다. 그런 자들은 약탈과 강간을 자행하여 광도(狂徒)와 다름이 없었다.」고 하였다.

1900년부터 10년간 '런던데일리메일' 지 특파원으로 두 번 한국을 방문한 맥켄지(F.A.McKenzie)는 일본군대의 약탈, 무뢰배들의 횡포 등을 고발하고 '한국의 비극'(The Tragedy of Korea)에서 의병활동, 합병 이후의 일본 통치, 3 1운동의 경과를 서술하였다.

2기 의병(1908.9-1909.8)은 호남과 間島, 노령 연해주(沿海州 Primorskii Krai)에서 게릴라戰과 신식 소총으로 對戰하였다.

「호남 의병은 세월이 가면서 교묘함이 극에 달했고, 첩보 근무 및 경계법 등은 놀랄 만큼 진보되고 행동도 더 민첩하여 토벌대를 우롱하고 있다. 과연 어느 때 완전 평정이 될지 우려스럽다.」 〈조선주차 일본군사령부 / '조선폭도토벌지' (1913)〉

3기 의병(1909.11-1915.7)의 항전(抗戰)으로 間島는 항일무장투쟁기지로 변해갔다. 日帝는 의병전쟁의 항구 영속화를 우려하고 日本의 對韓정책 실패를 구실로 列强이 조선의 독립을 거론(擧論)하지 않을까 염려하였다.

1907년 8월부터 1911년 6월까지 의병군과 일본군과의 교전 횟수는 2,852회, 참가 연인원 14만 1,815명에 달하고 17,779명이 전사, 3,706명이 부상하였다(일본군 사망 136명, 부상 277명).

근대의식과 주체의식은 계몽운동과 의병운동에 의하여 성장해 갔는데 보다 능률적으로 발전시켜 간 것이 독립군기지 개척운동이었다. 新民會가 건설한 기지가 신흥학교로 결실을 맺은 것 외에도 柳麟錫 · 文昌範(1870-1934) · 李東輝(1873-1935) · 李承熙(1847-1916) · 尹世復(1881-1960) · 金躍淵(1868-1942) · 李奭大 · 白冶 金佐鎭(1889-1930) 등이 연해주와 만주 등지에서, 朴容萬(1881-1928)은 미주에서, 申圭植은 上海와 南京에서, 洪命熹(1888-1968)와 鄭元澤은 말레이지아 · 태국 · 자바 등지에서 기지 개척을 하였다. 그러나 계몽주의자가 의병운동을 힘의 낭비라고 거부한 사례, 李康季의 의병이 南宮檍이 설립한 양양 峴山學校를 불 태운 일, 金載明의 의병이 안동 協東學校의 교사를 처단한 것 같이 계몽운동과 의병운동간에도 갈등이 있었다.

전명운(田明雲, 1884-1947), 장인환(張仁煥, 1877-1930)은 "대한제국이 보호정치를 찬양하고 있다"고 한 외교고문(주미 일본공사관 공관원직 겸무) 스티븐즈(Durham White Stevens, 須知分)를 1908년 3월 샌프란시스코에서 사살하고 민족운동가 안중근은 러시아 재무장관 코코프체프(Vladimir Kokovsoff)와 병합 외교공작을 추진한 이토 히로부미를 1909년 10월 26일 헤이룽장(黑龍江) 성 하얼빈(哈爾濱)역에서 사살하였다.

안중근(1879-1910)은 당대의 국제정세가 약육강식과 제국주의적 전쟁이 불가피한 시대라고 인식하여 실력양성과 무력행사가 일본의 태도를 바꾸고 국제사회의 관심을 이끈다고 보았다. 토마(多默, 토마스) 안중근은 이토가 쓰러지자 '코레아 우라!' (대한민국 만세)라고 외쳤다. 이토는 저격당한지 30분만에 숨졌다. 순종은 이토 히로부미의 가족에게 10만원의 은사금을 내리고 백성들에게 조서를 내렸다.(1909년 11월4일)
국제여론은 훼예(毁譽 · 비방함과 칭찬함)가 엇갈리는 정황이었는데 안중근은 "이 의거는 나의 명리(名利)와 현달(顯達)을 위한 것이 아니고 오로지 한국의 독립회복과 동양평화를 이룩하기 위해 한 것이다."하였다. 안중근은 이토 히로부미를 가해(加害)한 까닭에 대하여 미조부치 다카오(溝淵 孝雄) 검찰관에게「민황후(명성황후)를 시해한 죄, 황제를 폐위시킨 죄, 을사 5조약과 정미 7조약을 강제로 체결한 죄, 한국인이 일본인의 보호를 받고자 한다고 세계에 거짓말을 퍼뜨린 죄, 동양평화(동아시아협력공동체)를 파괴한 죄 등 15가지 죄악 때문이라」고 하고 '대한제국의 의병 참모중장이 적과 싸우다가 포로가 되었는데, 마땅히 만국 공법에 의하여 처리하라' 고 주장하였다.

만국공법은 마틴(William A.P Martin, 1827-1916)이 번역한 휘튼(Henry Wheaton, 1785-1848)의 '萬國公法' (Elements of International law, 1864), 울시(Theodor D.Woolsey, 1801-1889)의 '公法便覽' (1877), 블룬출리(Johann Kasper Bluntschli, 1808-1881)의 '公法會通' (1880)을 말한다.

영국 '그래픽' 지는 "안중근은 영웅의 왕관을 들고 늠름하게 법정을 떠났다"고 보도했다.
안중근(安重根)은 1910년 2월 14일 관동 도독부 지방법원에서 사형을 선고하여〔재판장 마나베 주조(眞鍋十藏)〕'동양평화론' 을 집필 중 파리외방전교회 니콜라 조셉 마리 빌렘〔Joseph Wilhem, 1860-1938, 홍석구(洪錫九)〕신부에게서 고해성서를 받고 3월26일 뤼순(旅順) 감옥에서 집행됐다. '의인은 예로부터 자기 명에 죽음이 드문 일(義人自古席終稀)' 임을 입증한 셈이다.
「현지에는 놀라운 이설(異說)이 있다. 일제는 안의사를 찜통에 쪄서 죽였으며 죽이기 전 쇠못이 박힌 철판 위를 걷게 하는 모진 고문을 가했다는 것이다. 뒷날 그들은 공동묘지까지도 없애 안의사의 유체를 커다란 왜 간장통 속에 넣어 어디론가 사라졌다.」
〈박성수(朴成壽) / '독립운동사'〉

「흙모래 대지를 휩쓸고 바람은 노하여 울부짖는데 / 칼날 같은 흰 눈이 흑룡강 연안에 쏟아진다 / 다섯 발자국 지척에서 피 흘리게 하여 대사를 마쳤으니 그 웃음소리 저 산의 달보다 높구나」 〈량치차오(梁啓超) / '추풍에 덩굴이 끊어지다(秋風斷藤曲)'〉

하얼빈발행 露語新聞은 '이 사건은 일본과 기타 제국이 다른 나라를 압박할 때 주의해야 할 교훈이며 압박은 결국 스스로 망치는 것' 이라고 했다. 쑨원(孫文, 1866-1925)은 "그 공(功)은 삼한을 덮고 이름은 만국에 떨쳤나니 죽어 천추에 빛날 것이다."(功蓋三韓名萬國 生無百歲死千秋)하였고 저우 언라이(周恩來)는 "한중 양국의 반일 투쟁은 안중근의 의거로부터 시작되었다"고 했다.

나이토 시즈고(内藤千珠子) 오쓰마여대 준교수는 '암살이라는 스캔들(2005)' 에서 "안중근은 일본제국의 자존심에 큰 상처를 남겼지만, 그의 당당한 모습 자체가 강인하고 우월한 남성적 존재로 일본인들에게 각인되었다."고 하였다.
안중근은 정근(定根, 1885-1949)과 공근(恭根, 1889-1939) 두 아우에게 유언하였다.
「내가 죽거든 시체는 우리나라가 독립하기 전에는 국내로 옮겨서 장사지내지 말라. …… 대한독립의 소리가 천국에 들려 오면 나는 마땅히 춤을 추며 만세를 부를 것이다.」

안중근은 안태훈〔安泰勳, 진해현감 安仁壽(1836-1892)의 아들, 1862-1905)과 배천 조씨(?-1927) 사이에서 태어나 兒名을 應七이라 하였는데 친구와 의리를 맺고(親友結義) · 술마시고 노래하고 춤추며(飮酒歌舞) · 총을 쏘며 사냥하고(銃砲狩獵) · 날쌘 말을 타고 달리는(騎馳駿馬) 넷을 즐겼다.
「안진사(安泰勳) 여섯 형제는 文士의 풍모가 있었으나 유약해보이지 않았고 특히 안진사는 눈빛이 찌를듯 빛나 압도하는 기운이 있었다. 퍽 소탈하여 무식한 아래 사람에게도 교만한 빛 하나 없이 친절하고 정중하여 더불어 함께 하기를 좋아하였다.」 〈김구/ '白凡逸誌'〉
안중근은 김아려(金亞麗, 1876-1946)와의 사이에 현생(賢生, 1902년생), 분도(芬道, 1905-1916), 준생(俊生, 1907-1952) 등 2남 1녀를 두었다. 安俊生은 일본의 탄압과 감시 속에 1939년 10월 박문사(博文寺)에서 이토 히로부미의 양아들 이토 분키치(伊藤文吉, 1885-1951)에게 사과했다. 이를 두고 김구는 「안준생을 체포하여 교수형에 처하라고 중국 관헌에 부탁하였으나 관원들이 실행치 않았다.」〈'白凡逸誌'〉고 하였다.

"안중근의 동양평화론은 패강(覇强)이 아니라 인약(仁弱)을 중심으로 하는 평화사상"으로 안중근 의거는 외래 종교사상의 토착화 · 민족화의 전범(典範)으로 합병을 앞당겼다는 일부의 인식도 있다. 2006년 7월 하얼빈 자오린(兆麟)공원에 '청초당(青草塘) 연지(硯池)' 라는 안중근유묵비(遺墨碑)가 세워졌고 2010년 10월 26일 서울 남산에, 2014년 1월 하얼빈역에 안중근기념관이 각각 준공되었다.

「김준엽(金俊燁, 1920-2011), 장준하(張俊河, 1918-1975) 등 학병 50명이 몰려 온 臨政重慶 시절 무렵 안공근(安恭根)이 살해 당하고 김구는 중국 외교를 박찬익과 민필호에게 맡긴 듯 하다.」 〈김준엽 / 장정 '나의 광복군 시절'〉

「안공근은 조완구, 박찬익, 엄항섭과 함께 김구의 최고 4인 측근으로 박찬익은 김구 암살 3개월전에 죽고, 조완구와 엄항섭은 6 · 25 전쟁때 납북되었는데 安明根의 손녀 사위 전태준은 '김구는 안공근을 암살하라고 시켰고, 김구의 심복 박창일과 학병 2명이 일을 저질렀지요.' 라고 하였다.」 〈안천(安天) / '일월오악도(日月五岳圖)'〉

규암(圭巖) 김약연(金躍淵)은 1901년 명동 장재마을에 '규암재' 라는 서당(1908년 명동서숙, 1909년 명동학교로 개명)을 설립, 명동촌교육의 효시가 되었다.

1917년 9월 엔지 주재(延吉駐在) 청국변무사(清國邊務使) 우루쩡(吳祿禎, 1880-1911)의 인가를 얻어 '간민교육회(墾民教育會)' 를 창설, 한인교육을 지도하고, 1918년 北京정부의 인가를 얻어 간민회(墾民會)를 설치, 자활운동(自活運動)을 전개했다.

백산(白山) 안희제(安熙濟, 1885-1943)는 동래에 귀명학교, 의령에 의신학교를 설립하고 1909년 서상일 등과 대동청년단을 조직, 구국운동을 전개했다.

부산에서 '백산무역 주식회사' 를 설립, 독립운동 자금을 40여 년간 조달하고 '기미 육영회' 를 만들어 일본, 영국, 독일 등지에 유학생들을 보냈으며 1933년 만주 동경성(東京城)에 발해농장과 발해학교를 건립, 교포의 생활안정과 청소년교육에 힘썼다.

신규식(申圭植)은 1912년 박찬익(朴贊翊, 1884-1949) 등과 '동제사(同濟社)' 를 조직하고 1921년 임시정부 국무총리 겸 외무총장으로 후일 臨時政府 내분이 생기자 25일간 단식(斷食) 끝에 목숨을 끊었다.

'한성순보' (1883), '독립신문' (1896), '제국신문' 과 '황성신문' (1898)에 이어 여러 신문이 창간되면서 언론계가 형성되었다.

해외 발행 신문의 효시는 하와이 정착 교민의 '신조신문' (1904.3-1905.4)인데 샌프란시스코 공립협회의 '공립신보' (1905.11. 후에 '신한민보', '한인합성신보', '신한국보', '국민보' 순으로 바뀜) · 대동보국회의 '대동공보' (1907.10-1908.4) · 블라디보스토크의 '해조신문' (海朝新聞, 1908.2) · '대양보' (大洋報, 1911.6) · '권업신문' (勸業新聞, 1912.5) 등이 항일언론의 계보를 이어갔다.

• *'베르사유체제' 도래*

윌슨(Thomas Woodrow Wilson, 1856-1924 재임 1913-1921) 미국 대통령은 "민주주의를 위해, 약소국가들의 권리와 자유를 위해, 모든 나라에 평화와 안전을 가져다주고 궁극적으로 세상을 자유롭게 만들 정의의 보편적인 지배를 위해 참전한다"고 선언했다. 먼로(James Monroe, 1758-1831, 재임 1817-1825)주의(Monroe Doctrine)를 고수하던 美國은 1917년 4월 英·佛의 편을 들어 世界大戰을 聯合國 측의 勝利로 이끌어 世界政治의 主役으로 등장하였고 帝政 러시아는 開戰과 함께 獨逸領에 侵入했다가 힌덴부르크(Paul von Hindenburg, 1847-1934)에 참패(慘敗) 후 1917년 2월과 10월 두 차례의 革命에 떠 밀려 와해(瓦解)되고, 레닌(Nikolai Lenin, 1870-1924)이 主導하는 無產獨裁의 소비에뜨 社會主義 國家로 변모하였다. 1918년 1월 윌슨은 國際聯盟(League of Nations)의 결성을 제창하고 民族自決主義를 포함한 講和原則 '14個 條項'을 제시하였다.
1차 세계대전에서 獨佛의 베르됭(Verdun) 격전은 프랑스 육군 장관 앙드레 마지노(Andre Maginot, 1877-1932)로 하여금 마지노선(La ligne Maginot)을 구축하게 하였다.
1차 세계대전은 전사자 840만명 · 민간인 희생자 630만명 이상으로, 독일은 전사 204만명을 포함하여 274만명, 오스트리아 · 헝가리는 전사자 102만명, 터키는 전사 24만명을 포함하여 224만명, 불가리아는 전사 8만명을 포함하여 35만명이었다.
파리 강화회의는 1919년 1월 1차 세계대전(1914.7-1918.11)의 전후 처리를 위한 국제회의로 우드로 윌슨, 로이드 조지(David Lloyd George, 1st Earl of Dufor, 1863-1945, 재임 1916-1922), 클레망소(Georges Eugène Benjamin Clemenceau, 1841-1929, 재임 1906-1909, 1917-1920)가 주도했다. 회의 결과 여러 강화조약(파리 강화조약)이 체결되었는데, 독일에 대한 베르사유(Versailles) 조약(1919) · 오스트리아에 대한 생제르맹(Saint-Germain) 조약(1919) · 불가리아에 대한 뇌이(Neuilli) 조약(1919) · 헝가리에 대한 트리아농(Trianon) 조약(1920) · 오스만투르크에 대한 세브르(Sévres) 조약(1920) 등이 그것이다. 31개 연합국과 독일 사이에 맺어진 베르사유 조약은 국제연맹(國際聯盟) 규약이 포함되는 등 파리 강화조약의 핵심으로 1차 세계 대전 이후 20년 가까운 기간의 국제질서를 '베르사유 체제'라고 한다.
440조의 이 조약에 의해 독일은 식민지의 대부분을 잃고, 알자스와 로렌(Alsace-Lorraine)을 프랑스에 반환하는 등 영토를 삭감당했다. 베르사유 조약이 부과한 가혹한 조건들은 독일국민을 절망에 빠뜨려 1930년대 나치즘이 발호(跋扈)하는 자양분이 되었다.
생제르맹조약에 따라 오스트리아는 전(前)영토의 73%, 인구의 75%를 잃었다. 보헤미아와 모라비아 지방은 체코슬로바키아로, 남부 티롤(트렌티노)은 이탈리아로, 그보다 면적이 좁은 땅들은 유고슬라비아, 루마니아, 폴란드로 넘어갔다.
트리아농조약으로 헝가리는 트란실바니아를 루마니아에게, 슬로바키아와 루테니아를 체코슬로바키아에게, 크로아티아와 슬로베니아를 유고슬라비아에게 양도했으며 퓨메시는 연합국에게(그 미래에 대한 결정을 내릴 때까지) 넘겼다. 결국 오스트리아-헝가리 제국은 전(全)영토의 71%, 인구의 60%를 빼앗겼다.
뇌이조약에 따라 불가리아는 에에게(Aegéan)해안을 그리스에, 서부 4개 지역을 유고슬라비아에 넘겨 주어야 했다. 평화회담에 참석하지 않은 러시아는 1919년 핀란드의 독립을 인정하고 1920년 에스토니아, 라트비아, 리투아니아 3국의 독립을 인정했다.

3 · 1 운동 · 임시정부(臨時政府)(1919 – 1945)

〈독립국임과 자주민임을 선언〉

토지조사 · 임야조사사업으로 땅을 잃게 된 농민층, 일본자본 침투로 파탄상태에 빠진 상공업자층, 애국계몽운동을 주도하던 부르즈와 계층이 생활기반의 동요로 불안해 하고 근대교육을 통하여 배출된 새 지식인층과 학생들은 식민지 인텔리로서의 절망감에 빠져 있었다.

萬海의 불교유신과 조선사찰령 반대운동, 1915년 사립학교령에 반대하면서 민족교회의 방향을 모색한 기독교회의 변화, 1913년 이래의 천도교구국단의 결성 등 근대의식을 고양시키는 데에는 기독교, 천도교, 불교의 역할도 컸다.

1910년대 비밀결사를 통한 지하조직으로 임병찬(林炳瓚)의 독립義軍府(1912), 총사령 박상진(朴尙鎭) · 부사령 김좌진(金佐鎭)을 중심으로한 대한光復團(1915 대한광복회로 개칭), 尹相泰 · 徐相日(1887-1962) · 李始榮(1868-1953) 등이 중심이 된 조선국권회복단(朝鮮國權恢復團) 中央總部(1915), 평양의 숭실학교(崇實學校) 학생과 기독교 청년들이 중심이 된 조선國民會(1914), 평양 崇義여학교 여교사를 중심으로 조직된 松竹會(1913), 단천의 自立團(1915), 民團組合(1915), 鮮命團(1915), 自進會(1918) 등이 있었다.

유림대표 곽종석(郭鍾錫, 1846-1919) · 김복한(金福漢, 1860-1924) 등 137인은 1919년 파리강화회의에 보내는 장서(長書)를 지어 心山 김창숙(金昌淑, 1879-1962)으로 하여금 上海로 보내 呂運亨 · 金澈(1886-1934) · 金奎植〔우사(尤史), 1881-1950〕 등이 모여 김규식을 파리강화회의에, 張德秀〔설산(雪山, 1895-1947)〕를 일본에, 여운형을 소련에 각각 보내 한국 독립을 호소하게 함으로서 儒林들은 民族運動에 參與하게 되었다.

1919년 2월 1일 중국 지린성에서 만주와 러시아지역의 독립운동지도자 신채호 등 39명이 '대한독립선언(무오독립선언)' 을 선포하고 2월 8일 도쿄(東京) 조선기독교청년회관에서 조선학회, 조선고학생 동우회, 조선여자유학생회 등 5백92명의 유학생들이 독립을 요구하는 선언서와 결의문(2 · 8宣言)을 발표하였다.

대한독립선언서(戊午독립선언사)를 발표한 만주(滿洲) · 노령(露領) 유지는 다음과 같다.

김교헌(金敎獻), 김규식(金奎植), 김동삼(金東三), 김약연(金躍淵), 김좌진(金佐鎭), 김학만(金學萬), 류동열(柳東說), 문창범(文昌範), 박성태(朴性泰), 박용만(朴容萬), 박은식(朴殷植), 박찬익(朴贊翊), 손일민(孫一民), 신정(申檉), 신채호(申采浩), 안정근(安定根), 안창호(安昌浩), 여준(呂準), 윤세복(尹世復), 이광(李光), 이대위(李大爲), 이동녕(李東寧), 이동휘(李東輝), 이범윤(李範允), 이봉우(李奉雨), 이상룡(李相龍), 이세영(李世永), 이승만(李承晩), 이시영(李始榮), 이종탁(李鍾倬), 이탁(李鐸), 임방(任邦), 조용은(趙鏞殷), 조욱(曺煜), 정재관(鄭在寬), 최병학(崔炳學), 한흥(韓興), 허혁(許赫), 황상규(黃尙奎)

2 · 8宣言에 서명한 在도쿄 조선청년독립단 대표는 최팔용(崔八鏞, 1891-1922), 백관수(白寬洙, 1889-?), 송계백(宋繼白, 1896-1920), 김도연(金度演, 1894-1967), 김상덕(金尙德, 1891-1956), 이종근(李琮根), 이광수(李光洙), 윤창석(尹昌錫), 김철수(金喆壽, 1896-1977), 최근우(崔謹愚), 서춘(徐椿, 1894-1944)이었다.

독립운동가는 거의 해외로 망명하여 독립군기지를 개척하거나 혁명단체(滿洲의 新興學校, 上海의 同濟社, 하와이의 朝鮮國民軍團 등)를 조직하고 있었으므로 3 · 1운동을 추진할 주체는 종교지도자밖에 없었으며 전국적 연락망을 가진 사회조직은 종교교단뿐이었다.

2 · 8선언과 3 · 1운동을 전후하여 徐椿이 李昇薰을 찾아 갔듯이 3백 59명의 유학생이 각 자의 연고를 찾아 3 · 1운동의 계획과 대중화를 촉진함으로써 각 종교가 민족을 위한 일원화의 원칙을 세우게 되었는데 2월중 金允植, 朴泳孝, 尹用求, 尹致昊, 韓圭卨에게 민족대표 되기를 교섭했으나, 이들은 표면에 나서지 않았다.

고동 독살설은 3 · 1운동이 일어나는 중요한 계기가 되었다. '이회영(李會榮) 실기' (밤중에 식혜를 드신 후 반 시간 만에 붕어했다.) · 송상도(宋相燾)의 '기려수필(騎驢隨筆)' 〔윤덕영(尹德榮) · 한상학(韓相鶴) · 이완용이 독살했다.〕 · 매일신보(1919년 3월 15, 16일, 사주를 받아 식혜에 독약을 탄 궁녀 2인도 함구를 위해 독살됐지만 병사가 확실하다) 등에 기록되었다.

2월 21일, 崔南善의 알선으로 李昇薰 · 崔麟(보성학교 교장) 會談이 이루어져 天道敎 側과 基督敎 側의 合作이 확인(確認)되고, 2월 25일 崔麟(1878-?) · 咸台永〔송암(松岩), 1873-1964〕 會談에서 擧事日은 高宗 因山의 전전일인 3월 1일로, 장소는 파고다公園으로 內定되었다. 獨立宣言文에 서명(署名)할 民族代表는 天道敎측으로 孫秉熙 · 權東鎭(1861-1947) · 吳世昌 · 崔麟, 서울의 權秉悳(1868-1944) · 梁漢默(1862-1919) · 李鍾一(1858-1925) · 李鍾勳(1855-1931) · 洪秉箕(1865-1938) · 金完圭(1877-1949), 平壤의 林禮煥(1865-1949) · 羅仁協(1871-1951), 龍岡의 洪基兆(1865-1938), 中和의 羅龍煥(1863-1936), 任實의 朴準承(1866-1921) 등 15인, 基督敎에서는 長老敎측으로 定州의 李昇薰 · 金秉祚(1876-1947) · 李明龍(1873-1956), 平壤의 吉善宙(1869-1935), 宣川의 梁甸伯(1869-1923), 義州의 劉如大(호 낙포(樂圃), 1878-1937), 서울의 李甲成(1889-1981), 監理敎측으로 平壤의 申洪植(1872-1937), 서울의 朴熙道(1889-1951) · 李弼柱(1869-1932) · 申錫九(1875-1950) · 吳華英(1880-1960) · 金昌俊(?-?), 元山의 鄭春洙(1875-1951), 海州의 崔聖模(1873-1936), 基督申報社의 朴東完(1885-1941) 등 16인, 佛敎측으로 서울의 韓龍雲, 海印寺의 白龍城(1865-1940) 등 2人이 선정되었다.

민족대표들은 태화관(泰和館)에서 독립선언서를 발표하여 조선이 독립국임을 선언하였고 경무총감부에 연락하여 체포되어 갔다. 탑골(파고다)공원(고려 興福寺터로 1464년 圓覺寺로 개칭후 1897년 공원으로 개설)에서는 학생 · 시민들이 모여 선언서를 낭독하고 만세 시위운동을 시작하였다. 다음은 '독립선언서' 요지다.

「오등(吾等)은 자(玆)에 아조선(我朝鮮)의 독립국임과 조선인의 자주민임을 선언하노라. 차(此)로써 세계만방에 고(告)하야 인류 평등의 대의(大義)를 극명(克明)하며, 차로써 자손만대에 고(誥)하야 민족자존(民族自存)의 정권(正權)을 영유케 하노라. 반 만년 역사의 권위를 장(仗)하야 차를 선언함이며, 2천만 민중의 성충(誠忠)을 합하여 차를 포명(佈明)함이며, 민족의 항구여일(恒久如一)한 자유발전을 위하야 차를 주장함이며, 인류적 양심의 발로(發露)에 기인한 세계개조의 대기운에 순응 병진하기 위하야 차를 제기함이니 시(是)-천(天)의 명명(明命)이며, 시대의 대세며 전 인류 공존동생권의 정당한 발동이라. 천하하물(天下何物)이던지 차를 저지억제(沮止抑制)치 못할지니라. (이하 생략)

공약삼장

一. 오인(吾人)의 차거(此擧)는 정의(正義) · 인도(人道) · 생존(生存) · 존영(尊榮)을 위하는 민족적 요구이니 오직 자유적 정신을 발휘할 것이요, 결코 배타적 감정으로 일주(逸走)하지 말라.

一. 최후의 일인까지 최후의 일각(一刻)까지 민족의 정당한 의사를 쾌히 발표하라.

一. 일체의 행동은 가장 질서를 존중하여 오인(吾人)의 주장과 태도로 하여금 어디까지든지 광명정대하게 하라.

조선건국 4252년 3월 1일
조선민족대표 33인 」

독립선언서 초안에 '최후의 일인까지 최후의 일각까지 정당한 의사를 쾌히 발표하라.' 구절을 삽입한 것은 한용운인데 33인 전위(前衛)로서 체포 구금될 것을 예측하고 변호사를 대지 말 것, 사식(私食)을 취하지 말 것, 보석(保釋)을 요구하지 말 것. 등 세 투쟁 원칙을 세웠다. 독립선언서를 기초했던 최남선은 후일 지조를 꺾고 일제에 아부(阿附)하였다.

3월 1일 거의 같은 시각 의주 · 선천 · 평양 등지에서 일제히 일어난 이 시위운동은 전국 방방곡곡(坊坊曲曲)으로 파급되어 남녀노소 모두 독립 만세를 외쳤다.

3 · 1 운동을 주도한 여성은 남자현(南慈賢, 1872-1933), 박자혜(朴慈惠, 1895-1943), 어윤희(魚允姬, 1878-1961), 이순화(李順和) 등으로 김행화(金杏花, 1897-?) · 정막래(丁幕來, 1899-1976) · 이소선(李小先, 1900-?) 등은 기녀였다. 류관순(柳寬順, 1902-1920)은 충남 천안군 병천 장터에서 외쳤다. '무고(無辜)한 백성을 참살하는 너희들은 하늘의 저주와 혹형을 당할 것이다.'

조선동포 1천 6백 80만 명 중 매국 5적 · 직업적 친일파 · 친일 관료층을 비롯한 지배층 예속 지주와 매판(買辦) 자본가가 중심이 된 自制團(67명), 지식계층 일부, 시천교도들 · 구세군 사관 · 천주교도 등 일부교단은 만세를 배역하는 대열에 섰다.

「조선 독립 만세의 함성은 요원의 불길처럼 13도에 퍼졌다… 이 소연(騷然)한 물정 속에서, 냉정하게 미동(微動)조차 않는 일단의 군중이 있었다. … 전 조선 10만의 가톨릭 교도의 일단이 그들이었다」 〈히라야마 마사주(平山政十, 1880-1958) / '만세소동과 가톨릭'〉

• *가혹(苛酷)한 탄압(彈壓)*

손병희 이하 청년학생 등 3천여명이 서울에서 체포되었다.

3 · 1운동 직후 대한민국애국부인회, 대한애국부인회, 대한국민회婦人鄕村會, 대한독립여자청년단, 결백단, 여자福音會, 獨立團女子部 등이 조직되어 애국지사들의 옥바라지, 그 가족의 생계지원, 독립사상과 운동의 고취, 上海임시정부 지원활동을 하였다.

1919년 3월 여교사 吳玄洲 · 吳玄觀 자매와 李貞淑 등 3인이 주동이 되어 貞信여학교 중심으로 血誠團 · 애국부인회가, 4월 대한민국청년외교단 李秉澈 · 林昌俊의 지도로 기독교계 崔淑子 · 金元慶 · 金熙烈 · 金熙玉 등 중심의 조선독립애국부인회가 서울에서 각각 조직되었는데 6월 대한민국애국부인회로 통합되어 9월 회장 김마리아(金瑪利亞, 원명 眞常, 1891-1945), 부회장 李惠卿, 총무 黃에스더, 서기 辛義卿 · 金英順, 부서기 黃仁德, 교제원 吳玄觀, 적십자長 李貞淑 · 尹進逵, 결사長 李誠完 · 白信永, 재무원 張善禧 등으로 조직을 강화하였다.
애국부인회장 김마리아는 수감 6개월 만에 면소(免訴)로 나혜석(羅蕙錫), 황에스더(黃愛施德, 1892-1971), 장덕수 등 43명과 출감하였는데 고문으로 폐인이 되다시피 하였다.

다음 수난은 여성들에게 가해진 모욕의 한 전형이다.

「독립운동에 참가하였다는 이유로 체포된 한국 부인이 심문석에 들어갈 때 즉 그들에게 有罪의 결정이 내리기도 전에 그들을 나체(裸體)로 한다. 어떤 女子는 배를 발로 채우기도 하였으며 그들의 젖은 마치 쇠젖을 짜듯 째워지기도 하였다. 그밖에도 차마 입에 담지 못할 방법으로 욕(辱)을 보였다.」 〈北京 데일리 뉴스, 1919. 4. 29〉

「여자 고등 보통학교의 노 영렬(盧永烈)은 나체로 십자가 위에 눕혀졌다. 일본인은 숯불 화로에 철사를 새빨갛게 달궈서 젖 꼭지를 서너 번 찌른 다음에 그 새끼줄을 풀고, 칼로 사지를 절단하고는 무쪽처럼 베었다. 그러고는 다른 십자가로 옮겨, 사지와 머리채 등 다섯 군데를 묶은 다음, 불에 녹인 고약을 머리와 음문 및 양쪽 겨드랑이에 달라붙이고, 냉각시킨 후에 세차게 확 잡아당겼다. 머리와 털이 피부와 함께 떨어져 나오고, 피가 콸콸 흘러서 대지를 물들였다. 일본의 야만인들은 크게 웃으며 이 잔학 행위를 즐겼다.」

〈朴殷植 / '韓國獨立運動之血史'〉

3 · 1운동의 참가자수와 피해 상황

도 명	회집회수	회집인수	사망	피상	피수(被囚)	훼소교당	훼소학교	훼소민가
경기도	297	665,900	1,472	3,124	4,680	15		
황해도	115	62,670	238	414	4,218	1		
평안도	315	514,670	2,042	3,665	11,610	26	2	684
함경도	101	59,850	135	667	6,215	2		
강원도	57	99,510	144	645	1,360			15
충청도	156	120,850	590	1,116	5,233			
전라도	222	294,800	384	767	2,900			
경상도	228	154,498	2,470	5,295	10,085	3		16
화인 · 용정 · 봉천 기타 만주	51	48,700	34	157	5			
계	1,542	2,023,098	7,509	15,961	46,948	47	2	715

〈朴殷植/ '韓國獨立運動之血史',
도별통계와 통계가 일치하지 않으나 군별통계에 공란이 많으므로 총계를 그대로 두었다.〉

한편, 民衆의 습격(襲擊)에 의한 日本측의 군경 피해는 타살(打殺) 8명, 부상(負傷) 158명, 官署 파괴(破壞)가 278개소(警察官署 87, 憲兵隊 72, 郡 · 面 77, 郵便所 15, 기타 27)이었다.

• *3 · 1운동의 歷史的 意義*

3 · 1 운동은 갑신정변, 동학농민운동, 독립협회와 만민공동회운동, 1904년 이후의 애국계몽운동과 의병운동, 1910년 이후의 국내외 독립운동 등 1876년 개항 후 외세에 대한 일련의 저항운동이 윌슨의 민족자결주의 원칙과 東京유학생들의 2 · 8독립선언에 자극받아 발발된 전 민족적 항일독립운동이었다.

「自決의 원천은 유럽에서 탄생했고 고대 희랍의 노예시대에 도입되고 중세와 르네쌍스 시대에 보다 더 계몽된 神學에 의해서 擧論되고 '議會의 어머니' 인 영국에 의해서 실천에 옮겨졌으며 프랑스 혁명에 의해서 선포됐고 社會主義의 靈感에 따라서 경제에 까지 파급됐다.」 〈장 자크 세르방 슈레베르(Jean-Jacques Servan-Schreiber) / '미국의 도전(Le Défi Americain)' 1967〉

조동걸(趙東杰, 1932-)은 3 · 1운동의 발생사적 배경을 민족역량, 일제의 식민통치, 국제적 주변상황 등 세 측면에서 규명하고 3 · 1운동 추진력의 원류를 다음과 같이 보았다.

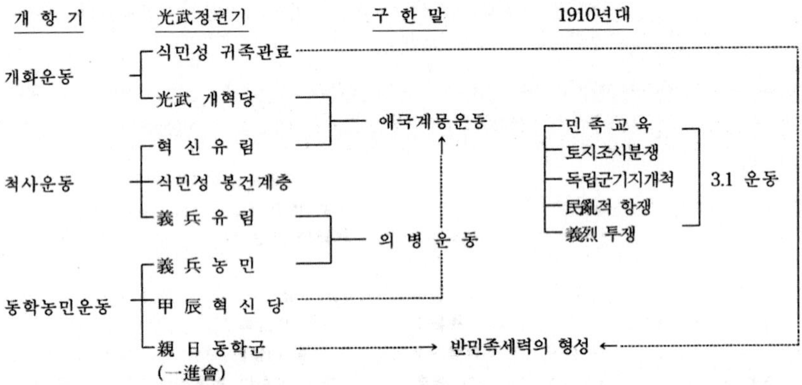

비폭력과 불복종운동이 국제적 지지를 받지 못하고, 현실적으로는 실패했다 하더라도, 우리 민족의 독립정신과 그 의사를 선양(宣揚)하여 세계 각국으로 하여금 한민족을 새롭게 인식시켰다.

맥켄지(F.A.Mckinzie)는 「지금까지 未開 열등(劣等)한 국민이라고 낙인(烙印)이 찍혀 왔던 韓民族은 가장 高度한 秩序아래 英雄的 行動을 전개하고 있다.」라고 하였다. 〈'自由를 위한 韓國의 闘爭' (Korea's Fight for Freedom)〉

3 · 1운동 직후 야나기 무네요시(柳宗悅)는 '조선의 벗에게 보내는 書(조선과 그 예술, 1920)' 에서 「……일본인이 지금 조선인의 입장에 놓여 있다고 가정해 보자. 의분(義憤)을 일으키기 좋아하는 일본인이야말로 좀 더 많은 폭동을 기획하였을 것이다. 도덕가는 이 때야말로 志士, 烈女의 이상을 실현할 시기라고 외쳤으리라. 우리 일이 아니라는 이유로, 단순히 그것을 폭동이라고 매도(罵倒)하고 있다.…… 군국주의를 빨리 방기(放棄)

하자.…… 스스로의 자유를 존중하는 것과 함께 타인의 자유를 존중하자. 이 인륜을 짓밟는다면 세계는 일본의 적이 될 것이고 망하는 것은 조선이 아니고 일본일 것이다.」라고 하였다.

3 · 1 운동은 한국 민족사와 세계사에 모두 큰 의미를 갖는 독립운동이었는데

· 중국 上海에 대한민국 임시정부가 수립되었다.
· 1차 세계대전 종전 직후 식민지, 반식민지 약소 민족(인도차이나 반도, 필리핀, 아랍의 일부지역 등)으로 하여금 독립운동을 일으키는 계기를 열었다.
· 후즈(胡適, 1891-1962)가 중심 인물로 활약한 5 · 4 혁명운동(1919. 5. 4)의 발발에 영향을 끼쳤다. 중국 신문화운동의 기수 천뚜슈(陳獨秀, 1880-1942)는 '朝鮮獨立運動之感想' 중에서 3 · 1 운동에 대하여 「찬미 · 애상(哀傷) · 흥분 · 희망 · 참괴(慙愧) 등의 감상을 갖는다. 조선민족의 활동의 광영스러움에 비추어 우리 중국민족의 위미(萎靡)하고 부진(不振)함의 치욕이 더욱 두드러진다.…」라고 하였다.
· 인도에서는 국민회의파〔간디(Mohandās Karamchand Gandhi, 1869-1948)〕의 指導下 '사탸그라하 사바'(Satyagraha Sabha, 眞理探究修行團)의 투쟁방법(일부러 영국법령을 어겨 자진 하옥되는 것)에 의한 비폭력 독립운동이 고조되었다. 간디에게 '마하트마(Mahatma, 위대한 넋)'라는 이름을 붙여 준 타고르(Rabindranath Tagore, 1861-1941)는 3 · 1 운동 10주년(1929)에 노래하였다.
  「일찌기 아시아의 황금시대에/ 등불의 하나이었던 코리아/ 그 등불 다시 한 번 켜지는 날에/ 너는 동방의 밝은 빛이 되리라…」
  네루(Pandit Jawaharlal Nehru, 1889-1964)는 딸 간디(Indira Priyadarshini Gandhi, 1917-1984)를 위해 쓴 '세계사편력(世界史遍歷)〈Glimpses of World History, 1934〉'에서 다음과 같이 썼다.
  「조선. 상쾌(爽快)한 아침이라는 뜻이다. …오랫 동안 독립을 위한 항쟁이 계속되어 여러 차례 폭발했다. 그 중에서도 중요한 것은 1919년의 봉기였다. 일본에 의한 조선 민족의 억압은 역사상 실로 쓰라린 암흑의 일장(一章)이었다.」

  아사카와 다쿠미(淺川巧)는 '朝鮮の膳'에서 '피곤에 지친 조선인이여 타인을 흉내내기보다 지니고 있는 중요한 것을 잃지 않는다면 멀지 않아 자신에 찬 날이 올것이다' 하였다.

3 · 1운동의 지도이념은 근대적 민족주의와 개량주의였는데 3 · 1운동에 등을 돌렸던 천주교 · 구세군 등은 민족노선으로 복귀하지 못하고 만세를 부른 계층들만이 소작쟁의 · 노동쟁의, 무장투쟁으로 자주정신을 광복전야로 이끌었다.

3 · 1운동후 독립운동 방략은 武裝論(전쟁과 義烈투쟁) · 外交論 · 實力培養論으로 나뉘어 정치적으로 임시정부, 군사적으로 독립전쟁 · 의열투쟁, 사회경제적으로 농민 · 근로 · 여성 · 소년운동, 사회문화적으로 국학 · 교육 · 학생 · 언론운동 등 각 영역에서 독립운동이 전개되었다.

〈臨時政府의 수립〉

3·1운동에서 결집된 民族의 獨立意志, 近代的 자유의지, 日帝에 대한 抵抗 의지를 민족의 주권적 의지로 재구성하고 독립혁명의 능률적인 성과를 위하여 임시정부가 수립되었는데 국제법상 정부의 효력은 가질 수 없었다. 임시정부는 각지의 세력들이 정치적 이해로 대립되고, 좌 우익의 분열이 나타나서 上海임정(臨政)을 포함하여 국내외에는 6개처의 임정이 수립되거나 될 단계에 있었다.

국내외 6개처 임정수립

大韓國民會議 정부	(1919.3.17 露領)	畿湖 정부(世稱)	(1919. 4. 1 서울)
조선민국임시정부	(1919. 4. 9 서울)	대한민국임시정부	(1919. 4. 17 上海)
新韓민국정부	(1919. 4. 17 平安)	漢城정부(世稱)	(1919. 4. 23서울)

외국租界가 많은 上海는 한일합병 이후 한국인 망명객들로 들끓어 일본 東京에서 李光洙·신익희(申翼熙, 1892-1956)·조소앙(趙素昻)이, 본국에서 선우혁(鮮于赫, 1882-?)·김철(金澈)·徐丙浩·현순(玄楯)·崔昌植·金九가, 滿洲에서 李東寧·李始榮·趙琬九·曺成煥·金東三·趙英鎭·申采浩 등이, 미국에서 呂運弘이, 시베리아에서 呂運亨이 속속 모여 들었다.

임시정부는 1919년 4월 10일 上海 프랑스 조계(租界)의 김신부로(金神父路)에서 임시의정원회의를 개최, 56조로 된 임시헌장을 선포하였다. 국체는 공화제였고, 대통령 손병희, 부통령 박영효, 국무총리 이승만(李承晩), 내무총장 안창호, 외무총장 김규식(金奎植), 재무총장 최재형(崔在亨, 1858-1920) 등을 선출하여 국무원(國務院)을 구성하였다.

그리고 上海 천여명의 독립운동가를 선거인으로 국내의 8도, 러시아령, 중국령, 미주 등 11개 선거구별로 대의사(代議士)를 선거하여 의정원(議政院)을 구성, 1919년 4월 13일자로 대한민국 임시정부의 수립을 정식으로 선포하였다.

「본 정부는 전 국민으로 더불어 전심하고 육력(戮力)하여 임시 헌법과 국제 도덕의 명하는 바를 준수하여 국토광복과 방기확고(邦基確固)의 대 사명을 과하기를 자에 선언하노라. 우리의 인도 마침내 일본의 야만을 교화할지요. 우리의 정의 마침내 일본의 폭력을 승할지니 동포여 기(起)하여 최후의 일인까지 투쟁할지어다.」
1919년 7월, 日人 검사에 대한 답변서로 옥중에서 집필된 만해(萬海·卍海) 한용운의 '조선독립(朝鮮獨立)의 서(書)' 는 독립의 바이블 역할을 했다.

그 해 9월초 대한국민회는 해체하여 한성임시정부의 법통을 계승하는 단일민주공화정부체제로 통합하고 1차 개헌을 통해 대통령중심 지도체제를 채택, 雩南 이승만을 대통령으로 선출하였다.

독립운동方略은 내정 · 교통 · 외교 · 군사 · 교육 · 문화 · 재정 · 사법 등 8개 부문이 그 중추 핵심을 이루었는데 임시정부의 초기 헌법 10개조는 사상과 이념면에서 대한민국 헌법의 모체가 되고 근간이 된다.

임시정부는 미주(美洲)의 이승만, 노령(露領)의 이동휘, 上海의 안창호 등이 연합하는 가운데 각각 기호, 관서, 관북을 대표하였는데 이승만 쪽에 권력이 편중(偏重)됨에 이동휘, 안창호 계열이 철수하는 등 출범 후 2년 만에 내분에 빠졌다.
임시정부는 1919년 8월 스위스 萬國社會黨大會에 대표를 파견하여 한국의 독립을 결의케 하고 1921년 워싱턴 태평양회의에 이승만을, 일본에 여운형(呂運亨)을 파견하는 등 외교활동을 전개하였다.
1919년 파리강화회의와 1921년 워싱턴군축회의가 일본의 한국지배를 보장하여 준 탓으로 이승만의 친미외교론은 허망한 것으로 되어 1925년 3월 임시정부는 國際聯盟의 委任統治를 주장한 이승만 臨時대통령을 탄핵 면직하고, 4월 구미위원부(歐美委員部, The Korean Commission to America and Europe) 폐지령을 발표하였다.

임시정부는 침체하였다가 중일전쟁(1937) 이후 활동을 재개하여 한국독립당을 발족시키고 滿洲와 沿海州 지방의 독립군을 재편성하고 安東縣에 光復軍總營을 두어 무력에 의한 독립투쟁을 하였다.

대한민국임시정부는 대통령制(1919-1925), 國務領制(1925-1927), 국무위원제(1927-1940), 주석제(1940-1944), 주석 · 부주석제(1944-1945) 등 다섯번 지도체제 개편을 하였는데 상하이시대(上海時代 1919. 4-1932. 5)를 지나 항조우(杭州, 1932. 5-1935. 11), 쩐장(鎭江 1935. 11-1937. 11), 후난성 창사(湖南省 長沙, 1937. 11-1938. 7), 꽝뚱성 꽝조우(廣東省 廣州, 1938. 7-1938. 11), 꽝시성 류조우(廣西省 柳州, 1938. 11-1939. 5), 쓰촨성(四川省) 치장(綦江 1939. 5-1940. 9)을 거쳐 충칭(重慶)시대(1940. 9-1945. 8)를 맞아 거기서 광복을 맞고 환국(還國)하였다.

1920년 2월 최익한(崔益翰), 승려 정남용(鄭南用), 보부상 양정(楊楨) 등은 조선민족대동단(朝鮮民族大同團, 약칭 대동단)을 결성, 귀족 · 관료 · 유림 · 학생 · 의병 · 승려 · 여성 · 보부상 등을 포섭하였으며, 김가진(金嘉鎭)을 고문으로 추대하고, 의친왕 강(堈)의 上海 임시정부 참가계획을 진행하다가 간부 전원이 체포됨으로써 일본 조야(朝野)에 큰 충격을 주었다.

〈美洲・滿洲・露領의 독립운동〉

'대한제국의 군대가 강제해산되는 날 의병투쟁이 일어났고, 그 후 독립군이 의병투쟁을 계승하였으며, 그 전통을 이어 광복군이 투쟁을 개시하였다.'

미주지역의 독립운동은 한말 이민자들로 하여 출발하였는데 그 시초는 '대한인국민회'(大韓人國民會 1910년 2월)였다. 1903년 결성된 桑港친목회(안창호・朴善謙・李大爲・金聖武 등)가 1905년 共立협회(회장 安昌浩)로 개편되고 1909년 하와이의 한인合成협회와 통합, 국민회가 결성되었고 대동보국회와 국민회가 통합되어 대한인국민회가 탄생하게 되었다. 1907년 11월 창립한 유길준의 뜻〔국민개사(國民皆士)〕을 계승하여 1913년 흥사단이 설립되었다.

흥사단(興士團)의 목적은 남녀를 단합하여 정의를 돈수하고, 덕・체・지등 삼육(三育)을 동맹 수련하여 우리민족 전도 대업의 기초를 준비함에 있었다. 무실(務實)・역행(力行)・충의(忠義)・용감(勇敢)등 네 덕목을 내걸고 인재양성・이상촌 건설 등을 목표로 활약하였으나 同友會(李光洙・金允經의 修養同盟會, 金東元(1884-1950)의 同友俱樂部, 안창호의 흥사단이 통합된 민중계몽단체)사건으로 1937년 6월 이광수, 김윤경, 안창호 등 150여명이 체포되어 그 활동이 위축되었다.

대한인국민회는 3・1운동 이후 임시정부가 수립되고 그 산하에 구미위원부(歐美委員部)가 설치되면서 이승만 세력이 이탈하자 조직을 개편하여 북미대한국민회를 만들었고, 하와이에도 대한국민회가 발족하였다. 이들은 후에 교민단(僑民團)으로 개편되어 이승만을 후원하였는데 1919년 4월14일 이승만, 서재필, 정한경(鄭翰景, 1891-1985) 등이 필라델피아에서 1차 한인회의를 열고 한국의 독립을 선언했다.
미주지역의 박용만(朴容萬)은 소년병학교를 설립, 학교와 군사교육을 겸행하는 한편 하와이에 조선국민군단(朝鮮國民軍團)을 조직하였고(1914), 노백린(盧伯麟, 1874-1925)은 김종린(金鐘麟)과 함께 캘리포오니아에 한인 비행사 양성소를 설립하였는데(1920), 1922년의 재학생이 40여 명이었다. 2차 세계대전이 발발하자 미주지역의 각 단체들은 재미한족연합위원회를 결성하고 독립전선 통일, 임시정부 지지, 군사운동 강화, 독립자금 징수 등을 결의하였다.

재만(在滿) 무장투쟁 獨立軍은 정비기(1910-1919), 發展期(1919-1933), 개편기(1933-1938)를 거쳐 1940년 전후 한국광복군, 조선의용군, 동북항일련군 등 세 갈래로 존재하였다.

南滿 西路軍政署와 北滿 北路軍政署가 武力團體의 兩大 本山이었다.
한일합병 이후 랴오닝(遼寧)・지린(吉林)・헤이룽장(黑龍江) 등 3성(省)에는 독립운동가들이 망명, 3・1운동 후 이들을 중심으로 독립선언・만세시위・무력 항쟁이 시도되었다.
한국내 및 뚱베이 지방에는 7,444건의 게릴라 활동이 있었고 관련된 인사는 약 17만명에 달했다. 1919년 4월 이탁(李鐸)・金東三・양규열(梁圭烈)・李震山・崔明洙・尹琦

燮 · 安東源 · 金定濟 · 郭文 등이 부민단(扶民團)을 확대 개편하고 이회영(李會榮, 友堂, 1866-1932), 이시영〔李始榮, 성재(省齋)〕 형제와 석주(石洲) 이상룡(李相龍) 등이 민단 자치 조직으로 경학사(耕學社)를 설립, 1911년 서간도의 三源堡에 신흥강습소(新興講習所: 新興武官학교 前身)를 두었으나 후에 임시정부 산하의 서로군정서(西路軍政署)로 편입되었다. 신흥무관학교 申八均(東天, 1882-1924), 金光瑞(擎天, 원명 金顯忠, 1887-?), 池大亨(靑天, 원명 池錫奎, 1888-1959) 등 3인의 교관을 南滿三天이라 하였다.

1919년 서일(徐一, 1881-1921)은 大倧敎徒들을 중심으로 北路軍政署를 조직, 〔총재 徐一, 총사령관 金佐鎭, 참모장 李東寧, 研成隊長 李範奭(1900-1972)〕본영을 왕칭현(汪淸縣)에 두고 十里坪 산속에서 독립군을 양성하였다.

구춘선(具春先, 1867-1946)은 동간도국민회(東間島國民會)를 창설하고 서간도지방에는 韓族會가 편성한 西路軍政署를 비롯, 대한독립단〔조맹선(趙孟善, 1872-1922)이 조직〕, 광복군 總營, 천마산대(天摩山隊), 光韓團〔1920, 현익철(玄益哲, 1890-1938)등이 조직〕, 義成團〔편강렬(片康烈, 1892-1928)이 조직〕이, 시베리아지방에는 洪範圖〔여천(汝千)〕의 대한독립군, 安武(1883-1924)의 국민회군, 崔明錄(振東, 1878-1945)의 軍務都督府, 義軍府〔총재 이범윤(李範允,, 호 汝玉 1863-1922)〕, 血誠團, 新民團〔대한신민단, 신민회, 단장 김규면(金圭冕)〕 등이 활약했다.

치열했던 전투는 鳳梧洞, 靑山里, 阿城, 雙城, 鏡泊湖, 四道河子, 東京城, 綏芬河大甸子嶺, 東寧縣, 鄒家堡, 興京城, 永陵街, 快大帽子, 海龍大荒地전투 등인데 가장 높은 전과를 올린 것은 허룽현(和龍縣) 봉오동(鳳梧洞)전투와 청산리(靑山里) 전투였다. 봉오동 전투에서 大韓北路軍督府〔崔振東, 洪範圖, 安武의 연합부대〕의 공격으로 일본군 1백57명이 죽고 3백여명이 부상하였다. 金佐鎭, 李範奭등의 北路軍政署 2천 5백명이 和龍縣 靑山里에서 1920년 10월 白雲坪, 完樓溝, 泉水坪, 漁郞村, 맹개골, 萬麒溝, 天寶山, 古洞河谷전투 등으로 日軍 3천 3백여명을 射殺하였다(靑山里大捷).

1920년 12월 北滿 密山에서 북로군정서 주도로 대한독립군 · 대한신민회 · 대한국민회 · 군무도독부 · 의군부 · 혈성단 · 야단(野團) · 대한정의군정사의 대표들이 통합군단으로 大韓獨立군단을 조직하였다(總裁 徐一, 副總裁 金佐鎭 · 洪範圖 · 曺成煥, 總司令 金奎植, 參謀長 李東寧, 旅團長 池靑天). 1925년 6월 총독부 警務局長 미쯔야 미야미쓰(三矢宮松, 1880-1959)는 만주의 군벌 장쭤린〔張作霖, 1873-1928〕과 협약을 맺고(三矢協約) 독립군을 탄압하였다. 김좌진(金佐鎭)은 하이린(海林)시 산스(山市)역에서 적색 반동분자 박상실(朴相實)의 저격으로 별세했다.

노령의 독립 운동은 블라디보스톡을 중심으로 전개되었는데 한족회(1919)와 이상설, 이종호(李鐘浩, 1885-1932) 등이 조직한 권업회(勸業會)가 항일투쟁을 하고 러시아혁명 후에는 이동휘 등을 중심으로 전 한족중앙총회가 결성되었다가 대한국민회로 개칭되어 한인정부 역할을 하였다. 청산리전투 후 독립군은 최고려의 군과 합류하여 '고려혁명군' 을 조직하였는데 소 · 일 교섭에 의하여 무장해제를 당하고 무장 독립운동은 종식되었다.

1920년대 만주 일대에서 순국한 독립군 추도의 노래는 '스텐카라친(Stenka Razin, 1630?-1671)'의 곡조에 붙여 불렀다.

항일무장단체로는 구국모험단(救國冒險團)과 조선의열단(朝鮮義烈團)이 있었다. 구국모험단은 1919년 6월 김성근(金聲根, ?-?) 등이 上海에서 조직, 각지의 일제기관 폭파를 독려하고 의열단은 1919년 11월 김원봉(金元鳳, 호 若山, 1898-1958)·윤세주(尹世胄, 1901-1942)·권준〔權晙, 호 백인(百忍), 1895-1959)〕 등 19명이 지린성(吉林省)에서 조직, 김원봉을 의백(義伯)으로 하여 무장 항쟁을 하였다.

박재혁(朴載赫, 1895-1921)의 부산 경찰서, 최수봉(崔壽鳳, 1894-1921)의 밀양 경찰서(1920), 김익상(金益相, 1895-1922)의 남산 왜성대(倭城臺, 1921), 김상옥(金相玉, 1890-1923)의 종로경찰서(鐘路警察署)(1923), 나석주(羅錫疇, 1892-1926)의 동척(東拓)·식은(殖銀) 폭파를 필두로 김익상(金益相)·오성윤(吳成崙, 1900-?)·이종암(李鍾岩)의 상하이 황포탄(黃浦灘)(1922), 황옥(黃鈺, 1887-1950) 경부(警部)의 삼판통(三坂通), 김지섭(金祉燮, 1885-1928)의 도쿄 황궁(皇宮) 니주바시(二重橋) 폭파 등을 일으켰다.
강우규〔姜宇奎, 왈우(曰愚), 1855-1920〕는 서울역에서 사이토 총독에게 폭탄을 투척하였고(1919) 박열(朴烈, 1902-1974)은 애인 가네코 후미코(金子文子, 1903-1926)와 天皇암살미수(1923)로 20년 옥살이를 했는데 후세 다쓰지(布施辰治, 1880-1953)가 박열 등 독립운동가들 변호를 하였다.
소다 가이치(曾田嘉伊智, 1867-1962)·우에노(上野, 1878-1950) 부부는 1921년부터 가마쿠라(鎌倉) 보육원(현 영락보린원)에서 고아 천 여명을 돌보고 양화진 외국인 선교사 묘원에 묻혔다.

김구(金九)에 의해 조직된 한인애국단(韓人愛國團 1931)도 활발한 활동을 전개하였다.

이봉창(李奉昌, 1900-1932)은 東京에서 히로히토(裕仁, 1901-1989, 在任 1926-1989) 天皇에게 폭탄을 던졌고(1932.1), 윤봉길(尹奉吉, 호 梅軒, 1908-1932)은 上海 홍코우(虹口)공원(新花園) 식전에 폭탄을 던져 거류민단장(居留民團長) 가와바타 데이지(川端貞次, 1874-1932), 대장 시라카와 요시노리(白川義則, 1868-1932), 공사 시게미쓰 마모루(重光葵, 1887-1957)등 10여 명을 살상하였는데(1932. 4) 장제스(蔣介石, 본명 中正, 1887-1975)는 '중국의 백만 대군이 못하는 일을 한국의 한 의사(義士)가 능히 하니 장하다'고 하였다.

1937년 6월 동북 항일 연군(6師長 金日成)의 한인 유격대가 갑산의 보천보(普天堡)로 들어와 경찰 주재소와 면 사무소 등을 파괴하였다.

김원봉의 조선혁명당이 먼저 조선의용대를 조직, 1938년 10월 중국 정부의 승인을 얻어 발족하였기 때문에 임정은 1940년 9월 광복군의 창군을 승인받았다.

광복군 총사령에 지청천〔池靑天,, 일명 李靑天〕, 참모장에 이범석, 총무 최용덕(崔用德, 1898-1969), 참모 채원개(蔡元凱, 1895-1974), 부관 황학수(黃學秀, 1879-1953), 경리 · 정훈 안훈〔安勳 ; 본명 조경한(趙擎韓) 1900-1993〕, 훈련 송호〔宋虎 ; 본명 송호성(宋虎聲, 1889-1959)〕, 군무 유진동(劉振東, 1908-1961)이 각각 처장으로 분담 하였다. 김홍일(金弘壹, 1898-1980)의 조선의용대가 1942년 7월 광복군에 편입, 김원봉은 광복군 부사령(副司令)이 되었다.

초기 한인 사회주의 운동

• 두번에 걸친 러시아 굴기(崛起)

19세기 후반 서유럽에서는 프롤레타리아 혁명과 자본주의사회에서 '능력껏 기여하고 필요한 만큼 가져가는' 평화롭고 억압 없는 공산주의로의 전환이 불가피하다는 마르크스(Karl Heinrich Marx)와 엥겔스(Friedrich Engels, 1820-1895)의 혁명교리가 널리 퍼져 있었다. 1880년대에 러시아에 들어온 마르크시즘이 인쩰겐찌야 사이에서 유포되기까지는 쁠레하노프(Georgi Valentinovich Plekhanov, 1856-1918)가 큰 역할을 하였다.
1904-1905년의 러 · 일 전쟁에 수반한 혼란기에 '소비에뜨(Soviet)'라는 노동자평의회(評議會)를 조직한 볼쉐비끼〔Bol' sheviki, 러시아 공산당의 前身인 러시아 사회민주노동당 정통파의 별칭. 마르토프(L. Martov, 1873-1923)의 멘쉐비끼(Men' sheviki ; Mensheviks)에 대립된 개념이며, 다수파(多數派)라는 뜻. 과격한 혁명주의자 또는 과격파의 뜻으로도 쓰인다〕는 1차 세계대전 발발과 1917년 2월혁명 이후 짜르의 퇴위(退位)가 몰고 온 정치사회적 진공 속에서 레닌(Vladimir Il' ich Ulyanov. 筆名 Nikolai Lenin)의 주도하에 10월 혁명을 성공시켰다. 소비에뜨 사회주의 국가(USSR, Union of Soviet Socialist Republics)를 수립, 1918년 3월의 당 대회에서 당명을 러시아공산당〔1952년 소비에뜨공산당(Communist Party of the Soviet Union, C.P.S.U)으로 개칭〕으로 고친 레닌주의는 인도, 미얀마, 인도네시아, 파키스탄 등 아시아 피압박 민족들에 구 체제 청산과 원조 약속을 제시, 중립화 내지 친(親)러시아화로 유도함으로써 서방 열강과의 관계를 약화시키려 하였다.
1917면 3월 15일 니꼴라이2世의 退位로 로마노프王朝〔Romanov Dynasty(1613-1917)〕는 종언을 告했다. 王位를 버리고 우랄(Ural) 地方에 피신중이던 니꼴라이2世와 가족들은 1918년 7월 17일 오전 3시 30분 첵카의 책임자 유로프스키와 下手人 11명에 의해 살해되었다.
볼쉐비끼 혁명이후 좌익(左翼)은 공산주의자와 사회민주주의자의 二大陣營으로 갈리게 되었다.
러시아 10월혁명의 성공요인에 대하여 소련 역사가들은 "역사적 필연성, 혁명적 규율 · 조직의 통일성, 대담하고 결단성 있는 레닌의 영도력"을 들었고, 서방 학자들은 역사적 우연, 또는 대중의 지지를 받지 못했지만 능란하게 이뤄 진 쿠데타의 결과로 봤으며 라비노비치는 비교적 민주적 · 관용적이며, 분권화한 볼쉐비끼당의 구조와 개방적 · 대중적인 당의 성격에서 찾았다.('The Bolshevikis Come to Power-The Revolution of 1917 in Petrograd')
혁명이후는 자본주의에서 사회주의로의 이행기(1917-1937), 사회주의에서 공산주의로의 이행기(1938-)로 구분한다. 톰킨스(R. Tomkins)는 「러시아 국가의 핵심은 몽골治下에서 태어나 모스끄바 大公國 시대에 성장하여 帝政러시아시대(1613-1917)에 발전하고 現代에 이르러 完熟에 도달한 專制政治에 있다.」라고 했다.

소수의 직업적 혁명가들의 음모적 방식에 의한 볼쉐비끼혁명에 의해 수립된 소비에뜨국가(1917-1989)는 70년동안 비밀경찰국가로 전락하여 마르크스-레닌주의(Marxism-Leninism)의 '큰 失敗' 로 끝났다. 강력한 중앙집권적 계획과 통제, '특권적 노멘클라투라(nomehklatura)' 국가관료의 절대적 우위성 등 스딸린 체제의 뼈대는 '테러를 통한 진보' 분위기 속에서 1934년 말부터 시작된 대숙청으로 수 천만명이 체포되고 카메네프(Lev Borisovich Kamenev, 1883-1936)처형과 트로츠키(Leon Trotskii, 본명 Lev Davydovich Bronstein 1879-1940) 암살로 굳어졌다. 스딸린은 '위대하고도 비범한 천재', '빛나는 태양', '볼쉐비끼당의 초석' 으로 불렸다. 경제적으로는 '전시공산주의' 로 부르는 강력한 동원체제를 가동시켜 10월 혁명 당시 후진국이던 소련의 공업 총 생산고는 1937년 세계 2위 수준으로 뛰어 올랐다. 세계 두번째로 핵무기를 개발하고(1949년) 집단농장제의 강제 도입, 문화와 과학 분야에서까지 획일화와 교조화를 조장하였다.

스딸린의 사망후 '테러가 완화된 공산당독재' 의 형식으로 변질되면서 브레즈네프(Leonid Ilyich Brezhnev 1906-1982)의 장기집권체제하에서 특권층의 권력남용과 부패의 가능성이 보다 높아졌다. 1921년 레닌의 '신경제정책(New Economic Policy)' 이후 근본적 개혁인 1986년 고르바초프(Mikhail Sergeyevich Gorbachev 1931-)의 '페레스트로이카(perestroika : 再改編)' · '글라스노스찌(glasnost : 公開性)' 의 민주적 다원적 정치理念下에 聯邦12개국이 알마아타(Alma Ata, 카자흐 공화국의 수도)에서 '독립국가연합(CIS : Commonwealth of Independent States)' 을 창설(그루지아는 3일 후 가입)함으로서(1991.12.21) 소련〔처음에는 짜리즘(Czarism)제국, 후에는 공산주의국가〕이 해체되고(제2의 러시아혁명) 러시아연방공화국이 소련의 후계자로 공인되었다.
페레스트로이카는 東西洋冷戰終熄, 東歐國家들의 실제적 독립, 獨逸의 통일 및 蘇聯의 民主化등 업적에도 불구하고 고르바초프의 經濟에 대한 理解不足과 決斷性 및 一貫性의 缺如로 실패로 끝냈다. 1991년 말 고르바초프의 대통령 사임연설에서 처럼 "옛 체제는 새 체제로 가동을 시작하기도 전에 붕괴했으며 사회위기는 더욱 악화되어 갔다." 연방은 무너졌고 공산당은 해체되고 소련갱생이라는 꿈은 실현이 요원해졌다. 그러나 세상은 이미 새로운 질서를 찾지 않으면 안 되도록 변화했고 그런 면에서 그는 완벽하게 성공했다.

쉬텐신(徐天新, 1934-)은 뾰뜨르 大帝(Pyotr Ⅰ, 在位 1682-1725) · 예까쩨리나 2세(Yeka-therina Ⅱ Velikaya, 1729-1796, 在位 1762-1796)의 사회적 혁명(러시아적 요소의 급속하고 광범한 유럽화)과 레닌의 프롤레타리아혁명(공업화 · 농업협동화 · 集體化) 등 두 번에 걸친 굴기(崛起)로 사회주의 노선의 초강대국으로 부상하였다가 순식간에 해체되어 버린 러시아의 역사를 "갈수록 더 눈부신 발전 · 갈수록 더 참담해지는 실태" 라고 요약하였다. 밀로반 질라스(Milovan Djilas, 1911-1995)는 '새로운 계급' 에서 공산당 관료들이 사회주의 자산을 포기하지 않고 생산수단을 착취한다고 보았다.

1차 세계대전 후 약소민족문제를 열강본위로 처리한 국제 정치의 제 과정 및 러시아에서의 볼쉐비끼혁명과 코민테른〔Comintern : Communist Inter-national(공산주의 '인떼르나찌오날(1919-1943)')의 약칭〕결성 등 일련의 정세는 한국의 일부 민족인텔리로 하여금 좌파적 항일독립운동으로 나아가게 하였다.

독립운동의 양상은 문화적 경제적 실력을 양성하려는 일파와 코민테른 기관과의 연계로 사회혁명을 시도하려는 일파로 나누어졌다. 독립운동의 이념은 復辟主義(척사적 전제군주론), 保皇主義(입헌군주론), 共和主義로 구분되었다. 3 · 1운동과 더불어 복벽과 보황의 논리는 밀려나고 1922년까지 공화주의이념이 주도적 위치에 있었는데 사회주의라는 새 이념이 등장하였다. 조선 총독부 자료에 다음 기록이 있다.

「1918년 재(在)모스끄바 국제 제3 공산당에서 극동 방면의 공산주의 선전위원 그레고리노프(Gregorinov)를 파견, 시베리아지방이 거의 적염(赤染)되었을 무렵, 이동휘(李東輝) 일파는 노농정부(勞農政府)의 공산주의 선전에 있어 입당자에게 온갖 유리한 조건이 제공된다 함은 물실호기(勿失好機)인지라, 모스끄바대학 출신 박진순(朴鎭淳)을 통하여, 1918년 6월 하바로프스크에서 한인사회당본부(韓人社會黨本部)를 창립하였다.」
이동휘가 그레고리노프에게 포섭되어 볼쉐비끼와 손을 잡았듯이 여운형(呂運亨)도 上海 주재 코민테른 원동국 서기 보이틴스키(Gregory Voitinsky)의 포섭 공작에 의하여 공산주의자 그룹에 가담하게 되었다.

소위 김입(金立, 1880-1922)의 2백만 루불(ruble) 유용(流用)의혹으로 이동휘, 김입(金立), 현정건(玄鼎健, 1887-1932) 등 上海파와 김철훈(金哲勳), 오하묵(吳河默, 1895-1936) 등 이르쿠츠크파와의 대립이 노골화(露骨化)되어 안창호, 이승만을 둘러싼 西北, 南方파의 알력으로 더욱 얽히게 되었다.

1921년 봄 이동휘가 자파만의 고려공산당 대표자 회의를 소집하자 이탈파가 별도의 회의를 소집, 별개의 당을 조직하게 되었으니 이로써 러시아 귀화 교포 중심으로 사회주의혁명 지향을 우선하는 이르쿠츠크(Irkoutsk)파 고려공산당과, 망명자들을 중심으로 민족해방지향을 우선하는 上海파 고려공산당으로 양분되었다.

한인사회당을 주도하다가 고려공산당 창립에 가담한 김철수(金綴洙, 1893-1986)는 「한형권(韓馨權)이 임정 사절로 박진순의 안내로 레닌과 외교인민위원 치체린(Grigoriy Vasil' evich Chicherin, 1872-1936)을 방문한 즉 금괴 8개를 上海의 대한임시정부에 보내는 2백만 루불 중의 60만 루불(금화)이라고 내어 주기에 20만 루불은 모스끄바에 예치하고, 上海로 운반해 온 40만 루불은 독립운동의 공작금으로 뿌려졌는데 제일 많이 사용한 사람은 김원봉(金元鳳)이고 수원(受援)을 극력 반대한 사람은 李始榮 · 安昌浩 · 申翼熙 등 民族陣營 인사들이었다.」라고 하였다.

시베리아의 한인관리(管理)는 다르뷰로(遠東局) 부설한인부(附設韓人部), 극동공화국정부, 코민테른 동양비서부부설 꼬르뷰로(高麗局)의 3자가 모두 관여하게 됨으로써 혼선을 노정(露呈)하게 되었는데, 상하이파(上海派)〔이동휘(李東輝), 박애(朴愛), 이용(李鏞) 등〕는 다르뷰로를 봉대(奉戴)하고 있었고 이르쿠츠크派[최고려(崔高麗, 1893-?), 김하석(金河錫), 오하묵(吳河默)등〕는 동양비서부와 밀착되어 있었다.
이와 같은 상황하에서 치타의 韓人部는 이르쿠츠크 黑龍州 자유시에 집결한 한인무장부대를 자기것으로 만들기 위해 암투(暗鬪)를 벌이게 됐다. 1920년 4월 5일 한밤중에 일본군이 블라디보스토크의 볼쉐비끼기관을 전멸시켰을 때 신한촌(新韓村) 등 한인사회는 무차별 학살을 당하였다.(4월 참변) 1921년 6월 28일 러시아 赤軍 29연대가 사할린(Sakhalin)의용대(義勇隊)를 공격하여 死亡 2백72명, 溺死 31명, 행방불명 2백50여명, 포로 9백17명의 대참변을 당했다.〔수라셉흐카의 참변 곧 세칭(世稱)자유시 사변〕 이 싸움에서 러시아赤軍에 가담한 부대는 오하묵, 최고려의 자유대대이었다.
부하린(Nikolai Ivanovich Bukharin, 1887-1938)과 코민테른은 두 파의 통합을 위해 2차에 걸쳐(1921, 1922) '조선문제 결정서'를 채택했으나 러시아 귀화인과 비귀화인 사이의 대립, 자유시사변의 응어리, 모스끄바 자금 40만 루블 갈등 등으로 베르흐네우진스끄의 통합회의도 실패하고 이후 코민테른은 두 파의 고려공산당을 모두 해산시켰다(1922. 12).

국내에서도 3 · 1운동 직후 지식인 · 청년 학생 · 노동자를 중심으로 서울청년회(1921), 신사상연구회(1923), 마르크스(Karl Heinrich Marx)의 생일요일을 의미하는 北星會(1923.1), 土曜會(1923.5), 火曜會(1924.11), 北風會(1924.11) 등 사회주의 계통의 단체들이 조직되고 코민테른〔1919-1926년 집행위원장 지노비에프(Grigoriy Evgenevich Zinov' iev, 1883-1936)〕에서 파견된 김재봉(金在鳳)을 책임비서로 하는 1차 조선공산당이 서울에서 비밀리에 조직되었다(1925.4). 조선공산당이 3년 동안 네 차례 조직원의 대거 검거 등에도 존속할 수 있었던 것은 그 운동이 민족해방운동의 일환이었기 때문이다. '12월테제(1928년 12월 코민테른에서 조선 공산주의운동에 내린 지침)' 에서 '인텔리 중심의 당내 분파투쟁을 지양하고 노동자와 빈농에 기반을 둔 볼셰비끼당을 재건하라' 고 지시함으로써 조선공산당 승인을 사실상 취소했다.

부여구강주의(扶餘舊疆主義)와 민주공화정부를 지향, 1925년을 전후하여 펑톈성(奉天省) 지안현 · 관뎬현(寬甸縣)을 중심으로 한 채찬(蔡燦, ?-1924) 등의 參議府, 화뎬현(樺甸縣)을 중심으로 하얼빈이남 홍경 · 통화 등지에 세력을 미치고 있던 金東三 · 吳東振(1889-1930)의 正義府, 自由市事變 이후 북만의 닝안(寧安)을 중심으로 중동선 일대를 관할하고 있던 金佐鎭 · 김혁〔金赫, 본명 김학소(金學韶), 1875-1939〕의 新民府 등 3부는 만주 한인사회의 자치를 집행하는 민정적 성격과 항일독립투쟁을 수행하는 군정부(軍政府)로서의 역할을 하였다.

1929년 3월 南北滿이 합쳐서 국민부(國民府)를 조직, 만주의 독립운동진영은 국민부와 金東三(본명 肯植) · 池青天 등 혁신의회(革新議會)의 두 세력으로 재편되고 이들을 기반으로 한국 독립당(韓國獨立黨 1930.7)과 조선 혁명당(朝鮮革命黨 1929.9)이 조직되었다.

한국 독립당의 이론적 바탕은 소앙(素昻) 趙鏞殷의 "보통선거 실시로 정권을 균등하게 하고(均政權), 국유제도 채용으로 이권을 균등하게 하고(均利權), 면비교육(免費教育)제도 채용으로 학권을 균등하게 한다(均學權)"는 삼균주의(三均主義)에 있었다.
1934년 2월 만주의 한국 독립당 대표 홍진(洪震, 본명 洪冕憙, 1878-1946) · 김원식(金元植, 1888-1925)이 난징(南京)의 한국혁명당(韓國革命黨) 대표 윤기섭(尹琦燮) · 연병호(延秉昊, 1894-1963) 등과 회합, 양당을 해체시키고 신한 독립당을 결성하였다.
1935년 7월 民族革命黨창립(5黨統合)에 의열단의 김원봉(金元鳳) · 진의로(陳義路), 한국독립당의 최석순(崔碩淳, ?-1925) · 양기탁(梁起鐸, 1871-1938) · 조소앙, 조선 혁명당의 최동오(崔東旿, 1892-1963) · 김학규(金學奎, 1900-1967), 신한 독립당의 이청천 · 신익희(申翼熙) · 윤기섭(尹琦燮), 美洲韓人獨立團 등이 참여하였다. 1935년 11월 항조우(杭州)에서 김구가 이끌던 한인애국단(韓人愛國團) 및 민족혁명당에의 참여를 반대하였던 송병조(宋秉祚, 1887-1942) · 조완구(趙琬九) · 이동녕 · 차이석(車利錫, 1881-1945) · 엄항섭(嚴恒燮, 1898-?) · 김붕준(金朋濬, 1888-?) · 양우조(楊宇朝, 1897-1964) 등에 의해 한국국민당이 결성되었다.
민족 혁명당에서 탈퇴하여 반(反) 김원봉파를 이룬 이청천 · 강창제(姜昌濟) 등의 조선혁명당은 조소앙 · 홍진 등의 항조우 한국독립당(재건)과 연합하고, 재미 단체들과 제휴하여 '한국 광복운동단체연합회(韓國光復運動團體聯合會)' 를 조직하였다(1937.8).
좌파의 김규광(金奎光) · 金星淑(1898-1969) 등의 조선민족해방운동자동맹은 최창익(崔昌益, 1896-1958) 등의 조선청년전위동맹, 무정부주의자 류자명(柳子明) 등의 조선혁명자연맹 등과 함께 한코우(漢口)에서 조선민족전선연맹을 결성했다(1937. 12).

독립운동진영이 좌파적 조선민족혁명당과 우파적 한국독립당 · 한국 국민당 · 조선혁명당 등 3당으로 정립되었다. 민족진영 3당은 1940년 5월 '한국 독립당(韓國獨立黨)' 으로 합당하였는데 기본강령도 上海 한국독립당의 그것과 동일하며, 복국(復國) · 건국(建國) · 치국(治國), 세계 일가(世界一家)등 당의(黨議)는 1941년 11월 임시정부의 大韓民國建國綱領에 반영되었다. 1943년 조선민족혁명당 7차 전당대표회의는 조선민족혁명당, 한국독립당통일동지회(韓國獨立黨統一同志會), 조선민족당해외전권위원회(朝鮮民族黨海外全權委員會), 조선민족해방투쟁동맹(朝鮮民族解放鬪爭同盟) 등 4당 통일 개조대회였다.

광복이 되자 한국독립당은 8월, 조선민족혁명당은 10월 충칭에서 각각 5차임시대회와 9차대표회의를 열어 새 나라 건설의 기본방침들을 정하였다. 11월 한국독립당은 임시 정부와 함께 귀국하여 국민의회(國民議會), 독립촉성국민회(獨立促成國民會) 등을 중심으로 활동을 계속하였으나 임시정부 세력의 몰락과 함께 실추되었다.

日帝강점기 한국공산주의 운동은 민족해방운동적 성격에도 불구하고 농업공동체적 운동주체및 수공업적 운동방식에 따른 分派性과 러시아 볼쉐비끼 · 국제공산당 개입이라는 外因論및 海外중심의 활동거점(據点)이라는 制約性으로 많은 "순진한" 공산주의자들을 희생시키고 오만한 '범생이' 공산주의자들의 좌경화로 변질되었다.

신간회(新幹會)와 6 · 10만세 · 광주학생운동

❖ 3 · 1운동 이후 민족운동노선은 비타협적인 항일독립운동을 계속하려는 태도와, 日本의 지배를 인정하고 민족의 자치를 실현시키려는 태도의 두 양상으로 나타났다. 그리고 사회주의운동이 참여하게 되었는데 처음 드러난 것이 순종의 장례를 계기로 발발(勃發)한 6 · 10만세운동(1926.6)〔병인만세사건(丙寅萬歲事件)이라고도 한다.〕이다.

朝鮮學生科學研究會系〔연희 전문의 이병립(李炳立) · 박하균(朴河鈞), YMCA의 박두종(朴斗鍾), 중앙고보의 이선호(李先鎬) · 이황희(李晃熙), 경성대학의 이천진(李天鎭)등〕가 주동이 되어 서울에서 40만명의 군중이 시위운동을 벌여 2백여명이 체포되었다.
培材高等普通學校 · 協成學校 · 皮魚鮮記念聖經學校의 일부 학생들이 6 · 10직후부터 2차 示威투쟁을 계획한데서 보듯이 3 · 1운동 이후 항일독립운동은 학생운동에 투영(投影)되어 朝鮮物産의 장려(奬勵), 地方熱 타파(打破)를 목적으로한 民族主義 團體(朝鮮學生大會, 朝鮮學生會, 學生總聯合會)와 社會科學의 研究 · 民衆本位의 教育을 목적으로 한 社會主義 團體(共學會, 社會科學研究會)의 發展으로 사상적으로 성장하고, 質的으로 강화된 反日盟休를 전개하였다.

❖ 6 · 10만세운동을 전환점으로 민족주의자들과 사회주의자들이 대동단결하여 독립운동을 강화시키자는 것이 1927년 2월 15일 신간회 성립의 배경이었다.

224개 지회와 3만 7천여명의 회원을 거느리게 된 신간회는 정치적(제국주의) 경제적(식민주의) 각성을 통해 독립의지를 강화하고, 민족주의와 사회주의로 나뉘어져 있던 독립운동 역량의 결집 · 단일화로 항일투쟁을 강화하며, 宋鎭禹(1889-1945) · 최린(崔麟)중심의 타협적 자치운동을 배격한다는 3대강령을 내 세워 한국인 착취기관 철폐, 이민정책 반대, 한국어교수 실시, 한국인본위교육 실시, 과학사상연구 자유 등을 주창하였다.

신간회〔고목신간(枯木新幹, 시든 나무에서 새 싹이 솟는다)에서 따왔다.〕는 언론계 신석우(申錫雨, 1894-1953) · 안재홍(安在鴻), 기독교계 이승훈(李昇薰), 천도교 권동진(權東鎭), 불교계 한용운(韓龍雲) 등 우익과 공산당 한위건(韓偉健, 1896-1937) 등 사회주의 쪽의 대표 등의 발기로 이상재(李商在)를 회장, 홍명희(洪命熹, 호 碧初)를 부회장으로 하여 결성되었다. 홍명희가 굳이 사양하여 부회장에 다시 權東鎭을 선출하고 총간사는 홍명희가 맡았으며 중앙위원으로 李仁 · 洪命熹 · 許憲(1885-1951) · 韓龍雲 · 安在鴻 · 申錫雨 · 尹潽善(1897-1990) · 李鍾麟(1885-1950) · 金用茂(1891-1950) · 明濟世(1885-?) · 吳華英 · 李寬求〔성재(誠齋), 1898-1991〕 · 咸台永 · 李弼柱 · 金明東(1903-1950) · 金俊淵(1895-1971) · 金鐸 · 權東鎭 · 鄭在龍 · 李甲成 · 李錫薰 · 鄭泰奭 · 李昇馥 · 李淨 · 文一平 · 朴東完 · 白寬洙 · 申采浩 · 張志暎 · 曺晩植(1882-1950) · 崔善益 · 崔元淳 · 朴來泓 · 河載華 · 韓基岳(1897-1941) · 洪性熹 · 趙炳玉(1894-1960) 등 37명을 선출하였다.

❖ 조선여자의 공고한 단결과 지위향상을 강령으로 '여성 스스로 해방하는 날 세계가 해방할 것이다. 조선 자매들아 단결하자' 는 기치하에 1927년 5월 해외유학생 41명이 槿友會를 發會하였다.

조선여자기독교청년회 중심의 민족주의계열로 金活蘭〔우월(又月), 1899-1970〕 · 俞珏卿(1892-1966) · 玄德信 · 黃愛施德 · 崔恩喜(1904-1984) · 金英順 · 車士伯 · 方信榮(1890-1977) · 李孝德(1895-1978) · 金善 · 金美理士(1882-1955) · 金一葉(본명 元周, 1896-1971) · 李恩惠 · 吉貞姬 · 金順福 · 梁邁倫 · 崔活蘭 · 張貞圭 · 申알베트 등이, 중앙여자청년동맹 중심의 사회주의계열로 丁七星 · 劉英俊(1895-?) · 鄭鍾鳴(1895-?) · 黃信德(1898-1983) · 李賢卿 · 趙元淑 · 朴元玟 · 李德耀 · 姜貞姬 · 朱世竹(1901-1955) · 許貞淑(1908-1991) · 朴新友 등이 참여하였다.

1930년 말 각 사회단체의 지회조직

槿友	新幹	農民	勞動	衡平	青年	計
61	156	30	56	198	123	624

민족주의계열과 사회주의계열의 주도권싸움, 국제공산당의 지시에 굴복한 극렬좌파의 민족 배반, 일제의 책동 등이 복합되어 신간회는 槿友會와 함께 해산되었다.(1931)

❖ 1929년 11월 3일 광주 학생운동이 일어나 1천6백42명이 피검, 582명이 퇴학 당했다.

조선인 학생 69명, 일본인 학생 68명 등 光州 · 羅州 간 기차통학생들은 10월 30일 羅州驛에서 日本人 光州中學生 수명이 光州女高普生들의 댕기를 잡아당기는 등 희롱에 光州高普生 朴準埰의 힐책(詰責)이 발단이 되어 쌍방간 패 싸움을 벌린 것이 1929년 전국적 항일학생운동의 도화선이 되었다.

日警이 모든 책임을 한국 학생에게 씌워 검거함으로써 광주의 학생들은 총 궐기, 그 이듬해 3월까지 開城, 仁川, 釜山, 大邱, 晋州, 淸州, 公州, 大田, 全州, 平壤, 新義州, 定州, 宣川, 咸興, 元山, 鏡城 등 전국 각지에 파급되어 시위에 참가한 학교가 普成 · 中央 · 徽文 · 培材 · 梨花 · 同德 · 培花 · 進明 · 貞信 등 194개교, 참가 학생은 5만4천여 명으로 3 · 1운동 이후 최대의 시위운동이었다.

애국계몽운동(愛國啓蒙運動)

실학파의 北學論에서 갑신정변, 甲午개혁, 독립협회운동으로 연결된 개화자강운동의 마지막 力量이 1905년 乙巳條約을 전후하여 1910년까지 국권회복을 목적으로 한 애국계몽의 민족운동이다.

「애국개몽운동은 각종 사회단체와 언론기관을 거점으로 민족의식과 독립정신의 계발, 교육을 통한 민족역량의 배양, 외래문화의 주체적 수용과 민족문화의 계승 창달(暢達), 민족산업의 장려와 육성 등 '장래의 자주독립의 시기 도래에 대비한 실력양성을 대중운동으로 전개하는 것' 이었다.」 〈강재언(姜在彦) / '근대조선의 사상'〉

李光洙의 '民族改造論(1922)' 은 崔南善의 '朝鮮民是論' 을 거쳐 民衆運動으로 전개되어 국산장려운동(國産奬勵運動)이나 소비절약운동(消費節約運動)으로 번져갔으나 文化主義를 표방하고 소극적 방법으로 퇴보한 까닭에 社會改造를 우선하여야 한다는 社會主義思想을 좇아 계급투쟁(階級鬪爭)의 조직적 運動으로 전환되어갔다.

1923년 4월 백정(白丁)들은 '공평은 사회의 근본이고 애정은 인류의 본령이다' 기치 아래 진주(晋州)에서 형평사를 발기, 衡平運動을 전개하였다.

柳一宣, 韓龍雲, 李敦化 등이 '믿음' 이야 말로 民族再生의 '참 길' 이라고 강조했던 宗教運動도 思想對立의 심화(深化)를 완화시키고 民族運動의 난보(亂步)를 정제할 수 있을 만한 계기를 포착하지 못한 채 숱한 主義主張 속에 파 묻히게 되었다.

김교신(金敎臣, 1901-1945)은 함석헌(咸錫憲) · 송두용(宋斗用) · 정상훈(鄭相勳) · 류석동(柳錫東) · 양인성(楊仁性) 등과 '성서조선(聖書朝鮮, 1927-1942)' 을 창간, 무교회신앙운동(non-church Christianity movement)을 전개하였다.

〈實力養成〉

윤효정(尹孝定) · 장지연(張志淵) · 심의성(沈宜性) · 임진수(林珍洙) · 김상범(金相範) 발기의 대한자강회(大韓自强會 1906.4)는 대표적인 계몽운동단체로 정신을 내양(內養)하고 문명의 학술을 외흡(外吸), 교육과 산업 진흥을 목적으로 삼았다.

안창호, 양기탁, 李甲, 전덕기(全德基, 1875-1914), 안태국(安泰國, ?-1920), 이동녕(李東寧), 이회영(李會榮), 이강(李剛, 1878-1964), 이동휘(李東輝), 이승훈(李昇薰), 노백린(盧伯麟), 金九등이 1907년 12월 신민회(新民會)를 조직하여 평양에 大成學校, 정주(定州)에 五山學校 · 강화에 普昌학교 · 의주에 養實학교 · 납청정(納淸亭)에 嘉明학교 · 안주에 協成安興학교 · 선천에 新興학교 · 곽산에 興襄학교 · 영흥에 明倫학교 · 경성에 鏡城학교 · 안악에 楊山학교 · 서울에 協成학교 등을 세웠고 베텔(裵說 Ernest Thomas Bethell, 1872-1909)과 양기탁이 공동으로 설립한 대한매일신보(大韓每日申報, Korean Daily News, 1904-1910)를 기관지로 활용하였으며 평양, 대구, 경성에 태극서관(太極書館)을 만들어 계몽지도, 서적출간을 하였다. 孫秉熙 · 吳世昌 등이 天道教 계통의 '萬歲報' 를 발간하고(1906) 大韓協會가 '大韓民報' 를 발간하여(1909) 일진회 등과 맞서 싸웠다. 일본에서 류태경(柳泰慶, 1892-?) 주간의 亞細亞公論이 월간지로 발행되어 아시아 제(諸) 민족의 각성을 촉구하고 약소민족의 해방을 추구하였다.

최초의 여성 유학생 박에스터〔Esther, 愛施德, 본명 金點童, 1876-1910〕와 하란사(Nancy, 蘭史, 본성은 김, ?-1919), 윤정원 등은 의사 · 교사로 활동하였다.

1922. 11. 李商在 · 李昇薰 · 金炳魯등이 朝鮮民立大學期成會를 조직, 民立大學發起를 했으나 1923년 5월 조선총독부의 '京城帝國大學令' 으로 자연 해체되었다.

광무11년(1907) 大邱의 徐相敦(1851-1913) · 金光濟(1866-1920) 등의 발기로 국채보상기성회(國債報償期成會)가 조직되어 대한매일신보 등을 중심으로 國債報償運動이 전개되고 1923년 조직된 조선물산장려회(物産獎勵會)는 印度의 '스아라지(Swaraj)' 운동(外貨非買同盟)에 자극받아 '입자! 조선인이 짠 것을 / 먹자! 조선인이 만든 것을 / 쓰자! 조선인의 손으로 된 것을' 구호의 물산장려운동을 전개하였다.

〈國學진흥(振興)〉

국학진흥운동은 한국문화 말살정책에 대항하는 민족문화의 옹호였으며, 항일사상의 전개와 국학의 대중화에 큰 영향을 주었다.

유길준의 '朝鮮文典', 李鳳雲의 '國文正理' (1897), 松村 池錫永(1855-1935)의 '新訂國文' (1905), 한힌샘 周時經의 '國語文法' (1906) · '國語文典音學' (1908) · '말의 소리' (1914) 등이 나와 국어의 정리와 새로운 이해체계를 성립시켰다.

국어의 연구와 보존 운동은 李克魯(1893-1978) 등 주시경(周時經)의 제자들이 중심이 된 조선어학회(朝鮮語學會)에 의하여 전개되었다.

任璟宰 · 崔斗善(1894-1974) · 李昇圭 · 張志暎 · 權悳奎 · 李秉岐 · 李常春 · 李奎昉 · 朴洵龍 · 申明均 · 金允經 등의 발기로 1921년 조선어연구회(1931년 조선어학회로 개칭, 1949년 다시 한글학회로 개칭)를 만들고 한글의 우수성을 계몽하는 한편 1979년부터는 학회지 '한글'을 통해 문맹 퇴치와 맞춤법 통일, 사전 편찬 등 한글의 보존과 연구에 진력하였다. 1933년 조선어학회에서 만든 '한글맞춤법통일안'이 국어표기의 기준이 되었다. 이밖에 김상용(金尙鎔) · 김선기(金善琪) 등의 조선음성학회가 창립되어(1935) 국어연구에 힘썼고 광복후에는 1952년 국어국문학회, 1959년 국어학회, 1975년 한국언어학회가 각각 창립되어 국어연구를 진행시켰다.

"한 겨레의 문화 창조의 활동은, 그 말로써 들어가며, 그 말로써 하여 가며, 그 말로써 남기나니"로 시작하는 머리말을 얹은 '우리말본'(1937)은 말소리갈(음성론), 씨갈(품사론), 월갈(문장론) 세 분야를 망라하고 문법 용어들을 고유어로 새로 지어 썼다는 점에서 문법학계에 끼친 영향이 적지 않았다. 최현배의 '우리말본'과 박승빈의 '조선어학'은 광복전 문법체계의 쌍벽을 이루었다. 1957년 '우리말 큰 사전'이 전 6권으로 완간됐다.

국학연구의 또 한 갈래는 국사의 연구였다. 일제의 한국사 연구는 식민사관(植民史觀)으로 한국사의 주체성을 말살하기 위한 일종의 "위사학"〔僞史學(Pseudo History)〕이었다. 전통유학에서 전개된 위정척사사상이 의병의 무력투쟁으로 승화되면서 근대적 변용을 보이고, 개신유학의 실학사상이 개화사상의 원류(源流)의 하나를 이루어 박은식(朴殷植), 신채호(申采浩), 장지연(張志淵), 정인보(鄭寅普) 등이 민족의 주체성을 강조 하였다.

박은식(朴殷植)의 '유교구신론(儒敎求新論)'(1909)은, 유학의 3대 문제로 그 정신이 제왕(帝王-지배층)측에 있어 인민 사회에 이것을 보급시킬 정신이 부족한 점. 열국 천하에 통용될 주의를 강구하지 않고, "내가 남을 찾는 것이 아니라 남이 나를 찾는" 폐쇄적 태도를 지키고 있는 점. 간이직절(簡易直截)한 法門을 찾지 않고 지리한만(支離汗漫)한 공부만을 숭상하는 점을 들고, 공자의 '大同주의' · 맹자의 '민위중(民爲重)설' · 양명학(陽明學)을 기초로 한 민중의 유교, 세계의 유교, 실천의 유교로 개혁해야 된다고 하였다.

박은식(朴殷植)의 대동교(大同敎), 장지연(張志淵)의 대동교육회 등도 이와 밀접한 관련을 가진 것으로, 특히 캉유웨이(康有爲)의 공자교 운동을 받아들인 것이었다.

민간신앙으로서의 단군교(檀君敎)가 나철(羅喆)에 의하여 대종교(大倧敎)로 재정비된 것도 1909년의 일이었다. 백두산 석굴에서 찾아 냈다고 하는 삼일신고(三一神誥)를 경전으로 삼고, 경봉천신(敬奉天神) · 성수영성(誠修靈性) · 애합종족(愛合種族) · 정구이복(靜求利福) · 근무산업(勤務産業)의 오대종지(五大宗旨)를 실천강령으로 삼은 대종교는, 초대교주 나철의 자결 순국(1916) 이후 만주의 많은 독립운동가의 귀의(歸依)를 얻게 되었다.

1910-1912년의 안악(安岳) 사건과 105인 사건은, 신민회(新民會)계 기독교인들 중심의 진보적 민족주의자에 대한 탄압이었다.

〈新文化運動〉

일제말기 신문화 운동에 나타난 특징은 문화적 전통에 대한 관심과 향수, 삶의 허무와 절망에 대한 인식, 자연에의 새로운 귀의, 저항정신의 시적 형상화등이다.

문학에서는 교화적, 공리적 기능에 역행하는 구소설(舊小說) 및 신소설을 비판하고, 사회 계몽에 부합하는 소설의 창작을 장려했다.

적극적인 경향의 항일저항시(抗日抵抗詩)의 작가로서 鄭芝溶 · 韓龍雲 · 李相和 · 沈熏(1901-1936) · 李陸史 · 金珖燮 · 柳致環(青馬) · 尹東柱를, 소극적 경향의 작가로서 卞榮魯 · 朴鍾和 · 金素月〔본명 정식(廷湜), 1902-1934〕 · 梁柱東 · 朴斗鎭 · 朴木月 · 趙芝熏을 들 수 있다. 「日本이 朝鮮을 合併한 後로, 일어일묵(一語一默)에 압박(壓迫)을 加하여 自由의 生氣는 일호(一毫)도 없은 즉 血性이 없는 타력물(惰力物)이 아닌 바에 어찌 차(此)를 인수(忍受)하리요.」라고 했던 한용운의 '님의 침묵'(1926), 이상화(李相和)의 '빼앗긴 들에도 봄은 오는가(1926)'는 강한 민족 의식의 소산이었고, 17회나 투옥당했던 이육사(李陸史)는 '광야' · '꽃' 등의 시를, 광복 직전 옥사한 윤동주(尹東柱)는 "죽는 날까지 하늘을 우러러 한 점 부끄러움이 없기를, 잎새에 이는 바람에도 나는 괴로워했다."는 '하늘과 바람과 별과 詩' 등을, 이상(李箱, 1910-1937)은 '朝光' 지에 리얼리즘의 심화라고 보는 '날개'(1936)를 각각 발표하였다.

연극에서는 1909년 원각사(圓覺社)가 건립되고 1923년 박승희(朴勝喜, 1901-1964), 이서구(李瑞求, 1899-1981), 김을한(金乙漢, 1905-1992), 김기진(金基鎭) 등이 토월회(土月會)를 조직하면서 근대극이 발생하였는데 후에 연학년(延鶴年) · 조택원(趙澤元, 1907-1976) · 홍사용(洪思容) 등이 참가하였다.

영화에서는 이규환(李圭煥, 1904-1982), 나운규(羅雲奎, 1902-1937), 윤봉춘(尹逢春, 1902-1975), 문예봉(文藝峰, 본명 文丁元 1917-1999)이, 음악에서는 홍영후(洪永厚, 雅號는 蘭坡), 안익태(安益泰, 1906-1965)가 민족 의식을 고취하였다.

독일 음악가 에케르트(Franz von Eckert, 1852-1916)는 1902년 8월 민영환 작사(作詞)에 곡을 붙여 '대한제국 애국가'를 발표하였다. 新學에 눈 뜬 국악사(國樂師) 함화진(咸和鎭, 1884-1949)은 이수경(李壽卿, 1882-1955)의 호방(豪放)과 대조되는 간엄(簡嚴)한 탄법(彈法)을 구사하였다. 성경린(成慶麟, 1911-2008)은 이왕직 아악부(李王職雅樂部)에서 궁중 음악을 지키고 이혜구(李惠求, 1909-) 등과 한국국악학회를 창설하였다. 한편 서양식 악곡에 맞추어 부르는 창가(唱歌)는 신교의 찬송가가 들어오면서 유행하였는데 애국 독립을 예찬하는 내용이 많았다.

애국가의 작사는 '聖子 神孫 5백년은' 이라는 봉건적인 가사를 도산이 고치었다는 說과 신민회의 미주 '신한민보' 1910년 9월 21일자에 소개된 '국민가'가 윤치호 작 애국가 가사와 일치하며, 윤치호가 설립한 한영서원 교재로 편찬한 '찬미가'〔1907년 작사, 1908년 재판(再版) 발행〕에 서양노래를 번역하면서 애국가를 곁들여 넣은 사실로 보아 윤치호라는 說이 갈린다. 1955년 국사편찬위원회는 작사자 미상으로 발표하였다.

「셩즈신숀 오빅년은 우리황실이요 산슈고려 동반도는 우리본국일세
(후렴) 무궁화삼쳔리 화려강산 죠션사람 죠션으로 길이 보전하세」

「一. 동해물과 백두산이 마르고 달토록 하나님이 보호하사 우리 대한 만세
二. 남산우헤 저소나무 철갑을 두른듯 바람 이슬 불변함은 우리 긔상 일세
三. 가을 하날 공활 한대 구름 업시 놉고 밝은 달은 우리 가슴 일편 단심 일세
四. 이긔상과 이마음으로 충성을 다하야 괴로오나 질거우나 나라 사랑 하세
(후렴) 무궁화 삼천리 화려강산 대한사람 대한으로 길히 보전 하세」

애국가는 처음 배재학당 음악교사 번커(D.H. Bunker)가 스코틀란드의 로렐라이 곡(Auld Lang Syne)을 붙여 부르게 했는데 안익태가 1936년 빈(wien) 유학 중 작곡하였다. 2012년 5월 10일 헝가리 부다페스트 영웅광장에 안익태 흉상이 제막되었다.

김소운(金素雲, 본명 教重, 1907-1981)의 '언문조선구전민요집(諺文朝鮮口傳民謠集, 1933)'과 고정옥(高晶玉, 1911-1969)의 '조선민요연구(1949)'는 민요의 집대성으로, 대표적 민요 '아리랑'은 아리랑(我離娘)·아랑(阿娘)·알영(閼英)·아이롱(我耳聾)·아난리(我難離) 등 그 유래에 대한 설(說)도 구구하고, 지방에 따라 파생된 별조도 많다.

무용에서는 조택원(趙澤元)과 최승희(崔承喜, 1911-1969)가 보살춤, 칼춤, 부채춤 등에서 한국 고전무용을 현대화하였는데 최승희는 1939년 뉴욕 공연에서 '세계 10대 무용가의 한 사람'이라는 평을 받았다.

미술에서는 김환기〔金煥基, 수화(樹話), 1913-1974〕·이중섭(李仲燮, 1916-1956)이 서구 근대화의 화풍 도입에 공헌했으며 나혜석(羅蕙錫)은 한국 최초의 여성 화가로 여성차별 관습을 거부하는 등 여성들의 사회적 지위향상을 위해 노력하였다.

한글의 보급과 문맹 퇴치운동은 동아일보, 조선일보와 조선어학회의 노력으로 전개되고 李泰圭(1902-1992), 李升基(1905-1997) 등 日本유학생들에 의하여 근대 학문사조(思潮), 철학, 과학 등이 전래되어 근대의식의 형성에 기여했다.

청년들은 1931년 일본에 3,639명, 미국에 493명이 유학하고 있었는데 특히 여성의 일본 유학은 1910년 34명에서 1942년 2,942명으로 급증하였다.

언론계에도 朝鮮日報 창간(1920. 3. 5), 東亞日報 창간(1920. 4. 1)에 이어 시대일보(최남

선이 창간, 1924. 3. 31), 중외일보 등과 개벽(開闢) · 新東亞(1931.11) · 朝光 · 신천지 · 신생활 등 2백여종의 잡지도 간행되었다.

특히 일간지들은 일제의 탄압상, 피의자의 재판 등을 중점 보도하였는데 1929년부터 1935년까지 조선일보는 '한글원본'(1929), '문자보급반 한글 원본'(1930), '문자보급교재'(1936) 등으로 文字普及운동을, 1931년-1934년 네 차례에 걸쳐 동아일보는 브나로드〔'V narod' (민중 속으로)〕운동(1870년 러시아 청년귀족학생들의 주동으로 농민해방 · 자각을 부추긴 사회개혁운동) 등 계몽사업을 벌이고 문화유적의 보존운동도 전개하였다.

동아일보는 1925년 10월 21일자에서 무궁화의 생명력을 찬양해 독립의식을 북돋웠다. 「무궁화는…, 아침에 이슬을 먹으며 피었다가 저녁에 죽어 버리면 다른 꽃송이가 또 피고 또 죽고 또 피고 하여 끊임없이 뒤를 이어 자꾸 무성(茂盛)하는 것이, 찰나(刹那)를 자랑하였다가 바람에 휘날리는 무사도를 자랑하는 '사쿠라' 보다도, 붉은색만 자랑하는 영국의 장미보다도, 덩어리만 미미하게 커다란 중국의 함박꽃보다도 끈기 있고 꾸준하고 기개 있고….」

이들 신문은 총독부의 검열, 삭제, 압수 등 탄압을 받으면서도 1940년 8월 강제 폐간될 때까지 활동을 계속하였다. 동아일보가 1936년 11회 베를린올림픽 마라톤 우승자 손기정(孫基禎, 1912-2002)의 유니폼에 있는 히노마루(日章旗)를 지운 사진을 게재한 것도 항일의식의 표출이었다.

소파(小波) 방정환(方定煥, 1899-1931)이 1920년 소년운동을 주창, 제정한 '어린이 날의 약속'은 「어린이는 어른보다 새로운 사람입니다. 어린이를 어른보다 더 높게 대접하십시오.」 등이었다.

윤극영(尹克榮, 1903-1988)은 1923년 색동회를 창립하고 1926년 최초 동요곡집 간행 후 '설날', '반달' 등 3백여 곡의 동요를 창작했다.

선교사 루시 컨닝김(Lucy Cuninggim)의 이름을 딴 元山 루씨(樓氏)여고 최우등 졸업생 최용신(崔容信, 1909-1935)〔沈熏의 '常綠樹'(1935-1936) 모델〕은 화성군 반월면 샘골(泉谷)에서 농촌계몽에 헌신하고 백선행(白善行, 1848-1933)은 16세에 상부(喪夫), 수절(守節)하고 모은 전 재산을 구빈(救貧) 사회단체에 내놓았다.

• *近代 中國의 社會·民主혁명*

흥중회(興中會, 廣東) 쑨원(孫文, 孫逸仙), 화흥회(華興會) 천탠화(陳天華, 湖南)·황씽(黃興 1874-1916), 光復會 장빙린(章炳麟, 浙江)등 國民革命派〔조우룽(鄒容, 四川)〕는 1905년 中國同盟會를 결성, 保皇派(康有爲, 梁啓超)를 억누르면서 反淸의 주도권을 장악하였다.

1901년 시작된 淸 말기의 신정(新政)이 민주혁명 사상과 문화를 전파하고 멸만흥한〔滅滿興漢, 만주족을 멸망시키고 한족을 부흥시킨다〕의 漢 민족주의가 동맹회의 혁명운동〔신해혁명(辛亥革命)〕으로 이어져(1911년) 선통제(宣統帝) 푸이(溥儀, 1906-1967, 在位 1909-1911) 퇴위로 淸朝가 멸망, 총 230명의 황제가 권좌를 누린 2천년간의 전제정치가 종말을 고하고 쑨원(孫文)의 민족至上·국가至上·공익우선指向의 三民主義를 지도이념으로 한 중화민국(中華民國)이 탄생하였다(1912년1월1일). 그러나 曾國藩·李鴻章의 半封建적 기반을 계승한 北洋軍閥 袁世凱가 신해혁명(辛亥革命)의 결과를 횡취(橫取)하여 民主共和制를 실천하려던 社會革命은 좌절되었다.

1916년 차이위안페이(蔡元培, 자 鶴卿, 호, 子民, 1868-1940) 北京大 總長을 중심으로 孔子敎 배척, 舊 道德 배척, 家族制度 파괴, 人道主義 고취, 社會主義운동, 文學革命, 無政府主義운동 등을 포함한 新文化運動이 후즈(胡適), 천뚜슈(陳獨秀), 리다자오(李大釗), 저우 쭈어런(周作人, 1885-1966), 치엔 쉬안퉁(錢玄同, 1887-1939), 리스청(李石曾, 1882-1973), 우 웨이쯔(吳稚稚) 등의 참여속에 전개되어 나갔다.

1919년 5·4 운동이 일어나서 반제국주의·반봉건의 투쟁방향이 명확해지고 중국공산당도 결성되어 신민주주의(新民主主義) 혁명의 노선을 추구하게 되었다. 1921년 7월 1일 중국공산당 一全大會가 上海 프랑스租界의 한 女學校에서 비밀리에 열렸다. 北京에서 장궈타오(張國燾, 1898-1979)·려우런징(劉仁靜), 上海에서 리한쥔(李漢俊)·리다(李達), 廣東에서 천궁버(陳公博)·빠오후에이썽(包惠僧), 湖北 武漢에서 동삐우(董必武)·천탄추(陳潭秋), 湖南 長沙에서 마오쩌둥(毛澤東, 1893-1976)·허수헝(何叔衡), 山東에서 왕찐메이(王燼美), 떵언밍(鄧恩銘), 日本 東京에서 저우퍼하이(周佛海) 등 13명이 전국 5당원을 대표하여 모였고, 코민테른을 대표하여 보이찐스끼와 마아린이 참가했다.

中國共産黨의 정식강령으로 된 '帝國主義와 封建主義에 반대하는 民主主義 革命'이라는 反帝統一戰線의 전술은 1920년 7~8월 코민테른 2차대회에 레닌이 제출한 '民族문제와 植民地문제에 관한 테제 原案'을 中國共産黨에 적용한 것이었다. 우페이푸(吳佩孚, 1873-1939), 펑위샹(馮玉祥, 1882-1948), 장쭤린(張作霖, 1875-1928) 등 地方군벌의 武力抗爭을 거쳐 1925년 쑨원의 死後 장제스(蔣介石)를 중심으로 하는 국민당의 국민정부〔國民政府 : 약칭 국부(國府)〕수립후 궈모뤄(郭沫若, 1892-1978), 리다자오 등이 참가한 국공합작(國共合作)이 두차례〔1924-1927(十年內戰 前夜), 1937-1945(8年抗日戰爭 前夜)〕 결렬되고 蔣介石·毛澤東간의 1945년 '雙十協定'(和平·民主·團結을 기초로 蔣主席 지도하에 長期合作) 후 政治協商會議가 결렬되면서 마오쩌뚱(毛澤東)을 중심으로 대륙을 석권한 중국공산당의 중화인민공화국이 성립(1949년10월1일)하고 국민당 정부는 타이완으로 물러 나왔다.
종전후 蔣介石 總統은 "以恩報怨"의 유시(諭示)를 내려 中國內의 日本軍民에게 보복행위를 하지 못하도록 아량을 보였다. 1949년 國民黨政府가 本土에서 쫓겨났을 때 2백만의 本土人들이 타이완(臺灣)으로 몰려 들었는데 臺灣의 土着人들은 천2백만명이었다. 自由中國의 장래는 臺灣 또는 臺灣적인 국가 또는 中國의 自治지역으로 변할 것으로 보인다.

帝國主義列强에 의한 半植民地化 과정에서 생존의 바탕을 잃은 下層 中國人이 값싼 노동력(苦力)과 强制移民으로서 赤手空拳, 海外로 흘러 나간 것이 화교(華僑)를 이루었다.

중국에는 56개 少數民族이 백30개 自治區를 형성하고 있는데 2000년 현재 동북 3省의 滿洲族(1,068만 명), 구이저우 · 후난 · 윈난의 먀오(苗)족(894만 명), 네이멍구(內蒙古)자치구의 蒙古族(581만 명), 광시(廣西) 좡(壯)族 자치구의 壯族(1,617만 명), 닝샤(寧夏) 후이(回)族 자치구의 回(敎)族(981만 명), 신장위그루(新疆維吾爾)자치구의 위구르족(840만 명), 시짱(西藏)티베트자치구의 藏族(541만 명), 옌볜조선족자치구의 조선족(192만 명) 등이 큰 민족이다.
2010년 현재 소수민족은 1억 1,379만 명으로 전체 인구의 약 8.5%를 차지한다.
내몽골은 1636년, 외몽골은 1691년 각각 淸에 복속되었는데, 淸이 멸망하자 1917년 러시아의 지원을 받아 1921년 외몽골은 독립, 몽골인민공화국(Mongolian People's Requblic)이 되고 내몽골은 1947년부터 중국의 네이멍구 자치구가 되었다.

중국 五星紅旗는 량치차오(梁啓超)의 漢 · 滿 · 蒙 · 藏 · 回 등 5族을 하나로 묶은 대민족주의에 입각한 五族共和에서 나온 것이고 타이완의 靑天白日旗의 白日은 쑨원(孫文)의 滅滿興漢적 소민족주의에 입각한 漢族을 상징한다.

하와이의 韓國人 國防警備隊
猛虎隊員들

光復軍 徵募 第3分處 委員 환송 기념(1941년 3월 6일) 왼쪽으로부터 앞줄 朴贊翊, 趙琬九, 金九, 李始榮, 車利錫, 2열 崔東旿, 金文鎬, 申貞淑, 金應三, 李志一, 金朋濬, 3열 曺成煥, 趙素昂, 池靑天, 李範奭, 楊宇朝

朝鮮語學會事件 受難者同志會 기념(1949년 6월) 왼쪽으로부터 앞줄 金允經, 鄭世權, 安在鴻, 崔鉉培, 李重華, 張志暎, 金良洙, 申允局, 2열 金善琪, 白樂濬, 張鉉植, 李秉岐, 鄭烈模, 方鍾鉉, 金法麟, 權承昱, 李康來, 3열 閔泳旭, 朴爀圭, 鄭寅承, 丁泰鎭, 李錫麟

9부

자유민주의 신장(伸張) · 사회경제의 변혁(變革)

- 현대사

■소용돌이 정치 · 연고(緣故)사회

 – 대한민국(大韓民國)의 성립과 시련(試鍊)(1948–)

■천민자본주의(賤民資本主義)를 넘어 – 한국경제의 근대화 과정(過程)

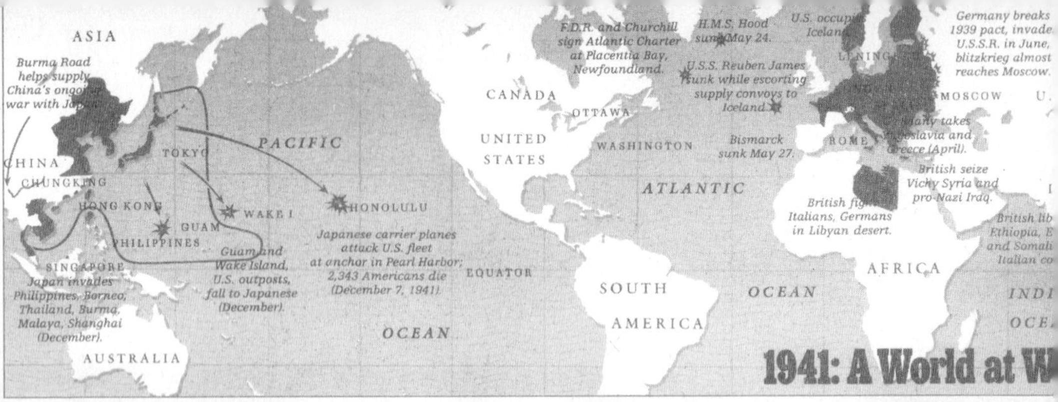

1943. 11. 23~11. 27/카이로(CAIRO) 회담때의 蔣介石, 루우즈벨트, 처어칠

1943. 11. 28-12. 1 테헤란(TEHERAN) 회담

얄타(YALTA) 회담. February 4-11, 1945
Left to right: CHURCHILL, ROOSEVELT, STALIN

포츠담(POTSDAM) 회담. July 25, 1945
Left to right: CHURCHILL, TRUMAN, STALIN

일본 항복문서 조인. 니미츠(Chester William Nimitz, 1885-1966)의 사령선 미조리(MISSOURI)함(艦)에서

영어, 한자, 노어로 처음 쓰여진 38선 표지판

소용돌이 정치 · 연고(緣故)사회 - 대한민국(大韓民國)의 성립과 시련(試鍊)(1948-)

1943년 11월 카이로선언과, 1945년 7월 포츠담선언에서 한국의 자유와 독립은 연합국에 의해서 보장되고 확인되었다. 일본의 무조건 항복으로 1945년 8월 15일 모든 한국인은 환희(歡喜)와 감격 속에서 광복을 맞이했다. 연합군이 진주하기 전 국내에서는 정치적인 혼란이 거듭되고 민족주의자들은 上海의 임시정부가 귀국하여 정권을 담당할 것을 기대하였다.

소련의 분단 동결정책, 美 · 蘇의 냉전적 대립, 우리민족 내부 左右翼의 분열 등은 통일정부 수립을 불가능하게 했다. 그리하여 대한민국은 근대 이후 전통의 급속한 해체, 남북분단과 좌우이념 갈등, 산업화와 민주화를 숨 가쁘게 경험하게 되었다.

광복 후 건국 · 산업화 · 민주화 주도세력들이 차례로 정권을 담당했는데 자신들의 공을 뒤로 미루고 국가의 공공성〔自由平等(Populus) · 公開節次(Publizität) · 福祉(Salus)〕을 높였더라면 민주주의試鍊은 덜 겪었을 것이다. 비생산적인 정쟁을 지양하여 경제발전과 사회정의의 균형을 이루고 상생(相生)의 국민통합과 관용(寬容) · 인내(忍耐)의 남북화해로 평화통일기반을 조성해야 하는것이 당면과제이다.

「대한제국의 국권침탈과정에서 저질러진 기만과 강제, 36년간 잔혹을 극한 식민지통치의 과오등에 대한 일본의 법적 인정과 이에 대한 실천적 표현으로서의 배상금의 지불이 어떤 형태로든 이루어지지 않는 한 한일양국의 장래는 결코 밝지 않을 것이다.」 〈李泰鎭〉

나치스獨逸을 궤멸(潰滅)시키고 발칸半島와 西유럽 전지역을 共産化하기 위한 유리한 조건을 만들 것을 생각했던 스딸린은 처칠(Sir Winston Leonard Spencer Churchill 1874-1965 재임 1940-1945, 1951-1955), 루즈벨트(Franklin Delano Roosevelt)와 다른 勝者가 되었다. 소련의 對日 참전은 숙시(熟柿) 주의적 입장에서 '곶감이 나무에서 저절로 떨어지는 시기'를 선택하여 '어부(漁夫)의 利'를 얻자는 것으로 연합국에 대한 자기의 의무를 다하기 위하여 한 것은 결코 아니었다. 美國은 얄타會談 때, 소련(蘇聯)이 滿洲에 再進出하는데 동의하고, 그후 國民政府에 대한 원조를 차단(遮斷)함으로써 蘇聯의 極東에 대한 계획을 간접적으로 支援했다.

카이로회담과 포츠담회담에 이르기까지 美國은 韓半島를 極東에서 美 · 蘇의 利害가 相衝하는 緩衝地域으로 보았다. 1945년 2월 얄타會談에서 蘇聯을 對 日戰에 참가하게 하는 조건으로 蘇聯이 노일전쟁(露日戰爭) 이전의 利權을 확보한다는 密約을 하여 루즈벨트는 스딸린에게 너무 관대했다는 비판을 받았다. 1965년 그룬월드(Henry Anatole Grunwald, 1922-2005)는 이렇게 썼다.

「루즈벨트는 대소(對蘇) 견제를 위한 영미 연합체 구성을 원하지 않았고, 처칠과 스딸린 사이에 중재역이나 하려는 듯한 태도를 취했다. 공산진영의 폴란드 흡수, 아시아에서의 경제적 · 영토적 양보를 담보로 한 소련의 대일 참전 등 양보들이 빚은 결과가 중국의 공산화이다.」

1次 世界大戰後 윌슨 大統領이 고취한 美國式 민주주의가 주로 유럽에 영향을 미쳤던 傳導的 역할이 2次 世界大戰後에는 소비에뜨民主主義에 의해 주로 아시아에서 영향을 미쳤다.

광복(光復)과 분단(分斷)

• *전범(戰犯, War Criminal) 日帝의 패망(敗亡)*

중국이 근 5백년이상 鮮卑족의 北魏, 글안족의 遼, 몽골족의 元, 만주족의 清 등 異民族의 침입 · 지배를 받은 것이 일본 군국주의자들로 하여금 중국인 괴뢰정권을 통한 정복 · 통치계획추진의 촉진제가 되었다.

정한론(征韓論)을 바탕으로 1880년대 대동합방론(大東合邦論), 1930년대 대동아공영권(大東亞共榮圈)으로 팽창하던 日本의 軍國主義적 帝國主義는 조선병탄(朝鮮併呑)을 기점(起點)으로 아시아 전역에 대한 침략세력으로 성장하여 朝鮮民族의 희생위에 自國의 資本主義化를 촉진시켰고, 帝國主義列强과의 대립과 갈등을 일으키면서 滿洲로, 또한 중국대륙 全土로 침략을 전개, 2차 세계대전까지 몰고 나가 자폭하였다. 조선강점, 중국침략〔1, 2차 山東出兵(1927, 1928), 만주침략(1931 만주사변), 국제연맹 탈퇴(1933)〕, 중일전쟁 도발(1937), 일본 · 독일 · 이탈리아 3국동맹 조인(1940), 태평양전쟁 · 프랑스령 남부 인도차이나 진주(1941), 패망으로 이어지는 일제 군벌사는 역사적 교훈이다.

일본 관동군(關東軍)은 1931년 9월 만주사변(滿洲事變)을 일으켜 푸이(溥儀)를 집정(執政)에 앉히고 1932년 3월 1일 '만주국' 성립을 선언하고 1937년 7월 뻬이징(北京) 교외 루꼬우차오〔蘆溝橋(Marco polo Bridge)〕에서 일으킨 군사행동〔루꼬우차오 사건, 지나(支那)사변〕이 중 · 일 전쟁으로 본격화되면서 왕자오밍〔汪兆銘, 1883-1944〕등의 괴뢰정 수립과 三光作戰으로 약 30만명의 난징대학살(南京大虐殺, 1937.12-1938.1) 등 천2백만명의 중국인을 죽이고 1941년 12월 太平洋 전쟁으로 확대되었다.

1945년 8월 9일 새벽, 1백57만명의 소련군은 동 · 서만 국경을 넘어 만주 침공을 개시, 동부 방면은 琿春남방에서 虎頭에 이르는 국경의 수개 지점, 서부 방면은 滿洲里와 三河부근을 침공선으로 하였는데 虎頭요새 국경수비대 1천4백명 중 생환(生還)한 자는 53명뿐이었고 日人피난민 3백여명도 생환자 10여명을 남긴 채 전멸하였다. 시베리아에 억류된 이들 중 5만 5천명이 기아(飢餓)와 혹한으로 사망하고 소련군은 59만4천4백명을 관동군 포로로 만들었다.

在日 한국인은 1910년대 28,272명, 1920년대 298,091명, 1930년대 961,591명, 1945년 2,365,263명이었는데 1946년 약 4분의 3이 귀국하고 약 65만명이 일본에 남았다. 2002년 말 현재 약 61만명은 1982년 '내외국인 평등' 을 정한 난민조약으로 사회보장 등에서 국적에 따른 차별은 적어졌으나 전후 보상문제나 사회적 차별은 미결인 채 남아 있다.

샌프란시스코 조약으로 일본은 1954년 이후 동남아시아 각국과 한국 등에 배상과 경제협력을 실시하였는데 인도 · 타이완은 일본과의 개별조약으로, 중화인민공화국은 1972년 일중공동성명으로 각각 배상을 방기하였다. 배상과 경제협력은 상대국 정부에 대한 것으로 전쟁 피해를 입은 개인 등에 대하여 행해진 것은 아니었다.

• *2차 世界大戰과 냉전(冷戰, Cold War)구도*

1차 세계대전 후 블럭화한 자본주의 열강과 자본주의 기초가 약한 나치(Nazi) 독일 · 일본 · 이탈리아의 파시즘(fascism) 진영으로 국제대립이 첨예화되었다. 하이덱거(Martin Heidegger, 1889-1976)는 「독일의 혼란뒤 나치스의 출현에서 새시대의 새벽을 보았다」고 나치스를 지지했지만 이탈리아 뭇솔리니(Benito Amilcare Andrea Mussolini, 1883-1945)와 군사동맹을 체결하고(1939.5월) 獨蘇불가침조약으로(1939.8월) 소련의 중립을 확보한 독일은 1939년 9월 1일 폴란드를 침입, 9월 3일 영국, 프랑스가 선전(宣戰)함으로써 2차 세계대전(1939-1945)이 시작되었다.
유럽 軍事化에 왜곡된 民族主義가 加勢한 이 전쟁은 두 개의 중심이 있어, 유럽에서의 영 · 독전쟁(1939.9-1941.6), 독 · 소전쟁(1941.6)과 동아시아 및 태평양에서의 중일전쟁(1937.7), 야마모토 이소로쿠(山本五十六, 1884-1943) 연합함대의 진주만기습으로 인한 태평양전쟁(1941.12)의 단계가 있다. 이들 전쟁은 히틀러(Adolf Hitler, 1889-1945)의 동방제국 건설, 일본의 대동아공영권(大東亞共榮圈) 건설 등 각각 독자적 요인을 안고 전개됐는데 지배적인 성격은 獨 · 伊 · 日 등 추축국(樞軸國 Axis Powers)에 대응한 佛 · 蘇 · 中 등 26개 연합국의 반(反)파시즘 전쟁(1942년 1월 1일, 연합국 共同宣言)이었다.
1944년 6월 6일 연합군의 노르망디 상륙과 드골(DeGaulle) 중심의 저항운동으로 8월 파리가, 가을 소련 전토가 해방되자 동 유럽 동맹제국(同盟諸國)은 잇달아 대독(對獨) 참전으로 방향전환하여 1944년 9월 루마니아가 항복하고 1945년 8월 히로시마(廣島), 나가사키(長崎)에 원자폭탄 투하로 일본이 무조건 항복하여 2차 세계대전은 끝났다.

2차 세계대전 참가국은 연합국 49개국, 추축국 8개국이며, 중립국은 스위스 등 6개국에 불과했다. 동원병력 1억 천만명, 전사자 2천7백만명, 민간인 희생자 2천5백만명으로, 소련은 전사자 1,360만명을 포함하여 사망자 2천만명으로 전 인구의 약 10분의 1, 독일은 전사자 420만명을 포함하여 사망자 650만명으로 전 인구의 약 10분의 1, 일본은 전사자 194만명을 포함하여 사망자 250만명으로 전 인구의 약 40분의 1이었다.
일본 교토 히가시야마(東山) 료젠(靈山)묘역에 明治維新 때 죽은 3천1백여명이, 도쿄의 야스쿠니(靖國) 神社〔1869년 쇼콘사(招魂社)로 출발, 1879년 개칭〕에 明治維新에서 태평양전쟁까지 戰死者 246만여명의 영혼이 合祀되어 있다. 도쿄 유텐지(祐天寺)에는 일제강점기 군인과 군속으로 징용되었다가 숨진 한국인 유골 1395위가 보관되어있는데 2008년부터 2010년까지 423位가 봉환되었다.

연합국은 자본주의국과 사회주의국과의 이해 차이로 일본 · 독일의 처리를 에워싼 양 체제의 대립으로 나아갔다. 사회주의에 대한 신뢰를 높이고 국제적 발언권을 강화한 소련은 동유럽 제국을 '위성국'으로 만듦으로써 전후 세계질서를 냉전의 구도로 이끌었다.

2차 세계대전 후 세계평화의 유지와 인류복지의 향상을 목적으로 1941년 8월 대서양헌장(미 · 영 공동선언), 1942년 연합국 공동선언을 거쳐, 1943년 미국 · 영국 · 소련 · 중국에 의한 '모스크바 선언'에서 원칙이 정해지고, 1944년 8월에서 10월에 걸친 덤버튼오크스(Dumbarton Oaks) 회의, 1945년 2월 얄타(Yalta) 회담, 4월 샌프란시스코(San Francisco) 회의를 거쳐 50개국이 6월 조인을 마치고 10월 24일 29개국이 비준서를 기탁함으로써 국제연합 헌장(The Charter of the United Nations)이 발효하였다.

국제 연합의 개입과 새로운 세계질서에 힘입어 해방운동이 고조되어 알제리 등 아프리카의 40개국, 아시아의 한국, 버마, 말라야, 필리핀, 인도, 파키스탄, 인도네시아가 독립을 얻었다. 패전국은 물론, 전승국 영국 · 프랑스도 식민지를 잃었으며, 프랑스 · 이탈리아에서는 공산당의 힘이 신장되었다.

전쟁범죄인〔뉘른베르크(Nürnberg) 국제군사재판에서 19명(12명 교수형), 도쿄 극동국제군사재판에서 25명〔도조 히데키(東條英機, 1884-1948) · 이타가키 세이시로(板垣征四郎, 1885-1948) · 도이하라 겐지(土肥原賢二, 1883-1948) · 마쓰이 이와네(松井石根, 1878-1948) · 무토 아키라(武藤章, 1892-1948) · 히로타 고키(廣田弘毅, 1878-1948) · 기무라 헤이타로(木村兵太郎, 1888-1948) 등 7명과 고이소 구니아키(小磯國昭, 1880-1950) · 우메즈 요시지로(梅津美治郎) 등 16명에게 각각 교수형과 무기징역이 선고되었다〕을 추구(追咎)하였다.

히로히토(裕仁)에 대하여는 "전쟁 상황을 제대로 보고받지 못했고 수동적으로 끌려갔다"는 견해〔한도 가즈토시(半藤一利, 1930)-/ '쇼와사(昭和史)', 2004〕와 "일본제국의 팽창을 주도했으며 아시아인 · 일본인 · 연합국 사람등 수많은 목숨을 앗아간 침략전쟁을 일으킨 죄를 한 번도 인정하지 않았다. 그는 근대의 군주 가운데 가장 솔직하지 못한 인물 축에 들었다."는 견해〔허버트 빅스(Herbert P. Bix, 1938-)/Hirohito and the Making of Modern Japan, 2000〕가 있다.

최초의 국제재판소는 1899년 헤이그에서 탄생, 1922년 국제연맹 산하 상설 국제사법재판소를 거쳐, 1945년 국제연합 산하 헤이그 국제사법재판소와 2002년 7월 국제형사재판소(ICC · International Criminal Court) 출범으로 전쟁범죄, 침략범죄, 집단 학살, 人道에 반하는 범죄 등 반인류범죄에 대한 국제형사권이 강화되었다. 2006년 현재 국제형사재판소의 조약에 서명한 국가는 138개국, 비준한 국가는 108개국인데 2009년 宋相現(1941-)이 한국인 최초로 재판소장이 되었다.

대한민국은 1991년 북한과 함께 UN에 동시 가입하였는데 한국인 최초로 2002년 이종욱(李鍾郁 1945-2006)이 세계보건기구(WHO) 사무총장으로, 2007년 반기문(潘基文, 1944-)이 8대 UN사무총장이 되었다.

〈光復前夜〉

일제는 중일전쟁(1937) 이후 더욱 악랄한 방법으로 민족운동을 탄압하였는데 수양동우회(修養同友會) · 청구구락부(靑丘俱樂部) · 흥업구락부(興業俱樂部) 사건 등이 그러하였다.

1925년 3월 신흥우(申興雨) · 이상재(李商在) · 구자옥(具滋玉) · 유억겸(俞億兼, 1895-1947) · 이갑성(李甲成) · 박동완(朴東完) · 안재홍(安在鴻) 등 9명이 이승만의 독립노선에 따라 결성한 항일 비밀결사인 흥업구락부는 1937년 청구구락부 윤치호(尹致昊) · 장덕수(張德秀) 등과 함께 1938년 5월 안재홍 등 100여명이 검거되어 52명이 기소되었다.

신규식 · 민필호(閔弼鎬, 1898-1963)의 노력으로 중국 호법정부(護法政府)는 대한민국 임시정부를 승인했는데 광복군과 임정에 대한 중국 정부의 지지와 원조는 1941년 12월의 美日전쟁 발발 이후 본격화되었다. 그 이전의 임정은 미주와 하와이, 멕시코 교포의 인구세 · 애국금 · 혈성금 등에 의존하고 있었다.

1941년 12월 임시정부는 일본에 대하여 선전포고를 하고 광복군은 연합군과 합동작전을 전개하였으며 중국군에 소속되어 있던 한국인 군인과 재미동포의 의용병들도 많은 활약을 하였다.

비행대까지 편성했던 충칭(重慶) '임정' 의 광복군은 張俊河, 윤경빈(尹慶彬, 1919-), 金俊燁 등으로 하여금 미국의 전략사무국(OSS : Office of Strategic Services) 특수 훈련을 받게 하고 국내정진(挺進)작전을 계획하였었다. 대구사범학교 학생들의 궐기(1940), 한국인 학도병들의 평양 사단 탈출기도, 서울 부민관(府民館)에서 열린 '아시아민족분격대회' 폭파(1945. 7) 등은 최후의 순간까지 항일 투쟁을 계속하였음을 보여준다.

1941년 초 간행된 이승만의 '일본 내막기(Japan Inside Out)' 는 '일본인을 자기들의 섬안으로 몰아 낼' 미국의 지도력을 요구하고 미국과 일본의 궁극적 충돌의 불가피성에 대한 확신을 토로하였다.

重慶임시정부의 승인문제가 거론되기 시작한 것은 광복 6개월여전 부터였는데 1945년 6월 5일자 미 국무성이 李承晩에게 보낸 서신에서 「대한민국 임시정부는 한국내의 어느 지역에 대해서도 통치법통을 가진 적도, 한국민의 대표기관으로서 간주될 수도 없다. 광복 후 한국인들이 자유롭게 그들의 정부형태와 지도자들을 선택하는데 방해가 되는 어떠한 편향된 행동을 하지 않는다는 것이 미국정부의 기본방침이다.」하였다.
충칭임정(重慶臨政)은 프랑스와 영국정부에 대해서도 승인을 요청하고 1945년 9월 장제스(蔣介石)는 '미국정부가 대한민국임시정부를 승인한다면 중국도 그렇게 할 용의가 있다' 고 하였으나 미국측의 대답은 '특정 정치집단에 대한 공개적인 지원은 아직 고려될 수 없다' 는 것이었다.

1943년 11월 카이로회담에서 美 · 英 · 中 3大國은 「폭력과 탐욕에 의해 약취한 모든 지역에서 일본세력을 구축(驅逐)한다. 한국인민의 노예상태에 留意하여 적당한 시기(in due course)에 맹세코 한국을 자주독립시킬 決意를 갖는다.」고 선언했다.

한국 문제가 전후(戰後)의 처리대상으로 본격 논의되기 시작한 것은 1943년 3월 헐(Cordell Hull, 1871-1955, 재임 1933-1944) 미국 국무장관과 이든(Sir Robert Anthony Eden, Earl of Avon, 1897-1977) 영국 외상간의 회의에서였는데 프랭클린 루즈벨트는 「타이완(臺灣)과 만주는 중국에 반환시켜야 되며, 한국은 중국과 우리들 자신 그리고 소련도 참가할 信託統治下에 두어야 한다」고 하였다.

장제스(蔣介石)는 "성명문을 마무리하기 전 3국 대표가 토론할 때 영국은 조선독립 문제를 제기하지 않으려 했고 … (중략) 미국 대표의 도움을 얻었기에 원안대로 만들 수 있었다. 처칠은 교활하고 루스벨트는 진지하고 성의에 넘쳤다"고 하였다.

1945년 7월의 포츠담 선언(Potsdam Declaration)은 8條에서 「카이로선언의 조항은 이행될 것이며 또, 일본의 주권은 本州, 北海道, 九州, 四國과 우리가 결정하는 諸 小島嶼에 국한될 것이다」고 했다. 포츠담 선언은 일본에 대한 무조건 항복요구, 한국의 독립확인, 전후(戰後)처리등에 대한 원칙을 담은 선언이었는데 일본은 이 선언을 거부했다.

히로시마 2군 총사령부 교육참모로 있던 이우(李鍝, 1912-1945)公의 王公族付 武官 요시나리 히로시(吉成弘)는 1945년 8월 6일 히로시마 원자폭탄 피폭으로 사망한 李鍝공의 시신을 수습한 후 자결하였다.

「1945년 8월 15일
해방의 날,
서울 장안에 태극기가 물결쳤다.

옥에 갇혔던 이들이
인력거로 츄럭으로 풀려나올 제
종로 인경은 목이 메어 울지를 못했다.」

〈尹石重(1911-2003) / '해방의 날' 〉

동요 '우리의 소원' 은 1947년 안석영〔安夕影, 1901-1950, 본명 석주(碩柱)〕작사, 안병원(安丙元, 1926-) 작곡으로 정부 수립 후 노랫말의 '독립' 을 '통일' 로 바꾸어 초등학교 교과서에 실었다.

「우리의 소원은 통일 꿈에도 소원은 통일
이 정성 다해서 통일 통일을 이루자
이 겨레 살리는 통일 이나라 찾는데 통일
통일이여 어서 오라 통일이여 오라.」

〈分斷과 左右의 대립 - 美軍政 3年(1945. 9-1948. 8)〉

• 分斷과 美 · 蘇軍 진주(進駐)

소련군은 1945년 8월 22일 평양에 진주했고, 미군 24사단은 9월 8일 인천에 상륙, 2일 후 서울에 진주했다. 미국은 북위 38° 선을 잠정적인 것으로 설정한 반면, 소련은 그 북쪽을 소비에트화하려고 했다.

「일본군의 항복을 받는 장소와 시기에 대해 국무성은 중국본토에서 항복받기를 원한 반면 육군성은 군사력을 보유하지 못한 이지역을 책임질 것을 원치 않았다. 우리는 아시아대륙에서 군사력을 어느정도 보유하는 방법, 즉 한반도에 일종의 발판을 두어 상징적 의미를 갖게하는 절충안에 합의했다.」 〈딘 러스크(David Dean Rusk, 1909-1994) 회고록〉

「일본이 급작스럽게 붕괴하자 한반도에 많이 남아 있던 일본군대로부터 항복을 받는 일이 더 급해졌다. 딘 러스크대령이 편리한 38선이라는 행정적 경계선을 고안했다.」

〈애치슨(Dean Gooderham Acheson, 1892-1971, 재임 1949-1953) 회고록〉

「일반명령 1호가 내 결재를 받기 위해 제출되었을 때 38선 이남은 미국, 그 이북은 소련군이 일본의 항복을 수리하도록 되어 있었다. 이에 앞서 소련은 우리측과 더불어 한국이 독립을 얻기 전에 信託統治 단계를 거쳐야 한다는데 대해 의견이 일치되고 있었다.」

〈트루먼(Harry Shippe Truman, 1884-1972, 재임 1945-1953) 회고록〉

좌익은 여운형(呂運亨)이 1944년 8월 창립한 지하 항일조직체인 건국동맹(建國同盟)을 바탕으로 히로히토(裕仁) 日本天皇의 항복조서(降伏詔書)방송과 동시에 朝鮮建國準備委員會〔建準, (委員長 呂運亨, 副委員長 安在鴻 · 張德秀), 후에 左傾化로 우익진영 이탈〕를 만들어 朝鮮人民共和國정부 수립을 준비하고 있었고 우익진영은 重慶臨時政府를 절대 지지한다는 원칙하에 1945년 9월 조선민족당〔(金炳魯(1887-1964), 白寬洙, 趙炳玉, 李仁, 羅容均 등〕과 한국국민당〔白南薰, 金度演, 許政(1896-1988), 장덕수, 尹潽善 등〕이 합작, 韓國民主黨을 結成(首席總務 宋鎭禹)하였다. 韓民黨은 임정봉대(臨政奉戴)원칙과 汎民族勢力의 大同團結을 이룩한 단일정당이었다.

光復 26일만에 美軍이 서울에 進駐하고 軍政이 실시되었다. 太平洋美國陸軍 총사령관 맥아더(Douglas MacArthur, 1880-1964) 大將의 布告(1945.9.7)로 9월 재 조선미육군사령부 군정청(USAMGIK : U.S. Army Military Government in Korea)을 설치하였다.

아널드(Archibald Vincent Arnold, 1901-?)가 군정장관에 임명되고 10월 인사행정처장 鄭一亨(1904-1982), 경무부장 趙炳玉, 사법부장 金炳魯 등 한국인 책임자의 진용도 갖추어졌다. 1945년 11월 1일 현재 미군정청에 등록된 정치단체는 2백 50여개였다.

김성수(金性洙) · 송진우(宋鎭禹) 등 토착세력, 夢陽 여운형 등 사회주의 경향의 세력, 박헌영(朴憲永) 등 재건파 공산주의 그룹, 조만식(曺晩植) 등 기독교 인사를 중심으로 한 민족세력, 김구(金九) · 김규식(金奎植) · 조소앙(趙素昻) 등 임시정부, 김두봉(金枓奉, 호 白淵 , 1889-1958)과 무정(武亭) 등 독립 동맹, 미국에서 주로 활동한 이승만(李承晩)중심

세력과 소련군과 함께 귀국한 김일성(金日成) 세력 등 사이에서 신탁통치안, 좌우 합작, 미군정에의 협조, 토지 개혁, 부일 협력자 처리 등에 이견을 드러내어 정국은 혼미를 거듭하고 38도선은 분계선으로 고정되어 갔다.

1946.2 김성수(위원장) 全用淳, 金東元, 李容卨(1895-1993), 吳泳秀, 송진우, 金用茂, 姜柄順, 尹基益, 여운형, 曺晩植 등 11명으로 군정장관고문위원회를, 軍政廳諮問機關으로 '南朝鮮民主議院' 을 구성(議長 李承晩, 副議長 金九 · 金奎植, 議員 25名)했다.
교육부문 책임자 락카드(E.L Lockard) 大尉는 金性達, 玄相允, 俞億兼, 白樂濬, 金活蘭, 金性洙, 崔奎東 등 73명의 교육계 重鎭들로 '韓國教育審議會' 를 만들어(1945. 12) 홍익인간(弘益人間)을 교육이념으로 설정하고 1945년 8월말 천원(天園) 오천석(吳天錫, 1901-1987)이 제의한 6 · 3 · 3 · 4 학제를 基幹學制로 하는 등 교육의 기본설계를 하였다. 延專(현 延世大)의 이묘묵(李卯默, 1900-1957)은 하지의 통역겸 비서관, 장택상(張澤相, 1893-1969)은 수도경찰청장(1946.9), 安在鴻은 美軍政廳民政長官에 임명(1947.7)되었다. 1946년 1월 국방사령부 아고(Reamer T. Argo)대령의 요청으로 李應俊(李甲의 사위, 1891-1985)과 美육군정보장교 하우스만(James H. Hausman)은 한국의 陸海空 · 해병대, 해양경찰대, 여군등의 창설 산파役을 맡았는데 군사영어학교(1945. 12-1946. 4), 남조선국방경비대(1945.12), 남조선경비대 훈련소(1946.5)등 개편을 거쳐 국방기구가 설치되었다.
태릉조선경비사관학교(1946. 5)가 육군사관학교(1948)로, 손원일(孫元一, 1908-1980)이 세운 진해해군병학교(1946. 1)가 해군사관학교(1949)로, 김포항공사관학교(1949)가 공군사관학교로 되었다.
이어서 남조선 과도입법의원(立法議院)이 개원되고(1946.12), 남조선 과도정부가 들어섰다.(1947.6) 과도입법의원은 의장 金奎植(合委) · 呂運亨(合委) · 呂運弘(社民) · 張建相(社勞) · 金若水(民衆) · 嚴恒燮(韓獨) · 尹琦燮(無所屬) · 洪命熹(儒教) · 金法麟〔범산(梵山), 1899-1964, 佛教〕 · 吳華英(基督教) · 趙琬九(大倧教) · 張勉(가톨릭教) · 邊廣朝(天道教) · 黃信德(女 · 教育界) 등 政治思想을 公平하게 代表하는 관선의원과 민선의원 각 45명으로 구성되었는데 이승만과 그의 지지세력은 소외됐다.

연합군은 38선으로 분할 진주하고 한국문제의 해결에 대하여 몇 달 동안 말이 없다가 12월 하순 모스끄바 3상회의를 열어 연합국합의에 이르렀다. 美 · 英 · 蘇 3大國 外相 협정 후 중국도 이 협정에 가입했다.

「조선에 주재(駐在)한 美 · 蘇 兩國 군사령관은 2주이내에 회담을 개최, 양국의 공동위원회를 설치, 朝鮮臨時民主政府 樹立을 원조한다. 또 美 · 英 · 蘇 · 中 4國에 의한 신탁통치제(Trusteeship)를 실시하는 동시에 朝鮮臨時政府를 수립하게 하여 조선의 장래 독립에 備할 터인바 신탁통치기간은 최고 5年으로 한다. 美 · 蘇 공동위원회는 임시정부와 조선의 각종 민주적 단체와 협력하여 同國의 정치적 · 경제적 발달을 촉진하고 독립에 기여하는 수단을 강구한다.」 〈모스끄바 3國 外相회의 協定文(1945. 12. 28) 6항〉

3相 협정이 발표되자 獨立을 無斷히 천연(遷延)시킨다고 믿어 좌우를 막론하고 전국민이 신탁통치반대 운동을 전개하여 민족적 단합의 계기가 되는 듯하였으나, 1946년 1월, 소련의 사주를 받은 人共 中央人民委員會가 갑자기 찬탁으로 전환함으로써 신탁문제를 둘러싼 좌 우 대립은 민족분열의 계기가 되었다.

'美 · 蘇 공동 위원회'는 15회의 예비회담(1946. 1. 16-2. 5) 후 兩軍司令官〔美 아널드(A.V. Arnold), 蘇 슈띠꼬프(Terentii Fomish Shtykov, 1907-1964)〕 주재하에 7차례 회의(1946년 3월 20일~5월 8일) 결과 양측의 이견으로 5월 21일 결렬되었다.
李承晩의 人共 主席 거부와 '초당파(超黨派) 총단결(總團結)' 주장에 따라 獨立促成中央協議會의 결성을 본 후 獨促(李承晩系)과 反託 국민총동원 중앙위원회(臨政系)의 합동으로 1946년 2월 '大韓獨立促成國民會' (獨促)가 結成(總裁 李承晩, 副總裁 金九)되었는데 이상주의적 혁명가 金九와 현실적 정치가 李承晩이 합작하기를 원하지 않았다.

「서울의 정치현상에서 가장 고무적인 사실은 보수세력의 존재이고 무시할 수 없는 세력은 공산세력이다. 소련의 첩자들이 그들의 정치이념을 확산시키고 있으며 서울에서 벌어지는 각종 데모는 공산주의자들의 선동에 의한 것이 많다.」

〈군정청 정치 고문 베닝호프(Merrell H. Benninghoff)〉

1946년 6월 하지(John Rheed Hodge, 1893-1963) 중장은 공산당의 조선정판사(朝鮮精版社) 위폐사건(僞幣事件)을 계기로 극좌세력을 탄압하고 이승만 등을 소외시킨 가운데 金奎植과 呂運亨을 각각 대표로 한 좌우합작세력으로 하여금 美군정을 뒷 받침하고, 한국정치의 '바톤'을 넘겨 줄 계획을 했었다. 그러나 이들이 한국국민 속에 박은 뿌리가 미약했기 때문에 이 계획은 주효(奏效)하지 못했다.

미국무성 점령지역담당 차관보 힐드링(John R. Hildring)은 「그동안 우리가 김구를 지도자로 선택했던 것은 적을 동지로 알고 지지해 온 것이나 다름이 없으며, 그를 계속 지지할 경우 장차 미국의 입장은 더욱 어렵게 될 것이다.」하였다. 美군정청 하지 중장의 정치적 無定見과 좌익에 대한 미온적인 태도는 우익의 리더 李承晩의 견해와 가끔 날카롭게 충돌했다. 李承晩은 처음부터 공산당과 합작하여 통일정부를 세우는 것이 불가능하다고 단정했던 대표적인 반공정치가였다. 뒷날 웨더마이어가 訪韓했을 때 하지는 말했다.
「나는 당시로서는 정당의 연합 추진을 유일하게 할수 있고 난동을 일삼는 공산주의자를 꼼짝 못하게 할 수 있는 사람은 李承晩뿐이라고 믿었다. 이승만은 중도인사들에게까지 자기에게 동조를 하지 않으면 침을 뱉고 싸움을 벌이면서 공산주의자로 몰아 댔다. 그 결과 많은 사람들을 공산세력에 뺏겼다.」

핸더슨(Gregory Henderson, 1922-1988)은 「아마도 하지는 수송(輸送)시간이 없다는 이유 하나만으로 약 2천만명의 인구를 갖고 있는 나라의 정치권력을 행사하도록 선발된 사상 최초의 사나이였을 것이다.」 (KOREA, THE POLITICS OF THE VORTEX)하였다.

「한국인들은 시간이 감에 따라 미군정, 미국의 한국에서의 목표, 그리고 미국 자체에 대하여 더욱 적대적인 태도를 취하게 되었다」

〈한국문제특별위원회(Special Interdepartmental Committee on Korea) 보고서 초안 1947. 2. 25〉

軍政下 혼란은 극한 정치상황 때문에 좌우익 사이에 테러가 성행했다. 金九, 宋鎭禹, 한민당 정치부장 장덕수(張德秀), 夢陽 呂運亨 등 정치지도자들이 테러를 당해 살해되었다.

• *한국의 전략적가치 논란*

다음은 한국의 전략적 가치여부를 놓고 벌인 미국정부내 논란이다.

「…소련봉쇄정책을 수행하는 과정에 있어서 한국이 불가결한 존재이고, 우리의 방위적(또는 공격적) 보루로써 지켜져야 한다면, 모스끄바협정을 신속히 품위있게 폐기하고, 남한을 발전시키기 위한 노력을 적극 추진해야 할 것이다. 반면에 한국은 우리의 방위(또는 공격)에 그리 중요치 않은 곳이거나, 다른 방도를 취할 수 있다거나, 다른 보루를 장악하는 것이 더욱 중요하다고 생각한다면 '소련과 화해하고' 한국으로부터 가급적 빠른 시일 내에 품위있게 철수해야 한다.」

〈하지의 정치고문 조셉 제이콥스(Joseph E. Jacobs) 전문보고 1947.9.19〉

「그 나라에서 참다운 평화와 자유민주주의적인 발전을 기대할 수는 없다. 앞으로 그 나라의 정치는 정치적 미성숙, (상대방에 대한) 불관용성과 폭력에 의해 움직이게 될 것이다. 그 나라는 우리나라에게 전략적으로 결정적인 중요성을 지니고 있는 곳(Strong point defense)이 아니므로, 우리가 할 일은 위신을 과히 손실하지 않으면서 빠져나오는 것이다」

〈케넌(George Frost Kennan, 1904-2005) / '세계정세개요', 1947.11.6〉

국무성과는 별도로 아시아통 웨드마이어(Albert Coady Wedemeyer, 1897-1989) 중장의 권고는 한국에서의 전면철수론이 우세했던 당시에 매우 큰 영향을 미쳤다.

「한미수호조약에서 카이로, 얄타회담과, 모스끄바협정에 이르기까지, 미국의 과오가 한국인의 불신을 산 근원이었다. 이승만과 김구가 미국의 정책수행에 큰 장애가 되어 온 것은 사실이지만 그들의 조직체는 '가장 잘 조직된 정당'이고, 현재 여건에서는 그들이 어떤 형태의 선거에서도 주도권을 잡게 될 것이다. 미군을 철수하면 소련군이나 북한군에 의하여 남한은 적화(赤化)되고, 한반도는 소련의 위성국으로 전락하고 말 것이다. 어느 경우에도 한국을 포기해서는 안될 것이다.」 〈웨드마이어 보고서〉

「한국이 미국에 있어 중요한 점은, 이 전략적 위치에 자리 잡고 있는 한반도가 소련의 지배 하에 들어갈 경우 태평양 방면의 미국안보가 위협을 받게 되기 때문이다… 소련지배하의 통일한국이 생겨나게 된다면 이것은 미국의 중대한 정치적 패배가 될 것이다.」

〈CIG / '미국의 安保에 대한 전략적 고려 (The Situation in Korea)' 1947〉

'트루먼 行政府의 極東外交政策上 致命적 과오는 中國共産主義者의 본질과 목적을 이해하지 못하고, 國民政府와의 聯立政府 수립강요에 따른 軍事 및 經濟援助를 하지 않아 中國大陸을 共産主義者에게 넘기는 결과가 되고 만 것이다.' 라는 견해도 있다.

사상(史上) 최초의 자유민주국(自由民主國) 건국

〈UN 감시하 南韓만의 총선(總選)〉

이승만(李承晩)은 환국 이튿날(1945년 10월 17일) '뭉치면 살고 헤어지면 죽는다' 를, 12월 17일 '공산당에 대한 나의 입장' 을 각각 중앙방송국을 통해 밝히고 「지금 이 문제를 우리 손으로 해결하지 못하면 종시(終是)는 나라가 두 절분(切分)으로 나누어 져서 동족상쟁(同族相爭)의 화를 면치 못할 것이다.」하였다.

右側代表(金奎植 · 元世勳 · 安在鴻 · 崔東旿 · 金朋濬)와 左側代表(呂運亨 · 成周寔 · 鄭魯湜 · 李康國(1906-1955)) 간 좌우합작이 좌초되고 美蘇공동위원회가 한국문제를 해결하기 어려우리란 판단에서 李承晩은 1946. 6. .3 井邑에서 남한만의 單政수립을 주장하였다

임시정부 출신의 다수는 김구를 중심으로 단정 수립에 반대하는 노선을 취하였다.

1946년 12월 渡美한 李承晩은 다음해 4월까지 자신의 입장을 美國 측에 설득시키는 데 진력하였는데, 美 국무부 힐드링(John R. Hildring) 차관보가 은퇴 후 로버트 올리버(Robert Tarbell Oliver, 1909-2000)에게 보낸 편지에 다음 내용이 있다.
「李承晩박사와 올리버, 임병직(林炳稷, 1893-1976)씨의 노력으로 미국은 신탁통치가 잘못이었다는 것을 받아 들이게 됐다. 이 박사는 미국정부 관리들이 사태를 올바로 파악하고 태도를 바꿔 한국의 족쇄(足鎖)를 제거해 줄 것이라는 신념으로 미국이 소련과 함께 택한 편리한 길을 버리도록 노력했으며 결국 이박사는 미국을 누르고 승리했다.」
미국은 1947년 3월 12일 트루먼 독트린(Truman Doctrine)을 발표, 공산주의에 단호히 맞설것을 다짐하고 2차 미소공동위원회(1947년 5월21일-10월 18일)가 결렬되자 남한에 민주주의 단독정부를 세우는 쪽으로 방향을 잡았다.

미국은 1947년 8월 26일 한국문제를 토의를 위한 4강회의와 남북 총선거를 제안하는 서한을 소련에 보내고, 9월4일 소련측이 이를 거절하자, 9월17일 한국문제를 유엔 총회에 회부했다. 몰로토프(Vyacheslav Mikhailovich Molotov) 소련 外相은 한국 주둔 美蘇 군대를 1948년초 동시에 철수하고 한국민으로 하여금 자신의 정부를 조직하게 하자고 마샬(George Catlett Marshall, 1880-1959) 국무장관(재임 1947-1949에게 제안하였는데, 10월 18일字 각서로 미국은 「한국으로부터의 주둔군철수문제는 통일독립 한국정부를 수립하는 문제 해석의 不可分의 일부로서 취급되어야 한다」고 통고하였다.

1947년 11월 14일 유엔 총회는 한국독립의 절차를 규정하는 미국의 결의안을 가결(57개국 중 可43, 否0, 기권6, 결석8)했다.

- 유엔 총회는 한국국민의 시급하고 정당한 독립요구를 인정하고 선거의 공정을 감시하기 위하여 유엔임시한국위원단을 설치한다.
- 同위원단의 감시하에 비밀투표로 인구비례의 총선거를 실시하여 정부를 수립한다.

맥아더 사령관을 만나는 이승만 대통령 (1948. 도쿄)

미소 공동위원회, 미국 대표 하지 중장(왼쪽)과 소련 대표 스티코프 중장(오른쪽)

한미상호방위조약 가조인 (卞榮泰와 델레스, 1953. 8.8)

헌법기초위원들 (1948년 7월)

'부정선거 다시 하라' 대학생들의 데모 (1960. 4. 19)

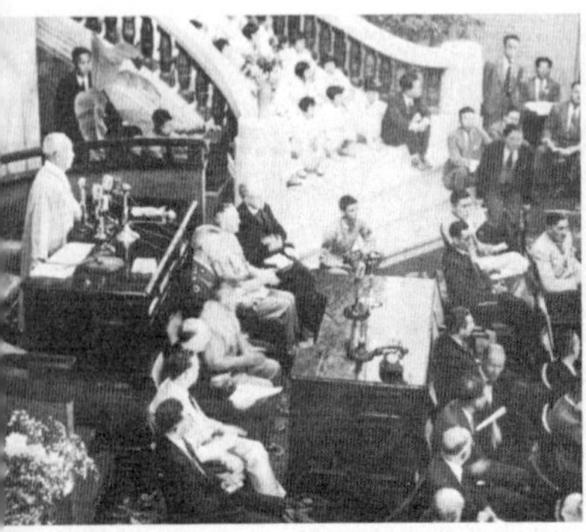

제헌의회 개원식 (1948. 5. 31)

張勉 총리(오른쪽)와 尹潽善 대통령(1960년 8월 19일)

5 · 16 군사혁명의 수뇌부 박정희 소장

대한민국 정부 수립 (1948. 8. 15)

Kim Jong Il and Kim Dae Jung meet in Pyongyang for first intra-Korean summit (2000. 6)

남북한 유엔 동시

- 수립된 정부는 同委員團과 협의하에, 國防軍을 조직하고 남북의 軍 사령부 및 民間當局으로부터 정부의 諸 機能을 인수하며 점령군은 가급적 속히 가능하면 9일 이내에 완전 철수하도록 점령국가와 협의한다.

이 결의에 따라 설치된 유엔임시한국위원단〔UNTCOK, UN Temporary Commission on Korea, 議長 메논(Krishna Menon, 1897-1974)〕은 1948년 1월12일 서울에서 최초의 회합을 가졌으나 入北을 거절당한 위원단은 유엔小總會와 협의, 小總會는 1948년 2월26일 '유엔임시한국위원단'은 전 한국을 통한 선거의 감시에 임해야 하며 그것이 불가능한 경우 위원단이 접근가능한 한국의 지역에서 선거감시에 임해야 한다」고 결의했다.

이리하여 38선 이남에서만 유엔 감시하의 총선을 실시, 5월10일 선거인등록율 86%, 투표율 95.5%로 9백38명의 입후보자 중 1백98명이 당선되었다.

입후보 소속	입후보자 수	당선자 수
무소속	366	85
대한독립促成國民會	247	55
한국민주당	100	28
大同청년단	90	12
民族청년단	22	6
대한노총	22	2
기 타	91	10

〈大韓民國 수립〉

5월31일 제헌국회가 소집되었다. 의장에는 임시의장 이승만이 188표라는 압도적 다수로 선출되었고, 부의장에는 76표를 얻은 신익희와 77표를 얻은 김동원(金東元)을 뽑았다. 6월12일 제헌국회는 북한동포가 국회에 보낼 대의원 선출을 위한 자유선거를 실시하고 同대의원들의 南韓대의원과의 합류를 호소하는 결의문을 채택했다.

국회는 6월 1일 헌법 제정 전형위원으로 이윤영(李允榮 서울), 신익희(申翼熙 경기), 최규옥(崔圭鈺, 1901- 강원), 이종린(李鍾麟, 1883-1950 충남), 류홍열(柳鴻烈 충북), 김장열(金長烈, 1897-? 전남), 윤석구(尹錫龜, 1892-1950 전북), 허정(許政 경남), 서상일(徐相日, 경북), 오용국(吳龍國, 1904-? 제주) 의원 등을 선출하였다.
전형위원들은 헌법기초위원으로 조봉암(曺奉岩, 1898-1959), 이청천(李靑天), 이훈구(李勳求, 1896-1961), 백관수(白寬洙), 김준연(金俊淵), 허정(許政) 등 30명의 의원을 뽑았으며, 전문위원(專門委員)으로 유진오(俞鎭午, 호 玄民), 고병국(高秉國, 1909-1976), 노진설(盧鎭卨, 1900-1968)등 10명이 위촉되었다.

헌법기초위원회는 6월 7일 새 독립국가의 국호(國號)를 대한민국 17, 고려공화국 7, 조선공화국 2, 한국 1의 표결 결과에 따라 대한민국으로 결정하였다.

기초위원회에서 확정됐던 내각책임제 헌법기초안(憲法起草案)이 대통령중심제로 바뀌게 된 데 대해 허정(許政)은 설명하였다.

「내각책임제와 대통령책임제를 둘러싼 의견조정에서 큰 역할을 한 사람은 한민당 수석총무 김성수였다. 당시의 정세로서는 이 박사의 집권은 불가피한 사정이었다. 이 박사를 제외하고는 건국 초의 막중하고 다난한 국사를 강력하게 수행하지 못한다는 정치가와 국민의 공통된 의견이 제헌작업의 방향 전환의 배경이었다.」 〈'내일을 위한 증언'〉

국호는 대한민국, 정부형태는 대통령중심제, 국회는 단원제, 농지개혁과의 의무교육실시 등을 골자로 하는 대한민국헌법이 7월17일 공포되고 1948년 8월15일 헌법절차에 따라 대한민국정부가 정식으로 수립되었다.

국회는 7월20일 1백98명 중 1백80표를 얻은 李承晩을 初代 대통령으로 선출했다.(김구 13표, 안재홍 2표, 서재필 1표) 副統領선거는 李始榮 1백13표, 金九 65표에 曺晩植, 吳世昌 등 散票가 나와 2차투표결과 省齋 李始榮이 1백33표로 선출되었다(金九 62표, 李龜洙 1, 무효 1).

李의장이 대통령이 되자 申부의장이 의장이 되고 1948년 8월 16일부터 정권이양 업무가 진행되어, 8월 24일 과도기의 잠정적 군사안전에 관한 행정협정 체결로 주한 미군의 계속 주둔이 결정되고 9월 11일 '한미 재산 및 행정에 관한 최초 협정' 조인으로 미군정청의 재산과 부채가 정부에 이양되었다.

1948년 12월12일 파리 샤이요 궁(Palais de Chaillot)에서 열린 3차 유엔 총회는 결의문을 채택하고(可48, 否6, 기권1, 缺席3) "한국의 통일이 아직 성취되지 않았다는 사실에 유의하면서, 유엔임시한국위원단이 감시하고 협의할 수 있었으며, 또한 한국국민의 대다수가 거주하고 있는 한국지역에 효과적인 통치와 관할권을 갖는 합법 정부가 수립되었으며, 그것은 한국 내의 여사(如斯)한 유일한 합법 정부"임을 선언하였다.

이 결의문은 또한 점령군이 가능한 한 조속히 철수해야 하며 기왕의 임시위원단과 대체로 동일한 범위의 항구적인 유엔 한국위원단을 설치할 것을 권고 했다.

유엔 총회 수석대표 장면(張勉, 1899-1966)은 안젤로 주세페 롱칼리〔Angelo Giuseppe Roncalli, 훗날 교황 요한(Johannes) 23세, 在位 1958-1963〕 프랑스 주재 교황대사와 바티칸 국무원장 조반니 바티스타 몬티니(Giovanni Battista Montini) 추기경〔훗날 교황 바오로(Paulus) 6세, 在位 1963-1978〕을 만나 유엔 승인을 이끌어 내는 데 기여했다.

1948년 9월 5일 국방경비대를 육군, 해안경비대를 해군으로 개편하고 1949년 4월 해병대, 10월 공군을 창설하였다.

11월 20일 국회는 국가보안법을 통과시켜, 공산당 및 그 동조자들의 활동을 불법화하고 한국이 자신의 방위 태세가 완료될 때까지 미군의 철수연기를 요구하는 결의를 하였다.

1948년 12월10일 韓美 간에 경제원조협정이 체결되어 첫 18개월 미국은 1억8백80만 달러의 對韓원조를 제공했다.

정부가 수립된지 2개월이 지난 10월 여수, 순천地區에서 국군속에 잠입했던 공산분자들(14연대)이 반란을 일으켰는데 민간인 439명이 집단학살되었다.

1948년 12월 12일 유엔 총회결의가 점령군의 조속철수를 촉구하고 있었으므로 신생 한국의 군사적 불안을 외면한 채 1949년 6월말까지 4백98명의 美軍事 고문단(顧問團)을 남겨두고 주한 미군을 완전히 철수시켰다.

1949년 5월 李大統領은 美軍 철수(撤收)에 즈음하여 韓國軍 보유 軍需物資는 3일분밖에 되지 않음을 경고(警告)하고, 軍事援助를 美 政府에 요청했으나 실패하였다.

북한은 1948년 2월 8일 '朝鮮人民軍'을 창설하고 소련군의 후원을 얻어 병력을 증강시켜 왔으므로 1948年末에는 남북한에 심한 군사력 불균형이 조성되었다.

6.25동란 직전 북한의 병력은 步兵 10개 사단, 戰車 1개 여단, 飛行隊 1개 사단에 이르고 대한민국 병력은 8개 사단에 지나지 않았는데 陸軍은 1대의 戰車도 없었고 空軍은 1대의 전투기(戰鬪機)도 갖고 있지 못하였다.

남북 군사력 차이(1950년 6월)

	한 국	북한
병력	103,534명 (육군 94,373명, 해군 7,263명 공군 1,898명)	188,326명 (육군 175,200명, 해군 10,297명, 공군 2,829명)
대형화포	곡사포 91문, 박격포 960문, 대전차포 160문	곡사포 552문, 박격포 1728문, 대전차포 550문
전투차량	장갑차 24대	전차 258대, 장갑차 59대
전투기 등	연습기 22대	211대(전투기 172대)
함정	71척 (소해정 28척, 수송선 43척)	4개함대 (경비함 30척, 보조함 80척)

일관된 對共强硬主義에 의한 韓國武力統一案, 太平洋同盟案 등 李大統領의 주장과 정책은 트루만 行政府의 對아시아政策과 상충(相衝)하였고 또 위험시(危險視)당했다.

미 군사고문단을 주축으로 설치된 PMAG(Provisional Military Advisory Group)는 1949년 KMAG(The United States Military Advisory Group to the Requblic of Korea)로 바뀌고 다시 JUSMAG(Joint U.S Military Assistant Group)로 바뀌었다.

농가경제의 자립 · 농업생산력의 증진 · 농민생활의 향상을 꾀하기 위하여 농지개혁법(1949. 6)과 시행령(1950. 3)을 공포하여 소유자가 직접 경작하지 않는 토지에 한해서 정부가 5년 연부 조건으로 하는 유상몰수 · 유상분배와 소유 한도는 3정보로 제한하는 것을 골자로 하는 농지개혁을 했는데 일반 수매 농지가 75만 5000ha, 적산농지 26만 9000ha로, 총면적은 102만 4000ha였다.

左翼政權의 태동(胎動)

〈朝鮮민주주의인민공화국 수립〉

1945년 9월 4일 여운형(呂運亨), 박헌영(朴憲永, 1900-1955), 허헌(許憲), 정백(鄭栢, 1899-1950)의 4者회담에서 '人民共和國의 창건' 문제가 논의되었다.

人共은 '외래세력과 반동세력에 대한 철저한 투쟁'을 강조하고 '日帝와 민족반역자의 토지와 광산, 철도, 항만, 공장등 주요 산업시설의 국유화' 등을 제시했다. 이틀 뒤 建準내 공산주의자들은 전국인민대표자대회를 열고 인민위원 55명, 후보위원 20명, 고문 12명을 선출했다. 國號와 관련, '조선공화국'을 주장하는 건맹(建盟)系와 '조선인민공화국'을 내세우는 공산계와의 이견이 있었으나 후자로 낙착됐다.
人共의 인적구성에 李承晩, 金九, 金奎植, 金性洙, 吳世昌, 權東鎭, 金昌淑 등 민족진영이 들어 있었으나 중앙위원중 72%인 38명, 후보위원 20명중 15명이 공산당원으로 人共조각(組閣)명단까지 발표하면서 기선(機先)을 제하려고 했다.

스딸린은 치스차코프(Ivan M. Chistiakov) 大將 주둔하의 북한에 공산주의 사회제도를 이식(移植)하고, 공산혁명기지로 삼고자 1945년 9월 북한에 독자적인 정권을 세우라는 비밀지령을 1극동군 사령관 바실레프스키(Alexandr M. Vasilevskii)에 내려 10월 북조선 5도 인민위원회 대표자 평양대회가 소집되고 이북 5도 행정위원회와 10개 행정국이 창설되었다. 김일성과 동료 유격대 간부들은 소련군 88여단 요원으로 1945년 9월 19일 북한에 들어왔다.
스딸린은 1946년 2월 소련軍 少佐이며 중국 공산당원인 金日成(本名 金成柱, 1912-1994)을 중심으로 北朝鮮臨時人民委員會(위원장 金日成, 부위원장 金枓奉, 1947년 3월 북조선인민위원회로 개칭)를 조직, 북한사회를 공산화하기 위한 일련의 작업을 추진시켰다. 1946년 2월 5일 平南人民政治위원회 확대대회〔1945년 8월 17일 결성한 平南建國準備委員會(위원장 曺晩植)의 개칭〕에서 曺晩植과 정면충돌한 소련軍政당국은 그를 연금하였다.
「古堂은 봄 바람처럼 부드럽고 인자한 성격과 독특한 유모어와 기지(機智)와 가끔 화산처럼 폭발하는 웅변으로써 설복(說服)했고 질정(叱正)했고, 또 잘못을 용서하고 포섭(包攝)했다.」
〈朴南秀 / '세상을 앓던 사람'〉

左翼陣營은 1946년 2월 15일 공산당을 중심으로 29개 정당 사회단체가 모여 民主主義民族戰線(약칭 民戰)을 결성하였는데 (의장 여운형 · 허헌 · 박헌영 · 김원봉 · 백남운, , 상임위원 73명, 중앙위원 305명) 1949년 6월 25일 北朝鮮民戰과 통합되어 祖國統一民主主義戰線(약칭 祖統)으로 탈바꿈되었다.

1946년 8월 北朝鮮 노동당, 11월 左翼三黨〔朴憲永의 조선공산당, 呂運亨의 조선인민당, 白南雲의 남조선신민당〕合黨으로 南朝鮮노동당을 결성하고(1949년 6월 조선노동당으로 출범), 현준혁(玄俊爀, 1906-1945) 등 국내파를 거세한 후 1948년 8월25일 선거구마다 공산당이 추천한 단 한 명의 입후보자에게 투표하는 선거를 실시하여 북한대의원 212명, 남한대의원 360명으로 최고인민회의를 구성하고 최용달(崔庸達, 1904-1953)이 기초한 임시헌법 초안에 따라 9월 9일 朝鮮民主主義人民共和國의 수립〔수상 金日成, 부수상 朴憲永, 洪命熹, 金策(1903-1951), 최고인민회의 상임위원장 金枓奉〕을 선포하였다.

「북한정권은 점령군의 정부로부터 단순히 권력을 이양받아 통치하고 있다. 同 정권은 公明正大한 국제기관의 감시 하에 국민들에게 자유분위기 속에서 同정권의 통치권 요구에 대한 의견표시를 할 수 있는 기회를 부여코자 한 적이 없다.」

〈1949년 유엔 임시한국위원단〉

남한에 대한민국이 수립되고 북한에 조선민주주의인민공화국이 수립되는 동안 하나의 정치적인 막간극이 있었다.

金九의 남북협상제의(1948.2)로 單選單政을 반대하는 金九, 金奎植, 趙素昻, 장건상(張建相, 1888-1974) 등이 평양 '남북조선 정당사회단체 대표연석회의'에 참가하고 돌아왔다.(1948. 4) 남북한 56개 정당 및 사회단체 대표 6백95명이 참석한 회의는 공산측의 일방적인 주장에 따라 진행되고 외국군의 동시철수, 全 조선정치회의를 소집하는 즉시로 조선민주주의 임시정부를 수립, 선거로서 통일적 입법기관을 만든다는 등의 성명(1948. 4. 30)을 채택하였다.

이극로(李克魯) · 이병기(李秉岐) · 손진태(孫晋泰) · 유진오(俞鎭午) · 정구영(鄭求暎) · 조동필(趙東弼) · 설의식(薛義植) · 고승제(高承濟) · 이관구(李寬求) · 김기림(金起林) · 최문환(崔文煥) · 박용구(朴容九) · 김계숙(金桂淑) · 김성진(金晟鎭) · 염상섭(廉尙燮) · 고병국(高秉國) · 나세진(羅世振) · 정지용(鄭芝鎔) · 차미리사(車美理士) · 박계주(朴啓周) · 송석하(宋錫夏) · 정인승(鄭寅承) · 박태원(朴泰遠) · 최호진(崔虎鎭) 등 文化人 108명은 남북회담지지 성명을 발표하였다.

5월 5일 여현(礪峴)을 거쳐 서울로 돌아온 金九, 金奎植, 金昌淑, 趙素昻, 曺成煥, 趙琬九, 洪命熹는 7인공동성명으로 총선거 불참 표명을 하였다. 南韓만의 선거에 반대하여 越北했던 협상파의 행동은 결과적으로 공산당이 단독정권을 만드는 구실을 제공했다.

1948년 4월 3일 김달삼(金達三) · 이호제(李昊濟) 등 남로당 제주도 당부의 수괴들이 북로당과 연락 아래 총선거를 방해할 목적으로 제주도에서 무장봉기를 일으켜 남로당원 1567명 포함 1만3564명이 희생되었다.

李承燁, 趙一明(1903-1955), 林和(1908-1953), 李康國, 朴勝源(1913-?), 裵哲(1912-?), 白亨福, 趙鏞福, 薛貞植(1912-1953), 孟宗鎬(1911-?) 등은 1953년 8월 速決재판에서, 朴憲永은 1955년 12월 재판에서 간첩 · 테러학살 · 정권전복 죄명으로 사형을 선고받았다.

STARS PACIFIC AND STRIPES EXTRA!

KOREA AT WAR

Northern Government Declares State of Hostilities; 60,000 Red Troops Attack Along 200-Mile Front; Rhee Telephones Appeal for U.S. Help to Tokyo

Airliner Missing With 58 Aboard

U.S. To Hold Russia Responsible for War

Accord Periled By Aggression, Sebald Asserts

Smuggling Ring Broken by U.S.

9 from Ditched B-29 Picked Up in Pacific

SCAP Rejects Purge Protest

TOKYO (INS)—The long-feared civil war in Korea began with bloody fighting Sunday morning.

The Communist troops of the north hit the 38th parallel with tremendous power at 5 a.m.

Six hours later, at 11 a.m., the Pyongyang Radio announced

태평양지역 미군 기관지 Stars and Stripes 호외 (INS를 인용, 전쟁발발 보도1950.6.25)

유엔 참전 16개국

A seesaw war (U.S.NEWS & WORLD REPORT)

UN 안보리 한국 참전 표결 순간 (1950. 6.25)

Mao and Stalin in 1950

학생들도 총을 들고 전선으로

Kim Il Sung sings the armistice

대동강 철교 위의 피난민/막스 데스퍼(Max Desfor)

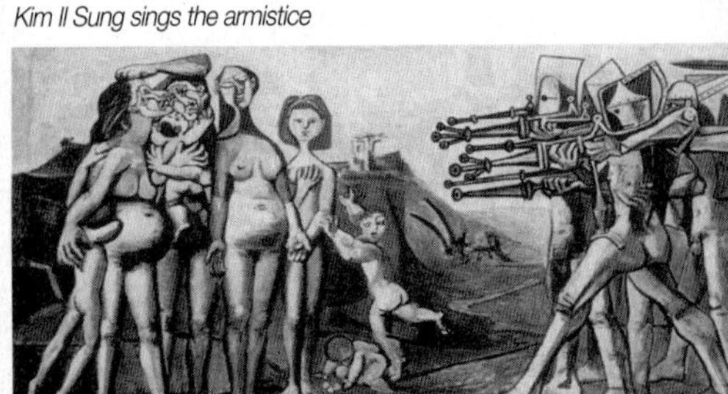

Picasso' s Massacre in Korea, 1951

〈蘇軍政下 월남(越南)〉

소련군정 3년 동안 북한에서 일어난 '反蘇反共' 투쟁은 토지를 빼앗고 교회와 성당을 봉쇄하고 공출(供出)을 강요하며 강제 노동으로 끌어가는데 대한 집단적 반항이었다.

북한 인민위원회는 소련점령군 軍糧米 조달을 위해 식량징발(食糧徵發)을 하게 되어 민생고는 加重되었다. 소련으로 반출해 간 양곡은 1945년 224만 섬, 이듬해에는 290만섬이 되었고 수천명의 아사자(餓死者)가 생겼다. 金과 철광석등도 소련에 반출돼 갔다.

인민위원회가 생긴지 半年도 안되어 공산당은 민주개혁이라는 미명아래 토지개혁, 중요산업 국유화, 농업현물세제, 생산돌격운동, 건국사상 총동원운동, 애국미 헌납운동 등을 벌였다. 공산주의자들의 테러는 날로 심해지고, '건국사상 총 동원운동' 이 몰고 온 숙청으로 북한 주민은 日帝말기보다 더 곤난한 생활을 감내(堪耐)해야 했으며 '思想鬪爭' 이라는 정신적 학대로 二重의 곤욕(困辱)을 당했다.

1945년 11월 23일 3,500명의 신의주 학생 반공궐기(사상자 50여명)와 이듬해 3월 13일 함흥 학생 반공의거는 소련군의 만행과 북한의 탄압을 규탄하여 일어난 시위였다.

남북분단의 38線은 금단(禁斷)의 장벽으로 굳어져 자유대한을 찾아 남하하려는 북한동포들의 발 걸음을 막는 저지선(沮止線)이 되었다.

광복이후 1949년 8월 25일까지 南下한 인원은 328만3천명이었으며 6 · 25직전까지는 350만 명에 달했던 것으로 추정된다.(1952年 2月, '소련군정의 始末').
共産主義의 實體를 모르는 남한국민에게 350萬 월남동포(越南同胞)의 체험은 산 교훈이 되었다.

6 · 25때 남하한 피난민은 88만 9,130명(嶺南日報社 1954년감)이다. 공산 학정을 체험한 越南者들은 西北靑年會를, 학생들은 以北학생 총연맹을 각각 조직하여 對共투쟁에 앞장서고 많은 청년들이 입대하여 國軍의 주역들이 되기도 하였다.

자유세계와 공산주의의 격돌 - 6·25 동란(動亂)(한국전쟁 1950. 6-1953. 7)

2차 세계대전 뒤 미국과 서 유럽을 한편으로 하고 소련과 동 유럽을 한편으로 한 두 진영은 이념투쟁, 우주경쟁, 군비경쟁으로 공포의 균형을 맞추는 냉전시대에 돌입하였는데 1950년 북한이 소련·중공의 지원을 얻어 한국을 침공하자 미국은 소련 공산주의의 팽창(膨脹)으로 간주, 유엔참전국과 함께 한국을 지원했다. 한국전쟁 후 미국과 소련의 갈등은 유럽을 넘어 아시아를 비롯한 다른 세계에까지 파급되었다.

분단을 무력으로 해결하려면 이 전쟁을 북한은 '조국해방전쟁'이라 하였다. 전쟁과정은 북한군의 공세(1950. 6. 25-9. 15)·UN군의 공세(1950. 9. 15-1951. 1)·중공 참전에 따른 진지전(1951. 1-1951. 7)·휴전회담으로 인한 소강(1951. 7-1953. 7)의 각단계로 전개되었다.

〈北韓의 南侵〉

미·소군 점령기 38선상 소규모 충돌은 남과 북에 각각 정부가 수립된 이후에도 지속되어 1949년 1월부터 1950년 6월까지 총 858건에 이르렀다.

1949년 겨울, 북한의 南侵을 고무해 주는 사건이 미국에서 둘 생겨났다. 미국하원이 對韓경제원조법안을 부결한 것(후일 가결)과 상원외교위원장 코널리(Thomas T. Connally, 1877-1963)가 미국은 한국의 방위를 위해 독자적으로 행동할 의무가 없다고 역설한 것이다. 애치슨 미 국무장관이 1950년 1월 12일 미국의 극동 방위선을 필리핀-오키나와-일본-알류산(Aleutian) 열도-알래스카로 규정한 '애치슨 라인(Acheson Line)'을 발표, 한국과 타이완이 미국의 태평양방위선에서 제외된다고 선언하였다.

1950년 6월 17일 미 대통령 고문 덜레스(John Foster Dulles, 1888-1959)가 38선을 시찰 했는데 그는 며칠뒤의 북한의 남침을 전혀 눈치채지 못했다.

1950년 6월 25일 새벽 4시경 북한 인민군 7개 보병사단, 1개 기갑사단, 특수독립연대 등 병력 11만 천여명은 소련제 T-34 탱크 등을 앞세워 38선을 넘어 한국에 대한 전면공격을 개시했다. 최용건이 이끄는 7개 사단의 북한군은 남한군 4개 사단을 손쉽게 압도했다.

'타임' 지가 "비드빗즈헤네츠[Vydvizhenets '별 볼일없는 인물이 어쩌다가 주위의 상황 때문에 높은 자리로 밀려 올라간 사람']"라고 評한 흐루시초프(Nikita Sergeyevich Khrushchyov, 1894-1971, 재임 1958-1964)는 회고했다.

「1949년 내가 우끄라이나에서 모스끄바에 轉任될 무렵 金日成은 스딸린과 일련의 협의를 하려고 대표단을 이끌고 왔다. 그들은 남한을 武力으로 침공하기를 원하였다. 金日成의 말은 '남한에 一擊만 가하면 내란을 유발(誘發)하여 공산화된다' 는 것이었다. 이런 아이디어에 대해 스딸린은 물론 반대하지 않았다. 스딸린은 미국의 개입을 염려했지만 재

빨리 해 치우면 방관(傍觀)할지 모른다고 생각했고 金日成은 속전속결로 승리 할 수 있다고 다짐했다. 한국전쟁은 어디까지나 金日成 자신이 앞장 서서 도발한 것이었다. 나는 金日成의 남침계획을 격려해 준 스딸린을 탓하지 않는다. 毛澤東 역시 긍정적인 태도였다. 나는 그 날 스딸린 별장에서 기고만장(氣高萬丈)의 분위기 속에 열린 만찬회가 기억난다. 우리는 金日成에게 성공을 빌며 축배를 들었다. 우리는 그때까지 북한에 줄곧 무기를 대 주고 있었다. 뿐만 아니라 필요한 양 만큼의 탱크, 대포, 소총, 기관총을 비롯하여 對空화기도 모두 공급해 줄 참이었다.」 〈흐루시초프 / '회고록'〉

• *美國등 유엔軍의 參戰*

미조리주 별장에 있었던 트루먼 대통령은 인디펜던스 기가 워싱턴을 향해 날으고 있는 기상에서 다음과 같이 기록해 두었다.
「우리 세대에 있어서 强한 者가 弱한 者를 공격한 예는 이번만이 아니었다. 나는 전의 몇 가지 사례를 상기(想起)했다. 그것은 만주, 이디오피아, 오지리(墺地利)의 경우에서 볼 수 있었다. 공산주의자들이 한국에서 하고 있었던 짓은 히틀러나 무솔리니, 日本人이 그 이전에 벌인 일들과 꼭 같은 것으로 보였다. 그러한 공격을 응징(膺懲)하지 않고 묵인(默認)한다면 그것은 3차 대전을 의미하게 될 것이다. 마치 과거에 그와 유사(類似)한 사건이 2차 대전을 초래했던 것과 같은 것이다.」

전쟁이 일어나자 미국의 행동은 예측을 앞고 신속 과감했다.

새벽 3시경 그로스 대사는 트리그베 리에(Trygve Halvdan Lie, 1896-1968) 유엔 사무총장에게 전화로 유엔 안전보장이사회의 즉각 소집을 요구, 침략개시 당일 유엔 안전보장이사회가 소집되었다. 때마침 소련대표는 중국의 안전보장이사회 상임이사국 자리를 국민당 정부대표에서 공산당 정부대표로 교체하자는 유엔결의안 부결에 항의하여 결석하고 있었으므로 소련이 거부권을 행사할 가능성은 배제되었다.

오후 3시 안보이사회가 열려 중국 · 쿠바 · 에쿠아돌 · 이집트 · 프랑스 · 인도 · 노르웨이 · 영국 · 미국 · 유고슬라비아 등 10개국 대표가 출석했는데, 9 對 0(유고는 기권)으로 북한에게 즉각 적대행위를 중지할 것과 그들의 군대를 38선상까지 철수할 것을 결의하였다.

트루먼이 워싱턴에 귀환하자, 한국으로부터 도쿄에 방금 돌아 온 덜레스로부터 온 전보를 트루먼에게 보였다. 「대한민국이 자력으로 공격을 저지하거나 격퇴하지 못하는 경우에는 소련이 개입할 위험을 무릅쓰고라도 미군을 사용하여야 할 것으로 생각한다.」
트루먼은 회고하였다. 「월요일까지 한국으로부터 들어온 보고는 어둡고 절망적인 조짐을 안고 있었다. 원조를 요청한 李承晩 대통령의 호소문을 내게 가져 온 한국 대사〔장면(張勉)〕는 거의 눈물을 흘릴 만큼 낙담(落膽)하고 있었다.」

백악관 회의에서는 맥아더 장군에게 다량의 탄약 공급을 결의했고, 재한 미국인 2천명을 철수시킬것과 필리핀에 있던 미 7 함대를 북상시켜 타이완을 보호할 것을 결정했다.

이튿날(현지 시간 26일) 오전 트루먼 대통령의 '유엔 결의를 지지한다' 는 성명서가 발표되고 해 · 공군에 대하여 30일 맥아더 장군 휘하(麾下)의 육상부대에 대하여 한국정부를 도우라고 명령했다.
7월 7일 안보이사회는 한국에 대하여 군대와 기타 원조를 제공하는 국가들이 미국이 지휘하는 통합사령부에 집결할 것을 요구하는 결의를 채택했다.

미국 등 16개 유엔회원국이 군대를 파견했으며 한국에 원조를 제공한 국가는 총 51개국으로 그중 1개국은 유엔의 비가맹국이었고 9개의 국제기구로부터 원조가 제공되었다.

유엔 참전국별 병력은 오스트레일리아(Australia) 2,282명, 벨기에(Belgium) 944명, 캐나다(Canada) 6,146명, 콜럼비아(Colombia) 1,068명, 프랑스(France) 1,119명, 그리이스(Greece) 1,263명, 이디오피아(Ethiopia) 1,271명, 룩셈부르크(Luxemburg) 100명, 네덜란드(Netherlands) 819명, 뉴우질랜드(New Zealand) 1,389명, 필리핀(Philippines) 1,496명, 타일란드(Thailand) 1,294명, 터어키(Turkey) 5,455명, 영국(United Kingdom) 14,198명, 남아프리카연방(Union of South Africa) 900명, 미국(United States) 302,483명이다.
스위든(Sweden 1,124명), 덴마크(Denmark 630명), 인도(India 627명), 노르웨이(Norway 623명), 이탈리아(Italy 128명) 등 5개국이 의료반을 파견했고 아르헨티나 · 브라질 · 칠레 · 코스타리카 · 쿠바 · 에콰도르 · 엘살바도르 · 아이슬란드 · 이스라엘 · 레바논 · 라이베리아 · 멕시코 · 파키스탄 · 파나마 · 우루과이 · 베네수엘라 · 미얀마 · 이란 · 일본 · 오스트리아 · 자메이카 · 타이완 · 캄보디아 · 헝가리 · 과테말라 · 도미니카공화국 · 베트남 · 사우디아라비아 · 시리아 · 스위스 · 모나코 · 니카라과 · 이집트 · 인도네시아 · 온두라스 · 파라과이 · 독일(서독) · 아이티 · 볼리비아 · 페루 등 40개국이 물자지원을, 스페인 · 아일랜드 · 이라크 · 포르투칼 · 리히텐슈타인 · 바티칸시국 등 6개국이 전후 복구지원을 하였다.

6 · 25동란 발발(勃發) 당시 71세의 맥아더는 연합국 점령군 최고사령관직을 맡아 일본에 있었다. 전쟁 나흘째인 6월 29일 그는 전용비행기 바탄호에 몸을 싣고 수원으로 갔다. 맥아더가 짚차로 전쟁포화속을 시찰하는 광경을 지켜본 무초(John Joseph Muccio, 1900-1991)대사는 도쿄 주재 미 대사 시발드(Sebald)에게 '그는 간덩이가 부었어. 하여간 굉장한 사람이야.' 라고 했다.
유엔군 총사령관 맥아더(Douglas MacArthur)는 회고록에서 '대한민국으로 하여금 북으로부터의 공격에 대처할 수 있도록 준비시키지 않았다는 것은 중대하고도 치명적인 잘못이었다.' 고 하였다.
맥아더는 7월7일 워싱턴 당국에 증원을 요청했으나 미국의 유럽 우선주의 정책 때문에 거부당했으며 한국 주변의 맥아더 휘하 군대와 장비로 한국을 도우라는 지시를 받았다.
이승만 대통령은 1950년 7월 14일 작전지휘권(1954년 11월 작전통제권으로 개칭)을 유엔군사령관(1978년 11월 한미연합군 사령관)에게 이양했는데 1994년 12월 평시작전통제권은 환수하고 전시작전통제권은 북한의 위협에 대한 통합 억지력의 효율성과 지휘의 통일성을 고려하여 2015년 환수예정이다.

開戰 수주안에 부산 · 대구의 소교두보(小橋頭堡)에 압축되었던 유엔군은 낙동강 전선 다부동전투〔백선엽(白善燁, 1920-) 1사단장이 8천여명으로 북한군 2만여명의 총공세를 한달동안 막아냈는데 국군 2300명, 북한군은 5690명이 전사했다.〕와 맥아더 사령관의 仁川上陸作戰으로 戰況의 主導權을 장악, 한국영토의 대부분을 수복(收復)하였다.

1950년 10월 7일 유엔 총회는 47對5 (기권7)로서 '國際聯合韓國統一復興委員團'(UNCURCK)을 조직하여 통일 독립된 민주정부수립과 안전보장을 위한 모든 적절한 조치를 취할 것을 권고하는 결의를 채택했다. 10월초 유엔 군사령관은 공산군의 항복을 두 차례 요구했으나 거부되자 유엔軍은 38선을 넘어 北進하였다.

미국의 여론은 트루먼 행정부의 군사개입을 압도적으로 지지하였고 이를 계기로 미국은 행동하는 반공국가로 등장했다.

• *中共軍의 介入*

유엔군이 총퇴각하는 공산군을 추격하여 압록강변까지 진격, 크리스마스까지는 병사들이 본국에 돌아가리라던 낙관적인 전망이 서게 될 무렵 11월초 중공군이 개입하였다.

'抗米援助 保家爲國' 名分의 중공군 개입으로 한국전쟁은 국제전이 되었다.

전쟁 전 중공인민의용군 소속 3개 조선족 사단이 1950년 4월까지 북한군 5사단, 6사단에 각각 편입되어 있었고 소련은 소련 지배하의 부리야트〔Buriat, 부랴트(Buryat)〕공화국(현 몽골)의 기갑부대 요원 1500여 명을 파견했었다.

9월 15일 인천상륙 작전으로 전세가 역전되고 국군과 유엔군이 38선을 향해 진격하자 9월29일 金日成이 스딸린에게 '적들이 38도선 이북으로 침공하게 될 때에는 이 위기를 극복할 가능성이 없다.' 고 소련군의 참전을 요청하였다. 스딸린은 소련군의 출동을 보류한 채 중공군의 출병을 종용하였다. 10월 3일 周恩來는 유엔군이 38선을 넘으면 중공군이 개입할 것임을 시사했다. 국군이 10월 1일 38선을 돌파했고 10월 7일 미군도 넘었다. 10월15일 맥아더와 트루먼의 웨이크(Wake)섬 회담에서 트루먼은 中共과 관련될 수 있는 行動을 삼가할 것을 경고했으나 10월 19일 歸任한 맥아더는 '38線 以北의 유일한 防衛可能線' 의 훨씬 북쪽에 있는 西海岸의 定州에서 東海岸의 성진(城津)에 이르는 線에까지 限界線을 연장하고 10월 24일에는 限界線을 묵살(默殺)했다. 유엔군은 대 규모의 중공군이 만주에 집결되고 있는 것을 알아 채지 못했다. 스딸린이 1950년 10월 14일 북한주재 소련대사 슈띠꼬프(Terentii Fomish Shtykov)를 통해 金日成에게 보낸 전문이다.

「많은 주저와 여러 잠정적 결정끝에 중공의 동지들이 兵力을 파견(派遣), 支援키로 한다는 最終 決心을 하였다. 중공군을 위한 必要 裝備들은 蘇聯으로부터 提供될 것이다.」

중공은 소련공군의 지원없이 10월 19일 압록강을 건넜다. 中共軍 6個 軍團 병력의 대규모 투입으로 유엔軍은 후퇴, 戰線은 다시 南韓으로 이동되고 政府도 釜山으로 이전(移轉)하였다.

毛澤東은 펑떠화이(彭德懷, 1898-1974) 인민지원군 사령관에게 군기와 정치기율에 대하여 지시했다. 「조선에 가서는 산과 강, 나무 하나, 풀 포기 하나 모두 사랑해야 하고 조선인민을 존중해야 하며 교육부대는 三大規律 · 八大注意를 엄격히 지켜야 한다」 3대 규율은 모든 행동시 지휘에 복종할 것, 대중의 바늘 하나 · 실 하나라도 가지지 말 것, 모든 노획물을 조직에 바칠 것이며, 8항 주의는 말을 친절하게 할 것, 매매는 공평하게 할 것, 빌려온 물건은 돌려줄 것, 파손 물건에 대해선 배상할 것, 사람을 때리거나 욕하지 말 것, 농작물을 해치지 말 것, 부녀를 희롱(戱弄)하지 말 것, 포로를 학대하지 말 것 등이다.

'38선 경비 국군은 사기왕성하며 철통같은 경비망을 치고 있으니 조금도 우려할 바 아니다('자유신문' 1950년 5월 14)' 라고 호언하던 육군참모총장 채병덕(蔡秉德, 1916-1950)후임으로 임명된(1950. 6. 30) 정일권(丁一權, 1917-1994)은 회고했다. 「북진하던 유엔군 앞에 중공군이 처음 나타났다. 그들의 기습으로 국군이 큰 타격을 받았다. 이승만(李承晩) 대통령은 '역시 나왔구먼… 이젠 겁쟁이 트루먼도 배꼽에 힘 좀 넣겠지. 정총장, 맥아더와 나는 중공군이 나온다고 보아왔습네다. 맥아더는 중공군의 개입 가능성을 부인했으나 그건 트루먼의 잔소리를 막기 위한 것이었습네다."」하였다.
중공군 쏭스룬(宋時輪, 1907-1990) 사령관의 7개사단 12만명의 병력과 17일간(1950. 11. 26-12. 13) 벌인 개마고원(蓋馬高原) 장진호(長津湖) 전투에서 1만 2천명의 미군은 전사 561명 · 부상 2872명 · 실종 182명 · 동상으로 인한 사망 3659명, 중공군은 전사 2만 5천명 · 부상 1만 2천 5백명이었다. '뉴스위크(Newsweek)' 는 '진주만 피습 이후 미군 역사상 최악의 패전' 이라고 보도했다.
1951년 2월 13일부터 3일간 벌인 양평 지평리(砥平里)전투에서 미국 프리먼(Paul L. Freeman, 1907-1988) 대령과 프랑스 몽클라(Ralph Monclar, 1892-1964) 중령은 1개연대 병력으로 중공군 3개사단 1만 8천명에 저항, 킬러작전으로 북진기회를 맞게 하였다.

1951년 2월 1일 유엔 총회는 「중공은 한국에서 침략행위를 범한 자들에 대하여 원조를 제공하며, 유엔군에 대항하여 적대행위를 함으로써 침략을 犯하고 있다」는 결의를 44 對 7 (기권9)로 채택하였다.

• *美 極東사령관 교체(交替)*

「…이제 우리들은 실질적으로 남한에서 조직적인 공산군을 일소(一掃)하였다. 우리의 전술적인 성공들보다 한층 더 큰 중요한 의미를 갖는 것은 이 새로운 적, 중공이 군사력을 과장(誇張)하고 허풍을 떨었지만 현대전의 수행에 필요불가결한 물자들을 적절히 마련하기에는 공업력이 부족하다는 점이다.」 〈1951년 3월 24일 맥아더 성명서〉

「이 무렵 美국무부는 韓國戰에 관한 두 개의 상반되는 보고서를 작성했다. '낙관적 보고서' 는 협상으로 한반도 문제가 해결된다는 것이고, '비판적 보고서' 는 중국內 기지 폭격, 금수(禁輸) 조처, 蘇聯의 극동 또는 中東 개입, 日本의 再무장 같은 여러 가능성이 열거되었다. 모두가 위험하고 어느 쪽에게도 바람직한 것은 아니었다.」〈딘 애치슨 회고록〉

중공군개입후 戰勢가 역전되자, 최후승리를 위해 중국본토까지 작전을 확대할 필요가 있다는 맥아더의 견해와 한반도의 局地전쟁의 범위를 벗어나지 못하게 하려는 트루먼 행정부의 입장(한국전의 韓國化) 사이에는 중대한 차이가 생겨났다. 이런 차이가 지속되던 중 맥아더가 군사령관으로서의 권한을 넘는 발언을 하자 트루먼은 1951. 4. 11 그를 해임하고 리지웨이(Matthew Bunker Ridgway, 1895-1993)중장을 후임으로 임명하였다.

> 맥아더는 행정부의 의사를 거역(拒逆)하고, 자기 소신대로 전쟁을 수행하기를 원했으므로 민간 당국이 군 당국보다 우위에 선다는 원칙이 다시 한 번 천명되어야 했다.
> 「…나는 더글라스 맥아더 육군원수가 그의 공적인 직무들과 관련된 문제들에 있어 미합중국정부 및 UN의 정책들을 성심껏 지지하지 못하고 있다는 결론을 내렸다. 합중국헌법과 UN에 의하여 위임된 책임에 비추어 極東에서 지휘권 교체(交替)를 결정하였다.」

> 맥아더가 1951년 4월 19일 상하원합동회의에서 한 연설은 그 중에 그가 인용한 한 구절〔노병은 죽지 않고 다만 사라져 갈 뿐이다(Old soldiers never die. They just fade away)〕처럼 인류의 뇌리(腦裡) 속에 살아 남았다.
> 「중공이 한국에서 뿐만 아니라, 인도차이나와 티벳에서 최근에 보여 준 침략성은 앞으로 남방으로도 뻗칠 잠재성을 지니고 있다.… 사람들은 중공과의 전면전쟁으로 확대되는 것을 피하자고 말하고 소련의 개입을 피하자고도 말한다.… 한국의 비극은 군사행동이 지역적으로 제한되어 있다는 사실 때문에 더욱 비참한 것이 되고 있다.… 현재 세계에서 국력을 다하여 공산주의와 싸우고 있는 나라는 한국뿐이다.」
> 작가 맨체스터(William Raymond Manchester, 1922-2004)가 '미국의 시저'(American Caesar)라고 부른 맥아더는 필리핀을 일본으로부터, 일본을 天皇숭배의 전체주의로부터, 한국을 공산주의로부터 해방시켰다. 한국전쟁 전 오끼나와(沖繩) 류큐(琉球) 제도, 필리핀 메리애나(Mariana) 군도 및 괌(Guam, 島)등 도서군(島嶼群)이 맥아더의 지휘 하에 있었다. 그는 極東에 관한 權威있는 판단(判斷)에 대한 獨占權을 가졌었다.

〈休戰協定 · 한미상호방위조약 체결〉

1951년 5월 18일 유엔 총회는 중공 및 북한에 대한 물자 수출금지 조치를 취하도록 모든 회원국에 권고하는 결의를 채택했다. 1951년 6월부터 한국전선은 서울 북방의 線에서 교착상태에 빠졌다.

미국이 毛澤東의 대륙제패를 방관(傍觀)한 사실은 북한이 남침해도 미국이 개입하지 않을 것으로 예측하게 만들었고 미국은 미국의 이익을 손상하지 않는 정도와 3차대전 예방 정도 사이에서 전투를 계속한다는 방침으로 나갔다.

「中-蘇 파워게임의 구도 속에서 중공군이 한국전에 참전하자 소련은 이 전쟁에 흥미를

잃고 휴전협정을 주선하기 시작했다.」〈롱맨출판사 간(刊) / 영국 교과서 '현대사'〉

조지 케넌(George F Kennan)과 말리그(Yakov Aleksandrovich Malik 1906-1980) 간 비밀협상의 결과 1951년 7월 10일부터 본격적인 휴전협상이 진행되었다. 휴전회담은 '한편으로는 싸우고 한편으로는 타협' 하며 포로송환문제를 둘러 싼 의견 대립으로 3년여 계속되다가 스딸린이 사망하고(1953. 3), 아이젠하워(Dwight David Eisenhower, 1890-1969, 재임 1953-1961) 행정부가 들어서고 巨濟島 共産捕虜폭동(1952.5)에 불구하고 李承晩대통령의 일방적인 27,663名의 反共포로 석방(1953.6.18)이 있은 후 조인되었다.(1953. 7. 27)
이승만 대통령은 다음 조건을 미국 정부가 보장할 것 등을 조건부로 휴전을 묵인한다는데 동의를 했다.

- 휴전이 성립된 후 한미 군사조약을 체결한다〔이 뜻이 관철(貫徹)되어 1953년 10월 1일 변영태(卞榮泰, 1892-1969) · 덜레스 간에 한미상호방위조약이 체결되었다.〕.
- 장기간의 경제원조와 2억 달러의 1차 원조를 한다(휴전 조인 즉시 950만 달러의 식료품이 공여 되고 계속 원조되었다.).
- 한국군을 20개 사단으로 증강(增强)하고 이에 적당하게 해공군력을 증강시킨다.

한미 상호방위조약은 한국정부가 휴전협정의 실시를 방해하지 않는 조건으로 미국이 한국방위에 대한 책임분담을 약속한 것으로 李대통령은 이 만족을 성명으로 표시했다.
「한미상호방위조약이 성립됨으로써 우리는 앞으로 여러 세대에 걸쳐 많은 혜택을 받게 될 것이다. 이번 공동조치는 외부 침략으로부터 우리를 보호함으로써 우리의 안보를 확보해 줄 것이다.」
1952년 3월 17일부터 1953년 7월 27일까지 진행된 '장단(長湍) · 사천강 전투'〔전투단장 김성은(金聖恩, 1924-) 대령〕에서 해병대원 776명 희생으로 군사분계선을 남측에 유리하게 설정할 수 있었다.
1952년 10월 6일부터 10월 15일까지 12차례에 걸쳐 김종오(金鐘五, 1921-1966) 휘하의 보병 9사단 예하 2만여 병력은 중공군 4만 4천여명과 벌인 백마고지 전투에서 승리했는데 중공군은 1만 3천여 명, 국군은 3,428 명의 사상자를 냈다.

휴전협정이행을 감시하기 위하여 군사정전위원회가 설치되고 병력 및 장비증강 도입금지 상황감시를 위해 스위든, 스위스, 체코슬로바키아, 폴랜드로 구성되는 중립국 감시위원단이 설치되었는데 1956년 위원단은 유명무실해졌다.

· 韓國戰爭의 敎訓 - 자유는 값있는 희생을 치러야 하는 것

트루먼은 확보해 보지도 못 했던 북한을 빼앗겼다고 비난받았으며, 애치슨은 남한을 그의 방어선에 포함시키지 않은 책임을 추궁당했다.

한국의 통일문제와 인도차이나 문제를 토의하기 위하여 열린 제네바 극동평화회의(1954.4~6)는 유엔 참전 16개국과 한국〔변영태(卞榮泰) 외무장관의 14個項 統韓方案〕· 북한(南日의 6個項 統韓方案) · 소련 · 중국의 입장차이로 성과없이 끝났다.

브래들리(Omar Nielson Bradley, 1893-1981) 將軍과 合參의 構成員들은 애치슨의 '中共과의 전쟁이 그릇된 장소, 그릇된 시기에 그릇된 전쟁' (the wrong war, at the wrong place, at the wrong time with the wrong enemy)이라는데 의견을 같이 했다. 이 전쟁은 핵무기를 제외한 重火器, 신개발무기가 투입되어 전화(戰禍)가 막대했다.
민간인 학살도 일어나 남한에서는 국민보도연맹(1949년 전향자로 조직된 반공단체)에 대한 대대적 처형(진실화해를 위한 과거사정리위원회는 4934명으로 확인)이 있었고, 후퇴하는 북한군도 대전 등지에서 많은 주민을 죽였다. 납북자는 9만 6013명이다.
兩軍의 사상자수는 한국 98만명 · 북한 61만명, 민간인의 희생은 한국측 사망 · 실종 76만1천여명 · 부상 23만명으로 모두 99만1천여명. 북한측 사망 · 실종 1,086천명 · 부상 1,594천명으로 모두 2백68만명, 유엔군 사망 · 실종 43천명 · 부상 114천명으로 모두 157천명, 中共군 사망 · 실종 20만 5천명 · 부상 71만5천명 모두 92만여명이었다.

다음은 '저 땅끝의 자유와 평화를 회복하리라' 는 워싱턴 한국전쟁 기념비(1995. 7. 27) 헌사(獻辭)다.
「자유는 값있는 희생을 치러야 하는 것 / 사망 미군 54,246명 / 실종 미군 8,177명 / 포로 미군 7,140명 / 잘 알지도 못하는 나라와 한번 만나 본 일도 없는 사람들을 지켜주기 위해 / 나라의 부름에 응한 이 나라의 아들과 딸들에게 영광이 있기를」

한명희(韓明熙, 1939-) 작사 · 장일남(張一男, 1932-2006) 작곡의 비목〔목비(木碑 · 나무 비)를 시적 언어로 표현〕은 6 · 25의 비극을 일깨워주는 대표적 가곡이다.
"초연이 쓸고 간 깊은 계곡 양지녘에 / 비바람 긴세월로 이름 모를 비목이여 / 먼 고향 초동친구 두고 온 하늘가 / 그리워 마디마디 이끼되어 맺혔네 / 궁노루 산울림 달빛 타고 흐르는 밤 / 홀로선 적막감에 울어지친 비목이여 / 그 옛날 천진스런 추억은 애닯어 / 서러움 알알이 돌이 되어 쌓였네."

「한국전에 대한 결단은 내가 직면한 가장 어려운 결정이었다. 공산침략자들은 앞서 여러 차례 그들의 침략과 팽창의 기도 앞에서 어떠한 반응이 제시될까 우리를 시험해 본 적이 있었다. 그들은 그리스, 터키, 이란, 베를린 등에서 우리가 그들의 위협 앞에서 굴복을 하지 않는다는 사실을 배워서 알고 있었다. 우리는 세계를 大戰의 와중(渦中)으로 몰아 넣음이 없이 그 도전에 응해야 했다. 우리는 그렇게 하는 데 성공했다.」 〈트루먼〉

「미국이 행동하지 않았다면 공산측의 기권승으로 되고 더 대규모로 세계적인 충돌의 위험을 내포하는 긴박한 사태가 발생하였을 것이다. 이것은 1930년대의 유럽이 준 교훈이며, 1950년대의 중동이 가르친 교훈이기도 하다.」 〈이든(Eden)〉

후일 힘의 優位를 통해 冷戰을 종식시킨 로널드 레이건(Ronald Wilson Reagan, 1911-2004, 재임 1981-1989)은 「나는 '미국이 한국전쟁에서 이기지 못하면 다음에 베트남에서 싸우게 될 것' 이라던 맥아더의 예언적 발언을 기억한다. 트루먼의 유일한 결점은 한국전쟁에서 맥아더를 끝까지 밀어 주지 않은 것」이라했다.

미국 작가 존 톨랜드(John Willard Toland, 1912-2004)는 'In Mortal Combat Korea 1950-1953' (1991)에서 워커(Walton H. Walker, 1889-1950)와 리지웨이 장군의 전속 조종사 마이크 린치 장군의 말을 빌려 6 · 25전쟁에서 미국이 저지른 잘못에 대하여

「처음에 적군의 능력을 과소평가, 우리의 능력을 과대평가했다. 얄궂게도 휴전협상이 시작될 무렵부터 적군을 과대평가, 우리를 과소평가함으로써 타협이 불필요한 사항들까지도 타협했다… 미국 국민에게는 인기없는 전쟁이었지만, 미국이 더 많은 번영을 구가할 수 있도록 국민경제에 큰 활력소를 제공했다. 경제적 · 군사적 힘이 남아 돌만큼 국력이 신장됨으로써 어떠한 국제분쟁도 미국의 관여 없이는 해결될 수 없게 되었다.」하였다.

한국전쟁의 영향으로서 국제정세에 많은 변화가 일어났는데 그 중에서 한국의 앞 날에 큰 작용을 하게 된 사건으로 다음 셋을 들 수 있다.

첫째 미국은 소련에 대응하여 일본경제 복구 등 자본주의 세계를 공고히 하기 위한 포괄적인 정책에 착수하였다.

1951년 9월 샌프랜시스코 강화조약과 美 · 日안보조약으로 "독립을 회복"하고 국제사회에 복귀, 안전보장을 받게 된 일본은 주일미군(駐日美軍)이 한국작전에 동원된 후 미국측의 재무장(再武裝) 요구에 따라 7만5천명의 警察豫備隊를 창설, 자위대(自衛隊)의 배태(胚胎)를 형성하였다(1954년). 요시다 시게루(吉田茂, 1878-1967)가 한국동란을 '天佑' 라고 했듯이 한국전쟁 特需가 一因이 되어 일본의 경제는 급속히 부흥 향상되었다. 닉슨(Richard Milhous Nixon, 1913-1994 재임 1969-1974)은 '일본의 재생은 立法家 맥아더와 行政家 요시다 시게루의 합작품이다' 고 하였다. 일본 경제는 1955년 진무경기(神武景氣)라고 일컬어지는 호황국면에 접어들었으며, 1956년 '이제 전후가 아니다' 라고 선언할 정도로 경제가 회복되었다.

둘째 美 · 中共간에 不和 적대관계를 조성했으며 中 · 소 대립의 씨를 뿌렸다.

「미국의 아시아에서의 봉쇄정책(Containment Policy) 추진에 좋은 조건을 제공하여 소련과 중공에 인접한 "전진 방위 지역"(일본, 필리핀, 타이, 베트남, 대한민국 등) 개념에 따른 '사회주의를 가상의 적으로 하는 군사관계' 가 형성되었다.

한국전쟁은 '미국의 중국침략과 아시아 독점' 을 위한 전쟁으로 선전되었으며 반혁명 진

압, 토지개혁, 농업 집단화 등 '社會主義建設의 總 路線' 을 추진하는 한 요인으로 작용하였다. 」 중공은 항미원조(抗美援朝)전쟁에서 얻은 경험을 열 가지로 분류했다.

셋째는 전후 군비경쟁에 하나의 기폭제(起爆劑)가 되고 동 · 서 블록화를 촉진했다.

「블록간의 긴장과 대립이 그 이후의 세계를 지배하게 됐다. 한국전휴전협정 체결 몇 달 뒤 미국은 서 유럽전선을 강화하기 위해 '북대서양 조약기구' (NATO, North Atlantic Treaty Organization)를 창설했다…. 아데나워(Konrad Adenauer, 1876-1967) 정부 아래에서 서독은 한국전쟁으로 인한 냉전의 첨예화(尖銳化)와 이웃나라와의 평화로운 관계를 바라는 전 유럽인 공동의 염원(念願)에 따라 서 유럽진영의 일원이 되기로 결정했다. 코리아 붐(한국전 特需)은 서 유럽 각국 간의 경제협력을 강화시키는 계기가 됐으며 유럽공동시장(EEC, European Economic Community) 형성에 촉매제(觸媒劑) 역할을 했다.」 〈에른스트 클레트 / 김나지움(Gymnasium) 세계사 교과서 '역사개요'〉

북한은 휴전 성립 이듬해 4월 '인민경제복구 3개년계획' (1954-1956)을 수립하고, 소련 · 중국의 경제원조에 힘 입어, 1957년 말에는 대부분의 공산품 생산량이 전쟁 전 수준으로 회복되었고, 공업총생산액도 1953년에 비해 2.8배로 성장하였다.

'반미, 민족해방투쟁' 을 위하여 파견되었던, 그러나 국제연합총회에서 침략자로 규탄되었던 중공의 '인민지원군' 은 1957년 10월 북한에서 완전 철수하였다.

북한은 중화인민공화국 및 소련과 각각 1961년 7월 '우호협조 및 호상원조에 관한 조약' 을 체결, '일방이 하나의 국가 또는 몇개의 국가연합으로부터 무력침공을 당해 전쟁상태에 처하게 되면 상대방은 지체없이 군사적 기타 원조를 제공한다' 고 하였다.

6 · 25전갱은 무력에 의한 통일은 불가능하다는 교훈을 남겼으며, 남한사회로 하여금 반공주의를 확산 · 심화한 계기가 됐다. 또한 한 民族으로서의 同質感을 훼손하고 탈(脫)냉전 · 地球村대두 · 세계 경제화 등 변환(變換)하는 국제질서속에서 국수적 편협(偏狹)과 경직(硬直)을 배태(胚胎)시켜 統一을 지체(遲滯)시키는 동인(動因)이 되었다.

국립묘지는 1954년-1957년 서울에 43만여평(142만㎡)이, 1977년-1985년 대전에 98만평(323만 7천㎡)이 각각 조성되었는데 국립서울현충원에 구한말의 항일의병, 애국지사, 국가유공자, 순국선열 및 호국영령과 전직 대통령 3位(李承晩 · 朴正熙 · 金大中) 등 16만 9천여位(묘소 54,443위, 충혼당 2,963위, 위패 103,740위, 무명용사 7,907위)가 안장(安葬)되어있다.(2010. 10. 31. 현재)

부산 대연동(大淵洞) 소재 UN 墓地는 1951년 UN총회에서 설립안이 채택되어 6 · 25 참전 16개국 유엔군 전사자 11,000명이 안장된 후 각국별 이장(移葬)으로 1989년 6월 현재 11개국 2,293基가 있다.

민주와 독재의 갈등

〈李承晩의 권위주의 통치(1948.8-1960.4)〉

정부수립 무렵 파탄 상태에 이른 경제, 민주주의의 훈련이 안된 국민, 정략적 이익을 추구하는 파벌정치, 비판을 위한 비판만을 일삼는 언론, 國大案(國立서울綜合大學案)反對 盟休(1946.11), 대구소요(騷擾)(1946.10)·제주도 4·3폭동(1948.4)·여순(麗順)반란(1948.10)·南勞黨 국회 프락치(fraktsiya) 사건(1949.5)·김삼룡(金三龍, 1908-1950)·이주하(李舟河, ?-1950) 간첩사건 등 공산주의자들의 난동 등 어느 것 하나 좋은 조건이 없었다.

「특히 3차에 걸쳐 김약수(金若水, 1893-1964) 부의장 등 국회의원 15명이 검거된 국회 프락치사건으로 행정부의 '분명한 협박(clear intimidation)'이 사법부를 종속시켰으며, 사법부는 다시 입법부를 통제하는 도구로 동원되었다.」

〈金政起 / '국회프락치사건의 재발견' (2008)〉

그레고리 헨더슨은 「이후 한국의 정치가 의회주의의 무력화, 사법부의 시녀화, 권력의 독점화로 흘러가게 된 중대한 국면이었다.」고 하였다.

一民主義(하나의 국민으로 대동단결하여 민주주의 토대를 마련하고 공산주의에 대항한다)에 의한 이승만의 카리스마(charisma)적 통치방식에 대하여 한민당의 후신 민주국민당(民主國民黨)은 야당이 되어 국회 내에서 도전하였다.

카리스마(神으로 부터 얻는 초자연적 능력의 뜻)는 BC 62-BC 50 사도 바울의 편지속의 Charismata〔은총(恩寵)〕에서 비롯되었는데 '카리스마적 권위'(초인간적 특별한 능력의 소유자)의 개념 도입으로 카리스마를 재창조한 막스 베버(Max Weber, 1864-1920)를 거쳐 케네디(John Fitzgerald Kennedy, 1917-1963, 재임 1961-1963) 출현으로 정치인 개인의 매력과 자질을 뜻하게 되었다.

이승만은 전통사회에서 현대로, 전근대에서 근대로, 식민에서 광복으로 전환하는 과정에서 형성된 부르즈와 민족주의 계열의 대표성을 지녔다는 평가가 있다.
공산화와 신탁통치를 막은 이승만은 자신이 대통령으로 당선되는 데 지지를 아끼지 않았던 한민당과 결별하고 거국내각을 구성하였으나 조각(組閣) 과정에서 배신당했다고 판단한 韓民黨은 1949년 2월 10일 大韓國民會의 申翼熙와 大同靑年團의 池靑天을 영입하여 民主國民黨으로 개칭하고 1950년 1월 27일 의원 79명의 명의로 內閣責任制개헌안을 국회에 제출했다. 尹致暎(1898-1996)·任永信〔승당(承堂), 1899-1977〕 등 一民俱樂部의 주류가 新正會·勞農黨과 합류하여 大韓民國黨으로 개편, 李 박사를 지지하고 民主國民黨에 대항하는 與黨으로 발족했다.(대한민국당 71석, 民主國民黨 69석, 一民俱樂部 30석)

2대 대통령선거에서 간접선거로서는 재선 가능성이 없게 되자 이승만은 안호상(安浩相)의 일민주의(一民主義)를 포기하고 1951년 자유당을 창당하였다.

> 李대통령을 지지하는 共和民政會는 야당인 民國黨세력에 대항하여 院外에서는 國民會측의 李活이 중심이 되고 勞總 · 農總이 참여하여 新黨작업을 추진했으며 院內에서는 梁又正(1907-1975), 太完善(1915-1988), 金永善(1918-1987), 金用雨(1912-1985), 吳緯泳(1902-1978) 등이 앞장 섰다. 1951년 12월 院內外 양파가 분리하여 창당한 自由黨의 두 파는 자유민주體制를 지향하는 保守政黨으로서 單一政黨조직을 완성했다. 자유당은 집권자를 위하여 집권자에 의하여 개편되고 확대된 외생정당(外生政黨 : the externally created party)이었다.

한국동란과 여야 정치세력간의 갈등과정에서 李承晩 정부에 정치권력을 집중시켜 권위주의 정체를 형성하고 반공이데올로기의 강조, 사회세력의 미발달, 뿌리깊은 유교정치문화 등으로 압력단체에 대한 제약이 심했다.

> 대한독립촉성국민회, 조선민족청년단(1946. 10 이범석이 창단), 서북청년단, 대한청년단, 대한노동조합총연합회, 반공청년단, 농민조합연맹, 대한부인회, 예술종교단체, 學徒護國團(安浩相 초대 문교부장관이 사상 선도와 단체훈련을 期할 목적으로 결성)은 어용화되고 반민족행위자를 처단하려는 반민족행위 특별조사위원회는 특별법〔反民族行爲處罰法 1948.9시행〕 상의 공소 시효단축(1950년 6월 20일에서 1949년 8월 31일로), 경찰의 반민특위 사무실 습격(6 · 6사건) 등으로 제구실을 못했다.
>
> 1952년 1월 18일 이승만 대통령이 독도가 포함된 한반도 주변 수역(水域)에 한국의 주권을 선언한 '대한민국 인접해양의 주권에 대한 대통령 선언' (平和線, Rhee line)은 1952년 9월 클라크(Mark Wayne Clark, 1896-1984) 유엔군 사령관이 설정한 해상방위수역(클라크 라인)에 의해 간접지원되었으나 1965년 6월 韓日條約에 의하여 철폐되었다.
>
> 李始榮 副統領 사임(辭任) 후 동란 중인 1952년의 2대 대통령선거를 앞두고 이승만은 大統領直選制 헌법개정안이 국회에서 在席 163명 중 19대 143으로 부결되자 계엄령을 선포, 白骨團 · 땃벌떼 · 民衆自決團 等의 不法的 暴力團體를 動員시켜, 國會解散을 절규(絕叫)하게 하고 5월 26일 50餘名의 반대파 국회의원들을 감금하였다(5 · 26부산정치파동).
> 金性洙 副統領은 사임하고 대통령직선제를 포함한 발췌개헌안(拔萃改憲案)이 통과될 때(1952.7.4)까지 정치적 긴장상태는 계속되었다.
> 1952년 7월 런던 타임즈는 '한국에서 민주주의를 찾는 것은 쓰레기통에서 장미꽃을 찾으려는 것과 같다' 라고 논평하였다.
> 1954년 5월 총선거에서 승리를 거둔 자유당은 이승만의 대통령 3선을 목적으로 현 대통령에 한하여 重任制限을 폐지할 것을 내용으로 하는 개헌안을 제출, 표결 결과 否決이 선포되었으나 四捨五入의 이론을 내세워 그 다음날 可決이 재선포 되었다.(1954. 11)

야당인 민주국민당과 무소속 의원들은 호헌동지회(護憲同志會)를 구성, 야당세력을 규합하여 民主黨(代表最高委員 申翼熙)이 결성(1955.9)되었는데 민주국민당계는 민주당 '구파(舊派)' 라는 파벌을 형성하였다.

1956년의 정부통령선거(正副統領選擧)에서 海公 신익희 민주당 대통령후보는 급서(急逝)하고 장면 민주당 후보가 부통령에 당선되었는데 1958년의 총선거에서는 자유당의 3분의2 改憲線을 저지할 수 있었다. 야당의원들의 강력한 반대에 부딪친 자유당은 12월 24일 무술경관을 동원하여 그들을 감금하고 여당만이 출석한 국회에서 국가보안법과 지방자치법의 개정안을 통과시켰다(2 · 4파동). 또한 張勉 부통령 피격(1956. 9), 진보당(進步黨) 등록취소(1958. 2)와 '우리의 당면과업' 을 쓴 竹山 조봉암(曺奉岩)을 간첩혐의로 처형한 진보당 사건(1958. 1), 경향신문 폐간〔1959. 4, 후에 발행허가 정지처분(1959. 6)으로 변경, 1960. 4 복간〕등 정치적 폭행이 있었다.

대법원 전원 합의제는 2011년 2월 "진보당(1957 창당)은 사회적 민주주의 방식으로 자본주의경제체제의 부작용이나 모순을 완화하려 했을 뿐 사유재산제, 시장경제체제와 자유민주주의를 부정하지 않았으므로 헌법질서에 어긋나지 않는다. 진보당의 평화통일론을 북한의 위장된 평하통일론을 따라 한 것으로 볼 증거도 없다"고 조봉암 무죄선고 재심판결로 그 잘못을 바로잡고 사법부의 과오를 인정했다.

• *반민족행위자 · 친일파*

반민족 행위처벌법상의 반민족 행위자(1910전-1945. 8. 15)의 범위와 구체적인 친일 행적 및 광복 후 변신 내역 등을 참고하여 반민족문제연구소가 발표한 친일 인사 99명은 다음과 같다.

· 일본정부와 통모(通謀)하여 한일합병에 적극 협력한 자
· 일본정부로부터 작(爵)을 수하거나 습작한 자 또는 일본제국의회의 의원이 되었던 자
· 중추원 부의장 · 고문 · 참의와 칙임관 이상 이었던 자
· 경찰 · 군 · 관 · 공리와 도 · 부 기관의 의원이 되었던 자로 반민족적 죄적이 현저한 자
· 비행기 · 병기 · 탄약 등 군수공업을 책임경영한 자
· 독립운동가나 그 가족을 악의로 살상 박해한 자 또는 이를 지휘한 자
· 독립운동을 방해하거나 악질적인 행위로 민족에게 해를 가한 자

· 을사오적(한일합병의 주역)
이완용(李完用)/박제순(朴齊純)/권중현(權重顯)/이지용(李址鎔)/이근택(李根澤)

· 일진회(친일 조직)의 선봉
송병준(宋秉畯)/이용구(李容九)/윤시병(尹始炳)/윤갑병(尹甲炳)

· 한국침략에 앞장 선 개화파
박영효(朴泳孝)/김윤식(金允植)/조중응(趙重應)/장석주(張錫周, 1849-1921)/
조희연(趙羲淵)/윤치호(尹致昊)/정란교(鄭蘭教)/신응희(申應熙)/이규완(李圭完)

· 을미지변(명성왕후 시해) 주동자
이주회(李周會)/이두황(李斗璜)/우범선(禹範善)

· 행복한 식민지 택한 척족 관료
윤덕영(尹德榮)/민병석(閔丙奭, 1858-1940)/민영휘(閔泳徽, 1852-1935)/
박중양(朴重陽)/유성준(俞星濬,1860-1934)/유만겸(俞萬兼)/유억겸(俞億兼)/
장헌식(張憲植)/이진호(李軫鎬)/고원훈(高元勳)/박상준(朴相駿1877-?)/
석진형(石鎭衡, 1877-1946)/김대우(金大羽)

· 친일화의 직업적 앞잡이
민원식(閔元植, 1887-1921)/배정자(裵貞子, 1870-1952)/선우순(鮮于鎬, 1891-1933)/
이각종(李覺種, 1888-1968)/박석윤(朴錫胤, 1898-1950)/박춘금(朴春琴, 1891-1973)/
현영섭(玄永燮, 1906-?)/이영근(李泳根, 1910-?)/이종영(李鍾榮)

· 독립투사 체포 감시에 앞장 선 軍 · 警 · 法曹
김태석(金泰錫, 1882-?)/김덕기(金悳基, 1890-?)/전봉덕(田鳳德, 1910-1998)/
이승우(李升雨, 1889-1955)/신태악(辛泰嶽, 1902-1980)/김석원(金錫源, 1893-1978)/
정훈(鄭勳)

· 식민지 예속경제화의 첨병
한상룡(韓相龍)/장직상(張稷相, 1883-1959)/김갑순(金甲淳, 1872-1960)/
박영철(朴榮喆)/문명기(文明琦, 1878-1968)/김종한(金宗漢)/
박흥식(朴興植, 1903-1994)/김연수(金季洙, 1896-1979)/박승직(朴承稷, 1864-1950)/
현준호(玄俊鎬)/문재철(文在喆)

· 황국신민이 된 여성 계몽 운동가
김활란(金活蘭)/고황경(高凰京, 1909-2000)/황신덕(黃信德)/박인덕(朴仁德, 1897-1980)

· 친일 언론 · 학술 · 문학 · 음악 · 미술의 선구자
진학문(秦學文)/장덕수(張德秀)/서춘(徐椿)/정만조(鄭萬朝, 1858-1936)/
어윤적(魚允迪, 1868-1935)/이능화(李能和)/최남선(崔南善)/이인직(李人稙)/
이광수(李光洙)/김동인(金東仁)/주요한(朱耀翰)/김동환(金東煥)/모윤숙(毛允淑)/
류치진(柳致眞)/최재서(崔載瑞)/백철(白鐵)/김기진(金基鎭)/박영희(朴英熙, 1901-?)/
홍난파(洪蘭坡)/현제명(玄濟明, 1902-1960)/김은호(金殷鎬, 1892-1979)/
김기창(金基昶, 1913-2001)/심형구(沈亨求, 1908-1962)/김인승(金仁承, 1910-2001)

· 기독교 황민화와 불교 친일화의 기수
최린(崔麟)/박희도(朴熙道)/정춘수(鄭春洙)/정인과(鄭仁果)/
전필순(全弼淳, 1897-1977)/김길창(金吉昌, 1892-1977)/이회광(李晦光)/
이종욱(李種郁, 1884-1969)/권상로(權相老, 1879-1965)/김태흡(金泰洽, 1899-1989)

친일 반민족행위 진상규명위원회(위원장 강만길 · 성대경, 2005. 5-2009. 11)는
2006년 조사 대상 1기(1904년 러일전쟁~1919년 3 · 1운동) 106명,
2007년 조사 대상 2기(3 · 1운동~중일전쟁) 195명,
2009년 조사 대상 3기(1937년 중일전쟁~1945년 광복) 550명과 1, 2기 때 누락되었던 154명 등 1005명을 '친일반민족행위자'로 선정 · 발표하였다.

2009년 11월 민족문제연구소와 친일 인명사전편찬위원회는 「을사조약 전후부터 1945년 광복까지 일본제국주의의 국권침탈, 식민통치, 침략전쟁에 적극 협력해 우리 민족 또는 타 민족에게 신체적 · 물리적 · 정신적으로 피해를 끼친 자」 4, 389명을 친일인사로 선정, 발표하였다.
세부적으로는 매국21명, 수작 · 습작 138명, 중추원 335명, 일본제국의회 11명, 관료 1207명, 경찰 880명, 군 387명, 사법 228명, 친일단체 484명, 종교 202명, 문화예술 174명, 교육학술 62명, 언론출판 44명, 경제 55명, 지역유력자 69명, 해외 910명 등 16개 분야 5207명(일부는 2개 이상 분야에 중복)이다.

친일파의 처리는 우리 역사에서 미결 상태로 남아있다.

이헌종은 '일본지도층의 대한(對韓) 망언(妄言)연구'에서 망언의 내용을 식민통치의 미화(美化) · 한일합병의 합리화, 한국인에 대한 증오심 표출, 침략전쟁의 합리화, 일본제국주의에 대한 동경(憧憬) 등으로 분류하였다.

「1948년경 스즈키 다케오(鈴木武雄, 1901-1975), 1953년 구보타 간이치로(久保田貫一郎, 1902-1977), 1961년 文部相 아라키 마스오(荒木 万壽夫, 1901-1973), 1962년 首相 이케다 하야토(池田勇人, 1899-1965), 1965년 다카스기 신이치(高杉晋一, 1892-1978), 1986년 후지오 마사유키(藤尾正行, 1917-2006), 1988년의 오쿠노 세이스케(奧野誠亮, 1913-), 1995년 에토 다카미(江藤隆美, 1925-2007) 등 39회의 발언들은 일본에 의한 한국합병은 '합의에 의해 이루어졌고 일본은 한국에서 좋은 일도 했으며 한국측에도 문제 혹은 책임이 있다' 등 세 가지 유형의 식민지 지배의 정당화와 연관되는 망언이다.」

〈다카사키 소지(高崎宗司) / '妄言の原形〉

1990년 5월, 盧泰愚(1932-)대통령 訪日때 아키히토(明仁)天皇은 「우리나라에 의해 초래된 이 불행했던 시기에 귀국 국민들이 겪었던 고통을 생각하고 통석(痛惜)의 염(念)을 금할 수가 없다.」 하였고 1993년 11월, 訪韓한 호소카와 모리히로(細川護熙, 1938-)총리는 「과거 모국어 교육의 기회를 빼앗기고 타국어의 사용을 강요당하고 창씨개명이 강제되고 군대위안부, 노동자의 강제연행 등 견디기 어려운 고통을 강요당한 데 대해 가해자로서 깊이 반성하며 다시 한 번 진사(陳謝)드린다.」하였다.

그밖에도 1992. 1 미야자와 기이치(宮澤喜一, 1919-2007), 1995. 8 무라야마 도미이치(村山富市, 1924-), 1998. 10 오부치 게이조(小淵惠三, 1937-2000), 2005. 8 고이즈미 준이치로(小泉純一郎, 1942-) 등 역대 총리들의 사과와 반성이 이어졌는데 2010. 8 한일강제병합 100년을 맞아 간 나오토(菅直人, 1946-) 총리는 「한국인들은 그 뜻에 반해 이뤄진 식민지 지배에 의해 국가와 문화를 빼앗기고, 민족의 자긍심에 깊은 상처를 입었다.(중략) 재차 통절한 반성과 마음으로부터의 사과의 심정을 표한다.」라고 식민지배의 강제성을 인정하고 조선왕실의궤(朝鮮王室儀軌, 81종 167책), 제실도서(帝室圖書, 38종 375책) 등 궁내청(宮內廳) 소장 도서를 인도하겠다고 하였다.

〈4月革命과 내각책임제 - 민주당 정부(1960. 8-1961. 5)〉

사회적 불안은 "못살겠다 갈아보자"(민주당) / "구관이 명관이다"(자유당) 구호처럼 1960년 3월 정부통령선거에 이르러 그 절정에 달하였다.

'李대통령께 드리는 公開狀' 을 썼던(1957. 5) 야당 후보 維石 趙炳玉의 급서로 이승만은 무난히 당선될 수 있었지만, 부통령에 이기붕(李起鵬, 1896-1960)을 당선시키기 위하여 자유당정부는 공무원 특히 경찰을 동원하여 3人組의 상호감시적 투표, 事前투표, 換票, 선거운동의 방해, 폭력행사 등의 불법을 자행하였다. 3 · 15선거를 부정하게 치르고 경찰들이 유권자들을 억압한 것이 4 · 19의거 발발의 주된 촉매역할을 했다.

2월 28인 대구에서 시작되어 선거 당일인 3월 15일 마산 학생들의 데모는 김주열(金朱烈, 1943-1960)학생에 대한 경찰의 비행에 자극되어 재발되고 서울로 飛火하여 4월 18일 高麗대학생의 데모가 있었고, 이들은 귀교하는 도중에 폭력배의 습격을 받아 부상자가 났다. 다음날인 19일 시내의 거의 모든 대학의 학생들이 '부정선거 다시 하라' '민주주의 死守하자' '李 대통령은 즉시 물러가라' 등의 구호를 외치며 데모에 돌입, 국회의사당 앞을 거쳐 景武臺(현재의 靑瓦臺)어귀에 이르렀을 때 경찰은 실탄을 발사, 186명이 사망하고 6천여 명의 부상자가 발생, 학생들은 일부 건물을 불 태우는 등의 험악한 사태를 빚어냈다. 당황한 정부가 계엄령을 선포, 사태는 일단 가라앉게 되었으나 25일 대학교수단의 '대통령을 위시한 국회의원들과 대법관 등은 3 · 15부정선거와 4 · 19사태의 책임을 지고 물러나고 재선거를 실시하라' 는 요지의 14개항 시국선언문 발표와 데모에 이어 학생과 시민의 데모는 밤을 새우며 진행되었고, 다음날에는 더욱 치열하여 갔다. 4 · 19 묘지(1963년 건립)에는 4월 혁명 희생자 영령 199位가 안장되어있다.

4 · 23 張부통령 사임 후 4월 28일 이승만은 國會의 下野勸告결의(決議)를 존중하여 "국민이 원한다면 대통령직을 사임하겠다"고 한 뒤 물러나고 과도내각성립으로 즉시 사태는 회복되었다. 李承晩은 하와이로 망명했다가 1965년 7월 19일 호놀룰루에서 일생을 마쳤다.

닉슨(Richard Milhous Nixon)은 부통령시절(재임 1953-1961) 李承晩과의 對坐를 기록하였다.

「1953년 11월 12일, 나는 아이젠하워(Dwight David Eisenhower)대통령의 서한(書翰)을 휴대하고 한국에 도착했다. 李 박사는 한국휴전협정에 대해 못마땅하게 생각하고 분단을 수락하길 거부했으며 통일된 조국을 다스리겠다는 희망을 여전히 품고 있었다. 나는 또한 공산주의자들을 다루는 데 있어서 예측을 불허토록 하는 것(being unpredictable)이 중요하다는 이 대통령의 통찰(洞察)을 곰곰이 생각했다. 그 후 여행을 하면 할수록, 많은 것을 배우면 배울수록 그 노정치가가 현명했음에 더욱 더 감탄하게 되었다.」

〈닉슨 / '회고록'〉

雩南 李承晩〔아명 승룡(承龍)〕에 대하여 로버트 올리버(Robert T. Oliver)로 대표되는 호의적 평가는 '희세(稀世)의 위재(偉才)'〔김인서(金麟瑞, 1894-1964)〕·'외교의 신(神)'〔조정환(曺正煥, 1892-1967)〕, '자기 체중만큼의 다이아몬드에 해당하는 가치를 지닌 인물'〔밴 플리트(James Award Van Fleet, 1892-1992)〕등으로, 리처드 알렌〔Richard C. Allen, 본명 존 테일러(John M. Taylor)〕으로 대표되는 비판적 평가는 '정치적 악한'〔장준하(張俊河)〕·'교활하기 짝이 없는 철저한 에고이스트'〔신상초(申相楚, 1922-1989)〕·'장제스(蔣介石)의 아류(亞流)'〔오언 래티모어(Owen Lattimore, 1900-1989)〕등으로 묘사해왔다.

「하와이 亡命團體내부의 혹심한 파쟁을 통해 李承晩은 음모와 암살을 무기로 하는 政治集團 사이에서 생존경쟁 수단을 체득했다. 귀국하기까지의 그의 생활은 연단에 서서 자기의 적을 몰아 치는 투쟁의 연속이었다. 한 국가 원수로서의 지위에 오른 후에도 그는 상대방이 쓰러질 때까지는 만족할 수 없었고 언제나 싸울 적(敵)을 찾는 쌈닭(鬪鷄)과도 같이 정적(政敵)들을 때려 눕히기를 그치지 않았다.」

〈존 테일러(John M. Taylor) / '한국의 이승만 : 허가받지 않은 그의 초상(肖像)'〉

「그가 자신을 미국과 극히 가깝게 연결시키고 미국적인 입장에서 문제를 보았으며 미국이 극동(極東)에 대하여 품고 있는 여러 가지를 보존하는 데 많은 일을 했으며 때로는 우리의 뜻을 어겨 가면서 까지 그렇게 해주었다. 그는 戰後세계사의 흐름을 꿰뚫어 보고 對美자주·對共저지노선으로 건국을 지도한 위대한 인물이다. 내가 가장 분개(憤慨)하는 것은 이승만에 대한 비난이 한국 국민들로 하여금 그들의 나라가 위기와 궁핍(窮乏)의 심연(深淵)을 헤쳐 나오면서 세계적인 지도자를 키워냈다는 사실을 모르도록 방해하고 있다는 점이다.」 〈로버트 올리버 / '세계적 정치가 이승만'(1995)〉

4월혁명에 의하여 자유당 정부가 전복되고, 허정(許政)의 과도정부를 거쳐 兩院制와 내각책임제 개헌에 의하여 윤보선(尹潽善)〔구파(舊派)〕대통령, 張勉〔신파(新派)〕국무총리의 民主黨정부가 수립되었다(1960. 8).

2공화국에서 새 생활운동, 국토개발추진, 경제개발계획수립 등을 하고 民·參議院과 지방의회를 구성, 면장까지 직선제로 뽑는 등 의회민주주의 신념을 구현하였으며 신·구파간 경쟁과 타협을 통한 정책결정이 이루어졌다.

4월혁명은 독재와 부정에 반항하는 국민의 힘이 학생들의 혈기를 통하여 정권을 타도(打倒)하는데 성공한 한국사상 최초의 革命이었다. 그러나 4 · 19는 정권은 교체되었으나, 지배세력까지는 교체되지 않은 정치적 변혁이었다.

민주당정부는 정권계승의 위기에서 탄생한데다 내각책임제 하에서 자본축적과 사회적 지지기반이 취약(脆弱)했으며 국민의 욕구를 충족시킬 수 있는 충분한 시간을 갖지 못해 5 · 16 쿠데타를 예방하지 못한 過를 범했다.

장준하(張俊河)는 「4월혁명이 배반당한 소이(所以)는 무계획적인 것이어서 혁명의 논리를 관철하기 어려웠다는 사정에 기인하는 바도 크려니와 우리 국민 대중의 지성 수준이 낮은 탓이기도 하다.」하였다.

〈군사독재정권의 출현과 강압정치(1961.5-1987.12)〉

민족통일전국학생연맹의 '가자 북으로, 오라 남으로' 주장과 북한의 평화공세, 노동쟁의의 급증, 시위의 만연 등 정치적 · 사회적 혼란을 수습해야겠다는 생각으로 3천 6백여명의 군대를 이끌고 일어난 것이 朴正熙(1917-1979) 少將 주도의 5 · 16 군사쿠데타였다.(1961.5.16)

5 · 16은 2공화국의 프리토리언적(Praetorian:정치적 권위와 제도가 약화된 상황에서 사회집단이 각자 자기 요구를 만족시키려고 나름대로의 자원에 의존, 정치에 종사하는 행태) 무질서와 불안정에 대한 반동이었다. 박정희(朴正熙)는 여순반란사건에 연루돼 군사재판에서 무기징역을 선고받은 후 좌익분자 밀고 대가로 감형과 동시에 예편한 후 6 · 25전쟁이 터지자 복직돼 정보와 군수계통에서 일했다.

쿠데타가 일어나자 윤보선(尹潽善, 호 해위(海葦))은 「"올 것이 왔구나. 국민들은 더 이상 장면 내각의 약속을 믿지 않는다. 한국은 강한 정부를 원하며, 장면은 스스로 그러한 지도력을 제공하기에는 부족하다는 점을 증명했다"」고 말했다.

「성실한 태도로 진정한 민주주의의 실현을 위하여 권력의 남용(濫用)으로 독재를 하지 않았다고 하여 무능이라는 것이 혁명의 대상이 되는 것인가. 8개월 간의 짧은 시정(施政) 끝에 덮어 놓고 부패와 무능이라는 누명(陋名) 밖에 씌울 것이 없다면 이는 쿠데타를 정당화시키기 위한 구실 이외의 아무것도 아니다. 민주당 정권이 국민 앞에 큰 과오(過誤)를 범해서 쿠데타를 당하지 않으면 안되게 끔 정국이 악화되었다는 자각(自覺)은 없었다. 또 민주당 정권이 실책(失策)을 거듭해 이를 전복(顚覆)하지 않으면 안되겠다고 생각한 것이 군 전체의 지배적인 주장이라고도 보지 않는다.」 〈雲石 장면〉

李翰林(1921-2012), 金雄洙(1923-) 등 장성들은 5 · 16 쿠데타 주체세력에 대항, 진압하려 했다. 군사쿠데타가 일어난 후 미국의 공식적인 입장은 다음과 같았다.

「군사혁명委員會가 대한민국의 민주헌정질서를 잠정적으로 정지시킬 필요가 있다고 본 것은 매우 유감이나, 유엔원칙의 지지, 강력한 반공, 의욕적인 사회경제개혁, 민정이양 등을 내용으로 하는 성명은 매우 고무적(鼓舞的)인 것이다.」

우드로 윌슨 센터 소장(所藏) 차오샤오광(喬曉光) 중국대사의 5 · 16군사정변 당일 중국 지도부에 보낸 전문에 의하면 북한은 쿠데타 발생 직후 주도세력을 진보세력으로 보고 지지성명까지 준비했는데 이틀 뒤(18일) "극심한 반동에 의한 쿠데타"라고 하면서도 황태성(黃泰成, ?-1963)을 남한에 급파, 5 · 16에 대한 진의를 파악하려 접촉을 꾀했다.

쿠데타 성공후 장도영(張都暎, 1932-), 김동하(金東河, 1919-1993) 등이 축출되고 박정희와 김종필(金鍾泌 1926-) 중심의 육사 8기출신이 권력을 장악했다.

朴正熙 정권시대는 산업화의 기틀을 마련하려는 국가주도적 억압에 맞서 푸대접과 탄압받은 정치세력 및 사회계급들이 대결하던 시기였다. 박정희와 그 지지자들은 경제발전을 위해 정치적인 자유를 유보(留保)할 수 있다는 생각을 가졌다. 한국민들은 권위주의가 가미(加味)된 '강력한 행정부와, '민주주의 이름 아래 국력을 소모(消耗)시켰던 과거로의 복귀' 중에서 택일해야 했다.

1962년 6월 3일 군정의 민간 이양을 촉구한 윤보선 대통령의 기자회견 기사 등으로 동아일보 기자 구속에 이어 고재욱(高在旭, 1903-1976)주필 · 황산덕(黃山德, 1917-1989) 논설위원 구속 등 필화(筆禍) 사건이 잇따랐다. 國家再建最高會議로 개칭한 군사정권 아래 '구정치인' 4,374명의 정치활동 금지(1962. 4) 후 民主共和黨 창당, 1963년 政治活動 재개와 '軍政延長' 성명(3 · 16)을 거쳐 새 국회가 열리고(1백75석 중 민주공화당 1백 10석 차지) 大統領中心制 및 國會單院制를 골자로 하는 새 헌법이 발효돼 朴正熙가 대통령에 취임(尹潽善에 15만 6천 26표차로 신승), 3공화국 등장(1963. 12)이 있었다.

김종필 · 오히라 마사요시(大平正芳, 1910-1980) 메모에 의한 대일청구권자금 합의(1962. 11)와 한일수교(1965. 6)에 따른 일본의 경제원조는 경제적 빈곤을 해결하는 기회가 되었다. 또한 1963년 12월부터 1970년대 후반까지 간호사 10,030명, 광부 7,968여명을 서독에 파견, 인력 수출에 의한 외화 수입도 一助했다.

朴정권은 3선개헌(1969.9), '국가비상사태' 선언(1971. 12) 등 강압정치를 펴는 한편 1968년 1월 무장공비 31명의 서울 침투와 美 해군정보수집함 푸에블로(Pueblo)號 납북, 1969년 12월 KAL 旅客機 납북(拉北)에도 불구하고, 1972년 7 · 4 남북공동성명과 8월 남북적십자회담으로 '평화적 조국통일' 을 표방하며 10월 유신(維新)에 돌입, 국회를 해산한 뒤 국민투표로 결정한 유신헌법에 의하여 구성된 통일주체국민회의에서 대통령을 선거하면서 4공화국이 출범(出帆, 1972. 12), 독재정치는 더욱 심하여 졌다.

이후락(李厚洛, 1924-2009) · 김영주(金英柱, 1922-) 간 7 · 4공동성명에서 남북은 최초로 자주적 해결 · 평화적 방법 · 민족적 단결의 통일원칙 등에 합의를 보고 이적론(利敵論)으로 탄압받던 평화통일론이 정부의 통일방법론으로 정착되었다.

유신체제는 경제와 산업발전을 위해 필수적(必須的)이며, 북한 위협에 대처하여 국민의 기본권 제약이 불가피하다는 명분을 내세웠다.

그레고리 헨더슨은 '10월 유신'을 민주주의의 강간(the rape of democracy)'이라고 규탄(糾彈)했다. 「마치 손수건을 세탁기 넣듯 헌법을 버린 정부, 언론의 입에 재갈을 물리고 지적활동을 질식시킨 정부, 시민을 고문하고 국회를 폐쇄한 정부, 미국의 무기로 다스리는 정부, 이런 한국 정부를 한국인들이 얼굴을 찡그리면서도 지지하고 지킬 것인가」 〈뉴욕 타임스, 1972년 11월 8일자〉

유신이후 행정부의 행정지도가 남발되고 긴급조치특별법이 양산(量産)되어 사법부를 통한 법치주의는 파행(跛行)의 길을 걸었다. 네 차례의 계엄령과 두 번의 위수령, 한 차례의 비상조치와 아홉 번의 긴급조치(위반자 1,140명)는 대부분 유신시대에 선포되었다.
정당이란 '민주적인 방식으로 정권을 장악하거나 정권의 변동에 영향을 미치기 위하여 결집된 조직체'라는 시각에서 보면 유신체제하에서는 올바른 의미의 정당은 존재하지 않았다.

미국은 1972년 계엄령선포, 국회해산, 정치활동금지, 언론검열의 상황에서 朴正熙가 종신 대통령이 될 수 있는 개헌을 반대하고 반대자들에 대한 탄압을 비판했다.
월남전(1964-1975) 파병〔1964. 9-1973, 3, 초대사령관 蔡命新(1926-2013), 참전연병력 32만5,517명, 전사 · 실종 5,070명〕, 1969년 닉슨의 괌(Guam)독트린 선언에 따른 주한미군 일부 철수와 1975년 박정희의 핵무기개발발언 등 한미관계의 교착(交錯)속에 미국이 한국에서 가지는 정치적인 영향력을 주한 미국대사였던 글라이스틴(William H. Gleysteen Jr.)은 "크게 얽혔으나 영향력은 적었다(Massive Entanglement, Marginal Influence)"라고 평하였다.

유신정권은 저속성 · 퇴폐성을 빙자하여 1975년 6월 43曲을 시작으로 '아침이슬' · '왜 불러' · '그건 너' · '거짓말이야' · '기러기 아빠' 등 223曲의 대중가요를 금지곡으로 하였다.

당시 민주화운동의 큰 흐름은 청년 · 학생, 종교인 · 문인 · 언론인 · 교수 등 지식인, 김영삼(金泳三, 1927-) · 김대중(金大中, 1925-2009) 등 재야 정치인, 노동자 · 농민 등 기층 운동권의 넷으로 3선개헌, 언론 무력화, 지식인 어용화, 정보工作정치, 정경유착에 대한 반대투쟁이 主流를 이루었다. 긴급조치 9호 선포로 1970년대 후반기의 정국은 정부의 강압에도 불구하고, 광범위한 재야세력이 반체제 연합을 이루어 민주화투쟁을 전개, 유신체제의 종말을 잉태(孕胎)하고 있었다.

천주교 정의구현전국사제단과 지학순(池學淳, 1921-1993) · 張俊河 · 김재준(金在俊) 등의 민주수호국민협의회 및 대학생들의 '반 유신' (反維新)운동이 거세게 일어났다.
지학순 주교 구속은 사회정의를 한국교회의 선교방향에 더욱 철저히 통합시키고 성직자와 신자들에게 더욱 깊이 뿌리내리게 하는 결과를 낳았다.

'종(縱)으로 5천년의 역사를 밝혀 우리의 전통을 바로잡고, 횡(橫)으로 만방의 지적 소산을 매개(媒介)하고 공기(公器)로서 자유 · 평등 · 평화 · 번영의 민주사회건설에 미력(微力)을 바치고자' 장준하가 창간한 '사상계(思想界)' (1953. 4-1970. 5)가 김지하(金芝河, 1941-)의 5賊기사 게재로 폐간되고, '헌법개정청원운동본부' 서명운동(1973. 12) 후, 東亞日報광고탄압(1974.12-1975.7)에 대한 '자유언론실천선언' (1974), 민주헌법개정을 촉구한 民主回復國民會議 선언(1974. 11), '자유실천문인협의회 101인선언' (1975), 야당 정치인 및 지식인들의 '3 · 1민주구국선언' (1976), 金東吉(1928-) · 李愚貞(1923-2002) 등 13명의 해직교수단이 서명한 '해직교수협의회' 의 '민주교육선언' (1977), 尹潽善 · 咸錫憲 · 文益煥(1918-1994) · 千寬宇 · 尹亨重(1903-1979) · 朴炯圭(1923-) · 李文永(1927-) 등 재야 인사 4백2명과 12개 재야 단체명의의 10 · 17民主國民宣言(1978) 등이 있었다.

1960년 4월의 '사상계' 에는 운영위원으로 金俊燁(주간), 宋秉武, 嚴堯燮, 劉彰玄, 張俊河(발행인) 등이, 편집위원으로 金相浹, 金夏泰, 申相楚, 安秉煜(1920-2013), 嚴敏永, 呂石基, 李東旭, 李鳳順, 李萬甲, 李廷煥, 李鍾珍, 鄭泰燮, 韓泰淵, 玄勝鍾, 黃山德 등이 있었다.

노동자들의 저항, 광주(廣州)단지(성남시) 주민폭동(1971. 8), 김대중 납치(1973)에 이어 1979년에는 김영삼의 국회의원직 박탈, YH社 여성근로자들의 신민당사 농성(籠城), 부산 · 마산의 민중항쟁 등 정치적 사회적 혼란이 확산되고 있었다.
1979년 10월26일 박정희가 만찬중 심복인 중앙정보부장 김재규(金載圭, 1926-1980)에 의해 암살됨으로서 18년간의 군사독재정권은 무너졌다.

'포용과 억압' 의 박정희독재는 정당성과 도덕성을 갖지 못한 리더쉽은 자립경제, 자주국방 등 이룩한 성과마저 切下된다는 교훈을 남겼으며 정치의 낙후성(금권 주의 · 지역주의 · 便法主義), 경제의 파행성(독과점 · 불공정 · 불균형 성장), 사회의 경직성(능률지상 · 물질만능 · 흑백논리) 등 의식(意識)의 지체(遲滯)라는 유산을 남겼다.

16개 과거사 진상규명위원회가 발족되어 2002년 5월 「민주화 운동과 관련되어 위법한 공권력의 행사로 사망한 사람에 대하여는 '의문사 진상 규명에 관한 특별법' 에 따라 구제 조치를 취한다」고 결정했다.
이용훈(李容勳, 1942-)대법원장이 2005년 9월 과거사에 대한 반성의 뜻을 밝힌 이후 법원에서는 과거 정권에서 가혹행위나 불법구금 사실이 인정된 사건 19건이 재심을 통해 무죄가 선고됐다.
'사법살인' 으로 거론됐던 인민혁명당 사건〔民靑學聯 인혁당계 23명 중 우홍선 등 8명이 1974년 북한의 지령을 받아 유신체제에 반대하는 전국민주청년학생연맹(민청학련)을 조종(操縱), 국가전복 혐의로 사형이 집행되었다〕, '아람회 사건' 〔박해전 등 6명이 5 · 18 광주민주화운동에 대한 신 군부의 진압 살상을 알리는 유인물 배포와 반국가단체 조직, 결성혐의로 중형을 선고받고 복역하였다〕, '학림(學林)사건' 〔이태복 등 24명이 1981년 6월 전국민주학생연맹(전민학련)과 전국민주노동자연맹(전민노련)을 결성해 활동하다 무기징역 등 중형을 선고받고 복역하였다.〕의 재심에서 법원은 2007년 1월, 2009년 5월, 2010년 각각 무죄를 선고했다.

유신헌법 53조(대통령이 국가위기 상황이라고 판단될 때 헌법에 규정된 국민의 자유와 권리를 잠정적으로 정지할 수 있다.)를 근거로 1974년 법원의 영장없이 인신 구속을 가능하게 하는 긴급조치 1호, 긴급조치 위반자를 비상군법회의에 회부하는 긴급조치 2호, 민청학련과 관련되는 단체를 조직하거나 가입하는 행위를 금지하는 긴급조치 4호, 1975년 유사시 군병력 출동을 가능하게 하는 긴급조치 9호를 각각 발동했었는데
헌법재판소는 2013년 3월 21일 긴급조치 1, 2, 9호는 "입법 목적의 정당성이나 방법의 적절성을 갖추지 못했을 뿐 아니라 죄형법정주의에 위배된다"며 "표현의 자유, 영장주의 및 신체의 자유, 법관에 의한 재판을 받을 권리 등 국민의 기본권을 지나치게 제한하거나 침해한다"고 위헌 판정을 내리고 대법원은 2010년 긴급조치 1호, 2013년 4월 긴급조치 9호, 5월 긴급조치 4호에 대하여 각각 위헌 판결을 했다.

〈民主化를 넘어 南北和解協力으로(1989-)〉

유신독재는 끝났지만 1979년 12 · 12쿠데타로 유신잔재 세력들과 결탁하여 5. 18 광주 민중항쟁을 김대중내란 음모사건으로 조작, 집권을 노리던 신 군부는 국가보위비상대책위원회를 설치, 5공화국을 탄생시켜(1980. 9) 언론통제(1985. 10-1986. 8, 보도지침 584건) 등으로 정보 · 강압정치의 유산을 계승하였다.

미국은「한국의 정치발전에 큰 진전이 있었으나 12 · 12후의 사태는 우려스럽다. 군 지휘체계가 동요될 경우 김일성이 군사적인 모험을 감행할 가능성이 있다. 미국 정부는 어디까지나 한국의 민간정부를 상대하고 전폭적으로 지지할 것」이라고 하였다.

1987년 1월 '박종철 고문치사' 는 6월항쟁과 '6 · 29 민주화선언' 으로 이어졌고 국민의 民主化요구는 더욱 치열해져 헌법이 개정되고 5년 單任의 直選制의 의한 대통령선거가 치루어 졌는데 金泳三 · 金大中이 統一民主黨(약칭 民主黨)과 平和民主黨(약칭 平民黨) 후보 각각 출마함에 따라 民主正義黨(약칭 民正黨)의 盧泰愚 후보가 당선되었다.

6공화국에서 형해화(形骸化)되었던 민주정치의 길이 다시 열리고 1988년 24회 '서울올림픽대회' 의 성공적 개최로 국력신장의 계기를 마련하였으나 반면 지역 · 이념 · 계층 등 분야에서의 사회 갈등이 심화되기 시작하였다. 7 · 4공동성명의 3대 통일 원칙 재확인, 화해 · 상호불가침 · 교류협력증진등에 관한 남북기본합의(1991년), '한반도의 비핵화에 관한 공동선언(1991. 12)' 으로 남북관계는 적대(敵對)관계에서 화해관계로 脫冷戰的 변환(變換)을 추구하였다.

개헌 略史

구분	공포일	주요 골자
1차 개헌	1952년 7월 7일	대통령 · 부통령 직선제 도입, 국회 양원제
2차 개헌	1954년 11월 29일	대통령 중임 제한 폐지(이승만의 3선 목적), 국민투표제 도입, 사유 · 사영의 경제원칙
3차 개헌	1960년 6월 15일	내각책임제, 兩院制 · 대통령 국회서 선출
4차 개헌	1960년 11월 29일	반민주행위자처벌에 관한 부칙(附則) 삽입
5차 개헌	1962년 12월 26일	대통령중심제, 국회 단원제 환원(還元)
6차 개헌	1969년 10월 21일	대통령의 3선 허용(박정희의 3선 목적)
7차 개헌	1972년 12월 17일	대통령 간선(間選), 통일주체국민회의 신설, 대통령의 법관임명권과 국회해산권
8차 개헌	1980년 12월 27일	대통령 7년 단임 및 간선제
9차 개헌	1987년 12월 29일	대통령 5년 단임 직선제, 국회의 국정감사권

「原則을 둘러싸고 相容되지 않을 만큼 분열하여 서로가 자기 편이 純白이고 상대는 검다고 믿고 있는 국가는 스스로를 통치할 수 없다.」고 월터 리프만(Walter Lippmann)은 말한 바 있지만 EIU의 2010년 민주주의 평가지수에 따르면, 완전민주주의는 26개국, 불완전민주주의는 53개국, 혼합정체는 33개국, 권위주의는 55개국이다.
6 · 29선언 직후 '타임(TIME)' 은 한국정치에 대해 「한국의 민주화가 성공하려면 경제가 상당수준에 올라가 있어야 하고 남의 의견을 존중하는 寬容의 태도가 확립되어 있어야 하며 권력을 깨끗이 포기(抛棄) 할 수 있는 정치 엘리뜨가 존재해야 한다」라고 썼다.

1983년 소련의 KAL기 격추(탑승자 269명 전원 사망), 미얀마 랭군 아웅산(Aung San, 1915-1947)묘소 폭발암살〔서석준(徐錫俊, 1938-1983) 부총리 등 17명 사망, 13명 부상〕, 1987년 11월 KAL기 폭파(탑승자 115명 전원 사망)에 불구하고 1991년 9월 남북한이 UN에 동시가입하고 12월 서울 5차 남북고위급 본회담에서 서로 국가적 실체를 인정하기로 합의하였다. 1990년 9월 경제협력을 조건부로 소련과 수교(修交)하고 1992년 8월 중화인민공화국과의 국교 수립으로, 한국과 타이완 간의 외교관계는 '중국은 하나' 라는 원칙에 의해 단절되었다.

김영삼 대통령의 '文民정부' (1993.2-1998.2)는 '신한국창조' 와 '역사바로세우기' 의 기치를 내걸었다.

지방자치선거, 정치자금 · 공직자윤리 등 관계법개정으로 정치문화 개선과 금융(1993. 8) 및 부동산(1995)실명제 도입으로 경제투명성 제고를 하고 경제협력개발기구(OECD, Organization for Economic Cooperation and Development, 1961 창설)에도 가입하였다(1996. 9). 구 조선총독부건물 철거 및 경복궁 복원 착공과 독립운동가(박은식 · 노백린 · 신규식 · 서재필 · 전명운)유해의 환국 이장을 하였으며 '12 · 12사건' 〔장태완(張泰玩, 1931-2010) · 정병주(鄭柄宙, 1927-1989)를 제압한 전두환(全斗煥, 1931-) · 노태우(盧泰愚)의 정권찬탈(1979. 12. 12)〕을 "하극상(下剋上)에 의한 쿠데타적 사건"으로 단죄(斷罪)하고 4 · 19와 釜 · 馬항쟁, 5 · 18광주민중항쟁(234명 사망, 722명 부상), 6월민주화운동 등을 정당화하였다(1995. 12).

광복 후 처음 여야(與野)의 평화적 정권교체를 이룬 김대중 대통령의 '국민의 정부' (1998.2-2003.2)는 '민주주의와 시장경제의 병행 발전' 을 지향하였다.

부정부패방지법 · 국가청렴위원회 · 인권위원회로 공직사회와 인권의 개선, 외환위기 극복을 위한 공공부문 구조개혁, 국민기초생활보장법 · 4대보험완성 등 생산적 복지기반을 조성했다. 대북 포용의 햇볕정책으로 2000년 평양 남북정상회담에서 통일문제의 자주적 해결, 이산가족 · 비전향장기수 등 인도적 해결, 민족경제균형발전 · 협력을 골자로 하는 '남북의 화해와 협력에 관한 6 · 15공동선언'으로 2000년 12월 노벨(Alfred Bernhard Nobel, 1833-1896)평화상을 수상하였다.

盧武鉉(1946-2009) 대통령의 '참여정부'(2003.2-2008.2)는 '국민과 함께하는 민주주의, 더불어 사는 균형발전사회, 평화와 번영의 동북아시대'를 지향하였다.

脫권위주의적 市民意識 제고, 친일 반민족행위 및 과거사 진상규명 등으로 시민사회의 구조변화에 적극대응하고 人權伸張, 透明公正의 정치구조 변혁을 이루었으며 2007년 10.4 '남북정상선언(10개항)'으로 경협과 교류협력확대 · 상호존중과 신뢰구축 · 적대관계종식과 평화체제 구축 등 남북관계발전의 기틀을 마련하였다. 반면 세대간 · 계층간 갈등심화, 대통령 탄핵(彈劾) 發議등 정치의 사법화(司法化)로 의회정치 후퇴, 무절제한 욕구분출과 포퓰리즘 만연, 言論의 방기(放棄)와 法秩序의 輕視 등 국가기강의 해이(解弛)가 뒤 따랐다.
퇴임후 노무현은 '명성을 지키기 위해 자살을 택한 존경할 만한 사람 · 억울하게 죽은 한(恨)이 되었다.'(뉴욕타임즈)고 하였다.

우리나라는 1990년 소말리아 상록수 부대(250명), 2004년 이라크 자이툰부대(300명), 2007년 레바논 동명부대 등 전 세계 14개국 18개 지역에 1057명을 유엔 평화유지군으로 파병해 세계평화 유지에 기여하였다.
대한민국 건국 후 과학기술의 중요성취로 공병우(公炳禹, 1906-1995) 세벌식 한글타자기(1950), 다수확 통일벼 품종(1971), 반도체 생산기술(1983), 워드프로세서 '한글'(1986), B형 간염백신(1989), 코드분할 다중접속기술(1996)의 개발 등을 들 수 있다.
한편, 급격한 한국 사회 변동 속에서도 비디오 예술 창시자 백남준(白南準, 1932-2006), 교향악단 지휘자 정명훈(鄭明勳 1953-), 소프라노 조수미(曺秀美, 1962-), 1992년 바로셀로나 올림픽 마라톤을 제패한 황영조(黃永祚, 1970-), 프로골퍼 박세리(1977-), 발레리나 강수진(姜秀珍, 1967-), 2009년 벤쿠버(Vancouver) 동계올림픽을 제패한 피규어 스케이터 김연아(金姸兒, 1990-) 등이 세계적 명성을 떨쳐 한국인의 국제적 위상(位相)을 제고하였다.

한국 주요 정당의 이합집산(1945~2004)

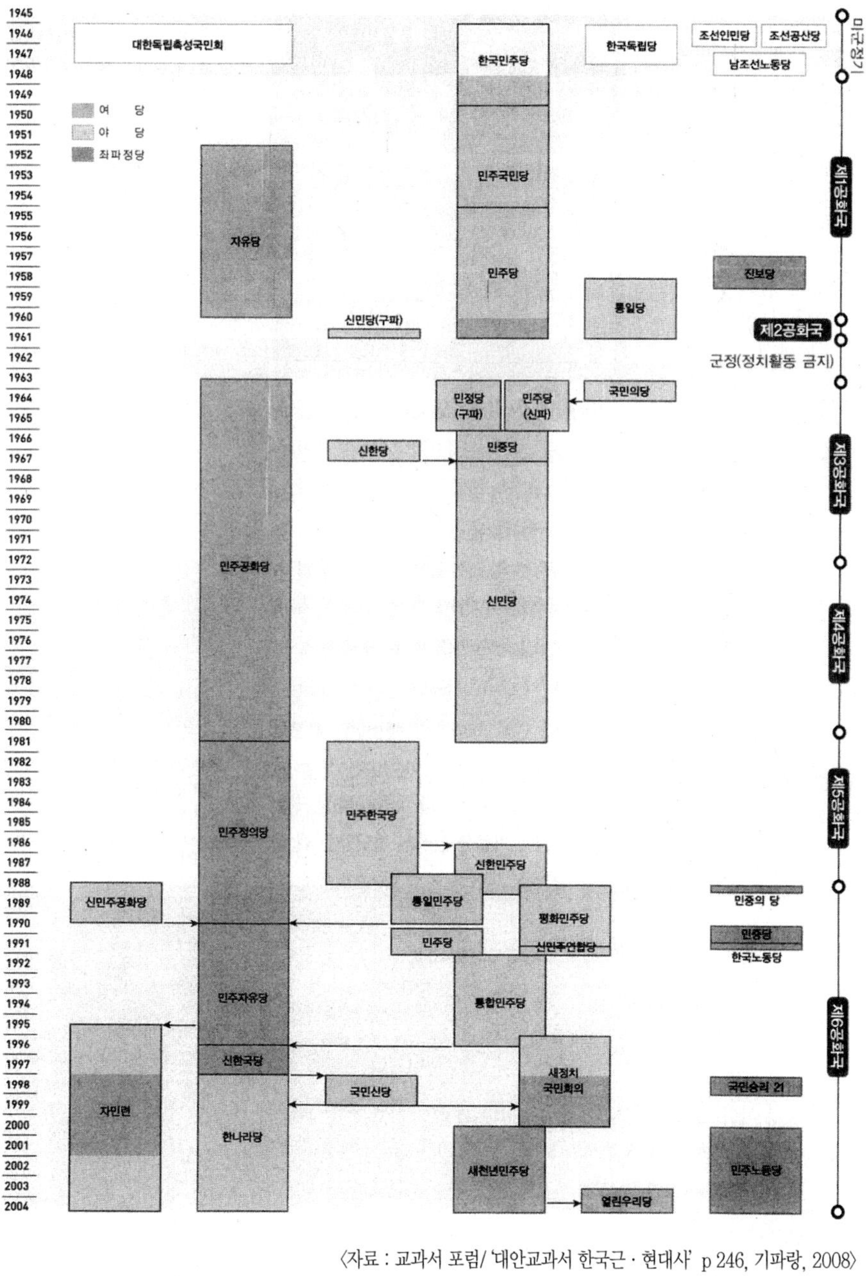

〈자료 : 교과서 포럼/ '대안교과서 한국근 · 현대사' p 246, 기파랑, 2008〉

천민자본주의(賤民資本主義)를 넘어
- 한국경제의 근대화 과정(過程)

한국경제는 商品 · 화폐경제 태동(1876-1904), 半 封建的 地主制 확립(1904-1919), 식민지자본주의 성장(1919-1945), 독점자본지배구조 형성(1960년대 이후) 등 근대화 과정을 밟았다.

1876년 강화도조약을 계기로 자본주의가 침투하기까지 조선사회는 토지국유를 기초로 한 중앙집권적 전제사회로서 상공업의 발달은 저지되고 자본재 생산양식(樣式)으로의 맹아(萌芽)가 싹트지 못한 자연경제체제였다.
18세기 후반기 이래 농업 경영자 및 자영 농민의 성장, 유통과정에서의 화폐적 요소 증대, 관영 공업 쇠퇴, 독립 자영 장인(匠人) 출현 등 경제 근대화의 조짐(兆朕)이 있었다.

한국의 資本主義는 그 生成條件과 자체 推進力을 갖지 못했으므로 出發點에서나, 生長過程에서 外來의 資本과 知識, 技術등에 의존할 수 밖에 없었다.

〈植民자본주의 成長〉

白南雲은 '조선후기 자본주의 발전의 싹이 식민지화로 인해 억압받고 일본자본이 주체가 된 이식자본주의가 성립하였는데, 그 이면에는 소자본의 몰락, 농민의 곤궁 등 조선인 산업의 위축이 있었다' 고 보았고 가지무라 히데키(梶村秀樹, 1935-1989)는 '자본주의 맹아가 제국주의의 침략과 지배로 왜곡되고 파괴당했다' 는 시각을 실증하였다.

傳統社會의 身分構造는 韓末 급격한 生産力의 발전과 사회적 역할의 분화로 새로운 階層秩序가 일어나 兩班의 몰락과 常民 · 천민(賤民)의 성장에 따른 身分해체(解體)가 있었으며 日人 · 封建勢力 및 그 후예(後裔)가 支配階級을 형성하고 韓人 農民과 勞動者 및 自營業者들이 被支配階層을 형성하였다.

「'17, 8세기에 발전' 하여 '門戸開放 이전 최대 규모의 土着資本' 으로 성장했다는 도고(都賈, 市廛系 또는 私商系의 獨占商業)資本조차도 '外國의 資本主義 침투로 타격(打擊)을 받아' '分解 혹은 變質' 된 듯하다.」

〈姜萬吉 / '韓國史研究' , 朝鮮 後期 商業資本의 成長 1968〉

日本에 의한 韓國 農業의 재편성은 半封建적 小作制度의 具體化(1945년 소작농 63%)였으며, 商業資本이 産業資本의 외형을 지니고 植民地에 투하됨으로써 近代化된 工業 및 輸出부문과 前近代적인 農林부문이 병존하는 經濟構造의 原型이 定型化되었다. 1930년대를 전후하여 韓國은 日本의 資本市場으로서의 기능을 하게 되고, 軍需 工業化로 日本 資本主義의 외연적(外延的) 발전과정으로서의 의미를 지닐 뿐이었다.

우리나라 工業은 光復前 年平均 11.2%(1920년대 연 평균 10.4%, 1930년대 연 평균 13.5%), 光復後 年平均 13.4% 成長을 하였다. 1921년을 起點으로 1943년에 이르는 20년간 工業生産額은 6倍 이상으로 늘어 났다.

日帝의 도로, 철도, 항만, 하천 및 도시시설 등 공공사업투자는 27억원 정도로 철도건설에 20억원(國鐵 18억원, 私鐵 2억원)을 투입하여 한일합병 이전에 釜山-서울-신의주를 연결하는 철도노선과 호남선(湖南線) · 경원선(京元線) · 함경선(咸鏡線) 등을 완공함으로써 남북종단형(南北縱斷型) 국토구조(國土構造)의 기초를 다졌다.

1908년 동양척식주식회사(東洋拓殖株式會社), 1917년 조선방직회사와 조선제사회사, 1918년 겸이포(兼二浦)제철소, 1926년 조선수력전기회사, 1927년 흥남 조선질소비료회사가 각각 건설되었다. 군국주의 일본의 군수(軍需) 광공업 발전에 따라 1912년 1만명이던 노동자가 1931년 14만명, 1936년 32만명, 1943년 74만명을 넘게 되고 1920년대부터는 朝鮮勞動共濟會(후신 朝鮮 勞動聯盟會)가 조직되면서 농민과 노동자에 의한 爭議가 일어났는데 高原 東拓농장 · 龍川 不二농장 小作爭議와 1921년 釜山 부두노동자 · 1923년 서울 고무女工 · 1929년 元山 노동자 총파업 등이 그 대표적인 것이다.

일제하 소작쟁의

연도	건수
1920-1925	610
1926-1929	2,486
1930-1935	37,051
1936-1939	100,823

〈자료 : 조선총독부, '조선농지연보'〉

일제하 노동쟁의

연도	건수	참가인원
1920	81	4,599
1925	55	5,700
1930	160	18,972
1935	170	12,189

〈자료 : 조선총독부 警務局〉

日帝의 韓國 강점 지배는 식량 · 원료의 공급지로서, 또 日本商品市場으로서의 經濟構造의 왜곡성(歪曲性)과 産業의 지역적 편재(偏在, 南農北工)라는 二重構造를 심화해 갔다.

1941년까지 日帝가 韓國에 투하한 資本은 73억 2천9백59만2천圓으로 國公債, 社債 등 國家資本이 32.9%, 會社資本이 53.8%, 個人所有資本이 13.3%였다. 開港당시 日本經濟의 정신적 자세는 初期 重商主義에서 보는 非合理主義, 투기(投機), 약탈(掠奪), 모험(冒險)과 상통하는 것으로 약탈적 貿易 및 地金의 착취는 日本의 産業近代化에 필요한 자본축적충동(資本蓄積衝動)의 結果이다.

日帝의 自家宣傳적인 문헌(文獻)에 추종한 親日的 第3國人〔콘로이(Hillary Conroy, 1919-), 라드(George Trumbull Ladd, 1842-1921), 아일랜드(Alleyne Ireland, 1871-1951)〕의 '日本의 侵略- 약탈(掠奪)政策은 朝鮮을 근대적으로 發展시키는데 기여했다' 는 妄言에 대하여는 董天(舊名, 董德模)의 '日本의 韓國侵略 合理化論을 박(駁)함' (思想界 1961년 8월호 p.173~192)과 같이 일본강점기의 바른 理解에서 비판(批判)되어야 한다.

• *近代企業家의 成長*

「개항이후 전통적인 상공업 및 농업으로부터 근대기업으로 전환하는 과도기에 일제는 경제권을 약취(略取)하여 개항지를 위시한 중요도읍(重要都邑)에는 일상(日商)이 대거 진출하여 상권(商權)을 장악하고 토지, 광산, 산림, 어업권도 점차 그들에게 점거되는 바가 되었다. 이에 조야(朝野)의 뜻있는 사람들이 주축이 되어 국정의 쇄신, 구폐(舊弊)의 일소(一掃), 근대교육의 보급, 서구기술의 도입, 경제의 근대화등 개화운동을 전개하였으며 근대기업의 창립도 개화운동의 일환(一環)으로 이루어졌다. 한국경제의 근대화나 민족기업가의 성장면에서 신 기원을 획(劃)할만 한 3·1운동 이후의 기업가들은 두 유형으로 하나는 민족주의를 기업동기 및 행동양식으로 삼고 있는 기업가군이며 다른 하나는 화폐적 극대화를 궁극적 목표로 삼고 있는 기업가군이다. 前者는 재화축적을 통하여 민족의 역량을 과시하고 민족을 위한 학교, 언론기관, 도서관을 설립함으로써 민족독립의 기반 구축이라는 원대(遠大)한 계획을 갖고 있었다. 이용익(李容翊), 박기종(朴琪淙), 김종한(金宗漢), 한상룡(韓相龍), 박승직(朴承稷), 백윤수(白潤洙), 김윤면(金潤冕) 등이 경제의 근대화에 기여하였다.

개항후 신 문화의 유입과 더불어 서울에 고유상(高裕相)의 회동서관(匯東書館 1897), 김기현(金基鉉)의 대동서시(大東書市), 지송욱(池松旭)의 신구서림(新舊書林 1887), 주한영(朱翰榮)의 중앙서관(中央書館), 김상만(金相萬)의 광학서포(廣學書鋪 1906)등 서점들이 갑오개혁 전후에 개점되었고 신문화운동이 활발하게 전개된 광무(光武)·융희년대(隆熙年代)에는 보급서관(普及書館), 수문서관(修文書館), 박학서원(博學書院) 등 20여개소의 전문적인 서적상을 헤아릴 수 있었다.」 〈조기준(趙璣濬) / 經濟史·高大教授〉

〈산업의 불균형 성장〉

1945년 광복과 더불어 일본 식민지경제체제는 붕괴되었으나, 軍政·過政을 통하여 工業生産力의 增强과 復興을 위한 시책에 대하여는 거의 불모지였다. 광복 이후 우리나라 기업의 資本蓄積계기는 귀속재산(歸屬財産)불하(1949-1963), 美國援助資金의 受取, 1960년대 이후의 外資導入 등 셋이 있었다.

美國의 經濟援助는 韓國動亂 발발(勃發)前까지는 美軍政廳 점령지구제기금〔GARIOA, Government and Relief in Occupied Area〕으로, 한국전쟁이후에는 經濟協助處(Economic Cooperation Administration), 유엔한국재건단(UNKRA), 한국민간구호기금(CRIK), 美公法(PL) 480호, 대외활동처(FOA), 국제협력처(ICA) 등을 통하여 제공되어 구호(救護)와 부흥(復興)에 치중하였다. 기형적이고도 취약한 공업은 다시 6·25동란에 의한 혹심한 파괴로 생산력을 마비상태에 빠지게 하였고, 파괴된 산업설비와 기간시설 등의 전후복구는 가장 시급한 과제였다. 또 전쟁비용의 조달과 막대한 유엔군 대여금(貸與金)의 원화지출(圓貨支出)은 인플레이션을 조장하였다. 특별융자, 援助弗 등 금융

특혜로 신흥 재벌들이 형성되었고, 생산업자들은 상품시장을 독점하기에 이르렀다. 농업은 6 · 25동란 전 국민총생산의 50%에서 1958년에는 37%로 그 비중이 적어졌고 농민은 1950년 농지개혁에 의하여 90%를 초과하는 자작농으로 되었으나, 영세농(零細農)의 성격을 면하지 못한데다가, 쌀 가격은 생산비보다도 낮아서 농민들의 생활은 여전히 가난하였다.

南部는 農業과 輕工業이 집중되었고 北部는 重工業과 動力을 대부분 공급했는데 남한과 북한간의 산업과 자원의 상호보완성은 분단으로 단절, 개발의 핸디캡을 가중시켰다.

分割地所有에 입각한 小農經濟, 공업구성의 기형성(畸型性), 이질적 요소의 교착(交錯), 先期的 자본의 지배와 같이 경제사회구조가 근대화되지 못하고 국민소득이 낮은 상태에서 빈곤 극복과 생산력 증대를 위하여 경제발전을 위한 국가적 계획이 필요하였다.

1956년부터 미국 원조자금에 의한 부흥기에 들어서고 1960년대에는 자립경제기반구축기 즉 외국도입자본 중심의 經濟開發이 본격적인 역할을 하는 시기에 들어서서 각종 外國援助 및 內資에 의한 양적 성장을 급속도로 증가시켰다.

세차례 화폐개혁(1950. 6, 1953. 2, 1962. 6)을 거치면서 1953년부터 1966년까지의 14년간 우리나라 工業成長은 年平均 13.4%(消費財工業은 10.2%, 生産財工業은 17.9%)를 實現하여 工業構造의 기축(基軸)이 이루어졌다. 1953-1962年間 外援(약 40억달러의 경제원조와 약 90억 달러의 군사원조)의 95%는 美國이 공여하였는데 韓國 GNP의 약 8%, 固定資本形成의 77%, 輸入의 약 70%에 해당되었다. 1965年까지는 美國의 對韓經援이 거의 무상원조(無償援助)로 구성되어 그후 外債負擔의 압박을 덜 받고 國際資本市場에서 資金을 조달할 수 있었다.
다섯차례의 경제개발 5개년 계획기간(1962-1986) 중 차관은 공공차관 15,718백만달러 · 상업차관 17,247백만달러 계 32,965백만달러, 외국인 투자는 2,362백만달러에 달하였다.

수입대체공업화 · 수출주도공업화 전략에 따른 네 차례의 경제개발 5개년계획(1962-1981) 실시결과 1960년대에는 8.5%, 1970년대에는 9.5%의 년평균 경제성장을 하였다.

년평균 경제성장율 추이(1962-2001)

(%)

기간	1962-1966	1967-1971	1972-1976	1977-1981	1982-1986	1987-1991	1992-1996	1997-2001
성장율	7.9	9.6	9.7	6.1	8.7	10.0	6.9	4.3

경부고속도로 개통(1970. 7), 일관제철소 건설 〔포항(1973. 7), 광양(1987. 5)〕을 비롯한 철강, 조선, 석유화학, 기계, 자동차 등 중화학공업 부문에서 양적 성장과 발전이 있었는데 민주화와 공업화가 조화되는 방식으로 경제발전이 이루어지지 못하고 관료 · 재벌 등 산업화의 추진세력에 의해 공업우선 · 성장위주의 불균형정책이 추진되었다.

金容完(1904-1996)의 경성방직, 李秉喆(1910-1987)의 三星, 具仁會(1907-1969)의 樂喜(LG), 鄭周永(1915-2001)의 現代, 崔鍾建(1926-1973)의 鮮京(SK), 趙重勳(1920-2002)의 韓進, 辛格浩(1922-)의 롯데 등 재벌(Industrial Conglomerates-덩치가 아주 크고 다양한 핵심 업종을 장악(掌握)하고 있는 소수의 대기업 그룹)은 정부주도의 경제개발정책에 편승(便乘), 독과점, 내외자본 배분상의 특혜, 국내경기 호조, 높은 인플레등에 힘입어 자본을 축적하고 소유집중의 세습경영을 하였다.

근명 · 자조 · 협동의 새마을운동(1970년 4월 제창, 다음해 부터 지역사회개발운동)과 더불어 1960~1970년대의 급속한 산업화는 직업구조를 개편하고 사회계층의 기반을 토지에서 자본과 기술로 변화시켰으며 중산층의 성장과 급속한 도시화(도시화율 : 1960년 30%, 2000년 80%)를 일으켰다.

산업구조 변동 추이

(%)

	1958	1961	1971	1981	1990	2000
농림어업	47.3	41.4	29.7	15.6	8.7	4.9
광공업	10.1	14.6	19.6	31.3	29.7	29.8
서비스 기타	42.6	44.0	50.7	53.1	61.6	65.3

1963년 이래의 수출주도형 경제개발체제에서 1988년 이후 민간 주도의 자유시장경제체제로 전환, 시장의 개방과 자유화 정책을 적극 추진하여 1994년경에는 수입자유화율이 98.5%에 달하였다.

한국 사회 계급구성의 변화

단위: %

<table>
<tr><th colspan="2">계급</th><th colspan="2">1960</th><th colspan="2">1970</th><th colspan="2">1980</th><th colspan="2">1990</th><th colspan="2">2000</th></tr>
<tr><td rowspan="3">중간</td><td>중간</td><td rowspan="3">20.5</td><td>0.9</td><td rowspan="3">30.3</td><td>1.3</td><td rowspan="3">40.3</td><td>1.8</td><td rowspan="3">45.6</td><td>1.9</td><td rowspan="3">53.0</td><td>4.3</td></tr>
<tr><td>신중간</td><td>6.6</td><td>14.2</td><td>17.7</td><td>25.5</td><td>23.9</td></tr>
<tr><td>구중간</td><td>13.0</td><td>14.8</td><td>20.8</td><td>18.2</td><td>24.8</td></tr>
<tr><td colspan="2">근로</td><td colspan="2">8.9</td><td colspan="2">16.9</td><td colspan="2">22.6</td><td colspan="2">30.6</td><td colspan="2">29.7</td></tr>
<tr><td colspan="2">도시하류</td><td colspan="2">6.6</td><td colspan="2">8.0</td><td colspan="2">5.9</td><td colspan="2">6.2</td><td colspan="2">7.6</td></tr>
<tr><td colspan="2">독립자영농</td><td colspan="2">40.0</td><td colspan="2">28.0</td><td colspan="2">23.2</td><td colspan="2">12.7</td><td colspan="2">8.9</td></tr>
<tr><td colspan="2">농촌하류</td><td colspan="2">24.0</td><td colspan="2">16.7</td><td colspan="2">8.1</td><td colspan="2">4.8</td><td colspan="2">0.8</td></tr>
<tr><td colspan="2">계</td><td colspan="2">100.0</td><td colspan="2">100.0</td><td colspan="2">100.0</td><td colspan="2">100.0</td><td colspan="2">100.0</td></tr>
</table>

〈홍두승/ '한국의 중산층' (서울대학교출판부, 2005)〉

1962~1980년간 경제성장의 특징은 기술혁신 · 기능향상, 경제개발에 대한 국민의 참여증대 등 내포적 요인보다 토지 · 자본 및 노동력 등 외연적 성장요인의 동원을 통하여 실현코자 하는데 있었다.

호프만(W. G. Hoffmann)의 '工業化의 段階와 類型(Stadien und Typen der Industrialisierung, 1931)' 에 의하면 우리나라 經濟는 1950年代를 거쳐 1960年에 이르기까지 1段階(소비재 생산비율이 압도적, 1953년 12.6 : 1, 1961년 6.4 : 1), 1960年代부터 2段階(생산재와 소비재 비율이 1 : 2 전후), 1970年에는 3段階(생산재가 소비재에 대하여 균형 또는 초과)로 접어드는 문턱에 다 달았다.
로버트 솔로(Robert Merton Solow, 1924-)는 「성장의 혜택이 고루 돌아간다는 국민적 확신과 통합을 지도자가 끌어낼 수 있을 때 성장의 행운이 따른다」고 하였다.

고도성장의 결과 경제규모 확대(2007년 명목 GDP 9,570억달러로 세계 181국 중 13位)와 경제구조고도화, 고용증대와 소득증대, 기술진보와 인력개발, 경영능력증대와 국제적 신인도제고 등을 도모하였으나 對外依存度 높은 외연적(外延的) 자본 · 기술 · 시장구조의 限界로 성장결과의 國民的 확산(擴散)의 메카니즘이 취약하다. 관료적 권위주의 방식에 의한 산업화의 결과 資本의 社會化過程에서 야기된 富의 편재(偏在), 獨寡占에 따른 競爭의 배제(排除) · 所得의 階層間 격차(隔差)확대 등 사회적 불균형과 갈등을 심화시켜 1997년말 2백억달러 규모의 구제금융 요청으로 "국제통화기금(IMF) 관리체제"를 초래하여 IMF 프로그램에 의한 금융 · 재벌 · 노동 · 공공부문 구조조정과 경제개혁조치가 강구 시행되었다.

브레턴우즈(Bretton Woods) 협정은 1944년 7월 미국 브레턴우즈에 44개국 정부 대표가 모여 국제금융시스템의 안정을 도모하려고 만들어 낸 시스템으로 '달러 기준 고정환율제', 국제통화기금(IMF, International Monetary Fund) 및 세계은행(World Bank)의 창설이 핵심이었는데 1970년대 자본 이동이 자유화되고 변동환율제가 확산되면서 이 체제의 골간은 무너졌다.
국제분업의 확산과 세계경제의 통합에 同調, 세계무역기구(WTO)와 별도로 자유무역협정(FTA)도 진전되어 2004년 칠레, 2006년 싱가포르 · 유럽자유무역연합(EFTA), 2007년 미국과 각각 FTA를 체결하였다. 세계경제화시대를 맞이하여 대외적으로 국가경쟁우위확보와 대내적으로 경제민주화 실현이 국가적 과제로 대두하였다.

우리나라 人口 추이

년 도	인구수(천명)	가구수(천戶)
1519(중종 14)	3,745	754
1702 (숙종 28)	5,923	1,342
1801 (순조 1)	7,514	1,758
1910 (순종 3)	13,129	2,804
1920	16,891	3,293
1930	20,814	3,957
1940	23,547	4,406
1955	20,668(북한 9,740 별도)	3,790
1960	24,235(〃 10,030 〃)	4,361
1970	29,235(〃 14,002 〃)	5,576
1980	36,843(〃 18,170 〃)	7,969
1990	42,101(〃 21,720 〃)	11,355
2000	47,008(〃 24,662 〃)	14,312

(통계청 / 조선총독부 조사자료 22輯)

2011년말 현재 해외교포는 북미 2,408천명, 중국 2,705천명, 일본 900천명, 구소련 499천명, 동남아 216천명, 브라질 · 아르헨티나 73천명, 호주 · 뉴질랜드 132천명, 독일 · 영국 · 프랑스 95천명 등 총 7,268천명이다.

〈북한사회체제의 위기〉

북한은 남북분단 직후부터 토지개혁, 산업국유화, 지하자원 · 山林 · 水域 국유화로 계획경제추진의 기초를 구축하고 1958.8 농업 · 중공업 · 중소상공업의 협동화를 끝냄으로서 생산관계의 사회주의화를 완료하였다.

흐루시초프(Nikita Khrushchov)가 1956년 20차 당 대회에서 스딸린을 격하시키고 미국과의 평화공존 외교노선을 밝혀 중국으로부터 수정주의라는 비판을 받고 소련은 중국을 교조주의라고 비난함으로써 중소분쟁(中蘇紛爭)이 시작되었는데 이를 계기로 북한은 전인민의 무장화, 전 국토의 요새화(要塞化), 전 군의 간부화, 군 장비의 현대화라는 4대 군사노선을 기치(旗幟)로 한 군사체제로 변하였다.

1956년 소련의 '스타하노프운동(Stakhanovskoe Dvizhenie)'을 본 뜬 '千里馬운동'을 제창, 1958년부터 집단적 사회주의 노동경쟁 · 사상개조운동을 본격화하였다.
1961년 4차 노동당대회에서 당의 기본 노선으로 사상에서의 주체, 정치에서의 자주, 경제에서의 자립, 국방에서의 자위가 제기되어 황장엽(黃長燁, 1925-2010)이 이를 주체사상으로 정립시켰는데 그는 1997년 2월 한국에 망명하였다.
김정일(金正日, 1942-2011)의 주도로 1973년부터 벌인 사상 · 기술 · 문화의 3대 혁명소조운동과 1977년부터 벌인 3대혁명 · 붉은기 쟁취운동은 별 성과를 거두지 못하고 1970

년대 중반 이후 김일성 · 김정일의 유일지도체제 고착화에 따라 전반적으로 각 부문에서 침체(沈滯)를 가져왔다.

김일성은 1976년 8월 '특별교서' 에서 「조국통일의 핵심은 미국놈들의 추방여부에 달려있으므로 우리는 미국놈들과 다시한번 싸울 각오로 전쟁준비를 서둘러야 한다. 무엇보다 급하게 추진해야 할 것은 미국본토를 공격할 수 있는 수단확보다. 미국이 포탄세례를 받는다면 미국내에서 반전운동이 일어날것이고 제3세계의 반미운동이 가세되어 결국 미국놈들이 남조선에서 손을 떼지 않을 수 없을 것이다. 따라서 핵무기와 장거리미사일의 자력생산과 개발에 박차를 가해야 한다」라고 하였다.

2002년 7 · 1 경제관리개선조치를 통해 '강성대국론', '신사고론', '실리주의' 등 새 비전을 제시했으나 '선군(先軍)정치' 를 국가운영시스템으로 내 걸면서 극심한 경제난과 마이너스 성장으로 북한주민들을 굶주림으로 몰아갔다. 1990년대 후반 '고난의 행군' 을 거치면서 심각한 식량난으로 탈북자가 늘기 시작하여 1996-1997년에 절정에 달했는데, 2008년 현재 한국에 정착한 탈북자는 1만 5천명에 달한다.

북한은 사회주의적경제의 틀을 바탕으로 1차7개년(1961-1970, 당초 계획의 3년 연기와 국방 · 경제 병진노선 시작), 2차6개년(1971-1976), 2차7개년(1978-1984), 1차 조정기(1985-1986), 3차7개년(1987-1993), 2차 조정기(1994-1995) 등 경제계획을 추진하였으나 사회주의국가와 세계사회주의시장 붕괴로 장 · 단기 무역협정이 거의 중단되고 1987년 채무불이행국가 낙인에 따른 경제협력과 무역거래 부진(不振)으로 소기의 성과를 거두지 못하였다. 소위 "우리식 사회주의건설"을 위한 조정기간 설정과 농업제일 · 경공업제일 · 무역제일주의를 지향한 대외개방정책으로 전환(轉換)하였는데 핵 개발과 미사일 시험 등으로 국제사회의 각종 제재가 가해지면서, 경제 상황은 호전 기미를 보이지 않고 있다.

美 · 蘇 냉전이 종식(終熄)되고 양국의 핵 무기 감축이 추진되면서 북한의 핵 무기 개발이 국제적인 우려를 야기(惹起)하여 중국의 중재로 2003년 한국 · 북한 · 미국 · 일본 · 중국 · 러시아등 6자회담을 개최, 비핵화합의(2005년 9월)등 북한 핵 문제의 평화적 해결을 추진하고 있다.

경제협력개발기구(OECD)는 '2010년 OECD 한국경제보고서' 에서 "남북 간 경제와 보건 부문의 격차는 궁극적으로 통일 비용을 급증시킬 수 있다. 민간부문의 교역과 정부의 경제협력이 격차를 줄이는 데 도움이 될 것"이라고 밝혔다.

남북 간 인적, 물적 교류는 1988년 '7 · 7선언' 이후 꾸준히 증가해 왔는데 정주영(鄭周永)이 1998년 두차례(6월과 10월) 각각 소 5백마리를 이끌고 판문점을 통해 북에 간 것을 계기로 금강산 관광 등 물꼬가 트이고 현대아산과 북한 아태평화위간 개발합의서 체결(2000년 8월)로 '개성공단' 이 조성 · 가동(2003)되었는데(2013년 2월현재 입주기업 123社, 고용 5만 3천여명) 가동중단(2013. 4~8)후 남북간 개성공단 정상화 · 국제화를 합의하였다.

2008년 기준 북한의 인구는 2,330만 명이지만 국내총생산(GDP)과 1인당 GDP는 각각 한국의 2.7%(247억 달러)와 5.6%(1,060달러)에 그쳤다. 북한의 교역량은 한국의 0.4% 인 38억 달러 수준이고, 전기, 철강, 시멘트, 비료 등의 생산량도 한국의 2~15%에 불과했다. 2000년대에 이른바 '햇볕정책' 따라 두 차례 남북정상회담이 열리고 이산가족 상봉(대면 상봉 – 18차례 3764가족, 화상 상봉 – 7차례 557가족, 생사 확인 – 2차례 2267명) 다양한 교류사업이 전개되고 있지만, 남한의 평화공세와 북한의 무력공세라는 대치상황이 지속되고 있다. 북한은 1974년 4월의 '당의 유일사상체계확립의 10대 원칙'을 김정은(金正恩, 1984-)의 후계 세습후인 2013년 6월 '당의 유일적 영도체계확립의 10대 원칙'으로 바꾸고 김씨일가의 세습을 규범화했다.

우리정부는 1994.11 '남북경제협력 활성화조치'를 확산시켜 다자간 경제협력의 틀 속에서 단기적으로는 남북경제공동체 회복을 하고 궁극적으로는 남북한 단일경제통합실현이 기대된다. 정부가 자유를 갈망하는 국민을 영원히 억누를 수는 없다는데 유념하고 독일통일이 성공했던 '접촉에 의한 변화'라는 서독 정부의 일관된 정책을 감안하여 우리도 꾸준히 북한과 소통할 필요가 있다.

※ *韓國 - 소용돌이에서 성숙(成熟)으로*

그레고리 헨더슨(Gregory Henderson)은 '한국:소용돌이의 정치 Korea : the Politics of the Vortex'(1968)에서 한국정치에 있어서 동질성과 중앙집중을 두 열쇠 개념으로 들었다.

「한국 정치 역학은 사회의 모든 활동적인 요소들을 중앙 권력을 향해 치닫게 하는 힘찬 소용돌이를 닮았다. 전통적인 한국의 정치문화는 '농업경제적인 배경에 중앙집권화한 과두체제(寡頭體制)'이며, 지방권력은 완전할 정도로 말살(抹殺)되고 촌락과 중앙정상권력 사이에는 중간매개집단(intermediaries)이 결여(缺如)되었기 때문에 모래알처럼 단자화(單子化)한 인간들의 회오리바람과 같은 소용돌이만이 중앙권력을 둘러싸고 거세게 선회(旋回)한다. 한국정치문화의 병리 해소(解消)는 다양한 중간매개집단을 통한 결집력의 조성으로 모래알의 회오리바람을 가라앉히고 중앙권력을 분산하여 다원사회를 지향하는 데서 가능할 것이다…. 김일성은 회오리 유형을 신격화한 그 자체이며 당은 허풍떠는 그의 그림자에 불과하다. 그러나 그의 통제력이 그렇게 완벽(完璧)하기에 조선민주주의인민공화국은 촌락부터 수도를 포함한 회오리의 흐름을 억제할 수 있는 전 세계에서 유일한 나라가 되었다.」

民族經濟論을 주창한 박현채(朴玄埰, 1934-1995)는 「백년 동안 한국 사회구조의 변화는 정치적으로는 民主化, 경제적으로는 産業化, 生態的으로는 都市化, 사회적으로는 平等化, 문화적으로는 個體化, 종교적으로는 世俗化 등의 변화指向을 가지고 이루어 진 근대화의 定向에 맞는 사회변동이었다. 그러나 그와 같은 사회변동은 그 시기, 주도적 세력, 주도적 가치, 균형과 갈등의 동태, 변화의 속도, 과정과 결과 등에 대한 보다 세밀한 분석이 요청 된다.」고 하였다.

비교적 짧은 기간에 많은 변화를 경험하는 과정에서 모순 및 부작용을 비합리적 불공정한 방법으로 해결하려는 관행(慣行)이 한국사회 갈등구조의 주 원인을 이루고 있어 경제성장후, 새 사회가치의 창출과 국가발전목표의 정립이 모색되어야 한다.

국가경쟁우위와 한국인 삶의 질 향상을 추구함에 있어서는 획일에서 다양으로, 경직(硬直)에서 유연(柔軟)으로, 타율에서 자율로, 집중에서 분산으로 등 성장위주에서 성숙위주에로의 사회변동이 요구된다.

〈글로벌 거버넌스(Global Gavernance)시대 도래〉

• 공산주의 몰락(沒落)

2차 세계대전이 끝난 때부터 1990년까지 세계는 세 부분으로 나뉘었다.

제1세계(미국의 영향권 안에 있는 서구 국가들)와 제2세계(소련의 지배를 받는 동유럽 국가들)는 거의 안정적이었다. 아시아, 아프리카, 라틴아메리카의 대부분을 포함하는 제3세계는 두 초강대국 사이에서 경제적으로 취약하고 정치적으로 불안정했기 때문에 혁명이 잦았고 예측할 수가 없었다. 이 과정에서 미국과 소련은 제3세계의 무장봉기를 고취(鼓吹)하고 지원함으로써 역사의 비극에 깊숙이 개입했다. 미국은 제3세계에 대한 경제적 지원, 이념적 선전, 국지전이나 군사 반란에 대한 지원으로 소련의 팽창에 대항했다.

번영의 시대(1946–1972)인 1960년대와 1970년대에 유례없는 발전 · 사회적 변화 · 첨단기술의 발달, 냉전 · 공포의 균형을 맞춰 라틴아메리카의 브라질, 볼리비아, 아르헨티나, 우루과이에서는 반민주적 군사쿠데타가 자주 일어났으며, 아프리카, 아시아, 중앙아메리카에서도 1970년대에 몇 차례 정치혁명이 일어났다.

위기의 시대(1973–1999)인 1970년대 두 차례 석유파동으로 경제의 세계화가 대두(擡頭)하였으며 1980년대말 소련이 붕괴(崩壞)하고 중국, 쿠바, 알바니아, 북한을 제외한 거의 모든 공산주의 국가(독일 · 헝가리 · 폴란드 · 체코슬로바키아 · 루마니아)가 몰락(沒落)하여 새 독립국들이 탄생했다. 즉 발트해의 에스토니아 · 라트비아 · 리투아니아, 중부유럽의 러시아 · 벨로루시 · 몰도바 · 우크라이나, 카프카스 국가들인 아르메니아 · 아제르바이잔 · 그루지야, 중앙아시아의 카자흐스탄 · 키르기스스탄 · 타지키스탄 · 투르크메니스탄 · 우즈베키스탄 등이다. 유고슬라비아에서는 슬로베니아와 마케도니아, 그리고 유혈 투쟁 끝에 세르비아, 크로아티아, 보스니아–헤르체코비나가 탄생했다. 체코슬로바키아는 체코공화국과 슬로바키아로 나뉘었고 1949년 연방공화국(서독)과 민주공화국(동독)으로 分立되었던 독일은 1951년 9월 '베를린협정' 에 의한 동서독경제협력과 빌리 브란트(Willy Brandt, 본명 Herbert Ernst Karl Frahm, 1913–1992)의 동방정책(Die Ostpolitik)에 의한 동서 긴장완화, 1972년 동서독기본조약 체결에 힘입어 1989년 11월 베를린 장벽과 함께 독일민주공화국이 붕괴되면서 1990년 '동서독간의 통화 · 경제 · 사회통합에 관한 국가조약' 발효로 통일을 이루었다.

• *중국 특색의 社會主義건설 指向*

중국의 과거는 여러 측면에서 공산주의로 접근하는데 유리하였다.
유교의 전통은 학자 엘리뜨로 하여금 이념적 선봉이 되도록 해 주었고 관인(官人)계급의 권위주의적 전통에 따른 정치활동 독점으로 반정(反政)운동이 비밀리에 조직되었다. 마르크스 · 레닌주의의 역사 도식이 지주와 군벌이란 양대 악폐를 '봉건주의' (feudalism)라고 규정하자 많은 사람들은 근대에 겪은 굴욕을 씻도록 해 주리고 기대하였다. 1940년 毛澤東에 의해 제시된 3대목표는 통일전선 · 무장투쟁 · 당 건설 추구이었다.
중공은 지도이념(指導理念)을 마르크스주의 · 레닌 주의 · 마오쩌뚱(毛澤東) 사상에 두고 대약진운동〔大躍進運動, 공업 · 농업부문 '두 다리로 걷는' 전략 1957-1960〕과 청백리 하이루이(海瑞, 1515-1587) 罷官 비판이 도화선이 된 文化革命〔1천여만명의 청소년 홍위병(紅衛兵)을 이용한 네개 舊惡(낡은 관념, 낡은 문화, 낡은 관습, 낡은 습관)의 타파, 黨僚세력의 숙청과 부르즈아 및 수정주의 발본 1966-1969〕 등 두 차례 국내적 곤궁〔困窮, 대약진운동실패로 4천5백만명 아사(餓死), 문화혁명으로 2천여만명 사망〕을 겪었다.
1978년 12월 중국공산당 11기 3중전회 개혁개방선언을 기점으로 덩샤오핑(鄧小平, 1904-1997)의 도광양회(韜光養晦, 실력을 숨기고 적절한 때를 기다린다) 전략으로, 중국 특색의 社會主義建設의 길로 접어들어 官僚主義的 惡의 성장 속에 프롤레타리아 혁명을 계속 추진하고 있다. 즉 권위주의적 중앙집권통제와 특정한 유형의 시장경제가 결합된 사회주의 시장경제체제라는 신자유주의화 과정이 전개되고 있다.
그러나 '모두가 평등하게 가난하던 毛時代' 로 부터 '먼저 잘 살수 있는 사람이라도 먼저 잘 살게 되는 시대' 로 전환할 때 '인민들의 물질적 욕구에 관심을 기울여야 하나 부르즈아的 價値기준을 채택할 수도 없다' 는 딜레머를 경험하고 있다.

관영 신화통신 주간지 '랴오왕(瞭望)' 은 "중국 내부의 불균형 발전과 지역격차, 도농격차, 부정부패 만연 등으로 군중이 평정심을 잃고 있다"고 우려했다.
리처드 닉슨은 '지도자들(Leaders)' 에서 「毛澤東이 없었다면 중국의 공산혁명은 끝까지 불붙지 않았을지도 모른다. 그러나 周恩來가 없었다면 그 불길은 모든 것을 태워버리고 남은 것이라곤 잿더미뿐이었을 것이다. 중국, 10억의 인구 그리고 세계에서 가장 유능한 국민과 방대한 천연자원을 가진 이 나라는 인구에서뿐만 아니라 그 힘에 있어서까지 세계 최고의 국가가 될 것이다.」라고 하였다.

장지엔징(張劍荊)은 1840년 이후의 중국을 제국전형의 시기(1840-1928), 국가주의로의 전환(민족국가건설)시기(1929-1991), 세계주의로의 전환(중국 崛起)시기 (1992-)로 구분하였다.

• *신자유주의 태동*

중상주의가 18세기말 한계에 이르면서 애덤 스미스(Adam Smith)는 몽테스키외(Charles Louis de Secondat Montesquieu, 1689–1755) · 흄(David Hume) · 프랭클린(Benjamin Franklin, 1706–1790)의 영향을 받아 '국부론(國富論 1776)' 에서 "자연적자유의 체계(system of natural liberty, 자유시장과 제한된 정부에 기초한 자유민주주의 질서)"를 천명, 국가에 의한 시민의 생활수준 향상을 제안하였다.

장 세이(Jean Baptiste Say, 1767–1832) · 바스티아 (Frédéric Bastiat, 1801-1850) · 토크빌(Alexis Charles Henri Maurice Clérel de Tocqueville, 1805–1859) 등은 스미스의 자유방임모형을 발전시킨 반면 맬서스(Thomas Robert Malthus, 1766–1834) · 리카도(David Ricardo, 1772–1823) · 밀(John Stuart Mill, 1806–1973)등 영국고전학파는 부의 분배 · 이해관계 충돌 등을 주장, 자유방임모형을 잘못된 길로 이끌었다.

마르크스(Karl Heinrich Marx)는 '자본론(1867)' 에서 1840년대 산업자본주의화에 따른 박탈감을 바탕으로 불평등 · 소외 · 착취 등에 대한 혁명적 급진적 해법을 추구, 자본주의 필연적 몰락을 예고하였다. 헤겔(Georg Wilhelm Friedrich Hegel, 1770–1831)의 이론에 토대를 둔 마르크스의 변증법적 유물론은 뵘바베르크(Eugen von Bőhm-Bawerk, 1851–1914) · 클라크(John Bates Clark, 1847–1938) 등의 비판을 받았다.

독점자본주의가 대공황[The Great Depression, 대긴축(The Great Contraction, 1929–1932) · 대지속(The Great Duration, 1933–1939) · 대탈출(The Great Escape, 1940–1946)]을 맞자 마샬(Alfred Marshall, 1842–1924) 등 케임브리지학파에 의해 경제과학이 발전하고 케인스(John Maynard Keynes)가 '고용 · 이자 및 화폐의 일반이론(The General Theory of Employment, Interest and Money 1936)' 에서 정부개입을 주장, 신고전파의 경제이론을 수정 한 후 새뮤엘슨(Paul Anthony Samuelson)의 '경제학' 으로 표준적인 이론이 되었다.

신자유주의는 1938년 8월 30일 파리에서 결성된 '리프먼(Walter Lippmann) 콜로키움(Colloquium)' 에서 출발했다. 당시 많은 국가가 대 공황을 전후한 경제 혼란의 책임을 시장경제에 돌리고 계획경제로 향하면서, 자유주의는 수세에 몰린 상황이었다.

프라이부르크(Freiburg) 학파(질서자유주의자) 수장 오이켄(Walter Eucken 1891-1950) 등 신자유주의자들은 자유방임주의가 자유롭고 공정한 경쟁을 위협한다고 비판했다. 1947년 제네바 몽펠르랭에 하이에크(Friedrich August von Hayek, 1899-1992) · 포퍼(Karl Raimund Popper, 1902–1994) · 프리드먼(Milton Friedman) 등 39명이 모여 자유주의적 세계질서 회복전략을 구상했다. 슘페터(Joseph Alois Schumpeter, 1883–1950)는 "산 위의 경제학자' 의 모험이 부질 없는 일이 될 것"이라며 비웃었다.

작은 정부, 시장만능, 무한경쟁을 근간으로 하는 1960년대 신자유주의는 자유방임주의 쪽에 다시 가까워졌다. 케인스 이론에 바탕을 둔 수정자본주의가 1970년대 실패로 드러나면서 신자유주의자 경제학의 주류가 됐는데 레이건(Ronald Wilson Reagan)과 대처(Margaret Hilda Thatcher, 1925–2013, 재임 1979–1990)도 그 옹호자였다.

• *글로벌 거버넌스 중심 이동*

2008년 미국으로부터 시작된 글로벌 금융위기는 신자유주의경제에 대한 회의와 미국의 영향력이 감소한 국제경제질서를 배태하였다.

2008년과 2009년 각각 노벨경제학상을 수상한 크루그먼(Paul Krugman, 1953-)의 '국제무역과 경제지리학 통합론' 이나 오스트롬(Elinor Ostrom, 1933-) · 윌리엄슨(Oliver E. Williamson, 1932-)의 '신제도주의' (조직 구조 · 배열뿐 아니라 규범 및 가치체계 등도 인간의 합리성을 제약하고 의사결정에 영향을 준다)는 글로벌 경제위기의 영향으로 보인다.

세계의 주권 국가는 1919년 49개, 1946년 66개, 1964년 122개로 늘어나 현재 국제 연합에는 182개국이 가입해 있다. 그러나 나라의 수가 늘어나면서 정부가 경제를 통제하는 힘이 떨어졌고, 국제 질서는 점점 약화되어 자본과 시장의 극단적인 원리가 거대 권력으로 부상(浮上)하는 등 글로벌 거버넌스(Global Governance) 위기가 도래하였다.

20세기 후반 한국 · 베트남 · 아프가니스탄 · 걸프 지역에서의 전쟁은 한 지역에 제한됨으로써 공산주의 · 자본주의 양 진영 모두 부분적이지만 평화공존할 수 있었다. 1991년 소련해체와 공산주의 몰락에 따른 미국 중심의 단극체제는 민주주의정치와 자본주의경제의 세계화를 확산시켰으나 '끝나지 않은 분쟁' 은 여전히 세계 평화와 안정을 해치고 있다.

글로벌 거버넌스(Global Governance)의 중심이 주요 8개국[G8, 1975년 G5(미국 · 프랑스 · 영국 · 독일 · 일본), 1976년 G7(이탈리아 캐나다 참여), 1998년 G8(러시아 참여)]에서 2008년 11월 주요 20개국 (G20, 한국 · 중국 · 인도 · 브라질 · 호주 · 멕시코 · 아르헨티나 · 터키 · 인도네시아 · 사우디아라비아 · 남아프리카공화국 · EU 의장국 참여)으로 옮아가게 되었다.
2009년 9월 미국 피츠버그회의에서 G20의 제도화 및 정례화로 "더 강하고 균형 잡힌 글로벌 경제성장, 금융시스템 개혁과 빈국(貧國)의 삶 개선 노력"에 합의 하였다.
G20 전체 GDP 중 G8은 1999년 82.3%(20조 8896억달러)에서 2009년 72.0%(32조 2205억달러)로, 非G8은 1999년 10%(2조 5502억달러)에서 2009년 19.0%(8조 5018억달러)로 각각 比重이 증감되어 G8의 영향력은 감소, 신흥국의 영향력은 커졌다.
전 세계 GDP의 90%, 무역의 80%, 인구의 60%를 차지하는 G20 정상회의는 경제위기 이후 향후 세계경제가 나아갈 방향을 제시하고 지속 가능한 균형성장모델을 논의하는 자리가 될 것으로 전망된다.

발문 :

가 없는 蔭德(惠我無疆) · 드리울 감계(以垂鑑戒)

1936년 베를린올림픽 마라톤을 제패한 손기정

1992년 바르셀로나 올림픽 마라톤을 제패한 황영조

세계적인 소프라노 조수미

2010년 벤쿠버 올림픽 피겨스케이팅 금메달 리스트 김연아

포항제철소 기공식(起工式) 1970. 4. 1(朴泰俊, 朴正熙, 金鶴烈)

제24회 서울올림픽대회

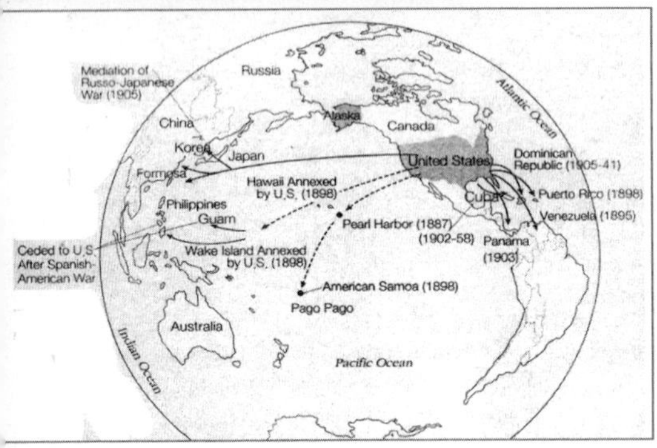

The Expansion of American Influence

※Adapted from Kim Myong-sob, History of the Atlantic Civilization

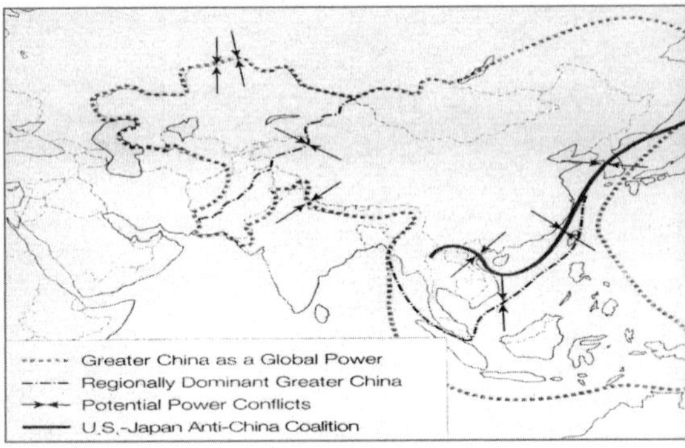

Potential Scope of China' s Sphere of Influence and Collision Points

※Adapted from Zbigniew Brzezinski, The Grand Chessboard

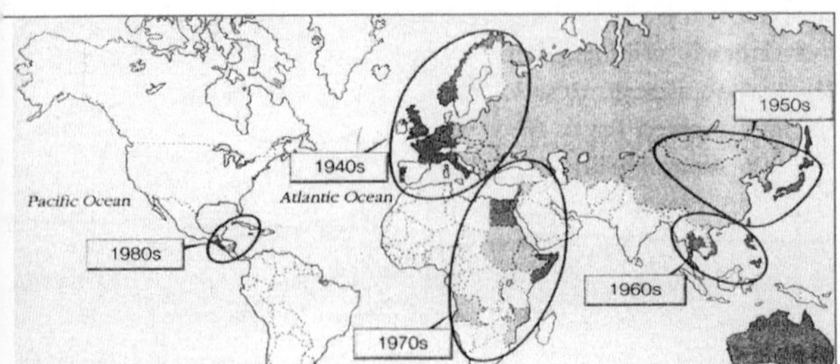

Potential Scope of China' s Sphere of Influence and Collision Points

※Adapted from Zbigniew Brzezinski, The Grand Chessboard

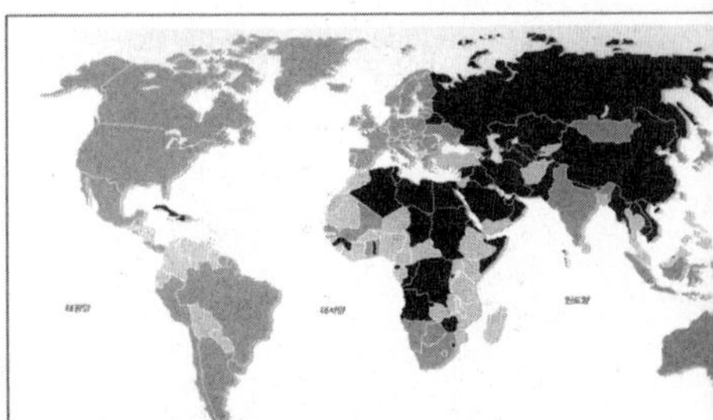

공적 자유 분포도(프리덤하우스 발표)

발문(跋文): 가 없는 蔭德(惠我無疆) · 드리울 감계(以垂鑑戒)

성(聖) 아우구스티누스(Sanctus Aurelius Augustinus, 354-430)는 시간은 세 겹으로 된 현재(Three-fold present)라고 말한 바 있습니다만 21세기는 미국지위(the American Century)의 후퇴 · 일본의 도전 · 중동민족주의의 대두 · 소련의 팽창으로 징표되는 국제무질서(World Disorder)시대에서 마르크스주의의 붕괴와 이데올로기의 종언(終焉)(The End of Ideology) · 블럭(Block)화에 성공한 유럽의 재통합 · 신 경제인이 등장한 아시아의 급부상(急浮上)으로 점철되는 글로벌 거버넌스(Global Governance)시대로의 대전환기입니다.

우리의 과거는 지배층의 전횡(專橫)과 被支配層의 항거(抗拒), 의리쌍행(義利雙行)의 당화(黨禍), 經世 · 常經의 虛實을 다툰 학화(學禍), 文武 · 班常차별의 유폐(流弊), 통제되지 않은 '르상티망(Ressentiment, 약자의 질투)' 등 누습(陋習)에 침잠(沈潛)되고 겨레의식 · 국가의식 빈곤이 배태(胚胎)되어 있는 후진사회이었습니다.

현재는 近代化와 分斷건국 과정에서의 똘레랑스(Tolerance) 未洽, 産業化過程에서의 資本의 賤民性 배태, 민주화과정에서의 포퓰리즘(Populism) 팽배, 선진화과정에서의 시민의식의 빈곤 등으로 表出된 바와 같이 20세기 유산에 내재하는 비능률(Inefficiency) · 불공정(Unfairness) · 도덕적 해이(Moral Hazard) · 연고주의(Nepotism)가 만연하고 있는 미성숙사회입니다.

그동안 우리는 자유무역이 보장된 국제여건 속에서 풍부한 노동력, 왕성한 기업의욕, 강력한 정책의지가 조화를 이루어 선진국들이 1세기에 걸쳐 이룩한 산업화를 불과 30년 안에 성취한 경제개발을 하였습니다. 그러나 自由民主伸張과 高度成長過程에서 성숙사회(Mature Society)의 要件을 상당부분 省略함으로써 先進國들이 3백년 동안 겪어 온 산업사회화의 고통(苦痛)을 누대(累代)에 걸쳐 겪지 않을 수 없게 되었습니다. 非理와 부용(附庸)은 청렴절의(淸廉節義)의 전통을 무색하게 하고, 南北 · 東西지역감정은 三國시대의 적대의식에 못지않고, 黑白論理는 조선조 사문시비(斯文是非)를 상회(上廻)하고, 左右이념충돌은 한말 척사(斥邪) · 개화의 대립을 압도(壓倒)하고 있는 등 '분열된 나라(torn country)'의 양상(樣相)이 나타나고 있습니다.

전근대 · 근대 · 현대의식이 혼재(混在)되어 있는 三重구조의 한국적 후진성을 탈피(脫皮)하고 유일한 분단국으로서의 냉전(冷戰)적 사고를 초극(超克)하여 '통일한국 · 성숙사회'의 조형(祖型)을 이루어 내야 하는 소명(召命)은 조숙(早熟)한 성장, 지체(遲滯)된 의식, 분열(分裂)된 구조의 미숙(未熟)사회를 사는 이 시대 역사의식의 핵심입니다.

荀子는 "푸른빛은 쪽에서 나오지만 쪽보다 더 푸르고 얼음은 물로 되었지만 물보다 더 차다(靑取之於藍而靑於藍 氷水爲之而寒於水)"라고 하였습니다.

後代를 위해서라면 이 역사적 책무는 責任을 수반(隨伴)하는 自由化, 관용(寬容) · 인내(忍耐)로 自律되는 민주화를 制約조건으로, 집단 · 이념 · 계층 간 분열(分裂) 극복과 사회적 타협(Social Negotiation)을 통한 국민통합과 國益優先방향에서 모색되어야 합니다.

첫째 元의 신속(臣屬)(1259년) · 淸의 수항(受降)(1637년) · 日의 合併(1910) 등 기치대욕(奇恥大辱)과 羅唐연합 · 壬亂내부(內附) · 임오군란 당시 중국관여 및 甲午更張 · 고부(古阜)민란 · 明成왕후 시해 · 아관파천기 일본간섭에 表出된 國威損傷을 맹성(猛省)하여 韓國과 韓民族의 정체성을 더욱 공고(鞏固)히 다지는 것입니다.

둘째 首陽의 찬위(簒位) · 己卯의 失敗 등 훼손(毁損)된 국맥(國脈)을 회복(恢復)하고 집중(集中)과 편재(偏在), 할거(割據)와 난립(亂立), 부용(附庸)과 기생(寄生), 뇌동(雷動)과 선망(善忘) 등 배태(胚胎)되어있는 행태(行態)와 구조(構造)를 효율 · 공정 · 형평성 제고 방향으로 재편존양(再編存養)하는 한편 지도층의 律己와 시민층의 知足으로 사회적 기강을 한 차원 높이는 것입니다.

여기서 우리는 이탈리아의 통일기 도덕적 혁신을 강조한 마치니(Giuseppe Mazzini, 1805-1872), '미국의 민주주의'의 기초를 이루는 평등의 약속에 대한 실현을 주장한 토크빌(Alexis Charles Henri Maurice Clérel de Tocqueville), 低開發國의 빈곤극복과 복지실현책으로 사회적 기강(紀綱)을 강조한 뮈르달(Karl Gunnar Myrdal, 1898-1986)을 되 새겨 볼 필요가 있습니다.

셋째 訓民 世宗 · 佛聖 元曉 · 儒賢 退溪 등 주석(柱石), 廣開 · 節齋 · 忠武公 등 棟梁, 死六臣 · 安重根 등 忠義, 靜庵 · 萬海 등 維新, 李元翼 · 金炳魯 등 淸白의 기상(氣像)을 師表로 하고, 평생 남을 위한 삶을 산 이승훈(李昇薰), 기업이윤의 사회환원을 솔선한 류일한(柳一韓, 1895-1971), 청십자운동을 펼친 장기려(張起呂, 1911-1995) · 이종욱(李鍾郁), 仁愛 · 獻身의 한경직(韓景職) · 이태석(李泰錫, 1962-2010), 8만여 고아입양의 천사 홀트 부부〔Harry Holt 1905-1964, Bertha Holt 1904-2000〕 등 노블레스 오블리지(Noblesse Oblige)의 궤적(軌跡)을 귀감(龜鑑)으로 하여 한국인 삶의 전형(典型)으로 삼는 것입니다.

넷째 南과 北은 상패(相敗)하지 않는 인식, 상보(相補)하는 자세에 기초하여 민족의식의 박화(薄化)를 조기에 차단(遮斷)하고 체제경쟁을 초극(超克)하여 삶의 질이 함께 향상되는 공존과 호혜(互惠)를 內面化하여야 합니다. 국가경제에서 世界經濟體制로의 전환(轉換)과 全地球的 인구과잉 · 자원전쟁 · 기술혁신 · 환경파괴 · 인종분쟁 등이 世界秩序에 패러다임 시프트(Paradigm shift)를 가져와 글로벌 거버넌스(Global Governance)의 축(軸)이 G2(美國과 中國)를 背景으로 전개되는 21세기에도 우리민족만이 冷戰을 탈각(脫殼)하지 못하는 역사의 지체(遲滯)를 보이고 있기 때문입니다.

종국적(終局的)으로는 율기(律己)로 제어(制御)되는 지배세력이 힘의 원천인 正當性 · 핵심역량인 專門性, 별 같이 반짝이는 도덕율(道德律)을 겸비(兼備)한 正統性을 확립함으로써 개인의 존엄성(尊嚴性) · 사회의 건전성(健全性) · 국가의 公共性 등 共同善을 구현(具顯)할 수 있으며 성숙(成熟)된 社會的 · 政治的 結果를 계기(繼起)하여 보다 多元化된 풍요(豊饒) 社會에로 선도(先導)할 可能性이 있습니다. 다만 제퍼슨(Thomas Jefferson, 1743-1826) · 토크빌(Alexis de Tocqueville), 칼훈(John Caldwell Calhoun, 1782-1850) 등이 거론한 "多數의 폭정(暴政)(Tyranny of the Majority)"을 넘어 '恒時 중요한 少數가 강압(强壓)되어서는

안된다.(Minorities Should Not Be Coerced)'는 理念에 부합하는 '多數의 政府'(Majority Government)만이 권위에 대한 도덕적 名分을 제공한다는 사실을 유념해야 합니다.

일이 끝나기 무섭게 곧 잊어서 풀어져 버려(事過則解弛無爲) '역사로부터 배우지 못하는 민족은 영원히 저주받는다'는 교훈을 결코 가벼이 흘려버릴 수 없습니다.

孟子도 "나라는 자신이 해친 뒤에야 남이 해친다.(國必自伐而後人伐之)"라고 하였다지 않습니까

테마로 보는 한국사

축약(縮約)

나라는 자신이 해친 뒤 남이 해친다
(國必自伐而後人伐之)

ㅇ史眼으로 우리의 기원(起源)과 역사의 감계(鑑戒)를 살피다.

「위서(魏書)에 2천년 전, 단군왕검(檀君王儉)이 있어, 아사달(阿斯達)에 도읍하고 나라를 열어 조선이라고 부르니 요(堯)임금과 같은 때이다. 또 古記에 옛날 하늘의 환인(桓因)〔帝釋〕의 서자(庶子) 환웅(桓雄)이 천하에 뜻을 두고 人世를 탐내므로, 아비가 아들의 뜻을 알아 채고 삼위태백(三危太伯)을 굽어 보니 가히 홍익인간(弘益人間)할 만하여 천부인(天符印) 셋을 주어 내려 가 다스리게 하였다.」는 단군개국 이래 강역(疆域)을 다투던 상쟁기(相爭期), 名利를 다투던 小華期, 自强을 다투던 開化期를 거쳐 統一을 다투는 전환기(轉換期)까지 이천여년동안 소장성쇠(消長盛衰)가 있었으되 일정한 강토와 문화를 지켜온 배경에는 선현(先賢)들로부터의 본 받을 기상(氣像)과 경계(警戒)할 자취가 있는 것이다.

한국은 국토의 3분의 2는 산으로 되어 있고 그 산 마저 장년기의 화강암으로 되어 있어 농토가 적고 척박(瘠薄)하기 만 하다. 돌 산이기 때문에 나무도 잘 자라지 않으며 강우량은 일년 통산으로는 모자라지 않으나 계절풍 지역이기 때문에 7·8월에 집중적으로 쏟아진다. 이 때문에 한해(旱害)와 수해(水害)가 거듭되면서 만성적인 흉년을 당해 왔다.

한국인의 인종적 문제에 관하여 학자들은 확단(確斷)하지 않으나, 고고학적 유물의 계통으로 보아 북방계통의 민족이라고 보고 온전히 엄격한 의미의 단일 혈족은 아닐지라도 통속적으로는 단일민족이라 하여도 무방한 것으로 보고 있다.

說이 다르지만, 우리 先祖族이 중국북방을 통하여 東進하여 만주지방에 이르고 다시 南下하여 半島에 들어왔다고 하는 대강(大綱)은 거의 같은 것으로 생각된다. 나세진(羅世振)이 색출한 한국인의 체질인류학(Physical anthropology)적인 특징은 다음과 같다.

「한국인은 세계인류 신장분포에서 中等大身長중 큰 편에 속하며 목이 비교적 가늘고 긴 편이며, 배측심층근군(背側深層筋群)의 발달이 탁월(卓越)하여 자세가 바르고 고르며, 하지(下肢)가 길어 身體各部의 比率상 배분(配分)이 구미인(歐美人)에 비준(比準)하여 균형잡힌 체격을 가지고 있다. 한국인의 머리는 세계에서 장경(長徑)이 짧은 특이(特異)한 단두(短頭)中心을 이루고 또한 高頭의 중심을 이루고 있음도 특징이다. 얼굴은 蒙古人종족의 특징인 광안(廣顔)이나 넓고 큰 것보다 장안(長顔)인 것이 특징이다. 두개강용적(頭蓋腔容積)도 큰 편이고 뇌중(腦重)도 무거운 편이다.」

근대에 '한국혼(韓國魂)'으로 집약되는 박은식의 민족정신이 신채호의 '아(我)와 비아(非我)', 최남선의 '조선정신', 문일평의 '조선심', 정인보의 '얼' 등으로 이어지고 현대에 노동력, 기업의욕, 정책의지의 조화로 선진국들의 1세기에 걸친 산업화를 불과 30년 안에 성취하였다. 경제 근대화를 달성하고 사회의 불평등을 해소하고 자유민주사회를 정착시킨 것은 20세기에 한국인들이 이룩한 역사적 성취다.

「50년 전, 국제 분쟁 성격의 내전을 겪은 당시에는 아무도 한국인들이 빈곤에서 벗어나 산업화국가의 선두그룹에 합류하여 민주주의를 정착시키고 문화적 정체성을 되 살려서 오늘의 시대와 무리없이 조화를 이룰 것이라고 내다 보지 못했다.」라는 견해 〔기 소르망(Guy Sorman)〕도 있지만 오늘날은 東北工程 · 集團自衛 등 인접국(隣接國)의 침략주의 경계(警戒), 코리아 디스카운트(Korea Discount)로 회자(膾炙)되는 經濟的 位相, 西歐物質主義에 沒入된 文化的 事大 등 콤플렉스에 침잠(沈潛)되어 있다. 또한 近代化와 分斷건국 과정에서의 똘레랑스(Tolerance) 未洽, 產業化過程에서의 資本의 賤民性 배태, 민주화과정에서의 포퓰리즘(Populism) 팽배, 선진화과정에서의 시민의식의 빈곤 등으로 表出된 바와 같이 自由民主伸張과 高度成長過程에 내재하는 비능률(Inefficiency) · 불공정(Unfairness) · 도덕적 해이(Moral Hazard) · 연고주의(Nepotism)가 만연하고 있는 미성숙사회인 점도 부인할 수 없다.

2천여년전 楚의 屈原이 "세상이 다 혼탁(混濁)하고(擧世皆濁) 뭇사람들이 다 취해 있다(衆人皆醉)"고 하였고 약 2백여년전 정약용이 '經世遺表引'에서 지적했듯이 오늘날의 우리 사회실태는 '털끝하나 병 들지 않은 것이 없다.' 지난날 우리 민족의 20세기는 前半은 일본에 강점된 시기였고 後半은 南北으로 분단(分斷)되어 서로 싸우거나 대립한 불행한 世紀로 향후 우리는 다른 역사관과 체제를 가진 민족 내부의 두 국가적 실체를 평화적인 방법으로 재결합시켜야 할 과제를 안고 있다.

ㅇ홍익인간(弘益人間)이념으로 禮儀之國을 실현하고 經世濟民하다

우리나라는 옛 부터 그 성세(盛勢)를 면면히 이어 삼국시대에는 武力을 숭상하여 강토가 날로 팽창하였고 외환을 겪었으나 고구려의 大武 · 廣開와 백제의 동성(東城,) · 위덕(威德)과 신라의 太宗 · 文武와 발해의 大氏, 고려의 王建 · 光宗 · 文宗, 조선의 太祖 · 太宗 · 世宗 · 正祖 등 영걸(英傑)이 代를 이어 굴기(崛起)하여 국외에 위엄을 떨쳤다.

임상덕(林象德)은 「삼한은 넓고 거칠었는데, 백성이 지리(地利)를 따라 각각 부락을 만들고 혹 웅장(雄長)이 있으면 모두 나라라고 일컬으니 삼한이 70여 국이나 거느렸고 조선 예맥 사이에 있던 작은 나라는 일일이 적을 수 없다.」하였고 한백겸(韓百謙)은 「옛날 북은 삼조선(三朝鮮) 땅이었다가 후에 고구려(高句麗)가 되었고 남은 삼한(三韓)이 되었다. 후한서에 '변한은 남쪽에, 진한은 동쪽에, 마한은 서쪽에 각각 있다.' 하였는데, 혁거세(赫居世)가 진한에서 추대되어 신라가 시작되었고 온조(溫祚)가 마한을 멸망시키고 백제를 세웠으며 수로(首露)가 진한의 남쪽 경계를 차지하여 가야산의 남쪽과 지리산의 동쪽이 변한의 땅이다.」하였다.

삼국의 대 중국관계는 朝貢의 형식을 띠었는데 특히 고구려와 北魏, 백제와 宋, 신라와 陳 사이의 관계가 밀접하였다. 3국 사이의 통일전쟁은 6세기 중엽부터 백 여 년간 중국과의 외교전으로 전개되고 적대국을 원수로 증오하였다.

"신라는 남으로 교활한 왜국(倭國)과 이웃하고, 고구려는 서쪽으로 遼東과 燕京에 경계가 연접하였기 때문에 그 수비(守備)가 엄중하였으나 백제는 그 사이에 끼어 외환(外患)이 미치지 않았으므로 병력이 이완(弛緩)하고 약하여서 쉽게 망하였다"고 하였다.

나 · 당 연합군에 의한 660년 사비성의 함락과 668년 평양성의 함락으로 이루어진 삼국통일은 고구려 영토 상실과 외세 이용의 문제가 있으나 대동강과 원산만 이남에 하나의 민족국가 형성의 출발점이 되었다. 徐居正은 '삼국사를 읽고'(讀三國史)에서 「신라 백제는 어찌 몰랐던고, 입술이 다치면 이가 시린 것을. 隋 · 唐이 방울새와 조개 모두를 노리는 漁夫인데도.」라고 삼국의 지배층의 역사의식의 한계를 읊었다. 치당태평송(致唐太平頌)을 唐 고종에게 바친데서 보듯이 신라는 지성(至誠)으로 중국을 섬겨 조빙하는 사신이 산과 바닷길에 끊이지 않았으며 유학생들이 성현의 풍속과 정화(政化)를 상습(常習)하였다.

왕건(王建)은 신라를 항복받고 후백제를 병합하여 領土를 淸川江유역과 咸鏡道 永興까지 확장하고 文武를 평형(平衡, 고루 조화를 이룸)하고 유교와 불교를 장려하였다. 光宗 때에 文風이 크게 떨쳐 윤관(尹瓘)이 女眞을 쳐서 영토를 博川江유역까지 확장하고, 成宗 때에 徐熙의 외교적 묘완(妙腕)으로 江東6州를 설치하여 領土를 압록강 하류지방까지 확장하였다.

「宋朝는 매양 포상(褒賞)의 命을 주었고,
遼氏는 해 마다 경수(慶壽)의 禮를 닦았네.
東쪽 倭는 바다를 건너 진보(珍寶)를 바쳤고,
北쪽 貊人은 관문(關門)을 두드려서 살 터를 얻어 百姓이 되었네.」

라고 李齊賢이 사찬(史贊)을 했듯이 고려는 文宗때를 절정기로 文尊武卑의 풍조로 의종(毅宗) 이후 무신들의 정변이 누차 일어나 조신(朝臣)을 죽이고 임금을 갈아 치우기를 바둑을 두듯하여 왕권이 실추하고 금군(禁軍) · 변졸(邊卒)이 모두 연약했다.

조선조의 治者들은 朱子學 이념을 바탕으로 중국에서도 실현해 보지 못했던 '예의지국(禮儀之國)'을 실현, 숭유억불(崇儒抑佛) · 중농(重農) · 사대교린(事大交隣) 중심의 文治主義를 지향했다. 世宗때 김종서(金宗瑞)는 4군 설치와 함께 국경을 두만강과 압록강으로 획정하였다.

박제가(朴齊家)는 '북학의' 서론에서 「천 여년 동안에 중국과 같이 되어 보려는 의욕을 가졌던 이는 최치원(崔致遠) · 趙憲 두 사람뿐이다.」라고 하였거니와 조선의 장래에 큰 포부를 보여 준 이들로 조준(趙浚) · 정도전(鄭道傳), 양성지(梁誠之) · 정인지(鄭麟趾) · 서거정(徐居正), 조광조(趙光祖) 등 기묘제현(己卯諸賢)이 있고 나서는 이이(李珥) · 조헌(趙憲) · 류성룡(柳成龍) 등이 계기(繼起)하였다.

16세기 燕山君의 폭정으로 왕실의 권위가 손상되고 중종반정(1506년)과 인조반정(1623년)으로 兩班官僚권한이 강화되었으나 壬辰 · 丙子兩亂을 겪은 이후 외환(外患)이 없어 안일(安逸)이 오래 됨에 허문(虛文)만 숭상하고 융정(戎政)을 폐이(廢弛)케 하는 한편, 붕당정치(朋黨政治)가 17세기 勢道政治로 빠져들고 19세기 이후 이웃 열강이 다투고 환란이 심해져 쇠퇴의 길로 치달았다.

ㅇ重文輕武로 文運을 떨친 반면 국치민욕(國恥民辱)을 겪다.

외래사상과 문화를 받아들여 이를 소화시키는 데는 많은 시간이 걸렸다. 불교가 4세기 후반 진(秦)으로부터 전래되어 6세기에 중핵(中核)을 이루기 시작하였고 과거제는 10세기 말 도입되어 15세기에 정착되었고, 元을 통하여 천문학같은 과학 기술이 전래되고 인쇄술이 발전하여 13세기 전반 세계 최초의 금속활자가 등장하였으며 朱子學은 12세기에 수용되어 16세기 우리 것으로 정착되었다.

고대인의 신앙은 단군(檀君)과 그 부조(父祖) 환웅(桓雄)과 환인(桓因)에서 보는 것처럼 애니미즘(Animism) · 샤이머니즘(Shamanism)적인 것이었는데 朝鮮思想의 淵源을 지은 世宗 以前에는 佛의 聖 원효(元曉)가, 世宗 以後에는 儒의 賢 퇴계(退溪)가 있었다.

삼국시대에 왕권이 신장되면서부터 샤아먼은 신사(神事)만을 맡아 보게 되고 전래된 불교는 왕과 귀족들의 귀의(歸依)를 받아 가람당탑(伽藍堂塔)이 많이 서고, 불교신앙을 바탕으로 하는 건축 · 회화 · 조각 · 음악 등 예술 문화가 발전하였으며 선문구산의 개산 이래 선종에 기울어 진 불교가 되었다. 선교병립(禪敎並立)의 상태에 있었던 고려 불교는 諦觀→義天→知訥→普愚로 내려가는 고답적 산간불교적인 성격과 道詵→妙淸으로 내려가는 기복신앙 성격의 두 흐름이 있다. 조선조는 世祖 · 光海君 · 正祖 때와 같이 일시적인 불교 명멸시대(明滅時代)가 있었지만 대체로 폐불기석(廢佛棄釋)의 불교 탄압으로 일관하였다. 유교에서 탈화(脫化)되었다고 볼 수 있는 음양설과 참위풍수서(讖緯風水書)가 유행되어 자주 자립의 정신을 감퇴시켰다.

삼국시대 이래 근세까지 우리나라 학술의 主流는 유학이라고 할 수 있다. 삼국시대에 '留記', '書記', '國史', 고려시대에 '三國史記', '삼국유사(三國遺事)', '東國李相國集'등 史書가 편찬되었다.

三國 · 고려시대의 불교와 유학은 修身의 근본과 理國의 바탕이라는 특성으로 兩立할 수 있었고, 고려 말 安珦에 의하여 전래된 宋學, 특히 주자학은 이색(李穡) · 정몽주(鄭夢周) · 권근(權近) · 길재(吉再) 등에 의하여 뿌리를 박은 후, 서경덕(徐敬德)의 氣不滅論, 이황(李滉)의 四端七情論, 李珥의 理通氣局說 등에 이르러 開花하였는데

강항(姜沆) 등을 통하여 일본에 깊은 영향을 미쳤다.

조선 초기의 문화로서 특기할 사실은 한글의 창제이다. 설총으로부터 成三問 · 崔世珍 · 신경준(申景濬) · 류희(柳僖) 등에 이르는 母國語에 대한 사랑이 이어져 周時經 · 李允宰 · 申采浩 · 李能和 등의 國學으로 結晶되었다.

조선 후기에는 도학 · 주자학이 주도한 가운데, 송시열(宋時烈) · 윤휴(尹鑴)의 사문시비(斯文是非)에 이어 정제두(鄭齊斗) 등의 양명학이 이해를 넓혀 가고 류형원(柳馨遠) · 이익(李瀷) · 홍대용(洪大容) · 박지원(朴趾源) · 정약용(丁若鏞) 등 실학이 등장하며 서양의 과학기술과 천주교 교리가 전래하는 등 사상적 다변화가 이루어졌다. 實事求是의 모토 아래 정치학 · 경제학 · 사학 · 지리학 · 국어학 · 천문학 · 의학 등 분야에서 실증적 학문 업적이 잇달아 나와, 학술계에 주체적 자각이 뚜렷해졌다. 즉 '동국통감(東國通鑑)', '高麗史', '조선왕조실록, '해동역사(海東繹史)', '東史綱目', '연려실기술(燃藜室記述)' 등 史書, '東國地理誌', '신증동국여지승람(新增東國輿地勝覽)', '擇里志' 등 地理書, '농사직설(農事直說)', '임원십륙지(林園十六志)' 등 農書, '동국병감(東國兵鑑)', '陣法', '무예도보통지(武藝圖譜通志)' 등 兵書, '향약집성방(鄕藥集成方)', '의방유취(醫方類聚)', '동의보감(東醫寶鑑)', '東醫壽世保元' 등 醫書, '국조오례의(國朝五禮儀)', '가례집람(家禮輯覽)', '의례문해(疑禮問解)', '五倫行實圖', '東國歲時記' 등 禮書 같은 여러 저술이 나타났다.

우리나라의 고대문화는 그 성분이 매우 복잡하며, 또 그 만큼 외래 요소가 많이 섞여 있다. 고조선은 중국계통의 철기문화와 스키타이(Scythai)계통의 청동기 문화 등 두 금속문화를 배경으로 하고 삼국은 중국문화와 불교문화의 영향으로 이루어졌으며 고려는 儒 · 佛 · 道 三敎 및 陰陽五行과 圖讖 또는 샤아머니즘의 다원적 문화였다.

예술(藝術)에 있어 고구려는 古墳文化로 대표되고 신라는 石造조각 · 石塔건축 등 불교 일색이며, 벡제는 일본문화에 준 영향이 절대적이어서 아스까(飛鳥)문화는 백제문화의 이식(移植)이라고 까지 말하고 있다. 고려는 공예부문(특히 청자)에서 그 특기를 자랑할 수 있고 장경판(藏經版)은 고려불교의 결정판이다.

文學으로는 上古에 귀지가(龜旨歌), 황조가(黃鳥歌), 공후인(箜篌引) 등 집단 가요(舞謠)로, 三國에 서사 문학(고구려), 서정 문학(백제), 향가(신라)로, 고려에 별곡(別曲) · 설화문학(說話文學)으로 각각 징표되는데 후에 경기체가(景幾體歌)와 장가(古俗歌)의 두 갈래로 나누어졌다.

조선조에 시가(詩歌)문학의 악장(樂章)과 별곡체가 사라지고 훈민정음의 창제로 시조와 가사가 시가 문학의 장점을 이룬 한편 후기에 시조가 사설시조(辭說時調)로 장형화(長型化)하고, '판소리'의 사설이 창작되고, 또 국문 소설과 고대 소설이 발달하였다.

「우리나라 문장은 최치원(崔致遠)이 근원을 열고 이규보(李奎報)가 고이 다듬어서 윤을 내고 이제현(李齊賢)이 절도에 맞도록 잘 고르고 이색(李穡)이 集大成시켜 후세에 길이 떨치게 하였다.」하고 〈洪汝河 / '彙纂麗史'〉 「조선조에 문풍(文風)이 치성(熾盛)하여 변계량(卞季良) · 이승소(李承召) · 강희맹(姜希孟) · 김수온(金守溫) · 서거정(徐居正) · 김종직(金宗直) · 성현(成俔) · 김일손(金馹孫) · 노수신(盧守愼) 같은 이가 적지 않게 있다.」하였으며〈光海君日記〉 「조선 고문의 중흥은 崔岦에서 시작하여 尹根壽 · 李恒福 · 申欽 · 張維 · 金尙憲 · 李植 등을 거쳐 金昌協에 이른다.」하였듯이〈이의현(李宜顯)〉 목능성세(穆陵盛世)에는 석학명장(碩學名匠)이 배출되어 일일이 헤아릴 수 없다.

조선은 경복궁과 같은 壯大한 건축을 남겼지만, 임진란을 경계로 전기는 북종화(北宗畵)기, 후기는 남종화(南宗畵) · 문인화(文人畵)의 출현과 제재(題材)에 있어서의 한국화의 시기이다. 17세기말에서 18세기말까지의 약 1세기는 東國眞景 · 眞景詩 · 東國眞體로 대표되는 國粹主義 경향의 眞景文化가 창출되었고 영조 · 정조 시대(1724-1800)는 自我에 대한 반성의 조류와 淸朝문화의 영향에서 정채(精彩)한 文運이 울연(鬱然)히 일어났다.

우리나라는 전쟁으로써 나라를 세우고, 죽이고 치는 것으로써 長技를 삼았으므로, 위유양이(衛劉楊李)의 침공을 金庾信이나 乙支文德과 같이 기묘한 전술로써 잘 막아내는 사람이 대를 이어 나왔다.

고려 5백년 동안 契丹 · 蒙古 · 紅巾賊 등의 무리들이 침략해 성을 파괴하고 백성들을 죽이고 고을을 짓 밟아서 편안할 날이 없었으나 강감찬(姜邯贊)이나 金方慶과 같은 뛰어난 장수들이 나와서, 우리 강토의 한치의 땅도 빼앗기지 않았다. 朝鮮에 이르러 壬辰의 亂을 만나자 8道가 곧 무너졌으니, 李舜臣, 權慄, 郭再祐, 趙憲, 김천일(金千鎰) 등 제공(諸公)의 분전(奮戰)과 明의 구원이 없었다면 나라를 지탱하지 못하였을 것이다. 丙子의 亂에 적병들이 온 고을을 휩쓸어, 우리들은 몇 십일이 안 되어 무릎을 꿇고 말았다. 文을 높이고 武를 가볍게 보는 습성은 족히 나라를 위태롭게하는 것으로 文治에만 힘쓰고 武力에는 힘을 기울이지 않아 그 힘을 떨치지 못했으며 전란을 겪다가도 평정만 되면 아무런 일도 없었던 듯이 편안한 마음으로 지냈다.

김경손(金慶孫), 한희유(韓希愈), 김득배(金得培), 이방실(李芳實), 정세운(鄭世雲), 안우경(安愚慶) 같은 명장들은 혹은 귀양가고 혹은 몰락하고 혹은 죽기까지 하였으며 정지(鄭地)는 옥에 갇히었고 최영(崔瑩)은 목을 잘리었다.

남이(南怡)는 한 수의 시로써 살신(殺身)의 화(禍)를 당하고 행주대첩을 거둔 都元帥(權慄)는 陣 중에서 파직 당하였으며 起兵할 때 '높은 지위에 있는 자들이 국가의 존망을 생각지 않으니 초야에 있는 자는 죽어 마땅하다'라고 외친 홍의장군(郭再祐)은 끝내 귀양살이로 늙고 임경업(林慶業)은 간신의 손에 죽었으며 김덕령(金德齡), 정문부(鄭文孚), 정언신(鄭彦信)은 탄식하였다.

이를 두고, 신규식(申圭植)은 '韓國魂(1914)'에서 「간신이 기(氣)를 펴고 열사는 명분을 좇아 죽으니 元氣가 쇠잔함은 내력(來歷)이 있었다.」하였다.

변란(變亂)과 통교(通交)를 반복한 후 임진왜란으로 일본군의 살육과 약탈에 명군의 징색(徵索)까지 가중(加重)되어 국력의 휴패(虧敗)와 인구의 감손(減損)이 수백년을 거쳐도 회복되지 못했다.

壬亂은 의병 등을 통해 민족공동체의 성장이 자극받아, 일본을 경계하는 시발점이 되고 明의 派兵은 "재조(再造)의 은혜"로 崇明思想을 고취하는 바탕이 되었으며 일본에서는 德川幕府가 들어서는 계기가 되었고, 중국에서는 明朝가 멸망하고 後金(후에 淸)이 들어서는 왕조 교체가 일어났다.

병자호란(丙子胡亂)은 기간도 짧았고, 일부 국토만이 약탈 · 살육을 당했으나 삼배구고(三拜九叩)의 치욕을 겪음에 淸에 대한 복수설치(復讐雪恥 : 복수하여 치욕을 씻음)의 반감이 크게 일어났다.

왜란과 호란은 사회 조건이 좀더 안정되고 위정자가 각성하였더라면 피해를 줄일 수 있었을 것이다. 亂前 力役 · 공부(貢賦) · 형옥(刑獄) 등으로 민심이 이반하고 일본에 다녀온 두 사신의 상반된 보고로 정세 판단에 혼선을 초래하고, 의주로 몽진(蒙塵)할 때 노비들이 장례원(掌隸院)과 刑曹를 습격, 노비 문서를 소각하고, 어가(御駕)에 항의소동을 벌이고, 난중 이몽학(李夢鶴) 등이 모반을 꾀하고, 胡亂때 이괄(李适)의 반군이 후금으로 도주하여 침략을 종용하고 江都함락에도 向明排金을 둘러싸고 최명길(崔鳴吉) 등 主和派와 金尙憲 등 斥和派가 벌인 논난등이 그것이다.

ㅇ昇平太久로 王位의 爭과 朋黨의 禍를 自招하다

同心協力하던 신라의 진골(眞骨)이 王位를 다투고 文武竝行하던 고려의 문벌(門閥)이 알력(軋轢)이 생기고 근엄상려(謹嚴相勵)하던 조선의 士大夫가 黨爭에 몰두하였음은 昇平의 世에 있어 외경(外競)이 내분(內紛)으로 전변(轉變)하게 된 共通된 이유이다.

신라 하대(780–935) 약 150년 간 김언승(金彦昇)은 애장왕(哀莊王)을, 김명(金明)은 희강왕(僖康王)을, 김우징(金祐徵)은 민애왕(閔哀王)을 각각 시해하고 즉위하는 등 20명의 왕이 교체되는 혼란상으로 왕의 권위는 땅에 떨어지고, 지방호족의 등장, 농민의 반란에 더하여 여항(閭巷)에 탑묘(塔廟)가 벌려 서고, 평민들은 사찰로 도망하여 중이 되는 등 불법(佛法)의 폐해로 병농(兵農)은 줄어들고 국가는 날로 쇠약해진 와중(渦中)에 견훤(甄萱)의 침입을 알지 못하였다.

고려는 文宗 때 한 고비를 넘고 귀족간 상쟁이 반란의 형태로 仁宗 · 毅宗시대에 연속하여 일어났다.

조선조는 웅재대략(雄才大略)의 王과 장상(將相)의 보필(輔弼)로 내치와 방어가 한 때 성극(盛極)하였으나 승평(昇平)이 오래되자 문무의 관료가 붕당을 지어 암투하며 국방을 돌보지 않았다.

당쟁은 중앙집권적 권력 구조와 의리쌍행(義利雙行)적인 양반계급의 소산으로 연산군 때 비롯되었다. 네 번의 사화(士禍)로, 김종직(金宗直) · 김굉필(金宏弼) · 조광조 · 류관(柳灌) 등 절의사(節義士)가 많이 살해되었고, 충의 절개(節槪)를 고집한 자와 명리 신분을 권세에 의부(蟻附)하는 자들로 나뉘었다.

선조(宣祖) 연간을 경계로, 훈전세력(勳田勢力;건국공신들의 세력)과 신진 주자학파(朱子學派)사이의 정쟁은 주자학파의 패배로 거듭되고, 득세(得勢)한 주자학도끼리 당파가 갈리어 법을 빙자(憑藉)하여 사사로운 원수를 갚기도 하고 명망이 없으면 버림을 당하고, 명망이 있으면 꺼림을 받아 죽이는 등 오랜 파쟁이 전개되었다.

사림 정치 이후 당쟁은 학연과 긴밀한 관계를 맺게 되었다.

조선 전기 이색(李穡)–권근(權近)–변계량(卞季良)–노수신(盧守愼)으로 이어지는 기호계의 관학파(官學派=詞章派)와 이색–길재(吉再)–김숙자(金叔滋)–김종직(金宗直)–김굉필(金宏弼)–조광조로 이어지는 영남계의 사학파(私學派=經學派)로 분파되었는데 16세기 이후 기호계의 서경덕(徐敬德) · 이이(李珥) · 성혼(成渾)계열과 영남계의 이황 · 조식(曺植) 계열로 나누어졌다. 화담학통은 분파 되었지만 율곡학통은 노론 · 우계학통은 소론 · 퇴계학통은 남인 · 남명학통은 북인계열의 근간을 이루어 문묘종사(文廟從祀)나 왕실의 상례(喪禮)로 각축하고 스승의 학설이나 당론(黨論)을 묵수(墨守)하는 등 학문적인 대립과 개인적인 감정이 정치문제화 되었다.

주자학은 과도하게 명분과 의리를 내세워 융합(融合)의 기가 적었으며, 남의 잘못을 너무나 준엄(峻嚴)하게 가렸고, 사소(些少)한 이견(異見)도 용납할 줄 몰랐다.

당쟁시대에는 상대방에게 약점을 잡히지 않으려고 하여 부정부패가 견제(牽制)되고 예송이 한창일 무렵 文武 관리들의 기복(起伏)에도 백성은 비교적 편안했으나 세도시대에는 일당전제로 부정부패가 만연(蔓延)되고, 평민들은 궐기(蹶起)하여 반항하였다.

ㅇ身分 · 收取의 인순고식(因循姑息)으로 人間平等實現을 지체(遲滯)하다.

「바다 건너 동쪽에 군자국이 있으니, 의관(衣冠)을 하고 칼을 찼으며, 양보하기를 좋아하고 다투지를 않는다.」하였고〈산해경(山海經)〉「고구려 백성들은 노래와 춤을 좋아하여 밤에도 남녀가 무리로 모여 노래하고 논다. 사람들은 깨끗한 것을 좋아하고 음식을 저장할 줄 알며 술을 잘 담근다.」하였으며〈'三國志', '魏書'〉「신라에 간 이라크인이나 다른 나라 사람은 공기가 맑고 물이 좋고 토지가 비옥하며 자원이 풍부하고 보석도 일품(逸品)이기 때문에 극히 소수를 제외하고는 그 곳을 떠나지 않았다.」하였다. 〈알 마수디(al-Masûdî) / '황금초원과 보석광'〉

「음식을 먹을 때는 그릇을 사용하고, 문자는 해서(楷書)와 예서(隸書)에 맞춰 쓰고, 서로 주고 받을 때 절하고 무릎을 꿇으니 공경하고 삼가는 데 숭상할 만 한 것이 있다. 여름에는 날마다 두 번씩 목욕을 하는데 시냇가에서 남녀 구별 없이 물 굽이 따라 벌거벗는데, 이런 일을 괴상하게 여기지 않는다.… 」하였다

〈徐兢 / '宣和奉使 高麗圖經'〉

헐버트(Homer Bezaleel Hulbert)는 'The Passing of Korea(韓國의 終末)' 에서 「한국인은 숫적으로는 중국인들에 압도당하고 재주면에서는 日本人에 뒤진다. 이들은 좋은 상인도 아니요, 잘 싸우는 무사도 아니다. 기질면에서는 앵글로 색슨과 두 나라 사람보다는 많이 닮았고 더불어 살기에는 가장 유쾌한 사람들이다.」라고 하였다.

삼국시대에는 엄격한 신분제도가 유지되어 귀족 · 평민 · 천민의 신분적 차이가 혈통에 의하여 세습되는 것이 원칙이었는데 7세기 말엽 통일국가(신라)가 귀족과 토호를 윗 계층으로 하고, 평민과 노비를 아랫 계층으로 하여 경색되어가자, 사회의 갈등을 유발하게 되었다.

고려 때 문벌귀족의 폐쇄성과 권력 집중은 의종 24년 무신란을 유발(誘發), 문신정권 타도와 문반 귀족제를 해체하고 일부 천예(賤隸)들의 신분적 상승으로 신분제도의 붕괴를 초래하였다.

백년에 걸친 원(元)의 압제는 단군을 시조로 하는 민족의식을 낳게 하였으나 반면 교양을 팔아 권문(權門)에 부용(附庸)하는 지식인, 특권적 지식의 기능성만을 믿는 지식인, 자조로 일생을 망치는 지식인들만을 보게되었다.

조선은 士林派가 등장, 양반(兩班) 사대부의 사회적 기반이 확대되어, 사람을 다스리는 예의(禮義)가 서고 사람을 바로 세우는 염치(廉恥)가 행해졌으나〔사유(四維 : 禮義廉恥)〕 중인(中人) · 서리(胥吏) · 상공업자 · 농민의 정치 참여를 허락하지 않는 배타적인 특권을 누렸다.

옛날에는 사대부가 따로 없고 모두 民이었으나 士로서 어질고 덕(德)이 있으면 임금이 벼슬을 주었고, 벼슬을 못한 자는 농(農) · 공(工) · 상(商)이 되었는데 농업이 本業, 상업이 末業이었다.

관료사회가 '기강이 서면 나라가 흥하고 해이(解弛)해 지면 국운도 쇠미해 진다.' 고 하였는데 朝鮮시대에는 正心, 公道, 民本이 淸白吏이념으로 특히 지방관을 청백리에 뽑을 때는 '守令七事'를 따졌다.

신라의 朴堤上, 조선조의 死六臣, 四大士禍때의 士林派, 壬辰倭亂때의 七百義士, 丙子胡亂때의 三學士, 洋擾로부터 日帝侵略에 이르는 시기의 사신취의파(捨身就義派) 등 難局 때마다 창의(唱義), 순의(殉義)하는 선비의 실천은 고전적 節義의 귀감인데 권상하(權尙夏), 김창협(金昌協), 정시한(丁時翰) 등은 당쟁이 절정에 달했을 때에도 이념에 충실했다.

「촛불 물 떨어질 때 백성의 눈물 떨어지고 〔촉루낙시 민루락(燭涙落時 民涙落)〕
노랫소리 높은 곳에 백성들 원성 높구나. 〔가성고처 원성고(歌聲高處 怨聲高)〕」

근원 설화 '春香傳'에 풍자되듯 19세기 초까지 반복된 인순(因循, 구습(舊習)에 묶이어 정지된 채 새 길을 열지 못함)의 핵심은 백성을 수탈의 대상으로 여기는 착취적(exploitative)인 것이었다.

양반 중심의 사회는 17세기 후반부터 붕당 간의 갈등, 사회·경제적인 변화로 동요되기 시작하였으며, 노비신분층의 해체와 양반층 내부의 신분 혼효는 신분질서의 해체를 초래하였다.

이능화(李能和)는 '조선여속고'에서 여성의 굴종(屈從)·인내(忍耐)의 징표인 '칠거지악(七去之惡)과 삼종지도(三從之道)에 대하여 분개(憤慨)했는데 민중은 기층세력이면서도 민간신앙으로의 도피(逃避)나 반란을 일으켜 불만의 표출을 할 뿐이었다.

토지제도의 개혁과 신분제도의 타파를 기도(企圖)한 갑오개혁은 반상(班常)타파와 문벌차별 없는 인재 등용, 천민대우 폐지와 인신매매 금지, 고문(拷問)과 연좌제(連坐制)폐지, 조혼금지와 과부 재혼용인, 양자제도 개정과 의복제도 간소화 등 인간평등을 추구한 것이었다.

민중이 지배세력으로 등장하게 된 것은 19세기 말엽부터였다. 인내천(人乃天)의 동학운동과 독립협회운동은 정치참여의 폭을 넓혔으며 광복과 더불어 민중의 정치참여가 가능하게 되었다. 1960년 4月革命과 1970년대·1980년대 청년·학생, 종교인·문인·언론인·교수 등 지식인, 노동자·농민 등 시민층의 민주화 투쟁으로 자유와 평등에 입각한 사회정의가 실현되기에 이르렀다.

ㅇ존화양이(尊華攘夷)로 開化·自强을 꾀하다 낙오(落伍), 시련(試鍊)을 겪다.

한국은 中華인 한족(漢族)의 宋·明에게는 친화(親和)로 심복(心腹)하면서도, 이적(夷狄)인 거란족의 요(遼), 몽골족의 元, 여진족의 金, 淸과 왜족(倭族)인 일본에 대하여는 우월감을 가지고 비하(卑下)했다.

19세기 중엽 조선 사회는 두 곳으로부터 근대화에의 도전과 시련을 맞았으니 하나는 西學(天主敎)의 布敎, 통상요구 등 외부로부터의 植民化위협이고 다른 하나는 홍경래(洪景來)의 난, 壬戌民亂 등 내부로부터의 민중(특히 농민)의 체제요구였다.

開化는 明治維新(1867)이래의 일본을, 自强은 洋務運動(1862)이래의 淸을 각각 모델로 삼는 근대화를 의미하는 것이었는데 丙寅洋擾(1866)·辛未洋擾(1871)를 겪은 후 1876년 丙子修好條約에 이어 釜山, 元山, 仁川 등이 開港되자 유학자들 중심으로 척사위정운동이 일어났다.

개항 이후 중심 사상은 開化自强, 척사위정(斥邪衛正), 東學이고 역사적 과제는 근대화와 주권독립이었다.

斥邪論에 기초한 임오군란(壬午軍亂, 1882년), '위로부터의 近代化'를 企圖한 개화 급진파의 甲申정변(1884년), '밑으로부터의 近代化'를 指向한 東學 農民봉기(1894)와 甲午更張, 아관파천(俄館播遷)과 光武改革, 독립협회(獨立協會)와 만민공동회(萬民共同會) 등 밖으로 淸·日의 각축(角逐)과 露·日의 각축(角逐), 안으로 保守·進步와 斥邪·開化의 대립 등 연달은 파란(波瀾)속에서 近代化는 外勢의 힘으로 推進되고 植民化의 性格을 띠게 되었다.

황쭌센(黃遵憲)이 '조선책략(朝鮮策略)'에서 조선의 처지를 '연작처당(燕雀處堂)'(집 기둥에 불이 타오르는데 그 위의 새집 제비들은 타 죽기 직전인 줄도 모르고 지지배배 울고 있다)에 비유하였듯이 조선은 전통적인 것의 반발(反撥, 위정척사론)이 강한 데다가 淸과 日本에서 일고 있는 변화에 대처할 수 있는 안목과 능력을 결여하여 낙오(落伍)하였다. 이해를 놓고 열강이 편을 가르던 시절 손상(損傷)된 '인아(引俄)' 정책, 소련봉쇄(封鎖)와 日本팽창(膨脹)에 대한 영국·미국의 지원, 정부와 국민적 역량의 한계, 지정학적 조건 등이 겹쳐서, 한반도지역은 일본에 강점되어 식량·원료의 공급지로서, 또 일본상품시장으로서 경제구조의 왜곡성(歪曲性)과 산업의 지역적 편재(偏在, 南農北工)라는 二重構造를 심화해 갔으며 경제적 수탈(收奪)과 민족적 차별을 겪었다.

한국경제는 상품·화폐경제 태동(1876-1904), 半 封建的 地主制 확립(1904-1919), 식민자본주의 성장(1919-1945), 독점자본지배구조 형성(1960년대 이후) 등 근대화 과정을 밟았다.

1919년 3·1 운동을 계기로 민족정신사관의 朴殷植·申采浩 등이, 獨立自强의 安昌浩·梁起鐸 등이, 社會革命적인 東學系의 孫秉熙·吳世昌 등이, 國故 研究의 周時經·崔南善 등이 민족운동의 主流로서 융합(融合)을 이루고 武裝論·外交論·實力培養論으로 나뉘어 정치적으로 임시정부, 군사적으로 독립전쟁·의열투쟁, 사회적으로 농민·근로·여성·학생운동, 문화적으로 국학·교육·언론 등 각 영역에서 또 국내외 각처에서 독립운동이 전개되었다.

기독교는 유교적 가치체계 위에 수립된 전통사회가 지배층의 무력화(無力化)와 함께 민중의 눈 앞에서 무너져 갈 때 일제하 신음하던 민중에게 그 정신적 진공(眞空)을 채워줄 수 있었다.

한국의 자유와 독립은 1943년 11월 카이로선언과, 1945년 7월 포츠담선언에서 보장되고 확인된 후 2차 세계대전 종전과 전범국(戰犯國) 일본의 무조건 항복으로 1945년 8월 15일 광복을 맞이했다.

美·蘇의 냉전적 대립, 신탁통치를 둘러싼 민족 내부 左右翼의 분열 등은 단일정부 수립을 불가능하게 하여 유엔 감시하 총선에서 198명의 제헌의원이 선출되고 1948년 8월 15일 초대 대통령 이승만의 취임으로 대한민국이 수립, 한반도 내 유일한 합법정부로 유엔의 승인을 받았다.

이승만(李承晩) 주도로 건국한 自由民主國 대한민국은 전통의 급속한 해체, 남북 분단과 동족 상잔(相殘), 박정희(朴正熙) 주도의 5 · 16 군사쿠데타와 산업화, 김대중(金大中) · 김영삼(金泳三) 주도의 민주화를 숨 가쁘게 경험하게 되었다.

1950년 북한이 소련 · 중공의 지원으로 한국을 침공하자 미국은 유엔 15개국과 함께 참전, 한국을 지원했는데 한국전쟁의 결과 동서 블럭화 촉진 등으로 미국의 영향력이 증대되고 남북간 적대의식 배태로 통일을 지체시키는 動因이 되었다.

1945년 광복과 더불어 일본 식민지 경제 체제는 붕괴되고 1956년부터 미국 원조에 의한 부흥기, 1960년대 자립 경제기반 구축기를 거쳐 1970년대 이후 고도 성장의 결과 경제규모 확대, 산업구조 고도화, 고용창출과 소득증대 등을 실현했다. 성장의 속도는 빨랐는데 사회적 갈등을 심화시켜 경제민주화가 시대적 과제가 되었다.

ㅇ한국혼(韓國魂)을 일깨워 統一韓國 - 成熟社會의 祖型을 期하다.

전근대 · 근대 · 현대의식이 혼재(混在)되어 있는 三重구조의 한국적 후진성을 탈피(脫皮)하고 통일한국 · 성숙사회(Mature Society)의 조형(祖型)을 이루어 내야 하는 소명(召命)은 조숙(早熟)한 성장, 지체(遲滯)된 의식, 분열(分裂)된 구조의 미숙(未熟)사회를 사는 이 시대 역사의식의 핵심으로

첫째 元의 신속(臣屬)(1259년) · 淸의 수항(受降)(1637년) · 日의 合併(1910) 등 기치대욕(奇恥大辱)과 羅唐연합 · 壬亂내부(內附) · 임오군란 당시 중국 간섭과 · 甲申정변 · 고부민란(古阜民亂) · 왕비시해 · 俄館播遷期 일본관여에 表出된 國威損傷을 맹성(猛省)하는 한편, 왜독(倭毒) · 중독(中毒)의 상처 입은 역사서술과 단절(斷切)된 傳統文化를 광정(匡正)하여 우리의 정체성을 더욱 공고(鞏固)히 다지는 것이다.

둘째 首陽의 찬위(簒位) · 趙光祖의 己卯의 失敗 등 훼손(毁損)된 國脈을 회복(恢復)하고 집중(集中)과 편재(偏在), 할거(割據)와 난립(亂立), 부용(附庸)과 기생(寄生), 뇌동(雷同)과 선망(善忘) 등 배태(胚胎)되어 있는 행태(行態)와 구조(構造)를 효율 · 공정 · 형평 提高方向으로 재편존양(再編存養)하는 한편, 지도층의 律己와 시민층의 知足으로 사회적기강을 한 차원 높이는 것이다.

셋째 世宗 · 忠武公 등 國家의 주석(柱石), 死六臣 · 安重根 등 忠節, 조광조(趙光祖) · 한용운(韓龍雲) 등 維新, 李元翼 · 金炳魯 등 淸白, 류일한(柳一韓), 장기려(張起呂) 등 헌신(獻身)의 귀감(龜鑑)을 한국인 삶의 표본으로 삼는 것이다.

넷째 G2(미국 · 중국) 중심의 글로벌 거버넌스(Global Governance)시대에 남북이 역사의 지체(遲滯)를 초극(超克)하여 민족의 同質性을 회복하고 삶의 질이 함께 향상되는 統一中興을 꾀하는 한편 인방(隣邦)과의 균세적(均勢的) 호혜협력(互惠協力)을 추구하는 지혜와 용기가 필요하다.

부록

역사를 어떻게 보아야 하나

- ■역사란 무엇인가
- ■왜 역사를 연구하는가
- ■역사를 어떻게 보아야 하나
- ■역사에서 교훈을 얻을 수 있는가
- ■역사의 종말인가 문명의 충돌인가

세계 여러 문명 성장 단계

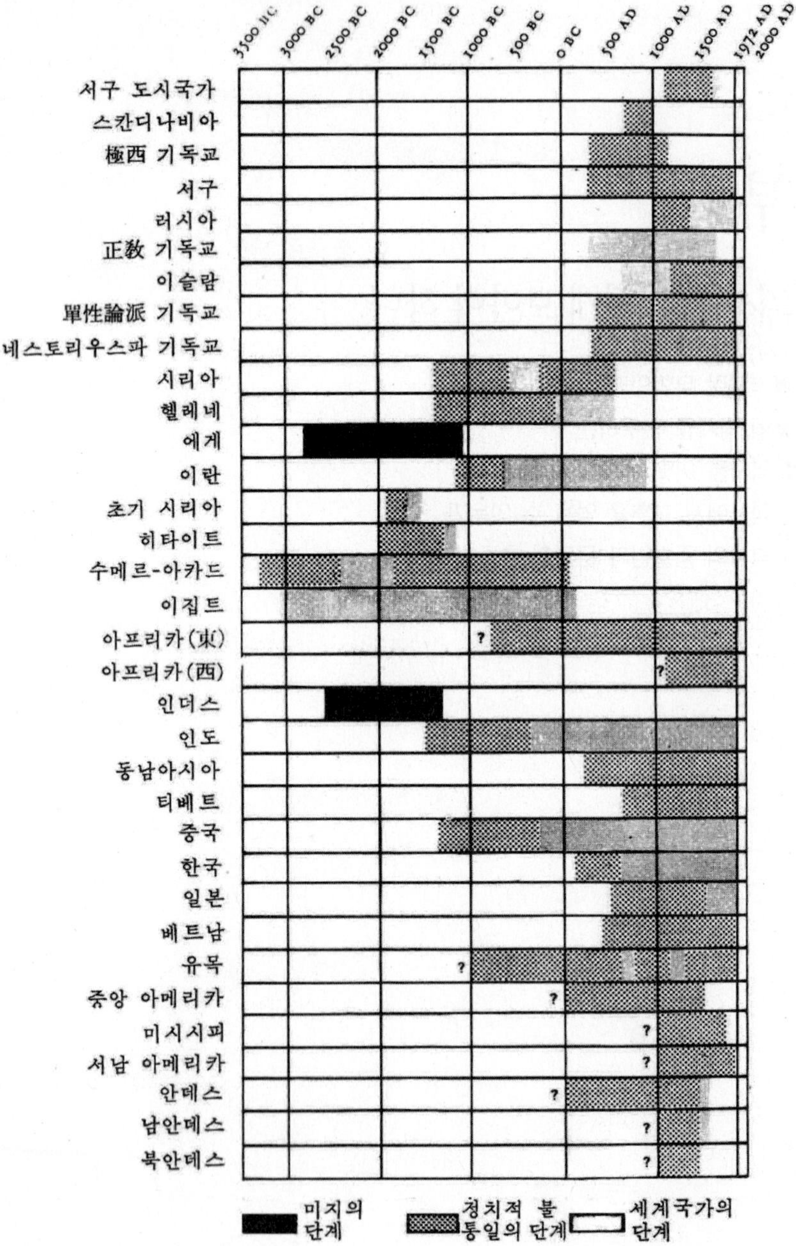

〈토인비 / 圖說 - 역사의 연구〉

역사를 어떻게 보아야 하나

歷史란 무엇인가

「과거 50년간 '歷史란 무엇인가' 라는 문제에 대하여는 상당수의 진지한 연구가 나왔다. 역사에 있어서의 사실의 우월성과 자율성이란 학설에 최초의 도전(挑戰)이 제기된 것은 1880년대와 1890년대이었으며 그 장소는 19세기 자유주의의 안쾌(安快)한 지배를 뒤 엎는 데 큰 역할을 했던 독일이었다. 이러한 도전을 담당했던 철학자들 중에서 딜타이(Wilhelm Dilthey, 1833-1911)만은 근래 영국에서 때 늦게나마 주목을 받기에 이르렀다. 20세기 초엽 봉화는 이탈리아로 넘어 갔고 크로체(Benedetto Croce)는 독일 학자들의 큰 영향이 엿 보이는 하나의 역사철학을 제창했다.

「모든 역사적 판단의 기초를 이루는 것은 실천적 요구이기 때문에 모든 역사에는 현대의 역사라는 성격이 부여된다. 서술되는 사건이 먼 시대의 것이라고 할지라도 역사가 실제로 반영하는 것은 현재의 요구 및 현재의 상황이며 사건은 다만 그 속에서 메아리칠 따름이다」 라고 크로체는 언명했다. 역사란 본질적으로 현재의 눈을 통하여 현재의 관점하(觀點下)에서 과거를 본다는 데에서 성립되는 것이며, 역사가의 主任務는 기록에 있는 것이 아니라 가치의 재평가에 있다는 것이다. 1916년 미국의 史家 칼 벡커(Carl Lotus Becker, 1873-1945)도 '역사상의 事實이란 어떤 역사가에 있어서나 자신이 이를 창조하기까지는 존재하지 않는다' 라고 주장했다.

크로체는 옥스퍼드의 철학자이며 역사가인 콜링우드(Robin George Collingwood, 1889-1943)에게 큰 영향을 끼쳤는데 그는 역사철학에 크게 공헌한 現 세기의 유일한 영국 사상가다.

콜링우드의 관점은 다음과 같이 요약될 수 있다. 역사철학이 취급하는 것은 "사실 그 자체"나 "사실 그 자체에 대한 역사가의 사상"의 그 어느 하나만이 아니고 "상호관계하에 있는 그 兩者"다. "역사가가 연구하는 과거는 죽어 버린 과거가 아니라 현재 속에 살아있는 과거이다." "모든 역사는 사상의 역사"라는 것이며 또한 "역사는 역사가가 연구하고 있는 사람들의 사상을 자신의 마음 속에 재현한 것"이라는 것이다. 재구성의 과정은 사실의 선택 및 해석을 지배하는 것이며 사실을 역사적 사실로 만들어 놓는다는 것이다. 콜링우드와 가까운 입장에 있는 오크쇼트(Michael Joseph Oakeshott, 1901-1990)는 '역사는 역사가의 경험이다. 그것은 역사가들에 의해서만 만들어지는 것이고 역사를 쓴다는 것 만이 역사를 만드는 유일한 방법이다' 라고 말하고 있다. 이 투철한 비판은 약간의 留保조건이 붙을 수도 있겠지만 몇 가지의 망각(妄覺)된 진리를 밝혀 주고 있다.

첫째 역사상의 사실은 결코 순수한 채로 우리 앞에 나타날 수 없다. 말하자면 그것은 記錄者의 마음을 통하여 항상 굴곡(屈曲)된다는 것이다.
따라서 우리들이 역사책을 읽으려 할 때에 제일 먼저 관심을 두어야 할 일은 그 책 속에 어떤 사실들이 실려져 있느냐 라는 문제보다도 그 책을 쓴 역사가가 어떠한 사람인가 라는 문제다. 역사책을 읽을 때에는 역사가의 머리 속에서 오고가는 사색의 音을 잡아내야 한다. 아무 것도 들을 수가 없다면 음치(音痴)이거나, 역사가쪽이 둔재(鈍才)이거나 둘 중의 하나다. 사실이란 생선 가게의 판 위에 놓인 생선과 같은 것이 아니라 광대한, 때로는 접근할 수도 없는 大海를 헤엄쳐 다니는 고기와도 같은 것이다. 역사가가 그것을 잡아내려면 일부는 우연에도 있겠지만 주로 바다의 어떤 장소를 골라서 고기잡이를 하는가, 그리고 어떤 고기잡이 도구를 선택하는가에 달려 있다. 물론 이 두 가지 요인은 무슨 고기를 잡으려고 하는가에 의하여 결정될 문제지만, 일반적으로 역사가란 자기가 원하는 종류의 사실을 손에 넣게 되는 것이다. 역사란 해석을 의미한다.

제 2의 문제점은 역사가는 자기가 취급하는 사람들의 마음과 그들의 行爲의 배후에 있는 사상을 상상적으로 이해할 필요가 있다는 점이다.
부르크하르트(Jacob Christoph Burckhardt, 1818-1897)의 30년 전쟁에 대한 비난을 들어보자. 그는 "가톨릭이건 프로테스탄트이건 자기구제(自己救濟)를 국가통일에 우선시킨다는 것은 教義의 수치(羞恥)다"라고 말했다. 종교 수호를 위하여 살육(殺戮) 한다는 것은 惡하고 미련한 짓이라고 믿도록 교육받은 19세기의 자유주의 역사가들로서는 30년 전쟁을 한 사람들의 정신상태를 들여다 본다는 일은 至難했을 것이다. 역사가 자기가 쓰고 있는 인물과의 어떠한 心的인 접촉을 가질 수 없는 한 역사는 씌어질 수 없는 것이다.

제 3의 문제점은 현재의 눈을 통해서만 과거를 볼 수도 있고 과거에 대한 이해도 가질 수 있다는 점이다.
역사가에게는 선택의 의무가 있다. 과거 백년 간 유럽 세력균형의 변화는 프레데리크대왕(Frederick I, 1657-1713)에 대한 영국 史家들의 태도를 뒤 집어 놓았다. 가톨리시즘과 프로테스탄티즘 간의 세력균형의 변화도 로욜라(Ignatius de Loyola, 1491?-1556) · 루터(Martin Luther, 1483-1546) · 크롬웰(Oliver Cromwell) 등에 대한 史家들의 태도를 근본적으로 바꾸어 놓았다. 트레버 로퍼(Hugh Redwald Trevor-Roper, 1914-2003)는 역사가는 '과거를 사랑해야 한다' 라고 말하고 있다.
그러나 역사가의 기능은 과거를 사랑한다는 것도, 과거로부터 자신을 해방시킨다는 것도 아니오, 현재를 이해하는 열쇠로서 과거를 지배하고 과거를 이해한다는 것이다.

역사서술에 있어서의 역사가의 역할을 강조한다는 것은 결국 객관적 역사란 것이 전연 배제당하게 되고 역사란 역사가가 만들어 내는 것이 되어 버리고 만다.
聖 아우구스티누스(Santus Aurelius Augustinus)는 초기 그리스도 教徒라는 관점에서, 티유몽(Sebastien Le Nain de Tillemont, 1637-1698)은 17세기 프랑스인의 관점에서, 몸

젠(Theodor Mommsen, 1817-1903)은 19세기 독일인의 관점에서 각각 역사를 보았다. 결국 이렇게 되면 완전한 회의주의(懷疑主義)에 빠지게 되어 프로드(James Anthony Froude, 1818-1894) 처럼 역사란 「어린애들의 글자맞추기 같아서 아무 것이나 마음에 드는 말을 이어붙여 놓기만 하면 된다」는 식으로 되어 버린다. 콜링우드는 '가위와 풀의 역사'와 사실의 편찬(編纂)이라고 보는 견해에 반대한 나머지 역사를 인간이 머리 속에서 짜내는 것으로 본다는 위험성에 접근하여 조지 클라크(George Norman Clark, 1890-1979)卿이 말한 '객관적인 역사적 진리는 없다'라는 결론에 되돌아가고 있다. 보는 각도가 틀릴 때마다 산의 모양이 틀리게 나타난다고 하여 산에는 객관적인 모양이라는 것이 본래부터 없다든가 무한한 모양이 있다든가 하는 것은 아니다.
그러나 콜링우드의 가설(假說)에는 이보다도 더 큰 위험성이 숨어 있다. 역사가가 자기가 연구하는 역사시대를 자기 시대의 눈을 통해서 봐야 하고 과거의 문제를 오늘의 문제의 열쇠로서 연구해야 한다면, 역사상의 사실은 무(無)가 되고 해석이 전부가 되고 만다. 사실을 존중해야 한다는 역사가의 의무는 자기가 취급하는 사실이 정확하다는 것을 알아낸다는 의무에만 그치는 것은 아니다. 역사가는 자기가 연구하는 테마나 적용하려고 하는 해석에 어떠한 의미에서건 관련성이 있는 알려졌거나 알 수 있는 사실은 남김없이 그려내려고 노력하지 않으면 안된다. 歷史家를 정확하다고 칭찬한다는 것은 잘 말린 木材를 썼다거나 잘 혼합된 콘크리이트를 썼다고 하여 建築家를 칭찬하는 것이나 마찬가지다. 그것은 그의 일의 必要條件이지 본질적인 기능은 아닌 것이다.

역사가는 사실의 천한 노예도 아니오 억압인 주인도 아니다. 역사가와 그의 사실과는 평등의 관계에 있는 것이며 역사가란 자기의 해석에 맞추어서 사실을 형성하고 자기의 사실에 맞추어서 해석을 형성하고 하는 끊임 없는 과정에 종사하고 있는 것이다.
해석이나 사실의 선택 및 정리는 다 같이 쌍방의 상호작용을 통하여 미묘한 半無意識的인 변화를 겪게 된다. 뿐만 아니라 역사가는 현재의 일부이고 사실은 과거에 속하는 것이기 때문에 이 상호작용에는 현재와 과거 사이의 상호관계가 아울러 내포된다. 사실을 못 가진 역사가는 뿌리를 박지 못한 무능한 존재다. 역사가가 없는 사실이란 생명없는 무의미한 존재다. 이리하여 '역사란 무엇인가'에 대한 나의 답은 결국 다음과 같다.

'역사란 역사가와 사실 사이의 상호작용의 부단한 과정이며, 현재와 과거와의 사이의 끊임 없는 대화이다.'

〈카아(Edward Hallett Carr) / 吉玄謨(1923-2007) 譯〉

歷史認識에서의 주관(主觀)과 객관(客觀)의 종합(綜合)

• 近代批判史學의 성립 - 客觀

「천 여년간 서양세계를 지배한 역사사상인 성 어거스틴(St.Augustine)의 기독교사관이 르네상스에서 도전을 받기 시작하여 18세기에 이르러 역사를 신학으로부터 해방시키는 운동이 크게 성공하였다. 따라서 역사연구에서도 종교적 개념의 자리에 세속적 합리적 개념이 자리잡게 되었다.

버터필드(Herbert Butterfield, 1900-1979)가 과학혁명이라고 부르고 토인비(Toynbee)가 정신혁명이라고 부른 17-18세기는 혁명적인 사건의 시대였다. 과학혁명은 인간과 사회와 역사도 자연과학적 방식으로 추상적 보편적 원리에 의해 이해하려는 태도를 낳았다.

비코(Giovanni Battista Vico) · 헤르데르(Johann Gottfried von Herder, 1744-1803) · 몽테스키외(Charles Louis de Secondat Montesquieu) 등은 이와는 다른 방향에서 역사의 방법을 생각하고 있었다. 비코는 연역의 방법을 진정한 지식의 기준으로 삼는 것을 명백히 거부하였고, 헤르데르는 역사에 대한 합리주의적 접근을 일체 배격하였다. 이들은 역사를 자연과학적 방법으로 다루는 것을 반대하고 역사는 그 자체의 고유한 연구방법을 따라야 할 것이라는 생각을 품고 있었는데 이러한 생각의 결정(結晶)이 헤겔(Hegel)의 역사철학이다. 헤겔은 개별과 특수의 순수한 역사성을 최초로 발견한 사람으로서 이성 · 자유 · 과정 · 발전 등의 역사적 개념들을 사용하여 역사의 현상과 자연의 현상을 엄격히 구별하였다. 형이상학적 · 사변적(思辨的) 체계인 헤겔의 역사철학은 역사를 超歷史에서 역사의 자리로 끌어내리는데는 성공하였으나 역사를 선구적(先驅的) · 관념적(觀念的) 체계의 법칙에 묶어 버렸다.

이러한 형이상학적 체계에 대한 비판이 19세기말 커지게 되었는데 그 비판의 주동적 역할을 담당한 사상을 역사주의(Historicism)라고 통칭한다. 랑케(Ranke)와 그의 후계자들은 외교문서 공개와 聖書學 · 神話學 · 언어학 · 고전학 · 고고학 등 보조과학의 힘을 빌어서 역사체계의 논리적 수단과 분석적 기술을 발전시켰다. 사료의 선택 · 검증 · 대조 · 평가 등에 의한 사료비판의 방법을 고안하고 문헌의 不偏性 · 객관성 · 진실성 등의 여부를 판단하는 엄밀한 기준을 설정하였다. 1859년 랑케는 역사가의 임무는 '실제 그것(과거의 사실)이 어떠하였는가' 를 사실적으로 그려내는 것이라 하고 1902년 뷰리(John Bagnell Bury, 1861-1927)는 '역사는 과학' 이라고 주장하였는데 랑케보다 한 세대 후 부르크하르트(Jacob Burckhardt)는 역사는 가장 비과학적 학문이라고 말하였다.

역사는 철학의 틀에도 맞지 않을 뿐만 아니라 과학의 틀에도 맞지 않는다는 생각이다.

19세기 말 理性의 우위성이나 자율성에 대한 신념이 점차 도전을 받게 되었다. 한편에서는 역사는 과학이라고 주장하고, 다른 한편에서는 역사는 결코 과학이 될 수 없다고 주장하기 시작한 근대역사주의의 딜레머를 배경으로 역사학의 위기를 구출한 사람들이 독일 西南學派의 리케르트(Heinrich Rickert, 1863-1936)와 딜타이(Wilhelm Dilthey)이다.

• *新觀念學派의 歷史理論 - 主觀*

이들은 역사의 자율성의 입증에 그치지 않고 역사지식의 특이성을 역사의 용어로-철학이나 과학의 용어로가 아니라-정당화한 독특한 역사인식론을 수립하였다. 그들은 크로체(Croce) · 콜링우드(Collingwood)에 연결되는 새 역사관을 열었는데, 역사가의 주관을 강조하는 경향이 강하므로 新觀念論者(Neoidealists)라고도 한다.

딜타이가 반대한 것은 실증적 연구방법이나 실증주의 자체가 아니라 자연의 세계와 인간행위의 세계를 혼동하는 당시의 일반적 사조였다. 역사에서는 연구의 주체와 대상이 자연과학에서처럼 분리되어 있지 않고 연구자는 연구의 대상이 되는 역사적 세계 안에 살고 있는 동시에 역사의 창조자이기도 하다. 역사의 의미는 고정되어 있지 않고, 역사가의 시대 · 문화적 위치 · 개인적 세계관에 따라 달라지기 마련이라는 것이다. 신학과 철학으로 부터 해방되었던 역사학은 딜타이에 의하여 과학으로 부터도 독립하여 독자적 학문의 길을 열었다.

딜타이의 영향을 가장 많이 받은 사람의 하나인 크로체도 딜타이처럼 역사는 과학에 가까운 것보다도 예술에 가깝다고 하였다. 예술가와 역사가는 과학자와 달리 개별적 사건들을 보편적 법칙의 예로 취급하지도 않고 추상적 카테고리로 분류하지도 않고 모든 현상을 고유한 특이성에서 이해하려고 한다. 역사는 외적관련에서 찾아지는 것이 아니고 내적인데서 즉 역사가의 사상에서 만들어 진다는 것이다. 역사가가 사료를 이해할 수 있는 때는 자기의식 속에 사료를 통합하는 때와 자기사상 속에 사료를 녹여 자기의 영혼 안에서 감동하는 때이다. 그러므로 모든 역사는 역사가에 의하여 다시 살려지고 다시 경험되지 않으면 안된다. 사실들을 확정 · 해석 · 판단하는 것도 이 상상적 재창조 과정의 일부이다. 개별(個別)과 보편(普遍)은 역사가의 사상 속에 종합되어서 역사적 판단을 낳는다. 그러므로 역사는 역사가의 現在性과 더불어 영원히 현대의 역사가 될 수밖에 없다. 크로체는 철학과 역사를 하나로 용접시키고, 역사가의 과업을 시종(始終) 정신적 주관적인 것으로 명시하여 딜타이를 괴롭혔던 상대주의를 없애버렸다. 크로체는 역사의 '내면성'을 강조한 나머지 역사적 판단의 타당성을 역사가의 내적 경험이나 직관에 호소함으로써 입증할 수 있다는 인상을 남겼다.

크로체는 反헤겔리안(Hegelian) 라부리올라(Antonio Labriola, 1843-1904)에게서 철학을 배웠고, 콜링우드는 과학주의자 쿠크 윌슨(John Cook Wilson, 1849-1915)에게서 철학을 배웠지만 모두 예술과 역사에 관심을 기울여 철학과 역사를 동일화하기에 이르렀다. 콜링우드에 의하면 역사학은 자율적 학문이다. 그는 쉬펭글러(Oswald Arnold Gottfried Spengler, 1880-1936)의 역사적 체계도 콩트(Auguste Comte, 1798-1856)와 마르크스(Marx)의 체계와 마찬가지로 진정하고 유일한 지식은 과학의 지식이고 따라서 특수한 현상도 법칙으로 설명될 수 있다는 편견(偏見)에 사로잡혀 있다고 하였다.

특정한 역사현상의 본질을 파악하려면 사건의 내면으로 뚫고 들어가서 그 사건에 관련된 인물들의 생각을 알아내지 않으면 안된다는 것이다.

역사가가 과거의 사건을 조사할 때는 그 사건의 외면과 내면을 구분한다. 역사가는 그의 생각이 무엇인가를 발견하기 위하여 그 생각을 스스로 다시 한번 생각해 보지 않으면 안된다. 어떤 특정한 관련하에서 어떤 사람의 마음 속에 생긴 특정한 사상은 다른 관련하에 있는 역사가의 마음 속에 다시 존재할 수 있고, 따라서 과거의 사상을 역사가의 마음 속에 재현시키는 것(re-enactment)은 직접 경험과 매개의 통일 속에서 가능하다는 것이다.

• *客觀과 主觀의 綜合 - E. H. 카아*

과학주의적 역사학에 대한 딜타이의 도전은 크로체와 콜링우드에 의하여 더욱 체계화되었다. 랑케-뷰리의 역사학이 사실에 치우쳤다면 크로체-콜링우드의 역사학은 역사가의 해석에 너무 치중하지 않았을까, 중심을 과거에, 즉 사실에 두는 랑케적 역사와 중심을 현재에, 즉 역사가의 사상에 두는 콜링우드적 역사와의 대립을 극복하는 길은 오랫동안 역사학의 중심적 논의가 되어 온 문제다. 이 문제의 해결에 크게 이바지한 사람의 하나가 카아(E. H. Carr)이다. 그는 19세기의 경험론적 지식론은 '사실 숭배'(cult of facts)로 규정하고, 사실 숭배사상이 역사를 확증된 사실의 집성으로 만들었다고 한다. 그렇게 제한된 사실 숭배에 대한 비판으로서의 신관념론자들의 역사이론에서는 '역사상의 사실은 역사가가 창조할 때까지는 존재하지 않는다'는 주관론에 이를 만큼 역사가의 해석에 지나치게 치중하고 사실의 가치를 지나치게 폄하(貶下)시킨 결과를 초래하였다.

• *현재(主觀)와 과거(客觀)와의 대화*

역사가는 자기가 취급하는 '사실'이 정확하다는 것을 알아내는 것은 물론 연구테마와 관련성이 있는 사실을 남김없이 탐지(探知)해 내려고 노력하지 않으면 안된다. 동시에 역사가가 실제 연구과정에서 사실 등을 찾아낼 때 자기가 거기 적용하려는 해석과의 관련에 적합한 사실들만을 찾아낸다. 역사를 역사라는 낱말의 두 가지 語義-역사가의 연구라는 뜻과 그가 연구하는 과거라는 사실의 뜻-의 어느쪽으로 보나 하나의 사회적 과정이고 개인은 사회적 존재로서 이에 관여(關與)되고 있다. 과거는 현재의 빛에 비쳤을 때에만 비로소 이해될 수 있고 현재도 과거의 조명 속에서만 충분히 이해될 수 있다.

• *歷史도 과학이 될 수 있다.*

카아는 역사가가 연구과정에서 사용하는 가설(假說)의 지위와 과학자의 그것과의 사이에는 놀라운 유사성(類似性)이 있다고 한다. 프로테스탄티즘(Protestantism)과 자본주의와의 관계에 대한 막스 베버(Max Weber)의 이론은 법칙이 아니라 하나의 가설이다. 카아는 이렇게 말한다. '해석을 매개로 사실을 추출(抽出)하고 사실로써 해석을 테스트하는 식으로 하나의 단편적인 가설로부터 또 하나의 단편적인 가설을 찾아서 점진적으로 전진하는 이러한 연구방법에 있어서 과학자와 역사가가 본질적으로 다르다고 생각하지 않는다.'

과거에 대한 역사가의 해석도, 의의(意義) 있는 것과 적절한 것의 선택도, 새로운 목표가 점차 출현함에 따라서 진화해 간다. 이리하여 역사는 과거와 현재와의 대화라는 정의(定義)는 오히려 역사는 과거의 사건들과 점차 우리 앞에 나타나게 될 미래의 목적들과의 대화라고 부연(敷衍)해야 하겠다.

• *歷史에서의 自由와 決定論*

역사의 연구는 과학의 연구와 마찬가지로 원인의 연구로서, 인간행위에는 원칙적으로 밝혀낼 수 있는 원인이 있다고 한다. 카아는 카를 포퍼(Karl Popper)와 아이사 벌린(Sir Isiah Berlin, 1909-1997)의 자유의지론을 반박(反駁)하면서 역사에 있어서의 필연과 우연의 문제를 논하고 있다. 역사에 있어서의 불가피성 혹은 필연성이라는 것도 실은 '가능성이 지극히 크다' 는 의미 이상의 것은 아니고 어떤 사건이 결국 왜 다른 길로 가지 않고 특정한 코스를 취하게 되었는가를 설명하는 데 불과한 것 임에도 역사의 불가피론을 완전 결정론으로 몰아치우려는 사람들을 未練學派(might-have-been school)라고 규정하면서 감정적이고 비역사적인 반동(反動)이라고 일축한다.

역사가는 자기가 입수할 수 있는 한에 있어서의 과거의 경험으로부터 합리적인 설명과 해석에 적합하다고 인정되는 부분을 골라내 가지고 거기서 유용한 결론을 이끌어 낸다. … 결국 역사란 역사적 의의라는 견지에서의 선택과정이다. 역사는 탈코트 파슨즈(Talcott Parsons, 1902-1979)가 말한 바 실재에 대한 인식적 자세에 있어서의 선택체계일 뿐만 아니라 인과적 자세에 있어서의 선택체계라고 할 수 있다. 역사가는 무수히 많은 사실들 가운데서 자기 목적에 의의를 지니는 사실만을 골라내는 것과 마찬가지로 여러 인과관계 가운데서 역사적으로 의의(意義) 있는 것들만을 빼내는 것이다.

어떤 설명은 합리적이고 다른 설명은 비합리적이라고 구분하는 규준(規準)은, 어떤 목적을 위하여 전자는 유용한 설명이고 후자는 그렇지 못한 설명이라는 데 있다고 볼 수 있다. 이 구분의 규준은 역사에 있어서의 원인에 대한 태도에도 적용될 수 있다. 즉 합리적인 원인은 어떤 나라 어느 시대 어떠한 조건에도, 즉 어떠한 역사상황에도 항상 적용이 가능하고 유익한 일반화를 끌어내어 거기서부터 교훈을 얻을 수 있다. 그러나 우연적 원인은 일반화될 수가 없고 특수한 것이기 때문에 교훈을 얻을 수도, 어떤 결론을 얻을 수도 없다.」

〈盧明植, 翰林大學校 人文大學 史學科 교수〉

왜 역사를 연구하는가?

「역사적 입장은 물리적 우주가 시간 · 공간의 4차원의 테두리 안에서 원심적(遠心的)으로 움직이고, 지상의 생명이 생명 · 시간 · 공간의 5차원의 테두리 안에서 진화적으로 움직이며, 또한 정신을 부여받아 6차원으로 높여 진 인간의 영혼이 그 정신적 자유를 운명적으로 행사하여 신에게 접근하거나 신에게서 멀어지거나 하는 모습을 명백히 한다.
원시적인 농민이 역사 의식이 없었던 것은 그들의 사회 환경이 그들에게 역사에 대해서가 아니라 자연에 대해 말하고 있었기 때문이다. 이 도전[挑戰(challenge)]뿐만 아니라, 도전을 받고 응전[應戰(response)]이 없으면, 창조적인 활동의 불은 점화되지 않는다는 진리를 볼네(Constantin Frangois de Chasseboeuf Comte de Volnay, 1757-1820)는 1783-1785년 이슬람 문명 세계(이집트와 시리아)를 방문했을 때 뼈저리게 느꼈다. 프랑스가 한니발(Hannibal, BC 247-BC 183) 전쟁(BC 219-BC 201) 무렵이 되어서야 문명 역사의 흐름 속에 끌려 들어가게 된 데 비하여, 볼네가 방문한 지역은 갈리아 지방보다 3-4천 년 전부터 역사의 무대가 되었던 곳이다. 이같은 문제가 볼네로 하여금 이집트로 가게 하였고, 보나파르트(Napoléon Bonaparte)의 원정(遠征)에 의해 제공된 기회를 획득한 많은 프랑스 학자로 하여금 이집트를 찾게 하였다. 이집트를 방문한 프랑스 학자들은 근대 서구 문명 사회의 끈질긴 호기심이 정복할 역사의 새로운 차원을 발견하는 일로 이름을 날렸다. 그 이후 열 한 개나 되는 잃고, 잊어 버린 문명〔구세계에선 이집트 · 바빌론 · 수메르 · 미노스 · 히타이트의 각 문명, 인더스 문화와 상문화(商文化), 신세계에선 마야 · 유카텍 · 멕시코 · 안데스의 각 문명〕이 다시 한번 소생(蘇生)되었다.
위대한 역사가의 생애(生涯)를 보면, 대부분의 경우 뭔가 중대하고 강한 충격을 주는 공적 사건을 만나 그 도전에 대한 응전으로서 역사적 탐구를 해 왔음을 알 수 있다.
그 사건은 그들 자신이 목격하고, 혹은 단순히 방관했을 뿐 아니라, 투키디데스(Thucydides, BC 460?-BC 395?)가 아테나이 · 펠로폰네수스 대전(Peloponnesian War BC 431-BC 404)에 참가하고 클라렌든(1st Earl of Clarendon, Edward Hyde, 1609-1674)이 '대반란'에 관계한 것처럼 적극적인 역할을 한 사건인 경우도 있으며, 또 기번(Edward Gibbon, 1737-1794)이 1764년 10월 15일 카피톨리움(Capitolium)의 폐허(廢墟)에 서서 로마 제국의 쇠망에 대하여 생각했듯이 과거의 사건이나 후세가 느끼기 쉬운 응전을 야기시킨 경우도 있으며 기번〔'로마제국쇠망사'(The History of the Decline and Fall of the Roman Empire)〕. 창조적 자극이, 예컨대 헤로도투스(Herodotus, BC 484?-BC 425?)가 페르샤 전쟁에 자극받았을 때처럼 경하(慶賀)할만 한 중대 사건인 경우도 있다.

1860년경 태어난 서구 민주주의국가의 자유주의적인 중산 계급 사이에서는 파죽지세(破竹之勢)로 전진하는 서구 문명이 19세기 끝 무렵에는 인류의 진보를 '지상의 낙원' 바로 문전까지 밀고 왔다고 믿고 있었다. 고전 교육을 받은 서구인은 자유주의적인 연장자들의 실망을 보고, 페리클레스(Perikles, BC 495?-BC 429)가 세운 앗티카 민주제에 대한 플라톤(Plato, BC 428?-BC 348)의 환멸(幻滅)을 생각하지 않을 수 없었다. 1914년의 전쟁을 경험하면, BC 431년의 전쟁이 투키디데스에게 겪게 했던 경험과 같다는 것을 통감(痛感)하지 않을 수 없었다. 1914년과 BC 431년이라는 두 연대는 철학적으로 동 시대로 보아도 무방했다. 즉 필자의 사회 환경 속에 그의 역사 연구의 방법에 결정적인 영향을 미친 두 요소가 있었다. 첫째 요소는 그 자신이 속하는 서구 문명 세계의 현대사이고, 둘째 요소는 그가 받은 고전 교육이다. 이 두 요소가 계속 상호간에 영향을 끼쳐 역사를 보는 필자의 눈을 쌍시안적(雙視眼的)으로 했다.
과거 4백년 동안은 서구 문명 사회가 구세계 및 신세계에서 다른 8개의 문명 사회와 접촉했다. 그후 19세기 중에 콜롬부스(Christophorus Columbus)나 다가마(Vasco da Gama)의 뒤를 따라 아무도 항해한 일이 없는 대양을 정복한, 끈질긴 탐구심을 지닌 서구인은 그때까지 묻혀 있던 과거를 발굴(發掘)하는 일에 착수했다. 헬레닉 문명의 역사에서 가장 중대한 사실은 아테나이 · 펠로폰네수스 대전의 발발과 함께 쇠퇴기에 들어간 이 사회가 최후로 사멸(死滅)한 일이었다. 필자는 그 자신의 문명을 포함하여 모든 문명의 전도(前途)에 죽음의 가능성이 기다리고 있다는 결론을 위해 문명의 쇠퇴와 해체를 연구하고, 다시 보족(補足)적으로 그 발생과 성장을 연구했다.
우리들이 물려 받은 사회적 유산은 數 世代에 걸쳐 구축된 것으로 다음 세대에 전해지게 되는데, 세대가 교체될 때마다 풍속, 습관, 思考의 방법도 바뀌면서 이 사회유산도 변질되고 있다. 노예제도는 기원전의 마지막 2세기를 통하여는 그리스 · 로마문명에 있어, 15 · 16세기엔 오스만제국의 문명에서, 1760년에서 1860년대에 걸쳐서는 아메리카 남부의 생활에서 각각 중심적 역할을 했었다. 노예제도에 관한 역사의 교훈은 노예제도를 폐지하는 결과를 주었지만 전쟁에 대해 역사가 주고 있는 교훈의 하나는 문명의 진행과정에서 전쟁이란 것이 감당(堪當)할 수 없고 힘에 벅찬 무거운 부담이었다는 점이다.
1차 세계대전 후의 회복 곤란한 손실은 독일의 사상계에 준 영향이었다. 패전의 결과로서 나치즘의 발흥이 2차 세계대전을 발발시켰다. 또한 1차대전에서의 러시아의 패배는 러시아에 있어 공산주의 발흥(勃興)을, 이탈리아에서는 파시즘을 각각 대두케 했다.

역사의 교훈을 배운다는 것은 과거에 관한 역사적 지식을 체득하는 것만이 아니고 체득(體得)한 지식을 바탕으로 효과적인 행동을 하는 것이다. 오늘의 우리들이 체득하지 않으면 안되는 미덕은 첫째가 관용이며 다음이 인내라고 말하고 싶다. 중세에는 그리스도교와 회교도의 대립, 17세기에는 신 · 구교의 갈등이 있어 왔다. 이들 종파간의 갈등은 어느 한쪽이 존재하면 다른 한쪽은 생존할 수 없다는 편협된 불관용의 논리였다. 그러나 이들 종교들은 현재 우리 주변에서 공존하고 있다. 이것은 오늘날의 세계-서구제국과 공산주의제국-에도 적용되는 아주 유익한 역사적 교훈의 하나이다.」

〈토인비 / 서머벨(David Churchill Somervell, 1885-1965)
/ 역사의 연구(A study of History, 1934-1954)〉

英 옥스포드大의 테일러(Alan John Percivale Taylor, 1906-1990), 리처드 콥(Richard Cobb, 1917-1996), 케임브리지大의 핀리(Moses I. Finley, 1912-1986) 등에 의하면 토인비는 현존하는 다른 역사가보다 분명 과대평가되었다고 하였다.

역사를 어떻게 보아야 하나

• *전환기(轉換期)의 歷史觀*

「1930년 옥스퍼드 대학에서 열린 세계 철학자대회에서 이태리의 철학자요, 역사가인 크로체(Croce)가 反歷史主義(Anti-historism)라는 제목으로 강연한 바가 있었다. 1924년 뭇쏠리니(Benito Mussolini)의 파시즘이 대두(擡頭)하여 이태리를 석권(席卷)해 나아가던 그 무렵이었다. 미래주의라든가 고전주의라고 하는, 문예상의 여러 가지 흐름을 비판하여 크로체는 반역사주의라고 했다. 크로체의 歷史觀은 '자유의 역사' 라고 하겠다.

파시즘이나 나치즘(Nazism)에서 볼 수 있는 反歷史主義는 사탄의 축하행렬과 같은 點이 있고, 역사적 사유(思惟)와 자유주의적 사유라는 것은 不可分의 관계를 가지고 있기 때문에 자유주의적 사유를 否定하는 정치형태는 동기 여하를 막론하고 모두가 반역사주의라고 말했다. 지금까지 역사가들은 있는 사실 그대로 그것이 실제로 어떻게 존재해 있었던가 하는 것을 규명하면 역사가의 임무는 다했다고 말해 왔지마는, 그 다음 단계로 역사를 움직이는 원동력이 무엇이냐 하는 인과관계에서 역사를 다루고자 하는 경향이 19세기 후기에 일어났다. 앞으로의 세계사는 어떻게 되지 않으면 아니 되겠는가 하는 당위문제(當爲問題)(ought to be, must be)의 의식을 갖고 세계사를 보려는 지성인들이 많이 나타나고 있다.

• *역사를 對하는 태도*

헬라 사람들은 역사를 바라다 보았다. 역사를 마치 높은 산꼭대기에서 흘러 내려가는 강물을 바라보듯이 역사를 관조(觀照)했다. '서구의 몰락' (Der Untergang des Abendlandes, Umrisse einer Morphologie der Weltgeschichte, 1918-1922)을 쓴 시펭글러(Spengler)도 역사를 바라다 본 사람 중의 하나다. 랑케(Leopold von Ranke)같은 사람도 역사를 정관(靜觀)했다고 볼 수 있다. 역사의 모든 되어 나가는 것을 사실 그대로 적어서 발표하는 하나의 방관자(傍觀者)였다.

고대 히브리 사람들은 실천적인 역사의식을 가지고 있었다. 헬라 사람들이 역사를 바라다 보았다고 하면 이스라엘, 유대 사람들은 역사속에 뛰어 들어서 그 역사를 하느님의 섭리(攝理)에 따라서 실천해 보려는 의식을 갖고 역사에 적극적으로 참여했다.

토인비도 어떤 의미에서는 역사의 위대한 방관자라고 했지만, 그는 역사에 있어서 하나의 구세주적인 입장, 실천적인 입장에 서서 역사를 연구함으로써 인류가 지향해 나아갈 길을 모색해 보려는 노력을 기울였던 사람이다. 쏘로킨(Pitirim Alexandrovich Sorokin)이나, 영국의 가톨릭 역사가요, 중세철학자인 도오슨(Christophoer Henry Dawson, 1889-1970)도 그와 같은 입장을 가지고 있다. 역사는 복합체이기 때문에 다원적인 요소가 서로 얼키고, 뒤죽박죽으로 형성되어 나가므로 역사를 어떤 單一的인 원리원칙에 넣어서 해석하려는 태도는 버리고 역사를 다원적인 원리로서 해석하려고 한다. 이것이 민주주의시대의 역사관이라고도 할 수 있다.

역사관이 독자적인 學問圈을 이룩한 것은 19세기 독일로 여기서부터 비로소 역사를 파악하는 방법이 나타났다.

정치사적 역사 파악은 18세기말 프랑스 혁명과 19세기초 나폴레옹 전쟁, 그리고 1830年 7月혁명, 1848年 2月혁명, 그 여파를 받은 구주대륙(歐洲大陸)의 대소 혁명 분위기, 그것들은 모두 정치문제를 제시했기 때문에 정치를 대상으로 하고 정치사적으로 역사를 파악하고 이해하려는 역사가들과 정확히 史料를 비판하고 사실의 존재의 眞否를 규명하려는 考證的史家들이 나타났다.

그러나 19세기 중엽이후 산업혁명의 영향으로 정치보다도 경제사회발전에 더 많은 관심을 갖게 되고 역사의 원동력은 물질 혹은 계급투쟁이라고 생각하게 되어 마르크스주의자들의 사회경제사가 발달하게 되었다. 역사의 生成(becomming, Werden)문제를 의식하고 자기의 歷史觀을 수립한 사람은 칼 람프레히트(Karl Gotthard Lamprecht, 1856-1915)이다.

1, 2차 세계대전을 전후하여 정치사나 사회경제사는 일방적이므로 역사를 종합적으로 파악하기 위하여는 문화사적 방법이 옳다는 생각을 가진 문화사가들이 많이 나타났다. 칼 렘브레히트, 슈펭글러, 토인비, 쏘로킨 등 대가들은 그 문화를 유형적(類型的)으로 연구해 나가고 있다.

• *力學的인 역사이해*

세계사를 역학적으로 분석해 본다면 求心的인 세력과 遠心的인 세력이 교차(交叉)하여 발전해 나아갔다. 예를 들면 고대사회가 원심적으로 기울어졌다가 로마 제국이라는 하나의 구심적인 세력밑에 흡수되었다. 유럽 천년 동안은 형식적으로 보게 되면 게르만(German)의 여러 국가가 원심적으로 生長해 나아갔다고 하겠지만, 정신적으로는 로마 가톨릭 철칙에 의하여 하나의 구심적인 사회를 이룩했다.

그러나 르네쌍스(Renaissance) 이후부터는 너무 국가주의로 발전해 나갔기 때문에 서구의 공통적인 기독교사회가 와해되고 兩次대전까지 겪었는데 UN이 나타나 세계의 모든 국가가 하나의 求心的인 방면으로, 서로 협조하고 타협하여 세계평화를 이룩해야 되겠다는 경향으로 흐르고 있다. 쏘로킨, 토인비 등 문화사가들이 오늘날 세계문화의 병증(病症)을 말하고 있지마는, 정신적인 문명이 물질문명과 竝行해 나아가야 서구문명 내지 세계문명이 구제될 수 있다.

사실 영국 사람만이 유럽적인 입장에서 영국사를 다루었지, 프랑스나 독일 사람은 자기네 국가의 입장에서 歐洲史를 다루었다. 국가적, 민족적 입장에서 역사를 다루었기 때문에 유럽적인 입장에서, 세계사적인 입장에서 역사를 다시 써야 되겠다는 움직임이, 특히 2차 세계대전후 독일에서 일어나고 있다.

마이네케(Friedrich Meinecke, 1862-1954)는 '독일의 비극' 에서 '독일은 역사를 잘못 걸어왔다' 고 하였다. 자유주의와 개인주의와 특히 18세기 세계주의사상, 세계시민주의 사상, 괴테(Johann Wolfgang von Goethe, 1749-1832) · 칸트(Immanuel Kant, 1724-1804) · 쉴러(Johann Christoph Friedrich von Schiller, 1759-1805)에서 보는 고전적인 독일의 전통이 무너지고 프러시아의 軍國主義, 무력주의, 전제주의에 의하여 독일이 통일되었기 때문이다.

아돌프 마르틴(Adolf Martin)도 '비스마르크와 우리' 에서 후마니테트(Humanität)에 입각하여 역사를 써야 된다고 하고, 민족적 역사서술을 반대, 이제는 정치사적인 랑케시대는 지나간 것이라고 주장하였다.

발테르 호퍼(Walther Hofer, 1920-)는 '독일 사람의 역사의식을 수정하자' 는 논문에서 독일은 지금까지 권력을 숭상해 왔고, 전쟁을 영웅시했고, 道德視해 왔고 민족이념을 최고로 보아 왔는데, 이것은 기독교전통을 가진 독일의 전통을 무시해 온 것이니 결국은 독일 사람의 역사의식을 바꾸어야 된다고 하였다.

게르하르트 리타(Gerhard Ritter, 1888-1967)는 '教育力으로서의 역사' 에서 '서구역사는 지금까지 너무 민족적인 입장에서 역사를 써왔는데 여기서 해방되어야 된다. 앞으로의 역사는 유럽적인, 또 인류적인 입장에서 역사를 써서 국민교육에 역사가 이바지하여야 된다.' 고 역설하고 있다.

호르본(Horbon)은 '獨逸史에 있어서의 불행과 도덕적 결과' 에서 나치스의 독일사를 비난하여 '나치스는 독일 사람들이 비판적으로 독일의 전통적인 역사를 이해하는 것을 방해했다' 고 말하였다.

슈나벨(Franz Schnabel, 1887-1966)은 "유럽의 모든 문화민족 중에서 독일인들은 특수한 지리적 조건으로 인해 무거운 짐을 떠안은 민족이 되어야만 했다. 복잡한 산맥과 어지럽게 교차하는 강들이 독일의 정치적 분열에 일조를 하였다. 프러시아에 의해서 독일이 통일됐다는 자체가 독일민족과 그 전통에 근거하지 않은 非歷史國이다"라고 하였다.

끝으로 오늘날의 세계사는 개인의 자유와 생명의 존엄을 높이고 국제적협조와 세계평화를 지향하고 있다. 오늘날 우리나라는 광복의 고귀한 하나의 전통을 갖게 되었는데, 그것은 조선조 5백년에 누려보지 못했던 자유이다. 그러나 과연 우리 사회에서 행하여지는 모든 현실이 그 동안 얻어진 자유의 전통에 이바지 하고 있느냐는 것은 깊이 생각하여 볼 문제이다.」

〈金成植, 前 高麗大教授 · 西洋史〉

역사에서 교훈을 얻을 수 있는가

• *교훈적 역사의 유래*

역사의 교훈이라는 문제는 역사지식의 효용과 관련되는 문제이며, 또한 역사인식의 궁극적 목적과 관계되는 문제이기도 하다. 로마 철학자 키케로(Marcus Tullius Cicero, BC 106-BC 43)는 '우리가 태어나기 전에 일어난 일들을 알지 못하면 영원히 어린아이로 머물러 있을 것' 이라고 하였다. 개인으로서의 한 인간이 겪는 경험은 시 · 공간적으로 극히 제한된 것인데 반하여 집단으로서의 인류가 겪는 역사는 광범한 다양성을 지니고 있다. 개인의 생애는 짧고 생활경험은 제한되어 있으므로 전체적으로 다양한 경험이 집적(集積)된 인간의 역사를 통하여 개인은 자신의 경험세계를 확대할 수 있다. 그러므로 역사지식은 개인의 성숙을 돕는 "인생의 교사(敎師, magistra vitae)"이다.

키케로의 의견에 찬성한 보댕(Jean Bodin, 1530-1596)은 역사지식의 대중화를 주장하였다. 16세기 프랑스의 휴머니스트적 역사관을 제시한 정치경제학자 보댕은 역사지식을 배우는 즐거움을 위하여 '쉬운 역사인식법' (Methodus ad Facilen Historiarum Cognitiorem, 1566)을 저술하였다. 그는 역사지식이란 현재의 일에 대하여 뿐만 아니라 미래의 사건에 지침을 주는 것이며, 그것을 통하여 "우리가 찾아야 하며 피해야 하는 믿을 만한 격언을 얻을 수 있을 것"이라고 말하였다.

약간 다른 견해가 17세기 프랑스의 가톨릭 주교이자 왕권신수설을 주장한 보쉬에(Jacques-Bé nigne Bossuet)에 의해 제시되었다. 그는 역사에 있어서의 섭리를 논한 '보편사 논고' (Discours sur l' histoire universelle, 1681)에서, '역사란 엘리뜨를 위한 지식이며 장래의 지배자를 위한 신성한 학문' 이라고 역설하였다. 그에 의하면, 역사는 일반 백성이나 신하들의 학문이 아니라 군주의 통치를 위해 존립하는 학문이었다.

이것은 사(史)는 치자(治者)의 학문이라는 중국인의 생각과 상통하는 것 같다. 이 경우 역사는 정치사 중심이어야 한다는 것을 전제하고 있어 古來로 정치가나 군주, 제후, 또는 군인들이 역사책을 읽고 거기서 도움을 얻으려고 하였다.

알렉산드로스(Alexandros Bc356-BC 323) 대왕은 동방원정의 길에 역사가 크세노폰(Xenophon BC 431-BC 355)의 '아나바시스(Anabasis)' 를 가지고 갔다. 나폴레옹은 1799년 이집트를 원정할 때 '코란' 과 함께 역사서적을 가지고 갔는데, 알렉산드로스 대왕의 고사(故事)를 본떠서 다수의 문인, 학자, 미술가, 과학자들을 대동하여, 결국 로제타(Rosetta)석(石)을 발견하였다. 2차 세계대전 중 시칠리아에 상륙한 패튼(George Smith Patton, 1885-1945)장군은 고대 로마 전쟁사의 지식을 교훈삼아 작전에 활용하였다. 1차세계대전 후 14개조의 원칙을 내세워 세계사를 주도한 미국 대통령 윌슨은 역사학 교수였고 케네디(John F. Kennedy)대통령은 고문으로 슐레싱어(Arthur M. Schlesinger, Jr. 1885-1965)를 임명하여 역사가로부터 암시를 받으려고 하였다.

16세기 영국의 정치와 사회에 관한 역사적인 지식 없이는 셰익스피어(William Shakespeare, 1564-1616)의 작품을 진정코 이해하기는 어려우며, 프랑스 혁명기의 사회적·사상적인 추세를 알지 못한다면 위고(Victor Marie Hugo, 1802-1885)의 작품 또는 베토벤(Ludwig van Beethoven, 1770-1827)의 교향곡에 대한 깊은 이해는 불가능할 것이다.

오늘날 개발도상국의 경제성장에 대한 단계적 발전을 이해하려는 사람들에게는 18세기 영국의 산업혁명에 대한 고찰과 스미스(Adam Smith)나 마르크스(Karl Heinrich Marx)에 대한 사상적 이해가 필요하다. 과학자의 예를 들면 16세기의 코페르니쿠스(Niklas Koppernigk, 1473-1543)가 주장한 지동설이 왜 오랫동안 사회적으로 받아 들여지지 않았으며, 17세기의 밀턴(John Milton, 1608-1674)조차도 이 설에 반발하였는데, 이러한 경위를 알기 위하여는 근대 초 유럽 사람들의 세계관을 함께 관찰하지 않을 수 없다.

• *자기발견으로서의 역사*

역사가 인간의 지적 활동을 이해하는 데 기반(基盤)이 된다는 것은 역사인식이 곧 인간의 자기발견과 동일시될 수 있기 때문이다. 우리가 인간 본성을 알게 될 때 자기 자신의 정체(identity), 즉 나는 과연 무엇인가를 깨닫게 될 것이다. 그러므로 인류역사를 고찰하는 일은 궁극적으로 콜링우드가 말한 자기발견에 이르는 일이 될 것이다. 인간의 자기발견은 이 점에서 '남에 대한 공감' 이기도 하다.

그러므로 역사는 단지 사건이나 인물에 관해서 기정사실들을 알고 사실 나열식으로 피동적인 기억의 대상이 되는 지식이라고 볼 수는 없다. 역사인식은 하나의 창의적인 행위이다. 역사는 사실나열식인 사실 기억을 넘어서 논리적 사고와 철학적 분석을 요할 뿐만 아니라 상상력과 문학성을 요구하는 지식이다. 따라서 "역사를 배운다"라고 말하는 대신에 "역사를 한다"고 말해야 옳다.

'역사를 하는 것(Doing History, 1971)' 을 쓴 미국의 역사가 헥스터(Jack. H. Hexter, 1910-1996)는 그런 의미에서 역사를 음식만들기와 비교하였다. 조리에 있어서 재료의 배합률이 중요한 것처럼 역사서술에서도 구성과 배치가 중요하며, 또 그 방법도 역시 역사가마다 다른 것은 요리사에 따라 맛이 다른 것과 같다. 헥스터는 역사가를 '덩어리 만드는 자들' 과 '쪼개는 자들' 로 분류했다.

• *역사의 효용*

투키디데스(Thucydides)는 '펠로폰네소스 전쟁사' 의 서두에서 서술 목적을 밝혔다. '나의 서술이 과거에 일어난 사건들, 그리고 (인간성은 현재와 다름이 없기 때문에) 미래의 어느 다른 때에 매우 비슷한 방식으로 반복될 사건들을 분명히 이해하고자 하는 사람들에게 쓸모가 있다고 판단된다면 나의 목적은 충분히 달성될 것이다.'

폴리비우스(Polybius, BC 205-BC 125?)는 역사를 "프라그마티카"(pragmatica)라고 하였는데, 이와 같은 "교훈으로서의 역사"에서 역사적 실용성을 찾으려는 태도는 오늘날에도 발견할 수 있다. 역사상 일어난 하나하나의 상이한 개별적인 사실들과 사건들이 무엇인가 동일범주로 분류되어 공통된 특성으로 묶일 수 있을 때 역사적 교훈을 얻을 수 있다. 예컨대 18세기의 폴란드 분할, 나폴레옹 전쟁 후의 빈(Wien) 회의의 유럽 재건원칙, 1차 세계대전 후의 파리조약에 있어서의 약소민족의 입장 등 서로 떨어져 있는 2세기간의 사실에서 공통된 특성, 일반화에서 끄집어 낼 수 있는 교훈은 자국의 이익을 추구하기 위하여는 어떠한 수단이라도 합리화할 수 있다는 외교적 마키아벨리(Niccolo di Bernardo Machiavelli, 1469-1527)주의이다.

역사에 있어서의 일반화 문제는 예측의 문제와 연결된다. 17세기 영국의 두 혁명, 1776년 아메리카 혁명, 1789년 프랑스 혁명, 1917년 러시아 혁명 등을 고찰하면서 혁명의 배경 세력과 사회계층, 혁명 발발의 요인들, 혁명 진행과정 및 혁명의 성과와 업적 등에 있어서 변화하지 않는 하나의 구조를 찾아낼 수 있다면 장차 어느 사회에서 어떠한 시기에 혁명이 발생할 가능성이 있다는 것을 예측할 수 있지 않겠는가. 사회학자 데이비스(James Davies)는 J곡선 이론을 제시하여 국민의 기대치와 그 실현가능성 간의 지나친 격차가 생길 때가 혁명이 발발하는 시기라고 주장하고, 자신의 이론을 역사상의 많은 혁명에 적용시켜 그 정당성을 입증하려고 하였다. 물론 역사가들의 예측은 그 자체가 한계를 갖는다. 그것은 일반적 유형을 가리키는 것임에 불과하므로 특정한 개별적인 사건을 예언할 수는 없다.

역사에서 얻을 수 있는 교훈은 그 자체로서 자가당착(自家撞着)과 역설(逆說)이라 할 만큼 다양하다. 수백만의 유태인을 학살한 극악한 악인이 있는가 하면, 새들도 감동하게 한 성 프란체스코(Francesco d'Assisi, 1182-1226)가 있었다. 네로(Nero Claudius Caesar Augustus Germanicus, 37-68), 히틀러, 나폴레옹, 비스마르크 등의 폭군이나 독재자들이 있으며 소크라테스(Socrates, BC 469-BC 399), 크라이스트(Jesus Christ), 루소(Jean-Jacques Rousseau, 1712~1778), 레오나르도 다 빈치(Leonardo da Vinci, 1452-1519) 등의 성인이나 천재들이 있었다. 또 백년전쟁이나 십자군전쟁과 같은 장기간의 재화(災禍)가 있었는가 하면, 산업혁명과 같은 경제적 · 문명적 대변동이 있었다. 모든 의견의 찬 · 반이 있었고 모든 일의 정 · 부정이 공존하며 모든 논리적 자가당착이 있었는가 하면, 모든 가능한 이론적 합리화가 있었다.

한마디로 모든 종류의 '편리한' 교훈이 역사 속에 있으며, 그 만큼 역사적 교훈은 다양하다. 역사의 교훈이 갖는 다양성은 그 교훈 자체를 '선택적인 것' 으로 만드는 것이다. 상반된 교훈 중에서 그 어느 쪽을 선택하는가는 선택자 자신의 가치관에 달려 있다. 역사는 우리에게 현재를 살아가는 교훈을 주고 미래에 대한 전망을 가능하게 해 준다.

역사가의 관심은 피렌느(Henri Pirenne, 1862-1935)의 말과 같이 생에 대한 관심이다. 역사가는 그의 역사의식을 사회와 현실의 분석에 적용시켜 역사적 사실에서 유용한 교훈과 판단을 끌어 내고자 하는 것이다.」

〈車河淳(1929-) / 서강대 사학과 명예교수〉

역사의 종말인가 문명의 충돌인가

「냉전체제는 국제관계에 있어서만 질서를 가능케 했던 것이 아니었다. 냉전체제의 또 하나의 장점은 이데올로기에 있어서도 확실하게 적과 동지, 또는 선과 악을 구분할 수 있게 해 주었다는 데 있다. 사회주의 대 자유주의, 또는 공산주의 대 자본주의의 대립구도는 핵 무기의 균형뿐만 아니라 정치사상과 경제체제의 균형도 유지하는 것이었다.

미국혁명과 프랑스혁명이라는 정치적 사건, 계몽주의라는 지성사적 혁명을 거치면서 정립된 근대 정치사상의 두 줄기인 자유주의와 사회주의는 그 사상적, 체제적 완성을 냉전시대의 미국과 소련을 통해 기(期)할 수 있었다. 냉전질서와 좌 · 우사상의 대립은 세계 도처의 분쟁에 개입할 수 있는 명분과 논리를 제공해 주었고, 따라서 한국전쟁과 월남전쟁, 아프가니스탄전쟁에도 주저(躊躇)없이 뛰어들 수 있었다.

그러나 냉전질서의 붕괴(崩壞)는 이러한 확실성을 없애 버렸다. 냉전의 승자로 유일한 초강대국이 된 미국은 이제는 역설(逆說)적으로 새로운 국제질서가 야기(惹起)하고 있는 종교적, 인종적, 문화적 분쟁에 개입할 수 있는 명분과 의지를 상실하고 미국이 주도하고 대표해 온 자유주의와 자본주의 체제에 대한 심각한 반성과 검토의 계기도 마련해 주었다.

1989년 '역사의 종말(The End of History)' 에서 프란시스 후쿠야마(Fransis Fukuyama, 1952-)는 1980년대 후반기부터 전 세계를 휩쓸고 있는 민주화와 시장경제로의 전환과정을 인류역사가 방향성을 가지고 향해 가는 종착역으로 간주(看做)할 것을 주장했다. 그는 냉전에서 자유민주주의 체제가 승리한 것이 결코 우연이나 순전히 미국의 경제적, 군사적 힘의 우위의 결과가 아니라 역사의 필연이라는 점을 강조하고자 한 것이다.

• *역사의 종말' 과 자유민주주의의 길*

헤겔(Georg Wilhelm Friedrich Hegel)과 마르크스는 19세기에 '역사철학' 을 통해 인류역사가 모순을 점차 극복해 나가면서 하나의 완결점을 향해 간다고 생각했다. 그러한 사회를 헤겔은 근대국가로, 마르크스는 사회주의로 간주했다. 또 역사가 이러한 완결점에 도달하면 모든 모순이 사라지게 되고 따라서 역사를 움직일 수 있는 기본동인(動因)이 사라지게 되기 때문에 역사는 끝난다고 주장했다. 이러한 사상의 영향으로 19세기 이후의 서구사상은 인류의 무한한 발전 가능성에 대한 기대와 신념을, 인간의 이성과 지식의 발전 또는 진보(progress)에 대한 무한한 신뢰를 갖기 시작했다.

이러한 진보사관이 절정(絕頂)에 달하고 있던 때 1차 세계대전은 서구인들의 미래에 대한 막연한 낙관과 인간 이성의 끊임없는 진보에 대한 신념을 뿌리째 흔들어 놓았다. 곧 이어 유럽을 휩쓸기 시작한 파시즘의 광기(狂氣)와 2차 세계대전은 인류의 미래에 대한 비관적인 견해를 지배적인 것으로 만들기에 충분했다.

2차 세계대전의 종전과 동시에 구축된 냉전체제는 스탈린식 전체주의의 공포와 함께 핵폭탄의 공포를 낳았다. 또 '로마클럽보고서' 〔1972년 '성장의 限界(The Limits to

Growth)’〕로 대표되는 인류의 미래에 대한 비관은 그 나마 남아 있던 진보사관에 쐐기를 박기에 이르렀다. 2차 세계대전 이후 많은 신생국들의 독립과 함께 형성된 3세계에서도 끊임없이 되풀이 되는 가난과 저발전, 폭정과 독재의 악 순환(惡循環)은 그 어떤 진보사관도 견디어내기 힘든 것이었다.

그러나 20세기의 마지막 4반세기에 소련을 중심으로 한 공산권이 빠른 속도로 와해(瓦解)되면서 민주정치체제와 시장경제가 급속하게 자리를 잡아가게 됐다. 그리고 3세계에서도 오래 지속되던 가난의 굴레에서 일부 국가들이 벗어나고 특히 많은 나라에서 독재정권이 붕괴되기 시작했다. 무엇보다도 이 모든 정치적, 경제적 변화들이 모두 일반 시민들의 적극적인 요구와 참여를 통해 이뤄졌다.

후쿠야마는 헤겔의 사상을 도입, 20세기를 거치면서 퇴색된 진보의 이상을 복구시키고 진보의 맥락(脈絡)에서 자유민주주의의 승리를 설명한다. 헤겔의 역사철학은 역사의 동인(動因)을 마르크스와 같이 생산양식의 변천(變遷) 또는 계급투쟁에서 찾지 않고 모든 사람들이 동등한 인간으로 인정을 받고 싶어하는 욕구, ‘튀모스’(thymos)〔산스크리트어의 dhūmā, 라틴어의 fūmus와 같은 어원이고 옛 독일어의 toum 등 모두가 기(氣)를 나타내는 말로 원래는 ‘냄새’나 ‘향기’라는 의미였다.〕에서 찾고 있다. 후쿠야마는 헤겔의 비유물관적인 발전사관을 채용하면서 근대국가 대신에 자유민주주의 체제를 역사의 종착역, 즉 타인으로부터 인정받고 싶어하는 욕구를 가장 완벽하게 충족시키는 체제로 규정하고자 하였다. 이러한 후쿠야마의 시도(試圖)의 독특성은 냉전시대의 논리에 의하면 병존하거나 조화될 수 없는 두 사상, 즉 자유민주주의와 역사주의를 융합(融合)시키고자 하는 데 있다. 자유민주주의 사상은 인간의 자유와 권리의 정당성을 생존욕과 소유욕의 충족을 위한 사회계약에서 찾고 있다. 반대로 헤겔과 마르크스 등의 역사철학자들은 인류의 발전이 방향성을 갖고 있으며, 이상향을 향해 가고 있다고 주장함으로써 진보에 대한 신념을 심어 줬다. 그러나 이들의 사상은 나치즘과 스탈리니즘과 같은 전체주의사상을 배태(胚胎)시킨 것으로 간주돼 있다.

후쿠야마는 카를 포퍼(Karl Raimund Popper)가 ‘열린 사회와 그 적들’, ‘역사주의 빈곤’ 등을 통해 자유민주주의 체제의 최대의 적으로 꼽았던 헤겔의 역사주의를 자유민주주의의 승리의 필연성을 주장하는 논리로 채용하고 있다. 우파계열 사상이 배태시킨 자유민주주의 체제와 좌파계열 사상이 배태시킨 역사철학과 진보사관의 조화를 꾀하고 있다. 자유민주주의는 모든 인간에게 동등한 인권을 부여(附與)함으로써 모두가 인정을 받을수 있는 체제이지만 튀모스의 어두운 면, 즉 남보다 우월하고 싶어 하는 인간의 욕구를 충족시켜줄 수 없다. 그리고 이러한 튀모스를 충족시키기 위해 인간은 끊임없이 전쟁을 일으켜 온 것이다.

니체와 같은 사상가들은 타인보다 우월하고 싶어하는 인간상을 바람직한 것으로 보고 민주주의 체제 자체를 신랄(辛辣)하게 비판했다. 앞으로 자유민주주의 체제의 성공과 생존 여부는 이 문제를 어떻게 슬기롭게 해결하느냐에 달려 있다.

• *헌팅턴의 '문명충돌론'*

1980년대 말 구소련의 해체와 동구유럽의 급격한 민주화과정으로 2차 세계대전이후 구축된 냉전체제가 와해(瓦解)되면서 전 세계는 새로운 시대에 접어들고 있다. '새로운 국제질서' (The New World Order)도 핵 전쟁에 대한 공포 때문에 유지되던 균형 대신에 인류의 상호이해와 신뢰를 바탕으로 공존은 물론 번영을 구가(謳歌)할 수 있는 시대가 도래한 듯 보였다. 그러나 냉전체제의 종식 이후 현재까지 '새로운 국제 무질서' (The New World Disorder)라고 불릴 정도로 수 많은 분쟁과 마찰을 생산해내고 어떤 경우에는 냉전시대보다도 더욱 참혹한 전쟁과 학살을 연출(演出)하고 있다.
헌팅턴(Samuel P. Huntington, 1927-2008)은 세계문명을 서구(미국과 유럽) · 라틴 · 이슬람 · 아프리카 · 그리스정교(러시아) · 힌두 · 유교문명 등 8개 권역으로 분류하고 냉전 이후 국제사회 갈등은 문명 간 문화와 종교적 차이에서 비롯된 것이라고 주장했다. 헌팅턴은 '문명 간 분쟁의 3분의 2에서 4분의 3이 이슬람교도와 비이슬람교도 사이의 싸움' 이라며 이슬람문명권의 호전성을 비판했다. 1993년 헌팅턴의 '문명의 충돌(The Clash of Civilization)' 은 바로 이 문제에 대한 하나의 답으로 제시됐다.
헌팅턴의 테제는 미국 국내의 사상적인 흐름과 미국식 국제정치이론이라는 두 가지 맥락에서 살펴야 한다. 첫째 미국 국내의 사상은 1980년대 초반부터 이념과 계급의 문제에서 탈피하면서 소수민족 · 여성 · 동성연애 · 환경 등 사회주의 대 자유주의 또는 공산주의 대 자본주의의 틀 속에서는 소화(消化)해낼 수 없는 문제들을 다루는 데 있어서 포스트 마르크시즘 · 포스트 구조주의 · 포스트 모더니즘 등이 대두됐다. 특히 다양한 이민들의 국가라는 미국의 독특한 사회 · 정치 · 경제상황을 반영하면서 소수민족들의 문화적 주체성의 문제는 미국내 지성계의 가장 첨예(尖銳)한 사상적 · 정치적 문제로 등장하게 됐다. 둘째, 미국의 현실주의는 국제정치 상황을 무정부상태로 간주(看做)하고 국제관계를 강자간의 철저한 투쟁관계로 상정하고 있다. 따라서 국제평화란 다양한 세력들간의 힘의 균형(Balance of power)의 유지를 통해서 만 가능한 것으로 간주한다. 그러나 양극(兩極)간의 세력균형으로 유지되던 질서가 무너지면서 국제사회에는 힘의 균형을 이룰 수 있는 세력들이 사라져 버렸다. 이러한 상황에서 헌팅턴은 새로운 힘의 대립, 궁극적으로는 균형의 논리를 도출하고자 했고, 문명이란 단위는 바로 이러한 역할을 수행하도록 상정된 것이다. 그의 구도에 의하면 그리스 정교문명(러시아 영향권)은 중국의 '유교' 문명과 연합하여 미국이 주도하는 서구 문명 및 그 동맹 문명들을 견제(牽制)할 수 있었다. 헌팅턴이 가장 우려했던 것은 '유교문명과 이슬람문명' 축이 '그리스정교문명과 힌두문명' 축과 결합함으로써 힘의 균형이 '유러시아' 쪽으로 기울어지는 것이었다.
헌팅턴의 문명충돌론은 탈냉전시대의 상황을 이해해 보려는 다양한 시도(試圖) 중 가장 주목할 만한 것의 하나이고 다양한 논쟁을 촉발시켰다는 점에서 과소평가될 수 없다.
후쿠야마의 '역사종말론' 과 헌팅턴의 '문명충돌론' 은 인류역사의 새로운 단계에 적응하려는 미국 지성계의 대표적인 산물들이다.」

〈咸在鳳(1958-) / 연세대 사회과학대 교수 · 정치학〉

• *富는 권력을 창조하고 권력은 富를 파괴한다.*

「人類의 복지라는 측면에서 혁명의 역할은 다소 모호(模糊)하지만 폭력적이고 충돌적인 혁명이 인간의 복지와 발전을 실질적으로 후퇴시켰던 증거는 많이 있다.
스위든은 1860년에 매우 가난한 나라였으나 그 이후 1백여년간 英國이나 프랑스보다도 훨씬 빠른 속도로 富를 증가시켜 왔다. 프랑스혁명은 나폴레옹에 이르러 무참(無慘)한 살육(殺戮)을 통해 바로 후세대 프랑스인의 키를 3인치나 줄였는데 19세기 전 기간을 통해 매우 더딘 경제발전을 초래했다. 영국의 경우 1688년 무혈 '名譽革命' 후 실질적으로 왕정이 종식되면서 국민소득은 거의 배증(倍增)했으며 공해제거 등으로 주거환경이 훨씬 쾌적(快適)한 사회를 이루었다. 美國의 독립은 당시 가장 유능한 '英國派' 사람들을 캐나다로 몰아냄으로써 20년간의 경제발전기회를 상실(喪失)했다.

어떤 사람들은 전쟁을 거쳐 세워진 국가는 오이디푸스 콤플렉스(Oedipus Complex : 자녀가 異性의 부모를 친근히 하는 잠재의식)를 가지고 있다고 말하기 조차 한다. 반면 단순히 그들의 조상들보다 더 뛰어난 능력을 발휘함으로써 세워진 국가들은 심리적 측면에서 훨씬 양호한 상태에 놓여있다. 모든 혁명 중 가장 주목할 만한 예는 공산주의혁명이 인류에 가져온 비극적인 결과이다. 공산革命은 마르크시즘이라는 고루한 사회과학에 의거, 비창조적이고 비효율적인 사회를 탄생시켰는데, 마르크시즘은 현대사회의 복잡성을 분석하는 데 전혀 부적합한 이론이다.
비폭력적인 토지개혁과 사회변혁을 추구했던 타이완(臺灣)은 현재 中共보다 훨씬 높은 경제성장을 구가하고 日本의 明治維新은 일본사회를 새로운 발전단계로 올려놓았다. 지배계급을 제거해버린 프랑스혁명, 中共의 공산革命과는 달리 日本과 臺灣에서는 과거 지배계급이 은행가나 기업가로 변신, 自國의 경제성장에 크게 이바지했다.

우리는 이러한 원리가 각기 다른 사회에서 세습군주제와 같이 낡은 정치방식으로 해결돼왔음을 알 수 있다. 정부기능이 점점 복잡해짐에 따라 세습의 원칙은 점점 비효율적인 것이 되었다. 英國, 벨기에, 네델란드, 스칸디나비아諸國 및 日本처럼 君主를 의식화(儀式化)함으로써 이 문제를 해결한 국가들은 군주들을 쫓아내거나 처형하고 그 결과 더 포악(暴惡)한 독재자가 등장하게 된 국가들에 비해 대체로 훨씬 더 행복한 결과를 얻었다. 나폴레옹은 루이14세보다 더 강력한 폭군이었으며 스딸린은 짜르(Czar)皇帝보다 확실히 더 극악(極惡)했고 학정과 탄압을 자행한 毛澤東은 中國의 역대 왕들보다 더 악랄(惡辣)했다.」

〈케네드 볼딩(Kenneth Boulding, 1910-1993)〉

• *옥시덴탈리즘(Occidentalism)과 오리엔탈리즘(Orientalism)*

애덤 스미스(Adam Smith)는 1776년 '국부론'에서 부(富)의 원천은 노동이며 분업에 의한 노동생산성의 향상이 부의 증진을 가져오고 자유 경쟁에 의한 자본축적이 국부 증진의 정도(正道)라고 했는데 그로부터 2세기도 채 지나지 않아 서구의 많은 국가에서 빈곤이 사라졌다.

유럽이 다른 모든 지역보다 더 풍요(豐饒)롭고 강력해졌던 이유를 터널사관적 협애(狹隘)한 시야로 설명하는 이론에 16세기(실제는 1492년)에 등장한 유럽중심주의(Eurocentric)가 있다. 유럽중심적 확산주의는 핵심지 유럽의 종교 · 인종 · 환경 · 문화적 우월성(창의 · 혁신 · 진보)이 이룬 근대화의 열매들이 확산되고 주변부 식민지의 富는 유럽으로 역확산되고 있다는 논증 위에 서 있는 가설 또는 모형이다. 근세적 유럽중심주의는 20세기 두 차례의 세계대전과 대공황, 1945년 이후의 탈식민지화로 유럽에서 비유럽으로 富가 확산된다고 주장하는 현대적 형태의 유럽중심적 확산주의로 탈바꿈하였다.

몇몇 역사가들은 유럽이 5백여년 세계를 지배했고 지금도 또 앞으로도 세계를 지배하는 것은 자연스럽고 또 정당하다고 한다. 로스토우(Walt Whitman Rostow, 1916-2003)의 '경제성장의 諸단계'(1960)는 우월감에 찬 유럽중심주의 관점으로 세계사를 개괄(槪括)하였다. 유럽중심주의 역사가로는 '프로테스탄티즘의 倫理와 자본주의의 정신(Die Protestantische Ethik und der Geist des Kapitalismus, 1904-1905)'의 저자로 게르만의 우월성을 신뢰한 사회학의 대부 막스 베버(Max Weber), 기술적 창의성을 강조한 중세사가 린 화이트2세(Lynn White, 1907-1987), 마르크스주의 역사학자 로버트 브레너(Robert Brenner, 1943-), '유럽의 기적'을 유럽중심적 본보기의 일상어로 만든 에릭 존스(Eric L. Jones), 아시아는 외연적(外延的) · 유럽은 내포적(內包的) 발전을 했다는 마이클 만(Michael Mann), 유럽과 달리 아시아는 자본주의 발전을 가로막는 방해물들이 있었다는 존 홀(John A. Hall), 유로환경결정론을 편 '총기 · 병균 · 강철(Guns, Germs and Steel, 1997)'의 생태학자 제레드 다이아몬드(Jared Mason Diamond), 주변부는 유럽의 지배에서 나온 과실을 받아 먹고서야 진전한다는 경제사가(經濟史家) 데이빗 랜디스(David S. Landes, 1924-)가 있다.

앙드레 모로와(André Maurois, 1885-1967)는 「19세기에는 유럽의 文明과 기타 세계의 문명과의 수준 차이가 대규모적 · 지속적(持續的) 交易의 흐름을 만들었고 이것이 한 大陸과 한 主義의 행운을 보장했다.」라고 하였고, 스페인의 철학자 오르테가 이 가세트(José Ortega Y Gasset, 1883-1955)는 「유럽 대중의 급속한 성장에 의하여 유럽 문화가 지구표면에 보다 더 널리 번져 나갔을 뿐만 아니라 유럽 이외의 다른 대륙들도 같은 발흥(勃興)을 경험하게 되었다」고 하였다. 독일에서는 시펭글러가 諸 文明의 순환적(循環的) 發展을 저술하였고, 하우스호퍼(Karl Haushofer, 1869-1946)는 지정학적 세력이 세계에서 어떻게 변화하는가를 논술하였으며, 영국의 할포드 맥킨더(Sir Halford

Mackinder, 1861-1947)는 유럽이 발전하고 강대해진 이유를 '심장부(心臟部)(Heart-land)說' 로 설명하였다.
이언 바루마(Ian Buruma, 1951-) · 아비샤이 마갤릿(Avishai Margalit, 1939-)은 '옥시덴탈리즘(Occidentalism 2004)' 에서 「산업화와 도시를 증오한 윌리엄 블레이크(William Blake, 1757-1827) · 엘리어트(Thomas Stearns Eliot, 1888-1965), 사회주의를 주창한 프뤼동(Pierre Josephe Proud' hon, 1809-1865)과 엥겔스, 개인의 소외(疎外)를 경고한 마르크스 등에게서 그 뿌리가 발견되는 옥시덴탈리즘은 서양을 천박(淺薄)하고 근본이 없으며 자본주의적 기계 문명에 빠져있는 비인간적인 사악(邪惡)한 세력으로 보는데 종교개혁, 르네상스, 자연과학 등장이 유럽의 통일된 정신문화를 파괴하고 서양을 모델로 근대화를 추진한 일본, 러시아, 독일 등 옥시덴탈리즘을 주창한 나라가 나치즘, 파시즘에 빠진 역사에서 보듯이 정치권력의 도구로 전락할 수 있다」는 점을 경고한다.

블로트(James Horris Blaut, 1927-2000)는 '여덟 유럽중심주의 역사가들' (2000)에서 「유럽과 비유럽 문명들은 대체로 비슷한 속도로 진보하고 있었으며 유럽인들은 남들보다 더 선진적 · 진보적 · 모험적이었기 때문이 아니라 지리적 위치 때문에 식민지를 지배하고 富를 획득한 것이다」라고 주장, 유럽중심주의 역사가들의 편향(偏向)된 이론을 비판하였다. 지난 30여년동안 유럽중심주의적 역사쓰기를 겨냥해 설득력있는 비판들이 이어졌는데 대표적인 것으로 에드워드 사이드(Edward W. Said, 1935-2003)의 '오리엔탈리즘(Orientalism)' (1978)이 있다.
에드워드 사이드는 오리엔탈리즘을 "동양을 지배하고 재구성하며 동양에 대해 권위를 갖기 위한" 서양의 지배담론으로 규정하면서 '동양인들은 자기 스스로를 재현(再現)할 수 없고, 재현되어져야 한다.' 라고 한 마르크스처럼 비서구인은 열등(劣等)하고 미개(未開)하다는 서구의 편견을 비판하였다.
안드레 군더 프랑크(Andre Gunder Frank, 1929-)는 '리오리엔트(ReOrient, 1998)' 에서 1400-1800년의 세계 경제에 대한 수정주의 해석과 유럽의 발흥(勃興)에 대한 탈(脫)유럽 중심의 설명방식을 제기하면서 동북아의 부상과 제 3세계 독립에 따른 국가 발전 전략의 일환으로 유럽 중심주의의 문화적 종속에서 벗어나는 세계 경제에서의 아시아의 재부상(再浮上)을 진단하고 있다.

막스 베버는 '儒教와 道教(Confucianism and Taoism)' 에서 「서구의 경우 금욕적인 개신교의 윤리가 자본주의정신과 '선택적 친화력' 을 지니고 자본주의의 팽창과 합리화에 기여한 요소들 중 하나로 기능하였으나, 중국의 경우 서구와 유사한 종교윤리의 부재로 여러가지로 유리한 물질적 조건에도 불구하고 전통주의의 질곡(桎梏)에서 벗어나 근대적 합리적 자본주의를 발전시키는데 실패하였다.」고 하였다.

니덤(Noel Joseph Terence Montgomery Needham, 1900-1995)은 '중국의 과학 문명(1954)'에서 '15세기전까지는 유럽을 능가하는 중국의 과학이 왜 16세기 이후로는 경험적 수준에 머물러 있으며 원시적 · 중세적 이론에서 벗어나지 못하였는가' 하는 물음을 제기하고 「儒家思想의 理性主義는 신비주의보다 과학의 진보에 기여한 바가 없다. 사농공상의 신분질서 유지강화로 대장장이 등 수공업 기술에 정통한 이들을 천박(淺薄)하게 여겨 과학기술의 발전을 억제하였고 부르즈와가 등장하여 체제에 위협을 주는 시민사회의 형성을 불가능하게 하였다.」고 하였다.

클라이드 프레스토위츠(Clyde Prestowith)는 'Three Billion New Capitalists : The Great shift of Wealth and Power to the East'에서 중국, 인도, 옛 소련 국가등 30억 신(新)경제인이 아시아에 등장하면서 '메이드 인 차이나(Made in China)', '서비스 인 인디아(Service in India)'로 요약되는바와 같이 세계 경제의 엔진과 축(軸)이 동쪽으로 옮겨가고 있다고 하였다.

대니엘 벨(Danniel Bell, 1919-)은 「歐美의 세계에서는 오늘날 政治的 쟁점을 둘러싸고 대체적인 합의〔福祉國家의 용인(容認), 分權化의 소망, 混合經濟體制 및 多元的 정치체제)〕가 존재한다. 19세기의 이데올로기나 사상상의 논쟁이 생기를 잃어 버렸는데도 아시아, 아프리카의 新興국가는 새 이데올로기(産業化, 近代化, 汎 아랍主義, 有色人種主義 내셔널리즘)를 형성하고 있다. 낡은 이데올로기의 추진력은 사회적 평등과 廣義에 있어서의 자유였는데 대하여 새 이데올로기의 彈力은 경제발전과 國家權力이다. 그리하여 民衆에 대한 大衆이데올로기의 호소(呼訴)에 있어서 러시아와 中共이 모델이 되었다. 21세기의 '스토리'는 아시아를 초첨으로 전개될 것이다.」고 하였다.

애덤 스미스의 '國富論'에 버금가는 國貧論이라 할 수 있는 뮈르달(Karl Gunnar Myrdal)의 '아시아의 드라마 Asian drama ; An inquiry into the poverty of nations'(1968)는 南아시아에서 「백성들의 사회적규율의 무시와 약체정부의 병존(竝存)은 민족주의의 敵이다.」 社會的 · 經濟的 制度의 改革을 추진하고, 社會的 기강(紀綱)을 확립하지 않고서는, 貧困과 不平等을 극복(克服)하고 급속한 經濟開發을 이룩할 가망은 거의 없다고 하였다. 또한 '복지국가를 넘어서'에서 福祉國家를 실현하게 된 西方諸國이, 經濟的 내셔널리즘을 버리고 低開發國과의 긴장완화(緊張緩和)에 노력하지 않는다면 世界平和는 유지될 수 없고, 福祉世界의 實現만이 人類共存의 지름길이라는 것을 갈파하고 있다.

'포린 어페어즈'(Foreign Affairs) 최근호에서 한 프랑스 학자는 미국과 유럽의 서방 세계는 뿌리 깊은 과거 지배적 지위 상실에 대한 불안과 급속한 세계화 과정이 부른 공포의 문화를, 아랍 무슬림 세계는 과격 극단 세력에 둘러싸여 증오(憎惡)의 문화를, 아시아 지역은 중국과 인도의 떠오르는 리더십에서 보듯이 세계화의 번영과 정치적 발언권을 강화하며 미래를 준비하는 '희망의 문화'를 각각 키우며 세계가 정서적으로 충돌하고 있다고 지적하고 갈등과 충돌의 해결을 위한 우선적인 방안으로 무슬림에 대한 서방의 이해와 성찰(省察)을 제시하고 있다.

헌팅턴에 맞서 '문명의 공존' (Das Zusammenleben der Kulturen, 1998)을 쓴 하랄트 뮐러(Harald Müller, 1949-)는 헌팅턴의 문명 충돌론이 미국사에 상존하는 우리와 그들, 빛과 어둠이라는 '마니教식(Manichian) 정치학' 이라고 비판한 후 "인류에게 절실하고 유용한 것은 여러 문명의 공통점과 공감대를 찾는 대화와 협력"이고 "관용이야말로 '문명전쟁' 을 '문명공존' 으로 바꾸는 가장 훌륭한 방법"이라고 주장하였다.

東西文化의 미래에 대한 전망에 대하여는 모든 문화가 자본주의와 민주주의의 체제로 통합되어 동양이 서구화될 것이라는 관점, 동양의 지속적인 경제 발전과 이슬람의 인구 증가로 서구의 영향력은 상대적으로 감소(減少)할 것이라는 관점, 동서양의 문화의 차이가 수렴(收斂)되고 사회구조와 가치관에 있어서 서양적인 것과 동양적인 것들이 결합되는 상태에 도달할 것이라는 관점 등 세 견해가 있다.

요컨대 헤겔(Georg Wilhelm Friedrich Hegel)의 '미넬바(Minerva)의 부엉새는 黃昏에 날개를 펴고 날아다닌다' 〔法律哲學綱要(Grundlinien der Philosophie des Rechts. 1821)序文〕는 象徵的인 말과 같이 理論이 現實의 뒤를 따라 합리적으로 해석하고 설명하게 될 것이다.

부표

부표1 한국 · 중국 · 일본 년대 비교표

부표2 역대 왕실 세계표(歷代 王室 世系表)

2

김상근	세계지도의 역사와 한반도의 발견	삼림출판사	2004
金相基	전통문화와 보편성의 문제	정신문화연구원	
金相浹	毛澤東 思想	知文閣	1967
金聖哉	韓國學報 · 66輯(18권 1호)	一志社	1992
金聲翰 · 李炳注	歷史紀行-길따라 발따라	조선일보사	1982-3
金承璨 外	韓國文學槪論	三知院	2007
金烈圭	〈衙前근성〉의 뿌리를 찾아서	政經文化	1983
金容三	5백년 朝鮮여행	月刊朝鮮	
김재선 · 엄애경 · 이경 譯編	한글동이전(東夷傳)	서문문화사	1999
金政起	국회프락치사건의 재발견	한울	2008
金政起	美의 나라 조선	한울	2011
金鍾範 · 金東雲	해방전후의 조선진상	돌베개	1984
金俊燁 外	再發掘 – 한국 獨立運動史	한국일보사	1986-7
金澤榮	한사경 (한서대 동양고전연구소 조남권 · 안외순 · 강소영 역)	태학사	2001
羅萬甲	丙子錄 (尹在瑛譯)	明文堂	1987
노형석 · 이종학	한국 근대사의 풍경	생각의 나무	2006
닉슨(Richard Nixon)	The Memoirs –頂上人과의 對話	月刊中央	1978
닉슨(Richard Nixon)	Leaders (朴正基 옮김)	을지서적	1998
다카사키 소오지(高崎宗司)	일본망언의 계보 (최혜주 譯)	한울	1996
다니엘 노(Daniel Roh)	독도밀약(김철훈 역)	한울아카데미	2011
다니엘 벨(Daniel Bell)	The new world order toward the 21st century (서규환 옮김)	디자인하우스	1991
대너 린더만(Dana Lindaman) · 카일 워드(Kyle Ward) 엮음	역지사지 미국사(박거용 옮김)	이매진	2009
大韓赤十字社	離散家族白書	光明印刷公社	1976
데이빗 톰슨(David Thomson)	現代世界史(World History 1914-1968) (盧明植 譯)	探求堂	1981
讀書生活(創刊號)	韓國史硏究		1975
讀書新聞社	韓國史의 再照明	讀書新聞社 出版局	1977
동아일보사	寫眞으로 보는 韓國百年	동아일보사	1985
동아일보사 조사연구실	現代史를 어떻게 볼것인가(Ⅰ)-(Ⅴ)	東亞日報社	1987
동아출판사 백과사전부	세계대백과사전(전30권)	동아출판사	1982
東亞日報 特別取材班	美軍政 3年	동아일보사	1982-3
東亞日報-大宇그룹 공동기획	韓 · 러 近代史 秘史 (정리:趙恒民)	동아일보사	1993
렁청진(冷成金)	人物中國史 (李海元 譯)	한길사	2006
레드야드(Gari Ledyard) 編	The Dutch come to Korea / 하멜 漂流記 (朴允熙 譯)	三中堂	1975
루스 베네딕트(Ruth Fulton Benedict)	국화와 칼(김진근 譯)	봄풀	2010
류샤오촨(劉小川)	品中國文人(박성희 譯)	북스넛	2011
柳得恭	渤海考 (南晩星 譯註)	三省出版社	1983
柳成龍	懲毖錄 (金鍾權 譯)	新華社	1983
柳西厓先生記念事業會	西厓硏究 1輯	三省印刷株式會社	1978
柳馨遠	磻溪隨錄 (姜萬吉 解題 · 譯)	三省出版社	1983
柳鴻烈	한국천주교회역사	성요셉출판사	1983
르몽드 디플로마티크	르몽드 세계사	휴머니스트	2009

참고문헌

姜德相 · 鄭早苗 · 中山淸隆	圖說 韓國の歷史	河出書房新社	1988
姜德相	학살의 기억-관동대지진(김동수 · 박수철 역)	역사비평사	2005
姜萬吉 外	韓國의 名著	玄岩社	1969
강만길 · 이은상 · 조기준외	한국 인물탐사기(1-6)	오늘	1996
강만길	20세기 우리 역사	창작과 비평사	1999
姜信沆 外	韓國의 人間像(1-6)	新丘文化社	1965
姜在彦	朝鮮通信使가 본 日本 (李圭洙 譯)	한길사	2005
姜在彦	선비의 나라 한국유학 2천년	한길사	2003
姜周鎭	趙靜庵의 生涯와 思想	博英社	1979
姜晋哲 · 姜萬吉 · 金貞培	世界史에 비춘 韓國의 歷史	高麗大 出版部	1975
갤브레이스(John Kenneth Galbraith)	좋은사회(The Good Society) (오호근 譯)	영림카디널	1997
高國抗	중국사학사 (오상훈 · 이개석 · 조병한 譯)	풀빛	1998
高麗大學校文科大學 史學科교수실	歷史란 무엇인가	高麗大出版部	2003
高麗大學校 行動科學硏究所	韓國人의 主體性	高麗大出版部	1978
고은 · 김우창 · 유종호 · 이강숙 엮음	책, 어떻게 읽을 것인가	민음사	1994
교과서포럼	한국근 · 현대사	기파랑	2008
顧頡剛	중국역사이야기 (구술 · 何啓君정리, 趙寬熙 옮김)	學古房	2007
具本明 校閱	孟子	玄岩社	1966
國史敎材編纂委員會	교양 한국사	韓國外國語大 出版部	1985
國會圖書館 立法調査局	國際聯合韓國臨時委員團 報告書	大韓民國 國會圖書館	1965
권영민	해방 40년의 문학(1945-1985)	民音社	1985
규장각 한국학연구원	조선 여성의 일생	글항아리	2010
규장각 한국학연구원	조선사람의 세계여행	글항아리	2012
그린비 日本語 연구실	日本地名 읽기사전(高秀晩 감수)	그린비	1995
琴章泰	儒學 近百年 잊혀진 전통사상의 맥을 찾는다	韓國經濟新聞社	1982-3
琴章泰	한국유교의 과제	서울대학교 출판부	2004
琴章泰	한국유학의 心說	서울대학교 출판부	2003
金璟東 · 林鍾哲	社會發展硏究	民音社	1978
金璟東 外	韓國社會 한 世代	서울大 出版部	1985
金璟東 · 林鍾哲 · 李洪九 · 金麗壽	近代化 -그 現實과 未來	서울大 出版部	1975
김경수 · 이영화	테마로 읽는 우리 역사	동방미디어	2004
김기협	밖에서 본 한국사	돌베개	2008
金大商	關東大地震의 韓國人 虐殺		1982
金東仁	士禍 三百年		
金東祚	回想 30年, 韓日會談	中央日報社	1986
김문식 · 신병주	조선왕실기록문화의 꽃 의궤	돌베개	2005
金文子	朝鮮王妃殺害와 日本人(金勝一 譯)	태학사	2010
김삼웅 · 정운현 편	일제하 기득권자들의 좌절과 변절 (친일파 · Ⅲ)	학민사	1993
김삼웅	일제는 조선을 얼마나 망쳤을까	사람과 사람	1998
김삼웅 · 이헌종 · 정운현	친일파 : 그 인간과 논리	학민사	1990

歷代王室世系表

(註 = * 표시는 同一人의 표시임)

高句麗(B.C. 37~668 : 28代 705年)

高氏

- 金蛙(東扶餘王) = 柳花(河伯女)
  - ①東明王(B.C.37~B.C.19)(朱蒙·鄒牟·衆解) = 禮氏女
    - ②瑠璃王(B.C.19~18)(類利·孺留) = 松讓女
      - 都切
      - 解明
      - ③大武神王(18~44)(無恤)
        - ⑤慕本王(48~53)(解憂·解愛婁)
          - 翊
      - 如津
      - ④閔中王(44~48)(解色朱)
      - 再思 = 扶餘人
        - ⑥太祖王(53~146)(宮·於漱)
          - 莫勤
          - 莫德
        - ⑦次大王(146~165)(遂成)
          - 鄒安
        - ⑧新大王(165~179)(伯固·伯句)
          - 發岐(197~227)
          - ⑨故國川王(179~197)(男武·伊夷謨) = 于氏*
          - ⑩山上王(197~227)(延優·位宮) = 于氏*
            - ⑪東川王(227~248)(憂位居·郊彘)
          - 罽須

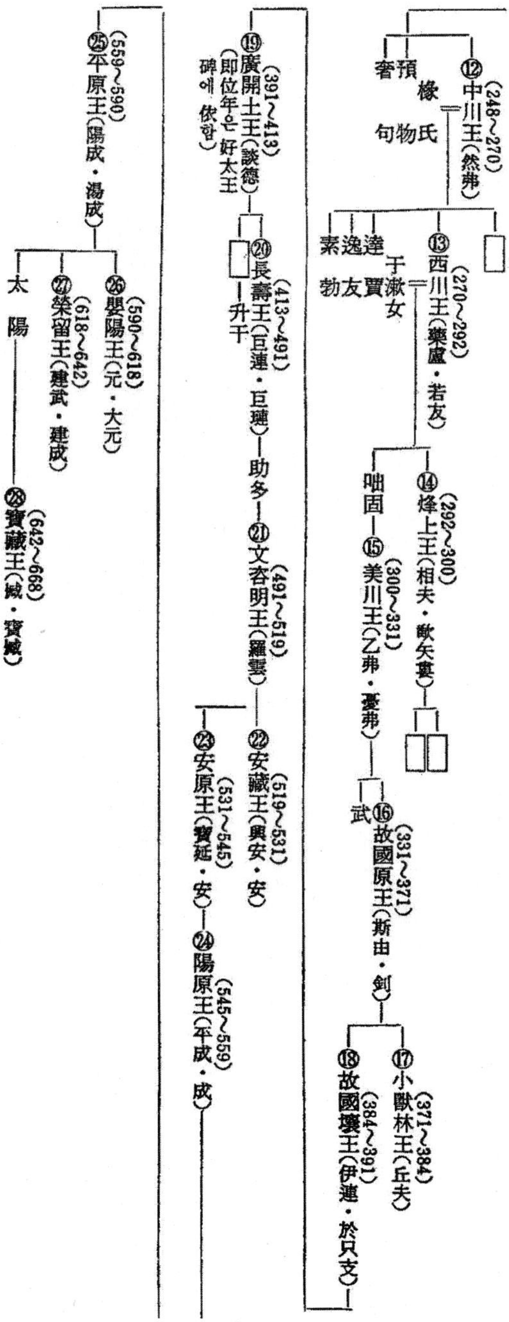

⑫中川王(然弗) (248~270)
椽
句物氏
預
奢
⑬西川王(藥盧・若友) (270~292)
于漱女
達賈
逸友
素勃
⑭烽上王(相夫・歃矢婁) (292~300)
咄固
⑮美川王(乙弗・憂弗) (300~331)
⑯故國原王(斯由・釗) (331~371)
武
⑰小獸林王(丘夫) (371~384)
⑱故國壤王(伊連・於只支) (384~391)
⑲廣開土王(談德) (391~413)
(即位年은 好太王碑에 依함)
⑳長壽王(巨連・巨璉) (413~491)
升干
助多
㉑文咨明王(羅雲) (491~519)
㉒安藏王(興安・安) (519~531)
㉓安原王(寶延・安) (531~545)
㉔陽原王(平成・成) (545~559)
㉕平原王(陽成・湯成) (559~590)
㉖嬰陽王(元・大元) (590~618)
㉗榮留王(建武・建成) (618~642)
太陽
㉘寶藏王(臧・寶臧) (642~668)

百 濟(B.C. 18~660：31代 678年)

■ 扶餘氏

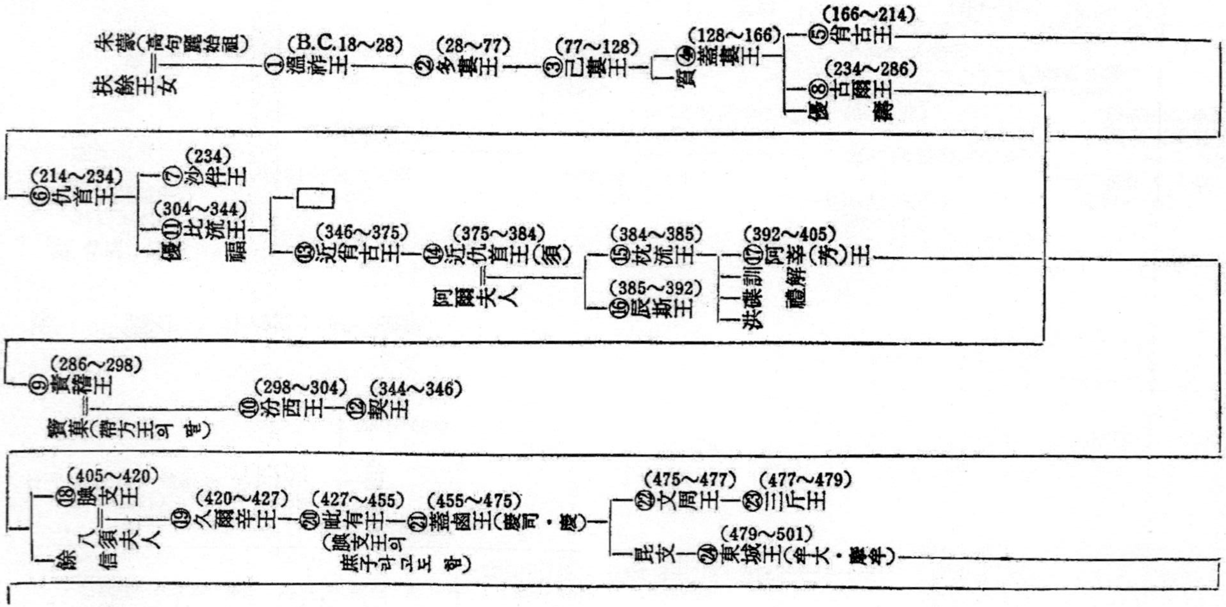

- □
- ㉕武寧王(斯摩·隆)(501~523) — ㉖聖王(明穠·明)(523~554)
  - ㉗威德王(昌·餘昌)(554~598)
  - ㉘惠王(季)(598~599) — ㉙法王(宣·孝順)(599~600)
    - ㉚武王(璋·餘璋)(600~641) — ㉛義慈王(641~660)
      - 孝(太子)
      - 泰
      - 隆
      - 演
      - 豊王(661~663)

新 羅(B.C. 57~935 : 56代 992年)

■ 朴氏 : 10王

- ①赫居世居西干(B.C.57~4) = 閼英夫人
  - ②南解次次雄(4~24) = 雲帝(阿婁)夫人
    - ③儒理尼師今(24~57) = 日知(朴氏。許婁王의 딸이라고도 함)
      - ⑦逸聖尼師今(134~154) = 朴氏(支所禮王의 딸)
        - ⑧阿達羅尼師今(154~184) = 內禮夫人朴氏(祇摩王의 딸) …… 乂衆
      - ⑤婆娑尼師今(80~112) = 史省夫人金氏(許婁의 딸)
        - ⑥祇摩尼師今(112~134) = 愛禮夫人金氏(摩帝의 딸)
    - 奈老
    - 阿孝夫人 = ④脫解尼師今(57~80)

■ 昔氏 : 8王

- 多婆國王 = 女人國王의 딸
  - ④脫解尼師今(57~80) = 阿孝夫人
    - 仇鄒 = 只珍內禮夫人金氏
      - ⑨伐休尼師今(184~196) = ?

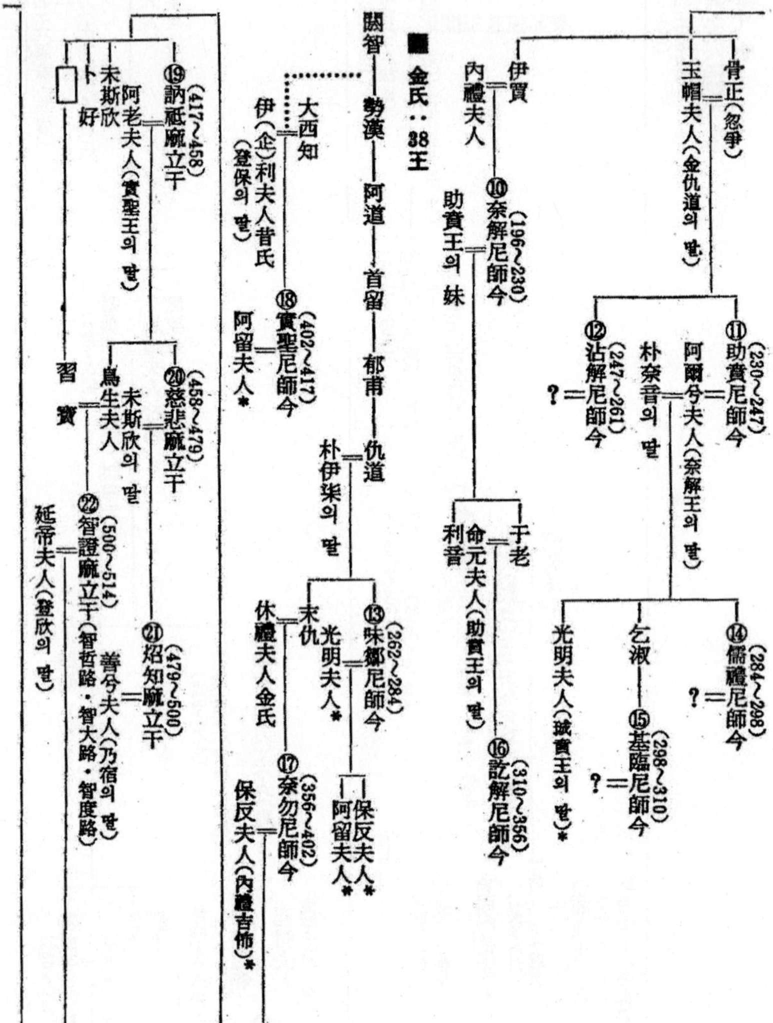
骨正(忽爭)
玉帽夫人(金仇道의 딸)
伊買
內禮夫人
⑩奈解尼師今(196~230)
助賁王의 妹
⑪助賁尼師今(230~247)
阿爾兮夫人(奈解王의 딸)
⑫沾解尼師今(247~261)
朴奈音의 딸
?
⑭儒禮尼師今(284~298)
?
乞淑
⑮基臨尼師今(298~310)
?
光明夫人(味鄒王의 딸)*
于老
命元夫人(助賁王의 딸)
利音
⑯訖解尼師今(310~356)
金氏：38王
閼智
勢漢
阿道
首留
郁甫
仇道
朴伊柒의 딸
⑬味鄒尼師今(262~284)
光明夫人*
末仇
休禮夫人金氏
保反夫人*
阿留夫人*
⑰奈勿尼師今(356~402)
保反夫人(內禮吉怖)*
大西知
伊(企)利夫人昔氏
(登保의 딸)
⑱實聖尼師今(402~417)
阿留夫人*
⑲訥祗麻立干(417~458)
阿老夫人(實聖王의 딸)
未斯欣
卜好
⑳慈悲麻立干(458~479)
未斯欣의 딸
鳥生夫人
習寶
㉑炤知麻立干(479~500)
善兮夫人(乃宿의 딸)
㉒智證麻立干(500~514)(智哲路·智大路·智度路)
延帝夫人(登欣의 딸)

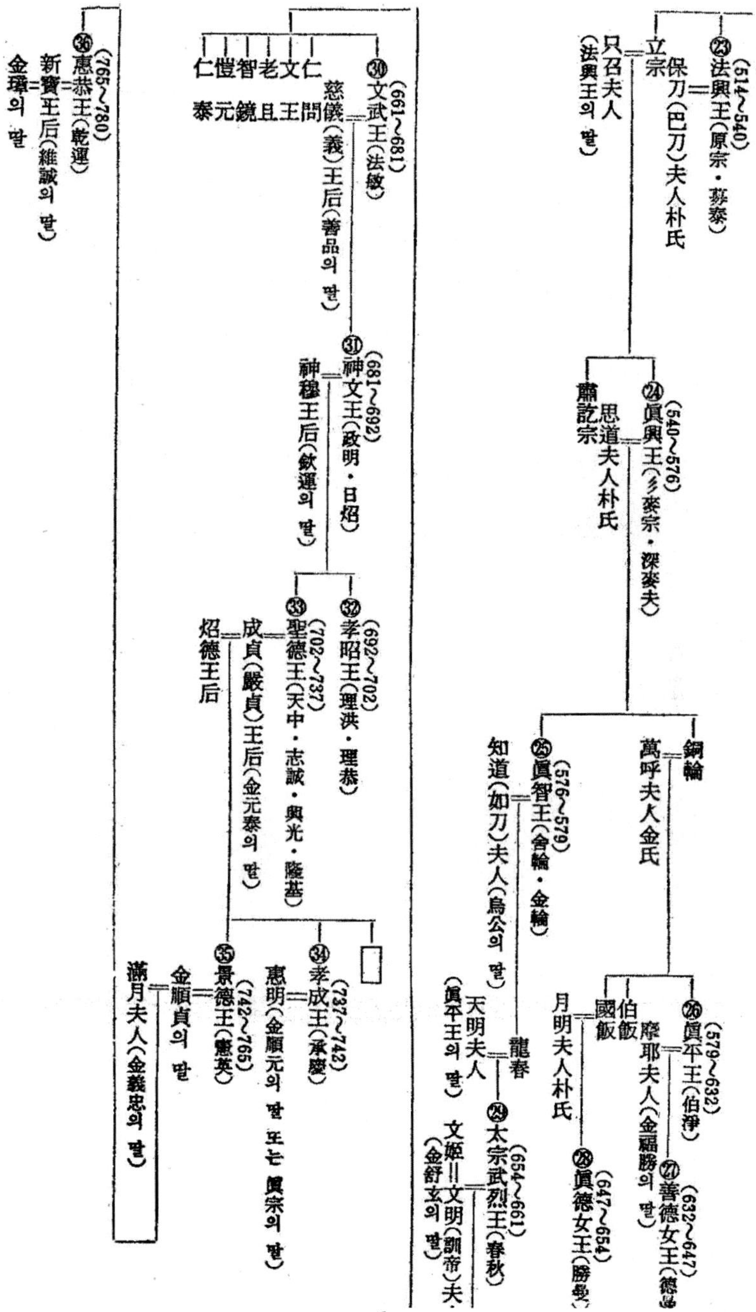
(514~540)
㉓法興王(原宗·募秦)
保刀(巴刀)夫人朴氏
立宗
只召夫人
(法興王의 딸)
(540~576)
㉔眞興王(彡麥宗·深麥夫)
思道夫人朴氏
肅訖宗
銅輪
萬呼夫人金氏
(579~632)
㉖眞平王(伯淨)
摩耶夫人(金福勝의 딸)
伯飯
國飯
月明夫人朴氏
(632~647)
㉗善德女王
(647~654)
㉘眞德女王
(576~579)
㉕眞智王(舍輪·金輪)
知道(如刀)夫人(烏公의 딸)
龍春
天明夫人
(眞平王의 딸)
(654~661)
㉙太宗武烈王(春秋)
文姬=文明(訓帝)夫
(金舒玄의 딸)
(661~681)
㉚文武王(法敏)
慈儀(義)王后(善品의 딸)
仁問
文王
老且
智鏡
愷元
仁泰
(681~692)
㉛神文王(政明·日炤)
神穆王后(欽運의 딸)
(692~702)
㉜孝昭王(理洪·理恭)
(702~737)
㉝聖德王(天中·志誠·興光·隆基)
成貞(嚴貞)王后(金元泰의 딸)
炤德王后
(737~742)
㉞孝成王(承慶)
惠明(金順元의 딸 또는 眞宗의 딸)
(742~765)
㉟景德王(憲英)
金順貞의 딸
滿月夫人(金義忠의 딸)
(765~780)
㊱惠恭王(乾運)
新寶王后(維誠의 딸)
金璋의 딸

부표 2

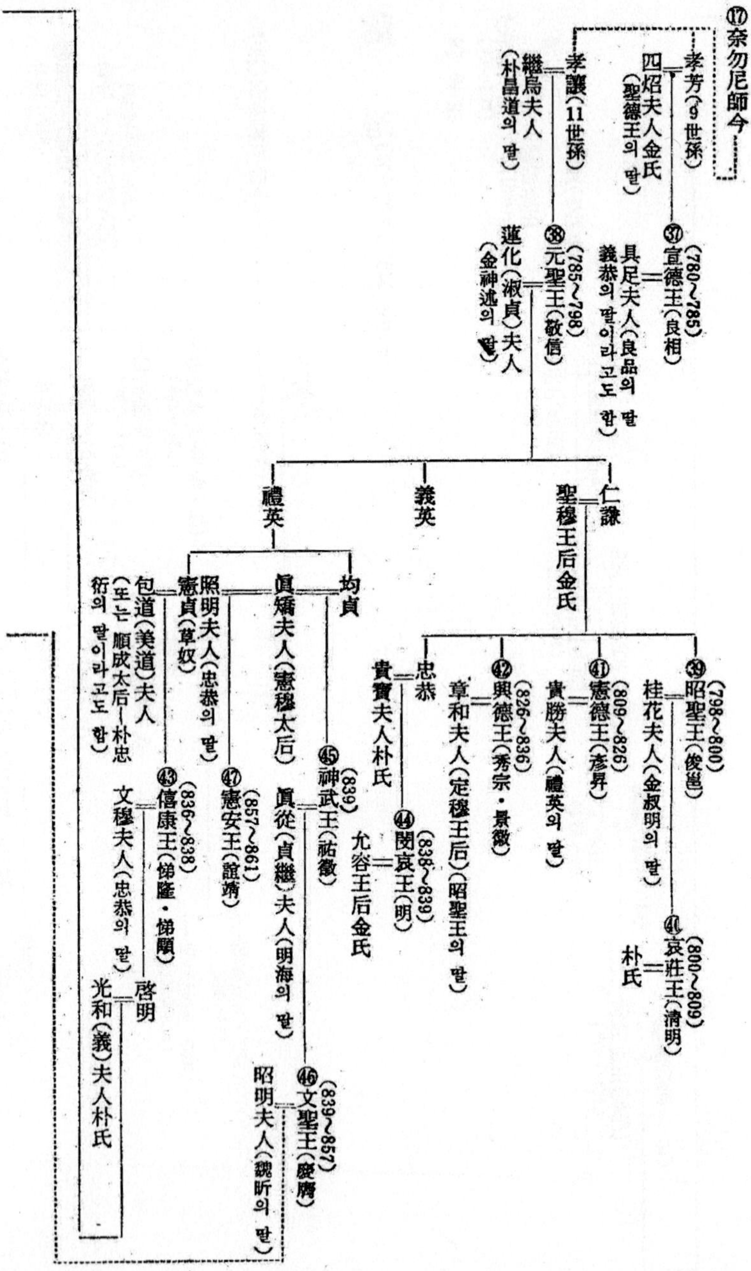
⑰奈勿尼師今
孝芳(9世孫)
四炤夫人金氏(聖德王의 딸)
孝讓(11世孫)
繼烏夫人(朴昌道의 딸)
㊲宣德王(良相)(780~785)
具足夫人(良品의 딸 義恭의 딸이라고도 함)
㊳元聖王(敬信)(785~798)
蓮化(淑貞)夫人(金神述의 딸)
仁謙
聖穆王后金氏
義英
禮英
㊴昭聖王(俊邕)(798~800)
桂花夫人(金叔明의 딸)
㊵哀莊王(清明)(800~809)
朴氏
㊶憲德王(彦昇)(809~826)
貴勝夫人(禮英의 딸)
㊷興德王(秀宗·景徽)(826~836)
章和夫人(定穆王后)(昭聖王의 딸)
忠恭
貴寶夫人朴氏
㊹閔哀王(明)(838~839)
允容王后金氏
均貞
眞矯夫人(憲穆太后)
㊺神武王(祐徵)(839)
眞從(貞繼)夫人(明海의 딸)
㊻文聖王(慶膺)(839~857)
昭明夫人(魏昕의 딸)
照明夫人(忠恭의 딸)
㊼憲安王(誼靖)(857~861)
憲貞(草奴)
包道(美道)夫人(또는 順成太后-朴忠衍의 딸이라고도 함)
㊸僖康王(悌隆·悌顒)(836~838)
文穆夫人(忠恭의 딸)
啓明
光和(義)夫人朴氏

㊽景文王(膺廉・凝廉) (861~875)
=寧花夫人(文懿王后)(憲安王의 맏딸)

㊾憲康王(晸) (875~886)
=懿明夫人

義明太后金氏

㊿定康王(晃) (886~887)

51 眞聖女王(曼・坦) (887~897)

孝宗…(46대 文聖王의 5世孫)
=桂娥太后

56 敬順王(傅) (927~935)

52 孝恭王(嶢) (897~912)

乂兼의 딸
義成王后

54 景明王(昇英) (917~924)

55 景哀王(魏膺) (924~927)

(朴氏)阿達羅尼師今……………乂謙(銳兼)
=貞和夫人

53 神德王(景暉) (912~917)

駕　洛(42~532 : 10代 491年)

■ 金氏

①首露王 (42~199)
=許王后

②居登王 (199~259)
=慕貞(申輔의 딸)

③麻品王(馬品) (259~291)
=好仇(趙匡의 손녀)

④居叱彌王(今勿) (291~346)
=附志(阿躬阿干의 손녀)

⑤伊尸品王 (346~407)
=貞信(克忠의 딸)

⑥坐知王(金叱) (407~421)
=福壽(道寧의 딸)

⑦吹希王(叱嘉)(421~451) ═ 仁德(進思의 딸)
— ⑧銍知王(金銍王)(451~492) ═ 邦媛(金相의 딸)
— ⑨鉗知王(金鉗王)(492~521) ═ 淑(出忠의 딸)
— ⑩仇衡王(一作 仇衡)(521~532) ═ 桂花(分叱水爾叱의 딸)
— 世宗, 茂刀, 茂得

大伽倻(42~562 : 16代 521年)

①伊珍阿豉(內珍朱智) …… ⑨異腦 …… ⑯道設智

渤海(699~926 : 14代 228年)

大氏

①高王(祚榮)(699~719) — ②武王(武藝)(719~737) — ③文王(欽武)(737~793)
— 臨宏 — ⑤成王(華璵)(794~795)
— ⑥康王(嵩璘)(795~809) — ⑦定王(元瑜)(809~813), ⑧僖王(言義)(813~817), ⑨簡王(明忠)(817~818)

□ — □ — ④廢王(元義)(793~794)

野勃 — □ — □ — □ — ⑩宣王(仁秀)(818~830)(簡王明忠의 아우라고도 한다) — 新德
— ⑪王(彝震)(830~858)
— ⑫王(虔晃)(858~870) — ⑬景王(玄錫)(870~901) — ⑭哀王(諲譔)(901~926)

高　　麗(918~1392：34代 475年)

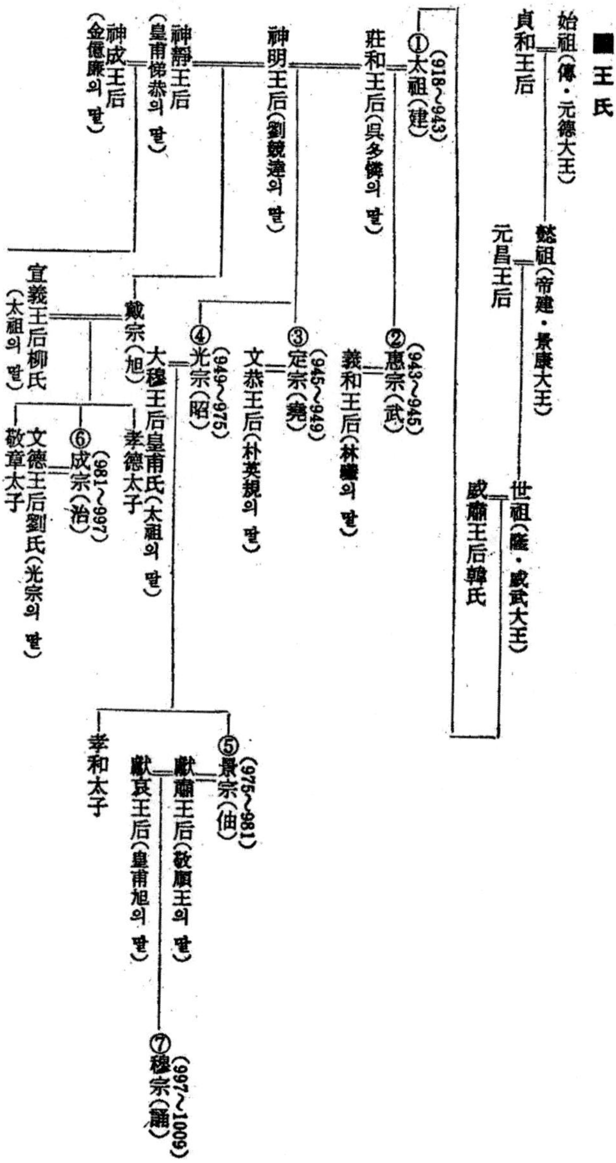

부표 2

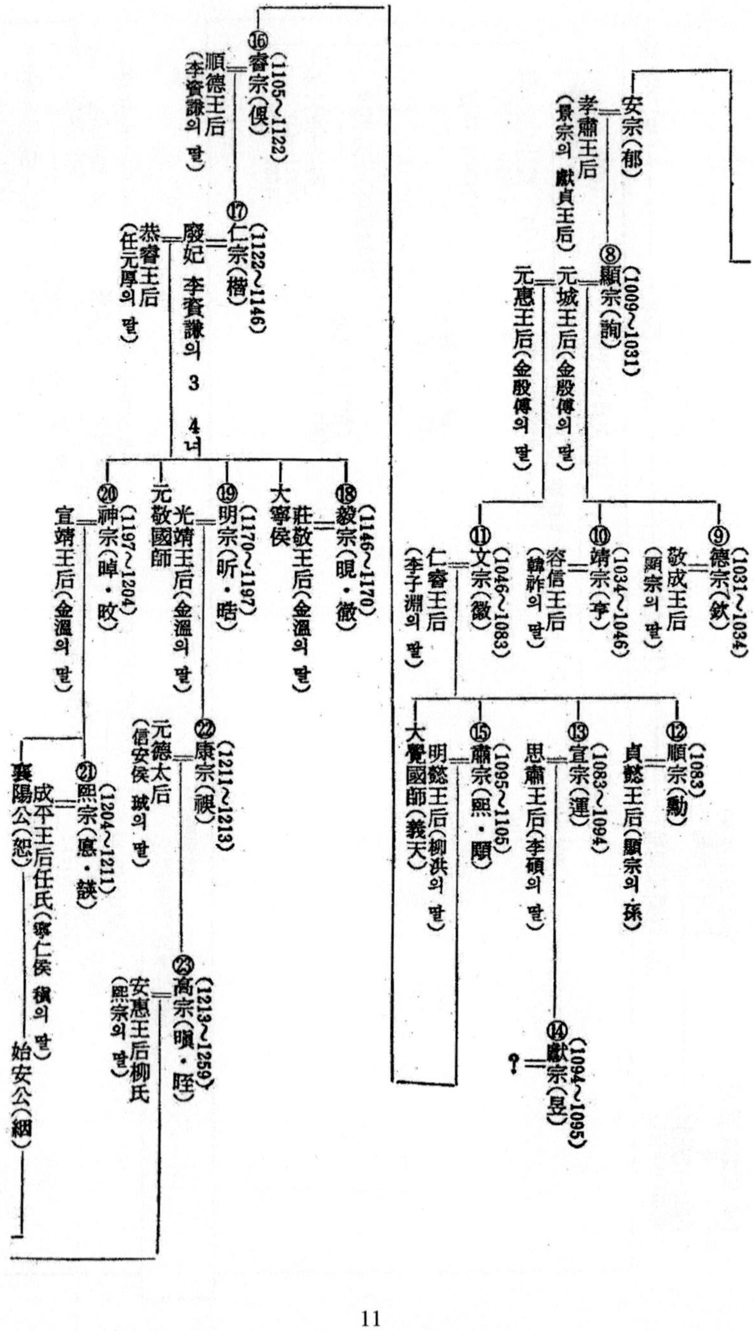
安宗(郁)
孝肅王后(景宗의 獻貞王后)
⑧顯宗(詢)(1009~1031)
元城王后(金殷傅의 딸)
元惠王后(金殷傅의 딸)
⑨德宗(欽)(1031~1034)
敬成王后(顯宗의 딸)
⑩靖宗(亨)(1034~1046)
容信王后(韓祚의 딸)
⑪文宗(徽)(1046~1083)
仁睿王后(李子淵의 딸)
⑫順宗(勳)(1083)
貞懿王后(顯宗의 孫)
⑬宣宗(運)(1083~1094)
思肅王后(李碩의 딸)
⑭獻宗(昱)(1094~1095)
⑮肅宗(熙·顒)(1095~1105)
明懿王后(柳洪의 딸)
大覺國師(義天)
⑯睿宗(俁)(1105~1122)
順德王后(李資謙의 딸)
⑰仁宗(楷)(1122~1146)
廢妃 李資謙의 3 4녀
恭睿王后(任元厚의 딸)
⑱毅宗(晛·徹)(1146~1170)
莊敬王后(金溫의 딸)
大寧侯
⑲明宗(昕·晧)(1170~1197)
光靖王后(金溫의 딸)
元敬國師
⑳神宗(晫·旼)(1197~1204)
宣靖王后(金溫의 딸)
㉑熙宗(悳·韺)(1204~1211)
成平王后任氏(寧仁侯 稹의 딸)
襄陽公(恕)
始安公(絪)
㉒康宗(祦)(1211~1213)
元德太后(信安侯 珹의 딸)
㉓高宗(皞·瞮)(1213~1259)
安惠王后柳氏(熙宗의 딸)

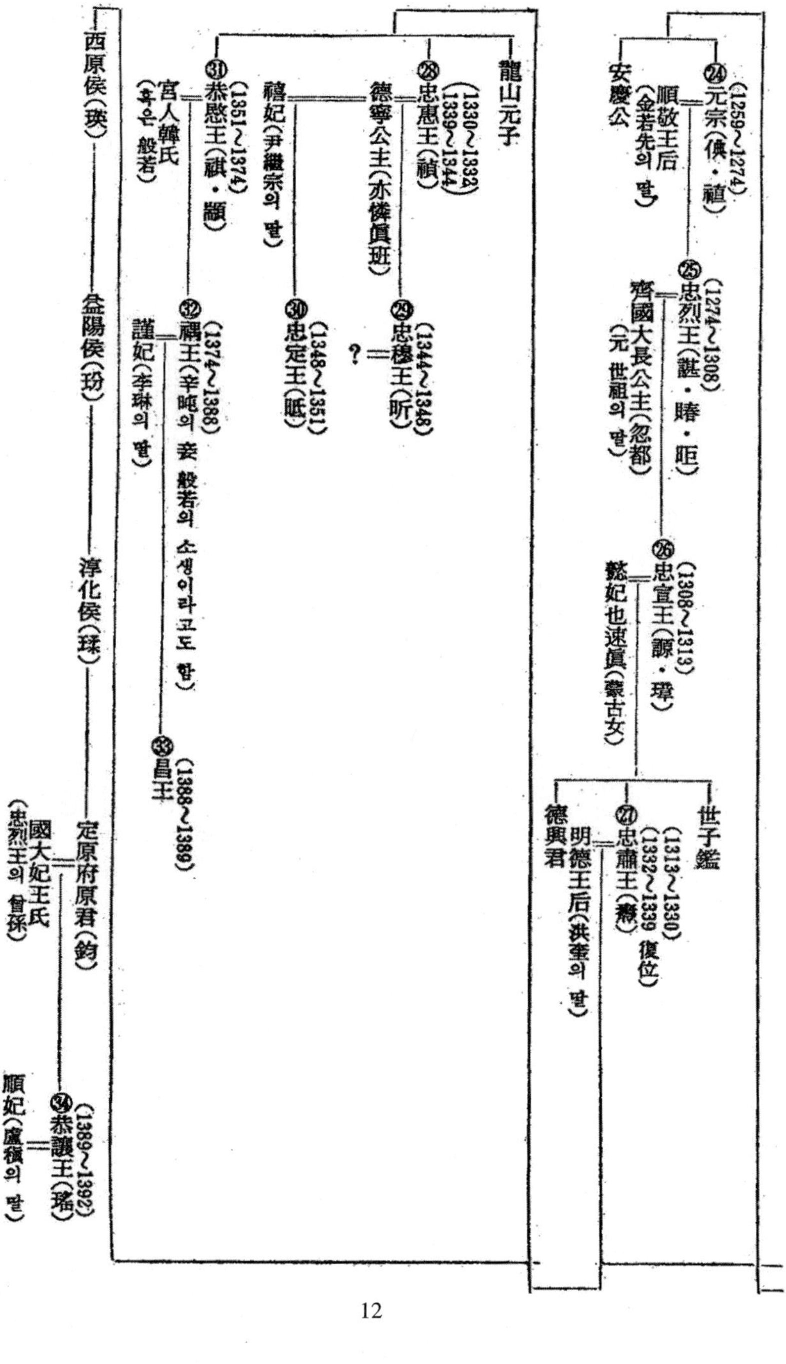

㉔元宗(倎·禃) (1259~1274)
順敬王后(金若先의 딸)
安慶公
㉕忠烈王(諶·賰·昛) (1274~1308)
齊國大長公主(忽都) (元 世祖의 딸)
㉖忠宣王(謜·璋) (1308~1313)
懿妃也速眞(蒙古女)
世子鑑
㉗忠肅王(燾) (1313~1330) (1332~1339 復位)
明德王后(洪奎의 딸)
德興君
龍山元子
㉘忠惠王(禎) (1330~1332) (1339~1344)
德寧公主(亦憐眞班)
禧妃(尹繼宗의 딸)
㉙忠穆王(昕) (1344~1348)
?
㉚忠定王(胝) (1348~1351)
㉛恭愍王(祺·顓) (1351~1374)
宮人韓氏 (혹은 般若)
㉜禑王(辛旽의 妾 般若의 소생이라고도 함) (1374~1388)
謹妃(李琳의 딸)
㉝昌王 (1388~1389)
西原侯(瑛)
益陽侯(玢)
淳化侯(球)
定原府原君(鈞)
國大妃王氏 (忠烈王의 曾孫)
㉞恭讓王(瑤) (1389~1392)
順妃(盧稹의 딸)

朝 鮮 (1392~1910 : 27代 519年)

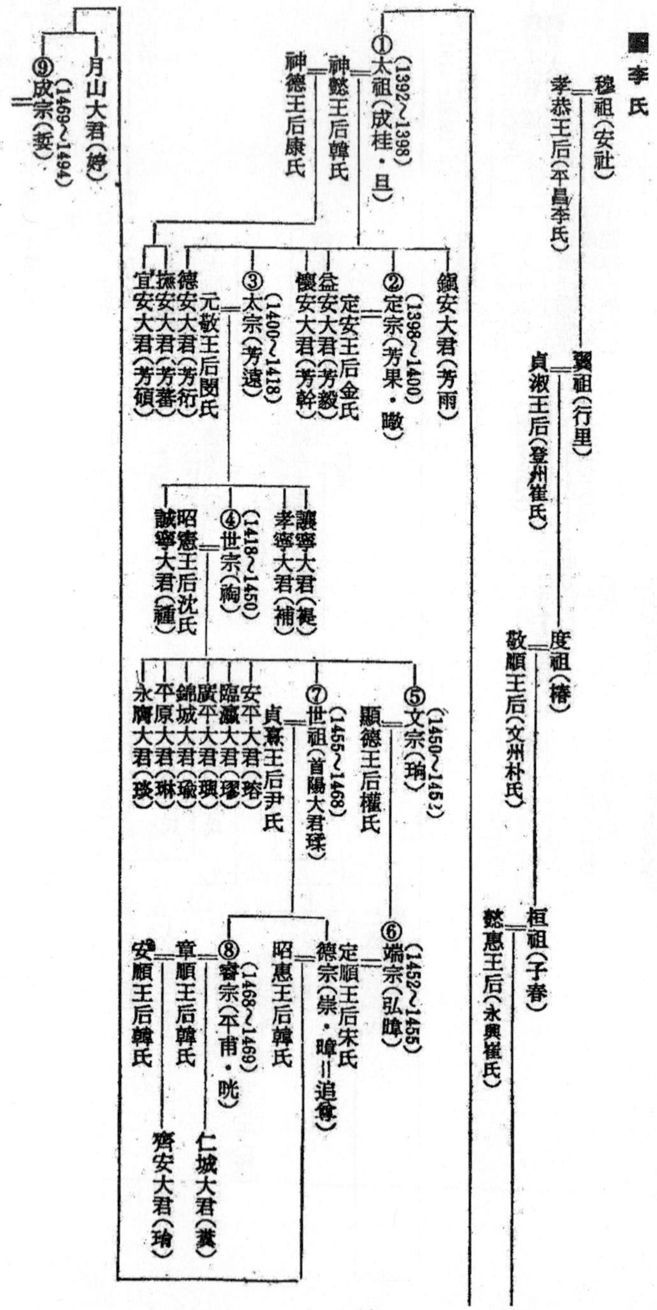

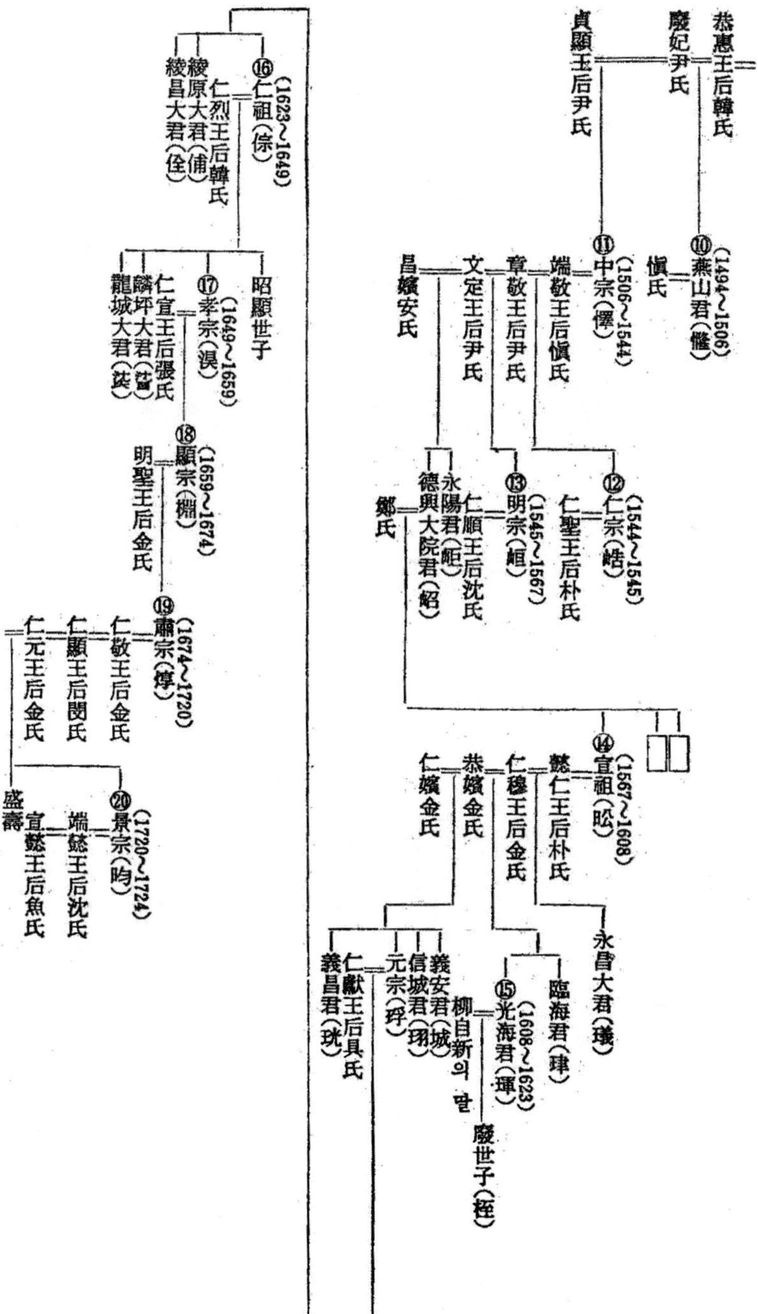
恭惠王后韓氏
廢妃尹氏
貞顯王后尹氏
⑩燕山君(㦕)(1494~1506)
愼氏
⑪中宗(懌)(1506~1544)
端敬王后愼氏
章敬王后尹氏
文定王后尹氏
昌嬪安氏
⑫仁宗(峼)(1544~1545)
仁聖王后朴氏
⑬明宗(峘)(1545~1567)
仁順王后沈氏
永陽君(岠)
德興大院君(岹)
鄭氏
⑭宣祖(昖)(1567~1608)
懿仁王后朴氏
仁穆王后金氏
恭嬪金氏
仁嬪金氏
永昌大君(㼁)
臨海君(珒)
⑮光海君(琿)(1608~1623)
柳自新의 딸
廢世子(祬)
義安君(珹)
信城君(珝)
元宗(琈)
仁獻王后具氏
義昌君(珖)
⑯仁祖(倧)(1623~1649)
仁烈王后韓氏
綾原大君(俌)
綾昌大君(佺)
昭顯世子
⑰孝宗(淏)(1649~1659)
仁宣王后張氏
麟坪大君(㴭)
龍城大君(滾)
⑱顯宗(棩)(1659~1674)
明聖王后金氏
⑲肅宗(焞)(1674~1720)
仁敬王后金氏
仁顯王后閔氏
仁元王后金氏
⑳景宗(昀)(1720~1724)
端懿王后沈氏
宣懿王后魚氏
盛壽

부표 2

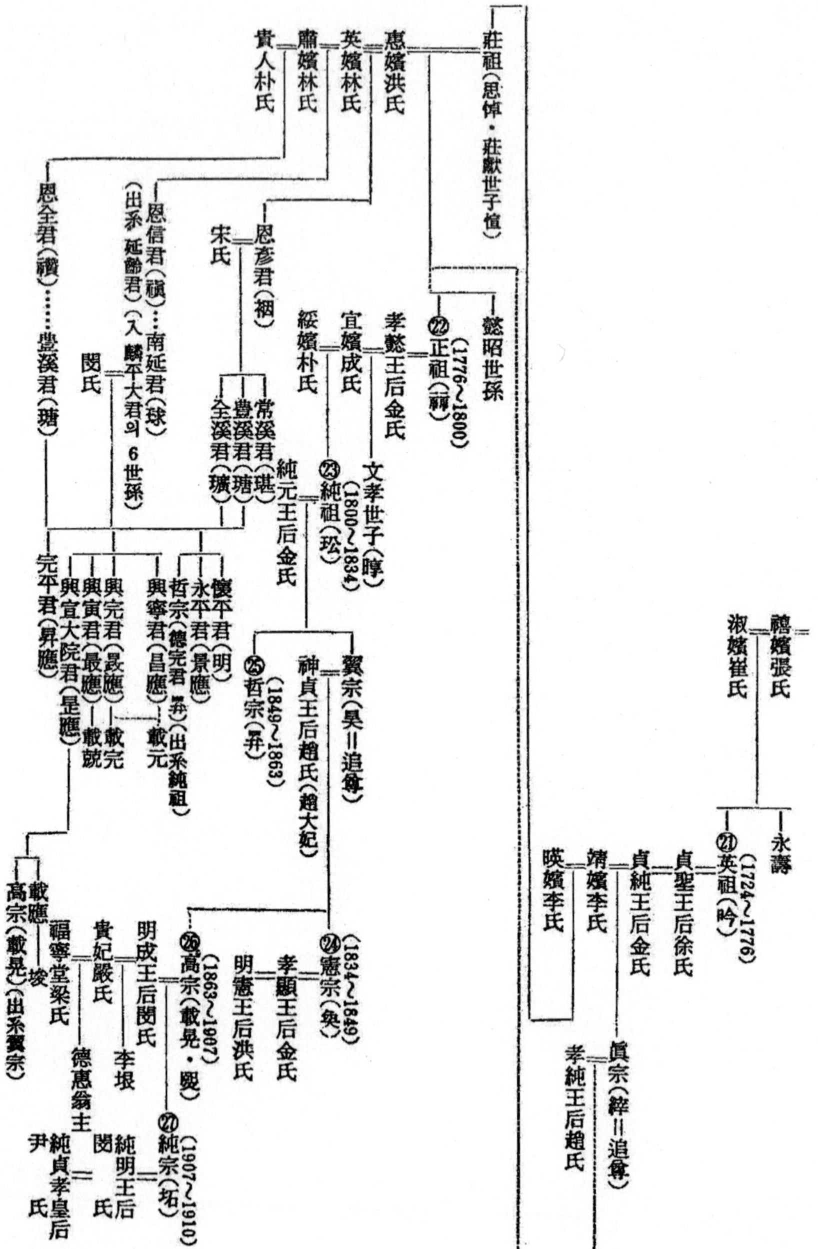
禧嬪張氏
淑嬪崔氏
永壽
㉑英祖(昑)
(1724~1776)
貞聖王后徐氏
貞純王后金氏
靖嬪李氏
暎嬪李氏
眞宗(縡=追尊)
孝純王后趙氏
莊祖(思悼·莊獻世子愃)
惠嬪洪氏
英嬪林氏
肅嬪林氏
貴人朴氏
懿昭世孫
㉒正祖(祘)
(1776~1800)
孝懿王后金氏
宜嬪成氏
綏嬪朴氏
恩彥君(裀)
宋氏
恩信君(禛)……南延君(球)
(出系 延齡君)(入 麟平大君의 6世孫)
閔氏
恩全君(禶)……豊溪君(瑭)
常溪君(琎)
豊溪君(瑭)
全溪君(㼅)
文孝世子(㬀)
㉓純祖(玜)
(1800~1834)
純元王后金氏
懷平君(明)
永平君(景應)
哲宗(德完君 昪)(出系純祖)
興寧君(昌應)……載元
興完君(晸應)……載完
興寅君(最應)……載兢
興宣大院君(昰應)
完平君(昇應)
翼宗(旲=追尊)
神貞王后趙氏(趙大妃)
㉕哲宗(昪)
(1849~1863)
㉔憲宗(奐)
(1834~1849)
孝顯王后金氏
明憲王后洪氏
㉖高宗(載晃·熙)
(1863~1907)
明成王后閔氏
貴妃嚴氏
李垠
福寧堂梁氏
德惠翁主
載應
埈
高宗(載晃)(出系翼宗)
㉗純宗(坧)
(1907~1910)
純明王后閔氏
純貞孝皇后尹氏

리더스 다이제스트	20세기 대사건들	리더스 다이제스트	1977
마크 스쿠젠(Mark Skousen)	The Big Three in Economics(박수철 옮김)	바다출판사	2008
막스 베버(Max Weber)	프로테스탄티즘의 윤리와 자본주의의 정신 (權世元 · 姜命圭 共譯)	一潮閣	1958
매일경제신문사	부즈 · 앨런&해밀턴 한국보고서	매일경제신문사	1997
맥아더(Douglas MacArthur)	Reminiscences(回顧錄) (具範模 譯)	翰林出版社	1971
모로와(Andre Maurois)	現代美國史 (申相楚 譯)	三星文化財團	1975
맥켄지(F.A.McKenzie)	大韓帝國의 悲劇 (申福龍 譯)	探求堂	1974
墨翟外	諸子百家(金瑩洙 撰譯)	동서문화사	1976
文一平	韓美五十年史 (李光麟 校註)	探求堂	1975
뮬러(Harald Müller)	문명의 공존 (이영희 譯)	푸른숲	2000
미르달(Karl Gunnar Myrdal)	Asian Drama:(崔晄烈 譯)	玄崇社	1976
閔泳斌 譯編	The April Heroes(四月의 英雄들)	日新社	1960
박기현	우리역사를 바꾼 귀화성씨	역사의 아침	2007
박도식	103위 성인전	미루나무	1987
박명림 · 이완범 외	解放前後史의 認識 6	한길사	1989
朴成壽 外	韓國 近代思想의 形成과 展開	大學新聞	1983-4
박영규	고구려 본기	웅진출판주식회사	1997
박은봉	한국사 상식 바로잡기	책과 함께	2007
朴殷植	韓國痛史 (李章熙 譯)	博英社	1974
朴乙洙 · 石一均	新韓國文學史	글익는 들	2007
朴齊家	北學議 (金龍德 解題 · 譯)	三省出版社	1983
朴鍾鴻	韓國思想史	瑞文堂	1972
朴鍾鴻	自覺과 意慾	博英社	1972
朴鍾鴻	韓國의 思想的 方向	博英社	1976
朴趾源	燕巖集 (李東歡 解題 · 譯)	三省出版社	1983
朴晃	판소리二百年史	思社研	1987
반민족문제연구소	친일파 99인 (1)-(3)	돌베개	1993
Bae Kichan	Korea at the Crossroads(김진 譯)	Happy Readings books	2007
白樂晴 外	마지막 講義	正宇社	1977
백운화상	直指心體要節	曹溪宗出版社	2005
白石柱	우리나라 戰亂史	원민Publishing House	2006
梵海 撰	東師列傳 (金侖世 譯)	평화당인쇄(주)	1991
邊太燮 外	韓國史의 再照明	朝鮮日報社	1982-3
邊太燮	韓國史 通論	三英社	1986
브로노프스키(Jacob Bronowski) · 매즐리슈(Bruce Mazlish)	西洋의 知的傳統(車河淳 譯)	弘盛社	1980
블로트(James M. Blaut)	Eight Euro centric Historians (박광식 譯)	푸른숲	2008
비토리오 주디치(Vittorio Giudici)	20세기 세계역사(남경태 譯)	사계절	2005
氷心 · 董乃斌 · 錢理群	그림으로 읽는 중국문학 5천년 (김태만 · 하영삼 · 김창경 · 장호득 譯)	예담	2007
司馬遷	史記 (李英茂 譯)	新太陽社	1973
샌즈(W.F.Sands)	조선의 마지막 날 (김훈 譯)	未完	1986
샘터출판부	우리들의 헌법	샘터사	1980
徐兢	宣和奉使 高麗圖經 (민족문화추진회 譯)	서해문집	2005
徐基源 外	韓國의 知性	文藝出版社	1972

서울大 東亞文化研究所 編	韓國學	玄岩社	1972
徐廷柱	雩南 李承晩傳	華山文化企劃	1949
石源華	中國共産黨과 韓國獨立運動關係紀事 研究 (崔福實 譯)	高句麗	1997
성균관대 유학과 교재편찬위원회	유학사상	성균관대 출판부	1999
세르방 슈레베르 (Jean Jacques Servan Schreiber)	美國의 挑戰	世代史	1969
세스페데스(Gregorio de Céspedes)	壬亂從軍 보고서 (朴哲 발굴)	예수회 일본관구(1592)	1986
손주영 · 황병하 외	1400년 이슬람 문명의 길을 걷다	프라하	2012
孫弘烈	圖說 韓國史	玄岩社	1977
宋復	西厓 柳成龍 (위대한 만남)	지식마당	2007
宋友惠 外	東學 100年	東亞日報社	1994
宋禎煥	러시아의 조선 침략사	범우사	1990
辛基秀 外	壬亂 400年	中央日報社	1992
新東亞 編輯室	한국의 古典 百選	東亞日報社	1969
新東亞 編輯室	韓國 現代名論說集	東亞日報社	1972
新東亞 編輯室	開港 100年 年表 · 資料集	東亞日報社	1976
新東亞 編輯室	日政下의 禁書 33卷	東亞日報社	1977
新東亞 編輯室	韓美修交 100年史	東亞日報社	1982
新東亞 編輯室	現代 韓國의 名著 100卷	東亞日報社	1985
新東亞 編輯室	原資料로 본 北韓 1945-1988	東亞日報社	1989
新東亞 編輯室 編	韓國 近代名論說集	東亞日報社	1979
신병주	조선 최고의 명저들	휴머니스트	2006
申炳周	朝鮮評傳	글항아리	2011
辛奉承	조선의 마음	선	2005
申相楚	中國共産主義 運動史	集文堂	1974
신성국	義士 안중근 (토마)	지평	1999
신성곤 · 윤혜영	한국인을 위한 중국사	서해문집	2004
申一澈 外	韓國의 思想家 十二人	玄岩社	1975
申采浩	朝鮮上古史	일신서적출판사	1998
申鉉圭	朝鮮朝文人卒記	보고사	1998
쑨젠화(孫建華)	歷史密碼-解讀十大歷史另類面孔(金泰成 譯)	비즈니스맵	2009
쓰노다 후사코(角田房子)	閔妃暗殺 (金恩淑 譯)	朝鮮日報社 出版局	1988
스이로프(C.H. Cblpob)	러시아의 역사 (奇連洙 譯)	東亞日報社	1988
亞細亞問題研究所 韓國研究室 編	實學思想의 探究	玄岩社	1974
IRIS CHANG	The Rape of Nanking	Penguin Books	1998
안대회	고전산문산책	휴머니스트	2008
안두순	남북통일, 해야하는가	한국문화사	2012
안병훈 기획 · 편집	이승만과 나라세우기	朝鮮日報社	1995
아손 크렙스트(W.A : Son Grebst)	코레아 코레아 (김상열 譯)	未完	1986
安鼎福	東史綱目 (李民樹 譯註)	三省出版社	1983
안중근	자서전	안중근의사 기념관	1990
安春根 編	世界思想教養事典	乙酉文化史	1980
安廓	朝鮮文明史	中央日報社	1983
安輝濬	韓國繪畫의 傳統	文藝出版社	1988
앙드레 모로아(André Maurois)	프랑스사(愼鏞廈 譯)	弘盛社	1981

梁啓超	中國古典入門 (李桂柱 譯)	三星美術文化財團	1973
에드워드 더 보노(Edward de Bono)	세계를 움직이는 30인의 사상가	平和堂	1984
에베하르트(Wolfram Eberhard)	A History of China (최효선 譯)	문예출판사	1997
女性東亞 編輯室	己未年 횃불 든 女人들 '아아 三月'	東亞日報社	1971
歷史學會	韓國史의 反省	新丘文化社	1973
오인동	꼬레아 · 코리아	책과함께	2008
오페르트(Ernst Oppert)	朝鮮紀行 (한우근 譯)	一潮閣	1974
올리버(Robert Oliver)	지나온 길 (The Way It Was-All the Way)		
와트슨(Hugh Seton Watson)	"From Lenin to Khrushchev" (梁好民 · 朴浚圭 譯)	中央文化史	1962
왕지아펑(王加豊)외 7인	大國崛起 (양성희 · 김인지 譯)	크레듀	2007
雲石紀念會 편	한알의 밀이 죽지않고는 [張勉 回顧錄(增補版)]	가톨릭출판사	1967
元曉	大乘起信論疏 · 別記 金剛三昧經論 (李箕永 解題 · 譯)	三省出版社	1983
月刊朝鮮 編輯室	韓國人	朝鮮日報社	1981
月刊朝鮮 엮음	한국 現代史 秘資料 1백25건	朝鮮日報社	1996
月刊朝鮮	史料 解放 40年	朝鮮日報社	1985
月刊中央	光復 30年 重要資料集	中央日報社	1975
月刊中央	광복 50년-한국을 바꾼 100인	中央日報社	1995
尹南漢 外 譯	韓國의 近代思想	三省出版社	1977
尹炳奭 外	韓國獨立運動史	韓國日報社	1986
尹絲淳	東洋思想과 韓國思想	乙酉文化社	1984
尹泰林	韓國人	玄岩社	1970
李家源	韓國名人小傳	一志社	1975
李康勳	大韓民國臨時政府史	瑞文堂	1975
李建昌	黨議通略 (李德一 · 李俊寧 解譯)	자유문고	1998
이경구	17세기 조선지식인지도	푸른역사	2009
李肯翊	燃藜室記述 (南晩星 譯註)	三省出版社	1983
李基白 · 車河淳 編	歷史란 무엇인가	文學과 知性社	1976
李基白	檀君神話論集	새문社	1990
李基白	韓國史新論	一潮閣	1967
李基白 책임편집	한국사 시민강좌 5 輯	一潮閣	1989
李基白 책임편집	한국사 시민강좌 24집	一潮閣	1999
李基白 책임편집	韓國史 市民講座 26집	一潮閣	2000
李基白 책임편집	韓國史 市民講座 29집	一潮閣	2001
李基白 編	歷代韓國史論選	새문社	1993
李基昶 外	東學 100年	韓國日報社	1993
이노우에 히데오(井上秀雄)	古代韓國史 (金東旭 · 金森襄作 譯)	日報社	1975
李能和	朝鮮女俗考 (金尙憶 譯)	東文選	1990
李能和	朝鮮解語花史 (李在崑 譯)	東文選	1992
이덕일	근대를 말하다	역사의 아침	2012
이든(Sir Anthony Eden)	回顧錄(The Memoirs) (朴觀淑 譯)	翰林出版社	1971
李萬甲 外	狀況 '80	多樂園	1980
李民樹	獨立運動家 30人傳	瑞文堂	1975
李炳甲 編	中國歷史事典	학민사	1995

李丙燾	栗谷의 生涯와 思想	瑞文堂	1973
이븐 할둔(Ibn Khaldûn)	역사서설(金浩東 역)	까치	2003
이상각	이산 정조대왕	추수밭	2007
이상돈	歷史 왜곡의 妄言들		
李相殷	退溪의 生涯와 學問	瑞文堂	1973
李瑞行	淸白吏 精神과 公職倫理	인간사랑	1990
李瑄根	民族의 抵抗		
李善俊	一醒 李儁烈士	을지서적	1994
李成茂	조선왕조사(1)(2)	동방미디어(주)	1998
李成茂	한국역사의 이해 3	집문당	2001
李成茂	조선을 만든 사람들	청아출판사	2009
李成茂 外	조선을 이끈 명문가 지도	글항아리	2011
李成茂	선비평전	글항아리	2011
李崇寧 · 安秉煜 責任編輯	現代思想講座 (4)	東洋出版社	1966
이언 바루마 & 아비샤이 마갤릿	옥시덴탈리즘(송충기 역)	민음사	2007
李延馥 · 尹鍾一	史料 韓國史	新書苑	1994
李佑成 · 姜萬吉	韓國의 歷史認識(上)(下)	創作과 批評社	1976
李佑成 外	韓國近代人物百人選	東亞日報社	1970
李元淳 外	새로쓰는 壬亂史	京鄕新聞社	1992
李殷相	忠武公의 生涯와 思想	三星文化財團	1975
李珥	栗谷集 (李丙燾 · 柳正東 譯)	三省出版社	1983
李離和	이야기 인물한국사 2	한길사	1993
李離和	韓國近代人物의 解明	학민사	1985
李離和	역사인물 이야기	역사비평사	1989
李瀷	星湖僿說 (姜萬吉 解題 · 李翼成 譯)	三省出版社	1983
李瀷	星湖僿著 (李翼成 譯)	三星文化財團	1972
李銓文	王朝時代의 言路/上疏	사회발전연구소	1986
李鍾珏	자객 고영근의 명성황후 복수기	동아일보사	2009
이중텐(易中天)	先秦諸子 百家爭鳴(심규호 옮김)	에버리치 홀딩스	2010
李宗吾	난세를 평정하는 중국통치학(申東埈 편역)	효형출판	2009
李重煥	擇里志 (李翼成 譯)	을유문화사	1993
李進熙	韓 · 러 관계 1세기	韓國日報社	1993
李泰鎭 編	朝鮮時代 政治史의 再照明 – 士禍 · 黨爭 篇		
李泰鎭	한국병합, 성립하지 않았다	태학사	2001
李泰鎭	새 韓國史	까치	2012
이태진 · 하영선 외	12시간의 통일이야기	민음사	2011
李炫熙	이야기 인물 한국사	청아출판사	1986
李炯基 外	韓國文學概觀	語文閣	1986
李洪九 外	한국 21세기-오늘의 문제와 내일의 과제	朝鮮日報社	1987
李滉	退溪集 (李相殷 · 尹絲淳 譯)	三省出版社	1983
一然	三國遺事 (최호 譯解)	홍신문화사	1991
一然 · 李之菡 · 崔濟愚 外	韓國의 民俗 · 宗教思想(李丙燾 · 安浩相 外 譯)	三省出版社	1983
일월서각 편집부	4 · 19 革命論 Ⅱ(資料編)	일월서각	
林鍾國 編譯	挺身隊	일월서각	1981
林鍾旭 編著	中國歷代人名事典	이회문화사	2010
林軒永 編	韓國文學大全集 附錄 文學論爭集	太極出版社	1976

張起鈞 · 吳怡	中國哲學史(宋河璟 譯)	一志社	1984
張乙炳	인물로 본 한국 민족주의	汎友社	1988
張志淵	朝鮮儒敎淵源 (柳正東 譯)	三星文化財團	1975
張俊河	思想界(1966. 4)附錄	思想界社	1966
錢穆	中國史의 새로운 理解 (權重達 譯)	集文堂	1987
全海宗 外	韓國史의 論爭點	新東亞	1966
정구선	貢女	국학자료원	2002
丁若鏞	經世遺表 (金泳鎬 解題 · 譯)	三省出版社	1983
丁若鏞	牧民心書 (李乙浩 譯)	玄岩社	1974
丁若鏞	高句麗論 外 (金泳鎬 解題 · 南晩星 譯)	三省出版社	1983
鄭玉子	18세기 朝鮮의 思想地圖	新東亞	1993
鄭雲鉉	호외, 100년의 기억들	삼인	1997
鄭雲鉉	學徒여 聖戰에 나서라	없어지지않는 이야기	1997
鄭麟趾 外	고려사 열전 (한충희 역주)	계명대 출판부	2001
鄭一亨	유엔과 韓國問題	新明文化社	1961
정진석 外	帝國의 黃昏	21세기 북스	2011
池榮在 편역	중국시가선	을유문화사	2011
丁夏祥	上宰相書 (尹敏求 譯)	성황석두루가서원	1999
조광 · 손승철 편	한일역사의 쟁점	景仁文化史	2010
趙璣濬	韓國의 民族企業	한국일보社	1975
趙東杰	韓國近代史의 試鍊과 反省	지식산업사	1989
조선문예출판사 編	우리겨레의 美學思想	보리	2006
趙益淳 · 李源昌	李容翊의 재평가	해남	2002
曺佐鎬등 14人	世界人名大辭典	고려출판사	2004
鍾淸漢	50인으로 읽는 중국사상(임태홍 옮김)	무우수	2007
주영하 · 옥영정 · 전경목 · 윤진영 · 이정원	조선시대 책의 문화사	휴머니스트	2008
중국철학연구회	논쟁으로 보는 중국철학	예문서원	1994
中央日報社 編	韓國戰爭 記錄寫眞集	乙酉文化社	1973
中央日報社 編	VIP 中央大百科	中央日報社	1985
陳舜臣	中國傑物傳 (徐石演 譯)	서울출판미디어	1996
車河淳 편저	史觀이란 무엇인가	청람문화사	1980
車河淳 外	韓國史 時代區分論	소화	2000
千寬宇	韓國史의 再發見	一潮閣	1976
최덕수 외	조약으로 본 한국근대사	열린책들	2010
崔文衡 外	明成皇后弑害事件	民音社	1992
崔文煥	民族主義의 展開過程	三英社	1977
崔普植 外	東學百年	朝鮮日報社	1993
최선경	왕을 낳은 후궁들	김영사	2007
崔完秀	조선왕조 충의열전	돌베개	1998
崔禎鎬	산다는 것의 名人들	朝鮮日報社	1986
친일인명사전 편찬위원회	친일인명사전	민족문제연구소	2009
캐롤리드스 · 볼드 · 소바	100권의 禁書(손희승 옮김)	예담	2006
케난(George F. Kennan)	東西外交秘史 (金圭定 譯)	博英社	1963
KBS〈TV조선왕조실록〉제작팀	전하! 뜻을 거두어주소서	가람기획	1999
卓用國	中國史學史大要	深求堂	1996
토인비, 서머벨 編	歷史의 硏究 Ⅰ, Ⅱ (洪思重 譯)	東西文化社	1975

(Toynbee, Abridged by Somervell)			
토인비(Arnold Toynbee)	圖說 歷史의 硏究 (姜基哲 譯)	一志社	1978
트루만(Harry S. Truman)	回顧錄 (朴觀淑 譯)	翰林出版社	1971
페어뱅크(John K. Fairbank)	The United States and China (梁好民 · 禹勝勇 譯)	東西文化院	1972
필리프 사시에(Phillippe Sassier)	왜 똘레랑스인가(홍세화 옮김)	이상북스	2010
河岐洛	朝鮮哲學史	螢雪出版社	1992
하영선	역사속의 젊은 그들	을유문화사	2011
何運忠	思想地圖(전왕록 · 전혜진 譯)	시그마북스	2009
한겨레 신문사 문화부 編	20세기 사람들	한겨레 신문사	1995
한국기독교교회협의회 인권위원회 編	1970年代 民主化運動(전3권)	한국기독교교회협의회	1987
한국사시민강좌 편집위원회	한국사 시민강좌 40집	일조각	2007
한국사시민강좌편집위원회	한국사시민강좌 43집	일조각	2008
한국사시민강좌편집위원회	한국사시민강좌 50집	일조각	2012
韓國史硏究會 編	韓國史學史의 硏究	乙酉文化社	1985
韓國史學會 編	韓國現代史의 諸問題 (Ⅰ · Ⅱ)	乙酉文化社	1987
韓國史學會 編	韓國現代人物論 (Ⅰ · Ⅱ)	乙酉文化社	1987
한국18세기학회	위대한 백년-18세기	태학사	2007
한국정신문화연구원	한국민족문화대백과사전	웅진출판(주)	1991
한국천주교중앙협의회	제2차 바티칸공의회문헌	한국천주교중앙협의회	1969
韓國哲學會	哲學思想의 韓國的 照明	一志社	1974
韓培浩 外	現代日本의 解剖	한길사	1978
韓永愚	우리 역사와의 대화	을유문화사	1991
韓永愚	미래를 위한 역사의식	지식산업사	1997
한영우 정년기념논총간행위원회	63인의 역사학자가 쓴 한국사인물열전	돌베개	2003
韓龍雲	朝鮮佛敎維新論 (徐景洙 譯)	三星文化財團	1972
한우근	改訂版 韓國通史	乙酉文化社	1970
韓致奫	海東繹史 (李民樹 譯註)	三省出版社	1983
함석헌	뜻으로 본 한국역사	한길사	2003
허웅 外	한국의 명저	세종대왕기념사업회	2000
許政	내일을 위한 證言	샘터사 出版部	1979
헤겔	歷史哲學講義(金淙鎬 譯)	三省出版社	1982
玄岩社	新譯三經	玄岩社	1967
호사카 유지(保坂祐二)	대한민국 독도	책문	2010
HOLP 出版社(日本) 編著	寫眞記錄 日帝의 侵略, 韓國 · 中國 (語文閣 企劃調査室 譯編)	語文閣	1983
洪大容	林下經綸 · 毉山問答 (趙一文 譯)	建國大 出版部	2005
洪良浩	海東名將傳	정음문화사	1998
洪以燮	세종 대왕 전기	세종대왕기념사업회	1971
黃源甲	한국사 여걸열전	바움	2008
黃源甲	인물로 읽는 삼국유사	청아출판사	2010
黃遵憲	朝鮮策略 (趙一文 譯註)	韓國放送事業團	1982
후쿠야마(Fransis Fukuyama)	역사의 종말 (李尙勳 譯)	한마음사	1999

찾아보기

ㄱ

가곡원류(歌曲源流) 224, 291
가나데혼 주신구라(假名手本 忠臣藏) 422
가네코후미코(金子文子) 560
가노 쓰네노부(狩野常信) 425
가노 탄유(狩野探幽) 425
가락국기(駕洛國記) 20
가례도감의궤(嘉禮都監儀軌) 217
가례집람(家禮輯覽) 125
가마쿠라 바쿠후(鎌倉幕府) 66, 370
가모노 마부치(賀茂眞淵) 406
가스파르 빌렐라(Gaspar Vilela) 377
가시리(歸乎曲) 220
가시와기 기엔(柏木義円) 534
가쓰라 다로(桂太郎) 522
가야연맹(伽倻聯盟) 303
가와바타 데이지(河端貞次) 560
가와카미 소로쿠(川上操六) 504
가유륜(賈維鑰) 275
가지무라 히데키(梶村秀樹) 401, 624
가케하시 시치타이후(梯七太夫) 415
가탐군국지(賈耽郡國志) 345
가토 기요마사(加藤淸正) 409, 415, 416, 421, 422
가토 고이치(加藤纊一) 540
가토 다카아키(加藤高明) 505, 506
가토 요시아키(加藤嘉明) 411
각세도(覺世道) 173
각안(覺岸) 114
각운(覺雲) 113
각훈(覺訓) 190
간경도감(刊經都監) 393
간 나오토(菅直人) 613
간도(間島) 515
간디(Indira Priyadarshini Gandhi) 555
간디(Mohandas Karamchand Gandhi) 555
간무(桓武)天皇 327
간재(艮齋)학파 137
간토 대진재(關東大震災) 535
갈보(蝎甫) 291
갈사국(曷思國) 311
갈암집(葛菴集) 135
감저신보(甘藷新譜) 216
감찰사(監察司) 256
갑술환국(甲戌換局) 464
갑신정변(甲申政變) 496, 497
갑오개혁 263, 501
갑인예송(甲寅禮訟) 461
갑인자(甲寅字) 206
갑자사화(甲子士禍) 446
갑진만록(甲辰漫錄) 208
강감찬(姜邯贊) 41, 59, 60, 203, 359
강계고(疆界考) 21
강곤(康袞) 392
강기동(姜基東) 543
강노(姜渃) 476
강동육주(江東六州) 360
강만길(姜萬吉) 33, 34, 82, 624
강명길(康命吉) 205
강목통감훈의(綱目通鑑訓義) 203
강민첨(姜民瞻) 359
강박(姜樸) 211
강백년(姜柏年) 283
강변칠우(江邊七友) 455
강병순(姜柄順) 586
강빈옥사(姜嬪獄事) 432
강서(姜緖) 283
강석기(姜碩期) 432, 475
강석호(姜錫鎬) 507
강선(姜銑) 476
강세구(姜世龜) 283
강세황(姜世晃) 212
강수(强首) 188, 227
강수진(姜秀珍) 622
강숙돌(姜叔突) 282
강순(康純) 394, 395, 397
강시영(姜時永) 475
姜信明 164
강역고(疆域考) 22
강열(姜說) 283
강완숙(姜完淑) 162
강우규(姜宇奎) 560
강우방(姜友邦) 181
강윤권(姜允權) 282
강위(姜瑋) 211
강이식(姜以式) 319
강이천(姜彛天) 227
강일순(姜一淳) 175
강재언(姜在彦) 34, 500
강정희(姜貞姬) 567
강조(康兆) 358, 359
강좌칠현(江左七賢) 191
강준계(姜准季) 383
강준흠(姜浚欽) 161
강진철(姜晋哲) 18, 33
강필리(姜必履) 216
강필성(姜弼成) 532
강학년(姜鶴年) 476
강항(姜沆) 118, 422, 424
강홍립(姜弘立) 412, 426, 427
강홍중(姜弘重) 416
강화도조약(江華島條約) 487
강화원칙(講和原則) '14個 條項' 548
강회백(姜淮伯) 383
강회중(姜淮仲) 383
강효문(康孝文) 394
강효석(姜斅錫) 281
강효원(姜孝元) 430
강희맹(姜希孟) 196, 203, 205, 218, 228, 395
강희안(姜希顔) 197, 212, 295, 391
개로왕(蓋鹵王) 308
개벽(開闢) 234, 572
개성잡사전(開城雜事傳) 223
개소문전(蓋蘇文傳) 28
개시무역(開市貿易) 273
開元의 치(治) 342
개혹천어(開惑淺語) 229
거국가(去國歌) 232
거란(契丹) 357
거문도(巨文島)사건 498
거칠부(居柒夫) 20, 337
건거록(巾車錄, 看羊錄) 422
건국동맹(建國同盟) 585
건원중보(乾元重寶) 253
건품(乾品) 328
걸사표(乞師表) 337
검모잠(劍牟岑) 323
검일(黔日) 338
경지마오(耿繼茂) 435
게이초노에키(慶長の役) 405
게이테쓰 겐소(景轍 玄蘇) 407
게일(James Scarth Gale) 29
겐테(Sigfried Genthe) 65, 517
격몽요결(擊蒙要訣) 134
견당유학생(遣唐留學生) 226, 260
견우노옹(牽牛老翁) 219
견훤(甄萱) 341, 347, 349, 350
결혼도감(結婚都監) 409
겸이포(兼二浦)제철소 625
겸익(謙益) 103

경공장(京工匠) 273
경교(景教) 160
경국대전(經國大典) 196, 266
경기체가(景幾體歌) 221
경념(慶念) 416
경대승(慶大升) 364
경덕왕(景德王) 339
경보(慶甫) 391
경복궁(景福宮) 386, 483
경복흥(慶復興) 375
경부철도가(京釜鐵道歌) 232
경서변의(經書辨疑) 209
경섬(慶暹) 425
경세유표 145, 146
경순왕(敬順王) 354
경술국치(庚戌國恥) 527
경신참변(庚申慘變) 534
경신처분(庚申處分) 468
경신환국(庚申換局) 462
경애왕(景哀王) 341, 349
경연(經筵) 446
경유(慶猷) 353
경의(慶儀) 282
경제문감(經濟文鑑) 386
경제성장의 제 단계 678
경제야언(經濟野言) 216
경제육전(經濟六典) 195
경제협력개발기구(OECD) 631
경제협조처(經濟協助處, Economic Cooperation Administration) 626
경창(京倉) 274
경학사(耕學社) 559
경한(景閑) 194, 227
경허(鏡虛 · 宋東旭) 114
경흥(憬興) 105
계갑일록(癸甲日錄) 209
계고(階古) 186
계곡만필(谿谷漫筆) 139, 228, 446
계광순(桂珖淳) 532
계급내혼제(階級內婚制) 239
계녀가(誡女歌) 224
계림잡전(鷄林雜傳) 11, 20
계몽전의(啓蒙傳疑) 132
계미기사(癸未記事) 209
계미삼찬(癸未三竄) 453
계미자(癸未字) 206
계백요서(誡百寮書) 354
계백(階伯) 330, 331
계생(癸生) 291
계서야담(溪西野談) 227
계서잡록(溪西雜錄) 221
계섬(桂纖) 291
계왕(契王) 364
계유정난(癸酉靖難) 389
계축일기(癸丑日記) 225
계축진설(癸丑陣說) 205
계축화옥(癸丑禍獄) 455
계해약조(癸亥約條) 399
계해정사록(癸亥靖社錄) 209
古歌研究 96
고경명(高敬命) 405, 412
고경중마방(古鏡重磨方) 132
고광만(高光萬) 532
고광준(高光駿) 531
고국원왕(故國原王) 315, 326
고국천왕(故國川王) 313
고권삼(高權三) 31
고금가곡(古今歌曲) 224
고금록(古今錄) 190
고금상정예(古今詳定禮) 194
고금석림(古今釋林) 145
고노 요헤이(河野洋平) 540
고노자(高奴子) 315
고니시 유키나가(小西行長) 157, 409, 415, 416, 421, 422
고니시 히(小西飛) 410
고닌(光仁)天皇 327
고다이고(後醍醐) 天皇 373
고다이 히데타카(五代秀堯) 431
고대일록(孤臺日錄) 431
고득장(高得蔣) 417
고려개사(高麗概史) 351
고려대장경판(팔만대장경) 182, 194
고려명신전(高麗名臣傳) 228
고려사(高麗史) 201, 389
고려사절요(高麗史節要) 39, 200
고려선전기(高麗船戰記) 411, 430
고령(古寧)伽耶 303
고르바초프(Mikhail Sergeyevich Gorbachev) 562
고마쓰 미도리(小松綠) 527
고묘(光明)天皇 373
고무라 주타로(小村壽太郎) 505, 523
고문비략(顧問備略) 277
고바야카와 히데아키(小早川秀秋) 421
고바야카와 히데오(小早川秀雄) 504
고병국(高秉國) 591, 595
고병익(高柄翊) 32, 33, 76
고복장(高福章) 313
고분(孤憤) 40
고사촬요(攷事撮要) 206, 295
고사통(故事通) 31
고상안(高尙顔) 419
고선지(高仙芝) 323
고수관(高壽寬) 226
고승전(高僧傳) 20
고승제(高承濟) 595
고시언(高時彦) 231
고안노 에키(弘安の役) 369
고안무(高安茂) 189
고언백(高彦伯) 413
고여(高呂) 382
고연수(高延壽) 321
고영근(高永根) 505
고영희(高永喜) 526
고용 · 이자 및 화폐의 일반이론 635
고우지엔(句踐) 305
고원훈(高元勳) 532, 611
고유상(高裕相) 626
고유섭(高裕燮) 26, 181
고은(高銀) 235
고응척(高應陟) 136, 210
고이센(Geusen) 156
고이소 구니아키(小磯國昭) 529, 582
고이왕(古爾王) 308, 326
고이즈미 준이치로(小泉純一郞) 613
고재욱(高在旭) 616
고정옥(高晶玉) 572
고정주(高定柱) 493
고정주(高鼎柱) 511
고조선연구 34
고종후(高從厚) 414
고지키(古事記) 19, 189
고혜진(高惠眞) 321
고황경(高凰京) 611
고흥(高興) 20
고희동(高羲東) 213
곤여만국전도(坤輿萬國全圖) 377
곤지(昆支) 327
골룸바노 외방전교회 158
골번(骨番) 227
골화국(骨火國) 303
공교요리서(公教要理書) 157
공납제(貢納制) 270
공린허(龔仁和) 533
공립신보 547
共立협회 558
공무도하가(公無渡河歌) 219
공문십철(孔門十哲) 188, 456
공민왕(恭愍王) 193, 351
공방전(孔方傳) 227
공법편람(公法便覽) 545
공법회통(公法會通) 545
공병우(公炳禹) 622
공양왕(恭讓王) 351
工業化의 段階와 類型(Stadien und Typen der Industrialisierung) 628
公車文 232
공혜(恭惠) 왕후 韓氏 394

과거제도(科擧制度) 392
과농소초(課農小抄) 147
과달루페 이달고(Guadalupe Hidalgo) 조약 486
과도입법의원(立法議院) 586
과부가(寡婦歌) 224
과부처녀추고별감(寡婦處女推考別監) 371
과전법(科田法) 270
곽경(郭鏡) 262
곽안방(郭安邦) 282
곽우록(藿憂錄) 146
곽재우(郭再祐) 60, 61, 405, 412, 423
곽종석(郭鍾錫) 152, 549
곽준(郭䞭) 416
곽충보(郭忠輔) 380
관각삼걸(館閣三傑) 227
관동별곡(關東別曲) 220, 222
관동학회(關東學會) 511
관둔전(官屯田) 270
관륵(觀勒) 189
관산융마(關山戎馬) 231
관서별곡(關西別曲) 222
관서수창록(關西酬唱錄) 231
관서악부(關西樂府) 231
관어대소부(觀魚臺小賦) 192
관찰사(觀察使) 265
관창(官昌) 331
관포지교(管鮑之交, 管鮑分金) 305
광개토왕(廣開土王) 60, 308, 315
광덕(廣德) 219
광무개혁(光武改革) 507, 508
광복군총영(光復軍總營) 557
광사(廣史) 39
광주학생운동 568
광학보(廣學寶) 254
광학서포(廣學書鋪) 626
광한단(光韓團) 559
광해조일기(光海朝日記) 209
광혜원(廣惠院) 514
광흥창(廣興倉) 274
괴유(怪由) 311
괴테(Johann Wolfgang von Goethe) 670
교방가요(敎坊歌謠) 414
교부대시(絞不待時) 289
교우론(交友論) 158
교정도감(敎定都監) 365
교종선(敎宗選) 260
구가 가쓰난(陸羯南) 527
구국 모험단(救國冒險團) 560
丘大林 262
구로다 나가마사(黑田長政) 409, 415, 421
구로다 기요타카(黑田淸隆) 487
구로다 요시히로(黑田伊彦) 401
구미위원부(歐美委員部) 557, 558
구보이 노리오(久保井規夫) 401
구병삭(具秉朔) 33
구보타 간이치로(久保田貫一郞) 612
구본혁(具本爀) 218
구삼국사(舊三國史) 20, 93
구수략(九數略) 216
구스노세 유키히코(楠瀨幸彦) 505
구스모토 세키스이(楠本碩水) 134
구야국(狗邪國) 303
구양첸(顧養謙) 414
구엔 안(阮映) 403
구옌우(顧炎武) 27, 29, 150
구와무토 세이메이(桑武堂正名) 431
구운몽(九雲夢) 224
구유크칸(定宗, 貴由) 367
구이(九夷) 241
구이(仇台) 326
九人會 234
구인회(具仁會) 628
구인후(具仁垕) 433
구자경(具滋璟) 532
구자균(具滋均) 218
구자옥(具滋玉) 583
9재학당(九齋學堂) 41, 258
구준원(具駿遠) 467
구춘선(具春先) 559
구치(George Peabody Gooch) 77
구치관(具致寬) 282, 390
구키 요시다카(九鬼嘉隆) 411
구텐베르크(Johannes Gensfleisch Gutenberg) 194
구황촬요(救荒撮要) 205
구황벽온방(救荒辟瘟方) 205
구황보유방(救荒補遺方) 205
국가재건최고회의(國家再建最高會議) 617
국경인(鞠景仁) 410
국공합작(國共合作) 574
國大案(國立서울綜合大學案) 608
국립묘지 607
國文正理 569
국문학개론 232
국민부(國民府) 565
국민의회(國民議會) 566
국부론(國富論) 634
국사교본 32
국선생전(麴先生傳) 200, 227
국수재전(麴秀才傳) 227
국순전(麴醇傳) 220, 227
국어(國語) 39
國語文法 569
국어문전음학(國語文典音學) 569
국자감(國子監) 258
국제사법재판소 582
國際聯合韓國統一復興委員團 601
국제연맹(國際聯盟, League of Nations) 548
국제연합 헌장(The Charter of the United Nations) 582
국제통화기금(IMF) 629
국제형사재판소(ICC) 582
국조방목(國朝榜目) 268
국조보감(國朝寶鑑) 200
국조오례의(國朝五禮儀) 125, 196
국주(鞠周) 262
국채보상기성회(國債報償期成會) 569
국화와 칼 422
군국기무처(軍國機務處) 501
군무도독부(軍務都督府) 559
군부사(軍簿司) 256
군사정전위원회 604
군정장관고문위원회 586
궁둔전(宮屯田) 270
궁예(弓裔) 58, 347, 348, 356
궁잠(宮箴) 325
권근(權近) 36, 62, 118, 121, 125, 190, 229
권달수(權達手) 446
권대운(權大運) 461, 475
권덕규(權悳奎) 30, 570
권도원(權度沅) 215
권돈인(權敦仁) 213, 476
권동진(權東鎭) 550, 567
권두기(權斗紀) 283
권람(權擥) 91, 390, 394
권무정(權務政) 256
권문해(權文海) 209
권민수(權敏手) 447
권벌(權橃) 451
권병덕(權秉悳) 550
권보(權溥) 192, 204
권빈(權璸) 282
권삼득(權三得) 226
권상로(權相老) 28 , 611
권상연(權尙然) 160
권상일(權相一) 475
권상하(權尙夏) 126, 152, 476, 518
권시(權諰) 120, 276, 460, 475
권업신문(勸業新聞) 547
권업회(勸業會) 559
권오복(權五福) 445
권유(權愈) 461
권율(權慄) 60, 413
권응수(權應銖) 412

권응인(權應仁) 208
권이진(權以鎭) 276
권일신(權日身) 161
권자신(權自愼) 392
권전(權專) 390
권절(權節) 393
권제(權踶) 200
권주(權柱) 446
권준(權晙) 560
권준(權蹲) 392
권중현(權重顯) 523, 610
권중화(權仲和) 205
권채(權採) 204
권철신(權哲身) 70, 144, 161
권필(權韠) 210, 225
권해(權瑎) 475
권홍(權弘) 279
귀금선생(貴金先生) 186
귀(鬼)의 성(聲) 233
귀주대첩(龜州大捷) 359
귀지가(龜旨歌) 219
규사원편(葵史原編) 22
규앙종(潙仰宗) 101
규원가(閨怨歌) 224
규원사화(揆園史話) 92, 94, 214
규장각지(奎章閣志) 214
규중요람(閨中要覽) 287
규합총서(閨閤叢書) 226, 287
균여(均如) 356
균역법(均役法) 271
균정(均貞) 340
그라즈단제프(Andrew Jonah Grajdanzev) 29
그레고리노프(Gregorinov) 563
그레고리오 16세 158
그레이트하우스(Clarence R. Greathouse) 502
그룬월드(Henry Anatole Grunwald) 579
그리운 江南 232
그리피스(William Elliot Griffis) 29
그린우드 한국사 80
근구수왕(近仇首王) 325, 326
근대조선경제사 31
근대한국사상연구 33
근세조선정감 495
근역서화징(槿域書畵徵) 30
근우회(槿友會) 567
근원설화(根源說話) 220
근초고왕(近肖古王) 308, 325
글라스노스찌(glasnost) 562
글라이스틴(William H. Gleysteen Jr.) 617
글래드 스턴(W. E. Gladstone) 488
글로벌 거버넌스(Global Governance) 636
금강(金剛) 350
금강경(金剛經) 110
금강록(金剛錄) 231
금강반야론(金剛般若論) 101, 102
금강반야바라밀경(金剛般若波羅密經) 187
金官伽耶(狗邪國) 303
금난전권(禁亂廛權) 273
금납제(金納制) 272
금륜태자(金輪太子) 251
금병매(金瓶梅) 230
金山王子 351
금서(禁書) 437
금석과안록(金石過眼錄) 22
금성대군(錦城大君) 392
금수회의록(禽獸會議錄) 233
금양잡록(衿陽雜錄) 205
금오신화(金鰲新話) 223
금원(錦園) 226
금장태(琴章泰) 137, 141
금준(今俊) 361
급유방(及幼方) 205
긍선(亘璇) 114
긍양(兢讓) 353
기노시타 야에몬(木下彌右衛門) 406
기기도설(奇器圖說) 217
기대승(奇大升) 88, 129, 450
기도 다카요시(木戶孝允) 490, 491
奇斗文 425
기라 요시히사(吉良義央) 422
기려수필(騎驢隨筆) 543, 550
기묘당적(己卯黨籍) 209
기묘록(己卯錄) 208, 449
기묘사화(己卯士禍) 447
기묘삼간(己卯三奸) 450
기묘유적(己卯遺蹟) 209
己卯八賢 450
기무라 헤이타로(木村兵太郞) 582
기번(Edward Gibbon) 666
기불멸론(氣不滅論) 118
기사환국(己巳換局) 464
기 소르망(Guy Sorman) 80
기신논의기(起信論義記) 107
기옹만필(畸翁漫筆) 208
기요타 기미키네(淸田君錦) 205
기유각서(己酉覺書) 526
기유약조(己酉約條) 399, 426
기인제(其人制) 256
기일보(忌日寶) 254
기자(箕子) 91, 93, 120
기자헌(奇自獻) 455
기재기이(企齋記異) 223
기재사초(寄齋史草) 208
기재잡기(寄齋雜記) 208
기정진(奇正鎭) 127, 136, 138
기준(奇遵) 448
기철(奇轍) 371, 375
기축록(己丑錄) 209
기축옥사(己丑獄事) 453
기측체의(氣測體義) 148
기타오슌포(北尾春圃) 425
기타 잇키(北一輝) 491
기해동정(己亥東征) 398
기해박해(己亥迫害) 161, 162
기해예송(己亥禮訟) 460
기호학회(畿湖學會) 511
기화(己和) 112
기효신서(紀効新書) 216
기훤(箕萱) 251, 347
길선주(吉善宙) 550
길재(吉再) 62, 118, 121, 203, 284, 384, 444
길정희(吉貞姬) 567
길현모(吉玄謨) 661
길희성(吉熙星) 170
김가기(金可紀) 227, 260
김가진(金嘉鎭) 536, 557
김갑순(金甲淳) 611
김개남(金開南) 499
김거웅(金巨雄) 194
김건(金健) 535
김겸광(金謙光) 282
김경로(金敬老) 415
김경서(金景瑞) 410
김경석(金景錫) 399
김경손(金慶孫, ?-1251) 61
김경손(金慶孫, ?-1613) 455
김경신(金敬信) 339
김경용(金景庸) 360
김경진(金敬鎭) 228
김경징(金慶徵) 428, 475
김계숙(金桂淑) 595
김계휘(金繼輝) 125, 475
김관석(金觀錫) 165
김관의(金寬毅) 20, 201
김관주(金觀柱) 469
김관현(金寬鉉) 532
김광균(金光均) 235
김광섭(金珖燮) 235, 571
김광제(金光濟) 569
김굉집(金宏集) 495
김굉필(金宏弼) 62, 121, 132, 230, 444, 445, 446, 465
김교신(金敎臣) 568
김교헌(金敎獻) 549
김구(金九) 73, 547, 556, 560, 565, 569,

585, 586, 588, 592
김구(金絿) 209, 448
김구(金構) 476
김구형(金仇衡) 304
김국광(金國光) 390
김귀순(金歸順) 418
김귀영(金貴榮) 410
김귀주(金龜柱) 469
김규식(金奎植) 549, 556, 559, 585, 586, 589
김기동 232
김기림(金起林) 234, 595
김기수(金綺秀) 492
김기중(金祺中) 531
김기진(金基鎭, 金八峰) 73, 571, 611
김기창(金基昶) 611
김기현(金基鉉) 626
김기홍(金基興) 18
김길창(金吉昌) 611
김길환(金吉煥) 140
김난상(金鸞祥) 451
김남중(金南重) 475
김남천(金南天) 74, 235
김노경(金魯敬) 476
김달순(金達淳) 469
김달진(金達鎭) 234
김대건(金大建) 162
김대문(金大問) 20, 95, 188, 203
김대성(金大城) 187
김대우(金大羽) 532
김대중(金大中) 617, 618, 620, 621
김덕기(金悳基) 532, 611
김덕령(金德齡) 61, 412
김덕원(金德遠) 475
김덕함(金德諴) 283, 475
김도연(金度演) 550, 585
김도현(金道鉉) 543
김돈중(金敦中) 364
金東吉 618
김동리(金東里) 234, 235
金東三 542, 549, 556, 558, 565
김동욱(金東旭) 218
金東元 558, 586
김동인(金東仁) 233, 235, 394, 611
김동하(金東河) 616
김동환(金東煥) 611
김동훈(金東勳) 532,
김두봉(金枓奉) 585
김두종(金斗鍾) 33
김두헌(金斗憲) 33
김득련(金得鍊) 508
김득배(金得培) 61, 373
김득신(金得臣) 212
김락(金樂) 387
김려(金鑢) 216, 218
김렴백(金濂白) 175
김령(金坽) 475
김류(金 瑬) 426, 428, 459, 475
김리(金履) 383
김마리아(金瑪利亞) 552
김만기(金萬基) 276, 475
김만덕(金萬德) 291
김만중(金萬重) 144, 188, 218, 222, 225, 420
김매순(金邁淳) 76, 476
김면(金沔) 405, 411, 423
김명(金明) 340
김명국(金明國) 425
김명동(金明東) 567
김명순(金明淳) 235, 476
김명원(金命元) 409, 413, 416
김몽좌(金夢佐) 282
김무(金碔) 282
김무력(金武力) 328
김문(金汶) 197, 203
김문근(金汶根) 439
김문기(金文起) 390, 392
김문울(金文蔚) 227
金文子 504
김미리사(金美理士) 567
김민성(金民星) 291
김방경(金方慶) 59, 60, 369
김백간(金伯幹) 295
김백선(金伯先) 543
김법린(金法麟) 586
김법민(金法敏) 329
김병국(金炳國) 439, 476
김병기(金炳冀) 476
김병덕(金炳德) 476
김병로(金炳魯) 585, 640
김병시(金炳始) 476, 495
김병연(金炳淵) 212
김병익(金炳翼) 75
김병조(金秉祚) 550
김병학(金炳學) 476
김보당(金甫當) 364
김보정(金寶鼎) 367
김보현(金輔鉉) 476, 494
김복진(金復鎭) 181
김복한(金福漢) 549
김봉남(金奉南) 174
김봉학(金奉學) 542
김부(金傅) 387
김부륜(金富倫) 133
김부식(金富軾) 20, 190, 227, 229, 363
김붕구(金鵬九) 73
김붕준(金朋濬) 565, 589
김사미(金沙彌) 365
김사준(金思濬) 530
김사형(金士衡) 387
김삼룡(金三龍) 608
김삼수(金三守) 33
김상기(金庠基) 26, 32, 500
김상덕(金尙德) 550
김상로(金尙魯) 469
김상만(金相萬) 626
김상범(金尙範) 216, 569
김상복(金相福) 476
김상옥(金相玉) 560
김상용(金尙容) 475
김상용(金尙鎔) 569
김상헌(金尙憲) 218, 283, 429, 430, 431, 475
김상협(金相浹) 618
김생(金生) 187, 194, 209
김서정(金曙汀) 232
김석문(金錫文) 216
김석송(金石松) 233
김석원(金錫源) 611
김석주(金錫胄) 462
김석진(金奭鎭) 530, 543
김석형(金錫亨) 34
김선(金善) 567
김선기(金善琪) 570
김선태(金善太) 532
김선평(金宣平) 439
김성근(金聲根) 560
김성기(金聖基) 231
김성달(金性達) 586
김성립(金誠立) 225, 458
김성수(金性洙) 511, 531, 585, 586, 609
김성숙(金星淑) 565
김성식(金成植) 15, 670
김성은(金聖恩) 604
김성인(金誠仁) 418
김성일(金誠一) 134, 152, 295, 407, 475
김성진(金晟鎭) 595
김성한(金聲翰) 74
김세균(金世均) 398
김세렴(金世濂) 423
김세용(金世鎔) 25
김세종(金世宗) 251
김세호(金世鎬) 476
김소운(金素雲) 572
金素月 533, 571
김수(金睟) 282
김수로왕(金首露王) 304
김수민(金秀敏) 542
김수영(金洙暎) 235

김수온(金守溫) 218, 289
김수장(金壽長) 224
김수항(金壽恒) 228, 464
김수환(金壽煥) 165
김수홍(金壽興) 461, 464
김숙자(金叔滋) 62, 121
김숙정(金淑貞) 227
김순(金洵) 282
김순복(金順福) 567
김순부(金淳夫) 401
김순진(金淳鎭) 493
김승학(金承學) 535
김시(金禔) 212
김시권(金時權) 532
김시민(金時敏) 414
김시습(金時習) 210, 218, 223, 227, 393, 444
김시양(金時讓) 208, 283, 475
김식(金湜) 448
김신국(金藎國) 454
김아려(金亞麗) 546
김악(金渥) 227
김안(金安) 363
김안국(金安國) 132
김안로(金安老) 208, 450
김알지(金閼智) 333, 334
김약묵(金若默) 282
김약수(金若水) 586, 608
김약연(金躍淵) 545, 547, 549
김약항(金若恒) 282
김양(金陽) 340
김양경(金良鏡, 金仁鏡) 221
金良相 339
김양진(金楊震) 282
김양택(金陽澤) 276
김억(金億) 233, 235
김언승(金彦昇) 340
김여물(金汝岉) 409
김연국(金演局) 174
김연수(金延壽) 282
김연수(金季洙) 611
김연실전(金姸實傳) 235
김연아(金姸兒) 622
김염백(金濂白) 175
김영랑(金永郎) 234
金永培 532
김영삼(金泳三) 617, 618, 620, 621
김영상(金永祥) 532
김영상(金永相) 543
김영선(金永善) 609
金永世 543
김영순(金英順) 552, 567
김영온(金永溫) 190
김영호(金泳鎬) 528
김옥균(金玉均) 71, 150, 476, 492, 497
김완규(金完圭) 550
김용(金鏞) 373
김용덕(金龍德) 17, 500
김용무(金用茂) 567, 586
김용복(金容福) 167
김용섭(金容燮) 33, 500
김용숙(金用淑) 526
김용완(金容完) 628
金用雨 609
김용운(金容雲) 332
김용준(金瑢俊) 181
김용택(金龍澤) 476
김우(金雨) 282
김우명(金佑明) 475
김우옹(金宇顒) 136, 223, 283, 475
김우징(金祐徵) 340
김우항(金宇杭) 221
김운경(金雲卿) 227
김웅수(金雄洙) 615
김웅원(金雄元) 436
김원경(金元慶) 552
김원룡(金元龍) 33, 181, 184
김원봉(金元鳳) 550, 561, 563, 594
김원식(金元植) 565
김원행(金元行) 152
김유(金綏) 205
김유(金庾) 380
김유근(金逌根) 476
김유성(金有聲) 425
김유신(金庾信) 59, 60, 203, 290, 333, 338, 339
김유영(金幽影) 234
김유정(金裕貞) 234, 236
김육(金堉) 3, 205, 208, 449, 459
김윤경(金允經) 31, 558, 570
김윤면(金潤冕) 626
金允夫 227
金允植(1835-1922) 476, 492, 495, 496, 501, 505, 551, 610
김윤식(金允植, 1936-) 71, 235
김윤정(金潤晶) 532
김윤황(金胤黃) 458
김윤후(金允侯) 367
김은부(金殷傅) 262
김은호(金殷鎬) 611
김을한(金乙漢) 571
김응남(金應南) 475
김응서(金應瑞, 景瑞) 410
김이오(金夷吾) 227
김익(金瀷) 476
김익겸(金益兼) 144
김익상(金益相) 560
김익순(金益淳) 212
김익훈(金益勳) 462
김인겸(金仁謙) 224
김인문(金仁問) 208
김인서(金麟瑞) 614
김인승(金仁承) 611
김인준(金仁俊, 金俊) 367, 368
김인후(金麟厚) 122, 283
김일(金鎰) 391
김일경(金一鏡) 465, 476
김일성(金日成) 560, 585, 598, 601
김일손(金馹孫) 218, 444, 445
김일엽(金一葉) 567
김입(金立) 563
金立之 227
김자점(金自點) 61, 426, 432, 459
김장생(金長生) 120, 125, 209, 230, 283, 465, 475
김장순(金長淳) 216
김장열(金長烈) 591
김장청(金長清) 20
김재규(金載圭) 618
김재로(金在魯) 289
김재명(金載明) 545
김재원(金載元) 32, 49, 91, 92
김재준(金在俊) 75, 164, 618
김재찬(金載瓚) 476
김재철(金在喆) 31
김저(金佇) 381
김전(金戩) 385
김전(金詮) 282, 447, 448
김정(金淨) 447, 448
김정국(金正國) 209
김정배(金貞培) 33, 92
김정은(金正恩) 632
김정일(金正日) 630
김정준(金正俊) 167
김정학(金廷鶴) 49, 51, 91, 92
김정호(金正浩) 215
김정희(金正喜) 22, 120, 194, 210, 213, 218, 476
김제남(金悌男) 455
김제철(金濟哲) 226
김조순(金祖淳) 439, 476
金宗 291
김종래(金鍾來) 114
김종린(金鐘麟) 558
김종서(金宗瑞) 389, 397
김종수(金鍾秀) 469
김종순(金從舜) 282
김종오(金鐘五) 604
김종직(金宗直) 62, 121, 210, 218, 229,

230, 394, 444
김종필(金鍾泌) 616
김종한(金宗漢) 538, 611, 626
김좌근(金左根) 439
김좌명(金佐明) 205
김좌진(金佐鎭) 545, 549, 559, 564
김주열(金朱烈) 614
김준룡(金俊龍) 428
김준연(金俊淵) 567, 591
김준엽(金俊燁) 547, 583, 618
김지남(金指南) 214
김지석(金之錫) 262
김지섭(金祉燮) 560
김지수(金智洙) 543
김지정(金志貞) 339
김지하(金芝河) 618
김진귀(金鎭龜) 476
김진규(金鎭圭) 276
김진섭(金晋燮) 234
김진양(金震陽) 382, 383
김진형(金鎭衡) 224
김질(金礩) 390
김집(金集) 459
김창숙(金昌淑) 549
김창업(金昌業) 147
김창영(金昌永) 532
김창준(金昌俊) 550
김창집(金昌集) 464
김창협(金昌協) 135, 152, 218, 227, 229, 476, 518
김창흡(金昌翕) 152, 227, 228, 476
김책(金策) 595
김처선(金處善) 447
김천구(金天逑) 543
김천일(金千鎰) 60, 405, 412, 414
김천택(金天澤) 224
김철(金澈) 549, 556
김철수(金綴洙) 564
김철수(金喆壽) 550
김철준(金哲埈) 17, 33
김철훈(金哲勳) 563
김춘수(金春洙) 235
김춘추(金春秋) 308, 331, 339
김춘택(金春澤) 476
김충선(金忠善) 418
김충효(金忠孝) 190
김취려(金就礪) 367
김취문(金就文) 282
김취영전(金就盈傳) 228
金治洙 73
김치양(金致陽) 358
김치인(金致仁) 214, 476
김탁(金鐸) 567
김태곤(金泰坤) 92
김태석(金泰錫) 532, 611
김태준(金台俊) 31, 92
김태흡(金泰洽) 611
김택영(金澤榮) 28, 55, 211, 223, 229, 450, 463, 465, 471, 495
김통정(金通精) 369
김팽령(金彭齡) 282
김평묵(金平默) 127, 138
김품석(金品釋) 338
김품일(金品日) 330
김하(金何) 396
김하석(金河錫) 564
김학규(金學奎) 565
김학만(金學滿) 549
김학열(金鶴烈) 638
김학증(金學曾) 275
김한구(金漢耉) 468
김한동(金翰東) 475
김항(金恒) 175
김해(金垓) 412
김행화(金杏花) 552
김향의(金向義) 418
김헌창(金憲昌) 339
김헌(金獻) 92
김혁(金赫) 565
김현(金炫) 70, 235
김형준(金亨俊) 233
김형태(金炯台) 164
김홍근(金弘根) 476
김홍도(金弘道) 212
김홍륙(金鴻陸) 509
김홍욱(金弘郁) 475
김홍일(金弘壹) 561
김홍집(金弘集) 476, 492, 501, 502, 507
김확(金擴) 282
김환(金煥) 462
김환기(金煥基) 572
김환태(金煥泰) 234
김활란(金活蘭) 567, 586, 611
김효순(金孝順) 424
김효원(金孝元) 452
金孝一 230
김후직(金后稷) 227
김훈(金訓) 359
김휴(金烋) 126
김흔(金訢) 399
김흠돌(金欽突) 339
김흠순(金欽純) 330
김흥근(金興根) 439
김흥락(金興洛) 136, 152
김희열(金熙烈) 552
김희옥(金熙玉) 552
꽌중(菅仲) 305, 306
꾸랑(Maurice Courant) 29, 48
꾸민(顧愔) 96
꿔모뤄(郭沫若) 574
꿔편양(郭汾陽) 340
꿔푸(郭璞) 385
꿰횡중미(圭峰宗密) 100, 106

ㄴ

나가르주나(Nagarjuna, 龍樹) 100
나가쓰카 마사이에(長束正家) 421
나경언(羅景彦) 468
나대용(羅大用) 411
나만갑(羅萬甲) 431
나베시마 나오시게(鍋島直茂) 424
나빈(羅彬) 234
나석주(羅錫疇) 560
나세(羅世) 373
나세진(羅世振) 50, 51, 595
나용균(羅容均) 585
나용환(羅龍煥) 550
나운규(羅雲奎) 571
나운몽(羅雲夢) 75
나이토 고난(內藤湖南) 29
나이토 시즈코(內藤千珠子) 546
나이토 세이추(內藤正中) 401
나인영(羅寅永) 523
나인협(羅仁協) 550
나제동맹 327
나철(羅喆) 175, 570
나치(Nazi) 489, 581
나카무라 다테오(中村楯雄) 504
나카야마 미키(中山美伎) 172
나카에 도주(中江藤樹) 424
나카에 조밍(中江兆民) 491
나커디씨(那珂適世) 52
나폴레옹 77, 671, 673
나폴레옹 전쟁 488
나하추(納哈出) 373
나혜석(羅蕙錫) 181, 552, 572
낙성대(落星垈) 397
낙옹비설(櫟翁稗說) 220
낙하집(洛下集) 231
낙학(洛學) 119
낙화유수(落花流水) 232
난랑비(鸞郎碑) 95
난설헌집(蘭雪軒集) 224
난양후이중(南陽慧忠) 101
난위에화이랑(南嶽懷讓) 101
난중잡록(亂中雜錄) 209
난징대학살(南京大虐殺) 580
남계우(南啓宇) 213

남곤(南袞) 228, 447, 448
남공철(南公轍) 228, 476
남구만(南九萬) 400, 467
남궁벽(南宮壁) 181
남궁억(南宮檍) 167, 509, 511, 542, 545
남궁영(南宮營) 532
남귀여가(男歸女家) 286
남기제(南紀薺) 473
南勞黨 국회 프락치(fraktsiya) 사건 608
남명가(南冥歌) 222
南毛 95
남민(南敏) 262
남병길(南秉吉) 216
南北朝時代 317
남사고(南師古) 174, 452
남언경(南彦經) 139
남용익(南龍翼) 475
남월(南粵) 402
남유용(南有容) 476
남은(南誾) 203, 382
남응중(南膺仲) 439
남응침(南應琛) 230
남이(南怡) 61, 283, 394, 395
남이공(南以恭) 454
남이신(南以信) 415
남이형(南履炯) 476
남이흥(南以興) 427
南人 454, 460, 461, 464
南日 605
남자현(南慈賢) 552
남저(南藷) 272
남정연(南廷年) 467
남정익(南廷益) 476
남정철(南廷哲) 215
南朝鮮民主議院 586
남지(南智) 389
남천한(南天漢) 475
남치근(南致勤) 280
남치훈(南致勳) 399
南夏正 473
南學系 173
남한조(南漢朝) 152
남해대첩 373
남효온(南孝溫) 228, 230, 393, 444, 446
납공노비(納貢奴婢) 278
납포장(納布匠) 274
낭객(浪客)의 新年漫筆 89
낭공(朗空) 105
낭지전(朗智傳) 20
내명부(內命婦) 266
내물 이사금(奈勿 尼師今) 308, 335
내상(萊商) 272
내해(奈解) 이사금 335
네로(Nero Claudius Caesar Augustus Germanicus) 673
네루(Pandit Jawaharlal Nehru) 555
네르친스크(Nertchinsk) 조약 434
네빈스(Allan Nevins) 4
넬슨(Viscount Horatio Nelson 420
노가재연행록(老稼齋燕行錄) 148
노계가(蘆溪歌) 222
노국대장공주(魯國大長公主) 374
老君(老子) 103
노덕술(盧德述) 532
노량승첩(露梁勝捷) 417
老論 459, 462, 465, 467, 468, 469, 470
노르만정복(Norman Conquest) 414
노리사치계(怒唎斯致契) 189
노마 히데키(野間秀樹) 199
노명식(盧明植) 155, 665
노무현(盧武鉉) 622
노백린(盧伯麟) 558, 569, 621
노벨(Alfred Bernhard Nobel) 622
노블(Mattie Wilcox Noble) 534
노비대한법(奴婢大限法) 195
노비변정도감(奴婢辨正都監) 388
노비안검법(奴婢按檢法) 355
노비종모법(奴婢從母法, 奴婢隨母法) 278, 292
노비추쇄도감(奴婢推刷都監) 277
노사신(盧思愼) 196, 203, 445
노사(蘆沙)학파 137
老松堂日本行錄 398
노수신(盧守愼) 62, 210, 218, 227, 450, 451
노숙동(盧叔仝) 203, 282
노스(Norse, 스칸디나비아人) 486
노영희(盧永禧) 368
노원명(盧遠明, 魯允明) 505
노이만(K.F. Neumann) 306
老子 95, 103
노중례(盧重禮) 204, 287
노진(盧禛) 221, 282
노진설(盧鎭卨) 591
노천명(盧天命) 235
노태우(盧泰愚) 612, 621
노(魯) 환공(桓公) 339
논개(論介) 414
논어주소(論語注疏) 304
논형(論衡) 103
농가집성(農家集成) 216
농가타(農伽陀) 104
농사직설(農事直說) 205
농정신편(農政新編) 217
농정촬요(農政撮要) 217
뇌묵(雷默) 411
뇌이(Neuilli) 조약 548
누르하치(Nurhachi) 426, 427
누항사(陋巷詞) 222
눌지(訥祗) 麻立干 336
눌최(訥催) 284
뉘른베르크(Nuremberg) 국제군사재판 582
니꼴라이 2세(Aleksandrovich Romanov Nikolai II) 508, 561
니니기노미코토(瓊瓊杵尊) 307
니덤(Noel Joseph Terence Montgomery Needham) 680
니버(Reinhold Niebuhr) 155
니시 도쿠지로(西德二郎) 508
니시요쓰쓰지 기미타카(西田辻公堯) 524
니엔화(年畵) 212
니우썽여우(牛僧孺) 443, 471
니치렌(日蓮) 172
니케아(Nica' ea) 156
니혼기랴쿠(日本紀略) 66
니혼쇼키(日本書紀) 19, 68, 189, 307
닉슨(Richard Milhous Nixon) 606, 613, 634

ㄷ

다나베 데이노스케(田邊貞之助) 535
다나카 미쓰아키(田中光顯) 528
다루가치(達魯花赤) 367, 371
다마수스(St. Damasus I) 156
다모(達磨) 101
다무라 도라조(田村虎藏) 528
다보탑(多寶如來常住證明塔) 187
다 빈치(Leonardo da Vinci) 671
다상(多常) 104
다아윈(Charles Robert Darwin) 240
다오스(道世) 310
다오신(道信) 101
다와라야 소타쓰(俵屋 宗達) 425
다이세호칸(大政奉還) 490
다이(William McEntyre Dye) 503
다이쇼(大正) 데모크라시 491
다이아몬드(Jared Mason Diamond) 188, 199, 678
다이카노가이신(大化の改新) 307
다지(妲己) 330
다치바나 야스히로(橘康廣) 406
다카노노니카사(高野新笠) 327
다카사키 소지(高崎宗司) 612
다카스기 신이치(高杉晋一) 612
다카치호노미네(高千穗峯) 307
다카하시 도루(高橋亨) 32, 280

다카히라 고고로(高平小五郞) 526
다케조에 신이치로(竹添進一郞) 496
다이라노 시게노부(平調信) 407
단경(檀經) 92
단경왕후(端敬王后) 신씨 447
단군(檀君) 30, 90, 91, 93, 94, 300
단군교(檀君教) 94, 173, 570
단기고사(檀奇古史) 94
단묘충의록(端廟忠義錄) 394
단심가(丹心歌) 382
단양이(段楊爾) 189
단전요의(檀典要義) 92
단조사고(檀祖事攷) 92
단종(端宗) 389, 393
단종애사(端宗哀史) 394
달고(達賈) 315
달랑베르(Jean le Rand d' Alembert) 215
달량왜변〔達梁倭變, 을묘왜변(乙卯왜변)〕 399
달레(Claude Charles Dallet) 29
담로(檐櫓) 327
담원국학산고(薝園國學散藁) 31
담징(曇徵) 102, 189
담천(談天) 148
담헌서(湛軒書) 31, 149
담헌연기(湛軒燕記) 148, 149
담혜(曇慧) 104
당구(黨錮)의 옥(獄) 443
당 고종(唐 高宗) 322, 323
당빌(Jean-Baptiste Bourguignon d' Anville) 377, 400
당의통략(黨議通略) 41, 217, 471
당 태종(唐 太宗) 320, 321, 322, 465
唐土行程記 205
당하통청권(堂下通淸權) 444
당항성(黨項城) 337
당 현종(唐 玄宗) 290, 342, 356
대가야(大伽耶) 303, 304
대공(大恭)의 난(亂) 339
대공위(大空位, Great Interregnum) 489
대공황(The Great Depression) 635
대관재몽유록(大觀齋夢遊錄) 223
대구소요(騷擾) 608
대구화상(大矩和尙) 340
대긴축(The Great Contraction) 635
대당서역기(大唐西域記) 105
대대례기(大戴禮記) 285
대동고대사론(大東古代史論) 28
대동공보(大東共報) 547
대동교(大同教) 570
대동법 270, 271
대동서시(大東書市) 626
대동시선(大東詩選) 291
대동야승(大東野乘) 37, 39, 208
대동여지도(大東輿地圖) 215
대동운부군옥(大東韻府群玉) 209
대동장고(大東掌攷) 281
大東地志 215
大同青年團 608
대동패림(大東稗林) 39
대명률(大明律) 286, 443
대무신왕(大武神王) 60, 311
對美關係50年史 26
大北 475
대소(帶素) 311
대수양(大首陽) 394
대승기신론소(大乘起信論疏) 106
대승불교(大乘佛教, Mahayana) 99
대승의장(大乘義章) 107
대약진운동(大躍進運動) 633
대양보(大洋報) 547
대인선(大諲譔) 345
대일경(大日經) 101
대장수지록(大藏須知錄) 111
대전통편(大典通編) 214
대전회통(大典會通) 215, 266
대전후속록(大典後續錄) 276
대조영(大祚榮) 343
대지도론(大智度論) 102
대지속(The Great Duration) 635
대처(Margaret Hilda Thatcher) 635
대춘부(待春賦) 431
대탈출(The Great Escape) 635
대학장구보유(大學章句補遺) 466
대한光復團 549
大韓國民會 608
대한독립군 559
대한독립선언(戊午독립선언) 549
대한매일신보(大韓每日申報) 569
대한민국(大韓民國) 579 - 632
大韓民國黨 608
大韓民報 569
대한인국민회(大韓人國民會) 558
대한자강회(大韓自强會) 569
대한제국(大韓帝國) 508
대한제국 애국가 571
대현(大賢) 105, 107
대혜어록(大慧語錄) 110
덕술(德述) 350
덕업일신(德業日新) 333
德宗 359
덕혜옹주(德惠翁主) 526
덜레스(John Foster Dulles) 598
덤버튼 오크스(Dumbarton Oaks)회의 582
덩샤오핑(鄧小平) 633
덩유(鄧攸) 423
덩즈룽(鄧子龍) 417
데네트(Tyler Dennett) 522
데니(Owen N. Denny) 498
데라우치 마사타케 (寺內正毅) 527, 529
데라사키 다이키치(寺崎泰吉, 高橋源次) 504
데쉬러(David W. Deshler) 516
데이비스(James Davies) 673
덴치(天智) 天皇 307
덴 케이(天莿) 431
도고상업(都賈商業) 273
도고 헤이하치로(東鄕平八郞) 522
도곡총설(陶谷叢說) 275
도관찰출척사(都觀察黜陟使) 265
도네리신노(舍人親王) 189
도노오카 진자에몬(外岡甚左衛門) 411, 431
도다 조세이(戶田城聖) 172
도덕경(道德經) 103
도등(道登) 102
도령(道寧) 104
도르곤(多爾袞) 425, 430
도리이 류조(鳥居龍藏) 29
도림(道琳) 104
도모에다 류타로(友枝 龍太郞) 491
도목정사(都目政事) 256, 265
도문대작(屠門大嚼) 205
도미(都彌) 244
도방(都房) 365
도병마사(都兵馬使 · 都堂) 255
도본 메르겐(Dobun Mergen) 366
도부서(都部署) 257
도산서원(陶山書院) 269
도산 12曲 211
도선(道詵) 111, 174, 352, 353
도솔가(兜率歌) 219
도순문사(都巡問使) 265
도신징(都愼徵) 461
도안무사(都安撫使) 265
도암몽회(陶庵夢懷) 430
도겐(道元) 111
도오슨(Christophoer Henry Dawson) 668
도요토미 히데요리(豊臣秀賴) 421
도요토미 히데요시(豊臣秀吉) 157, 378, 405, 406, 407
도우라도(Fernao Vas Dourado) 377
道允 105
도의(道義) 105
도이장가(悼二將歌) 220
도이하라 겐지(土肥原賢二) 582
도이힐러(Martina Deuchler) 285
도장(道藏) 104

도재수필(陶齋隨筆) 225
도조제(賭租制) 272
도조 히데키(東條英機) 582
도증(道證) 105, 107
도천수관음가(禱千手觀音歌) 219
도침(道琛) 331, 332
도쿄 극동 국제군사재판 582
도쿠가와 요시노부(德川慶喜) 490
도쿠가와 이에야스(德川家康) 41, 157, 406, 416, 421, 422, 424
도쿠다 유코(德田邕興) 431
도쿠에히메(德惠姬) 526
도쿠토미 소호(德富蘇峰) 423
도토 다카토라(藤堂高虎) 416, 421
도평의사사(都評議使司) 256
도헌(道憲) 105, 353
도현(道顯) 102
도화녀(桃花女) 337
도흔(道欣) 104
독도(獨島) 399~401
독락당(獨樂堂) 222
독로국(瀆盧國) 303
독립선언서 551
독립신문 547
獨立運動史硏究 33
독립 義軍府 549
독립정신 542
독립촉성국민회(獨立促成國民會) 566
독립협회(獨立協會) 509
독사수필(讀史隨筆) 225
독사신론(讀史新論) 28
독서삼품과(讀書三品科) 250
독일연방 489
독통감론(讀通鑑論) 356
돈오점수(頓悟漸修) 110
돌고(咄固) 315
돌치노 반란 240
동각잡기(東閣雜記) 133, 208
동간도국민회(東間島國民會) 559
동경대전(東經大全) 499
동국문헌비고(東國文獻備考) 214, 215
동국병감(東國兵鑑) 206
동국사략(東國史略) 28, 36
동국세시기(東國歲時記) 217
동국악보(東國樂譜) 222
동국여지승람(東國輿地勝覽) 21, 149, 203
동국이상국집(東國李相國集) 20, 192
동국정운(東國正韻) 198
동국지도(東國地圖) 203, 215
東國地理志 21, 203
동국진체(東國眞體) 209
동국통감(東國通鑑) 91, 200
동국통감제강(東國通鑑提綱) 214
동녕부(東寧府) 407
동도서기론(東道西器論) 55, 78
동동(動動) 220
동륜태자(銅輪太子) 251
東里先生傳 231
동맹(東盟) 97
동명성왕실기(東明聖王實記) 28
동문선(東文選) 207
동문휘고(同文彙考) 214
동방견문록(東方見聞錄) 105, 413
동삐우(董必武) 574
동사(東事) 209
동사강목조례여지지(東史綱目條例輿地志) 41
동사강목(東史綱目) 21, 22, 149
동사록(東槎錄) 416
동사보유(東史補遺) 200
동사찬요(東史纂要) 36, 200
동사초(東史抄) 39
동사회강(東史會綱) 36, 214
동색금혼패(同色禁婚牌) 436
동성왕(東城王) 60, 327
동소만록(桐巢漫錄) 473
東亞日報 572, 618
동야수언(東野粹言) 39
동야휘집(東野彙輯) 221, 227
동예(東濊) 302
同友會 사건 558
동의보감(東醫寶鑑) 182, 205
동의수세보원(東醫壽世保元) 149, 216
동이웬(董一元) 417, 418
東人 475
東印度水路集(Itineraio) 부도(附圖) 415
동인시화(東人詩話) 223
동제사(同濟社) 547, 551
동천(董天, 董德模) 625
동치창(董其昌) 212
동학농민봉기 263, 498
동호문답(東湖問答) 134, 453
두로(杜魯) 312
두루하이(杜如晦) 342
두무(杜牧) 340
두문동 72 현 384
두창경험방(痘瘡經驗方) 205
두푸〔杜甫, 뚜쯔메(杜子美)〕 69, 210, 449
듀이(John Dewey) 75
드골(Charles Andre Joseph Marie DeGaulle) 485, 581
드기뉴(De Guignes) 306
드라비다語(Dravidian) 52
드미에빌(Paul Demiéville) 107
득래(得來) 314
득오(得烏) 219
등문고(登聞鼓) 388
등철령가(登鐵嶺歌) 455
디드로(Denis Diderot) 215
디아즈(Emanuelo Diaz) 157
디즈레일리(Benjamin Disraeli) 488
딜타이(Wilhelm Dilthey) 659, 662
딩루창(丁汝昌) 494
떵언밍(鄧恩銘) 574
똥샨량지아(洞山良价) 101
뚜쑨(杜順) 100
뚜이우(杜佑) 215, 306
뚤루게(禿魯花) 370
뚱줘핀(董作賓) 120
뚱쭝수(董仲舒) 40, 119
띠쿠(帝嚳) 52

ㄹ

라드(George Trumbull Ladd) 625
라부리올라(Antonio Labriola) 663
라비노비치 562
라스키(Harold Joseph Laski) 521
라이 후 얼(來護兒) 320
라인(Rhein) 동맹 489
라즈니쉬(Rajneesh Chandra Mohan Jain) 4
라친신(羅欽順) 130
라캉(Jacques Marie-Emile Lacan) 53
란링샤오샤오성(蘭陵笑笑生) 230
란티옌공주령원인(藍田公主嶺猿人) 52
람프레히트(Karl Gotthard Lamprecht) 669
랑케(Leopold von Ranke) 29, 662, 668
래티모어(Owen Lattimore) 614
랜디스(David S. Landes) 678
랜스다운(Landsdowne) 522
랭커스터(Lancaster) 488
량둔옌(梁敦彦) 515
량요우니엔(梁有年) 224
량지(梁冀) 471
량충이(梁崇義) 323
량치차오(梁啓超) 27, 519, 546, 574, 575
러복(John Lubbock) 16
러센(羅禪) 정벌 433
러스크(David Dean Rusk) 401, 584
럿셀(Charles Russell) 172
럿트 97
레닌(Vladimir Il' ich Ulyanov) 548, 561
레비스트로스(Claude Lévi-Srauss) 53
레빈(M.G. Levin) 52
레이건(Ronald Wilson Reagan) 606, 635
려우런궤이(劉仁軌) 322, 332

려우런징(劉仁靜) 574
려우런위앤(劉仁願) 331
려우방(劉邦, 漢高祖) 241, 306, 434
려우베이(劉備;玄德) 313, 314
려우산(劉禪) 314
려우샹(劉向) 37, 40, 269, 287
려우송(劉松) 435
려우시우(劉秀) 306
려우시하이(劉喜海) 29
려우신(劉歆) 40
려우앤(劉安) 241
려우위앤(劉淵) 317, 318
려우즈(劉摯) 471
려우즈지(劉知幾) 35, 36, 38, 41
려우팅(劉綎) 414, 417, 418
려우하이(劉海) 427
려우황창(劉黃裳) 412
로드리게쓰〔Johannes Rodrigues, 陸若漢〕157
로마클럽보고서 674
로바노프(Aleksey Borisovich Lobanov Rostovskii) 508, 561
로빈 훗(Robinhood)형 신사강도(Noble Robber) 280
로스(John Ross) 29
로스토우(Walt Whitman Rostow) 678
로욜라(Ignatius de Loyola) 660
로우(Frederic F. Low) 484
로이드 조지(David Lloyd George) 548
로저스(John Rodgers) 484, 487
로젠(Roman Romanovich Rozen) 508
로즈(Piérre Gustave Roze) 484
로크(John Locke) 148
로포호멤(Lopo Homem) 377
롱칼리(Angelo Guiseppe Roncalli) 165, 592
료젠(靈山)묘역 581
루꼬우차오〔蘆溝橋(Marco polo Bridge)〕580
루더폴드(Joseph Rutherfold) 172
루린(綠林) 240
루샹산(陸象山, 陸九淵) 119, 126, 139, 150
루소(Jean-Jacques Rousseau) 673
루쉰(盧循) 240
루신(魯迅, 周樹人) 40
루어관쭝(羅貫中) 230
루완(盧綰) 300
루이 나폴레옹(Napoleon III) 485
루이14세 485, 677
루이 11세 485
루즈벨트(Theodore Roosevelt) 522
루즈벨트(Franklin Delano Roosevelt) 486, 579, 584
루찌엔똥(陸鍵東) 76
루터(Martin Luther) 156, 660
룽구다(龍骨大, 龍胡) 429
뤄상즈(駱尙志) 413
뤼다팡(呂大防) 269
뤼브룩(Guillaume de Rubruck) 377
뤼뿌웨이(呂不韋) 39, 305
뤼쌍(呂商) 496
뤼이젠(呂夷簡) 471
링후청(令狐澄) 95
리우꿍촨(柳公權) 122
뤼쥐인(呂居人) 325
류겸(柳謙) 282
류경(柳璥) 367
류경심(柳景深) 363
류경창(柳慶昌) 283
류계춘(柳繼春) 482
류공권(柳公權) 194
류관(柳灌) 450, 472
류관(柳寬) 282
류관순(柳寬順) 552
류근(柳瑾) 542
류금(柳琴) 215
류기영(柳冀永) 493
류덕장(柳德章) 212
류동식(柳東植) 169
류동열(柳東說) 549
류득공(柳得恭) 22, 37, 211, 343, 346, 380
류림(柳琳) 428
류명견(柳命堅) 462
류명천(柳命天) 475
류몽인(柳夢寅) 225, 414, 475
류방택(柳方澤) 205
류봉휘(柳鳳輝) 476
류상(柳瑺) 216
류상운(柳尙運) 476
류상조(柳相祚) 475
류석동(柳錫東) 568
류성룡(柳成龍) 120, 152, 192, 208, 282, 283, 405, 409, 412, 413, 418, 455, 457
류성업(柳成業) 425
류성원(柳誠源, 柳太初) 390
류세철(柳世哲) 460
류소(柳韶) 359
류수(柳洙) 392
류수원(柳壽垣) 437
류순(柳珣) 282
류순정(柳順汀) 447
류시환(柳時煥) 532
류신(柳伸) 194
류엄(劉渰) 448
류염(柳琰) 282
류영경(柳永慶) 412, 475
류영익(柳永益) 500
류우창(柳遇昌) 215
류원명(柳遠鳴) 211
류의(柳義) 287
류이칭(劉義慶) 191
류인석(柳麟錫) 138, 542, 543, 545
류인숙(柳仁淑) 450
류일선(柳一宣) 568
류일한(柳一韓) 640
류자광(柳子光) 228, 395, 445
류자명(柳子明) 565
류자후(柳子厚) 31
류정(柳汀) 383
류정현(柳廷顯) 388, 398
류종개(柳宗介) 412
류주목(柳疇睦) 152
류중교(柳重敎) 138
류진(柳袗) 475
류쭝위안(柳宗元) 229
류참(柳昆) 363
류치명(柳致明) 136, 152, 475
류치진(柳致眞) 234, 611
류치환(柳致環) 235, 571
류큐(琉球) 402, 403
류탁(柳濯) 372
류태경(柳泰慶) 569
류팽노(柳彭老) 412
류하원(柳河源) 160
류헌(柳軒) 282
류혁로(柳赫魯) 532
류혁연(柳赫然) 475
류형원(柳馨遠) 21, 41, 118, 141, 142, 145, 283, 475
류혜손(柳惠孫) 383
류혼(柳渾) 282
류홍열(柳洪烈) 32
류홍열(柳鴻烈) 591
류후조(柳厚祚) 475
류희(柳僖) 118, 145, 198, 216
류희발(柳希發) 476
류희분(柳希奮) 455
류희춘(柳希春) 199, 451
리우꿍촨(柳公權) 122
리가오(李杲) 205
리 구(李固) 471
리다(李達) 574
리다오위앤(酈道元) 241
리다자오(李大釗) 574
리더위(李德裕) 443
리델(Félix Clair Ridel) 484
리루보(李如栢) 413
리루송(李如松) 412

리룽치(李隆基) 342
리린후우(李林甫) 290
리만주(李滿住) 396, 397
리바이(李白) 210, 290
리스민(李世民, 唐 太宗) 320, 380, 394, 434
리스쉰(李世勣) 321
리스쩐(李時珍) 205
리스칭(李石曾) 574
리아오(李鞨) 119
리에(Trygve Halvdan Lie) 599
리오리엔트(ReOrient) 679
리융상(李龍祥) 368
리워쒜(李若水) 543
리웨이웨(李惟岳) 323
리위앤(李元) 259
리위앤(李淵) 320
리유샤후이(柳下惠) 126
리젠드르(Charles William LeGendre) 502, 504
리종(李宗) 471
리즈(李贄, 卓吾) 150
리지(李勣) 322
리지린(李址麟) 34
리지웨이(Matthew Bunker Ridgway) 603
리진(李眞) 293
리진싱(李謹行) 323
리징(李靖) 342
리쩌민(李澤民) 203
리쯔청(李自成) 425
리출(Albrecht Ritschl) 166
리치차오(李之藻) 158, 377
리카도(David Ricardo) 635
리카이구(李楷固) 344
리케르트(Heinrich Rickert) 662
리콩(李塨) 143
리쿠이(李悝) 306
리타(Gerhard Ritter) 670
리프먼(Walter Lippmann) 82, 621, 635
리통쉬앤(李通玄) 106
리한쥔(李漢俊) 574
리훙장(李鴻章) 493, 502, 519, 574
린스호텐(Jan Huygen van Linschoten) 377
린위탕(林語堂) 342
린자이슈(臨濟宗) 111
린자이쉬앤(臨濟義玄) 101
린쯔쉬(林則徐) 481
린 화이트2세(Lynn White) 678
린훼이씨앙(林惠祥) 52
림건상(林建相) 34
임헌평(林憲平) 532
릿타(Karl Ritter) 215
링춘셩(凌純聲) 52
링컨(Abraham Lincoln) 486
링후청(令狐澄) 96

ㅁ

마과회통(麻科會通) 216
마궤이(麻貴) 415, 418
마갤릿(Avishai Margalit) 679
마그나 카르타(Magna Carta, 대헌장) 488
마나베 주조(眞鍋十藏) 546
마다시〔馬多時, 구루시마 미치후사(來島通總)〕 416
마둥(摩登) 222
마뚜안린(馬端臨) 215
마룽(馬融) 119
마르켈리누스(Ammianus Marcellinus) 306
마르코 폴로(Marco Polo) 105, 377
마르크스(Karl Heinrich Marx) 82, 561, 564, 635, 672
마르토프(L. Martov) 561
마르틴(Adolf Martin) 670
마리아 테레지아(Maria Theresa) 489
마사코(方子) 526
마샤오(馬驌) 38
마샬(Alfred Marshall) 635
마샬(George Catlett Marshall) 589
마쑤(馬謖) 314
마쓰이 이와네(松井石根) 582
마오원룽(毛文龍) 427
마오쩌둥(毛澤東) 574, 633
마우둔시앤위(冒頓單于) 306
마우루먼(茅鹿門) 230
마이네케(Friedrich Meinecke) 669
마젠쭝(馬建忠) 494
마주다오이(馬祖道一) 101
마지노(Andre Maginot) 548
마진(摩震) 347
마진편(麻疹篇) 205
마치니(Giuseppe Mazzini) 640
마키구치 쓰네사부로(牧口常三郎) 172
마키아벨리(Niccolo di Bernardo Machiavelli) 673
마타시(馬多時) 417
마테오 리치(Matteo Ricci) 148, 157, 160, 375
마틴(William A.P Martin) 545
마한(馬韓) 303
마호메트(Mahomet, Muhammad) 472
마후다(馬夫大, 馬胡) 428
막시밀리안 1세(Maximilian Ⅰ) 481
만(Michael Mann) 678
만국공법(萬國公法) 545
만국평화회의 525
만기요람(萬機要覽) 214, 394
만덕(萬德) 186
만력(萬曆)의 역(役) 405
만리장성(萬里長城) 306
만민공동회(萬民共同會) 509
만분가(萬憤歌) 224
만상(灣商) 272
만세보(萬歲報) 569
만언봉사(萬言封事) 134
만언사(萬言詞) 224
만요슈(萬葉集) 406
만자매빙사(蠻子媒聘使) 371
만적(萬積) 365
만전춘(滿殿春) 220
만종일만(萬宗一臠) 160
만주사변(滿洲事變) 580
만파식적(萬波息跡) 251
만한전석(滿漢全席) 435
말로(André Georges Malraux) 182
말리그(Yakov Aleksandrovich Malik) 604
망소이(亡所伊) 365
망이(亡伊) 365
매창전집 291
매천야록 494
매카트니(George Mccartney) 481
맥두걸(Gay Mcdougall) 보고서 540
맥아더(Douglas MacArthur) 585, 600
맥켄지(F.A.McKenzie) 65, 544, 554
맥킨더(Sir Halford Mackinder) 678
맥크몽 볼(William Macmahon Ball) 77
맨체스터(William Raymond Manchester) 603
맬서스(Thomas Robert Malthus) 635
맹사성(孟思誠) 221, 269, 282
孟子 40, 128, 129, 290, 466, 641
맹종호(孟宗鎬) 595
먼로(James Monroe) 주의 548
메가다 다네타로(目賀田種太郎) 522, 538
메논(Krishna Menon) 591
메로빙(Meroving) 왕조 499
메르센(Mersen) 조약 485
메리놀 외방전교회 158
메이보이엔(梅伯言, 梅曾亮) 229
매이시(妹喜) 330
메이지 이신(明治維新) 19, 81, 307, 490
메인(Sir Henry James Sumner Maine) 240
메테르니히(Klemens Fürst von Metternich) 489
멘델(Gregor Johann Mendel) 51
멘쉐비끼(Men' sheviki) 561

멘터철학자시리즈(Mentor Philosophers Series) 77
면앙정가(俛仰亭歌) 222
명경업(明經業) 260
명남루총서(明南樓叢書) 148
명랑(明朗) 104, 105
명량대승첩(鳴梁大勝捷) 417
명림답부전(明臨答夫傳) 28, 313
명성왕후(明成王后) 494
명예혁명(名譽革命) 488
명잉타이(丁應泰) 417
明 毅宗(崇禎帝) 425
명제세(明濟世) 567
모겐소(Hans Joachim Morgenthau) 155
모례(毛禮) 104
모로와(André Maurois) 678
모뤄난퉈(摩羅難陀) 103
모리 데루모토(毛利輝元) 421
모리무라 세이이치(森村誠一) 536
모리 히데모토(毛利秀元) 415
모모야마(桃山)文化 422
모본왕(慕本王) 312
모세(Moses) 156
모스룽(莫是龍) 212
모스크바 三相會議 74, 586
모윤숙(毛允淑) 235, 611
모죽지랑가(慕竹旨郎歌) 219
모토다 나가사네(元田永孚) 134
모토오리 노리나가(本居宣長) 406
모후즈(墨胡子) 104
모흥갑(牟興甲) 226
목래선(睦來善) 475
목면화기(木棉花記) 259
목민심서(牧民心書) 146
목사(牧使) 265
목성선(睦性善) 475
목종(穆宗) 357
목지국(目支國) 299, 303, 325
목호룡(睦虎龍) 465, 467
몬티니(Giovanni Battista Montini) 592
몰로토프(Vyacheslav Mikhailovich Molotov) 516, 589
몸젠(Theodor Mommsen) 661
몽골비사(Monggol-un Nigucha Tobchiyan) 366
몽골인민공화국 575
몽떼뉴(Michel de Montaigne) 225
몽암수필(夢庵隨筆) 225
몽어노걸대(蒙語老乞大) 267
몽유도원도(夢遊桃源圖) 212
몽테스키외(Charles Louis de Secondat Montesquieu) 635, 662
몽클라(Ralph Mondar) 602
묄렌도르프(Paul Georg von Möllendorff) 495, 498
묘에(明惠) 107
묘청(妙淸) 87, 111, 362
무캇디마(Muqaddimah) 53
무구정광대다라니경(無垢淨光大陀羅尼經) 187
무라야마 도미이치(村山富市) 613
무량수전(無量壽殿) 193
무령왕(武寧王) 327
무로마치(室町) 406
무룽시(慕容熙) 315
무룽위(慕容廆) 302, 314
무룽황(慕容皝) 310, 315
무샤코지 긴히데(武者小路公秀) 528
무속(巫俗) 173
무술정변(戊戌政變) 510
무신란(戊申亂) 467
무쓰무네미쓰(陸奧宗元) 502
무씨사당석실(武氏祠堂石室) 91
무어(Barrington Moore) 481, 491
무염(無染) 105, 353
무예도보통지(武藝圖譜通志) 216, 217
무예제보(武藝諸譜) 216
무오사화(戊午士禍) 445
武王 329
무원록(無寃錄) 205, 214
무은(武殷) 328
무자이(巫兹伊) 290
무장공자전(無腸公子傳) 228
무정(無情) 233, 577
無著(Asañga) 101
무천(舞天) 97, 177
무초(John Joseph Muccio) 600
무커덩(穆克登) 515
무토 아키라(武藤章) 582
무학(無學) 384
무함(無函) 92
묵재일기(默齋日記) 209
文公仁 363
문극겸(文克謙) 365
문노공(文潞公, 文彦博) 196
文大 284
문명기(文明琦) 611
문명의 공존(Das Zusammenleben der Kulturen) 681
문명의 충돌(The Clash of Civilization) 676
문묘 18 賢 456
文武王 60, 323, 339
문사통의(文史通義) 36
문선명(文鮮明) 75, 172
문성국(文成國) 469
문성왕(文聖王) 340
문소만록(聞韶漫錄) 273, 420
문예봉(文藝峰) 571
문익점(文益漸) 203, 259, 260
문익환(文益煥) 618
文一平 24, 26, 31, 48, 351, 567
문자명왕(文咨明王) 316
문자보급(普及) 운동 572
문재철(文在喆) 611
문정왕후(文定王后) 尹氏 112, 403
문창범(文昌範) 545, 549
문체반정(文體反正) 438
문하시중(門下侍中) 256
문헌통고(文獻通考) 215
文化革命 633
문효량(文孝良) 395
물계자(勿稽子) 244
물명고(物名攷) 145
뭇솔리니(Benito Mussolini) 581, 668
뮈르달(Karl Gunnar Myrdal) 640, 680
뮈텔(Gustave Charles Marie Mütel) 158
뮌처(Thomas Müntzer) 240
뮐러(Harald Müller) 681
미나모토 요리토모(源賴朝) 370
미나모토 요시쓰네(源義經) 370
미나모토 요시치카(源義親) 370
미나미 지로 (南次郞) 529, 533
미련학파(未練學派, might-have-been school) 665
미륵사지탑(彌勒寺址塔) 185
미사흔(未斯欣) 335
미생랑(美生郎) 251
미소(美蘇)공동위원회 587
미속습유(美俗拾遺) 498
미시나 아키히데(三品彰英) 96
미실 251
미야모토 다케타로(宮本竹太郞) 504
미야바야시 쇼겐(宮林昭彦) 115
미야자와 기이치(宮澤喜一) 613
미야케 세쓰레이(三宅雪嶺) 527
미오야마국(彌烏邪馬國) 306
미우라 고로(三浦梧樓) 503, 504
미유(彌儒) 313
미조부치 다카오(溝淵 孝雄) 546
미즈노 렌타로(水野錬太郞) 535
미쯔야 미야미쓰(三矢宮松) 559
미천왕(美川王) 313
민겸호(閔謙鎬) 476, 502
민광균(閔光鈞) 221
민규호(閔奎鎬) 476
민긍호(閔肯鎬) 543, 544
민무휼(閔無恤) 388
민무회(閔無悔) 388

민백순(閔百順) 414
민병석(閔丙奭) 611
민병태(閔丙台) 73
민복기(閔復基) 532
민불탐(閔不貪) 282
민성(民聲) 74
민승호(閔升鎬) 476, 505
민신(閔伸) 390
민암(閔黯) 462
민애왕(閔哀王) 340
민여임(閔汝任) 283
민영기(閔泳綺) 511, 523, 531
민영달(閔泳達) 502, 530
민영린(閔泳璘) 530
민영목(閔泳穆) 497
민영소(閔泳韶) 502
민영익(閔泳翊) 213, 476, 496
민영준(閔泳駿) 476
민영환(閔泳煥) 502, 508, 511, 542
민영휘(閔泳徽) 531, 611
민응식(閔應植) 476, 502
민정중(閔鼎重) 476
민제(閔霽) 388
민족개조론 72, 568
民族文學의 原理 234
민종식(閔宗植) 543
민주교육선언 618
민주국민당(民主國民黨) 608
민주정의당 620
民主主義民族戰線 594
민주회복국민회의 선언 618
민균(閔均) 471
민지(閔漬) 190
민진용(閔晉鏞) 439
민진원(閔鎭遠) 468
민치록(閔致祿) 505
민태원(閔泰瑗) 181
민태호(閔台鎬) 476, 497
민필호(閔弼鎬) 583
민휘(閔暉) 282
밀(John Stuart Mill) 635
밀교(密敎) 101
밀라노칙령(Edict of Milan) 156
밀직사(密直司) 256
밀턴(John Milton) 672
밀풍군(密豊君, 李坦) 467

ㅂ

바다치 칸(Batachi Khan) 366
바루후(Bernard Mannes Baruch) 82
바르트(Karl Barth) 166
바르트(Roland Gerard Barthes) 53
바수반두(Vasubandhu, 天親, 世親) 100, 102
바스코 다 가마(Vasco da Gama) 481
바실레프스키(Alexandr M. Vasilevskii) 594
바오로(Paulus) 6세 162, 592
바오쓰(褒姒) 330
바이러티앤(白樂天) 290
바이마르(Weimar) 공화국 489
바이장화이하이(百丈懷海) 101
바티칸 (2차) 공의회 165
바티스타 몬티니(Montini) 추기경 593
박강(朴薑) 282
박경식(朴慶埴) 500
박계주(朴啓周) 595
박계업(朴季業) 227
박구병(朴九秉) 33
박권(朴權) 515
박규수(朴珪壽) 149, 476, 484, 497
박극채(朴克采) 17
박근원(朴謹元) 453
박기연(朴基淵) 231
박기종(朴琪淙) 626
박난영(朴蘭英) 427
박남수(朴南秀) 235, 585
朴大立 450
박동계(朴東桂) 190
박동양(朴東亮) 209, 475
박동보(朴東普) 425
박동서(朴東緖) 532
朴東完 550, 567, 583
박두세(朴斗世) 225
박두진(朴斗鎭) 235, 571
박래홍(朴來泓) 567
박명원(朴明源) 147
박목월(朴木月) 235, 571
박문수(朴文秀) 221, 476
박문호(朴文鎬) 287
박민헌(朴民獻) 282
박병선(朴炳善) 194
박상(朴祥) 282, 447
박상준(朴相駿) 611
박상진(朴尙鎭) 549
박상충(朴尙衷) 380
박서(朴犀) 367
박서생(朴瑞生) 282
박석윤(朴錫胤) 611
박성수(朴成壽) 34, 546
박성철(朴成哲) 515
박성태(朴性泰) 549
박성환(朴性煥, 昇煥) 542
박세거(朴世擧) 205
박세당(朴世堂) 141, 145, 148, 216, 376, 475
박세리 622
박세채(朴世采) 463, 466
朴世和 136, 152
박세희(朴世熹) 448
박수량(朴守良) 282
박순(朴淳) 388
박순용(朴洵龍) 570
박술희(朴述熙) 354
박승빈(朴勝彬) 199, 570
박승원(朴勝源) 595
박승종(朴承宗) 455, 475
박승직(朴承稷) 611, 626
박승희(朴勝喜) 571
박시형(朴時亨) 34, 316
박신규(朴信圭) 283
박신우(朴新友) 567
박애(朴愛) 564
박양유(朴良柔) 358
박양지(朴亮之) 227
박어둔(朴於屯) 400
박 에스터(金點童) 569
박연(朴堧, 蘭溪) 204, 283
박연(朴淵(燕)) 433
박열(朴說) 282
박열(朴烈) 560
박영준(朴永俊) 282
박영철(朴榮喆) 532, 611
박영효(朴泳孝) 476, 492, 496, 497, 502, 530, 531, 551, 610
박영희(朴英熙) 73, 611
박용구(朴容九) 595
박용만(朴容萬) 545, 549, 558
박용철(朴龍喆) 234
박용희(朴容喜) 531
박운희(朴雲禧) 205
박원민(朴元玟) 567
박원종(朴元宗) 447
박위(朴威) 381
박유전(朴裕全) 226
박윤덕(朴允德) 204
박윤묵(朴允默) 231
박윤원(朴胤源) 152
박은(朴誾) 210, 283
박은식(朴殷植) 23, 28, 72, 120, 140, 495, 521, 542, 549, 553, 570, 621
박의장(朴毅長) 409
박인덕(朴仁德) 611
박인량(朴寅亮) 20, 190, 220, 227
박인로(朴仁老) 218, 222
박인범(朴仁範) 227, 260
박자운(朴子雲) 193
박자하(朴自河) 395

박자혜(朴慈惠) 552
박자흥(朴自興) 476
박장현(朴章鉉) 137
박재혁(朴載赫) 560
박정양(朴定陽) 496, 498, 502, 508
박정희(朴正熙) 615~618
박제가(朴齊家) 22, 118, 120, 211, 215, 437
박제상(朴堤上) 239, 335
박제순(朴齊純) 523, 610
박제형(朴齊炯) 473, 495
박종경(朴宗慶) 476
박종우(朴從愚) 391
박종홍(朴鍾鴻) 118, 148, 159
박종화(朴鍾和) 235, 430, 571
박주종(朴周鍾) 217
박준승(朴準承) 550
박준채(朴準採) 567
박준(朴浚) 204
박중림(朴仲林) 391
박중빈(朴重彬) 172
박중손(朴仲孫) 392
박중양(朴重陽) 531, 611
박지계(朴知誡) 475
박지원(朴趾源) 22, 118, 120, 143, 148, 218, 225, 230, 437, 476
박지화(朴枝華) 174, 230
박진순(朴鎭淳) 563
박진희(朴震禧) 205
박찬익(朴贊翊) 547, 549
박처륜(朴處綸) 282
박춘금(朴春琴) 611
박춘무(朴春茂) 412
박충간(朴忠侃) 453
박태무(朴泰茂) 414
박태보(朴泰輔) 283, 476
박태선(朴泰善) 75, 172
박태손(朴泰遜) 283
박태원(朴泰遠) 234, 235, 236, 595
박태유(朴泰維) 476
박태준(朴泰俊) 638
박통사언해(朴通事諺解) 267
박팔양(朴八陽) 234, 282
박팽년(朴彭年, 朴仁叟) 197, 198, 206, 390
박평의(朴平意) 424
박필현(朴弼顯) 467
박학서원(博學書院) 626
박한영(朴漢永) 114
박한주(朴漢柱) 445
박헌영(朴憲永) 585, 594, 595
박혁거세(朴赫居世) 247, 333
박현채(朴玄埰) 632
박형규(朴炯圭) 618
박형룡(朴亨龍) 166
박호문(朴好問) 394
박홍(朴泓) 408
박효관(朴孝寬) 224
박훈(朴薰) 448
박흥식(朴興植) 611
박희도(朴熙道) 550, 611
박희현(朴希賢) 295
반계수록(磻溪隨錄) 21, 142, 145
반구(班固) 40
반굴(盤屈) 331
반기문(潘基文) 582
반민족행위자 611
반민족행위처벌법(反民族行爲處罰法) 609
반야경(般若經) 100, 104
반친영(半親迎) 286
반학영(潘學榮) 543
발기(發岐) 313
발달불교(發達佛教) 99
발로와(Valois) 왕조 485
발췌개헌안(拔萃改憲案) 609
발해고(渤海考) 22, 343, 346
발해국기(渤海國記) 346
발해국지(渤海國志) 346
발해태조건국지(渤海太祖建國誌) 28
방덕룡(方德龍) 417
방신영(方信榮) 567
방약합편(方藥合編) 216
방응모(方應謨) 531
방인근(方仁根) 234
방정환(方定煥) 573
방제(放濟) 104
방종현(方鍾鉉) 225
방추차(紡錘車) 259, 304
배극렴(裵克廉) 383
배달다(倍達多) 103
배상유(裵尙瑜) 145
배설(裵偰) 416
배성용(裵成龍) 25
배전(裵琠) 228
배정자(裵貞子) 611
배중손(裵仲孫) 368
배철(裵哲) 595
배현경(裴玄慶) 348
백가(苩加) 327
백가제해(百家濟海) 325
백고(伯固) 313
백관수(白寬洙) 550, 567, 585, 591
백광현(白光炫) 216
백광홍(白光弘) 222
백광훈(白光勳) 210, 227
백낙신(白樂莘) 482
백낙준(白樂濬) 30, 586
백남운(白南雲) 17, 25, 31, 594
백남준(白南準) 622
백남훈(白南薰) 585
백년전쟁 488
백동수(白東脩) 216
白頭山 定界碑 515
백련교(白蓮教) 373, 435
백록동학규(白鹿洞學規) 268
백산맹약(白山盟約) 499
백선엽(白善燁) 601
백선행(白善行) 573
백세명(白世明) 500
백수한(白壽翰) 362
백신영(白信永) 552
백완혁(白完爀) 531
백용성(白龍城) 550
백우경(白宇經) 262
백운동서원(白雲洞書院) 268
백운소설(白雲小說) 220
백유양(白惟讓) 131, 475
백윤수(白潤洙) 626
백이정(白頤正) 88, 192
백인걸(白仁傑) 282, 450, 451, 456
백정(伯淨, 진평왕) 337
백조(白潮) 233
백종기(白鍾基) 33
백지(白紙 : tabula rasa) 148
백철(白鐵) 73, 233, 611
백취운(白翠雲) 114
백탁(白卓) 348
백형복(白亨福) 595
백홍전(白興銓) 425
밴 플리트(James Award Van Fleet) 610, 614
버이(伯益) 241
버터필드(Herbert Butterfield) 662
범망경고적기(梵網經古迹記) 105
범망경약소(梵網經略疏) 105
범수(梵修) 105
범일(梵日) 105
범장지법(犯贓之法) 326
법계연기론(法界緣起論) 100
법고창신(法古刱新) 437
법안종(法眼宗) 101
법지(法知) 186
법화경(法華經) 100
법흥왕(法興王) 308, 336
베네딕토(Benedicto) 14세 160
베네딕트(Ruth Fulton Benedict) 422
베네딕트회 158
베닝호프(M.H. Benninghoff) 587

베러크러프(Geoffrey Barraclough) 16
베르뇌(Siméon Francois Berneux) 484
베르됭(Verdun) 조약 485
베르사유(Versailles) 조약 548
베버(Alfred Weber) 155
베버(Max Weber) 608, 664, 678, 679
베베르(Karl Ivanovich Waeber) 498, 525
베베르 · 고무라(小村) 각서(Waeber Komura Memorandum) 507
베스푸치(Amerigo Vespucci) 486
베어드(William Martyn Baird) 511
베이징 의정서 519
베이컨(Francis Bacon) 148
베델(裵說 Ernest Thomas Bethell) 569
베토벤(Ludwig van Beethoven) 672
베트남(Vietnam) 전쟁 403
벨(Danniel Bell) 240, 680
벡커(Carl Lotus Becker) 659
벽서(壁書)의 옥(獄)〔丁未士禍〕 451
벽온신방(壁瘟新方) 205
벽이단제논변(闢異端諸論辯) 132
변계량(卞季良) 62, 121, 122, 218
변광조(邊廣朝) 586
변급(邊岌) 433
변기(邊璣) 409
변법(變法) 305
변법자강파(變法自强派) 88
변법자강운동(變法自强運動) 519
변선환(邊鮮煥) 168
변안열(邊安烈) 261
변양준(邊良俊) 413
변영로(卞榮魯) 233, 414, 571
변영수(卞永壽) 395
변영태(卞榮泰) 604, 605
卞元圭 495
변응성(邊應星) 409
변이중(邊以中) 411
변자의(卞自義) 395
변태섭(邊太燮) 17, 33
변한(弁韓) 303
변협(邊協) 113, 407
변훈남(卞勳男) 282
병마도절제사(兵馬都節制使) 265
병오박해(丙午迫害) 162
병인박해(丙寅迫害) 161, 162
병인양요(丙寅洋擾) 484
병자록(丙子錄) 430
병자연행가(丙子燕行歌) 224
병자호란(丙子胡亂) 428
병장설(兵將說) 206
병학통(兵學通) 214
보급서관(普及書館) 626
보나파르트(Napole´on Bonaparte) 485, 666
보댕(Jean Bodin) 671
보덕화상(普德和尙) 103
보데뿌개(鶻提勃悉野) 318
보돈챠르(Bodon Char) 366
보부상(褓負商) 273
보살지지경(菩薩地持經) 102
보쉬에(Jacques-Bénigne Bossuet) 4, 671
보영요법(保嬰要法) 205
보우(普愚) 111, 113, 227
보우(普雨) 112
보유에(傅說) 126
보이(伯夷) 53, 126
보이찐스끼(Gregory Voitinsky) 563, 574
보장왕(寶藏王) 320, 321, 322, 323
보편사 논고(Discours sur l' histoire universelle) 671
보한집(補閑集) 220
보현십종원왕가(普賢十種願往歌 ; 普賢十願歌) 219
보현원(普賢院) 364
복부(覆瓿) 223
복성서(復性書) 119
복신(福信) 331, 332
복지겸(卜智謙) 348
복호(卜好) 335
복희씨(伏羲氏) 52, 123
본가야(本加耶) 303, 304
본조편년강목(本朝編年綱目) 190
본초강목(本草綱目) 205
본회퍼(Dietrich Bonhoeffer) 165
볼네(Constantin Frangois de Chasseboeuf Comte de Volnay) 666
볼딩(Kenneth Boulding) 677
볼로뜨니코프(Ivan I Bolotnikov) 240
볼쉐비끼(Bol' sheviki) 561
볼프강 헤를레스(Wolfgang Herles) 437
봉남교(奉南敎) 173
봉림대군(鳳林大君) 428
봉상왕(烽上王) 315
봉선화가(鳳仙花歌) 224, 232
봉수(烽燧) 274
봉오동(鳳梧洞) 전투 559
뵐리오 158
부계기문(涪溪記聞) 208
부내예후국(不耐濊侯國) 299
부민단(扶民團) 559
부들러(Budler) 498
부루(夫婁) 93
부르봉(Bourbon) 왕조 485
부르크하르트(Jacob Burckhardt) 660, 662
부분노(扶芬奴) 311
부여(扶餘) 302
부여복신(夫餘福信) 329
부여윤충(扶餘允忠) 376
부여태비(夫餘太妃) 331
부하린(Nikolai Ivanovich Bukharin) 564
북관곡(北關曲) 224
북관대첩비(北關大捷碑) 410
북대서양 조약기구(NATO) 607
북로군정서(北路軍政署) 559
북새기략(北塞記略) 224
북새잡요(北塞雜謠) 224
北人 454, 455
북저(北藷) 272
북조선인민위원회 594
북천가(北遷歌) 224
북학의(北學議) 22
북학파(北學派) 435
분경(奔競) 388
분다이야 지로(文台屋次郎) 224
분로쿠노 에키(文祿の役) 369
분무공신(奮武功臣) 384
분서갱유(焚書坑儒) 306, 437
분에이노 에키(文永の役) 369
불가타(Vulgate) 156
불교철학개론(佛敎哲學槪論) 117
불국사고금창기(佛國寺古今創記) 187
불조직지심체요절(佛祖直指心體要節) 182, 194
불타승가(佛陀僧伽) 104
불함문화론(不咸文化論) 30, 91
붕당론(朋黨論) 470
뵘바베르크(Eugen von Böhm-Bawerk) 635
뷰리(John Bagnell Bury) 662
뷰캐넌(James McGill Buchanan) 82
브나로드〔'V narod' (민중 속으로)〕 572
브란트(Willy Brandt) 633
브래들리(Omar Nielson Bradley) 605
브레너(Robert Brenner) 678
브레즈네프(Leonid Ilyich Brezhnev) 562
브레턴우즈(Bretton Woods) 629
브뤼기에르(Bruguiére) 158
브리커(Bricker) 377
브리튼(Britain) 488
블랑(J. Blanc) 163
블레이크(William Blake) 679
블로크(Marc Bloch) 4
블로트(James Horris Blaut) 679
블루에(Joan Blaeu) 377
블룬출리(Johann Kasper Bluntschli) 545
비간(比干) 120
비담(毗曇) 338
비류(沸流) 325

비마라파라마르타(毗摩羅眞諦) 104
비변사등록(備邊司謄錄) 203
비보사찰(裨補寺刹) 355
비숍(Isabella Lucy Bird Bishop) 65, 505
비스마르크(Otto Eduard Leopold von Bismarck) 489, 673
비오 11세 162
비왕장(裨王長) 301
비위앤(畢沅) 241
비총법(比摠法) 279
비코(Giovanni Battista Vico) 53, 662
비테(Sergei Yulievich Witte) 523
비트포겔(Karl August Wittfogel) 318
비해당기(匪懈堂記) 206
빅스(Herbert P. Bix) 582
빅토리아(Victoria)여왕 488
빈전혼전도감의궤(殯殿魂殿都監儀軌) 217
빌렘(Joseph Wilhem) 546
빌헬름 1세(Friedrich Wilhelm I) 489
빌헬름 2세(Wilhelm II) 484, 525
빙도자전(氷道子傳) 228
빙허각 이씨(憑虛閣 李氏) 226, 287
빠오슈아(鮑叔牙) 305, 385
빠오후에이셩(包惠僧) 574
빠짠(法瓚) 353
빤뤼(范蠡) 330
빤뾰아(班彪) 287
빤쏘아(班昭) 287
빼루뚱(白鹿洞)서원 120, 268
빼리씨(百里奚) 496
뻴리오(Paul Pelliot) 105
뾰뜨르 大帝(Pyotr I) 77, 563
뿌가쵸프(Emilian Pugachov) 240
뿌쨔찐(Putiatin) 483
쁠레하노프(Georgii Valentinovich Plekhanov) 561

ㅅ

사간원(司諫院) 264
사감(史鑑) 149
사고전서총목(四庫全書總目) 39
史記 35, 39
사나다 유키무라(眞田幸村) 422
사다함(斯多含) 250, 251
사단칠정론(四端七情論) 118
사도세자(思悼世子) 131, 444, 474
사략(史略) 190, 201
사량왜변(蛇梁倭變) 398
사례편람(四禮便覽) 216
사로(斯盧) 303
사륜(舍輪, 진지왕) 337
사림파(士林派) 239, 444
사모곡(思母曲) 220
사미인곡(思美人曲) 222
사미헌(四未軒)학파 137
四民必知 65
사발통문(沙鉢通文) 499
사변록(思辨錄) 145, 148
사부학당(四部學堂) 268, 388
사상계(思想界) 618
사상지도(思想地圖) 156
사서삼경석의(四書三經釋義) 132
사서언해(四書諺解) 134
사서집주(四書集註) 120
사성통해(四聲通解) 199
사송유취(詞訟類聚) 295
사소절(士小節) 287
사시제(四時祭) 286
사시찬요(四時纂要) 205
사쓰마야키(薩摩燒) 424
사씨남정기(謝氏南征記) 225
사역원(司譯院) 267
사오쓰(邵思) 275
사옹원(司饔院) 213
4月(4.19)혁명 614
사유(斯由, 고국원왕) 326
사유(四維) 281
사육신(死六臣) 239, 390, 444
사(死)의 찬미 232
사이고 다카모리(西鄕 隆盛) 491
사이드(Edward W. Said) 679
사이토 다케시(齋藤勇) 534
사이토 마코토(齋藤實) 529, 530
사이토 호센(齋藤豊仙) 400
사임당(師任堂) 申氏 209
사제곡(莎堤曲) 222
사주당 이씨(師朱堂 李氏) 226, 287
사치계(斯致契) 103
사카모토 료마(坂本龍馬) 490
사키이다 가키에몬(酒井田柿右衛門) 424
사탸그라하(Satyagraha) 사바' (眞理探究修行團) 555
사토 나오카타(佐藤 直方) 134
사토 데쓰타로(佐藤鐵太郞) 420
사통(史通) 36, 41, 208
사헌부(司憲府) 264
사홍서원(四弘誓願) 115
사화기략(使和記略) 496
삭방풍요(朔方風謠) 224
삭방풍토기(朔方風土記) 224
산경표(山經表) 215
산능도감의궤(山陵都監儀軌) 217
산림경제(山林經濟) 216, 394
산미증식계획(産米增殖計劃) 537
山上王 313
산해경(山海經) 241
살리타이(撒禮搭) 367
살수대첩(薩水大捷) 319
삼강행실도(三綱行實圖) 125, 204, 216, 284, 322
삼고변옥사(三告變獄事) 462
삼국간섭(三國干涉) 502
삼국사기(三國史記) 17, 21, 93, 95, 190
삼국사를 읽고(讀三國史) 309
삼국사절요(三國史節要) 200
삼국유사(三國遺事) 17, 21, 87, 90, 91, 92, 95, 190, 191, 343
삼국지통속연의(三國志通俗演義) 40, 230
삼군총제부(三軍摠制府) 266
삼균주의(三均主義) 565
삼당시인(三唐詩人) 227
삼대목(三代目) 340
삼대실록(三代實錄) 66
삼랑성(三郎城) 94
삼론종(三論宗) 100
삼별초(三別抄) 368
삼보장(三寶章)원통초 356
삼복법(三覆法) 265, 437
삼복(三福)의 난 462
三峰集 121
삼비아소(Sambiaso, 畢方濟) 148
삼십년전쟁 489
삼의당고 226
삼의당 김씨(三宜堂 金氏) 226
삼의정(三議政) 268
3·1민주구국선언 618
3·1운동 554
3·1운동 50주년기념논문집 34
삼일신고(三一神誥) 570
삼정(三政) 271, 272
삼정이정청(三政釐正廳) 482
삼축잠(三畜箴) 252
삼취인경륜문답(三醉人經綸問答) 484, 491
삼통(三通) 214
삼포왜란(三浦倭亂) 399
三學士 239
삼현학(三玄學) 103
삽교만록(霅橋漫錄) 228
삿초(薩長) 동맹 490
삿토(察度) 402
상덕(向德) 244
상록수(常綠樹) 573
상방기생(尙房妓生) 292
상앙(商鞅) 119, 305, 306

상재상서(上宰相書) 158
상지에(邢玠) 415
상촌잡록(象村雜錄) 208
상춘곡(賞春曲) 222
상커시(尙可喜) 435
상평통보(常平通寶) 272
상한의담(桑韓醫談) 425
상한창화집(桑韓唱和集) 425
상한필어(桑韓筆語) 425
상한(常漢) 278
상헌수필(橡軒隨筆) 225
상휘(常輝) 104
새문안교회 510
색동회 573
색경(穡經) 216
샌즈(William Franklin Sands) 65
샌프란시스코條約 403, 606, 613
生六臣 393
생제르맹(Saint-Germain) 조약 548
샤를(Charles) 7세 485
샤오손닝(蕭遜寧) 358
샤오용(邵雍, 康節) 52, 119, 123, 126
샤오타이(龐孝泰) 322
샤오파이야(蕭排押) 359
샤지(夏姬) 290
샬뜨르(Chartre) 성바오로 수녀회 163
샹위(項羽) 445
서강(徐岡) 205
서거정(徐居正) 36, 188, 203, 207, 210, 218, 223, 227, 309, 437, 444
서경덕(徐敬德) 62, 88, 118, 120, 122, 123, 132, 223, 230, 253, 283
서경별곡(西京別曲) 220
서경보(徐京保) 117
서경창(徐慶昌) 231
서광범(徐光範) 476, 492, 497
서광선(徐洸善) 164
서구의 몰락 668
서기(徐起) 230, 471
서기순(徐箕淳) 276, 476
서기원(徐基源) 70
서남동(徐南同) 167
서동요(薯童謠) 219, 328
서로군정서(西路軍政署) 559
서머벨(David Churchill Somervell) 667
서명선(徐命善) 476
서명응(徐命膺) 214, 295, 476
서병호(徐丙浩) 556
서북학회(西北學會) 511
서방(書房) 365
서사증(徐師曾) 227
서상돈(徐相敦) 569
서상일(徐相日) 549, 591
서석준(徐錫俊) 621
서성(徐渻) 475
서안정(徐安貞) 190
서얼금고법(庶孼禁錮法) 263
서영보(徐榮輔) 214, 276
서예원(徐禮元) 409, 414
서왕가(西往歌) 222
서운관지(書雲觀志) 215
서울신문 74
서울프레스 526
서유견문(西遊見聞) 23
서유구(徐有榘) 216
서유기(西遊記) 230
서유신(徐有臣) 276
서응순(徐應淳) 152
西人 62, 63, 452, 459, 460, 461, 462, 464
서일(徐一) 559
서재필(徐載弼) 150, 167, 476, 497, 506, 509, 621
서정일기(西征日記) 430
서정주(徐廷柱) 234, 235
서종태(徐宗泰) 476
서춘(徐椿) 551, 611
서포만필(西浦漫筆) 222
서필(徐弼) 22
서허(涉何) 301
서형순(徐衡淳) 476
서호수(徐浩修) 214
서희(徐熙) 41, 358
석가모니(釋迦牟尼) 89, 99
석가탑(釋迦如來常住說法塔) 187
석개(石介) 291
석굴암(石窟庵) 48
석궤서(石匱書) 430
석농화원(石農畵苑) 213
석리정전(釋利貞傳) 303
석담일기(石潭日記) 454, 456
석보상절(釋譜詳節) 198, 222
석봉천자문(石峯千字文) 199
석식영암(釋息影庵) 227
석왕사기(釋王寺記) 379
석진형(石鎭衡) 611
석탈해(昔脫解) 333, 334
석품(石品) 337
석혜심(釋慧諶) 227
석화엄교분기원통초(釋華嚴敎分記圓通鈔) 356
석희박(石希璞) 231
선가귀감(禪家龜鑑) 113
선덕왕(宣德王) 339
선덕왕지기삼사(善德王知幾三事) 309, 337
선문강요(禪門綱要) 109
선문구산(禪門九山) 105
선문염송사원(禪門拈頌事苑) 109, 111
선상노비(選上奴婢) 278
선상탄(船上歎) 222
선수(善修) 421
선양장계(瀋陽狀啓) 431
선우순(鮮于錞) 611
선우혁(鮮于赫) 556
선우협(鮮于浹) 482
선원계보기략(璿源系譜紀略) 287
선웨이징(沈惟敬) 412, 414, 415, 416
선종선(禪宗選) 260
선혜청(宣惠廳) 270
선화(善花) 공주 185, 328
선화봉사고려도경(宣和奉使高麗圖經) 253, 363
설공찬전(薛公瓚傳) 223
설문해자(說文解字) 239
설봉창(薛鳳昌) 227
설순(偰循) 204
설씨녀(薛氏女) 244
설의식(薛義植) 595
설장수(偰長壽) 381, 383, 396
설정식(薛貞植) 595
설준(雪俊) 289
설징신(薛澄新) 394
설총(薛聰) 106, 188, 197, 227
설해(說海) 39
설화랑(薛花郎) 251
섭대승론(攝大乘論) 101, 104
섭론종(攝論宗) 101
성경린(成慶麟) 571
성균관(成均館) 258, 268
成己 301
성기운화(星氣運化) 148
성낙훈(成樂熏) 473
성담수(成聃壽) 393
성리대전(性理大全) 128, 136
성산가야(星山伽耶) 303
성삼문(成三問, 成謹甫) 118, 197, 390, 391, 444
성서조선(聖書朝鮮) 568
성석린(成石璘) 381, 383
성세장(成世章) 282
성세창(成世昌) 221, 449
성소부부고(惺所覆瓿藁) 291
성수경(成守慶) 414
성수침(成守琛) 131
성승(成勝) 391
성실론(成實論) 104
성영우(成永愚) 161
성왕(聖王) 308, 328
성유식논소(成唯識論疏) 105

성유식논술기(成唯識論述記) 105
성응길(成應吉) 409
성이성(成以性) 221, 283
성재(性齋)학파 137
성종(成宗) 204, 206, 289, 389, 394, 445, 446
聖宗(耶律隆緖) 357
성주덕(成周悳) 215
성주식(成周寔) 589
성준(成俊) 446
성찬(僧璨) 101
성충(成忠) 284, 329
성 프란체스코(Francesco d' Assisi) 673
성하종(成夏宗) 283
성학십도(聖學十圖) 132
성학집요(聖學輯要) 134, 466
성해(姓解) 275
성현(成俔) 198, 199, 218, 228, 282, 289, 295
성호사설(星湖僿說) 27, 41, 142, 145, 146, 343, 381, 466
성혼(成渾) 62, 128, 131, 230, 456, 464, 472, 475
성희안(成希顔) 447
세계보건기구(WHO) 582
세계사 편력(世界史遍歷) 555
세계일주가(世界一週歌) 232
세난(說難) 40
세대편년(世代編年) 190
세레딘 사바틴(Aleksey J. Seredin - Sabatin) 503
세르방 슈레베르(Jean-Jacques Servan Schreiber) 554
세브란스(Louis Henry Severance) 514
세브르(Sévres) 조약 548
세설신어(世說新語) 191
세속오계(世俗五戒) 98, 104
세스뻬데스(Gregorio de C' espedes) 408
세실(Cecil) 483
세이호 우키씨(西部姬氏) 103
세조 390
세종실록(世宗實錄) 地理志 91, 92, 313
世宗 48, 197, 198, 200, 204, 205, 206, 388
세키가하라(關ヶ原) 421
세키노 다다시(關野貞) 29, 181
셔우드(Rosetta Sherwood) 514
선시오(神秀) 101
셰익스피어(William Shakespeare) 672
센쥬(善珠) 105
소가야(小伽耶) 303
소격서(昭格署) 447
소년 233
소다 가이치(曾田嘉伊智) 560
소대수언(昭代粹言) 39
소대풍요(昭代風謠) 231
少論 459, 462, 466, 467, 468, 470, 476
소문국(召文國) 303
소문사설(謏聞事說) 295
소문쇄록(謏聞瑣錄) 208
소바(Dawn B. Sova) 438
小北 475
소상팔경도(瀟湘八景圖) 212
소쌍(召雙) 288
小西奴 325
소세양(蘇世讓) 223
소쇄원(瀟灑園) 449
소수림왕(小獸林王) 308, 315
소수서원(紹修書院) 269
소쉬르(Ferdinand de Saussure) 53
소승불교(小乘佛敎, Hanayana) 99
소에지마 다네오미(副島種臣) 491
소우 다케유키(宗 武志) 526
소우 모리히로(宗盛弘) 399
소우 사다모리(宗貞盛) 398, 400
소우 사다시게(宗貞茂) 398
소지마립간(炤知麻立干) 336
소카 갓카이(創價學會) 172
소카교이쿠갓카이(創價敎育學會) 172
소크라테스(Socrates) 673
소토슈(曹洞宗) 111
소학(小學) 287
소학집주(小學集註) 134
소현세자(昭顯世子) 428
소혜(昭惠)王后 韓氏 (仁粹大妃) 112, 287, 446
소화시평(小華詩評) 188
속고금소총(續古今笑叢) 291
속명득(續命得) 186
속미인곡(續美人曲) 222
속여훈(續女訓) 325
속음청사(續陰晴史) 505
속편년통재(續編年通載) 201
손기정(孫基禎) 573
손문욱(孫文彧) 425
손병희(孫秉熙) 499, 550, 569
손양원(孫良源) 533
손원일(孫元一) 586
손일민(孫一民) 549
손자병법(孫子兵法) 39
손중돈(孫仲暾) 282
손진태(孫晋泰) 18, 26, 49, 50, 96, 595
손창섭(孫昌涉) 74, 235
손탁(孫澤, Antoinette Sontag) 507
손홍록(孫弘祿) 201
손화중(孫化中) 499
솔거(率居)奴婢 278
솔로(Robert Merton Solow) 628
솔로몬(Solomon) 156
솔롱고스(solongos) 404
솔서혼(率婿婚) 286
蘇塗(솟대) 97
송건호(宋建鎬) 34
송계만록(松溪漫錄) 208
송계백(宋繼白) 550
송계연월옹(松桂烟月翁) 224
송계원명이학통록(宋季元明理學通錄) 132
宋 고승전(高僧傳) 107
송근수(宋近洙) 476
송남잡지(松南雜識) 217, 221
송달수(宋達洙) 152
송덕상(宋德相) 476
송도기이(松都記異) 223
송도순(宋道淳) 543
송두용(宋斗用) 568
송명흠(宋明欽) 476
송문헌(宋文憲) 532
송미수(宋眉壽) 283
송병무(宋秉武) 618
송병선(宋秉璿) 127, 136, 152, 542
송병조(宋秉祚) 565
송병준(宋秉畯) 523, 526, 530, 610
송상(松商) 273
宋 尙宮 287
송상기(宋相琦) 207
송상도(宋相燾) 543, 550
송상현(宋象賢) 409
송상현(宋相現) 582
宋書 307
송석하(宋錫夏) 26, 595
송송례(宋松禮) 284
송순(宋純) 222
송시열(宋時烈) 88, 118, 120, 139, 152, 287, 459, 461, 463, 465
송 신종(宋 神宗) 322
송영구(宋英耈) 455
송와잡설(松窩雜說) 208
송완명(宋完命) 543
송욱(宋稶) 72
송응개(宋應漑) 453, 475
송익면(宋益勉) 543
송익필(宋翼弼) 230, 471, 475
송인(宋寅) 291
송인명(宋寅明) 476
송인수(宋麟壽) 451
송잉창(宋應昌) 412, 414
송정규(宋廷奎) 228
송조육현(宋朝六賢) 456
송종규(宋種奎) 543

송주석(宋疇錫) 224
松竹會 549
송준길(宋浚吉) 432, 459, 460, 475
송진우(宋鎭禹) 567, 585, 586, 588
송찬(宋贊) 282
송처검(宋處儉) 197
송첸감포(松贊干布) 318
송필항(宋必恒) 476
송함홍(宋含弘) 348
송현수(宋玹壽) 393
송호성(宋虎聲) 561
송흠(宋欽) 282
송흥록(宋興祿) 226
송희경(宋希璟) 398
송희규(宋希奎) 451
쇄미록(瑣尾錄) 431
쇼네이(尙寧)왕 402, 424
쇼신(尙眞)왕 402
쇼엔(尙円)왕 401
쇼토쿠태자(聖德太子) 186, 189, 345
쇼와사(昭和史) 582
쇼카손주쿠(松下村塾) 490
쇼하시(尙巴志)왕 401
쇼호(尙豊) 424
수다(叔達) 103
수딩팡(蘇定方) 322, 331
守令 7事 265, 281
수륙재(水陸齋) 384, 420
수문서관(修文書館) 626
수(隋) 文帝(楊堅) 318, 319, 320
수성지(愁城誌) 223
수양동우회(修養同友會) 558, 583
隋 양제(煬帝, 楊廣) 319, 320
수우(蘇武, 蘇中郎) 423
수운계(水雲系) 173
수운잡방(需雲雜方) 205
수운창(水運倉) 274
수이전(殊異傳) 20, 220
수인씨(燧人氏) 52
수즈잔(蘇子瞻) 341
수진(守眞) 227
수촌만록(水村漫錄) 291
수츄(索仇) 344
수호전(水滸傳) 230
숙종(肅宗) 360
순(舜) 52, 61
순삔(孫臏) 39, 119
순췐(孫權) 314
순마소(巡馬所) 256
순오지(旬五志) 145, 385
純元王后 김씨 403, 438
순위사(巡衛司) 266
순장군(珣將軍) 262
순치제(順治帝) 431
순화군(順和君) 410
순회(順懷) 112
숫자(數字)조선연구 25
쉐런궤이(薛仁貴) 322, 323
쉬로코고로프(Shirokogoroff) 52
쉬아이(徐愛) 139
쉬앤짱(玄奘) 105, 321
쉬운 역사인식법(Methodus ad Facilen Historiarum Cognitiorem) 671
쉬지위(徐繼畬) 492
쉬징(徐兢) 253, 292, 363
쉬톈신(徐天新) 563
쉬헝(許衡) 136
쉰쯔(荀子) 230, 321, 639
쉰즈(荀彘) 300
쉴러(Johann Christoph Friedrich von Schiller) 670
슈나벨(Franz Schnabel) 670
슈띠꼬프(Terentii Fomish Shtykov) 587, 601
슈레베르(J. J. S. Schrliber) 554
슈워드(W. H. Seward) 484
슈유(許由) 472
슈찌(叔齊) 53
슈펠트(Robert Wilson Shufeldt) 487
슐레싱어(Arthur M. Schlesinger, Jr) 671
슘페터(Joseph Alois Schumpeter) 635
슝누(匈奴) 306, 311
스구리 교쿠스이(村士玉水) 134
스기무라 후카시(杉村濬) 505
스기우라 주고(杉浦重剛) 527
스나이안(施耐庵) 230
스따카이(石達開) 519
스딸린(Iosif Vissarionovich Stalin) 516, 579, 598, 604, 677
스루(史儒) 412
스마자오(司馬昭) 314
스메라미코토(須明樂美御德) 307
스미스(Joseph Smith)172
스미스(Adam Smith) 82, 635, 672, 678, 680, 682
스쓰밍(史思明) 342
스싱(石星) 414, 416
스에마쓰 야스카즈(末松保和)
스즈키 다케오(鈴木武雄) 612
스칼라피노(Robert Anthony Scalapino) 491
스크랜튼(Mary Fletcher Benton Scranton) 510, 511
스텐카라친(Stenka Razin) 560
스타하노프운동(Stakhanovskoe Dvizhenie) 630
스토우시첸(石頭希遷) 101
스튜어트(Stuart) 488
스티븐즈(Durham White Stevens) 522, 545
스파르타쿠스(Spartacus) 240
스페예르(Alexei de Speyer) 507
스펜서(Herbert Spencer) 89
승융(僧隆) 102
승전(勝詮) 105
승정원일기(承政院日記) 182, 203
승정원(承政院) 264
승화후(承化侯) 온(溫) 368
시가 시게타카(志賀重昻) 527
시게미쓰 마모루(重光葵) 560
시대일보 572
시라토리 구라키치(白鳥庫吉) 29, 52, 306
시라카와 요시노리(白川義則) 560
시마즈 요시히로(島津義弘) 402, 409, 415, 416, 421, 424
시마즈 히사미치(島津久通) 431
시모노세키 조약(馬關條約) 502
시문용(施文用) 275
시바 시로(紫四郎) 505
시볼트(Philipp Franz Balthasar von Siebold) 400
시볼드(William Sebold) 401
시스(西施) 290, 330
시아오바이(小白) 305
시용향악보(時用鄕樂譜) 220
시위사(侍衛司) 266
시인부락(詩人部落) 234
시전상인(市廛商人) 273
시카타 히로시(四方博) 29
시타이허우(西太后) 519
시펭글러(Oswald Arnold Gottfried Spengler) 663, 668
시헌기요(時憲紀要) 216
시헌력(時憲曆) 216
시화(詩話)와 만록(漫錄) 69
식료찬요(食療纂要) 205
신간회(新幹會) 74, 566, 567
신검(神劒) 350
신격호(辛格浩) 628
신경(申炅) 209
신경준(申景濬) 21, 118, 149, 198, 216
신계계(晨鷄系) 173
신공(信功) 250
신공제(申公濟) 282
申光洙 231
신광우(申光祐) 226
신광한(申光漢) 223
신구서림(新舊書林) 626

신구현(申龜鉉) 218
신국주(申國柱) 497, 500
신규(申奎) 392
신규식(申圭植) 61, 64, 472, 545, 547, 550, 582, 621
신기(申耆) 160
신기선(申箕善) 476
신기통(神氣通) 232
신농씨(神農氏) 52
신단실기(神壇實記) 92
신덕왕(神德王) 348
신덕왕후(神德王后) 康氏 387
신돈(辛旽) 254, 374, 375
신돈복(辛敦復) 228
신돌석(申乭石) 542, 543
新東亞 572
신동엽(申東曄) 235
신두(忻都) 369
신라가요(俗稱 鄕歌) 218
신라국기(新羅國記) 96
신란(親鸞) 111
신류(申瀏) 467
신림(神琳) 105
신만(申曼) 205
신만엽(申萬葉) 226
신명균(申明均) 570
신면(申冕) 459
신명사도(神明舍圖) 136
신문고(申聞鼓) 436
神文王 339
신문화운동 571
신미(信眉) 289
신미양요(辛未洋擾) 484
신민회(新民會) 569
신사형(辛士衡) 282
신상초(申相楚) 614, 618
신석구(申錫九) 550
신석우(申錫雨) 566, 567
신석정(辛夕汀) 234, 235
신석조(辛碩祖) 197
신석호(申奭鎬) 17, 32, 399
신성(信誠) 323
신성(申聖) 549
신성로마제국 489
신성모(申星模) 211
신소설 232
신속(申洬) 205, 216
신쇼(審祥) 107
신수(愼脩) 262
신수근(愼守勤) 447
신숙주(申叔舟) 67, 197, 198, 200, 203, 227, 337, 390, 444
신숭겸(申崇謙) 348, 349
申 알베트 567
신양역천(身良役賤) 276, 278
신완(申琓) 476
신용개(申用漑) 207
신용하(愼鏞廈) 34
신우(辛禑) 381
신위(申緯) 211, 227, 476
신유(申瀏) 433
신유박해(辛酉迫害) 161
신유의서(辛酉擬書) 462
신유한(申維翰) 425
신윤복(申潤福) 212
신응조(申應朝) 476
신응희(申應熙) 531, 610
신의경(辛義卿) 552
신의왕후(神懿王后) 韓氏 387
신익성(申翊聖) 429
신익희(申翼熙) 556, 563, 565, 591, 610
신인손(辛引孫) 206
신일철(申一澈) 74, 89
신임기년제요(辛壬紀年提要) 467
신임옥사(辛壬獄事) 465
신입(申砬) 410
新自由主義 82
신잠(申潛) 282
신재효(申在孝) 226
신정국문(新訂國文) 569
신정(神貞)王后 조(趙)씨 403
신정하(申靖夏) 200
신정희(申正熙) 476
신조신문 547
신주무원록(新註無冤錄) 205
신증동국여지승람(新增東國輿地勝覽) 94, 262
신증유합(新增類合) 199
신채호(申采浩) 19, 24, 28, 71, 72, 91, 92, 118, 191, 311, 363, 542, 550, 556, 567, 570
新天地 74, 572
신충(信忠) 219
신태악(辛泰嶽) 611
신택권(申宅權) 231
신편교종총록(新編教宗總錄) 356
신편조선역사(新編朝鮮歷史) 17, 30
신한민보 547
신해교난(辛亥教難, 珍山事件) 161
신해통공(辛亥通共) 273
신해혁명(辛亥革命) 81, 574
신행(信行) 105
신헌(申櫶) 487
신홍식(申洪植) 550
신후담(愼後聃) 144, 159
신흠(申欽) 76, 122, 208, 218, 225, 227, 229, 230, 475
신흥강습소(新興講習所) 559
신흥우(申興雨) 583
실스(Edward A. Shils) 75
실성(實聖) 마립간 335
실직국(悉直國) 303
심경석의(心經釋疑) 132
심광세(沈光世) 209
심규로(沈奎魯) 211
심기도설(心器圖說) 232
심노숭(沈魯崇) 291
심단(沈檀) 475
심당길(沈當吉) 424
심대(沈岱) 412
심덕부(沈德符) 381
심사정(沈師正) 212
심상규(沈象奎) 214
심상길(沈尙吉) 476
심수경(沈守慶) 208, 220, 283
심열(沈悅) 230
심온(沈溫) 388
심용(沈鏞) 291
심의(沈義) 223
심의겸(沈義謙) 452
심의면(沈宜冕) 476
심의성(沈宜性) 569
심의순(沈宜淳) 22
심정(沈貞) 447, 448
심주록(沁州錄) 231
심지원(沈之源) 475
심청전 224
심형구(沈亨求) 611
심환지(沈煥之) 469
심회(沈澮) 446
심효생(沈孝生) 387
심훈(沈熏) 571, 573
심희(審希) 353
심희수(沈喜壽) 142, 282
심희순(沈熙淳) 280
십구장(十句章)원통초 356
십승지지(十勝之地) 295
10·17民主國民宣言 618
10월 유신 617
십점소(十漸疏) 321
십지경론(十地經論) 101, 102
십칠사상각(十七史商榷) 27
십훈요(十訓要) 54, 87, 354
싯다르타(Gautama Siddhartha) 99
쌍기(雙冀) 252, 356
쌍운주필(雙韻走筆) 221
쌍화점(雙花店) 220
쌰오퉁(蕭統) 207
쌰오허(蕭河) 306
쌍성총관부(雙城摠管府) 369

雙十協定 574
쏀써우(賢首) 100, 107
쏘로킨(Pitirim Alexandrovich Sorokin) 481, 668
쏭스룬(宋時輪) 602
쑤신(蘇洵) 230
쑤스(蘇軾, 蘇東坡) 4, 192, 211, 229, 443, 471
쑤처(蘇轍) 230
쑤친(蘇秦) 119, 305
쑨언(孫恩) 240
쑨원(孫文) 546, 574, 575
쑹치(宋祁) 340
쒸이씨쩨(許熙載) 287
쓰다 소키치(津田左右吉) 29, 307
쓰마꾸앙(司馬光) 203, 443
쓰마옌(司馬炎) 314
쓰마이(司馬懿) 314
쓰마치엔(司馬遷) 35, 39, 301
쓰에마쓰 야스카즈(末松保和) 316
씨저우(智周) 105

ㅇ

아고(R.W. Ago) 586
아관파천(俄館播遷) 507
아구타(阿骨打) 361
아다오(阿道) 102
아나바시스(Anabasis) 671
아난(阿難) 223
아널드(A.V. Arnold) 585, 587
아다치 겐조(安達謙藏) 505
아담 샬(Johannes Adam Schall von Bell) 157
아데나워(Konrad Adenauer) 607
아도르노(Theodor Wiesengrund Adorno) 240
아라가야(阿羅伽耶) 303
아라이 신이치(荒井信一) 528
아라키 마스오(荒木万壽夫) 612
아롱(Raymond Aron) 74
아리야 데바(Aryadeva, 提婆) 101
아리야발마(阿離耶跋摩) 104
아리랑 572
아마노 오시호미미노미코토(天忍穗耳尊) 307
아마테라스오미카미(天照大御神) 307
아몬(Otto Ammon) 51
아무칸(阿毋侃) 367
아민(阿敏) 427
아베 노부유키 (阿部信行) 529
아비지(阿非知) 185
아사노 나가마사((淺野長政) 424
아사노 다쿠미노카미(淺野內匠頭) 422
아사노 요시나가(淺野幸長) 421
아사카와 다쿠미(淺川巧) 181, 555
아슈바고오사(馬鳴) 107
아스카(飛鳥) 문화 189
아스트롤라베(astrolabiume) 215
아시아의 드라마 680
아시조선(兒時朝鮮) 30
아시카가 요시미쓰(足利義滿) 406
아아록(我我錄) 473
아언각비(雅言覺非) 290
아우구스 티누스(Santus Aurelius Augustinus) 639, 660, 662
아웅산(Aung San)묘소 폭발암살 621
IMF(International Monetary Fund) 629
아유타국(阿踰陀國) 304
아이바 기요시(相場 清) 65
아이사 벌린(Isiah Berlin) 665
아이젠하워(Dwight David Eisenhower) 604, 614
아일랜드(Alleyne Ireland) 625
아주잡록(鵝洲雜錄) 39
아즈치모모야마(安土桃山) 시대 422
아직기(阿直岐) 189
아진의선(阿珍義先) 334
아카리케 아쓰시(赤池 濃) 535
아케치 미쓰히데(明智光秀) 406
아코(赤穗) 사무라이 422
아키바쓰(阿只拔都) 373
아키즈키 이타스(秋月致) 534
아키히토(明仁) 327, 612
아펜젤러(Henry Gerhard Appenzeller) 510, 511
아편전쟁(Opium War) 481, 519
아함경(阿含經) 99
악마(惡魔)의 포식(飽食) 536
악원고사(樂院故事) 204
악장가사(樂章歌詞) 204, 220
악장등록(樂掌謄錄) 204
악학궤범(樂學軌範) 220
악향(惡鄕) 279
안견(安堅) 212
안경창(安景昌) 205
안계홍(安桂洪) 542
안공근(安恭根) 546
안국선(安國善) 64, 233
안기영(安基永) 233
안기영(安驥泳) 494
안남도호부(安南都護府) 402
안당(安瑭) 447
안동도호부(安東都護府) 323
안렴사(按廉使) 257
안로(安璐) 209
안루산(安祿山, 安史) 307, 323, 342
안명근(安明根) 529, 547
안명세(安名世) 451
安武 559
안무사(按撫使) 257
안민가(安民歌) 219
안민영(安玟英) 224
안방준(安邦俊) 209
안병무(安炳茂) 165, 167
안병욱(安秉煜) 618
안병원(安丙元) 584
안분도(安芬道) 546
안석경(安錫儆) 228
안석영(安夕影) 584
안성(安省) 282
안수길(安壽吉) 235
안악(安岳) 사건 570
안야국(安邪國) 303
안왕거(安往居) 291
안용복(安龍福) 400
안우(安祐) 373
안우경(安愚慶) 61
안의(安義) 201
안이총서(顔李叢書) 143
안익태(安益泰) 571
안인수(安仁壽) 546
안잠(安潛) 282
안장왕(安藏王) 316
안재홍(安在鴻) 30, 31, 64, 72, 500, 567, 583, 386, 589
안정근(安定根) 546
안정복(安鼎福) 3, 21, 22, 59, 118, 144, 149, 152, 157, 159, 161, 190, 223, 225, 328, 381, 475
안정식(安定植) 549
안조원(安肇源) 224
安宗洙 217
안종전(安從典) 282
안종철(安鍾哲) 532
안중근(安重根) 545, 546
안준생(安俊生) 546
안중식(安中植) 213
안중영(安仲榮) 363
안찰사(按察使) 257
안창호(安昌浩) 150, 232, 511, 549, 557, 558, 563, 569
안천(安天) 547
안축(安軸) 220
안태국(安泰國) 569
안태훈(安泰勳) 546
안팽명(安彭命) 282
안평대군 206, 390
안함(安含) 104

안향(安珦) 88, 120, 121, 268
안현(安玹) 282
안호상(安浩相) 609
안확(安廓) 18, 25, 30, 311, 472
안훈〔安勳, 조경한(趙擊韓)〕 561
안희제(安熙濟) 547
알뛰세(Louis Althusser) 53
알레니〔Giulio Aleni, 艾儒略〕 157
알렉산드로스(Alexandros) 671
알렌(Richard C Allen, John M Taylor) 614
알 마스우디(al-Masudi) 248
알렌(Horace Newton Allen) 510, 514, 523
암행어사(暗行御史) 279
암허스트(Lord Amherst) 483
압구정(狎鷗亭) 395
압독국(押督國) 303
압록강은 흐른다 234
앙리(Henri) 4세 485
앙부일구(仰釜日晷) 205
앙시앵 레짐(Ancien Régime) 485
애국계몽운동 568
애국부인회 552
애술(哀述) 350
애장왕(哀莊王) 339
애치슨(Dean Gooderham Acheson) 585, 598
앤 볼레인(Anne Boleyn) 156
야나가와 시게노부(柳川調信) 407, 416
야나기 무네요시(柳宗悅) 181, 554
야마가타 아리토모(山縣有朋) 504, 508
야마나시 한조(山梨半造) 529
야마다 도난(山田圖南) 425
야마다 호코쿠(山田方谷) 490
야마모토 이소로쿠(山本五十六) 581
야마베(山部) 親王 327
야마베 겐타로(山邊健太郎) 401
야마자키 안사이(山崎闇齋) 134, 424
야마타이 코쿠(邪馬台國) 307
야마토(大和) 307
야마토노 오토쓰구(和乙繼) 327
야발(野勃) 345
야부 고잔(藪孤山) 134
야스쿠니(靖國) 神社 581
야언별집(野言別集) 449
야오광(姚光) 312
야오샨웨이옌(藥山惟儼) 101
야요이(彌生) 문화 184
야콥슨(Roman Jacobson) 53
약광(若光) 323
약방기생(藥房妓生) 291
약파만록(藥坡漫錄) 39
얀센(M. B. Jansen) 491
얄타(Yalta) 582
양검(良劒) 350
양관(梁灌) 282
양구이훼이(楊貴妃) 290
양규(楊規) 359
양규열(梁圭烈) 558
양금신보(梁琴新譜) 204
양기탁(梁起鐸) 71, 529, 565, 569
양길(梁吉) 251, 347
양꾸이샨(楊龜山, 楊時) 131, 443
양녕대군 388
양덕수(梁德壽) 204
양도(良圖) 227
양득중(梁得中) 145
良吏 262
양만춘(楊萬春) 60
양매륜(梁邁倫) 567
양명전습록(陽明傳習錄) 139
양무운동(洋務運動) 519
양사언(楊士彦) 124
양산보(梁山甫) 449
양산수(梁山璹) 475
양성지(梁誠之) 203, 205
양소우징(楊守敬) 29
양쉔간(楊玄感) 319
양슈칭(楊秀清) 519
양숑(揚雄) 40, 189, 206
양아록(養兒錄) 205
양예수(楊禮壽) 205
양우정(梁又正) 609
양우조(楊宇朝) 565
양유찬(梁裕燦) 401
양위앤(楊元) 413
양인성(楊仁性) 568
양자법언(楊子法言) 35, 40
양전백(梁甸伯) 550
양주동(梁柱東) 96, 235, 571
양지(良志) 219
양징리(楊經理) 273
양천교혼(良賤交婚) 276
양팅윈(楊廷筠) 157
양팽손(梁彭孫) 449
양푸(楊僕) 300, 402
양하오(楊鎬) 415, 416, 417
양한묵(梁漢默) 550
양헌수(梁憲洙) 484
양화소록(養花小錄) 295
얜 여우(嚴尤) 311
얜위앤(顔元) 143
얜쩐칭(顔眞卿) 122, 543
어몽룡(魚夢龍) 212
어무적(魚無迹) 227
어비류(於卑留) 313
어사대(御史臺) 255
어세겸(魚世謙) 446
어숙권(魚叔權) 206, 208, 218, 295
어우야담(於于野譚) 223, 225, 414
어우양쉰(歐陽詢) 194
어우양시우(歐陽脩) 229, 340, 443, 471
어유소(魚有沼) 394
어윤적(魚允迪) 611
어윤중(魚允中) 476, 492, 495, 496, 501, 507
어윤희(魚允姬) 552
어을우동(於乙于同) 289
어재연(魚在淵) 484
어정배식록(御定配食錄) 393
언기(彦機) 113
언더우드(Horace Grant Underwood) 510, 511
언더우드(Lillias Stirling Horton Underwood) 506
언문조선구전민요집(諺文朝鮮口傳民謠集) 572
언문지(諺文志) 198, 216
언선(彦宣) 365
엄민영(嚴敏永) 618
嚴상궁 507
엄성(嚴惺) 475
엄세영(嚴世永) 476
엄요섭(嚴堯燮) 618
엄항섭(嚴恒燮) 547, 565, 586
에가미 나미오(江上波夫) 188
에그버트(Egbert) 488
에도 바쿠후(江戶幕府) 68, 422
에드먼즈(Margaret J. Edmunds) 514
에디슨(Thomas Alva Edison) 514
에쏜 써드(EssonThird) 517
에이비슨(Oliver R. Avison) 514
에이사이(榮西) 111
에카르트(Andre Eckardt) 29, 181
에케르트(Franz von Eckert) 571
에케이(惠瓊) 423
에토 다카미(江藤隆美) 612
에토 신페이(江藤新平) 491
엘리어트(Thomas Stearns Eliot) 679
엘리자베드 일세(Elizabeth Ⅰ) 488
엥겔스(Friedrich Engels) 561
여계칠편(女誡七篇) 287
여교명감(女敎明鑑) 287
여교서(女敎書) 287
여논어(女論語) 287
여사서(女四書) 287
여사제강(麗史提綱) 36, 214, 371
여상현(呂尙玄) 234
여석기(呂石基) 618
여소학(女小學) 287

여순(麗順)반란 608
여씨춘추(呂氏春秋) 39
여씨향약(呂氏鄉約) 269
여암전서(旅庵全書) 31
여엄(麗嚴) 353
여요전주(麗謠箋注) 235
여우길(呂祐吉) 425
여운형(呂運亨) 74, 535, 550, 557, 563, 585, 586, 588, 594
여운홍(呂運弘) 556, 586
여유당전서(與猶堂全書) 31, 38, 62
여준(呂準) 549
여지도서(輿地圖書) 215
여진(女眞) 357, 360, 361, 396
여청(余淸) 359
여춘영(呂春永) 231
여한구가문초(麗韓九家文鈔) 228
여헌(女憲) 287
여효경(女孝經) 287
여훈(女訓) 287
역대세년가(歷代世年歌) 200
역사동국가고(歷史東國可攷) 41
역사의 연구(A study of History) 667
역사의 종말(The End of History) 674
역사집략(歷史輯略) 28
역학도설(易學圖說) 126
역학도해(易學圖解) 216
연개소문 103, 320, 321, 322, 323
연남건(淵男建) 322
연남산(淵男産) 322, 323
연남생(淵男生) 322, 323
연려실기술(燃藜室記述) 22, 37, 42, 473
연병호(延秉昊) 565
연비(延丕) 311
연산군(燕山君) 58, 292, 445, 446, 458
연수영(淵秀英) 320
연수창(延壽菖) 261
연안승(淵安勝) 323
연우(延優) 313
연재(淵齋)학파 137
연정토(淵淨土) 322
연조귀감(掾曹龜鑑) 22, 277
연타발(延陀勃) 325
연평문답 발(延平問答 跋) 132
연회(緣會) 20
연횡설(連衡說) 305
열국기(列國紀) 299
열녀전(烈女傳) 287
열린 사회와 그 적들 675
열반경(涅槃經) 100, 104
열상규조(烈上閨藻) 291
열성지장통기(列聖誌狀通紀) 287
열성후비지문(列聖后妃誌文) 287
열조통기(列朝通紀) 149, 381
열하일기(熱河日記) 147, 148, 225
염계달(廉季達) 226
염락관민(濂洛關閩)의 학(學) 227
염상섭(廉想涉) 72, 181, 234, 595
염장(閻長) 340
염제신(廉悌臣) 372
염종(廉宗) 338
염흥방(廉興邦) 417
영(Brigham Young) 172
영고(迎鼓) 97
영관(靈觀) 113
영규(靈圭) 411
영남가(嶺南歌) 222
영남만인소(嶺南萬人疏) 493
영남악부(嶺南樂府) 231
영남학회(嶺南學會) 511
영락제(永樂帝) 425
영류왕(榮留王) 320
영수합고(令壽閤稿) 226
영수합 서씨(令壽閤 徐氏) 226
영언려작(靈言蠡勺) 148
영잉타이(丁應泰) 417
영재(永才) 219
영창대군(永昌大君) 454, 455
영환지략(瀛環志略) 492
예기천견록(禮記淺見錄) 125
예까쩨리나 2세(Yeka-therina II Velikaya) 563
예뤼다스(耶律大石, 遼 德宗) 357
예뤼아바오지(耶律阿保機) 343, 345, 357
예뤼추차이(耶律楚材) 357
예수 그리스도(Jesus Christ) 156, 673
예종석(芮宗錫) 531
예쿠(也窟, 也古) 367, 368
옌푸(嚴復) 229, 519
오가작통법(五家作統法) 277
오감(吳鑑) 496
오강표(吳剛杓) 543
오건(吳健) 136, 152
오경석(吳慶錫) 492
오고타이칸(窩闊台汗) 367
오광운(吳光運) 211
5군영(軍營) 267
오규 소라이(荻生徂徠) 150, 424
오긍선(吳兢善) 511
오끌라드니꼬프(Okladnikov) 92
오노 야스마로(太安萬侶) 189
오닌(應仁)의 난 406
오다 노부나가(織田信長) 406
오달제(吳達濟) 428, 475
오대십국(五代十國) 342
오도일(吳道一) 283, 476
오동진(吳東振) 565
오두미도(五斗米道) 103
오두인(吳斗寅) 414, 475
오례의(五禮儀) 195
오륜행실도(五倫行實圖) 216
오르테가 이 가세트(José Ortega Y Gasset) 678
오르텔리우스(Abraham Ortelius) 377
오리엔탈리즘 679
오명항(吳命恒) 476
오바이(小白) 302
오병수박희(五兵手搏戲) 402
오부치 게이조(小淵惠三) 613
오산설림초고(五山說林草藁) 209, 223
오상(吳祥) 282
오상순(吳相淳) 234
오성윤(吳成崙) 560
오성홍기(五星紅旗) 575
오세창(吳世昌) 30, 550, 569, 592
오세한(吳世翰) 282
오스트롬(Elinor Ostrom) 636
오쓰카 다이야(大塚退野) 134, 491
오시마 도모노조(大島友之允) 490
오아마(大海人) 皇子 307
오야마 레이지(尾山令仁) 534
오억령(吳億齡) 283, 475
오에이노 가이코(應永の外寇) 398
오연총(吳延寵) 360, 361
오영수(吳泳秀) 586
오용국(吳龍國) 591
오운(吳澐) 36, 200
오원(吳瑗) 476
오위도총부(五衛都摠府) 266
오위영(吳緯泳) 609
오윤겸(吳允謙) 425, 475
오윤상(吳允常) 152
오음잡설(梧陰雜說) 208
오이디푸스 콤플렉스(Oedipus Complex) 677
오이라트(瓦剌部) 374
오이켄(Walter Eucken) 635
5·16군사쿠데타 616
오장환(吳章煥) 234
오정창(吳挺昌) 475
오종식(吳宗植) 73
오주연문장전산고(五洲衍文長箋散稿) 22, 283
五千年間 朝鮮의 얼 24, 30
오천석(吳天錫) 586
오츠에(大津繪) 212
오치권(吳治權) 395
오카모토 류노스케(岡本柳之助) 503
오카와 쓰네키치(大川常吉) 535

오캄(William of Ockham) 148
오커너(N.R. O' Conor) 503
오코치 히데모토(大河內秀元) 431
오쿠노 세이스케(奧野誠亮) 612
오쿠보 도시미치(大久保利通) 490, 491
오크쇼트(Michael Joseph Oakeshott) 659
오크스(Dumbarton Oaks) 582
오키시청합기(隱州視聽合記) 400
오타 가즈요시(太田飛彈守一吉) 416
오타 쥬리아(大田 Julia) 157
오토모(大友) 307
오통조 어서문(五筒條 御誓文) 490
오페르트(Ernst Jacob Oppert) 484
오하기문(梧下記聞) 500
오하묵(吳河默) 563, 564
오행출진기도(五行出陣奇圖) 386
오현관(吳玄觀) 552
오현주(吳玄洲) 552
오형(五刑) 265
오호십육국(五胡十六國) 317
오화영(吳華英) 550, 567, 586
오회연교(五晦筵教) 439
오희문(吳希文) 431
오희상(吳熙常) 152, 476
오히라 마사요시(大平正芳) 616
옥보고(玉寶高) 186
옥시덴탈리즘(Occidentalism) 679
옥저(沃沮) 302
옥진서(玉眞瑞) 262
옥한흠(玉漢欽) 164
온달(溫達) 317
온사도(溫沙道) 402
온조왕(溫祚王) 325
올리버(Robert Tarbell Oliver) 614
와다 하루키(和田春樹) 528
와신상담(臥薪嘗膽) 330
와키사카 야스하루(脇坂安治) 411, 415
완당집(阮堂集) 209
완스더(萬世德) 417
완자홀도(完者忽都) 奇氏 372
완화군(完和君) 505
왕건(王建) 54, 349, 351, 352
왕궈웨이(王國維) 150, 435
왕규(王規) 393
왕릉(王隆) 352, 353,
왕망(王莽) 304, 311
왕멍(王猛) 313
왕모중(王毛仲) 323
왕밍성(王鳴盛) 27
왕방(王昉) 382
왕방연(王邦衍) 392
왕비디(王必迪) 412, 414
왕산악(王山岳) 185
왕시엔즈(王仙之) 342
왕시즈(王羲之) 194, 210
왕식렴(王式廉) 355
왕안스(王安石) 230, 322, 443, 471
왕양밍(王陽明) 119, 126, 139
왕오천축국전(往五天竺國傳) 105
왕원두(王文度) 331
왕위(王輿) 205, 214
王仁 188, 189
왕자오밍(汪兆銘) 580
왕지엔친(王健群) 316
왕찐메이(王熾美) 574
왕창진(王昌瑾) 348
왕충(王充) 103
왕치(王圻) 146
왕패병용(王覇竝用) 462
王平 232
왕해(王諧) 262
왕후즈(王夫之, 王船山) 318
외거노비(外居奴婢) 261, 278
외공장(外工匠) 273
외규장각 213
외명부(外命婦) 266
외이죽지사(外夷竹枝詞) 231
요도도노(淀殿) 421
요로원야화기(要路院夜話記) 225
요시나리 히로시(吉成弘) 584
요시노 사쿠조(吉野作造) 535
요시다 세이지(吉田清治) 540
요시다 쇼인(吉田松陰) 490
요시다 시게루(吉田茂) 606
요시미 요시아키(吉見義明) 540
요시히토(嘉仁) 530
요코이 쇼난(橫井小楠) 134
요크(York) 488
요한 바오로 2세(Johannes Paulus II) 162
요훼이(岳飛) 361
요(堯) 52
용검(龍劒) 350
용담유사(龍潭遺詞) 499
용비어천가(龍飛御天歌) 197, 221
용산요두편(龍山療痘篇) 205
용재수필(容齋隨筆) 225
용재총화(慵齋叢話) 198, 208, 223, 289
용자쉬앤지아오(永嘉玄覺) 101
용천담적기(龍泉談寂記) 208
우가키 가즈시게 (宇垣一成) 529, 533
우거왕(右渠王) 300
우경방(禹慶邦) 458
우광(吳廣)의 난 240
우광(吳廣) 418
우덕(于德) 238
우랄 · 알타이(Ural · Altai) 49
우로(于老) 335
우루쩽(吳祿禎) 547
우륵(于勒) 186
우리말본 570
우메즈 요시지로(梅津美治郎) 536, 582
우범선(禹範善) 503, 611
우산국(于山國) 336
우상전(虞裳傳) 231
우성범(禹成範) 383
우성전(禹性傳) 133, 209, 412, 454, 458
우세겸(禹世謙) 282
우싼꿰이(吳三桂) 425, 435
우쓰노미야 다로(宇都宮太郎) 534
우암선생계녀서(尤庵先生戒女書) 287
우야슈(鳥雅束) 361
우왕(禑王) 372, 379, 380, 381
우웨이중(吳惟忠) 413, 414
우웨이쯔(吳維稚) 574
우위삐(吳與弼) 139
우이(優台) 363
우자오여우(吳兆有) 497
우장춘(禹長春) 503
우적가(遇賊歌) 219
우정규(禹禎圭) 216
우지노와키라쓰코(菟道稚郎子) 189
우직(友直) 390
우징(吳兢) 342, 356
우쯔쉬(伍子胥) 330
우창칭(吳長慶) 494
우쳐우지엔(毌丘儉) 302, 314
우쳐티엔(武則天) 342, 344
우치(吳起) 119
우치다 사다쓰치(內田定侈搥) 503
우치무라 간조(內村鑑三) 528
우키시마마루(浮島丸) 536
우키요에(浮世繪) 212
우키타 히데이에(宇喜多秀家) 415, 421
우탁(禹倬) 203, 284
우페이푸(吳佩孚) 574
우하영(禹夏永) 149
우해이어보(牛海異魚譜) 216
우현보(禹玄寶) 282, 382, 383, 385
우홍수(禹洪壽) 383
운문종(雲門宗) 101
운암잡록(雲巖雜錄) 208
운요호(雲揚號) 487
운평(運平) 292
울릉도 401
울시(Theodor D. Woolsey) 545
워싱턴(George Washington) 486
워트 타일러(Wat Tyler) 240
워커(Walton H. Walker) 606
원가(怨歌, 栢樹歌) 219

원각사(圓覺寺) 393, 440, 550, 571
원경왕후(元敬王后) 민씨 388
원경하(元景夏) 468
원광(圓光) 98, 104, 337
원구단(圜丘壇) 508
원균(元均) 411, 415, 416, 419
원두표(元斗杓) 459
원랑(圓郞) 105
원민생(元閔生) 396
원부(元傅) 190
元山學舍 510
원생몽유록(元生夢遊錄) 223
원세훈(元世勳) 589
원시불교(原始佛敎) 99
원악향리(元惡鄕吏) 279
원안(圓安) 104
원왕생가(願往生歌) 219
원응상(元應常) 532
원의손(元義孫) 291
원적(元績) 399
원종공신(原從功臣) 384
원중거(元重擧) 407
윈쥐따오잉(雲居道膺) 391
원천석(元天錫) 381, 384
원측(圓測) 105
원톈샹(文天祥, 文文山) 361, 423
원호(元豪) 412
원호(元昊) 393
원화(源花) 95
원효(元曉) 48, 87, 98, 105, 106
월명사(月明師) 97, 219
월인석보(月印釋譜) 222
월인천강지곡(月印千江之曲) 221, 222
월정만필(月汀漫筆) 208
웨드마이어(Albert Coady Wedemeyer) 588
웨브 부부(Sidney James Webb, Beatrice Potter Webb) 517
웨스트팔리아(Westphalia) 조약 433
웨슬리(John Wesley) 164
웨운(韋温) 287
웨이위앤(魏源) 492
웨이중쎈(魏忠賢) 443
웨이즈(微子) 120
웨이징(魏徵) 321
웨이창후이(韋昌輝) 519
웨이칭(衛靑) 399
웨이츠징더(尉遲敬德) 465
웬랑(原壤) 463
웬스카이(袁世凱) 65, 495, 497, 574
웰즈(Herbert George Wells) 26
위경천전(韋敬天傳) 225
위고(Victor Marie Hugo) 672
위그노(Huguenot) 156
위덕(威德) 60, 328
위만(衛滿) 조선 299, 300
위백규(魏伯珪) 149
위앤황(袁黃) 412
위원수(宇文述) 319
위원화지(宇文化及) 320
위중원(于仲文) 319
위진남북조(魏晉南北朝) 317
위진풍도(魏晉風度) 192
위첸(于謙) 377
위첸(N.Witsen) 374
위항(委巷, 閭巷) 문학 227, 230
위홍(魏弘) 340
위화도회군(威化島回軍) 379
위화랑(魏花郞) 250
윈먼원옌(雲門文偃) 101
윈쥐따오잉(雲居 道膺) 353
윌리엄슨(Oliver E. Williamson) 636
윌리엄 1세(William Ⅰ) 488
윌슨(D. Wilson) 16
윌슨(John Cook Wilson) 663
윌슨(Thomas Woodrow Wilson) 548
유각경(兪珏卿) 567
유감동(兪甘同) 288
유감동국통지(類鑑東國通志) 217
유검필(庾黔弼) 350
유계(兪棨) 36, 214, 423, 460
유교구신론(儒敎求新論) 570
儒敎와 道敎(Confucianism and Taoism) 679
유귀수(兪龜壽) 288
유극량(劉克良) 409
유기(留記) 20
유길준(兪吉濬) 23, 476, 496, 498, 501, 507, 530, 569
유네스코 세계기록유산(Memory of the World) 182
유득일(兪得一) 476
유럽공동시장(EEC, European Economic Community) 607
유류(孺留) 325
유리이사금(儒理尼師今) 311, 334
유마경(維摩經) 105
유만겸(兪萬兼) 532, 611
유백증(兪伯曾) 475
유석(庾碩) 262
유선사(遊仙詞) 224
유성준(兪星濬) 611
유식종(唯識宗) 101
유신정령(維新政令) 362
유신환(兪莘煥) 152
유억겸(兪億兼) 583, 586, 611
유언겸(兪彦謙) 282
유언호(兪彦鎬) 469
유엔묘지 607
유엔임시한국위원단 591
유엔 참전국 600
유여대(劉如大) 550
유영준(劉英俊) 567
유원동(劉元東) 33
유원순(兪元淳) 221
유원주(劉元柱) 231
유응부(兪應孚) 391, 392
유이태(劉爾泰) 205
유일(有一) 114
유재건(劉在建) 231
유정(惟政) 113, 411, 424
유지성(劉志誠) 262
유진동(劉振東) 561
유진오(兪鎭午) 73, 591, 595
유찬홍(庾纘洪) 231
유창현(劉彰玄) 618
유최기(兪最基) 468
유충기(劉沖祺) 221
유트레히트(Utrecht) 동맹 433
유한준(兪漢雋) 213
유한잡록(遺閑雜錄) 208
유형(有炯) 114
유홍(兪泓) 475
유홍기(劉洪基) 496
유효통(兪孝通) 204
유희경(劉希慶) 291
육가잡영(六家雜詠) 230
六國史 66
六臣傳 228, 392
6 · 10만세운동 566
육의전(六矣廛) 273
6 · 29 민주화선언 620
6 · 25 동란 598
육조단경(六祖壇經) 110
六曹直啓制 264
6진 389
六昌 228
윤갑병(尹甲炳) 532, 610
윤경빈(尹慶彬) 583
윤관(尹瓘) 203, 345, 360, 361
윤국형(尹國馨) 208, 273, 420
윤극영(尹克榮) 573
윤근수(尹根壽) 208, 218, 382
윤급(尹汲) 468
윤기섭(尹琦燮) 535, 565, 586
윤기익(尹基益) 586
윤기헌(尹耆獻) 208
윤다(允多) 353
윤덕영(尹德榮) 530, 611

윤동규(尹東奎) 144
윤동주(尹東柱) 72, 571
윤두병(尹斗炳) 542
윤두서(尹斗緖) 210, 212
윤두수(尹斗壽) 208, 475
윤방(尹昉) 429, 475
윤병석(尹炳奭) 34
윤보선(尹潽善) 567, 585, 615, 616, 618
윤봉길(尹奉吉) 560
윤봉춘(尹逢春) 571
윤부(尹釜) 282
윤사순(尹絲淳) 127
윤사익(尹思翼) 282
윤상(尹祥) 132
윤상은(尹相殷) 531
윤상태(尹相泰) 549
윤상희(尹相曦) 532
윤석구(尹錫龜) 591
윤석보(尹碩輔) 282
윤석중(尹石重) 584
윤선거(尹宣擧) 131, 460, 463
윤선도(尹善道) 218, 224, 460, 475
윤성범(尹聖範) 168
윤세복(尹世復) 545, 549
윤세주(尹世胄) 560
윤소종(尹紹宗) 200, 381, 382
윤순(尹淳) 210, 212
윤순거(尹舜擧) 424
윤시병(尹始炳) 523, 527, 610
윤심덕(尹心悳) 232
윤언이(尹彦頤) 363, 446
윤용구(尹用求) 530, 551
윤원형(尹元衡) 450
윤을수(尹乙洙) 31
윤이(尹彛)·이초(李初)의 옥(獄) 382
윤인(尹訒) 455, 475
윤임(尹任) 450
윤자덕(尹滋悳) 476
윤자운(尹子雲) 390
윤자임(尹自任) 448
윤정원 569
윤정현(尹定鉉) 476
윤증(尹拯) 460, 462, 463, 476, 518
윤지(尹志) 468
윤지눌(尹持訥) 211
윤지당유고 226
윤지당 임씨(允摯堂 任氏) 226
윤지선(尹趾善) 476
윤지술(尹志述) 476
윤지완(尹趾完) 283, 476
윤지충(尹持忠) 160
윤진수(尹進遂) 552
윤집(尹集) 428, 475
윤창석(尹昌錫) 550
윤처공(尹處恭) 390
윤첨(尹瞻) 363
윤추(尹推) 283
윤춘년(尹春年) 282
윤치영(尹致暎) 608
윤치호(尹致昊) 167, 509, 523, 529, 551, 571, 583, 610
윤태빈(尹泰彬) 532
윤태준(尹泰駿) 495
윤택영(尹澤榮) 530
윤필상(尹弼商) 397, 446
윤행임(尹行恁) 433, 476
윤헌(尹櫶) 461
윤현(尹鉉) 282
윤형중(尹亨重) 618
윤호진(尹浩鎭) 506
윤황(尹煌) 427, 475
윤회(尹淮) 190, 200
윤효정(尹孝定) 439, 569
윤휴(尹鑴) 118, 141, 145, 432, 460, 461, 475
윤흔(尹昕) 225
윤흥신(尹興信) 409
윤희순(尹喜淳) 181
율곡별집(栗谷別集) 383
율곡전서 135
융정챈룽조(雍正乾隆朝) 161
융정디(雍正帝) 435
융천사(融天師) 219
은둔국(隱遁國) 조선(Corea, the Hermit Kingdom) 29
은신군(恩信君) 469
은언군(恩彦君) 469
은전군(恩全君) 469
은(殷) 53
을두지(乙豆智) 312
을미지변(乙未之變) 502
을밀선인(乙密仙人) 317
을사늑약(乙巳勒約) 522, 523
을사사화(乙巳士禍) 450
을사오적(乙巳五賊) 524
을사전문록(乙巳傳聞錄) 209
을사처분(乙巳處分) 467
을지문덕(乙支文德) 41, 59, 60, 319
을파소(乙巴素) 203, 313
을해옥사(乙亥獄事) 468
음서(蔭敍) 260
음식디미방(知味方) 287
음즙벌국(音汁伐國) 303
응렴(膺廉) 385
응제시주(應製詩註) 91
의각(義覺) 104
의경세자(德宗) 394
의궤(儀軌) 217
의군부(義軍府) 559
의금부(義禁府) 264
의기전(義妓傳) 414
의당(毅堂)학파 137
의려왕(依慮王) 302
의리쌍행(義利雙行) 462
의림촬요(醫林撮要) 205
의문보감(醫門寶鑑) 205
의방집략(醫方集略) 205
의방유취(醫方類聚) 205
의방활투(醫方活套) 216
의산문답(毉山問答) 149
의상(義湘) 105
의성단(義成團) 559
의심(義諶) 113
의암기(義巖記) 414
의연(義淵) 102
의유당 남씨(意幽堂 南氏) 226
의유당일기 226
의자왕(義慈王) 329
의적(義賊)의 사회사(Bandits) 280
의정부(議政府) 264
의종손익(醫宗損益) 216
의지(懿旨) 390
의창(義倉) 272
의천(義天) 87, 109, 111, 227
의화단(義和團)의 난 519
의흥삼군부(義興三軍府) 266
이가환(李家煥) 70, 144, 161, 211, 475
이각(李珏) 409
이각종(李覺種) 611
이간(李柬) 126, 152, 276, 476
이갑(李甲) 511, 569
이갑성(李甲成) 550, 567, 583
이강(李剛) 569
이강국(李康國) 589
이강년(李康季) 543, 545
이강오(李康五) 176
이강훈(李康勳) 534
이개(李塏, 李伯高) 197, 198, 390, 391
이거이(李居易) 387
이건명(李健命) 465
이건석(李建奭) 542
이건창(李建昌) 42, 211, 217, 471, 473
이경(李敬) 424
이경명(李景溟) 160
이경민(李慶民) 231
이경석(李景奭) 121, 430, 432, 475
이경여(李敬輿) 432, 475
이경전(李慶全) 430, 475
이경직(李耕稙) 503, 508

이경하(李景夏) 476
이계(李烓) 431, 475
이계(李棨) 427
이계복(李繼福) 191
이계전(李季甸) 203, 281
이계집(耳溪集) 209
이고(李高) 365
이곡(李穀) 192, 218, 220, 227
이공노(李公老) 221
이공수(李公遂) 259
이관구(李寬求) 567, 595
이관명(李觀命) 276
이관징(李觀徵) 464
이괄(李适) 427, 433
이광(李光) 549
이광린(李光麟) 34
이광사(李匡師) 37, 210, 212, 283
이광수(李光洙) 65, 71, 233, 394, 550, 556, 568, 611
이광정(李光庭) 282
이광종(李光鐘) 511
이광좌(李光佐) 468
이광필(李光弼) 193
이구(李球, ?-1570) 123
이구(李球, ?-1822) 484
이구(李玖) 526
이국화(李國華) 215
2군 6위(二軍 六衛) 257
이권(李權) 372
이귀(李貴) 426, 427, 459, 475
이귀명(李歸命) 418
이규경(李圭景) 198
이규방(李奎昉) 570
이규보(李奎報) 20, 191, 218, 220, 221, 227, 338
이규완(李圭完) 531, 610
이규홍(李圭弘) 543
이규환(李圭煥) 571
이극균(李克均) 446
이극돈(李克墩) 444, 445
이극로(李克魯) 569, 595
이근주(李根周) 543
이근택(李根澤) 523, 610
이긍익(李肯翊) 22, 37, 41, 473
이기(李墍) 208, 282, 412
이기(李芑) 3, 450
이기(李沂) 523
이기경(李基慶) 161
이기룡(李起龍) 425
이기방(李基枋) 532
이기백(李基白) 18, 33, 58, 92, 473
이기붕(李起鵬) 614
이기영(李箕永) 106, 111, 112, 117
이기익(李箕翊) 476
이길(李洁) 131
이나바 모쿠사이(稻葉默齋) 134
이나바 우사이(稻葉迂齋) 134
이나바 이와키치(稻葉岩吉) 30, 532
이나영(李羅英) 497
이남규(李南珪) 475, 501
이남영(李楠永) 131
이녕(李寧) 193
이노우에 가오루(井上馨) 503, 504
이노우에 키요시(井上清) 491, 506
이능화(李能和) 25, 28, 30, 118, 177, 285, 289, 290, 611
이단상(李端相) 152
이단전(李亶佃) 231
이달(李達) 210, 227, 231
이담(李湛) 451
이대기(李大期) 412
이대위(李大爲) 549
이덕견(李德堅) 399
이덕무(李德懋) 192, 211, 215, 287, 437
이덕요(李德耀) 567
이덕형(李德馨) 410, 455, 475
이덕형(李德泂) 208, 223
이덕홍(李德弘) 128
이도현(李道顯) 475
이돈화(李敦化) 64, 234, 568
이동(李同) 227
이동녕(李東寧) 542, 549, 556, 559, 565, 569
이동욱(李東旭) 618
이동인(李東仁) 497
이동휘(李東輝) 545, 549, 557, 564, 569
이두황(李斗璜) 531, 611
이드리씨(AbúAbdallah-Idrisi) 377
이든(Sir Robert Anthony Eden) 584, 606
이륜행실도(二倫行實圖) 216
이마니시 류(今西龍) 30, 52
이마리야키(伊萬里燒) 424
이만갑(李萬甲) 618
이만도(李晚燾) 542
이만부(李萬敷) 149
이만손(李晚孫) 493
이만운(李萬運) 215
이만원(李萬元) 475
이맹전(李孟專) 393
이면상(李冕相) 279
이명(李茗) 214, 475
이명(李蓂) 282
이명민(李命敏) 390, 393
이명룡(李明龍) 550
이명의(李明誼) 476
이명재(李命宰) 542
이명조(李明祖) 275
이명준(李命俊) 283
이명한(李明漢) 276
이몽필(李夢弼) 282
이몽학(李夢鶴) 412, 433
이몽헌(李夢軒) 410
이묘묵(李卯默) 586
이무(李茂) 383, 387
이무영(李無影) 234
이문건(李文楗) 205
이문영(李文永) 618
이문원(李文源) 476
이문진(李文眞) 20
이문화(李文和) 387
이미륵(李彌勒, 李儀景) 235
이민구(李敏求) 211, 225
이민서(李敏敍) 276, 419, 420
이민행(李敏行) 22
이발(李潑) 453, 454
이방간(李芳幹) 387
이방과(李芳果) 388
이방번(李芳蕃) 387
이방석(李芳碩) 387, 465
이방실(李芳實) 61, 373
이방우(李芳雨) 388
이방원(李芳遠) 382, 383, 387
이방의(李芳毅) 387
이백경(李伯卿) 387
이백지(李伯持) 282
이번(李蕃) 205
이범(李範) 410
이범석(李範奭) 559
이범윤(李範允) 549, 559
이범익(李範益) 532
이범진(李範晋) 507, 543
이벽(李檗) 70, 161
이변(李邊) 396
이병기(李秉岐) 225, 235, 570, 595
이병도(李丙燾) 17, 26, 32, 33, 49, 50, 92, 96, 191, 248, 500
이병모(李秉模) 216
이병무(李秉武) 526
이병문(李秉文) 476
이병연(李秉淵) 212
이병윤(李丙允) 92
이병철(李秉喆) 628
이병태(李秉泰) 283, 468
이보흠(李甫欽) 392
이복남(李福男) 415
이봉(李逢) 230
이봉상(李鳳祥) 467
이봉순(李鳳順) 618
이봉우(李奉雨) 549

이봉운(李鳳雲) 569
이봉창(李奉昌) 560
이북만(李北滿) 17
이불란사(伊弗蘭寺) 102
이븐 밧투타(Ibn Battutah) 105
이븐 할둔(Abd al-Rahman, Ibn Khaldûn) 53
이빈(李賓) 413
이사도(李師道) 323, 436
이사룡(李士龍) 430
이사벨라 1세(Isabella Ⅰ) 486
이사부(異斯夫) 250, 336
이사현(李思峴) 152
이산해(李山海) 454
이삼평(李參平) 424
이상(李箱, 金海卿) 234, 571
이상곡(履霜曲) 220
이상룡(李相龍) 542, 549, 559
이상백(李相佰) 26, 481
이상설(李相卨) 525, 559
이상재(李商在) 167, 509, 567, 583
이상적(李尙迪) 210, 218, 231
이상정(李象靖) 152, 295, 475
이상좌(李上佐) 212
이상진(李尙眞) 283
이상철(李相哲) 542
이상춘(李常春) 570
이상화(李相和) 72, 234, 571
이상황(李相璜) 476
이색(李穡) 62, 88, 118, 227, 383
이서(李漵) 210
이서구(李瑞求) 571
이서구(李書九) 211, 476
이서우(李瑞雨) 211
이석근(李石根) 282
이석대(李奭大) 545
이석표(李錫杓) 470
이석하(李錫夏) 211
이석훈(李錫薰) 567
이선근(李瑄根) 31, 97, 497, 500
이선로(李善老) 197
이선장(李善長) 282
이선평(李仙枰) 175
이설(李偰) 542
이성계(李成桂) 56, 351, 373, 379, 380, 385, 423
이성령(李星齡) 421
이성린(李聖麟) 425
이성무(李成茂) 55, 57, 63
이성완(李誠完) 552
이세덕(李世德) 463
이세백(李世白) 476
이세영(李世永) 549
이세장(李世璋) 282
이세좌(李世佐) 446
이세화(李世華) 283
이소(離騷) 39, 221, 361
이소선(李小先) 552
이소응(李紹膺) 364
이수(李銖) 410
이수경(李壽卿) 571
이수경(李壽慶) 209, 475
이수광(李睟光) 141, 145, 198, 222, 285
이수태(李守泰) 445
이수화(李守和) 397
이숙번(李叔蕃) 387
이순신(李舜臣) 60, 283, 409, 410, 415, 419, 420, 475
이순지(李純之) 205
이순화(李順和) 552
이술원(李述源) 467
이숭인(李崇仁) 120, 227, 380, 383, 385
이승규(李昇圭) 570
이승기(李升基) 572
이승로(李承老) 392
이승만(李承晩) 63, 542, 549, 557, 582, 585, 586, 587, 589, 599, 608, 609, 614
이승복(李昇馥) 567
이승소(李承召) 218
이승엽(李承燁) 595
이승우(李升雨) 611
이승훈(李承薰) 144, 158, 161
이승훈(李昇薰) 511, 529, 550, 567, 569
이승휴(李承休) 92, 93, 190, 299, 343
이승희(李承熙) 545
이시다 미쓰나리(石田三成) 421, 422
이시발(李時發) 221
이시방(李時昉) 475
이시백(李時白) 283, 475
이시애(李施愛) 54, 394, 482
이시언(李時言) 413, 418
이시영(李始榮) 549, 556, 559, 563, 592, 609
이시원(李是遠) 476
이시이 시로(石井四郞) 536
이시즈카 에이조(石塚英藏) 504
이시필(李時弼) 295
이시하라 와사부로(石原和三郞) 528
이식(李植) 134, 135, 218, 227, 229, 252, 295, 475
이신효(李愼孝) 282
이십이사고이(二十二史考異) 27
이십이사차기(二十二史箚記) 27
이안눌(李安訥) 210, 283
李安社(穆祖) 379
이암(李嵒) 194
이암(李巖) 212
이애리수(李愛利秀) 232
이약빙(李若氷) 451
이양(李穰) 390
이양연(李亮淵) 4, 476
이양원(李陽元) 409
이어령(李御寧) 74
이억기(李億祺) 411, 416
이언(俚諺) 227
이언(李堰) 282
이언섭(李彦燮) 411
이언 바루마(Ian Buruma) 679
이언적(李彦迪) 120, 132, 227, 282, 451, 466
이언진(李彦瑱) 227, 231
이언홍(李彦弘) 425
이엄(利嚴) 105, 353
이여(李畬) 419, 476
이연보(李延俌) 282
이영(李英) 282
이영(李瑛) 410
이영근(李泳根) 611
이영남(李英男) 417
이예(李藝) 398
이옥(李鈺) 227, 437
이옥(李玉) 29
이옥(李沃) 464
이옥봉(李玉峰) 210, 230
이온문(李溫文) 190
이와쿠라 도모미(岩倉具視) 490, 491
이완(李莞) 417
이완(李浣) 431, 432
이완용(李完用) 476, 507, 523, 526, 527, 531, 610
이요(李瑤) 139
이용(李鏞) 564
이용구(李容九) 174, 523, 527, 610
이용설(李容卨) 586
이용수(李龍秀) 476
이용악(李庸岳) 235
이용원(李容元) 476
이용익(李容翊) 494, 511, 626
이용직(李容稙) 476, 530
이용태(李容泰) 530
이용훈(李容勳) 619
이용휴(李用休) 211
이용희(李用熙) 34, 68, 71
이우(李禑) 584
이우성(李佑成) 141, 143
이우신(李友信) 152
이우정(李愚貞) 618
이우증(李友曾) 399
이우직(李友直) 282

이운규(李雲圭) 174
이원(李原) 282
이원덕(李遠德) 439
이원명(李源命) 228
이원수(李元秀) 209
이원익(李元翼) 282, 418, 455
이원정(李元禎) 461
이위(李瑋) 360
이위종(李瑋鐘) 525
이유검(李惟儉) 409
이유수(李儒修) 212
이유원(李裕元) 476, 495
이유준(李儒準) 215
이유태(李惟泰) 463
이육(李陸) 208
이육사(李陸史) 72, 571
이윤명(李允命) 482
이윤보(李允甫) 228
이윤영(李允榮) 591
이윤용(李允用) 531
이윤재(李允宰) 118, 533
이은(李垠) 526
이은찬(李殷瓚) 543
이은혜(李恩惠) 567
이을호(李乙浩) 145
이음(利音) 335
이응조(李應祖) 275
이응준 496
이응준(李應俊) 586
이의민(李義旼) 290, 364
이의방(李義方) 364, 365
이의봉(李義鳳) 145
이의양(李義養) 425
이의현(李宜顯) 218, 275
이이(李珥) 62, 88, 118, 120, 122, 130, 135, 152, 221, 226, 230, 449, 452, 465, 475
이이명(李頤命) 144, 465, 476
이이첨(李爾瞻) 455
이이화(李離和) 494
이익(李瀷) 21, 63, 88, 90, 118, 120, 141, 142, 144, 146, 152, 198, 226, 343, 394, 449, 470, 473
이인(伊尹) 126, 496
李仁 532, 567, 585
이인로(李仁老) 218, 220, 227, 290
이인문(李寅文) 212
이인복(李仁復) 201, 374, 375
이인영(李麟榮) 543
이인영(李仁榮) 18, 33
이인임(李仁任) 375, 380
이인좌(李麟佐) 383, 467
이인직(李人稙) 233, 527, 611
이일(李鎰) 206, 409
이일상(李一相) 276
이자(李耔) 448
이자겸 362
이자야 벤 다산(Isiah Ben Dasan) 407
이자연(李子淵) 362
이자용(李子庸) 380
이자춘(李子春) 379
이작광(李勺光) 424
이잠(李潛) 475
이장곤(李長坤) 448
이장손(李長孫) 411
이장용(李藏用) 368
이재(李栽) 152
이재(李縡) 135, 216, 476
이재각(李載覺) 530
이재곤(李載崑) 476, 526, 530
이재극(李載克) 523, 524
이재명(李在明) 542
이재선(李載先) 494
이재완(李載完) 530
이재윤(李載允) 543
이재학(李在鶴) 532
이재호(李載浩) 191
이전(李佺) 193
이정(李楨) 212
이정(李霆) 212
이정(李淨) 567
이정구(李廷龜) 227, 229, 276, 475
이정근(李正根) 212
李正己 323
이정보(李鼎輔) 291
이정소(李廷熽) 476
李貞淑 552
이정식(李庭植) 34
이정암(李廷馣) 412
이정영(李正英) 420
이정청(釐政廳) 271
이정형(李廷馨) 133, 208
이정환(李廷煥) 618
이제(李濟) 387
이제마(李濟馬) 149, 216
이제신(李濟臣) 208
이제현(李齊賢) 88, 190, 201, 204, 218, 220, 227, 229, 252, 374
이조년(李兆年) 284
이존오(李存吾) 203, 284
이종근(李琮根) 550
이종기(李種杞) 137
이종린(李鍾麟) 567, 591
이종명(李鍾鳴) 234
이종무(李從茂) 397
이종성(李宗城) 196
이종영(李鍾榮) 611
이종욱(李種郁) 611
이종욱(李鍾郁) 582, 640
李鍾一 550
이종준(李宗準) 445
이종진(李鍾珍) 618
이종탁(李鍾倬) 549
이종학(李種學) 383
이종호(李鍾浩) 559
이종훈(李鍾勳) 550
이종휘(李種徽) 93
이좌국(李佐國) 425
이주(李澍) 276, 285
이주(李胄) 446
이주석(李周奭) 211
이주인 히코키치(伊集院彦吉) 515
이주하(李舟河) 608
이주회(李周會) 611
이준(李浚) 394
이준(李儁) 525, 542
이준(李埈) 136, 475
이준경(李浚慶) 276, 282, 399, 452
이준용(李埈鎔) 503
이중경(李重慶) 282
이중부(李仲孚) 363
이중섭(李仲燮) 572
이중언(李中彦) 543
이중연(李重延) 211
이중열(李中悅) 209
이중인(李中仁) 384
이중환(李重煥) 21, 22, 63, 148, 294, 473
이증영(李增榮) 282
이지(李知) 282
이지란[李之蘭, 쿠란투란티무르(古蘭豆蘭帖木兒)] 275, 379
이지연(李止淵) 476
이지영(李至榮) 290
이지온(李之榲) 283
이지용(李址鎔) 523, 530, 610
이지직(李之直) 282
이지함(李之菡) 123, 174, 230, 451
이직언(李直彦) 282
이진검(李眞儉) 37, 476
이진급(李眞伋) 476
이진상(李震相) 127, 136, 152
이진아시(伊珍阿豉) 303
이진영(李眞榮) 424
이진오(李鎭五) 135
이진유(李眞儒) 476
이진충(李盡忠) 344
이진호(李軫鎬) 532, 611
이진흥(李震興) 22, 277
이진희(李進熙) 316
이징옥(李澄玉) 54, 394

이차돈(異次頓) 99, 104
이창근(李昌根) 532
이채연(李采淵) 509, 514
이천기(李天紀) 476
이천보(李天輔) 476
이천(李蕆) 205
이철범(李哲範) 74
이첨(李詹) 227
이청원(李淸源) 17, 18, 25, 497
이축(李軸) 453
이춘원(李春元) 415
이충(李忠) 413
이치훈(李致薰) 211
이케노다이가(池大雅) 425
이케다 데루마사(池田輝政) 421
이케다 하야토(池田勇人) 612
이케우치 사토시(池內敏) 401
이케우치 히로시(池內宏) 29, 96
이타가키 다이스케(板垣退助) 491
이타가키 세이시로(板垣征四郎) 582
이타쿠라 마사아키(板倉聖哲) 425
이타쿠라 카쓰키요(板倉勝靜) 490
이탁(李鐸) 549, 558
이태규(李泰圭) 572
이태석(李泰錫) 640
이태영(李泰英) 283
이태좌(李台佐) 476
이태준(李泰俊) 74, 234
이태진(李泰鎭) 57, 528, 580
이토 분키치(伊藤文吉) 546
이토 자쿠추(伊藤若沖) 425
이토 진사이(伊藤仁齋) 150, 424
이토 히로부미(伊藤博文) 490, 524
이통기국설(理通氣局說) 118
이파(李坡) 446
이플리뜨 프랑댕(Hyppolite Frandiln) 293
이필제(李弼濟) 482
이필주(李弼柱) 550, 567
이하영(李夏榮) 523
이하윤(異河潤) 234
이하응(李昰應, 興宣大院君) 483, 485
이하진(李夏鎭) 461
이학규(李學逵) 231, 293
이학순(李學純) 543
이한응(李漢應) 542
이한림(李翰林) 615
이항(一行) 352
이항(李恒) 122
이항노(李恒老) 120, 127, 136, 138, 152, 276, 476
이항복(李恒福) 218, 222, 282, 409, 416, 455, 475
이해승(李海昇) 530
이해영(李海榮) 165
이해조(李海朝) 233
이해창(李海昌) 530
이행(李荇) 203, 210, 446, 447
이향견문록(里鄕見聞錄) 22, 232
이헌경(李獻慶) 211
이헌구(李軒求) 234, 235
이헌길(李獻吉) 216
이현경(李賢卿) 567
이현기(李玄紀) 464
이현보(李賢輔) 221, 282
이현일(李玄逸) 135, 152, 287, 475
이현희(李炫熙) 34
이혜(李蕙) 410
이혜경(李惠卿) 552
이혜구(李惠求) 571
이호민(李好閔) 210, 475
이홍규(李泓虯) 425
이홍남(李洪男) 451
이홍우(李弘禹) 136
이홍직(李弘稙) 17, 32
이활(李活) 609
이황(李滉) 42, 48, 62, 118, 120, 122, 128, 129, 133, 139, 152, 211, 221, 268, 282, 283, 449
이황중(李黃中) 190
이회(李薈) 203
이회(李會) 542
이회광(李晦光) 114, 611
이회영(李會榮) 550, 559, 569
이효덕(李孝德) 567
이효석(李孝石) 73, 234
이후(李𤦡) 476
이후락(李厚洛) 617
이후백(李厚白) 282
이후원(李厚源) 432, 475
이후정(李后定) 283
이훈(李塤) 282
이훈구(李勳求) 25, 591
이휘일(李徽逸) 295
이휘지(李徽之) 276
이흥상(李興商) 391
이흥효(李興孝) 212
이희승(李熙昇) 533
이희준(李羲準) 228
이희지(李喜之) 476
인도차이나전쟁 403
인목대비(仁穆大妃) 455, 458
인민혁명단사건 619
인선왕후(仁宣王后) 張氏 461
인수만필(因樹漫筆) 231
仁順王后 심씨 403
인심도심도설(人心道心圖說) 134
仁祖反正 426
인평대군(麟坪大君) 428, 462
인허찡(尹和靖, 尹焞) 131
인현왕후전(仁顯王后傳) 225, 464
인후(印侯, 본명 Hulatai) 261
일동기유(日東紀游) 493
일동장유가(日東壯遊歌) 224
일로청한명세신도(日露淸韓明細新圖) 400
일묘사충(一廟四忠) 468
일민구락부(一民俱樂部) 608
일본 내막기(Japan Inside Out) 583
일본지도층의 對韓妄言 연구 613
一夫系 173
일사유사(逸士遺事) 22, 28, 414
일성록(日省錄) 203
일신수필(馹迅隨筆) 225
일연(一然) 20, 87, 90, 110, 111, 190, 227, 343, 371
일월오악도(日月五岳圖) 547
일주서(逸周書) 304
일지록(日知錄) 27
일천즉천(一賤則賤) 261
임견미(林堅味) 417
임경업(林慶業) 61, 431
임경재(任璟宰) 570
임경청(林景淸) 363
임관정요(臨官政要) 149
임광택(林光澤) 227
임꺽정(林巨正) 280
임나일본부설(任那日本府說) 316
임동권(任東權) 92
임둔군(臨屯郡) 299
임득명(林得明) 231
임문석(林文碩) 532
임박(林樸) 375
임방(任堕) 291
임방(任邦) 549
임방울(林芳蔚) 226
임백령(林百齡) 451
임병직(林炳稙) 589
임병찬(林炳瓚) 543, 549
임보신(任輔臣) 282
임사홍(任士洪) 446
임상덕(林象德) 36, 214, 308
임상옥(林尙沃) 272
임선준(任善準) 526
임성주(任聖周) 127
임숙영(任叔英) 283, 495
임술민란(壬戌民亂) 482
임술삼고변옥사(壬戌三告變獄事) 462
임시정부(臨時政府) 79, 550
임신약조(壬申約條) 399

임연(林衍) 368
임영(林泳) 283
임영신(任永信) 608
임예환(林禮煥) 550
임오군란(壬午軍亂) 494
임오화변(壬午禍變) 468
임완(林完) 363
임원십륙지(林園十六志) 216
임원애(任元敳) 363
임유무(林惟茂) 368
임의(任懿) 360
임적(任適) 226
임정(林整) 282
임제(林悌) 218, 223, 227
임제종(臨濟宗) 101
임진록 414
임진수(林珍洙) 569
임진왜란(壬辰倭亂) 59, 60, 157, 405, 406
임춘(林椿) 220, 227
임하경륜(林下經綸) 149
임향헌기(林香軒記) 207
임해군(臨海君) 410, 455
임헌평(林憲平) 532
임헌회(任憲晦) 152
임현(任鉉) 415
임호신(任虎臣) 282
임화(林和) 74, 235, 595
임희섭(林熺燮) 236
임희재(任熙載) 445
잉쩡(嬴政, 秦始皇) 305, 434

ㅈ

자격루(自擊漏) 205
자경편(自警編) 226
자관(慈觀) 109
자산어보(玆山魚譜) 216
자연도태(自然淘汰)에 따른 種의 기원(起源)(The Origin of Species by Means of Natural Selection) 239
자오거우(趙構) 361
자오멍후우(趙孟頫) 194, 209
자오청쉰(祖承訓) 412
자오쿠앙인(趙匡胤) 361
자오 화이지에(趙懷節) 332
자유시 사변 564
자유언론실천선언 618
자유종(自由鐘) 233
자의대비(慈懿大妃) 460
자이위(宰予) 463
자장(慈藏) 105
자지(慈旨) 390
자치통감(資治通鑑) 203
자치통감강목(資治通鑑綱目) 203
자크리(La Jacquerie) 240
자해필담(紫海筆談) 208
작문모범(作文模範) 230
잠서(蠶書) 205
잡업(雜業) 260
장건상(張建相) 586
장경근(張暻根) 532
장경왕후 윤씨 403
장계(狀啓) 408, 414
장궈타오(張國燾) 574
장금(長今) 292
장금봉(張錦峰) 114
장기려(張起呂) 640
장기창(張基昌) 532
장길산(張吉山) 280
장다이(張岱) 430
장덕수(張德秀) 549, 552, 583, 585, 588, 611
장덕순(張德順) 218
장도빈(張道斌) 17
장도영(張都暎) 616
장랑(張讓) 471
장량(張亮) 321
장량(張良, 張子房) 306, 385
장링(張陵, 張道陵) 103
장만(張晩) 427
장면(張勉) 586, 592, 599, 610, 615
장미전쟁 488
장보고(張保皐) 60, 340
장복추(張福樞) 136, 152
장빈호찬(長貧胡撰) 208
장빙린(章炳麟) 150, 574
장생전(長生殿) 290
장석주(張錫周) 610
장선희(張善禧) 552
장 세이(Jean Baptiste Say) 635
장수줴(張世爵) 413
장수왕(長壽王) 308, 315, 316
장순왕후(章順王后 韓氏) 394
장순용(張舜龍) 261
장순우지(長孫無忌)320
장쉐청(章學誠) 4, 36, 150
장스청(張士誠) 374
장승업(張承業) 213
장연우(張延祐) 359
장영실(蔣英實) 205
장용학(張龍鶴) 74
장유(張維) 139, 218, 227, 229, 383, 430, 475
장윤식(張潤植) 532
장인환(張仁煥) 545
장일남(張一男) 605
장자(莊子) 103
장자이(張載) 119, 150
장정규(張貞圭) 567
장제스(蔣介石) 560, 574, 584
장준하(張俊河) 583, 615, 618
장중징(張仲景) 205
장쥐(張角) 103
장쥔(張浚) 361
장즈둥(張之洞) 519
장지엔징(張劍荊) 634
장지연(張志淵) 22, 25, 28, 71, 153, 291, 511, 542, 569, 570
장지영(張志暎) 533, 567
장지완(張之琬) 232
장지화(張至和) 387
장직상(張稷相) 611
장진주사(將進酒辭) 222
장진호(長津湖) 전투 602
장쭤린(張作霖) 559, 574
장찌엔장(張建章) 346
장충단(奬忠壇) 508
장태완(張泰玩) 621
장택상(張澤相) 586
장 테렝즈(Jean Terrenz) 217
장한가(長恨歌) 290
장항(長降) 301
장헌공(張獻功) 424
장헌세자(莊獻世子) 468
장헌식(張憲植) 532, 611
장현광(張顯光) 125, 126, 152, 475
장혼(張混) 231
장화홍련전(薔花紅蓮傳) 224
장희빈(장옥정) 464
재조번방지(再造藩邦誌) 209
재 조선미육군사령부 군정청(USAMGIK) 585
자랄타이(車羅大, 札剌兒帶) 367
저생전(楮生傳) 227
저선후이(荷澤神會) 101
저우둔이(周敦頤, 周茂叔, 濂溪) 88, 119, 125, 126, 290, 385
저우언라이(周恩來) 515, 546
저우웬무(周文謨) 161
저우퍼하이(周佛海) 574
저우 쭈어런(周作人) 574
저화(楮貨) 272
적서금고법(嫡庶禁錮法) 292
전계신(全繼信) 424
전고대방(典故大方) 281
전광용(全光鏞) 233
전국사군(戰國四君) 305
전국칠웅(戰國七雄) 305
전국책(戰國策) 305

전기(田琦) 210, 213
전기 왜구(前期倭寇) 373
전덕기(全德基) 569
전두환(全斗煥) 621
전례용(全禮鎔) 532
전리사(典理司) 256
전명운(田明雲) 545, 621
전민변정도감 254, 374
전법사(典法司) 256
전봉덕(田鳳德) 611
전봉준(全琫準) 499, 500
전상운(全相運) 33
전석담(全錫淡) 17, 25, 500
전수린(全壽麟) 232
전순의(全循義) 204
전습록논변(傳習錄論辯) 132
전시과(田柴科) 254, 270, 356
전시귀(田時貴) 397
전영택(田榮澤) 233
전용순(全用淳) 586
전우(田愚) 127, 136, 152
전운상(田雲祥) 437
전운옥편(全韻玉篇) 214
전유형(全有亨) 412
전조선문필가협회 235
전폐(箭幣) 272
전필순(全弼淳) 611
전해산(全海山) 543
전해종(全海宗) 143
전형필(全鎣弼) 199
절도사(節度使) 257
절의파(節義派) 444
정가신(鄭可臣) 190
정감록(鄭鑑錄) 87, 173, 453
정강지변(靖康之變) 361
정개청(鄭介淸) 453, 475
정경세(鄭經世) 125, 152, 475
정경운(鄭慶雲) 431
정계(政誡) 354
정곤수(鄭崐壽) 282, 410
정과정곡(鄭瓜亭曲) 220
정관(貞觀)의 治 342
정관정요(貞觀政要) 356
정광필(鄭光弼) 448
정교(鄭喬) 509, 524
정교원(鄭僑源) 532
정구(鄭逑) 120, 125, 152, 475
정구영(鄭求暎) 595
정균(鄭筠) 364
정극인(丁克仁) 222
정기룡(鄭起龍) 416, 419
정기원(鄭期遠) 415
정난정(鄭蘭貞) 450
정남수(鄭枏壽) 230
정남용(鄭南用) 557
정노식(鄭魯湜) 31, 226, 589
정뇌경(鄭雷卿) 430
정대임(鄭大任) 412
정도전(鄭道傳) 88, 121, 227, 263, 380, 381, 382, 385, 386
정동교회(貞洞教會) 510
정동식(鄭東植) 543
정동유(鄭東愈) 198
정동행성(征東行省) 369
정동행중서성이문소(征東行中書省理問所) 372
정두경(鄭斗卿) 157, 210
정두원(鄭斗源) 157
정두희(鄭杜熙) 316
정득후(鄭得厚) 381
정란교(鄭蘭教) 610
정래교(鄭來僑) 227, 231
정림사지(定林寺址) 185
정막래(丁幕來) 552
정만조(鄭萬朝) 611
정매신(鄭梅臣) 282
정명수(鄭命壽) 430
정명훈(鄭明勳) 622
정몽주(鄭夢周) 88, 118, 203, 227, 276, 284, 373, 380~383
정묘호란(丁卯胡亂) 427
정문부(鄭文孚) 61, 410, 412, 475
정문형(鄭文炯) 282
정미사화(丁未士禍) 451
정미약조(丁未約條) 399
정미칠적(丁未七賊) 526
정미환국(丁未換局) 467
정발(鄭撥) 409
정방(政房) 365
정백(鄭栢) 594
정범조(丁範祖) 161, 211
정범조(鄭範朝) 476
정병욱(鄭炳昱) 218
정병주(鄭柄宙) 621
정병하(鄭秉夏) 217, 507
정봉(鄭鳳) 231
정봉수(鄭鳳壽) 427, 482
정분(鄭苯) 389, 391
정사룡(鄭士龍) 227
정상기(鄭尙驥) 144, 215
정상훈(鄭相勳) 568
정샤우쉬(鄭孝胥) 229
정서(鄭敍) 220
정석가(鄭石歌) 220
정석견(鄭錫堅) 284
정석삼(鄭錫三) 476
정선(鄭敾) 212
정세운(鄭世雲) 61, 373
정수강(丁壽崗) 228
정수동전(鄭壽銅傳) 231
정순붕(鄭順朋) 450
貞純王后 김씨 161, 403, 438
定順王后 宋氏 393
정습명(鄭襲明) 190
정시(鄭蓍) 212
정시자전(丁侍者傳) 228
정시한(丁時翰) 518
정신대(挺身隊) 540
정심(正心) 113
정약용(丁若鏞) 21, 62, 118, 120, 141, 142, 158, 161, 190, 216, 218, 280, 290, 295, 385, 475
정약전(丁若銓) 70, 161, 211, 216
정언각(鄭彦慤) 451
정언신(鄭彦信) 61, 475
정여립(鄭汝立) 453
정여창(鄭汝昌) 121, 132, 444, 445, 446
정연기(鄭然基) 532
정연(鄭淵) 206
정염(鄭磏) 283, 451
정예남(鄭禮男) 230
정온(鄭蘊, 桐溪) 283, 429, 455, 542
정용신(鄭用信) 532
정우량(鄭羽良) 476
정운(鄭運) 411
정운경(鄭云敬) 262, 385
정원군(定遠君, 李琈) 459
정원용(鄭元容) 476
정원택(鄭元澤) 545
정유고략(貞蕤藁略) 147
정유삼흉(丁酉三凶) 450
정유일(鄭惟一) 133
정유재란(丁酉再亂) 405, 415
정읍사(井邑詞) 219
정이오(鄭以吾) 389
정익서(鄭益瑞) 499
정인과(鄭仁果) 611
정인보(鄭寅普) 24, 31, 33, 72, 91, 120, 140, 144, 215, 570
정인섭(鄭寅燮) 234
정인승(鄭寅承) 595
정인중(鄭麟重) 476
정인지(鄭麟趾) 197, 200, 203, 205, 444
정인홍(鄭仁弘) 411, 412, 417, 423, 456, 457
정일권(丁一權) 602
정일당 강씨(貞(靜)一堂)姜氏 224, 226
정일형(鄭一亨) 585
정일환(鄭日煥) 469

정자(鄭滋) 451
정작(鄭碏) 451
정재건(鄭在健) 543
정재관(鄭在寬) 549
정재룡(鄭在龍) 567
정재(定齋) 학파 137
정절도전(鄭節度傳) 228
정제두(鄭齊斗) 120, 139, 140, 276
정조(鄭造) 455
정종(靖宗) 359
정종(鄭悰) 389
정종명(鄭鍾鳴) 567
정종영(鄭宗榮) 282, 451
정종유(鄭宗愈) 225
정주영(鄭周永) 628, 631
정중부(鄭仲夫) 364
정지(鄭地) 61, 373
정지상(鄭知常) 227, 362, 446
정지연(鄭芝衍) 475
정지용(鄭芝溶) 234, 571, 595
정지운(鄭之雲) 125, 128
정지윤(鄭芝潤) 231
정창손(鄭昌孫) 197, 390, 446
정챠오(鄭樵) 35, 215
정창연(鄭昌衍) 475
정척(鄭陟) 203, 282
정천익(鄭天益) 259
정철(鄭澈) 218, 222, 223, 454, 475
정청궁(鄭成功) 435
정초(鄭招) 205
정초부(鄭樵夫) 231
정추(鄭樞) 284
정축화약(丁丑和約) 428
정춘수(鄭春洙) 550, 611
정충신(鄭忠信) 427
정칠성(丁七星) 567
정탁(鄭琢) 415, 475
정태석(鄭泰奭) 567
정태섭(鄭泰燮) 618
정태화(鄭太和) 460
정하상(丁夏祥) 158
정한경(鄭翰景) 558
정한록(征韓錄) 430
정한무록(征韓武錄) 430
정한실기(征韓實記) 430
정항(鄭沆) 455
정현덕(鄭顯德) 475
정현석(鄭顯奭) 414, 510
정현신보(政弦新譜) 149
정형복(鄭亨復) 283
정혜공주묘(貞惠公主墓) 345
정혜쌍수(定慧雙修) 110
정호(鄭澔) 152, 476
정홍명(鄭弘溟) 208
정홍순(鄭弘淳) 476
정황(丁熿) 228, 451
정효강(鄭孝康) 206
정효공주묘(貞孝公主墓) 345
정후겸(鄭厚謙) 469
정훈(鄭勳) 611
정흠지(鄭欽之) 205
정희교(鄭希僑) 231
정희량(鄭希亮) 467
정희량(鄭希良) 227
정희왕후(貞熹王后) 尹氏 403
제갈공순(諸葛公巡) 262
제갈무후(諸葛武侯) 471
제관(諦觀) 109, 111
제국신문 547
제너럴 셔먼(General Sherman) 484
제망매가(祭亡妹歌) 219
帝文 227
제물포조약(濟物浦條約) 495
제생원(濟生院) 292, 514
제술업(製述業) 260
제승방략(制勝方略) 206
제승법수(諸乘法數) 111
제암리(堤岩里)학살 534
제왕운기(帝王韻紀) 20, 91, 92, 93, 190, 299, 343
제위보(濟危寶) 254
제이콥스(Joseph E. Jacobs) 588
제전(祭奠) 286
제주도 4 · 3폭동 608
제중신편(濟衆新編) 205
제퍼슨(Thomas Jefferson) 641
제환공(齊桓公) 305, 385
조강하(趙康夏) 476
조경(趙絅) 283, 409, 460
조경남(趙慶男) 209
조경치(曺敬治) 395
조경호(趙慶鎬) 530
조계종(曹溪宗) 101
조공국(朝貢國, tributary state) 498
조광(朝光) 572
조광(趙匡) 363
조광조(趙光祖) 56, 120, 132, 447, 450, 465
祖國統一民主主義戰線 594
조귀명(趙龜命) 229
조극관(趙克寬) 389
조근(趙瑾) 197
조긍섭(曺兢燮) 137
조기준(趙璣濬) 33, 143, 626
조동 5위(曹洞五位) 111
조동걸(趙東杰) 554
조동종(曹洞宗) 101, 111
조동필(趙東弼) 595
조두순(趙斗淳) 215, 231, 476
조득영(趙得永) 476
조만식(曺晩植) 567, 585, 586, 592
조만영(趙萬永) 439, 476
조말생(趙末生) 398
조맹선(趙孟善) 559
조목(趙穆) 134, 456, 458
조문명(趙文命) 278
조민수(曺敏修) 380
조반(趙胖) 382
조번(趙藩) 390
조병갑(趙秉甲) 499
조병세(趙秉世) 476, 542
조병옥(趙炳玉) 567, 585, 614
조병현(趙秉鉉) 476
조봉암(曺奉岩) 591, 610
조분(助賁) 335
조사기(趙嗣基) 460
조사수(趙士秀) 282
조사의(趙思義) 388
조석윤(趙錫胤) 283
조석진(趙錫晋) 213
조선가족제도연구 33
조선건국준비위원회(朝鮮建國準備委員會) 585
조선경국전(朝鮮經國典) 195, 263
조선경제사방법론(朝鮮經濟史方法論) 25
조선고가연구(朝鮮古歌硏究) 235
조선고서해제(朝鮮古書解題) 215
조선고적도보(朝鮮古蹟圖譜) 30
조선과학사 31, 33
조선광문회(朝鮮光文會) 28
조선국권회복단 549
조선국민군단(朝鮮國民軍團) 558
조선國民會 549
조선기독교급외교사(朝鮮基督敎及外交史) 30
조선도교사(朝鮮道敎史) 30
조선도자명고(朝鮮陶磁名考) 181
조선독립애국부인회 552
조선독립운동지혈사 500
조선독립(朝鮮獨立)의 서(書) 556
조선명인전(朝鮮名人傳) 31
조선무속고(朝鮮巫俗考) 30, 177
조선문단(朝鮮文壇) 234
조선문명사(朝鮮文明史) 18, 30, 472
조선문자급어학사(朝鮮文字及語學史) 31
조선문전(朝鮮文典) 569
조선문필가협회(朝鮮文筆家協會) 235

조선문학가동맹(朝鮮文學家同盟) 235
조선물산장려회(物産奬勵會) 569
조선미술사 29, 181
조선민시론(朝鮮民是論) 568
조선민요연구 572
조선민족大同團 557
조선민족전선연맹 565
조선 민족해방투쟁동맹(朝鮮民族解放鬪爭同盟) 565
조선민족혁명당 565
조선민주주의인민공화국 595
조선반도사(朝鮮半島史) 30
조선봉건사회경제사 31
조선봉건시대 농민의 계급구성 34
조선불교약사(朝鮮佛敎略史) 28
조선불교유신론(朝鮮佛敎維新論) 115
조선불교통사(朝鮮佛敎通史) 25, 28
조선사교정(朝鮮史敎程) 25
조선사대관(朝鮮史大觀) 17, 32
조선사상사(朝鮮思想史) 96
조선사연구초(朝鮮史硏究草) 30
조선사회경제사 31
조선상고사 30, 311
조선소설사 31
조선심(朝鮮心) 24
조선어론(朝鮮語論) 29
조선어연구회 570
조선어학회(朝鮮語學會) 572
조선여속고(朝鮮女俗考) 30, 285
조선여자기독교청년회 567
朝鮮歷史 17, 28, 31
조선역사대전(朝鮮歷史大全) 17
조선역사독본(朝鮮歷史讀本) 18
조선역사상一千年來第一大事件 363
조선역사요령(朝鮮歷史要領) 17
조선연극사 31
조선예수교연합공의회 510
조선왕조실록(朝鮮王朝實錄) 32, 182, 203
조선왕조의궤(儀軌) 182
조선유교연원(朝鮮儒敎淵源) 28, 139
조선유기(朝鮮留記) 30
조선유람가(朝鮮遊覽歌) 232
조선유학사(朝鮮儒學史) 33, 461, 493
조선음성학회 569
조선 의열단(朝鮮義烈團) 560
조선의용대 560
조선인 280
조선인민군 593
조선일보(朝鮮日報) 572
조선일일기(朝鮮日日記) 416
조선정벌기(朝鮮征伐記) 430
조선 정신 24
조선정치사 31
조선정판사(朝鮮精版社) 위폐사건(僞幣事件) 587
조선조 궁중풍속연구 526
조선창극사(朝鮮唱劇史) 31, 226
조선책략(朝鮮策略) 493
조선청년문학가협회 74
조선청년전위동맹 565
조선최근세사 31
조선토지제도사 34
조선통보(朝鮮通寶) 272
조선통사(朝鮮通史) 17, 28
조선통신사(朝鮮通信使) 425
조선학회 32
조선해어화사(朝鮮解語花史) 30, 223, 290, 291
조선 혁명당(朝鮮革命黨) 565
조선화폐고(朝鮮貨幣考) 31
조성건(趙性乾) 225
조성교(趙性敎) 475
조성기(趙聖期) 225, 475
조성복(趙聖復) 476
조성환(曺成煥) 556
조세환(趙世煥) 464
조센피(朝鮮妣) 540
조소생(趙小生) 373
조소앙(趙素昂) 550, 556, 565, 585
조소카베 모토치카(長宗我部元親) 421
조속(趙涑) 283, 475
조수량(趙遂良) 390
조수미(曺秀美) 622
조수삼(趙秀三) 218, 227, 231
조식(曺植, 南冥) 62, 122, 124, 136, 152, 260, 451, 457
조신(曺伸) 208, 216
조야집요(朝野輯要) 39
조야첨재(朝野僉載) 37, 39
조엄(趙曮) 272
조여(趙旅) 393
조여적(趙汝籍) 214
조연현(趙演鉉) 218, 235
조영규(趙英珪) 382
조영규(趙英圭) 409
조영무(趙英茂) 387
조영석(趙榮祏) 213
조영진(趙英鎭) 556
조영하(趙寧夏) 476, 495
조완구(趙琬九) 535, 547, 556, 565, 586
조완규(趙完珪) 392
조용만(趙容萬) 234
조용복(趙鏞福) 595
조용은(趙鏞殷) 549
조욱(曺煜) 549
조운사(趙雲師) 225
조원(趙瑗) 230
조원기(趙元紀) 282
조원숙(趙元淑) 567
조원순(趙垣淳) 136
조위(曺偉) 221, 224
조위총(趙位寵) 364
조윤제(趙潤濟) 33
조윤형(曺允亨) 212
조의설(趙義卨) 32
조의제문(弔義帝文) 445
조익(趙翼) 229, 475
조인징(趙仁徵) 410
조일명(趙一明) 595
조일신(趙日新) 375
조장용(趙章勇) 543
조재삼(趙在三) 217
조적(糶糴) 271
조정(趙挺) 200
조정구(趙鼎九) 530
조정립(趙正立) 283
조정준(趙廷俊) 205
조정환(曹正煥) 614
조제아악보(朝祭雅樂譜) 204
조종도(趙宗道) 416
조종춘(趙鍾春) 532
조좌호(曺佐鎬) 17
조준(趙浚) 381, 382, 383, 387, 465
조준영(趙準永) 496
조중립(趙中立) 283
조중변계조약(朝中邊界條約) 515
조중응(趙重應) 476, 526, 610
조중훈(趙重勳) 628
조지겸(趙持謙) 283, 476
조지란(趙之蘭) 262
조지서(趙之瑞) 282
조지훈(趙芝薰) 98, 218, 235, 571
조진만(趙鎭滿) 532
조진태(趙鎭泰) 531
조창언(趙昌言) 363
조최수(趙最壽) 476
조충(趙冲) 367
조치우(曺致虞) 282
조태구(趙泰耉) 476
조태억(趙泰億) 476
조태채(趙泰采) 464
조택원(趙澤元) 572
조한영(曺漢英) 431
조헌(趙憲) 60, 120, 141, 405, 412, 457, 475
조홍시가(早紅柹歌) 222
조휘(趙暉) 369
조희룡(趙熙龍) 210, 227, 231

조희문(趙義聞) 532
조희연(趙義淵) 507, 610
조희일(趙希逸) 430
존스(Eric L. Jones) 678
졸장만록(拙庄漫錄) 295
종덕신편(種德新編) 271
종이(鐘儀) 423
종저보(種藷譜) 216
좌가려(左可慮) 313
좌주문생제(座主門生制) 267
죠도신슈(淨土眞宗) 111
周 53
주거량(諸葛亮) 269, 306, 314, 361,
주겸(周謙) 380
주공 딴(周公 旦) 143
주교요지(主教要旨) 158
주구위(著古輿) 367
주근(周勤) 364
주기철(朱基徹) 533
주린치시앤(竹林七賢) 191, 192, 444
주림전(珠琳傳) 310
주명신(周命新) 205
주몽(朱蒙) 93, 310, 325
周 武王 434
周 문왕 39
주비앤(朱辯) 423
주생전(周生傳) 225
주서(周書) 245, 246
주세붕(周世鵬) 268, 269, 282
주세죽(朱世竹) 567
주시(朱熹, 朱子) 119, 120, 128, 139, 150, 206, 229, 463, 465, 466
주시경(周時經) 28, 73, 118, 569
주앙 멘데스[João Mendes(之綏面第愁)] 433
주역(周易) 39
주오쭝탕(左宗棠) 519
주요한(朱耀翰) 233, 611
주위앤장(朱元璋, 明太祖) 286, 374, 434
주이준(朱彛尊) 29
주자서절요(朱子書節要) 132
주장군전(朱將軍傳) 227
주즈서(朱子奢) 320
주즈판(朱子蕃) 225
주쩐헝(朱震亨) 205
주촌신방(舟村新方) 205
주취앤종(朱全忠) 342
주한영(朱翰榮) 626
주해수용(籌解需用) 149
죽계별곡(竹溪別曲) 220
죽고칠현(竹高七賢) 227
죽란시사(竹蘭詩社) 211
죽부인전(竹夫人傳) 220, 227
죽암기(竹菴記) 206
죽존자전(竹尊子傳) 228
죽죽(竹竹) 284
죽창한화(竹窓閑話) 208
준정(俊貞) 95
준천계첩(濬川禊帖) 274
준타(淳陀)太子 327
중등조선역사(中等朝鮮歷史) 17
중립국 감시위원단 604
中立論 498
중미(宗密) 106
중서문하성 256
중앙서관(中央書館) 626
중앙여자청년동맹 567
중외일보 572
중종(中宗) 447, 448, 450
중체서용론(中體西用論) 55
쥐 처우 밍(左丘明) 39
즈란(子蘭) 330
즈쓰(子思) 119, 129
즈앤싼창(智儼三藏) 100, 107
즈츠(子赤) 340
증보문헌비고(增補文獻備考) 275, 281
증산계(甑山系) 173
증수무원록(增修無冤錄) 214
지공(指空) 111
지공거(知貢擧) 259
지광(智光)국사 360
지구전요(地球典要) 232
지귀장(旨歸章)원통초 356
지기스문트(Sigismund) 489
지노비에프(Grigoriy Evgenevich Zinov'iev) 564
지눌(知訥) 109, 111
지론종(地論宗) 101
지리군서(地理群書) 41
지리역사조선창가(地理歷史朝鮮唱歌) 528
지명(智明) 104
지봉유설(芝峯類說) 145, 198, 222, 285, 405
지석관(池錫觀) 231
지석영(池錫永) 569
지송욱(池松旭) 626
지수신(遲受信) 332
지아이(賈誼) 449
지야칭(嘉慶) 시대 27
지앤청(建成) 320, 465
지엄(智嚴) 113
지용기(池湧奇) 381
지용기(池龍起) 542
지우(紂) 305
지윈(紀昀) 39
지은(知恩) 244
지정조격(至正條格) 371
지증왕(智證王) 105, 336
지청천(池青天, 李青天) 559, 561, 565, 591
지쿠잔류안(築山龍安) 425
지통(智通) 105
지평리(砥平里) 전투 602
지학순(池學淳) 618
직전법(職田法) 270, 393
진(秦) 40, 302, 303, 304
진경(眞鏡) 105
진국(辰國) 303
진단학보(震檀學報) 31
진단학회(震檀學會) 17, 31
진덕여왕(眞德女王) 338
진목공(晉穆公) 305
진문공(晉文公) 305
진번군(眞番郡) 299
진법(陣法, 兵將圖說) 206
진보당(進步黨) 610
진사왕(辰斯王) 326
진성여왕(眞聖女王) 340
진역유기(震域遺紀) 214
진위푸(金毓黻) 346
진의로(陳義路) 565
진지왕(眞智王) 337
진진응(陳震應) 114
진진지호(秦晉之好) 302
眞平王 329
진평중(陳平仲) 380
진표(眞表) 105
진한(辰韓) 303
진학문(秦學文) 611
진현금(陳玄琴) 222
진홍섭(秦弘燮) 181
진화(陳澕) 221
진흥왕(眞興王) 308, 336, 337
질라스(Milovan Djilas) 562
집현전(集賢殿) 388
징비록(懲毖錄) 405, 431
짜오이(趙瀷) 27
짠닝(贊寧) 107
짱이(張儀) 119, 305
짜오셴(覺賢) 100, 353
쩡쉬엔(鄭玄) 40, 119
쩐쉬(顓頊) 52
쩐시산(眞西山, 眞德秀) 206, 459
쩡관잉(鄭觀應) 493
쩡궁(曾鞏) 230
쩡즈(曾子) 119, 211
쩡허(鄭和) 481
쪼우이엔(鄒衍) 103

쩌쓰(鄒氏) 287
쯔이(智顗) 100
찌에우다(趙佗) 402
찐샹(靳尙) 33
찐선(搢紳)국가 306

ㅊ

차기벽(車基壁) 78
차대왕(次大王) 313
차미리사(車美理士) 595
차병간(車秉幹) 174
차사백(車士伯) 567
차산필담(此山筆談) 228
차오삐(曹丕) 41, 314
차오샤오광(喬曉光) 616
차오산번지(曹山本寂) 101
차오쉐친(曹雪芹) 435
차오차오(曹操) 41, 314
차이석(車利錫) 565
차이위안페이(蔡元培) 574
차이 펑(蔡諷) 312
차좌일(車佐一) 231
차주환(車柱環) 69
차천로(車天輅) 209, 210, 384
차티스트(Chartist) 운동 488
차하순(車河淳) 673
찬기파랑가(讚耆婆郞歌) 219
찬덕(讚德) 284
찬유(璨幽) 353
찰리변위도감(察理辨違都監) 254
찰방(察訪) 274
참성단(塹城壇) 94
창선감의록(彰善感義錄) 225
채만식(蔡萬植) 235
채병덕(蔡秉德) 602
채명신(蔡命新) 617
채무택(蔡無擇) 450
채수(蔡壽) 223
채유후(蔡裕後) 211
채이항(蔡以恒) 427
채이홍(蔡以興) 431
채인범(蔡仁範) 262
채제공(蔡濟恭) 161, 211, 475
채찬(蔡燦) 565
채팽윤(蔡彭胤) 211
채원개(蔡元凱) 561
채홍원(蔡弘遠) 211
챈룽디(乾隆帝) 435
처변삼사(處變三事) 542
처용가(處容歌) 219
처칠(Sir Winston Leonard Spencer Churchill) 579, 584
척준경(拓俊京) 362
천공버(陳公博) 574
천관우(千寬宇) 18, 33, 71, 92, 143, 254, 473, 481, 618
천군전(天君傳) 223
천뚜슈(陳獨秀) 555, 574
천린(陳璘) 417, 419
천만리(千萬里) 275
천명도설(天命圖說) 132
천민(賤民)자본주의(Paria Kapitalismus) 639
천바이사(陳白沙) 139
천산대렵도(天山大獵圖) 193
천상열차분야지도(天象列次分野之圖) 205
천 서우(陳壽) 40, 314
천성(陳勝) 240
천쎈짱(陳獻章) 139
천수경(千壽慶) 231
천수탕(陳樹棠) 495
천쒸산(錢緒山) 139
천영(天英) 109
천요우량(陳友諒) 374
천이(陳毅) 515
천인커(陳寅恪) 76
천일록(千一錄) 149
천잰(陳鑑) 436
천주실의(天主實義) 148, 157
천찌루(陳繼儒) 212
천추금경록(千秋金鏡錄) 190, 201
천추태후(千秋太后) 358
천치아오(陳橋) 361
천탄츄(陳潭秋) 574
천태(天台) 100
천태사교의(天台四敎儀) 109
천탠화(陳天華) 574
천 판(陳蕃) 471
천학고(天學考) 159
천학문답(天學問答) 157, 159
첨의부(僉議府) 256
첨의중찬(僉議中贊) 256
첩해신어(捷海新語) 267
청강사자현부전(淸江使者玄夫傳) 227
청강쇄어(淸江瑣語) 208
청구구락부(靑丘俱樂部) 583
청구도(靑邱圖) 215
청구야담(靑丘野談) 227
청구영언(靑丘永言) 224, 231
청구학총(靑丘學叢) 31
청권사(淸權祠) 393
청꾸어환(曾國藩) 519, 574
청담파(淸談派) 444
청록집(靑鹿集) 235
청백리(淸白吏) 282
청산리대첩(靑山里大捷) 559
청산별곡(靑山別曲) 220
청선고(淸選考) 147, 281
청야만집(靑野謾輯) 37, 39
청요직(淸要職) 264
청이(程頤) 4, 119, 471
청일조약 497
청창연어(晴窓軟語) 225
청천백일기(靑天白日旗) 575
청천한록(廳天閑錄) 208
청태조실록(淸太祖實錄) 426
청파극담(靑坡劇談) 208
청하오(程顥) 119
청학집(靑鶴集) 92, 214
청한론(淸韓論) 498
청해진(淸海鎭) 340
체징(體澄) 105, 353
첸리앙(陳亮) 462
첸무(錢穆) 53, 342
첸푸리앙(陳傅良) 462
첸다신(錢大昕) 3, 27
초계문신(抄啓文臣) 437
초문사(肖門寺) 102
초서(Geoffrey Chaucer) 366
초의(草衣) 114
초장왕(楚莊王) 305
초해창(楚海昌) 275
초(楚) 회왕(懷王) 445
촌은집(村隱集) 291
총사(叢史) 39
최경(崔涇) 212
최경석(崔景錫) 496
최경창(崔慶昌) 210, 227
최경회(崔慶會) 414
최경흠(崔景欽) 231
최고려(崔高麗) 564
최관(崔寬) 283
최광유(崔匡裕) 227
최광윤(崔光胤) 227
최규동(崔奎東) 586
최규서(崔奎瑞) 476
최규옥(崔圭鈺) 591
최근우(崔謹愚) 550
최기남(崔奇男) 230
최남선(崔南善) 17, 24, 28, 30, 31, 91, 96, 190, 191, 232, 399, 492, 550, 568, 611
최눌(崔訥) 114
최대립(崔大立) 230
최동오(崔東旿) 565, 589
최두선(崔斗善) 570
최량(崔亮) 358
최리(崔理) 302, 312

최린(崔麟) 550, 567, 611
최만리(崔萬理) 197, 282
최만생(崔萬生) 375
최명길(崔鳴吉) 139, 230, 427, 428, 429, 467, 475
최명록(崔明錄, 振東) 559
최명창(崔命昌) 282
최무선(崔茂宣) 259, 373
최문환(崔文煥) 78, 595
최병원(崔秉源) 532
최병학(崔炳學) 549
최병헌(崔炳憲) 160, 168
최봉영(崔鳳永) 275
최부(崔溥) 36, 206
최북(崔北) 212, 231, 425
최사의(崔士義) 282
최산보(崔山甫) 190
최석(崔碩) 262
최석순(崔碩淳) 565
최석정(崔錫鼎) 216, 476
최석항(崔錫恒) 476
최선익(崔善益) 567
최성모(崔聖模) 550
최성환(崔瑆煥) 277
최세진(崔世珍) 118, 199
최수봉(崔壽鳳) 560
최순우(崔淳雨) 181
최승로(崔承老) 63, 250, 252, 356
최승우(崔承祐) 227, 260, 341
최승희(崔承喜) 572
최승희(崔承熙) 51
최시형(崔時亨) 499, 500
최양업(崔良業) 162
최언위(崔彦撝, 崔仁渷) 226, 260, 341
최연(崔演) 228
최영(崔瑩) 373, 380, 381
최영경(崔永慶) 454, 475
최용덕(崔用德) 561
최용신(崔容信) 573
최우(崔瑀) 194, 364, 365
최우보(崔祐甫) 190
최원순(崔元淳) 567
최유(崔濡) 373, 375
최유경(崔有慶) 282
최윤덕(崔潤德) 396, 398
최윤의(崔允儀) 194
최은희(崔恩喜) 567
최의(崔竩) 364, 367
최이정(崔利貞) 227
최익한(崔益翰) 31, 557
최익현(崔益鉉) 71, 138, 476, 493, 542, 543, 544
최인훈(崔仁勳) 235
최입(崔岦) 218, 228, 283
최자(崔滋) 69, 218, 220, 367
최재서(崔載瑞) 73, 611
최재형(崔在亨) 556
최제우(崔濟愚) 87, 174, 498
최종건(崔鍾建) 628
최준(崔浚) 321, 531
최중의(崔仲義) 498
최지환(崔志煥) 532
최진립(崔震立) 283
최진한(崔鎭漢) 414
최질(崔質) 359
최찬(崔欑) 455
최찬식(崔瓚植) 233
최창규(崔昌圭) 34, 494, 541
최창대(崔昌大) 410
최창식(崔昌植) 556
최창익(崔昌益) 565
최충(崔沖) 22, 258
최충수(崔忠粹) 364
최충헌(崔忠獻) 191, 364, 365
최치운(崔致雲) 205
최치원(崔致遠) 62, 95, 188, 203, 227, 260, 305, 341, 343
최탄(崔坦) 369
최팔용(崔八鏞) 550
최한기(崔漢綺) 118, 141, 148, 231
최항(崔恒) 196, 197, 198, 389, 393
최항(崔沆) 364
최해(崔瀣) 260
최해산(崔海山) 259
최현배(崔鉉培) 73, 533
최호진(崔虎鎭) 31, 595
최홍사(崔弘嗣) 360
최활란(崔活蘭) 567
최흥원(崔興源) 282
최흥원(崔興遠) 475
추관지(秋官志) 214
추모왕(鄒牟王) 310, 325
추사서파(秋史書派) 210
추수애이량(褚遂良) 321
추월색(秋月色) 233
추재기이(秋齋紀異) 231
춘관지(春官志) 214
춘추(春秋) 39, 40, 229, 305
春秋三傳 40
춘추오패(春秋五覇) 305
춘파당일월록(春坡堂日月錄) 420
춘향전 224, 279
출사표(出師表) 306. 361
충녕대군 388
충담사(忠談師) 219
충렬왕(忠烈王) 351, 370
충선왕(忠宣王) 370
충숙왕(忠肅王) 370
충지(冲止) 109, 227
충혜왕(忠惠王) 370
취가혼(娶家婚) 286
취위엔(屈原) 39, 329, 330, 361
츄스량(仇士良) 342
츠메이(赤眉)의 난 240
츠빙글리(Ulrich Zwingli) 156
츠언(慈恩) 105
치당태평송(致唐太平頌) 338
치민(啓民) 319
치스비위(乞四比羽) 344
치스차코프(Ivan M. Chistiakov) 594
치악산(雉岳山) 233
치엔쉬안퉁(錢玄同) 574
치앤홍즈(錢弘謚) 109
치지광(戚繼光) 216
치체린(Grigoriy Vasil' evich Chicherin) 564
치치중샹(乞乞仲象) 344
치평요람(治平要覽) 204
친영(親迎) 286
친카이(秦開) 300
친궤이(秦檜) 361
칠거지악(七去之惡) 285
칠궁(七宮) 266
七克 157
七年 전쟁(슐레지엔전쟁) 488, 489
칠대실록(七代實錄) 190
칠백의사(七百義士) 239
칠서지옥(七庶之獄) 455
칠숙(柒宿) 337
七王國 488
칠정산내외편(七政算 內・外篇) 205
칠지도(七支刀) 189
칠천량(漆川梁) 해전 416
칠출(七出) 285
침구경험방(鍼灸經驗方) 205
침류왕(枕流王) 325, 326
침묵의 소리(Les Voix de Silence) 182
칭기즈칸〔成吉思汗, 테무진(Temujin)〕 357, 366
칭량청관(清凉澄觀) 100
칭웬싱스(青原行思) 101
칭천(清濬) 203

ㅋ

카라코룸(Kharakhorum) 377
카라키타이(Kara kitai 西遼) 373
카롤링(Caroling) 489
카르피니(Giovanni de plano Carpini) 377

카를레티(Francesco Carletti) 377, 421
카메네프(Lev Borisovich Kamenev) 562
칼레츠키(Anatole Kaletsky) 83
캐보트(John Cabot) 486
카아(Edward Hallett Carr) 77, 661, 664
카이로선언 579, 584
카페(Capèt) 왕조 485
카프〔KAPF, 조선프롤레타리아 예술가 동맹〕 73
KAL기 격추 620
칸트(Immanuel Kant) 670
칼(Karl, Charlemagne) 485, 489
칼뱅(Jean Calvin) 155, 156
칼훈(John C, Calhoun) 641
케넌(George F Kennan) 604
캉시디(康熙帝) 435
캉유웨이(康有爲) 229, 519, 570, 574
캉창(康藏) 107
캐더린(Catherine of Aragon) 156
커자(客家) 519
커즌(George Nathaniel Cuzon) 517
커플링(Joseph Rudyard Kipling) 3
컨닝김(Lucy Cuninggim) 573
껑쿠이(耿夔) 312
케넌(George Frost Kennan) 588, 604
케넌(George Kennan) 517
케네디(John Fitzgerald Kennedy) 608, 671
케사르(Gaius Julius Caesar) 488
케인스(John Maynard Keynes) 82, 635
코널리(Thomas T. Connally) 598
코리안 리뷰(The Korea Review) 525
코리안 리포지터리(The Korean Repository) 525
코민테른(Comintern) 563
코코프체프(Vladimir Kokovsoff) 545
코페르니쿠스(Nicolaus Copernicus) 672
콘로이(Hillary Conroy) 625
콘스탄티누스 大帝(Flavius Valerius Constantinus) 156
콜룸부스(Christophorus Columbus) 486, 667
콜링우드(Robin George Collingwood) 659, 663
콜베르(Jean Baptiste Colbert) 485
콜브란 보스트윅사(Collbran-Bostwick Company) 514
콥(Richard Cobb) 667
콩쑨 쉐이(公孫遂) 301
콩쑨 피아오(公孫剽) 340
콩쑨홍(公孫弘) 418
콩쯔(孔子, Confucius) 5, 39, 40, 119, 126, 241
콩트(Auguste Comte) 663
쿠릴타이(Kuriltai) 366
쿠마라지바(鳩摩羅什) 100
쿠빌라이 칸(Khubilai khan) 368
쿵순두(公孫度) 326
쿵숭(孔融) 269
크누트(Cnut) 1세 488
크로체(Benedetto Croce) 16, 659, 663, 668
크롬웰(Oliver Cromwell) 488, 660
크루그먼(Paul Krugman) 636
크루체프스키 432
크세노폰(Xenophon) 671
클라렌든(1st Earl of Clarendon, Edward Hyde) 666
클라크(George Norman Clark) 661
클라크(John Bates Clark) 635
클라크(Mark Wayne Clark) 609
클라프로트(Klaproth) 306
클레망소(Georges Eugéne Benjamin Clemenceau) 548
클레멘트(Clement) 11세 160
클로비스(Clovis) 489
키케로(Marcus Tullius Cicero) 671

ㅌ

타고르(Rabindranath Tagore) 555
타스티무르(塔思帖木兒) 374
타오유엔밍(陶淵明) 387
타이 위 안(太原) 320
타케조에 신이치로오(竹添進一郎) 497
타타르(韃靼) 374
탁지지(度支志) 214
탄쓰퉁(譚嗣同) 519
탄연(坦然) 194
탈해 이사금(脫解 尼師今) 334
탐라총관부(耽羅摠管府) 369
탐지(耽知) 328
탕옌(唐晏, 震鈞) 346
탕우타이(唐兀台, 唐古) 367
태교신기(胎教新記) 226, 287
태교편(胎教篇) 287
태극서관(太極書館) 569
태능(太能) 113
태백기유(太白紀遊) 200
태봉(泰封) 347
태산요록(胎産要錄) 287
태산집요 287
태완선(太完善) 609
태조왕(太祖王) 308, 312
太宗 60
태평사(太平詞) 222
태평천국(太平天國)의 난 240, 519
태프트(William H. Taft) · 가쓰라(桂太郞) 각서 522
태학지(太學志) 214
택리지(擇里志) 22, 62, 63, 215, 241, 261, 294
테이세이라(Luiz Teixeira) 377
테일러(Alan John Percivale Taylor) 667
테트(Tet)화(畫) 212
토리(Tory)당 488
토붕와해(土崩瓦解) 451
土月會 571
토인비(Arnold Joseph Toynbee) 87, 155, 309, 662, 667
토크빌(Alexis Charles Henri Maurice Clérel de Tocqueville) 635, 640, 641
톨랜드(John Willard Toland) 606
톰젠(Christian Jurgensen Thomsen) 16
톰킨스(R. Tomkins) 562
통군정서(統軍亭序) 283
통리기무아문(統理機務衙門) 496
통문관지(通文館志) 214
통일민주당 620
통전(通典) 215
통지(通志) 36, 215
퇴계가(退溪歌) 222
퇴귀스테뮈르(脫古思帖木兒) 374, 380
퇴도언행록(退陶言行錄) 449
투간티무르(妥灌帖木兒) 410
투멍거 테무르(童猛哥帖木兒) 397
투쥐에(突厥) 319
투징록(鬪徵錄) 430
투키디데스(Thucydides) 666, 672
투파우꾸(禿髮烏孤) 317
튜더(Tudor) 488
트레버 로퍼(Hugh Redwald Trevor-Roper) 660
트로츠키(Leon Trotskii) 562
트루먼(Harry Shippe Truman) 585, 599, 605
트루먼 독트린 589
트리아농(Trianon) 조약 548
트리엔트(Trient) 공의회 156
티벳트(吐蕃) 318
티앤 웨(田悅) 323
티앤 탄(田譚) 311
티엔황따오우(天皇道悟) 101
티유몽(Sebastien Le Nain de Tillemont) 660
틸만(Hoyt Cleveland Tillman) 463

ㅍ

파리강화회의 548
파리외방전교회 158, 162
파리코뮌(Commune de Paris) 485
파발제(擺撥制) 274
파블로프(Pavlov) 525
파사 이사금(婆娑 尼師今) 334
파사현정론(破邪顯正論) 112
파슨즈(Talcott Parsons) 665
파옌원이(法眼文益) 101
파장(法藏) 100, 106
파한집(破閑集) 220, 290
판도사(版圖司) 256
판 예(范曄) 40
판토하(龐迪我) 157
판 중 옌(范仲淹) 471
팔관보(八關寶) 254
팔병(八柄) 239
八聖堂 93, 400
팡샤오타이(龐孝泰) 322
팡슈엔링(房玄齡) 320, 342
패강진(浿江鎭) 340
패관잡기(稗官雜記) 208, 223
패수(浿水) 308
패튼(George Smith Patton) 671
펑덩(馮唐) 290
펑따오(馮道) 342
펑떠화이(彭德懷) 602
펑위샹(馮玉祥) 574
펑 환(馮煥) 312
페레스트로이카(perestroika) 562
페레즈(Tome Perez) 402
페르비스트(Ferdinand Verbiest) 158
페리(Matthew Calbraith Perry) 481
페리에게테스(Dionysios Perièg̀etès) 306
페리클레스(Perikles) 666
페어뱅크(John K. Fairbank) 524
페이쥐(裵矩) 319
펠로폰네수스 대전(Peloponnesian War) 666
펠리페(Felipe) 2세 433
편갈송(片碣頌) 275
편강렬(片康烈) 559
편년강목(編年綱目) 201, 352
편년통록(編年通錄) 20, 352
편년통재(編年通載) 201
편민(便民) 18事 254
평양 모란봉가(平壤 牡丹峯歌) 232
평쟈성(馮家昇) 318
평화민주당 620
平和線 609
폐허(廢墟) 233
포리우(破六) 240
포사(曝史) 200
포상팔국(浦上八國) 335
포절군전(抱節君傳) 227
포츠담 선언(Potsdam Declaration) 579, 584
포츠머스(Portsmouth) 조약 523
포퍼(Karl Raimund Popper) 635, 665
폴리비우스(Polybius) 672
표해록(漂海錄) 205
표훈(表訓) 105
푸에블로(Pueblo)號 617
푸이(溥儀) 574, 580
푸젠완누(蒲鮮萬奴) 366
푸차(夫差) 305, 330
푸트(Lucius Harwood Foote) 496
푸코(Michel Foucault) 53
풍요(風謠) 219
풍요속선(風謠續選) 231
풍정도감의궤(豊呈都監儀軌) 216
풍훈(風訓) 227
퓨리턴혁명 416
프라이부르크(Freiburg) 635
프레데리크 대왕(Frederick I) 660
프레데릭 바스티아 (Frédéric Bastiat) 635
프레이져(Everett Frazar) 514
프로드(James Anthony Froude) 661
프로타고라스(Protagoras) 438
프로테스탄티즘의 倫理와 자본주의의 정신(Die Protestantische Ethik und der Geist des Kapitalismus) 678
프뤼동(Pierre Josephe Proud' hon) 679
프랑크(Andre Gunder Frank) 679
프랭클린(Benjamin Franklin) 635
프레스토위츠(Clyde Prestowith) 680
프리드리히 이세(Friedrich II) 489
프리드리히 일세(Friedrich I) 489
프리드먼(Milton Friedman) 82, 635
프리먼(Paul. L. Freeman) 666
플라톤(Plato) 666
플란치오(Petro Plancio) 377
플랑시(Collin Victor Auguste de Plancy) 293
플랜태저넷(Plantagenet) 488
피렌느(Henri Pirenne) 673
피재길(皮載吉) 216
피핀(Pippin) 489
피히테(Johann Gottlieb Fichte) 489
핀리(Moses I. Finley) 667
필원잡기(筆苑雜記) 208

ㅎ

夏 53
하경복(河敬復) 205
하공진(河拱辰) 359
하나부사 요시모토(花房義質) 487, 494
하네가와 도에이(羽川藤永) 480
하담록(荷潭錄) 208, 452
하란사(Nancy) 569
하륜(河崙) 387
하르트(F. Hirth) 306
하마구치 오사치(濱口雄幸) 505
하멜(Hendrick Hamel) 433
하백(河伯) 310, 311
하비에르(Francisco Xavier) 157
하세가와 요시미치(長谷川好道) 522, 523, 529, 531
하수일(河受一) 276
하야시 곤스케(林權助) 523
하야시 다다스(林董) 522
하야시 다이스케(林泰輔) 17, 28
하야시 라잔(林羅山) 424
하야시 시헤이(林子平) 400
하여가(何如歌) 382
하연(河演) 206
하우(夏禹) 434
하우스만(James H. Hausman) 586
하우스호퍼(Karl Haushofer) 678
하위지(河緯地, 河仲章) 390, 391
하이더크(Haiduck) 280
하이덱거(Martin Heidegger) 581
하이든(Franz Joseph Haydn) 489
하이루이(海瑞) 633
하이에크(Friedrich August von Hayek) 635
하인준(河仁浚) 458
하재화(河載華) 567
하전(哈眞) 366
하지(John Rheed Hodge) 587
하지(J. W. Hodge) 526
하지노마이모(土師眞妹) 327
하카타(博多) 369
하타다 다카시(旗田巍) 32
하항(河沆) 276
하흠(夏欽) 262
학교모범(學校模範) 134
학림(學林) 사건 619
학보(學寶) 254
학산한언(鶴山閑言) 228
학시준적(學詩準的) 229
학열(學悅) 289
학조(學祖) 289
학포헌집(學圃軒集) 231
한거수필(閑居隨筆) 225
한경직(韓景職) 164, 640
한계원(韓啓源) 475
한계희(韓繼禧) 196, 395

한 고조(漢 高祖) 385
한교(韓嶠) 216
韓國考古學概論 184
韓國古代국가발달사 33
韓國科學技術史 33
韓國教育審議會 586
한국국민당 565, 585
韓國近代民族運動史 34
韓國近代史研究 34
韓國近代史와 社會變動 34
韓國近代史의 再認識 34
韓國近代史의 探索 34
한국기독교교회협의회(KNCC) 164
한국 독립당(韓國獨立黨) 565
한국독립당통일동지회(韓國獨立黨統一同志會) 565
한국독립운동지혈사(韓國獨立運動之血史) 28
한국문학사 235
韓國美術史 33
韓國民族運動史論 34
韓國民族主義論 34
韓國民族主義의 政治學 34
한국사(Histoire de la Corée) 29
韓國史講座 34
韓國史大觀 33
韓國史新論 33
韓國史와 歷史意識 34
韓國史의 再發見 33
韓國史通論 33
韓國商工業史 33
한국서지(韓國書誌) 29
한국소설발달사 233
한국시가사강(韓國詩歌史綱) 33
한국신교사(韓國新教史) 30
韓國實學思想史 33
한국예수교협의회(KCCC) 164
韓國의 民族主義 34
韓國의 終末(The Passing of Korea) 65
韓國醫學史 33
韓國資本主義 成立史論 33
韓國政治思想史 34
한국지(韓國誌) 29
韓國土地制度史 33, 254
한국통사(韓國通史) 33
한국통사(韓國痛史) 24, 28, 527
韓國現代文化史大系 34
韓國現代史論 33
韓國現代史의 再照明 33
한국혼(韓國魂) 61, 472
한국, 소용돌이의 정치 529, 632
한규복(韓圭復) 532
한규설(韓圭卨) 508, 523, 524, 530, 551
한극함(韓克諴) 410
한기동(韓耆東) 475
한기악(韓基岳) 567
한뇌(韓賴) 364
한니발(Hannibal) 전쟁 666
한덕필(韓德弼) 283
한도 가즈토시(半藤一利) 582
한동석(韓東錫) 532
한듕만록(閑中漫錄) 225
한란(韓蘭) 262
한린얼(韓林兒) 374
한림별곡(翰林別曲) 220, 221
한림서(翰林署) 256
한림회천권(翰林回薦權) 444
한말외교비화(韓末外交秘話) 524
한명회(韓明澮) 390, 394, 446
한명희(韓明熙) 605
한무제(漢武帝) 119, 301, 402, 472
漢文四大家 227
한미상호방위조약 604
한민당(韓民黨) 608
한민명전의(限民名田議) 147
한백겸(韓百謙) 21, 203, 308
한백원(韓百源) 211
한보링(韓拔陵) 240
한사경(韓史綮) 465, 471
한사군(漢四郡) 299
한상룡(韓相龍) 531, 611, 626
한산퉁(韓山童) 373
한설야(韓雪野) 235
한성근(韓聖根) 484
한성순보(漢城旬報) 496, 547
한성조약(漢城條約) 497
한수(韓脩) 194, 374
한스중(韓世忠) 361
한시각(韓時覺) 425
한씨부훈(韓氏婦訓) 287
한씬(韓信) 306
漢陽詞 227
한영우(韓永愚) 19, 33, 94
한영환(韓瑛煥) 75
한온(韓蘊) 399
한용운(韓龍雲) 72, 114, 117, 550, 556, 567, 567, 568, 571
한우근(韓沽劤) 17, 32, 33, 500
한원(翰苑) 245
한원진(韓元震) 126, 152, 287, 476
한위(韓愈) 229
한위건(韓偉健) 567
한응인(韓應寅) 418, 453, 475
한익모(韓翼謨) 476
한인애국단(韓人愛國團) 560
한일병합에 관한 조약 527
한주(寒洲)학파 137
한준(韓準) 453
한준겸(韓浚謙) 475
한중록(閑中錄) 225
한직제(限職制) 260
한진서(韓鎭書) 22, 38
한찬남(韓纘男) 475
한천(韓蕆) 383
한청조약*(韓淸條約) 508
한치윤(韓致奫) 22, 149
한치응(韓致應) 211
한치형(韓致亨) 446
한태동(韓泰東) 283, 476
한태연(韓泰淵) 618
한품제(限品制) 260
한형권(韓馨權) 564
한형윤(韓亨允) 282
한호(韓濩) 209
한홍열(韓洪烈) 493
한확(韓確) 287
한훼이쯔(韓非子, 韓非) 40
한흥(韓興) 549
한희유(韓希愈) 61
함대훈(咸大勳) 234
함병춘(咸秉春) 518
함부림(咸傅霖) 380
함석헌(咸錫憲) 25, 75, 568, 618
함세웅(咸世雄) 165
함세휘(咸世輝) 425
함재봉(咸在鳳) 676
함제건(咸悌健) 425
함태영(咸台永) 550, 567
함형수(咸亨洙) 234
함화진(咸和鎭) 571
함흥차사(咸興差使) 388
合成협회 558
합스부르크(Habsburg) 왕가 489
합자보(合字譜) 295
합종설(合縱說) 305
햐쿠만토다라니(百萬塔陀羅尼) 187
해국도지(海國圖志) 492
해동가요(海東歌謠) 224
海東古記 92
해동고승전(海東高僧傳) 190
해동농서(海東農書) 214
해동명장전(海東名將傳) 21, 22, 59, 60
해동악부(海東樂府) 209, 387
해동야언(海東野言) 208
해동역사(海東繹史) 22, 37, 38, 149
해동역사지리고(海東繹史地理考) 22
해동유주(海東遺珠) 231
해동제국기(海東諸國記) 67, 337, 407
해동통보(海東通寶) 253

해리스(Nathaniel Harris) 377
해모수(解慕漱) 310, 311
解放前後史의 인식 34
해부루(解夫婁) 310
해사록(海槎錄) 425
해상잡록(海上雜錄) 355
해수(解讐) 328
해안(海眼) 411
해외문견록(海外聞見錄) 228
해운창(海運倉) 274
해유록(海遊錄) 425
海印寺 550
해정록(楷正錄) 114
해조(海朝) 신문 547
해직교수협의회 618
해천추범(海天秋帆) 508
해탐밀경(解深密經) 101
향교(鄕校) 268
향약(鄕約) 269
향악잡영(鄕樂雜泳) 194
향약집설(鄕約集說) 217
향약집성방(鄕藥集成方) 204
향청(鄕廳) 265
허건(許楗) 213
허견(許堅) 462
허균(許筠) 205, 210, 218, 223, 225, 291, 455, 458
허기(許奇) 304
허도(許衜) 291
허련(許鍊, 許維) 210, 212
허뤼(闖閭) 305
허림(許林) 213
허목(許穆) 93, 120, 152, 209, 328, 460
허문(許文) 213
허백당집(虛白堂集) 199
허백련(許百鍊) 213
허봉(許篈) 208, 295, 453, 458
허부(許傅) 152, 475
허새(許璽) 462
허선(和珅) 435
허성(許筬) 407, 458
허세린(許世麟) 282
허셸(Friedrich Wilhelm Herschel) 148
허수형(何叔衡) 574
허엽(許曄) 458
허영(許瑛) 462
허원(許原) 348
허위(許蔿) 475, 543
허윈중(何運忠) 156
허유(許愈) 136
허임(許任) 205
허자(許磁) 450
허잠(許潛) 282
허적(許積) 461
허정(許晶) 283
허정(許政) 585, 591, 592
허정숙(許貞淑) 567
허조(許稠) 195
허종(許琮) 394, 397
허종호 34
허준(許浚) 205
허초희(許楚姬) 210, 224
허침(許琛) 282, 284
허항(許沆) 450
허헌(許憲) 567, 594
허혁(許爀) 549
허형(許瀅) 213
허홍재(許洪材) 190
허황옥(許黃玉) 304
허회(許澮) 414
허후(許厚) 126
허후(許詡) 228, 390
허훈(許熏) 152
헌강왕(憲康王) 219
헌덕왕(憲德王) 339
헌법제정전형위원 591
헌법개정청원운동본부 618
헌법기초위원 592
헌정왕후(獻貞王后) 358
헌팅턴(Samuel P. Huntington) 676, 681
헌화가(獻花歌) 219
헐버트(Homer Bezaleel Hulbert) 29, 52, 65, 524, 525
헐(Cordell Hull) 584
헤겔(Georg Wilhelm Friedrich Hegel) 635, 662, 681
헤로도투스(Herodotus) 666
헤르데르(Johann Gottfried von Herder) 662
헤를레스(Wolfgang Herles) 438
헤쎄 바르텍(Ernst von Hesse-Wartegg) 517
헤이그(Hague) 만국평화회의(萬國平和會議) 525
헤이안(平安) 66, 409
헥스터(Jack H. Hexter) 672
헤일브로너(Robert Heilbroner) 83
헨더슨(Gregory Henderson) 529, 587, 608, 617, 632
헨리 8세(Henry VIII) 156
혁련정(赫連挺) 356
현각(玄恪) 104
현곡수필(賢谷隨筆) 225
現代日報 74
현덕신(玄德信) 567
현덕왕후(顯德王后) 권씨 389
현도군(玄菟郡) 299
현량과(賢良科) 447
현령(縣令) 265
현무문(玄武門)의 변(變) 320
현상윤(玄相允) 33, 96, 127, 461, 493, 586
현석호(玄錫虎) 532
현순(玄楯) 556
현승종(玄勝鍾) 618
현영섭(玄永燮) 611
현욱(玄昱) 105
현유(玄遊) 104
현응민(玄應旻) 458
현익철(玄益哲) 559
현정건(玄鼎健) 563
현제명(玄濟明) 611
현종(顯宗) 359
현주(玄鑄) 231
현준혁(玄俊爀) 595
현준호(玄俊鎬) 531, 611
현진건(玄鎭健) 234
현채(玄采) 28
현태(玄泰) 104
현휘(玄暉) 353
현홍택(玄興澤) 503
혈성단(血誠團) 559
혈(血)의 루(淚) 233
형미(逈微) 353
혜경궁(惠慶宮) 홍씨(洪氏) 225
혜공왕(惠恭王) 339
혜관(惠灌) 102, 189
혜근(慧勤) 227
혜량(惠亮) 102
혜륜(惠輪) 104
혜미(惠彌) 104
혜민국(惠民局) 514
혜변(惠便) 102
혜성가(彗星歌) 219
혜소(慧昭) 105, 353
혜심(慧諶) 109, 228
혜업(惠業) 104
혜자(惠慈) 102, 189
혜철(惠哲) 105
혜초(慧超) 105
혜허(慧虛) 193
호남학회(湖南學會) 511
호동(好童) 312
호동거실(衚衕居室) 231
호동서락기(湖東西洛記) 226
호르본(Horbon) 670
호르크하이머(Max Horkheimer) 240
호리구치 구마이치(堀口九萬一) 503, 505
호리 가즈오(堀和生) 401

호리모토 레이조(堀本禮造) 494
호리 세이이〔堀正意, 교안(杏庵)〕 431
호멤(Diogo Homem) 377
호사카 유지(保坂祐二) 401
호산외기(壺山外記) 22, 232
호소카와 모리히로(細川護熙) 612
호소카와 타다오키(細川忠興) 421
호연재 김씨(浩然齋 金氏) 226
호우지(后稷) 259
호태왕비(好太王碑) 316
호치민(胡志明) 402
호퍼(Walther Hofer) 670
호프만(W. G. Hoffmann) 629
혼다(Michael Makoto Honda) 540
혼디우스(Henricus Hondius) 377
혼마 야스코(本馬恭子) 526
혼수(混修) 113
혼원(混元) 109
혼일강리역대국도지도(混一疆理歷代國都之圖) 203
혼정편록(混定編錄) 209
혼천의(渾天儀) 205
홀(John A. Hall) 678
홀트 부부(Harry and Bertha Holt) 640
홉스봄(Eric John Ernest Hobsbawm) 280
홍건적(紅巾賊) 374
홍경래(洪景來) 263, 481, 482
홍경모(洪敬謨) 281
홍경우(洪敬禹) 482
홍경주(洪景舟) 447, 448
홍계남(洪季男) 412, 413
홍계방(洪桂芳) 282
홍계적(洪啓迪) 476
홍계훈(洪啓薰) 499, 503, 508
홍계희(洪啓禧) 145, 476
홍관(洪灌) 201
홍국영(洪國榮) 469, 475
홍기(洪基) 114
홍기조(洪基兆) 550
홍길동전(洪吉童傳) 225
홍길주(洪吉周) 229
홍낙안(洪樂安) 160, 161
홍다구(洪茶丘) 369
홍담(洪曇) 282
홍대용(洪大容) 22, 118, 141, 142, 148, 149, 218, 437
홍런(弘忍) 101
홍루몽(紅樓夢) 434
홍륜(洪倫) 375
홍마이(洪邁) 225
홍만선(洪萬選) 216, 394
홍만식(洪萬植) 542
홍만종(洪萬宗) 145, 188
홍명구(洪命耉) 428
홍명하(洪命夏) 283, 475
홍명희(洪命熹) 545, 567, 586
홍무(洪茂) 283
홍무정운(洪武正韻) 198
홍문계(洪文系) 284
홍문관(弘文館) 213, 264
홍범(洪範) 14조 501
홍범도(洪範圖) 542, 559
홍범식(洪範植) 542
홍병기(洪秉箕) 550
홍복원(洪福源) 367
홍봉한(洪鳳漢) 469
홍사용(洪思容) 234
홍산대첩(鴻山大捷) 373
홍상재(洪尙載) 380
홍서봉(洪瑞鳳) 428, 475
홍석모(洪錫謨) 217
홍석주(洪奭周) 218, 229, 476
홍섬(洪暹) 221, 248, 282
홍성(洪昇) 290
홍성희(洪性熹) 567
홍세태(洪世泰) 227, 231
홍숙(洪淑) 448
홍순목(洪淳穆) 476
홍순언(洪純彦) 382
홍순학(洪淳學) 224
홍순형(洪淳馨) 530
홍슈치앤(洪秀全) 519
홍시제(洪時濟) 211
홍시환 377
홍신유(洪愼猷) 227
홍양성(洪良性) 198
홍양호(洪良浩) 21, 22, 59, 60, 210, 218, 224
홍여순(洪汝諄) 454
홍여하(洪汝河) 214, 218, 475
홍영식(洪英植) 476, 492, 496
홍영후(洪永厚, 蘭坡) 233, 571, 612
홍우원(洪宇遠) 460, 475
홍우향(洪宇享) 283
홍위병(紅衛兵) 633
홍유(洪儒) 348
홍유손(洪裕孫) 230
홍윤(洪胤) 451
홍윤성(洪允成) 390
홍이상(洪履祥) 135, 475
홍이서(洪彝敍) 363
홍이섭(洪以燮) 32, 33
홍익한(洪翼漢) 428, 475
홍인한(洪麟漢) 469, 476
홍인헌(洪仁憲) 450, 456
홍자번(洪子藩) 254
홍재전서(弘齋全書) 214
홍재학(洪在鶴) 413
홍절부전(洪節婦傳) 228
홍종우(洪鍾宇) 497
홍직필(洪直弼) 152, 476
홍진(洪震) 565
홍척(洪陟) 105
홍치중(洪致中) 476
홍타이지(皇太極, 愛新覺羅) 427, 428
홍하오(洪皓) 423
홍호연(洪浩然) 424
홍흥(洪興) 394
화국지(和國志) 407
花郞(The Flower Boys of Silla) 96
화랑세기(花郞世記) 20, 95, 250
華西학파 136
화성성역의궤(華城城役儀軌) 217
화양서원(華陽書院) 483
화엄론(華嚴論) 100, 101, 110
화왕계(花王戒) 106
화이트2세(Lynn White) 678
화척(禾尺) 278
화통도감(火熥都監) 259
화헌기(和軒記) 206
화혼양재론(和魂洋才論) 55
환구일록(環璆日錄) 508
환상(還上) 271
환웅(桓雄) 90, 300
환인(桓因) 90, 300
황경원(黃景源) 229, 476
황공도(黃公 圖) 283
황극경세서(皇極經世書) 123
황간(黃幹, 勉齋) 119, 125
황덕길(黃德吉) 152
황도연(黃道淵) 216
황띠(黃帝) 52
황명전신록(皇明傳信錄) 431
황보유의(皇甫兪義) 358, 359
황보인(皇甫仁) 205, 389
황뿌미(皇甫謐) 287
황사영(黃嗣永) 158, 161
황산(荒山)대첩 373
황산덕(黃山德) 616, 618
황상규(黃尙奎) 549
황성모(黃性模) 74
황성신문 547
황성(荒城)의 적(跡) 233
황수영(黃壽永) 181
황순원(黃順元) 235
황신(黃愼) 475
황신덕(黃信德) 567, 586, 611
황씽(黃興) 574
황애시덕(黃愛施德) 552, 567

황영조(黃永祚) 622
황옥(黃鈺) 560
황원구(黃元九) 43
황윤길(黃允吉) 407
황의돈(黃義敦) 17, 30
황장엽(黃長燁) 630
황정욱(黃廷彧) 227, 410, 414
황조가(黃鳥歌) 219
황주량(黃周亮) 190
황진(黃巾) 240
황진(黃進) 414
황진(黃瓚) 197
황진이(黃眞伊) 223, 291
황집중(黃執中) 212
황쭝시(黃宗羲) 150
황쭌셴(黃遵憲) 493, 496
황차오(黃巢)의 난 240, 342
황치신(黃致身) 288
황태성(黃泰成) 616
황택후(黃宅厚) 231
황패강(黃浿江) 92
황필수(黃泌秀) 216
황학수(黃學秀) 561
황혁(黃赫) 410, 414
황현(黃玹) 211, 494, 500, 507, 543, 544
황효원(黃孝源) 282
황희(黃喜) 195, 196, 203, 282
회남자(淮南子) 241
회니시비(懷尼是非) 462
회답겸쇄환사(回答兼刷還使) 424
회동서관(匯東書館) 626
회입곤여만국전도(繪入坤輿萬國全圖) 215
회천권(回薦權) 444
회퇴변척소(晦退辨斥疏) 456
효령대군(孝寧大君) 393
효문제(孝文帝) 317
효봉(孝奉) 350
효심(孝心) 365
효장세자(孝章世子) 264
효행록(孝行錄) 204
후감(后鑑) 287
후광(胡廣) 128
후나다 교지(船田亨二) 32
후삼국(後三國) 347
후세 다쓰지(布施辰治) 550
후스(Huss)敎徒 반란 240
후스정(斛斯政) 358
후시무역(後市貿易) 273
후오꽝(霍光) 400
후우지엔(符堅) 102, 313
후원쩡(胡文定, 胡安國) 131
후웨(傅說) 313
후이 넝(慧能) 101
후이 커(慧可) 101
후잉린(胡應麟) 27
후즈(胡適) 555, 574
후지 가쓰아키(藤勝顯) 504
후지모토 유키오(藤本幸夫) 33
후지오 마사유키(藤尾正行) 612
후지와라(藤原) 370
후지와라 세이카(藤原惺窩) 424
후지키 히사시(藤木久志) 421
후쿠다 도쿠조(福田德三) 29
후쿠시마 마사노리(福島政則) 421, 422
후쿠야마(Fransis Fukuyama) 674
후쿠자와 유키치(福澤諭吉) 68
후한서(後漢書) 40, 92, 241
후한예찬위(呼韓邪單于) 306
훈구파(勳舊派) 444
훈몽자회(訓蒙字會) 199
訓民正音 48, 182
훈민정음운해(訓民正音韻解) 216
훔볼트(Alexander von Humboldt) 215
훠취삥(霍去病) 205
훼짜오(慧沼) 105
휘그(Whig)당 488
휘위앤(慧遠) 107
휘위앤(慧苑) 106
휘지(徽旨) 390
휘찬여사(彙纂麗史) 214, 218
휘총(彙叢) 39
휘튼(Henry Wheaton) 545
휴와잡찬(休窩雜纂) 457
휴정(休靜, 西山大師) 113, 157, 411
휴즈(H. Stuart Hughes) 71
흄(David Hume) 148, 635
흐루시초프(Nikita Sergeyevich Khrushchyov) 598, 630
흑치상지(黑齒常之) 331, 332
흘해(訖解) 이사금 335
흠흠신서(欽欽新書) 146
흥덕왕(興德王) 338, 340
흥령(興嶺) 283
흥부전 224
흥사단(興士團) 558
흥업구락부(興業俱樂部) 사건 583
興王寺의 變 373
흥청(興淸) 292
희강왕(僖康王) 340
희망가 532
희명(希明) 219
희조일사(熙朝軼事) 232
히라야마 마사주(平山政十) 551
히로타 고키(廣田弘毅) 582
히로히토(裕仁) 491, 560, 582
히미코(卑彌呼) 307
히에로니무스(Eusebius Hieronymus) 156
히틀러(Adolf Hitler) 581, 673
힌데부르크(Paul von Hindenburg) 548
힐드링(John R, Hildring) 587, 589
힐리어(Walter C. Hillier) 503